共同通信文化部 編

映画評大全

A Collection of Movie Reviews

三省堂

デザイン
松田行正＋杉本聖士

はじめに

　本書は1996年3月から2016年4月までに共同通信文化部が全国の加盟新聞社に配信した映画評約930本から成る。この期間に日本で公開された邦画、洋画を対象に共同通信文化部記者が執筆した。巻頭で映画担当記者の仕事と、映画評の役割について解説し、巻末には映画作品名、監督名、俳優・声優名、本文中のキーワードなどの索引を付した。

　共同通信の正式な名称は「一般社団法人共同通信社」といい、全国の新聞社と放送局が加盟社、契約社となって運営されている報道機関である。政治、経済、行政、国際問題、事件、事故、スポーツ、科学、文化など、世界で日々起こるあらゆる事象を取材し、硬軟の記事を24時間配信している。本書に収めた映画評も配信記事の一つで、新聞の芸能面で掲載されることを想定したものだ。

　文化部が担当する映画関係の記事には、監督や俳優へのインタビュー、注目作の公開などの話題、アカデミー賞やカンヌ、ベネチア、ベルリンといった国際映画祭の報道、映画関係者の訃報、そして映画評がある。これらの記事は文化部芸能班に所属する映画担当記者が担当している。一般紙に配信するため、年齢や関心が異なる不特定の読者に向けてできる限り分かりやすく書かなければならない。同時に、映画評には記者の主観も盛り込まれたコラムという性格があるため、それぞれの評の末尾には執筆記者の1字署名を付けて配信している。映画記者の仕事の詳細は「解説」に譲るが、評が独りよがりにならないために、記者のセンスと知識、筆力が重要であることは言うまでもない。

　なお本書は配信時に読者が目にした映画評をそのまま記録することを原則としており、一部の評に監督名を補ったほかは、加筆修正はしていない。また2009年6月以降本文中の数字が漢数字から洋数字に変わったことや、2010年の常用漢字改定に伴う表記変更に関しても配信時のままとし、現時点からの表記統一はしていない。

　評を執筆する映画は基本的に全国で上映される作品の中から選ぶ。単館上映の作品、自主製作の作品は読者が観賞する機会が限られるため、記事とし

て取り上げる場合は週1本の定期的な映画評ではなく、単独の記事や識者の寄稿などで配信することが多い。

　通信社の重要な仕事は日々の出来事を速報し、解説し、検証することである。言い換えれば、記事とは事象と読者をつなぎ、時代の諸相を浮かび上がらせるものだ。映画評もまた、映画の送り手と新聞読者をつなぎ、作品が公開された時代を反映している。

　本書「映画評大全」は、共同通信が配信している文化関連記事を分野別に編み直すシリーズの3冊目に当たる。前2冊の「書評大全」（1998年から2014年までの約5000編を収録）、「追悼文大全」（1989年から2015年までの約770編を収録）と同様、1冊にまとめることによって新たな読み方と価値が生まれるだろう。

　本書は20世紀末から21世紀初めの日本で公開された映画の記録であり、私たちが何を楽しみ、何によって感情を豊かにしてきたのかを後世に伝える役割を担っている。ぜひ、関心のある映画、思い出の映画から読み始め、時空を超えてさまざまなストーリーが繰り出される映画の興奮と感動、爆笑と涙、勇気と慰めを、映画記者の個性とともに読み取ってほしい。それらの作品を実際に見ることでも味わいが増すだろう。本書を読むことと作品を見ることを行き来する人が1人でも増えることを願っている。

　本書所収の映画の製作に携わった方々に敬意を表します。また共同通信加盟新聞社と読者の皆さまにも深く感謝いたします。前2冊に続き、三省堂出版局の飛鳥勝幸部長には索引の作成をはじめ煩雑な実務を的確に進めていただきました。加えて、本書が読者に届くまでにお世話になった多くの方々に御礼申し上げます。

2016年6月　共同通信文化部長　杉本新

凡例

1. 本書の構成

共同通信文化部の1字署名入り配信がスタートした1996年3月から2016年4月末まで、21年間の映画評を年別・配信月日順に配列した。映画評約930点、執筆記者約20人となる。

映画評は、①配信年月日・配信番号、②映画評見出し、③映画作品名、④映画評本文、⑤記者の採点（アナザーアイ）、⑥執筆記者（1字署名）から成る。

[例]　①配信年月日・配信番号　　　　　　　　　　　　　　　　　　　　　③映画作品名
　　　　　　　　　　　　　　②映画評見出し

2003年1月8日

切なさと癒やしの物語　　　④映画評本文　　　　　　　「黄泉がえり」

亡くなった家族や恋人が、当時の姿のままよみがえる。そんな奇跡を描いた作品「黄泉がえり」は、ホラー映画などではなく、切なさと癒やしを伴ったラブストーリーである。

九州の阿蘇山のふもとの町で、五十年以上も前に行方不明となった少年が、年老いた母の元へ、当時の姿のまま帰ってくる。

町の出身の川田（草彅剛）は、この不思議な現象を調査するため厚生労働省から派遣されるが、そこで、死んだ親友俊介の恋人だった葵（竹内結子）と再会する。しかし、葵は俊介の死から立ち直れないでいた。

町では亡くなった人々が次々によみがえる。妻子を残して死んだラーメン店の店主、娘を出産し亡くなったろうの母、いじめを苦に自殺した中学生。

大切な人が戻ってきたことで人々の心は揺れる。だが、よみがえりの期間は限られていた。葵は恋人俊介のよみがえりを願うが、かなわない。葵を思う川田は複雑な気持ちを抱く—。

死者との再会を描いた作品には優れたものが多い。ケビン・コスナーの「フィールド・オブ・ドリームス」や山田太一原作の「異人たちとの夏」など。

死者と再会した生者たちが、自分の心の中を見つめ、真実と穏やかさを獲得していく。そんなテーマを「月光の囁き」「害虫」などで注目の塩田明彦監督は、群像劇のように描く。

懐かしさあるオレンジ色がかった画面、純朴な人間と美しい自然、ファンタスティックな光の映像が、一つ一つのエピソードを紡いで切ない。ちょっと「シックス・センス」っぽいひねりも効果的だ。

ただエピソードが多い分、中心となる主人公二人の物語は薄れてしまいがち。主役の人物設定と演技に、もっと深みがほしかった。センスは良いだけに惜しい。

記者の採点＝★★★☆☆　　　　　　　　（富）

⑤記者の採点※　　　　　　　⑥執筆記者（1字署名）

※「記者の採点」は2002年12月25日配信よりスタート。2015年12月22日配信より「アナザーアイ」となる。

【索引】
・映画作品名索引／監督名索引／俳優・声優名索引／キーワード索引から成る。
・長音は直前の母音に置き換えた五十音配列とした。
・外国語・外来語の原音における「V」音は原則としてバビブベボであらわした。

2. 配列について

年扉を設け、配信年月日順に1頁に2映画評を配列した。同日の書評には便宜的に配信番号を①②③……と表示した。

3. 映画評本文について

配信時に新聞に掲載された内容を記録するため、映画評本文の用字用語、表記などは配信時のままとした。難解な人名・用語・作品名・難読語などに（　）で振り仮名を付けているものや、数字の漢数字と洋数字の混在もある。外国人名等の表記についてもそのままとした。

解説

映画の「今」を伝える──新聞の映画評の役割

　　　　　　　　　　　　　　　　　　　立花珠樹（共同通信編集委員）

　1991年から数年間、共同通信文化部の映画担当記者を務めた。その後、管理職となり、思うように取材ができなかった時代もあるが、2008年以降、編集委員として、映画の取材・執筆に再び取り組み、現在に至っている。
　4半世紀に及ぶ自らの体験を基に、通信社の映画記者の仕事と、映画評など新聞に掲載される映画関連記事が担う役割について、なるべく具体的に記述し、考察してみた。このことで同時に、映画記者という仕事の意義や、「新聞の映画評」が持つ役割を明らかにし、未来につながる方向性を模索できれば、と願っている。

1. 映画記者の仕事

　映画記者になって、一番面白かったのは、撮影現場の取材だ。
　今でも忘れられないのは、1992年の2月から9月にかけて撮影された黒澤明監督の遺作『まあだだよ』の現場に、何十回も足を運んだことだ。93年の正月紙面に掲載する特集記事を書くという大きな企画だったため、このような手厚い取材ができた。
　映画の撮影過程をじっくり見るのは初めての経験だったし、すべてが勉強になったが、一番驚いたのは、黒澤作品では、映画に映るすべての背景を完ぺきに創り出すことだった。例えば、主人公の内田百閒夫妻が戦争直後に暮らす掘っ立て小屋を建てるのは当然だとしても、その小屋が立つ道路や周囲の樹木まで、監督の絵コンテに沿って撮影所の中に本格的に造ってしまう。部屋の本棚に並んでいる本も、実際に百閒が読んでいた書籍を調べ、それらをわざわざ古書店や大学の研究室で探し出してくる。完成した映画を見ても、ほとんどの観客は気付かないことなのだが、これが黒澤監督の言う「本物の映画」の撮り方なのだ、と感動した。
　撮影現場ではほかにも貴重な思い出が、たくさんある。今ではどの監督も

活用しているモニターを初めて見たのは、伊丹十三監督の新作撮影現場だった。俳優の演技を直接見るのではなく、モニター画面を見つめてカメラアングルを確認しているやり方に、当時は抵抗感があった。そのことを口に出すと、伊丹監督から明快な答えが返ってきた。「画面にどう映っているか。それをチェックするのが監督の仕事なんです」。合理的で、時代より先に進んでいた人だった。

　現場での出会いが、その後の取材や信頼関係につながっていくことも多い。三國連太郎さん、高倉健さん、香川京子さん、岩下志麻さん、挙げていけばきりがない。三國さんの場合は、『釣りバカ日誌』のロケ先で、休憩時間にした雑談から交流が始まり、2013年に亡くなるまで、何十回もインタビューを繰り返すことができた。

　撮影現場では、監督や俳優をはじめ、プロデューサーや技術スタッフなど、ふだんはスクリーンの向こう側にいる映画の作り手たちと出会い、じかに話すチャンスがある。映画記者にとって、取材先との信頼関係を築く重要な場所であるのは間違いない。

2．変化する記者像

　前項で述べた撮影現場とは全く異なる、映画記者にとって重要な現場が、もう一カ所ある。

　試写室だ。駆け出しの映画記者だった頃、コンビを組んでいた先輩記者に、やんわりと注意されたことがある。「もっと、映画を見ろ！　映画記者の現場は試写室なんだぞ」

　そのときは、訳が分からず反発した。仕事として試写を見ることの重要性が、分かっていなかったのだ。だが、映画記者を続けるうち、友人や知人たちから、必ず同じ質問をされるのに気付いたのが、転機になった。それは、こんな質問だった。「ところで、今、面白い映画は何？」

　生ニュースを別にすれば、新聞の映画記事を読んでいる読者も、きっと、それが知りたいのだと思う。そして、この「面白い映画は何？」という問いに答えるためには、試写室で、できるだけ多くの映画を見るのが、一番誠実な方法なのだ。

　そのことを映画記者の担務と考えていた先輩の目には、撮影現場に通い、監督や俳優たちと親しくなることに舞い上がっている後輩が、危なっかしく

見えたのだろう。確かに、その頃の自分は、撮影現場での取材にのめり込むあまり、記者であることを忘れ、映画の作り手の側に立っているように錯覚していたところがあったと思う。

　映画の記事を誰のために書いているのかを忘れるな。それが「試写室にもっと通え！」という言葉の本意だったと思う。温かいアドバイスだった。

　1990年代前半までは、映画記者には、こんなふうに「撮影現場派」と「試写室派」という二つの流れがあったように思う。いずれにしても、のんびりしたいい時代だった。だが、90年代半ばから、映画記者がカバーすべき生ニュースが急激に増えてくる。戦後の映画黄金期を支えてきた映画人たちが高齢になり、訃報が大きなニュースになったとか、世界の映画祭で日本映画の受賞が続いたとか、いくつかの理由はあるだろう。その結果、現在の映画記者は、アナログ世代の記者と比べ、信じられないほど多忙な日常を送っている。彼や彼女たちは、パソコンとスマホとデジカメを駆使し、ニュースサイトやメールをチェックしながら、さまざまな生ニュースを追い、その合間に試写室に駆けつけ、映画人のインタビューを行い、さらに映画評はじめ芸能欄用の映画記事を書いている。おまけに年に何回かは、海外の映画祭に出張する。

　試写室に行く時間がない記者に、映画会社がDVDを送り、出先や自宅でパソコンで見るのも、珍しくなくなった。今は、撮影現場、試写室だけではなく、記者のいる場所すべてが、現場になったのかもしれない。そうした時代の変化に合わせて、映画記者のイメージも仕事のやり方もますます変化していくのだろう。

3. 記者が書く映画評とは

　この『映画評大全』には、1996年3月から2016年4月までに、約20人の映画担当記者たちが書いた約930本の映画評が収められている。だいたい1週間に1本、1年間で約50本のペースだ。

　論を進める前に、次の数字を見てほしい。

【2010年の公開本数＝邦画408本、洋画308本、合計716本】【2015年の公開本数＝邦画581本、洋画555本、合計1136本】（日本映画製作者連盟調べ）

　フィルムからデジタルに変わり、技術的にも資金的にも映画が作りやすくなった影響があるのだろう。日本国内で公開される映画の本数は、ここ数年、

年間1000本を超えている。机上の計算では、毎日3、4本見れば、すべての公開作品を見尽くすことができるが、現実的には不可能だろう。つまり、これらの膨大な映画の中から、何をチョイスし、記事にするのか。それが、記者が書く映画評の出発点になる。そして、そのことは、前述したように、新聞の読者が知りたい「面白い映画は何？」という疑問への回答を出すことにつながっているはずだ。

　映画のチョイスに関しては、「はじめに」で記しているように、「基本的に全国で上映される作品から選ぶ」など、通信社が全国の加盟紙に配信する記事であるがゆえの条件がある。加えて、複数の記者たちがゆるやかな連携の下に執筆しているという実態を頭に入れて、約930本のリストを眺めると、意外なほどバランスがよく取れているのに感心する。話題の作品や、後に映画賞で受賞する作品などが、まんべんなく取り上げられているのだ。

　これはおそらく、1人の記者が自分自身の好みに沿ってすべての作品を選ぶのではなく、「共同通信文化部の映画担当記者」というチームで、取り上げる作品を決めていることの成果だろう。民主主義のお手本といえば大げさだが、記者たちの自由意志を尊重しながら、チーム内の話し合いで作品を選定していくことが、結果として公平さになっている。たぶん、そこが、新聞の映画評の最大の特長であるのだろう。1人の映画評論家が作品を選び、個性を打ち出して書く映画評とは、根本的に違っている。

4．読者との架け橋

　ところで、理想的な新聞の映画評とはいかなるものだろう。配信時に読んで感心した映画評が、この本に収められているので、実例として考えてみたい。2014年7月16日配信の「重さはあるが核認識は軽い『GODZILLA　ゴジラ』」、(晃)記者の映画評だ。

　この短い原稿には、実に多くの情報が凝縮されて書き込まれている。その中には、今回のハリウッド製ゴジラは、「巨大トカゲかイグアナ」か、とファンを失望させた1998年版ハリウッドゴジラとは違い、「ゴジラらしいゴジラ」であるという映画ファンの最大の関心事もあれば、第1作主演の宝田明も出演したが「編集都合でカット」されたという、重要な裏話も含まれている。

　さらに、特筆すべきは、今作品がゴジラ第1作の変奏でありながら「核実験の真の目的はゴジラ退治だったとすり替えて」おり、「他にも核使用への抵抗

感の薄さ」があると指摘、「米国製作の限界か、残念だ」ときちんと批判を加えていることだ。どんなに話題作であっても、どんなに映画会社の宣伝部からプッシュされても、ダメなものはダメと書く。映画評が読者に信頼を失わないために、これが一番大切なことだ。当時、他の新聞やテレビ、週刊誌、映画専門誌などの映画評が、「ゴジラらしいゴジラ」を絶賛する記事や番組一色だっただけに、この評の鮮やかな切り口が印象的だった。

　ここまで見てきたように、新聞の映画評は、膨大な新作映画と読者をつなぐ架け橋である。記者は公開されるすべての作品を見ることができなくても、培ってきたネットワークを駆使し、選び抜いた作品を見て、自らの言葉で紹介する。それは宣伝とは全く違うレベルの信頼性を持つ評となる。2015年末に、それまでの採点方式を廃止。「アナザーアイ」として、もう1人別の記者の見方を原稿の中で紹介するようにしたのも、客観性、信頼性を増す効果を生んだ。映画評は進化しているのだ。

　「どんな映画にも『今』が映っている。だから古い名作ばかりじゃなく、新しい映画を見ないとダメよ」。そう教えてくれたのは、淀川長治さんだった。本書を通読して感じるのは、こうした映画評の集合が、淀川さんが言うように、「今」という時代と、映画の「今」を鏡のように映し出していることだ。そして、それを支えているのは取材に基づく正確な情報と、映画に対する記者たちの愛情だ。約930本の評から、そのことが伝わってくる。

総目次

はじめに ……………………………………… I
凡例 ………………………………………… III
解説　映画の「今」を伝える――新聞の映画評の役割………… V

1996年 ……………………………………… 001
1997年 ……………………………………… 011
1998年 ……………………………………… 023
1999年 ……………………………………… 037
2000年 ……………………………………… 053
2001年 ……………………………………… 077
2002年 ……………………………………… 105
2003年 ……………………………………… 133
2004年 ……………………………………… 161
2005年 ……………………………………… 189
2006年 ……………………………………… 217
2007年 ……………………………………… 245
2008年 ……………………………………… 273
2009年 ……………………………………… 301
2010年 ……………………………………… 329
2011年 ……………………………………… 357
2012年 ……………………………………… 385
2013年 ……………………………………… 413
2014年 ……………………………………… 441
2015年 ……………………………………… 469
2016年 ……………………………………… 497

索引 ……………………………………… 507
　映画作品名索引 ………………………… 508
　監督名索引 ……………………………… 518
　俳優・声優名索引 ……………………… 526
　キーワード索引 ………………………… 540

1996

1996

1996年3月27日

信仰をユーモラスに問う 「マクマレン兄弟」

　カトリックの厳しい戒律で育てられた三人の兄弟を主人公とする「マクマレン兄弟」（エドワード・バーンズ監督、20世紀フォックス配給）。三者が三様に取り持つ女性関係を通じて、信仰を持つことの意味をユーモラスに問い返している。

　長兄は妻への貞操を内外に宣言しながらも、不倫に陥る。末弟は信仰にひたすら厚く、婚前の同棲（せい）も戒律に背くと苦しむ。二番目の兄は結婚自体が「自由を束縛する」と毛嫌いする。しかし、それぞれが悩みを打ち明けながら解決に向かう。

　映画はそれをある時はこっけいに描いているのだが、茶化してはいない。やっぱり信仰に戻ってくる。

　「絶対的にこれが正しい」とすがれるものがない今、相対的な立場や見方がもてはやされる傾向がある。だが、この作品を見ていると、「絶対」を持っている人の強みを感じる。直球を投げられない人のカーブに威力がないように、登場人物も基盤に信仰があるからこそ魅力を覚えるのだろう。

　製作費がわずか二百万円というのに驚く。大手映画会社に企画を持ち込んだが断られたため、二十七歳のバーンズ監督が自ら二番目の兄を演じ、家族の協力を得て出来上がった。アイルランド系カトリックの家庭に育ち、高校までずっとカトリックの学校に通った生活が題材になっているようだ。

　監督の信仰の度合いは定かではない。ただ、まなじりを決した人を笑いながらも大事にしている。信じることは大事にしながら、その大事にしている自分を笑ってしまう目を持ちたいもの。外からはこっけいに見えがちなので。　　　（大）

1996年4月10日

物静かな猟奇殺人 「チカチーロ」

　子供と女性五十二人の殺害を楽しんだ男の名前がタイトルになっている「チカチーロ」（クリス・ジェロルモ監督、カルチュア・パブリッシャーズ配給）。旧ソ連に実在した殺人犯で、弱い存在に傷を付けることでしか快感を得られない性的倒錯者を扱った物語である。

　こう紹介すると、「猟奇殺人」の印象を持つかもしれないが、とても物静かな作品である。異常さを異常だと声高に描かないところがいい。思いを巡らせてくれる。

　主人公はチカチーロ（ジェフリー・デ・マン）を追う刑事（スティーブン・レイ）。しかし、物語の早い段階で犯行現場が人物の顔と共に現れてしまう。実在した人物なのだから隠しておけない事情もあるが、そこから物語が本格的に展開する。

　刑事はチカチーロを割り出しながらも、「社会主義体制下では猟奇殺人犯は存在しない」という官僚制度の壁に阻まれ、さらなる犯行を許してしまう。一方のチカチーロは家庭では不能、職場では無能扱いされている。共に「大勢」に迫害された身であることが効果的な映像で淡々と、しかし、ひしひしと伝わってくる。

　人物の行動に説明が少ない。だから分かりにくい。しかし、その目が多く語りたがっているようで、思わず「そういうことなんだろう」と想像させられてしまう。

　身柄を拘束されながらも、取り調べに対し平然と否認を続けていたチカチーロが、猟奇殺人の心理分析を学者から受けてついに号泣してしまうシーンが圧巻。そういう形でしか自分というものが理解されないとしたら…。

　後味の良い「猟奇殺人映画」である。　　　（大）

1996

1996年4月30日
心温まるホームコメディー
「お日柄もよくご愁傷さま」

　普通の人の、平凡な人生において、結婚と葬式は一大イベントに違いない。その二つが、もし重なってしまったら…。「お日柄もよくご愁傷さま」（東映配給）は、仲人をする日に喪主となる中年サラリーマンと、その家族のドタバタを描く喜劇だ。

　身の周りにいる俗っぽい愛すべき人々が、混乱の中で思わず本音をぶつけ合う面白さ。和泉聖治監督はそのこっけいさを突き放さず、優しい目で描いて心温まるホームコメディーに仕上げた。

　初めての仲人を務める結婚式に出掛けようとした男（橋爪功）は、同居している父親（松村達男）が寝室で亡くなっていることに気付く。妻（吉行和子）はおろおろし、夫とけんかして実家に戻っている長女（伊藤かずえ）は泣きわめく。男は、それをしり目に、けなげに結婚式に向かう。あらしのような一日の始まりだ。

　男の行動をなじる妹に根岸季衣、やたら手際のいい葬儀屋に古尾谷雅人ら芸達者がそろった。中でも、意外にもこれが映画初主演という橋爪が熟年世代の悲哀をしみじみ演じて身につまされる。

　冠婚葬祭は、普段は何気なく見過ごしている家族のきずなをいや応なく再確認する場であるような気がする。

　それぞれの悩みやトラブルを抱えながら「家庭」という入れ物の中で、表面上は静かに暮らす日常。抑え込んでいた感情が噴出しやすい葬式や結婚式という非日常を舞台に選んで、この映画は成功した。見終わって、家族と自分との"心の距離"を思わず測り直してしまった。

　二月末から二十の映画館で上映していたが、好評なため新たに全国九十四館で拡大公開される。

（緒）

1996年5月8日
人ごとでない二重人格
「男たちのかいた絵」

　人気俳優、豊川悦司が二重人格のヤクザを主演する映画「男たちのかいた絵」（伊藤秀裕監督、シネマ・ドゥ・シネマほか配給）。精神病理を上手に扱い、二重人格は「人ごとではない」と楽しませながら考えさせた良質なエンターテインメントである。

　ヤクザは若造ながらその凶暴さとズル賢さで組の実力者。しかし、一方で音楽を好む繊細なもう一つの人格を併せ持っている。対立する組ともついに抗争となるが、二つの人格が入れ代わり現れて、お互いに憎み合う。

　二重人格は精神障害の一つだが、私たちも「こうありたい自分」と「こうありたくない自分」の二つの自分に日常的に接していないだろうか。特に糧を得るための仕事の上でである。そうありたくない自分が全体を覆ってしまいそうな恐怖に襲

われると、引き戻そうと努力する。意識してかどうかは別として。

　この映画ではそうありたくない自分を「ヤクザ」が生き、こうありたい自分を「音楽家」が生きていると見れば、そうした葛藤（かっとう）がとてもイメージ豊かに表現されていると見えてくる。

　ラストでヤクザの人格がついに己の命を奪う羽目になるのだが、臨終の場面で、音楽家の人格も同時に現れて対話をし、和解とも見られるシーンが繰り広げられるのはイミシンだ。

　こうありたい自分に戻る努力に疲れ切ったとき、「割り切り」に至る。だが、そうはせず、二つの自分の存在を悩み続けることが、実はドラマ的で面白いことなんだと思えてしまった。それは豊川の好演によるところが大きい。

（大）

1996

1996年5月15日

切ない無垢な人の不幸 「イル・ポスティーノ」

　映画はできたものの、試写も見ないまま主演男優が四十一歳の若さで病死した「イル・ポスティーノ」(マイケル・ラドフォード監督、ブエナ・ビスタ配給)。そうした切なさと歩調を合わせているような切ない作品である。

　舞台はイタリアのナポリ沖合の小島。ここで生まれ育った貧しい純朴な青年マリオが、世界に名を知られる亡命詩人と出会うことで自己に目覚める。詩人もマリオとの出会いにより、心を慰められるのだが、帰国後はマリオの存在を忘れてしまう。

　映画の雰囲気を決めているのがマリオを演じた主演男優のマッシモ・トロイージ。死を予期してか「子供たちが誇れる映画を作るんだ」と心臓病の治療を後回しにしたという。その力の込めようが映画では逆に静かに描かれているのがいい。今年の米アカデミー賞で主演男優賞にノミネートされたのも納得できる。

　しかし、正直のところ最初、マリオに対しては「何を考えているかよく分からない」と不気味さを覚えてしまった。それが次第に親しみが増し、神々しささえ帯びてくる。

　知的には障害を持つ人物がドラマで扱われるとき、こうした描かれ方がよくなされるが、発達した自我を持つ私たちは、内と外を隔てる輪郭を強固に持つが故に、相互浸透しているような存在には引き寄せられてしまうということなのだろうか。

　それにしても見終わった後の切なさ。詩人に裏切られながらも憎むことのできないマリオの純朴さ。それがあだになってラストで殺されてしまうと見ることもできる。無垢(むく)な人の不幸は本当に切ない。

(大)

1996年6月5日①

道徳批判を超えたドラマ 「司祭」

　性をめぐる苦悩にほんろうされるカトリックの司祭を描いた映画「司祭」(アントニア・バード監督、セテラ・インターナショナル配給)。既成道徳への単なる批判に終わらない人間ドラマである。

　新米の若き司祭(ライナス・ローチ)は着任した教会で、先輩の司祭が家政婦と内縁の関係にあることを知る。衝撃を受けるが、実は自分もゲイであるという秘密を抱えていた。告解では少女に近親相姦(そうかん)を打ち明けられるが、宗規により少女の母親を含めだれにも明かすことができない…。

　よくもこれだけ人間にとっての根源的な問題を一人で抱えてしまったと言いたくなるような物語。製作者の腹には、司祭に妻帯を許さない宗規をはじめカトリックの禁欲主義への批判が根底にある。

　「そんなに自分に厳しくなくてもいいじゃない」「打ち明けてしまって楽になれば」と声をかけたくなってしまうが、映画はもちろんそんな安直な答えは出さない。

　終盤、教会のミサで"信仰に篤い"信者たちから無視されながら、「打ち明けられなかった者」同士として近親相姦に苦しんだ少女と抱き合う姿は殊に美しい。疑っていた神の存在を初めて知った瞬間か。

　それにしても妻を持つこと自体が大きな悩みを抱えることとも言えるのだから、司祭にも妻帯を認めてもいいような気がする。でも、もし認められていたらこういう映画ができなかったことを思うと、白黒の結論を明快に出すのは難しくなる。

(大)

1996年6月5日②

思わずうなずく撮り方

「スーパーの女」

　伊丹十三監督の新作「スーパーの女」(東宝配給)。これまでの"女シリーズ"同様、二時間七分という上映時間の長さを感じさせない面白い作品だ。

　つぶれかけている駄目スーパーを、主婦(宮本信子)が経営を任され再建する物語。生活者優先の商いこそ特効薬と、店を長年支配してきた因習を果敢に取り払っていく過程を、例によってジャーナリスティックに、しかし楽しく描いている。

　それにしても飽きさせず最後まで見させてしまうテクニックはさすがだ。登場人物の性格づけが最初できちっとできているからだろう。

　メンツを重んじて生活者をばかにする職人の憎々しさ。店の窓口でありながら発言権のないレジ係の切なさ。もうけだけしか頭にない経営者のえげつなさ…。それが役者たちの表情と動きで「そういう人っているよね」と思わずうなずきたくなってしまう。間違えば過剰演技となるのを紙一重でおさえている。

　そしてそれを独特の画面の構成美が支えている。定価にさらに上乗せしながら「価格破壊」をうたうインチキスーパーの店内描写。赤と黒を基調にした映像で、その商法のあくどさとそれを打ち出す経営者のどぎつさをいや応なく感じさせる。

　大笑いはせずとも全編にわたって「ニタッ」「クスッ」とさせられ続ける。それでいて暮らす上で大事なことを勉強してしまった、というのはなかなか得難い体験。

　筆者は行きつけのスーパーを別のところに変える羽目になった。
(大)

1996年6月12日

見かけより中身、か?

「好きと言えなくて」

　「見かけより中身」と人はよく言う。だが若いころの恋愛に関しては、そう言い切って実行するのはかなり難しい。「好きと言えなくて」(20世紀フォックス配給)は、頭が空っぽの美女と、容ぼうのいまひとつさえない才女のどちらを恋人に選ぶかを迫られる男の話だ。

　ラジオのペット相談番組のDJアビー(ジャニーン・ガラファロ)は、ウイットに富んだ的確な回答で人気がある。愛聴者のブライアン(ベン・チャップリン)は、放送局に姿を見に行き、たまたま席にいたアビーの友達の美人モデル、ノエル(ユマ・サーマン)をアビーと勘違いして舞い上がる。

　取り違えの面白さ、テンポのいい展開には大笑い。でも容姿に自信がないアビーが、ブライアンに心ときめかせながら誤解を解かずに身を引こうとする辺りから、身につまされて切なくなる。

　姿形に興味を持ってこそ、中身を知ろうと思うのが私たち凡人の常。求めているのは友達ではなく、恋愛の相手なのだ。

　だからこそ若者はダイエット、ファッション、整形と他人の目に留まるような外観づくりに血道を上げる。ただ現代は、シラノ・ド・ベルジュラックの鼻ほどでもないのに過剰に美醜にとらわれている気がする。この映画のアビーもしかり。

　とまあ、選ばれる側にわが身を置くと、ほろ苦く結構こたえる映画。選ぶ側に回っても、ユマ・サーマン演じる美女が性悪ならばまだしも、気立てがよくて憎めないときている。この究極の選択、さて結末やいかに…。監督はマイケル・レーマン。
(緒)

1996

1996年7月17日

監督の覚めた目 「キッズ・リターン」

　北野武映画監督の新作「キッズ・リターン」。映像作家「北野武」とお笑い芸人「ビートたけし」の二つの目がバランスよく折り合った秀作だ。

　二流進学校の二人の落ちこぼれが主人公。カツアゲで稼いだ金で遊ぶうちに、鼻っ柱の強い兄貴分（金子賢）はヤクザに、もう一人（安藤政信）はボクシングの世界にのめり込む。自分の意思による初めての選択で、共に順調に頂点に近づくが…。

　挫折は希望の裏返しという、一つ間違えばクサクなりかねない題材を「人生ってそういうものだよな」と、重く、しかし、さわやかに見させてくれる。それは、物語の筋を映像によって効果的に省略することで、人物への感情移入を際どく回避させる作りになっているせいもあるだろう。

　北野監督はこの作品をめぐる筆者とのインタビューの中で、「客観」という言葉をよく使った。

「おれには異常な客観性がある」「人間に愛情があるとしたら、客観的に見てあげないといけないかな」…。

　毒気の強いあの「ビートたけし」が？　と試写を見たとき自分の中では整合性がうまく保てなかったのだが、監督の話を聞きながら、こういう作品ができた事情が分かる気がした。自分をも突き放して見ることのできる覚めた目だ。事故によるひん死の体験も大きな要因になっているに違いない。

　「自分の演出はほとんど生理的なものだ」とも北野監督は言った。だとすれば、作りがシリアスに、つまり息苦しくなったとき、無意識のうちにお笑いの要素が加えられる道理である。「ビートたけし」の目が「北野武」を見下ろした時なのだろう。

（大）

1996年7月24日

正義をキラリと輝かせる 「鯨の中のジョナ」

　少年の視線からナチスの時代を描いた「鯨の中のジョナ」（ロベルト・ファエンツァ監督）。子どもの側から見ることによって、ともすればクサイなどとさげすまれがちな正義をキラリと輝かせてくれる作品である。

　主人公はユダヤ人の坊やジョナ。両親と一緒に連行される収容所での"暮らし"が丁寧に描かれるのだが、そこでは差別された同じ民族と境遇であるにもかかわらず、仲間の子どもたちからさらに差別され、いじめられる。

　しかし、母親（ジュリエット・オーブリー）は「いつも空を見上げて！　人を憎んじゃだめよ」と諭す。そしていつの間にか父親（ジャン・ユーグ・アングラード）も姿を消した。

　見る側は、既にホロコーストの悪夢を知っているので、父親の不在の意味が十分に想像がつく。しかし、不在の意味を知らないということが、いかに物事を美しく見させるかということを、子どもであるジョナの視線が可能にしてくれる。

　夫婦の性行為が強烈に描かれている。平時ではありふれた行為と手アカのついた正義が、この映画の中では裸の美しさと尊さを放っている。日本語字幕の付け方もいい。

　狂気の中でも正義と道理を貫こうとすることが、肉体だけでなく精神の上でも、どれだけ命懸けなことであるか。それをジョナの母親が身をもって教えてくれている。

（大）

1996

1996年8月28日
ダイナミックな映像美　　　　　　　　　　　「ノートルダムの鐘」

「ノートルダムの鐘」（ブエナビスタ配給）は、フランスの文豪ビクトル・ユーゴーの小説を原作にしたディズニーの長編アニメ第三十四作。醜く孤独な青年が愛を知り、自分の存在に目覚める物語を、もはやアニメーションとは思えないほど精巧な映像で感動的に描く。

中世のパリ・ノートルダム寺院。街に響く鐘を鳴らすカジモドは、背中が大きく曲がり、顔もこぶで変形している。無慈悲な判事フローに外界との接触を禁じられ、話し相手は石像だけ。でも心は純粋で優しい。とくれば、見る側はいや応なく彼の応援団になってしまう。

カジモドが恋する美しく勇敢な踊り子エスメラルダ、冷酷な極悪人フローなど、キャラクターはいつも通り分かりやすい。

愛と勇気の大切さを高らかにうたい上げるのが、ディズニーアニメの伝統。登場人物の性格やストーリーは常に明快だ。そのあまりの明快さに、大人はときに鼻白む。

だが、この作品では心地よくディズニーの術中にはまってしまう。ダイナミックな映像に圧倒されるせいかもしれない。

パリの重厚な背景描写、人々の生き生きとした動き、躍動感あふれる飛翔（ひしょう）シーン…。いずれも過去の作品を超える迫力で、技術のめざましい進歩を痛感する。

声優陣もカジモドのトム・ハルス、エスメラルダのデミ・ムーアなど豪華。字幕版と並行して、劇団四季の俳優による日本語吹き替え版も全国の約五十館で上映中だが、オリジナルとの違和感を感じさせず楽しめる。監督はゲイリー・トルースデール、カーク・ワイズ。
　　　　　　　　　　　　　　　　　　　（緒）

1996年9月18日
現代のおとぎ話　　　　　　　　　　　　　　「スワロウテイル」

むかしむかし円が世界で一番強かったころ…。

今をときめく若手映画監督、岩井俊二の新作「スワロウテイル」（エース　ピクチャーズ配給）の前口上である。

口上はさらに続く―「ゴールドラッシュのようなその街を、移民たちは円の都、円都（イエンタウン）と呼んで夢をかなえようとした…」。

明らかに舞台は日本、題材は不法滞在の外国人。筆者はそれを手掛かりにいったいどんな物語が展開するのかと分かろうとしたが、見ているうちに「これは分かる映画ではない」とすっかり身をゆだねる気分になった。

登場人物は英語をしゃべったかと思うと、中国語、日本語もしゃべる。人物の国籍だけでなく物事一切が固定されない感じなのである。

空気のようにその存在すら意識外にある「円」という貨幣。「夢をかなえる」のに必死な移民たちの目を通してその価値の重さを知らされるのだが、それは登場人物たちの無国籍性から見事に単なる紙切れにも転化する。

「社会正義」と「悪」というような明確な線引きをさせない。画面が終始揺れ続けるのはそれを狙った演出の一つか。カメラが見る者の見方を固定させまいとしている。

だが、紙幣の扱い方をめぐってこの作品は十五歳未満の劇場への入場を禁止する「R」指定となった。この映倫の対応には首をかしげざるを得ない。そもそもファンタジーなのだから。

主演の三上博史、Charaら出演者と小林武史という人気音楽プロデューサーの豊かな個性が調和。批評精神豊かな現代のおとぎ話に仕上がっている。
　　　　　　　　　　　　　　　　　　　（大）

1996年9月25日

過去と現在を結び直す少女　　　「フィオナの海」

　人は時間の流れの中で、何かを得る代償として大切なものを失っていく。失ったものの意味を問うことは、自分自身を知ることでもある。

　「フィオナの海」（大映配給）は、妖精（ようせい）伝説の残るアイルランド北西海岸が舞台。母を亡くし祖父母のもとで暮らす少女フィオナ。沖合には彼ら一族の故郷で、今はアザラシだけが住む小さな無人島がある。かつて彼らがその島を放棄した際、彼女の幼い弟は波にさらわれ、行方不明となったままだった。

　しかし祖父やいとこ何度も島を訪れたフィオナは、やがて弟の生存を確信するようになる。アザラシの妖精の血が流れるという一族の伝説。フィオナたちが廃屋となった島の家を修復し再び住もうと決意したとき、弟はアザラシたちのもとから帰ってくる。

　少数者を題材に、多民族国家米国における個人のアイデンティティーを描いてきたジョン・セイルズ監督が初めて米国外を舞台に撮った作品は、ファンタジーを写実的に描く手法で、人間と自然との関係を暗示する。特に厳しく美しい自然と無垢（むく）なアザラシの姿を丁寧に撮った映像はこの作品の命になっている。

　行方不明の弟は、新天地を得るため島を放棄した一族が失った大切なもの。それは現代人が喪失したさまざまなものに置き換えが可能だ。

　フィオナは壊れた過去を修復することで失った弟を取り戻した。その過程で青白い顔の彼女も生気を回復する。

　決して時間の流れは逆行しない。フィオナの母は生き返らないし、彼女もやがて大人になるだろう。彼女は過去と現在を一本の線に結び直しただけだ。だがその延長線上に彼女の未来は開ける。回復すべき大切なものが何であるかは、観客それぞれの価値観にゆだねられている。　　　　（富）

1996年10月9日

重苦しさが解放される　　　「学校2」

　山田洋次監督の新作「学校2」（松竹配給）。前作「学校」は夜間中学を扱ったが、この作品は高等養護学校を舞台に、障害を背負った生徒の心のありようと、それを理解し寄り添おうとする先生の姿を美しく描いている。

　主人公は、中学時代にいじめが原因で言葉を失った高志（吉岡秀隆）。高志は、心身にハンディキャップのある佑也（神戸浩）に慕われることで言葉を取り戻すのだが、卒業を前に就職準備のため出た会社の現場実習で、社会の壁にぶつかる。その姿を西田敏行らが演ずる先生たちがハラハラしながら温かく見守る。

　重いテーマだ。しかし、見終わった後、爽快（そうかい）感にも浸れた。壁に打ちのめされた高志が佑也を連れて養護学校の寮を抜け出し、熱気球に乗るのである。

　舞台となっている北海道の雪の平原を背景に舞うその姿はことのほか美しい。なぜ、そこで乗ることになるのか脈絡ははっきりしないのだが、とにかくうれしくなってしまった。重苦しさが一気に解放された感じ。佑也の存在が生かされている。

　一方で養護学校教育の現場とそれを取り巻く社会の冷たさを言葉で説明し過ぎる場面があり、ある程度そうした問題を知る筆者にとっては蛇足に感じた。

　だが、現実は本当に重苦しいんだよという人にとっては「気持ち良く」だけ見てもらっては迷惑かもしれない。そう思えば多くの人に誤解なく見てもらうためには必要というのも、うなずけないわけではない。　　　　（大）

1996年11月6日
非情さを推理仕立てで描く

「戦火の勇気」

　ついこの間の戦争である湾岸戦争を題材にした米国映画「戦火の勇気」（エドワード・ズウィック監督）。戦時下の人間の弱さと戦争の非情さをミステリー仕立てに描いたドラマである。

　勇敢な戦士に与えられる名誉勲章が女性兵士に史上初めて贈られるかどうかを軸に物語は展開する。メグ・ライアン演ずるこの女性兵士は救出ヘリの指揮官で、殉職した。しかし、生き残った男の部下たちの証言が食い違う。なぜ食い違うのか、真相はどうなのか…。

　ベトナム戦争は米国にさまざまな映画をもたらした。それは「負け戦」だったからバリエーションが可能になったとも言える。「勝ち戦」となった湾岸戦争はドラマになりにくいのではと思っていたが、この作品は深い感動を引き起こさせる。真相を追い掛ける軍人、デンゼル・ワシントンの演技が物語に厚みを与えている。

　やや過剰に思えるところもあるが、砂漠上で戦車が繰り広げる迫力の戦闘シーンのほか、家族愛、夫婦愛も問われる場面もあり、盛りだくさんな内容の娯楽作品でもある。

　脚本家のパトリック・ダンカンは真相が明らかにされていく方法として黒沢明監督の「羅生門」を参考にしたという。戦争の非情さをドラマチックに描いた作品にベトナム戦争を扱った「プラトーン」があるが、だとすれば、この映画はドラマ化しにくい湾岸戦争を、「羅生門」の方法を使ってヒューマンドラマに仕上げた。　　　　（大）

1996年11月27日
美しく、よくできた物語

「モスラ」

　東宝がお正月映画として十二月十四日から公開する「モスラ」。怪獣映画の枠に収まらないファンタジーである。映像、音楽、物語の三拍子がそろった美しい映画だ。

　モスラは一九六一年、東宝の特撮陣が誕生させた「怪獣」。ゴジラと戦う作品も二本作られた。本作の特徴はモスラの子が登場、活躍する点。親モスラが戦う相手の怪獣に力及ばず、それを案じた子モスラが胎児期を十分に終えないまま孵化（ふか）してしまうのだが、たくましく成長して親モスラに代わる。

　物語がよくできている。倒されるべき怪獣は地球環境の破壊者。モスラの原形が空を飛ぶ昆虫であるという、その特徴もうまく使われている。陸上で戦う単調さを逃れている。幼虫のモスラが鹿児島県屋久島に上陸し、縄文杉を上回るといわれる樹齢の大木の力を借りて成虫となるシーンは特に美しい。親子愛の尊さがモスラ親子の姿から伝わってくる。

　最初、モスラの造形が縫いぐるみっぽくて、また色鮮やかすぎて戸惑った。しかし、後半は違和感がなくなった。ファンタジーなのだ。生々しかったらそうはならないだろう。物語の巧みさと音楽がいつの間にか一緒になって筆者には得難い映像体験となった。

　モスラに救われた人類を「ホッ」とさせる間もなく突き放して、深い反省を迫る落ちとそれを表現するための演出もいい。デジタル映像技術が上手に使われている。

　筆者はこの作品をわが子に見せたい映画三本のうちの一本に入れた。監督は米田興弘。　（大）

1996

1996年12月25日

寅さんへの賛辞、色濃く

「虹をつかむ男」

「男はつらいよ」に代わる松竹の正月映画「虹をつかむ男」。主演の西田敏行の、ユーモラスで温かいキャラクターが生きた人情喜劇に仕上がっている。が、それ以上に伝わってくるのは「渥美清さんありがとう」という山田洋次監督の叫びにも似た賛辞の気持ち。寅さんがいなくなった寂しさを、あらためて痛切に感じてしまう映画だ。

四国・徳島の山あいで小さな映画館を営む白銀活男（西田）が、幼なじみの十成八重子（田中裕子）を心の支えに、名画の上映に情熱を燃やす―というお話。劇中に「雨に唄えば」「東京物語」など名作を差し挟みながら、悪人が全く出てこない山田流の人情劇が展開する。

突然、正月の楽しみを断ち切られた寅さんファンへのサービスはたっぷりだ。「男はつらいよ」第一作の名場面が流れるし、倍賞千恵子、吉岡秀隆ら寅さんファミリーも多数出演。最後にはCGの力を借りて渥美自身も"登場"する。

活男という主人公は、寅さんと違って根っから生まじめな男。そのいちずさゆえにずっこける様子が、芸達者な西田の熱演で確かにおかしい。

だが、映画を見ている間中、寅さんが映っていないシーンでさえもその顔が頭にちらつく。見る側の意識のせいでもあるのだろうが、全編を寅さんの影が覆う。笑いも湿りがちで妙にしんみりした気分になる。

「渥美さんへのオマージュに」という山田監督の思いは見事に果たされた。ファンも納得するだろう。ただ今後、シリーズ化するとすれば、寅さんの"遺徳"から脱皮せざるを得ない次回作こそが正念場になる気がする。

（緒）

1997

1997年1月8日

板前の世界、骨太に

「流れ板七人」

　「流れ板」とは特定の店に属しないで自分の腕を頼りに全国を渡り歩く料理人のこと。「流れ板七人」は、恩義ある料亭の危機を救おうと集結した腕利きの板前たちの物語。オールスターキャストによるおとこ気とロマン、という東映のお家芸路線が板前の世界とうまくマッチし、骨太いドラマに仕上がっている。

　主人公はかつて流れ板として名をはせ、今は瀬戸内の小さな料理屋の主人に納まっている梨堂竜二（松方弘樹）。若き日に修業を積んだ東京の料亭の料理長・松木（梅宮辰夫）から、病気の自分に代わって若手の明神（東幹久）を鍛えてくれるよう頼まれ、引き受ける。

　松木は亡くなり、店は京都の料理人・鉾田（中条きよし）の手に渡ってしまった。竜二は松木の所属していた調理師紹介所の女主人（いしだあゆみ）の願いで、店の奪回をかけ鉾田との料理対決に臨む。

　自己犠牲をいとわず凛（りん）として困難に立ち向かう男、その男気にほれて運命を共にしようと燃える若者、思いを寄せる女、そして彼らに立ちはだかる憎々しい悪役─。手にするのはドスではなく料理包丁だが、構図はかつての東映やくざ映画と同じだ。和泉聖治監督はこれらの道具立てを実に手際よくさばいた。

　普段は見られない板場の世界が垣間見られるし、食材選びから盛り付けまで実際に名人に監修してもらったという豪華な料理は見ているだけで楽しい。ただし本当に食べようとしたら一回で一カ月分の小遣いが吹っ飛びそうだけれど。　　　　(緒)

1997年1月29日①

漂うただならぬ気配

「パラサイト・イヴ」

　映画「パラサイト・イヴ」（落合正幸監督）。第二回日本ホラー小説大賞を受賞した瀬名秀明の同名小説の映画化である。スクリーンから漂うただならぬ気配に息をのむ思いをさせられた。秀作だ。

　われわれの体の細胞の一つひとつに存在するミトコンドリアは独自の遺伝子を持つ。人類の誕生以来寄生（パラサイト）してきたこの生命体がついに意志をむき出しにして増殖、人類に代わろうとする。人類に立ち向かうすべはあるのか─。

　こうしたテーマを描くのに軸となるのが細胞研究者（三上博史）とその妻（葉月里緒菜）。最愛の妻を交通事故で失った研究者の夫は妻の臓器を取り出し培養する。しかしその細胞には意志を持ったミトコンドリアが存在していた。妻の交通事故も自分の行いもすべてそのミトコンドリアのたくらみだった。

　試写後しばらく、自分の中にえたいの知れない生物が存在しているという感覚を味わおうとしてみたのだが、これはどうにも不気味だった。

　映画の主人公が科学者なので、核、細菌の軍事利用といった人類を滅亡させ得る悪魔的行為も、実はミトコンドリアのように人類を操るものがいるのではと想像が及んだ。だが、そんな大げさなことでなくても、ゴミ問題をはじめ世間にはこのままいけば人類の破局は明らかなのに、なぜ？　と思うことが多い。

　こんなことを思ったのはこの作品の映像の力だろう。やはり人類に取って代わる生物の物語を描いた映画「猿の惑星」に勝るとも劣らないエンターテインメントである。

　気になるのは意志を持ったミトコンドリアに人類がどう立ち向かうかだが、この作品はその対抗策について考えさせる結末も用意している。　(大)

1997年1月29日②
圧倒的迫力のマドンナ 「エビータ」

　舞台ミュージカルをポップスの女王マドンナ主演で映画化した「エビータ」。ゴールデングローブ賞主演女優賞を獲得した話題の大作だ。

　貧しさの中、美ぼうと才覚を武器にアルゼンチン大統領夫人に駆け上ったエバ・ペロンの激しく短い人生。当然それは、スキャンダルも肥やしとして、スーパースターとなった歌手マドンナの生きざまと重なり合って見える。

　男から男へ渡り歩くことで、高い地位を獲得していくエビータ。後に独裁者となるペロンと出会い二人三脚で権力の座へ。どん欲に上を目指すエビータは輝いている。民衆の心をつかみ、扇動するカリスマはマドンナならではと思わせ、そう快感を与える。

　特に本物のアルゼンチン大統領官邸のバルコニーで四千人の民衆を前に歌う「ドント・クライ・フォー・ミー・アルゼンチーナ」は圧倒的な迫力がある。全体の九割が歌と音楽で構成されているのは大きい。マドンナには歌の表現の方が、せりふを語るより明らかに魅力的だからだ。

　また「フェーム」「ザ・コミットメンツ」など音楽映画も手掛けてきたアラン・パーカー監督も、大仰でない音楽の使い方で、物語のスムーズな展開を可能にしている。

　民衆から聖母と愛され、栄華の絶頂に立ったエビータは、不治の病に侵され三十三年の短い生涯を閉じる。舞台では心の空白を権力で埋めようとして、満たし切れない女の悲しさが焦点となるが、マドンナのエビータは悲劇的余韻を多く残さない。太く短い一つの人生として完結する。

　よくも悪くも、壮大なマドンナのプロモーション映画、マドンナによるマドンナのための映画と呼べるかもしれない。ただエビータをステップとして、彼女がさらに高い地位を獲得したのは間違いない。　　　　　　　　　　　　　　　　　（富）

1997年2月12日
ほろ苦いファンタジー 「恋と花火と観覧車」

　ときめきを忘れたときから老いは始まる、と思う。「恋と花火と観覧車」(松竹配給)は、若い女性に慕われドギマギする中年サラリーマンが主人公。この不器用な男を、洋酒会社のテレビCMで今や理想の上司ナンバーワンにランクされる長塚京三が演じ、甘くもほろ苦いファンタジーに仕上がった。

　最愛の妻に先立たれた商社マン（長塚）は「今さら恋なんて」と再婚話を断り続けている。一人娘（酒井美紀）に強引に入会させられた結婚情報サービス会社で、取引先のOL（松嶋菜々子）と偶然出会った。

　「僕は君のお父さんとほぼ同い年だよ」。慕情を募らせる彼女に、男はいかにも、の分別でいったんは拒む。

　人生の残りの方が気になり始める四十代、五十代の多くは、恋や夢に胸ときめかせた日々を奥底にしまい込み、心ならずも平たんな日常を過ごしているのではないか。

　この「心ならずも」を映画は強く揺さぶる。ふだんは夢想するだけの願望が、スクリーンの中でかなえられる心地よさ。

　見終わって「あきらめるのはまだ早い」と勇気を鼓舞されるか。「こんなことが自分の身に起きるわけないよなあ」と見る前より深いため息をつくか。それはあなた次第だが。

　企画・原作の秋元康は、有名になったあのCMをモチーフにしたという。ついに映画はCMにまで題材を求めるようになったか、という感慨（憤慨？）はあるのだが、長塚の渋い演技と松嶋の初々しさで気持ちよく酔えた。生瀬勝久ら周りの登場人物もおかしい。監督は砂本量。　　　　　（緒）

1997年2月26日

たくさんのものを見せる

「太陽の少年」

　青春の輝きと苦しみを、中国の薫りたっぷりに楽しませてくれるのが映画「太陽の少年」である。

　文化大革命下の北京が舞台。大人は政治闘争に明け暮れ、青年は下放政策で空っぽになった都会で、悪ガキたちが一人の年上の少女をめぐって若さに任せた青春ドラマを繰り広げる。

　物語を引っ張っていくのが少年シャオチェン。粗筋はシャオチェンが見つけた「女」を仲間のハンサムボーイに取られてしまう―という、あえて書いてしまえば、それだけのことなのだが、それとは正反対にたくさんのものを見せてもらったという思いが残った。

　映画の中では「文革」の言葉も、当時の社会状況の説明も出てこない。それでもたくさんを語っているように思うのは、まず、登場する役者の魅力。

　シャオチェンを演じたシア・ユイ（夏雨）は、もともとは演技にずぶの素人の北京のスケボー少年。撮影前にスタッフと文革時代の雰囲気になじむために合宿生活を送ったのだという。ヒロイン役のニン・チン（寧静）も肉感にあふれ、思春期の男たちのあこがれの対象として適役である。

　そしてこれら役者陣を引き立てているのが、歴史の重厚さとけんらんさを感じさせる北京の建造物。画面に一貫して漂う「黄」の色調がそうした豊かな情報につやを与え、中国を感じずにはいられない。

　それでいて中国らしくない雰囲気も持っているのは、青春の悲喜とその無国籍性を作り手側がよく心得ているからだろう。

　監督は「芙蓉鎮」「紅いコーリャン」の演技で中国を代表する俳優チアン・ウェン（姜文）。監督デビュー作となる。　　　　　　　　　　　（大）

1997年3月5日

犬とG・クロースが名演技

「101」

　「101」（ブエナビスタ配給）は、一九六一年に公開されたディズニーの名作アニメ「101匹わんちゃん」の実写版。出演した二百匹を超すダルメシアンたちの名演と、敵役のグレン・クロースの"怪演"で、大人も楽しめるファミリー映画になっている。

　ゲームデザイナーのロジャー（ジェフ・ダニエルズ）は、愛犬ポンゴが見初めたメス犬パーディの飼い主アニタ（ジョエリー・リチャードソン）と恋におちる。

　やがて産まれた十五匹の子犬とともに幸せな新婚生活を送る二人の前に現れたのは、アニタの上司でファッション界の大物クルエラ・デ・ビル（グレン・クロース）。無類の毛皮好きのクルエラは、子犬の皮でコートを作ろうと画策し、二人に断られると子犬たちを誘拐してしまう。

　破たんなくまとまったディズニーお得意の愛と勇気の物語。犬たちは、最近のヒット作「ベイブ」のように言葉こそしゃべらないが、さすが厳しいオーディションで選ばれたらしく感動的な演技を見せる。犬好きにはこたえられないだろう。

　毛皮マニアのクルエラの役柄は、動物愛護の精神から毛皮反対運動が高まっている現在では、ただでさえ三十六年前より悪者ぶりが強調されるに違いない。

　その役を一作ごとにすごみを増すグレン・クロースが、ハイテンションで演じるのだから、迫力と憎々しさは相当なもの。犬以外の登場人物で記憶に残るのは彼女だけと言ってもいい。動物ものでも食われない彼女の演技は一見の価値がある。

　監督はスティーヴン・ヘレク。　　　　　　　（緒）

1997

1997年3月12日
愛すべき火星人　　　　　　　　　　「マーズ・アタック！」

　「バットマン」などで知られるハリウッドの異才ティム・バートン監督の新作映画「マーズ・アタック！」。地球に大挙襲来して人類を手玉に取る愛すべき火星人が登場する。

　とても人間くさい。うそつきで、スケベで、「エイリアン」と突き放して呼ぶにはちゅうちょする。

　「友好関係を結びに来たに違いない」と平和的に接触を試みる米国軍に、いきなり光線銃を乱射する。議会で、街中で「われわれは友人だから逃げないで」と叫びながら人間を撃ち殺しまくる。

　そんな火星人を撃退するための究極の手段として、米政府は宇宙船の母艦に核兵器を発射するのだが、火星人はいとも簡単にそれをのみ込んでしまうのである。

　そうした火星人のたくらみのオンパレードを楽しんでいるうちに、この火星人の言葉が関西弁のように聞こえてきた。発する言葉は「ゲコゲコ」「ガコガコ」みたいなもので、意味不明だが、例えば「核兵器なんぼのもんじゃい」と言っているようなリズムがある。口元が緩んでしまった。

　言うまでもなく、関西人だけがうそつきでスケベだというわけではないが。

　迎える人類の代表、米大統領を演じるジャック・ニコルソンのキャラクターもいい。まじめに行おうとする職務の一つひとつにおかしさがこみ上げてくる。

　そして火星人に対抗すべく格好をつけて職務にいそしむ人間より、エイリアンである火星人の方が、人間らしく思えてしまうことも。そこがこの作品の優れたところである。
　　　　　　　　　　　　　　　　　　　　（大）

1997年3月19日
別世界に誘われる心地よさ　　　　　　　「天国の約束」

　映画館が「夢」であり得た時代の老人と少年との交流を描いている米映画「天国の約束」。

　大恐慌の最中にある一九三〇年代の夏の、ある暑い一日。だれもがいらいらして暮らす中、映画館「ラ・パロマ」が冷房も完備して新装オープンした。

　少年ジェンナーロは入場料をつくるため、にわか大道芸などさまざまな手を尽くすのだが、その過程で童心を震わす人間の暗黒を見てしまう。その孫に、アル・パチーノ演じる祖父は厳しく優しく接し、やがて息を引き取る。ジェンナーロは映画を愛した祖父の"遺産"をもらって映画館に行く。

　トワイライトの画調と低音の主題曲が効果的に使われ、この映画を見ていること自体が別世界に誘われたような心地よさがあった。それが作り手の狙いであることはもちろんだが、三十五歳の筆者にとって映画館が夢を見る場でもあるという感覚は非常に薄い。

　だが、心当たりはある。

　三月十日に亡くなった萬屋錦之介さんの密葬で、萬屋さんのひつぎに、ファンが「錦ちゃん、ありがとう」と声を振り絞って見送った。萬屋さんに時代のヒーローとなる要素があったことは言うまでもないが、映画が娯楽の殿堂であった時代を生きた人たちの幸せがそこにあった。

　翻って今、映画は多くの人にとって一つの娯楽。しかし、夢を見たい欲求が萬屋さんの時代より小さくなっていることはないだろう。

　入場券を手に胸膨らませ、暗がりに入っていくジェンナーロの姿が目に焼き付いている。監督はジェームズ・フォーリー。
　　　　　　　　　　　　　　　　　　　　（大）

1997

1997年4月2日
随所にお家芸の特撮技　「ウルトラマンゼアス2」

　特撮の怪獣、ヒーローものと言えば、日本のお家芸。今でこそ、ハリウッド製の大作に押されがちだが、手作りの良さ、とでも呼びたい描写の精度は今も息づいている。ウルトラマンシリーズの映画最新作「ウルトラマンゼアス2　超人大戦・光と影」にはそんな伝統が、随所にちりばめられた。

　物語はたわいない。正義のヒーロー、ゼアスをしのぐ能力を持つ悪のヒーロー、ウルトラマンシャドーを倒すため、ゼアスに変身する若者が空手を学び、新しい必殺技で決戦に挑む。特撮ものでは、最もよくあるパターンだ。この映画は、ストーリー性を「どうでもいい」と宣言した上で、身長六〇メートルを超える超人同士の格闘に見せ場を絞り込む。

　昨今、心理描写に富んだ怪獣映画として評価の高い「ガメラ」シリーズへの反論なのか、特撮優先で脚本の練り上げを忘れてしまったのかは判断に苦しむが、とにかく「けんか」が全編の「華」なのだ。

　初代ウルトラマンの赤とシルバーのデザインを反転させたようなゼアスは、スポーツカーのようにスタイリッシュ。なぜなら、石油会社のイメージキャラクターでもあるからで、高性能、スピーディーさが殊更に強調されている。その分を割り引いても、冒頭五分の格闘シーンは見ごたえがある。

　黒部進、森次晃嗣、団時朗ら歴代テレビシリーズのヒーロー役が顔を見せるのがうれしく、神田うのが喜々として悪役を演じているのもおかしい。だが、主役の若者の演技力はちょっといただけない。これだけは特撮できなかったのか、と惜しまれる。監督は小中和哉。　　　　　　　　　　（ぺ）

1997年4月16日
晴れ渡らない世界美しく　「失楽園」

　森田芳光監督「失楽園」（東映配給）が五月十日から公開される。

　日本経済新聞で話題を呼んだ渡辺淳一の連載小説の映画化。不倫による性愛の行き着くところを美しく映像化した作品だ。不倫の当事者である「久木」を役所広司が、「凛子」を黒木瞳が演じている。

　久木はかつて敏腕編集者、今は閑職の中年サラリーマン。凛子は医者を夫に持つ貞淑で美しい熟年の妻。凛子は養父の通夜の晩も久木の求めを拒みきれず、喪服姿でホテルで抱かれる。数々の密会を知られた久木は離婚を、凛子は続縁を法律上のそれぞれの伴りょに求められる。二人はついに命をかけた性愛に挑む—。

　「死んでもいい」と思わせるほどの性愛って本当にあるのだろうか。「不倫は罪悪」の倫理が世間を支配していた江戸時代ならまだしも、今という時代を扱うこの映画の中で二人は絶対的に孤独ではない。

　死に方に究極の美しさを想像し得たからだろうか。久木の発案は確かにそうだろうが、壮絶だ。しかし、凛子の漂わす色気とはかなさを思えば分からないでもない。

　映像が漂わす気配がいい。不倫の目線を持った人が体験するこの世の彩りとはこんなものなのだろうか。気分は上気していても、晴れ渡らない世界。

　この映画は、不倫を楽しむ当事者と、それを許さない状況とのせめぎ合いがもたらす感動を伝える作品ではない。それにしても「そこまでやるか」と筆者は思ったが、映像と音楽でこういう世界もあるのかと見させてくれた。　　　　　　　　　（大）

1997

1997年6月25日

ユーモア加味、でも怖い 「ロスト・ワールド」

「ジュラシック・パーク」の続編「ロスト・ワールド」(スティーブン・スピルバーグ監督)が七月十二日、公開される。人間味、ユーモアが加味された娯楽大作だ。

物語は前作でテーマパークは破壊されながらも、恐竜を太古からよみがえらせた遺伝工学研究所は存続し、そこで恐竜たちが繁殖し続けているという事実からスタート。恐竜を狩猟用に捕獲するハンターたちとその生態を知ろうとする研究者の親子、さらに恐竜の王様と言われる肉食のティラノサウルスの三者の絡み合いを中心に展開していく。

前作は恐竜の登場する場面はさして多くなかったが、その分「出るぞ」「出るか」という期待感と恐怖感で楽しませてくれた。新作は恐竜の数と種類が増えて観客が慣れっこになる面を、恐竜と登場人物の性格に人間味やユーモアを加味して前作に劣らない娯楽作品に仕上げている。

人間だけでなくティラノサウルスにも親子愛を持たせたところがみそだろうか。とは言っても肉食恐竜はやっぱり怖い。今となっては想像するしかない「恐竜の正体はこの映画を見ればいい」と恐竜学者は言ったという。

ただ、電子銃など殺傷能力の高い武器がいくらでもあるのに、ハンターが原始的な銃や麻酔銃しか持ち合わせないというのはおかしなところ。主演男優のジェフ・ゴールドブラムは筆者とのインタビューで「恐竜を捕獲するのなら戦車が必要だ」という自分のせりふがカットされたことを明らかにしたが、自然を甘く見る人間はしっぺ返しを食らう、ととらえれば批評精神も利いている。(大)

1997年7月2日

アニメだから描き得た世界 「もののけ姫」

世界配給も決まっている宮崎駿監督のアニメーション映画「もののけ姫」(東宝配給)。日本の室町期を舞台に、森の神々と人間の戦いを描く。アニメだからこそ描き得た壮大かつ壮絶な物語だ。

中世から近世へと移行するこの時期、人間は太古の森を盛んに切り開き始めた。豊かな暮らしを製鉄に求め、その燃料を手に入れるためだ。聖域を侵された山犬、シカなどの獣たちは人間を襲い、荒ぶる神々として恐れられていたが、ついに人間は神々を一掃するため総攻撃をかける。

冒頭いきなり炎のような触手に全身を覆われたタタリ神が登場する。この神を倒して死ののろいをかけられた王家の青年が異変のなぞを解くため旅に出る。そして神々と人間の戦いに巻き込まれるのだが、どちらにつけばいいのか最後まで悩む。

冒険活劇というエンターテインメントの要素、さらに正義の理不尽さという社会性も合わさって上映時間二時間十五分という長さを感じさせない。

一方で日本的な要素たっぷりの映画なので世界公開に耐え得るかという疑問もよぎるが、森の神々と人間の戦いはほかの国でもあったはず。宮崎監督作品は海外でも大人にファンが多いので、反響に興味がある。

「日本人は殺しすぎる。いけすの魚を目の前で殺して食べる」など、筆者とのインタビューで宮崎監督の口からは日本民族批判が相次いで飛び出した。あふれんばかりの激しい思いを「もののけ姫」に注いだようだが、それをニコニコ、ユーモアたっぷりに語るのを見ているうちに、「トトロ」は鏡に映る自分の顔をヒントに造形したのではと思えてきた。(大)

1997年7月23日

はじめ怖くて最後に感動

「学校の怪談3」

　夏の人気映画として定着しつつある「学校の怪談」のパート3(東宝配給)。シリーズ初演出で脚本(共同)も手掛けた金子修介監督は「最初は怖くて最後に感動」の娯楽作に仕上げている。

　二十年前に病弱で亡くなった男の子タイチの幽霊に導かれ、学校に閉じ込められてしまった女性教師(西田尚美)と児童たちの物語。小学校が舞台であること以外は、前二作と登場人物や設定を一新した。

　母の再婚で突然新しい家族ができたり、好きな気持ちを相手に切り出せなかったり。それぞれの悩みを持つ子供たちが、力を合わせて一夜の恐怖に立ち向かう。

　骨組みだけの恐竜が迫り、愛きょうたっぷりの妖(よう)怪たちがいたずらする。お金の掛け方がけた違いな「ロスト・ワールド」の恐竜のリアルさには程遠いが、昔ながらのお化け屋敷を一緒に体験しているような楽しさに満ちている。

　神戸の事件をきっかけに、またぞろホラー映画の影響が取りざたされているが、この映画ではだれも血を流さないし、どろどろしたおん念も絡まない。お化けは子供たちを驚かせはするが、殺そうとはしない。

　つまりホラーの常とう手段を使わずに、ちゃんと怖くて面白い。「ガメラ」シリーズで最近好調の金子監督の手腕がさえている。

　前作にも出演した前田亜季ら子役も好演。見終わってそう快感が残るのは、怪談仕立てながら、実は子供たちが友情や初恋に目覚める成長物語だからだろう。

(緒)

1997年8月6日

仮想現実世代の感性映す

「新世紀エヴァンゲリオン劇場版」

　テレビアニメとして爆発的ブームとなった「新世紀エヴァンゲリオン」。劇場版の第二作「THE END OF EVANGELION」は、不可解なまま終わったテレビシリーズの結末部分を、庵野秀明監督が新たに作り直した完結編に当たる。

　使徒、アダム、リリン、ロンギヌスの槍(やり)、人類補完計画…。ブームに拍車を掛けたなぞの数々。今回もヒントは与えられるが、なぞは完全に解き明かされない。

　中ぶらりんだった登場人物たちの行く末は描かれているものの、世界の終末へ向かって進むストーリーは難解だ。人類の運命と、他者とコミュニケートできない主人公の少年の心のかっとうが同一化する。そしてラストも多様な解釈ができそうな、あいまいさを残している。

　仮想現実のさまざまなイメージをコラージュして作り上げた世界。そこに統一感らしきものを与えるのに引用される神秘主義。そして実感できない極大のテーマが、いきなり個人のアイデンティティーの問題と直結する性急さと過剰な自意識―。

　エヴァンゲリオンの世界は、テレビやゲームで育った世代が、多かれ少なかれ共通して持つ感覚の特性を見事に映し出して見せた鏡と言える。だからこそ多くの人が共感めいたものを覚えたのだろう。

　だが、鏡は鏡。どこまで行っても閉じたまま出口のない世界と認識するしかない。当たり前だが、個人の孤独や疎外を解決する方法は、現実の世界にあるのだから。そして作り手もまた自覚的に、シニカルに、観客を突き放してしまっている気がする。

　エンターテインメントとしてならば、テレビ版(全二十六話)の前半の方が、アニメとしての完成度も高く、ずっと楽しめる。

(美)

1997年9月3日

ハマちゃんは仕事もデキる　　「釣りバカ日誌9」

　ハマちゃんはスーパーサラリーマンだった！「釣りバカ日誌9」(松竹配給)は一九八八年に始まった人気シリーズの第九作。西田敏行、三國連太郎はいつも通りの軽妙なやり取りで笑わせてくれる。加えて今回は、だめ社員のはずだったハマちゃんの有能な仕事ぶりが初めて明かされるのが見ものだ。

　釣りのためなら遅刻、欠勤お構いなしのハマちゃんは、相変わらず鈴木建設のヒラ社員。ある日、所属する営業部の新部長に、ハマちゃんと同期入社で親友の馬場(小林稔侍)が抜てきされた。

　やり手の馬場を早速襲った仕事の危機を救ったのは、何とハマちゃんの釣り人脈だった。お礼の席で馬場は、バーのママ(風吹ジュン)に思いを寄せていることを打ち明ける。

　今回の脚本は「学校2」や「虹をつかむ男」の山田洋次、朝間義隆コンビが担当。その分、中年男女の恋模様がしっとり描かれるなど、ドラマ性の強い作品となっている。

　それにしても、えらそうな態度で商談をまとめてゆくハマちゃんは小気味いい。

　趣味を堪能しながら職場の同僚には嫌われず、同期の出世など全く気にならない。宴会に出れば人気者で、家には出勤前のキスを欠かさない愛妻とかわいい息子。その上、実は卓越した営業マンだった、となると、凡人は「まいった」と言うしかない。

　もともとこのシリーズは、ヒラ社員と社長が、趣味の世界では立場が逆転する、という現実離れした設定が人気の源泉。スーパーサラリーマン・ハマちゃんの登場で、ファンタジー色が強まって楽しい。監督は栗山富夫。　　　　(緒)

1997年9月17日

説得力ある宇宙もの　　「コンタクト」

　空飛ぶ円盤も、恐ろしいエイリアンも出てこない。「コンタクト」(ワーナー・ブラザース映画配給)は、宇宙人と科学者の、ちょっと変わった出会いの仕方を描く。はらはらドキドキ、知的で元気の出る映画だ。

　宇宙のなぞを易しく語ることでは第一人者のカール・セーガンの原作、「バック・トゥ・ザ・フューチャー」「フォレスト・ガンプ」などのロバート・ゼメキスが監督。水準以上を最初から約束されていたようなものだが、さらにジョディ・フォスターが天文学者の役にはまっている。

　舞台は現代の米国。巨大な電波望遠鏡を使って、地球外にいる知性、つまり宇宙人からの信号を待ち続けているのが、主人公の天文学者エリーだ。恋もそこそこに、来る日も来る日も、望遠鏡が拾うノイズを分析する日々が続く。スタッフもダレ気味だ。

　そうしたある日、突然、素数を順番にパルスにした信号が「ドッ、ドドッ、ドドドッ」と入ってくる。ここは感動的。ついにメッセージをつかまえたのだ。マスコミは殺到し、大統領府から高官が駆けつける。解析された信号には、さらに驚くべき情報が組み込まれていた。

　宇宙からのメッセージに反応する、米国の宗教と政治もよく描かれている。映画の終わり近くのコンタクト(接触)のありさまは、ファンタスティック、かつ子供も科学者も納得させる説得力がある。SETI(地球外知性探査)計画に実際に参加している日本の学者に、映画の感想を聞いたら「○(マル)」だった。注文は一つだけ。途中の、日本(人)の描写がひどすぎた。　　　　(哉)

1997年10月1日

自然な生と死

「ある老女の物語」

　年老いて、人生の舞台からいよいよそでに引っ込むとき、「人生は美しいわ、忘れないで、愛が一番大切よ」なんてせりふ、普通の人間にはなかなか言えるものではない。

　オーストラリアのポール・コックス監督「ある老女の物語」には、目立たぬ市井の一老女から「死は怖くない。自然なことなのよ」と、励まされるような見事な老境の姿と彼女を支えた看護婦との心のきずなが描かれている。

　メルボルン市内のアパートで一人暮らしのマーサは七十八歳。一人息子は同居を勧めるが、嫁と折り合いが悪いし、何よりもペットや鉢植え、好きな絵や思い出の小物を並べて居心地よく住み慣れたこの部屋を離れる気は毛頭ない。

　だれに気兼ねなく日々を送る自由さは、年齢に関係なく人間の幸福の必要条件だ。毎日通ってくる若い巡回看護婦のアンナとは友情を超えた実の母娘のように心を通わせている。アンナや高齢の友人たちと散歩をしたり泳いだり、生き生きと生活を楽しむマーサの姿はしわさえも魅力に見える。遠い昔、欧州の戦火で幼い娘を失った心の傷はだれにも語ったことはない。

　ある日、マーサは隣室の元軍人が孤独死しているのを見て動転し転んで骨折、入院した折に末期症状のがんだと告知されるが…。願いどおり自宅でアンナの手で安楽死を迎えるマーサのほほえみ。

　マーサを演じた女優シーナ・フローランスは実際にがんを患っており、この映画を撮り終えた後、「マーサは私そのものです」と言い残して亡くなった。淡々と自然な演技が、かえって強烈な記憶として残る。

（侑）

1997年10月8日

写真家の目通した純愛

「東京日和」

　映画の作り手としても活躍する竹中直人の監督三作目「東京日和」が公開される。

　主人公は竹中本人が演ずる写真家とその妻。妻は少し精神を病んでおり、時折、訳の分からない言動を繰り返す。妻が大好きな写真家の夫は耐え切れず、声を荒らげてしまうこともあるが、その後で、やっぱり妻が好きで好きでたまらない自分に気づく。

　さしてスケールの大きな物語ではないのに上映時間は二時間一分。確かに長い。けれども長くは感じさせないのは、妻を演じる中山美穂の力によるところがまず大きい。何をやっても許さざるを得ない、まるごと愛すべき存在として違和感がなかった。

　それに映像が雰囲気を持っている。季節感を漂わす空の色、虫の声、風の音…。最初「凝っているなあ」と少々、抵抗感があったのだが、いつの間にか浸っていた。

　妻が好きでたまらない写真家の夫の目に映る世界の色と、そこに流れる時間の感じというのはこんなものなのだろうか。自分で「これはいい」と思って撮った写真が、出来上がってみると「こんな感じじゃなかったのになあ」と、がっかりすることが多い筆者は、そんなことを考えた。

　原作は写真家荒木経惟氏が雑誌に連載した亡き陽子夫人とのフォトエッセー。これを映画化するに当たり、荒木氏の個性が強すぎるため、別の人物に設定し直したという。それもよかった。

　とはいえ、主人公は荒木氏がモデルという入り口から入らないと、物語が分かりにくいのも確か。荒木氏を知らない人でも楽しめるような作り方をしてくれればもっと良かったと思う。

（大）

1997

1997年11月12日

離散する家族の情感描く 「萌の朱雀」

　今年五月のカンヌ国際映画祭で新人賞を受賞した河瀬直美監督の「萌の朱雀」の劇場公開が始まった。林業の不振で過疎化の進む村を舞台に、離散を余儀なくされる家族の情感を映像にしている。

　村では過疎化に歯止めをかけようと、まちと結ぶ鉄道の敷設計画が持ち上がった。トンネルも出来上がったものの計画は中断されてしまった。見切りをつけて山を下りる住民が相次ぐ中、開設工事にかかわった中年の男は家族に何も告げずに夏のある日、愛用の8ミリカメラを持ったまま家を出て行方が分からなくなる。残された家族も離ればなれになる。

　見捨てられたトンネル、一方で農作物が豊かな急斜面、山と山を結ぶつり橋、その背景の生い茂る緑、茶の間から見はるかす山並み…。映像は山村で暮らす人間をそうした風景の中でとらえようとしている。

　しかし、物語は登場人物のせりふでは説明されてゆかない。一家の柱を失っても、離散に当たってもそのときの気持ちは語られない。

　男が家に残した最後の8ミリテープを居間で映写することになり、筆者は「ひょっとしたらそこに失そうのなぞを解くヒントがあるのでは」と期待した。

　その後に続く話は詳しくは書かない。ただ、こちらの期待を見事に裏切ってくれる。解釈は見る側に任されている。でも、なんとなく、いやよく分かるような気がする。

　「萌の朱雀」はそういう映画だと思う。　　（大）

1997年12月3日

恋の駆け引きをダンスで 「タンゴ・レッスン」

　タンゴダンスの魅力と映画の妙味双方が上手に生かされているのが、英国のサリー・ポッター監督「タンゴ・レッスン」だ。

　主人公はタンゴの魅力に取りつかれた映画監督の女性と、プロダンサーの男。レッスンを受けるうちに女性は恋に落ちるが、男は私生活とは一線を画そうとする。そのために女性がレッスンで、舞台で味わわされる挫折、嫉妬（しっと）…。しかし、やがて映画作りへの関心を持つ男は逆に女性にリードされる側に回る。

　女性を演ずるのは監督本人。バレエのダンサーでもある彼女が、タンゴに引かれていった自分の体験を、アルゼンチンの実在のプロのダンサー、パブロ・ベロンを相手役にフィクション化した。

　男が女性の側に足を差し伸べると、女性は足で払いのける。寄せてはかわされるステップが切ない。それでいて上半身は頬（ほお）を合わせんばかりに密着している。

　靴が床をける音だけでなく、力強いスリムな足の運びがタンゴの調べを張り詰めさせながら、全体の動きとしては流麗で、丸みがある。紫色がかったモノクロームの映像が、その部分を官能的に際立たせる。

　映画はダンスのシーンが大半。しかし、飽きなかった。登場人物たちの胸の内を物語るようにダンスをつかまえるカメラのせいだろうか。タンゴの情熱は、ダンス自体に男女の駆け引きが盛り込まれているところから生まれるのだろうか。

　ラブストーリーとタンゴダンスが醸し出すそれぞれの味が、溶け合った映画と言っていいだろう。　　（大）

1997年12月24日

強引だが、登場人物に魅力

「北京原人」

　映画「北京原人」が公開中だ。五十万年前の化石から抽出されたDNAを基によみがえった原人の親子三人が物語をぐいぐい引っ張っていく。

　ただし、原人と現代人のきしみと交流を描いたその物語はかなり強引だ。よみがえらせる実験が宇宙空間で行われるのはいいとしても、いきなり性別、年の違った原人が誕生する。原人の復元を指揮した権威主義者はその原人の世間へのお披露目を陸上競技会でやる―などなど。

　でも、というよりは、だから面白かった。楽しめた。

　まず、人物の魅力。原人の父親がいい。特殊メークが顔いっぱいに施されながら、その目と口の動き、発する声、所作は、温かみとコミカルさが同居して、親しみが増す。

　原人の母親も原人を研究する若い女性も、まさしく裸のつきあいで、おっぱいを見せる。原人はメークなどで隠さず、堂々と見せているその潔さもいい。

　復元研究は北京原人だけでなく、シベリアでは太古の時代のマンモスについても行われていた。所有権をめぐって中国と日本の争奪戦の対象となって窮地に追い込まれる原人とテレパシーで交信したのか、マンモスは研究所を壊して脱出、原人を救いに平原をひた走る。

　このシーンを筆頭にコンピューターグラフィックス（CG）もふんだんに盛り込まれている。ハリウッド並みのデジタル合成技術を駆使した娯楽大作を日本でも、というのが製作者である東映などの狙いだったが、残念ながらリアルさでは、かなわない。

　しかし、それがかえって良かったような気がする。良く言えば「奇想天外」、ちょっと意地悪く言えば「荒唐無稽（むけい）」。でも、筆者にはポケットからなんでも取り出す「ドラえもん」を見るのと同じように楽しめた。監督は佐藤純彌。　　（大）

1998

1998年1月21日

色気にあふれる登場人物

「極道の妻たち」

「愛した男が極道だった」をキャッチコピーに一九八六年始まった映画「極道の妻たち」のシリーズが、公開中の第十作で最後となる。タイトルは文字通り「極道の妻たち　決着」。

信用金庫経営者の不正預金をネタに、リゾートホテルの建設資金を脅し取ろうとするヤクザが殺された。親分が逮捕されたが、それはぬれぎぬで、実は長年緊密な親子関係を保って助け合ってきたはずの身内が多額の資金の横取りを狙っての陰謀らしい。夫に代わって極道の妻たち（岩下志麻ら）が、黒幕を暴いていく。

シリーズの魅力は、なによりも登場人物だった。舞台が関西だったのも良かった。歯切れが良くて、リズムのある関西の言葉が「ヤクザ映画」とは違う「極道映画」のテンポ感を醸し出した。中でもドスを利かせて、男たちの痛いところをピンポイントする岩下の存在は際立っていた。

これが最終作品となると知って第一作をビデオでもう一度見た。映像で物語を見せていく映画ならではの工夫が凝らされている。それに比べると、最終作は人物のアップが多く、漫画の「ゴルゴ13」のような劇画タッチを強く感じる。男のだらしなさも、よりコミカルに描かれている。

女の側から男を描く、という視線は、シリーズがスタートした十二年前は新鮮だった。しかし、それも今は普通の手法。新鮮味が薄れる分、目と耳を引き寄せやすい手法に変わっていったとも言えるだろう。

でも、出演俳優が醸す男女それぞれの色気。スクリーンを眺めているだけで、うっとりすることも多かった。監督は中島貞夫。　　　　　　　（大）

1998年1月28日

現代を描くホラー

「リング」「らせん」

ベストセラーとなった鈴木光司のホラー小説を、恐怖を映像で描くことでは実績のある中田秀夫、飯田譲治両監督がそれぞれ映画化したのが「リング」と「らせん」だ。

あるビデオを見た者が次々と、必ず七日後に死ぬ。なぜなのか。そのなぞが解き明かされていくうちに、死ぬことと生き残ることを区分ける明確な一線が浮かび上がる。

原作のある映画を見るときは、あえて原作を読まないようにしている。映画は小説とは基本的に異なるメディアだから。そうでなければそもそも映画化する必要はないような気がする。

物語のユニークさ、今という時代を考えさせる点では卓抜だ。ミステリーでもあるため、詳しく説明できないが、個人の命は本当に地球より重いか、違うんじゃないか、なんでも見ることができるのって本当に恐ろしいことでは、見ないほうが幸せなことがある—などなど、さまざまに思いを巡らさせてくれる。映像の力もあるだろう。

ホラー映画といっても、この作品は目を覆わなくてもいい。覆いたくなるのは耳だ。低音の響きを強調して恐怖を醸し出したり、持続させたりするのだが、筆者には過剰に感じるところがあった。

別々の監督が前編（「リング」）と後編（「らせん」）を手掛けたせいか、つながりが分かりにくいところがある。

一本の脚本にまとめ、一人の監督が演出したら、どんな映画になっただろうか。そんなふうに作られた作品も見てみたいと思った。　　　　　　（大）

1998

1998年2月18日
どんでん返しの連続 「ゲーム」

　映画「セブン」で人間はどこまで悪に落ちることができるか、その恐怖を見せつけたデビッド・フィンチャー監督。彼の新作「ゲーム」が公開されている。

　米国の孤独な大富豪が主人公（マイケル・ダグラス）。誕生日に「人生が一変するようなすごい体験ができる」というゲームへの入会カードを贈られてから、不可解な事が立て続けに起きる。それはエスカレートして、実業家としての立場だけでなく命まで危うくなる。これは現実なのか、妄想なのか。ゲームの行き着くところは何なのか。

　宣伝文句通り、筆者には全く想像できなかった"上がり"が用意されている。

　フィンチャー監督は「最大の恐怖を体験することで生きていることをあらためて実感する」と狙いを語っているが、それは裏返せば、想像を絶するゲーム、それも想像の域を超える大金をかけてやらないと、「生の実感」を得られない人たちが米国にはいるということの表れだろうか。

　劇映画がフィクションであることは知っているつもり。でも、そこまでやらなくてもという思いはぬぐえなかった。ここまでの、ここの部分は現実だろう、この人は味方だろうと思って安心したくなるところから、裏切られていく。

　どんでん返しのどんでん返しのどんでん返し―この手法は米国のホラー映画でも最近見られるが、フィンチャー監督は「まだ足りない」とも言っている。

　なるほど、そういうもんだよな、というところからかけ離れた映画。「すごい」と面白がってばかりはいられない気分が残った。　　　　（大）

1998年3月4日
善意を信じる勇気描く 「グッド・ウィル・ハンティング　旅立ち」

　孤独な若者の苦悩と再生を描いた青春映画「グッド・ウィル・ハンティング　旅立ち」は、本年度アカデミー賞作品賞などにノミネートされた秀作。さわやかな後味を残す善意に満ちた物語である。

　主人公ウィル・ハンティング（マット・デーモン）は、下町に住む若者。天才的な頭脳を持ちながら、けんかに明け暮れ無為の日々を送る。

　偶然その才能を発見した大学教授がウィルをエリートとして世に出そうとするが、彼は心を開こうとしない。教授は大学時代の友人ショーン（ロビン・ウィリアムス）にセラピストの役目を依頼。最初は衝突するウィルとショーンだが、両者の関係は少しずつ変化していく―。

　孤児の境遇、幼児虐待のトラウマなどウィルの心を凍らせたさまざまな要因。だが傷つくことを恐れるあまり、人と深くかかわらない彼の孤独な心情は、現代に生きる多くの人に当てはまる。だから「君は自分以外の何かを本当に愛したことがあるか」と投げ掛けるショーンの言葉も説得力を持ち、重く響いてくる。

　物語が偽善に陥らずにいるのは、ショーンがウィルを救う一方的関係でなく、妻を亡くして以来過去に決別できないショーンも目覚めていく相互の交流だからだろう。このヒロイズムを排した人物設定と抑制の利いたガス・バン・サント監督の演出が光る。

　ショーンや恋人、下町の友人たち、大学教授らウィルの周囲には、いつも彼を見守る善意（グッドウィル）の人々がいた。結局それを直視しなかったのは彼自身だった。

　「現実の世界はそんなに甘くない」と言うことも可能だ。だが悪意の存在も認めた上で、人々の善意を信じる勇気、自分の人生を自分で切り開く意志の尊さをこの作品は真っすぐに伝えている。
　　　　（富）

1998年3月11日①

予感に満ちた新鮮な映像　　　　　　　　「四月物語」

　これはたくさんの予感に満ちた映像だ。

　桜並木、新しい自転車、真っすぐ延びる歩道、がらんとしたアパートの小部屋、そして風に舞うワンピース。どれもがまだ朝の新鮮な空気に包まれたまま幸せな予感をたたえている。

　その空気の中心にいるのが松たか子が演じている主人公の大学一年生楡野卯月（にれの・うづき）。大学に通うため北海道からひとり東京に引っ越してきた卯月には、すべてが新しい世界だった。

　引っ越し業者やクラスメート、ミステリアスな隣人などに戸惑いながらも、卯月は自らを東京に駆り立てたある秘密を何度もそっと胸の中で再確認する。

　全編六十七分。さまざまな予感が朝の空気から抜け出し、未来に窓を開いたとたん、ハッピーなエンディングを迎える。

　「今しかできないこと。今の年齢でしかできないことだから」というのが、舞台、映画、テレビ、歌と活躍の場を広げ続ける松の口ぐせだが、この映画はまさに二十歳の松たか子を、周りの空気ごとフィルムに焼き付けたような作品だ。田辺誠一、加藤和彦、藤井かほりなど共演陣もそれぞれに雰囲気たっぷり。

　趣味に近い形で、この作品を作り始めたという岩井俊二監督。何とはないストーリーである。加えて起承転結の「起」だけのような展開である。しかし劇場用長編デビュー作「Love Letter」などで見せたあふれるような透明感と、いくつかの短編で見せた人間観察の鮮やかさがほど良く溶け合った佳作に仕上がったといえよう。

　だからこそ、真っ赤な傘に落ちる雨の滴はまるで生き物のように躍動し、卯月の小さな喜びを伝えるのだ。

（清）

1998年3月11日②

くすぐられる視覚　　　　　　　　　　　　「ビーン」

　英国生まれの人気コメディーキャラクター「ミスター・ビーン」を主人公にした映画「ビーン」が、二十一日から公開。既に本国のテレビ番組が日本でも紹介されファンが多いというが、視覚をくすぐるキャラクターとして映画でも大奮闘だ。

　映画の中でビーンは、ロンドンの美術館のガードマン。

　米国絵画の大傑作を返還するのに当たって、英国は米国をからかってやろうと「役立たずの」ビーンを絵画鑑定の大家として送り込む。そうとは知らずに受け入れた人のいいキュレーター（学芸員）は、ビーンのせいで離婚寸前に、はては大傑作に落書きまでされてしまう。

　いいやつには見えない。顔が不気味。実際、自分勝手で、したいことをしたいようにする。でも、くるぶしが丸見えのズボン。憎めない、無邪気。

　言葉はほとんどしゃべらず、「アー」「ウー」とうなるばかりだが、顔のアクションで自分を表現する。気持ちがよく伝わってくる。演じる俳優ローワン・アトキンソンは、自ら「ビジュアルコメディーを演じるのにふさわしい」と言っている。その通りだろう。

　日本には「変なおじさん」（志村けん）がいるが、英国にはビーンがいる。

　アトキンソンによると、ビーンは伝統とアナーキーさが共存した人物。ちゃんと上着を着て、ネクタイをしている保守主義者だが、行動は伝統に反抗しているというのだ。

　そうしたキャラクターを保ち続ける限り、ビーンは一筋縄では面白がらない観客たちを笑わせていくに違いない。監督はメル・スミス。

（大）

1998年4月8日①

にじみ出る切なさ

「ガタカ」

　遺伝子工学。人間の可能性をDNAによって操作できるこの科学の発展が、われわれにどのような未来をもたらすことがあり得るか。それを切なく美しく描いているのが映画「ガタカ」(アンドリュー・ニコル監督)だ。

　近未来の地球。自然な出産によって生まれた男(イーサン・ホーク)が主人公。劣性の遺伝子を出生前診断によって排除されなかったために「不適正者」として可能性を閉ざされている。しかし、宇宙飛行士になるのが夢の彼は、素性を見破られないよう「適正者」からつめ、体毛などの体組織を毎日もらって変身、その日を待っている。

　だが、やがてうそが暴かれる危機が訪れる。そのとき彼は、「適正者」たちは、どうするのか。

　遺伝子工学が人間を人工的にデザインできるとなれば、そこから派生しかねない悪魔的な行為の数々を想像することは簡単だが、この映画はそれをドラマチックに描いてはいない。科学の進歩を当たり前のこととして、そのことの是非を語るのがはばかられるような静けさに包まれている。そうした世界で生きていくしかない人間の悲しさがにじみ出ている。

　天上に毎日打ち上げられる宇宙船ロケット。「シュワシュワシュワ」とそこからたなびく白煙の軌道。「ドッカーン」という音は、どこにも響かない。

　日本で劇場公開される映画は、邦洋合わせると、毎日一本ずつ見てもカバーできないほど。「ガタカ」はその中でも、覚えておきたい、忘れたくはない作品の一つになるだろう。　　　　　(大)

1998年4月8日②

上質のラブコメディー

「恋愛小説家」

　この人以外に考えられないはまり役。名優ジャック・ニコルソンが久々に復活を遂げ、ヘレン・ハントとともに今年のアカデミー賞で男女主演賞をダブル受賞した「恋愛小説家」は、笑いの後にほのぼのと心温まる上質のラブコメディーだ。

　ニコルソン演じるのは独身の小説家メルビン。甘い物語を書きながら、実生活での彼は病的な潔癖症の上、偏屈で強烈な毒舌。隣人の愛犬をダストシュートに捨てたり、カフェで自分のお気に入りの席に座る先客に、差別的暴言を浴びせ立ち退かせたりする、とんでもないオヤジだ。

　そんな彼を唯一おとなしくさせられるのが、ハント演じる陽気なカフェのウエートレス、キャロル。病弱な息子と暮らすシングルマザーの彼女に、メルビンはいつの間にか、ひかれていくのだが…。

　何といってもニコルソンの演技が素晴らしい。わがままでせこいが、子供のように純真でさみしがり屋という複雑な人物像を怪演。自由自在につり上がるまゆに、焦点の定まらぬ目で奇人ぶりを見せたかと思えば、ドレスアップした男前にも変ぼうする。

　ハントも気立ては良いが男運が悪いという、米国映画に伝統的な"かわいい女"像を好演している。アカデミー賞で彼女以外の候補者は英国出身者ばかりという中、主演女優賞に輝いたのも、うなずけるところだろう。

　主人公とキャロル、隣人のゲイの画家、その愛犬との掛け合いは爆笑の連続。だが口を開けば意に反して相手を傷つけ、本心を伝えられない主人公の姿は、笑いの中にどこか切なさも誘う。

　ユーモアとペーソスにあふれ、古き良き時代の香りする大人のコメディー。絵にかいたようなラストシーンが見事に似合っている。監督はジェームズ・L・ブルックス。　　　　　(富)

1998年5月20日

哀感ある中井貴一の演技　　　　　　　　　　「ラブ・レター」

　直木賞作家浅田次郎のベストセラー短編集「鉄道員（ぽっぽや）」の一編「ラブ・レター」（森崎東監督）が映画化された。

　原作は三十五ページに凝縮されたセンチメンタルなファンタジー。男の情けなさや哀感をさらけ出した主演中井貴一のリアルな演技が、原作のもつ透明感を引き出すことに成功している。

　吾郎（中井）は新宿の裏ビデオ屋店長。やくざから見ず知らずの中国人女性白蘭（耿忠＝こうちゅう）との偽装結婚を頼まれ、言われるままに入国管理事務所の審査で夫婦を演じ、金をもらう。白蘭とはそれだけの関係だった。

　しばらく後、警察に留置されていた吾郎に突然、妻死去の知らせが。劣悪な環境で売春するうちに病死した白蘭のことだった。行きがかり上、遺体を引き取りに行った吾郎は、遺品に白蘭が書いた一通の手紙を発見。そこには吾郎への感謝と愛の言葉が切々とつづられていた―。

　人生に何の目的も見いだせないまま日々を過ごし、優柔不断でイヤと言えない。妻に逃げられ、愛する娘にも会うことを拒否されてしまう。さえない主人公を中井は見事に演じている。わい雑な新宿の街の描写も巧みで、主人公の生きざまとあいまって、手紙に込められた白蘭の純粋な思いを際立たせている。

　ほとんど接点のない二人の人生が一つに重なる、吾郎が手紙を読み号泣するクライマックスはやはり感動的だ。

　ただ白蘭の心理描写が希薄な点や、エピローグが唐突な印象を与える点など、いくつか不満が残り、物語に浸るのを妨げる。小説と映画はもちろん別ものだが、いつのまにか読者をだまし引きずり込んでしまう原作のずるさ、うまさは超えていない。

（富）

1998年5月27日

仮説を見せる　　　　　　　　　　「プライド　運命の瞬間」

　東京裁判を扱った映画「プライド　運命の瞬間」が公開されている。勝者が敗者を裁く「不正義」に翻弄（ほんろう）される人間たちのドラマだ。

　主人公は東条英機（津川雅彦）。太平洋戦争の指導者としてA級戦犯となり、絞首刑になった人物。映画では「不正義に対して最もよく戦った人」として描かれている。

　伊藤俊也監督によると、この見解はオリジナル。裁判記録の読み込みなど自らのリサーチでこの仮説を得たことで、映画の物語を組み立てることができたという。

　論議の的となる「侵略戦争」や「南京虐殺」についての認識と有無に関しては、巧妙にバランスを取ろうとした作りになっている。とはいえ、東条のそうした性格設定と対立軸を鮮明にした筋立てのため、戦争を引き起こし、拡大させていった者の責任について描かれ方が薄いという印象は否めない。

　だが、伊藤監督はそれも「確信犯」と公言している。ドラマツルギー上はそうならざるを得ないという。そうまでして「不正義」を浮き彫りにしようとしたのは、「戦争処理を連合国に預けてしまった日本人」の今に至る無責任さを逆に明るみに出したかったからだという。

　東条が英雄仕立てにならざるを得ない物語に引っ掛かりを感じながらも、夫、父親としても描かれる東条には感情移入を余儀なくされた。エキストラを大量動員したインドロケによる画面のパノラマ感や、人物の内面の丹念な映像描写もあって二時間四十一分という長さをさほど感じなかった。

　仮説を扱った一つの娯楽映画として楽しめた。

（大）

1998年6月10日

むせ返る官能の映像

「L・A・コンフィデンシャル」

「この事件（ウラ）を話さずにはいられない」という配給会社のキャッチコピーをもじって言えば、「この映画を語らずにはいられない」。

ジェイムズ・エルロイ原作、カーティス・ハンソン監督によるハリウッド産の犯罪映画ーと、ひとまずは紹介できる「L・A・コンフィデンシャル」は同時に、むせ返るほどの官能性にあふれた映像作品である。

ダニー・デビートふんするゴシップ記者のダミ声とタイプライターの気ぜわしい音で映画が始まった瞬間、五〇年代ロサンゼルスの繁栄と退廃の香りがスクリーンに充満。ギャングと悪徳警官が殺された事件を追う二人の刑事を軸に、映画産業の虚栄、男と女の愛憎、組織の闇（やみ）が交錯して物語が進む。

エリートとたたき上げの対照的な刑事を演じるオーストラリアの俳優（ガイ・ピアース、ラッセル・クロウ）の存在感が映画をグイグイ引っ張る。敵がい心をむき出しにしながら捜査にのめり込むうち、奇妙な連帯感が生まれていく。そこに絡むキム・ベイシンガー、ケビン・スペイシー、ジェームズ・クロムウェルら芸達者たち。だれ一人として善・悪の二分法では計れないくせ者どもだ。彼らをあやつる演出は、映画史のエピソードを散りばめながら、情感とサスペンスを盛り上げる。

スタイリッシュな脚本をはじめ、アカデミー賞やゴールデン・グローブ賞など多くの受賞に輝いたのも当然の出来栄え。映画とは、画像（視覚）と音響（聴覚）のメディアにとどまらず、濃密なにおい（きゅう覚）やザラザラした肌合い（触覚）にも訴える芸術なのだと思い知らせてくれる。 （和）

1998年6月24日

金城武の魅力存分に

「不夜城」

日本、台湾、香港の俳優とスタッフが集まり、馳星周の人気小説を映画化した「不夜城」（リー・チーガイ監督）は、荒っぽいほどスピード感のある展開と凝った映像で、一気にラストまでひっぱっていくパワフルな作品だ。

新宿・歌舞伎町に根を張る中国人社会。台湾、上海、北京の各マフィアが入り乱れ、しのぎを削るはざまで、故買屋の劉健一（金城武）は一匹おおかみとして生きている。

だが、上海マフィアを殺して逃亡していたかつての相棒、呉富春（椎名桔平）が町に舞い戻ったことで健一は窮地に。さらに、なぞの女夏美（山本未来）の出現によって、マフィア同士の陰謀が渦巻く中、健一は生き残りをかけた戦いを強いられる—。

オープンセットの歌舞伎町は、国籍不明のあやしさを出す。ネオン光が混じり合い、暗いオレンジ色に覆われた映像は幻想的で美しい。

お互いに裏切り、裏切られながら激しく愛し合う健一と夏美。人間の醜さをさらけ出し、殺し合う過酷な世界であってもなお成立する愛の形を悲しく描き出している。

だが日本と台湾のハーフの健一と中国残留孤児二世の夏美の、どこにもアイデンティティーを見いだせない孤独が、いまひとつ伝わらない。そのため二人を結ぶきずなが希薄に感じてしまうのが残念だ。

また北京語、広東語のセリフを、日本語字幕で追ううちに、セリフ中の人物名がだれを指すのか、事前に原作を読んでいても分からなくなる。

ともかく、金城のスケールの大きなビジュアル的魅力は存分に披露されている。アジアのスター金城のための作品と思えるはまり役。日本での認知度もこの作品で決定的となるのは間違いない。 （富）

1998年7月15日

切ないラブストーリー 「アンドロメディア」

　人気絶頂のアイドル四人組SPEEDが初主演した映画「アンドロメディア」（三池崇史監督）は、切ない青春映画として心に残る作品だ。

　主人公は普通の高校一年生舞（島袋寛子）。だが舞はある日突然、何者かにひき逃げされ亡くなってしまう。天才プログラマーの父（渡瀬恒彦）は、舞の記憶と人格をコンピューターに移植。舞は肉体をもたないAI（アイ）となってコンピューターのネット上によみがえる。

　物語はアイをつけ狙う組織と、舞の友人たちとの戦いを中心に、CGをふんだんに使った映像で進んでいく。

　後半、テンポを優先して説明的なシーンをカットしたためだろうが、わき役の行動の動機が分からずじまいで、物語に破たんが生じるのは否めない。竹中直人、椎名桔平、唐渡亮らのせっかくの怪演ぶりも、空回りして見える。

　だが多少の破たんなど払しょくするぐらい、SPEEDのメンバーや、幼なじみのユウ役の原田健二らの描き方がみずみずしく素晴らしい。演技というより、彼女たち自身が放つこの年齢ならではの、まぶしい輝きを切り取っている。

　特に普通っぽさが残る島袋と古風な顔立ちの原田がいい。浜辺に一本だけ生えた桜の木の下で、初めてキスをする舞とユウ。パソコンの中のアイを抱えて、一緒にメリーゴーラウンドに乗るユウ。桜吹雪の中の悲しい別れ。美術や照明の巧みさも手伝い、どれも美しく印象深い場面だ。

　SFっぽい派手な装飾を施しながらも、核心は一種のゴースト・ラブストーリー。

　アクションや音楽などファンのための見せ場はおさえつつ、単なるアイドル映画の枠を超えて普遍的なラブストーリーをきっちり作り上げた三池監督の手腕が光っている。　　　　（富）

1998年8月19日

独創的映像と現実の重み 「BEAT」

　理想や正義という文句から、はるか遠いところに置かれた一九六〇年代の沖縄。映画「BEAT」は、その中でもがく男と女の姿を描く。舞台演出家宮本亜門が、初監督作ながら独創的な映像感覚を披露している。

　米兵相手のバーで働くタケシ（真木蔵人）とホステスのミチ（内田有紀）。沖縄へ流れ着いたタケシは、力で押さえつける米軍への反感と無力感で、うつろな生活を送っていた。米兵に打ちのめされても生きることから目をそらさない元恋人のミチとは、そりが合わない。それでも彼女の混血の娘マリアを加え、再び一緒に暮らし始める。

　そこへ、ベトナム行きが決まって荒れる米兵の「狂気」が、ミチとマリアを襲った。現実に耐えられず沖縄を離れようとするタケシと、逃げることをののしるミチ。

　米軍から盗み出した照明弾が夜空に打ち上げられるシーンが、重苦しい空気を吹き飛ばしてそう快だ。真木の演技は、やり場のない怒りや絶望と、時折見せるとぼけた表情との間に落差があって、いい。

　基地から軍事物資を盗み出したり、基地従業員がベトナムから送り返された死体を洗うなど細かいエピソードにリアリティーがあり、沖縄に正面から向きあった姿勢が感じ取れる。

　湿った熱気が漂うような光景に、原色で彩った夜の街やバーの装飾。ところどころに意表をつく演出をちりばめて、独自の華やかな映像世界をつくり出している。

　ただ、凝った映像と泥臭いエピソードがしっくりなじまず、全体に混然とした印象が残ってしまう点がやや気になる。　　　　（伊）

1998年8月26日①

荒々しい生のエネルギー

「ライブ・フレッシュ」

　スペインの人気監督ペドロ・アルモドバルの新作「ライブ・フレッシュ」は、荒々しい生のエネルギーに満ちている。先鋭的な作品を作ってきたアルモドバルが、骨太の人間ドラマで新たな境地を見せてくれたと言えるだろう。

　物語は五人の男女の"五角関係"が複雑に絡み合いながら進む。主人公ビクトルはイタリア領事の娘エレナに心奪われるが、マリフアナにふける彼女は、訪れたビクトルを銃で追い返そうとする。その騒ぎに駆け付けた二人の刑事ダビドとサンチョ。暴発した銃弾はダビドに当たり、ビクトルは逮捕されてしまう。

　無実の罪で服役したビクトルは、エレナとけがによって下半身不随となったダビドが結婚したことを知る。出所したビクトルは、復しゅうと愛の入り交じった感情でエレナに接近するが、偶然にもサンチョの妻クララと知り合い、深い関係に。運命は思わぬ方向へ転がり始める。

　五人の男女はみな不完全な存在で、魂の渇きに苦しんでいる。物語の設定自体はやや強引だが、それぞれが抱える秘密や罪の意識の在り方に、普遍的なテーマを感じさせるのは、彼らが生々しい人間として躍動しているから。アルモドバル作品初出演となる役者たちも、暑苦しいほどの人間くささを発揮している。

　フランコ独裁政権時代の戒厳令下の夜に、売春婦の母が主人公を市バスの中で産む冒頭のシーンは、物語に厚みを与える象徴的な場面だ。

　死を描いていても、どこか生への意志を強く感じさせ、苦しみや喜びもひっくるめて、生きることを肯定する。センセーショナルな作風で知られたアルモドバルの本質が、ストレートに現れた作品と言えるだろう。

（富）

1998年8月26日②

ロックと霊魂の映像詩

「イヤー・オブ・ザ・ホース」

　ロック界の"暴走機関車"ニール・ヤングを、豊かな作家性をもつジム・ジャームッシュ監督が撮りおろした新作映画「イヤー・オブ・ザ・ホース」。強烈な個性のミュージシャンとそのパフォーマンスを描いた映像詩であるのだが、いわゆる普通の音楽映画とは似ても似つかぬシロモノでもある。粗削りな映像とさく裂する音の世界は、「ロックと霊魂についての映画」と表現するのが、もっとも適切かもしれない。

　前作「デッドマン」でニールに音楽を依頼したジャームッシュは「大好きな彼が、どこからやって来たのかさぐりたいと思った」と制作の動機を語ったという。

　ニールと長年の盟友クレイジー・ホースのメンバーへのインタビュー、過去の映像、現在のライブのシーンが錯綜（さくそう）する構成。スーパー8フィルムや16ミリフィルムによる画像は、粗い粒子の不気味さが際立つ。

　そのようにしてできたフィルムは、ニールとバンドの魂の遍歴を明らかにすると同時に、共に歩みながら倒れ死んでいった元メンバーやツアークルーたちへの鎮魂の調べも伴っている。

　ロックという表現は「若さ」や「生きる力」をモチーフにするが、ここでは、その表裏の関係として、死と霊魂の物語をも奏でてしまっている。フィルムに焼き付けられたニール・ヤングは、不屈の精神でロックし続けるヒーローであると同時に、生きたまま霊魂と化したかのようにも映る。その意味で、ジャームッシュは、生と死というロックの二重性そのものの映像化に成功したのである。

（和）

1998年9月9日

子どもの視点貫いた力作

「愛を乞うひと」

　せい絶な幼児虐待の映像があふれている作品なのに、なぜか不思議なそう快感や明るさを放っている。その理由は多分、この映画が子どもの視点で貫かれているからだ。

　夫に先立たれ、高校生の娘深草（野波麻帆）と二人で暮らしていた照恵（原田美枝子）は、幼いころに死んだ台湾人の父（中井貴一）の遺骨を探す決心をする。父の思い出をたどるうちに封じ込めていた陰惨な記憶がよみがえる。母豊子（原田、一人二役）にせっかんされ続けた苦悩の日々。母を激しく憎みながらも、その愛を渇望した。遺骨を探す旅を通して、照恵は愛憎の狭間で揺れ動いた過去と対面する。

　どんなに母が自分を殴ろうと、なお母の愛や周囲の人の善意を求めようとする子どもの視線はあまりに強く、たくましい。昭和二十一―三十年代を鮮やかに再現した街並みをバックに、あくまでも生き抜こうとする子どもの生命力がスクリーンに広がる。照恵の娘深草の伸びやかな手脚のみずみずしさも「希望」の象徴のようにみえる。

　これまで「よい子と遊ぼう」や「学校の怪談」など子どもを撮ることで定評を得ていた平山秀幸監督がその真価を発揮、モントリオール映画祭で国際批評家連盟賞を受賞した。子どもにこびることなく、かといって上から見下ろすこともない。そんな監督の淡々とした手つきが、子役を自由に泳がせている。もちろん、二役を演じ分けた原田の演技力が、映画全体を支えていたのは言うまでもない。

　母が娘を殴るシーンに目を背けるのかそれとも凝視するのか。殴る母を憎むのかそれともあわれむか。この作品の何を受け入れ何を拒絶するのか。映画を見終わった後に浮かんでくるそんな問いの答えすべてが、今自分が立っている位置を教えてくれるだろう。

（文）

1998年9月16日

戦場での正義とは？

「プライベート・ライアン」

　第二次大戦中のノルマンディー上陸作戦を題材にしたスティーブン・スピルバーグ監督の新作「プライベート・ライアン」。戦場で殺すこと、殺されることの痛みが自分のことのように感じられる作品だ。

　物語には意表をつかれた。

　従軍中の米国人四人兄弟のうち、上の三人が戦死した。残る一人の弟（マット・デイモン）を「生きて祖国に連れ戻せ」との最高命令が軍から下される。その任務を負ったのが、ノルマンディー上陸作戦の中で、ドイツ軍のしつような抵抗にあって最も多くの犠牲者を出した部隊の兵士八人（トム・ハンクスら）。

　映画会社の資料によると、米国では一九四三年、同じ船に乗っていた五人兄弟が戦死したことから、兄弟のうち一人は前線に出さないという法律ができた。その翌年、実際に兄弟三人が戦死、残る一人を捜すために部隊が送り込まれた実話が、この映画のヒントになっているのだという。

　理屈は分かる。だが、八人が救出に向かうのは戦場ではまだほとんど役に立たず、所在も分からない「新兵」。なんでそんなやつ一人のために助かった命を再び懸けなければならないのか、でもそれこそが実は自分にとっても戦場で誇れる唯一のことかも…。いったいどっちなんだろうと八人の兵士たちは揺れ動く。

　見る側も兵士と同じように繰り返し自問させられてしまうのは、登場人物たちを巻き込んで繰り広げられる戦闘シーンの迫力のせいだ。飛び交う銃弾。それを頭に受けて飛び散る血しぶき。目前でさくれつする砲弾。血を吸ってドス黒いノルマンディーの波打ち際。

　目と耳を逆なでする。でも、グロテスクではない。これはフィクション、"うそ"の世界だとは自分を納得させられないような生々しさがある。戦場体験のない筆者に「リアルだ」などと言う資格はそもそもないのだけれど。でも、そう言わずにはいられない。

（大）

1998年10月7日
生への希望へといざなう
「カンゾー先生」

　一生懸命生きる人間の姿は、ときにこっけいでもの悲しいが、いとおしくもあり気高くもある。今村昌平監督の新作「カンゾー先生」は、そんな人間の生の不思議さをひょうひょうと描いて深く心に残る優れた作品である。

　敗戦直前の瀬戸内の田舎町。一介の町医者、赤城風雨（柄本明）は、何でも肝臓病と診断することから「カンゾー先生」とあだ名されている。野性児のような女の子、ソノ子（麻生久美子）を預かるはめになりながら、ひたすら肝臓病撲滅にまい進する赤城。そんなある日、ソノ子がけがをしたオランダ人脱走兵（ジャック・ガンブラン）を医院に連れてきてしまう―。

　物語は一見対立する概念があちこちでぶつかり合う。のどかな田舎町を覆う戦争の狂気。肝臓病の原因解明の使命に燃える赤城の正義感も、やがてものにとりつかれたように狂気じみて行く。

　赤城を取り巻く仲間であるモルヒネ中毒の外科医役の世良公則や破戒僧役の唐十郎らの怪演も、正義と狂気が表裏一体となり混とんとした世界を際立たせて面白い。

　やがて自らの過ちを悟り、町医者として再び患者の治療に全力を尽くす赤城。往診のため赤城が歯をくいしばり、がにまたで全力疾走する姿は、物語の節目に何度も現れる象徴的なシーンだ。シンバルのリズムで始まる軽快さと不安定さを併せ持つ山下洋輔のジャズが見事にそのシーンにはまっている。

　一生懸命ひた走る赤城の実直さとソノ子のもつおおらかな性の意識が、作品をバイタリティーあふれる生の希望へといざなう。ファンタスティックに飛躍するラストも違和感がない。喜劇でもなく悲劇でもなく、今村監督の思いが自由にあふれ出た人間のドラマと言えるだろう。　　　　（富）

1998年10月14日
さわやかで深い感動呼ぶ
「学校3」

　リストラで職を失った中年男女がボイラー技士の資格を取るため職業訓練校に通う物語。そう聞けば、重苦しい社会派ドラマをイメージしてしまうだろうか。

　だが山田洋次監督の「学校3」（松竹）は、ユーモアを忘れず、押し付けがましくもなく、中年クラスメートたちの心のきずなを描く。その力みのなさはさわやかで、より深い感動を呼び起こしてくれる。

　大竹しのぶ演じる主人公紗和子の境遇は、客観的に見れば半端でなく厳しい。夫と早くに死別し、自閉症の息子と二人暮らし。さらに不況で突然リストラされ失業、都立の技術専門校に通い始める。

　だが一生懸命日々を暮らす紗和子は、けなげで明るい。大竹の秀逸な演技が、魅力的な女性像を形作る。紗和子に心引かれるクラスメートの元証券マン高野役の小林稔侍も、元エリート、調子外れのオヤジ、頼りになる二枚目とさまざまな面を演じ分けて楽しい。また天真らんまんな自閉症の息子を映画初出演の黒田勇樹が好演している。

　紗和子と高野の二人がはぐくむ不器用な愛情、資格試験のため助けあうクラスメートたちの控えめな友情は、ほほえましい。登場人物たちを取り巻く厳しい環境は根本的に何も変わらないが、目に見えない何かが確実に変わったのだと、作品はごく自然な形で観客に感じ取らせる。

　先生が生徒を教育するというお説教くささがない点で、学校シリーズの中でも最高作と言えるかもしれない。

　一見暗いと思わせるラストシーンも、幸せを予感させる見事な余韻を残し、中島みゆきの主題歌に引き継がれて感動的だ。さわやかな涙の後に、なんだか元気が出てくる作品。見かけの重さだけで敬遠すべきではない。　　　　（富）

1998

1998年10月28日

サラリーマン刑事こそ主役

「踊る大捜査線　THE MOVIE」

　諸悪を暴き、正義の実現が使命、とされる刑事も、現実は一介のサラリーマン。こんな当たり前だが、ユニークな状況設定で人気を博しているテレビドラマ「踊る大捜査線」の劇場版「踊る大捜査線　THE MOVIE」(本広克行監督)。カメラワーク、音楽も効果的で映画館の暗やみを存分に生かした作品だ。

　映画で湾岸署が解決すべき事件は、警視庁のナンバー2である副総監誘拐事件。自らの管轄下での発生にもかかわらず、大事件のため捜査の主役は高級官僚のキャリアが主導する"本店"の警視庁。湾岸署の役目は、後方支援。幹部たちは負担しなければならない膨大な経費に戦々恐々とし、署の刑事たち(織田裕二ら)に回ってくるのは雑用ばかり。

　この作品の底には、建前と縦の指揮命令系統が肥大化した組織のこっけいさを思いっきり笑ってしまおうという姿勢がある。そこにとどまらず、組織の下に行けばいくほど積もってしまう不平不満をバネにして、「サラリーマン刑事たちこそが主役」と、あっけらかんと描いているところがミソだ。

　映画では彼らの活躍がヒントになって誘拐事件を解決に導く。それは硬直した組織の弱点を明るみに出す。

　それにしても映像で描かれるキャリアたちの重々しさに比べ湾岸署員たちの軽薄さ。署内では未精算の捜査経費の領収書が相次いで盗まれ、"身内"で取り調べが始まる。一方で、両方のまゆ毛をくっつけんばかりに威風堂々と指揮をとっているキャリアたち。そうしたアンバランスがうまい具合にバランスをとっている。　　　　　　(大)

1998年12月2日

ノウハウ詰め込んだ娯楽作

「アルマゲドン」

　予算と最先端技術を惜しみなく投入した超大作「アルマゲドン」は、ハリウッド製パニック映画の集大成とも言える極め付きの"ジェットコースター・ムービー"だ。

　地球に接近する小惑星群。衝突すれば確実に人類は滅亡する。残された時間はあとわずか。小惑星に着陸し、地中深く穴を掘り核爆弾をセットして破壊するしか、衝突を回避する方法はない。そこで白羽の矢がたったのが、石油採掘のプロ、ハリー・スタンパー(ブルース・ウィリス)とその仲間たち。人類存亡の危機に立ち向かう彼らの決死の冒険が物語の軸となる。

　ここにハリーと一人娘グレース(リブ・タイラー)の親子の情愛、グレースの恋人で採掘チームの若手A・J・フロスト(ベン・アフレック)とハリーの世代を超えた男同士のきずなが、情感たっぷりにからむ。今やこのジャンルの常道とも言える展開だ。

　小惑星が激突し大都市を破壊するシーンや小惑星上での冒険シーンは迫力たっぷり。これでもかとばかり、ハラハラドキドキの連続で楽しませてくれる。ミュージックビデオやCMを手掛けてきたマイケル・ベイ監督らしく、一つ一つの映像は鮮やかだ。

　だが、あまりにもヤマ場が連続し過ぎる点が難。剛速球でも目が慣れれば打たれる。緩急をつけてこそ、速球も生きるというもの。また「ディープ・インパクト」「ライトスタッフ」など過去のヒット作のいいとこ取り、再構築といった感は否めない。

　ハリウッドが蓄積した過去のヒットのノウハウを詰め込んだという点で、究極の娯楽作と言えるだろうが…。

　リブ・タイラーの実の父スティーブン・タイラーがボーカルを務めるエアロスミスの音楽が、作品の出来に大いに貢献している。　　　(富)

1998年12月9日

役者たちがつくる奥深い味

「あ、春」

　相米慎二監督の四年ぶり新作「あ、春」は、家族をテーマにした大人の映画。魅力的な役者たちがつくり出す、緩やかな時間と穏やかな空気が、上品で奥深い味を醸し出す詩情豊かな作品だ。

　証券会社に勤める韮崎紘（佐藤浩市）は、妻（斉藤由貴）の実家に、一人息子と妻の母（藤村志保）の四人で暮らしている。順風満帆に見える家庭。だが死んだと聞かされていた紘の父（山崎努）が、ある日突然現れたことから波風が立ち始める。

　父が起こす数々のトラブル、証券会社倒産の危機、夫婦の気持ちのすれ違い、兄夫婦と住む実母（富司純子）の処遇など。紘は困惑しながらも、次第に自分の人生と家族とは何かを見つめ始める。

　物語は小さなエピソードを積み重ねて、丁寧につづられていく。静的だが印象に残るショット。ファンタジー風のラストもさりげなく優しく、ぬくもりを伝える。

　平面的になりかねない物語に奥行きを与えているのは、役者たちの演技力だ。特に女優たちが生き生きとして素晴らしい。優しい妻ながら精神的に不安定という難しい役の斉藤。相米監督の「雪の断章―情熱」で映画デビューして十二年。女優として大きく成長した姿を見せている。

　お嬢さま育ちの義母役の藤村、つやっぽい実母役の富司、バイタリティーある父の愛人役の三林京子らが発揮する確固とした存在感とユーモアあふれるやりとりは、見ているだけで楽しい。

　緊張感あふれるカメラの長回し撮影で知られる相米監督だが、この作品では安定したカット割りで、役者の演技をきめ細かくとらえる。役者の力量を信頼した的確な演出。円熟を感じさせる充実した内容と言えるだろう。　　　　　　　　（富）

1998年12月22日

抑制の利いた秀作

「フェイス」

　英国映画が好評を博す中、また一つ、英国ならではの秀作「フェイス」（アントニア・バード監督）が公開されている。ひねりが利いて奥行きのある犯罪エンターテインメントだ。

　造幣局の壁を大型トレーラーでぶち破って現金を奪うという派手な強奪シーンから物語は始まる。その後に、犯人たちの生い立ち、境遇が詳しく描かれていくのだが、全員がなんともカッコ悪い。

　かつては社会主義を信じ労働運動に身を投じたリーダー（ロバート・カーライル）、年ごろの娘が心配でならない父親、凶暴だが家族が大事でたまらない夫…。

　勇ましく現金を手に入れたものの、小額紙幣ばかりで見込み額の六分の一にも満たない。そのせいで仲間内でけんか。五人で分け前を持ち帰ったはいいものの、それがまた全部盗まれてしまう。犯人を突き止めようとして意外で残酷な結末を迎える。

　「フル・モンティ」「ブラス！」など、最近日本で公開される英国映画は、経済と社会の変革期に一人の力では対処できない労働者たちのあがきを一歩引いて、しかし温かなまなざしを注いで描いているのが共通している。この作品もそう。

　主人公のリーダーの脳裏には、労働運動の仲間たちが政府に一貫して立ち向かう運動を続けている姿が度々現れる。その光景や記憶については言葉では説明されず、観客には映像を見せるだけ。

　金を強奪しても人殺しはしない。あくまで泥棒。いや単なる泥棒か。激しい銃撃シーンもあるのだが、とても抑制された印象が残った。それが登場人物たちに膨らみを与えるのに役立っている。

　　　　　　　　　　　　　　　　（大）

1999

1999年1月13日

ラブコメディーの黄金律　　「ユー・ガット・メール」

　新作「ユー・ガット・メール」は、ファンにとって「待ってました」という感じだろう。メグ・ライアンとトム・ハンクスの主演に、女性監督ノーラ・エフロンと来れば、あのヒット作「めぐり逢えたら」（一九九三年）と同じ顔合わせ。当然ファンの期待を裏切らない、涙あり笑いありのラブコメディーだ。

　インターネットのメールで知り合ったキャスリーンとジョー。二人はメールのやりとりで心をかよわせるが、お互い名前も住所も知らない。

　そんなキャスリーンが営む町の小さな子供向け本屋の近所に、突然大型ディスカウント書店が開業したせいで、彼女の店は経営危機に陥る。その大型書店の経営者の息子こそジョーだった。そんなこととはつゆ知らず、二人は事あるごとに言い争い、対立するのだが…。

　昨年日本でも「WITH LOVE」など、Eメールを小道具にしたテレビドラマがヒットしたように、設定はいかにも現代的だが、物語はあくまでオーソドックスだ。

　気になっているのに、会えばケンカばかりの男女が、やがて素直になって愛情に気づく─なんてパターンは、まさにラブコメディーの黄金律。昔の名画のセリフを引用したり、スタンダードナンバーをバックに流したりのエフロン監督お得意の脚本と演出も、新しい入れ物に、古き良き米国"ラブコメ"の魂を注ぎ込むという感じがする。

　主演の二人も「めぐり逢えたら」の時より、はるかにビッグになり、ちょっぴり年もとったけど、キュートなしぐさのメグも童顔のトムも相変わらず魅力的だ。

　何が語られているかより、二人がどんなふうに結ばれるかを楽しみたい。懐かしい予定調和の世界は、幸せな気分にしてくれる。

（富）

1999年1月27日

ショッキングな映像　　「リング2」

　昨年大ヒットしてホラーブームに火をつけた「リング」と「らせん」。その続編に当たるのが「リング2」（中田秀夫監督）だ。ショッキングな映像と効果音はさらにエスカレート、怖いもの見たさの人にはもってこいだろう。

　のろいのビデオを見た若者たちが、一週間後の同じ時刻に死ぬ。そのなぞを追う記者（松嶋菜々子）にも迫る死の恐怖。やがて浮かぶ「貞子」という存在が、さらなる恐怖を増殖させていく。

　この前作「リング」の物語と、なぞ解き的な内容の「らせん」の間に、「リング2」は位置することになる。

　前作でも出演の中谷美紀が、松嶋に代わって「貞子」のなぞを追うストーリー展開。しかし前作を見ていないと話について行けない。もともと原作にない部分を新たに作っただけに、物語の説得力が希薄なのは、いたしかたないところだろうか。

　前作「リング」は、なぞを追う過程のサスペンスを積み重ねることで、えたいの知れない間接的な怖さを生み出した。その底流の上に直接的な恐怖シーンが現れるという重層構造によって、怖さを増幅させることに成功した。

　だが「リング2」では、残念ながらそのサスペンス部分が弱い。その代わり直接的な恐怖シーンが多用されているのが特徴だ。

　「リング」で恐怖の源だった「貞子」が、今回いたるところに出現する。「振り向けば『貞子』がいる」という状態は、何だかんだ言ってもやっぱり怖い。ただし慣れる怖さではあるけれど。

　「貞子」も「ジェイソン」や「フレディ」のように、定着したキャラクターになりそうな気配だ。

（富）

1999年3月17日

実在の医師をモデルに

「パッチ・アダムス」

　患者が求める理想の医師ってどんな姿だろう。人間的な医療って何だろう。「パッチ・アダムス」（UIP配給）は現代の医療に、そんな問いを投げ掛ける作品だ。

　ロビン・ウィリアムズ演じる主人公パッチ・アダムスは、笑いや思いやりが患者の治療効果を高めるという信念を貫いた実在の医師がモデル。独自の医療活動を続けてきた彼の医学生時代を描く。

　権威主義的な学部長に逆らい、病院で患者たちに笑いをふりまくパッチ。小児病棟の子どもたち、死の間際にあって他人を拒絶し続ける男性、何も食べようとしない老女。パッチのひたむきさに人々は心開き、パッチも患者たちからたくさんのことを学ぶ。

　医師役は五度目というウィリアムズ。これまでコメディーとシリアスの色分けが、比較的はっきりしていた彼だが、今回は両者を統合したような役と言えるだろう。

　患者の子ども役で出演したのは、実際にがん治療を受けている子どもたちという。道化にふんしたウィリアムズのしぐさに、笑い転げる彼らは、とても自然で楽しそうだ。実際のウィリアムズとパッチが重なって見える。

　ついに退校処分を通知され、査問委員会で医療のあり方を正面から問うパッチに、子どもや看護婦たちが応援に駆けつける。この感動的なクライマックスがきちんと成立するのも、コメディアン出身のウィリアムズの愉快なキャラクターがあってこそだろう。

　医療現場に横たわるさまざまな問題は、理想主義で簡単に解決するものではないかもしれない。だが医師と患者は、少なくとも相互の信頼と尊敬に基づく平等な関係であるべきだという、この映画の理念は、日本でも十分な説得力をもっている。監督はトム・シャドヤック。
　　　　　　　　　　　　　　　　　　（富）

1999年3月24日

切ない大人の"初恋"

「コキーユ〜貝殻」

　中原俊監督の新作「コキーユ〜貝殻」は、大人の男女の"初恋"を描いた、純粋で切ないラブストーリーだ。

　同窓会のざわめきの中で、浦山（小林薫）は見慣れぬ女（風吹ジュン）の視線に気付く。中学卒業以来久しぶりに町に帰ってきた直子だった。

　浦山のことがずっと好きだった直子。卒業式の直後、勇気を振り絞って掛けた言葉は、右耳が聞こえない浦山に届かなかった。東京で一度結婚を経験したが、彼のことは忘れなかった。

　浦山は、剣道一筋だった少年時代そのままの不器用な会社員で、妻子と平穏な生活を送っていた。三十年前の淡い記憶がときめく感情を呼び起こし、二人は恋に落ちる。

　苦労を重ね、幼い恋にすがって生きてきた女。初めて人を愛することを知った男は、家族も友人も捨てる覚悟でのめりこむ。二人の危うさには、悲劇的な結末が似合う。

　過去といまが同居する、同窓会という甘酸っぱい空間を入り口にして、おとぎ話のような物語に違和感なく連れ込む。

　現在進行形の二人の関係は繊細に描かれている。大切にしまっておいた恋が実る幸福で、少女のように輝く風吹の表情、二人でハイキングに行った紅葉の風景が美しい。

　対照的に、さしはさまれる少年時代のシーンは、大ざっぱな印象を受けるほどシンプルで夢想的だ。この回想場面が、ファンタジーのような現在の関係を支えながら、他方でそれをリアルに見せる効果を生んでいる。

　十代という時期に人がひかれるのが、純粋なものへの郷愁からだとすれば、その世界の中に抵抗なく浸らせてくれる映画だ。
　　　　　　　　　　　　　　　　　　（伊）

1999年4月7日

笑いの中に人間の尊厳

「ライフ・イズ・ビューティフル」

　アカデミー賞で最優秀主演男優賞を獲得した瞬間、ロベルト・ベニーニは、会場のいすの上に飛び乗って喜びを爆発させた。マシンガンのような早口スピーチといい、"全身コメディアン"と言いたくなるような彼の愛すべきキャラクターは、人々に強烈なインパクトを与えた。

　受賞対象となった「ライフ・イズ・ビューティフル」は、ベニーニが脚本、監督も兼ねたイタリア映画。第二次大戦中のユダヤ人強制収容所の悲劇を描いた珠玉の作品だ。とは言っても、スピルバーグの「シンドラーのリスト」などとはまったく違う手法。ベニーニはこの悲劇に、笑いとユーモアで立ち向かう。

　物語の前半、やがて妻となる女性教師をあの手この手でくどく主人公は、アカデミー賞でのベニーニそのまま、あっけに取られるほどの躁（そう）状態。だがユダヤ人の主人公は、妻と息子と共にナチスによって強制収容所へ連行され、幸せは一挙に崩れ去る。怖がる息子に「これはゲームなんだ」と説明する主人公。愛する息子を守るため、命懸けのうそをつき続けるのだった。

　ベニーニのパワフルな笑いとユーモアは、哀愁でもブラックジョークでもなく、人間の尊厳として作品の中に立ち現れる。違うテーストをぶつけ合う彼の手法は、ただリアリズムを追求するより、はるかに映画的で、この人類の悲劇の本質を伝えている。

　見終わって涙が止まらなくなるのは、イタリア映画の伝統的なセンチメンタリズムのせいだけではない。このホロコーストという史上最低最悪の愚行にさらされながら、それでもなお、ライフ・イズ・ビューティフル（人生は美しい）と言い切る人間の気高さに感動するのだ。
　　　　　　　　　　　　　　　　　　　（富）

1999年4月14日

巧みなストーリー展開

「39【刑法第三十九条】」

　鮮やかなどんでん返しはサスペンス映画の命。森田芳光監督の「39【刑法第三十九条】」は、正攻法で取り組んだ良質の娯楽作品だ。

　冷酷な殺人事件の犯人として、一人の青年（堤真一）が逮捕された。ふだんは穏やかなのに、突然人が変わったように凶暴になる彼。精神鑑定を行った藤代教授（杉浦直樹）は多重人格障害による心神喪失との結論を下した。

　しかし藤代の助手小川香深（鈴木京香）は、逆に多重人格を装った詐病と確信、新たな鑑定人として名乗り出る。青年のねらいはいったい何か。次第に浮かび上がる意外な事実。青年と香深の息詰まる対決が法廷で始まる―。

　斜めに撮った構図や殺ばつとした風景など、不安感を与える映像テクニックが、サスペンスを盛り上げる。

　主人公の香深をはじめ、登場人物はどこかしら奇妙なふるまいを日常の中で見せる。異常者とされる青年が実は一番普通なのではと思わせる、ひねった人物描写が面白い。特に岸部一徳演じる刑事の不快さは、最優秀助演賞ものの見事なリアリティーだ。

　ただ作品が抱える心神喪失による免責の問題は実際の事件を連想させ、センセーショナルすぎる。本来、類型化した物語に単純に当てはめて結論付けられない、複雑さと重さをもった問題のはずだ。

　それだけに、下手に社会派をきどらず、サスペンスに徹しようとした森田監督の選択は賢明だったと思う。逆にエンターテインメントとして成立させるため、より凝ったカメラワークや演出が必要だったとも言えるだろう。

　あくまでも作品の見どころは、巧みなストーリー展開。今はやりのホラーもどきの不条理なオチではなく、ヒチコック風の正統的などんでん返しが、好ましく感じられる。
　　　　　　　　　　　　　　　　　　　（富）

1999年4月28日

一風変わったヒーロー像

「ペイバック」

　メル・ギブソン演じる今回のヒーローは、正義とも復しゅうに燃える人間的な感情とも無縁。ただ、手に入るはずだった金に異様に執着する。映画「ペイバック」は、一風変わったヒーロー像が楽しめるアクション大作だ。

　主人公ポーターは、物ごいの金をくすめたり、スリで稼ぐ泥棒。そんな男が中国人組織の裏金を強奪する大仕事に挑む。金を手に入れたとたん、マフィアへの借金を抱える相棒の裏切りにあい、言い含められた自分の妻に背後から撃たれた。

　死のふちからよみがえり、久しぶりに自宅に戻った翌朝、麻薬漬けにされていた妻が死ぬ。自分の分け前七万ドルを取り返そうと、かつての相棒、そして金を受け取ったマフィアを追いつめていく。

　筋立ては典型的な復しゅう劇。だが、ギブソンのクールな演技は、憎悪を感じさせなければ、原作のハードボイルド小説「悪党パーカー」シリーズの感情を殺した冷徹さともやや違う。

　妻を奪われた怒りもなく、あくまでわずかな金にこだわる姿は、コミカルな雰囲気さえ漂っている。

　標的も、裏切った相棒からマフィア上層部へとたどるにつれて、敵役の憎々しさが消える。

　ジェームズ・コバーン演じる幹部は、訳が分からないまま追い込まれて哀れだし、クリス・クリストファーソンのボスは息子をでき愛する良きパパだ。善玉と悪玉の対立構図さえ次第にあいまいになる。

　「殺しの分け前／ポイント・ブランク」（一九六七年）のリメーク。変なヒーローに悪党らしくないマフィアという、ひねった描写によって、現代風でオリジナルな作品に仕上げている。監督はブライアン・ヘルゲランド。

（伊）

1999年5月12日

空想へ引き込む色の魔術

「カラー・オブ・ハート」

　「カラー・オブ・ハート」（原題プレザントビル）という邦題が、まさにこの映画の魅力を語っている。"色のマジック"で、ファンタジーの世界に引き込み、見る人の心を揺さぶる作品だ。

　引っ込み思案のデイビッド（トビー・マグワイア）と、派手好きなジェニファー（リース・ウィザースプーン）は同じ高校に通う双子の兄妹。

　テレビのチャンネルを奪い合った二人は、デイビッドがひたっている古き良き一九五〇年代米国のホームドラマ「プレザントビル（楽しい町）」の中にタイムスリップしてしまう。

　そこはすべてがモノクロで、マイホームパパに貞淑な妻、素直で明るい子どもたちで構成される完結した世界だった。だが、二人が持ち込む現代的な感覚に影響された町の住民と風景が次第に色づいてゆき、有力者らはこれらのカラー排斥運動を始める。

　ストーリーは大味だし、心の解放や自己実現というテーマにあまり新味はない。

　なのに、丁寧に描写された登場人物の心の動きと、モノクロからカラーへの映像の切り替えがうまくかみ合って、しっとりした印象を与える。

　特に、戸惑いながらささやかな欲望や感情を開花させていく母親役、ジョアン・アレンの演技がみずみずしい。

　モノクロ映像の一部に色を付けるパートカラーの手法とは違って、CGによる膨大な作業でスクリーンを大胆に塗り分けた。花が散り乱れる道路のシーンなどは幻想的な美しさだ。

　この映画では、最新のデジタル技術が、心温まるファンタジーの成立に大きく貢献している。監督はゲイリー・ロス。

（伊）

1999

1999年6月2日

ロマンチックな出会い

「メッセージ・イン・ア・ボトル」

　砂浜に流れ着いた瓶の中に、愛をつづった手紙が一通。これをきっかけに、生きる世界も住む場所もかけ離れた、接点がないはずの男と女が恋に落ちる。

　電子メディアで世界中にアクセスできる時代に、こんなロマンチックな出会いで始まるのが、ケビン・コスナー主演の恋愛大作「メッセージ・イン・ア・ボトル」だ。

　離婚したばかりのテリーサ（ロビン・ライト・ペン）は、ひとり休暇に訪れた米国東海岸で、砂浜に打ち上げられた瓶を見つける。中には、ある女性への愛の言葉を書きつられた手紙が。胸を打たれたテリーサは、新聞社に勤める立場を利用して取材を始める。

　突き止めた手紙の主は、ヨットの建造家ギャレット（コスナー）。テリーサが訪ねたギャレットは、妻を亡くした心の傷をいやせずにいた。手紙や仕事のことを言い出せないまま、二人は互いにひかれ始めてゆく。

　ファンタジーのような入り口から入るラブストーリーではあるが、その後の二人の関係はリアリティーを重視し、障壁を乗り越え、心の擦れ違いを克服する。ただ物語の結末が取って付けた感じで、やや気になる。

　愛への渇望感も上昇志向も強い都会の女と、ひとりの女への愛に身をささげ心を閉ざしていた海の男。ハリウッド産恋愛劇としては目新しい組み合わせではない。それでも、泥臭さの中に繊細さやストイシズムを漂わせたコスナーの役どころは、ファンの心をくすぐるはず。

　コスナーの父親役でポール・ニューマンが出演。人生への悔恨にとらわれ酒におぼれる孤独な父親像に、ベテランならではの渋さ、優しさを醸し出して味がある。監督はルイス・マンドーキ。（伊）

1999年6月9日

坂道転がるような疾走感

「アドレナリンドライブ」

　動き出した物語が、坂道を転がっていく。そんなストーリー展開の疾走感で楽しませてくれるコメディーが、矢口史靖監督の「アドレナリンドライブ」だ。

　主人公は、レンタカー会社に勤めるぼんやりした悟（安藤政信）と、まじめで引っ込み思案の看護婦静子（石田ひかり）という、さえない男女。悟は会社の車を、暴力団幹部黒岩（重量豊）の外車にぶつけ、無理やり事務所へ連れて行かれた。

　そこへ、いきなりガス爆発。けがをした悟と黒岩、たまたま近くにいて応急手当てをした静子の三人は、救急車で病院に向かう。

　ところが、今度は救急車が川へ転落。二人は誘惑に駆られ、黒岩が持っていた組の裏金二億円を横取りする。組織のたががはずれたチンピラ六人組と、集中治療室を抜け出した黒岩が追跡を始め、頼りない二人の逃走劇が幕を開けた。

　ずれた会話のおもしろさや想像を裏切る展開で、リアリティーを考える余裕も与えず、ハチャメチャな筋立てに引き込んでいく。

　大金を手にしたことをきっかけにした看護婦の変ぼうぶりを、石田が好演。赤の他人から仲間へ、そして偽装のつもりだった恋愛へと、何気なく移ってゆく二人の関係が楽しめる。

　追い詰められながらも、二人の旅にそう快感があるのは、退屈な現実から抜け出し、新しい自分を見つける物語でもあるからだろう。

　うますぎる話が夢に終わるのでは、平凡な"落ち"。どんでん返しを鮮やかにきめてみせ、ほのぼのとした後味を残した。

　笑いと心地よい気分を与えることに徹した、サービス精神おう盛な娯楽作品だ。（伊）

1999年6月16日
心のやみ、噴き出す恐怖
「ゴールデンボーイ」

　最近流行のホラー映画は、映像や音で直接人間の生理に働き掛けてくる。だが、そういう直接的な恐怖の演出は、見ている方もすぐ慣れるから、より刺激的にエスカレートしていかざるを得ない。現代は怖さをひたすら消費しているといってもよい。

　スティーブン・キングの原作をブライアン・シンガー監督が映画化した「ゴールデンボーイ」は、そういうホラー映画の文脈とは大きく異なる。人間の心のやみが、いとも簡単に噴き出す不気味さを、抑制したタッチで描いて、とっても怖い。

　何不自由なく育つ学業優秀な美少年トッド（ブラッド・レンフロ）。元ナチスの高官でありながら身元を隠して暮らす老人（イアン・マッケラン）の正体を彼が偶然知ってしまったことから、物語は静かに動き出す。

　弱みを握ることで老人を支配し、ユダヤ人虐殺の悪行を子細に語らせるトッド。だが次第にトッドは、目に見えない落とし穴にはまる。二人の不思議な共存関係は、具体的な共犯関係へと進み、後戻りできなくなってしまうのだ。

　自信と才気にあふれた少年が、ちょっとした好奇心から行ったことが、とんでもないモンスターを呼び覚ましてしまう。この場合、モンスターとは直接この老人を指している訳ではない。かつて老人を大量虐殺へとつき動かした人間の心に潜むやみのこと。

　そのやみは、だれにでもあって、どんな平和な日常でも、簡単にうごめき出すものであることを作品は語る。

　人間の本質と現実社会に直結した怖さだけに、今どきのホラー映画のように簡単に消費できるたぐいのものではない。
（富）

1999年6月23日
密度濃いファンタジー
「あの、夏の日　とんでろじいちゃん」

　大林宣彦監督の新作「あの、夏の日　とんでろじいちゃん」は、遊び心や優しいメッセージがぎゅっと詰まった、密度の濃いファンタジー。終わりゆく世紀に対する、大林監督なりの決算と言えるような作品だ。

　主人公は、周囲のテンポについていけず"ボケタ"のあだ名が付いた東京近郊の小学生由太（厚木拓郎）と、奇抜な行動で"ぼけ"が疑われる尾道の祖父賢司郎（小林桂樹）。

　賢司郎が苦手な両親は、夏休みに入った由太を監視役として尾道にやる。過去と現在を行き来する、由太と賢司郎の不思議な冒険が始まる。

　世の中のペースから取り残された二人にしか見えないもう一つの世界。それは、効率や合理性を追求するあまり見落としがちなものを、やんわりと教えてくれる。

　別世界への入り口は、手をつないで空を飛ぶこと。初めおずおずと従っていた由太少年は、次第に祖父と心通わせ、胸を張って空に飛び立つようになる。海を越え大空に踏み出す二人の後ろ姿が胸に染みる。

　このファンタジーを支えるのが、空を飛んで、踊って、歌って、と熱演する小林の存在。厳しく頑固な人柄と、子どものようなちゃめっ気や優しさを演じわけ、見る人それぞれの中にいる"おじいちゃん"を思い出させてくれる。

　小津安二郎監督は「東京物語」で、尾道から上京し子どもたちにつれなくされる夫婦の姿を通し、戦後の親子関係を描いた。この映画では逆に、尾道に帰ってきた由太の両親が、賢司郎とのきずなを回復する。小津監督へのオマージュでもあり、大林監督らしい人間への信頼の表れでもあるのだろう。
（伊）

1999年7月7日

じんわり幸せな気持ちに 「お受験」

　笑わせて、やがてほろりとさせる巧みな運び。滝田洋二郎監督の新作「お受験」は、見終わった後、じんわり幸せな気持ちになれる作品だ。

　実業団のマラソンランナー富樫（矢沢永吉）はもう四十五歳。次のレースを最後に引退を考えていた。一方、妻利恵（田中裕子）は、ひとり娘真結美（大平奈津美）の小学校受験に夢中で夫は二の次。母娘で塾通いに忙しい。

　ところが富樫の勤める食品会社にも不景気でリストラのあらしが吹き始める。富樫はていよく首を切られ、会社の陸上部も解散。仕方なく利恵が働き、富樫は専業主夫として慣れない家事をやるはめに。

　だがランナーとして最後のけじめをつけたい富樫は、一般参加でレースに出場することを決意する。だが、当日は娘の受験日。親子三人で面接を受けなければならない大事な日だった—。

　ロック界のスーパースター矢沢の映画初主演作。夢を追いかける不器用な主人公にぴったりの存在感。娘の受験に振り回され、困惑する様子は、普段の険しい表情とのギャップが大きくて面白い。

　矢沢の存在感を素のまま生かし、西村雅彦ら周囲の登場人物たちが巧みな芸で笑わせる。娘の受験に必死になるしか気を紛らわせられない妻役の田中の高い演技力。娘役の大平も愛きょうがあって好感度は抜群。二人のけなげな姿が、泣き笑いの物語を盛り上げるのに大きく貢献している。

　「家族の笑顔に勝るものなし」という平凡な真理を描いても、十分ドラマチックでカタルシスを生む。スクリーンを通じて小さな幸福を共有することは、派手な大作に負けないだけのエンターテインメントであると再確認させてくれる作品だ。

（富）

1999年7月14日

温泉のようにリラックス 「ホーホケキョとなりの山田くん」

　絵だけを見たら、まだ色塗り途中の未完成品だと思うかも。だがこれはりっぱな完成品。映画を見終われば、淡い水彩画タッチの絵がこの作品にはふさわしいと、妙に納得してしまう。

　スタジオジブリの新作アニメ「ホーホケキョとなりの山田くん」（高畑勲監督）は、いしいひさいちの四コマ漫画が原作。家族の日常をひょうひょうと描いて、クスクス笑わせる異色のホームコメディードラマだ。

　ストーリーらしいストーリーはなし。食卓のだんらん、炊事洗濯、お買い物、親子の対話…。家庭のエピソードを何となくつないで、一つの作品にしている。

　ごく普通の家庭のようで、どこか調子外れの愛すべき山田家の人々。日常の描写はとてもリアルなのに、妙に遠く懐かしい気分にさせてくれる。こんな微妙なずれが、笑いと共感をもたらし、温泉にでもつかったようにリラックスできて心地よい。

　水彩画タッチの絵は人物も背景も簡素で、せりふにはたっぷり間合いがある。この豊かな"空白"が、余韻やイマジネーションや人間味を生み出す土壌にもなっている。

　情報量と刺激がぎっしり詰まったスター・ウォーズのような娯楽大作とは、まったく正反対のつくり。でもアミューズメントパークに行くか、温泉に行くか、娯楽にもいろんな選択肢があっていい。

　ご近所にいそうで絶対いない、いてほしいなと思わせる山田家。庶民の日常のエピソードを描きながら、あり得ない世界、失われてしまった世界に連れて行ってくれる。スタジオジブリ流の"お茶の間ファンタジー"だ。

（富）

1999

1999年7月28日

現実を題材にした力強さ　「マイ・ネーム・イズ・ジョー」

　厳しい現実社会を題材にして人間ドラマを紡ぎ出す最近の英国映画には、ハリウッドの大作とは違った力強さがある。

　その代表格が、労働者階級の生活をテーマにしてきたケン・ローチ監督。最新作「マイ・ネーム・イズ・ジョー」は人間の誇りをかけ、どん底からはいあがろうともがく男を描いた、心打つ物語だ。

　主人公ジョーは失業保険で暮らす三十七歳。アルコール依存症ですべてを失い、今は酒を断っている。弱小サッカークラブの監督をして失業者仲間の面倒を見ている。

　そのジョーが、住む世界の違う女性と恋に落ちる。相手は、ジョーのおい一家を世話するソーシャルワーカーのセーラ。うまくいくかに見えたのもつかの間、借金で組織から脅されるおいの身を守るため、やむなく運び屋の仕事を引き受けたジョー。それを知ったセーラは彼の元を去ろうとする。

　ローチは、ジョーが立ち直るサクセスストーリーにも、感傷的なメロドラマにも浸らせてくれない。情け容赦ない環境と、過去をひきずるジョーの弱さが、残酷な事件を引き起こす。

　かといって、単なる"社会的弱者"の悲劇にも終わらせない。悲しみの果てのラストシーンで、絶望の中にほのかな希望をのぞかせ、現実に向き合う勇気を与える。

　ドキュメンタリーを思わせる、客観的な描写が生み出したリアリズムの世界。それが物語の展開にとどまらず、登場人物を取り巻く状況に、いや応なく目を向けさせる。

　ピーター・ミュランはこの作品で昨年のカンヌ映画祭主演男優賞。ジョーの明るさ、人の良さで好感を与え、怒りにわれを忘れ酒に逃げ込むシーンでは、ぞっとするようなひょう変ぶり。人間の奥底の暗い部分を見せつける。　　　　（伊）

1999年8月4日

走る肉体、広がるイメージ　「ラン・ローラ・ラン」

　赤い髪の女がベルリンの街を激走する。ただそれだけで、何かが始まりそうな予感が広がりわくわくする。

　「ラン・ローラ・ラン」は、ドイツのトム・ティクバ監督の才気あふれる作品。ざん新な映像表現でシンプルなテーマをスタイリッシュに料理して見せてくれる。

　物語は単純明快。主人公ローラ（フランカ・ポテンテ）の家に恋人マニから電話が入る。組織の金を紛失してしまいこのままでは殺されると助けを求めるマニ。タイムリミットの正午まであと二十分。それまでに何とか十万マルクの大金を手に入れなければ。ローラは恋人を救うべく、ベルリンの街を必死に走る。

　アニメーションやビデオ撮影による映像をはさみこんだり、疾走感あるテクノミュージックを映像とリンクさせるなど、物語を彩るさまざまな表現は、センスが良く飽きさせない。

　さらにティクバ監督は巧妙な仕掛けを用意した。正午までの二十分間にローラは恋人を救えるかというサスペンスの結末は、一通りではない。テレビゲームのようにリプレーあり。振り出しに戻るたび、違う世界が広がっていく。

　こんな拡散していくイメージに、求心力を持たせているのは、やはりローラの走る姿だ。遷都を控え建設ラッシュのベルリンの街に、ローラの真っ赤な髪と青いタンクトップが鮮やかに映える。

　意志の強そうな顔、パワフルな走りっぷり、躍動するローラの肉体こそ、このファンタジーの芯（しん）となっている。肉体表現（アクション）は映画の基本。外見のざん新さにもかかわらず、映画らしい映画と感じさせる作品だ。　　　　（富）

1999年8月25日

かわいいラブストーリー 「ノッティングヒルの恋人」

　ハリウッドの大スター女優と、ロンドンの売れない本屋の主人が恋に落ちる―。

　この"逆シンデレラ"物語をしゃれたタッチで描いた「ノッティングヒルの恋人」。ジュリア・ロバーツとヒュー・グラントの持ち味を存分に引き出し、かわいいラブストーリーに仕上げている。

　住む世界の違う二人が偶然知り合い、次第に愛し合うようになる。かつての名作「ローマの休日」の設定を現代風にしたような夢の物語。

　一方は世界的大スター、アナ・スコット、もう一方はバツイチの小さな本屋の主人ウィリアム・タッカー。お互い引かれ合う二人だが、立場の違いは、心のすれ違いを生んで、この恋は果たして成就するのか。物語はドラマチックというよりも、優しく柔らかく紡がれていく。

　ジュリア・ロバーツ自身のパロディーとも言えるスコット役を、彼女はのびのび楽しそうに演じ、「プリティ・ウーマン」のころの輝くような笑顔を久々にスクリーンで取り戻した。またナイーブで誠実なタッカー役も、ヒュー・グラントのキャラクターにぴったり重なるはまり役だ。

　タッカーのアナーキーな同居人スパイク（リス・エバンス）をはじめ、二人の恋の行方を案じる愛すべき友人たちを英国の芸達者な俳優たちが好演して笑わせる。

　英国ホームコメディー風の味を添えて、この夢の物語に素直に浸れるだけの、現実感や生活感をほのかに醸し出しているところがうまい。

　スタッフは英国人で固め、特にグラント主演で大ヒットした「フォー・ウェディング」を手掛けたリチャード・カーティスの脚本が光る。手入れの行き届いた可憐（かれん）なイングリッシュガーデンのように、心和ませてくれる作品だ。監督はロジャー・ミッシェル。

（富）

1999年9月1日

鮮明なサラリーマン群像 「金融腐蝕列島【呪縛】」

　銀行といえば、個人の顔が見えにくいサラリーマン社会の典型と受け取られがち。原田真人監督「金融腐蝕列島【呪縛】」は、その銀行を題材に、中堅行員グループ一人ひとりの個性や感情を鮮明に描いてみせた群像劇だ。

　舞台は、総会屋との癒着を引きずる大手都銀。東京地検の強制捜査が入り、不正融資の担当者から役員クラスへと逮捕者が広がる中、北野（役所広司）、片山（椎名桔平）ら「ミドル」と呼ばれる中堅四人が変革に立ち上がる。

　彼らの前に立ちはだかったのが、実権を握る元会長で、北野のしゅうとでもある佐々木（仲代達矢）だった。

　「身を捨てる」覚悟を誓った四人の同志だが、一心同体ではいかない人間模様がリアルである。

　一人が脚光を浴びれば、残りの者がかすんでいくのは、やはり組織というもの。北野にしっとを覚える者、大蔵官僚の接待に事件が波及し銀行を去っていく者。特に、個人の思いだけで北野を支える片山を、椎名が好演している。

　事件の真相をめぐって銀行と検察、マスコミがぶつかりあい、総会屋は改革派四人組を付け狙う。さらに主人公の後ろには家族の日常がある。物語の構成に広がりがあり、企業内部の権力闘争を描いた従来の日本映画とは一線を画している。

　そして、めまぐるしいストーリー展開に合わせて、縦横無尽に動き回るカメラ、ダイナミックな動きを見せる役者たちが、緊迫感をかき立てる。

　タイトルの「呪縛」は、銀行が切れなかった総会屋とのつながりであるとともに、佐々木という一人の権力者が支配する組織の秩序や、北野一家と佐々木との関係でもある。血を流しながら新しいものを生み出す興奮と恐れにも似た気持ちを味わせてくれる作品だ。

（伊）

闘う女のアクション映画 「グロリア」

1999年9月8日

　シャロン・ストーン主演「グロリア」は、ジョン・カサベテスが実生活上のパートナー、ジーナ・ローランズ主演で描いた名作（一九八〇年）のリメーク。

　オリジナル作品の世界を現代風にアレンジし、ストーンの派手な持ち味を生かした、闘う女のアクション映画に仕立てている。

　マフィア幹部を恋人に持つグロリアが、男の身代わりで服役。仮出所して恋人の元へ駆け付けてみると、待っていたのは男たちの裏切りだった。

　とっさに、軟禁されていたプエルトリコ系の少年の手を取って、事務所を飛び出すグロリア。その少年は、組織の犯罪の証拠を握っていた。

　孤独な二人連れが組織を敵に回して、大都会のすみからすみへとさまよう、という大まかな筋立てはカサベテス作品と同じ。

　だが、主人公の人物像が、大きく変わっている。ローランズのグロリアが日の当たらない、なぞを秘めた女なら、ストーンはニューヨークの街をかっ歩する、華やかな女。一方で、弱いところも併せ持ち、感情の吐き出し方がストレートで分かりやすい。

　刑務所で受刑者仲間から英雄視され、マフィアからも一目置かれるグロリア。シドニー・ルメット監督の描写は冗舌だ。

　孤立した女と少年の関係よりも、一人の女が自らの中の"母"の部分に気付く、女の生きざまに焦点を当てた作品と見ることもできそうだ。

　オリジナル作品の完結した濃密な世界と比べれば、物足りなさは否定できない。その分、見る者が主人公の心情を理解しやすく、気軽に楽しめる映画になっている。

（伊）

究極の虚構世界 「マトリックス」

1999年9月14日

　アニメ、テレビゲーム、映画という区分は、もはや無効かもしれない。「マトリックス」（公開中）は、さまざまな仮想現実の映像を組み合わせ、究極の虚構世界をつくり出した。奇抜で、怪しく、いかがわしい。だが鮮烈な衝撃。これはくせになりそうな面白さだ。

　映画の内容を単純にら列すれば、CGを駆使したサイバーパンクSF、ワイヤを使ったカンフーアクション、ジョン・ウー監督作品のような劇画タッチの銃撃シーン。そして日本アニメ「攻殻機動隊」「AKIRA」の影響などが、モザイク状に組み合わさっている。

　物語自体、特別新しいわけではない。現実と思っていた世界が、実は人類を支配するコンピューターの作り出した仮想現実だった。キアヌ・リーブス演じる主人公ネオが、人類の救世主として目覚めていく。

　聖書やギリシャ神話や「不思議の国のアリス」から引用した言葉や設定が、隠れた意味を持つかのようにちりばめられるが、これもアニメ「新世紀エヴァンゲリオン」などと同じ、今どきの語り口だろう。

　だが「マトリックス」が他を圧して魅力的なのは、このはやりのモザイク構造を確信犯的に突き詰めたところにある。新鋭監督ウォシャウスキー兄弟のタブーなきボーダーレスな感覚と、どんな妄想も映像化してみせるという欲望の強さは半端じゃない。

　デジタルにアナログ、新たに開発したマシンガン撮影法と、あらゆる手を使い、ここまで仮想現実を極めてくれると、モザイクもオリジナルと感じてしまう。ただ"映像オタク"の底知れぬパワーに圧倒されるばかりだ。

（富）

1999年9月22日
映画に引きずり込む力業　　　　　　　　　「秘密」

　奇想天外な物語は、いったん虚構の世界に引き込まれれば、想像を超えた展開を楽しむことができる。滝田洋二郎監督が描く大人のラブストーリー「秘密」は、そんな題材をきっちり料理した作品だ。

　物語は、直子（岸本加世子）と藻奈美（広末涼子）の母娘の乗るスキーバスが転落事故に遭うところで幕が開く。愛する二人を突然失うかという究極の非日常の最中に、藻奈美の体に直子の意識が宿る奇跡が起こる。

　藻奈美の体を借りた直子（広末）と平介（小林薫）の奇妙な夫婦生活が始まる。だが、夫婦でありながら、姿形はやはり父と娘。どうしても越えられない壁があるし、環境の変化は二人の間を割って忍び込む。

　二人の気持ちがすれ違い始めてからの、平介のこっけいなまでの情けなさ。直子が大学の男の先輩と親しくなると、しっとに身を焦がし危うい行動に走る。

　小林がコミカルな演技で、はらはらしながら見守らせ、いつのまにかいとおしさを見る者に感じさせる。円熟した表現力でドラマを支える。

　四十歳代の母と十代の娘の、難しい二役に挑んだ広末の奮闘ぶりにも好感が持てる。

　ただ、ち密な心理描写で読ませる東野圭吾の原作に比べると、娘に対する夫婦それぞれの愛情という、大事な要素の描き方が雑になっていて気になる。

　映像にすると一歩間違えば空虚になりかねないストーリーだが、得意の"笑い"と広末の魅力によって、スクリーンに引きずり込む滝田監督の力業が光る。

(伊)

1999年10月6日
60年代とのギャップ笑いに　　　　「タイムトラベラー　きのうから来た恋人」

　一九六〇年代の価値観を持つ純粋な青年が、現代社会にほうり出されたら？

　米国映画「タイムトラベラー　きのうから来た恋人」は、そんな価値観のギャップを笑いにしながら、青年と現代娘の恋の行方を描いたラブコメディーだ。

　六二年のロサンゼルス。ソ連の核攻撃が始まったと勘違いした変わり者の発明家ウェバーは、出産間近の妻と自宅地下の核シェルターに退避。ところが自動ロックで閉じ込められ自給自足の生活が始まる。

　地上は壊滅したと信じる夫妻と、時間が止まったようなシェルターで生まれ育った息子アダム。三十五年後、ようやくロックは解除され、大人になったアダムは地上へ出るが、そこは見る物すべてが新しい世界。初めて見る空や海。戸惑うアダムを、行きがかりで助けたのがイブだった…。

　アダムを演じるのは、「ハムナプトラ／失われた砂漠の都」の大ヒットで人気のブレンダン・フレイザー。「ハムナプトラ」とはまったく違う、おとぼけキャラクターがいい。

　勝ち気なイブ役のアリシア・シルバーストーンも魅力的。アダムの両親を、クリストファー・ウォーケンとシシー・スペイセクの名優二人が、"怪演"しているのも見どころだ。

　異なる価値観を現代社会に投げ込み、文明批判につなげるドラマは数多い。アダムの外見だけとれば、「フォレスト・ガンプ」を思い起こさせるかも。

　だが六〇年代も現代も笑って認めるこの作品に、批判のニオイはない。それは欠点でなく、夢物語に徹した潔さとしてかえって好感が持てる。愛すべき作品に仕上がっている。監督はヒュー・ウィルソン。

(富)

1999年10月13日
恐怖と感動を両立　　　　　　　　　　「シックス・センス」

　米国で大きな話題を集めている「シックス・センス」は、"サイコホラー"的モチーフと、登場人物たちの哀感という、二つの要素を組み合わせた、これまでにないタイプの映画だ。

　主人公は、子どもたちの心の病に取り組む精神科医マルコム（ブルース・ウィリス）。ある子どもを救えなかった過去と、仕事に没頭し妻を顧みなかった後悔が、彼の心を覆う。

　八歳の少年コール（ハーレイ・ジョエル・オスメント）は、死者の姿が見えるという特殊な能力を持つ。このため、学校で"化け物"呼ばわりされ、母にもこの力を秘密にしている。

　医師と患者として出会った二人が、悲しみに支配された者同士、少しずつ心通わせてゆく。

　舞台は古都フィラデルフィア。整然とした古い町並みを冷え冷えと描いて、二人の凍え切った心と恐怖の予兆を静かに映していく。

　後半からは、インパクトのある映像で恐怖心をかき立てながら、クライマックスへと向かう。

　死者の魂に向き合うことを決意した少年の勇気が、死者と残された者の心を媒介し、観客の抱く恐怖を感動へと橋渡しする。

　この映画を引き立てているのが、"小さな名優"オスメントの、苦痛に満ちた悲嘆の表情。これまで男臭いイメージが強かったウィリスが見せる、哀感あふれる演技も新鮮だ。

　監督・脚本はインド生まれ米国育ちの新鋭M・ナイト・シャマラン。古典的なドラマのつくりにとらわれない、大胆なストーリー展開で驚かせてくれる。　　　　　　　　　　　　　　（伊）

1999年10月27日
いちずさと倒錯の青春映画　　　　　　　　「月光の囁き」

　自分は何をしたいのか、他人とどう折り合いをつけたらいいのか。それが分からないまま、正体の知れない感情に突き動かされる。

　そんな高校生たちの未熟ないちずさで切ない気持ちにさせる「月光の囁（ささや）き」は、倒錯した男女の関係を描いてはいるが、紛れもない青春映画といえるだろう。

　高校の同級生、紗月（つぐみ）と拓也（水橋研二）。二人はそれぞれ剣道部の練習に励みながら、互いを意識し合う。

　だが、"清い青春"を期待すると裏切られる。拓也は暗い教室で、こっそり紗月のロッカーを開ける。

　思いが通じ交際を始めた二人だが、拓也には満足できない。やがて彼の"悪い癖"に気付き去ってゆく紗月。追いすがり、むごい仕打ちを受けるたびに興奮を覚えるようになる拓也―。

　屈折していてもひたむきな拓也の姿が、彼への好意を抑圧した紗月の心を混乱させ、彼女の行動もゆがんでゆく。ラストで初めて二人に訪れる、奇妙な安定。どんどん変化していく関係の描写が秀逸だ。

　異常な世界への好奇心と、二人の関係が際限なくエスカレートしていく不安。相異なる感情を刺激し、緊張感を呼ぶ。

　淫靡（いんび）な関係を楽しませるようなえげつなさを抑え、むしろ、大人でもない子どもでもない高校生それぞれの、心の葛藤（かっとう）に焦点を合わせた。

　演出は、これが長編第一作になる塩田明彦監督。「若者らしさ」「高校生らしい交際」などの言葉で人間を類型化することを拒もうという、つくり手の意図が、挑発的な題材に表れている。　　（伊）

1999

1999年11月2日
芸達者2人の軽妙な演技
「アナライズ・ミー」

　こわもてマフィアのボスもストレスに悩む。その治療を強引に受け持たされた気弱な精神分析医の身には、次から次へと災難が―。

　ロバート・デニーロとビリー・クリスタルがコンビを組んだ「アナライズ・ミー」は、芸達者な二人の軽妙なやりとりが楽しい、肩の凝らないコメディーだ。

　ニューヨークを牛耳る大物マフィアのボスであるポール（デニーロ）は、常に敵から命を狙われる身。冷酷非情で知られる彼だが、最近体の不調に悩まされ気弱になっていた。医師の診断はストレスによる「パニック症候群」。

　偶然知った精神分析医ベン（クリスタル）を半ば脅して治療させるが、いっこうに話がかみ合わず心理セラピーもうまくいかない。

　結婚式を挙げるため、ベンは休暇を取りマイアミに向かうが、症状が回復しないポールも子分を連れて押しかけて来る。ポールを狙う暗殺者やFBIも入り乱れ、ベンの私生活はむちゃくちゃになっていく。

　攻めるデニーロに、受けるクリスタル。二人の掛け合いがおかしい。特にすごみのあるボスと、トホホな泣き虫おやじの極端な二面性を見せるデニーロの演技は秀逸。彼の出世作「ゴッドファーザーPART2」などを思い出してしまうだけに、なおさらそのギャップが面白い。

　価値観の全然違う二人の役柄だが、共通点は偉大な父にコンプレックスを抱く二代目。肩書の虚飾を脱ぎ捨てて、自分自身を取り戻す二人の友情を、笑いの中にさらりと描いて後味がいい。監督はハロルド・ライミス。
　　　　　　　　　　　　　　　　　　　（富）

1999年11月17日
ほろ苦いメッセージ
「ウィズアウト・ユー」

　映画監督とスーパーモデルの恋愛。しかも舞台はニューヨークとなれば、絵に描いたような夢物語になりそうなものだが、これはちょっぴりほろ苦い。

　「ウィズアウト・ユー」は、フィル・ジョアノー監督が自分を痛いほどさらけ出したプライベート色の濃い作品。とがった映像の中にも、素朴なメッセージがひしひしと伝わってくる。

　音楽のライブドキュメンタリーを手掛けてきた映画監督ジェイク（スティーブン・ドーフ）は、ようやく大作映画を撮るチャンスを得てニューヨークへやってきた。ある日モデルのステラ（ジュディット・ゴドレーシュ）に出会った彼は一目ぼれ。相思相愛で二人は一緒に暮らし始める。

　だが大物プロデューサーらの横暴で、思うように撮影できず、いらだつジェイクとモデルの仕事に疑問を持つステラ。すれ違いの生活の中で、二人の気持ちも少しずつずれ始めていく。

　実際にアイルランドの大物ロックバンドU2のライブドキュメンタリー映画「U2／魂の叫び」で知られるジョアノー監督。今回、U2のライブツアーに入り込んでのゲリラ撮影やU2のボーカル、ボノが映画初出演しているのも話題。

　いきなりカメラ目線で独白、回想する主人公ジェイク。細分割した奇抜な画面構成があったり、ネコがしゃべり出したり。過剰な仕掛けはあふれる自意識に対するジョアノー監督の照れ隠しのようでもあり、かえってピュアな感じがする。

　「失われたものはかえらない」。主人公の未熟さも含めて、だれもが体験する青春の痛みが、ストレートに描かれている。
　　　　　　　　　　　　　　　　　　　（富）

1999年11月24日

ネガティブな意識映し出す

「ファイト・クラブ」

　賛否両論あった「セブン」のデビッド・フィンチャー監督、ブラッド・ピットのコンビによる新作が「ファイト・クラブ」。暴力やテロリズムという、物議を醸しそうなモチーフの上に、今の若い世代の意識を映し出した作品だ。

　保険会社に勤めるジャック（エドワード・ノートン）は、しゃれたマンションに住み、高級家具を集めるエリートだが、なぜか不眠症に悩まされている。

　飛行機で隣り合わせた風変わりな男タイラー（ピット）と殴り合いを演じたジャックは、不意に陶酔した感覚にとらわれる。二人は、暴力で自己の解放を目指す地下組織「ファイト・クラブ」を設立し、仲間を集めてゆく。

　社会への漠然とした違和感や自己破壊の願望はもちろん、他人の不幸に接することで得られる生の実感、"カリスマ"やカルト集団に傾斜していく様子など、若い世代のネガティブな気分が次々に登場する。

　そんな主人公の空虚な心の中に、"反社会性"が徐々に入り込んでくる展開が衝撃的だ。

　次第に壊れていくエリートにふんしたノートンの、変幻自在の演技に驚かされる。ピットもマッチョで過激な男を演じ、強烈な存在感をアピールしている。

　ただ、幅広い層の観客が、一つの世界観を共有できるような作品とは言い難い。主人公に自分の姿を見いだす人がいれば、つくり手の悪意を勘ぐりたくなる人もいるかもしれない。見る人の世代や立場によって、評価が大きくわかれる映画だろう。

（伊）

1999年12月8日

エロスと死の独創的世界

「御法度」

　大島渚監督久々の新作「御法度」は新選組を題材にしているが、時代劇特有のノスタルジーやカタルシスとは一線を画し、エロスと死の観念を下敷きに独創的な世界を築いた。

　幕末の京都、新選組に剣の立つ美少年惣三郎（松田龍平）が入隊する。田代（浅野忠信）ら同僚の隊士たちが次々と魅せられていく中、惣三郎に夢中になっていた男が何者かに切り殺され、続いて別の隊士が襲われる事件が起こる。

　この作品に描かれるのは、人を切ることを目的としたテロ集団としての新選組。毛色の違う新参者の登場によって、死と隣り合わせた集団の異常な雰囲気があらわになる。それは激しい殺気ではなく、登場人物のにやにやした笑いの裏にのぞく、静かな狂気のようなものだ。

　個性派ぞろいの出演者が、個々の登場人物のキャラクターを引き立てていて面白い。

　崔洋一演じる近藤勇は、豪放そうでいて細かいことに執着する。ビートたけしの土方は、状況を冷徹に見つめるシニカルな男。浅野と沖田総司役・武田真治が持つさわやかさと、松田の異様なあやしさ。さらにトミーズ雅らのひょうひょうとした味が、アクセントとして効いている。

　演技というより出演者たちの素顔を見せられているようで、幕末と今という時代がだぶって見えてくる。

　撮影監督栗田豊通が映し出す、くすんだ昼の光、冷ややかな夜のやみ、迫力に満ちた殺陣のシーンなどからは、濃密な空気がにおい立ってくるようだ。

（伊）

1999

1999年12月15日

際だつ孤高の存在感　　　「トゥルー・クライム」

　映画「トゥルー・クライム」は、クリント・イーストウッド（監督・主演）らしい、孤高の主人公像が楽しめるサスペンス映画だ。

　コンビニの女性店員を射殺した罪で死刑が確定したビーチャム（アイザイア・ワシントン）が、執行の日を迎える。事故死した同僚に代わって、ビーチャムをインタビューすることになった元アルコール依存症のベテラン新聞記者エベレット（イーストウッド）は、無実を直感し真実を探り始める。

　タイムリミットを設けて緊張感を盛り上げるオーソドックスな手法で、落後者のレッテルを張られた男が活躍する筋立ても目新しくない。なのに、イーストウッドの存在感が映画を独特のものにしている。

　上司の妻に手をつけ、禁煙の規則もお構いなし。酒をやめたのは、健康を考えてのことでなく、事件をかぎとる勘が鈍ってきたからにすぎない。仕事にのめり込むと、妻やかわいい一人娘のことも放り出す。

　時代の風潮に逆らう主人公の生きざまを、安っぽいヒロイズムでも、人間くさいコミカルさでも描かない。イーストウッドが演じると、俗世間を超絶したすごみを感じさせる。

　死刑を目前にしたビーチャムの、妻や娘への切実な思い、偽善に対する怒り、生への執着を対比して描き、主人公の特異な人物像を際だたせた。

　イーストウッドは舞台を自分が育った町に移し変え、実の娘や現在の妻、前妻まで出演させ、男に愛想を尽かす女心を歌ったエンディング曲を自らつくった。このあたり、自己イメージを楽しむ遊び心だろうか。　　　　　　　　　　（伊）

1999年12月22日

想像かき立てる仕掛け　　　「ブレア・ウィッチ・プロジェクト」

　低予算映画はアイデアが勝負。ホラーというジャンルは、柔軟な発想をもつ若手の登竜門となる。

　全米でヒットした「ブレア・ウィッチ・プロジェクト」は、まさに低予算を逆手に取った作りで、恐怖を演出。観客の好奇心を巧みに刺激している。

　物語はあくまでドキュメンタリー風に進む。一九九四年、映画学科の学生三人が、卒業製作の記録映画を撮るためメリーランド州ブレアに伝わる魔女伝説の取材にやってきたことが、事件の発端となる。

　なぞを説き明かすためカメラをかついで深い森へと入って行く女一人、男二人の学生たち。だが不気味な出来事が彼らの周囲に起き始め、どんなに歩いても森から抜け出られなくなってしまう。激しさを増す超常現象に、三人は極限状態に追い詰められていく―。

　まずは倒叙法の語り口がミソ。三人が行方不明になった一年後、彼らの撮影したフィルムだけが発見される。それを編集したのがこの映画だという前提が、なぞ解きの興味をそそる。

　だが、それに対して観客に与えられる情報量はきわめて少ない。手掛かりは三人が持つ二台のカメラに写ったものだけ。必然的に観客は学生たちの目線で見るしかない。一部モノクロで、ざらついた画面。写っていないものに恐怖する想像力を、かき立てられてしまうという仕組みだ。

　情報量の少なさ、つまり製作費の少なさを武器に変えた、若手監督D・マイリック＆E・サンチェスのしたたかさが際立つ。映画というより、テレビゲームのロールプレーイングゲームのよう。米国ではインターネットで人気に火がついたように、"オタク心"をくすぐる作りになっている。　（富）

2000

2000年1月12日

情感あるホラー映画　　　　　「リング0／バースデイ」

「リング0／バースデイ」は、ブームを巻き起こした「リング」シリーズの最新作。無機的なにおいがあった前二作と趣を変え、情感に重きを置いたホラー映画になっている。

のろいの根源であり、これまでは恐怖の対象でしかなかった"貞子"を主人公に据え、彼女の青春時代まで話をさかのぼらせる。おどろおどろしさで彩るのでなく、原作とも異なる血の通った人間の物語として描いた。

時は昭和四十三年。女優を夢見て、東京の劇団に研究生として入った十八歳の貞子（仲間由紀恵）。そんな貞子を見守る音響係、遠山（田辺誠一）と互いにひかれあうようになる。

そんなとき、貞子を冷たくあしらった主演女優が、けいこ中に突然死ぬ。演出家は貞子を主役に抜てきし、見返りに関係を迫った。劇団員たちの不審の目、遠山を慕う別の研究生悦子（麻生久美子）のしっとがあり、新聞記者の宮地（田中好子）は執拗（しつよう）に秘密をかぎ回る。周囲の憎悪に追いつめられていく貞子──。

貞子の悲しみをつづる一方で、もちろん恐怖感もシリーズから受け継いでいる。おなじみになった貞子の姿も見せてくれる。

前二作の特徴といえる衝撃的な音響効果と映像で観客の感覚に直接訴える手法は抑え、今回はえたいの知れない不気味さで恐怖を醸す。監督はオリジナルビデオ「ほんとにあった怖い話」シリーズなどで人気がある鶴田法男。

ただ、ヒット作の続編という制約があるからだろうが、恐怖の要素と人間ドラマの部分をつなぎ合わせたストーリーに、やや強引なものを感じさせる。

(伊)

2000年1月26日

血の通ったボンド像　　　　　「007　ワールド・イズ・ノット・イナフ」

不死身のジェームズ・ボンドといえども、迷いや失敗があって当たり前。ピアース・ブロスナンのボンドはスマートながらも、そんな血の通った感じがいい。

007シリーズ最新作「ワールド・イズ・ノット・イナフ」は、奇想天外なアクションシーン満載。三作目となるブロスナンも独自のボンド像を確立して、シリーズでも屈指の充実した内容になっている。

今回のボンドの敵は、ロバート・カーライル演じる無国籍テロリスト、レナード。石油王の娘エレクトラ（ソフィー・マルソー）をレナードから守ろうと戦うボンドは、なぞめいたエレクトラにほんろうされながら、引き付けられていく。一方プルトニウムを盗み出したレナードは、地球を破滅へと導く計画を開始しようとしていた…。

高速艇による水上の追跡シーンや、スキーによるアルプスの逃走シーンなど、過去にもあったアクションの形を踏襲しながら、新しい要素を加えることでグレードアップ。スピード感や躍動感を前面に出し、新鮮な印象を与える。

奇抜な新兵器やラブシーンなど、シリーズのお約束もしっかり守られ、伝統と新しさのバランスが程良く取れているのがうまい。

ボンドをはじめ登場人物は、単純な善玉、悪玉で描かれず、それぞれに葛藤（かっとう）を内包しているあたり、「ネル」「愛は霧のかなたに」など人間ドラマで知られるM・アプテッド監督らしいところ。

ワイルドなショーン・コネリー、ジェントルマンのロジャー・ムーアら歴代ボンドと違う、ブロスナンの人間くさい魅力が最大限生かされている。

(富)

2000年2月2日

静かで美しい官能

「シャンドライの恋」

「ラスト・タンゴ・イン・パリ」で絶望に裏打ちされた激しい性愛を描き、官能の作家といわれるベルナルド・ベルトルッチ。新作「シャンドライの恋」も官能という表現があてはまるが、胸に秘めた欲望が解き放たれる過程を、静かに描いた作品になっている。

舞台はローマの古い屋敷。女は、夫が政治活動で軍に拘束され、アフリカから単身やってきた住み込みの家政婦シャンドライ（サンディ・ニュートン）。男は家の主で、裕福な英国人キンスキー（デビッド・シューリス）。レッスンの子供たちがたまに訪れてくるだけで、家にこもってピアノを弾き続ける。

肌の色も、愛好する音楽も、背負っている過去も違う二人が、互いのことを意識するようになる。キンスキーが不器用に思いを打ち明けるが、シャンドライはそれを拒絶。彼女の夫のことを知ったキンスキーはひそかに、家財を処分してアフリカに送金し始めた。

互いへの思いを押し殺した二人の小さな心の揺れ動き、進んだり退いたりする関係の変化を、優しく追っていく。そんな二人の感情が、彼女の夫の釈放によって頂点まで高まる。

激しい情熱を内に秘めたシャンドライに、内省的なキンスキー。二人の性格の違いを民族音楽、クラシックで彩り分け、二人を結ぶらせん階段や小さなエレベーターという、いかにも映画的な仕掛けで、美しく繊細な世界に引き込む。

そして、逆に寡黙で力強いアフリカのプロローグ、突然差し挟まれる幻想的シーンなどからは、巨匠の映画に対する新たな情熱も感じられる。

（伊）

2000年2月9日

光るフォスターの演技

「アンナと王様」

一九五六年の映画「王様と私」は、ミュージカルの名作として知られる。その基となった実話の体験記を、壮大なスケールのラブストーリーにふくらませたのが、このジョディ・フォスターとチョウ・ユンファ主演の「アンナと王様」だ。

物語は十九世紀のシャム王国（現在のタイ）が舞台。国王（チョウ）の子供たちに西洋の教育を受けさせるために、家庭教師として招かれたのが英国女性アンナ（フォスター）。

厳格な国王と気丈な女性教師は、立場の違い、文化・習慣の違いからたびたび対立するが、やがて人間として尊敬しあい、心を通わせていく。

スタジオのセットで撮影された「王様と私」に比べ、マレーシアにオープンセットを作ったリアルな宮廷シーンは、はるかにスペクタクルがある。物語の中心となる二人の関係も、細かいエピソードをていねいに積み重ね、よりロマンチックに仕立てた。

基本的にシンプルな物語に、豊かさを与えているのは、フォスターの演技力。微妙な感情の動きまで完ぺきに表現した彼女の演技は本当にうまい。ハリウッドに進出した香港のスーパースター、チョウ・ユンファのマイルドな王様も好感が持てる。

ただし、アジアに対する偏見を排除しようと気遣いながら作っているのは評価できるが、どうしてもエキゾチシズムが映画の売りになっているのは否めないところ。よくできたハリウッド製の時代劇ラブストーリーの域は出ていない。

単純な比較に意味はないが、デボラ・カーとユル・ブリンナーが「シャル・ウィ・ダンス」の歌にのって踊ったミュージカル史上に残る名場面に、匹敵するだけの強い印象はない。監督はアンディ・テナント。

（富）

2000年2月16日

米国社会の悲しみ描く 「アメリカン・ヒストリーX」

　映画「アメリカン・ヒストリーX」は、人種差別・暴力という社会の暗部にはまりこんだ兄弟の姿を、哀切をこめて描いた。米国の抱える問題、悲しみを訴えかけてくる作品だ。

　ダニー（エドワード・ファーロング）は、西海岸の町に住む高校生。頭をそり上げ、黒人グループと敵対する。作文の題材にヒトラーの著書を取り上げ、校長室に呼び出された。

　その朝、黒人を殺し服役していた兄デレク（エドワード・ノートン）が三年ぶりに出所した。ダニーには地元ネオナチのリーダーを務める兄が自慢だったが、再会したデレクは別人のように変わっていた。

　リアルタイムで展開されるのは、兄出所後のわずか一日のできごと。そこに、父が仕事中に黒人に射殺された事件や、兄の思想によって壊れゆく家族の様子など、兄の事件に至る経緯を、きれいなモノクロ映像の回想で盛り込んでいく。

　憎しみが生まれる過程、暴力が暴力を生む構造を、きっちり描き込んだ物語の構成が巧みだ。

　そして、憎悪のむなしさを悟った末に二人を襲う悲劇。ショッキングなラストは、問題の根の深さを思い知らせる。

　社会派ドラマに終わらせず魅力的な映画にしているのは、二人のエドワードの演技だろう。

　兄を演じるノートンは、素直な高校生から狂気のシンボルへと変ぼうし、怒り、悲しみ、悔恨といくつもの感情を鮮やかに演じ分ける。荒々しさの中にのぞく繊細さで見る者を引きつける。弟役ファーロングも暗い目の中に幼さ、優しさをにじませ、悲しみを引き立てる。監督はトニー・ケイ。

（伊）

2000年3月1日

温もりあるCGアニメ 「トイ・ストーリー2」

　私たちが見ていないところで、おもちゃは話したり動いたりしているのかも？　子どものころ、一度は夢見るような「おはなし」を、全編CG（コンピューターグラフィックス）を使って現実化した。

　登場するおもちゃの性格づけやストーリー展開、背景の細やかさなど、一九九六年に日本公開されヒットした前作から、すべての面で向上。米国で記録的な興行成績を打ち立てたのもうなずける。今年のゴールデングローブ賞でも、ミュージカル・コメディー部門の最優秀作品に選ばれた。

　主役のおもちゃは、西部劇の保安官ウッディ（声・トム・ハンクス）と、宇宙戦士バズ・ライトイヤー（声・ティム・アレン）。持ち主であるアンディの部屋で、ほかのおもちゃたちと毎日、歌ったり踊ったりして暮らしている。でも、アンディが戻った時は静止する。寂しいけれど、それがルールなのだ。

　高価なプレミアが付いたため、強欲なおもちゃ業者にさらわれてしまったウッディの救出劇が物語の柱になる。車が行き交う道路をバズたちが横断するアクション場面、ウッディが「このまま博物館に陳列されるのもいいかな」と思い悩む心理描写、鮮やかに決まる「スター・ウォーズ」のパロディー…。巨額の製作費をかけて、こけおどしに終わるハリウッドの超大作に比べ、どれほど完成度が高いことか。

　計算ずくのクサいせりふもあるけれど、このCGアニメは確かに人肌の「温（ぬく）もり」を持っている。日本語吹き替え版では、主役の声を唐沢寿明と所ジョージが担当した。監督はジョン・ラセター。

（K）

2000年3月8日

新しい朝の希望 「マグノリア」

　英語で「レイン・キャッツ・アンド・ドッグズ」が、土砂降りの雨の意味だというのは、昔受験勉強で覚えたような気がする。

　猫や犬が降ってくるくらいのすごい雨という比ゆが面白いと思ったけれど、映画「マグノリア」のクライマックスで、空から降ってくるのは猫でも犬でもない、とんでもないものだ。

　物語はロサンゼルス郊外に住む老若男女それぞれの身に起きた一日の出来事を断片的に描いていく。

　死の床にある元テレビプロデューサー。彼が昔捨てた息子は、今やセックス礼賛カルト集団の教祖になっている。子供クイズ番組の司会者の娘は、心に傷を負って家を出たまま。その番組で活躍したかつての天才少年は、リストラ寸前のさえないオヤジに…。

　それぞれが抱える悩みや悲しみが、エピソードを積み重ねる度に浮かび上がっていく構成はあざやかだ。

　監督、脚本は、前作「ブギーナイツ」で注目された新鋭ポール・トーマス・アンダーソン。群像劇としては、「ショート・カッツ」(ロバート・アルトマン監督)などを思わせる。

　ただし物語の運びは巧みなものの、登場人物の設定が幾分ステレオタイプで、彼らの悩みや悲しみの描き方の浅さが目についてしまうのは残念なところだ。

　だが、あるものが降ってくる不思議で唐突なクライマックスが、型にはまりそうな物語を開放する。

　何の脈絡もなく、すべてを洗い流し、相対化し、人生に新しい朝の希望をもたらす現象。このアナーキーなクライマックスこそ、作品の命と言ってもよい。第五十回ベルリン国際映画祭で金熊賞(最優秀作品賞)受賞。

(富)

2000年3月15日

強烈な苦闘の記録 「カリスマ」

　破たんのない物語は、良い映画の必要条件ではない。多少破たんしても、作り手の魂が感じられれば、人の心を動かす映画になる。

　黒沢清監督の「カリスマ」は、自身の世界観を実直に映画というキャンバスに描いた作品だ。心の闇(やみ)、ぶつかり合う価値観、共存の不条理…。答えの出ない難問に立ち向かい、苦闘した記録として、観客に強烈な衝撃を与える。

　物語は寓話(ぐうわ)のようで、暗ゆに富んでいる。刑事の薮池(役所広司)は、代議士を人質に取った犯人の青年から「世界の法則を回復せよ」というなぞのメッセージを受け取る。人質と犯人の両方が死ぬ結果となって、責任を問われた薮池は、引き寄せられるように深い森へとやってくる。

　その森にはカリスマと呼ばれる一本の木がはえていた。森全体を破壊する木としてカリスマを敵視する姉妹(風吹ジュン、洞口依子)。強者の象徴として守ろうとする青年(池内博之)。やがてカリスマをめぐる闘いが、薮池を巻き込んで繰り広げられていく。

　カリスマの木(個人)と森(全体)が共存することは理想なのかもしれない。だが現実の世界は、そうはならない。人間の業のような征服欲と破壊衝動は、二者択一を要求する。

　約十年前に黒沢監督が書いた最初のシナリオは、理想の両者共存の結末だったという。だがそれに対して生じた黒沢監督の違和感は、物語を共存でも二者択一でもない別の結末へと導いていった。

　そこに、すっきりした解答はないけれど、安易な妥協を排し、混とんをそのままぶつけた真剣さの前に、観客は自分自身の解答を考えざるを得なくなるだろう。

(富)

2000年3月22日

力強い、いやしの物語 「ストレイト・ストーリー」

　多くの人が心に傷を負いさまよっている、この時代。旅に漂泊する感覚と自己発見のプロセスを描くロードムービーはきわめて現代的な映画だが、物語のドラマチックな展開に欠ける。

　デービッド・リンチ監督の新作「ストレイト・ストーリー」は同じスタイルを取りながら力強い物語を兼ね備えた、ロードムービーの枠を超える映画だ。

　この感動的な作品と、人間の異常で異様な面に執着してきたリンチの取り合わせに驚く人も多いだろう。

　シンプルなストーリーはぐう話のようだが、実際の出来事を基にしている。

　現代的どころか、時代に背を向けたかに見える七十三歳の男（リチャード・ファーンズワース）は、けんか別れして十年来、音信が途絶えていた兄が心臓病で倒れたと聞く。彼の唯一の手段、自転車より遅い小型トラクターで五百キロ以上の道のりを会いに行く。

　途中出くわす人たちは、それぞれ悩みや問題を抱えており、彼はそれを受け入れ、自らの経験を語り聞かせていやしていく。遭遇する人物の造形やエピソードがどこか変で、このあたりはリンチらしい。

　そして、この主人公もやはり戦争でトラウマを抱えていることが分かる。それでも余生が長くないと悟った彼は一番大事なものを見つめ、わき目もふらない。それは人間同士の信頼というものだ。

　説教じみた映画じゃないけれど、憂うつな時代に希望を夢見させてくれる。二十世紀はさまざまなつめ跡を残し今も問題がたくさんあるけれど、人間は捨てたもんじゃない―と。

（伊）

2000年3月29日

胸締めつける悲劇の愛 「ヒマラヤ杉に降る雪」

　映画の中では、どんな状況にも屈しない"絶対の愛"を期待することが許される。だから逆に、運命に引き裂かれてしまう愛の物語は、悲しみを際立たせる。

　人種差別という醜悪な現実を乗り越える愛の存在を信じたい。そんなロマンチシズムがあるからこそ、「ヒマラヤ杉に降る雪」の恋人たちの悲劇はことさら胸を締めつけるのだろう。

　舞台は米ワシントン州沖の島。一九五四年冬、白人男性を殺害した罪で日系人の男が法廷に立された。不安げに見守る妻ハツエ（工藤夕貴）と、彼女を見つめる新聞記者イシュマエル（イーサン・ホーク）。

　二人は幼いころからの恋人同士だったが、第二次世界大戦中に日系人として強制収容所に送られたハツエが、一方的に別れを告げた。ハツエは日系の男と結婚し、傷心のイシュマエルは戦場で片腕を失って帰郷、父の仕事を継いだ。

　イシュマエルが夫の事件の真相を解明する証拠にたどり着く一方で、遺族や検察官の日系人に対する偏見がむき出しになる展開は、一種の法廷サスペンス。

　そこに、ハツエをあきらめきれないイシュマエルの回想がフラッシュバックし、二人がたどった運命が美しく悲しく描かれていく。

　幼い二人が心許し合った雨にうたれる杉の森、イシュマエルの狂おしい思いに重なる激しい雪。情感たっぷりの風景描写が胸に染みる。

　イシュマエルの凍り付いた心が解けてゆき、最後に二人が再び心通わせる瞬間が訪れるが、安直なハッピーエンドへはもっていかない。だからこそいっそう深い余韻を残すのだ。監督はスコット・ヒックス。

（伊）

2000年4月5日
壮大な展開に引き込む力

「マーシャル・ロー」

　戒厳令を取り上げた映画は少なくない。それが南米や紛争地域ならともかく、民主国家米国を舞台にした現代の物語と聞けば、いかにも荒唐無稽（むけい）な印象を受けるかもしれない。

　「マーシャル・ロー」では、ニューヨークの街を戦車が走り回り、市民の自由がはく奪される事態に至る。しかし、巧みな構成と映像の迫力で、そんな壮大な物語に違和感なく引き込んでいく。

　きっかけは市内で起きたテロ事件。アラブ系急進派組織のメンバーが路線バスをハイジャックし、人質を乗せたまま爆破する。

　FBI（連邦捜査局）と警察で組織されたテロ対策本部の本部長ハバード（デンゼル・ワシントン）は、なぞめいたCIA（中央情報局）職員クラフト（アネット・ベニング）の情報を基に捜査にあたるが、爆破事件はなおも連続する。

　恐怖と不安の中で、ついに非常事態宣言が出され、ダヴロー将軍（ブルース・ウィリス）に率いられた陸軍が出動。FBIとCIA、そして陸軍の思惑が複雑に絡み、事態は思わぬ方向に走り始める。

　大規模なロケで撮影したバス爆破シーンの圧倒的スペクタクルと衝撃がポイントとなって、意表を突く展開に導いていく。

　対立する格好になる三つの機関に、判断の誤りや論理の違いはあっても、それぞれ邪心はない。アラブ系組織がテロに走った事情も描き、単純な善悪の対決構図にしなかったことが、リアリティーを保っている。

　米国らしい民主主義や自由の理念を踏まえた、硬派のエンターテインメント映画だ。監督はエドワード・ズウィック。　　　　　　　　　　（伊）

2000年4月12日
不気味な虚構の世界

「アナザヘヴン」

　バーチャルな世界が拡大し続けて、現実世界と脳内世界の境目がなくなっていく。そんな現代の気分は、さまざまな物語に色濃く反映されている。

　飯田譲治監督の新作「アナザヘヴン」は、一つの仮想現実的な物語の世界を映画、テレビなど複数のメディアを連動させて構築しようというプロジェクト。しかも主役は脳そのものであるところが、皮肉であり不気味さを増幅させている。

　物語は猟奇連続殺人事件に端を発する。脳を取り出し料理するというグロテスクな手口。捜査を担当する早瀬（江口洋介）と飛鷹（原田芳雄）の二人の刑事は、事件の背後に非現実的な力の存在を感じ始める。

　やがて犯人の女性が浮かび、その女性の死とともに事件は解決したかに思われた。だが現場に居合わせた青年木村（柏原崇）が取りつかれたかのように、人間離れした能力で連続殺人を犯し、早瀬の周辺へと近づいていく―。

　何かに脳を支配された人間たち。見た目では判別できないために、登場人物たちと一緒に疑心暗鬼となって不安をかきたてられる。先の読めない展開で、ラストまでぐいぐい引っ張っていく手法がうまい。

　一本のホラーサスペンス映画として面白い。だが、広大な虚構の世界がそこに築かれているかと言えば不満が残る。えたいの知れない何かの正体に意外性がなく、なぞは深まらない。物語のうそが小さく感じられてしまうのが残念。

　とは言え、まだ全容は分からない。映画と同じ時間経過で、別の物語が描かれるテレビドラマシリーズ（テレビ朝日系で二十日から放送開始）とすり合わせてみれば、また別の感想になるのかもしれないが。　　　　　　　　　　　　　　　　　（富）

2000年4月19日

母と女性と命への賛歌

「オール・アバウト・マイ・マザー」

　すべての人は母から生まれる。命の源である母って何だろう？

　そんな母なるものを見事に描いたのがスペインのペドロ・アルモドバル監督の「オール・アバウト・マイ・マザー」だ。傷つきながらも励まし合い、たくましく生きる女たちの姿は、気高い。人生の素晴らしさを感動的に伝えてくれる。

　最愛のひとり息子を交通事故で失い、悲しみに打ちひしがれたマヌエラ（セシリア・ロス）は、故郷のバルセロナへと向かう。

　目的は、息子が生まれたことさえ知らせず別れた元の夫に息子の死を知らせるため。だが元夫はゲイであり、エイズウイルス（HIV）に感染して行方不明になっていた――。

　原色を大胆に配した色彩感覚、クローズアップの顔。それに耐える役者たちの力強い個性。刻み込まれたシワまでが美しい。

　シリアスさとユーモアがまじりあったアルモドバル監督の独特の語り口は、悲しみも喜びもある本物の人生を映し出している。

　元夫を捜すうちに、マヌエラが巡り会う人々。母にならなかったレズビアンの大女優、HIVに感染したまま妊娠した修道女、母にも父にもなれなかったゲイの友人…。マヌエラを含めて、彼女たちは悲しみを背負いながらも、母のように優しい。

　失われた命、新しく誕生した命を、わが子として慈しむ彼女たち。母性はすべての人の内にあり、母の愛はさまざまな愛の原型なのかもしれないと思わせる。

　母へ、女性へ、そして命への賛歌。母である人もそうでない人も、女も男もすべての母の子に見てほしい作品だ。

（富）

2000年4月26日

不思議なすがすがしさ

「アメリカン・ビューティー」

　今年の米アカデミー賞の目玉となった「アメリカン・ビューティー」は破たんしていく男、崩れゆく家族の姿を描く。悲惨な題材なのに、苦さの一方で不思議なすがすがしさを残す。感嘆のため息が出る作品だ。

　会社でリストラの対象にされた夫（ケビン・スペーシー）に、経済的成功を夢み生活を飾ることに余念がない妻（アネット・ベニング）。高校生の娘（ソーラ・バーチ）は常に何かにいらだっている。

　夫がこともあろうに娘の同級生に一目ぼれ。これを機に、典型的な米国の中流家庭が崩壊へ向かう。

　夫のコワれゆくさまが見ものだ。恥ずかしい妄想にふけるかと思えば、上司を脅し会社を辞める始末。隣家の高校生にマリファナを所望するは、妻に黙ってあこがれのスポーツカーを買ってしまうは…。

　あきれた男を、世のしがらみから放たれたスペーシーの恍惚（こうこつ）の表情が笑わせ、いとおしくさえ思わせる。外見と裏腹の醜悪さを演じてみせたベニングが強烈だ。

　富と名声に縛り付けるアメリカンドリームは、時に人間を苦しめる。美しいと感じるものを追い求めれば解放が待っている、ということか。それにしては、それぞれの"美"がグロテスクで寂しい。

　人によって悲劇ともコメディーとも取れる。こっけいな"おやじ"がだれより輝き、破滅と心の安らぎが同時に訪れる。観客の裏をかく物語構成が鮮やかだ。

　家族一人一人がどこへいってしまうのか、はらはらさせる展開もさえる。もっとも、このご時世。これを、外国の話と突き放すことも、戯画的と割り切ることもできないから、なおさらスリリングなのだが。監督はサム・メンデス。

（伊）

2000年4月28日
豪快さの中に優しさも
「どら平太」

　ある藩の町奉行所。江戸から来る新任の奉行を、侍二人が「ふるまいが、ふらちな男らしい」と、うわさする。こんなシーンで始まる「どら平太」は、映画監督の黒沢明、木下恵介、市川崑、小林正樹が結成した「四騎の会」が約三十年前、山本周五郎の「町奉行日記」を映画化しようと検討しながら見送っていた幻のプロジェクト。

　市川監督はその後も映画化のチャンスをうかがっていたが、今回主演の役所広司が市川監督の時代劇への出演を熱望したこともあり、ついに実現した。

　着流し姿でさっそうと行く主人公の望月小平太は、旗本の次男坊であだ名が「どら平太」。「どら」とは「どら猫」の「どら」に由来し、つまりはやんちゃでワイルドな男。腕っ節が強くて肝っ玉が太く、知恵者だが、型破りの気さくな性格。酒と女遊びが大好きなくせに、なじみの江戸の芸者には頭が上がらない。

　こんな小平太が藩主の命で、城下の無法地帯に単身潜入。飲む、打つ、買うの限りを尽くしつつ、そこに巣くう悪党を屈服させ、悪党とつるんだ藩の重役たちを一掃するという単純明快な筋立て。

　見せ場では、悪党の配下五十人を切らずに「峰打ち」。鈍い効果音のためか、役所の殺陣は剣法よりも、パワーでたたきのめす「打法」に近い印象だ。

　豪腕、豪快、ある種の健康さを感じさせるキャラクターの中に、役所は持ち前の甘いムードや優しさを漂わす。その達者なまとめぶりが、主人公のワイルドさやスケールをやや小さくしているようで、惜しい。

（左）

2000年5月17日
告発が織りなす人間模様
「インサイダー」

　たばこ規制法案を葬ろうと暗躍するたばこメーカー。その欺まんを証言する内部告発者。米国で実際にあった事件を脚色した「インサイダー」は、表面は社会派ドラマのように見えるが、実は男くさいハードボイルドと言えるだろう。

　主人公は二人の男。一人は米テレビの人気報道番組のプロデューサー、バーグマン（アル・パチーノ）。そしてもう一人は大手たばこメーカーの副社長を解雇されたばかりのワイガンド（ラッセル・クロウ）。

　たばこが人体へ及ぼす危険性をメーカーが認識していたかどうか。バーグマンは、それを立証する内部告発者としてワイガンドを説得、テレビのインタビューを受けさせる。

　だがそのためにワイガンドの家族は、さまざまな嫌がらせや危険にさらされることに。テレビ局側も訴訟ざたを恐れ、番組を自主規制する決定を下す。

　プライバシーまで暴かれ、完全に社会から孤立するワイガンド。テレビ局内で自主規制に猛反対したが退けられたバーグマンは、逆転を狙い思い切った手段に打って出るのだった—。

　正義というのはあいまいな言葉で、いろんな人が口にするけれど、ぜい肉をそぎ落としてみると中身は空っぽだったりする。

　究極のところでバーグマンを突き動かすのは正義のためではない。「ネタもとを絶対裏切らない」というシンプルな信念があるだけ。そのためだけに、損得抜きで巨大な敵と戦うというのは、ヒロイックに過ぎるかもしれないが、やはりかっこいい。

　正義のお題目を唱える人たちよりもずっと信用できると、この映画は思わせてくれるのだ。監督はマイケル・マン。

（富）

2000年5月24日
オカルトの奥に宗教性　　　　　　「スティグマータ」

　イエス・キリストが処刑された時、頭にいばらの冠、背中はむち打たれ、両手首と両足の甲にくぎを打ち込まれ、わき腹をやりで貫かれた。この時のキリストと同じ部位に突然傷ができたり、血が流れたりする現象を「聖痕（スティグマータ）」と呼ぶ。

　実際に世界各国で起こったこの超常現象をテーマに、宗教の本質や信仰の在り方を問い直すのが、ルパート・ウェインライト監督の「スティグマータ」（UIP配給）だ。

　享楽的な生活を送るヘアドレッサーのフランキー（パトリシア・アークエット）は、母からロザリオをもらって以来、手足や額などに傷ができて激痛が走り、止めどなく出血する聖痕現象に苦しめられる。

　繰り返される彼女の流血シーンはすさまじく、部屋の物が勝手に飛び、体が空中浮揚するなど「エクソシスト」を思わせる特撮シーンもふんだん。

　特に、トランス状態でイエス自身の言葉という「トマスの福音」を古代言語で壁に書きつけるシーンはおどろおどろしく、「神の言葉」を記し続けた日本の巫女（みこ）的な人物をほうふつとさせる。

　こんな彼女を消そうと躍起になるバチカン上層部の姿を「形がい化し、ただ権威を守るだけ」として厳しく指弾、宗教の原点に戻ろうとする強烈な批判精神があふれている。オカルト映画の王道を踏まえつつ、その領域を超えた一級の宗教映画といっていい。

　今年の正月映画「エンド・オブ・デイズ」でサタン役のガブリエル・バーンが、今度は信仰と真実を究明する神父役で出演、抑えた演技で魅了する。

(左)

2000年5月31日
悪魔がいざなう迷宮　　　　　　「ナインスゲート」

　老いた男性の首つり自殺のシーンで始まり、物語のまがまがしい展開を予感させる「ナインスゲート」（ギャガ・コミュニケーションズ配給）。スペインのミステリー作家ペレス・レベルテの世界的なベストセラー「呪のデュマ倶楽部」を、鬼才ロマン・ポランスキー監督が神秘的で不気味なオカルト映画に仕上げている。

　あくどい方法も辞さない腕利きの本の探索屋ディーン・コルソ（ジョニー・デップ）は、悪魔研究家の男から、男が所有する「影の王国への九つの扉」という、黒魔術の書に関する奇妙な依頼を受ける。その書は世界に三冊しかなく、残る二冊を探して比較し、その真贋（しんがん）を鑑定してほしいと言うのだ。

　仕事を始めたコルソだが、訪ねた人物が逆さづりや絞殺などで次々と死んでいく。スペイン、ポルトガルなど旅の途中で命を狙われ、正体不明の美女に窮地を救われる。

　オカルトの原義には「隠れた本質や力」という意味があるらしい。コルソの旅は、魔術書の九枚の押し絵に秘められた意味を解き、魔の力を放つためのイニシエーションと言えそうだ。魔王ルシファーに導かれるコルソが、拝金主義者という設定が面白い。

　彼を助ける美女を演じるのは、監督の妻、エマニュエル・セイナー。妖気（ようき）とセクシーさが同居する、この世ならざる人物を好演している。自分の口の血をコルソの額に塗りつけるシーンで、は虫類的な冷たいなまめかしさを発してゾクゾクさせる。

　悪魔そのものは出ないが、印象的な旋律にのった陰りと湿り気のある映像世界に、悪魔の息吹が満ちる。

(左)

2000年6月14日

テレビを超え、独自の展開

「すずらん—少女萌の物語」

　人気を集めた連続テレビ小説の映画化「すずらん—少女萌の物語」は、雪の北海道を舞台に、親子の情を切々とうたい上げ、テレビ版にない深い情感に浸らせる。

　時は昭和十年。明日萌駅に置き去りにされ、駅長の次郎（橋爪功）に育てられた萌（柊瑠美）も十二歳になった。

　ある日、雪の線路に足をとられた萌は、流れ者の秀次（池内博之）に助け出され、二人は兄妹のように慕い合うようになる。そこへ秀次を追って刑事が現れる。留萌の町のニシン小屋へ潜り込む秀次。

　一方、次郎は萌を捨てた母（黒木瞳）が郵送してきたマフラーを、萌に渡すことができずにいた。留萌に秀次を訪ねた萌は偶然、ニシン小屋の名札に母の名を見つけ…。

　テレビ番組の映画化は、ただの続編にとどまったり、設定を変えたためにつまずくケースが多い。今回、テレビに続いてコンビを組んだ、監督の黛りんたろうと脚本の清水有生は、元の世界を生かしながら、独自のエピソードをうまくつくり上げた。

　全編をノスタルジーで包んでいるが、その中で、ありきたりにならなかった次郎の描き方が面白い。

　萌を手放したくない一心でかたくなに母親と会わせまいとする次郎。萌と母が鉢合わせた時の動揺ぶりは見ものだ。橋爪は、観客が思い描きやすいストイックな父親像を裏切り、味のある演技を見せる。

　ふだん映画を見ない中高年層に楽しんでもらおうという努力は理解できるが、物語の展開がややていねいにすぎた感もある。　　　　　　（伊）

2000年6月28日

人間の悲しみを包み込む

「サイダーハウス・ルール」

　人から踏みつけられたり、人を傷つけたりと生きることには痛みが伴う。現実に押しつぶされた人間がいかにグロテスクでも、それに精いっぱいあらがおうとする姿には美しさがある。

　そんなジョン・アービング小説の世界を、自身の脚本で映画化した「サイダーハウス・ルール」。人間の悲しみを優しいまなざしで包み込む、すてきな物語だ。

　一九四〇年代の山間の町が舞台。孤児院の院長ラーチ（マイケル・ケイン）は「人の役に立つ」をモットーに、望まれずして生まれた子を引き取る一方、禁じられた堕胎も引き受ける。

　ラーチは、里親に恵まれなかった孤児ホーマー（トビー・マグワイア）を跡継ぎに考えていたが、彼は孤児院を出てリンゴ農場で働き始める。そこで恋を経験、人間の悲しさを思い知らされる。

　院長の姿が切ない。真の幸福でないと知りつつ、ホーマーを残酷な世界にさらすより手元に置きたい、と願う親心。自らは、人を苦しめる世間のルール＝偽善と闘い静かに朽ちてゆく。

　"世界"を悟った末、ホーマーがその院長と同じ地平に立つ物語の結末は、やるせなさと称賛の思いが相半ばし、胸を締め付ける。

　里親を心待ちにする子どもたちの寂しさと、世間から隔絶したような孤児院の優しさ、温かさを、ラッセ・ハルストレム監督がみずみずしい映像で表現した。

　アービング小説の特徴でもあった人間の醜悪さを強調しなかったことで、品が損なわれなかった。それはことさら衝撃的に描かなくても、十分伝わる。

　ケインの好演はもちろんだが、ナイーブさとしんの強さを併せ持つマグワイアの存在感がりんとした調子をこの映画に与えている。　　　　　　（伊）

2000年7月5日

男性望んだ女性の悲劇　　　「ボーイズ・ドント・クライ」

　「男勝りの女」「女々しい男」などの表現は、よく耳にする。だが実際に、女性の肉体に男性の精神が宿ってしまったら、どんな気分だろうか。「ボーイズ・ドント・クライ」(UIP配給)は、そんな性同一性障害を抱えつつ、世間に男として認められることを望んで生きた若き女性ブランドン・ティーナのラブストーリー。

　一九九三年、米ネブラスカ州の小さな町フォールズシティーで本当に起こった殺人事件を基に、新鋭のキンバリー・ピアース監督の丹念な事件調査と関係者への取材によって製作された問題作だ。体当たりで主人公ブランドンを演じたヒラリー・スワンクは、本年度のアカデミー主演女優賞を獲得した。

　女性であることを隠すため、ブランドンは胸をさらしでつぶし、髪をショートにし、ジーパンをはいてガールフレンドを求める。ラナ(クロエ・セヴィニー)という恋人を得て結婚を夢見るが、ふとしたことで本当の性別が周囲にばれ、ラナに心を寄せる男ジョン(ピーター・サースガード)らに暴行された末、殺される。

　米国の中で保守性が強いといわれる中部地方では、ブランドンはバケモノ扱い。彼女の苦悩、哀しみ、淡い希望がうまく描き出され、真実を知ったラナの動揺と受容、最初はブランドンを良き仲間として迎えながら、次第に殺意を募らせていくジョンの心理の動きなどを丁寧に見せ、ドラマに奥行きを与えている。

　こうした細かい人物描写とショッキングな暴力シーンの組み合わせもうまく、陰惨な殺人事件を、だれもが共感できる愛のドラマに昇華させたキンバリー監督の手腕は素晴らしい。
　　　　　　　　　　　　　　　　　　　(左)

2000年7月12日

お化け屋敷にようこそ　　　「TATARI」

　暑い毎日、ひんやりドキドキする映画が好まれる時節が到来した。そんな中で、「今夏のホラー映画ならこれ」と推したいのが、ウィリアム・マローン監督の「TATARI」(ギャガ・ヒューマックス共同配給)。

　「ダイ・ハード」「マトリックス」などヒット作を連発するジョエル・シルバーが、「フォレスト・ガンプ」でアカデミー賞監督賞を得たロバート・ゼメキスと、ホラー専門レーベル「ダークキャッスル・エンタテインメント」を設立、その第一弾がこの作品だ。

　数十年前、悪魔のような医者が人体実験を繰り返し、今は廃墟となった精神病院に、一夜を過ごそうと男女七人が集まる。「無事に朝を迎えたら一億円をプレゼント」という企画の主催者と応募者だが、この場所に巣くう怨霊(おんりょう)のたたりか、それとも主催者のたくらみか、一人ずつ死んでいく。

　「地獄へつづく部屋」(一九五八年)のリメークながら、ドッキリさせるアイデアや悪夢の映像が詰まっており、今どきのホラー映画に変身。全員を恐怖へ陥れる主催者プライス役のジェフリー・ラッシュが、うさんくさいムードプンプンで、はまっている。

　主な舞台となる廃墟の暗い地下室は、「ブレードランナー」のデビッド・クラーセンがデザインしただけあって、不気味そのもの。その中を登場人物の視線で進むカメラワークにより、お化け屋敷を探索する気分を満喫できる。

　最後に出現する怨霊に追いつめられ、全員絶命かと思わせるのだが、ある人物は一言叫んだために見事、生き残る。その一言を聞き逃さないように。
　　　　　　　　　　　　　　　　　　　(左)

2000年7月19日

猛威の中で、生への執念

「パーフェクト ストーム」

ハリケーンが爆弾低気圧や寒冷高気圧と海上で激突して生まれた、観測史上に例のない大嵐(あらし)。一九九一年にボストン沖で発生したこの怪物は、あまりのすごさに「呼び名のない嵐」と言われた。

ウォルフガング・ペーターゼン監督の「パーフェクト ストーム」(ワーナー・ブラザース映画配給)は、この大嵐の猛威にほんろうされつつ、必死でしのごうとする漁船クルーや救助隊員たちの姿を描く、実話に基づいた作品。

米国の漁港グロースターのビリー船長(ジョージ・クルーニー)のカジキ捕獲漁船「アンドレア・ゲイル」号は漁獲量が振るわないのをばん回するため、大西洋の漁場へ乗り出していく。その帰路に前代未聞の大嵐と遭遇、命をかけてその中を抜け、港を目指すが…。

世界一大きな水槽タンクで撮影した荒海のシーンは、実にリアル。主人公の漁船で起こる落水事故から始まり、一難去ってまた一難でハラハラ。待ちかねた救助隊が現れて「地獄で仏に会ったよう」な気分を実感させながら、一転して、救助隊員が救助を待つ展開にもなり、あきさせない。クライマックスでは、約三十メートルの波の壁が主人公たちの行く手に出現する。

この作品の特徴は、出航前の主人公たちの人間ドラマを十分に見せる点。ダイアン・レインらを使ってクルーの家族愛や夫婦愛を描き、ラストの感動へつながるように配慮している。

上映時間二時間十分。並のパニック映画と一線を画したいという思いは分かるが、もう少しタイトな編集でもよかったのではないか。 (左)

2000年7月26日

ノスタルジックなにおい

「死者の学園祭」

二十年近く前、"学園もの"がブームになり、中高生はこのジャンルに夢中になったものだ。「死者の学園祭」には、その当時の映画のにおいがあり、ノスタルジックな雰囲気が漂う。

キリスト教系高校に伝わる古い悲恋の物語を、学園祭で上演しようとした演劇部員が、次々になぞの死を遂げる。友人を失った部長の真知子(深田恭子)が悲しみの中、学園に隠された秘密を探る。

彼女をそっと見守る演劇部顧問の教師倉林(加藤雅也)に、正体の分からない転校生英人。次第に、あろうことか、真知子の父で美術教師の正造(根津甚八)に対する疑惑が浮かび上がって――。

物語は事件の進展に、倉林に抱く真知子のほのかな思いを重ねていく。

篠原哲雄監督は「月とキャベツ」「はつ恋」などで細かい感情の機微を描いて評価された、期待の若手。この映画でも、サスペンス部分より、真知子と倉林の関係の描写がさえる。

映画初主演、深田の演技はまだ途上。だが、開けっぴろげでわかりやすい最近のタレントにない、含みのある感じが、アイドルが意味の通り"偶像"であった時代の人気者たちを思い起こさせる。

篠原監督はクローズアップで彼女の感情をすくい上げ、雨にうたせて悲しさを引き出すなど、正攻法で彼女の魅力に向かい合った。

ストーリーや映像にあまり新鮮さは感じられないが、事件が解決した後のラストシーンは、強い印象を残す。平行線に見えた男と女の距離が劇的に近づき、また離れていく様子が、さわやかな後味を与える。 (伊)

2000年8月2日

愛して、憎んで、殺したい 「リプリー」

　名作のリメークは難しい。「前作をそのまま踏襲するのは、いかがなものか」。賢明なスタッフなら考える。ストーリーも、役のイメージも思い切って変えてしまえ、と。超えるべきは「太陽がいっぱい」(六〇年)。そして生まれたのが「リプリー」。

　トム・リプリー(マット・デイモン)は貧しい音楽青年。あるパーティーでピアノを弾いたのをきっかけに、富豪のグリーンリーフから、イタリアに行ったきりの息子ディッキー(ジュード・ロウ)を米国に連れ戻してほしいと頼まれる。

　暇と金を持て余し、勝手し放題のディッキーだが、リプリーは抗しがたい魅力を感じて、ひかれていく。このあたり、同性愛の色合いが濃い。ディッキーの恋人マージ(グウィネス・パルトロウ)や、名家の令嬢メレディス(ケイト・ブランシェット)も絡み、やがて悲劇へと突き進む。

　同じP・ハイスミスの原作でも、「太陽一」とは展開が随分違う。サスペンスより、愛憎劇に力点が置かれているのは、監督・脚本が「イングリッシュ・ペイシェント」のA・ミンゲラによるからだろう。

　ジュード・ロウは、これで一気に女性ファンが増えるはずだ。だが、マット・デイモンは、絶頂期のアラン・ドロンが演じた役柄に挑んだのだから分が悪い。実は、原作により忠実なのは今作。かといって、映画としての完成度が高いとは限らない。これなら「太陽一」をなぞって「リプレー」する手もあったかも。　　　　　　　　(K)

2000年8月9日

J・チェンの西部劇 「シャンハイ・ヌーン」

　「シャンハイ・ヌーン」(東宝東和配給)というタイトルは、ゲーリー・クーパー主演の名作西部劇「ハイヌーン(真昼の決闘)」を意識したネーミング。ジャッキー・チェン演じる主人公の中国人近衛兵の名前チョン・ウェンも、名優ジョン・ウェインのもじりらしく、米国西部が舞台のアクション映画だ。

　トム・ダイ監督はこの作品が劇映画としてデビュー作だが、全米では「MI-2」の公開時期にぶつけて封切る強気の姿勢で、五週間で五千万ドルの収益を上げた。おまけに、シリーズ化も決定した人気作になったのだからすごい。

　十九世紀末の中国・紫禁城から王女が誘拐され、犯人は膨大な身代金を要求する。身代金の受け渡しは米国ネバダ州カーソン・シティーの教会。王女の救出に向かったチョンが強盗団のリーダーのロイ(オーウェン・ウィルソン)と知り合い、二人で珍道中を続けるうち、国境を越えた男同士の友情が芽生える。

　はく製のトナカイ(?)の角、縄で結んだ蹄鉄(ていてつ)、教会の釣り鐘などを使ったジャッキー自身のアクションは相変わらず見ごたえ十分。青竜刀、やり、三節棍(さんせつこん)を振り回す正統派のカンフーアクションやガンファイトもある。

　「太陽が昇る国」中国では、自分の意志を殺して奴隷のような生き方を強いられた近衛兵チョン。勅命で「太陽が沈む」西部に渡ってロイと交流するうち、自らの意志で自由に生きることを学ぶ。

　こうした東洋世界の封建性を強調し、西洋社会の自由とヒューマニズムを歌い上げる手法にはや臭みがあるが、しれっと受け入れて陽気に演じているジャッキーに、香港という複雑な地に育った人間のしたたかさを感じる。　　(左)

2000年8月16日
雪上の熱い戦い
「ホワイトアウト」

　ハリウッドと競合するアクション作品を避けがちな日本映画。たまにスケールの大きい映画を狙って、持て余すケースも少なくない。大作志向は国民性となじまないのでは、と勘ぐりたくもなる。

　そこへ出てきたのが冒険アクション「ホワイトアウト」。果敢にこのジャンルに挑んだ意欲、しかもきっちり一つの世界にまとめてきたのがうれしい。

　舞台は雪に閉ざされた巨大ダム。侵入したテロリストグループが職員らを人質にとって占拠、爆破を予告して政府に五十億円を要求する。偶然外にいた職員、富樫（織田）が雪の中をはいずり回って独りで反撃に出る。

　登山仲間の同僚（石黒賢）を雪山で亡くした富樫の負い目、富樫を逆恨みするその婚約者（松嶋菜々子）の思いを、ラストまで引っ張っていくストーリーの展開が巧みだ。

　織田のアップからダム全景へと引いてゆく、冒頭の空撮シーンで、壮大なスケールに引きずり込む。織田がテロ集団と対決するクライマックスも、ヘリコプターやスノーモービルを使って、スピード感や迫力がある。

　なにより、雪にまみれて奮闘する織田の表情に真実味がある。"熱い"感じと若い世代の共感を呼ぶ身近なイメージが、この役によく似合っている。

　佐藤浩市率いるテロ集団の造形はひねりが効いているが、もう少し憎しみをかき立てる要素がほしかった。織田の苦闘ぶりもアップに頼らず、彼を取り巻く過酷な状況が描かれれば、より引き立ったことだろう。

　もちろんハリウッドとは予算規模も蓄積も違う。なのに、ついつい比較して細かい注文を付けたくなるのは、日本映画への期待からなのだが。監督は若松節朗。　　　　　　　　　　（伊）

2000年8月23日
自分の心を知るために
「17歳のカルテ」

　十四歳、十五歳、十七歳…。年齢が事件記事の見出しになるほど、ティーンエージャーの犯罪が問題化している。だが当人たちの心をつかみきれない、もどかしさが常に消えない。

　「17歳のカルテ」は精神科の病棟に入院経験のある米国人の手記を基に、傷ついた若い女性たちの心を内側から描いた映画だ。

　一九六七年。アスピリン一瓶を飲み干して自殺を図った十七歳のスザンナ（ウィノナ・ライダー）は"境界性人格障害"の診断を受け、精神科に入院する。エキセントリックな言動が際立つ、同じ病棟のリーダー格、リサ（アンジェリーナ・ジョリー）と出会い、次第にひかれていく。

　細かい規則に縛り付けられた少女たちに生まれる連帯感が感動を呼び、終盤の、自立の意志と仲間との葛藤（かっとう）は、不良少年を描いた映画でおなじみの、切ない感覚をかき立てる。

　感受性の強さを病的に表現したライダーも悪くないが、今年の米アカデミー賞助演女優賞に輝いたジョリーの演技がずぬけている。人の心を引きつける悪魔的魅力と邪気をはらんだ乾いた目に、すごみが漂う。

　異常行動に走った心のメカニズムや、治癒のプロセスより、むしろ主人公が不安定な精神状態から、大人として自立するまでの姿をたどった青春映画的な面が強調される。やり切れない後味を残さず、さわやかに締めくくったのは、そのためだろう。

　それだけに、ティーンの"痛み"を切実に伝えたかというと、物足りない気もするのだ。監督はジェームズ・マンゴールド。　　　　　（伊）

2000年8月30日

ゲーム感覚で快走 「60セカンズ」

　細かい人間ドラマにわき目もふらず、畳み掛けるアクションシーンの映像で圧倒―。「60セカンズ」は、ハリウッドの一つの潮流の先端を行く映画だ。

　伝説の自動車泥棒として鳴らしながら、今は引退してまじめに暮らすメンフィス（ニコラス・ケイジ）。いつのまにか彼の後を継いだ弟が"仕事"をしくじり、ブローカーの黒幕に命を狙われた。

　弟の命と引き換えに五十台の名車を盗み出すよう脅されたメンフィスは、かつての仲間スウェイ（アンジェリーナ・ジョリー）らを呼び集める。

　映画全体を流れるのは、ゲームのようなアミューズメント感覚だ。

　追い詰められてのこととはいえ、主人公が限られた時間内に指定された大量の車種を集めるストーリー。そして、クライマックスのカーチェイスシーンで、次々繰り出される障害物をかわしていくのも、テレビゲームに興じているような気にさせる。

　今回のケイジは目の前の難題に立ち向かってゆく正統派ヒーローで、ジョリーが色気を発散するクールな女。演技派二人が分かりやすいキャラクターに徹している。

　兄弟やかつての恋人同士の確執、しっぽをつかもうとする刑事との駆け引きは、映画のスムーズな展開を妨げないように抑えて描いたのか、取って付けたような印象が残る。

　そうはいっても、映像の迫力でこれまでのカーアクションをしのいでおり、ストレスを吹き飛ばすには申し分のない映画だ。監督はドミニク・セナ。

(伊)

2000年9月6日

ゴージャスな女神が活躍 「ハリウッド・ミューズ」

　苦境に立たされたときは、神社にお参りする人もいるし、未来を予言する力を持つと自称する人に相談する人もいる。そんな心情は、世界中どこも同じに違いない。「ハリウッド・ミューズ」（ギャガ・ヒューマックス共同配給）は、スランプになったハリウッドの映画人にインスピレーションを与える"創造の女神ミューズ"である、なぞの女性サラが活躍するコメディー。

　この生き神さまは、とんでもなく気分屋でわがまま上、ブランド大好きのゴージャスな美女。サラを演じるシャロン・ストーンは役柄のイメージにぴったりだ。

　スランプ脚本家のスティーブンは、大ヒットのシナリオを出したいがため、親友の薦めで彼女を頼り、高価なプレゼントをささげ、住む部屋を提供し、夜中でも注文通りの食物を届け、とうとう自宅の寝室を明け渡すことになる。数々の注文に振り回され続けるスティーブンを演じるのは、奇才コメディアンのアルバート・ブルックス。

　実は監督と脚本も彼で、実体験に裏付けられているのか、アイデアが煮詰まって見捨てられた脚本家がどんな悲惨な目にあうのか、その一方でスピルバーグら売れっ子監督らがどんなに大物なのかなどを、おもしろおかしく、かつリアルに描いており興味深い。

　「タイタニック」のジェームズ・キャメロン監督や「タクシードライバー」のマーティン・スコセッシ監督らがわざわざ実名で出演し、「ミューズにおうかがいを立てたから、彼らのヒット作が生まれた」という、そこまでやるかというほど、ケレン味たっぷりの設定もある。

　ラスト近くで、ミューズのとんでもない正体が分かるが、ウソっぽい話でも信じたくなる人間の心理を巧みにとらえ、全編ウソと現実を面白く混ぜ合わせる手法が、まさにハリウッド・テーストといえそう。

(左)

2000年9月13日

吉永が"はかなさ"熱演

「長崎ぶらぶら節」

　邦画らしい邦画が登場した。作詞家なかにし礼が直木賞を受賞した原作を、市川森一が脚本化、深町幸男監督がメガホンをとった「長崎ぶらぶら節」だ。

　長崎などの美しい風景とともに、熟年芸者の愛八（吉永小百合）と地元の古い歌を記録して回る市井の学者・古賀十二郎（渡哲也）の交流を、情感豊かに描く。

　作品で強調されるのは、せちがらい世間とは対極の、愛八の打算のない古風な生き方。貧窮する子どもに自分の財布を渡し、捨て子を一人前の芸者に仕込む。恩人の命日の墓参りを忘れず、落ち込む軍人の宴席で景気付けの土俵入りを買って出る。

　古賀も「金は人間を粗末にするから、縁を切ってやる」と全財産を遊びで使い果たす。家財が差し押さえになる日にも、名もない人が生きたあかしを求めて寺の墓碑を記録し続ける。

　「似た者同士」として気の合った愛八と古賀は、地元の歌の収集に精を出し、「長崎ぶらぶら節」を掘り起こす。それこそ、愛八の芸者人生のスタートと結び付いた、思い出の歌だったという設定。

　金や名誉とは無縁の愛八や古賀の姿を通して、なに気ない心配り、自然な温かさ、きっぷ、粋（いき）など、ひと昔前ならあまり苦労せずに見いだせた日本人らしい美しい心情が浮かび上がる。

　こうした現代から消えつつある"美しいが、はかないもの"を、深町監督は吉永の役柄に集約させて表現しているようだ。その点で、"はかなさ"を漂わして熱演する吉永のキャスティングは、成功といえるだろう。

(左)

2000年9月27日

愛と闘争心の果てに

「パトリオット」

　一人の男が米独立戦争を勝利に導く姿を描いた「パトリオット」。壮大な戦闘シーンを背景にヒーローの活躍を見せつける、メル・ギブソンのための映画といっていいだろう。

　一七七〇年代の米東部。かつて戦争の英雄だったベンジャミン（ギブソン）は妻亡き後、七人の子供と平穏に暮らしていた。そこへ英国軍との戦いが始まり、戦争の悲惨さを知る彼は戦いより、自らの手で家族を守ることを選ぶ。

　ところが長男は父の反対を振り切って"自由"のために参戦し、兄にあこがれる二男も父を疎ましく思う。やがて英国軍将校が長男を捕らえ、二男を射殺するに及んで、ついにベンジャミンは武器を取る—。

　愛する人を奪われた怒りで敵に立ち向かう姿は、「マッドマックス」や「ブレイブハート」に通じるギブソンのはまり役。そこに血なまぐさい狂気をにじませるのも得意とするところ。そして、馬に乗って現れる勇壮さは理屈抜きで"絵"になる。

　強くて愛に満ちた非の打ちようのないヒーローとは違い、残虐な兵士と恐れられた過去があり、闘争心と愛が両立しえないことを身をもって知っている。そんな苦悩が現実味を帯びる。

　残忍きわまりない一人の英国軍将校が、いくつもの局面で主人公の背中を押す、重要な役割を果たしている。英国人俳優ジェイソン・アイザックスの演技が、強烈な印象を残す。

　ただ、アイザックスの役まわりばかりを突出させた点には違和感もある。だれかを"悪役"にしないと戦いが正当化されない、という物語の構造が透けてしまうのだ。監督はローランド・エメリッヒ。

(伊)

2000年10月4日

恋の駆け引き、繊細に 「ポルノグラフィックな関係」

　題名から過激な内容を想像して見に行くと、「あれっ」という意外な感じになる。フレデリック・フォンテーヌ監督「ポルノグラフィックな関係」（アルシネテラン配給）は、パリを舞台に、大人の純粋な恋愛の顛末（てんまつ）を繊細に、淡々と描く異色の映画だ。

　話の進み方も、既に別れたナタリー・バイとセルジ・ロペスが演じるカップルにインタビュアーが別々に話を聞き、当時の二人の行動や気持ちの移り変わりを回想してもらうという、ドキュメンタリー風の要素を交えて、ユニークな味わいを出している。

　男（セルジ）は、ポルノ雑誌に出ていたある女（ナタリー）の募集広告を見て、連絡を取る。意気投合した二人は、毎週決まった時間に決まったホテルで、二人だけのセクシュアルな「空想」を分かち合う。ただし、互いの姓名も年齢も住所も、詳しいことは何も知らせ合わないままで…。

　ホテルのドアの向こうで何が行われたのかはほとんど描かれないが、ある時から二人は本気で愛し合うようになり、関係も次第にシリアスな色合いを帯びる。そして、ちょっとした事件をきっかけに、二人は関係を見直し、ついに別れを決意する。

　この作品の見どころは、毎回待ち合わせするカフェでの二人のやりとり。関係の深化に伴って、互いの微妙な感情の揺らぎや綱引きが表現され、セルジとナタリーは互いの技量をかけた演技バトルを繰り広げる。特に、セルジがナタリーに愛を告白されて泣くシーンはあまりにリアルで、本気ではないかと疑いたくなるほど。

　今日的なテーマを彩る音楽も、いい効果を出している。
　　　　　　　　　　　　　　　　　　　（左）

2000年10月11日

先の読めない誘拐劇 「カオス」

　サスペンスと言っても、まがまがしい事件やなぞ解きを売りにした映画とは趣が違う。「カオス」は、事件の展開に沿って男と女の関係が変質し、先の読めない心理劇に誘い込む。

　映画は、誘拐事件で幕を開ける。レストランで昼食をとった実業家小宮山（光石研）が目を離したすきに妻佐織里（中谷美紀）が姿を消した。小宮山に身代金を要求する電話がかかり、警察が捜査に乗り出す。

　続く場面は時間をさかのぼり、"便利屋"黒田（萩原聖人）を訪ねた佐織里が、自分を誘拐するよう依頼する。夫の愛情を確かめるため、と。だが、その狂言誘拐には、さらに裏が―。

　誘拐を請け負った黒田は脅迫を実行するにあたり、「リアリティー」を演出するため佐織里の手足を縛り上げる。そこで便利屋と客を越えた感情が二人に芽生える。そして、だまされたことを悟った黒田が佐織里を追い詰めると、新たな共犯関係が生まれる。

　現在と過去の経緯を入り組ませ、二転三転させる展開は、次第に事件自体のリアリティーを薄めてゆく。後に浮き上がるのは、利用する者と利用される立場が入れ替わる、男女の思惑の絡み合いだ。

　「リング」などホラー映画で定評がある中田秀夫監督の演出は、密室空間に生じた、張りつめた二人の関係の描写がさえわたる。少女のようなほほ笑み、勝ち誇った高笑い、それに何かをたくらむ怖さ。中谷の表情には幾度もはっとさせられる。

　ヒチコックの「めまい」にモチーフを得た映画だが、物語の複雑な構成や、ヒロインの野望と不条理な心の動きに現代を感じさせる。
　　　　　　　　　　　　　　　　　　　（伊）

2000年10月18日
千年後の地球を"予言" 「バトルフィールド・アース」

　俳優ジョン・トラボルタが、お気に入りのSF小説を映画化するため、自らプロデュースし、主演を務めた「バトルフィールド・アース」(ギャガ・ヒューマックス共同配給)。

　監督のロジャー・クリスチャンは、「スター・ウォーズ」シリーズやエイリアンの製作に加わったSF映画づくりの名手で、ジョージ・ルーカスがトラボルタに推薦したという。その期待にこたえ、原作の前半部分を約二時間のドラマにまとめ上げた。

　ストーリーは、西暦三〇〇〇年ごろ、エイリアンに支配された地球を奪回しようとする人類の物語。サイクロ人により地球文明は壊滅、わずかな人類が山中深く隠れて生きていた。そこから、ジョニー(バリー・ペッパー)と名乗る男が現れ、サイクロ人の知識や言語を学習し、仲間を教育してサイクロ人打倒に立ち上がる。

　サイクロ人は身長約三メートルの人間型エイリアンで、おでこが広く、まゆ毛やあごひげが濃くて長い。呼吸用の二本のチューブを鼻からぶら下げるのがご愛きょうだ。

　彼らは、人類をばかにして冷酷に扱う一方、「ネズミが人間の好物」と思いこむなど間抜けな面があり、各人が家族を養うために頭を悩ませてもいる。主人公で地球指令隊長のサイクロ人、タール(ジョン・トラボルタ)も、少しも宇宙人らしくない。他星への転属がフイになってやけ酒をあおり、人類に金山を採掘させて私腹を肥やす。

　無機質な不気味さで殺しまくるという、近年ありがちなエイリアンの性格とは大いに違い、まるで時代劇に出てくる悪代官を思わせて、妙に面白い。
　　　　　　　　　　　　　　　　　　　　(左)

2000年10月25日
過ぎた日の悲しみを歌う 「独立少年合唱団」

　大人になって、思春期の考えや行動を思い出すと、恥ずかしさやつらさに目を背けたくなることがある。同じことは過ぎ去った時代にも言えるだろう。

　学生運動の余韻がくすぶる一九七〇年代の中学生たちを描き、今年のベルリン映画祭で好評を得た「独立少年合唱団」は、意識の底に"封印"された時代と年ごろに生命を吹き込む。

　主人公道夫(伊藤淳史)は父を亡くし山の中の全寮制中学に入学するが、吃音のせいでいじめられる。ボーイソプラノの美しい歌声を持つ康夫(藤間宇宙)に助けられたことをきっかけに、合唱部に入る。

　指導するのは、学生運動に挫折した過去を持つ教師(香川照之)。歌で自信を持った道夫は、ウィーン少年合唱団入りを夢想する康夫と心通わせ、ともにコンクールを目指す。だが、康夫には声変わりという酷な運命が待っていた。

　教師の世代に残る社会変革の意志の燃えかすは、挫折を味わった多感な少年たちの行動にねじれながら飛び火していく。

　運動に加わった世代に比べ、さらに感受性が強く、視野はより狭い少年たちが、極端に走る様子は痛々しい。そのひたむきな姿は一方で、ロシア民謡の悲しい旋律を追う合唱と重なり、清れつさを放つ。

　初の劇映画ながら、ドキュメンタリーの経験豊かな緒方明監督は、主人公が変ぼうする過程や少年たちの甘美な関係、合唱シーンの力強い描写で時間を超え、映画の世界に引き込む。

　スクリーンの中の少年と、現代を生きる私たちの日常意識を隔てるものは何なのか—。見る人に問いかけ揺さぶる映画だ。
　　　　　　　　　　　　　　　　　　　　(伊)

2000年11月1日

美女が見せる超人パワー 「グリーン・デスティニー」

　世界的に活躍している台湾出身のアン・リー監督の新作「グリーン・デスティニー」（ソニー・ピクチャーズエンタテインメント配給）は、愛と闘いのドラマに、娯楽性を盛り込んだスケールの大きい映画だ。

　原題の「臥虎蔵竜」は、人物や場所が「見かけ通りではない」ことを示す中国の格言。主人公の武術家リー・ムーバイ（チョウ・ユンファ）の内面には愛の悩み、かれんな貴族の娘イェン（チャン・ツィイー）の中には武術の技が秘められているなど、登場人物のキャラクターの多面性を示している。

　グリーン・デスティニーとは、無敵の剣客ムーバイが所有する四百年前に作られた伝説の秘剣「碧名剣」。ムーバイが、ひそかに引かれ合う女剣客シューリン（ミシェル・ヨー）に、剣を北京の知り合いへ預けるよう頼むことから、物語は始まる。

　預けた剣が何者かに盗まれ、シューリンは隣家の貴族の家を怪しむが、そこの嫁入り前の娘イェンと出会い、義姉妹の関係となる。

　さらに、ムーバイの師を殺した女武術家「碧眼狐」、イェンに愛を誓った盗賊ローらが登場、相互の愛憎がからみ、筋は目まぐるしく複雑に展開する。

　アクション監督は「マトリックス」で腕を振るったユエン・ウーピン。噴き出してしまう大げさな演出もあるが、しなる竹の上でムーバイとイェンが戦うシーンは、実に思い切った発想だ。東洋的な美を生かし、新しい映像をつくろうとするセンスを感じさせる。

(左)

2000年11月8日

はじける美女、遊びに徹底 「チャーリーズ・エンジェル」

　今ごろ、あのテレビシリーズが映画に？　このキャストでは、オリジナル版に見劣りしない？

　「チャーリーズ・エンジェル」は一九七〇年代の人気番組に親しんだ人たちのよけいな心配をあざ笑う、遊び心いっぱいのエンターテインメントだ。

　主役は、もちろん三人の美しい探偵。ボスからの指令は、誘拐されたハイテク企業の社長を救い国家機密にかかわるソフトを奪い返すことなのだが、これがほとんど任務の重大性を感じさせない。そして、無事解決するかと思うと、あっさりひっくり返る。

　多くのファンを魅了したテレビのファラ・フォーセットらに代わり、スクリーンを飛び回るのは、キャメロン・ディアス、ドリュー・バリモア、ルーシー・リューの面々。潜入のためと言いつつ、必然性と無関係に衣装をとっかえひっかえする、まさにコスプレ感覚だ。

　「マトリックス」のスタッフによる、香港映画仕込みのワイヤアクション。手足の長いキャメロンやルーシーのアクションは絵になるが、生身の肉体というよりゲームキャラクターのよう。取って付けたようにそびえる陰謀グループの要さいは、CG技術を逆手に取ったしゃれだろうか。

　「メリーに首ったけ」などコミカルな路線で波に乗るキャメロンは、とっておきの笑顔とゴージャスなプロポーションを見せびらかし、スターであることをパロディー化して笑わせる。

　強くてセクシーなヒロインから一歩ずらし、"おバカ"になりきる女たち。まぎれもない二十世紀末の映画だ。監督はマックG。

(伊)

2000年11月15日

極限の地の人間ドラマ 「キャラバン」

　ヒマラヤの高峰ダウラギリの西北にあるネパールの村ドルポ。この名を聞いて、村の位置や様子がすぐにイメージできる人が、何人いるだろうか。

　平均高度が約四千メートルを超える乾燥した高原地帯。酸素が薄く、雪が降るとすべてが白銀に封じ込められる。人が生活できる極限の地ともいうドルポの民の過酷な交易をテーマに、人間ドラマを描く映画がエリック・ヴァリ監督の「キャラバン」（ギャガ・コミュニケーションズ配給）だ。

　ドルポの人々は周辺の集落へ塩を運び、麦と交換して生きている。この交易のため、ヤクの隊商（キャラバン）を組み、険しいヒマラヤの峰を越えていく。

　物語の軸は、キャラバンを率いるリーダーの座をめぐる、村の長老ティンレと若者カルマの対立。リーダーを継ぐべき長老の長男が急死し、引退していたエキセントリックなティンレがキャラバンの先導に返り咲く。反発したカルマは、村の若者とともにキャラバンを先にスタートさせてしまい、残されたティンレら年寄りが、メンツをかけてカルマを追う。

　ヒマラヤで命がけのオールロケーションを敢行しただけあって、美しく壮大な光景が次々にスクリーンに登場、特に切り立つがけにつくられた細道を、隊列が危なげに進むシーンは、だれしも息をのむだろう。

　しかし、それに負けないのが登場人物たちの個性。長老の幼い孫パサンのひとみの美しさ、テインレの二男の僧ノルブの静けさ、カルマの精悍（せいかん）さなど、忘れがたい印象を残すが、ほぼ全員が現地の素人というのにも驚く。険しい道のりを野性的なエネルギーで踏破していく迫力は、やはり本物ならではか。

（左）

2000年11月22日

素朴で力強い愛の物語 「初恋のきた道」

　今年のベルリン国際映画祭準グランプリに輝いたチャン・イーモウ監督「初恋のきた道」。中国の農村を舞台にした素朴で力強い愛の物語が、現代のカサカサした心に染み込んでくる。

　過疎の村に都会のビジネスマンが車で訪れた。教師の父が急死したため故郷に帰ったのだ。老母は、昔の風習に従って弔うと言ってきかない。それは、町の病院から遠く村まで棺を担いでもどることだった。

　画面が鮮やかな色調に変わり、話は父母の若き日々にさかのぼる。町から赴任した教師の姿に、一人の娘が胸を躍らせる。ようやく気持ちが伝わったかと思うと、教師は町に呼び戻されてしまう。だが彼女はあきらめなかった。

　父母が結ばれたエピソードで見る者の気持ちを高めておいて、話はまた現在にもどる。葬儀に駆けつけた教え子たちの善意を見て、息子も両親の長年の夢にこたえる気になる。ラストにきわめつけのシーンをかぶせた手練の技法には、うなるほかない。

　チャン監督は、若き母を演じる新人チャン・ツィイーの魅力を存分に引き出した。初めて味わう胸のときめきをかみしめ歩くさま。愛する人を追い秋の野を駆け抜けるかと思うと、彼の帰りを待ち雪原に立ちすくむ。そんないちずな姿を、みずみずしい季節の移り変わりが引き立てる。

　町から村への一本道が、出会いから最後の別れまで、二人を結びつける。その道が残る限り二人の愛も、故郷や両親に抱く息子の愛惜も、色あせることはないだろう。そんな感傷に浸らせるに十分な力を持った映画だ。

（伊）

2000年12月6日

運命を変える無線交信

「オーロラの彼方へ」

　あの時あそこに行かなければ、こんな結果にならなかったのに。先に分かっていれば…。こんな後悔をすることは、日常あるだろう。

　「オーロラの彼方へ」(ギャガ・ヒューマックス配給)は、ニューヨーク在住の刑事ジョン（ジム・カビーゼル）がオーロラの影響で、三十年前の父親フランク（デニス・クエイド）と無線でコミュニケーションがとれたため、父親が翌日に殉職することを事前に警告し、家族や周囲の運命をコントロールしようとする物語。

　未来の息子のおかげで、消防士のフランクは火災現場で救助作業中、危ういところを助かる。うれしさのあまり、看護婦の妻ジュリア（エリザベス・ミッチェル）に会いに行くが、今度はそれがきっかけで、ジュリアが連続殺人鬼に狙われる結果を招いてしまう。

　未来のジョンは母親を助けるため、無線で父にアドバイスを与え続けて、殺人鬼の計画を防ごうと奮闘するのだが。

　次々と変わっていく運命を、家具、新聞記事の変化や友人との会話でさりげなく表現していく方法は巧妙で面白く、過去の世界から父親が机の表面に焼きごてで書くメッセージ「オレはまだ生きてるぞ」の文字が、未来のジョンの眼前で現れてくるシーンは、胸が熱くなる。

　が、注意してないと気が付かない伏線もあり、後半は、殺人鬼と対決するサスペンスが主となるため、死んだはずの肉親と交流できたシーンの共感などが置いてきぼりになったまま、ストーリーが進んでいってしまう。

　ラストシーンに再び感動するかどうかは、後半の展開をどう受け止めるかにかかってきそうだ。監督はグレゴリー・ホブリット。

(左)

2000年12月13日

事実が持つ説得力

「13デイズ」

　キューバ危機は、一歩間違えば人類の歴史を大きく変えたかもしれない、二十世紀の大事件だ。映画「13デイズ」は事実のみが持つ説得力を生かし、この題材を息詰まる政治サスペンスドラマに仕立てた。

　一九六二年、キューバでソ連製核ミサイルが発見され、ケネディ米大統領が海上封鎖で対抗し撤去を迫った―。危機が回避されるまでの十三日間を、ケビン・コスナー演じる大統領特別補佐官の立場でたどる。

　映画は二重の対立構造を描き、緊張を高めてゆく。一つは事件の本筋である米ソの駆け引き。米側がつかんだソ連軍の動きは描写しても、モスクワの思惑は見せぬまま物語が進行する。こうした展開により、疑心暗鬼を生む冷戦の危うさを訴えかける。

　もう一つの緊張関係が、外交努力で核戦争の危機を避けたい大統領らと、キューバ侵攻や空爆など強行策を主張する軍幹部の対立。やや誇張もある気がするが、軍部を"悪者"扱いしたため物語がより面白くなった。

　大統領が決断をためらえば、弟の司法長官ロバートは勇み足を踏むなど、美化されがちな兄弟を人間くさく描いた。コスナーもヒーローとして出しゃばらず、兄弟を支える役に徹して映画を引き締める。

　一方、硬い話になりがちな題材に、家族を登場させたことでふくらみが出た。この状況で家族を守るには武力衝突を避ける以外にない、との主人公の思いは素直にうなずける。

　家族愛がそのまま武器を取ることに結びつく米国映画が少なくないだけに、妙に新鮮な印象を残すのだ。監督はロジャー・ドナルドソン。

(伊)

2000年12月20日
予定調和排し、引き込む
「ダンサー・イン・ザ・ダーク」

　今年のカンヌ映画祭最高賞に輝いた「ダンサー・イン・ザ・ダーク」はミュージカルという二十世紀の遺産を取り入れながら、予定調和を排して新しい世界を築いた映画だ。

　舞台は米国の小さな町。徐々に視力を失う病を持ったチェコ移民のシングルマザーが、同病の息子に手術を受けさせようと、工場で働き十セント単位でお金をためる。ミュージカル映画に浸ることをささやかな楽しみとして。そのつつましい彼女に突然悲劇が―。

　登場人物の心情などをしゃれた形で観客に訴え、楽しませる手法が従来のミュージカルだとしたら、ラース・フォン・トリアー監督はそれを醜悪な現実を強調する手段に使う。

　主人公の日常を、色調を抑えた不安定な映像でたどりリアリティーを生み出す一方、ダイナミックで鮮やかなミュージカルシーンで現実から逃避する彼女の夢想を描き、対比させた。

　さらに、汚れない主人公を過酷な状況へと一方的に追い込んでいく物語によって、母性愛の崇高さを際立たせる。まるで、極限にしか人間の真実はない、とでも言うように。

　この映画で醜い現実を成しているのは、理性で御しきれない世界や、人間だれもが持つ残酷さ。観客はいわば共犯者で、それらをすべて主人公に背負わせてしまった罪悪感に駆られる。

　ヒロイン像に独特の存在感を発揮し、プリミティブな魂の叫びを歌い上げた、歌手の主演ビョークが、寓話（ぐうわ）的なストーリーに命を与えた。

　好き嫌いはあろうが、二〇〇〇年最も強いインパクトを残し、映画新世紀の息吹を感じさせた一本だ。
（伊）

2000年12月27日
権力へのまっとうな反抗
「郡上一揆」

　物語が始まって間もなく、竹やりとのぼりを持った大群衆が城へ押し掛けるシーンで、観客を圧倒する神山征二郎監督の「郡上一揆」（映画「郡上一揆」製作委員会配給）。時代劇復活の兆しが出てきたといわれる中で、江戸時代中期の農民の立場から、年貢をめぐる為政者との決死の戦いぶりを描く異色の作品だ。

　美濃国郡上藩が「検見（けみ）取り」と呼ばれる増税策を導入しようとしたのに、郡上百二十村の農民が大反発。一度は押し返すが、藩主は再び強行しようとする。苦悩する各村の代表者たちは、江戸へ赴き、登城中の老中へ直訴する―。

　「かっこいい農民を描いた」という神山監督のいう通り、登場する農民たちは識字者が多く、幕府の事情によく通じ、ネットワークを張って速やかに行動に出るなど、武士顔負け。土と泥にまみれ、横暴な武士に弱々しく懇願するだけ、という侍中心の時代劇がつくりだした陳腐なイメージを払しょくする。

　特に、老中直訴の実行メンバーが誓いの杯を交わすシーンは「忠臣蔵」を思わせる。

　こうしたエネルギッシュでドラマチックな面を強調することで、主演の緒形直人のほか、わきを固める古田新太、永島敏行、林隆三、加藤剛ら登場人物にある種の生々しさを与えることに成功している。

　ただ、気になるのが主人公の定次郎のシンプルさ。父親（加藤剛）に「村に役立つ人間になれ」と育てられたとはいえ、妻（岩崎ひろみ）と子を残して死地に飛び込む姿が、いさぎよすぎるのだ。

　大衆が体制と戦う中で、犠牲者を生んでしまう悲劇。そこを、主人公の内面からも表現する工夫がもう少しほしかった。
（左）

花まるシネマ | 075

2 0 0 1

2001

2001年1月10日

暴力と再生描く野心作 「EUREKA」

　昨年のカンヌ国際映画祭で好評を得た青山真治監督「EUREKA（ユリイカ）」は、現代の暴力とその連鎖、そして人間の再生という壮大なテーマを追求した、三時間三十七分の野心作だ。

　九州のバスジャック事件で生き残り、心に深手を負った運転手（役所広司）と兄妹（宮崎将、あおい）が生きること、人を愛することをつかもうとする物語。

　事件の緊迫した描写で始まる前半は、市民的な"日常"に順応できなくなった三人が、肩を寄せ合うように同居を始める。そこへ連続殺人事件が起こり、運転手に疑いの目が向けられる。

　後半は、兄妹のいとこを加えた計四人がマイクロバスに乗って、九州のあちこちを旅するロードムービーの形式をとる。

　モノクロながら、若干の色調を残した映像がすばらしい。特に前半部分は、冒頭の事件を除けば静かに物語が展開されるのだが、不穏な空気がフィルムに映っているかのように、ぴりぴりした緊張感が持続する。

　心閉ざした子どもたちを教え導くのでなく、運転手が自らの狂気に苦しみながら同じ地平に立って向き合うところに、説得力がある。役所の鬼気迫る演技が見ものだ。

　テーマが人間の根源に触れるものだけに、ビジョンを明快に示すことは至難の業だろうが、ラストの"いやし"に至るまでのプロセスがやや物足りない気もする。

　三十六歳の青山監督は早くから才能を注目されながら、過剰に理論武装した作品が難解だった。具体的なエピソードを連ねて叙事詩的な今回の映画は、新境地といえるだろう。

(伊)

2001年1月17日

境目のないウソとホント 「ギャラクシー・クエスト」

　一九六六年に最初のテレビシリーズが制作されたSFドラマ「スター・トレック」は、その後も新シリーズが登場し、世界中にファンがいる。出演者たちを招いたイベントや集いは大盛況、ファンの熱狂ぶりを収録したビデオすら販売されているらしい。

　こんな状況をパロディーにしたような映画が「ギャラクシー・クエスト」（UIP配給）だ。かつての大人気SFドラマで宇宙戦艦の艦長役を務めたジェイソン（ティム・アレン）ら俳優がすっかり売れなくなり、今ではイベントなどで食いつないでいるという設定。

　彼らの屈折した態度を見せる楽屋シーンは秀逸で、特に自分が演じたエイリアンの乗組員役に心底うんざりし、ファンの前でも投げやりな態度を隠さないアレックス（アラン・リックマン）の演技には哀愁も漂い、苦笑いさせられる。

　虚構の番組と分かっていても、どこかで真実であってほしいと願い、ジェイソンを追い回すマニアックなファン。彼らの切ない心情や行動も詳しく描写され、一つのフィクションの世界を共有しながら、視線の異なる出演者とファンの関係が、実に面白く描き出されている。

　さらに、ドラマを歴史ドキュメントと勘違いしたサーミアン星人が現れ、出演者たちは本物のヒーローと誤解されたまま、敵対するファクトリ星人との戦争に参加するはめに。

　映像作品を自分たちの英雄伝説として深く愛する人々のこっけいさ、かわいらしさを、SFの中にうまく取り込んだ本作は、映画好きの琴線に触れるセンスに満ちている。監督はディーン・パリソット。

(左)

2001年1月24日
善意の先にあるものは？
「ペイ・フォワード　可能の王国」

　知らない間に周囲に恐怖がまん延していた、という設定の映画はよくあるけれど、これはその逆。一人の少年のアイデアが、現実に影響を与えていく様子を描いた不思議な味わいのドラマが、ミミ・レダー監督の「ペイ・フォワード　可能の王国」（ワーナー・ブラザース映画配給）だ。

　中学校の社会科教師シモネット（ケビン・スペイシー）が生徒に「自分の手で世界を変える」という課題を出す。

　アルコール依存症の父親は行方知れず、母親（ヘレン・ハント）も同じ症状で苦しんでいるという家庭の少年トレバー（ハーレイ・ジョエル・オスメント）。彼は親切を受けたら、別の三人へお返しする方法「ペイ・フォワード」を提案し、実践する。そしてトレバーのもくろみは、彼の知らないところで、どんどん社会現象化していく。

　母親がトレバーに寄せる本当の愛情、シモネットが抱える深い心の傷など、ペイ・フォワードを通して、人の心の奥に触れたトレバーは「世の中は思ったほどクソじゃない」と気付く。少女のような顔だちのハーレイの演技が笑いと哀感を誘うが、これだけなら、一風変わった"成長物語"。

　そう思っていると脚本は、あっと言わせる足払いをかけて観客を混乱させ、最後に物語を美しいファンタジーへと昇華させる。

　登場人物がしばしば口にする「世の中はクソだ」のセリフに、大人も子供も共感したくなる時代。今や、こうしたひねったドラマを通してでしか、他人の親切や善意を実感できなくなりつつあるのかも。そう思い至らせるこの作品は、実に辛口である。

（左）

2001年1月31日
社会的題材をポップに料理
「リトル・ダンサー」

　英国映画「リトル・ダンサー」は、夢を求めて故郷の炭鉱町を飛び立っていく少年と、それを支えた父親の姿を描く感動作だ。

　サッチャー政権下の一九八四年、ストライキの渦中に置かれた炭鉱の町に暮らす、十一歳のビリー。ダンスの魅力に取りつかれ、炭鉱労働者の父が苦しい家計からやりくりしたボクシングの月謝を使って、内証でバレエを習い始める。

　ビリーの才能を見て取ったバレエの先生はロイヤル・バレエ学校のオーディションを受けさせようとするが、その当日、ストに参加した兄が逮捕されて断念。それでも夢をあきらめない息子の姿に動かされ、バレエを認めなかった父が、ある決断に踏み切る。

　貧しい家庭の子がスターになるだけなら、よくあるサクセスストーリーだが、「ブラス！」やケン・ローチ監督作品などの英国映画が描いてきた、労働者のプライドがこの映画でもずしりと効いている。それを下敷きにしているからこそ、息子のために信念を曲げる父親の姿がことさら感動を呼ぶ。

　強さの象徴ボクシングとエレガントなバレエ、大人の既成概念とビリーのしなやかな感性が鮮やかに対比される。閉鎖的な価値観に対し、同じように孤立している同性愛の友だちと、主人公の心の通い合いを盛り込んだところが現代的で、心憎い。

　そして、T・レックス、ザ・ジャムなど七〇─八〇年代のブリティッシュ・ロックのリズムに乗って踊るビリーの姿にポップな感覚がたっぷりこめられ、社会派リアリズムの映画とは違った面白さを楽しめる。監督はスティーブン・ダルドリー。

（伊）

2001

2001年2月7日

深みをたたえたスリラー 「アンブレイカブル」

　大ヒットした「シックス・センス」のM・ナイト・シャマラン監督とブルース・ウィリスのコンビが、スリラー「アンブレイカブル」でまた新鮮なストーリーの映画をつくった。

　百三十二人が乗った列車が事故を起こし、デビッド（ウィリス）ひとりが生き残った。しかも無傷で。

　なぜ自分だけが、といぶかるデビッドに「これまでに病気にかかった日数は？」というなぞのメモが。送り主は、難病のため骨折を繰り返して育った男（サミュエル・ジャクソン）。彼は、デビッドが不滅の肉体を持つ男で人類の救世主になると告げる―。

　シャマランのユニークな脚本は、いまなお「ダイ・ハード」の印象が強いウィリスに、またも不死身の英雄を演じさせるかと思わせておいて、"ヒーロー"を概念から覆してみせる。

　前作「シックス―」が生と死が共存する領域を描いた映画だとしたら、今回は善と悪、強者と弱者がキーワード。前作の明快さには欠けるが、こけおどしではない、物語の深まりを感じさせる。

　そして登場人物がいずれも、簡単にいやせない悲しみを抱えて生きているところが、共通する。家庭の冷え冷えとした薄暗い映像には、ホラーやスリラーのジャンルを超え、現代家族の置かれた状況が見いだせる。

　インドで生まれ、米国に育ったというシャマラン。描かれた世界観に、宗教の影響を見て取ることができるかもしれない。今後もハリウッドの枠組みや既成の文法に納まらない、独自の映画づくりを期待させる監督だ。　　　　　　（伊）

2001年2月14日

同時代描く静かな秀作 「ヤンヤン　夏の想い出」

　現代の都市に生きる人々には、洋の東西を問わず、人間関係やライフスタイル、コミュニケーションの取り方などに、ある種の共通性があると言えそうだ。と同時に、それぞれが独自の文化・歴史を背負っていることもまた、事実だろう。台湾を代表する監督の一人、エドワード・ヤンが「ヤンヤン　夏の想い出」で描く家族の物語は、そんなことを思わせてくれる、すぐれて同時代的な秀作だ。

　舞台は現代の台北。市街地の高層マンションに暮らすのは、病に倒れた祖母、中年の悩みを抱える両親、少女から女性へと成長する姉、そして彼らを少年の目で見つめる八歳のヤンヤン。三世代の「普通の」家族の心の機微が、淡々と、だが真実味にあふれてスクリーンに映し出される。

　筋立ての起伏で見せる映画ではないから、気をそそるストーリー展開ではない。だが、にぎやかな結婚式のシーン、かつての恋人と再会する父の静かな苦悩、初恋に胸ときめかせる姉の初々しさなど、物語は悠揚迫らぬペースで流れ、画面はどこをとっても繊細な息づかいに満ちていて、あきることがない。

　特筆すべきは、現代都市・台北の生き生きとした描写と、登場人物たちへの視線の優しさだろう。台北はまるで日本の大都会のような呼吸と肌触りだし、一家を囲むデフォルメされた人物群もどこか憎めない。

　イッセー尾形ふんする日本人・大田の造形も含め、ヤン監督の器の大きさが実感される二時間五十三分である。昨年のカンヌ映画祭で監督賞を得た台湾・日本合作映画。　　　　　　（和）

2001年2月21日

うならせる一人芝居

「キャスト・アウェイ」

　超多忙なビジネスマンが、突然の事故で無人島に漂着、生存のための悲痛な戦いを強いられる—。こう聞けば、有名な「ロビンソン・クルーソー」の二十一世紀版かと思う。が、それはこの作品の半面で、他方には「生き残った男が、その後をどう生きるのか」という重い問いかけがある。

　「フォレスト・ガンプ／一期一会」のアカデミー賞コンビ、ロバート・ゼメキス監督とトム・ハンクスが再び組み、最初のアイデアを発想したハンクスが製作にも当たった。

　冒頭。分秒を争う宅配便ビジネスのやり手チャック（ハンクス）が世界を駆けめぐっている。自信満々な現代人である。

　だが、「すぐ戻るよ！」と恋人（ヘレン・ハント）に言い残して飛び立った飛行機が墜落。流れ着いた無人島に絶望感に打ちのめされながら、恋人の写真をよすがに、生き延びようともがく。太った体を血と涙で汚しながら、自給自足の暮らしが始まる。

　それから四年。がりがりにやせ、表情さえなくしたチャックだが、最後の知恵と力を振り絞って島を脱出する。帰還。英雄として凱旋（がいせん）した彼は、恋人と再会するが…。

　冒頭のスピード感あふれるカメラワーク、恐怖の墜落シーン、無人島での一人芝居。どれも迫力と緊張に満ちていて、さすがのコンビとうならせる。恋人役のハントも、難しい役どころをうまくこなす。ただし、主人公の帰還後の人生と終幕の描き方に、物足りなさを感じる向きはあろう。

　三月下旬発表のアカデミー賞で、主演男優賞など二部門で候補に。無人島暮らしの"親友"「ウィルソン」も、助演賞にノミネートしたかったが…。

（和）

2001年2月28日

テンポの速い群像劇

「スナッチ」

　英国の新鋭ガイ・リッチー監督が手がけた「スナッチ」は、登場人物や場所を次々入れ替えながらストーリーを走らせる、スピード感とユーモアたっぷりの犯罪映画だ。

　変装した強盗団がベルギーの宝石商から八十六カラットの大粒ダイヤを強奪したのが、事件の発端。

　ニューヨークのボスにダイヤを届ける役目を忘れ、かけボクシングにうつつを抜かす運び屋。それを横取りしようとたくらむ武器商人の元KGB。残虐きわまりない八百長ボクシングの元締。さらにはトレーラーで暮らす流浪民の一団…。

　と、ロンドンを舞台に有象無象の悪党たちの利害を交錯させながら、映画は進行する。

　観客をほんろうするように速いテンポで場面を変え、前後のつながりを思い出そうとする余裕を与えない。登場人物が勝手に走りだし際限なく拡散していくかに見える物語を、ラストでしっかり着地させた力量はさすがだ。

　一種の群像劇ながら、面白おかしく描かれた個々の人物像が、はっきりしていて楽しめる。ハリウッドスターのブラッド・ピットもその一人。どぎついなまりの英語を話す流浪民のボクサーにふんし、これまでにない泥臭い魅力を振りまくが、彼を映画の中心に据えないところが心にくい。

　撮影スピードを自在に変えるテクニックは、ミュージックビデオやCMに通じる最先端の映像感覚。マドンナとの結婚で注目されたリッチーだが、すぐに世界の主流にのし上がってくることだろう。

（伊）

2001年3月7日

心を打つS・コネリー 「小説家を見つけたら」

　ニューヨークの街を陰影ゆたかに映すカメラ。ファンタジックながら、骨格の正しい脚本。正攻法の演出―。優秀なスタッフの共同作業による美しいヒューマンドラマだが、同時にこの映画は、まさしくショーン・コネリーの映画である。

　名優の名をほしいままにするコネリーだが、脚本にほれこみ製作にも加わった「小説家を見つけたら」(ソニー・ピクチャーズエンタテインメント配給)で、またひとつ代表作を手にした。

　筋立てはシンプル。サリンジャーを思わせる隠とんした大作家、W・フォレスター(コネリー)。ふとしたことで高校のバスケットボール選手、ジャマール(ボブ・ブラウン)と知り合い、あふれるほどの文学の才能を見て取る。だが若者は貧しく、スポーツで身を立てるつもりだ。

　けんかしながらも親しくなっていくにつれ、老作家の眠っていた情熱はよみがえり、ジャマールの師として文学を伝授する。みるみる才能を開花させていく若者の前に、しっと深い高校の教師が出現し…。

　深く豊かな声、老いさえ美しく映るコネリーの演技が心を打つ。

　孤独でエキセントリック、才能あふれユーモアに富む、人間への愛情と憎しみ…矛盾だらけのフォレスターを魅力的に造形し、ともすれば図式的になりがちな展開に強いリアリティーを与えた。マイルス・デイビスの音楽も意外だが、グッとくる。

　敵役のF・マーリー・エイブラハム(アマデウスのサリエリ!)、若者を励ます女子高生役のアンナ・パキンら、わき役がはまりすぎなのは、ガス・ヴァン・サント監督のユーモアか。

(和)

2001年3月14日

心を読まれ、笑いと涙 「サトラレ」

　他人の心を想像するゆとりを持ちにくい日常。その一方で心の片隅にふくらむ、人の思いに触れたいという願望―。本広克行監督「サトラレ」は、そんなコミュニケーションがうまくいかない時代の気分をつかまえた、笑って泣かせる娯楽映画だ。

　自分の考えが周囲に筒抜けになってしまう、特殊な力を持った人々"サトラレ"をめぐる物語。政府は、サトラレの高い知能を利用する目的で、本人にそれと知られないよう保護している。

　新人外科医の健一(安藤政信)もその一人。いや応なく耳に入ってくる本音や秘密に知らぬふりを求められた、周囲の人々は彼を煙たがる。ただ一人の肉親、祖母(八千草薫)を除いて。そこへ送り込まれた心理学者洋子(鈴木京香)に、彼の心は傾いて…。

　そもそも映画は観客を感動へと導くため、いかに人物の内面を伝えるか工夫を凝らすもの。おのずと本心が伝わる今回の設定は、まずは企画の勝利と言える。

　だがそれだけではない。困った男として登場させた主人公に、ある"事件"を契機として少しずつ優しさや純粋さをにじませる。ついには他の登場人物に、さらには見る側にも彼の悲しみを共有させる。ストーリー運びがさえている。

　虚構性の強い物語に引き込むもう一つのテクニックは、お笑い。主人公に振り回される登場人物のこっけいさをデフォルメして描き、大ヒット作「踊る大捜査線」のスタイルを思わせる。

　スケールや深みには欠けるかもしれないが、何が観客の琴線に触れるか、しっかりつぼを押さえた映画と言えるだろう。

(伊)

2001年3月21日

ロックのリズムと淡い恋

「あの頃ペニー・レインと」

　心揺さぶるロックのリズム、胸を締めつける初めての恋、若々しい未来への希望。イヤなことも多い世の中だけど、やっぱり生きてるっていいよね。そんな幸せな気分で劇場を後にできる、愛すべき青春映画の誕生である。

　「あの頃ペニー・レインと」の舞台は、カウンターカルチャーがうねる米西海岸。一九七三年、十五歳のウィリアム君はロックに夢中で、ジャーナリストを目指し修行中だ。そして、ついに「有名直前の」(原題はALMOST FAMOUS)ロックバンドのツアー同行記を書くチャンスが訪れる。

　ところが、音楽や文章では早熟でも、女の子にはからきしうぶな彼。バンドのグルーピーたちにからかわれる始末だが、ペニー・レインというニックネームの優しい女の子が現れ、ドラムの一撃のように彼をとりこにする。でも彼女は、バンドのギタリストと恋仲らしい。

　インテリで頑固な母親は、しぶしぶ取材旅行を認めてくれたが「電話は一日二回、麻薬はだめ」と旅先までやたらしつこいので、それがまた、からかわれるタネ。でも、いったん取材のペンとテープを動かせば、だれにも負けないジャーナリストなんだ。

　「シングルス」「ザ・エージェント」などのキャメロン・クロウ監督が、製作と脚本も兼ねた自伝的作品。俳優たちのキラキラした演技がさわやかだが、何と言っても新星ケイト・ハドソンがキュートで素晴らしい。

　サイモン&ガーファンクル、ザ・フー、レッド・ツェッペリン、ビーチ・ボーイズなどの名曲が、時代を超えて響く。今若い人、かつて若かった人、だれもが楽しめる秀作だ。

(和)

2001年3月28日

男女の機微を濃密に

「花様年華」

　香港の人気監督ウォン・カーウァイの新作「花様年華(かようねんか)」は、哀愁を帯びた男女の関係を描くメロドラマ。古典的ムードの中に現代風の映像センスをちりばめ、同監督の新境地を感じさせる。

　舞台は一九六二年の香港。新聞社に勤めるチャウ(トニー・レオン)と貿易会社の社長秘書チャン(マギー・チャン)が同じ日に、同じアパートに越してきた。やがて、それぞれの結婚相手同士が不倫関係になったことに気付く。

　妻や夫の浮気に気付きながら、それを隠し平静を装うチャウとチャン。秘密と悲しみを共有する"共犯関係"が二人の間柄を親密にしてゆく。

　二人の関係をいっそう濃厚にするのが、親密な近所づきあいと、隣室の物音が伝わる密接した居住空間だ。映画に描写された、当時の香港の住環境が面白い。

　互いに好意を抱きながら、それをしぐさや言葉に表さない二人。感情や欲望を押し包んでいるような、スタイリッシュな衣装には、ある種のエロチシズムさえ感じさせる。

　ストーリーの展開より、男女の関係の機微を描くことに重きを置いたせいだろうが、終盤の展開、とくにカンボジアでのラストシーンはやや取って付けたような印象が残った。

　「恋する惑星」「天使の涙」で都会の若者の生態を、ざん新な映像でかすめ取ってきたウォン監督。今回の映画は、大人の観客が楽しめる潤いと落ち着きを持っている。昨年のカンヌ国際映画祭で主演男優賞などを受賞。

(伊)

2001年4月4日
それでも、家族は家族　　　　　　　　　　　　　　　「連弾」

　「家族はすばらしい」なんて無邪気に言えないご時世だけれど、何ものにも代えられないきずなは、確かにある。
　そんなささやかな希望を描いたのが、竹中直人監督・主演「連弾」。今にも壊れそうな家庭の一人ひとりを、ユーモアと優しさをもって見つめた映画だ。
　大きな一軒家に住む家族の物語。ゼネコンの課長をしている妻（天海祐希）の浮気を問いつめ、「ねちねちした男」と非難された専業主夫（竹中）はついに手を上げる。亀裂が決定的になった両親を見て、中学生の長女、小学生の長男の心は動揺し─。
　旧来の夫婦の役割を逆転させた設定かと思うと、それだけではない。
　厳しい社会、経済情勢のなか、働きに出るより家にいたいと思うのは男性たちのひそかな望みかもしれないし、逆に競争社会で認められ欲望を思いのまま満たしたいと思う女性も少なくないはず。そんな現代人の願望をうまくついた。
　極端なまでに突き詰めた夫の弱々しさと妻のごう慢さは、おかしさを通り越して痛快ですらある。変なわき役たちも皆面白い。とくに天海の、なるようになれと言わんばかりの演技は、彼女の気性が素直に表れたようで気持ちいい。
　ドタバタ調になってしまい、少しやりすぎた印象が残る場面もある。だが、人間の醜悪さや、やりきれない悲哀を感じさせずに通したのがこの映画のいいところ。そして母と娘、父と息子の気持ちが、はからずも一つになっていくエンディングが温かい。
　　　　　　　　　　　　　　　　　　　　　　　（伊）

2001年4月11日
現代の病巣えぐる傑作　　　　　　　　　　　　　　「トラフィック」

　現代アメリカ社会の深刻な病巣である麻薬問題。このテーマに取り組んだ映画は多いが、新作「トラフィック」の出来栄えは圧倒的で、ことしのアカデミー賞で主要四部門受賞という栄誉もうなずける傑作だ。
　主要な舞台は三つ。
　麻薬密輸を取り締まる捜査官（ベニチオ・デル・トロ）らを描く米・メキシコ国境。麻薬撲滅に奔走する判事（マイケル・ダグラス）を軸とする米政界中枢。麻薬王と取締局が激突するサンディエゴ。
　まず素晴らしいのは、複雑で残酷な三つのストーリーを、絶妙なバランスで組み立てた脚本（スティーブン・ギャガン）。詳細なリサーチに基づいて、百五十人以上の登場人物をくっきり描き分け、ダイナミックな物語に仕上げた。
　俳優たちの演技が、画面に緊迫感をみなぎらせる。アカデミー賞（助演男優）をはじめ、各賞総なめの感があるB・デル・トロ、政界の大物にのし上がりながら、娘が麻薬におぼれていく父を演じたM・ダグラスをはじめ、群像劇の隅々まで神経の行き届いたキャスティングだ。
　そして最大の立役者は、スティーブン・ソダーバーグ監督。自ら撮影監督も務め、この新感覚のサスペンスを芸術の域にまで高めた。三つの舞台を、それぞれに異なる色調で撮影し、複雑な物語の進行を、一目で理解させる。演出はドキュメンタリータッチで、無駄がない。
　「世界は、芸術なしには生きていけない」。アカデミー賞授賞式の名スピーチに恥じぬ、ハイレベルな仕事を見せてくれた。
　　　　　　　　　　　　　　　　　　　　　　　（和）

2001年4月18日

"一粒"が変える人生

「ショコラ」

　伝統と因習に縛られた村に現れた美しい女性。彼女がつくるチョコレートの魔力が、村人の人生を変えていく―。

　ラッセ・ハルストレム監督の新作「ショコラ」は、演技達者たちの軽やかなアンサンブルと美しい映像、音楽が溶け合った、心温まるファンタジー。

　舞台はフランスの小さな村。リーダーのレノ伯爵（アルフレッド・モリーナ）のもと、村人は厳格な規律に支配され窮屈な日々を送っている。ある雪の日、ヴィアンヌ（ジュリエット・ビノシュ）とその娘がやって来て、チョコレートショップを開く。

　恐る恐る店を訪れた村人が、一粒のチョコを食べるとあら不思議。けん怠期の夫婦に情熱がよみがえり、偏屈な大家（ジュディ・デンチ）も、少女時代の恋を思い出してうっとり。夫の暴力に苦しむ女性（レナ・オリン）は自尊心を取り戻していく。村に自由で官能的な空気が流れ出す。

　苦々しいのは、レノ伯爵とその信奉者たち。あの手この手でヴィアンヌの妨害を画策。そこにロマのミュージシャン（ジョニー・デップ）が現れヴィアンヌと恋に落ちるが、執念深いレノ伯爵は乱暴者をけしかけて…。

　ジュリエット・ビノシュを中心にした演技合戦は個性的で楽しく、コクのある色彩、味わい深い描写は、さすが「ギルバート・グレイプ」「サイダー・ハウス・ルール」の名監督。いくつかのシーンのチョコレートを見ただけで、つばを飲み込んでしまうかも。

　かわいらしいお話だけに、映画としてやや小ぶりになったのは、好みの分かれるところか。　（和）

2001年4月25日

仕事で見つめる人間の原点

「山の郵便配達」

　東京の劇場で連日満員の中国映画「山の郵便配達」（フォ・ジェンチイ監督）は、働くことや親子の情といった人間の原点を見つめる感動作。中国の山岳地帯を舞台にした素朴で静かな人間の営みが、現代社会を生きるわれわれの郷愁をかき立てる。

　一九八〇年代初め、中国湖南省の物語。郵便配達員の父が引退することになり、子どもに仕事を引き継ぐ数日間を描く。郵便配達といっても、重い荷物を背負って、三日がかりで山里を歩く過酷な仕事である。

　初めて配達に出ようとした息子の頼りなさを見かね、父はたまらず同伴する。道すがら、仕事に対する父の姿勢、山里の住民が父に寄せる信頼を知り、息子は次第に成長してゆく。父は父で頼もしくなっていく息子の姿を、自らの人生と重ね合わせ満足を覚える。

　この映画が訴えかけるのは、親子が世界を共有し気持ちを通わせる物語であり、損得勘定を抜きに人の役に立ちたいという仕事観だろう。どちらも時代に流され、われわれの多くが心の奥にしまい込んでしまったものだ。

　中国の山河を切り取った美しい映像によってシンプルな物語の"純度"を高める一方、回想シーンの挿入やスローモーションで抑揚をつける。フォ監督は、決して素朴な物語の上にあぐらをかいていない。

　このところ、人間の邪悪な部分に光を当てる映画が目立つ。だが、人間の善良さを伝える作業の方が、はるかに難しいのだ。そういう意味でもこの映画を評価したい。　（伊）

2001年5月2日

子供を笑わせ、大人を挑発

「クレヨンしんちゃん　嵐を呼ぶモーレツ！大人帝国の逆襲」

　テレビで大人気のアニメ「クレヨンしんちゃん」の映画化とあれば、大人の観客は、子供たちの引率で劇場に入ることが多いだろう。笑い転げる彼らの横で、居眠りを決めこむ親もいそうだ。ところが、新作「クレヨンしんちゃん　嵐を呼ぶモーレツ！オトナ帝国の逆襲」は、そんな親たちに「郷愁としての二十世紀」というテーマを投げかけ、思わずスクリーンに見入らせる不思議な作品になっている。

　お話は奇妙だ。しんちゃんの地元、埼玉県春日部市に巨大なテーマパーク「20世紀博」がオープンする。大阪の万国博覧会や、怪獣映画、魔法少女アニメなどの体験コーナーに、大人たちは夢中。オート三輪が走り、めんこやアナログレコードが懐かしさを演出し、日本中の大人たちが「ノスタルジー」の甘いかおりで、ふ抜けにされていく。

　実はこれが、希望のない未来を捨て過去に生きようとするカップル、ケンとチャコの"イエスタディワンスモア計画"なのである。

　パステルカラーの画像に、「白い色は恋人の色」といったフォークソングが流れ、大人の観客は、昭和四十年代の気分に浸ってしまう。「同棲時代」を思わせる敵役の造形もいい（ケンの声は津嘉山正種）。

　だが、そんなセンチな反動ぶりを粉砕すべく立ち上がるのが、二十一世紀を生きるクレヨンしんちゃん。「オラたちに大切なのは、未来なんだゾ！」と捨て身で闘う姿に、思わず拍手したくなる。

　子供たちを楽しませる定番ギャグや約束事をきっちり守りながら、あえて親世代の客を挑発しようとした、原恵一監督（一九五九年生まれ）ら製作陣の意欲があふれる一編だ。（和）

2001年5月9日

苦い現実を包むユーモア

「シーズンチケット」

　「ブラス！」のマーク・ハーマン監督の新作映画「シーズンチケット」は、サッカーをめぐる貧しい少年たちの物語。日常生活の悲哀を土台にしながら、それを上回るユーモアで明るい気持ちにさせるコメディーの佳作だ。

　イングランド北部の町に住む、十代半ばの少年二人。病気の母と暮らすジェリーは、アルコール依存症の父の暴力から逃げるため転々と住み家を変える生活。もう一人は、幼いころに両親に捨てられ、祖父を"父さん"と呼んで育った。

　惨めな現実から抜け出すために思いついたのが、地元のサッカーチーム、ニューカッスル・ユナイテッドの特別チケットを手に入れること。二人は酒やたばこを絶って、怪しげな"仕事"に精を出し始める。

　サッカーの試合が見られないなら、とグラウンドに忍び込む場面に始まり、温かな印象を残すラストまで、小さな夢を目指してひた走る二人の様子が笑わせる。

　その合間に日常生活の悲惨をちりばめた。貧しくて一度もサッカー観戦をしたことがなかったジェリーが、学校で父親と試合を見た思い出をでっち上げるシーンは泣かせる。

　かわいいとかハンサムとかいう基準から少しずつずれたふたりの主役は、いずれも新人。"悪さ"を重ねても心はゆがんでいない、微妙な存在感をキープしたのは、キャスティングと演出のたまものだ。

　感動作「ブラス！」のテーマが労働者の誇りなら、この映画が描くのはその息子にあたる世代。大人にはやりきれない現実でも当の本人たちは必死だ。そんなひたむきさが、悲しくておかしい。

（伊）

2001年5月16日

皮肉のきいたコメディー　　　　　　　　「ベティ・サイズモア」

　奇妙な味わいのブラックコメディーが登場した。夢と現実、ビョーキと正気、善と悪…一見、正反対にみえる心のあり方が、実は複雑に絡み合っているとしたら？

　主人公は田舎町のウエートレス、名前を「ベティ・サイズモア」という。純真無垢（むく）な彼女だが、街は退屈だし仕事はきつく、夫はぐうたら者。いいとこなしの人生のようだが、でも大丈夫。彼女にはテレビの昼メロ「愛のすべて」がある。主人公のすてきなお医者様デヴィッドこそ、いつか結ばれる王子様なのだ。

　そんなある日、麻薬をかすめ取ろうとした夫が、二人の殺し屋に襲われる。残酷な殺人現場を目撃してしまったベティは、突然、現実の記憶を失い、あこがれのデヴィッドが待つ世界に飛び込んでしまう。

　彼と結ばれるためハリウッドへ旅立つベティ。口封じに彼女を追いかける殺し屋たち。ついにデヴィッドに会えたベティが長年の恋を告白すると…。

　突拍子もない設定をリアルな感覚で描く脚本と、インディーズ映画のムードを漂わせる演出がさえている。そして、最大の勝因はキャスティング。

　ベティにふんするレニー・ゼルウィガーは、おつむがヘンでも、かわいく優しく善良なキャラクターが感動的だし、デヴィッド役のグレッグ・キニアは善人なのか小ずるいのか。殺し屋のモーガン・フリーマンは最初は怖いが、次第に妙な雰囲気に。

　昨年のカンヌ国際映画祭（脚本賞）、今年のゴールデン・グローブ賞（主演女優賞）をゲットした、ひねりの効いた作品である。監督はニール・ラビュート。

（和）

2001年5月23日

20世紀を背負った健さん　　　　　　　　「ホタル」

　高倉健主演の新作「ホタル」は、激動の時代を生きてきた夫婦が戦争の傷跡を乗り越え、新しい"生"を見いだす感動の大作だ。

　元特攻隊員の漁師、秀治（高倉）は、鹿児島県・桜島に近い漁港で妻の知子（田中裕子）と穏やかな生活を送っていた。

　昭和から平成へと年号が変わった直後、生き残ったことを悔やみ続けた戦友が自ら命を絶つ。朝鮮半島出身の婚約者を特攻で亡くし、同じ部隊にいた秀治と一緒になった知子は、持病が悪化、長く持たないことが分かる。そして、特攻隊員に慕われた"知覧の母"（奈良岡朋子）が、知子の婚約者の遺品を秀治に託した。

　戦争に対する無念の思いを胸にしまい込んだ秀治が、少しずつ背中を押されるようにして、ついには知子と一緒に海をわたり韓国の遺族の感情と向き合う。

　今回の高倉はいつになく、妻への愛を軽やかに表現する。愛する者を大事にしたくて果たせなかった、かつての役柄を思うと、時代の変化が映し出されていて感慨を覚える。

　それでも健さんはやはり健さんだ。重要な場面で黙って何かに耐える表情は、だれにもまねのできない厳しさをもっている。

　夫の愛を真っすぐ受け止めるリアルな田中に、行き場のない悲しみをあふれさせる奈良岡。演技派女優陣が、そんな高倉をしっかり支える。

　人間が内へ内へとこもり小さくなっていきがちな、この時代。日本の二十世紀を清算する重いテーマを背負えるのは、やはり最後の映画スター、この人しかいないと妙に納得させられる。監督は降旗康男。

（伊）

2001年5月30日

綿密、周到なコメディー 「みんなのいえ」

　演劇・テレビ・映画とジャンルを横断して活躍する才人、三谷幸喜が「ラヂオの時間」に続いて脚本と監督兼任で撮りあげた「みんなのいえ」。「家を建てる」をテーマに、綿密に計算された画面づくりと、サービス精神たっぷりのコメディー演出で楽しませてくれる。

　主人公は、作者自身を戯画化したような小心者の脚本家(田中直樹)と、しっかりものの妻(八木亜希子)。人生の難関の一つである家の新築を決意し、設計を先輩のインテリアデザイナー(唐沢寿明)に、施工を妻の父の大工(田中邦衛)に依頼する。

　あこがれのマイホームとあって、あれこれ想像を広げる若夫婦。直情型で自負心が強烈なデザイナー、たたき上げた職人芸をまな娘の新居に注ぎこむ頑固オヤジ。こうなれば、当然、話はこんがらかる。アメリカンスタイルの居間に大黒柱が出現―などは序の口。ここに、夫の母(野際陽子)や父の大工仲間などがからんで、てんやわんやの大騒動。

　三谷は、オープンセットに実際に家を建て、その建築工程とともに撮影を進めたという凝りよう。徹底したワンシーン・ワンカットの手法、考え抜いたセリフなど、持てる力をフルに生かして用意周到、準備万端の映画づくりである。

　小さな場面でも、演出やキャスティング、音楽など細部にまで神経が行き届いている(真田広之、明石家さんま、梶原善たちの登場シーンもかなり笑える)。まさに、映画への愛情あふれるウェルメードな喜劇。次作は、人間の心の深みにまで迫るブラックなコメディーを期待したい。

(和)

2001年6月6日

虚構の世界を駆け巡る 「ハムナプトラ2／黄金のピラミッド」

　ひところもてはやされたCGだが、これだけ普及するとありがたみも薄れてくる。それどころか、使い方を誤れば映画のリアリティーを損ないかねない。

　やりすぎたCGのうそっぽさを、逆手に取るのが冒険活劇「ハムナプトラ」シリーズ。米国で大ヒットした第二弾「黄金のピラミッド」は、前作以上に虚構たっぷりの世界を楽しませる。

　時代設定は一九三三年。冒険家のリック(ブレンダン・フレイザー)と考古学者エブリン(レイチェル・ワイズ)が、古代エジプトの遺跡に眠る秘密に巻き込まれる。よみがえったミイラ、イムホテップが今回も彼らの前に立ちはだかる。

　今回はその宿敵と別に、さらにおぞましい怪物スコーピオン・キングや、彼が率いる犬の戦士たち、小人ミイラと、新しいキャラクターが登場し観客を喜ばせる。

　物語のスケールは確かに大きくなったが、前作の敵対関係を踏襲しつつ新しい敵をつくると、屋上屋を架すような構成になってしまい、わかりにくくなった気がする。活劇は話に凝りすぎると、肝心の見せ場がかすんでしまう。

　"しょせんはうそ"と割り切る、つくり手の遊び心がこの映画のベースにあるのだろう。その分、迫真の"はらはらどきどき"感覚がもの足りないのは、しかたないところか。

　そのせいで主演のフレイザーも、どんなに頑張っても三枚目の軽さが印象に残る。「インディ・ジョーンズ」シリーズのハリソン・フォードのような色気には欠けるのだ。監督はスティーヴン・ソマーズ。

(伊)

2001年6月13日
演出抑え、味わい深い秀作　　「ココニイルコト」

　物静かだが密度の濃い映像、ユーモラスだが哀切なストーリー。声高な映画ではないが、いつまでも余韻が消えない。「はつ恋」の脚本で注目された長澤雅彦の監督デビュー作「ココニイルコト」は、現代人の心の揺れを、味わい深く描いた秀作である。

　主人公は、東京の広告代理店のコピーライター、相葉志乃（真中瞳）。上司との恋愛を、手切れ金と大阪転勤で断たれる。心を閉ざしたまま赴任した彼女が机を並べたのは、中途採用で入社してきた前野悦郎（堺雅人）。

　阪急ブレーブスとプラネタリウムと安物の骨とう品を愛する前野クンが、何かというと「ま、ええんとちゃいますか」とおちゃらける奇妙な男。慣れない土地と仕事に疲れた志乃は、前野クンとの出会いで少しずつ心が和らいでいく。

　こう要約すると、古風でコテコテな「大阪物語」に聞こえるかもしれないが、この映画の人物も大阪も、水彩画のように美しい。

　「演出するより、演出しないことを目指した」と話す長澤監督。「複雑な気持ちが錯綜（さくそう）している登場人物たちを、芝居で説明しようというのでなく、観客の想像力にゆだねようと心がけました」

　その成果は、テレビで見せるのとは全く違う真中の表情や、難しいキャラクターをたくみに表現する堺の魅力となって現れた。終幕、クローズアップの真中がつぶやく「ええんとちゃいますか」の一言が感動的だ。中村育二、小市慢太郎らわき役の好演も見逃せない。

　最相葉月の短いエッセーを原案に、タイトルをスガシカオの名曲から採った本作、今年の邦画のうれしい収穫となった。

(和)

2001年6月20日
母を愛するロボットの旅　　「A・I」

　人は、何の見返りも求めない「無償の愛」を注がれたとき、その愛にこたえずにいられるだろうか？

　スティーブン・スピルバーグ監督の最新作「A・I」は、人間とロボットとの関係を描いたSFファンタジーの形を借りて、そんな哲学的な問いを差し出す。

　「愛する」という感情をインプットされた人工知能をもつ少年ロボット、デイビッド。彼は、ある人間夫婦の"息子"として迎えられひたむきに母を愛するのだが…。

　故スタンリー・キューブリック監督の企画を継いだスピルバーグが製作・脚本・監督の三役。乱暴な言い方だが、モチーフは「E・T」と「ピノキオ」と「鉄腕アトム」を総合したような感じである。

　物語は、人間とロボットのホームドラマといえる導入部、SFアクションとなる中盤、そして数千年の時を隔てて母を求める旅を描く終幕という、明確な三部構成。

　全編を覆う最新の特撮技術は、さすがスピルバーグと感嘆させられる。また、冒頭のような重い問いを、美しく繊細な映像で描くホームドラマ部分は傑出しており、名子役ハーレイ・ジョエル・オスメントのはかなげな演技が心を打つ。

　だが、ジュード・ロウ演じるセックス・ロボットが笑わせる中盤の活劇はスケール感がいまひとつだし、キューブリックへのオマージュととれる終盤の映像感覚も、スピルバーグならではの爽快（そうかい）さを阻んだ印象だ。

　二十一世紀最初のスピルバーグ作品は、その華麗なフィルモグラフィーの中でも異色作と言えるかもしれない。

(和)

2001

2001年6月27日

清潔さ際だつ政治ドラマ 「ザ・コンテンダー」

　政治に魅力を感じない人が少なくないのは、力が支配する政治の論理への嫌悪感も一つの原因だろう。

　米国映画「ザ・コンテンダー」は、女性副大統領の誕生をめぐる生々しい権力争いを描きながら、信念を貫く主人公の清潔さを際だたせた政治ドラマだ。

　副大統領が在職中に死亡したため、民主党のエヴァンス大統領（ジェフ・ブリッジス）は女性上院議員ハンソン（ジョーン・アレン）を後任に指名。意外な人選が話題になった。

　議会の承認のカギを握るラニヨン下院司法委員長（ゲイリー・オールドマン）は、下馬評で後任として有力視されていた、ある州知事の後ろだて。ハンソンの若いころのセックススキャンダルを暴き、不倫疑惑と併せ聴聞会で追及した。

　しかしハンソンは、政治とプライバシーを区別すべきという自らの信条を譲らず、「ノーコメント」を押し通す。ラニヨン個人に対する反撃材料が手に入っても、それを切り札に使おうとしない。

　ハンソンの立場は、目的のため手段を選ばない、男性たちの論理と一線を画す。ポストより理念を尊重する態度に、政治システムを"改革"する可能性を見たら、持ち上げすぎだろうか。

　一方で、そのハンソンの姿勢を巧みに利用する、大統領という最大の権力者が存在する。冷徹な視点もきちんと用意されていて、リアリティーは十分だ。

　オスカー候補になったアレンの苦悩の演技は申し分ないが、品の良くない敵役に徹したオールドマンには頭が下がる。彼のような俳優がいるからこそ、映画が面白くなるのだ。監督はロッド・ルーリー。

（伊）

2001年7月4日

役者そろった大人の映画 「テイラー・オブ・パナマ」

　最近のアカデミー賞では常連の観があるジェフリー・ラッシュ。「シャイン」のピアニスト役、「クイルズ」のマルキ・ド・サド役など、薄味好みの日本の観客からすれば、かなり"濃い"演技をみせてきた。そのラッシュが、五代目ボンド俳優のピアース・ブロスナン相手に、こっけい味、ずるさ、悲しさ、なさけなさをにじませて怪演しているのが、新作「テイラー・オブ・パナマ」（ソニー・ピクチャーズ配給）。

　原作はスパイ小説の大家ジョン・ル・カレで、自ら脚色も担当。監督は「脱出」などで知られるジョン・ブアマン。

　運河の支配権返還という政情の一九九九年末、女とギャンブルのせいで左遷された英国のスパイ、アンディ（ブロスナン）がパナマにやってくる。彼は汚名返上のため、高級紳士服店を営む仕立屋のハリー（ラッシュ）に接近する。政財界の要人を顧客にし、妻は運河委員会に勤める米国女性というハリーは、スパイにうってつけなのだ。

　「モラルを捨てた007」のようなアンディは、ハリーを脅し、彼の妻を誘惑しながら、スパイゲームを勝ち抜こうとする。しかし大きな落とし穴が待っていた。ハリーは驚くべき夢想家で、空想にまかせた「情報」をアンディに伝えていたのだ…。

　高級服地を鮮やかにさばきながら、あることないこと口走り、美人の妻にぞっこんなのに、変なところで意地を見せる—奇妙なキャラクターを自在に演じるラッシュ。嫌みな色気を発散するブロスナン、りりしい妻役のジェイミー・リー・カーティスと役者がそろって、大味な夏休み映画の中で、イキな大人の映画となった。

（和）

2001年7月11日
濃密な宮崎ワールド　「千と千尋の神隠し」

　宮崎駿監督四年ぶりの新作「千と千尋の神隠し」は、ふつうの少女が異空間を体験するファンタジー。これまでの宮崎アニメの中でも、描かれた世界の濃密さは群を抜いている。

　物語の主人公、十歳の千尋は引っ越しの途中、家族三人で不思議な空間へ迷い込んだ。ごちそうにむしゃぶりついた父母は豚になり、千尋は、やおよろずの神々が訪れる"湯屋"で働かされることに。はじめはおびえていた千尋はここでの体験を経て、助けてくれた少年ハクと両親を救うために旅に出る――。

　空に向かってそびえる要さいのような建物、谷底を走る鉄道、電車の行き先に待っている別の世界。スケールの大きな空間描写が今回もさえる。

　圧巻は、湯屋周辺のユニークな世界。和と洋が混在する旅館の中をうごめく、グロテスクな生き物たちの姿には、尋常でないインパクトがある。

　見てくれは醜悪で時に危険なキャラクターたちを、根っから邪悪な存在に描かなかったのが、宮崎監督の良心だ。

　これだけ多くのキャラクターを生かし切った物語づくりは見事だが、その分、中盤以降の展開にやや窮屈さもある。

　この異様な世界が、子どもの目に映る現実世界を擬していることは、大人の観客には分かるだろう。生きることに消極的だった主人公はそこで、世界から目を背けないこと、それを受け止めること、そして自ら働きかけることを徐々に悟っていく仕掛けだ。

　ここには、子どもたちに向けた優しいメッセージがある。少なくとも、この強烈な映像体験が小さな胸に刻み込まれることは間違いないだろう。

(伊)

2001年7月18日
最先端のカツドウ大写真　「ジュラシック・パークⅢ」

　「出るぞ、出るぞ」と身構えていても、いざ出てくると「ギャアーッ！」と叫んでしまう。「映画だ、映画だ」と分かっていても、いざ襲われると「ヒエーッ！」とのけぞってしまう。コンピューターテクノロジーを駆使して、恐竜と人間の壮絶バトルをスクリーンに展開させる「ジュラシック・パークⅢ」（UIP配給）は、夏休みにふさわしい最先端の"カツドウ大写真"である。

　一九九三年、九七年の大ヒットを受けたシリーズ第三弾。前二作を監督したスティーブン・スピルバーグが今回は製作総指揮に回り、監督を中堅のジョー・ジョンストンが担当した。

　これが「意外や」大当たり。ルーカス、スピルバーグ作品の特殊効果で知られ、「ジュマンジ」「遠い空の向こうに」で手堅い演出を見せたジョンストン。へんな作家性やメッセージ性などどこ吹く風と、スピーディーで手に汗握る映画づくりに徹した。大味な大作が多い昨今、九十三分にまとめあげたのもお手柄だ。

　お話は単純明快。コスタリカ沖の恐竜島で行方不明になった少年を捜すため、両親に同行したグラント博士（サム・ニール）。一行は島に着くなり恐竜に襲われる。今回の目玉は、Tレックスをしのいで最強というスピノサウルス、鳥類に近く知能が高いヴェロキラプトルなどなど。凶暴な破壊力、どう猛で狡猾（こうかつ）なパワーが、ロボット技術やCGなど特殊効果の粋を集めて描かれる。

　第一作から八年の間の、コンピューター技術の進歩には感心するほかなく、大人の観客も童心に帰って大いに楽しめるだろう。

(和)

2001

2001年7月25日

ビジュアル重視の娯楽作

「PLANET OF THE APES／猿の惑星」

　SF映画史上に残る名作に、新たなアプローチで挑んだティム・バートン監督の「PLANET OF THE APES／猿の惑星」。

　オリジナルが文明批評の視点を持つ作品だとしたら、今回はビジュアル面の面白さを追求した、きわめて現代的なエンターテインメント映画になっている。

　西暦二〇二九年。宇宙ステーションからチンパンジーを乗せた偵察艇が発進したまま、消息を絶つ。捜索に向かったレオ（マーク・ウォルバーグ）は、磁気嵐（あらし）に巻き込まれ、ある星に不時着。そこはサルが支配する世界だった。

　捕らわれたレオは、奴隷の人間たちを連れて脱出を試みる。サルの将軍（ティム・ロス）の軍隊がそれを追い、ついに人類とサルとの対決のときを迎えた—。

　この間に格段の進歩を遂げたメーキャップや特撮の技術が、サルの姿態をリアルに見せる。豊かな表情や素早い動作は迫力満点だ。

　ロス演じた邪悪な将軍を筆頭にヘレナ・ボナム・カーターふんするインテリのメスザルなど、人間よりむしろサルのキャラクターを際立たせた。「シザーハンズ」などに表れた、異形の存在に対するバートン監督の執着が今回も見え隠れする。

　サルの街や墜落した宇宙ステーションの造形、戦国武士を思わせるサルの衣装も独創的で、同監督の美術的なセンスがここにもいかんなく発揮されている。

　ただ、もう少し物語にひねりがあってもよかった。ラストシーンに驚かされるのは、それがあまりに唐突なため。続編を期待させる終わり方ではあるが。

（伊）

2001年8月1日

キャラクターと映像の魅力

「RED SHADOW　赤影」

　時代劇や忍者映画のジャンルをはみ出しているし、昔のテレビ番組の焼き直しでもない。「RED SHADOW　赤影」（中野裕之監督）は、スタイリッシュな映像と登場人物の魅力が楽しめる、まさに今のアクション映画だ。

　忍者「影一族」の末えいとして育った赤影（安藤政信）、青影（村上淳）、飛鳥（麻生久美子）の幼なじみ三人。ある戦国大名の命令を受けた頭領白影（竹中直人）の指示で、敵の城に忍び込んで任務を果たす。

　純粋だが少々ぼんやりした赤影、ドジでスケベな青影、明るいお色気を振りまく飛鳥、それにじゃじゃ馬ぶりが愛らしい琴姫（奥菜恵）と、演技よりキャストの持つ素地を生かしたキャラクターづくりが面白い。

　戯画的ともいえるキャラクターが不思議な魅力を放つのは、それぞれに監督の愛着がこめられているからだろう。

　トランポリン選手らをスタントに使い、細かくカット割りしたスピード感たっぷりのアクション映像に、迫力あるBGMが畳みかける。ミュージックビデオ出身らしい、音と映像のセンスが際立つ。

　だが、それは表面的な次元の問題かもしれない。この映画の中にはスピリチュアルなものがちりばめられる。自然に抱かれる人間のイメージを強調し、最後に主人公を駆り立てるのが平和の願いだったりするのだ。

　物語のメリハリや感情の機微の演出が物足りなかったりと、難をつければいろいろある。しかしそれをおいても、中野が日本の映画界に新風を吹き込む人材であることは確かだろう。

（伊）

2001年8月8日

笑いに託す男の哀歓

「反則王」

　「シュリ」のいちずな情報部員、「JSA」の剛毅（ごうき）な士官など、硬派の名演技で日本でもおなじみの韓国俳優、ソン・ガンホ。今度はイケてるコメディー「反則王」（キム・ジウン監督）で、喜劇俳優としての実力を見せてくれる。

　「昼はダメダメ銀行マン、夜は覆面プロレスラー」という主人公の設定だけでも笑えるが、実は、都会に生きる普通の男の「哀歓」「あこがれ」「切なさ」を、笑いに託してたくみに描いた秀作である。

　物語はソウルとおぼしき韓国の都市が舞台。ソンふんする銀行員のイム・デホは、遅刻常習で営業成績もパッとしない銀行員。典型的なモーレツ型の上司に、いつもヘッドロックをかけられ、いじめられている。恋人もおらず、父親からはダメ息子と嘆かれ、ないない尽くしの毎日だ。

　ここまでのソンの、しょぼくれた演技がまず秀逸。うだつの上がらぬサラリーマン像を芒洋（ぼうよう）と表現、後半に訪れる"爆発"がより効果的になる。

　さて、ある夜通りかかったのは、うらぶれたプロレスジム。「メンバー募集」の張り紙に誘われて入門し、極秘の夜間練習で上司のヘッドロックをかわすまでに上達する。

　じわじわとにじみ出す自信（のようなもの）。そして偶然見つけたのは、少年時代からあこがれの「反則王」こと、ウルトラタイガーマスクの覆面だった！

　マスク姿の愛の告白、プレスリーもどきのカラオケ、そして終幕の激しいプロレス試合へと場面は二転三転する。大作ぞろいの夏休み映画の中、ピリリと批評の効いた人間喜劇として推奨したい。

(和)

2001年8月15日

仕事と遊びの新たな関係

「釣りバカ日誌12 史上最大の有給休暇」

　夏は大人にとって、仕事と遊びの関係を見つめ直す時期。人気シリーズ最新作「釣りバカ日誌12 史上最大の有給休暇」は、この季節にぴったりの映画だ。

　今回は、ハマちゃん（西田）の釣り仲間、高野常務（青島幸男）の退職を軸にした物語。将来の社長候補とみられていた高野が、社長スーさん（三国）の慰留をけって退職。故郷の山口・萩で"晴釣雨読"の老後を過ごすという。

　うらやましくてしかたがないハマちゃん。スーさんの山口出張に時期を合わせ、無理やり休暇をとって萩を訪ねた。もちろん目当ては釣り。しかし、二人はそこで思いがけない高野の様子を目にする…。

　テーマはサラリーマンのリタイア。仕事から身を引き積極的に人生を楽しもうとする、新しいライフスタイルを盛り込んだ。

　楽しい老後が待っているはずだったが、映画では悲劇的な結末が続く。そこに込めたのは人生の皮肉か、やりたいことを追求したすがすがしさか。どちらともとれず、脚本がやや消化不良気味だ。

　もっとも退職後の生活に重きを置くと、サラリーマン喜劇の枠にそぐわないことにもなるが。松竹生え抜きの新鋭、本木克英監督は「釣りバカ日誌イレブン」に続きシリーズ二本目の演出。様式に収まらないパワーをみなぎらせた前作と違って、うまくまとめた印象だ。

　コンビを組んで十三年、西田と三国のテンションは、ますます上がる。そして二人とやり合う青島の、ひょうひょうとした脱力ぶりや、彼のめいを演じる宮沢りえの透明感。役者たちが奏でるアンサンブルが楽しい。

(伊)

2001年8月22日

屈折した青春の自己主張 「ゴーストワールド」

　かっこいい、かっこわるい。イケてる、イケてない。おしゃれ、ダサい。

　若者の日常会話に多用される形容詞は、客観性には乏しいが、仲間同士ではリアリティー豊かな表現のようだ。

　ハイティーンの女の子たちの「ダメな青春」を描いた「ゴーストワールド」(アスミック・エース配給)は、既成の価値基準に背を向け、自分たちなりの「リアル」を生きようとする姿を新鮮に描く。

　主人公は、ハイスクールを卒業したばかりのイーニド(ソーラ・バーチ)とレベッカ(スカーレット・ヨハンスン)。生気のない大人や退屈なクラスメートにうんざりの二人、いつもツルんでは、辛らつでルーズな会話を楽しんでいる。

　ある時からかってみたさえない中年男に、何やら親近感をおぼえたイーニド。カフェで働き自立しようとするレベッカは、「全然イケてないおやじ」に入れ込むイーニドに距離を感じ始める…。

　米国の人気コミックを原作に、ジョン・マルコヴィッチが製作を担当。ドキュメンタリー畑のテリー・ツワイゴフが監督した異色作。普通の意味での、若さ、美しさ、素直さとは対極にある女の子たちの「屈折した自己主張」を、オフビートなテンポで映像化した。

　特に、分厚いメガネに奇抜なファッション、独特の体形でイーニドを演じるソーラ・バーチ(「アメリカン・ビューティー」)が抜群に「イケてる」。中古レコードおたくの中年男にふんするスティーヴ・ブシェミの「ダサいい」演技も必見だ。「近ごろ娘が分からん」と嘆くオヤジ族も、学ぶところ大である。

(和)

2001年8月29日

先生と子どもの幸福な関係 「蝶の舌」

　スペイン映画「蝶の舌」(ホセ・L・クエルダ監督)は、愛と自由の理念で結びついた教師と子どものきずなを、痛切に描く感動作だ。

　スペイン内戦を控えた一九三六年の小さな村が舞台。冬の終わり、病気のため一人遅れて学校に上がった少年モンチョは、緊張のあまり教室でおもらしする。

　そんなモンチョを温かく迎えたドン・グレゴリオ先生は、進歩的な知識人。チョウが渦巻き状の舌を持つこと、ある種の鳥のロマンチックな求愛方法、宗教の説く地獄など存在しないこと。と、世界の"真実"を一つ一つ教えてゆく─。

　自然の中を舞う子どもたちの好奇心は、散漫で移ろいやすい。先生はそんな彼らに決して腹を立てず、静かに抱き留める。その関係の幸福なこと。先生役フェルナンド・F・ゴメスが子どもたちに向けた、滋味あふれるまなざしが素晴らしい。

　だがその優しい季節は、長く続かない。夏休みに入ったモンチョの村を内戦のあらしが襲い、グレゴリオ先生ら共和派の人々が連れ去られていくのだ。

　一夜にして内戦が、人々の信念や人間関係をずたずたにしてしまった様子を、たくみに描写した。この場面の迫力が、モンチョの思いがあふれ出るラストシーンの感動、そして強烈な余韻をはぐくむ。

　大人はこの挫折から立ち直れないだろうし、子どもには厳しい未来が待っているはず。だがもしかしたら、子どもたちの心の隅で先生の教えが生き続けるのでは…。

(伊)

2001

2001年9月5日

悲劇におぼれぬ恋愛劇 「愛のエチュード」

　「ロリータ」で知られるウラジミール・ナボコフの小説を原作とした英仏合作「愛のエチュード」は、天才チェスプレーヤーと貴族の娘との悲劇的な愛を描く文芸映画。

　舞台は一九二〇年代のイタリアの避暑地。チェスの世界選手権に出場しにやってきたアレクサンドル（ジョン・タトゥーロ）は、チェスしか知らずに育った風変わりで純真な男。リゾートで訪れた裕福な家庭の娘ナターリア（エミリー・ワトソン）と出会い、恋に落ちる。

　アレクサンドルにとってチェスは単なる競技を超え、幼いころの叔母への思慕や父母との別れの記憶と結びついている。ナターリアとの愛と、勝たなければならないという強迫観念の間で、繊細な心が引き裂かれる。

　主人公の精神の破たんと悲しい愛の結末を描いたにもかかわらず、どろどろした重い映画にしなかったのが、この作品の面白いところ。悲劇の後で、意外な展開を迎えるラストシーンが、さわやかな後味を残した。

　コーエン兄弟の映画でおなじみタトゥーロと、「奇跡の海」の強烈な役どころが印象深いワトソン。主演の個性派二人がそろって抑制のきいた演技を見せ、いたずらに情緒におぼれさせない点もいい。

　今まさに進行している心のかっとうと回想を交錯させ、アレクサンドルの複雑な内面をうまく映像に仕上げた。ナターリアの感情の推移や二人の気持ちの高揚感を、マルレーン・ゴリス監督が女性らしい繊細なタッチで描いている。
（伊）

2001年9月12日

名演で彩る麻薬王の半生 「ブロウ」

　「アメリカをコカインまみれにした男」「伝説のドラッグ・ディーラー」と呼ばれる実在の人物の半生を描いた新作映画「ブロウ」（ギャガ・ヒューマックス共同配給）。一見、実録犯罪者物語というところだが、主演のジョニー・デップの創意あふれる名演技のおかげで、複雑な味わいの映画に仕上がった。

　デップがふんするのは、一九七〇、八〇年代にマリファナからコカインまで、麻薬の密輸を一手に握ったジョージ・ユング。東部の田舎町に育ち、父は誠実な働き者だがうだつが上がらず、母は父をなじることが慰め。

　「こんな生活はうんざりだ。カネがほしい」。カウンターカルチャー花盛りのカリフォルニアに向かったジョージは、持ち前の才覚で、瞬く間に若き麻薬王にのし上がるが、転落もまた必定である。

　映画は、道徳臭や説教臭のかけらもなく、淡々とした一人称のドキュメンタリータッチで進む。

　軽やかに明るくマリファナと戯れる若者、恋人を失い刑務所にぶち込まれた犯罪者、父との深いきずなにいやされる息子、コカインにまみれ娘の愛に飢える中年男―。デップは、一人の男のさまざまな面を、時代と風俗の香りをたたえながら、たくみに、さりげなく演じる。

　ジョージの父にふんして心打つ演技をみせるレイ・リオッタ、脚本に参加した故ジョン・カサヴェテスの息子ニックなど、渋いキャスト・スタッフの仕事が光り、ローリング・ストーンズやボブ・ディランの使い方も新鮮。今を時めく人気女優、ペネロペ・クルス演じる妻に、陰影が乏しいのは惜しい。監督はテッド・デミ。
（和）

2001年9月19日
名優の息詰まる駆け引き 「スコア」

　戦後アメリカ映画界の大看板マーロン・ブランド、七十七歳。アメリカン・ニューシネマ以後の代表作者ロバート・デ・ニーロ、五十八歳。そして二十一世紀のハリウッドを担うエドワード・ノートン、三十二歳。三世代にわたるアメリカ映画界の代表的俳優が、犯罪映画「スコア」(日本ヘラルド配給)で激突している。

　となると、深くて複雑なミステリーかと思うが、実はお話はいたってシンプル。

　人生最後の大仕事を仕掛けようというブローカー(ブランド)が、高額の報酬をエサに旧知の大泥棒(デ・ニーロ)に、財宝を盗み出す話を持ちかける。そこに、機知に富んだ自信過剰の若者(ノートン)が、相棒として絡み始める。

　面白いのは、三人それぞれの背景。ブランドは破産目前で、何としても盗みを成功させたい。デ・ニーロはジャズクラブの経営者として恋人とまっとうな暮らしを始める元手がいる。ノートンは伝説の大物と組み、あわよくば出し抜いてのし上がりたい。三人の思惑が交錯し、疑心暗鬼が完全犯罪を危うくしてサスペンスは深まる。

　ジャズを愛するデ・ニーロの洗練された趣味や暮らし、でっぷり太ったブランドの迫力満点の演技。さすがの芸達者ノートンも気負わざるを得ない。

　実質の主演は、還暦間近というのに、体を張ったアクションで難攻不落の税関ビルに忍び込むデ・ニーロ。最後の大どんでん返しも、彼の存在感で鮮やかに決まった。

　北米のパリと呼ばれる多文化都市モントリオールの重厚な風景が、フィルム・ノワールに渋い味を添えている。監督はフランク・オズ。　　(和)

2001年9月26日
ひかれ合う男女の機微 「コレリ大尉のマンドリン」

　映画「コレリ大尉のマンドリン」は、美しい地中海の風土と戦争の悲劇を背景にした、ドラマチックなラブストーリーだ。

　舞台は第二次世界大戦中のギリシャ・ケファロニア島。イタリア軍がギリシャに侵攻、ドイツ軍とともに島に駐留し、穏やかな村に変化が訪れる。

　意外にも駐留生活を楽しむイタリア兵たちに、村人は次第に気を許し始める。地元の医師イアンニス(ジョン・ハート)の娘ペラギア(ペネロペ・クルス)は、音楽を愛するイタリア軍大尉のコレリ(ニコラス・ケイジ)と恋に落ちた。

　やがて、イタリアが降伏したため撤退の準備を始めた大尉の部隊。そこへパルチザンへの武器横流しを警戒したドイツ軍が、大尉たちに銃を向ける—。

　戦時中であることもそっちのけで、女性とたわむれ音楽と酒を楽しむ、コレリたち。通俗的なイタリア人像ではあるが、ユーモラスで親しみが持てる。

　二人が互いを意識してから愛し合うまでの心の機微を、細やかに、官能的に描写した。このあたり、「恋におちたシェイクスピア」のジョン・マッデン監督にとっては、お手のもの。クルスがこれに、情熱があふれ出たような演技でこたえる。

　娘の選択を見守りながら、折に触れ人生の道理をさとす父を演じた、名優ハートのぬくもりあふれる表情もいい。

　ただ、人間ドラマと戦争の悲劇がしっくり溶け合っていないのが気になるところ。青い海と空が強烈すぎるためだろうか、作品全体が陰影に欠け単調な印象が残る。　　(伊)

2001年10月3日
荒れる中学生を叙情的に 「リリイ・シュシュのすべて」

　映画「リリイ・シュシュのすべて」は、若い世代の支持を集める岩井俊二監督が、荒れ狂う中学生たちの世界に迫った問題作だ。

　農村地帯にある中学校で、同じクラスになった蓮見と星野の少年二人。剣道部でも一緒になり、新しい生活が期待とともに始まった。

　ところが夏休みが終わったとたんに星野の様子が一変し、蓮見ら同級生を支配下に。いじめ、援助交際の強要、レイプとエスカレートしてゆく星野の行動は、ついに取り返しのつかない悲劇を招く――。

　この映画には、中学生の現実を明らかにする目的も、問題を投げかける意図もない。岩井監督らしい、叙情的で美しい表現によって、登場人物たちの痛みや彼らが生きる閉塞（へいそく）した日常の悲しさを強調してゆく。

　自分の外側にある現実世界を意識し始め、手に負えない恐怖といらだちを強めてゆく少年たち。彼らの姿には現在の中学生というより、この年代に普遍的な体験が込められている。

　ノスタルジーにとらわれ思春期の記憶を美化しがちな大人の方が、痛いところをつかれた気持ちになるにちがいない。

　リリイ・シュシュはカリスマ歌手の名前だ。現実に心閉ざし、CDやインターネットのファンサイトといったバーチャルな空間だけに居場所を見いだす少年たちの不幸と、牧歌的な田園風景を対比して、見るものの心をざわめかせる。

　今年の日本映画の中で話題が集中しそうな一本だが、刺激的なエピソードの連続に抵抗を覚える人がいてもおかしくはない。

（伊）

2001年10月10日
リアルな映像で新兵描く 「タイガーランド」

　ジョエル・シューマッカー監督といえば、青春映画「セント・エルモス・ファイアー」、「依頼人」などジョン・グリシャム本の映画化、そして「バットマン」シリーズと、ハリウッドの王道を行く職人監督という印象が強い。その彼が、ベトナム戦争に駆り出される若者の群像を描いたとあれば、娯楽性の高い戦争映画と思うのが普通だろう。

　しかし新作「タイガーランド」（20世紀フォックス配給）は、そんな予見を裏切って、記録映画のようなリアルな肌触りで、臨場感をみなぎらせている。

　脚本のロス・クラヴァンの実体験に基づいたドラマ。敗色濃厚なベトナムに赴くべく、実戦のジャングルさながらの訓練地「タイガーランド」で、死と狂気の一歩手前まで追い詰められた新兵たち。彼らの苦悩に満ちた魂の叫びを、反抗的な主人公ボズを軸に描く。

　これまでのハリウッド的映画作りに疑問を感じていた、というシューマーカーは、デンマークのラース・フォン・トリアー監督や記録映画の大家フレデリック・ワイズマン監督らの仕事に触発され、「映画製作の原点」に戻った。

　手持ちの16ミリカメラを駆使し、照明は自然光を重視。音楽は最小限にとどめ、キャストには、ボズ役のコリン・ファレルをはじめ地味な若手を起用。もちろん特殊効果は使わない。

　その結果、映像は、新兵たちの心象そのままに、荒々しく不安定ながら、繊細で真実味あふれるものとなった。「ディア・ハンター」「帰郷」など、ベトナム戦争をモチーフにした秀作群に新たな一本が加わったと言える。

（和）

2001

2001年10月17日

ひねり効いたルーツ探し 「オー・ブラザー!」

　カルト的人気を誇る米国の映画作家、ジョエルとイーサンのコーエン兄弟。新作「オー・ブラザー!」(ギャガ配給)は、一九三〇年代の米国南部ミシシッピを舞台に、男たちの奇妙な旅を描きながら、コーエン流の「アメリカのルーツ探し」を試みた。

　お話は、ギリシャの叙事詩「オデュッセイア」が下敷き。脱獄囚の三人組が、かつて盗んで隠した金を求めて南部をさすらう。

　その三人組は、ポマードを手放さない雄弁家のだて男、エヴェレット(ジョージ・クルーニー)、不平たらたらのピート(ジョン・タトゥーロ)、おとぼけキャラのデルマー(ティム・ブレイク・ネルソン)という面々。お宝探しの旅の途上で、彼らはさまざまな人間と出会う。

　盲目の老人は「おまえたちは宝物を見つけるだろうが、それは、求めたものではないだろう」と言う。黒人の青年は「悪魔に魂を売ってギターの名手になった」という。三人組を追っ手から助けてくれた男は、銀行強盗のベビーフェース・ネルソンらしい。夜中に紛れ込んだのは、白人至上主義の秘密結社KKKのようだ。

　北部出身でユダヤ系のコーエン兄弟が、ひねりの効いたアイデアを駆使して、アメリカ文化の根源に降りていく。遍歴の中で彼らが見つけていくのは、どんなアメリカなのか?

　特筆ものは、T・ボーン・バーネットによる音楽。フォーク、ブルース、ジャズ、カントリー、ブルーグラスが溶け合って、さながらミュージカル映画。劇中、主人公らが組む即席バンド「ズブ濡れボーイズ」の演奏もイケてる。　　　(和)

2001年10月24日

腐敗へ引き込む緊張と恐怖 「トレーニング　デイ」

　全米でヒットを続ける映画「トレーニング　デイ」は、犯罪多発都市ロサンゼルスと腐敗した捜査の現場に引きずり込んでいく、一種のスリラーだ。

　ロサンゼルス市警の刑事に昇格したジェイク(イーサン・ホーク)はその一日目、麻薬捜査のベテラン刑事アロンゾ(デンゼル・ワシントン)とコンビを組んで町に出る。

　若い正義感に燃えるジェイクに、アロンゾは手を汚さなければ犯罪者と立ち向かえない捜査の実態を見せつける。次第にそれがエスカレートして…。

　映画の前半は、あくまで法を守るのか、多少逸脱しながらも捜査の実績を上げるのか、理想と現実の間を揺さぶられる新人刑事の姿を緊張感を漂わせながら描く。

　先輩刑事の堕落ぶりを徐々に明らかにして不安をあおっていき、終盤近くで一気に恐怖の頂点へと盛り上げた。先を読ませない展開は、綿密に組み立てられたもの。

　ワシントンといえば安心して見ていられる俳優の代表だったが、今回は若い主人公、ひいては見る側をやみの世界へ連れ回す、かつてない汚れ役。えたいの知れない不気味さを発散させた演技が話題を呼びそうだ。

　スリラー性を急加速していく、後半の意外な展開がこの映画の新しさであり、分かりやすいエンターテインメントとしては申し分ない。

　だが正義と腐敗のはざまという、この題材であれば迫真の社会派ドラマにも、雰囲気たっぷりの"ノワール"映画にも仕立てられるところ。安っぽいところに落ち着いた気もしないではない。監督はアントワーン・フークア。　　　(伊)

2001年10月31日

ポップにはじける青春映画 「GO」

　スピーディーだがとぼけている。まじめだがポップ。パワフルだが優しい。

　直木賞受賞作を基に、人気急上昇の窪塚洋介を起用した映画「GO」(東映配給) は、勢いのあるスタッフ、キャストの力が一つになって、今年の日本映画を代表する一本となった。

　簡単に言えば、窪塚ふんする在日韓国人 (作品の言い方ではコリアン・ジャパニーズ) 杉原クンの、恋と友情と家族愛を描いた青春映画である。

　しかし、バスケットボール (アンドけんか)、電車と競争する肝試し、ド迫力の両親の登場―と展開する冒頭から、独自のテンポとユーモアがはじけ、快調なペースで二時間二分を疾走する。

　監督の行定勲、脚本の宮藤官九郎という若手コンビの共同作業が、成功の第一の要因だろう。

　俳優でもある宮藤は、原作の新しさと迫力を損なうことなく、映画的な面白さを重視。杉原と恋人 (柴咲コウ) の出会い、民族学校でのキョーフの授業、杉原父子の「決闘」などの場面で、脚本の面白さが際立った。原作が時折陥った理屈っぽさもうまく回避したが、かすかに残った「過剰な自意識」のにおいだけが、やや残念。

　行定の演出は、正攻法ながら、インディーズ的オフビート感も生かした。杉原が恋人に「カムアウト」する新鮮さ、親友との「別れ」の切なさは忘れがたい。

　男優賞ものの窪塚、原作者がイメージしたという柴咲らの熱演に加え、山崎努と大竹しのぶの"夫婦漫才"が愉快。塩見三省、大杉漣、萩原聖人らわき役陣も充実している。近く韓国でも公開予定という。
　　　　　　　　　　　　　　　　　　　(和)

2001年11月7日

消える記憶を追いかけて 「メメント」

　全米でロングランヒットを続ける映画「メメント」(クリストファー・ノーラン監督) は、人間の記憶を題材にした斬新 (ざんしん) な構成のサスペンスだ。

　脳に受けたショックが原因で、それ以前のことは覚えているが、新しい記憶が十分ごとに消えてゆく男の物語。妻を殺されたという、その男レナード (ガイ・ピアース) は、逃げた犯人を粘り強く追う。

　映画は、レナードがテディと名乗る男を射殺する場面から始まり、なぜテディを殺したのか、エピソードごとに時間をさかのぼって明らかにしていく。

　テディはタイミングを見計らったように、やたらと愛想のいい笑顔でレナードの前に顔を出す。さらに、同情心からレナードを手助けしようという、無表情な女ナタリー (キャリー・アン・モス) が現れる。

　だれを信用していいか分からない不安感は、自分は何をしてきたのか、自分がだれなのか、という確信を揺るがすところへと増幅していく。

　記憶の欠落というものは、事実を蓄積できないことにとどまらず、人間の行動の一貫性まで揺るがす。そこまで視野に入れた深みのある脚本が面白い。

　十分前のことを覚えていられない主人公だから、インスタント写真にメモを残し、体のあちこちに入れ墨を施して、犯人に迫る事実を書き込む。異様さと普通さが入り交じる主人公を、ピアースが好演した。

　複雑な構成ながら、事件の真相を追う分にはさほど苦労はない。だが細部までつじつまを合わせようと思うと手ごわい。米国でリピーターが続出したのもうなずける。
　　　　　　　　　　　　　　　　　　　(伊)

2001年11月14日

あの日の答えを探したい

「光の雨」

　来年二月で、あさま山荘事件から丸三十年。事件は日本人の記憶に、消えることのない傷跡として残っている。あれから何が変わり、何が変わらなかったのか。立松和平の小説を原作とした「光の雨」は、その答えを自分なりに考えることを諭すような、過激で、そして静かな作品だ。

　ストーリーは、連合赤軍が起こしたリンチ殺人の再現と、それを映画化している楽屋裏という二つの舞台が交錯しながら進行する。主役に選ばれた元漫才師（山本太郎）は「それはすなわち、自己批判と、自己批判に至るまでの相互批判である」というせりふに「さっぱりわからんわ」と閉口。念願の大役をつかんだ女優（裕木奈江）は「人を殺すのって、どんな気持ち？」と、女優仲間に浮かれて問い掛ける。

　若い出演者と、全共闘世代の監督（大杉漣）の苦悩を乗せながら、それでも撮影は進む。延々と続くリンチ場面に、俳優たちが演じた後の感想を語るシーンが挟み込まれ、陰惨な事件に必要以上に観客が入り込むのを、この映画は食い止めにかかっているようだ。

　事件をホラー映画を見るように"楽しむ"のではなく、わが身に置き換えて考えろ、悩め、苦しんでみろ―という、ひそやかな主張がその底に流れている。事件を二重構造のフレームの中に収めて見せた脚本（青島武）の成果だろう。監督は高橋伴明。

　終幕。映画は終わりかけては終わらない。難解な「思想」や、混とんとした時代背景をこんなに手際良く見せてもらっていいのかな、という思いもよぎるのだが、明日を信じたくなる不思議なカタルシスは確かに押し寄せてきた。

(K)

2001年11月21日

知的で辛らつな内幕物

「アニバーサリーの夜に」

　ハリウッドの有名人たちの虚実ないまぜの人間模様を描く「アニバーサリーの夜に」（ギャガ・コミュニケーションズ配給）は、知的で辛らつ、コミカルでシニカルな逸品である。

　アラン・カミングとジェニファー・ジェイソン・リーという、ちょいとクセのある二人の映画人が、共同脚本・共同監督そして主演した。

　お話の舞台は、作家で映画監督のジョー（カミング）と有名女優サリー（リー）の六回目の結婚記念日を祝うホームパーティー。二人は別居からヨリを戻したばかりで、関係はどこか不安定だ。

　おしゃれな邸宅に、プレゼントを抱えた友人たちが次々と到着する。ジョーの元彼女の写真家（ジェニファー・ビールス）、名優（ケヴィン・クライン）と元女優の専業主婦（フィービー・ケイツ）、ジョーの映画の主演女優（グウィネス・パルトロウ）。さらに、ジョー夫妻とは犬猿の仲の隣人夫婦もやって来る。

　パーティーが進むにつれ、男女の微妙な愛憎、うぬぼれやしっと、才能への自負や卑下といった感情が絡み合い、危うい和やかさから、いつの間にか真実がむき出しになっていく。

　おしゃれな住宅、ファッション、料理、音楽に彩られた知的なコメディーだが、その向こうから、現代人の病的な自意識と、それでも他者とつながらずにはいられない寂しさが浮かび上がる。浅薄さの果ての悲しみとでも言うべきか。

　デジタルビデオでの撮影がドキュメンタリー的な画像を演出。登場人物は演じる俳優たちの実像を念頭に書かれたというだけに、内幕物っぽい面白さも楽しめる。

(和)

2001年11月28日

CGで魅了する魔法世界

「ハリー・ポッターと賢者の石」

　魔法という言葉には、あこがれと怖さを含んだ特別な響きがある。その魅惑的な世界を楽しませてくれるのが、ファンタジー映画「ハリー・ポッターと賢者の石」だ。

　いじわるな叔母夫婦に育てられたハリー少年の物語。特別な力が備わり魔法使いの間では有名な存在だが、本人はそれを知らない。そんな少年が魔法を授ける学校に入学し、校内に渦巻く陰謀を暴いて活躍する。

　世界的ベストセラーとなった原作を忠実にたどり、CG（コンピューターグラフィックス）をふんだんに使ってリアルな映像に仕立てた。ほうきで空中を飛び回っての球技"クィディッチ"のスピード感や、駒（こま）が襲いかかる巨大チェスゲームの迫力は圧倒的だ。

　主演ダニエル・ラドクリフは親近感を覚える顔立ちで好印象を残すし、優等生のおせっかい少女や先生たちの個性も際立っている。

　そして、あの長編小説を二時間三十二分に詰め込んだため、エピソードが次々と繰り出されて最後まで息もつかせない。原作の持つ面白さを、視覚で体験するには申し分のない映画になった。

　叔母一家の虐待や陰険な同級生の存在など毒の部分を薄めて、コミカルな味付けをしたのは、「ホーム・アローン」のクリス・コロンバス監督の持ち味だ。ただ、そのために物語の起伏に欠け、ハリー少年の感情がもう一つ伝わってこないのが惜しい。

　そもそも、既に原作を読んだ人も多いだけに、ストーリーにひと工夫あってもよかった。もちろん原作者の意向あっての映画化だが。それとも、この原作を超える創造性を求めるのは、酷な注文だろうか。

（伊）

2001年12月5日

人間性への誠実な洞察

「シュレック」

　スティーブン・スピルバーグが、ディズニーアニメの立役者だったジェフリー・カッツェンバーグらと設立したドリームワークスによる長編アニメ「シュレック」（UIP配給）。コンピューターグラフィックスの新鮮な映像と、創造性あふれるストーリーテリングで、不思議な感動を呼ぶ。

　物語は一見、おとぎ話の定石通りに進む。森の奥で世を捨てて暮らす緑色の怪人シュレック。ひょんなことから知り合ったおしゃべりロバのドンキーとともに、溶岩だらけの城に幽閉されているフィオナ姫を救い出す旅に出る。というのも、姫を妻にしたがる独裁者ファークアード卿と取引して、姫の救出を請け負ってしまったからだ。

　かくして、シュレックとドンキーの珍道中、行く手をさえぎる凶暴なドラゴンとの死闘。姫との出会い、旅路で芽生える恋―と物語は展開する。

　特筆すべきは、驚異のCG技術とキャラクター造形の面白さ。

　下品で怒りっぽいシュレックは、これまでのアニメヒーロー像とは対極の存在。楽天家のドンキーは、エディ・マーフィの声が出色。秘密を抱えたフィオナ姫は、王子を待つだけの受け身な存在ではないし、「背は低いが態度はデカい」ファークアード卿は悪役の新機軸。彼らが、先端のフェイシャル・アニメーション・システムで、三次元空間を駆けめぐる。

　ディズニー作品へのパロディー精神も光るが、何より「人間性」についての深く誠実な洞察が心を打つ。作り手たちの思いを爆発させたようなクライマックスには、凡百の実写映画を超えた本物の感動が宿った。監督はアンドリュー・アダムソン、ヴィッキー・ジェンソン。

（和）

2001年12月12日

スリリングな人間ドラマ 「スパイ・ゲーム」

　米国映画「スパイ・ゲーム」は、いわゆるスパイアクションの範囲に入るが、大仰な味付けを排しリアリティーを重視した、良質な娯楽作品だ。

　ベルリンの壁崩壊から二年後の世界が舞台。CIAの古参局員ミュアー（ロバート・レッドフォード）が退官を迎えるその日、若手工作員ビショップ（ブラッド・ピット）が中国の刑務所に潜入し当局に拘束された。

　ビショップは、ミュアーがスカウトしスパイとして鍛え上げたまな弟子。対中関係への悪影響を恐れビショップを見殺しにしようとする政府高官を相手に、ミュアーのたった一人の"作戦"が始まる。

　ベトナム、ベルリン、ベイルートとスパイが暗躍した歴史舞台を、アクションたっぷりに回想しながら、CIA内部での知的で静かなゲームをスリリングに展開。構成のうまさが目を引く。

　国際的陰謀など外敵と戦うヒーローの活躍を描いた、よくあるスパイ映画とは一線を画し、CIAの組織を敵に回す着想も新鮮。そこにあるのは、冷戦時代の大義名分を失い足もとがふらついた組織に、熟練のスパイが決別する、組織対個人の人間ドラマだ。

　レッドフォードとピットという、二人のスターの組み合わせも悪くない。単純化しすぎたきらいもあるが、老練と純粋さ、頭脳と肉体、合理主義と情熱という、表裏一体をなす対照的な人物像を、面影の似た二人に演じ分けさせたアイデアは面白い。

　人生の年輪を重ねた落ち着きと、ナイーブで切ない演技でスター二人がそれぞれの持ち味を発揮し、映画を引き立てている。監督はトニー・スコット。

（伊）

2001年12月19日

思わずニヤリのひねり技 「バンディッツ」

　二人の男の犯罪珍道中にからむ赤毛の美女。微妙な三角関係の行方は？

　ユーモアとテンポのよさ、皮肉と真実味が心地よくブレンドされた「バンディッツ」（20世紀フォックス配給）は、アメリカン・ニューシネマの名作「明日に向って撃て！」や、同じ監督・主演トリオの「スティング」を思い出させる、ひねりの効いたロード・ムービーである。

　監督は名手、バリー・レビンソン。刑務所を脱獄し、銀行強盗を重ねるジョーとテリーにふんするのは、ブルース・ウィリスとビリー・ボブ・ソーントン。二枚目で腕力もあるブルースに対して、神経症気味のインテリがビリー。「ダイ・ハード」と「スリング・ブレイド」の俳優という二人のキャラを戯画化した造形だ。

　夢の新生活のために軍資金がほしいが、荒っぽい犯罪は得意じゃない。そこで考え出したのが、スリープオーバー・バンディッツ（お泊まり強盗）の手口。悪知恵がズバズバ当たって大喜びの二人だが、偶然"人質"にとった主婦ケイト（ケイト・ブランシェット）が現れ、話はややこしくなる。ジョーもテリーも彼女にほれてしまうのだ。

　ここはまさしく「明日に向って〜」だが、ケイトがまた変な女で、「オレを選べ」と迫る二人に「選べないわ。あなたたちは、二人で一人のパーフェクトな男なのよ！」とたんかを切って、三人の旅は続く。

　クライマックスは「狼たちの午後」のパロディーか、衆人環視で銀行に立てこもる絶体絶命の二人。ケイトは二人を裏切るのか？

　さえたエンディングは、ご覧になってのお楽しみ。大作ぞろいのお正月映画の中で、思わずニヤリとさせる技のさえはピカイチだろう。

（和）

2001年12月26日

毒が引き立てるおとぎ話　　　　　　　　　　「アメリ」

　幸せや願望を追い求めることに疲れを感じた経験は？　そんな気分を心地よくいやしてくれるのが、フランス映画「アメリ」。本国に続いて日本でも若い女性たちが映画館に列をなし、大ヒットの様相だ。

　ヒロインのアメリは、冷淡な父と神経症気味の母のもとで育ったせいか、空想好きで人と深い関係が結べない。パリ・モンマルトルのカフェで働く彼女はある日、他人の幸せをひそかに手助けすることに喜びを発見する。

　町で見かけた男の子に運命的なきずなを感じた彼女だが、内気な性格が災いして、あと一歩のところで思いをとげられない。そんな彼女を、今度は周囲の人たちが後押しするのだが―。

　この映画の魅力はまず、オドレイ・トトゥ演じるアメリの愛らしさ。引っ込み思案なのに、人助けと意地悪な人間へのいたずらにかけては労を惜しまない。

　だが、天使があしき者をこらしめ人々に幸福をもたらす、かわいいおとぎ話では終わらない。

　アダルトショップでアルバイトし、他人の三分間写真を拾い集める"王子様"(マチュー・カソヴィッツ)に、カフェで働く昔の恋人を監視し続ける常連客。ヒロインを取り巻くのは、現実に存在したら敬遠しそうな、個性たっぷりの登場人物ばかり。

　母親のあまりにあっけない最期や、ダイアナ妃の悲劇を伝えるニュースがアメリを重大な人生の転機へと導くなど、皮肉な場面もちりばめる。

　変な隣人たちや残酷なエピソードを面白がらせてしまうのが、ジャンピエール・ジュネ監督の腕力。ポップに仕上げた現代社会の"毒"がファンタジーに説得力を持たせている。

　　　　　　　　　　　　　　　　　　　　(伊)

2002

2002年1月9日

奇妙な味の艶笑喜劇

「Dr.Tと女たち」

　セクシーなジゴロというイメージで大スターとなったリチャード・ギアも、はや五十代。渋い中年男として、若い女優のお相手役が多くなってきた。そのギアが、米国映画界の"生きる伝説"ロバート・アルトマン監督と初めて組んだのが「Dr.Tと女たち」(ギャガ配給)。クセの強い美女たちにほんろうされる「善良な産婦人科医」にふんし、奇妙な味の好演をみせている。

　舞台設定はひねりが利いている。ダラスの産婦人科医サリヴァン・トラヴィス（ギア）は、ドクターTという愛称で、女性たちから抜群の人気。ハンサムで親切、腕がよくて聞き上手な彼のクリニックには、老若の女性患者たちであふれている。やや食傷気味の日々の息抜きは、男友達とのゴルフや狩猟だ。

　ところが突然、妻が心を病み、義妹はアルコール依存症に、結婚直前の娘には同性愛疑惑と、難問が噴出する。持ち前のまじめさと責任感でトラブルに立ち向かうドクターの前に、美人のゴルフコーチが現れ…。

　うらやましいような、哀れなような境遇の男をひょうひょうと演じるギアだが、そこはアルトマン作品。男女の間に横たわる微妙なミゾと心のアヤが浮かび上がり、意外なクライマックスに向かう。

　女優陣が豪華。ショッピング・モールで服を脱ぎ出す妻にファラ・フォーセット、義妹はローラ・ダーン。娘はケイト・ハドソンで、その友人がリヴ・タイラー。美しいゴルフコーチはヘレン・ハント。個性派アクトレスたちが、この監督にしては平明な艶笑（えんしょう）喜劇を、大いに盛り上げている。

(和)

2002年1月16日

身近に起きうる最大の悲劇

「息子の部屋」

　昨年のカンヌ国際映画祭で、居並ぶ巨匠たちの作品を抑え、最高賞「パルムドール」を手にしたイタリア映画「息子の部屋」（ナンニ・モレッティ監督）。

　家族を取り上げた物語も表現方法も奇をてらうことなく、人間の心を温かく見つめた珠玉の一品だ。

　精神分析医（モレッティ）と妻、十代の長女・長男という四人家族の物語。子どもを愛するあまり、父が彼らの問題に首を突っ込みすぎることはあっても、互いを思いやり穏やかな家庭を営んでいた。

　そんなとき長男が、ダイビングの事故で突然命を落とす。患者の話を聞く仕事に耐えられなくなった父をはじめ、それぞれが悲しみを乗り越えられないまま、家族の気持ちはバラバラになってゆく。

　悲しみにうち勝とうとする父、感情に身をゆだねる母、両親を気づかい思いを表さない姉—。理屈で説明できない三者三様の行動が丹念に描かれてゆく。

　やがて長男のささやかな秘密が明らかになり、ふとしたできごとで家族再生のきっかけをつかむ一家。ここでもやはり、心のメカニズムは容易に分析できないものの、気持ちの変化が手に取るように分かる。ラストの、三人の間合いが絶妙だ。

　映画はこれまで戦争や大惨事を題材に、人間の死にさまざまな意味を与えることで、悲劇を強調してきた。たとえ意味が見いだせなくても、愛する者を失うのは最大の悲しみである。そんな当然のことを思い起こさせるだけでも、この映画の意味は大きい。

(伊)

2002年1月23日

骨太でコミカルな好編

「バスを待ちながら」

　去ってゆくバスと女性は追いかけてもムダだ——というのは韓国映画「春の日は過ぎゆく」の中の名せりふ。では、なかなか来ないバスを待ち続けるうちに、すてきな女性と出会ったらどうなるか？

　キューバから届いた新作「バスを待ちながら」（シネカノン配給）は、そんなふうに始まり、いつの間にか現実と夢が混じり合って、骨太の人間賛歌を奏でる好編である。

　ここは、海に近い田舎町のバス待合所。日本でいう鉄道の「駅舎」のような広い場所だ。老若男女でごった返すところへ、主人公のエミリオが「列の最後はだれ？」と言いながら現れる。ようやく到着したバスに、みんな押し寄せるが既に満員で、エミリオたちは置いてきぼり。そこに「列の最後はだれ？」と言いながら美しいジャクリーンが登場する。

　映画は、二人の恋心を軸に、奇妙で魅力的な人物たちが織りなすコミカルな出来事をつづっていく。壊れたバスを修理したり、伊勢エビ料理でパーティーを開いたり、ダンスに興じたり、待合所のペンキを塗り替えたり…。

　最初はけんかばかりしていた連中が、いつしか家族のような関係を結んでいく。ようやく次のバスが着いても「もう少しここで過ごしたい」と言い出す始末。しかし、この疑似家族にも別れの時は来る。

　監督のフアン・カルロス・タビオ、エミリオ役のウラジミール・クルス、うさんくさい盲人役を怪演するホルヘ・ペルゴリアは、名作「苺とチョコレート」のトリオ。ジャクリーン役の新進タイミ・アルバリーニョを迎え、息の合った映画作りで、心なごませてくれる。

(和)

2002年1月30日

生の痛みを描く衝撃作

「ピアニスト」

　昨年のカンヌ国際映画祭で審査員特別大賞など三冠に輝いて、話題をさらった「ピアニスト」は、一人の女性のゆがんだ愛と性を通して、生きることの"痛み"に迫った衝撃的な映画だ。

　主人公エリカはもう若いとはいえない、ウィーン国立音楽院のピアノ教授。娘をピアニストとして成功させたい一心で、音楽以外を断ち切るという母の教育のため、欲望を抑えつけて生活してきた。

　ある日、演奏会で出会ったハンサムな学生ワルターがエリカに興味を持つ。異性を受け入れられず、自信満々な若者に敵意を表すことしかできないエリカ。冷たい仕打ちを受けると、なおさら相手にひかれるワルター。女と男はかみ合わないまま、泥沼へと滑り落ちる。

　目を覆いたくなるほどの衝撃を与えるのが、性をめぐるエリカの異常な行動。男性への関心や愛情を示すことができない彼女はひそかにアダルト店通いや、のぞきによって性欲を発散し、母親に身をすり寄せる。

　その異様な姿に、主人公の痛みと悲しみや、性に妄想を抱く人間のこっけいさが映し出される。

　カンヌ主演女優賞のイザベル・ユペールの演技はさすがにすばらしい。感情を抑えた表情のわずかな変化により、心の動きを雄弁に物語る。最後の激情は、今まで味わうことのなかった苦痛と同時に、ある種の解放も表しているのだろう。

　刺激の強いエピソードに圧倒されて、これを特異な個の物語と受け取るか。主人公に共感し、自分の心や環境と格闘する人間の生の問題を見いだすか。紙一重の映画である。R15（十五歳未満入場禁止）指定。監督はミヒャエル・ハネケ。

(伊)

2002年2月6日

装いがつなぐ男と女

「化粧師　KEWAISHI」

　多くの女性が日々親しみ、今や男性にも無縁ではない「化粧」。かつては「けわい」とも言ったそうで、新作映画「化粧師 KEWAISHI」(東映配給)の作り手たちによれば、それは表面的な装いだけでなく、人の心も豊かにすること、はやりの言葉なら「癒(いや)し」にも通じるという。

　故石ノ森章太郎の原作を映画化したのは、新進の田中光敏監督。舞台は大正時代の東京で、無口で頑固ながらカリスマ的腕前の化粧師、小三馬を、椎名桔平が演じる。

　彼は、社会のさまざまな階層、境遇の女性たちと、化粧を介して関係する。華やかな花柳界の女、大店(おおだな)の夫人、社会進出を願う女学生…。そんな小三馬の仕事場にいつも顔を出すのは、近所のてんぷら屋の娘(菅野美穂)。どうやら彼に気があるらしい。

　ある時、深川の大火で焼け出され、大店に奉公に来ている時子(池脇千鶴)と知り合った小三馬は、不遇な彼女に自分の過去を重ねていく。物語は、小三馬の"秘密"と女優志願の時子の運命を重ね、ミステリー風味も交えて進む。

　「主人公」であり、同時に多くの女性の固有の物語をつなぐ「媒介」でもある椎名が、寡黙でセクシーな男を演じてかっこいい。

　静と動のコントラストが明快な池脇と菅野のほか、柴咲コウ、岸本加世子、いしだあゆみら個性派女優が登場。椎名が彼女たちに化粧をほどこすシーンは、女性ファンなら自分を重ねてしまうかも。

　田中邦衛、佐野史郎、大杉漣らがわきを固める。昨年の東京国際映画祭の最優秀脚本賞受賞作。

(和)

2002年2月13日

本領発揮の不条理世界

「マルホランド・ドライブ」

　たとえ理解しきれなくても、理屈を超えたところで魅惑する映画がある。デービッド・リンチ監督の映画はその代表といえるだろう。新作「マルホランド・ドライブ」は、久しぶりに不思議な世界を追求し、彼の"本領"が発揮されている。

　女優を夢見てハリウッドへやってきたベティ(ナオミ・ワッツ)が、自動車事故で記憶をなくしたリタ(ローラ・エレナ・ハリング)の身の上に同情し、彼女の過去を取りもどす手助けを始める。

　二人がリタの記憶の断片をたどって見つけたのは、女性の腐乱死体。そして行動をともにするうちに、二人の間に友情を超えた感情が芽生える。

　だが物語はこの後、思いもよらない次元へと導かれていく。それは時間や個人のアイデンティティーを超えて、愛と憎しみ、幸せと悲劇、夢と現実といった相反する要素が無限につながっているような、独特の世界だ。

　それらを媒介するのが、変な笑い方をする老夫婦だったり、場末のクラブで行われるショーだったりする。奇妙な仕掛けが、いかにもリンチらしい。

　タイトルは、ハリウッドの町を見下ろす山中の道路の名称。そして物語の中で、二人の女の関係をかき乱すのは、ある映画監督の存在だ。現実の米映画界に巣くう虚栄が、リンチを不条理な世界の創作にかき立てるのだろうか。

　こんなふうに作り手の深層心理を探ってみたくなるのは、ほかでもない。凡人の想像力を超越したリンチ・ワールドが、ここに確立されているからだ。

(伊)

2002

2002年2月20日
ファンタジーの真打ち
「ロード・オブ・ザ・リング」

　世間の不況風もなんのその、盛況が続く映画界のキーワードの一つは「ファンタジー」。文芸用語としては「超自然、怪奇、神秘などを扱った幻想的作品」という意味だそうだ。

　昨年からのヒット作「千と千尋の神隠し」「ハリー・ポッターと賢者の石」などがこの系譜。そして今、堂々の真打ち登場がトールキンの小説「指輪物語」の映画化「ロード・オブ・ザ・リング」(日本ヘラルド・松竹配給)である。

　監督のピーター・ジャクソンによれば「原作の叙事詩的性格を引き出し、壮大な絵巻にするため」、三部作である原作を、三本の映画として同時に製作したという大プロジェクト。今回はその第一弾になる。

　舞台は、はるか昔の「中つ国」。世界を滅ぼす魔力を秘めた指輪をめぐって、九人の勇者と悪の勢力が壮絶な戦いを繰り広げる。

　ホビット族のフロド・バギンス(イライジャ・ウッド)を主人公に、人間、エルフ族、魔法使いなどが入り乱れ、善悪、友情、自然といったテーマを奏でながら、スリル満点の冒険活劇が展開する。

　見ものは、ニュージーランドの雄大な自然と最新コンピューター技術の融合。緑と水の潤いが美しいニュージーランドの風景が、古代の原初的イメージを喚起し、そこに、デジタル生まれとは思えないフィジカルな感触の怪物が爆走する。

　次々と襲いかかってくる悪者たちとの戦いは、さながら体感的ロールプレイングゲーム。ハラハラ、ドキドキであきないが、約三時間の上映時間はやはり長い。今年のアカデミー賞で最多十三部門ノミネートされている。　　　　　　(和)

2002年2月27日
心優しい"憎まれ役"
「モンスターズ・インク」

　日本的に言うと、子どもたちの夜を脅かす幽霊や妖怪(ようかい)の物語というところ。米国のCGアニメ映画「モンスターズ・インク」は、モンスターの世界を描いた楽しいファンタジーだ。

　子ども部屋のクロゼットから飛び出して、怖がらせるモンスターたち。実は、扉の向こうにある彼らの町では、子どもの悲鳴が貴重なエネルギー源なのだ。彼らは子どもに毒があると信じており、町の中へ入れてはならないというルールがあった。

　子どもの悲鳴を集める会社の優秀な社員、サリーとマイクのコンビは、ある日、作業場に紛れこんだ人間の女の子ブーを発見する。ブーに情が移った二人は、ひそかに人間の世界へ返してやろうとするのだが―。

　嫌われ者のモンスターの側を取り上げた着想がいい。さらに彼らなりの事情を描いて、向こうの世界へ上手に引き込んでいく。それにしても社会や会社の仕組みが憎まれ仕事に駆り立てるとは、人間社会の"写し絵"ではないか。

　盛り込まれるのは、異なる世界に住んでいてもきっと心通じ合えるというメッセージ。米中枢テロで傷ついた米国人心理をいやしたのが大ヒットの要因と、指摘する人もいる。そんなに深読みしなくても、サリーたちとブーの関係は十分ほろりとさせる。

　つくったのはCGアニメの先駆者で「トイ・ストーリー」などのピクサー社。特にサリーの姿は、触った感覚を想像させるほどよくできていて、愛着を誘う。だが何より、最新技術によりかからずストーリーをよく練り上げた点で、米国映画の良質な部分を受け継いでいる。監督はピート・ドクター、リー・アンクリッチ、デヴィッド・シルヴァーマン。　　　　　　(伊)

2002年3月6日
人間性めぐる皮肉な喜劇 「ヒューマンネイチュア」

　人間性と文化・文明の関係をめぐる、奇抜で皮肉な喜劇である。着想はあざとさスレスレだが、達者なストーリーテリングと愉快な演技のアンサンブルのおかげで、現代文明への批評がうまく浮かび上がった。

　それもそのはずで、カルト的人気を集める「マルコヴィッチの穴」（一九九九年）の脚本家チャーリー・カウフマンが、またもや痛烈なシナリオを書いているのだ。

　主要な登場人物は三人。厳格な家庭で育ったトラウマから、ネズミにテーブルマナーを教える研究に没頭する科学者ネイサン（ティム・ロビンス）。豊かな文才を持ちながら異様に毛深い体質のため、人間界を離れていた女性ライラ（パトリシア・アークェット）。何とか恋愛モードに入った二人の前に、自分を猿だと信じて森で育った男、パフ（リス・エヴァンス）が現れる。

　彼らの奇妙きてれつな愛憎関係に、ネイサンの助手でフランスかぶれの美女がからみ、セックスと知性、本能と文化、欲望と抑圧をめぐるドタバタとなる。知的遊戯の過剰が気になるギリギリ手前で、観客を楽しませるのは、達者な俳優たち。

　人間的魅力のないネイサンを魅力たっぷりに演じるロビンス。「ノッティングヒルの恋人」の怪演を超えたエヴァンス。そしてアーケットの毛むくじゃらの体当たり演技が泣かせる。

　監督は、ビョークの音楽ビデオで名を上げたフランス人ミシェル・ゴンドリーで、映画はこれがデビュー作。日本でおなじみのハリウッド製喜劇にはない、皮肉な味わいを醸すことに成功した。
（和）

2002年3月13日
大人の思惑すり抜けて 「害虫」

　大人にとって、ティーンの心を真に理解するのは難しいもの。映画「害虫」は、逸脱してゆく女子中学生の姿に、同情を誘うことも問題を見いだすこともしない。あるがままに寄り添おうとした、ある意味で誠実といえる作品だ。

　娘を顧みる余裕もなく、恋人との関係のもつれで自殺を図った母。それに好奇の目を向ける同級生たち。中学一年のサチ子（宮崎あおい）は、家庭でも学校でも心を閉ざしていた。

　一人のクラスメートの親切でようやく学校になじみ始めた矢先、サチ子は母の恋人からひどい仕打ちを受ける。行き場をなくした彼女は、小学校時代に慕った、かつての教師（田辺誠一）のもとへと向かうが―。

　子どもでも大人でもない主人公の気持ちは移ろいやすく、行動に一貫性がない。周囲を拒絶する硬い表情に、突然無邪気な笑顔を織り交ぜてみせた、演出がさえている。

　そんな彼女の人物像だけでなく、物語の展開も大人の観客の思惑を簡単にくぐり抜けてゆく。その足取りはあくまで軽やかで、一種のそう快感やスリルさえ漂う。

　それにしても「害虫」とは思わせぶりなタイトルだ。大人から見た主人公の存在を指すのか、彼女の心に負の影響を及ぼした大人たちのことか。

　塩田明彦監督は「月光の囁き」「どこまでもいこう」などで注目された俊英。この二作同様、大人が子どもに抱く固定的なイメージの裏をかき、児童・青春映画のあり方を揺さぶる作品である。フランス・ナントの三大陸映画祭で審査員特別賞と主演女優賞を受賞。
（伊）

2002年3月20日

現代史背景に夫婦の物語

「活きる」

　強烈な色彩感覚と俳優の肉体性をぎりぎりまで追求する演出で、中国映画界を代表するチャン・イーモウ監督。彼が一九九四年に発表し、カンヌ国際映画祭で審査員特別賞と主演男優賞を得た「活きる」（角川書店、ドラゴン・フィルム配給）が遅ればせながら公開される。

　当時の名コンビ、コン・リーと名優グォ・ヨウを主演に起用。激動の中国現代史を背景に、懸命に生きる夫婦の物語を描いた大作だ。

　四〇年代。素封家の跡取り息子フークイ（グォ・ヨウ）はバクチざんまい。優しい妻チアチェン（コン・リー）も愛想を尽かして家を出、直後に夫は破産してしまう。フークイは戦火の中、唯一の特技である影絵講談を支えに放浪し、妻子のもとにたどり着く。貧しいが平穏な暮らしが戻ったのもつかの間、娘や息子を不運が襲い、夫婦も文化大革命下での過酷な運命にほんろうされる。悲惨な物語だが、ひたむきに生きる庶民を見つめる監督の視線は温かい。

　撮影当時二十代後半、美少女から成熟した女性へと変ぼうするコン・リーの美しさ。情けないのに、しぶとさを感じさせるグォ・ヨウの演技。俳優の力で、スケールの大きさと繊細な映像という難題が両立した。

　八八年の「紅いコーリャン」から二〇〇〇年の「初恋のきた道」にいたるチャン監督のフィルモグラフィーで、本作は時期的にほぼ中間に位置するだけでなく、作風も、初期の傑作に顕著な強烈な色彩の魅力と、近年の特徴である愛らしい子供たちのクローズアップが共存する。チャン・イーモウ芸術を考える上でも興味深い一編だ。　　（和）

2002年3月27日

王道を行く感動のドラマ

「ビューティフル・マインド」

　今年の米アカデミー賞で作品賞をはじめ四部門を制した「ビューティフル・マインド」。二時間十三分のあいだ存分に楽しませてくれる、アメリカ映画の王道を行くようなよくできた作品である。

　精神分裂病と闘いながらノーベル経済学賞を受けた、天才数学者ジョン・ナッシュの波乱の半生—。内容を一言で説明するだけで、クライマックスが容易に想像できる。だからこそ、ロン・ハワード監督はそこへもっていくまでのプロセスで腕を見せつけた。

　まずはラッセル・クロウ演じる主人公が引きつける。数学によって、世界の真理を見つけることに心奪われる、名門プリンストン大の学生。世俗に背を向けた、風変わりまでに純粋な精神を描いて魅了する。

　それが次第に、米ソ対立の時代を背景にした政治サスペンスの様相を帯びていく。そこにはあっと驚かせる、映画らしい仕掛けも用意されているのだが、こけおどしにならないようソフトに着地させることに成功している。

　そして愛のかっとうを経て、感動の終盤へと導いていくのだ。

　アカデミー賞では主演男優賞こそ逃したものの、クロウは不安定な心や静かな老いっぷりを巧みに演じ、既に円熟の境地さえうかがわせる。前評判通りオスカーを手にしたジェニファー・コネリーも輪郭のくっきりした演技を見せ、負けていない。

　ただ、精神を病んだ人物を描くのであれば、やはり人間の深淵（しんえん）に迫るものを期待してしまう。そこに物足りなさを感じてしまうのは、欲張りな注文であろうか。　　（伊）

2002年4月3日

きずな、癒やし伝える名演　　　　　　　　　　「光の旅人」

　ケビン・スペイシーを現在のアメリカ映画界最高の俳優の一人と呼んで、異論ある人は少ないだろう。その名優が「シッピング・ニュース」でのさえない中年男から一転、「千光年離れた宇宙から来た異星人」にふんしているのが「光の旅人」（日本ヘラルド配給）だ。

　と言ってもこの映画、正統SFでも爆笑喜劇でもない。苦しみを抱える人間の心と、そんな他者を思いやる人間相互のきずなを描いたヒューマンドラマである。

　初夏のニューヨークに、黒いサングラスをかけた男プロート（スペイシー）がこつ然と現れる。「私はKパックス星から来たんだ」。さっそく病院へ送られて出会うのが、有能な精神科医パウエル（ジェフ・ブリッジス）。

　穏やかで知性抜群、冷静に宇宙のなぞを解説するプロートに、パウエルは次第にひかれていく。彼は妄想患者に違いないが、もしかすると本当に…。自らも息子との関係で悩むパウエルが、プロートの心の秘密を解き明かそうと努める。

　「デッドパン（まじめくさって冗談を言う）の名演技」と賞されるスペイシーが素晴らしい。奇妙なくせに真実味にあふれ、悲哀とユーモアが溶け合ったプロートを見ているうちに、観客は本当にKパックス星人の存在を信じ始めるのだ。

　ブリッジスも名演技。やんちゃなナイスガイの印象が強かった彼だが、「ザ・コンテンダー」に続いて、中年男の確かな存在感を示した。監督は「鳩の翼」のイアン・ソフトリー。光と影のコントラストがみごとで、小品ながら、観客の心を癒やす秀作となった。　　　　　　　　　　　（和）

2002年4月10日

男と女の微妙なバランス　　　　　　　　　　「とらばいゆ」

　オンナがわがままになって…。近ごろのオトコは頼りない…。という嘆きがよく聞かれる。そうはいってもしょせんは人間、男女のバランスの上でしか生活していけないのだ。

　そのあたりの機微を巧みにとらえた映画「とらばいゆ」（大谷健太郎監督）は、現代風恋愛コメディーの佳作だ。

　麻美（瀬戸朝香）と里奈（市川実日子）の姉妹はともに棋士。同じリーグでしのぎを削っている。

　"恋より将棋"と言い切って生きてきた麻美は、最近スランプに悩み、サラリーマンの夫（塚本晋也）に"結婚のせいで勝てない"と当たり散らす。夫は夫で彼女の心境をくみ取れず、家事を押しつけ火に油を注いでしまう。

　一方の里奈は、料理を得意とする同せい相手（村上淳）に隠れ、前の恋人とデートをしていたことがばれてしまう。二組のカップルは危機を乗り越えることができるか―。

　キャラクターがやや戯画的になってしまったきらいはあるが、四人をうまく絡ませストーリーを練り上げた。

　麻美と夫のやりとりは、どこの家庭にもある問題だけにドキリとさせる。会話の中でふたりの関係を大きく変え、物語を展開していく手法が見事だ。

　瀬戸の思い切りのよさに、受け身で応じる塚本や村上の頼りない優しさ。演技のアンサンブルも楽しい。

　仕事と恋愛がテーマながら、女の生き方に焦点を当てた映画とは趣が異なる。単館上映でヒットした大谷監督の前作「アベックモンマリ」よりぐっと幅が広がり、良質のエンターテインメントに仕上がっている。　　　　　　　　　　　（伊）

2002年4月17日

無口な男のねじれた人生

「バーバー」

　映画監督で脚本家、そして当代一流の俳優であるビリー・ボブ・ソーントン。今年のアカデミー賞主演男優賞のノミネートから漏れたときには、「ハイレベルの出演作が多すぎて支持が拡散したのだ」と解説する向きさえ出たほどだった。

　そんな彼の昨年の演技で「バンディッツ」「チョコレート」と並んで高い評価を得たのが、この「バーバー」（アスミック・エース配給）。米国北カリフォルニアの郊外都市を舞台に、無口な理髪師のねじれた人生を描いたコーエン兄弟作品である。

　時代は第二次大戦後まもなく、アメリカが「ひとり勝ち」だったころ。百貨店や自動車から、ナイロン靴下、カツラまで、人々は豊かな生活を楽しんでいる。ビリー・ボブふんするエドは、派手好きな妻（フランシス・マクドーマンド）の兄が経営する店で、客の髪を刈るさえない毎日。

　ある日持ちかけられた「新清潔産業・ドライクリーニング」の投資話に乗ってみたことから、歯車が狂い始める。妻の不倫相手を脅して資金を調達したものの、たくらみがバレて殺人事件が起きてしまうのだ。

　ひねりを利かせたシナリオに支えられ、ビリー・ボブの演技がさえる。白衣にタバコを離さず、無表情にはさみを動かす。生きることの苦しさを心の底に封印し、壊れていく人生を他人事のように冷静に語る。

　そんなエドの人生が「豊かなアメリカ」の陰画のように感じられてくるのが、怖い。名手ロジャー・ディーキンズのモノクロ撮影と、ベートーベンのピアノソナタが冷たく輝く美しさ。昨年のカンヌ国際映画祭で監督賞を受賞。　　（和）

2002年4月24日

個と個の新しい関係

「ハッシュ！」

　社会を漂う、ちっぽけな個人たち。自分の生活スタイルを確立しているようでいて、その実、孤独や不安、何か満たされないものを抱えている。

　そんないまの人間模様を出発点に、個と個の新しい関係を描いてみせた「ハッシュ！」。国内だけでなくカンヌ国際映画祭でも絶賛された日本映画の秀作だ。

　主人公は、空虚な心を男性との行きずりの関係で埋めてきた朝子（片岡礼子）と、同性愛の関係にある直也（高橋和也）と勝裕（田辺誠一）という、三十歳代の三人。

　ある日、勝裕と偶然出会った朝子は恋愛や結婚を抜きに、一緒に子どもをつくることを持ちかけた。突拍子もない朝子の提案が、直也と勝裕、さらには地方に住む勝裕の兄一家など周囲の人間関係に大きな波紋を投げかける。

　三人が子どもをつくる目的で共同生活へと至る展開や、旧来の"家"を壊し新しい家族形態をつくるテーマに、無理や抵抗を感じる人もいるはず。

　なのに登場人物がみんな実在の人間のように映画の中を生きていて、物語に説得力を与える。橋口亮輔監督の演出力や、片岡ら出演者の思い切りのよい演技には脱帽するほかない。

　会話や人間描写に絶妙のユーモアがちりばめられていて、質のよいコメディーとしても十分楽しむことができる。

　何よりも孤独や不安にめげず、新たな希望を探そうとした物語に好感が持てる。つくり手個人の内面に埋没しがちだった、若手監督たちのインディーズ映画の延長線上に、かすかな光をともす作品といいたい。　　（伊）

2002年5月1日
主役、脇役ともに好演
「突入せよ！『あさま山荘』事件」

　ちょうど三十年前にあたる一九七二年は、沖縄復帰、日中国交正常化、日本列島改造論など、戦後日本が大きく変わる節目の年だった。中でも、連合赤軍のメンバーが長野・軽井沢の山荘に人質をとって立てこもった「あさま山荘事件」は、テレビ中継による国民注視のもと、過激派と警官隊が激突する大事件だった。

　「突入せよ！『あさま山荘』事件」（東映配給）は、当時警官隊の現場リーダーだった佐々淳行氏のノンフィクションを原作に、原田真人監督が脚本も兼ねて映画化した。

　犯人側の動静には触れず、困難に挑む不屈の警察官たちを描く―という狙いから、思想や時代性といったテーマは避け、危機管理と警官たちの英雄的戦いに絞った構成だ。

　佐々氏にふんする主演の役所広司が、いつもながらうまい。

　東京の官僚と地元県警の守旧派にはさまれて、苦しみながら奔走するリーダーを、嫌みなく演じる。一歩間違えれば、単純な正義の味方に陥りかねない役柄だが、軽やかなユーモア、響きの良い声、少し遠くを見る視線など、さりげない演技で、共感を呼ぶ人物像をつくった。

　助演陣にもいい役者がそろった。上司役の串田和美、人質の夫にふんした松尾スズキら舞台人、伊武雅刀、宇崎竜童、高橋和也といった個性派俳優たちが、くっきりした登場人物を演じて物語をすすめる。

　「社会派娯楽活劇」といったタイプの映画で、豪雪と鉄球、水浸しの突入場面は迫力たっぷり。だが、ろう城した「敵」に動きがないため、アクションシーンそのものは警官サイドに限定されてしまい、ダイナミズムに欠けたのは残念。　　（和）

2002年5月8日
郷愁呼ぶ、子どもの目線
「アトランティスのこころ」

　大切なものを失う寂しさと、新しい世界へ足を踏み出す高揚感。スティーブン・キング原作の米国映画「アトランティスのこころ」は、子どもから思春期へと成長する年代を描いた感動作だ。

　幼なじみの葬式でさびれた故郷を訪れた中年の写真家ボビーに、十一歳の記憶がよみがえる―。

　父を亡くした少年ボビー（アントン・イェルチン）が母と暮らす家に、老人テッド（アンソニー・ホプキンス）が下宿人としてやってくる。人の心を読みとる不思議な力を持ったテッドは、何者かに追われているのだった。

　物知りで謎めいた雰囲気を漂わせたテッドにひかれるボビー。二人が親密になる一方、ボビーは近所の女の子との淡い初恋を経験する。そしてテッドに教わったことが、ボビーを突然の災難に立ち向かわせる。

　理性でとらえきれない力が登場するのは、いかにもキングらしい作品世界である。だがスコット・ヒックス監督はそこを、さらりと物語に溶けこませた。

　超常的な要素を当然のように描いていったのも、各エピソードの細かい説明を避けたのも、子どもの視野でとらえたできごととして表現したからだろう。幻想的な雰囲気とともに、郷愁を呼び起こす。

　ハリウッド映画の常道にならい、ストーリーに、より分かりやすいメリハリをつければ一層の感動を与えることができただろう。それよりも、静かで深い余韻を残すほうを選んだ、つくり手のポリシーに好感が持てる。　　（伊）

2002

2002年5月15日

リアルを突き抜けた快感

「少林サッカー」

　サッカー・ワールドカップ開催による空前のブームに乗って、型破りなサッカー映画「少林サッカー」(チャウ・シンチー監督・主演)が公開される。地元香港で昨年ナンバーワンのヒットを記録、日本の香港映画ファンの間で早くから話題を集めていた作品だ。

　かつて少林寺拳法で鍛えた貧しい兄弟たちがサッカーチームを結成。あれよあれよという間に大会を勝ち抜き、悪徳監督率いる常勝チームと因縁の対決を迎える——。

　サッカーとカンフーの荒唐無稽(むけい)と思える取り合わせに、よくある勧善懲悪のお話なのだが、これがけっこう楽しませる。

　拳法の道を極めたものの、今や時代から取り残され惨めな暮らしを送る六人兄弟。監督は、ライバルにだまされ選手生命を奪われたかつてのスター。つまりは男たちの"再生"の物語である。

　そこへ主人公(チャウ・シンチー)と、貧しく自尊心さえ知らない若い女(ヴィッキー・チャオ)との淡く切ない恋もからめ、けれん味たっぷりのエピソードでくすぐる。

　漫画のようなうそっぽいCGに、香港映画の専売特許ワイヤアクションを駆使した、リアリティーなどものともしない映像は爆笑もの。B級感覚がここまで突き抜けていれば、快感である。

　世界で最もポピュラーなスポーツを、伝家の宝刀カンフーで力任せにさばいた心意気もうれしい。ぎとぎとの味付けでげっぷが出るような満腹感を与える一品だ。
(伊)

2002年5月22日

父と娘、愛情の物語

「アイ・アム・サム」

　泣きたい人にはぜひお勧めしたい。「アイ・アム・サム」(松竹、アスミック・エース配給)は、シンプルな父と娘の愛情の物語。ユーモアと切なさを織り交ぜて、気持ち良く泣かせてくれる作品だ。

　知的障害をもつサム(ショーン・ペン)と七歳の娘ルーシーは仲良し親子。母親は出産後すぐに蒸発、サムは悪戦苦闘しながらルーシーを育ててきた。しかしサムの親としての能力を疑うソーシャルワーカーたちはルーシーをサムから引き離し、施設に預けてしまう。途方に暮れたサムは、敏腕弁護士リタ(ミシェル・ファイファー)に依頼に行くのだが…。

　失敗ばかりしながらも一生懸命に娘を思いやるサム。何度引き離されても父親の元に戻ろうとするルーシー。二人のきずなの深さが切なく胸を打つ。

　重くなりがちなテーマをジェシー・ネルソン監督は、軽やかにかつ誠実に描く。シェリル・クロウら現代の人気シンガーらがカバーするビートルズ・ナンバーが全編に流れ、それにシンクロするポップでカラフルな映像は印象的だ。

　一方で手持ちカメラのクローズアップは役者の微妙な表情を確実にとらえる。ショーン・ペンはもちろん、悲しみを抱えながら親子を優しく見守るダイアン・ウィーストら脇役の素晴らしい演技が作品を引き締める。何よりルーシー役のダコタ・ファニングの聡明(そうめい)さと、かわいらしさが琴線に触れる。

　登場人物は善人ばかりで、現実離れしているかもしれないが、現代のファンタジーとして素直に受け止めたい。「オール・ユー・ニード・イズ・ラブ」(愛こそはすべて)。メッセージはビートルズの歌のように真っすぐだ。
(富)

2002

2002年5月29日

繊細・巧妙な原作に挑む 「模倣犯」

　宮部みゆきのベストセラー小説を映画化した「模倣犯」(東宝配給)。数多くのエピソードを繊細に巧妙に紡ぎあげた大部の原作を、そのまま映画化するのは極めて困難な作業だ。

　森田芳光監督が、そこをどのように料理するのかとても興味深いところだったが、残念ながら消化不良気味。面白い映像表現や奇抜なアイデアは印象に残るのだが、肝心のテーマが伝わってこないもどかしさがある。

　物語は連続女性殺人事件に端を発する。マスコミを通じて世間を扇動する愉快犯的な犯人。孫娘を誘拐された有馬老人(山崎努)も犯人に振り回される。

　やがて容疑者らしき二人組の若者が交通事故で死亡。事件は解決したかに見えたが、二人の元同級生を名乗るピースこと網川浩一(中居正広)が「真犯人は別にいる」と訴え登場、マスコミのちょう児となっていく…。

　文字を取り込んだり、不安定な構図を多用したりと、森田監督らしい意欲的な映像表現は随所に見られる。中居や藤井隆、津田寛治らキャスティングも面白いのだが、原作ではエピソードを重ね丁寧に描かれていた各登場人物のキャラクターが、肉付け不足のため中途半端になり、物語が深まらない。

　そのため、自我だけが肥大化して心が空っぽのおぞましい犯人と、実直に生きる市井の人である有馬老人との価値観の対決という核心部分が、鮮明に浮かび上がってこないのが惜しい。

　原作にない結末も用意されている。監督が自由に原作を解釈することに異議はない。それならば、もっと登場人物やテーマを絞り込んだ上で独自の世界に挑んでほしかった。ファンが森田監督に求めている水準はもっと高いはずだ。　　　(富)

2002年6月5日

競争社会生き抜く母子 「きれいなおかあさん」

　中国の大女優コン・リーが、現代中国社会の底辺を生きる母親役に挑戦した「きれいなおかあさん」。時代の波にもまれながら、息子と二人、強く生きてゆこうと決意する感動作だ。

　夫と離婚し、耳の聞こえない息子と二人で北京に暮らす女性(コン・リー)が主人公。息子の障害について自分を責めながら、ひたすら普通の小学校に息子を入れたい一心で、根気強く言葉を教えている。だが小学校の校長は彼女の努力に驚きながらも、息子をろう学校にやるよう勧め、入学を認めなかった。

　子どもに教える時間が少なかったせいだと思った彼女は、これまでの工場勤めをやめ、新聞配達や家政婦、やみ市の仕事などを始める。そこにはさらに過酷な運命が彼女を待っていた。

　コン・リーにとって多くの出演作の中で特に思い入れがあるという一本。ほとんどメークも施さない、熱演を見せている。

　何が何でも普通の小学校へ、と執着する母親の姿を通して浮かび上がるのが、中国の開放政策が生み出した競争社会。障害のある子どもや親はどうやってそれを生き抜いたらいいのか。それは一国の特殊事情でなく、人間社会の普遍的な問題だろう。

　厳しい条件を生きる息子のけなげさと、それに負けずに生きてゆく主人公の決意で感動的に締めくくった。一方で、二人を取り巻く環境が少しも変化していないもどかしさが、今後の困難を暗示している。

　問題告発のニュアンスを表面上消したのは、お上の厳しい検閲のもとにある中国映画特有のしたたかさだろう。それでも人間社会のあり方を、十分に考えさせてくれる作品だ。監督は孫周。 (伊)

2002年6月12日
愛する2人は時間を超える
「ニューヨークの恋人」

やはりメグ・ライアンにはラブコメディーがよく似合う。今回の「ニューヨークの恋人」(ギャガ・コミュニケーションズ配給)では、時間を超え十九世紀から現代にやってきた美男の公爵が彼女の恋のお相手。荒唐無稽(むけい)な設定を、「十七歳のカルテ」で知られるジェームズ・マンゴールド監督が、洒脱(しゃだつ)なラブストーリーに仕上げている。

物語は一八七六年のニューヨークに始まる。本意でない結婚を迫られ、憂うつな日々を過ごす若き公爵レオポルド(ヒュー・ジャックマン)は、舞踏会の夜、不審な男を追いかけるうち時間の裂け目に落ち、現代のニューヨークへタイムスリップしてしまう。

不審な男は時間の裂け目を見つけた発明おたくのスチュアート(リーブ・シュレイバー)。彼のアパートに転がり込む羽目になったレオポルドは、スチュアートの元恋人ケイト(メグ・ライアン)に遭遇する。

広告会社に勤めるバリバリのキャリアウーマンの彼女は、古風な服装で妙に礼儀正しいレオポルドに不審を抱くが、その誠実な人柄に次第に心ひかれていくのだった…。

水と油のような二人が、やがて理解し、ひかれ合う。ラブコメディーの常道ながら、そこには定番ならではの満足感がある。

勝ち気だけど、いじらしい女性像はメグ・ライアンの十八番。ニューヨークの街も彼女にはよく似合う。

十九世紀の価値観へのノスタルジーや映画「ティファニーで朝食を」へのオマージュをちりばめながら、定番のツボをはずさず、観客をハッピーエンドに導く巧みな演出が心憎い。

スティングのロマンチックな主題歌が物語に彩りを添えている。
(富)

2002年6月19日
寡黙に描く苦い恋
「春の日は過ぎゆく」

静謐(せいひつ)、寡黙という形容がぴったりの映像が、青年から大人になろうとする若者の甘美で苦い恋を、鮮やかに描き出す。韓国の気鋭ホ・ジノ監督の第二作は、美しく切ないラブストーリー「春の日は過ぎゆく」(松竹配給)。

日本でも静かで深い感動を呼んだデビュー作「八月のクリスマス」の作風を深化させた演出は、一見古風ながら、時代や国柄を超えた真実味にあふれ、彼が敬愛する小津安二郎をほうふつさせる。

筋立てに、てらいはない。もの静かな主人公、サンウは録音技師。仕事を共にした地方ラジオ局のDJウンスと恋に落ちる。年上の彼女は、かつてのつらい経験から、サンウを愛しながらも完全に一体にはなれない。ひたむきにウンスを求めるサンウは、彼女の逡巡(しゅんじゅん)に、傷ついていく。

アクションスターとして人気のユ・ジテが、幼さの残る好青年をナチュラルに演じて観客の共感を誘い、「JSA」の美人女優イ・ヨンエは、若者を愛しながらも離れざるを得ない複雑な女性像に挑戦した。

「現場ではシナリオ通りにはいかない。演出家、演技者が納得するまで話し合いながら撮影した」と監督が打ち明けるように、静かな情熱を秘め、時間と労力をいとわず作られた本物の映画がここにある。昨年の東京国際映画祭で最優秀芸術貢献賞を受賞。公式上映では、拍手がしばらく鳴りやまなかった。

少ないが磨き抜かれたせりふ、心にしみる音楽に加え、竹林のさやぎ、川のせせらぎ、降り積もる雪など、共同製作の松竹スタッフが技量を発揮した録音が、作品に余韻を与えている。
(和)

2002年6月26日

映像と遊ぶ感覚で 「メン・イン・ブラック2」

　近年のハリウッドのヒット作を見わたすと、幹であるはずの物語そのものより、枝葉のエピソードや映像で楽しませる映画が少なくない。

　その典型といえる「メン・イン・ブラック2」は、人気を集めたSFアクションの五年ぶりの続編だ。たっぷりひねった内容に、前作を上回る盛りだくさんの展開。若い観客には大いに受けそうな映画である。

　前作でエイリアン退治に暴れ回った絶妙のコンビ、時代がかって無愛想なK（トミー・リー・ジョーンズ）と、彼に振り回される新入りのJ（ウィル・スミス）。

　ところが前作の終わりで引退し記憶を消されたKは、いなかの郵便局長に収まっていた。今やJは異星人事件捜査の第一人者として活躍しているが、Kがいない物足りなさは観客との暗黙の了解事項である。

　そこで凶暴な異星人が二十五年ぶりに襲来したという設定が、ベテランのKを呼び戻すのに必要となるわけだ。見え見えの展開も、四半世紀前のいきさつを古くさいテレビショーに仕立てるなど、自己パロディー精神があっておかしい。

　犬に姿をやつした異星人捜査官を含め、グロテスクなエイリアンたちをばかばかしく登場させたかと思うと、安っぽいラブストーリーまで付け足す。何の目的で戦っていたのか、どうでもいい気にさせる点でも、前作以上に徹底している。

　映画の命はストーリー、と考える人は首をかしげるだろうが、映画と戯れるという見方だって、もちろんあっていい。監督はバリー・ソネンフェルド。
　　　　　　　　　　　　　　　　　　（伊）

2002年7月3日

動と静、鮮やかな対比 「ピンポン」

　青春映画は日本映画が得意としてきたジャンル。卓球をめぐる高校生たちの姿を描いた「ピンポン」（曽利文彦監督）は、久しぶりに登場した快作だ。

　幼いころから「この星の一等賞になる」とうそぶく天才卓球少年ペコ（窪塚洋介）と、「卓球は死ぬまでの暇つぶし」という幼なじみのスマイル（ARATA）の物語。部の顧問（竹中直人）は、ペコに負けっ放しのスマイルが秘めた才能を見抜き、特訓を課す。

　インターハイで敗れ自信を失ったペコは、腕を上げるスマイルにあせりを感じ、卓球場の主人オババ（夏木マリ）の指導を仰ぐ。そんな二人を中国で挫折し再起をかけるチャイナ（サム・リー）、強豪校の主将ドラゴン（中村獅童）らライバルが待ち受けていた。

　松本大洋の原作を受け継いだ戯画的なキャラクターたちが、従来のスポ根ものの"くさみ"を消した。特に、勝ち負けとは違う原理で、クールに卓球を見つめるスマイルの存在が面白い。

　ペコとスマイルのきずなが、この映画最大の魅力だ。動と静、天真爛漫（らんまん）と屈折。対極的な二人が織りなす、純粋で優しい関係が心をくすぐる。中村や夏木ら強烈なにおいを放つわき役が、これを引き立てた。

　地味なイメージを持たれがちな卓球を、CGを駆使して描いたダイナミックな試合シーンも見ものだ。

　構成のまだるっこしさは気になるものの、よけいな描写を省き鮮やかに締めたラストは見事。青春という言葉にうさんくささや気恥ずかしさが伴う時代になったけれど、ティーンが何かに情熱を傾ける姿にはやはり高揚感がある。
　　　　　　　　　　　　　　　　　　（伊）

2002年7月10日
絶望の先を照らす愛 「チョコレート」

　大切なものをなくし、喪失感を埋め合わせるように互いを求める男と女。「チョコレート」（ギャガ・コミュニケーションズ配給）は、深い孤独と絶望の中で芽生える手探りの愛を描いた作品である。

　米国南部の人種差別が残る町。ハンク（ビリー・ボブ・ソーントン）は父親と息子と三代にわたり刑務所の看守を務める。ハンクは偏見に満ちた父親と同じ人生を歩みながら、気の優しい息子にいら立ち憎しみをぶつける。

　刑務所の死刑執行で、気分が悪くなり、職務を果たせなかった息子に暴力を振るうハンク。だが翌日、息子は「おれはあんたを愛していた」と言い残し、ハンクの目の前で自殺する。

　一方、レティシア（ハル・ベリー）は死刑執行された男の妻。貧しさの中で息子を育てているが、ヒステリックに息子をしかりつけては自己嫌悪に陥る。しかし、でき愛していた息子はひき逃げされて死ぬ。

　偶然、事故現場を通りがかり、レティシア親子を助けようとするハンク。人種差別主義者だったハンクが、悲しみ嘆くレティシアを優しくいたわり、次第に二人は心を通わせ始める…。

　黒人初のアカデミー賞主演女優賞を獲得したベリーの熱演はもちろんだが、それを受けるソーントンの抑制した演技が素晴らしい。息子の自殺をきっかけに、少しずつ凍っていた感情が解け出して行く男の内面の変化を見事に演じる。

　静かに見つめるカメラ。少ないせりふ。微妙な感情の揺れを中心に据えた演出。新鋭のマーク・フォスター監督は、痛ましい二人の人生を淡々と描く。

　闇の中、月明かりに照らされるように浮かぶ二人の愛が切なく胸に迫る。　　　　　　　（富）

2002年7月17日
漂う男たちに寄り添って 「チキン・ハート」

　何かと窮屈な今の世を、フワフワと漂う男たち。「チキン・ハート」（清水浩監督）はそんな姿をコミカルに描く。決して少なくはない、世の中のレールに乗り切れない人々に、優しく寄り添った映画だ。

　同じアパートに暮らす、世代の違う三人の物語。ボクシングの新人王の直前までいった経歴を持つ岩野（池内博之）は、毎晩サラリーマンらを相手に"殴られ屋"をして生活する。

　勝手気ままに生きてきたサダ（忌野清志郎）は、旅に出ようと手に入れた廃船の修復に忙しい。帽子屋の店番の仕事を失った丸（松尾スズキ）は、近所の女性（馬渕英里何）に恋したことも手伝って、しぶしぶキャッチセールスの仕事を始めた。

　攻撃されればかわすものの、反撃しないのが殴られ屋。だれかを踏みつけたり傷つけたりして生きることができない、優しくひ弱な二十、三十代の象徴だろう。清水監督は彼らに過剰にのめり込むことも、シビアな目を向けることもなく、淡々と描いていく。

　一方で、登場する女性はみんなドライで現実的。三人との対比が興味深い。

　面白いのは、出演者の異色の顔ぶれ。特に、ぶっきらぼうで破天荒なキャラクターそのままの忌野が出色だ。写真家荒木経惟も妙な存在感を発揮している。

　北野武作品の助監督をしてきた清水監督は「生きない」に次いで二作目。大上段に振りかぶることなく、あくまで軽いノリで日本のいまを切り取ろうとしたスタンスに好感が持てる。今年のカンヌ国際映画祭・国際批評家週間に出品された。（伊）

2002

2002年7月24日

人間の本質、鋭くえぐる

「イン・ザ・ベッドルーム」

　平和な家庭を襲う悲劇を描いた「イン・ザ・ベッドルーム」（UIP配給）は、人間の本質を鋭くえぐったドラマだ。

　登場人物たちが陥る、救いようのない袋小路に、恐ろしさと悲しみを感じずにはいられない。

　主人公は中流家庭の平凡な父（トム・ウィルキンソン）と母（シシー・スペイセク）。大学生の一人息子は、子どものいる女性（マリサ・トメイ）と恋愛関係にあるが、父母は一定の理解を示し見守っている。

　しかしある日、よりを戻そうと押し掛けた女性の別居中の夫が、息子を射殺してしまう。絶望のどん底へ突き落とされる父と母。しかも、男は故意犯ではないとして保釈されてしまうのだった――。

　アカデミー賞にそろってノミネートされた父親のウィルキンソンと母親のスペイセクの見事な演技が、息子を失い少しずつ歯車が狂っていく夫婦の関係を浮き彫りにしていく。

　知的で理性的な夫婦が、感情を抑えられなくなり、ぶつかり合う。やがて夫婦に暗黙の了解が生まれ、父親はある衝撃的な行動へと向かっていく。

　細かい心理描写を重ねることで、静かな展開の中にサスペンスを生み出すトッド・フィールド監督の演出がうまい。

　息子を殺された喪失感を埋めるために、結局夫婦が選ぶのは、より重い十字架を背負うことだった。

　夫婦は重荷を共有することで生きていける。痛みを別の痛みで紛らわすことしかできない人間の悲しい本性に、やるせない思いがする。　　（富）

2002年7月31日

もがく高校生たちを的確に

「青い春」

　夢や生きる目的を簡単にみつけられる時代ではない。学校という閉じた空間は、そんな空虚な状態を甘ったるく包み込む一方で、はけ口のない閉そく感を増幅もする。

　「青い春」は"不良"高校生たちのもがく様子を、突き刺すような痛みとともに描いて、若い世代の共感を呼んでいる話題の映画だ。

　孤独でクールな新三年生、九條（松田龍平）は、校舎屋上の手すりを使った度胸だめしゲームの記録を塗り替え、新しい番長におさまった。逆に、幼なじみの青木（新井浩文）はそれ以来下級生に見くびられるなど、何かとついていない。

　信頼していた九條にも冷たくあしらわれた青木が突如変ぼうし、かつての親友に挑戦するように暴れ始める。ついには「おまえにできないことをしてやる」と屋上にあがっていくのだった…。

　九條と青木の関係を軸に、甲子園出場の夢に破れアウトローの道へと飛び出していく野球部員、自分の将来が見えず仲間に殺意を覚える暴走族メンバーなど、鮮烈なエピソードがつづられていく。

　毛虫に執着する生徒や、草花を愛する先生（マメ山田）を対極にすえたことで、先鋭化する"不良"たちが一層引き立った。

　カリスマ的存在を演じるべき松田の線の細さがやや気になるが、新井をはじめ売り出し中の若手俳優たちはみんな生きがいい。

　監督・脚本の新鋭豊田利晃が、松本大洋の短編漫画集をうまく一つの物語にまとめ上げた。原作に少しも引けを取らない、映像センスにも目を奪われる。　　（伊）

2002

2002年8月7日
したたかな日本発SF
「Returner リターナー」

　CGをふんだんに使ったSFアクションは、いまやハリウッドの独壇場。日本映画は勝負を避けてきたジャンルであった。

　そこに真正面から挑んだのが「Returner リターナー」（東宝）。スケールの大きなCG映像とスピーディーなアクションをきっちりまとめ、楽しい作品に仕上げている。

　山崎貴監督は「ジュブナイル」に続く二作目。子ども向けだった前作から、今回はバイオレンスを含む大人向けに衣替えした。

　闇の組織に一人立ち向かうミヤモト（金城武）と未来からタイムトラベルしてきた少女ミリ（鈴木杏）が主人公。人類滅亡の危機を救うため、現在の歴史を変える使命を帯びたミリと、偶然巻き込まれたミヤモトは、なぞのカギを握るきゅう敵、溝口（岸谷五朗）との戦いへと向かう。

　全編に「マトリックス」「ミッション・インポッシブル2」「E・T」など、だれもが知る作品に似たシーンが、パロディーのようにちりばめられている。まねというより、ハリウッド作品に対する確信犯的な挑発のように見える。

　ミヤモトとミリの関係も反発しながらやがて理解し合うようになる、ハリウッドが最も得意とするパターンだ。

　それなのに、金城と鈴木の醸し出す雰囲気は、ハリウッドと同じようなフレームの中でも、しなやかで東洋的。タイムトラベラーものの切なさもどこか日本ならではの情緒がある。

　CG技術に対する自信を背景に、ハリウッドと同じスタイルで対抗し、しかもハリウッドが出せない香りで違いを見せる。思った以上にしたたかな作品だ。

　主題歌をレニー・クラヴィッツが提供。既にハリウッドの「コロンビア・トライスター」が欧米などでの配給を決めている。

（富）

2002年8月14日
個を包み込む優しさ
「モンスーン・ウェディング」

　昨年のベネチア国際映画祭の金獅子賞をさらった「モンスーン・ウェディング」。インド映画だが一時話題になった独特の様式のエンターテインメントとは異なり、結婚式をめぐる人間模様をリアルに描写した。見る人を幸せな気分へと導く、おすすめ映画である。

　実業家ラリットの一人娘アディティと、米国在住の青年エンジニアとの結婚式に出席するため、世界中に散らばった親類がインド・デリーにやってきた。

　懐は寒いのに立派な式を挙げてやろうと、神経をすり減らすラリット。当のアディティは挙式を目前に控えても、不倫相手のことが忘れられない。彼女にとって姉のような存在の、いとこはトラウマを抱えて結婚への望みを捨てている。式を取り仕切る独身男はラリット家のメードにうつつを抜かし、別のいとこ同士が一目ぼれし合って…。

　数日間も行事が続くパンジャブ地方特有の婚礼儀式。そこに集まった人々が繰り広げる群像劇だ。

　インド固有の文化に欧米的な価値観が混在し、一人一人の気持ちもバラバラ。そんな混とんとしていた人間模様が、最後に家族や愛という"調和"へと収束していく物語が心地よい。

　女性たちの衣装やマリーゴールドの花が彩る暖かな色彩や、しがらみを洗い流すような激しい雨が情感たっぷり。祝祭の高揚感とにじみ出る官能を情熱的に描き、見ている方まで踊りだしたくなるほど。

　監督は「カーマ・スートラ　愛の教科書」のミラ・ナイール。個と個との対立やかっとうを柔らかく包み込んでしまう、アジア的ともいえる優しさがこの映画にはあふれている。

（伊）

2002

2002年8月21日

ひたすらギャグを追い求め

「オースティン・パワーズ　ゴールドメンバー」

　製作費はなんと百六十億円。徹底したばかばかしさは感動的かも。シリーズ三作目となる「オースティン・パワーズ　ゴールドメンバー」(ギャガ配給)は、一、二作目からさらにグレードアップ。登場するキャラクターも熟成して、シリーズ中、最も笑える作品になった。

　主人公はマイク・マイヤーズ演じる、最強でセクシーなスパイ、オースティン・パワーズ。相変わらず宿命のライバル、ドクター・イーブル(マイヤーズの二役)との戦いがメーンとなるのだが、今回この二人の出生の秘密が明らかに。

　オースティンの父ナイジェル(マイケル・ケイン)も初登場して、ファザコンのオースティンという意外なドラマ展開もあるのだが、ストーリーはあってないようなもの。たたみ込むようなギャグの連続で息もつかせない。

　一九六〇、七〇年代のスパイ映画のパロディー満載で、今回は「007は二度死ぬ」を模して、日本が舞台となっているが、これも元祖以上にメチャメチャな日本像を見せてくれる。

　ゲスト出演も豪華けんらん。冒頭でいきなりトム・クルーズ、グウィネス・パルトロウ、スティーブン・スピルバーグらが出演して、あっけにとられるが、他にも意外な有名人が多数出演しているので要注意だ。

　下ネタ、俗語のオンパレードで、字幕だけでは分かりにくいのが難点。しかし、シリーズお約束のギャグもすっかり定着して、キャラクターが生き生きしている分、勢いで笑わせる。

　製作、脚本に加えて計四役にふんしているスーパーコメディアン、マイヤーズの真骨頂が発揮されている。監督はジェイ・ローチ。　　　(富)

2002年8月28日

心を揺さぶる壮絶な演技

「命」

　柳美里のベストセラー小説を映画化した「命」は、死にゆく者と生まれくる者の姿を通して、生命の尊厳を描いた感動作だ。

　人気作家の柳美里(江角マキコ)と劇団東京キッドブラザースを主宰する東由多加(豊川悦司)、そして生まれてくる子どもの物語。既婚者の子を身ごもった柳は産むかどうか迷い、かつての恋人東に相談を持ちかける。その東はがんに体をむしばまれていた。二人は闘病と新しい生命の誕生に、手を携えて取り組む決意をする──。

　映画は前半、エピソードを並べたせいで、淡々と進んでいく印象だ。若き柳と東の関係や別れを振り返る回想シーンの方が、むしろドラマチックなほど。

　それが死と格闘する東の姿を追ううち、次第にテンションを高めていく。柳が子どもを産んで以降が、この映画のヤマ場だ。

　なんといっても、豊川の演技が見る者を激しく揺さぶる。体が衰え精神的に追いつめられていく様子や、新しい生命をいとおしむ表情などで泣かせる。いつもと違う直球のお芝居が、新しい境地を感じさせる。

　これに向き合う江角は受けに回り、自己主張しない。主人公が抱える業のようなものが伝わらないが、豊川の壮絶な表現を引き立てる意味ではうまくいった。

　家族愛に恵まれずに生きてきた二人が、死に追い立てられて新しい形の家族をつくる意義がもう少し強調されてもよかった気がする。「月とキャベツ」「はつ恋」などの篠原哲雄監督は、今回も奇をてらわず細やかな演出を見せている。モントリオール世界映画祭でも公式上映され、好評を得た。　　　(伊)

2002年9月4日

ペーソスあふれる笑い

「竜馬の妻とその夫と愛人」

　三谷幸喜の舞台劇を、市川準監督が映画化した「竜馬の妻とその夫と愛人」（東宝）。洒脱（しゃだつ）と叙情が溶け合って、ペーソスあふれるラブコメディーに仕上がっている。

　時代は坂本竜馬が亡くなって十年以上が過ぎた明治初め。盛大な十三回忌を計画中の、かつての同志である明治政府の高官らは、竜馬の妻であったおりょう（鈴木京香）のもとに、役人の菅野（中井貴一）を派遣する。

　しかし、おりょうはさえない男、松兵衛（木梨憲武）と再婚しており、貧しくすさんだ生活を送る毎日。しかも竜馬によく似た虎蔵（江口洋介）を愛人にして駆け落ちしようとしていた。夫の松兵衛は、何とかおりょうを思いとどまらせようと、おりょうに恋心を抱く菅野を巻き込んで、あの手この手を尽くすのだが…。

　おりょうと男三人が繰り広げる"四角関係"。それぞれの思いが空回りしたり、もつれ合ったり。善良だが小心な男たちの右往左往ぶりや、たたみ込むようなせりふの応酬が、三谷コメディーらしい笑いを生む。

　対照的に、竜馬の死後、悲しみを癒やせないまま、すさんでいくおりょう。切ない悪女を、鈴木京香が一皮むけた演技で魅了し、笑いの中に哀感を刻み込む。

　長屋の路地、人々の生活風景など、郷愁を誘う情景を折り込んだ市川監督の叙情的な演出も、作品に奥行きとにおいを与え、三谷コメディーの新しい魅力を引き出した。

　原作・脚本の三谷と市川監督の絶妙のコラボレーションが生んだ秀作といえるだろう。　　（富）

2002年9月11日

「孤島」から広がる新世界

「アバウト・ア・ボーイ」

　きざな独身貴族と、十二歳のいじめられっ子。「アバウト・ア・ボーイ」はロンドンの町を舞台に、生きる世界も年齢も違う二人の"男"が織りなす、しゃれたコメディー映画だ。

　親が残した財産で、働かず優雅に暮らすウィル（ヒュー・グラント）。「人間は孤島」とうそぶき、他人と深くかかわらない。そのくせ女性に目がなく、ナンパに精を出す。結婚に破れた経験を持つ女性となら、後腐れなく別れられるというのだ。

　ある日、デートに少年がついてきた。デート相手の友人の息子マーカス（ニコラス・ホルト）で、風変わりな母親のため学校でいじめられてばかり。母の自殺未遂で落ち込むマーカスを、デート相手の手前、格好よく励ましたばかりに、毎日家に押し掛けられることになる。

　ウィルが他人と距離を置くのは、実は、薄っぺらな自分を知られたくないから。おしゃれなすみかは、空虚な世界を守るとりでなのだ。それが、マーカスにずかずかと踏み込まれることによって変わっていく。

　年の離れた男同士の友情に家族のきずなと、笑いの中にも、ほろりとさせる仕掛けが効いている。

　このところコメディーで人気のグラントが、ハンサムな顔立ちで情けない男を演じて、抜群にいい。

　子役をかわいらしく見せないし、主人公がヒーローになりかけると突き落とす。さらに新しい家族の誕生を予想させておいて、巧みにかわす。ベタベタになりそうなところをうまく抑えた、ウェイツ兄弟の演出もさえている。　　（伊）

2002年9月18日

重厚な映像美、古典の味 「ロード・トゥ・パーディション」

　初監督作「アメリカン・ビューティー」でアカデミー賞作品賞、監督賞を獲得したサム・メンデス。彼の二作目となる「ロード・トゥ・パーディション」(20世紀フォックス配給)はトム・ハンクス主演で、父と息子のきずなをじっくり描く。絵画のように重厚なシーンの一つ一つが、心に刻まれる忘れがたい作品だ。

　時代は一九三〇年代の米国。イリノイ州の小さな町でアイルランド系ギャングのボス、ルーニー(ポール・ニューマン)の片腕として働くサリバン(ハンクス)は、妻と二人の幼い息子と暮らす。

　しかしルーニーの息子コナー(ダニエル・クレイグ)が仲間を射殺、その現場をサリバンの長男マイケル(タイラー・ホークリン)が目撃してしまったことから、コナーは口封じのためサリバン家を襲う。

　妻と二男を殺害されたサリバンは、生き残ったマイケルを連れて逃走、復しゅうのためルーニー親子へ立ち向かって行く―。

　親子のように厚い信頼で結ばれていたルーニーとサリバンが、お互い実の息子を守るため戦わざるを得ない理不尽な運命。置き換わるように、マイケル少年にとって畏怖(いふ)と敬意の対象であった父との関係が、逃走と復しゅうの旅の中で、いたわり愛し合う関係へと変化して行く。

　言葉にできない親子のきずな。暴力を生業として生きてきた父の不器用な愛情を、ハンクスが無表情な役柄の中で巧みに演じる。

　雪の中を自転車で走る少年。ピアノを連弾する二人の男たち。雨に打たれながら、暗やみの中でマシンガンを手にたたずむ父―。

　リリカルで骨太な映像美が、古典のような味わいを生む。"ニュークラシック"とでも呼びたくなるような風格ある作品だ。

(富)

2002年9月25日

人間と自然のアンサンブル 「阿弥陀堂だより」

　移ろいゆく四季の風景に生死の物語が溶け込んでいく、清れつな映画「阿弥陀堂だより」(小泉堯史監督・脚本)。淡々とつづる人間模様に、人生を達観したような深みを感じさせる。

　先端医療の第一線で活躍する医師(樋口可南子)が心の病をわずらい、小説家の夫(寺尾聡)の故郷信州の山村に、夫婦で移住。自然やそこで暮らす人々との出会いの中で、徐々に回復をとげる物語だ。

　山のお堂に住み込み死者をまつる女性(北林谷栄)や、自然の理として自らの死を受け入れる元教師(田村高広)ら、現代人にはない自然観や死生観の持ち主が、夫婦を新しい「生」へと導いていく。

　演技であることを忘れさせる迫力で北林が泣き笑いし、田村の死にざまが胸を打つ。はかなげな樋口や透明感のある小西真奈美も好演している。

　そして故黒沢明監督のスタッフによる美しい映像や自然の音色が、出演者の無理のない演技と調和し、人間と自然との見事なアンサンブルを奏でる。

　リアリティーを重視し、あざとくドラマを盛り上げることを避けた演出がいさぎよい。ただそのせいで、二時間八分の尺が長すぎる印象も残る。

　黒沢組の助監督だった小泉監督の二作目。黒沢脚本の忠実な映像化に努めた前作「雨あがる」とは違い、のびやかな演出が伝わる。人間は自然の一部―よく聞く文句だが、これが人間ドラマ偏重の劇映画の分野で実践されると、妙に新鮮だ。

(伊)

2002年10月9日

日常からの脱出にそう快感

「OUT」

　桐野夏生のベストセラー小説を映画化した「OUT」(20世紀フォックス)は、平凡な女たちが犯罪という非日常へ踏み出し、変身して行く姿を描いた女のハードボイルド物語だ。

　原作の持つ暗い情念の部分や暴力描写を薄め、そう快感を与える"女性への応援歌"に仕上げている。

　主人公は東京郊外の弁当工場で働く主婦、香取雅子(原田美枝子)。夫や息子は、自分の世界に引きこもり、雅子の存在を無視、家庭崩壊の状態にある。

　そんなある日、職場の同僚の弥生(西田尚美)が、カジノとばくにおぼれて家庭で暴力をふるう夫を発作的に絞殺。妊娠中の弥生は、雅子に泣きついてくる。

　死体の始末を押しつけられた雅子は、寝たきりのしゅうとめを抱えた同僚のヨシエ(倍賞美津子)やブランド商品買いで借金まみれの邦子(室井滋)を仲間に引き込んで、自宅のふろ場で死体を解体、ゴミとして捨ててしまう。

　しかし、邦子から巧みに秘密を聞き出した金融業者の十文字(香川照之)が、雅子たちに闇の死体解体業を依頼、受けざるを得ないはめになる。

　一方、弥生の夫殺しの罪を着せられたカジノのオーナー佐竹(間寛平)は、復しゅうのため雅子たちの周辺にまで迫っていた——。

　雅子と佐竹の二人の心の闇を掘り下げた原作と異なり、映画は四人の女たちが、いかに日常から"アウト"して行くかを描く。

　死体解体という恐ろしい行為も、ブラックユーモアで笑わせ、物語のトーンは決して暗くはならない。

　日常生活で抑圧されていた雅子たちが、物語が進むにつれて生き生きとして美しくなって行く姿は、見ていて心地よい。

　原作を換骨奪胎、独自の世界を作った監督・平山秀幸と脚本・鄭義信のコンビの堅実な仕事ぶりが光る。

(富)

2002年10月16日

人間を鋭くえぐる群像劇

「ゴスフォード・パーク」

　ひねりや皮肉のきいた作風で知られる巨匠ロバート・アルトマン監督の「ゴスフォード・パーク」(UIP配給)は、殺人事件を題材にした初のミステリー。

　とは言え、そこはアルトマン監督。アガサ・クリスティ風の設定ながら、単純な謎解きものではなく、さまざまな登場人物とエピソードが交錯する得意の群像劇の手法で、人間の浅はかさ、したたかさを鋭くえぐって見せている。

　舞台は一九三二年、英国の郊外に建つゴスフォード・パークと呼ばれる館。主のマッコードル卿(マイケル・ガンボン)とシルビア夫人(クリスティン・スコット・トーマス)のパーティーに招かれた貴族たちが、たくさんの荷物と使用人を連れてやって来るところから物語は始まる。

　館の階上では貴族のパーティー、階下では使用人たちがコマネズミのように働くという固定された構図が、階級社会の深い溝をそのまま表現していて面白い。

　ある夜、マッコードル卿が自室で殺される。伯爵夫人(マギー・スミス)の新米メード、メアリー(ケリー・マクドナルド)を探偵役として物語は進むが、次々と明らかになる階上と階下の複雑な人間関係が、犯人捜しの謎を拡散させる。

　金や愛欲にまみれた、ごう慢な貴族。雇い主のうわさ話に余念がないしたたかな使用人。一見無秩序にばらまかれたエピソードは、人間のわい雑な本性を少しずつ浮き彫りにして行く。

　思い切り広げた物語の"ふろしき"は終盤、魔法のようにきれいに折りたたまれ、謎は解き明かされる。

　喧騒(けんそう)の後、平穏を取り戻したラストに残るカタルシスは、アルトマン監督ならではの味わいだろう。ミステリーとしても人間ドラマとしても楽しめる奥深い作品だ。米アカデミー脚本賞受賞。

(富)

2002年10月23日

清貧を描き、名人芸の域

「たそがれ清兵衛」

　貧しくも清廉な、ひとりの武士の生きざまを描く時代劇「たそがれ清兵衛」。"庶民"への信頼や家族愛という、山田洋次監督ならではのヒューマニズムに貫かれた美しい映画だ。

　庄内地方の藩に仕える平侍清兵衛（真田広之）は身なりが薄汚れ、夕刻になれば酒の誘いも断り家路を急ぐ。同僚は彼を"たそがれ"と呼んでからかう。

　だがそれは、わずかな禄（ろく）に、亡き妻の療養による借金がかさんだため。かご作りの内職をして、男手ひとつで幼い娘二人と痴ほう症の老母の面倒を見ているのだった。

　他人の目を気にせず、粗末な暮らしにも不満を抱かず、子どもの成長を喜びとする生き方は、欲望を持て余し気味の現代人にとって、琴線に触れるところ。

　質素な食事やほの暗いあんどんに頼る照明など下級武士の生活を細部まで追求し、寓話（ぐうわ）的と受け取られても仕方ないキャラクターにリアリティーを醸成した。

　そんな清兵衛が突然、お家騒動に巻き込まれる。家族を残し命がけの仕事に赴かなければならない苦渋の心情と、幼なじみ朋江（宮沢りえ）とのつかの間の交情を描いた場面が圧巻。抑制のきいた表現からにじみ出す叙情が胸に染み込む。

　真田と田中泯との迫真の決闘シーンへと導くストーリー運びは、名人芸の領域。ストイックな真田と、はかなさと華やかさを漂わせる宮沢の演技がまた、それぞれの役にぴったりだ。

　メッセージを前面に出すことが多い山田作品だが、今回はそれを物語に昇華した。山田監督の新たな代表作にして、日本映画の一つの到達点といえるだろう。

（伊）

2002年10月30日

熱演で見せる必死の愛情　秀逸なD・ワシントン

「ジョンQ―最後の決断―」

　病気の息子を助けるために、父が選んだ道は病院を占拠することだった―。

　アカデミー賞主演男優賞を受賞し、俳優として円熟の域に達したデンゼル・ワシントンの新作「ジョンQ―最後の決断―」（ギャガ・コミュニケーションズ配給）は、貧しくとも誠実な父親の必死の愛情をサスペンスタッチで描いた感動作だ。

　ワシントンが演じる父ジョンは、工場のリストラで半日勤務に仕事を減らされた労働者。生活に苦労しながらも家族と共に幸せに暮らしていた。しかし突然、一人息子のマイクが心臓病のため倒れ、余命いくばくもないと診断されてしまう。

　マイクを助けるには、心臓移植しか手だてはない。しかし、手術費は約二十五万ドル。頼みの医療保険も、半日勤務にされた際、支払い上限の低い保険に勝手に切り替えられていた。

　移植待機者リストに載せるだけでも、大金がいる。ジョンは家財道具を売り、友人たちのカンパを受けるが支払いは追いつかない。病院経営者は、マイクの退院を一方的に勧告する。

　このままでは、マイクの死を待つだけ。追いつめられたジョンは、医師や患者らを人質に病院の救急病棟にたてこもる。要求はマイクを移植待機者リストに載せることだった―。

　作品には社会の不公正やもうけ優先の医療のあり方を問う側面もあるが、心動かされるのはやはり父親の息子を思う愛情の深さだ。

　人物設定はステレオタイプだが、ワシントンの秀逸な演技が肉付けとなり、観客を父親の心情にぐっと引き込んで共感を呼ぶ。

　最後の手段としてジョンが下す決断は、鬼気迫るものがある。「愛する者のために自分はそこまでできるのか？」。そんな問いを観客は抱かずにいられなくなるだろう。監督はニック・カサヴェテス。

（富）

2002年11月6日
ささやかな日常抱きしめて

「明日、陽はふたたび」

　実際にイタリアを襲った大地震から題材をとったという映画「明日、陽はふたたび」(フランチェスカ・アルキブジ監督)。ささやかな人間の営みを優しく受け止め、"日常"に光を当てた佳作だ。

　イタリアの歴史ある小さな町で、静かな夜を引き裂いた大地震。壊れた家を出て避難生活を強いられた人々の姿を、副町長の一家を軸に描いていく。

　一家がキャンピングカーを仮の宿にすると、落ち着く場所がない、脳に障害がある母と同性愛の息子の二人が同居することになった。

　狭い町に飽き飽きし弟をいじめて喜ぶ、一家の長男は障害のあるその母には、なぜか優しい。二男は、自分の母親と同性愛の同居人の関係を勘ぐり気をもむ。妻は災害対策に忙しく立ち回る夫に、疎外感を覚える。

　仲良し少女二人組は二男との関係をめぐって大げんか。地震をきっかけに容ぼうにコンプレックスを持つ小学校の先生と、英国から壁画修復にやって来た若者が出会い、愛し合う…。と、さまざまなエピソードを、繊細につづっていく。

　町民が誇りにしていたであろう「受胎告知」の壁画にはひびが入り、特産のサラミ工場は閉鎖される。徐々に高まる喪失感と、いつ余震が起きるか分からない不安が、そんなたわいない日常の出来事に、かけがえのない意味を与える。

　いつもと違う毎日に浮かれる子どもたちが、壊れゆく校舎に「地震万歳」とはしゃぐなど、フィクションとは思えないユーモアがいい。

　大味なパニック映画とは違って、人間が生きていることをいとおしく思わせる、誠実で温かい作品だ。

(伊)

2002年11月13日
豪勢なフルコース

「ハリー・ポッターと秘密の部屋」

　小説に映画にと、ブームが沸騰しているヒットシリーズの第二弾「ハリー・ポッターと秘密の部屋」。次から次へと見せ場が登場する、豪勢なフルコース料理のような映画だ。

　ホグワーツ魔法魔術学校の一年を終え、夏休みをいじわるな叔父一家の下で過ごすハリー(ダニエル・ラドクリフ)。そこへハリーを慕う"しもべ妖精"ドビーが現れ、学校にもどらないよう懇願する。恐ろしい陰謀が待ちかまえているというのだ。

　仲間たちに再会したい一心で、ドビーの警告を無視したハリー。二年生になった小さな英雄の周囲で、ホグワーツ設立時の秘密にかかわる、不気味なできごとが次々起きる―。

　多少は独自の味付けを施しているものの、前作同様、基本的には原作を忠実に映像化した。

　謎解きやホラーの要素も取り込みながら、少したくましくなったハリーが魔法界の陰謀に立ち向かう、冒険アクション映画の性格が前面に出た。こっけいな役回りが強調された親友ロン役ルパート・グリントや、新登場の俗物教師を演じる名優ケネス・ブラナーが、スパイスとして効いている。

　醜い姿形と卑屈な態度ながら、なぜか愛着のわくドビーをはじめ、魔法界の不思議な生き物がわんさか。空飛ぶ自動車と機関車の"カーチェイス"、スピード感がまたアップした独特の球技クィディッチの試合など、スリルや迫力あるエピソードが続く。二時間四十一分という長さにも退屈することはない。

　おなかはいっぱいになるのだが、品数を詰め込みすぎて、料理全体の雰囲気を楽しむ余裕が持てない。そういう意味で、近ごろ多いゲーム感覚の映画といえるだろう。監督はクリス・コロンバス。

(伊)

2002年11月20日

ダークで、閉塞した近未来　「マイノリティ・リポート」

　スティーブン・スピルバーグ監督の「マイノリティ・リポート」(20世紀フォックス配給)は、ダークな近未来を描いたSF大作。難解さを含むテーマをアクションあり謎解きありの上質のエンターテインメントに仕上げている。

　二〇五四年の首都ワシントンが舞台。かつての犯罪都市も今や殺人事件はゼロ。犯罪予防局が、三人の予知能力者を使い、殺人が行われる前に、犯人を逮捕していたからだった。

　その実行部隊を指揮する主任刑事ジョン・アンダートン(トム・クルーズ)は、かつて最愛の息子を誘拐された過去を持つ。息子の消息は知れないまま家庭は壊れ、ジョンはひたすら仕事に没頭していた。

　しかし、ある日、予知能力者が示したのは、ジョンが殺人を犯す、という驚くべき内容だった。このままでは逮捕され、収容所で冷凍保存処置にされる。自分の部下たちの追跡を受けながらジョンは逃走する—。

　フィリップ・K・ディックの短編小説を膨らませた物語は、ジョージ・オーウェル原作の「1984」のように人間が徹底的に管理される閉塞(へいそく)した未来を描く。

　青を基調としたダークな世界、奇妙なフォルムのメカデザイン、予知イメージを手で操る主人公の動きなど、イマジネーションあふれる映像美はさすがだ。

　マニアックな部分だけでなく、そこにクルーズのスター性が加わり、主人公の内面の葛藤(かっとう)や真犯人捜しの面白さで娯楽作としてのバランスをうまくとっている。

　眼球を取り出したりの毒を含んだ表現もスピルバーグ的ならば、最終的にヒューマニズムに信頼を寄せるスタンスもまた彼らしいといえる作品だ。

(富)

2002年11月27日

戦うヒロイン、異色の展開　「ゴジラ×メカゴジラ」

　ゴジラシリーズの第二十六作目「ゴジラ×メカゴジラ」(東宝)は、シリーズの中でも異色の作品と言えるだろう。

　主人公に釈由美子を迎え、戦うヒロインを中心に据えた新アプローチ。異ジャンルにも思える作りで、新旧ファンで受け止め方にも違いがありそうだ。

　メカゴジラの登場はシリーズ四回目。しかし、今回は日本政府が自力で作り上げた対ゴジラ最終兵器という設定がミソ。

　そのメカゴジラ(機龍)を操縦する自衛隊所属の機龍隊員を釈が演じる。かつて自分のミスで仲間の隊員をゴジラに殺された彼女は、臥薪嘗胆(がしんしょうたん)の末、ゴジラに決死の戦いを挑む。

　「G・I・ジェーン」のように体を鍛え、男性隊員を投げ飛ばす。心を閉ざし、険しい表情を崩さないヒロイン像は、釈の初主演映画の「修羅雪姫」のようで、かなり面白い。

　物語の中心は彼女とメカゴジラ。こうなると"美少女ロボット戦闘もの"というようなジャンル。ところどころに「新世紀エヴァンゲリオン」に似た構図があったり、アニメへの歩み寄りが見られるのは意図的なものなのかもしれない。

　これはこれでシンプルで面白く、新しいファンを獲得しそうなのだが、ゴジラの存在が希薄になっているのは否めない。

　敵役を通り越し、時には背景のようであったり、現象のようであったりするゴジラ。古くからのゴジラファンには物足りなさや不満が残るのではないか。

　ゴジラというブランドがなまじ大きいだけに、すべてのファンを満足させるのは容易なことではなさそうだ。監督は手塚昌明。

(富)

2002年12月4日

アメリカの原型に迫る力作 「ギャング・オブ・ニューヨーク」

　人種や宗教がせめぎ合う一方、共存の道も模索する移民の国・アメリカ。マーティン・スコセッシ監督の壮大なスケールの史劇「ギャング・オブ・ニューヨーク」は、その"原型"を描き出そうという力作だ。

　舞台は十九世紀半ばのニューヨーク・スラム街。先に移住したグループと対立する、大飢饉（ききん）を逃げてきたアイルランド移民たち。抗争でリーダーだった父親が殺されて十六年後、息子アムステルダム（レオナルド・ディカプリオ）は、敵対グループに潜り込んだ。街を仕切る父の敵、ビル（ダニエル・デイ・ルイス）に復しゅうするのが目的だ。

　やがて狙い通り、ビルの信頼を得るアムステルダム。だが、ビルが亡き父を崇拝していることが分かり、複雑な思いを抱く。さらに愛するジェニー（キャメロン・ディアス）がビルの愛人だったことを知ってしっとに駆られる—。

　映画は、男女三人の復しゅうと愛の物語に終わらず、背後に黒人奴隷解放を掲げた南北戦争の影を描き込む。気高い理想と裏腹に、政治が貧しい移民ばかりを戦場に送り込んだことから、スラム街の怒りが爆発。愛憎劇と歴史のひずみが一つになって、壮絶なクライマックスへと向かう。

　昨年の米中枢同時テロ後の情勢を受けて内容を再検討し、公開を一年延期したいわくつきの作品。民族・宗教間の不寛容や暴力という現代世界の問題を想起させる、意欲作といえよう。

　物語が混とんとしているのは、アメリカ社会のエッセンスをそのまま映したからか。ただ人間ドラマと時代背景、二つの軸がもう少し溶け合えば、約二時間四十分も長く感じさせなかったに違いない。

（伊）

2002年12月11日

切ない思春期のきらめき 「ごめん」

　苦しいほど切羽詰まっているのに、はた目にはおかしくて、振り返ると甘酸っぱい。映画「ごめん」は、そんな思春期のきらめきをユーモアと情感を込めて描いた佳作だ。

　主人公は大阪の小学六年生・聖市。クラスで最初に射精を経験し戸惑うばかり。なのに母親は冷やかし、遊び仲間には「発情した」と突き放される。おまけに京都の祖父母を訪ねた際に見かけた少女の姿が、頭にこびりついてしまった。

　わけの分からぬ思いにせき立てられ、聖市は週末ごとに京都へ通う。捜し当てた相手は中学二年の直子。そんな聖市を面白がり会ってくれる直子だが、実は両親の不仲のせいで孤独を持て余していたのだった。うまくいっているかに見えた二人の関係は、ある日大きくすれ違う—。

　ひこ・田中の児童小説を、起承転結のくっきりした物語に仕上げた。いったん遠のいた二人の距離が、思いに駆られた聖市の行動で再び接近する終盤は、劇的に盛り上がる。

　風景の違いはもちろんのこと、大阪と京都の微妙な距離をうまく生かした。電車ならあっという間なのに、別の手段を使えば時間がかかる。大人にはすぐそこでも、子どもにとっては事情が違うのだ。

　このすてきな物語も、純情でひたむきな聖市のキャラクターがあればこそ。久野雅弘が子役と呼ぶのが失礼なほど、奮闘している。

　監督は、揺れ動く女子中学生の心をみずみずしく描いた「非・バランス」の冨樫森。若い俳優たちの輝く瞬間を見逃さず、巧みに笑って泣かせる正統派の新鋭だ。

（伊）

2002年12月18日

貧しさの中の幸せと悲しみ

「草ぶきの学校」

　訪れたことのない風景や会ったことのない人たちが、妙に懐かしく感じられる―。一九六〇年代の中国の農村を舞台に、子どもたちの小さなエピソードを積み重ねた映画「草ぶきの学校」は、どこかに沈んでいた記憶をじんわりと思い起こさせてくれる作品だ。

　監督はこれが日本初公開となるシュイ・コン（徐耿）。中国では児童映画の第一人者として知られる。

　江蘇州の太湖に浮かぶ島にある草ぶきの屋根の小学校。ここに住み込む校長先生の息子サンサンを主人公に物語は進む。

　隣村から転校してきた訳ありの少女。ハゲツルとみんなにばかにされ、体操コンクールで反逆する少年。村一番の金持ちだった父親が破産し学校をやめざるを得なくなった優等生。村の娘とのかなわぬ恋に悩む担任の先生―。サンサンと周囲の人々に起きる出来事が、抑制の効いたタッチでつづられる。

　例えば、火遊びから火事騒ぎになったとき、怖くて自分がやったと名乗り出られなかったサンサン。仲間を見捨ててしまった苦い思いは、だれも似たような経験を持っているのでは。

　そんな記憶を呼びさます数々のエピソードを支えるのが、シュイ監督のリアリズムあふれる演出だ。

　実際、役柄に似た性格の農村の子どもたちを見つけて起用、根気よくつきあいながら、物語の中に見事に溶け込ませている。

　決してかわいらしいと言えない主人公が、だんだん魅力的に見えてくるのが面白い。

　単にノスタルジーに浸るのではなく、貧しさの中の幸せと悲しみを静かに見つめることで、現代に失われつつあるものの本質を浮かび上がらせている。

(富)

2002年12月25日

剣にひそませた家族愛

「壬生義士伝」

　新選組と言えば、忠臣蔵と並んで日本人が大好きな題材。小説に数多く取り上げられているほか、映画化も相当な数に上る。そのほとんどが「義」に生きる集団という視点。確かに美しい。ヒロイックでもある。近藤勇、土方歳三、沖田総司…スターにも事欠かない。だが名もなき隊士たちにも人生があり、家族があったということは、なかなか踏み込んでは描かれなかった。

　「壬生義士伝」(滝田洋二郎監督)の主人公は、盛岡の南部藩を脱藩して入隊した吉村貫一郎(中井貴一)。金銭に細かく、何かあるごとにせしめようとする"守銭奴"のような人間だ。このままだと嫌な男にすぎないのだが、剣の好敵手で性格的にも正反対の隊士、斎藤一(佐藤浩市)によって吉村の実像が浮かび上がってくる。

　介錯(かいしゃく)の際に刃こぼれしたからと刀の購入代金を要求する吉村に、斎藤はおだやかではない。衝突もする。「何てヤツだ」と思うのは、斎藤だけではないだろう。そこが、この映画の付け目。伝えたいことは、観客をそんな気持ちにさせておいて始まる。

　家族愛と、郷土への誇り。吉村は、仕事より大切なものを象徴する存在なのだ。子どもとの別れ、妻とのきずな、親友に対する友情など泣かせどころ満載。一方で、ギョッとする切腹シーンもあって、一人の男の「静」と「動」が目まぐるしく切り替わる。

　本心をひそませ、とぼけまくる吉村と、ニヒルながら人間味のある斎藤を、中井と佐藤が好演。ただ突如として義に目覚める吉村の姿は唐突で「本当は何を考えてたんだ」と、逆戻りさせられるのが惜しい。家族の後日談も駆け足になってしまった。原作は浅田次郎の小説。

記者の採点＝★★★☆☆　　　　　　　　　　　(K)

2 0 0 3

2003年1月8日

切なさと癒やしの物語

「黄泉がえり」

　亡くなった家族や恋人が、当時の姿のままよみがえる。そんな奇跡を描いた作品「黄泉がえり」は、ホラー映画などではなく、切なさと癒やしを伴ったラブストーリーである。

　九州の阿蘇山のふもとの町で、五十年以上も前に行方不明となった少年が、年老いた母の元へ、当時の姿のまま帰ってくる。

　町の出身の川田（草彅剛）は、この不思議な現象を調査するため厚生労働省から派遣されるが、そこで、死んだ親友俊介の恋人だった葵（竹内結子）と再会する。しかし、葵は俊介の死から立ち直れないでいた。

　町では亡くなった人々が次々によみがえる。妻子を残して死んだラーメン店の店主、娘を出産し亡くなったろうあの母、いじめを苦に自殺した中学生。

　大切な人が戻ってきたことで人々の心は揺れる。だが、よみがえりの期間は限られていた。葵は恋人俊介のよみがえりを願うが、かなわない。葵を思う川田は複雑な気持ちを抱く—。

　死者との再会を描いた作品には優れたものが多い。ケビン・コスナーの「フィールド・オブ・ドリームス」や山田太一原作の「異人たちとの夏」など。

　死者と再会した生者たちが、自分の心の中を見つめ、真実と穏やかさを獲得していく。そんなテーマを「月光の囁き」「害虫」などで注目の塩田明彦監督は、群像劇のように描く。

　懐かしさあるオレンジ色がかった画面、純朴な人間と美しい自然、ファンタスティックな光の映像が、一つ一つのエピソードを紡いで切ない。ちょっと「シックス・センス」っぽいひねりも効果的だ。

　ただエピソードが多い分、中心となる主人公二人の物語は薄れてしまいがち。主役の人物設定と演技に、もっと深みがほしかった。センスは良いだけに惜しい。

記者の採点 = ★★★☆☆　　　　　　　　　　（富）

2003年1月15日

社会の潜在意識えぐる

「ボウリング・フォー・コロンバイン」

　ドキュメンタリーの枠に収めるには、あまりにけれん味たっぷり。かといって、米国民の潜在意識をえぐり出そうという緊張感あふれるテーマは、気を抜く暇を与えない。

　米映画「ボウリング・フォー・コロンバイン」は、十三人が犠牲になった九九年のコロンバイン高校銃乱射事件を足掛かりに、不寛容と暴力がはびこる、米国白人社会の一つの本質に迫る。

　マイケル・ムーア監督は、銃器への執着が根強い精神風土を出身地ミシガン州で取材したかと思うと、コロンバイン高校のあるコロラド州で軍事産業や基地が事件に与えた影響に思いをはせる。

　米国社会の特異性を実証するためカナダに飛び、ロサンゼルスでは視聴率目当ての犯罪報道で黒人やヒスパニック系への恐怖心をあおるメディアの構造に切り込む。

　果てには銃規制反対派の象徴、チャールトン・ヘストン全米ライフル協会会長に突撃インタビュー。肉体派で知られた往年の人気俳優が追い詰められる様子は見ものだ。

　客観事実にとらわれず、画面に姿をさらしながら対象に近寄り自ら行動を起こす。肉薄というより、とぼけた風ぼうで安心させ相手の本音がこぼれてくる瞬間を待つかのようで、ユーモアさえにじみ出る。

　さらにはニュース映像から劇映画、果てはアニメーションまで取り込み、名曲「この素晴らしき世界」を皮肉たっぷりに挿入するなど、自在に構成してゆくのだ。

　銃を乱射した高校生二人が、直前までボウリングに興じていたのがタイトルの由来だが、少々強引に結び付けた印象も。

　米中枢同時テロ以後の米ブッシュ政権の対応に、批判ムードが満ちていた昨年のカンヌ国際映画祭に出品。観衆の喝さいを浴び、記念賞をもらった話題作。

記者の採点 = ★★★★☆　　　　　　　　　　（伊）

2003年1月22日
演技合戦、新鮮味は欠く
「レッド・ドラゴン」

「レッド・ドラゴン」(UIP配給) は、トマス・ハリス原作のレクター博士シリーズの映画化。「羊たちの沈黙」(一九九一年)「ハンニバル」(二〇〇〇年) の前史、エピソード1に当たる。

あの天才的な殺人者レクター博士が、何をやり、どうやって逮捕されたのか。これまで明らかでなかったエピソードから物語は滑り出す。

今回もレクター博士に名優アンソニー・ホプキンス。そして彼を逮捕したFBI捜査官グレアムを演技派のエドワード・ノートンが演じている。

グレアムはレクター博士を逮捕したものの重傷を負い引退。しかし、連続する一家惨殺事件の捜査のため呼び戻される。犯人像を探るグレアムは、ヒントを得るため再び獄中のレクター博士に会いに行く。

物語の骨組みは「羊たちの沈黙」と同じだ。レクター博士は、安楽いす探偵のように謎を解き明かすヒントを与えながらも、グレアムを間接的に窮地に追い込む。「ハンニバル」では脱獄して大暴れしていたが、やはりレクター博士はおりの中にいるほうがずっと怖い。

ただ今回はレイフ・ファインズ演じる謎の男Dの描写に重点が置かれる。ファインズの映画と言ってもよいほどの熱演ぶり。主役だけでなくエミリー・ワトソンら脇にも名優をそろえ、さながら"演技合戦"のように濃厚だ。

ただ、よくできたサイコサスペンスになっているのだが、やはり「羊たちの沈黙」がもたらしたインパクトには及ばない。ジョディ・フォスター演じるクラリスの心の闇とレクター博士のゆがんだ愛情。二人の関係が物語に深みを与えた。

「羊たちの沈黙」以降、模倣した作品が数多く作られてきたことも、新鮮さを感じられなくなった理由なのだろう。監督はブレット・ラトナー。

記者の採点＝★★★☆☆　　　　　　　　　　（富）

2003年1月29日
体験者が描く説得力
「戦場のピアニスト」

ホロコーストを取り上げた映画は少なくないが、「戦場のピアニスト」は自ら迫害を体験したロマン・ポランスキー監督がこの題材に向き合ったところに、大きな意味がある。

一九三九年のワルシャワ。人気ピアニスト、シュピルマン（エイドリアン・ブロディ）がラジオ局で生演奏している最中に、ナチス・ドイツがポーランド侵攻を開始した。やがてユダヤ人居住区へ移住を強いられる一家。これから収容所に送られようというときに、顔見知りの手助けでシュピルマンはひとり脱出した。

恐怖や飢えと闘いながら、ポーランド人抵抗組織の手引きを受けたり、ピアノの腕にほれ込んだドイツ軍将校に見逃してもらって、ナチスの狂気をかいくぐる。

人間を善悪の型にはめず、あくどいポーランド人やユダヤ人がいれば、音楽を愛するドイツ人も登場させる。実在したシュピルマンの自伝にポランスキーの記憶で味付けした物語は、説得力に満ちている。

繊細な主人公像をブロディが好演し、一面廃虚と化したワルシャワの光景や、収容所行きを待つ群衆シーンで巨匠の腕を見せる。

人間の暗い本性をエンターテインメントとして描くことに本領を発揮してきたポランスキーだが、今回はエピソードをていねいにたどる誠実な語り口。体験者だからこそ、この題材を小手先の感動ドラマに仕上げるわけにはいかなかったのだろう。

被害者の悲劇や加害者の残虐さを強調せず、人間たちが引き起こした惨劇の中を生き延びる姿に焦点を当てたのが、現代世界に向けたメッセージといえよう。昨年のカンヌ国際映画祭のパルムドール（最高賞）受賞作。

記者の採点＝★★★★☆　　　　　　　　　　（伊）

2003年2月5日

死刑めぐる重層サスペンス 「13階段」

　死刑囚の無実を証明しようとする刑務官と元受刑者。死刑執行のタイムリミットが迫る中で、複雑に絡み合う思惑―。

　高野和明のベストセラー小説を映画化した「13階段」（長沢雅彦監督）は、人間の心の闇が生む行為に焦点を当てた重厚なサスペンスである。

　主人公の刑務所主任、南郷を山崎努、けんか相手を死なせ、三年間服役した若者三上を反町隆史が演じている。

　十年前、保護司夫妻が惨殺された事件で、記憶喪失のまま逮捕された樹原（宮藤官九郎）は死刑判決が確定、刑の執行を待つばかりだった。

　その事件の再調査を匿名の依頼主から高額の報酬を条件に受けた南郷は、出所したばかりの三上を誘う。南郷には、かつて罪を悔いて改心した死刑囚（宮迫博之）の刑を自ら執行したという苦い思いがあり、三上も死なせた相手の父親（井川比佐志）から激しい憎しみを受け、苦しんでいた。

　「階段を上った」という樹原のわずかな記憶を頼りに、事件現場の周辺を徹底的に探る二人。刑の執行が迫る中、手掛かりをつかみかけた南郷は、事件当日に三上が事件のあった町へ来ていたことを知ってしまう…。

　登場人物たちがそれぞれ抱える心の闇を丁寧に描くことで、ドラマ全体に厚みが生まれた。特にこれまでのイメージにはなかった反町の強く抑制した演技がいい。

　リアリティーを追求した死刑執行シーンも、宮迫の好演もあって、死刑制度の矛盾を観客に鋭く突きつける。

　ただし、最後の回想シーンが長過ぎ、せっかくの息詰まるサスペンスに水を差したのではないか。原作と違うラストの都合のよい展開も評価が分かれるところだ。

記者の採点＝★★★☆☆　　　　　　　　　（富）

2003年2月12日

観客引き込む映像美 「ロード・オブ・ザ・リング／二つの塔」

　「ロード・オブ・ザ・リング／二つの塔」（日本ヘラルド映画配給）は、トールキンのファンタジー小説「指輪物語」を原作とする三部作の第二弾。大ヒットした前作の第一部は物語の導入部分だったが、いよいよ大規模な戦闘シーンなどを見せ場とするダイナミックな展開に突入する。

　絶対的な力を持つ指輪を捨てる旅に出たホビット族のフロドと仲間たち。今作では離れ離れとなってしまった仲間たちがそれぞれ、冥（めい）王サウロン率いる闇の勢力との戦いに挑む。

　前作同様、独特の景観を持つニュージーランドの大自然のロケとコンピューターグラフィックス（CG）をたくみに組み合わせた映像美が、観客を物語の世界に引き込んで離さない。

　特にクライマックスの約四十分にも及ぶ戦闘シーンは強烈。城に立てこもった少数の味方とその周囲を取り囲む一万人の敵。馬を使った白兵戦の迫力は、黒沢明監督の時代劇やジョン・フォード監督の西部劇をほうふつとさせる。やはりここでも実写とCGのコンビネーションが見事だ。

　一方、主人公フロドにからむ、指輪に取りつかれた異形の登場人物ゴラムも見どころ。実際の俳優の動きを忠実に再現した"デジタルキャラクター"ながら、重要な役回りで強烈なインパクトを放っている。

　物語を際立たせる特殊効果の使い方では、現時点で映画の最高水準。ピーター・ジャクソン監督の映像センスには感心させられる。

　物語は今回も、次作へ続くという欲求不満をかき立てる終わり方になっているのは気になるが、仕方がないかも。最終的な評価は三部作が完成した後に、あらためてされるべきだろう。

記者の採点＝★★★★☆　　　　　　　　　（富）

2003年2月19日
米国女性の孤独と荒涼
「ホワイト・オランダー」

　ミシェル・ファイファー、レニー・ゼルウィガー、ロビン・ライト・ペンという豪華な女優が顔をそろえた米国映画「ホワイト・オランダー」。派手な内容の映画ではないが、"愛"の裏に存在する女性たちの悲哀を浮き上がらせた秀作だ。

　新鋭アリソン・ローマン演じる十代半ばの主人公アストリッドが、出会った女性たちの姿から学ぶことによって、母の束縛を離れ成長、自立していく物語。

　美しく才能豊かな画家の母（ファイファー）を崇拝する娘アストリッド。気性の激しい母はある日、心変わりした恋人を殺した罪で逮捕される。残されたアストリッドは福祉事務所の手配で里親の元を転々とする。

　最初に引き取ったスター（ペン）は、アストリッドと同居する自分の恋人との仲を勘ぐり、酒におぼれた揚げ句、彼女を銃で撃ち負傷させた。

　二度目の里親候補、売れない女優クレア（ゼルウィガー）は繊細な神経の持ち主。テレビプロデューサーの夫の浮気を気に病み、アストリッドのそばで自ら命を絶った。

　実は、自殺の原因をつくったのが母。娘を手放したくない一心で、クレアをそそのかしたのだった。あらゆる人を敵視する身勝手な母の愛に娘は反発するが、母にも悲しい過去があった──。

　原作は米国でベストセラーとなった小説。立て続けにまがまがしい悲劇に見舞われる物語は、少々あざとい。だが、女優たちの迫真の演技やドキュメンタリーを思わせるカメラワークの成果で、十分真実味を発揮する。

　それにしても、この映画が描く米国女性たちの孤独と、荒涼とした心象風景には、胸突かれると同時に驚かざるを得ない。監督はピーター・コズミンスキー。

記者の採点＝★★★★☆　　　　　　　　　　（伊）

2003年2月26日
古典的題材に現代吹き込む
「青の炎」

　演劇界の第一人者、蜷川幸雄が映画の分野に挑んだ「青の炎」。映画らしい表現にあふれ、一九六〇、七〇年代の青春映画を思い出させる骨太な作品だ。

　十七歳の高校生秀一（二宮和也）が完全犯罪を企てる。殺害相手は、母（秋吉久美子）の再婚相手で、既に離婚した曽根（山本寛斎）。母、妹（鈴木杏）と三人穏やかに暮らす家に突然現れ、居着いたのだ。そればかりか妹の回りをうろつき母に関係を迫った。

　写生の授業中に学校を抜け出した秀一は、曽根を感電させ病死を装うことに成功する。だが、以前から意識し合う同級生の紀子（松浦亜弥）が、そのトリックに気が付いたのだった──。

　秀一と紀子が保つ、切ないほどの距離感。二人の関係に現代の若者像を見いだすのは難しいが、思えば他者と分かり合えない痛みは、この年ごろにつきものの感情だったはずだ。

　ひとり自転車で疾走する姿や、自室代わりの閉ざされたガレージによって、他者を寄せ付けない主人公の内面を描き出す。その核をなす冷たいガラス水槽が、紀子や妹と心通わせる場面をドラマチックに盛り上げる。

　二宮が内面的演技を含む、難しい若者像を演じきった。無造作に共演者を配置したように見えて、生硬な松浦、秋吉の無力感や鈴木の邪気のなさなどが見事に収まる。

　二宮、松浦という人気アイドルを起用しながら少しも時代にこびず、古くからある父親殺しのテーマを独自の世界に仕上げた。表面的な"今"にこだわるあまり、袋小路に迷い込む若い映画作家たちには、示唆に富む作品といえそうだ。

記者の採点＝★★★★☆　　　　　　　　　　（伊）

2003年3月5日

チェンの持ち味生かす 「タキシード」

　すっかりハリウッド映画になじんだ感があるジャッキー・チェンが、スピルバーグ監督率いるドリームワークスと組んで製作したアクションコメディー「タキシード」(UIP配給)。

　チェンの生身のスタントとハリウッドのSFX(特殊効果)をミックスさせて、肩の凝らない娯楽作品に仕上げている。

　今回チェンの役は、純朴なタクシードライバー、ジミー。謎の億万長者デブリンのお抱え運転手に雇われるが、実はこのデブリン、すご腕のスパイという設定。

　この辺り、ブルース・リーの出世作であるテレビシリーズ「グリーン・ホーネット」のパロディーにもなっているのだが、リーと違うのは、ジミーはカンフーなどまったくできないこと。

　ところが、科学の粋を集めた秘密兵器、デブリン愛用のタキシードを着ると、無敵のスーパーマンに変身してしまう。

　デブリンが敵に襲われ、重傷を負ったことから、彼になり代わって飲料水会社の社長の陰謀に立ち向かう羽目になるジミー。しかも新米女性エージェント、デル(ジェニファー・ラブ・ヒューイット)とのコンビは失敗ばかりで、ピンチの連続を迎えるのだが…。

　コミカルでほのぼのとしたチェンの持ち味がうまく生かされている。ジェームス・ブラウンに代わってソウルナンバーを歌って踊る、チェンにしては珍しいシーンもあって、全編がほほ笑ましいタッチ。

　コンビを組むヒューイットも"女版ジム・キャリー"のようなコメディーセンスを見せ、新しい魅力を発揮している。

　いつものように全力投球のチェンだが、やはりアクションの切れ味は、若いころと比較すると鈍って見えてしまうのは仕方がないところか。SFXの方が目立つのは少し寂しい気がする。監督はケビン・ドノバン。

記者の採点＝★★★☆☆　　　　　　　　　　(富)

2003年3月12日

魅力たっぷりな2人の関係 「キャッチ・ミー・イフ・ユー・キャン」

　スティーブン・スピルバーグ監督と名優トム・ハンクスのチームに、レオナルド・ディカプリオという人気者が加わった「キャッチ・ミー・イフ・ユー・キャン」(UIP配給)。

　豪華な顔ぶれと裏腹に、軽妙なタッチで憎めない悪漢と追跡者との関係を描く、小粋な映画だ。

　一九六三年の郊外の町。商売に失敗した父と、愛人ができた母との離婚話を聞いた十六歳のフランク(ディカプリオ)は、家を飛び出す。金に困って目を付けたのが、当時あこがれの的だったパイロットという存在。訓練生になりすまして旅客機にただ乗りし、小切手偽造の手口を磨いた。

　各地で引き起こした偽造事件に愚直なFBI捜査官ハンラティ(ハンクス)が動きだす。彼もまた妻子と別れた孤独な男だった。

　映画の重要な背景をなすのが、古き良き米国社会の姿。忍び寄るベトナム戦争の影をちらつかせつつも、ファッションは色とりどりで、人々の表情に屈託はない。

　上昇志向に浮かれる、幸福な時代からはじき出された二人の間に、やがて同志のようなきずなが芽生える。追いつ追われつを繰り返しながら、ひそかにひかれ合うのが面白いところだ。

　輝くばかりの華やかさと、寂しい胸中を演じ分けたディカプリオに、抑えた演技におかしさを醸し出すハンクス。アカデミー賞向けの"熱演"とは質が異なるものの、好感が持てる。

　基にしたのが実話だけに、時代の空気を脚色しすぎたという指摘もあるだろう。それでも"犯罪映画"に豊かな味を加える二人の関係は、十分に魅力がある。

記者の採点＝★★★★☆　　　　　　　　　　(伊)

2003年3月19日
淡く切ない思春期を繊細に

「blue」

　思春期の少女たちの友情は、恋愛のようにお互いを強く求め合い、時に傷つけ合う。

　「blue」(安藤尋監督)は、そんな未分化で淡く切ない感情のかたちを、新鮮な映像で表現した青春の物語だ。

　日本海沿いの町の女子高。桐島カヤ子(市川実日子)は、長く停学していた同クラスの遠藤雅美(小西真奈美)のことが気になっていた。

　謎めいた遠藤に、声をかけてみる桐島。二人は次第に親しくなり、桐島は大人びた遠藤に、恋愛に似た気持ちを抱く。

　しかし夏休み、二人の関係にひびが入る。遠藤は桐島にうそをつき、妻子ある男に会いに行く。裏切りを許せない桐島は、家にこもって絵のデッサンに打ち込む。そして新学期、桐島は遠藤を激しく拒絶するのだが…。

　学校の屋上で食べる弁当。家で隠れて吸うたばこ。砂浜での不器用なキス。何もない青い海。ドラマチックではないが、どのシーンも初々しさと透明感にあふれて、心に深くとどまる。

　不器用な桐島役を演じた市川の純粋さと、傷ついた心を隠して背伸びする遠藤役の小西の繊細さ。子どもと大人の境目で揺れる少女をナチュラルに演じていて、まぶしい。

　原作は魚喃(ななん)キリコの同名コミック。クールな原作に比べ、映画はエピソードを膨らませ、より情感を持たせた。自然光を生かした安藤監督の映像は、少女たちのいる風景を、包む空気ごと映し出し、独自の静寂さとノスタルジーを醸し出す。

　夜をかけて歩き回る二人。やがて朝が訪れ、手をつなぎ駆け出して行く。美しい映画的表現が、一瞬の切なさをフィルムに焼き付け、青春映画の佳作となった。市川がモスクワ国際映画祭最優秀女優賞を受賞。

記者の採点＝★★★★☆　　　　　　　　　　(富)

2003年3月26日
静かに伝わる無償の愛

「おばあちゃんの家」

　この映画のエピソードに思い当たる経験をした人は、日本にもたくさんいるだろう。都会で育った孫といなかに住む祖母の関係を描いた「おばあちゃんの家」は、素朴で心温まる韓国の秀作だ。

　七歳の少年サンウは母に連れられ、まだ会ったことのない祖母を訪ねる。そこはひなびた山村の、古く小さな家だった。失業中の母が職探しにソウルへ戻っていき、祖母と二人きりの生活が始まった。

　耳が聞こえず口のきけない祖母をばかにして、わがまま放題のサンウ。ゲームばかりするうちに電池が切れてしまったが、自給自足に近い祖母に現金はない。眠っている彼女の頭からかんざしを引き抜き、村の売店へ向かった──。

　生活様式や意識の違う祖母を疎んじていた少年は、静かにすべてを受け入れる祖母の優しさを、次第に受け止めていく。少年の変化をていねいに描いた、成長の物語だ。

　淡々とエピソードをつづっていくかと思わせて、少年が祖母の愛情を思い知る場面や、ラストを劇的に盛り上げる。「美術館の隣の動物園」に続き長編劇映画二作目の女性監督イ・ジョンヒャンの演出がうまい。

　シンプルな物語だが、そこに込められたさまざまな思いが伝わってくる。それは現代人が切り捨てたものへの後ろめたさであり、損得勘定を超えた懐の深い愛の存在だろう。何も特殊な状況を設定しなくても、リアリティーのある題材で"無償の愛"を描いてみせた。

　社会変化のスピードが激しい韓国の人々の郷愁をくすぐって大ヒットしたが、日本人もその感動を十分共有しうる映画といえる。

記者の採点＝★★★★☆　　　　　　　　　　(伊)

2003年4月2日

生きる喜びと悲哀 「ぼくんち」

　西原理恵子の同名マンガを、「顔」「KT」の阪本順治監督が映画化した「ぼくんち」は、幼い兄弟を主人公にした"貧乏物語"。おかしくて、やがて悲しい―。生きることの喜びと悲哀を描いた作品だ。

　どこかの島の小さな港町。兄弟二人でたくましく生きる一太と二太のところに、行方不明だった母親(鳳蘭)が、島を離れていた姉かの子(観月ありさ)を連れて戻ってくる。

　若く美しいかの子に、甘える二太。しかし、母親は勝手に家を売り飛ばし、三人を置いて再び姿を消してしまう。

　かの子は風俗店で働きながら兄弟を養おうとするが、一太はかの子に反発。自立しようと、町のチンピラ、コウイチ(真木蔵人)の手下となってガソリン盗や偽ブランド品作りに励む。

　そして三人に別れの時がやってくる…。

　兄弟を取り巻く奇妙な町の住人たちが、作品の世界観を形作る。子だくさんでホームレスのまもる(岸部一徳)、刑務所を出たり入ったりの安藤(今田耕司)、二太をかわいがる鉄くず集めの鉄じい(志賀勝)など、悲惨な状況の中でしぶとく本音むき出しで生きる人々の姿はユーモラスでいとおしい。

　その中で、かの子役の観月も負けていない。きわどいせりふのタンカをきってみせたりして、新しい魅力を発揮している。

　阪本監督は人々のたくましさを前面に出しながら、後半に観念的な場面を挿入することで、リアリティより一種のファンタジーとしての色合いを強めている。

　だが西原の原作マンガは厳しい状況をもっとリアルに描き、死をも真正面から見つめ、胸に突き刺さるような読後感を残した。それと比べたときの踏み込みの浅さに、どうしても不満が残ってしまう。

記者の採点＝★★★☆☆　　　　　　　　　　(富)

2003年4月9日

虚栄に踊る悪女の魅力 「シカゴ」

　廃れたかと思われたミュージカル映画に、本格的な新作が登場した。「シカゴ」はミュージカルの伝統を踏まえつつ、新しい映像センスを注ぎ込む楽しい作品だ。

　舞台は一九二〇年代、犯罪の町シカゴ。主婦ロキシー(レニー・ゼルウィガー)は、舞台のスターを夢見ていた。ショーの支配人に口を利いてやるという男と浮気を重ねていたが、だまされたと知って逆上、銃で撃ち殺してしまった。

　既にダンサーとして成功し、ロキシーのあこがれの的だったヴェルマ(キャサリン・ゼタジョーンズ)もまた、夫と妹の情事の現場をおさえ二人を射殺する。

　留置場で顔を合わせた二人は、それぞれ金もうけしか頭にない弁護士(リチャード・ギア)を雇って、世論を動かし無罪を勝ち取ろうと、ライバル心を燃やす―。

　手持ちカメラを使った迫力あふれるオープニング。現実からロキシーの空想へ、ドラマ部分から歌や踊りへの切り替えが見事に決まる。

　華麗なミュージカルシーンにうっとりさせるが、登場するのは欲望と虚栄の中で踊るいかがわしい人間ばかり。ショービジネスやマスコミという虚構の世界をまたにかけ、犯罪に手を染めた女たちが野心を燃やす、どぎつい物語だ。

　悪女なのに無邪気でキュート、何かに踊らされる悲哀もにじませたロキシーの複雑なキャラクターがいい。堂に入ったゼタジョーンズの歌や踊り、はらはらさせるギアのタップダンスなど見どころはたっぷり。

　暴力やウソがはびこる米社会への皮肉かと思わせて、最後に悪女たちをギュッと抱き締める。そんな白黒つけられない物語も魅惑的だ。今年のアカデミー賞作品賞、助演女優賞(ゼタジョーンズ)などを受賞。監督はロブ・マーシャル。

記者の採点＝★★★★☆　　　　　　　　　　(伊)

2003年4月16日

かみ合ったCGと伝統の技

「魔界転生」

　山田風太郎の小説を映画化した「魔界転生」は、剣豪たちが次々と魔界からよみがえる奇想天外な時代活劇だ。

　CGなどの最新技術と、撮影所が培ってきた伝統の技術、丁寧な演出がしっかりかみ合い、見応えある娯楽作になっている。

　島原の乱で殺された天草四郎（窪塚洋介）とクララお品（麻生久美子）が、徳川家を滅ぼそうと、秘術で死者を次々によみがえらせる。その陰謀に立ち向かう柳生十兵衛（佐藤浩市）と、魔界からよみがえった荒木又右衛門（加藤雅也）ら剣豪たちとの戦いが、物語を引っ張って行く。

　やりの宝蔵院（古田新太）、宮本武蔵（長塚京三）、柳生但馬守（中村嘉葎雄）、そして天草四郎と、それぞれの対決シーンが印象深い。

　奇妙な形の岩が並ぶ海辺や一面ススキで覆われた野原など、ロケーションが見事。セットでも雨を降らせ、火の粉を降らせと、さまざまな工夫があって、撮影スタッフが確かな腕を見せている。

　重厚な殺陣も東映時代劇の伝統の延長線上にあって堪能できる。つい、但馬守役の中村の姿を、東映時代劇の大スターだった兄の萬屋錦之介と重ね合わせて見てしまうような仕掛けが面白い。

　映画の基本がまずあって、CGは補助的に使うことが効果的であることをよく知っている平山秀幸監督らしい作り。

　一九八一年の深作欣二監督、沢田研二、千葉真一主演の「魔界転生」には、けれん味たっぷりの楽しさがあった。平山監督は時代劇として成立させることに主眼を置き、前作とは違う味わいを出すことに成功している。

　ただし、ドラマという点では、天草四郎の絶望感や柳生十兵衛の野獣性の目覚めなど、もっと主人公の感情を誇張した方が分かりやすかったのでは。ストーリーのメリハリが弱く、中盤から終盤に思ったほど盛り上がりが感じられなかったのも残念だ。

記者の採点＝★★★☆☆　　　　　　　　　　（富）

2003年4月23日

自由な発想の新感覚活劇

「あずみ」

　邪気のない少女の刺客が敵を切り倒していく、小山ゆうの人気コミック「あずみ」。映画版は時代劇の制約を離れ、新しい感覚のアクション映画になった。

　戦乱の余韻がくすぶる江戸時代初め、徳川幕府に弓引く者を始末するよう命じられた小幡月斎（原田芳雄）は、あずみ（上戸彩）ら孤児を集め、刺客集団に育てた。

　剣の腕を上げ、たくましく成長したあずみたちに、かつての豊臣方大名、浅野長政や加藤清正の暗殺指令が下る。難なく使命を果たしたつもりでいたあずみたちを、敵のわなが待ち受けていた。

　トリッキーなカメラワークと、編集テクニックで緩急のメリハリをつけた映像、CGも加えたアクション場面は、スピード感抜群。日本映画に受け継がれた殺陣の見せ方とは異質ながら、これはこれで楽しめる。

　映画初挑戦の上戸は、激しい立ち回りやしんの強さを感じさせる表情で、スーパーヒロインの輪郭を際立たせた。

　ただ、この物語のみそといえる、殺さなければならないヒロインの葛藤（かっとう）を、もう少し前面に出せなかったか。例えば序盤の見せ場、仲間同士が切り合う試練の場面は、その前段が舌足らずになったため生きてこない。

　オダギリジョーら意表をつく配役も、戯画的なキャラクターにしすぎたばかりに、すごみが薄れた。

　米映画界からも注目されているという新鋭、北村龍平監督。新鮮な映像センスを一層生かすためにも、人間の描き方に執着がほしい。

記者の採点＝★★★☆☆　　　　　　　　　　（伊）

2003年4月30日
生の尊厳を静かに伝える　「めぐりあう時間たち」

　三つの時代、三人の女性たちの人生を描いた「めぐりあう時間たち」。異なる時間軸を巧みな構成で一つに紡ぎ、女性たちの普遍的な苦悩を浮かび上がらせた作品だ。

　物語はそれぞれパーティーの準備に追われている三人の女性たちの一日を交互に追う。

　一九二三年のロンドン郊外。作家バージニア・ウルフ（ニコール・キッドマン）は小説「ダロウェイ夫人」を執筆している。心を病んでいる彼女を支える夫。夫婦の家に姉とその子どもたちが訪ねてくる。

　五一年のロサンゼルス。妊娠中の主婦ローラ（ジュリアン・ムーア）は、「ダロウェイ夫人」を読んでいる。夫の誕生日ケーキを、幼い息子と一緒に作り始めるローラだが、上手にできないことにいら立っている。

　二〇〇一年、ニューヨーク。編集者クラリッサ（メリル・ストリープ）は、エイズに侵された友人で作家のリチャード（エド・ハリス）を訪ねる。彼が受賞したお祝いにパーティーを開こうとするクラリッサ。リチャードは彼女を"ミセス・ダロウェイ"と呼ぶ—。

　「ダロウェイ夫人」という細い糸で結ばれた三人の心の動きが、演技派の名女優たちによって繊細に演じられる。

　病に苦しみながら、夫に負担をかけたくないバージニア、日々の空虚な生活に心に穴が開いたままのローラ、過去の思い出に縛られ、現在に不安を感じているクラリッサ。「ダロウェイ夫人」の分身とも言える三人の苦悩は、誰もが自分にひきつけることができる。

　全体を支配しているのは死の予感。しかし映画はそれぞれの生き方を否定したりはしない。死や苦悩と隣り合わせにある生の尊厳を静かに伝え、見る者を力づけるのだ。

　原作はマイケル・カニンガムの同名小説。監督は「リトル・ダンサー」のスティーブン・ダルドリー。付け鼻の特殊メークでバージニアを演じたキッドマンがアカデミー賞主演女優賞を受賞した。

記者の採点＝★★★★☆　　　　　　　　　　（富）

2003年5月7日
アフガンへの崇高な思い　「少女の髪どめ」

　イランのマジッド・マジディ監督「少女の髪どめ」は、厳しい状況に置かれる隣国アフガニスタンへの思いを、イランの若者がアフガン難民少女に抱くほのかな恋の物語に託した秀作である。

　テヘラン郊外の建築現場で、食事やお茶の用意など比較的楽な仕事を任される若者ラティフ。そこへ、負傷したアフガン難民労働者に代わって、息子という小柄な子どもがやってきた。

　力仕事をしくじってばかりのその子に、ラティフの仕事が回される。つらい現場に移されたラティフはそれを逆恨みし、嫌がらせを続けた。

　ところが偶然、その子が少女だと知り、ラティフの態度は一変する。不法就労で追われた彼女をかばって逮捕。一年分の給料を彼女の父親に託そうと難民集落を訪れるが、別の難民の手に渡る。それでも懲りず大切なIDカードを闇で売ってまで、現金をつくる。

　「運動靴と赤い金魚」などがヒットしたマジディ監督の新作。実際に難民キャンプで見つけたヒロインにひとこともせりふをしゃべらせないなど、今回も余計な説明をそぎ落とす。

　殺伐とした工事現場に雪などで情感を盛り込み、主人公の異性への関心が崇高な愛へと高まる過程を自然に描く。

　ヒロインを待つ厳しい未来を予感させつつ、ほんの一瞬の心の通い合いやささやかな希望まで描き込んだ、密度の濃いラストシーンは圧巻。

　米中枢同時テロでアフガニスタンが、世界的に注目される以前につくられた一作。関心が移ろいがちなわれわれを、戒めるような作品だ。二〇〇一年のモントリオール世界映画祭グランプリ。

記者の採点＝★★★★☆　　　　　　　　　　（伊）

2003年5月14日

J・ニコルソンを楽しめ！

「アバウト・シュミット」

　定年退職して第二の人生を歩もうとする男。だが何をして良いかも分からず、迷走するばかり。名優ジャック・ニコルソンが、"ダメなオヤジ"を演じる「アバウト・シュミット」は、ほろ苦さと哀愁が入りまじった大人のコメディーだ。

　シュミットは保険会社を定年退職、仕事を全うした誇りを持って、老後を楽しもうとキャンピングカーを買ったりするが、手持ちぶさた。

　でき愛する一人娘は、親元を離れ結婚間近だが、相手はうさんくさい男で納得できない。やることのないシュミットは、アフリカの子どものためのボランティアに募金をし、見知らぬ子どもあての手紙に自分の不平不満を書いて憂さ晴らしをしているありさまだ。

　しかし、長年連れ添った妻が急死。家事をやったことのないシュミットの生活は、すさんでいく。しかも、かつて妻が自分の親友と不倫関係にあったことまで発覚。傷ついたシュミットはキャンピングカーで旅に出る。

　最後の希望である娘の結婚を阻止すべく、娘のところへ向かうが、相手の男の母親（キャシー・ベイツ）ら強烈な個性の家族が彼を待っていた…。

　築き上げたと思っていたものが、すべて崩れ落ちていく主人公の境遇に、身につまされる男たちは多いのでは。

　主人公は、ごう慢でスケベで、どこにでもいそうなオヤジ。結局は身から出たさびなのだが、ニコルソンが演じることで、どこか憎めない愛すべき人物に見えてくる。

　物語には生硬さが残っていて、スムーズに入り込めない部分もあるが、これはニコルソンを楽しむ映画なのだろう。

　シニカルな物語のラスト、シュミットの元に思いがけない贈り物が届く。万感のこもったニコルソンの表情が秀逸。泣けてくる。監督はアレクサンダー・ペイン。

記者の採点 ＝ ★★★★☆　　　　　　　　　（富）

2003年5月21日

超アクションと暗い世界観

「マトリックス　リローデッド」

　SF映画に新時代を開いた大ヒット作の第二弾「マトリックス　リローデッド」。人気に安住せず、独創的な作品世界を押し広げるなど、作り手の自信と意気込みがあふれる。

　この文明社会が実は、コンピューターに支配された仮想現実の"マトリックス"だと設定した前作。今回は、地底都市に潜みマトリックスに対抗する人類の側を描き込む一方、ヒーローの存在さえ揺るがす仕掛けも出現する。

　前作でマトリックスの実態に気付かされたネオ（キアヌ・リーブス）は、超人的な能力に目覚める。仲間モーフィアス（ローレンス・フィッシュバーン）の信頼や、トリニティー（キャリー・アン・モス）の愛に支えられ全人類の運命を背負うことに。

　地底都市の人々から託された期待の重さと、愛するトリニティーを失う予感との間を揺れ動きな

がら、マトリックス"住民"の暗示に満ちた言葉に背中を押され、隠された真実へとたどり着く。

　映画は、現実と仮想現実が入り乱れ、人間の意志さえ相対化する迷宮へといざなう。

　そうした陰鬱（いんうつ）な世界観を吹き飛ばすのが、デジタル技術を駆使したアクションだ。特に、自在に増殖する"エージェント"スミスとネオとの格闘や、モーフィアスとトリニティーが奮闘するカーチェイスの場面などは、見たこともない映像を浴びせかける。

　最後に大きな見せ場をつくったものの、絶望的な真実は宙に浮いたまま。半年後に公開される第三作への橋渡しと分かっていても、見終わった後の重苦しさが引っ掛かる。監督はラリー・ウォシャウスキー、アンディ・ウォシャウスキー。

記者の採点 ＝ ★★★☆☆　　　　　　　　　（伊）

2003

2003年5月28日

切迫した怒り、いらだち 「8Mile」

　過激なメッセージで人気を集めるラップミュージシャン、エミネム主演の米映画「8Mile（マイル）」は、ラップの世界で認められる青年を描いた、一種のサクセスストーリー。だがスター映画と違い、過酷な青春像を描くシリアスな作品だ。

　自動車産業で栄えたが、現在は荒廃が進むデトロイト。クラブでラップの腕を競う"バトル"を棄権し自信をなくしたラビット（エミネム）に、厳しい現実が追い打ちを掛ける。

　借家暮らしの母（キム・ベイシンガー）は、年下の恋人が受け取る保険金を頼ってアルコール浸り。幼い妹の面倒も見ない。臨時雇いのプレス工場で偶然知り合ったモデル志望の恋人は、コネをつかむため彼を裏切る。

　もう一度バトルのステージに立つよう促す仲間の説得に耳を貸さなかったラビットだが、日常のいら立ちにせき立てられ、ようやく再挑戦を決意する―。

　8マイルは、ダウンタウンと郊外の境界で、黒人と白人社会を隔てる実在のストリート。黒人が支配するラップの世界に乗り込んでいく、貧しい白人青年の物語だ。

　「LAコンフィデンシャル」で知られるカーティス・ハンソン監督は、手持ちカメラの不安定な映像を多用。神経がすり減るようなリアリティーをもたらした。

　エミネムは、映画初挑戦ながら、怒りや繊細さを秘めた表情が存在感たっぷり。成功の高揚感を引き締めたエンディングがズシリと重い。エミネム自身による「ルーズ・ユアセルフ」が米アカデミー賞の主題歌賞を獲得。

記者の採点＝★★★★☆ （伊）

2003年6月4日

引き裂かれる個人の悲哀 「二重スパイ」

　一九八〇年代前半の朝鮮半島を舞台に、国家のはざまで引き裂かれる人間を描いた韓国映画「二重スパイ」。南北分断とスパイのモチーフは同じだが、ブームとなった「シュリ」より、人間や時代の"真実"に迫る。

　亡命を装い韓国にやってきた北朝鮮のスパイ、イム・ビョンホ（ハン・ソッキュ）は北出身の経歴を生かし、韓国の情報機関に潜り込んだ。女性アナウンサーのユン・スミ（コ・ソヨン）を通じて北の指令を受け、韓国政府の機密を入手する。彼女も北へ渡った父を持つスパイだった。

　そのスミが、ひそかに思いを寄せるビョンホの身を守ろうと、北の命令を握りつぶしてしまう。ほどなく韓国政府に正体をかぎつけられ、ふたりは北と南の双方から追われる立場となる―。

　ビョンホの出自を疑いつつも、信頼しようと自らに言い聞かせているかに見える上司や、ためらいなく兄のように慕う運転手…。彼らの信頼を裏切りながらも精いっぱいの誠意で応える、主人公の抱えた矛盾や悲しさが、周囲の姿から浮かび上がる。

　韓国随一の人気俳優ハン・ソッキュは観客の同情をあおるような、安易な苦悩の演技に頼らない。抑制のきいたリアルな表現で、映画全体を引き締めている。

　当時、軍事政権下にあった韓国。映画にも、拷問やスパイ事件でっち上げなど暗い時代のエピソードが盛り込まれ、国家の意思に押しつぶされる「個」の悲哀が際立った。

　緊張感を終盤まで持続してきただけに、エンディングにもうひと工夫あってもよかったが。監督はキム・ヒョンジョン。

記者の採点＝★★★★☆ （伊）

2003年6月11日
宇宙で問う愛の物語

「ソラリス」

　ハリウッドで近ごろ多いリメーク作品の中で、「ソラリス」はうまくいった部類に入るだろう。タルコフスキーの名作「惑星ソラリス」（一九七二年）とは根本からテーマを変え、完成度の高い映画に仕上げた。

　近未来の地球。心理学者クリス（ジョージ・クルーニー）のもとに、謎の惑星ソラリスの探査にあたる宇宙ステーションで起きた異変を、調査するよう依頼が舞い込む。乗船する親友が、彼の助けを求めてきたからだ。

　宇宙ステーションに到着したクリスを待っていたのは自殺した親友たちの亡きがらで、乗員は二人しか残っていない。事態がつかめないまま眠りに落ちたクリスは、亡き妻レイア（ナターシャ・マケルホーン）の夢を見る。目を覚ますと、そのレイアがベッドの脇にいた。

　目の前の出来事が信じられないクリスは、レイアを宇宙空間へ放り出すが、彼女は再びクリスの前に姿を現すのだった。

　プロット自体は、人間の存在を問う哲学的で難解なオリジナル作品と、ほぼ同じ。だがスティーブン・ソダーバーグ監督はクリスとレイアの愛の物語に、分かりやすく仕立て直す。

　出会いのときめき、妊娠をめぐるすれ違い、そして悔恨の日々を送るクリスの心の動きをしっかり描き込み、たっぷりひねりが利いたラストへと導く。

　気鋭ソダーバーグのシャープな映像が素晴らしい。宇宙での出来事と、愛の日々とを色調を変えて描きわけながら、最後は、無機的な宇宙空間と人間的なテーマを融合させた。

記者の採点＝★★★★☆　　　　　　　　　　（伊）

2003年6月18日
何でもアリが最優先

「チャーリーズ・エンジェル フルスロットル」

　アクション、ドタバタコメディー、お色気、そしてパロディー…。人気米映画の第二弾「チャーリーズ・エンジェル　フルスロットル」は、観客が喜びそうな要素を何でも詰め込んだエンターテインメントだ。

　組織犯罪を証言し保護を受けている証人のリストが、当局幹部の手から奪われた。探偵事務所のボス、チャーリーの命令で、ナタリー（キャメロン・ディアス）、ディラン（ドリュー・バリモア）、アレックス（ルーシー・リュー）の"エンジェル"三人が、奪い返すべく調査に乗り出す。

　今回は、ディランの秘めた過去をからめて物語をふくらませ、すご腕の元エンジェル（デミ・ムーア）を登場させて三人をピンチに追い込む。

　が、ストーリーなどこの映画にとっては二の次なのだ。

　最大の見どころは、三人のはちゃめちゃな活躍。モンゴルで戦車の砲撃をかわしたと思うと、サーファーになりすまして犯人を追い、証人を守るためモトクロスレースに参戦。ストリップ劇場の舞台に立つわ、修道女に化けるわ…、とコスプレショーの様相を見せる。

　「フラッシュダンス」から「スパイダーマン」まで、他のヒット映画で見たシーンや変装が、聴いた曲に合わせて次々登場する。これだけ恥ずかしげなくパロディーを繰り出されれば、見る方はバカ笑いするほかない。

　見ている瞬間は楽しませてくれるが、後に残るものはあまりない、せつな的エンターテインメント。とってもぜいたくなB級映画だ。監督はマックG。

記者の採点＝★★★☆☆　　　　　　　　　　（伊）

2003年6月25日

最先端、高性能の過剰さ　　　　　　　　　　「ターミネーター3」

　前作から十二年ぶりに「ターミネーター」が帰ってきた—のはいいけれど、何もかも過剰になった「ターミネーター3」。ここは、前二作にあった物語に期待せず、ひたすらアクションに目を凝らしたい。そうすれば、昨今のハリウッド映画の中でも飛び切りの「過剰」を堪能できるはずだ。

　前作で、コンピューターシステム「スカイネット」による人類支配を阻止してから十年。マシンと人類とで戦争が始まる「審判の日」も回避されたかに思えた現代に、未来から超強力な新型ターミネーター（クリスタナ・ローケン）が送り込まれる。目的は、未来社会で人類のリーダーとなるジョン・コナー（ニック・スタール）たちの抹殺。そこへ、旧型ターミネーター（アーノルド・シュワルツェネッガー）も未来から訪れて…。

　基本的には前作の延長線上にある展開だが、登場人物は様変わり。さらに「4」へと続きそうな設定も明らかになるのだが、そんなことはどうでもよくなるほどアクション場面のてんこ盛り。殺りくシーンは意外におとなしいが、車や建物の破壊はすさまじい。新旧のターミネーターとも不死身というお約束を存分に生かし、しまいには笑ってしまう過剰さだ。

　この先、作り続けられるのなら、強敵を倒すことのみが目的化していった「ロッキー」シリーズになってしまわないかと余計な心配もしたくなる。それでも、ここまで飽きさせず観客を振り回せるのだから、高性能のジェットコースターと言わざるをえない。監督はジョナサン・モストウ。

記者の採点 = ★★★☆☆　　　　　　　　　（K）

2003年7月2日

メロドラマに浮かぶ真実　　　　　　　　　「エデンより彼方に」

　絵に描いたような幸せから家庭崩壊へ—。「エデンより彼方に」は、古典的なメロドラマの形を借りながら、現代的なテーマを内包し、人間の本質を鋭くとらえた作品だ。

　舞台は一九五七年米コネティカット州の小さな町。主婦キャシー（ジュリアン・ムーア）は、会社重役の夫（デニス・クエイド）と二人の子どもに囲まれ幸福な日々を送っていた。

　しかし、ある日突然、キャシーは夫が同性愛者であることを知ってしまう。その秘密を隠しながら、元の生活を取り繕う彼女だが、その苦しさを癒やしてくれたのが知的で包容力ある庭師のレイモンド（デニス・ヘイスバート）だった。

　彼との心の交流はキャシーの支えとなるが、彼が黒人であるがために、偏見に満ちた町の人々からキャシーは軽べつされ、無視され、次第に追い詰められていく…。

　五〇年代米国のメロドラマのような幸福な家庭像を、殊更強調した設定。平凡な主婦の"悲恋ドラマ"が、鮮やかな色彩美と情感あふれる音楽とともに展開される。

　しかし、そんな戯画的な舞台装置から、立ち上がってくるのは、人種や女性、同性愛者への差別と偏見といった現代に通じる普遍的な問題だ。

　閉ざされた社会である楽園（エデン）を追放されたキャシーたちは、さしずめ堕天使か、アダムとイブということになるのだろうか。

　しかし、悲劇ではあっても、マイノリティーであるキャシーたちは、楽園を追われることで初めて解放され、自分自身の生き方を発見していくことになるのだ。

　様式美を徹底させることで、逆に社会の真実を浮かび上がらせたトッド・ヘインズ監督の才気。そしてヒロイン役ムーアの渾身（こんしん）の演技と美しさが光っている。

記者の採点 = ★★★★☆　　　　　　　　　（富）

2003

2003年7月9日

ゆがみの中に生まれる奇跡

「トーク・トゥ・ハー」

　愛と自由への賛美を描き続ける、スペインのペドロ・アルモドバル監督。「トーク・トゥ・ハー」は、人間のグロテスクさと美しさ、愛の不毛とほのかな希望を、ぎりぎりの線で結んだ秀作だ。

　交通事故でこん睡状態になったバレリーナのアリシアと、看護を担当するベニグノ。アルゼンチン人ライターのマルコと女性闘牛士リディアの二組の男女の物語。

　ベニグノは他人との接触を知らずに育った若者。アリシアを窓越しに見つめ、彼女の父の診療所に予約を入れて近づく。その彼女が事故にあい、偶然ベニグノが看護することになる。献身的な世話をし、彼女が目を覚ますよう懸命に語りかけた。

　一方のマルコは過去の愛を引きずり、絶望にひしがれる中年男。別の男と別れたばかりのリディアにひかれるが、彼女も競技の事故で植物状態に。病院で顔を合わせた二人の男は心を通じ合う。

　ある日ベニグノが起こした衝撃的な事件が発覚。ベニグノは絶望に打ちのめされるが、アリシアには"奇跡"が―。

　エキセントリックな表現で知られるアルモドバルが、いつもより抑制をきかせた。それでも、ベニグノの妙な純粋さやマルコのあまりに感傷的な人物像、アリシアの身体に向けるまなざしには、かなり癖がある。

　理想の愛の形から程遠い話の筋は絵空事としか思えない。なのに、現実世界を投影した人間のゆがみや悲しみと、その中に紡ぎ出した希望には心奪われる。

　世界的な舞踏家であるピナ・バウシュの舞台などを効果的に挿入。自らの手によるきわどいサイレント映画を使って物語を劇的に展開するなど、センスが光る。米アカデミー脚本賞受賞。

記者の採点＝★★★★☆　　　　　　　　　　（伊）

2003年7月16日

青い海に広がる夢と冒険

「パイレーツ・オブ・カリビアン／呪われた海賊たち」

　どくろマークを掲げた海賊船が、真っ青な大海原を疾走する。昔懐かしい夢と冒険の"海賊"映画。ディズニーの「パイレーツ・オブ・カリビアン／呪われた海賊たち」は、家族で楽しめる痛快な娯楽大作だ。

　ファンならご存じの、ディズニーランドのアトラクション「カリブの海賊」のイメージ通りの世界がスクリーンに広がる。荒くれの海賊たち、洞くつに積まれた財宝…。物語にはこうした要素が巧みに組み込まれている。

　謎の海賊ジャック・スパロウにジョニー・デップ。彼と行動をともにする青年ウィル・ターナーを「ロード・オブ・ザ・リング」で人気上昇中のオーランド・ブルーム。英国海軍総督の娘エリザベス・スワンを新鋭キーラ・ナイトレイが演じる。

　かつての部下バルボッサ（ジェフリー・ラッシュ）に裏切られ、愛するブラックパール号を奪われたジャック。思いを寄せるエリザベスをバルボッサ一味にさらわれたウィル。二人は協力してバルボッサを追うが、一味はのろいによって不死身になっていた―。

　自由人のジャックと、きまじめなウィル、勝ち気なお嬢さまエリザベスの古典的な三角関係も楽しめる。

　特にジョニー・デップのジャックが素晴らしい。アバウトで女にはからきし弱いが、剣の腕は超一流。見た目はどこかロックミュージシャンっぽいと思ったら、デップは「キース・リチャーズをモデルにした」と言う。

　インディーズ系作品のイメージが強いデップだが、大作でも強烈な存在感を発揮。古典的な活劇に、新鮮さと求心力を与えた功績は大きい。

　CGを駆使していても、本物のカリブの海はやはり気持ち良い。大きなスクリーンに映し出された青い海も、この作品を魅力的にしている主役の一人だ。監督はゴア・ヴァービンスキー。

記者の採点＝★★★★☆　　　　　　　　　　（富）

2003年7月23日

何でも盛り込んだお祭り

「踊る大捜査線　THE MOVIE2」

　大ヒットした前作を上回る人気の「踊る大捜査線　THE MOVIE2／レインボーブリッジを封鎖せよ！」。事件、アクション、笑い、ドラマと、いろんな要素を詰め込んだにぎわいは、さながらお祭りのようだ。

　織田裕二ふんする青島刑事ら顔ぶれはそのまま。東京の大観光地"お台場"でまた重大事件が発生する。

　会社経営者がひとり、またひとり奇妙な方法で殺され、犯人の男たちから電話がかかる。湾岸署に捜査本部が設置され、警視庁捜査一課が乗り込んできた。

　捜査中の柏木刑事（水野美紀）が人質にとられ、恩田刑事（深津絵里）を悲劇が見舞うなど、力ずくの展開で観客を引きつけていく。

　シリーズのポイントといえる警視庁と所轄署の確執に、真矢みき演じる女性キャリアが新味を加え、組織と個人のあり方が焦点に。街頭監視システムの存在、犯人との交渉にあたるネゴシエーターの登場、さらにはお台場地区封鎖作戦など、目を引く仕掛けが次々に盛り込まれる。ファンが喜ぶ小ネタもちりばめた。

　だが肝心の連続殺人事件に緊張感がなく、物語の展開もち密さを欠いた。エピソードを盛り込みすぎたせいで話の筋が拡散し、大きな魅力だった青島と室井管理官（柳葉敏郎）、元刑事・和久（いかりや長介）との関係も淡泊になってしまった。

　それでも刑事ドラマとしてのスケールは、日本映画には珍しい。じっくり味わうより、参加して楽しむスタイルがぴったり。そういう意味でも、これはお祭りなのだ。監督は本広克行。

記者の採点＝★★★☆☆　　　　　　　　　（伊）

2003年7月30日

車内だけで見せる人間模様

「10話」

　イランの名匠アッバス・キアロスタミ監督の新作「10話」は、すべてが乗用車の中の会話だけで成り立つ。極めてシンプルな形にもかかわらず、そこに立ちあらわれる豊かな感情と社会性。キアロスタミ監督の映画哲学が結実した秀作だ。

　登場人物は乗用車を運転する主人公の女性、そして次々と同乗する六人。運転席と助手席に固定されたカメラのクローズアップ映像が映し出されるだけだ。

　展開する短い十のエピソードの最初。母親でもある主人公は、離婚した夫に預けている幼い息子をプールに連れて行こうとする。車内での母親と息子の会話。息子は再婚した母親に不満をぶちまける。母親は女性として自由な生き方を選んだ自分を分かってもらおうと説得するが、言い合いになって平行線をたどるばかりだ。

　次々と変わる同乗者。学校教師をしている彼女の姉。礼拝に行こうとする信仰深い年老いた女性。婚約者に捨てられた女性。離婚したばかりの友人―。それぞれが、自分の身の上を語っていく。

　会話はまったく作為的なところがなく、フィクションとドキュメンタリーの境目が分からない。脚本もなく、監督自身が「演出の喪失」というように、これまでのキアロスタミ作品の特徴をさらに純化したと言える。

　ドラマチックな展開はない。だが保守的なイスラム社会の中で、それぞれの女性が抱える悩みや迷いが、ストレートな感情と一緒にリアリティーを持って伝わってくる。

　それは誰もが共有できるもの。ハリウッド映画と正反対の作りであっても、世界中の人々の心に届く内容を持つ。

　そして、私たちと違う文化や宗教を持ったイランにも、当然ながら同じ悩みを抱え生きている人々がいることを、この作品は気付かせてくれるのだ。1時間34分。

記者の採点＝★★★★☆　　　　　　　　　（富）

2003年8月6日

情熱の生涯、魅力的に

「フリーダ」

　並外れた芸術家の実生活は興味をそそるものだが、中でもメキシコのシュールレアリスム画家フリーダ・カーロの生涯は、波乱に満ちている。その、自由で情熱的な生きざまを映像化したのが、米映画「フリーダ」だ。

　一九二五年、十八歳のフリーダは乗っていたバスの事故で、背骨などを折り子宮を損傷する大けがを負う。ベッドから起き上がることができない療養の日々の中、絵を描くことを覚える。

　著名な壁画作家で共産主義運動のリーダー、ディエゴ・リベラに才能を認められ、彼と恋に落ちる。やがて二人は結婚するが、フリーダは常に事故の後遺症に苦しめられ、身ごもった子どもも流産してしまう。そしてディエゴの度重なる浮気に傷つけられる。

　彼女自身も、ソ連から亡命してきた革命家トロツキーと恋に落ちるなど、奔放な生活を送りながら、独創的な絵を描き続けた。

　フリーダの生涯の中でも、ディエゴとの出会いと葛藤（かっとう）、別れと再会に重点を置いた、観客が感情移入しやすいラブストーリー仕立ての作品だ。

　フリーダの愛と絶望、喜びと苦痛といったメリハリのきいたエピソードを盛り込み、魅力あふれる主人公像に仕上げた。故郷出身の画家に心酔し、映画化実現のため自ら駆けずり回ったという、サルマ・ハエックが体を張る熱演を見せた。

　監督は、舞台「ライオンキング」の演出などで知られるジュリー・テイモア。フリーダの絵に通じる、美と残酷さを併せ表現した映像センスや、自ら作詞を手掛けた主題歌など、あふれんばかりの才気を感じさせる。アカデミー作曲賞など受賞。2時間3分。

記者の採点＝★★★☆☆

（伊）

2003年8月13日

人間の暴力性に警鐘

「28日後…」

　謎のウイルスがまん延し、人類が滅亡しつつある世界を舞台にした「28日後…」。取り残された若者の絶望と希望を描きながら、現代社会と人間の暴力性に警鐘を鳴らす意欲的な作品だ。

　英国の霊長類研究所で極秘に行われていた実験で、新型ウイルスに感染したチンパンジーたち。過激な動物愛護の活動家が研究所に侵入、チンパンジーたちを解放しようとしたことから、ウイルスは人間へと感染、爆発的に広がって行く。

　その二十八日後、ロンドンの病院で、交通事故のため意識を失い入院していたジム（キリアン・マーフィ）は目覚める。

　しかし町は無人と化していた。人を捜してさまようジムは、教会で突然、ゾンビのような怪物たちに襲われ逃げ惑う。危機一髪でセリーナ（ナオミ・ハリス）たちに助けられたジム。

　そして新型ウイルスが人間を凶暴化させ、襲われた人も血液から次々に感染。今やほとんどの人間が死ぬかゾンビ化してしまった絶望的な状況を知らされる…。

　新型肺炎（SARS）でパニックになった現実を連想させる世界。さらに、人間の憎悪と暴力性を引き出すウイルスという特異な設定が、戦争をはじめとする暴力の連鎖の歴史を考えさせる。

　ゾンビ映画のようなホラーの味付けはあるが、作品の主眼は別のところに。感染者以上に狂気をはらんだ非感染者たちの登場で、物語は「ウイルスとは関係なく、もともと人間は暴力的な存在」という皮肉な真実を浮き彫りにしていくのだ。

　監督は「トレインスポッティング」のダニー・ボイル監督。デジタルビデオを使ったざらついた映像が印象深い。

　絶望的な状況の中、最後に小さな希望の灯を示しているのは、ボイル監督らしい人間への信頼と愛情の表明といえるだろう。1時間54分。

記者の採点＝★★★☆☆

（富）

2003年8月20日

大人になる直前を優しく

「藍色夏恋」

自分はどんな人間なのか、何をしたいのか、真剣に考えるほど分からなくなる。

台湾のイー・ツーイェン監督「藍色夏恋(あいいろなつこい)」が描くのは、そんな思春期の揺らめき。大人になる直前の一瞬を、優しく抱きとめる青春映画だ。

十七歳の女子高生モン・クーロウは、親友から水泳部員チャン・シーハオへの熱烈な思いを打ち明けられる。頼まれてチャンに交際する気があるか、確かめに行くモン。だがチャンが好意を抱くのは、モンの方だった。

うぬぼれ屋のチャンにしつこくつきまとわれデートに応じるモン。次第に彼に引かれながらも、激しく揺れ動く。ある日、チャンにその秘密を告白した。

モンがもらす秘密が面白い。親友に対する感情を同性愛と信じ込むモン。チャンの猛烈なアプローチを受けるまで、明確に異性を意識したことがなかったからだろう。自分は男が好きなのか、女が好きなのかと天びんにかけ、三角関係を一人苦しむ。

モンとチャンとの間の距離感やすれ違いを巧みに描いて、切ない感情をかきたてる。場面から場面への飛躍が、周囲を振り回す思春期特有の行動を効果的に伝える。

日本の観客には、このヒロイン像が純朴すぎると感じられるかもしれない。だが、モンを演じたグイ・ルンメイの中性的魅力といちずな表情は、こんな高校生がいてもおかしくないと思わせる。

台湾青春映画の名作「恋恋風塵」「牯嶺街〈クーリンチェ〉殺人事件」に比べると、やや甘すぎるきらいも。それでも高く評価したい一本だ。1時間24分。

記者の採点＝★★★★☆ (伊)

2003年8月27日

実体不在が織りなす笑い

「シモーヌ」

完ぺきな美ぼうと演技力の女優が、思い通りに動いてくれたら—。

そんな夢をかなえる"CG女優"に魅せられ、ほんろうされる映画監督を描いた「シモーヌ」は、社会への風刺を含んだ楽しいコメディーだ。

主人公は、ハリウッドで落ち目のタランスキー監督(アル・パチーノ)。起死回生の作品を撮影中、わがままな主演女優(ウィノナ・ライダー)が突然降板。別れた妻の映画会社重役からも引導を渡され、未完成フィルムを抱え絶体絶命。励ましてくれるのは娘だけだ。

しかしある日、謎の男から遺産を託され、CG製のキャラクターを思い通り動かせるコンピューターソフトを手にした彼は、有名女優の優れた部分を集めた美女シモーヌ(レイチェル・ロバーツ)を作り、こっそり未完成フィルムと合成する。

後ろめたい彼だったが、シモーヌは人々から絶賛され、映画は大ヒット。マスコミは彼女の正体を探ろうと必死になるが、タランスキーは彼女が実在しているよう偽装工作に奔走。映画はさらにヒットを続け、シモーヌ人気は世界へ。アカデミー賞にノミネートされ、生みの親のタランスキーさえ、コントロールできない存在になっていく…。

監督は「トゥルーマン・ショー」などのアンドリュー・ニコル。ハリウッドのスターシステムや映画界のCG万能の風潮を皮肉りながら、実体のない存在に夢中になる大衆とマスメディアも笑いで風刺してみせた。

大衆の無理解を嘆いていた映画監督が、大衆操作に快感を覚え、やがて自分を見失う。そんなシニカルな役をアル・パチーノがチャーミングに演じて、ほのぼのとした笑いと後味の良さを生み出している。1時間57分。

記者の採点＝★★★★☆ (富)

2003年9月3日

原点に戻り、気軽な楽しさ

「釣りバカ日誌14 お遍路大パニック!」

　ハマちゃん、スーさんの名コンビが活躍する人気シリーズの新作「釣りバカ日誌14　お遍路大パニック!」。撮影前、急病で入院していた主演の西田敏行も元気にカムバック、はじけた笑いを振りまいている。

　全国をめぐる同シリーズのロケ地だが、今回は高知県。同じ松竹の「男はつらいよ」で、寅さんが訪れていなかった数少ない道府県の一つだ。

　鈴木建設営業三課のハマちゃんこと浜崎伝助(西田)の上司として、切れ者の岩田(三宅裕司)が新課長に就任。岩田は問題児のハマちゃんを再教育しようとするが、逆にハマちゃんのペースに巻き込まれ、調子が狂いっぱなしだ。

　一方、社長のスーさんこと鈴木一之助(三国連太郎)は仕事疲れで、イライラしがち。リフレッシュしようと四国へ巡礼の旅に出る。釣り目当てのハマちゃんも、無理やり有給休暇を取って高知へ。

　巡礼そっちのけで川釣り、海釣りにと張り切るハマちゃんと、ほったらかされて怒り心頭のスーさん。けんかばかりの旅を続ける二人は、トラック運転手みさき(高島礼子)と知り合い、親しくなるのだが…。

　「サラリーマン専科」などの朝原雄三がシリーズ初監督。美しい自然や風物を盛り込みながら、西田と三宅の歌合戦やハマちゃん、スーさんの掛け合いなど、分かりやすい笑いを前面に出した。

　気は強いが情に厚く色気のあるマドンナに高島を起用するなど、いかにも、といった配役が心地よい。

　お約束のギャグも、オチが分かっていながら思わず笑ってしまう。誰もが気軽に見られる定番の楽しさ。シリーズの原点に戻ったシンプルさが功を奏している。前作に続き入場料を全国一律千円で公開。1時間56分。

記者の採点＝★★★☆☆　　　　　　　　　　(富)

2003年9月10日

閉塞した社会からの脱出

「偶然にも最悪な少年」

　チャラチャラしているように見えて、若者たちはいつも何かを探している。面白いことや暇つぶし、仕事、友人、そしてアイデンティティー…。

　「偶然にも最悪な少年」は、閉塞(へいそく)した社会や自分自身から脱出しようとする若者の姿を、パワフルかつコミカルに描いたロードムービーだ。

　いつもヘラヘラしていじめられてばかりいる在日韓国人のヒデノリ(市原隼人)。ある日、姉のナナコ(矢沢心)が手首を切って自殺する。

　「姉ちゃんに韓国を見せてやりたい」と思い立ったヒデノリは、いつも不機嫌な由美(中島美嘉)と、渋谷の遊び人タローを巻き込み、病院から盗み出したナナコの死体を乗せて博多へと車を走らせる。

　死体に着せる服を万引し、お金がなくなるとアベックから金を巻き上げる。三人と死体の奇妙な旅は、こっけいなほどのどかで、楽しそうだ。カツアゲや強盗といった犯罪も、渋谷とは違って生き生きとして見えるから不思議だ。

　何かを探している若者たちは、自分が何を探しているかが分からなくてイライラしているのかもしれない。だが、いったん目的や意義のある「何か」を見つけたとき、若者たちの行動は誰にも止められないほど輝き始める。

　監督は「CM界の鬼才」と呼ばれるグ・スーヨンで、これが初監督作品。多彩なアイデアを盛り込みながら、在日や心の病などの問題もさらりと描いてみせた。

　旅を終えた彼らが、果たして大きく成長したのかどうかは分からない。またもとの日常に戻っていくのかもしれないが、煮詰まった現代の若者たちを励ます一本であることには違いない。1時間53分。

記者の採点＝★★★☆☆　　　　　　　　　　(義)

2003年9月17日
詐欺師に芽生える父性　「マッチスティック・メン」

　「ブレードランナー」「ハンニバル」「グラディエーター」など、ジャンルを超えたヒット作を連発してきたリドリー・スコット。ハリウッドを代表する巨匠の新作「マッチスティック・メン」は、これまでの大作とは少し趣の異なる軽やかな犯罪コメディーだ。

　一人暮らしの中年男ロイ（ニコラス・ケイジ）は、病的なまでの潔癖性に悩む詐欺師。相棒のフランク（サム・ロックウェル）と組んで、言葉巧みに市民をだましては浄水器を売りつける商売にいそしんでいた。

　そこに、前妻との間に生まれていた一人娘アンジェラ（アリソン・ローマン）が現れる。父親の職業に興味津々のアンジェラにも、次第に詐欺師の才能があることが明らかになり、大富豪をだまそうというロイたちの計画に加わることになるが…。

　「潔癖性の詐欺師」という設定自体が、まずユニークだ。電話やドアはいつも消毒、カーペットの上で靴はご法度。プールにごみが一つ浮いているだけで許せない。

　そんな男が、ちん入してきた十四歳の小娘に手を焼くうちに、少しずつ暮らしに彩りと人間らしさを取り戻していくさまはユーモラスで、ちょっぴり切ない。「男の子と何をしたか聞きたい？」と"脅迫"されてもん絶するロイの顔は、自信満々の「詐欺アーティスト」ではなく、ただの父親だ。

　コン（詐欺）ムービーとうたう通り、観客をだますいくつかの仕掛けが用意されているのだが、最も印象に残るのは、娘と出会って父親としての本能に気づく男の姿。エンターテインメントという包みにくるまれた、父と娘の物語といえるだろう。1時間56分。

記者の採点＝★★★★☆　　　　　　　　　　（義）

2003年9月24日
ブルーマンデーから脱出　「月曜日に乾杯！」

　同じことを繰り返すだけの日常から逃げ出したい―。誰もが持っている、そんな小さな願望を実行した男の旅を描いた「月曜日に乾杯！」。ドラマチックな事件は起きないけれど、人生の楽しさをユーモアたっぷりに伝えてくれる作品だ。

　フランスの小さな村に、五人家族で暮らすバンサン（ジャック・ビドゥ）。妻や息子とは会話もなく、毎日遠い工場まで通勤、絵を描くだけが楽しみの単調な生活を送っていた。

　ある朝、バンサンは工場の前で突然仕事へ行くのをやめる。街へ行き父や旧友に再会、その足でイタリア・ベネチアへと旅することを決める。

　家族に何も言わずベネチアへやってきたバンサンだが、いきなり有り金をすられて一文無し。しかし彼は意に介さず気ままにスケッチを楽しむ。

　地元に住むカルロと知り合い意気投合したバンサンは、彼の仲間とピクニックに出掛けたり、ワインを飲んだりとのんびりした時間を過ごし、カルロの家に泊めてもらうのだった…。

　監督はグルジア出身のオタール・イオセリアーニ。バンサンの単調な毎日をリアルに描く一方で、彼を取り巻く風変わりな人々の描写が、ほのぼのとした笑いと非現実感を生んで、大人のファンタジーをつくり上げた。

　中でも観光では見られない屋根の上から眺めた夕暮れのベネチアの風景が美しく、心に残る。

　ベネチアの庶民も自分と同じ単調な日常を生きていることを知るバンサン。旅から帰った彼の日常もちょっぴり違ったふうに見えてくる。ドロップアウトして分かることもある。「人生の豊かさって何？」と考えさせてくれるのだ。

　二〇〇二年ベルリン国際映画祭で銀熊賞（監督賞）と国際批評家連盟賞を受賞。2時間7分。

記者の採点＝★★★★☆　　　　　　　　　　（富）

2003年10月1日
男の美学ドラマチックに　　「インファナル・アフェア」

　「一スジ（脚本）、二ヌケ（映像）、三ドウサ（演技）」と言ったのは戦前の映画監督、牧野省三。最近は精巧なCGや派手な爆破シーンが売りの映画が花盛りだが、映画の面白さはやはり物語で決まるといっても過言ではない。

　香港映画「インファナル・アフェア」はアンディ・ラウとトニー・レオンが共演するスター映画のように見えて、最大の魅力はドラマチックな男の美学。物語の力で観客を引っ張る正統派エンターテインメントだ。

　マフィアの組員であるラウ（アンディ・ラウ）は、ボスの指示で香港警察に入隊。内部情報を流しつつ、警察でも順調に昇進していた。

　一方、ラウと同じ時期に警察学校に通っていたヤン（トニー・レオン）はその能力を見込まれ、強制退学させられて潜入捜査官としてマフィアの一員になる。

　ある日、大きな麻薬取引を行うというヤンの情報をもとに警察が捜査を始めるが、ラウの一報でマフィアは難を逃れる。取引も摘発も失敗に終わり、双方に裏切り者がいることが明らかに。ラウとヤンはそれぞれ、上司から内通者を探し出すよう命じられる。

　二つの組織と二人の男がねじれ合う二重構造が巧みで、双方のボスを含む人物描写も魅力的だ。組織への忠誠と、内面の葛藤（かっとう）。苦悩する男たちの生きざまがスリリングに絡み合いながらドラマは展開する。

　ヤンは警官としての自信を失いかけ、ラウは安定した地位にひかれ始める。善と悪とは紙一重で、交換可能ですらあることを提示してみせる人間心理のドラマでもある。

　もちろんスターの魅力を満喫するもよし。ケリー・チャンら女優陣との絡みが少々物足りないが、それはパート2、3のお楽しみということか。アンドリュー・ラウとアラン・マック共同監督。1時間42分。

記者の採点＝★★★★☆　　　　　　　　　　（義）

2003年10月8日
萬斎さえるも、消化不良　　「陰陽師Ⅱ」

　夢枕獏のベストセラー小説を映画化し大ヒットした「陰陽師」。平安時代の京の都が舞台。不思議な能力を駆使して、もののけたちと戦う安倍晴明の活躍を描き、あやしい世界観が観客を魅了した。

　その続編となる「陰陽師Ⅱ」は、さらに熟成した作品を期待したが、肩すかし気味。確かに舞台装置は大きいものの、物語が深まらず、アクションやSFXも大ざっぱな印象が残ってしまった。

　主役の晴明は、前作に続いて野村萬斎が演じる。軽やかな身のこなし、あやしさ、華麗さを備えた主人公像にぴたりとはまって魅力的だ。

　そうなれば、後は晴明がのびのび活躍できる場があればよいのだが、スサノオ神話や天の岩戸伝説など盛りだくさんの題材を詰め込んだ大仕掛けな展開が、説明過多。

　伝奇ものとしてのアイデアは分かるが、物語の重要な横糸となるべき姉と弟の因縁にまつわる悲しみが深まらず、せっかく悪役を演じた中井貴一の役柄の性格付けもあいまいになって、ドラマとしての弱さが浮き上がってしまう。

　神の領域にまで舞台を広げたのに、SFXで描いた神の姿が、どうにも安っぽく見えるのもいただけないところだ。

　せっかくの魅力的な世界観が、消化不良で生かし切れてないのは残念でならない。大きなホラを吹くには、逆に細部の丁寧さが必要になってくるはず。

　期待が大きいために、どうしても厳しく見てしまうが、長期シリーズものぞめる企画だけに、大胆にして繊細な次回作をお願いしたい。出演はほかに伊藤英明、深田恭子、今井絵理子ら。1時間55分。監督は滝田洋二郎。

記者の採点＝★★☆☆☆　　　　　　　　　　（富）

2003年10月15日

生きる喜びを抱きしめて

　映画や小説には、自分の命が残り少ないと知った人間の生きる姿を描く「余命もの」とも言えるジャンルがある。死に直面した絶望と、それでも精いっぱい生きようとする希望が生む、深い感動。黒沢明の「生きる」がその代表格だろう。

　「死ぬまでにしたい10のこと」も、その一つ。だが、この映画の絶望と希望が呼び起こすのは、ストレートな感動とは少し違う。人生そのものを抱きしめるような優しさがにじみ出てくる、そんな感じだろうか。

　主人公のアン（サラ・ポーリー）は医者から「あと二カ月の命」と告げられる。あまりにも突然の宣告。だが彼女はやけになったり、人の役に立つことをしようと目覚めたりはしない。

　アンは少しばかり泣いた後、夜更けのコーヒーショップで一人ピンクのノートを広げ、死ぬまでにしたいことを書き出す。「娘たちに毎日『愛してる』と言う」「夫以外の男の人とつきあってみる」

「死ぬまでにしたい10のこと」

「つめとヘアスタイルを変える」…。

　そこにつづられた十のリストは、世のため人のためといったものではなく、どれもごく個人的なものばかりだ。観客は誰もが、そのリストを見ながら「自分だったら何を書くだろうか」と考えるに違いない。

　イザベル・コヘット監督は、意図的にドラマチックな部分を排除するかのように、生きる喜びに気付いた人間の内面を淡々と描く。雨に打たれながら、はだしで大地を感じて立つアンの姿は、内省的で、静かなる生命力にあふれている。

　「生きる」の役人は、生きることの意味を社会に見いだした。アンは、自分自身と家族への思いがすべてだった。その違いは、人間が何に寄り掛かって生きているかという、時代の違いかもしれない。1時間46分。

記者の採点＝★★★★☆　　　　　　　　　（義）

2003年10月22日

はじける会話、濃厚な世界

　カルト的人気を博したテレビシリーズを映画化した「木更津キャッツアイ　日本シリーズ」。物語はテレビ版の続編にあたるが、その独特の世界はさらに濃厚となって、ファンにはうれしい作品となっている。

　千葉県木更津市を舞台に、昼は草野球、夜は泥棒に励む五人の若者たち…。と言ってみてもドラマの世界は伝わらない。

　余命半年と宣告された主人公「ぶっさん」（岡田准一）と、彼を取り巻く奇妙な登場人物たちが繰り広げる、絶妙のテンポの会話とギャグとドタバタ劇。その繰り返しが勢いを生み、ちょっと不条理で不思議な演劇的世界を形作っているからだ。

　古田新太、阿部サダヲ、哀川翔、薬師丸ひろ子、酒井若菜らレギュラーの脇役たちの強烈な"ボケ"に、ぶっさんが入れる自爆気味の"突っ込み"は今回も健在。

　そこにぶっさんが恋する韓国人ホステス（ユンソ

「木更津キャッツアイ　日本シリーズ」

ナ）や謎の男「ほほえみのジョージ」（内村光良）が新たに登場するが、物語そのものはテレビ版以上にリアリティーを無視して破天荒に展開していく。

　脚本は今や超売れっ子の宮藤官九郎。彼の出世作とも言えるシリーズだけに、独特のせりふ回しと設定がのびのびとはじけていて楽しい。

　人気の秘密は、笑いだけではない。余命半年ながら現在を妙に熱く生きるぶっさんに、未来に期待を見いだせない現代の若者が、自分を重ね合わせる部分があるのかもしれない。「野球やって、ビール飲んで、哀川翔の映画を見る」と、ぶっさんが語る普通の幸せの形は、とってもいい感じだ。

　ともあれ、内輪受け的なネタも多いので、ファンへのプレゼントという色合いが強い。肌が合わない人には笑えない世界だろうが、テレビ版と合わせて見れば、はまる人も結構増えそうだ。監督は金子文紀。

記者の採点＝★★★★☆　　　　　　　　　（富）

2003年10月29日

家族へ回帰する女たち

「阿修羅のごとく」

　近ごろめっきり、ホームドラマという言葉を耳にしなくなった。家庭崩壊、少子化、核家族。家族の間で物語が成立しにくい時代になっているのかもしれない。

　向田邦子は、日常生活の中から夫婦や親子の機微をさらりとすくい取る、ホームドラマの名手だった。一九七九年のNHKドラマを森田芳光が映画化した「阿修羅のごとく」は、家族を舞台にしたドラマが今も共感と笑いを呼ぶことを示す好例となった。

　父の浮気をきっかけに始まる四姉妹の愛憎劇。両親の間でヤキモキしながら、気が付けば自分自身も不倫やしっとにどっぷりとつかっている女たちの姿を、四人の性格や設定もほぼドラマのままに新しい「阿修羅」として仕立て直している。

　ドラマは女性の内側に潜むねたみや猜疑（さいぎ）心を赤裸々に描き出して視聴者の度肝を抜いたが、映画には当時のような驚きはない。

　四人が比較的すんなり諸問題に対処して日常を送っているように見えるのは、われわれが事件というものに慣れてしまったせいもあるだろう。その代わり、いとしさも憎さも包容しながら四人が家族へと回帰していく姿には、懐かしさを超えた新鮮さが感じられる。

　縁側のある日本家屋、四季折々の食べ物といった美術や小道具も、家族というステージを体感させるのに十分な役割を果たしている。「昭和」を思い出して懐かしむ人も多いだろう。

　大竹しのぶ、黒木瞳、深津絵里、深田恭子の四姉妹は、オールスターの名にふさわしい熱演。中でも大竹と不倫相手の坂東三津五郎、その妻桃井かおりが見せる修羅場には、恋愛のこっけいさや醜悪さが凝縮されていて笑わずにはいられない。

　このような等身大の人間ドラマがもっと見られていいはず。そう思わせる2時間15分だ。

記者の採点＝★★★★☆　　　　　　　　　（義）

2003年11月5日

新鮮さなく、飽和状態

「マトリックス　レボリューションズ」

　一九九九年に始まったシリーズ三部作もいよいよ完結編。「マトリックス　レボリューションズ」は、難解で謎の多い物語にどのような決着をつけるのかが、大きな見どころの一つだ。

　機械によって人間は仮想現実であるマトリックスの中に封じ込められている。その支配を拒否した人間たちとマトリックス内で進化した救世主のネオ（キアヌ・リーブス）。いよいよ人間と機械の最終戦争が、現実と仮想現実の世界の両方で始まる。

　特に今回中心となるのは現実世界の戦闘。うじゃうじゃわき出る無数の機械たちに立ち向かう人間たちの絶望的な戦いが繰り広げられる。

　だが、仮想現実を描くことが特徴のシリーズだけに、現実の戦いでは「スターシップ・トゥルーパーズ」などかつてのカルトなSF映画と同じようにしか見えない。

　もちろんおなじみのCGとワイヤアクションを組み合わせた仮想現実での戦いもあるのだが、やはり一作目ほどの新鮮さはない。数多くの後続の作品がまねしたことで、見る側が飽和状態の気分になっているのが原因。またCGなどで究極にまで加工された映像が、もはや現実感を失いアニメのようにしか見えないところまで来てしまっているのだろう。

　斬新な映像の衝撃度が薄れた分、人間そのものの描き方の弱さや、いろいろな作品のイメージをモザイクのように集めた構造の弱さが、浮き彫りになってしまった。

　前作でちりばめられた謎は、解決されるものもされないものもある。"神話"の結末に納得できない人もいるだろうが、みんなであれこれ謎を推測するにはちょうど手ごろな感じ。テレビゲームのような楽しみ方がふさわしいのかもしれない。2時間9分。監督はアンディ・ウォシャウスキー、ラリー・ウォシャウスキー。

記者の採点＝★★★☆☆　　　　　　　　　（富）

2003年11月12日

透明な密室のサスペンス 「フォーン・ブース」

　携帯電話は世界を征服しつつある。対照的に街角から姿を消しつつあるのが電話ボックスだが、この旧時代の通信手段を"透明な密室"としてサスペンス映画の舞台に仕立て上げたのが「フォーン・ブース」だ。

　ニューヨークはマンハッタンの、ど真ん中。物語はほとんど、タイムズスクエアにある一台の電話ボックスとその周辺で展開する。

　突然鳴り出した公衆電話の受話器を取った宣伝マン（コリン・ファレル）。知らない男に「電話を切ったら命はないぞ」と脅迫され、電話ボックスから出られなくなるというシチュエーションサスペンスだ。

　携帯全盛時代に主人公が電話ボックスに入らなければ話は始まらないが、携帯の発信履歴から妻に浮気がばれないために公衆電話を使うという状況を設定し、この問題をクリア。ここまではよく考えてある。

　その後、殺人事件の容疑者にされたり、妻と愛人の前で不倫を告白しろと強要されたりと、主人公は泣きたくなるような時間を衆人環視の前で過ごすことになる。ガラス張りの密室に、都会人のプライバシーの希薄さを見て取ることも可能だ。

　だが、彼が思っているであろう「なぜおれがこんな目に」という疑問には明確に答えてくれない。犯人に監視されている中での警察との連携にももう一工夫ほしく、妻や愛人との感情のやりとりも食い足りない。

　「電話ボックスの中だけで展開する映画」というワンアイデア。この発想だけでエンターテインメントとしては半ば成功しており、81分という短さで一気に見せようという意図も買える。それだけに、まどろっこしい展開が惜しまれる。監督はジョエル・シューマッカー。

記者の採点＝★★★☆☆　　　　　　　　　（義）

2003年11月19日

光る寺島しのぶの存在感 「ヴァイブレータ」

　女がいて男がいてトラックがあって、ほかに何もない。そんなシンプルな設定の中で、さざ波のように繊細に揺れる女性の心の動きを描いた「ヴァイブレータ」。孤独な主人公を全身で演じた寺島しのぶの存在感が光る作品だ。

　三十すぎのフリールポライターの女と長距離トラックの運転手との行きずりの恋。コンビニですれ違っただけの二人は、すぐにお互いの体を求め合い、女は男のトラックに乗って旅をする。

　赤坂真理の原作を脚本・荒井晴彦、監督・広木隆一のコンビが映画化。同じ荒井の脚本で神代辰巳監督が濃厚に描いた名作「赫い髪の女」を思わせるが、この作品では二人がトラックで新潟に向かい東京へ帰ってくるまでのロードムービーとして描かれる。

　音楽とともに窓の外を流れる風景は、女の心の動きと連動するかのように、そう快さと寂しさの両者を映し出す。

　事件が起きるわけではない。言葉が次々に頭に浮かんで眠れず、過食しては吐くことを繰り返してきた女。大森南朋演じる男は、ひたすら優しく女を受け止める。二人は体を重ね、肌のぬくもりを確かめるだけだ。

　そのぬくもりが、やがて女の壊れかけた心を少しずついやしていく。

　行きずりの関係の中で簡単にいやされてしまうことや、今どきな心の病の設定に、安易さや違和感を覚えるかもしれないが、寺島の演技がそんな主人公に血肉を与えた。

　疲れて崩れかけた、みにくさも持った生身の女がスクリーンにリアルに立ち現れる。やがて小さな旅を終え、再生したときに見せる対照的な幼い笑顔は感動的だ。

　もう一本の主演映画「赤目四十八瀧心中未遂」でも秀逸の演技を見せており、今最も注目すべき女優と言える。東京国際映画祭で寺島が優秀女優賞受賞。1時間35分。

記者の採点＝★★★★☆　　　　　　　　　（富）

2003年11月26日
日本理解、さえるクルーズ
「ラスト　サムライ」

　フジヤマ、ハラキリ、ゲイシャ。日本を描いた米映画は、これまでなんと安易なイメージで作られてきたことだろう。

　どうせ今回も、ハリウッドが気まぐれで作ったトンデモ映画に違いない。そう高をくくっていると「ラスト　サムライ」で心地よい裏切りにあうことになる。

　確かにこの映画の冒頭にも、フジヤマが登場する。米軍大尉（トム・クルーズ）が政府軍の指南役として赴く、明治維新間もない日本。富士山は舞台設定を示す役割を担うが、それ以上に流麗な美しさをたたえる。単なるイメージを超えて、威厳に満ちた物語を予告しているようだ。

　異国で大尉は、サムライたちの未知の文化に触れる。ハラキリ＝切腹も目撃するが、それを殊更「珍奇なもの」として強調したりはしない。

　映画が大尉の目を通して追うのは武士道精神、すなわちサムライたちの生き方だ。信念、勇気、忠誠。大尉は南北戦争で見失った誇りを、最後の武将である勝元（渡辺謙）らに見いだし、ともに戦う道を選ぶ。

　日本人の描き方もステレオタイプではなく、渡辺や真田広之は堂々たる武士を演じる。渡辺の妹役の小雪も、女性といえばゲイシャガールタイプといった従来の演出とは程遠い。凛（りん）としたたたずまいが印象的だ。

　外国人が日本に対して持つ偏見から脱却し、クルーズのサムライ姿も絵になっている。初の正統派ハリウッド製時代劇と言っていいだろう。

　だが、何よりこの映画の優れているのは、異文化と出合った時にその存在や良さを認めるという姿勢だ。垣根を取り払って相互理解を進めようというメッセージは、極めて現代的と言える。

　ただ、日本舞台のサムライ映画で、著名な米俳優はクルーズだけというこの作品、本国でどの程度当たるか多少心配ではある。2時間34分。監督はエドワード・ズウィック。

記者の採点＝★★★★☆　　　　　　　　　　（義）

2003年12月3日
最上のラブストーリー
「ジョゼと虎と魚たち」

　障害のある女の子と屈託のない男の子の出会いの物語。「ジョゼと虎と魚たち」は、そんな入り口から深い心のひだに分け入って、切なく静かな感動をもたらす最上のラブストーリーに昇華した作品だ。

　主人公は妻夫木聡演じるマージャン店でバイトする大学生恒夫。彼が池脇千鶴演じる乳母車に乗った足の不自由な女の子くみ子と偶然に出会うところから物語は始まる。

　祖母と二人暮らしで家に引きこもり、自分をジョゼと呼ぶ、毒舌で風変わりなくみ子に次第にひかれていく恒夫。

　大阪を舞台に、新屋英子、新井浩文、大倉孝二らが演じる"けったいな人々"が絶妙の笑いをもたらし、二人の恋はほほえましく映る。ジョゼが乗った乳母車を恒夫が押して町を疾走するシーンはとても美しい。

　しかしシンデレラ物語のようなファンタジーになりそうなところを、この作品は予想を裏切るように、さらに一歩深めた愛の行方を描いていく。

　性もリアルに表現し、障害のあるジョゼの深い孤独と絶望感、別れを覚悟したしんの強さと切なさを、誰もが共感できる普遍的な感情として映し出してみせる。

　どこにでもいそうな実直な青年を妻夫木が好演。そして辛らつでわがまま、へそ曲がりなのに、愛らしさをもったジョゼを演じた池脇の演技は、何よりこの作品の素晴らしさの中心。その存在感にはすごみさえ感じられる。

　監督は池脇のデビュー作「大阪物語」で脚本を担当、監督作「金髪の草原」でも主演に起用した犬童一心。池脇の才能を見事に全開させた。

　ハッピーエンドとは言えないのかもしれないが、見終わった後は、透明なすがすがしさを覚える。いつまでも心に残りそうな愛すべき作品となった。1時間56分。

記者の採点＝★★★★★　　　　　　　　　　（富）

2003

2003年12月10日

人を思う気持ちが力に　　「イン・アメリカ」

　悲しみを、孤独を、痛みを乗り越える。そして見つける小さな幸せ。生きていくということは、つまりはそういうことかもしれない。

　アイルランド出身のジム・シェリダン監督「イン・アメリカ」は、長男を亡くした四人家族の、魂の回復の物語。人を思う気持ちが力となることを示した、魔法のような映画だ。

　新しい生活を求めてニューヨークへやってきたアイルランド移民の家族。薬物中毒者らが住む廃虚のようなアパートで、夫婦と二人の娘たちが精いっぱい幸せをつかもうと努力する姿を、十歳の姉の視点で描く。

　景品の人形を娘にプレゼントして威厳を示すため、玉入れゲームに有り金をつぎ込む父。一家の精神的支柱になろうと気を張る母。

　貧困と、亡き長男への思いで崩れそうになりながら必死で幸福を演じる夫婦と、無邪気な明るさでその愛にこたえる娘たちの日常は、時にユーモラスで時に切ない。

　結局、底に沈んだ悲しみを乗り越えるのは、前を向く娘たちのまなざしと、純真な心だ。「三つだけ」と心に決めた小さな願いごとを姉が祈る時、四人は新しい家族へと再生していく。

　映画はアパートに住む黒人アーティストに人種差別やエイズ問題を象徴させ、移民の実情など今の米社会を描き出す。シェリダン監督は暗く悲痛な物語になりかねないところを、一家で見に行く映画「E・T」やハロウィーンのエピソードを巧みに織り交ぜることによって、一種のファンタジーにまで高めた。

　小さな不安をにじませながら家族を思う夫婦、パディ・コンシダインとサマンサ・モートンが好演だが、特筆すべきは娘たちを演じたサラとエマのボルジャー姉妹。奇跡のような愛らしさとたくましさが、胸を打つ。1時間46分。

記者の採点 = ★★★★★　　　　　　　　　（義）

2003年12月17日

謎の2日間、重厚なドラマ　　「半落ち」

　横山秀夫のベストセラー小説を映画化した「半落ち」（東映）は、ミステリーの部分を入り口に、さまざまな登場人物の哀感を浮かび上がらせた重厚な人間ドラマ。押し付けがましくなく、泣かせる感動作となった。

　信頼厚い警察官である梶（寺尾聰）が、アルツハイマー病に侵された妻（原田美枝子）を殺したと警察に自首してきたことが事件の始まり。

　しかし妻を殺害後、自首するまでの二日間の行動を梶は一切しゃべろうとしない。梶はいったい何をしていたのか。その謎解きを縦糸として物語は進んでいく。

　警察組織内部の葛藤（かっとう）、警察と地検の対立。さらに弁護士、新聞記者、裁判官といった事件の真相を探る人々の抱える悩みや問題が横糸となり、ドラマは厚みを増してくる。

　事件にかかわる登場人物たちが、事件の裏側にある真実に触れることで心動かされ、成長し、変化する。そんな群像劇としての構成が見事だ。

　直木賞選考をめぐって論争になった"謎"の部分などで、原作を多少変えつつも、原作の良さを生かした田部俊行と佐々部清監督の手による脚本がうまい。

　寡黙で誠実な梶を抑制した演技で見せた寺尾、記憶を次第に失っていく妻を演じた原田をはじめ、鶴田真由、柴田恭兵、国村隼、樹木希林ら役者たちの演技も見応えがある。

　物語は最後に再び二日間の謎に集約され、法廷でのクライマックスへと向かう。慟哭（どうこく）にも似た梶の言葉には激しく心揺さぶられるだろう。そしてドラマは純粋なラブストーリーとして完結する。

　主題歌は「さくら（独唱）」で知られる森山直太朗。2時間2分。

記者の採点 = ★★★★☆　　　　　　　　　（富）

2003年12月24日

人間の絆の強さ、もろさ

「ミスティック・リバー」

　西部劇、サスペンス、ラブストーリーと多彩な作風を誇るクリント・イーストウッド監督は、「マディソン郡の橋」から前作「ブラッド・ワーク」まで、原作の選び方、料理の仕方がとてもうまい。

　最新作「ミスティック・リバー」（ワーナー・ブラザース映画）の原作はデニス・ルヘインの傑作ミステリー。イーストウッドが映画化すると聞いて、早くから胸躍らせたファンは多かったはずだ。そして、望みは見事にかなえられた。

　殺伐としたボストンのブルーカラー地区が舞台。過去の忌まわしい事件で疎遠になった三人の幼なじみが、ある殺人事件をきっかけに再会する。時を隔てた二つの悲劇が、人間の絆（きずな）の強さともろさをあぶり出していく。

　かつての路上の誘拐事件は明示して語られないが、映画の登場人物も、私たち観客も何が起きたかは了解している。

　そして二十五年後、雑貨店主（ショーン・ペン）の娘が公園でなぶり殺される。復しゅうを誓う父。事件を担当する刑事（ケビン・ベーコン）はかつての友。捜査線上に浮かんだのは、あの時誘拐された幼なじみ（ティム・ロビンス）だった。

　失われた無垢（むく）、親子の愛、夫婦の信頼がもつれ合い、すべてを見つめてきたミスティック・リバー（神秘の川）で、クライマックスが訪れる。

　演出に徹したイーストウッドは、絶妙の配役で映画を特別なものにした。ショーン・ペンの慎怒、ティム・ロビンスの苦悩、ケビン・ベーコンの寡黙。三人はまるで監督の分身のようだ。ローラ・リニーとマーシャ・ゲイ・ハーデンが演じる対照的な「妻」の描写は原作をしのぐ。

　終幕の展開をやや甘いとみる向きはいるだろう。しかしそれは小さな傷にすぎない。2時間18分。

記者の採点＝★★★★★　　　　　　　　　（和）

2004

2004年1月7日

競走馬がもたらす夢と希望　　　　　　　　「シービスケット」

　百連敗を喫するも絶大な人気を集める高知競馬のハルウララ。負けても負けても走り続ける姿に、自分自身を重ねて見る人も多いという。

　米国のベストセラーを基にした映画「シービスケット」は、困難に立ち向かう競走馬と男たちの物語。一頭の馬の走る姿が、人々に勇気と希望をもたらす感動作だ。

　一九三〇年代、大恐慌時代の米国。一家が離散した騎手（トビー・マグワイア）、愛する息子を失った大富豪（ジェフ・ブリッジス）、自動車産業の台頭で仕事が減ったカウボーイが、シービスケットという小柄なサラブレッドと出合う。

　三人の男たちに共通するのは、いずれも心に傷を負っていることだ。気性が荒く多くの調教師から見放された馬も、またしかり。そんな落後者たちが反骨心むき出しで勝ち進むさまは、そう快で小気味よい。

　だが、さらなる不幸が彼らに訪れる。騎手は再起不能のけがを負い、シービスケットも脚の靱帯（じんたい）を切断。誰もが「もはやこれまで」と思ったどん底から、彼らは奇跡の復活への道のりを歩み始める。

　強いものを打ち負かす快感、挫折からの復活、不可能への挑戦。期待通りに進むストーリーに身を任せ、予断を許さないレース展開にハラハラする。「出来過ぎている」と見る向きもあろうが、実話だと聞けば驚きは二倍になる。

　そして何より、疾走する馬の姿の美しさ。平成不況下の日本人も、恐慌時代の米国人も、ハルウララやシービスケットの走る姿に魅せられたからこそ、夢を託すことができるのかもしれない。

　起伏に富むドラマと、「走る」という行為から画面に沸き上がってくる高揚感。これぞ、映画を見る楽しさだろう。ゲイリー・ロス監督、2時間21分。

記者の採点＝★★★★☆　　　　　　　　　　（義）

2004年1月14日

寄り添う魂、あふれる希望　　　　　　　　「オアシス」

　脳性まひで体が不自由な女と、ろくでなしの男が出会い恋をする—。

　二つの孤独な魂が寄り添う姿を静かに描いた韓国映画「オアシス」は、見る者の心をわしづかみにする力を持った美しいラブストーリーだ。

　監督は「ペパーミント・キャンディー」のイ・チャンドン監督。

　変わり者のジョンドゥ（ソル・ギョング）は、刑務所を出たばかり。仕事も続かず、もめ事ばかり起こし、兄弟や家族に疎まれている。

　彼は、かつて交通事故で死なせた被害者の家を訪ね、その娘コンジュ（ムン・ソリ）に出会う。彼女は重度の脳性まひで身動きできず、兄夫婦からも厄介がられ、一人でアパートに閉じこもり暮らしていた。

　二人はお互いを少しずつ理解し、愛し合うようになるが、世間の偏見は二人を決して理解しようとはしなかった…。

　どうしようもない男だが、純粋で不器用なジョンドゥ。聡明（そうめい）だが、重い障害のため周囲に思いを伝えられないコンジュ。家族や社会から疎外された孤独な心情をにじませた二人の役者の演技が、息をのむほど素晴らしい。

　特にムン・ソリは迫真のリアリティーで障害のある主人公を演じる。カメラはその姿をドキュメンタリーのようにとらえ、一方で彼女の心象風景をファンタジーのように描き、やがて心と体が一体化するように両者の境目はなくなっていく。

　イ・チャンドン監督は、現実の厳しさを見据えつつ、ユーモアや優しさを忘れない。押し付けがましくない自然なスタンスでこのラブストーリーを描き、最後は見る者にも希望の光を与える。

　映画が本来持っている力をあらためて感じさせてくれる素晴らしい作品と言えるだろう。

　二〇〇二年ベネチア国際映画祭で監督賞（イ・チャンドン）、新人俳優賞（ムン・ソリ）受賞。2時間12分。

記者の採点＝★★★★★　　　　　　　　　　（富）

2004年1月21日

みんな愛を求めている

「ラブ・アクチュアリー」

　空港で抱き合う親子、恋人、夫婦。そんな日常的な風景から生まれた「ラブ・アクチュアリー」は、世の中には愛があふれているんだよと優しく教えてくれる。豪華な俳優陣がさまざまな恋愛の形を示す、愛のアンサンブルだ。

　主な登場人物は十九人。お茶くみの女性に一目ぼれした英国首相。秘書にスケベ心を抱く会社社長と、それに気づいた妻。親友の妻に恋する新進画家。妻を亡くした男と、初恋に悩む十一歳の息子…などなど。

　地位も年齢もバラバラな男女が、それぞれに気をもんだり、悩んだり、ほくそ笑んだりする。簡単に言えば、老若男女、みんな愛を求めているというお話だ。

　多様な人間模様を同時多発的に描く群像劇はロバート・アルトマンが得意とするが、本作はアルトマン作品のような毒気はない。登場人物に悪人はおらず、恋に悩む人々に向けたまなざしはどこまでも優しい。

　そこが多少物足りなくもあり「なぜこの人に恋したのか」がよく分からなかったりもするのだが、肝心なのは「恋する気持ち」。観客は登場人物の誰かに感情移入することができ、スターたちが演じる等身大の恋愛から、いつか経験した切なさやときめきを想起することになる。

　出演はヒュー・グラント、エマ・トンプソン、リーアム・ニーソンら、そうそうたる顔触れ。その中で、唯一の変人役ビル・ナイと、ちょい役の方がとぼけた味わいが光るローワン・アトキンソンが出色だ。

　監督は「ブリジット・ジョーンズの日記」「ノッティングヒルの恋人」などの脚本を手掛けたリチャード・カーティス。女性の心をくすぐるのはお手のもの、というわけだ。2時間15分。

記者の採点＝★★★★☆　　　　　　　　　（義）

2004年1月28日

切れのいい法廷劇

「ニューオーリンズ・トライアル」

　米国の銃社会と訴訟制度が抱える矛盾を題材にした法廷サスペンス「ニューオーリンズ・トライアル」。

　ダスティン・ホフマンとジーン・ハックマンの初共演も話題で、俳優たちの演技がさえる切れのいい作品になっている。

　頻発する乱射事件など米国社会の病巣となっている銃所持問題。「ボーリング・フォー・コロンバイン」や「エレファント」などこの問題を扱った映画は近年増えている。この作品もジョン・グリシャムの原作の設定を変更。乱射事件で夫を殺された妻が銃器メーカーを訴えた民事訴訟の法廷がメーン舞台となる。

　ここで登場するのが陪審員の裁定をコントロールしようとする陪審コンサルタント。そのトップを演じるのがハックマンだ。

　あらゆる手段を講じて銃器メーカーを勝たせようとする彼と、ホフマン演じる原告側の市民派弁護士の全面対決。

　しかし陪審員の一人である青年（ジョン・キューザック）と謎の女性（レイチェル・ワイズ）の登場によって両者の思惑は入り乱れ、判決の行方は混とんとしていく。

　密室での陪審員たちの話し合いは、シドニー・ルメット監督の「十二人の怒れる男」を思わせる心理戦が繰り広げられ、さらに戦いは法廷外にも及ぶ。

　動きの乏しい法廷ものをスピーディーな展開でダイナミックに見せるゲイリー・フレダー監督の演出が巧み。エンターテインメントとして楽しめる。

　その分、登場人物たちの行動の動機付けなどが十分でなく、リアリティーに欠ける部分も。せっかくの大切なテーマが掘り下げ切れていないうらみはあるが、志は買える。好感の持てる作品だ。2時間8分。

記者の採点＝★★★★☆　　　　　　　　　（富）

2004年2月4日

圧倒的なスケール感

「ロード・オブ・ザ・リング／王の帰還」

　話題の三部作もついに完結編を迎えた。「ロード・オブ・ザ・リング／王の帰還」は今年のアカデミー賞で最多の十一部門にノミネートされ、作品賞や監督賞の最有力候補。米国メディアも「最高傑作」「完ぺきな三部作」と絶賛の嵐だ。

　なぜここまで「ロード」シリーズは高い評価を受けるのだろうか。

　原作はトールキンが一九五〇年代に書いた「指輪物語」。世界を滅ぼす魔力を秘めた指輪を魔の山に捨てるため、ホビット族の青年フロドらが悪の冥王サウロンと戦いながら旅をする冒険ファンタジーだ。

　実写化不可能ともいわれ、今も世界中に熱烈な読者がいる壮大な原作を映画にしたこと、まずそのこと自体がたたえられよう。また、CGを駆使して異形のキャラクターや派手な戦闘シーンをリアルに描き、夢物語を現実にしてみせた功績も大きい。

　その戦闘シーンは確かに「すごい」の一言。迫力ある映像に圧倒されるばかりなのだが、CG慣れした目には「そんなこともできるだろうな」と見えてしまうのが難点か。スケール感の割に驚きは少なく、むしろ長さの方が気になってしまう。

　また、長大な原作だけに短縮したエピソードも多く、登場人物の行動や意味づけなど、原作を読んでいないと分かりづらい点もある。その結果、友情や善悪といった主テーマが表面的に感じられ、感動するタイミングを逸してしまうという人も。

　「ロード」のファンは伝説のファンタジーを再現した映像に酔うだろうし、スケール感を高く評価する映画ファンも多いだろう。それ以外の観客は、3時間23分の超大作を見て、ただ「終わった…」とつぶやくに違いない。監督はピーター・ジャクソン。

記者の採点＝★★★☆☆　　　　　　　　　（義）

2004年2月10日

ジャズが奏でる戦後の青春

「この世の外へ　クラブ進駐軍」

　終戦直後の若きジャズメンたちを主人公にした阪本順治監督の新作「この世の外へ　クラブ進駐軍」。ジャズに魅せられた若者たちの青春グラフィティであり、戦争が人々の心に残した傷と相克を描いたメッセージ色の強い作品でもある。

　米軍基地内のクラブに、バンドマンとして潜り込もうと躍起になる若者たち。そんな彼らが軍楽隊出身のサックス奏者、広岡（萩原聖人）を中心にバンドを結成する。

　彼らの動機や境遇はバラバラ。家族が被爆した者、弟と生き別れた者、兄がレッドパージにさらされている者、薬物におぼれた者…。彼らはジャズのもとに結束する。

　そして彼らとかかわる占領軍の兵士もさまざまな事情を抱えていた。弟を日本兵に殺されていたラッセルは広岡たちに敵意を抱くが、一流のサックス奏者である彼に、やがて、その真剣な姿に、心を開き始める。

　しかし再び朝鮮半島で戦争が始まるころ、若者たちにそれぞれの別れが待っていた―。

　敵、味方、国境や言葉の壁を超えて、音楽をきずなに築かれていく友情が、逆に戦争という行為のばかばかしさやむなしさを浮き彫りにしていく。

　未来を切り開こうとする若者たちを戦争が押しつぶす。その繰り返しの歴史は現代にまで続く。「この世の外へ」というテーマは、その連続を断ち切りたいという阪本監督の願いなのだろう。

　ただし、若者たちの背負ったものが図式的で深みがないのが残念。役者たちも現代的すぎて、切羽詰まった焦燥感や生きるバイタリティーの出力が足りないように思う。

　その中で米軍クラブのオーナーを演じた、ケン・ローチ作品で知られるスコットランドの名優ピーター・ムランの演技はさすが。エキセントリックなドラマーを演じたオダギリジョーの存在感にも目を引かれた。2時間3分。

記者の採点＝★★★☆☆　　　　　　　　　（富）

2004年2月18日
暴かれる人間の悪意

「ドッグヴィル」

　「奇跡の海」「ダンサー・イン・ザ・ダーク」などで人間の業を掘り下げてきたラース・フォン・トリアー監督。新作「ドッグヴィル」は、映画のスタイルに挑戦状をたたきつけるとともに、人間に潜む悪意を暴き出した問題作だ。

　この映画を何よりも奇異なものにしているのは、その舞台装置だ。黒い床に、家や道を表す白い線が引かれただけのセット。俳優たちはまるで壁や屋根があるかのように歩き、話し、くつろぐ。

　何もない記号化された空間で、決められた約束事のもとに物語が進む構図は、極めて演劇的だ。非映画的なスタイルに、違和感を完全にはぬぐい去ることはできないが、強烈な物語が舞台を強引に引っ張っていく。

　そこで繰り広げられるのは、小さな村にやってきた美しき逃亡者グレースと、村人たちの物語。かくまってもらうため村に尽くすグレースだが、優しかった村人は彼女の弱みに付け込むことを覚え、小さなエゴイズムが大きな集団暴力へとエスカレートしていく。

　素朴な生活を送っている村人が、自由になる宝物＝従順な美女を手に入れた途端、偽善や暴力をむき出しにする。これでもかと人間のごう慢さを見せつけるさまは露悪的ですらあるが、その悪意の芽は誰の心にも潜んでいるだけに、なおさら観客は嫌な気持ちになる。

　何もない舞台装置は、登場人物たちから「内と外」の壁を取り払い、人の本性を顕在化させる役割を果たしていると見ることも可能だ。だが、手法と物語がそれぞれ強烈なインパクトを放つだけに、両者がなじんでいるかどうかは疑問が残る。

　ニコール・キッドマン、ローレン・バコールら豪華な顔ぶれにもかかわらず、見終わった時のそう快感は皆無。観客によって好き嫌いははっきり分かれるだろうが、一見の価値はある。2時間57分。

記者の採点＝★★★★☆　　　　　　　　　　（義）

2004年2月25日
人間と海、スケール豊かに

「マスター・アンド・コマンダー」

　「刑事ジョン・ブック／目撃者」「トゥルーマン・ショー」などで人間と文明の在り方に目を向けてきたピーター・ウィアー監督。新作「マスター・アンド・コマンダー」では、ぐっとスケールを広げて海を舞台にしたスペクタクル・アドベンチャーに挑んだ。

　ナポレオンが時代を席巻していた十九世紀初頭。名艦長オーブリー（ラッセル・クロウ）が指揮するサプライズ号は多くの少年兵を乗せ、フランスの武装船を拿捕（だほ）するという難しい任務に向かう。

　映画の舞台はほとんどが海の上。小さな船をのみ込まんばかりに荒れ狂う嵐と、立ち向かう人間たち。CGに実写を組み合わせた映像はスケール感にあふれ、人間にとって今よりも地球が大きかった時代を再現することに成功している。

　物語は、カリスマ的な艦長ともの静かな船医との友情を軸に、少年兵の成長を絡めながら展開する。船という閉鎖空間での生活が細部まで丁寧に描いてあって面白いが、友情や尊敬といったテーマにいまひとつ掘り下げがほしいところだ。

　知力と忍耐を尽くしてのフランス船との一騎打ちは、戦争映画の名作「眼下の敵」を思い出させるし、劇場公開映画で初めてロケを行ったガラパゴス諸島のシーンにもわくわくさせられる。だが、各エピソードが消化不良気味なせいか、全体的に散漫な印象を受けてしまうのが惜しまれる。

　ウィアー監督の繊細な人間描写を期待すると少し物足りないかもしれないが、アカデミー賞で十部門にノミネートされたことからも分かるように、丁寧に作られたハリウッド映画の魅力を存分に味わえる作品だ。2時間19分。

記者の採点＝★★★☆☆　　　　　　　　　　（義）

2004年3月3日

通い合う無償の愛情　　　　　　　　　　「クイール」

　「南極物語」や「ハチ公物語」など犬が主人公の映画に大ヒットが多いのは、犬と人間の間に通う無償の愛情が心を打つからなのだろう。

　この映画「クイール」もまた、犬と人間のきずなを描いた物語だ。

　原作の「盲導犬クイールの一生」は実話で、テレビドラマ化もされた。

　誕生から、成長し訓練を受けて盲導犬となり、やがて一生を終えるまでの中で、クイールが体験するさまざまな人間との出会いと別れをシンプルに描く。

　特に盲導犬としてパートナーとなる視覚障害者の渡辺とのコンビが魅力的だ。最初は盲導犬に否定的で、あくの強い渡辺と、時々失敗をしでかし、家出したりするクイールとの"デコボコ"コンビが、次第に心通わせて、最高のコンビになっていく。

だからやがて来る二人の別れは、とても切ない。

　渡辺を演じた小林薫をはじめ、盲導犬訓練士役の椎名桔平、育ての親役の寺島しのぶ、香川照之とうまい役者たちが脇を固める。クイールの存在感の大きさに対し、バランスの取れた抑えた演技で締めている。

　崔洋一監督の演出は、クイールのさまざまな表情を粘り強く撮りながら、決して過剰に感動を盛り上げたりはしない。

　クイールが優等生でなく失敗もする犬として描かれているから、人間と犬のパートナーシップの形がとても自然に受け入れられる。

　いわゆる泣かせるタイプの映画ではない。だが、さわやかで優しい気持ちにさせてくれる作品だ。1時間40分。

記者の採点 = ★★★★☆　　　　　　　　　　（富）

2004年3月10日

あふれるような輝き　　　　　　　　　　「花とアリス」

　岩井俊二の映像には「みずみずしい」という言葉がよく似合う。「Love Letter」の切なさ。「四月物語」の初々しさ。「リリイ・シュシュのすべて」の絶望感。それらは皆、若者たちの繊細で濃密なエネルギーがもたらす、みずみずしさの表れだった。

　ウェブサイトの短編から発展した新作「花とアリス」は、思春期の少女二人と、一人の男子高校生をめぐる恋物語。揺れる恋心を透明な映像でとらえた、まさに"岩井ワールド"全開の青春映画だ。

　幼なじみのハナ（鈴木杏）とアリス（蒼井優）。通学電車で見かけた宮本（郭智博）に一目ぼれしたハナは、頭をぶつけて気を失った彼に記憶喪失であると思い込ませ、「私に告白したこと忘れたの？」とうそをつく。アリスもハナのうそに協力するが、宮本はやがてアリスを好きになり…。

　恋のお話自体はたわいない。記憶喪失はよくあ

るテーマだし、コメディータッチの奇妙な三角関係はどこか不自然で、感情移入するのは難しい。

　その代わりにスクリーンを満たしているのは、あふれるような青春の輝きだ。恋をした少女が見せる一瞬の激情。時に平気で人をだます小悪魔的なずる賢さ。そんな少女の顔を、岩井は独自の透き通った映像でとらえてみせる。

　中でも、アリスがこぼれるような光の中、モデルのオーディションでバレエを踊るシーンは圧巻だ。少女に向けられた愛は限りなく、このシーンのために映画はあると言っても過言ではない。

　普通の恋愛映画とは明らかに一線を画する岩井俊二の世界。キラキラ光る青春を、恋を、生命を、美しい映像でつづったプライベートフィルムのような趣がある。そう考えると2時間15分は少し長い。

記者の採点 = ★★★★☆　　　　　　　　　　（義）

2004年3月17日
映像でえぐる深層心理　　　「イン・ザ・カット」

　連続殺人事件をきっかけに、女性の中に起きる変化。メグ・ライアンがこれまでのイメージを覆す難役に挑戦した「イン・ザ・カット」は、サスペンスであると同時に女性の内面を描いた心理映画でもある。

　ライアンが演じるのはニューヨークの大学で文学を教える講師。他人と深くかかわらず、自分の世界を持って一人で暮らす。

　その彼女が偶然、女性連続殺人犯と思われる男を目撃したことから、日常は大きく変化していく。聞き込みに訪れた刑事にひかれ、愛し合うようになる彼女だが、周囲では殺人が起き、彼女にも危険が迫っていく──。

　監督・脚本は「ピアノ・レッスン」で数々の賞に輝いたジェーン・カンピオン。製作に女優ニコール・キッドマンが入り、原作者のスザンナ・ムーアが脚本にも参加と、才能ある女性たちによる女性映画となった。

　自ら出演を志願したライアンは、激しいラブシーンにも挑み、閉じ込めていた性を次第に解き放っていく主人公を全身で演じている。

　ダイアン・キートン主演の「ミスター・グッドバーを探して」を思い出させるが、カンピオン監督はより主人公の内面のリアリティーを追求。ざらついた画面の表現や夢想の映像化など、さまざまな形で女性の深層心理を表現してみせる。

　ただ、観念的な手法のため主人公の心理がつかまえにくく、見る側の感情移入が難しい。

　犯人捜しのサスペンスの展開と二兎（にと）を追ったことで、どちらつかずの印象になっているのも残念なところだ。

　ライアンの熱演に好感は持てるが、新境地と言えるほど魅力ある役ではない。笑顔を見せない彼女の役に観客が違和感を覚えてしまうのは、彼女にとってもジレンマだろう。イメージチェンジはそう簡単ではない。1時間59分。

記者の採点＝★★★☆☆　　　　　　　　　（富）

2004年3月24日
心のゆらめき、緩急自在に　　　「恋愛適齢期」

　ジャック・ニコルソンとダイアン・キートン。ハリウッドを代表する演技派二人が、がっぷり四つに組んで大人のラブストーリーを作り上げた。「恋愛適齢期」は、軽やかだが深みのある名優の演技をたっぷりと味わえるロマンチックコメディーだ。

　六十三歳まで結婚せず、若い女性としか付き合わないプレーボーイ（ニコルソン）。新しい恋人と訪れた別荘で出会ったのは、彼女の母親である五十代のバツイチ劇作家（キートン）だった。毛嫌いしあう二人は、男の急病でやむなく同居するうちに、いつしか互いの魅力に引かれていく。

　この映画のテーマは「年齢」。人は年を重ねるにつれ、肉体的衰えやあきらめ、世間体などを身にまとい、自分の気持ちに正面から向き合うことを避けるようになる。

　人生の後半に差し掛かったときに、どこまで自分に正直になれるか。ナンシー・メイヤー監督は「恋愛」という最も繊細なファクターを通じて、その課題を投げ掛ける。

　キートンは、恋をする時期はとっくに終わったと思っている熟年女性のさばさばした日常と、再び恋する乙女に戻っていく心の揺らめきを、緩急自在に演じる。

　年をとることの美しさを、気負わず、リアルに、チャーミングに表現できるのは、役者として年輪を重ねてきたキートンならではの懐の深さだろう。

　一方、嫌いだが憎めない初老のプレーボーイはまさにニコルソンそのもの。全裸のキートンと出くわし、あわてふためくシーンは、抱腹絶倒間違いなしの迷場面だ。

　出来過ぎたお話ではあるが、気軽に楽しめる洗練されたコメディー。日本映画にこんな大人向けエンターテインメントを作るゆとりと、存在感のある俳優がいるだろうかと、つい考えてしまう。2時間8分。

記者の採点＝★★★★☆　　　　　　　　　（義）

2004年3月31日

美しい映像、悲しい現実 「エレファント」

　静かな日常の中のさざ波が、突然の悲劇となって爆発する。詩的な映像と衝撃的な事件。ある高校の一日を描いたガス・ヴァン・サント監督の「エレファント」は、とても美しく悲しい作品だ。

　静けさをたたえた郊外の高校。アルコール依存症の父を持つジョン、他人とうまく関係を持てないミシェル、いじめを受けているアレックスら複数の生徒の日常が、ドキュメンタリーのように映し出される。

　カメラは長回しのワンシーンで生徒の背中を追う。時間をさかのぼり、同じ場面を違う視点で描くことで、単調な日常は重層的な意味を帯びる。

　生徒役はすべてオーディションで選ばれた素人。役名は本名で、自身の言葉で即興性を取り入れたせりふは、この年代のリアリティーを醸し出している。

　高い秋空を流れる雲の描写、印象的なベートーベンのピアノソナタ「月光」の調べ。すべてが完ぺきなまでに美しい。そして日常の延長線上で衝撃的な銃乱射が始まる―。

　物語は、実際に多数の死傷者を出した米コロンバイン高校の銃乱射事件を下敷きにしている。ヴァン・サント監督は、事件の原因を描こうとはしない。自分なりに事件を再構築することで、問題を違う側面から浮かび上がらせ、生徒たちのうつろな魂を表現することに成功している。

　だが、われわれは既に起きた事件の中で、若者が抱える心の闇の深さを感じ、その正体の分からなさに畏怖（いふ）してしまっている。事件を美しい筆致で描き直す作品の意義は何なのか。その向こう側にあるものの正体にどうしたら迫れるのか。見終わって、説明しがたい物足りなさと違和感がどうしても残る。

　映像の美しさが際立つほどに、悲しさと畏怖（いふ）だけが深まっていくのだ。二〇〇三年カンヌ国際映画祭パルムドール、監督賞ダブル受賞。1時間21分。

記者の採点＝★★★☆☆　　　　　　　　（富）

2004年4月7日

異国で寄り添う二つの魂 「ロスト・イン・トランスレーション」

　「ラスト・サムライ」「キル・ビル」など、日本を舞台にした映画がハリウッドでちょっとしたブームだ。ソフィア・コッポラ監督「ロスト・イン・トランスレーション」もその一つ。ただし、描き方はかなり違う。

　舞台は現代の東京。CM撮影のため来日したハリウッド俳優（ビル・マーレイ）は、写真家の夫についてきた若妻（スカーレット・ヨハンソン）と滞在中のホテルで出会う。言葉や文化の違い、家族とのすれ違いから、眠れぬ夜を過ごす二人。同じ境遇にある者同士は、自然とうち解けあっていく。

　映画は、コッポラ自身の体験や印象がもとになっている。新宿の高層ホテル、渋谷のネオンと雑踏、カラオケボックスにしゃぶしゃぶ。「ラスト・サムライ」の武士道や「キル・ビル」のコミック・オタク文化とは異なる、誰もが良く知る今の東京がそこにある。

　都合のいいことしか伝えない通訳。騒々しいテレビのバラエティー番組。意思の疎通ができないことから生じるズレに観客は大笑いするが、日本語のせりふに字幕がなかった米国より、日本人の方が楽しめるだろう。

　一方で、メガネをかけた背の低いサラリーマン、名刺交換にお辞儀、取ってつけたような京都のイメージなど、ステレオタイプな日本の描写も。

　だがコッポラは、異文化の中に放り出された外国人の目に見える風景として、あえてそれらを描いたようでもある。都会の孤独、ふつふつとわき上がってくる不安は、そんな景色と相対して浮き立ってくるのであり、珍奇な東京を描くのが目的ではない。

　現代人が抱える孤独と不安の比喩（ひゆ）としての東京。巨大な無国籍都市の中で寄り添う、二つの魂。繊細さと切なさが、都会に生きる人々の心に染みてくる。1時間42分。

記者の採点＝★★★★☆　　　　　　　　（義）

2004年4月14日
憎悪の連鎖、苦悩の主人公　　　　　　　　　「CASSHERN」

　昔懐かしいアニメ「新造人間キャシャーン」の実写版ということなのだが、この「CASSHERN」は、設定を借りた別物として見た方がよい。世界観を大胆に変え、メッセージ性の強い作品になっている。

　監督、脚本は紀里谷和明。雑誌写真、ミュージックビデオなどを手掛け、今回は初監督となる。

　舞台は近未来の軍事独裁国家。戦場で死んだ主人公鉄也（伊勢谷友介）は、父である東博士（寺尾聰）の手で新造人間キャシャーンとしてよみがえる。だが彼が戦うべき相手は誰か。登場人物それぞれが自分の正義をかざし殺し合う。そんな正義の相対化が、この作品の大きな特徴だ。

　仲間を虐殺され復讐（ふくしゅう）を誓う新造人間のリーダー、ブライ（唐沢寿明）。独裁者（大滝秀治）の息子（西島秀俊）は、父に反逆しクーデターを企て、東博士は妻（樋口可南子）の病を治すため、科学者の良心を売り渡す。鉄也もまた恋人（麻生久美子）への思いとは別に、戦場で犯した自分の行為に苦しむ─。

　CGなどで徹底的に作り込んだ映像は、ほとんどアニメのようでリアリティーはない。ダークでアジア的なデザインは「ブレードランナー」や「攻殻機動隊」を思わせて、残念ながら新鮮さはあまり感じられなかった。

　しかし、そういう非現実的な映像をバックに、苦悩する登場人物たちは「ハムレット」や「リア王」といったシェークスピア劇のようで、唐沢や寺尾らの演技が引き立って見えるのが面白い。

　最後に浮かび上がるのは昨今の世界情勢を反映したような「憎しみの連鎖をどう断ち切ればよいのか」というテーマ。伝えたいことは分かるだけに、脚本がこなれてすっきりしていれば、もっとメッセージが生きたのでは、と惜しい気がする。

　紀里谷監督の妻の宇多田ヒカルが主題歌「誰かの願いが叶うころ」を歌う。2時間21分。

記者の採点＝★★★☆☆　　　　　　　　　　　（富）

2004年4月21日
意表突いてラブストーリー　　　　　　　「キル・ビル Vol・2」

　ザ・ブライドは復讐（ふくしゅう）を果たすことができるのか。宿敵ビルとの対決はどうなる。そして娘との再会は─。

　これ以上ない、気を持たせる終わり方をした「キル・ビル」。監督のクエンティン・タランティーノが用意した続編「キル・ビル Vol・2」は、前作とは趣の異なるラブストーリーであり、観客はまたも意表を突かれることになった。

　殺し屋から足を洗おうとしたザ・ブライド（ユマ・サーマン）は、結婚式の予行演習中に襲撃を受ける。四年もの昏睡（こんすい）の後で目覚めた彼女は、自分を襲った昔の仲間に一人ずつ復讐を挑んでいく。

　復讐リスト五人のうち、二人を倒したのが前作。日本を主な舞台に、アニメやヤクザ映画へのオマージュをふんだんに取り入れ、過激なバイオレンスでくるんだ「ごった煮」の魅力にあふれていた。

　そして今回、タランティーノが持ちこんだのはカンフーとマカロニウエスタン、それにフィルムノワールのダークな雰囲気。ブライドが棺おけで生き埋めにされる場面やカンフーの修業シーンは映画的面白さに満ちており、「おれさまの好きなもの」を詰め込んだ遊び心は健在だ。

　そしてクライマックスは、宿敵ビルとの対決。死んだと思っていた娘との対面、かつての恋人でありボスでもあった男への愛と憎しみ、と、ブライドの心は千々に乱れるはずだが、せりふが長ったらしいせいか、いまひとつ彼女の苦悩が伝わってこない。でもその長ったらしいせりふがタランティーノの魅力でもある。

　前作がテンポと勢いで一気に見せたのに比べると、余分なエピソードも多く、けれんも不足気味。1と2を合わせた復讐潭（たん）としては存分に面白いが、映像のキレとぶっ飛んだ展開を期待していると、少し物足りないかもしれない。2時間18分。

記者の採点＝★★★☆☆　　　　　　　　　　　（義）

2004年4月28日

傷だらけのキリストを体感

「パッション」

　観客がショック死。ユダヤ教団体が非難声明。殺人犯が悔い改めて自首。米国内で歴代興行収入第七位―。

　世界中で激しい賛否を巻き起こしたメル・ギブソン監督の問題作「パッション」。キリスト最後の十二時間を真正面から描いた歴史大作を前にしたとき、宗教的背景の乏しい日本人はどう反応すれば良いのだろうか。

　あえて説明するまでもない物語。ユダの裏切りによって捕らえられたキリストが重い十字架を背負い、ゴルゴダの丘で両手両足をくぎ打ちされて息絶える。そして…。

　正直なところ「キリストを殺したのは誰か」的な宗教論争についての判断はしかねる。その代わりに観客をぐいぐいと追い込むのは、どこまでも残酷な虐待の数々だ。

　びょうの付いたむちで、体の前から後ろから打たれ続け、飛び散る鮮血。頭にはイバラの冠がぎりぎりと押し込まれ、柔らかそうな手足に太いくぎがガンガンと打ち込まれていく。

　そんな凄惨（せいさん）なシーンを延々と目の当たりにしているうちに「ああ、二千年前の虐待は実際こんな感じだったんだろうな」と思う。

　この「リアル感」こそが映画の狙いだ。キリストの受難を現代人に体感させようとしたギブソンの壮大な試みは、ある意味成功しており、興味本位ではない真剣な姿勢は伝わってくる。

　だが、なぜキリストがこんな目に遭ってまで苦難に耐えるのか、なぜ群集は傷だらけのキリストをどうしても処刑したいのか、いまひとつ分からない。描写がリアルである半面、心情の部分が見えてこないのだ。

　その部分はキリスト教信者には当たり前のことかもしれない。だが、ごく一般的な日本人がこの映画を見終わった時、「救い」や「癒やし」ではなく、暴力描写だけが後に残ることになってしまわないだろうか。2時間7分。

記者の採点 = ★★★☆☆　　　　　　　　（義）

2004年4月30日

原作と映画、理想の関係

「世界の中心で、愛をさけぶ」

　ベストセラーの映画化は難しい。良くも悪くも観客の先入観が強いからだ。原作の忠実なビジュアル化か、逆に設定だけ借りた別物か、原作との距離の取り方にもさまざまなケースがある。

　二百万部を突破した片山恭一の大ベストセラー小説を映画化した「世界の中心で、愛をさけぶ」は、原作と映画が理想的な関係を結べたのではないか。原作の世界を生かしながら、物語の構造を組み替えて、映画ならではの新たな感動を生み出すことに成功している。

　物語は主人公朔太郎（大沢たかお）と婚約者の律子（柴咲コウ）の二人の関係から始まる。突然、いなくなった律子を追って故郷の四国へ向かう朔太郎。だが彼女を捜すうち、封印していた思い出がよみがえる。十五歳の朔太郎（森山未来）と同級生の亜紀（長沢まさみ）の淡い恋。そして突然訪れた悲劇が、回想の中で静かに語られる―。

　現在と過去を結ぶのは残された カセットテープの亜紀の声。さらに一九八六年という時代設定とそのディテールがあいまって、若い二人の恋愛がときにまぶしく、ときに切なく映し出される。

　白血病に倒れる亜紀を演じた長沢と、何もできない無力感にうちのめされる若い朔太郎を演じた森山。初々しい二人の熱演は好感が持てる。

　現在と過去を並行して描く手法は、岩井俊二監督の「Love Letter」などを思い出させる。その中で、映画は過去に縛られたまま大人になった現在の朔太郎の苦悩を描き、原作とは違う視点をつくり出す。そして大切な人を失った主人公の再生へとテーマを掘り下げていく。

　単に観客を泣かせるためのべたついた映画ではなく、悲しみの中に希望を見いだす。さわやかな余韻と感動を与える作品になっている。

　監督は行定勲。主題歌「瞳をとじて」を平井堅が歌う。2時間18分。

記者の採点 = ★★★★☆　　　　　　　　（富）

2004年5月12日

ヨン様の進化?退廃?

「スキャンダル」

　時代はヨン様である。メガヒット韓国ドラマ「冬のソナタ」を見たことがない人でも、ふちなし眼鏡でさわやかにほほ笑むペ・ヨンジュン(以下、ヨン様)の顔は知っているだろう。

　そのヨン様が初めて主演した映画が「スキャンダル」。甘い魅力を振りまいた「冬ソナ」とは打って変わって、冷血で好色な希代のプレーボーイを演じた。

　十八世紀末の李朝時代後期。女性たちをもてあそびながら暮らすチョ・ウォン(ヨン様)は、初恋の相手だった政府高官夫人(イ・ミスク)と賭けをする。結婚前に夫に先立たれ、九年も操を守り続けている女性(チョン・ドヨン)を落とせたら、ご褒美に夫人を抱いてもいい——。

　時代劇なので、もちろんヨン様のトレードマーク、眼鏡はない。柔らかそうだった長髪もピッチリと結い上げられ、ひげも蓄えている。そしていきなりラブシーン。ヨン様ファンは穏やかではあるまい。

　だが、イメージチェンジはこれくらいやって初めて効果があるのかもしれない。「初恋の男性」的なイメージを抱いていた女性たちは、その次の段階へと進み、男としての新しい魅力を発揮するヨン様とさらなる恋に落ちるのだ。

　原作は十八世紀フランスの古典的恋愛小説「危険な関係」。恋愛をめぐる男女の駆け引きを、李朝朝鮮の優雅な絵巻物に仕立てた映像は見応えがあるが、先の見える展開や型にはまった人物像に新鮮味はない。

　ここはやはり「計画にないキツネ狩りをせねば」などと言っては女をたぶらかす、ヨン様の変ぼうぶりを楽しむのが一番のようだ。2時間4分。監督はイ・ジェヨン。

記者の採点＝★★★☆☆　　　　　　　　(義)

2004年5月19日

笑えて"熱い"青春劇

「下妻物語」

　「自分」を貫き通すのは難しい。周囲から浮きたくないというのが、学校生活をおくる"普通の"女の子の心情だろう。だが「下妻物語」の主人公、桃子(深田恭子)は、ひたすらわが道を行く。だから、友だちなんて一人もいない。「それがどんなに非常識でも、しあわせなら、いいじゃん」と、頭から足先までフリフリのロリータファッションに身を包む。でも舞台は茨城県の下妻。おしゃれな店もないし、田舎道でウンコを踏んじゃうこともある。

　そんな桃子と出会った"ヤンキー"娘イチゴ(土屋アンナ)は、その辺のヤンキーより根性あると、孤高の少女、桃子にひかれていく。ど派手なミニバイクを乗り回し、暴走族仲間と群れているイチゴに戸惑う桃子だが、イチゴの「特攻服」に桃子が刺しゅうを施すことになり、正反対の二人の距離は縮まっていく。

　嶽本野ばらの少女小説を原作に、ビールCMの卓球バトル編などを手掛けた中島哲也監督が映像化。独特の少女世界が、より幅広い世代も笑えて"熱い"青春物語となってスクリーンに映し出される。

　深田恭子は「桃子」にぴったりはまっていて、居そうで居ない、一歩間違えば嫌みになってしまうキャラクターに、不思議な存在感を与えている。「あるべき大人の在り方」から懸け離れ、それぞれの道を行く桃子の家族(宮迫博之、篠原涼子、樹木希林)がお話をコミカルに彩り、テンポよく展開。「ヤンキーの伝説」をつづるアニメーションや「ロリータ」と「ヤンキー」のファッション対決？なども、遊び心いっぱいで楽しい。

　「私でないと…」という居場所を見つけた二人の笑顔に、女の友情もいいよね、と素直に思える。1時間42分。

記者の採点＝★★★★☆　　　　　　　　(啓)

2004年5月26日

勇気与えてくれる生きざま 「ヴェロニカ・ゲリン」

　麻薬組織に挑むマッチョな男というのが、かつての映画によくあるパターンだが、麻薬問題に立ち向かった実在のジャーナリストを描いたこの映画「ヴェロニカ・ゲリン」では、主人公は女性だ。

　ヒロイン、ヴェロニカ・ゲリンはアイルランドのメジャー紙の記者。ダブリンに広がる麻薬汚染で、幼い子どもまでが犠牲となっている現状を取材し始める。犯罪者にじか当たりし、証拠がなく実名報道できない人物をニックネームを使って記事化する。この彼女独自のやり方を快く思わない同僚もいるが、記事は大きな反響を呼ぶ。そして、背後にいる犯罪者の周辺にその取材が及ぶと、銃弾という「警告」が発せられる…。

　ヴェロニカを演じるケイト・ブランシェットは「エリザベス」でアカデミー賞にノミネートされ、「ロード・オブ・ザ・リング」で日本でもおなじみになった演技派。使命感に燃え、毅然（きぜん）とした姿勢を貫き通すジャーナリストとしての顔、夫と一人息子をこよなく愛する妻、そして母としての顔、という多様な側面を演じ分けている。

　犯罪者からの「警告」におびえるヴェロニカを、心配しながら理解し支える夫（バリー・バーンズ）と、ヴェロニカの母（ブレンダ・フリッカー）ら、脇を固めるアイルランドの俳優陣による抑えた演技も印象に残る。外向けの強さの裏に、夫と母親にだけはさらけ出す弱さを織り込むことで、主人公に立体感を与えている。

　本当のヴェロニカはここまで行動力あるスーパーヒロインだったのかという、疑問もわいてくる。それでも「自分にはできない」と退いてしまうのでなく、その生きざまに勇気づけられるのは、実話を題材にした強みかもしれない。1時間38分。監督はジョエル・シューマッカー。

記者の採点＝★★★☆☆　　　　　　　　（啓）

2004年6月2日

さまよえる魂の物語 「21グラム」

　人生は偶然の連鎖だ。何の関係もなかった人々があるきっかけで出会い、ドラマを紡ぎ、そして別れる。それを運命と呼ぶ人もいる。

　アレハンドロ・ゴンサレス・イニャリトゥ監督の「21グラム」の場合、三人の男女を引き合わせるのは一つの心臓だ。心の、命の、魂の象徴としての心臓をめぐり、三人の人生が交錯する。

　突然の事故で夫と二人の娘を失ったクリスティーナ（ナオミ・ワッツ）。クリスティーナの夫の心臓を移植され、生き永らえたポール（ショーン・ペン）。事故を起こしたジャック（ベニチオ・デル・トロ）。全くの他人だった三人は、ポールが心臓の提供者を知ろうとしたことから、予期せぬ運命に巻き込まれていく。

　クリスティーナは心の空洞を埋められず、ポールは救われた命を見つめ、ジャックは贖罪（しょくざい）によって魂を救おうとする。弱さをさらし、絶望の中であがく三人の姿は、まさに人間そのもの。誰かを悪者にしてしまえばすむ映画とは違い、重く切ない人間ドラマが心を打つ。

　「アモーレス・ペロス」で異なる愛の悲劇を三部構成で組み立てたイニャリトゥ監督は、本作でも時を前後させる手法で、三人の物語を複雑に編み上げた。

　人物をリアルに描く乾いた視線と、最後に完成するパズルの出来は素晴らしい。だが、ドラマそのものに力があるだけに、流れをそぐ時間の組み立て方がこの物語にふさわしかったかどうか。

　悲しみを体で表現したワッツとデル・トロはアカデミー賞候補に。抑制のきいた演技が成熟の域に達しているペンは「ミスティック・リバー」ではなく、本作で同賞を受賞してもおかしくはなかった。さまよえる魂の物語にほのかな希望が感じられるのは、名優たちの演技あってこそだろう。2時間4分。

記者の採点＝★★★★☆　　　　　　　　（義）

2004年6月9日

言葉のない世界の緊張感

「海猿」

「海の中で誰かにトラブルが起きても、自分で助けようと思うな」とスキューバダイビングの習い始めに言われたことを思い出した。

海難救助のエキスパートを目指す海上保安官の姿を描いた映画「海猿（うみざる）」で、教官が「（救助）最前線に楽しいことなんかない！」と、主人公らの甘い気持ちを粉々に砕いていたからだ。

海が好きで救助の最前線で働きたいと志願した仙崎（伊藤英明）が主人公。その仙崎とペアを組むのが体力や注意力不足で訓練の足手まといとなる工藤（伊藤淳史）。このほかにダイビングの技術は確かだが、どこか冷たい三島（海東健）も。この三人の研修生を軸に仙崎とファッション雑誌の編集者（加藤あい）の淡い恋もからめて物語が進んでいく。

不慮の事故をきっかけに、ショックで仙崎は潜ることができなくなる。順調に研修をこなしてきた優等生に初めて立ちはだかる大きな壁。水に怖さを感じ始めた仙崎。底が見えない真っ黒な海に、自分が吐く空気の音だけがごぼごぼと響き、底知れない恐怖が伝わってくる。

そんな彼らに主任教官（藤竜也）は「水深四〇メートルの海底に二人残された。タンクには片道一人分の空気だけ。おまえたちならどうする？」と問いかけ続ける。やっと仙崎が壁を乗り越えた時、今度は現実味のなかった、この究極の問いが立ちはだかる…。

海上での大規模な救助シーンの迫力が、体育会系の青春ドラマを力強く支える。転じて、言葉のない海中の静けさが緊張感を高めていき、言葉がないからこそ、研修生たちのきずなの強さが伝わってくる。

リアリティーを追求した映像と、それに体当たりで挑んだ俳優たちの姿が、見る人にすがすがしい気持ちを与えてくれる。1時間59分。監督は羽住英一郎。

記者の採点＝★★★★☆　　　　　　　　（啓）

2004年6月16日

生身のアクション健在

「メダリオン」

あのジャッキー・チェンも、もう五十歳だそうだ。日本に初登場した「ドランク・モンキー酔拳」から二十五年。体を張ってファンを楽しませてきたアクションヒーローの、日本公開五十本目となる記念作が「メダリオン」だ。

ジャッキーが演じるのは香港警察の型破りな刑事エディ（こんな役を何度やったことだろう）。死者をよみがえらせることのできるメダルを持つ少年が、密輸犯罪組織に誘拐された。組織を追っていたエディは少年を救い出すが、引き換えに自らの命を落としてしまう。

不思議な力を持つアジアの少年、伝説のメダルをめぐる冒険など、どこかで見たことがあるような物語。だが、ジャッキーはそんな既視感を吹き飛ばすようかのようにアクションを連発する。

ひょいひょいと壁をのぼったり、車列を擦り抜けたりしながらの追跡劇。早回しのようなリズミカルなカンフー。盟友サモ・ハン・キンポーがアクション監督を務めただけあって「プロジェクトA」など往年のジャッキー映画のにおいが漂う。

それだけではない。いったん死んだジャッキーは、メダルの力で生き返って「高い壁も一っ飛び」とばかりの超人的な活躍も見せる。

CGとの融合で新境地を開こうというわけだが、やはり面白いのは生身のアクション。CGが行き着くところまで行った今、ファンが求めているのは「生なのにこんなにすごい！」という驚きだろう。CGは「マトリックス」にまかせておけばいいのに、と思わずにはいられない。

ブルース・リー亡き後の香港アクション映画を支えてきたジャッキー。その親しみやすい笑顔とコメディアンぶりは今回も健在で、単純に楽しめる。おなじみのNG集もついて、1時間29分。監督はゴードン・チャン。

記者の採点＝★★★☆☆　　　　　　　　（義）

2004年6月23日

勢いが観客を巻き込む 「ブラザーフッド」

　コンピューターグラフィックスで群衆が点と化した戦闘シーンや、テレビニュースが流す「遠くの国の戦争」に慣れてしまったせいか、映画「ブラザーフッド」の戦闘場面はつらすぎる。

　腕が吹き飛んだり傷にウジがわいたりと、戦場の生々しい現実は苦痛に満ちている。目を向けていられない。

　だが、痛みの中に兄弟のきずなが強烈に浮かび上がり、そらした目はスクリーンに引き戻される。韓国スターの競演からも目が離せない。兄ジンテにテレビドラマ「イブのすべて」で日本でもおなじみのチャン・ドンゴン。弟ジンソクは日韓合作ドラマ「フレンズ」で日本でも人気に火が付いたウォンビンが演じる。

　物語は一九五〇年に始まる朝鮮戦争が舞台。突然戦場にかり出される兄の、弟を思う心は終始一貫していて、それ以外については、人間の心を捨ててしまっているかのようだ。

　チャン・ドンゴンが、こうした兄のいちずな執念と狂気を熱演。一方、変わっていく兄に傷つき戸惑う弟を、ウォンビンが澄みわたった瞳で表現する。韓国に徴兵制は今もあり、ウォンビンは現実でも兵役が控えているという。

　監督・脚本は「シュリ」のカン・ジェギュ。ヒューマン・スペクタクルドラマは初挑戦ながら、韓国では観客動員数などで「シルミド」を抜いて、数々の新記録を樹立した。

　北と南のはざまで人々が交錯する朝鮮半島の歴史的背景など、隣国の私たちには若干分かりづらいところもある。

　それでも立ち止まる間を与えず、戦争という「不条理」に、見る人をいや応なく巻き込んでいく、この映画のような勢いこそが、現在の韓流ブームの立役者なのだろう。2時間28分。

記者の採点 = ★★★☆☆ （啓）

2004年6月30日

生きる姿勢問う人間ドラマ 「スパイダーマン2」

　続編をヒットさせるのは難しい。ファンの期待値は上がるし、前作を見ていない観客を呼び込むのは簡単ではない。

　ところが、全米歴代興行収入五位を記録した大ヒット映画の続編「スパイダーマン2」は違う。アクションとストーリーは進化し、おなじみのキャラクターだから初見の人も楽しめる。続編はこう作れという、見本のような娯楽大作だ。

　遺伝子操作したクモにかまれた青年が、超人的な力を身に付けて悪と戦う。人気アメリカン・コミックの実写版として話題を集めた前作は、平凡な人間がヒーローになる物語が多くの若者たちに親しまれた。

　そして今回、新たな敵として、四本の金属アームと科学者が合体した「ドック・オク」が登場。前作以降のCGの発達を証明するように、敵の不気味さと強大さはスケールアップし、スパイダーマンはさらなる俊敏さでビルの谷間を飛び回る。

　だが「2」の面白さはCGだけが原因ではない。

　トビー・マグワイアという、一見ひ弱そうな俳優を起用して等身大のヒーローをつくり上げたサム・ライミ監督は、さらに生身の人間としてのヒーロー像を追求する。

　事件に追われて学校の成績はガタ落ち。恋する女性を巻き込まないよう距離を取るが、思いは吹っ切れない。悩んだ揚げ句、自分の人生を取り戻すために二度と変身しないと決意したりもする。

　映画が伝えるのは、人間の苦悩する姿だ。正義を遂行する側の悩みは、今の米国が抱える問題を象徴しているようにも見える。正義と、そこから生じる責任を問いただしているとも言えよう。

　ヒーローの華麗な活躍と、生きる姿勢を考えさせる人間ドラマ。余計な説明を必要としない続編だからこそ、その二つを両立させることができたのかもしれない。一段上のエンターテインメントだ。2時間7分。

記者の採点 = ★★★★★ （義）

2004年7月7日

「中古」の2人が与える夢

「ウォルター少年と、夏の休日」

　夏の光があふれたスクリーンがまぶしい。「ウォルター少年と、夏の休日」は傷ついた少年と、世間から引退した老兄弟の心のふれあいを、くっきりと照らし出す。

　米国の映画情報誌でスクリーンで見たい脚本ナンバーワンに選ばれた作品を、脚本家本人であるティム・マッキャンリーズが監督を務め、映画化した。

　シングルマザーの母は十四歳のウォルターを老兄弟に預けるが、そこはテキサスの片田舎。近所に家もなく、当然、遊べる友だちもいない。その上、老人二人は無愛想だ。お互いに戸惑いながら、物語が始まる。

　少年に「シックス・センス」の名子役ハーレイ・ジョエル・オスメント、老兄弟にマイケル・ケイン、ロバート・デュバルという演技派がそろう。

　老人二人のはちゃめちゃぶりがコミカルで楽しい。銃をぶっ放してセールスマンを追い払う。狩りをしようとライオンを買う。だが、届いたのは病気持ちの「中古の」ライオンだった。

　原題は「セカンドハンド（中古の）・ライオンズ」と複数形で、社会から引退した老兄弟二人の存在も重ねている。が、父親のいないウォルター少年に過去の冒険談を語り、勇気と愛の尊さを伝えていく中で、「中古」の二人の生活も一新されていく。

　若い世代が目標になるようなモデルを見つけにくい今だからこそ、寄り添ってくれる温かい大人の存在が必要なこと。そして、それが必ずしも親でなくてもいいということも、教訓的でなく上質のエンターテインメントとして描かれている。

　モデルがないと思い込んでいるだけで、案外、身近なところに、モデルとなりうる大人が居てくれるのかもしれない。男らしさと優しさを兼ね備えた老人らの姿と、あっと驚くエンディングが、希望と夢を与えてくれる。1時間50分。

記者の採点＝★★★★☆

（啓）

2004年7月14日

キャラ総立ち、凝縮ギャグ

「シュレック2」

　前作が強敵「モンスターズ・インク」をかわし、米アカデミー賞の長編アニメ賞に輝いたのは三年前。笑いと皮肉を満載し、大人が楽しめるCGアニメとして頂点を示したかに思えたが、「シュレック2」はその高みを軽々と越えた。

　めでたく結ばれた緑色の怪物シュレックと、フィオナ姫。シュレックがフィオナ姫の両親にあいさつに出向いたが、恋のライバルが現れて…という物語が用意された。でも筋書きは正直どうでもいい。登場人物（ヒト以外の方が多いかも）がわれもわれもと立ち上がり、自分のキャラクターを売り込むさまが何より楽しいのだ。

　舞台となる「遠い遠い国」は、富の象徴ビバリーヒルズを模したという。そんな場所で、しゃべり倒したり、間を外したり、一瞬の表情で気を引いたりと、笑わせることだけ考えている連中の「顔見世」が果てしなく続く。

　漫才のように「そんなヤツ、おらへんやろ！」と突っ込みたくなる状態を快感とするか、ふまじめとみるか。どちらに傾くかで、この映画への評価は変わってくる。全米で公開五日間の興行収入が、一億二千五百三十万ドル（約百四十億円）と記録破りのヒット。数字を見る限り、米国では「ムチャクチャ面白い」と受け止められている。

　エディ・マーフィ、キャメロン・ディアスらの英語版もいいが、浜田雅功、藤原紀香、竹中直人の日本語吹き替え版がより笑えるはず。字幕を気にせず、スクリーンの四隅に目を凝らすと、さらなる笑いも発見できる。新加入、長靴をはいたネコの必殺ギャグは見逃せない。ネコ好きでなくとも、目に刻みとめておきたい一瞬だ。褒めすぎ？。まあ、いいニャー。1時間33分。監督はアンドリュー・アダムソン、ケリー・アズベリー、コンラッド・ヴァーノン。

記者の採点＝★★★★★

（K）

2004年7月21日

伝説の奥深さ、いまひとつ

「キング・アーサー」

　ここ数年のハリウッドは歴史大作が好きらしい。「グラディエイター」に「ラスト・サムライ」、最近では「トロイ」。時空を超えた歴史スペクタクルを大スクリーンで、というわけで〝西洋史上最大の伝説〟に挑んだのが「キング・アーサー」だ。

　西暦四一五年。ローマ帝国の支配下にあったブリテン（現在の英国）で、ローマの司令官アーサーは無敵を誇る円卓の騎士たちとともに、侵略者と戦っていた。ブリテン人の女性グウィネヴィアを救出したアーサーは彼女と恋に落ち「王となる宿命」に目覚めていく。

　「伝説」「宿命」というドラマチックな言葉に彩られた物語だが、本作ではファンタジー色を薄め、リアリティーに重心を置いたアーサー像を追求したという。

　だがそのせいか、クライヴ・オーウェン演じるアーサー王に、救世主が持つカリスマ性がどうにも感じられない。ヒロイン役のキーラ・ナイトレイはりりしいものの、六人いる円卓の騎士たちの個性は埋没気味だ。

　同じジェリー・ブラッカイマー製作による「パイレーツ・オブ・カリビアン」が、ジョニー・デップの圧倒的存在感で輝いていたのとは対照的で、キャラが立っていない娯楽映画からスリルと感動を得ることは難しい。

　見どころであるはずの巨大セットでの撮影も、広大さの割には迫力に欠け「ロード・オブ・ザ・リング」を見てしまった観客には物足りない。CGで派手にすればいいというものではないが、歴史大作の面白さがスケール感とドラマ性にあることは確かだ。

　英雄の誕生をリアルに描こうという狙い自体は悪くない。だが、それは掘り下げた人物描写とドラマ展開があってこそ。数あるファンタジーの原点とされる物語だけに、その奥深さがいまひとつ伝わらないのは惜しまれる。2時間7分。監督はアントワーン・フークア。

記者の採点＝★★★☆☆　　　　　　（義）

2004年7月28日

感傷を排除し乾いた後味

「カーサ・エスペランサ 〜赤ちゃんたちの家〜」

　一見何不自由なく見える米国女性六人が何かを待っている。南米のどこかの国らしい。観客もそんな気ままな旅人の一人に加わったように、この映画「カーサ・エスペランサ〜赤ちゃんたちの家〜」に登場する女たちの会話に聞き耳をたてる。

　断片的に見えてくるそれぞれの物語。流産の後、生まれたばかりの赤ちゃんを失った女、アルコール依存症の女、厳格に育てられ攻撃的な性格の女、裕福だが子どもができないことに傷ついている女…。

　六人には「キル・ビル」のダリル・ハンナ、オスカー女優のマーシャ・ゲイ・ハーデンとメアリー・スティーンバーゲンらベテランに加え、ただ一人の二十代のマギー・ギレンホールという豪華なキャスティング。

　彼女ら「北」の国の女たちは「南」のこの国に養子をもらいにやってきたらしい。自分の足りない何かを埋めるために。カメラはそれ以上個々の事情に踏み込むことはない。そのためか見ている私たちも、六人の誰かに自分と似ているキャラクターを見いだしても、不必要にその一人に共感することもない。

　一方、経済的な理由で、米国に娘を養子に出したことを悔いる「南」の国の女を演じたヴァネッサ・マルチネスが印象的だ。街角で暮らす貧しい子どもたちの現実に触れることも、ジョン・セイルズ監督は忘れない。

　国際養子縁組にはどこか人身売買的なにおいが漂うが、感傷を排除した淡々とした描写で、乾いた後味に仕上げている。

　観客に反発を覚えさせないのも手腕なのだろうが、物足りなさも残る。突然終わる物語のそれからは観客一人一人が紡ぐのだろう。満たされない何かを求めて。1時間35分。

記者の採点＝★★★☆☆　　　　　　（啓）

2004年8月4日

傑作のリメークは難しい

「丹下左膳　百万両の壺」

　ヒチコックの「サイコ」をリメークした大胆な監督がいたが、初監督作品に「丹下左膳　百万両の壺」を選んだ津田豊滋監督も相当な勇気が必要だったはずだ。何せオリジナルは、日本映画史に残る山中貞雄監督の傑作時代劇。天才の作品に、どう挑んだのか。

　「姓は丹下、名は左膳」の名せりふで人気を博したチャンバラヒーロー、丹下左膳。右目と右腕を失い、着流し姿に左手一本で暴れまくる姿は、戦前戦後にかけて多くのファンを熱狂させた。

　本作は、シリーズの中でも外伝的な位置付けにある物語。伴侶となったお藤の矢場で用心棒をしている左膳は、ひょんなことから汚いつぼを手にした孤児を預かる。次第に情が移っていく左膳だが、実はそのつぼには重大な秘密があった。

　名だたる大物俳優が演じてきた左膳に挑むのは豊川悦司。大河内伝次郎のような豪胆さはないものの、ニヒルな感じはよく出ている。お藤役の和久井映見との掛け合いも悪くはなく、カラフルな美術や衣装は新鮮だ。

　だが、どうにもゆるい。オリジナルにならってコミカルで人情味あふれる世話物に仕立てようとしたのはいいが、間延びしてテンポが悪く、笑うべき場面で笑えない。折々に入る妙な擬音も気になってしまう。

　また、新たに加わった、左膳が目と腕を失うエピソードや、子供とのきずなを感動的に描く場面は「現代の観客にも分かりやすく」という意図なのだろうが、説明過多。人間のおかしみを軽やかに描く人情喜劇なのに、流れを停滞させてしまっているのは残念だ。

　「昔の映画は良かった」という一言で片付けるつもりはないが、オリジナルと比較されるとどうにも分が悪い。それを承知で名作をよみがえらせようとした心意気は買うものの、やはり山中版を見たくなってしまった。1時間59分。

記者の採点＝★★☆☆☆　　　　　　　　　　（義）

2004年8月11日

元気をもらえる快作アニメ

「マインド・ゲーム」

　今年は「イノセンス」「スチームボーイ」「ハウルの動く城」とアニメーションの巨匠たちの作品が続き、劇場アニメの大作ラッシュ。

　そんな中で映画「マインド・ゲーム」は大人向けの異色アニメだ。ここにはメカや科学、魔法はないし、勇敢な少年少女も出てこない。主人公はさえない青年だ。

　西（声・今田耕司）はひょんなことからやくざに殺されてしまう。生きたいという気合で、神様に逆らって現世に舞い戻ったが、今度は初恋の幼なじみ、みょんちゃん（声・前田沙耶香）らと一緒に巨大なクジラにのみ込まれる。そこで出会ったじーさん（声・藤井隆）は何と、三十年以上もクジラの中で暮らしていた…。

　走るシーン、カーチェイスなどは、スピード感、高揚感をあおられる。一転、クジラのおなかの中で訪れる安穏の時にほっとする。緩急取りまぜて、現実なのか妄想なのか分からないまま、ごちゃまぜでころがっていくストーリー。

　原作はロビン西による同名コミック。アニメプロダクション「STUDIO4℃」の製作で、監督は劇場版「クレヨンしんちゃん」で注目を浴びたアニメーター湯浅政明。初めて監督した長編には、古今東西のアニメや漫画へのオマージュも随所に仕掛けられている。

　声で出演した吉本興業のタレント陣らの顔をまじえたカットなど、実写と2D、3Dを融合させた映像と、ばりばりの関西弁で、主人公のパワーがはじける。

　生きたい一心で突っ走る彼らに、気が付くと、見ているこちらも、引っ張られて一緒に走っている。アニメーション（元気づけること）という言葉の意味通り、命を吹き込まれたキャラクターたちに元気をもらえる快作だ。1時間43分。

記者の採点＝★★★☆☆　　　　　　　　　　（啓）

2004年8月18日

映像つないで反ブッシュ

「華氏911」

　今年最大の話題作にして問題作「華氏911」がいよいよ日本でもベールを脱いだ。マイケル・ムーア監督の目的はただ一つ、ブッシュ米大統領の資質と政策を徹底的に批判し、秋の大統領選での再選を阻止すること。これはドキュメンタリーか、プロパガンダか。

　ムーアの手法は極めて意図的だ。えりすぐりの映像を駆使し、ブッシュの無能ぶりをコミカルに、戦争の現実を生々しく、戦死者遺族の悲しみを感情的に描く。観客の脳裏に残るのは「アホで間抜けなブッシュ」だ。

　そもそもドキュメンタリーは、完全に客観的ではあり得ない。どの素材を選ぶかは監督次第だし、同じ映像を使っても音楽やナレーションによって受ける印象は違ってくる。多かれ少なかれ監督の主観は入るもので、それ自体は問題ではない。

　むしろ重要なのは、対象への迫り方だろう。ムーアの前作「ボウリング・フォー・コロンバイン」の面白さは、アポなし取材で権力者の素の表情を引き出し、銃社会の裏側を浮き彫りにしようとした姿勢にあった。

　今回はどうか。映像を発掘する才と編集の妙はさすがだが、相手の本質に迫る突撃取材は影を潜め、都合の良い映像のつなぎ合わせが中心。これでは「大量破壊兵器はある」と言い続けて戦争を強行したブッシュと大差ないのではないか。

　対象を遠巻きにながめながらイメージを作っていく手法は、反ブッシュをあおるプロパガンダとしては有効かもしれないが、ドキュメンタリー映画としての面白さには欠けると言わざるを得ないだろう。

　それでも、この作品に力があることは間違いない。力とは、手法はどうであれ「ブッシュを何とかしたい」というムーアの並々ならぬ情熱だ。その熱を感じるだけでも、一見の価値はあるだろう。2時間2分。

記者の採点＝★★★☆☆

（義）

2004年8月25日

スピード感ある冒険劇

「ヴァン・ヘルシング」

　ヴァン・ヘルシングはブラム・ストーカーの小説「吸血鬼ドラキュラ」に吸血鬼ハンターとして登場して以来、何度も映画化されたキャラクターだ。映画「ヴァン・ヘルシング」ではヒュー・ジャックマンが演じる。

　時代は十九世紀、ドラキュラ伝説が残る村でアナ王女（ケイト・ベッキンセール）とともにドラキュラ狩りに乗り出す彼の活躍を描く。

　観客を物語へいざなう窓口となるのが、ヴァン・ヘルシングにお供するバチカンの修道僧カール（デビッド・ウェンハム）。モンスター退治の武器の開発者で、その用途が本人も分からないものまで発明し、ユーモラスな彩りを添える。

　一方で、一九三一年版の映画「フランケンシュタイン」のラストシーンも挿入され、フランケンシュタインのほかハイド氏、狼（おおかみ）男といった往年のモンスターたちがよみがえる。「ハムナプトラ」シリーズのスティーブン・ソマーズ監督は脚本も手掛け、おどろおどろしいモンスター映画ではなく、スピード感のあるスペクタクルアドベンチャーに仕上げた。

　大きな翼で空を飛ぶドラキュラ伯爵（リチャード・ロクスバーグ）。その花嫁たちも、美しい顔に牙を生やした化け物に変身、猛スピードで襲いかかってくる。狼男役にはバレエ界から、ウィル・ケンプがしなやかな肉体を使って挑む。ゴシック調の街並みや仮面舞踏会などの壮大なセットの中で最新技術を駆使しヒーローたちが暴れ回る。

　だが、そのゴージャスな映像から、怪物への恐怖や怪物が持つ悲しみを感じ取るのは、なぜか難しい。

　現代の生活では、昔のように魔物や怪物の気配を感じるような空間はなくなってしまった。映像表現が発達したスクリーンの中にも、西洋の怪物たちが不気味にうごめく場所はなくなりつつあるのだろうか。2時間13分。

記者の採点＝★★★☆☆

（啓）

2004年9月1日
音楽の楽しさ伝える青春劇 「スウィングガールズ」

　シンクロナイズドスイミングに挑む男子高校生の青春を描いて大ヒットした「ウォーターボーイズ」。意外な組み合わせとさわやかなドラマが受けて、同世代の女の子たちをとりこにしたのは記憶に新しい。

　その矢口史靖監督の新作「スウィングガールズ」は、ジャズにはまっていく田舎女子高生たちが主役。さわやかさはそのままに、肩の凝らない良質なコメディーを作り上げた。

　物語はいたってシンプル。若者が新しいものの魅力にめざめ、紆余(うよ)曲折を経ながら最後には成功を収めるという、よくありがちな青春劇を面白く見せるかどうかは、その設定によるところが大きい。

　この作品の場合、どうしても前作の別バージョンと見られるのが難しいところだ。ボーイズをガールズに、水着をサックスに。コーチ役も同じ竹中直人。そうやって単純に比べると「男のシンクロ」ほどの意外性がないだけに、少々つらい。

　それを補うのが、山形ロケが生んだ〝田舎ぶり〟。緑は濃く、雪は深く、女の子たちはやぼったい(男の子はさらにダサい)。そこはかとなく漂う青春の香りは懐かしく、「ジャズやるべ」という方言も、映画全体に柔らかさとかわいらしさを醸し出している。

　そして決定的なのは、音楽の魅力。楽器を触るのも初めてだった出演者たちが、特訓を重ねて最後には見事な演奏を披露するわけだが、彼女たち自身が感じているであろう達成感と楽しさが、会場と一体となっての「シング・シング・シング」から伝わってくる。

　うまいへたはともかく、演奏するって楽しい。一生懸命の素晴らしさを、素直に感じさせてくれる一本だ。1時間45分。

記者の採点＝★★★☆☆　　　　　　　　　　(義)

2004年9月9日
愛の軌跡、スリリングに 「愛の落日」

　映画「愛の落日」は、フランス占領下のベトナム・サイゴンを舞台にしたラブストーリー。今年、生誕百年を迎える英国の作家グレアム・グリーンの小説「おとなしいアメリカ人」を映画化した。

　初老の英国人でベトナム特派員のファウラー(マイケル・ケイン)は、ここ数年、ほとんど記事を書いていない。若いベトナム女性フォング(ドー・ハイ・イエン)との愛とアヘンにどっぷりとおぼれている。

　そんな毎日に波紋をもたらしたのが、米国から援助活動に着任した青年パイル(ブレンダン・フレイザー)の存在だ。フォングをめぐって年老いた男のしっとと若い男の恋心が、緊張感に満ちた戦況と絡まって交錯していく。

　マイケル・ケインが若さへのねたみにもだえる初老の男を、時に静かに時に激しく表現する。一見、老人に勝ち目はなさそうなのだが、ケインは老いた男の心情に複雑な深みを与え、物語に観客を引き込んでいく。対するフレイザーはやや平面的な印象だ。ベトナム戦争に至る不安定な状況下で、老若男女が紡ぐ愛の軌跡がスリリングな輝きを放つ。

　後半は、サイゴンの街中での爆弾テロなど、戦争に巻き込まれていく社会状況をミステリアスに描くが、断片的なため愛の物語にしっくりかみ合ったのか疑問が残る。

　植民地での愛人という立場を憂えるヒロイン、フォングの懸念は、そのままベトナム、植民地政策を維持していた欧州の旧宗主国、そして米国を交えた三つどもえの関係に重なって見えてくる。半世紀前の物語でありながら、そのメッセージは今の世界情勢にも当てはまる物悲しさをともなって心に響いてくる。2時間41分。監督はフィリップ・ノイス。

記者の採点＝★★★☆☆　　　　　　　　　　(啓)

2004年9月15日
解けない謎と人間の内面 「父、帰る」

　物語の世界では、謎は解明されるためにある。謎が解け、最後に「なるほど」と思えるかどうかが、面白さの分かれ目になるといってもよい。

　アンドレイ・ズビャギンツェフ監督の「父、帰る」も、多くの謎に満ちた映画だ。だが、謎解きを待っている観客は、思わぬ方向へと導かれることになる。

　母と静かに暮らしていた兄弟の元に、十二年ぶりに父がふらりと帰ってくる。無口な父は説明もなしに、兄弟を湖と無人島への小旅行に連れ出す。三人の人間模様を軸にしたロードムービーだ。

　観客は思う。父はどこへ行っていたのか。なぜ帰ってきたのか。子供たちに何を伝えたいのか。無人島で見つけた箱の中身は何なのか…。

　だが、映画は何も明らかにしない。ぬかるみにはまった車を脱出させたり、釣りの時間を守らない兄弟を父がしかったりという小さなエピソードが、タルコフスキーをほうふつとさせる静謐（せいひつ）さの中で、淡々とつづられるだけだ。

　その情景で描かれるのは、強権的な父、反発する弟、一歩引いた兄という、三様の人間像。謎は積み残されたままだが、それゆえに三人の微妙な関係は異様な緊迫感を持ち始め、父と子の心理的葛藤（かっとう）が浮かび上がってくる。

　予想外の結末を経て、解明されなかった謎の余韻を引きずりながら、観客は気づく。謎は物語を展開するためのきっかけにすぎず、そこから生じる人間関係の揺らぎや内面の変化をこそ、監督は描きたかったのだと。

　明快に謎が解かれ、丁寧に感動のポイントを教えてくれるテレビや映画に慣れているわれわれには、不親切に思えるかもしれない。だがこれは、無言のうちに人間の何たるかを描いた刺激的なミステリーなのだ。1時間51分。

記者の採点＝★★★★★　　　　　　　　　（義）

2004年9月22日
愛を求める悲痛な叫び 「モンスター」

　人は絶望のふちから、はい上がろうとするとき、何を大切に生きていくのか。映画「モンスター」は実在した連続殺人犯の女性の逃避行を通して、社会から疎外された者の生の形を追求していく。

　ヒッチハイクで客に体を売る生活に絶望していたアイリーン・ウォーノス（シャーリズ・セロン）。同性愛の治療を親に命じられ、フロリダに来ていたセルビー（クリスティーナ・リッチ）は、アイリーンの職業をさげすむことなく「あなたは美しいわ」と受け入れ、一緒に暮らし始める。

　二人の生活に希望を見いだしたアイリーンだが、骨折を理由にセルビーは金銭面でも精神面でもアイリーンに頼ってくる。再び道端に立つことになったアイリーンは、次々と客の男性を殺害しては金品を奪うという犯行を重ねていく。

　虐待されて少女時代を過ごし、米国社会から「モンスター」と呼ばれる連続殺人犯になるまでの複雑な境遇の主人公アイリーン。美ぼうを誇るハリウッド女優シャーリズ・セロンが十三キロ以上も体重を増やし、特殊メークを施して役になりきった迫真の演技は、今年のアカデミー賞主演女優賞をさらった。

　対するクリスティーナ・リッチもアイリーンに寄生して生きることしかできない危うさを愛らしい顔で表現し、いったいどちらが「モンスター」なのか、分からなくなってくる不気味さだ。

　本作で長編デビューのパティ・ジェンキンス監督は、服役中にアイリーン本人が書いた手紙などを基に、徹底してアイリーンに寄り添い、愛に飢えた悲劇のヒロインとして物語をつづっていく。追い込まれても愛を貫き通すアイリーンの姿から、「愛してほしい」という悲痛な叫びが伝わってくる。1時間49分。

記者の採点＝★★★☆☆　　　　　　　　　（啓）

2004年9月29日

こう見えて実はラブコメ 「ヘルボーイ」

　いまだかつて、こんなブサイクなヒーローがいただろうか。

　ぱっと見は赤ら顔のゴリラ。おでこには缶詰のような塊が二つ、はげ頭の後頭部になぜかちょんまげ。「ヘルボーイ」は、この落ち武者のような相撲取りのような巨漢を主人公にした、一風変わったヒーロー映画だ。

　ナチスの超科学実験で地獄から召喚された小さな魔物ヘルボーイ。連合軍に救助され、心優しい老教授の教えでFBI秘密機関のエージェントに育ったヘルボーイは、よみがえった怪僧ラスプーチンらと闘う。

　魔界にオカルト、秘密結社に超常現象と、怪しい雰囲気がたっぷり。エイリアンもどきのグロテスクな魔物や、腐った卵が好きな半魚人など、敵も味方もキャラが総立ちで、いかにもB級感がぷんぷん漂う。

　だが、落ち武者ゴリラが主人公のこの映画、ただのカルトムービーではなかった。

　ルール無用の怪力ヘルボーイだが、素顔は実に人間的。甘いものと猫が大好きで、恥ずかしいからと頭の角をせっせと削る（おでこの缶詰はその根元）。愛する女性に告白できず、小学生に恋のアドバイスを受けるにいたっては、もうかわいいとしか言いようがない。

　そう、これはSFアクション映画に見えて、実は愛があふれるラブコメディーなのだ。容姿に悩み、恋に身を焦がす姿は、本人は真剣でもどこかこっけいに見えるもの。ヒーローだろうが魔人だろうが人間だろうが、恋の悩みはみな同じだ。

　変な顔のヒーローを一目見て、この映画をパスしようとしたあなた。人間も映画も、外見だけで判断してはいけません。愛はどこに潜んでいるか分からないのです。2時間12分。監督はギレルモ・デル・トロ。

記者の採点＝★★★★☆　　　　　　　　　　（義）

2004年10月6日

成長の旅、輝く青春物語 「モーターサイクル・ダイアリーズ」

　旅は出会いというが、根底から価値観を揺さぶられるような出会いは、そうあるわけではない。

　だがキューバ革命の指導者チェ・ゲバラにとって、アルゼンチンからベネズエラまで一万キロ以上に及んだ若き日の旅は、大きな転機となった。この旅は日記として残され、そして「モーターサイクル・ダイアリーズ」という映画になった。

　一九五二年、医学生エルネスト・ゲバラ・デ・ラ・セルナ（ガエル・ガルシア・ベルナル）は友人のアルベルト（ロドリゴ・デ・ラ・セルナ）とともにバイク旅行に出発する。ぜんそく持ちでガールフレンドのことも気になる二十三歳。所持金はわずかだし、おんぼろバイクはしょっちゅう故障する。

　とうとう修理不能になってバイクを降りたところで、テンポよいロードムービーは趣を変えていく。走っている時には見えなかった南米の現実が、歩く二人の視界に飛び込んでくるのだ。

　政治的な理由で土地を奪われ仕事を求めるインディオの夫婦。インカ文明の遺跡が刻む歴史の重み。出会いを重ね、南米最大のハンセン病患者の施設にたどりついたころには、二人は大きく変わっていた。

　製作総指揮は長年この企画を温めてきたというロバート・レッドフォード。「セントラル・ステーション」で知られるブラジル出身のウォルター・サレス監督を起用。メキシコ出身のベルナルと、アルゼンチン出身のセルナという、ラテンアメリカの俳優を配し、まっすぐな心と情熱にあふれた青春物語を紡いだ。

　車輪が巻き上げる砂ぼこりの向こうから徐々に見えてくる現実。その重さを受け止めながら成長していく二人の姿は、しっとしたくなるほど輝いている。2時間7分。

記者の採点＝★★★★★　　　　　　　　　　（啓）

2004年10月13日

欠落した愛を求めて 「2046」

　トニー・レオンや木村拓哉らアジアのスターが顔をそろえた出演陣。詳細が明かされないまま五年に及んだ撮影。華やかでミステリアスなベールに包まれていたウォン・カーウァイ監督の新作「2046」は、愛の欠落を埋めようとする男女の恋愛ドラマだった。

　一九六〇年代後半の香港。新聞記者で作家のチャウ（レオン）は、結ばれなかった愛に苦い思いを抱きながら、二〇四六年を舞台にした近未来小説を書いていた。

　現実世界で、チャウの目の前に現れては消えていく女たち。小説では、失われた愛を取り戻せる場所を目指して男（木村）が旅をする。いつしか小説の主人公とチャウが重なり、現在と未来が交錯しながら愛は迷走を深めていく。

　「恋する惑星」「天使の涙」から「花様年華」へと、独特の映像スタイルが密度を増すとともに、描く愛も成熟の度合いを深めていったカーウァイ監督。本作ではレオンとチャン・ツィイーやコン・リーらとの哀切漂うドラマが物語の中心を織り成す。

　微妙な駆け引きを楽しむようなレオンと女たちの恋愛劇を彩るのは、退廃的なムードの漂う色彩と空間。スタイリッシュな衣装とデザインは未来パートにも広がり、撮影監督クリストファー・ドイルが斬新な映像世界をつくり上げている。

　幻想的な未来世界と、レオンが愛にもだえる現実世界とは、必ずしも物語的にうまく融合しているとは言えないが、愛をスタイルで見せるカーウァイの手法は、一つの到達点に達していると見ることもできよう。

　レオンとアジアのトップ女優たちの競演は、さすがの見ごたえ。これが世界初進出となる木村も、確かな存在感を放っている。2時間10分。

記者の採点＝★★★★☆　　　　　　　　　　（義）

2004年10月20日

限られた空間の濃密な物語 「コラテラル」

　タクシーの車内は、不思議な空間だ。客と運転手とで、少し背伸びして現実とは異なる自分を装ってみたり、逆に身の上話で本音をこぼしてみたり…。ふと交わした言葉が、妙に心に染みてしまったりすることもあるだろう。

　映画「コラテラル」はプロの殺し屋と、殺し屋をタクシーに乗せて「巻き添えになった」（＝コラテラルの意）運転手の一夜を描くサスペンス。少し夢を織り交ぜて自分を装うタクシー運転手に、殺し屋が時に哲学者のように語りかけ、車内という限定された空間で、濃密な人間の物語が紡ぎ出される。

　殺し屋ヴィンセントにトム・クルーズ。これまでのイメージとかけ離れた悪役に、シルバーヘアに白い無精ひげ。全身グレーのスーツに身を包んで挑み、冷酷、非情の男に、そこはかとない人間的な温かみを与えている。

　タクシー運転手マックスに、ジェイミー・フォックス。こちらも南の島の絵はがきを心の慰めに、変化のない日常を生きる男を好演した。

　車窓から見えるロサンゼルスの夜の風景は幻想的で、時にコヨーテさえ登場する。客の行く先々で事件が起きるが、いつも車の外の話だ。夜の闇が迫り、運転手の目には何も見えない。何が起きているのか分からないことで、車内に緊張感が高まっていく。そして二人の本音と本音がぶつかり合って、事態は一変する。

　マイケル・マン監督のセンスのよい映像は、殺し屋にほんろうされる運転手の心の動きを、暗闇の中からくっきりと浮かび上がらせる。一方、冷徹な殺し屋もこの運転手が居合わせたことで、先が読めなくなっていく。タクシーの車内はやっぱり不思議な空間なのだ。2時間。

記者の採点＝★★★★☆　　　　　　　　　　（啓）

2004年10月27日

人間心理が生み出す恐怖

「ソウ」

　人間が感じる恐怖の多くは、「状況」と「心理」が生み出すものだ。幽霊の正体見たり枯れ尾花、である。

　オーストラリア出身の二人の若者がつくった映画「ソウ」も、シチュエーションスリラーと言っていい。だが、この作品の主人公二人が置かれた状況は、相当に異常なことになっている。

　目が覚めると広いバスルームの中だった。足には鎖。対角線上にはやはり鎖につながれた、もう一人の男。二人の間にはピストル自殺した男の死体と、テープレコーダー、たばこ、着信専用携帯電話が転がっている。

　そしてテープから流れてきたのは「六時間以内に相手を殺せ。さもないと二人とも死ぬ」という通告だった。さっぱり分からない状況の中、時は刻々と過ぎていく。

　「ヒチコックのスタイルに近い」とジェームズ・ワン監督が言うように、わけも分からず巻き込まれた男、迫り来る時間、逃れられない密室など、よく見ればサスペンスの基本的要素で構成されていることが分かる。

　それを斬新かつ異様な映画に見せているのは、観客に緊張感とスリルを与えるサスペンスに、ホラーとゲームの要素を融合しているためだ。

　知能の高い犯人が考え出す犯罪はマニアックで残忍この上ない。と同時に、被害者は犯人が提示する究極のゲームの中で、生死を自分で決める状況に追い詰められる。その人間心理こそが、この映画の恐怖の正体だ。

　そして観客もまた、二人の男とともにこのゲームに放り込まれる。犯人は誰なのか。この状況は一体、何なのか―。

　答えは映画の途中にはっきりと示してある。「明確なヒントを出しながら、答えが解けないのが楽しいのさ」と脚本のリー・ワネル。ちなみに筆者は最後まで分からなかった。この悔しさを、あなたもぜひ。1時間43分。

記者の採点＝★★★★☆　　　　　　　　（義）

2004年11月2日

人間の悲しさを体感

「砂と霧の家」

　完ぺきな人などいないし、皆一生懸命生きているだけなのに、誰かを傷つけてしまう…。そんな人間の悲しさを体感できる映画が「砂と霧の家」だろう。

　父が残した海辺の家に住むキャシー・ニコロ（ジェニファー・コネリー）は、夫に去られ、仕事もない失意の日々。わずかな税金の未払いから、手違いで心のよりどころの家を差し押さえられた。しかもミスを正す間もなく、家はイランから亡命したベラーニ元大佐（ベン・キングスレー）の手に渡っていた。

　異国で肉体労働するしかなかった元大佐にとっては、安く購入した家を転売して、妻（ショーレ・アグダシュルー）と息子のためにもう一度人生をやり直すことが最後の希望だった。

　家を取り戻したいキャシーがもがけばもがくほど、やり直しのチャンスを手放したくない元大佐との対立が深まり、双方の感情はもつれていく。

　一方、英語が不得手な元大佐の妻と、キャシーの間で心が触れ合う瞬間が描かれているのは皮肉だ。妻役でイラン生まれのアグダシュルーは中東出身の女優として初めて今年、アカデミー賞助演女優賞にノミネートされた。

　元大佐役のキングスレーも、家庭では独断的だが、差別と屈辱に静かに耐え、異国で誇り高く生きようとする男を印象的に演じ、同賞主演男優賞にノミネート。物語すべてを包み込むような圧倒的な存在感を放ち、見る人を引き込んでいく。

　ユニークな存在は争いの対象となる家。豪邸でなく、海が見下ろせるのが唯一の取りえで、こぢんまりとして古ぼけている。対立していた二人が、それぞれ守りたかった家族の象徴として、悲しげに浮かび上がってくる。2時間6分。監督はヴァディム・パールマン。

記者の採点＝★★★★☆　　　　　　　　（啓）

2004年11月10日

禁断の愛、詩情豊かに

「海猫」

　森田芳光監督、筒井ともみ脚本の「失楽園」コンビが、再び禁断の愛に挑んだ「海猫」。北海道の厳しい自然を背景に、運命と本能のはざまで苦しむ女と男の姿を激しくも詩情豊かに描いた、古典的ともいえるラブストーリーだ。

　函館で暮らしていた薫(伊東美咲)は、峠一つ越えた南茅部の漁村に嫁ぐ。ロシア人の血を引くその容ぼうは、閉鎖的な浜で異彩を放っていた。

　懸命に漁師の生活に溶け込もうとする薫。だが、豪胆な夫(佐藤浩市)との愛がすれ違い始めると同時に、優しく見守ってくれていた義理の弟(仲村トオル)の思いに気づく―。

　許されないからこそ燃え上がる、禁断の愛。これも今ブームの「純愛」の一つの形であり、恋愛ものの定番と言っても過言ではない。観客がそれに感情移入できるかどうかは、人間の心理と行動をいかに深く描き込んであるかにかかっている。

　この映画の場合、漁村で浮き立つ美ぼうの若妻、粗野な兄と繊細な弟、異国情緒漂う函館やコンブ漁の風景など、設定や舞台の詩情性に依存してしまっているようで、肝心の人物の掘り下げはいまひとつ。

　義弟の愛はどこから生まれたのか。薫はなぜ義弟にひかれていったのか。彼女たちを突き動かす感情が見えづらく、「いちずな愛を生きました」と口頭で説明されているような印象を受けてしまった。

　北の海辺と伊東の白い肌を対比させる構図も、幻想的なイメージを生むまでには至らず「失楽園」のような大人のおとぎ話とも言い難い。卓越した映像感覚には定評があり、大人のエンターテインメントを作れる数少ない監督だけに、次はこれぞという恋愛映画を期待したい。2時間9分。

記者の採点＝★★☆☆☆　　　　　　　　　　(義)

2004年11月17日

夢を忘れた大人たちにも

「ポーラー・エクスプレス」

　サンタクロースって本当にいるの？　いつか疑い始める子どもたちと、それにどう答えればいいのか困っている大人たちに、「フォレスト・ガンプ／一期一会」のロバート・ゼメキス監督と四児の父でもある俳優トム・ハンクスがアニメ映画「ポーラー・エクスプレス」を届けてくれた。

　原作はオールズバーグのロングセラー絵本「急行『北極号』」。物語はクリスマスイブに始まる。サンタクロースに疑念を持ちながらもプレゼントを待つ少年のもとに、北極行きの蒸気機関車がやって来る。

　車内にはさまざまな性格の子どもたちが乗っている。共通点はサンタの存在を疑っていることだけだ。一方、列車の外は厳しい自然が取り囲む。トナカイの大群と衝突しそうになったり、線路が氷に閉ざされ広い氷原で車体が滑ったりと、冒険の旅が展開する。

　濃密なタッチのCGアニメは、テーマパークさながらに、ジェットコースター感覚のスリルや終点の街にあるおもちゃ工場の楽しさなどを、疑似体験させてくれる。

　これまで視覚効果でも、さまざまな挑戦を続けてきたゼメキス監督は、俳優の表情や細かな指先の動きまでをデータに写し取る新たな手法で、登場するCGキャラクターに、より人間的な演技をさせる。トム・ハンクスが一人で主人公の少年、その父親、列車の車掌など五役をCG作成のために演じている。

　妙にリアルなキャラクターの表情に最初はなじめなかったが、心温まる物語と夢いっぱいの映像に引き込まれて、いつしか気にならなくなる。子どもたちだけでなく、夢を見られなくなった大人たちも、絵本を読んでもらった時のような至福の時間を味わえそうだ。1時間40分。

記者の採点＝★★★★☆　　　　　　　　　　(啓)

2004年11月24日
韓流2大スターの魅力満載
「誰にでも秘密がある」

　ビョン様（イ・ビョンホン）とジウ姫（チェ・ジウ）。飛ぶ鳥を落とす勢いの韓流コンビが初めてスクリーンで共演した「誰にでも秘密がある」は、二人の魅力を最大限に引き出したラブコメディーだ。
　夫との生活に退屈している長女。恋愛経験のない堅物の二女（ジウ姫）。自由奔放な恋愛観を持つ三女。タイプの全く違う美しい三姉妹の前に、優しくて格好良くて金持ちの、一人の男（もちろんビョン様）が現れた。
　まずは三女が攻勢をかけて婚約にこぎ着けるが、姉たちだって恋する気持ちは止められない。三姉妹のハートをやすやすと奪った男は、水面下で三つの愛を同時に深めていく。
　一人の男を中心にした四角関係を三姉妹それぞれの視点で描き分ける手法は、さして目新しくはないものの、三者三様の性格と恋と秘密がテンポ良く描かれるストーリー展開にはぴったり。

　そしてビョン様は、女性の小さな不満を優しく解きほぐし、ここぞという場面では強引に迫る。「女は男にこうしてほしいの」という願望を満たす完ぺきなプレーボーイ。当然「こんなやついないよ」と思うが、度を越して完ぺきなため、それ自体がコメディーに。
　恋に振り回されながら少しずつ大人の女性へと変身していくジウ姫は、大胆なラブシーンにも挑戦。「冬のソナタ」とはまた違う、コメディエンヌとしての新境地を開いている。
　恋を経て三姉妹がどう成長し、何に気づいたのかという結末部分の描き方にもの足りなさが残るが、基本はやはり、ビョン様とジウ姫のスター映画。くすっと笑えるライトなセックスコメディーとして十分に楽しめる。1時間41分。監督はチャン・ヒョンス。

　記者の採点＝★★★☆☆　　　　　　　　　　（義）

2004年12月1日
自信に満ちた表情に元気
「ベルリン・フィルと子どもたち」

　こんなふうにクラシックに出合えた子どもたちがうらやましい。ドキュメンタリー映画「ベルリン・フィルと子どもたち」は、世界有数のオーケストラの演奏で子どもたちがバレエを踊る教育プロジェクトを紹介する。
　音楽監督に就任したサイモン・ラトルが「クラシックの楽しさを感じてほしい」と呼び掛け、ベルリン・フィルハーモニー管弦楽団は、ドイツ・ベルリン市在住でさまざまな国の出身の二百五十人もの、クラシックとも踊りとも縁がない若者たちに、自己を表現する場を与えることになった。
　カメラは二〇〇二年九月の準備段階から翌年一月の晴れ舞台までを、人に触れられることが苦手だった男性ら三人の若者に焦点をあてて克明につづっていく。
　ダンスの指導にあたるのは振付師のロイストン・マルドゥーム。やる気のない若者たちに「自己表現だけでなく、他の人々とコミュニケートしたいんだ」と、踊りへの熱い思いをぶつける。
　ほかのグループにレッスンに行って、真剣さに驚いて帰ってきたメンバーが、無気力な仲間にこのままでいいのかと訴える。子どもたちだけで自分たちはどうするのか、話し合う場面は印象的だ。
　トマス・グルベとエンリケ・サンチェス・ランチという二人の監督は、戸惑いながら踊る喜びを見いだしていく姿を追うことで、本番の舞台「春の祭典」を、より見応えのあるシーンにした。世界屈指のオーケストラの音楽も舞台を盛り上げる。
　大人数のプロジェクトだけに脱落した子どもたちもいただろう。映像には出てこない彼らのことが少し気になる。だが、舞台に立つ若者たちの当初とは別人のような自信に満ちた表情が、そんな引っかかりを忘れさせてくれる。音楽ドキュメンタリーという枠だけには収まらない、元気をもらえる作品だ。1時間45分。

　記者の採点＝★★★★☆　　　　　　　　　　（啓）

2004年12月8日

待ち続ける男のおとぎ話 　　「ターミナル」

　幼いころの誕生日。恋人からの手紙。夜遅い夫の帰り。人は何かを待ちながら、生きてゆくのかもしれない。

　スティーブン・スピルバーグ監督がトム・ハンクスと組んだ三本目の映画「ターミナル」は、待つ男の物語。運命のいたずらで空港から出られなくなった男の、友情と恋と人生を描いた現代のおとぎ話だ。

　東欧の小国からニューヨークにやってきたビクター（ハンクス）は、政変で母国が消滅したためパスポートが無効になり、入国することも帰国することもできなくなる。

　英語も話せないビクターだったが、空港内で暮らすうちに友人が増え、フライトアテンダントに恋もする。そして何カ月もの月日がたつが、ビクターにはどうしても入国して果たしたい、ある約束があった。

　どんな状況でも常に前向きなビクターが、さまざまな人種や階層の人々と交流を深めていく様子は、心温まるヒューマニズムに満ちている。周りの人の生き方まで変えてしまう純朴なビクターは、どこかフォレスト・ガンプのようでもある。

　登場人物のほとんどは善人で、ちょっとありえない設定のお話ではあるが、スピルバーグがこの映画で描きたかったのは自由と夢と希望、つまりは人間賛歌なのだろう。

　9・11後の混沌（こんとん）とした世界だからこそ、平和と自由を待ち続ける男に「人間は孤独ではない」という前向きなメッセージを託したのかもしれない。スピルバーグらしい大作感はないけれど、笑って泣ける上質のヒューマンドラマに仕立てた手腕はさすがだ。

　それにしても、このような小さな人間ドラマを描くために空港ターミナルの原寸大セットを建設し、中に本物の店舗をずらりと並べた豪華さには恐れ入る。何ともぜいたくな、小品である。2時間9分。

記者の採点＝★★★★☆ 　　　　　　　　　（義）

2004年12月15日

さわやかな後味の会話劇 　　「約三十の嘘」

　「うそつきは泥棒の始まり」というが、映画「約三十の嘘」はうそをつき、だまし合う詐欺師たちの物語。だが、うその中からやがて真実が浮かび上がり、さわやかな後味を残してくれる優れた会話劇となっている。

　原作は土田英生の同名戯曲。解散していた詐欺師集団が三年ぶりに集結し、羽毛布団を売りさばいて一稼ぎ。だが、もうけた大金が寝台特急の中という密室で消えたことから、詐欺師たちの駆け引きと裏切りが交錯する。物語のほとんどが、列車内の会話だけというユニークな展開だ。

　「とらばいゆ」などの作品で知られる大谷健太郎監督は、密室の中ながら、うそとうそのすき間から、少しずつ見えてくる本音を通して、詐欺師それぞれの姿をくっきりと浮かび上がらせた。

　登場するのは、かつては詐欺師のカリスマだったが落ちぶれた志方（椎名桔平）、頼りない新リーダー久津内（田辺誠一）、若い佐々木（妻夫木聡）、口先だけで調子がいい横山（八嶋智人）ら六人。それぞれの個性の強さからすぐにバランスを崩しそうになる微妙な関係だが、クールなヒロイン宝田（中谷美紀）がチームを引き締める。

　大金の行方のさぐり合いと並行して、宝田ら二人の女詐欺師をめぐる男たちの駆け引きも進行する。そんな中で仕事に、ひたむきに自分の思いを託す女を演じた中谷美紀が強く印象に残る。

　詐欺師たちの並べた「うそ八百」がほころんでいく、その瞬間が面白い。寝台特急という密室ならではの風通しの悪さが、会話劇の緊張を高める。六人の誰が大金をつかみ、誰が真実をつかみ取るのか。スクリーンから最後まで目を離せない。1時間40分。

記者の採点＝★★★★☆ 　　　　　　　　　（啓）

2004年12月22日

ユーモアで食文化を批判

「スーパーサイズ・ミー」

　体に良くないといわれるものほど、ついつい手を出してしまいがち。たばこにインスタント食品、ファストフード。でも本当のところ、どれくらい体に悪いの？

　という素朴な疑問に、監督自らが体を張って答えたのが映画「スーパーサイズ・ミー」。ファストフードを食べ続けるというユニークな人体実験を通じて、現代社会の一断面を浮かび上がらせたドキュメンタリーだ。

　モーガン・スパーロック監督が決めた実験のルールは四つ。①一日三食マクドナルドだけで食事をする②スーパーサイズをすすめられたら断らない③すべてのメニューを制覇する④残さず食べる──。そして一カ月後、彼の体は…。

　そんな偏った食生活だと太るのは当たり前という気もするが（ラーメンでも牛丼でも同じだろう）、この映画の主眼は彼が何キロ太ったかではなく、現代の食文化のゆがみを面白おかしく見せるところにある。

　バケツのようなサイズのコーラに驚いたり、大量のポテトを食べて吐いてしまったりと、体当たり取材から受けるインパクトは抜群。アニメも駆使してファストフードの〝害毒〟を分かりやすく説明すると同時に、お菓子やピザが並ぶ学校給食の実態にも迫る。

　ユーモアで社会批判を展開するマイケル・ムーア的手法は、おもちゃや安さにつられてハンバーガーを食べていた子供や若者にも有効だろう。観客は監督のむちゃな挑戦を笑いつつ、日ごろの食生活を振り返ってちょっぴり恐ろしくなるに違いない。

　言ってしまえば「一カ月間マクドナルドしか食べない」というアイデア一発の映画ではあるが、ドキュメンタリーは見せ方によって、エンターテインメントにも社会啓発映画にもなり得るという良い例だ。1時間38分。

記者の採点＝★★★★☆　　　　　　　　　　（義）

2005

2005年1月5日

コミカルなカーアクション 「TAXI NY」

　一見普通のタクシーが最速のマシンに変身し、銀行強盗団を追い詰める―と言えば、どこかで聞いたことがあるストーリー。映画「TAXI NY」はリュック・ベッソン製作の「TAXi」をリメークしたコミカルなカーアクションだ。

　舞台をニューヨークに移し、男女の役割も逆転させた。女性主人公ベルはやっと手に入れた車でタクシー運転手を始める。ニューヨーク市警察の刑事ウォッシュバーンを乗せたことから、銀行強盗の一味を追いかける羽目に…。

　運転しながらハンドルを取り換えて、車は特別仕様のマシンに「変身」。交通ルールを無視したぶっちぎりの走りで、セントラルパークなどニューヨークの街を駆け抜けていくシーンはそう快だ。

　国際的なカーレースでの優勝を夢みているベル役を、歌手で「ジャングル・フィーバー」などで女優としても活躍しているクイーン・ラティファが演じて温かみを添えている。かたや、銀行強盗役には、ブラジルのスーパーモデル、ジゼル・ブンチェンら、あでやかな美女がふんし存在感を放つ。

　女対女の迫力の対決をコミカルに彩るのは、ウォッシュバーン刑事役のジミー・ファロンだ。子どもの時の経験がトラウマとなり、車の運転ではへまばかり。しゃかりきになればなるほど空回りしていく、情けないがへこたれない男をユーモアたっぷりに演じる。

　豪快なカーアクションとダメ刑事、派手な美女軍団。ほとんど漫画のような展開が心地よいのは、「肝っ玉かあさん」（失礼！）のようなベルとウォッシュバーンの明るさのおかげだろう。

　新しい年の始まりに前向きになれる、うれしい映画だ。1時間37分。監督はティム・ストーリー。

記者の採点 ＝ ★★★☆☆ 　　　　　　　　　　（啓）

2005年1月12日

美しすぎる大人の恋 「東京タワー」

　あくせくした日常から逃れ、つかの間の夢を見るのが映画の一つの楽しみ方。江國香織の小説を映画化した「東京タワー」は、美しい恋にあこがれる女性たちの夢をかなえてくれる、大人のラブストーリーだ。

　黒木瞳と岡田准一、寺島しのぶと松本潤という、二組の年の離れたカップルを軸に物語は展開。「恋はするものじゃなくて、落ちるものだ」というせりふのままに、二十もの年齢差も、人妻と大学生という立場も飛び越えて、女と男は激しく求め合う。

　CMプランナーの妻で、自身もショップを経営する詩史（黒木）。ラフマニノフを聞きながら女の電話を待つ透（岡田）。トレンディードラマ的環境に生きる主役二人の恋は、透明感にあふれて美しく輝くが、美しすぎて絵空事のよう。

　むしろ寺島・松本カップルの方が、リアルな男女関係を演じていて好感が持てる。家庭に押し込められ、やり場のない不満を若者との恋にぶつける主婦。エプロン姿で男の元に乗り込み、フラメンコで情熱をたぎらせる寺島の演技が光る。

　だが、この映画の観客が望んでいるのは、生活感ある身近な恋ではなく、別世界で繰り広げられる幻の恋なのだろう。かれんさを失わない黒木の魅力と、彫刻のように締まった岡田の裸身。ああすてきだわ、とため息をつきながら見るのが正しい見方なのだ。

　東京タワーを空撮でとらえたまばゆい夜景や、山下達郎の透き通った歌声が、観客をさらなるロマンチックな世界へといざなう。ただし、この美しき夢物語に入っていけない人も多そう。観客を選ぶ作品であることは間違いない。2時間6分。監督は源孝志。

記者の採点 ＝ ★★☆☆☆ 　　　　　　　　　　（義）

2005年1月19日
60年代の熱い青春群像

「パッチギ！」

　切ない恋、友情、けんか…。青春映画に欠かせない要素が、すべて詰め込まれた井筒和幸監督の〝熱い〟群像劇、それが映画「パッチギ！」だ。ちなみに「パッチギ」には「乗り越える」のほかに「頭突き」といった意味もあるという。

　一九六八年の京都が舞台。府立高校の空手部と朝鮮高校の番長アンソン（高岡蒼佑）のグループ間で争いが絶えない中、府立高校二年の康介（塩谷瞬）は、アンソンの妹キョンジャ（沢尻エリカ）にひかれる。朝鮮語を覚えたり、キョンジャがフルートで演奏していた「イムジン河」を習ったり、恋心から自分とは異なる文化に触れていく様子を軽妙に描く。

　番長アンソンの無軌道ぶりを、高岡が強烈に演じた。またオダギリジョーがTHE ALFEE（アルフィー）の坂崎幸之助をモデルにしたキャラクターをユーモラスに演じ、新境地を見せる。さらに、かつてレコーディングした「イムジン河」が政治的理由で発売中止に追い込まれたザ・フォーク・クルセダーズの元メンバー加藤和彦が音楽を担当したりと、脇にも多彩な顔ぶれが並ぶ。

　キョンジャの世界に近づこうとする康介が、在日コリアンの歴史を何も知らないことを認識していく過程が少し説明的だが、若い世代の心にも確実に届くだろう。そんな康介が歌う「イムジン河」は心に響く。両者を隔てる存在として、京都の鴨川も効果的に使われている。

　くしくも今年は日韓国交正常化四十周年を迎えた節目の年。もっとも「冬のソナタ」人気で中高年の女性たちは歴史的な経緯などお構いなしに、言葉を学び、あっさりと海を渡っている。「パッチギ！」は若い世代にとっても、お互いの間を流れる川を越えるきっかけをくれそうだ。1時間59分。

記者の採点＝★★★★★　　　　　　　　　　（啓）

2005年1月26日
珠玉の舞台を追体験

「オペラ座の怪人」

　世界十八カ国で上演され、八千万人が見たという大ヒットミュージカル「オペラ座の怪人」。作曲家アンドリュー・ロイド・ウェーバーが製作した映画版は、良くも悪くも舞台に忠実なラブロマンスとなった。

　十九世紀のパリ、オペラ座。新人歌手クリスティーヌは仮面の怪人ファントムに見込まれ、地下深くに連れ去られる。歌姫へと成長するクリスティーヌは、幼なじみの青年貴族とファントムの二人から愛されてしまう。

　ウェーバーのミュージカルが大ヒットしたのは、怪奇ものとしてとらえられがちだった原作を、ファントムの愛と悲しみに焦点を合わせたロマンチシズムあふれる物語として生まれ変わらせたからだ。映画版でも、ファントム役のジェラルド・バトラーがただならぬ色気を漂わせ、ヒロインのエミー・ロッサムはか弱き美しさをにじませる。描かれるのは怪人の恐ろしさ、醜さではなく、切ない愛なのだ。

　ファントム出生のいきさつが盛り込まれ、クローズアップやモノクロ画面を使うなど、映画ならではの演出もある。だが「この作品を永遠に残したかった」とウェーバー自身が言うように、基本はあくまで、舞台を映画に収めることだ。

　豪華けんらんたる劇場装置に、きらびやかな衣装。そして何より、主演三人が吹き替えなしで歌い上げる名曲の数々。舞台を見たことがない人に、珠玉のミュージカルを追体験してもらうという意味でも、映画化の意味は小さくない。

　でも、映像の魔力であのゴシックロマンがどこまで斬新に、かつ幻想的に変ぼうするかと期待していた観客にとっては、少々物足りないのでは。荘厳なオルガンのテーマ曲だけが、いつまでも耳の奥で鳴り響いていた。2時間23分。監督はジョエル・シューマッカー。

記者の採点＝★★★☆☆　　　　　　　　　　（義）

2005年2月2日

自然な会話で描く恋の結末

「ビフォア・サンセット」

昨今はやりの純愛ものにイマイチのれない人にはお薦めのラブストーリーだ。映画「ビフォア・サンセット」は、忘れられない人との再会をドキュメンタリーのようにリアルタイムで描き出す。

初対面の二人が共に過ごしたウィーンの一夜をつづった「恋人までの距離(ディスタンス)」(原題ビフォア・サンライズ)の続編。「恋人―」を見ていなくても楽しめるが、見ておくとあの出会いは実は…という種明かしもある。

前作で再会を約束した二人だったが、フランス人女性セリーヌ(ジュリー・デルピー)は約束の場所に行くことができなかった。現れなかった彼女との思い出を小説にした米国人作家ジェシー(イーサン・ホーク)のもとへセリーヌが現れる。九年ぶりの再会で新しい恋が始まるのかと思いきや、男には妻と子が、女にも恋人がいた。

パリを舞台に、時間限定の短い再会を二人芝居でつないでいく。「結婚する前は君の夢ばかり見てたよ」と言う男。「二十歳を過ぎると時間が速くて怖いわ」とつぶやく三十二歳の女。お互いの心を探り合う、とりとめのない会話の中に、時々現れる本音の数々…。

脚本は、リチャード・リンクレイター監督が出したテーマを主演のホークとデルピーがそれぞれ考えて練り上げたという。事件も起承転結もない、自然な会話だけの構成なのに、恋の結末がどうなるのか、ぐっと引き込まれる妙技で、アカデミー賞脚色賞にノミネートされている。

どんなに美しい思い出があっても、流れていった月日は誰にも取り戻せない。もう若くない世代には、ほろ苦さが残る。1時間21分。

記者の採点＝★★★★☆　　　　　　　　(啓)

2005年2月9日

時を超える永遠の愛

「きみに読む物語」

愛には二つの形がある。若き日の燃え上がる愛と、年老いてからの慈しむ愛。映画「きみに読む物語」は、時を超えてその二つを結び付け、永遠の愛へと昇華させた珠玉のラブストーリーだ。

とある療養施設で、初老の女性(ジーナ・ローランズ)に、同年配の男性(ジェームズ・ガーナー)が一冊の本を読み聞かせている。一九四〇年代の米国南部を舞台にした、裕福な家庭の娘アリーと材木屋で働く青年ノアの恋物語だ。

映画の大半をなすのがこの若き男女の恋愛だが、それ自体は極めてシンプルだ。許されぬ恋、運命にほんろうされる二人。「ロミオとジュリエット」「ウエスト・サイド物語」などなど、この手の話はいくつもあった。

この映画の要はむしろ、老いた男女の方にある。女性はアルツハイマーで記憶を失っており、男性は癒やすようにゆっくりと本を読む。二人が何者で、語られているのが誰についての物語であるかは、もはや明らかだ。

失われた思い出と、二人で紡いだ時間を取り戻そうとする男性。さだかではない自分の過去に不安を抱きながら、物語に引かれていく女性。いたわりと信頼が起こす一瞬の奇跡に、観客は涙することになる。

ローランズとガーナーの、繊細で深みのある演技が心に染みる。そしてローランズの息子であるニック・カサベテス監督は、愛は失われるものであると同時に、永遠にもなりうることを丁寧な演出で描き出した。

物語を静かに見守る南部の風景が美しい。人生を共にした者だけが分かち合える、豊穣(ほうじょう)な愛がそこにある。見終わった後、妻や夫の顔をもう一度見つめたくなるだろう。2時間3分。

記者の採点＝★★★★☆　　　　　　　　(義)

2005年2月16日

パズルがはまるそう快さ

「セルラー」

　携帯電話は今や生活に欠かせないツールとなった。映画「セルラー」は、その携帯電話で偶然、見知らぬ人から助けを求められ、ロサンゼルスを走り回ることになる男の活躍を描くサスペンスだ。

　高校教師ジェシカ（キム・ベイシンガー）は突然自宅に押し入ってきた男たちによって誘拐される。監禁された部屋の電話は壊されていたが、ジェシカはワイヤを接触させてダイヤル信号を送り、つながった電話に出たライアン（クリス・エバンス）に助けを求める。

　電話を命綱として自分の息子や夫に危険を知らせるようライアンに頼むジェシカ。その指示に従ってライアンは駆けつけるのだが…。

　思わぬ凶悪事件に巻き込まれてしまう、人のいい若者ライアンを、クリス・エバンスがひょうひょうと演じて、好感が持てる。このライアンとともに事件に巻き込まれるのは、ウィリアム・H・メイシー演じる実直な警官。長年の勤務から引退してスパを営もうとしており、アボカドのパックを塗った〝キュート〟な顔も披露、緊迫したサスペンスにユーモラスな味を添える。

　ストーリー展開に出来過ぎ感も否めないが、電話の機能や役の設定など、ちょっとしたエピソードが伏線となって、物語が進むにつれ、パズルのようにきっちりはまっていくそう快さがある。

　そして、電話の向こうに何が待っているのかは分からないという怖さは、見終わった後からじわじわとやってくる。「振り込め詐欺」など、電話を悪用した事件は日本でも後を絶たない。見知らぬ人からの電話にはくれぐれもご用心…。1時間35分。監督はデヴィッド・エリス。

記者の採点 ＝ ★★★☆☆　　　　　　　　（啓）

2005年2月23日

登山家の極限の心理描く

「運命を分けたザイル」

　登山家の気持ちは、山に登った人にしか分からないかもしれない。それが生きるか死ぬかの極限の状況となると、なおさらだろう。

　「運命を分けたザイル」でケビン・マクドナルド監督が描いたのは、追い込まれた登山家たちの心理状態と容赦ない大自然の厳しさ。目指したのは、真実の物語だ。

　二人の英国人登山家が前人未到の氷壁に登頂後、下山中に遭難。一人が骨折して絶壁に宙づりになる。二人をつなぐのは一本のザイル。このままでは両方とも死んでしまうという状況で、残されたもう一人は凍える手でナイフを取り出す—。

　原作は、実在の登山家自らが実体験を記して世界的ベストセラーになったノンフィクション文学。そう、これは一九八五年に本当にあった遭難事故の映画化なのだ。

　マクドナルド監督は米アカデミー賞ドキュメンタリー長編賞を受賞したこともあるだけに、徹底して本物に固執。実際の事故現場であるアンデス山脈で撮影した映像は、セットやCGでは出せない圧倒的迫力と美しさに満ちている。

　そしてこれがこの映画の最大の特徴なのだが、俳優が演じる決死の帰還劇と、実際に遭難した登山家が当時を振り返るインタビューが交互に映し出される。まさにドラマとドキュメンタリーが融合した新しい映像といえよう。

　だが、登山家のインタビューが挟まることによって、山岳シーンが再現ドラマであることを嫌でも意識させられてしまう。山は本当に険しく、下山は苦難に満ちていることが映像から伝わるだけに、流れが阻害されるのが惜しまれる。

　当事者が語る証言からでも、山での撮影を敢行したドラマからでも、登山家の人間心理は伝わってくる。マクドナルド監督は、ちょっぴり欲張りすぎたのかもしれない。1時間47分。

記者の採点 ＝ ★★★★☆　　　　　　　　（義）

2005年3月2日
たゆたう水中世界、絶妙に
「シャーク・テイル」

　ホンソメワケベラという魚は地味な存在だが、ほかの魚の皮膚や口内の寄生虫を食べる掃除魚としては有名だ。

　映画「シャーク・テイル」はクジラの掃除屋に甘んじながらビッグになることを夢みるホンソメワケベラのオスカーが、ひょんなことから有名になって心優しいサメと一騒動を起こす。声の出演者の顔に似せた魚たちが登場する異色のCGアニメだ。

　オスカー役にハリウッドのビッグスター、ウィル・スミスが声と「顔」で出演。サメの親分にロバート・デニーロ、オスカーに思いを寄せるエンゼルフィッシュにレニー・ゼルウィガー、オスカーと友だちになるサメのレニーにジャック・ブラック。さらには米アカデミー賞監督賞に五回ノミネートされながら今年も受賞しなかったマーティン・スコセッシ監督まで、声の出演は豪華！

　とりわけお金目当てにオスカーに近づくミノカサゴのローラ（アンジェリーナ・ジョリー）は、見た目はあでやかだが毒があるミノカサゴそのままの悪女ぶりで魅了する。

　同じドリームワークスによる「シュレック」がおとぎ話のパロディーだったように、「シャー—」は水中に舞台を借りているものの、冷やかされているのは昔ながらのギャング映画らしい。「ゴッドファーザー」のデニーロ親分などハリウッドスターらのキャラを楽しむという点では、お子さまよりも大人向けだろう。

　しかし、この映画はストーリーよりも、キャラクターや海中都市などの映像を楽しみたい。自然な雰囲気の光を表現できるという最新のCG技術も後押しして、すべてがゆらゆらと、たゆたう水中世界は絶妙に表現されていて、行ってみたくなる。日本語吹き替え版は香取慎吾らが出演。1時間30分。監督はビボ・バージェロン、ヴィッキー・ジェンソン、ロブ・レターマン。

記者の採点＝★★★☆☆　　　　　　　　　　（啓）

2005年3月9日
超大作の戦争ファンタジー
「ローレライ」

　潜水艦映画が決まって面白いのは、緊迫感みなぎる密室空間が極めて映画的だからだ。「眼下の敵」しかり、「U・ボート」しかり。

　日本映画が久々に送り出した潜水艦映画「ローレライ」は、密室を舞台にした人間ドラマとCGを多用した派手な映像表現を組み合わせ、SF的発想で味付けした戦争ファンタジーだ。

　太平洋戦争末期、米国は広島、長崎に続く第三の原爆を東京に落とす計画を進めていた。日本が最後の希望を託したのは、ドイツから接収した戦利潜水艦「伊五〇七」。その艦には、謎の索敵装置「ローレライ」が搭載されていた。

　敵艦と位置を探り合う緊迫感、息を殺して海底に潜む乗組員の恐怖。団結して戦う男たちの友情と、海軍内部の陰謀。潜水艦映画に必要な要素は一通りそろっていて、観客を飽きさせない。

　さらにこの映画をひと味違う戦争映画にしているのは、ローレライ・システムという発想だろう。ローレライを起動できるのは一人の少女であり、その仕組みはアニメ的といえるほどに奇抜だ。

　考えてみると、故郷を救うために新兵器を携え、たった一艦で敵中を行くと言えば「宇宙戦艦ヤマト」がそうだった。この手のSFファンタジー的要素を、六十年前の戦争に持ち込んだ点が「ローレライ」の新しさだ。

　いわゆる戦争映画を見にきた世代は違和感を覚えるだろうし「愛するものを守るため」というメッセージもシンプルにすぎる。だが、戦争を遠い過去のものとしか認識していない世代には、潜水艦映画の面白さを存分に味わえるエンターテインメント大作となった。

　監督は「ガメラ」の特技監督で知られる樋口真嗣。爆発シーンなどはさすが特撮の第一人者たる迫力を見せるが、それでもCGを意識してしまうのは仕方のないところか。2時間8分。

記者の採点＝★★★★☆　　　　　　　　　　（義）

2005年3月16日

家族求める少年の旅 「カナリア」

　オウム真理教による地下鉄サリン事件から十年になる。映画「カナリア」はこの事件をモチーフに、架空のカルト教団から保護された少年が、ばらばらになった家族を追い求める姿を描く。

　タイトルは、オウム真理教施設の捜索で、警官隊が毒ガス警戒のため先頭に掲げた鳥かごのカナリアに、闘いの最前線に立たされた子どもたちの姿をなぞらえたという。

　主人公の十二歳の少年光一（石田法嗣）は、母が入信したカルト教団によって母から引き離され、妹とともに教団の施設で過ごした。教団が摘発された後、児童相談所に預けられるが、光一を受け入れない祖父は、妹だけを引き取っていく。

　祖父から妹を取り戻そうと児童相談所を脱走した光一は、父親の暴力に苦しんでいた少女（谷村美月）と出会い、祖父のいる東京へ二人の旅が始まる。

　少年の目は終始闇をたたえ、ドライバーの先を鋭くとがらせることに余念がないほど殺気立っている。教団での少年の姿が随所に挿入され、殺伐とした物語をさらに重くしていく。「誰かの役に立ちたい」と同行する少女の輝く瞳と関西弁の明るさが救いだ。

　二人は旅の途中でさまざまな大人に出会う。女同士のカップル（りょう、つぐみ）、元信者（西島秀俊）らの共同体…さまざまな〝家族〟の形が二人に提示されていく。往年の名女優、井上雪子ふんする盲目の老人の柔らかな表情も心温まる。

　物語が進むうち、カルトの内も外の社会も実は同質なのではないかと思えてくる。モデルになる大人も規範もない世界で居場所を失ったのは、映画の中の子どもたちだけだろうか。

　少年がひたすら走る姿と、「子どもは親を選べへんのや！　親は子どもを選べるんか！」という少女の叫びが心に残る。2時間12分。監督は塩田明彦。

記者の採点＝★★★★☆　　　　　　　　　　（啓）

2005年3月23日

偉人伝説が映す米国の姿 「アビエイター」

　唯一の超大国となった米国。その力と正義が世界情勢を左右するが、どこか危なっかしさも伴う。マーティン・スコセッシ監督の「アビエイター」は、ある狂気の偉人伝説を描きながら今の米国の姿をも映し出した、極めて現代的な映画だ。

　一九二〇年代のハリウッド。若き億万長者ハワード・ヒューズは、湯水のごとく金をつぎ込んで航空アクション映画の製作に乗り出す。人気女優とも浮名を流す一方、世界最速の飛行機をつくろうと航空会社を設立、自らも大空を駆けめぐる。

　マネー・イズ・パワーを地で行く、それはそれは派手な人生。野心をむき出しにして栄光をつかみ取る生き方は周囲の反感も買うが、ある意味で資本主義の正しい姿だともいえる。

　だが、栄光の日々は長くは続かない。瀕死（ひんし）の重傷を負う墜落事故、巨大飛行船事業のつまずき、FBIの強制捜査。偏執狂的な性格と度を過ぎた潔癖性に拍車が掛かり、自室に閉じこもって他人を信頼できなくなっていく。

　妥協を知らない純粋さ、真っすぐ突き進んでいく情熱には、どこか少年のような青さがにじむ。ビンの牛乳を飲む童顔のレオナルド・ディカプリオは、大人になりきれない若者のいら立ちを表現していて、はまり役だ。

　そしてその姿は、現代の悩める米国のようでもある。自信に満ち、考えを曲げず、夢を追ってはきたものの、必ずしも思うようにはいかない現実。超大国の栄光と影が、ある大富豪の波乱の人生と重なって見えてくる。

　今年のアカデミー賞では技術系を中心に最多五部門で受賞したものの、作品賞など主要部門では惨敗。スコセッシ監督とディカプリオも悲願は果たせなかった。その潔い負けっぷりも、この映画らしくていい。2時間49分。

記者の採点＝★★★★☆　　　　　　　　　　（義）

2005年3月30日

主人公の苦悩スリリングに

「クライシス・オブ・アメリカ」

マインドコントロールした人物によって政治を操作しようとする陰謀を描く映画「クライシス・オブ・アメリカ」。リチャード・コンドンのベストセラーが原作で、映画化はフランク・シナトラ主演の「影なき狙撃者」(一九六二年)に続いて二度目となる。

冷戦下の共産主義の脅威を描いた前作とは異なり、「羊たちの沈黙」のジョナサン・デミ監督が湾岸戦争を発端にした現代仕立てのサイコスリラーにした。

湾岸戦争に出兵した米陸軍大尉のベン・マルコ(デンゼル・ワシントン)の部隊は激しい攻撃を受け、隊員たちは意識を失う。部隊を救った軍曹のレイモンド・ショー(リーブ・シュレイバー)は帰国後、名誉勲章を受け、下院議員から副大統領候補として選挙に出馬する。

一方のマルコはかつての仲間と同じ奇妙な悪夢に悩まされるようになるが、戦争後遺症と診断される。戦時下の「記憶」と「悪夢」のどちらが真実なのか、マルコは手掛かりもないまま独自に調査を始める―。

自分の記憶を疑うという苦悩の中で、真実に近づこうとする主人公像を、オスカー俳優ワシントンがくっきりと浮かび上がらせ、見る人をスリリングな物語に引き込んでくれる。共演は、息子のレイモンドをでき愛し権力を行使する上院議員を、ど迫力で演じたメリル・ストリープのほか、ジョン・ボイトと、オスカー俳優が並ぶ豪華キャストだ。

「影なき―」は、その後に起きたケネディ大統領暗殺事件との類似性が一部でとりざたされるなど、六〇年代という時代としっかりリンクしていたようだ。今作で描かれるマインドコントロールの恐怖も、現代社会の中で確かな現実味を帯びて迫ってくる。2時間10分。

記者の採点＝★★★★☆　　　　　　　　　　(啓)

2005年4月6日

思考停止の不思議世界

「真夜中の弥次さん喜多さん」

今を時めく人気脚本家、クドカンこと宮藤官九郎が初めて映画を撮った。しかも原作は、しりあがり寿の脱力系漫画。「真夜中の弥次さん喜多さん」は、観客を思考停止の不思議世界へといざなう怪作となった。

基本はおなじみのお伊勢参り道中記。だが、物語の設定は全然違う。喜多さん(中村七之助)は金髪のやさ男で、弥次さん(長瀬智也)は喜多さんのことをディープに愛している。二人は喜多さんの薬物中毒を治すため、西へ向かって旅に出る。

そこで二人は不思議の世界へと迷い込む。番人を笑わせないと関所を通れない「笑の宿」、富士山も雲に隠れるほど音痴な少女が待ち受ける「歌の宿」。「王の宿」ではアーサー王にとろろ汁を振る舞われ、最後はさんずの川に程近い「魂の宿」へ向かう。

これだけで十分訳が分からないが、その途中で奇怪なキャラクターがゾロゾロ出てくる。ヘルメットのおかっぱ姫、セーラー服姿の「喜び組」、ヒゲをはやした花魁(おいらん)…。「ここでこんなやつが出てきたら、おもしれえぞ」とほくそ笑むクドカンの顔が目に浮かぶ。

全編これ、つじつまの合わない夢を見ているよう。爆走するギャグとおふざけは、笑える場面では笑えるが、ついていけない場面ではあぜんとするばかり。人によってその差は激しく、観客の「若者度」を試すリトマス試験紙になっている。

だが、現実とは何か、愛とは何か、生きるとは何かを模索する二人の姿は、自分探しに熱中する現代の若者と通じるところもある。軽いようで熱く、表層的だが複雑。そこがクドカンの受ける理由だろう。

それにしても、好きなことを好きなようにやって許される作家は、そうはいない。このこと一つを取っても、クドカンが時代の寵児(ちょうじ)であることに間違いはない。2時間4分。

記者の採点＝★★★☆☆　　　　　　　　　　(義)

2005年4月13日

人間の尊厳見つめる

「海を飛ぶ夢」

　人が生きるとはどういうことなのか。映画「海を飛ぶ夢」は人間の尊厳を真摯（しんし）に見つめて、今年のアカデミー賞外国語映画賞に選ばれた。

　実在の人物による手記「LETTERS FROM HELL」を原作に、スペインのアレハンドロ・アメナーバル監督は、主人公が死の選択という「自由」を求めて生きる姿をたんたんとつづった。

　船員として世界中の海を回っていたラモン・サンペドロ（ハビエル・バルデム）は二十五歳の時の事故で首から下が不随となり、ベッドで寝たきりの生活をおくる。義姉が献身的に介護し、おいと年老いた父は、口で字を書くことができるよう手製の機械を作ったりと、家族の愛情に包まれた静かな暮らしだ。

　しかし事故から二十六年がたち「なぜ生きているのか」という疑問に抗しがたくなったラモンは、合法ではない尊厳死という道を選ぼうとする。

　三十代のバルデムが、時に愛らしく時に辛辣（しんらつ）な五十代のラモンを表情一つで魅力的に演じた。ラモンを助けようとやって来た支援団体のジェネ（クララ・セグラ）や弁護士フリア（ベレン・ルエダ）、それに村のシングルマザー、ロサ（ロラ・ドゥエニャス）らが、彼の人間性にひかれていく過程に説得力を持たせる。

　裁判で尊厳死の正当性を訴えるが却下されるラモン。同じ障害のある神父が「家族に愛情がないから死を求めるのだ」とテレビでコメントする、その〝善意〟の刃（やいば）に、見ているこちらまで打ちのめされてしまう。

　ラモンの意識が、部屋の窓から海へ飛んでいく鳥の目線でスクリーンいっぱいに広がるとき、自由を求めるその思いの強さと深さを知らされる。2時間5分。

記者の採点＝★★★★★　　　　　　　　（啓）

2005年4月20日

名優と天才子役の競演

「ハイド・アンド・シーク／暗闇のかくれんぼ」

　名優ロバート・デニーロと天才子役ダコタ・ファニング。当代きっての演技派俳優二人が顔を合わせた「ハイド・アンド・シーク／暗闇のかくれんぼ」は、役者の力で映画はどこまで面白くなるかを試すかのようなサスペンスホラーだ。

　母親の自殺で心を閉ざした少女（ファニング）を立ち直らせようと、父親（デニーロ）は彼女を連れて田舎に移住する。だが少女は新しい環境になじもうとはせず、空想の友達〝チャーリー〟と遊ぶようになる。

　やがて、不気味ないたずら書きや猫の変死など、おぞましい出来事が続発。少女は「チャーリーがやったの」と言うが、事件は次第にエスカレートしていく。

　ファニングが「アイ・アム・サム」のときの愛らしさを見せるのは冒頭だけ。おびえと恐怖、そして子供ならではの残酷さを、言葉ではなく表情一つで演じ分ける。

　一方のデニーロは、娘を救うために奔走する父親を抑えた演技で表現。不安ともろさをにじませる普通の父親像は、これまでのデニーロとは違った印象を残す。

　と、二人の演技合戦に注目が集まるが、作品としてはどうか。郊外に向かう車の空撮という「シャイニング」（スタンリー・キューブリック監督）のような風景、少女の描く絵に現れる児童心理を利用したサスペンスと、ホラーの定番の要素がそこかしこにのぞく。

　二転三転するクライマックスも、どこかで見たようなお話という印象。デニーロとファニングが主演ということ自体にも意図を感じてしまい、結果的に物語としての意外性がそがれてしまっているようだ。

　恐怖感と驚きが命のホラー映画。優れた役者の表情と演技は欠かせないが、それだけで観客を怖がらせるのは難しいということだろう。1時間42分。監督はジョン・ポルソン。

記者の採点＝★★★☆☆　　　　　　　　（義）

2005年4月27日①

心温まる幸せな時間

「Shall we Dance?」

　ハリウッド映画「Shall we Dance？」は、日本版「Shall we ダンス？」ほとんどそのままと言えそうなリメーク作品。それでも、役所広司演じた主人公がリチャード・ギアに、草刈民代のダンス教師はジェニファー・ロペスにという豪華なキャストはうれしい。

　社交ダンスのメッカという英国ブラックプール生まれのピーター・チェルソム監督は、後半からちょっと違った味付けに仕上げている。

　ジョン（ギア）は遺言書作成専門の弁護士。妻（スーザン・サランドン）はデパート勤務。妻に尋ねられても「欲しいものはない」と答えるしかない、申し分のない生活を送っている。そんなジョンは帰宅途中で見かける美しい女性（ロペス）が気になり、社交ダンス教室に通い始める。

　ダンス仲間には、日本版で渡辺えり子が演じた中年女性と、竹中直人ふんしたラテン大好き男性もいて、コミカルなパートもそっくりそのまま。

　ハリウッド版の特色は、ギアとロペスがタンゴを踊り、ダンスへの情熱をほとばしらせるシーンだろう。そして原日出子演じた専業主婦の妻が、仕事も家庭も大事にするパワフルなワーキングマザーに設定されているのは米国ならでは。大女優サランドンが演じることで、その存在感が一回り大きくなっている。

　ダンスを通じて自分がなくしかけていた情熱に出合い、自分にとって大切なものにあらためて向き合う気持ちになるジョン。バラの花を一輪携えて、自分にとって一番大切な人の元へとエスカレーターを上がってくる、その時に、見る者の心も高揚していく。

　華やかなダンスシーンはもちろん、自分に欠けていたものを見つけ再生していく男の姿が、心温まる幸せな時間を届けてくれる。1時間46分。

記者の採点＝★★★☆☆　　　　　　　　　　（啓）

2005年4月27日②

よみがえる青き理想

「ベルリン、僕らの革命」

　「革命」という言葉は、中高年にはノスタルジックに聞こえ、若者の耳には実体のない単語として響く。正義と理想の熱き日々は、遠い過去となった。

　ハンス・ワインガルトナー監督の「ベルリン、僕らの革命」は、現代ドイツの若き反逆者たちを主人公に、世代間の対立と共感、若者たちの愛と苦悩を描く。日本人が忘れてしまった〝青き理想〟を思い出させる青春映画だ。

　ベルリンに住むごく普通の若者ヤンとピーター。二人は金持ちの留守宅に忍び込み、家具をめちゃくちゃに積み上げて「ぜいたくは終わりだ」などと落書きして去るという、社会へのレジスタンスを繰り返していた。

　ある日、ピーターの恋人が二人の活動を知り、ヤンと中年実業家の家に忍び込むが、彼女のミスで見つかってしまう。やむなく実業家を誘拐した三人は、山小屋で彼と過ごす羽目になる―。

　破壊活動を起こすでもなく、血を流すわけでもない静かな「革命」。単なるいたずらのようにも見え、一九六〇年代の学園紛争を経験した世代には何とも甘く映るに違いない。

　だが、時代へのあきらめがまん延している現代にあって、貧富の差が拡大しているドイツ社会に個人で抵抗を示そうという若者の姿は、純粋で、すがすがしい。

　そして、誘拐した実業家が元左翼運動の闘士という、この皮肉。山小屋での討論は、革命に対する新旧世代の考え方の違いを示して興味深いが、年月を経て実業家の理想が現実に負け、微妙な三角関係に陥った若者たちも理想を忘れそうになる点では共通している。

　理想とはかくももろいものなのか。だが映画は最後に、さわやかな希望をともして終わる。それはワインガルトナー監督が、理想を失っていないことの証しなのだろう。2時間6分。

記者の採点＝★★★★☆　　　　　　　　　　（義）

2005年5月11日
愛することの痛みと勇気

「やさしくキスをして」

　ボーダーレス時代になり、国境を超えた人と人との出会いや、それに伴う悩みや苦しさも、身近なテーマになってきた。巨匠ケン・ローチ監督は、映画「やさしくキスをして」で、アイルランド人女性とパキスタン人男性の恋をせつなくリアルに描き出す。

　スコットランドのグラスゴー。カトリックの高校で音楽を教えるロシーン（エバ・バーシッスル）は、パキスタン移民二世のカシム（アッタ・ヤクブ）と出会い、親密になっていく。しかしカシムには親が決めた婚約者がおり、愛する人に告げられず、家族との板挟みとなって心が揺らいでいた。一方、ロシーンもイスラム教徒との交際を教区の司祭にとがめられ、カトリック学校での正教員への道が危うくなる。

　家族のしきたり、宗教など、さまざまな壁が二人の前に立ちはだかる。そのたびに二人はぶつかり、「移民の一家がどんな思いで生きてきたのか、差別されたことがない人には分からない」とくり返すカシム。互いに傷つきながらも次第に理解を深めていく。

　当時、演技は初体験だったというヤクブは、自らが役そのままにパキスタン移民二世で、見る人をひきつける不思議な魅力をたたえる。アイルランドの女優バーシッスルとともに、それぞれの役をみずみずしく情熱的に演じ、愛することの痛みに耐えうる勇気を与えてくれる。

　異文化間という設定によって、結婚を見据えたときのそうした恋愛の困難性がよりくっきり浮かび上がる。そして結局、どんな恋愛も、異なる二つの文化がぶつかり合い、それぞれが人として自立していく過程なのだと思えてくる。1時間44分。

記者の採点＝★★★★☆　　　　　　　　　　（啓）

2005年5月18日
男女の業を描くサスペンス

「スカーレットレター」

　米国の作家ホーソーンが小説「緋文字（スカーレットレター）」を書いたのは一八五〇年のこと。不義の子を産み、衣服に姦通（かんつう）を意味する「Ａ」の文字を縫い付けられた女性の物語だった。

　それから百五十年余。古典の名作と同じタイトルを付けた韓国映画「スカーレットレター」は、男と女の業をサスペンスタッチで描いた、現代感覚の愛憎劇だ。

　美しい妻と情熱的な愛人を持ち、仕事もできるエリート刑事ギフン（ハン・ソッキュ）。ある殺人事件の被害者の妻に心を乱されたことをきっかけに、それまでの自信に満ちた人生が揺らぎ始める。

　妊娠中の妻に中絶した過去があったという事実。関係を整理しようと思っていた矢先の、愛人の妊娠。次第に身動きが取れなくなっていくギフンと、親友同士だった妻と愛人は、日本の昼ドラ「牡丹と薔薇」も真っ青のドロドロの愛憎劇を繰り広げることになる。

　この映画が単なるメロドラマと一線を画しているのは、人間の欲望と破滅を徹底的に掘り下げている点だ。奔放に生きてきたツケを、思いもよらぬ惨劇で払わされるギフン。逃げ場のない地獄のようなクライマックスは、韓国映画ならではの強烈なインパクトに満ちている。

　ホーソーンの「緋文字」は清教徒社会を舞台に「人間の罪とは何か」を追究したが、本作では欲望から逃れられない人間のさがを描き出した。いかなる罰を受けようとも愛の魔力から解き放たれることなどないのだと、言うかのように。

　愛人を演じたイ・ウンジュが、本作の後で自殺したというニュースも記憶に新しい。切なさと激しさを同時に演じられる女優だっただけに、早すぎる死が惜しまれる。1時間59分。監督はビョン・ヒョク。

記者の採点＝★★★★☆　　　　　　　　　　（義）

2005年5月25日

失われたきずなを求めて 「ミリオンダラー・ベイビー」

　これは尊厳のスポーツだ、というモーガン・フリーマンのナレーションで始まる「ミリオンダラー・ベイビー」。クリント・イーストウッド監督がボクシングを題材にして描いたのは、人間の孤独ときずなを深く掘り下げた魂の物語だ。

　老トレーナー（イーストウッド）と雑役係（フリーマン）でやっている小さなボクシングジムに、三十歳を過ぎた女性ボクサー（ヒラリー・スワンク）がやってくる。

　実の娘に絶縁されたトレーナーと、家族愛に恵まれないボクサー。孤独を抱える二人は、やがて心の空白を埋めるかのように信頼を深めていく。これは、失われたきずなを取り戻そうとする父と娘の物語だといえる。

　ボクサーは連戦に連勝を重ね、ついに念願のタイトルマッチが訪れる。そして…。

　映画はここで、予想もつかない方向へと大きくかじを切る。シンプルなスポーツ映画から、人間の尊厳の物語へ。通常のハリウッド映画にはない展開に直面した観客は、登場人物たちと同じように戸惑い、ともに苦悩することになる。

　人生とは、運命とは、かくも残酷で崇高なものなのか。人間は何を大切に生きていくのかを静かに問い掛けながら、二人に芽生えたきずなと誇りは、映画をさらなる高みへと昇華させる。

　ドラマツルギーを超えたドラマを生んだイーストウッド監督は、今が円熟の時。激しいファイトシーンと内面の演技を両立させる演技派三人のアンサンブルも、見事に決まっている。

　素直に感動の涙を流すタイプの映画ではないかもしれない。その替わり、見終わって席から立ち上がれなくなるような、魂を直撃する映画だと言えるだろう。

　米アカデミー賞で作品賞など四部門受賞。2時間13分。

記者の採点 = ★★★★★　　　　　　　　　　（義）

2005年6月1日

家族のきずなに止まらぬ涙 「マイ・ブラザー」

　兄弟というのはありがたいが悩ましい存在だ。親から比較され、そして時に世間からも比較される。韓国映画「マイ・ブラザー」は、賢い兄と不良の弟という二人の青春時代を通して、複雑に交わる感情を描く。

　「JSA」のシン・ハギュンが兄、日本でも人気の若手ウォンビンが「ブラザーフッド」に続き今回も弟役で登場。ほかに「冬のソナタ」でチェ・ジウ演じたヒロインの母親役でおなじみのキム・ヘスクが出演している。

　顔に障害があり手術をくり返した兄ソンヒョンと、けんかっ早い弟ジョンヒョンは年は離れているが、高校では同級生。詩や文章に才能があり成績抜群の兄の存在が、面白くない弟は、けんかばかりの毎日を過ごす。

　母親（キム）は夫を亡くした後、女手一つで二人を育てており、ふびんであると同時に誇りに思う兄に、こっそりおかずを多く入れたりする。だから、弟はますますふてくされて兄を疎ましく思い、複雑な兄弟関係が構築されていく。

　兄が大学に進学、弟は地元に残ったため離れ離れになって、兄と弟、そして母の関係は微妙に変化する。そして、ある災難をきっかけに激しく対立した後、ようやく酒を酌み交わす兄弟。短い会話で心を通い合わせるシーンは秀逸だ。

　静と動を具現する対照的な兄弟をつないでいる家族のきずな、そして母親の本当の気持ちが確かに形となって見えたとき、見ている者の感情も強く揺さぶられる。

　儒教社会における家族観、ドラマを盛り上げる伏線など、韓国映画・ドラマの一つの定番とも言える物語だが、韓流ファンでなくても、涙が止まらない。1時間53分。監督はアン・クォンテ。

記者の採点 = ★★★☆☆　　　　　　　　　　（啓）

2005年6月8日
迫力増すも希薄な人物描写

「戦国自衛隊1549」

　戦国時代にタイムスリップした自衛隊が戦国武将と戦う―。一九七九年に公開された「戦国自衛隊」は荒唐無稽（むけい）なアイデアで観客の度肝を抜き、日本SF映画の一時代を築いた。

　それから四半世紀。伝説の娯楽活劇がよみがえるとあって期待された「戦国自衛隊1549」だが、前作のような斬新さはない。自衛隊の協力で迫力は増したものの、人物描写は希薄で、大味な物語となってしまった。

　最新軍事施設の実験失敗で戦国時代へ転送された中隊を救うため、元自衛隊員（江口洋介）らの部隊が後を追う。だが、中隊を率いる一佐（鹿賀丈史）は織田信長を名乗り、天下を支配しようとしていた―。

　タイムスリップものの条件として、物語世界の中で理屈が通っていることが不可欠。だが、人工磁場発生器だのMHD電池だの、理屈をこねすぎて観客を置いてきぼりにしてしまった感は否めな

い。現代に戻るための制限時間も、スリルを高めているとは言い難い。

　何より、突拍子もない時代に放り込まれた人々の困惑や悲壮感が全く伝わってこないのが残念。前作では現代へ帰るあてもなく、限りある実弾で戦うしかない自衛隊員の絶望感がドラマ性を高めていただけに、心理描写の弱さが目立つ。

　登場人物が語る「守るべきもののために戦う」「誇りを持てる日本とは」というテーマは、原作の福井晴敏が繰り返し描いているものだが、ここでは消化不良気味。自衛隊の現代性を意識しすぎて、肝心のエンターテインメントとしての面白さが弱まってしまった。

　結局目立ったのは、迫力満点でスクリーンを暴れ回る自衛隊の戦車やヘリコプター。せっかく本物を使って娯楽映画という遊びができたのにと、惜しまれる。1時間59分。監督は手塚昌明。

記者の採点＝★★☆☆☆　　　　　　　（義）

2005年6月15日
恋の楽しさとせつなさと

「50回目のファースト・キス」

　つらい出来事も悲しみもいつしか忘れることができるから、人は新しい一歩を踏み出せる。でも記憶に留めておきたいこともすべて忘れてしまうとしたら…。映画「50回目のファースト・キス」はそう問いかけてくる。全米でナンバーワンヒットとなったロマンチックなラブストーリー。

　水族館の獣医師ヘンリー（アダム・サンドラー）はハワイという観光地の利を生かし、訪れる女性たちと一夜限りのアバンチュールを楽しむ日々だった。しかし、交通事故に遭う前日までのことは忘れてしまうという障害を抱えているルーシー（ドリュー・バリモア）と恋に落ちたその日から生活は一変する。自分との出会いをすっかり忘れてしまうルーシーと毎日毎日、新しい恋を始めるために、あの手この手のアプローチを続ける。

　「NY式ハッピー・セラピー」のピーター・シー

ガル監督は、純粋な愛のカタチを家族や友人の温かさでくるんで、ハワイの光の中に美しくコミカルに描き出した。そしてドリュー・バリモアの天使のような笑顔が、物語に説得力を持たせている。

　恋の始まりの楽しさと同時に、毎日、同じ女性との恋愛を、出会いの場面から始めなくてはならないというヘンリーのせつなさにスクリーンから目が離せなくなる。巨大なセイウチやイルカなど、水族館の動物たちが、そんな二人の恋をユーモラスに盛り上げてくれる。

　忘れてもらえるからこそ二人の愛も純粋なままでいられるのでは…と、ちょっとひねてみたくもなるのだけれど、ハワイの乾いた風がそんな気持ちもさらっていってくれて、幕が閉じてみれば、温かさとさわやかさだけが心に残る。1時間39分。

記者の採点＝★★★★☆　　　　　　　（啓）

2005年6月22日

人質事件通じ社会を告発　　　　　「バス174」

　日本中がテレビにくぎ付けになった佐賀のバスジャック事件の一カ月後、地球の反対側で同じような事件が発生した。「バス174」は、ある人質事件のテレビ映像と関係者の証言をもとに、ブラジル社会の現実を浮き彫りにしたドキュメンタリー映画だ。

　二〇〇〇年六月、リオデジャネイロ。十一人の乗客を乗せた174路線のバスが、二十歳の青年に乗っ取られた。警官や特殊部隊、マスコミがバスを包囲し、事件は全国に生中継される。

　テレビを意識して人質に銃を向ける犯人、狙撃を検討しながら右往左往する警察。そして事件は、衝撃的で救いのない結末を迎える。

　映画は単なるテレビ映像のダイジェスト版ではなく、人質や警察関係者、犯人の友人たちへのインタビューを通して、犯人の素顔と事件の背景を明らかにしていく。なぜこの事件が起きなければならなかったのか。それがこの映画の主眼だ。

　母親を目の前で殺され、ストリートチルドレンになったという犯人の生い立ち。まん延する貧困と暴力、それを放置する警察。犯罪を増幅させるだけの劣悪な刑務所の環境…。

　事件を前にした警察の対応のまずさにはあぜんとするばかりだが、それ以上に痛切に感じるのは、現代社会に巣くう病理の深さと、弱者に対する無関心だ。ジョゼ・パジーリャ監督は事件を再現すると同時に、社会全体を告発しているのだ。

　人々がテレビの生中継で事件を見守ったのは、日本もブラジルも同じだった。だが、画面を通じて見えてきたものの違いをふと思う。加害者の内面深くは推し量るしかないが、犯罪を生んだ日本とブラジルの社会的背景はあまりに遠く、懸け離れている。1時間59分。

記者の採点＝★★★★☆　　　　　　　　　　　（義）

2005年6月29日

汗をかいた後のさわやかさ　　　　「フライ、ダディ、フライ」

　若者だけじゃなく、中年だって映画を見て元気になりたい。そんなおじさん、おばさんたちの思いにも応えてくれそうな映画が「フライ、ダディ、フライ」だ。

　デビュー作「GO」で直木賞を受賞した金城一紀の原作で、本人が初めて脚本も手掛けた。監督は成島出。

　主人公は母親と小さな平屋に住む高校生パク・スンシン（岡田准一）と、新興住宅地に妻と娘とともに暮らす中年サラリーマンの鈴木一（堤真一）の二人。住む世界があまりに違い、決して交わるはずのなかった二人がひょんなことで出会うことから、物語が始まる。

　娘が暴力に遭ったことがきっかけで、築き上げたはずの家庭がほころび始めた鈴木は、娘のために報復に立ち上がる。

　四十日間の休暇をとった鈴木に、パクらは夏休みをつぶして格闘の特訓をさせる。炎天下を走り、木に登り、階段を駆け上がるという単純なトレーニングだが、くたびれた中年にとっては地獄の日々だ。そして長く走れるようになり、木に登れるようになったとき、若い師と中年の弟子という二人の関係に変化が生まれる。鈴木にも本当に闘う相手が誰なのか、はっきりと見えてくる。

　さらりとつぶやく大人のせりふ、劇中の「タカの舞」で見せる肢体、岡田はすべてがかっこいい。そして、ふがいなさをコミカルに見せながら、だんだん引き締まった表情に変わっていく堤の姿もすがすがしい。

　ありえないはずの展開なのに、気が付くと「オッサン、飛べ！」と一生懸命、応援している自分がいる。残るのはスポーツで汗をかいた後のさわやかさ。この夏もあつくなりそうだ。2時間1分。

記者の採点＝★★★★☆　　　　　　　　　　　（啓）

2005年7月6日

未知なるものの恐怖描く

「宇宙戦争」

「未知との遭遇」「E・T」などで宇宙への夢を描いてきたスティーブン・スピルバーグ監督。H・G・ウェルズの古典的SF小説を原作にした新作「宇宙戦争」では、宇宙は一転して未知なる恐怖となった。

何の前触れもなく、異変は突然やってくる。荒れ狂う気象、揺れる大地とともに、人類の前に姿を現した異星人。三本足の巨大ロボット「トライポッド」は予告もなく無差別攻撃を開始し、街は一瞬にして焼き尽くされる。

侵略者の破壊と殺りくを、映画は一人の男の視点で描く。妻子と別れ、さえない暮らしを送っていた港湾労働者レイ（トム・クルーズ）。たまたま訪ねてきていた二人の子供を守るため、レイは必死に逃げ惑い、異星人に立ち向かう。

レイと同様、観客にも異星人の正体や侵略の目的などは不明だ。未知なるものだからこそ、増幅する恐怖。見えないサスペンスは「激突！」

「ジョーズ」を思わせ、CGを駆使したリアルな殺りくは「ジュラシック・パーク」のようでもある。

突然の恐怖、焦土と化した街、さまよう人間たち。SF映画には違いないが、戦争や災害が続く今の世界から遠く離れた風景には見えない。スピルバーグ自身が認めているように「9・11」後の世界がここにある。

ただ、家族のきずなをうたっている割には親子関係の描写が単純だ。子供を守って逃げるのは当たり前に見えるが、それをメッセージにしなければならないほど家庭は崩壊しているということなのだろうか。

また、徹底してレイの視点にこだわった描き方が、観客の「宇宙戦争はどうなるのか」という、物語に対する関心とずれてしまった感も否めない。見応え十分の圧倒的描写とは別に、物足りなさを感じる人もいるのでは。1時間57分。

記者の採点＝★★★☆☆ （義）

2005年7月13日

表情で語る人生の明暗

「ヴェラ・ドレイク」

映画「ヴェラ・ドレイク」は、非合法の中絶に手を貸した女性とその家族のきずなを描き出す作品。昨年のベネチア国際映画祭で最高賞にあたる金獅子賞を受賞、主演のイメルダ・スタウントンが最優秀女優賞を獲得した。

主人公ヴェラ・ドレイク（スタウントン）は英国ロンドンに住む労働者階級の家庭の主婦。少女や貧しい主婦ら、望まない妊娠をした女性に対して中絶をしていることは、家族には秘密にしていた。

父親が医師で母親が助産師だったというマイク・リー監督ならではのバランス感覚で、一九五〇年ごろの女性たちが置かれていた状況が多面的に語られる。多額の費用がかかる「安全」な医療の現場に行けば、ぶしつけな医師の質問で心が傷つけられる娘。一方で非合法な道をとれば、医療面の不備などから体が傷つくこともあるという貧しい人たちの現実もある。

妊娠、中絶をめぐる女性たちの状況は、半世紀前も今も変わらないのかもしれないという思いがよぎる。だが、映画のテーマは、中絶ではなく、違法行為をした妻を夫や子どもたちが家族の一員として受け入れられるのか、という葛藤（かっとう）だ。ヴェラの逮捕に動揺する子どもたちを支え、家族のきずなを守りきろうとする夫のスタン（フィル・デイビス）の存在が見る者に希望を与える。

そして、圧巻はヴェラに生命を吹き込んだスタウントンの演技。何の打算もない無邪気な心を映し出す澄んだ瞳、柔和な笑顔。しかし家族で喜びを分かち合う夕食の席に、警察がやって来る。振り向いた瞬間の表情は、人生の明と暗の境界線を越えたことを語る。

全体に感情を排した淡々とした描写の中に、法律では縛りきれない人間の温かい気持ちが伝わってくる。2時間5分。

記者の採点＝★★★★☆ （啓）

2005年7月20日

未来への不安にじむ秀作 「アイランド」

　マイケル・ベイ監督といえば、SF大作「アルマゲドン」や戦争映画「パール・ハーバー」など、ド派手なアクションと分かりやすい感動が売りの〝いかにもハリウッド〟なヒットメーカーという印象が強い。

　近未来を舞台にした新作「アイランド」も、やはりアクション娯楽大作ではある。が、今回ベイ監督がテーマに選んだのはクローンと管理社会。未来に対する漠とした不安がにじむ、優れて同時代的な作品となった。

　二〇一九年、世界は放射能に汚染されていた。地下施設で暮らす人々の夢は、汚染を免れた唯一の楽園〝アイランド〟に行くこと。だが住人の一人リンカーン(ユアン・マクレガー)は、それらすべてが作り話で、彼らは臓器提供のためにスペアとして生かされているクローンだと知る。

　生命科学が日進月歩で発展している今日、人のクローン胚(はい)を利用した再生医療は現実味を帯び、クローン人間をつくり出すことも理論的には可能だ。倫理面の課題を残しながら技術だけが進んでいく現状を、映画は不気味なリアリティーを持って映し出す。

　家畜のように監視されながら閉鎖社会で暮らすクローン。そんな彼らを「モノ」としか見ない人間たち。長生きと健康をいちずに追求してきた人類の価値観、生命観が、リンカーンの目を通してシニカルに描かれている。

　だがそこはやはりマイケル・ベイのこと、カーチェイスと大爆発もてんこ盛り。アクションとテーマの融合が本作の魅力だが、ハリウッド人気監督のさがか、ついつい派手にやってしまって後半の展開が大味になってしまった感は否めない。

　主人公の目的を「生き延びること」に置いてサスペンスを盛り上げたのは間違いではないが、一歩立ち止まって「自分は一体何なのか」というクローンの苦悩を描いていれば、より物語が深まっただろうにと惜しまれる。2時間11分。

記者の採点 = ★★★★☆　　　　　　　　(義)

2005年7月27日

心に響く希望のメッセージ 「ロボッツ」

　フルCGアニメ映画「ロボッツ」には、使い捨て時代に生きる子どもたちだけでなく、夢を追うことを忘れた大人たちにも多くのメッセージが込められている。「アイス・エイジ」のクリス・ウェッジ監督が手掛けた個性豊かなロボットたちの友情と冒険の物語だ。

　主人公ロドニーは、貧しい家庭に育った発明大好きな青年ロボット。発明家になることを夢みて大都会ロボット・シティへ旅立つ。自分のアイデアを認めてもらおうと大企業に売り込みを図るが、そこでは皆に尊敬されていた発明家の前社長を追い出した新社長ラチェットの陰謀が進行中だった。中古部品の販売を廃止し、ロボットたちに新品への買い替えを強制しようというのだ。

　「どんな部品でできていようと、すべてのロボットは輝きを放つことができる」と信念を抱くロドニーは、中古部品でできた両親や仲間たちの危機を救おうと、前社長に協力を求めることにする。

　主人公にユアン・マクレガー、ロドニーが一目ぼれするキャピーにオスカー女優のハル・ベリー、中古ロボットのフェンダーにロビン・ウィリアムズと、最近のトレンドを反映して声のキャストは豪華。日本語吹き替え版は草彅剛、矢田亜希子、山寺宏一ら。

　オリジナリティー豊かな金属製の街の風景など、ユニークな映像が魅力。しかしときにジェットコースターのような速い動きが入り、ゲーム世代でない悲しさで見ていて目が回る。

　夢に向かって真っすぐに進むロボットたちの姿に込められた、誰もが輝けるという希望、古いものにも宿る心といったメッセージは揺るがず、メタリックな世界からストレートに響いてくる。1時間30分。

記者の採点 = ★★★★☆　　　　　　　　(啓)

2005年8月3日
リアルに描く青春の空気感
「リンダ　リンダ　リンダ」

　昼間とは違う表情を見せる夜の学校。いつもよりテンションが高い友の顔。校内には気だるい熱気が漂い、誰もがどことなく浮ついていた、あの夏の日―。

　高校の文化祭を舞台にした映画「リンダ　リンダ　リンダ」は、ライブに挑む女子高生たちの四日間を描く。山下敦弘監督がスクリーンに映し出したのは、熱くて懐かしくてリアルな、あの青春の日の空気感だ。

　文化祭直前にメンバーが欠けてしまったガールズバンド。窮地に陥った三人は、通り掛かりの韓国人留学生(ペ・ドゥナ)をボーカルに引き入れ、三日後の本番に向けて猛練習を開始する。

　スカウトするのが留学生ということを除けば、よくあるお話。挫折と成長、友情と信頼、そして恋。青春映画の定番ともいえるこの物語をビビッドに見せているのは、高校生の日常に向けた何げない視線だ。

　夜を徹してのバンド練習は青春そのものだが、その青さをちゃかすメンバーがいる。バンドが大変なのに、クラスの男の子に告白しようかどうか悩んでいるメンバーもいる。あんなに真剣に練習したのに、昼寝して本番に遅刻しそうになったりもする。

　そう、青春は真っすぐに熱いだけではなく、友達とだべったり、寄り道して無駄な時間を過ごしたりといった、何でもない日々の積み重ねなのだ。その日常を文化祭という非日常の中で描くことで、通り過ぎていった青春の記憶が切なく、そして鮮やかによみがえる。

　クライマックスのライブ本番。ペが歌うザ・ブルーハーツの「リンダリンダ」はうまくはないがひたむきで、曲に合わせて飛び跳ねる高校生もいれば後ろでボーっと聴いてるやつもいる。そうそう、高校時代ってこんな感じ。日常の輝きを丁寧にすくい取った、青春映画の傑作が生まれた。1時間54分。

記者の採点＝★★★★★　　　　　　　　　(義)

2005年8月10日
強さと愛の半生を再現
「マザー・テレサ」

　映画「マザー・テレサ」は誰もがその名を知っている修道女の、強さと愛を兼ね備えた半生をスクリーンに再現する。

　物語は一九四六年、インド・コルカタ(カルカッタ)の女子校でテレサが教えていた時代から始まる。道端で行き倒れとなった男性の言葉に、神の声を聞いたテレサ。貧しい人たちの現実を前に修道会での活動に限界を感じた彼女は、新しい教団をつくって自らの信じる道を突き進んでいく。

　主演は二十年以上、テレサの役を切望していたというオリビア・ハッセー。テレサが生前に出演したテレビ番組や本を通して、その立ち居振る舞いを研究したという。久しぶりの映画登場は「ロミオとジュリエット」からの往年のファンにとっても懐かしい。

　死を待つ人のための施設づくりや孤児たちの養子縁組活動など、現実を嘆く前にまず体を動かすという行動力。一方でその行動が結果として引き起こした寄付金や養子縁組をめぐる疑惑などのスキャンダルも絡めて、マザー・テレサという人物像が立体的に浮かび上がってくる。

　お金もないのに航空券を買いに行ったり、市場で食べ物を分けてもらったりと、必要なものはどこからか調達してしまう才覚とエネルギーは、慈愛に満ちた聖母というより、やり手のおばあさんと思えてきて、親しみが持てる。

　しかし、その生涯を知っている人も多く、なぜ今さら映像化なのかと、思えなくもない。伝記映画にありがちな退屈さを覚える人もいるだろう。

　それでもスケールの大きな映像で見てみれば、周囲の人々とことごとく摩擦を起こしながらも、神の意思を貫いた女性に、あらためて学ぶことは多そうだ。1時間56分。監督はファブリッツィオ・コスタ。

記者の採点＝★★★☆☆　　　　　　　　　(啓)

2005年8月17日

情で描く組織と人間

「容疑者 室井慎次」

　日本の実写映画歴代一位の興行収入記録を打ち立てるなど、もはや国民的映画とも言える「踊る大捜査線」シリーズ。主役の青島刑事（織田裕二）が登場しない番外編第二弾「容疑者 室井慎次」は、柳葉敏郎ふんする警察庁管理官を主人公にした、警察組織内部の人間ドラマだ。

　前作「交渉人 真下正義」の地下鉄暴走事件から二カ月後の東京。ある殺人事件の被疑者が逃走し、車にはねられて即死した。過剰な取り調べがあったとして、捜査を指揮していた室井管理官が逮捕されてしまう。

　警察という巨大な組織を一つの会社に見立て、本店（警視庁）と支店（所轄署）の確執を通じてサラリーマン的世界を描いたのが「踊る」シリーズの魅力の一つだ。

　室井は支店の気持ちを理解できる本店側の人間。対立する両者にはさまれた人物を主人公にすることで、君塚良一監督は「組織と人間」というテーマをくっきりと浮かび上がらせている。

　だが、ドラマの起伏を室井の「情」に頼りすぎているため、物語の展開がやや強引だ。法的手続きを踏むことが「非情」として描かれるなど、思わず「それはないだろう」と突っ込みたくなる場面もチラホラ。

　「交渉人―」は「人気シリーズのおまけ映画では」という心配をよそに、ハリウッドばりのサスペンスアクションで目を引いた。本作では葛藤（かっとう）する人間のドラマを目指したが、おなじみの登場人物の個性に負うところが多い分、シリーズの枠にこもってしまった印象が残る。

　とはいえ、故いかりや長介が演じたベテラン刑事が健在であることが示されるなど、ファンへの細かな気配りが愛される理由でもある。一本気な現場刑事（哀川翔）ら「いかにも」な役者たちも新たに登場。「踊る」ワールドは、ますます広がっていきそうだ。1時間57分。

記者の採点＝★★★☆☆　　　　　　　　　　（義）

2005年8月24日

男と女の普遍的な愛の物語

「ふたりの5つの分かれ路」

　ラブストーリーは、普通出会いから始まるものが多いが、フランス映画「ふたりの5つの分かれ路」は、別れから始まり出会いで終わる。

　物語は、マリオン（バレリア・ブルーニ・テデスキ）とジル（ステファン・フレイス）の夫婦が、離婚の手続きをする場面から始まる。ある夜のディナー、出産、結婚式、恋の始まりの五部構成で、時間をさかのぼっていく。「まぼろし」のフランソワ・オゾン監督は、最初になぜ別れたのだろうとミステリードラマのように観客を引きこみ、別れへの伏線を提示する。

　一つ一つの何げないエピソードが、せつないほどのリアルさを持って迫ってくる。早産に戸惑う夫は、出産の喜びを妻と分かち合うことも、妻が訴える帝王切開の痛みを実感することもできない。気持ちを切り替えて「着替えを持ってきて」とだけ夫に頼む妻の涙に、似たような経験があれば共感し、そうでない人ならショックを受けそうだ。

　さらに時間がさかのぼると、夫だけに別れの原因がある訳ではないと明らかにされる。結婚式の夜、酔いつぶれた夫を残し、妻ははずみでほかの男と一夜を過ごしていた。夫と妻の長い月日に、それぞれが積み重ねてきた過失を、この二つのシーンが代弁している。そんな物語の最後に訪れる出会いの時間が、とてもまぶしい。

　出会いまでさかのぼった時点で、映画は表層的な別れへの伏線をつづったわけでなく、普通の男と女の普遍的な愛の物語が描かれていたと知らされる。エピソードのどれかに思わず共感してしまった人は、別れという結末に自分も向かっているということ？　と、思わず怖くなるかもしれない。1時間30分。

記者の採点＝★★★★☆　　　　　　　　　　（啓）

2005年8月31日

愛らしいキッドマンに脱帽

「奥さまは魔女」

　ニコール・キッドマンは振幅の大きな女優だ。「めぐりあう時間たち」の知的な女性作家、「ムーラン・ルージュ」での華麗な歌姫、「ドッグヴィル」では鎖につながれた悲劇のヒロイン。世界的スターでありながら、常に古い殻を打ち破るチャレンジ精神が、彼女の最大の魅力だろう。

　新作「奥さまは魔女」は、言わずと知れた人気ドラマの映画版。「何だリメークか」と思うなかれ。美しい大人の女性というイメージのキッドマンが、懐かしの魔女をいかに愛らしく演じるかが今回のテーマなのだ。

　落ち目の俳優ジャック（ウィル・フェレル）は、リメークドラマ「奥さまは魔女」のダーリン役で復活を狙う。魔女サマンサ役として、街でスカウトしたのがイザベル（キッドマン）。ところがイザベルは、本物の魔女だったのです…。

　ひねりのきいた劇中劇のような構成が、安直なリメークとは一線を画している。おなじみのドラマと並行して進むイザベルの恋。ノーラ・エフロン監督はオリジナルがよく知られていることを逆手に取り、その魅力を生かしながら独自のラブストーリーを編み出した。

　そしてキッドマン。おちゃめでキュートという、やりすぎてしまえば演技が鼻についてしまう役どころを嫌みなく好演。三十八歳にして見せるこのかわいさに、脱帽である。サマンサが魔法を使うときの「口元ピクピク」も板についている。

　脇を固める助演俳優も豪華だ。ドラマ内でサマンサの母親を演じる女優がシャーリー・マクレーン。イザベルの父親役にマイケル・ケイン。オスカー俳優二人が、コスプレまがいの大仰な演技を楽しんでいる。

　気になるのは、相手役のフェレルがもっさりしていること。それもまあ、キッドマンを引き立てると思えば許せなくはない。1時間43分。

記者の採点＝★★★★☆　　　　　　　　　　（義）

2005年9月7日

みずみずしい輝き与えて

「タッチ」

　かつて、山口百恵、薬師丸ひろ子らが主演するアイドル映画というジャンルが存在していた時代があった。映画の低迷期を経て、若者が劇場に戻ってくるようになってきた中で、久方ぶりにアイドル映画の王道と言えそうな作品が、映画「タッチ」だ。

　原作は誰もが知っている、あだち充の同名漫画。ヒロイン浅倉南をめぐる双子の兄弟の恋と青春を描く。ヒロインに「世界の中心で、愛をさけぶ」でブレークした長沢まさみ。もてもてでかわいいという、へたをすれば嫌みなキャラクターになってしまうかもしれない南役に、好感のもてるみずみずしい輝きを与えている。

　南と幼なじみの達也と和也は、本当の双子である斉藤祥太、慶太の二人が演じる。スポーツ万能で成績優秀、野球部エースの弟和也と、和也に比較されると地味な存在になってしまう達也。ヒロインをめぐる二人の微妙な関係を自然に醸し出した。この二人以外にも達也の友人役のRIKIYAやライバル高校の強打者を演じる福士誠治ら、若手男優も魅力を放っている。

　膨大な原作のエッセンスも輝きもそのままに、上品な一本の映画にしたのは、「ジョゼと虎と魚たち」などの犬童一心監督。ストーリーを知っているのに、見ていると三人の青春模様に思わずじんとくる。

　青春時代は過去となったお父さんやお母さんも、アイドル映画とあなどるなかれ。思春期の高校生をそっと見守る親たち（風吹ジュン、宅麻伸ら）の姿がこの世代の共感を呼びそうだ。原作の抱える重いテーマを、優しい空気でふわりと包んで、軽やかな作品に仕上がった。1時間56分。

記者の採点＝★★★★☆　　　　　　　　　　（啓）

2005年9月14日

映像美で見せる運命の恋 「SHINOBI」

　山田風太郎の傑作時代小説「甲賀忍法帖」。次々繰り出される奇想天外な忍術と息もつかせぬスピーディーな展開が、五十年近くたった今も多くの読者に愛されている。

　その人気小説を映画化したのが下山天監督の「SHINOBI」だが、原作とは少々イメージが異なる。スタイリッシュな映像美が見どころの、無国籍ラブストーリーといった趣の作品だ。

　時は江戸時代の初め。伊賀と甲賀という憎しみあってきた忍びの一族が、生き残りをかけて激突する。互いを何者とも知らず恋に落ちた伊賀の朧（おぼろ）（仲間由紀恵）と甲賀の弦之介（オダギリジョー）だが、敵同士としての宿命が二人を待ち受けていた—。

　五人対五人というチーム対決の構図や、奇抜な忍術を駆使した闘いといった設定を借りてはいるが、映画が中心にすえているのは「運命の恋」。憎みあう両家に引き裂かれる若い男女の悲恋は「ロミオとジュリエット」から続く定番の物語だ。

　となると、二人の心情をいかに掘り下げて描くかが重要なわけだが、それよりも目立つのはCGを多用した映像美だ。

　色彩を強調した日本の四季。華麗なるアクション。無国籍なデザインの衣装。そして何より、仲間とオダギリという旬の俳優二人の美しさが、スクリーンいっぱいに輝く。

　だが、映像はさらさらと流れていくばかりで、愛し合う男女の苦悩は見えてこない。忍術もCG合戦のようで忍者一人一人の個性は埋没気味。運命の恋に焦点を合わせるアイデアは悪くないが、いかようにも見せ方が工夫できる原作だけに、深まらない物語が何とも惜しい。

　主題歌は浜崎あゆみ。だからというわけではないが、クールなミュージッククリップを見ているような印象を受けた。1時間41分。

記者の採点＝★★☆☆☆　　　　　　　　　　（義）

2005年9月21日

仲間がいることはすてき 「旅するジーンズと16歳の夏」

　自分の思い通りに世界は回ると思っていた子どもの時代は、いつか終わる。世の中にはどうにもならないこともあると知るときに、横に居てくれる仲間がいることがどんなにすてきか、映画「旅するジーンズと16歳の夏」は教えてくれる。

　原作は日本を含め世界三十カ国以上で翻訳されたベストセラー小説「トラベリング・パンツ」。十六歳の四人の女の子たちそれぞれの夏を描く。

　いつも一緒の幼なじみの四人組は別々の場所で夏休みを過ごすことになった。訪れた古着屋で体形が異なる四人の誰にでも合う不思議なジーンズを見つけ、離れ離れの四人をつなぐ存在として、一週間ずつ、そのジーンズをはき、その時の出来事を書いた手紙を添えて回すことにする。

　最初にジーンズを持って、祖父母が居るギリシャへ旅立ったのは内気なリーナ（アレクシス・ブレーデル）。しっかり者のカルメン（アメリカ・フェレーラ）は離婚で別れて暮らす父親の家へ。自信過剰なブリジット（ブレイク・ライブリー）はメキシコでのサッカーの合宿に。いつも冷めているティビー（アンバー・タンブリン）は何の計画もなく、スーパーでアルバイトをしながら、周囲の人々の「惨めな」日常をドキュメンタリーに収めることにした。

　自分に自信が持てなかったり、居場所がなかったり、母親の死が心に暗い影を落としていたり…と、性格だけでなく悩みもばらばらの四人。物語はこの四人を等距離で描き出し、見ているこちらもいつの間にか仲間に加えてもらったように一緒に悩み勇気ももらえる。

　ティーンエージャーでなくても、もしかしたらくたびれた大人のほうが、ずっとずっと励まされるかもしれない。1時間58分。監督はケン・クワピス。

記者の採点＝★★★★★　　　　　　　　　　（啓）

2005年9月28日
四季を描くぜいたくな映画

「蟬しぐれ」

「藤沢周平氏に捧ぐ」という献辞に続き、冬の吹雪や夏の坂道の風景で始まる時代劇「蟬しぐれ」。構想に十年以上をかけたという黒土三男監督は、美しい四季と作り込んだ美術によって、藤沢文学の世界を丁寧に再現した。

舞台は東北の小藩「海坂藩」。下級武士を養父に持つ文四郎は、幼なじみのふくに淡い恋心を抱いていた。ところが藩の派閥争いに巻き込まれて父が切腹。謀反人の子として成長した文四郎は、殿の側室となったふくが新たな抗争に巻き込まれていることを知る—。

市井に生きる人々の哀歓を描いた藤沢文学が根強い人気を誇るのは、清貧や誠実といった言葉で表される「日本人の心」が多くの読者の胸を打つからだろう。それが失われつつある現代だからこそ、郷愁と共感を覚えるのかもしれない。

藤沢文学の代表作とも言われる本作の映画化に当たり、黒土監督が最も重視したのは物語の舞台背景だ。

はるかな山並みを見渡す庄内平野の景色。風雨に一年間さらした組屋敷のセットが醸し出す質感。桜咲く穏やかな春から雪降りしきる厳しい冬まで、豊かな四季をじっくりとらえた映像が目に心地よい。

映画はストーリー展開を急がず、むしろ日本の原風景を描写することに力を注いでいるように見える。そこから生まれる郷愁が、市川染五郎と木村佳乃の切ない恋物語を引き立てているのは間違いない。

思えば黒沢明監督などは、気に入った雲が出るのを何時間でも待ち続けたものだ。だがCGという魔法で画像を自由に操れるようになり、映画製作にもスピードと効率が求められる今、時間をかけて自然を撮ることなど望むべくもない。そういう意味でこの作品は、とてもぜいたくな映画と言えるだろう。2時間11分。

記者の採点＝★★★★☆　　　　　　　　（義）

2005年10月5日
浮遊する〝理想〟の家族

「空中庭園」

どこの家族にも根拠のないしきたりがあるだろう。門限は午後十時とか、テレビは一日三十分とか…。しかし根拠のないおきてというものは、いつか崩れていく。

映画「空中庭園」では「家族の間で隠し事をしない」というのが、主人公の主婦が固執する家族のルールだ。郊外の新興住宅地にある巨大なマンションに住む京橋家の物語で、原作は角田光代の同名小説。

絵里子（小泉今日子）は娘のマナ（鈴木杏）に自分の「出生決定現場」がどこかと尋ねられ、ラブホテルであるとあっさり告げるほどのオープンな母親だ。一方で、マナは自分が学校をサボっていることは母親に隠している。夫の貴史（板尾創路）は二人の愛人（永作博美、ソニン）の間をふらふらと漂っているし、マナの弟コウ（広田雅裕）もどうやら学校へ行っていないようだ。

近くのショッピングセンターがここの住民にとっての「街」であり家族の息抜きの場でもある。そして物語のもう一つの舞台はラブホテル。ここでは、京橋家のルールなど、とっくに崩壊して、家族は宙に浮いている状態であることが、それぞれの視点を通じて明らかになっていく。

久しぶりの映画主演となる小泉今日子はかたくなに〝理想〟の家族を演出する主婦の苦しみを作り笑いで表現する。

そんな絵里子にも家族に言っていない秘密があるが、自分の中のわだかまりと向き合う時間が丁寧に描かれ、見る人に希望を与える。絵里子が浄化され生まれ変わっていく瞬間の強烈な演出。そして、その後で「おかえり」と、家族を迎える絵里子の完ぺきな笑顔が、今も目に焼き付いている。1時間54分。監督は豊田利晃。

記者の採点＝★★★★☆　　　　　　　　（啓）

2005年10月12日

消えゆく記憶が生む涙

「私の頭の中の消しゴム」

　今の映画で、はやるもの。それは「純愛」と「病気」、そして「記憶」だろう。

　韓国映画「私の頭の中の消しゴム」は、この三要素をきっちり押さえたラブストーリー。美男と美女が繰り広げる悲しき運命の物語に、スクリーンが涙で見えなくなること請け合いだ。

　無愛想な大工チョルスと、おっちょこちょいな社長令嬢スジン。偶然出会った二人は恋に落ち、幸せな結婚をするが、スジンが若年性アルツハイマー病だと分かる。失われゆく記憶の中で、二人は必死で愛をつなぎ留めようとするのだが…。

　何があろうと相手だけを思い続ける「純愛」。二人の愛を試すかのように進行していく「病気」。悲劇が見えているからこそ高まるドラマは「愛と死をみつめて」から「世界の中心で、愛をさけぶ」まで、時代を超えて観客の涙を誘ってきた。

　そして「記憶」。愛のすれ違いを演出する手法として記憶喪失は使われてきたが、愛の思い出が徐々に失われゆく物語は、絶望感とやるせなさを一層高める。最近「半落ち」「きみに読む物語」など、記憶が重要なかぎになる映画が多いのはそのせいだろう。

　悲劇の恋人を演じるのは、男のフェロモン全開のチョン・ウソンとラブストーリーの女王ソン・イェジン。記憶をとどめようと部屋中に張られたメモ、とうとう愛を語るせりふ、感動的な音楽と、〝涙製造装置〟がフル稼働して「さあ泣いてください」と迫りくる。

　病気にまつわる現実や社会的背景を掘り下げる映画ではなく、目指したのはきれいなラブストーリー。これはあの手この手で観客を涙へと誘う「泣くための映画」なのだ。細かいことは言わず、ハンカチを持って映画館に行くのが正しいのだろう。1時間57分。監督はイ・ジェハン。

記者の採点＝★★★☆☆　　　　　　　　　　（義）

2005年10月19日

劇的な人生、独創的に

「ドミノ」

　映画より劇的で、波瀾（はらん）万丈の人生。実在した賞金稼ぎの女性のそんな生きざまを映画化したのが「ドミノ」だ。

　主人公となったドミノ・ハーベイは、俳優ローレンス・ハーベイの娘。モデルの仕事に充実感を得られず、逃亡した容疑者を捕まえ賞金を稼ぐバウンティハンターの道を歩む。生い立ちだけでも十分に劇的だが、トニー・スコット監督は、独創的な映像で、よくある伝記映画とは一線を画そうとした。

　そして、若手女優のキーラ・ナイトレイが、危険な綱渡りの日々に初めて生きている実感を見いだしたヒロインに、痛々しさと強さを与え、新しい一面を見せている。

　物語はFBIの取り調べを受けるドミノの回想でつづられる。偽造免許証を持った四人組による現金強奪事件が発生し、ドミノのほか、エド（ミッキー・ローク）、チョコ（エドガー・ラミレス）らの四人のハンターが追う。事件が予想外に展開していく一方で、男ばかりのチームに若くて美しいドミノが加わり、微妙に変化したチームの人間関係も丹念に描かれる。

　ドミノの「生」のはかなさの一瞬、一瞬を切り取ろうとしたかのように、時間軸をばらばらに組み直してあるため、肝心の事件について分かりづらく、テンポよくないのが難。また、日本ではあまりなじみのないバウンティハンターの仕事の仕組みを、理解してから見たほうがよさそうだ。

　実際のドミノは映画の完成を待たず、今年六月に三十五歳で亡くなったという。そんな話からも、人の何倍もドラマチックな短い生涯が、緊迫感に満ちた非現実の世界に見えてくるから不思議だ。2時間7分。

記者の採点＝★★☆☆☆　　　　　　　　　　（啓）

2005年10月26日

渋みが増した名コンビ

「まだまだあぶない刑事」

　爆弾処理に失敗し、トレードマークのサングラスが海にプカプカ。てっきり死んだと思っていたタカ＆ユージだが、どっこい二人は生きていた！人気シリーズ七年ぶりの新作「まだまだあぶない刑事」で、刑事ドラマの一時代を築いた名コンビが復活した。

　前作で海に消えた後、タカ（舘ひろし）とユージ（柴田恭兵）は韓国で潜入捜査をしていたという設定。久しぶりに横浜に戻った二人は、七年前に逮捕した銀行強盗犯と再び対決する。ところが核爆弾を持ち込んだ疑惑を掛けられ、容疑者として追われることに…。

　ともに五十歳を超えた舘と柴田だが、ハーレーにまたがってライフルをぶっ放し、横っ跳びで銃を撃ちまくるカッコ良さは健在。むしろ渋みが増して、二人の掛け合いにも余裕が感じられる。

　だが、シリーズが始まったのはほぼ二十年前。

　バブル全盛時に受けていた軽いノリは、今見るとどうにも上滑り気味だ。特にロリータファッションや忍者のコスプレではじけまくる浅野温子は、見ていて思わず「つ、つらい…」。

　ITを駆使する若手刑事との対比、サッカー競技場にセットされた核爆弾など、分かりやすすぎるストーリー展開にも一工夫欲しいところだ。

　ハードボイルドとギャグを融合した「あぶデカ」が、刑事ドラマに新風を吹き込んだのは間違いない。とはいえ、事件と笑いとキャラクターをより洗練させた「踊る大捜査線」を見慣れている若い観客の目にどう映るのか、ちょっと心配だ。

　だが待てよ。ひょっとすると、ひと昔前のノリを現代に再現して笑ってみせるというセルフパロディーだったのかも。だとすると、なかなか高等なワザなのだが。1時間48分。監督は鳥井邦男。

記者の採点＝★★☆☆☆ （義）

2005年11月2日

絵巻のような映像マジック

「ブラザーズ・グリム」

　グリム兄弟と言えば、「白雪姫」「シンデレラ」などの童話で誰もがその名を知っている。兄弟の人物像があまり知られていないのを逆手にとったのか、二人を主人公にした物語が映画「ブラザーズ・グリム」だ。

　舞台は十九世紀、フランス占領下のドイツ。兄のウィル（マット・デイモン）と弟のジェイコブ（ヒース・レジャー）は、派手に演出した「魔物退治」で賞金を稼ぎながら、各地の民話を集めている。

　しかしフランスの将軍にいんちき行為と気づかれ、逮捕された兄弟は、少女十人が失踪した事件の調査を命じられた。不気味な森を案内した猟師の娘アンジェリカ（レナ・ヘディ）から、森の中の塔に住んでいた女王（モニカ・ベルッチ）の物語を聞いたグリム兄弟は、塔を調べ始める。

　「未来世紀ブラジル」などのテリー・ギリアム監督の七年ぶりの新作。現実主義で社交的な兄と夢みるロマンチストの弟という、伝えられている実在の二人のキャラクターがモチーフになっているが、伝記ではなく、恋も絡めた冒険譚が、映像のマジックを駆使して絵巻のように繰り広げられる。

　五百歳にして永遠の美を求める鏡の女王の執念を、鏡を効果的に使って映し出す演出が印象深い。そして物語には赤ずきんやグレーテルら、おなじみのキャラクターが登場。ちりばめられたグリムの話をいくつ見つけられるかもお楽しみだ。

　詐欺まがいのグリム兄弟という妙な現実感のある世界から入ったはずが、気づくと、壮大なおとぎ話の中に居る。そして、子どものころに感じたおとぎ話の怖さを思い出す。大人になって乏しくなった想像力を映像で補って…。1時間57分。

記者の採点＝★★★★☆ （啓）

2005年11月9日
前を向いて歩いていこう 「エリザベスタウン」

　手に入れたものは、いつか失われる。地位も、富も、恋人も。だけどそこには、新しい始まりがある。その繰り返しが人生だ。

　「エリザベスタウン」は、すべてを一度に失った青年が主人公。人生最悪の日に始まり、生きることの素晴らしさを見いだすまでの六日間を描いた、心温まる青春ロードムービーだ。

　会社に大損害を与え、クビを言い渡されたシューズデザイナーのドリュー（オーランド・ブルーム）。恋人にも見限られ自殺を考えていたところ、父が故郷の叔父の家で亡くなり、ケンタッキー州の小さな街エリザベスタウンへと向かう。

　傷ついた青年を慰めるのは、新しく登場する女の子の役目だ。飛行機で知り合った客室乗務員クレア（キルスティン・ダンスト）のおせっかいに付き合ううちに、ドリューの心は少しずつ癒やされていく。

　車で自宅へ戻るドリューのために、クレアが用意した一冊の地図が秀逸だ。指定されたルートとセンスの良い音楽、心和ませるメモに導かれて、ドリューは自分自身と向き合い、亡き父と対話する。こんな一人旅をしてみたいと、切に思う。

　喪失と回復の物語をさわやかな青春映画に仕立てたのは「あの頃、ペニー・レインと」のキャメロン・クロウ監督。ブルームとダンストが等身大の演技で新鮮な魅力を放つが、タップダンスで悲しみをほほ笑みに変えてみせる母親役のスーザン・サランドンがひときわ輝いている。

　悪いことばかりじゃないさ、前を向いて歩いていこうよ。見終わって心に残るのは、そんな温かなメッセージ。雨上がりの青空のような、すがすがしい気分で劇場を後にできるだろう。2時間3分。

記者の採点＝★★★★☆　　　　　　　　（義）

2005年11月16日
暗闇で向き合うほろ苦さ 「大停電の夜に」

　人がひしめく東京。だが、電車の中で化粧する人、携帯メールに没頭する人…。居合わせた人と人の距離は遠い。そんな街を舞台に映画「大停電の夜に」は、停電の夜に交錯する人間模様を描いた群像劇だ。源孝志監督がテレビドキュメンタリーでニューヨーク大停電を取材したことが、映画のきっかけとなった。

　クリスマスイブの東京。ジャズバーのマスター木戸（豊川悦司）は誰かを待っている。向かいにあるキャンドルショップの店主（田畑智子）はそんな木戸の様子をじっと観察している。妻（原田知世）と不倫相手（井川遥）との間で揺れる男（田口トモロヲ）。病院の屋上にたたずむモデル（香椎由宇）。さまざまな事情を抱える人々のもとに突然、停電が起きる。

　ろうそくの光を前に長年連れ添った妻（淡島千景）の過去を聞かされ、動転して外に飛び出す夫（宇津井健）。止まった地下鉄で産気づいた主婦（寺島しのぶ）を、恋人だった元やくざ（吉川晃司）が病院へ連れて行くことになり、車内の乗客から水やしょいこが次々と提供される。閉じ込められたエレベーターの中で、ホテルの中国人研修生（阿部力）と不倫で傷ついた女（井川）が話すうちに、奇妙な連帯感が生まれる。

　暗闇の中から見えてくるのは「もしあの時、今とは違う道を選んでいたら…」というそれぞれの過去への複雑な思いだ。結ばれなかった恋人、育てられなかった子ども…。胸の奥底にしまい込んであったほろ苦い思いと、暗闇の中で向き合う人々の姿に、観客の胸にもさまざまな思いがよぎるだろう。

　温かなろうそくの光が照らし出す人間という存在が、何だかとてもいとおしい。2時間12分。

記者の採点＝★★★★☆　　　　　　　　（啓）

2005年11月22日

成長するハリーと役者たち

「ハリー・ポッターと炎のゴブレット」

　少年は成長する。いつの時代も、どんな状況でも。

　魔法界に放り込まれた少年もすっかり大きくなった。シリーズ第四弾「ハリー・ポッターと炎のゴブレット」は、大人になることの意味を学んでいく少年の成長譚（たん）だ。

　百年ぶりに開かれることになった三大魔法学校対抗試合。立候補もしていないのになぜか代表選手に選ばれたハリー（ダニエル・ラドクリフ）は、命をかけて過酷な課題に挑む羽目になる。

　ハリーが抜け駆けして選手になったと疑う親友ロン（ルパート・グリント）との確執。信頼を寄せていたダンブルドア校長（マイケル・ガンボン）が万能ではないと知ったショック。頼りにしていた人々から離れなければならない時は、誰にでもやってくる。

　そして恋。クリスマス舞踏会でのダンスパートナー探しをめぐって、ハリーたちは異性に目覚めていく。魔法ではどうすることもできない恋心に戸惑うハリーの姿に、誰もが自分自身の思春期を思い出すだろう。

　ハリーたちの成長を端的に示すのが、演じる役者たちだ。第一作と比べると一目瞭然（りょうぜん）。ぽっちゃりとかわいらしかったラドクリフはたくましく、端正な顔立ちになり、もはや子役とはいえない。役者と登場人物の成長をダブらせて見ることができる数少ないシリーズなのかもしれない。

　とはいえ、見どころはもちろんハリーの冒険。ドラゴンの卵の争奪戦やうごめく巨大迷路など、CGを駆使したゲーム感覚の展開はまさに娯楽大作。辞典のように分厚い原作をシンプルにまとめたマイク・ニューウェル監督の手腕を褒めたい。

　気になるのは、子供も楽しんできたハリポタにしては映画全体が暗く、不気味なことだ。二時間三十七分という長さも含め、ファンタジーはもはや大人が楽しむものなのかもしれない。

記者の採点＝★★★☆☆　　　　　　　　　　（義）

2005年11月30日

一味違う大人の寓話

「Mr.&Mrs.スミス」

　テレビドラマ「熟年離婚」が高視聴率を稼いで話題を集めているが、夫婦生活に危機はつきもの。映画「Mr.&Mrs.スミス」は、夫婦ともども殺し屋の場合、その危機がどうなるのかを、人気スター二人の競演で描く話題の大作だ。

　南米で運命的な出会いをした建築業者のジョン（ブラッド・ピット）と、コンピュータープログラマーのジェーン（アンジェリーナ・ジョリー）。二人は、互いの重大な秘密については打ち明けないまま結婚した。それぞれ暗殺を請け負う裏の仕事を持っていたのだ。そんな二人の関係が倦怠（けんたい）期に差しかかったころ、ある指令が下されたのをきっかけに、互いを殺害するための命がけのバトルが展開する。

　ただのアクション映画では、という予想を裏切り、「ボーン・アイデンティティー」のダグ・リーマン監督は、ラブコメディーともサスペンスともとれる、従来のハリウッド大作とは一味違う「大人の寓話（ぐうわ）」を紡ぎ出した。

　洗練された優雅な暮らしに隠されたうその数々。納屋に殺し道具の銃や手りゅう弾を秘蔵する夫と、キッチンのオーブン裏にナイフをずらりと並べている妻。ひとたび争いが始まれば、豪華な家は一転、修羅場と化す。普遍的とも言えそうな結婚生活の虚と実を映像があらわにしていく。

　アクション好きとラブロマンス派といった、好みの合わないカップルにも、クリスマスのデートムービーとしてお薦めだ。少年少女が試練を与えられ成長していくファンタジーのように、くたびれたカップルがよりよい関係を築くためには、こんな大掛かりなしかけが必要なのだろう。2時間。

記者の採点＝★★★★☆　　　　　　　　　　（啓）

2005年12月7日

人間の目線で描く戦争

「男たちの大和／YAMATO」

　総製作費二十五億円。戦艦大和のセットを実物大で建設—。型破りのスケールが話題を呼んでいた「男たちの大和／YAMATO」だが、戦争に直面した若者たちの思いを真っすぐ描いた感動作に仕上がった。

　太平洋戦争末期。敗色濃厚だった日本軍は、世界最大最強と言われた戦艦大和に希望を託していた。米軍の沖縄上陸作戦開始を受け、大和に最後の出撃命令が下る。

　これまで日本で作られた多くの戦争映画と異なり、本作の主人公は軍の指揮官や参謀ではなく、年端もいかない特別年少兵や下士官だ。

　二度とは会えない予感を胸に、母や恋人に別れを告げる若者たち。重傷を負って大和から降ろされるが、軍紀を破って艦に戻る兵士。奇跡的に生き残り、亡き戦友の母を訪ねる少年…。

　映画は陸で男たちを思う女性にも等しく焦点を合わせ、戦争を上からではなく、人間の目線で描く。その視点は火薬や血のりをふんだんに使った激しい戦闘シーンでも一貫しており、戦場とはかくも容赦のないものかと思わずにはいられない。

　近隣諸国との摩擦が表面化し、自衛隊の在り方で議論が分かれる今日、かの戦争をどう描くかは極めて繊細な問題だ。描写一つ、せりふ一つで、映画は国防の意義をうたうものにも、反戦を訴えるものにもなりうる。

　佐藤純弥監督は人間の目線を大切にすることで、映画に主義主張を語らせるより、戦争をありのままに描くことを選んだようだ。戦闘現場の残虐さと愛する人を失う悲しさ、それが戦争なのだろう。

　泣ける場面も盛りだくさんで、各登場人物のエピソードが分かりやすすぎるきらいはある。だが幅広い層が見て感動できる戦争映画、今の時代には貴重だろう。反町隆史、中村獅童ほか出演。2時間23分。

記者の採点＝★★★★☆　　　　　　　　　　　（義）

2005年12月14日

心を解き放つ音楽の力

「歓びを歌にのせて」

　心につかえていても言えないこと…。誰の胸の内にもありそうだ。映画「歓（よろこ）びを歌にのせて」はそんな人々の心が音楽を通して解放されていくさまを描く。

　世界的に名の知れた天才指揮者ダニエル・ダレウス（ミカエル・ニュクビスト）は、舞台上で倒れた。すべてを捨て、スウェーデン北部の村にある廃校となった小学校に住み始め、村の牧師（ニコラス・ファルク）に教会の聖歌隊の指導を頼まれる。

　聖歌隊には、若い女性レナ（フリーダ・ハルグレン）、夫の暴力に苦しむガブリエラ（ヘレン・ヒョホルム）らがいたが、素人の同好会のような彼らにダニエルは基礎から指導を始める。

　母性に満ちたレナがとてもチャーミング。メンバーの顔写真をピアノの上にずらりと並べて、個々の声の高低を考えながら、パートごとに並べ替えていくダニエルもどこか魅力的。映画は十八年ぶりというスウェーデンのケイ・ポラック監督の演出から、歌うことの楽しさが伝わってくる。

　村の人々は、心にしまい込んであった思いを相手にぶつけるようにもなる。「いつもいつもおまえはおれをいじめてきた」「だまされていた私に誰も本当のことを教えてくれなかった」。何ごとも見て見ぬふりをする村の「秩序」に変化が訪れる。一方で、人望を集めたダニエルをねたむ者も現れる。

　人々が抱える諸問題は、よくある話と言ってしまえばそれまでだ。が、幼い時から大人になるまで、同じ顔触れの中で生きなくてはいけない小さな村の風景に共感する人も少なくないはず。その息苦しさから、人々を解き放っていく音楽の力の大きさをあらためて感じる。2時間12分。

記者の採点＝★★★★☆　　　　　　　　　　　（啓）

2005年12月21日
CGで見せる友情と親子愛 「チキン・リトル」

　ピクサー・スタジオと組んで「トイ・ストーリー」などのCGアニメをヒットさせてきたディズニー。だが、その強力タッグも二〇〇六年公開の「カーズ」以降は未定という。ならば単独でCGアニメを、というわけでディズニーが製作した野心作が「チキン・リトル」だ。

　主人公は何をやってもダメダメなニワトリの男の子チキン・リトル。落ちてきたドングリを空のかけらと勘違いして大騒ぎし、父親にもあきれられている。だがある日、本当に空のかけらが落ちてきて、謎の物体に友だちがさらわれてしまう。

　仲間との友情、親子の愛、勇気と冒険。映画のテーマはディズニーが古くから描いてきたもので、そのメッセージは真っすぐで分かりやすい。

　それをCGでどう見せるかが今回のチャレンジだったわけだが、キャラクターの造形と動きには合格点が付けられる。フサフサの羽を丁寧に作り込み、コミカルな動きも健在。ディズニーのフルCGアニメ、まずは無難な船出と言えよう。

　気になるのはキャラクターそのもの。主役のチキン・リトルはともかく（ニワトリの子供ならひよこではという疑問は残るが）、登場人物たちは微妙にかわいくない。だが、意図的に醜く描いたキャラクターもいるあたり、かわいさを追求してきたアニメの歴史へのアンチテーゼと見れば奥が深い。

　スピルバーグ監督「宇宙戦争」などのパロディーは、「シュレック」でディズニーをちゃかしたドリームワークスへのお返しという見方も可能。ディズニーもなかなかやるものである。

　だが肝心のお話が、友情物語と親子愛のどっちつかずになってしまった印象もあり、あまり小手先に走らなくてもいいのにと思ってしまった。何といってもディズニーはアニメの王様なのだから。1時間21分。監督はマーク・ディンダル。

記者の採点＝★★★☆☆ 　　　　　　　（義）

2005年12月28日
大平原の新たな広がり 「天空の草原のナンサ」

　緑の大地と青い空が画面いっぱいに広がっている。映画「天空の草原のナンサ」は、そんなモンゴルの大平原に住む遊牧民一家の物語だ。

　主人公の少女ナンサは六歳。家畜を襲うかもしれないからと、拾った子犬を飼うことを父親に反対されて、隠れて飼うことにする。登場する夫婦、子ども三人の一家は全員本当の遊牧民。物語はフィクションだが、家族の暮らしぶりはドキュメンタリータッチで、静かにたんたんとつづられていく。

　ナンサの一家は草原を移動することになり、どうしても飼うことを許さない父親は、子犬をくいにつないで置き去りにした。しかし置いてけぼりになったのは子犬だけでなかった。そして近くにはハゲワシの群れ…。ドキュメンタリーはここで手に汗握る〝スリラー〟に転調する。

　前作「らくだの涙」が二〇〇五年のアカデミー賞の長編ドキュメンタリー賞にノミネートされたモンゴルのビャンバスレン・ダバー監督の映画二作目。監督が祖母から聞いたという昔話と、モンゴルの伝説を背景に織り交ぜて、モンゴルの独特な空間をつくり出した。

　緑の草原に映える民族衣装の色合い、チーズ作り、組み立て式の住居ゲルをたたむ手順などなど、一家の暮らしぶりは日本人にとっては物珍しく面白い。そして、見渡す限りの草原と、赤いほっぺの子どもたちに癒やされる。

　ナンサらが去っていった後、人の姿は見当たらない平原を連呼しながら走る選挙広報車が一台。心洗われる物語は、同時に、近代化の波に追いやられつつある遊牧民の暮らしぶりを後世に残す貴重な映像でもあった。そう知らされると、スクリーンの大平原にまた新たな広がりが見えてくる。1時間33分。

記者の採点＝★★★☆☆ 　　　　　　　（啓）

2006

2006年1月11日

リセットしたい人たちへ 「THE有頂天ホテル」

　「グランド・ホテル形式」という映画・演劇用語がある。一九三二年の米国映画から生まれた言葉で、年齢や職業など全く異なる境遇の人々を一つところに集め、さまざまな人生模様を同時に見せる方式だ。

　「ラヂオの時間」などの三谷幸喜監督の新作「THE有頂天ホテル」は、まさに現代版「グランド・ホテル」。名作古典と異なるのは、三谷監督らしくコメディーであること、主要人物が二十人を超す大所帯であること、そして「時間」が強調されていることだ。

　大みそか。カウントダウンパーティーを控えたホテルには、さまざまな事情を抱えた人たちが集まっていた。政治家生命瀬戸際の汚職議員。その愛人だった客室係。夢をあきらめたベルボーイ。続発するトラブル処理に頭を悩ます副支配人…。

　登場人物は皆一様に切羽詰まっている。午前零時まで二時間という、大みそか特有の濃密な時間設定とリアルタイムで進行する物語が、新年までに事態を打開しようと慌てふためく人々のこっけいさを倍加している。

　なぜ大みそかに切羽詰まるのか。それはこの日が年に一度、自分をリセットできるときだからだ。過去を清算したい。新しい生き方を見つけたい。自分探しを続ける現代人にとって、大みそかは少なからぬ意味を持っているようだ。

　観客は似た境遇の登場人物に自らを投影し、ラストで彼／彼女がつかむ小さな幸せに胸を温かくするだろう。感情移入できる誰かが必ずいることが、グランド・ホテル形式の良いところだ。

　ただ、多様な人物が登場しながら「ラジオ番組を作る」という一つの方向性を持っていた「ラヂオ―」に比べると、見終わった時の達成感は薄い。ホテルの人々が見つける、それぞれの幸せ。そのバラバラな感じが、人生なのかもしれない。2時間16分。

記者の採点＝★★★☆☆　　　　　　　　　　（義）

2006年1月18日

時を超えた結婚めぐる風景 「プライドと偏見」

　人の第一印象というのは当てにならないものだ。嫌なやつだと思っていたら実はいい人だったり、いい人だと思ってもそうでなかったり…。映画「プライドと偏見」は、互いの姿が見えずに、なかなか進まない恋のてんまつを、美しい風景の中に描き出す。

　原作は何度か映像化されているジェーン・オースティンの「高慢と偏見」。十八世紀末、英国の田舎町に住むベネット家には五人の娘がいる。女性には相続権のない時代で、家を相続するのは遠縁の男性だ。そのため母親（ブレンダ・ブレッシン）は娘たちを地位と財産のある男と結婚させようと焦っている。

　美しい長女（ロザムンド・パイク）は近所に引っ越してきた資産家に見初められる。一方、二女（キーラ・ナイトレイ）は資産家の友人、ダーシー（マシュー・マクファディン）の人を見下したような態度に反発する。

　プライドのある男と、そんな男に反感を抱く女。二女の恋の設定は「ブリジット・ジョーンズの日記」みたいと思ったら、原作のファンだったジャーナリストが現代に置き換えて書いたのが「ブリジット―」だったというのは有名な話らしい。

　選択肢がなくても愛のない結婚はしたくない…と気高い二女を演じたナイトレイの演技は、時代を超えて現代の女性も勇気づけてくれそうだ。かたや結婚だけが生きる道と、娘たちのために必死の母親を演じたブレンダ・ブレッシンが圧巻。こちらも、いつの世も変わらない、娘を持つ母親の思いをコメディータッチで体現している。

　そして、実は一家を包み込んでいるのが、存在感のなかった父親（ドナルド・サザーランド）だったりするのも奥が深い。コミカルで温かい物語だ。2時間7分。監督はジョー・ライト。

記者の採点＝★★★★☆　　　　　　　　　　（啓）

2006年1月25日
誠実さが人をつなぐ
「単騎、千里を走る。」

　中国を代表するチャン・イーモウ監督と、日本の名優高倉健。二人の友情から生まれた映画「単騎、千里を走る。」は、心温まる人間ドラマであると同時に、コミュニケーション不全に陥った現代社会のありようを問う物語でもある。

　静かな漁村に暮らす初老の男（高倉）のもとに、絶縁状態だった息子の命が残りわずかだとの知らせが届く。息子に会いに東京へ向かう男だが、息子はかたくなに会うことを拒否する。

　都会と漁村。病室の内と外。父と子を隔てる境界は厳然と存在する。息子役の中井貴一が声だけの出演で姿を見せないことが、親子関係の断絶を象徴しているようだ。

　今の自分に何ができるかと考えた男は、民俗学者の息子の代わりに仮面劇を撮影するため、中国雲南省麗江へと旅立つ。

　中国での男は、決定的に孤独だ。ろくに日本語が話せない通訳。未知の文化と風習。携帯電話を片手に異国で途方に暮れる男の姿は、あふれる情報の中で他者とコミュニケーションを取ることが苦手になっているわれわれと重なって見える。

　必死で現地の人々との意思疎通を図ろうとする男を、「不器用ですから」と孤高を貫いてきた高倉が演じる意味は小さくない。人と人とが理解し合うことの難しさと、それ故に生まれる交流の温かさが、説得力を持って伝わってくる。

　男は少しずつ中国の人々と心を通わせていくが、それは結局、言葉の力ではない。きっかけとなるのは、思いを込めた一つの文字であり、子どもの心を和らげる笛の音だったりするのだ。

　チャン監督が伝えようとしているのは、誠実さは相手に伝わるという極めてまっとうなメッセージだ。そしてそれは、国と国との間にも言えること。麗江の澄んだ青空に、日中のわだかまりが溶けていくように見えた。1時間48分。

記者の採点＝★★★★☆　　　　　　　　（義）

2006年2月1日
変わらない日々の鬱屈描く
「ジャーヘッド」

　テレビニュースが伝えた湾岸戦争は空を飛ぶミサイルをとらえても、そこにいた人々の顔は見えなかった。映画「ジャーヘッド」は、あの時、あの場所にいた海兵隊の若者の目線で見た戦場の現実を描き出す。

　原作は米国でベストセラーとなった「ジャーヘッド／アメリカ海兵隊員の告白」。タイトルはお湯を入れるジャー（びん）の形をしたヘアスタイルから海兵隊員のことを指すという。

　海兵隊に志願したアンソニー・スオフォード（ジェイク・ギレンホール）が主人公。厳しい試練や新人いじめを乗り越えたが、配属先のサイクス三等曹長（ジェイミー・フォックス）の訓練も過酷だった。プレッシャーに耐えかねた仲間の死亡事故まで起きる。そして、ようやくスオフォードらの隊はサウジアラビアへ派遣される。

　狙撃兵として現地入りしたものの、当面の任務は油田警備。若い兵士らの士気は上がっているのに、目に見える敵のいない毎日は待つことが仕事。兵士同士で恋人から人生についてまで語り合うが、スオフォードの退屈で孤独な感じは強くなるばかり。気持ちははやるが、やることがなく鬱屈（うっくつ）していく若者の姿は戦場特有のものというより、どこか普遍的だ。

　手に汗握る銃撃戦のないスオフォードの戦争は、燃え上がる油田の幻想的な光景で最高潮を迎える。恐怖と退屈、そして絶望的に変わらない日々。スクリーンでは誰も見たことのなかった戦争の風景をサム・メンデス監督がくっきりと浮かび上がらせる。

　そういえば、日本からイラクへ派遣された自衛隊員たちは、「復興支援」という任務の下でどんな風景を見ていたのだろうと、ふと思った。2時間3分。

記者の採点＝★★★★☆　　　　　　　　（啓）

2006年2月8日

深層心理浮き彫りに

「クラッシュ」

　人間は多面的な存在だ。善人が過ちを犯すこともあれば、悪人が人助けをすることもある。映画「クラッシュ」は、米国に巣くう人種差別問題をモチーフにしながら、人間の奥底に潜む深層心理を浮き彫りにした群像劇だ。

　舞台は人種のるつぼ、ロサンゼルス。登場するのは警官、テレビディレクター、雑貨屋、強盗、検事、鍵屋などなど。見ず知らずの者同士が偶然出会い、思いがけないかたちで差別に直面したとき、彼らの運命は少しずつ狂い始める。

　数多い登場人物の中で、この映画を象徴しているのが白人警官とその同僚である。黒人ディレクターの妻に執拗(しつよう)な嫌がらせをする警官と、白人であっても黒人の味方になろうとする同僚。分かりやすい善と悪だが、全く別の状況が発生したとき、その立場はいとも簡単に入れ替わる。

　この逆転は、本人にすら予想もつかない。善と悪は表裏一体であり、人間心理はかくもあいまいなものだという意味で、二人の人物対比は実にスリリングで興味深い。

　だが同時に、そんな人間の集まりである社会は、差別や偏見を抱えたまま変わらないのではないかという気もしてくる。その絶望感を希望に変えるのが、一人の少女だ。

　銃声を怖がる娘を「銃弾を通さない透明マントを着せてあげる」となだめていた鍵屋に、差別的な扱いを受けて逆ギレした雑貨屋の銃が向けられる。マントを信じ、父を守るため無防備な背中を投げ出す少女―。

　そこで観客は、小さな奇跡を目にする。そして彼女の背中に、人間の悪意を浄化する天使の羽を見るだろう。

　ポール・ハギス監督は、重いドラマの中に希望の灯をともした「ミリオンダラー・ベイビー」の脚本家。そう聞けば、人間に向けた優しいまなざしにも納得がいくはずだ。1時間52分。

記者の採点 = ★★★★★　　　　　　　　　（義）

2006年2月15日

キャッシュの愛の軌跡

「ウォーク・ザ・ライン／君につづく道」

　米国カントリー界の大御所だったジョニー・キャッシュ。映画「ウォーク・ザ・ライン／君につづく道」は、キャッシュと、その二度目の妻となるジューン・カーターとの十数年に及ぶ愛の物語がつづられる。

　ジョニー(ホアキン・フェニックス)は、不遇の少年時代から音楽が心の支え。とりわけカントリー歌手ジューン(リーズ・ウィザースプーン)があこがれだった。プロのミュージシャンとなったキャッシュは、ジューンと共演したのをきっかけに、互いに似たところを見いだす。しかし、既に家族のあるジューンは、妻子持ちのジョニーとの恋には踏み出さない。かなわぬ思いをジョニーはドラッグで埋めていくようになる。

　劇中の曲を自身で歌い、苦しい気持ちを繊細に、時に力強く表現したホアキン・フェニックスとリーズ・ウィザースプーンの演技はともに評価され、ゴールデン・グローブ賞ミュージカル・コメディー部門で主演男優賞と同女優賞、作品賞を受賞。アカデミー賞の主演男優賞、同女優賞にもノミネートされた。

　多くのアーティストに影響を与えたキャッシュを知らなくても、一人の女性を思い続けた男の切なさと、友情と恋愛感情のはざまで揺れる女心が、丁寧に描かれていて見応えがある。音楽家の伝記映画はこのところ多く公開されているが、「ウォーク―」は記録ものにとどまらない、ラブストーリーとしての奥行きが感じられる。

　だからこそ、全米ヒットとなった「アイ・ウォーク・ザ・ライン」や、フォルサム刑務所でのライブなど、二人の歩みに重なって流れる一曲一曲が、まっすぐに心に響いてくる。2時間16分。監督はジェームズ・マンゴールド。

記者の採点 = ★★★★☆　　　　　　　　　（啓）

2006年2月22日
大泥棒の悩める後日談
「ダイヤモンド・イン・パラダイス」

いきなり、スリリングなダイヤモンド強奪シーンから映画は始まる。ハイテク小道具に派手なカーアクション。世紀の大泥棒マックスを演じるのが007シリーズのピアース・ブロスナンとくれば、絵に描いたような冒険活劇だと思うのも無理はない。

だがこの「ダイヤモンド・イン・パラダイス」、ただのアクション映画ではなかった。舞台は早々に南国の楽園・バハマのパラダイス・アイランドへ。そこで描かれるのは、引退して優雅な生活を送る大泥棒の〝悩める後日談〟だ。

危険な泥棒稼業から足を洗い、〝ナイスバディ〟の恋人とのんびり暮らすマックス。だが、何不自由ない日常に物足りなさも感じていた。そこに、彼を追い続けてきたFBI捜査官が現れ「停泊中の客船にダイヤが展示されているぞ」と挑発し始める――。

お金や財産が欲しいと思うのは人間の基本的な欲望だが、どんなにお金があってもそれだけでは満足できないのが人間でもある。ロブスターばかりでは飽きるし、毎日ダイビングしても面白くない。ぜいたくな、と言うなかれ。永遠に続く楽園は、地獄なのだ。

だから、マックスが捜査官の誘惑に引かれるのも無理はない。「安定」か「刺激」か。まるでハムレットのように、人間の本質とも言える問いが突きつけられている。

その後の物語は、心地よい予定調和に少しの驚きをまぶして展開するのだが、それとは別に気になっていたのが、天下の大泥棒とセクシーな恋人、しつこいが憎めない捜査官という三人の構図。どこかで見たと思ったら……日本のアニメ「ルパン三世」だった。

とすれば、最後に勝ったのはマックスではない。駆け引きの末に最も大切なものを手に入れるのは、峰不二子のような女と決まっているのだ。1時間38分。監督はブレット・ラトナー。

記者の採点＝★★★☆☆ （義）

2006年3月1日
思わず触りたくなる真実味
「ナルニア国物語／第1章 ライオンと魔女」

ファンタジー小説のロングセラーがまた映画になった。「ナルニア国物語／第1章　ライオンと魔女」は続編の企画も進行中で、この長編ファンタジーの映画化はまだまだ続くらしい。

C・S・ルイスの古典が今ようやく映画化された訳は、子どもを乗せて走るライオンなど、ここ数年のコンピューターグラフィックス技術の進歩でナルニアの世界を表現できるようになったからという。

確かに、ナルニアの創造主のライオン、アスラン（声、リーアム・ニーソン）の思わず触りたくなるような、ふさふさした毛などはカリスマ性のあるキャラクターに真実味を持たせている。

主人公は長男ピーター（ウィリアム・モーズリー）、二男のエドマンド（スキャンダー・ケインズ）、長女のスーザン（アナ・ポップルウェル）、そして二女のルーシー（ジョージー・ヘンリー）の四人きょうだい。疎開した田舎の屋敷にある衣装だんすが、ナルニア国への入り口だ。中に入ると、白い魔女（ティルダ・スウィントン）により、永遠の冬に閉じ込められた世界が待っていた。「シュレック」のアンドリュー・アダムソン監督が織りなす映像美は、ナルニアの雄大な世界を体感させてくれる。

四人のきょうだいは、どこにでもいそうな子どもたち。長男の責任感からちょっと高圧的になってしまう兄、それに反発する弟、やさしい姉、純真な妹。きょうだい間の微妙な確執が危機を生む。「ハラハラドキドキ」のファンタジーの定石は、映像ならではの迫力で味わえる。

ビーバー夫妻ら魅力的なナルニアの住人たちに助けられ、白い魔女に力を合わせて挑む子どもたちの姿は、小さな観客と、たぶん大きな観客にも勇気をくれそうだ。2時間20分。

記者の採点＝★★★★☆ （啓）

2006年3月8日

米国の今を浮き彫りに

「マンダレイ」

　デンマーク生まれのラース・フォン・トリアー監督は、米国に行ったことがない。理由は簡単、大の飛行機嫌いだからだ。だが、行ったことがなくても映画は撮れる。「マンダレイ」は、かの超大国が抱える闇を徹底的にあぶりだす米国三部作の第二弾だ。

　前作「ドッグヴィル」で、閉鎖的で独善的な人間の集まりだった村を後にしたグレース。次にたどり着いたマンダレイは、奴隷制度が存続する大農園だった。驚いたグレースは、黒人たちの解放を決意するのだが…。

　映画のテーマは、米国にとって永遠の課題である人種問題。だが理想の実現を目指して奔走するグレースの姿からは、それとは別の「米国の今」が見えてくる。

　自由とは、正義とは、民主主義とは。自らが正しいと信じる理想を教え込むグレースだが、必ずしも黒人たちはその理想を良しとしない。まるで「世界の警察」を自任して紛争地域に乗り込むブッシュ米政権のようだ。

　この当事者との意識のズレはなぜ生じるのか。それは彼女が、自由と幸福は別だということを理解していないからだ。

　何ものにも束縛されないという意味で自由は素晴らしいが、好きにしていいと言われても現実社会で幸福になれるとは限らない。ましてや幸福のかたちは人それぞれ。多様な価値観を認めることが、グレースにも「自由の国」米国にも求められているのではないか。

　「米国に行ったこともないくせに何が分かる」という批判もあるだろう。だが離れているから見えることもある。抽象化されたセットは、本質を浮かび上がらせる舞台装置なのかもしれない。

　グレースはマンダレイを去り、新たな旅に出る。次に向かうのはシリーズ最終章となる「ワシントン」。トリアー監督は米国の首都を舞台に、何を描くつもりだろうか。2時間19分。

記者の採点 = ★★★★☆　　　　　　　　　　（義）

2006年3月15日

男たちの友情と償いの旅

「メルキアデス・エストラーダの3度の埋葬」

　むき出しの大地と点々と生える草木―。映画「メルキアデス・エストラーダの3度の埋葬」が映し出す米国とメキシコの国境のこちら側と向こう側は、どちらにも似たような乾いた空気が漂う。

　この作品で昨年のカンヌ国際映画祭の男優賞を受賞した俳優トミー・リー・ジョーンズの劇場用としては初監督作。国境に暮らす男たちの友情と償いの旅をたどる。

　米国テキサス州の牧場で働いていたメキシコ人メルキアデス・エストラーダ（フリオ・セサール・セディージョ）が死体で見つかる。カウボーイ仲間だったピート・パーキンズ（ジョーンズ）は自ら、エストラーダを射殺した国境警備隊員マイク・ノートン（バリー・ペッパー）を探し出し、拉致する。

　狂気じみたパーキンズの行動の意図は「おれが死んだら、メキシコの故郷ヒメネスに埋めてくれ」というメルキアデスの願いをかなえることだった。こうしてパーキンズとノートン、そして遺体がメキシコへ向かう。

　脚本のギジェルモ・アリアガは、エストラーダが死に至るまでをエストラーダ側と射殺したノートン側から別々につづって物語に奥行きを与え、同映画祭で脚本賞を受賞した。一方、カメラは時に、朽ちてゆく死体をクローズアップして、先の読めない物語に乾いたユーモアを添えている。

　不法移民が絶えず、厳重な警戒が続く両国の国境だが、二つの国を隔てている川を越えても、変わらぬ風景に、境界線という存在への疑問が込められているようだ。ノートンら警備隊が力で追い返した人々と、川の向こうで再会するのも皮肉だ。二人が過酷な旅の果てにたどりつく結末は、乾ききっていてせつない。2時間2分。

記者の採点 = ★★★★☆　　　　　　　　　　（啓）

2006年3月22日
たゆたう空気に身を任せ
「かもめ食堂」

　さしたる感動があるわけでも、泣けるわけでもない。だけど何となく気持ちいい。フィンランドを舞台にした荻上直子監督の「かもめ食堂」は、居心地の良さという「空気感」を映像にした不思議な映画だ。

　サチエ（小林聡美）はヘルシンキの街角で小さな日本料理店を開いている。自慢の料理はおにぎり。最初は遠巻きに見ていた地元の人たちだったが、日本アニメのオタク青年やコーヒーをいれるのがうまい男性ら、少しずつ常連が増えていく。

　そもそも、なぜフィンランドなのか。なぜ一人で食堂を始めたのか。資金はどうしたのか。映画は、そうした理由を一切明らかにしない。途中から店を手伝う二人の女性（片桐はいり、もたいまさこ）についても、大した背景説明はない。

　また、登場人物の感情表現も極力抑えられている。客が一向に来なくてもあせらず、悟りを開いているかのように黙々とおにぎりを握るサチエ。

キッチンでの立ち姿はまっすぐで美しいが、彼女が何を考えているのかはよく分からない。

　人物の過去や感情、行動の理由を排するということは、物語を放棄しているとすら言えるだろう。その結果、立ち現れてくるものとは何か。それは、スクリーンに映っている今現在の空気にほかならない。

　北欧の透き通った空。ピカピカに磨かれたキッチン。シンプルでおいしそうな家庭料理。そして、ほのぼのとユーモラスな会話。押し付けがましくなく、清潔感あふれる空気が、見る人を心地よく包む。

　食べ物を扱っているのに生活感がなく、異国が舞台なのにドラマがない。非日常的なファンタジーではあるが、たゆたう空気に身を任せるのもまた、映画的な体験である。1時間42分。

記者の採点＝★★★★☆　　　　　　（義）

2006年3月29日
脱北者の悲しみ力強く
「タイフーン」

　南北分断は韓国映画の大きなテーマだろう。その悲劇性を逆に利用した娯楽大作のヒットは、お隣の国における最近の傾向だ。韓国映画「タイフーン」も、分断の歴史ゆえ家族を引き裂かれた脱北者が主人公だ。

　東南アジアを拠点にする海賊シン（チャン・ドンゴン）らが核関連装置を運搬中の米軍の船を襲ったことから、韓国政府は海軍大尉カン・セジョン（イ・ジョンジェ）にシンを追跡させる。

　セジョンは捜査の過程でシンが北朝鮮から亡命しようとした一家の生き残りであり、シンの姉（イ・ミヨン）もロシアに生存していると知る。シンもセジョンもロシアへ向かい、東南アジア、韓国、ロシアを舞台に、壮大な復讐（ふくしゅう）計画にまい進する男と追跡する男の攻防戦が展開する。

　チャン・ドンゴンは、「ブラザーフッド」といい、「PROMISE」といい、韓国の人気俳優の中で

も特に、鮮烈な激しさを放つ俳優だ。「友へ／チング」に続いてクァク・キョンテク監督と組んだ、この「タイフーン」でも、家族を失って天涯孤独となった男の深い悲しみを力強く表現した。対するイ・ジョンジェも、友情に近い感情を抱きながら執拗（しつよう）にシンに迫る軍人を好演し、物語を盛り上げている。

　中国と同盟を結ぶロシアに対抗する米国、そして韓国という設定、海賊に盗まれた軍事装置をめぐる韓国政府の思惑など、前提となる大枠を理解するのに少し足踏みしてしまった。その分、姉と弟、追う者と追われる者という二つの人間関係がくっきり描かれる後半の方が入りやすいが…。

　分断の歴史のない日本の観客が、セジョンのように主人公の深い悲しみに共感できるかどうかは、分かれるところかもしれない。2時間4分。

記者の採点＝★★★☆☆　　　　　　（啓）

2006年4月5日

楽しんだ者勝ちの娯楽作

「プロデューサーズ」

　いつのころからか、ミュージカルコメディーというジャンルの映画がすっかり影を潜めてしまった。フレッド・アステアにジーン・ケリー、ジュディ・ガーランドにマリリン・モンロー。歌と踊りと笑いが織りなす幸福なエンターテインメントが、かつてあった。

　スーザン・ストローマン監督の「プロデューサーズ」はブロードウェーミュージカルの映画化作品だが、オリジナルは一九六八年にメル・ブルックスが監督した同名映画。華やかで楽しい、懐かしのミュージカルコメディーがスクリーンに帰ってきた。

　五九年、ニューヨーク。落ち目の演劇プロデューサー（ネイサン・レイン）と気弱な会計士（マシュー・ブロデリック）は、ショーがコケると出資者に配当を払わなくてすむ仕組みを悪用しようと考える。失敗間違いなしの舞台を上演すればもうかるのでは―。

　二人は最低の脚本と演出家を探し出し、かくして舞台「春の日のヒトラー」が幕を開けるが、そのくだらないこと！　威厳のかけらもない独裁者、踊るドイツ兵、正装してあんぐり口を開けた観客。あちこちで生じる「ズレ」が、笑いのツボを押しまくる。

　下品なギャグやブラックジョークについていけない人もいるだろう。だが、笑いは常に上品なわけではないし、際どい風刺は時代を映す。皮肉屋で知られ、本作でも製作などを担当したブルックスの面目躍如である。

　何より、楽しませることに徹してミュージカルに娯楽性を取り戻した意義は大きい。「突然歌い始めるのは不自然」という〝見ず嫌い〟派も、笑いながらリズムを取り始めることだろう。

　アステアの華麗さやケリーの力強さには及ばないけれど、サービス精神は負けちゃいない。楽しんだ者勝ちの、これぞエンターテインメントである。2時間14分。

記者の採点＝★★★★★　　　　　　　　（義）

2006年4月12日

輝く瞳が映し出す無垢な心

「リバティーン」

　カリブの海賊やらチョコレート工場主のへんてこなジョニー・デップもいいけれど、ファミリー映画に出る「よきパパ」では物足りなかったファンの皆さま、お待たせしました。映画「リバティーン」のデップは、昔からのファンなら納得の、はまり役だ。

　一六六〇年代、王政復古の英国を舞台に、実在した詩人ロチェスター伯爵の半生が壮絶に描かれる。英国のローレンス・ダンモア監督は初メガホン。映画化発案はジョン・マルコビッチで、自らも国王チャールズ二世を演じている。

　ジョン・ウィルモット（デップ）は女好きで退廃的な生活を送る詩人。道楽の日々だが、ぱっとしなかった女優（サマンサ・モートン）に才能を見いだし、自ら演技指導を申し出て立派に開眼させたりする面もある。

　しかし悪い癖は収まらない。国王（マルコビッチ）の依頼で書き上げた芝居はひわいな風刺劇で、要人を招いての上演途中で中止に追い込まれる。国王の怒りを招いて逃走し、久しぶりに世間に姿を見せたウィルモットは病気となっていた。病気は進行し、看病するのは召し使いと売春婦だけ。しかし、王が窮地に立ったとき、顔も体もぼろぼろになったウィルモットが姿を現す…。

　冒頭「諸君は私を好きになるまい。どうか私を好きにならないでくれ」とカメラをまっすぐ見つめて話すデップにまず引き込まれる。終盤、正視できないほど顔が崩れても、暗闇で輝く片方の瞳が無垢（むく）な心を映し出している。

　ただのキワモノ伝とも言えそうなのに、デップの魔法にかかれば孤高の人の純粋な気高さが見えてくるのは、筆者が単にファンだからなのだろうか…。1時間50分。

記者の採点＝★★★☆☆　　　　　　　　（啓）

2006年4月19日

異文化の出合いが生むもの 「ニュー・ワールド」

「コロンブスが新大陸を発見した」という言い方が、しばしば問題となる。ネーティブアメリカン(先住民)の視点を欠いているというのがその理由だが、未知なる大地が西欧人にとって「新しい世界」だったことは間違いない。

一方、先住民にとっても西欧との出合いは「新しい世界」の幕開けだった。テレンス・マリック監督が七年ぶりの新作「ニュー・ワールド」で描いたのは、異文化の衝突と融和の物語。題材となっているのは、ディズニーアニメでおなじみのポカホンタスの伝説だ。

十七世紀初頭、英国の船が開拓のため米大陸にたどり着く。先住民との交渉役を任せられた冒険家ジョン・スミス(コリン・ファレル)は危うく彼らに殺されそうになるが、その命を救ったのは族長の娘ポカホンタス(クオリアンカ・キルヒャー)だった。

西欧人たちが目にした〝新大陸〟は、まさに地上の楽園だ。深い緑、風のささやき、鳥のさえずり。息をのむ映像美と抑制された音楽の中で紡がれる、スミスとポカホンタスの寡黙な愛。これはドラマというより、一編の詩である。

だが同時に、西欧人と先住民は衝突を繰り返し、文明を知った先住民と無垢(むく)なる大地も少しずつ変わっていかざるを得ない。異文化の出合いは新しい世界をもたらすが、その世界は必ずしも夢と希望に満ちているわけでもない。何たる皮肉だろうか。

映画の終盤、ポカホンタスは海を渡る。彼女にとっての〝新大陸〟である英国は、グレー一色だった。文明という名前の進歩が世界を均一に塗りつぶすことを意味しているのならば少々寂しいが、彼女の心にはいつまでも美しい詩が響いていると信じたい。2時間16分。

記者の採点＝★★★★☆　　　　　　　　　　(義)

2006年4月26日①

中年男の旅、とぼけた味で 「ブロークン・フラワーズ」

昨年のカンヌ国際映画祭は、最高賞パルムドール受賞の「ある子供」といい、ビム・ベンダース監督作「アメリカ、家族のいる風景」といい、それぞれの持ち味で父性の芽生えを描いた作品がそろって、印象深かった。

映画「ブロークン・フラワーズ」も同様のテーマをジム・ジャームッシュ監督が、ビル・マーレイ主演のとぼけた味わいで滋味豊かに描き出し、審査員特別大賞を受賞した。

マーレイが絶妙な間で演じるドン・ジョンストンは、よく言えばちょいモテ独身貴族、悪く言えば駄目中年。ともに暮らした恋人(ジュリー・デルピー)にも愛想を尽かされたのに、彼の目はどんよりと曇ったままだ。

そんな彼の元にピンク色の封書が配達される。「あなたと別れて二十年。息子はもうすぐ十九歳になります」。差出人は不明。そそのかされて、手掛かりを求め、かつての恋人を訪ねて米国各地を回るドン。そんな旅は、きまりが悪いだけかもしれないのに、流れるオフビートの音楽にこちらも心が浮き立ってくる。

久しぶりに会う女たちは皆、ねじが一本抜けたような〝壊れっぷり〟だ。今や中年となったローラ(シャロン・ストーン)の娘の名は何とロリータ！モデルルームのような妙に整った家に暮らすドラ(フランセス・コンロイ)、「アニマルコミュニケーター」なる商売を始めたカルメン(ジェシカ・ラング)とその秘書(クロエ・セヴィニー)の怪しい関係…。

息子とおぼしき若者に出会ったドンが、精いっぱい教訓をたれる姿がほほ笑ましい。彼の瞳はもう曇っていない。完ぺきな人などいないけれど、きっかけさえあれば一歩前に進めるかも…。そんな、かすかな希望を笑いで包んで見せてくれる作品だ。1時間46分。

記者の採点＝★★★★★　　　　　　　　　　(啓)

2006年4月26日②

怪獣映画は時代を映す

「小さき勇者たち〜ガメラ〜」

　ゴジラが生誕五十年でシリーズに終止符を打ったのが一昨年。日本が誇る怪獣映画の伝統の灯を絶やすまじと、ライバルだったガメラがスクリーンによみがえった。

　シリーズ第十二弾となる「小さき勇者たち〜ガメラ〜」は伊勢志摩地方の港町が舞台。父と二人暮らしの透（富岡涼）は、海岸で不思議な卵を拾う。やがて生まれたカメはぐんぐん成長して空を飛び始め、ときを同じくして謎の巨大怪獣が出現する。

　透はカメを「トト」と名付けるが、名前と同様にこのトト＝ガメラはとにかくかわいい。丸顔にクリッとしたつぶらな瞳は、怪獣というよりペットか縫いぐるみに近い。

　だが、かわいいのにはわけがある。ガメラは透を守るために闘い、透は勇気を振り絞ってガメラの危機に立ち向かう。これは少年の成長物語であり、主役は子ども、ガメラは友達なのだ。

　半世紀前、水爆実験で目覚めた初代ゴジラは、核時代の入り口に立った恐怖の象徴だった。だが高度成長期を迎えると、善玉怪獣が個性的な悪役怪獣を次々倒す〝対戦もの〟が主流に。怪獣は消費され、善と悪はくっきり分かれていた。

　やがてバブルを過ぎて混沌（こんとん）とした時代は、街を壊した正義の怪獣すら非難される平成ガメラシリーズを生む。何を信じたらいいのか分からないという、現実社会のリアリティーがそこにあった。

　そして今回。ガメラが見ているのは敵怪獣でも文明社会でもなく、一人の少年だけだ。子どもが安心して成長することすら難しい時代を表しているともいえるが、シンプルな友ါ物語とかわいいガメラは、深化してきた怪獣映画の歴史を知る者の目には幼く映る。

　田崎竜太監督らが目指したのは「泣ける怪獣映画」「感動ファンタジー」だとか。最近のヒットの法則を当てはめたのだとすれば、まさに現代を映した怪獣映画だといえるだろう。1時間36分。

記者の採点＝★★☆☆☆　　　　　　　　　　（義）

2006年5月10日

失って知る愛の重み

「ナイロビの蜂」

　社会派サスペンスとラブストーリーを融合させた「ナイロビの蜂」は、失って知る愛の存在が物語の中で徐々に重みを増していく映画だ。

　原作はジョン・ル・カレの小説。英国の外交官ジャスティン（レイフ・ファインズ）は情熱的な活動家テッサ（レイチェル・ワイズ）と結婚、ケニアに赴任する。

　テッサが民間人として人々の救援活動に携わることが、ジャスティンの職務上の立場に波風を立てる。が、彼は趣味のガーデニングに没頭し、妻の活動については見て見ぬふりを決め込む。しかし援助の現場で見た大手製薬会社の不自然な活動について調べ始めた妻がある日、謎の死をとげる。

　ここから物語は残された夫が、妻の死の真相を追うサスペンスに転調する。「シティ・オブ・ゴッド」で知られるブラジル出身のフェルナンド・メイレレス監督は、ケニアという第三世界と旧宗主国の英国政府の関係を通じ、グローバリゼーションに伴って浮上する新たな人権問題を冷静に見つめている。

　英国女優ワイズは死産をきっかけに、愛情をケニアの人々にささげるいちずな女性を鮮烈に演じ、今年のアカデミー賞で助演女優賞を受賞した。疑念を抱きつつ、真相を探る夫に少しずつ見えてくる妻の大地のような豊かな愛。そこには自分へ向けられた愛情も確かにあったことを知り、夫の視野も自分の「庭」から外へ広がっていく。

　もう一つの主役とも言えるアフリカの大地の美しさが、喪失から始まる壮大な愛の物語を力強く盛り上げる。茶色の大地、湖面から飛び立つフラミンゴの群れ…。アフリカならではの映像美は、ぜひ大スクリーンで堪能したい。2時間8分。

記者の採点＝★★★☆☆　　　　　　　　　　（啓）

2006年5月17日

ほのぼの描くオタクの日常　　　　　　　　　　　　　　「間宮兄弟」

　かつてはネクラだ変人だと嫌われ、最近はポップカルチャーの担い手として注目を集める「オタク」。だがこの不思議な名称が生まれる前、彼らは好きなことに打ち込む幸せな人々にすぎなかった。森田芳光監督「間宮兄弟」は、オタク兄弟の日常をほのぼのと描いた人情コメディーだ。

　下町のマンションで、三十代になっても二人で仲良く暮らす間宮兄弟（佐々木蔵之介、塚地武雅）。スコアブックをつけながらテレビで横浜ベイスターズを応援し、ポップコーン片手にこだわりのDVDを鑑賞する平和な日々を送っている。

　二人は、好きなことを楽しむのがとても上手だ。〝グリコじゃんけん〟をしながら商店街を大またで歩く姿はいかにも子どもっぽく、自分たちの趣味に埋没する姿は明らかにオタク。だが、周囲の目を気にせず、流行に流されないことが日常を楽しむ秘訣（ひけつ）だと、彼らは本能的に知っている。

　そんな間宮兄弟もやっぱり彼女が欲しいようで、弟の働く小学校の先生とビデオ店の女の子を自宅に招き、ホームパーティーを決行する。

　もちろん恋は順風満帆とはいかないが、女性陣はいつの間にか、のほほんとした兄弟の世界に引き込まれている。そこにはオタクという言葉から生まれる壁はない。壁がなければ、楽しむ気持ちは広がっていくのである。

　近年は「模倣犯」「阿修羅のごとく」などの大作が多かった森田監督だが、本作は「の・ようなもの」をほうふつさせる小さなドラマ。ゆるゆるとした日常の描写から、人間のおかしみやいとおしさを浮かび上がらせる森田マジックは健在だ。

　間宮兄弟の彼女になりたいかと聞かれるとやっぱり悩んでしまう女性は多いだろう。だが、少年時代にスコアブックをつけながら野球を見ていた筆者としては、ぜひお友達になりたい兄弟である。1時間59分。

　記者の採点＝★★★★☆　　　　　　　　　　（義）

2006年5月31日

心優しい時代劇コメディー　　　　　　　　　　　　　「花よりもなほ」

　あだ討ちという、ものものしい題材を取り上げた時代劇「花よりもなほ」。実は軽やかなタッチのコメディーで、生きることを肯定するメッセージを込めた心優しい映画だ。

　主人公は、父の敵を探し江戸に出てきた侍、宗左衛門（岡田准一）。信州で剣術師範をしていた父は、果たし合いで無念の最期を遂げていた。

　身を潜める長屋の仲間と無為な毎日を送っていたが、ある日、住人の一人に手痛くやっつけられて面目は丸つぶれ。剣の腕はからきしダメだったのだ。

　ようやく敵を見つけ出したと思ったら、妻子と幸せに暮らす姿を見てためらい始める。ほのかな思いを寄せる長屋の女性（宮沢りえ）も愛する子どものため、亡き夫の敵がいることを胸の奥に封印していた。それを知って宗左衛門の心は揺れ動く―。

　時代設定は元禄の世ながら、世間的な価値観をめぐって思い惑い、本当の自分を見詰め直そうとする主人公の姿は、現代の若者像そのもの。散り際の潔さに象徴される武士道の美学とは、正反対の生き方を描き出した。

　明るくしたたかな長屋の住人たちの掛け合いが落語の世界を思わせ、楽しませる。古田新太、香川照之ら芸達者ぞろいの脇役陣が個性を発揮。岡田がしなやかに受け止めて、歯車がうまくかみ合った。

　赤穂浪士のあだ討ちや、ときの将軍綱吉による生類憐（あわれ）みの令のエピソードも登場する。主人公の内面と対比する大事な部分ではあるが、物語の展開にしっくり溶け込んでいない印象も。

　「誰も知らない」「ディスタンス」で現代社会をリアルに描いた是枝裕和監督が、新しい作風に挑んだ意欲作だ。2時間7分。

　記者の採点＝★★★☆☆　　　　　　　　　　（伊）

2006年6月7日

新しい味わいのサスペンス　　「インサイド・マン」

　映画「インサイド・マン」は、「ドゥ・ザ・ライト・シング」「マルコムX」のスパイク・リー監督と、デンゼル・ワシントンらオスカー俳優が生み出した新しい味わいのサスペンスだ。しかし、映画の真の主役はよく練られた脚本だろう。

　舞台はニューヨーク。冒頭でクライブ・オーウェン演じる男が語りかける。「私は銀行を襲う完全犯罪を計画し、実行する」──。マンハッタン信託銀行で四人組（オーウェンら）による強盗人質事件が発生。犯人グループとの交渉のため送り込まれた捜査官（ワシントン）は目的の見えない要求に振り回される。

　犯人は人質に自分たちと同じ格好をさせ、捜査官だけでなく見ているこちらも翻弄（ほんろう）する。乗っ取られた銀行に眠る秘密を守るため、銀行の会長の依頼を受けた女性弁護士（ジョディ・フォスター）は行内の犯人たちに接触、取引を申し出る。

　そんな、先の読めない事件の展開もさることながら、そこに絡む人々のさまざまな駆け引きがこの映画の妙味だ。

　銀行に乗り込むために政治力を最大限利用する弁護士。盗聴器から聞こえてくる外国語の通訳を頼んだ警察官に、交通違反切符の束を示し、全部チャラにするよう持ち掛ける女。見知らぬ他人同士をつなぐものは何なのか、ギブ・アンド・テークという人間社会の縮図が浮かび上がる。

　犯人が解放したターバンをまいたアジア系の男は事件の被害者だったが、警察官が飛び掛かって現場は混乱に陥る。事件を取り巻くエピソードの数々に、マイノリティーに目を向け、人種間のあつれきを描いてきたアフリカ系米国人のリー監督らしいスパイスが効いている。2時間8分。

記者の採点＝★★★★☆　　　　　　　　　（啓）

2006年6月14日

鮮やかに彩る女の生き方　　「ジャスミンの花開く」

　愛に翻弄（ほんろう）されながら子どもを産むことと向き合う、三代の女性の姿を描いた中国映画「ジャスミンの花開く」。世界的女優になったチャン・ツィイーの熱演を、鮮やかな色彩で描いた情感のある映画だ。

　物語の始まりは一九三〇年代の上海。映画スターを夢見る茉（モー）は映画会社社長に誘われデビューする一方、社長の子どもを身ごもる。中絶を拒み続けるうちに、上海事変が起こり社長はひとり逃げ出した。

　舞台は五〇年代へ飛ぶ。年ごろになった茉の娘、莉（リー）は、模範的な共産党員の青年と恋に落ちる。結婚はしたものの、不妊症と告げられ次第に心を病んでいく。

　そして八〇年代。莉の養女花（ホア）は同年代の若者とこっそり婚姻届を出すが、男は日本に留学し心変わりする。花は妊娠をしたまま離婚を決意した──。

　三代の主人公をツィイー一人に演じさせることで、女の自立というテーマが引き立った。ただ、歴史のうねりにさりげなく触れているものの、さらに描き込めば人間ドラマにめりはりが利いたはず。特に三〇年代は、単なる〝書き割り〟に終わってしまった印象が否めない。

　ツィイーは性格の異なる三人を演じ分け、それぞれが男に裏切られ変化していくさまもうまく表現した。終盤、雨の路上で出産するシーンに力がこもる。

　「初恋のきた道」などの撮影を担当した監督の作品だけに、ツィイーの魅力を知り尽くしている。時代やヒロインごとに変えた色づかいが鮮やかで、冒頭シーンなどでは凝ったカメラワークも目を引く。

　かれんなヒロイン像やアクション女優のイメージが強かったツィイー。彼女の〝演技派〟の側面が堪能できる、ファンにはこたえられない映画だ。2時間9分。監督はホウ・ヨン。

記者の採点＝★★★☆☆　　　　　　　　　（伊）

2006年6月21日
スローダウンのすすめ

「カーズ」

　「勝ち組」「負け組」などと仕分けされる競争社会で、前に進むことばかりに気をとられている私たちに、米ピクサーの長編アニメーション映画「カーズ」はスローダウンの大切さをすすめてくれる。

　主人公は真っ赤なレーシングカー、マックィーン（声はオーウェン・ウィルソン）。彼には速く走ることがすべて。そのためには周りのことなど構わないから、友達もいない。そんな彼が高速道路を移動中に道を外れ、さびれた田舎町へ迷い込む。町はかつてのメーンロード「ルート66」沿いにあるが、高速道路ができて車が町を通らなくなってからは、見る影もなく廃れている。

　見た目はおんぼろのレッカー車メーターや、町の長老ドック・ハドソン（声はポール・ニューマン！）らとの出会いを通じ、マックィーンは速く走っていた時には見えなかったものを見つけ出す。CGアニメならではの車たちの表情の豊かさとメタリックな輝き、それにスピードレースの迫力は車好きでなくても楽しめる。

　「トイ・ストーリー」「バグズ・ライフ」などで知られるジョン・ラセター監督が久しぶりに自らメガホンをとった。来日した監督によると、約十年間働きづめだったため、妻のすすめで高速道路を走らないキャンピングカーでの家族旅行をし、その体験を基に作ったという。

　考える暇もなく毎日をこなしていく現代の大人と子供たちに、遠回りもいいんじゃないというメッセージがストレートに伝わってくる。乗り物の話…と関心のない方々、こんな〝ヒューマン〟ストーリーを、車好きのお父さんと子供たちだけに独占させるのは、もったいない。2時間2分。

記者の採点＝★★★★★　　　　　　　　　　（啓）

2006年6月28日
兄弟のきずな重厚に描く

「ゆれる」

　家族の関係とはなんと危ういものか。そこに希望はないのか。兄弟のきずなの断裂と、ほのかな再生への期待を描いた「ゆれる」。心にずしりとのしかかり、余韻に身を委ねたくなる映画だ。

　小さな町で家業のガソリンスタンドを継いだ兄（香川照之）と、東京に出て写真家として活躍する弟（オダギリジョー）の物語。

　弟を気遣う責任感の強い兄と、兄を信頼し甘える気ままな弟。二人の関係はかみ合っているかにみえた。だが、幼なじみの女性が、三人で行ったつり橋から転落死し、一緒にいた兄が殺人容疑で逮捕される。その裁判の過程で、互いのわだかまりが噴き出す。

　兄はこれまでの「つまらない人生」と今後の世間体を気にして本音をむき出しにし、兄の変化に傷ついた弟は、裁判の行方を決める重大な証言をしてしまう―。

　事件の真相のありかに観客の関心を集めながら、いつのまにか兄と弟の緊迫した心理劇に引きずり込んでいく。

　幼なじみの葬儀の翌日、兄がうっぷんを爆発させ逮捕される一連の場面の描写が見事。意表を突いたカットが続き圧倒される。説明調にはせず、映像にしなかった部分については想像力をかき立てる。きわめて映画らしい表現といえるだろう。唐突に見える物語の展開も周到に準備している。

　後ろめたさや悔恨の情をさらけ出したオダギリの演技は印象的だ。ただ、微妙な感情をたたえた香川の表情にも、引き込まれずにいられない。

　兄弟のきずなが元のさやには収まることはないものの、新たな関係を予感させる終わり方が、心に残るだろう。

　人間とは何かと問い掛け、映画の可能性を追求する西川美和監督の真摯（しんし）な姿勢がにじみ出る。表現力も、とても長編二作目とは思えない。1時間59分。

記者の採点＝★★★★★　　　　　　　　　　（伊）

目が離せない娯楽大作 「MiⅢ」

2006年7月5日

　トム・クルーズが主演、製作を兼ねるスパイアクションシリーズの第三作「MiⅢ」。おなじみイーサン・ハントが、ローマや上海などを舞台に再び「不可能なミッション」に挑戦する。ブライアン・デパルマ監督、ジョン・ウー監督に続いて、米人気テレビドラマ「ロスト」のJ・J・エイブラムス監督がメガホンを取った。

　ハント（クルーズ）は現場のスパイ活動から抜け、後進の指導に当たっていた。愛する女性ジュリア（ミシェル・モナハン）と充実した日々を送っていたが、情報ブローカーの男（フィリップ・シーモア・ホフマン）を調査中だった教え子の一人が消息を絶ったことから、仲間と救出に乗り出す。しかし、その後、男を捕らえようとしたハントの行動が怒りを招き、ジュリアを誘拐されてしまう。

　四十代のクルーズがスタントなしで走り、高層ビルを滑り降りる。その舞台が中国のためか、まるでジャッキー・チェン！のような迫力だ。対する悪役のホフマンも、さすが今年のオスカー俳優だけあって、非情な男の怖さがじわじわと迫ってくる。

　華麗なチームワークに加え、ゴージャスなパーティーや爆音とともに吹っ飛ぶ高級車などなど、一分たりともスクリーンから目を離せない。娯楽大作の王道を突っ走る、この夏おすすめの一作だ。

　さらに、愛する女性との普通の生活を望むというハントの思いも前面に出し、人間味をより強く打ち出している。私生活で最近、父親となったクルーズ。シリーズに次回があれば、どんな物語を見せてくれるのかまで、何だか楽しみになった。2時間6分。

記者の採点＝★★★★☆ （啓）

CG駆使したパニック大作 「日本沈没」

2006年7月12日

　日本列島が海に消えていく――。三十三年ぶりにリメークされた「日本沈没」は、四十代以上にとっておなじみの物語だが、災害シーンのリアルさを含め旧作とはかなり趣が異なる。CGや最新の特撮技術を駆使したスケールの大きな映画だ。

　日本近海の海底を調査してきた地球科学者の田所（豊川悦司）が、太平洋プレートの動きを基に、一年以内に日本列島が海に沈んでしまうと予測した。首相（石坂浩二）は危機管理担当相（大地真央）に国民を海外に避難させるよう指示する。

　田所のチームで深海潜水艇のパイロットをしていた小野寺（草彅剛）は、地震の現場でハイパーレスキュー隊員の玲子（柴咲コウ）と出会い、心を通わせるようになる。

　そのうち大地震が頻発し、各地で被害が拡大。富士山の噴火も迫る中、田所はプレートを爆破することによって日本列島の沈没を食い止める計画を進めることに――。

　小野寺と玲子の関係を軸にしながら、玲子に救助された少女や小野寺の同僚たち、政府の内部など、さまざまな人間模様を分かりやすく織り込んだ。ただ、登場人物の多彩さは物語の幅を広げたものの、二人の関係に力点を移した方が、終盤の感動が増した気もする。

　山が崩れ落ちていく場面や壊滅した東京の光景、被災地から避難する群衆シーンなどは迫力たっぷり。時間や労力をつぎ込んだ映画であるのが一目瞭然（りょうぜん）だ。

　一方でパニック映画でありながら、悲惨さを際立たせる犠牲者の描写は抑え、極限状況を前にした人間のエゴイズムもことさら強調しなかった。娯楽映画の中に、身近な人々への愛情や一人一人の命の重さといった、現代に向けたメッセージが伝わってくる。2時間15分。監督は樋口真嗣。

記者の採点＝★★★☆☆ （伊）

2006年7月19日

さわやかな空気もたらす 「ハイジ」

　「ハイジ」と言えば、日本ではテレビアニメもあって、原作を読んでいなくてもおなじみの物語。本作品は、実写映画ならではのアルプスの風景が、暑い夏にさわやかな空気をもたらしてくれる。

　これまでも何度か映画化されたが、今回はおじいさん役に「ペレ」やイングマール・ベルイマン監督作品で知られるマックス・フォン・シドー、ハイジに「イン・アメリカ／三つの小さな願いごと」のエマ・ボルジャーという顔合わせだ。監督は英国のポール・マーカス。

　物語は原作に忠実に進む。アルプスの山奥の小屋に一人で暮らす老人アルムには、殺人をして村に住めなくなったなどのうわさがある。そこへやってきたのが孫のハイジ。ヤギ飼いの少年ペーター(サミュエル・フレンド)と山の生活を楽しむが、富豪の娘クララ(ジェシカ・クラリッジ)の遊び相手としてドイツのフランクフルトへ連れて行かれることになる。おじいさんと離れての新しい生活が始まるが…。

　長い物語を劇場用映画に圧縮しているため、お話は駆け足で進んでいく。記者が子供の時にあこがれた干し草のベッドなど、手づくりの山の暮らしを映像でゆったりと楽しめないのはちょっと残念。それでも、ハイジを目の敵にする執事のロッテンマイヤー夫人とのどたばた騒動など、原作のよさは息づいている。

　おじいさんは、原作よりも偏屈ぶりが強調されている。だからこそ孤独なおじいさんに寄り添うハイジの無垢(むく)な心が輝くのだろう。

　とにかく山の風景が絶品で、思わず深呼吸したくなる。1時間44分。

記者の採点＝★★★☆☆　　　　　　　　　　(啓)

2006年7月26日

初々しいファンタジー 「ゲド戦記」

　ルグウィンの世界的なベストセラー小説を、スタジオジブリがアニメ映画化した「ゲド戦記」。壮大なファンタジーを独自の視点で切り取り、現代にも通じる物語に仕立てた。

　舞台は多くの島々からなる世界「アースシー」。自然の象徴である竜が共食いをするなど不可解な現象が続き、偉大な魔法使いのゲドは謎を解くために旅を続けていた。

　旅の途中で、父の王を剣で刺して国を飛び出した王子アレンや、親に捨てられ心や体に傷を抱える少女テルーと出会い、秩序を失った世界の背後に邪悪な魔法使いがいることを探り当てる。

　映画はゲドでなく、アレンとテルーという若い二人の姿に光を当てた。心の闇を持て余す少年が、トラウマを抱えながらも、気丈な少女との出会いによって成長を遂げる物語だ。

　舞台となる街並みや大自然の風景は、絵画のように美しく描かれ、目を楽しませる。そのあたりは、さすがジブリ作品と言える。筋も分かりやすく、映画に込められたメッセージもストレートに響く。しかしクライマックスを迎える終盤は、息切れしたのか、平板な描写になってしまった。

　宮崎駿監督の長男、吾朗の初めての映画。題材やキャラクターの造形は父親譲りだが、登場人物の感情表現や竜の質感など、独自性を打ち出そうと格闘した跡がうかがえる。

　さらに、原作にない「父親殺し」のエピソードといい、ゲドを差し置いて少年たちを描いたストーリーといい、三十代の監督と世界的な権威となった父親の関係を連想させて興味をそそる点だ。

　父親の圧倒的な想像力には及ばないが、その作品の印象はきまじめで初々しい。1時間55分。

記者の採点＝★★★☆☆　　　　　　　　　　(伊)

2006年8月2日

美術大生のかなわぬ恋模様

「ハチミツとクローバー」

　たいてい、人生は思い通りにはいかない。だったらせめて、青春時代くらいは希望に満ちていたい。でも、映画「ハチミツとクローバー」は、そんな夢さえ、はかないものと突きつけてくる。美術大の学生五人の恋模様を、色鮮やかに描く群像劇だ。

　CMディレクターの高田雅博監督による初の長編で、羽海野チカの同名漫画が原作。竹本祐太（桜井翔）はぼろアパートに住む純朴な青年。大学に新しく入ってきた花本はぐみ（蒼井優）に一目ぼれするが、大学に復学した森田忍（伊勢谷友介）もはぐみの才能に一目置き、思いを寄せている様子だ。美術の才能に恵まれた森田とはぐみが、自然にひかれ合い醸し出す空気に、竹本は超えられない距離を感じ、はぐみのことを遠くから眺めているだけだ。

　一方、はぐみと友達になる山田あゆみ（関めぐみ）は、知的な真山巧（加瀬亮）を一途に見つめている。真山の気持ちは年上のデザイナー（西田尚美）に向けられていて、その距離が縮まることはなさそうなのに…。

　登場人物の恋する気持ちは、一人としてかなえられない、皆が片思いという展開。相手に振り向いてもらえないが、自分を思ってくれる人の思いにも応えることができない男を加瀬が好演。だからこそ、その男を思い続ける女の純情を体現した関の演技は心に迫る。誰に感情移入するのかは、人それぞれだろうが…。

　見えてくる才能の限界、かなわぬ恋。それぞれの思いを胸にしまって、海へ行こうぜと車で繰り出す若者たち。そんな時代もあったよね。えっ、あったっけ？…と、青春なんてはるか遠くに過ぎ去った筆者は、あったことにしたい淡い思い出に浸り涙にくれるのだ…。1時間56分。

記者の採点＝★★★★☆　　　　　　　　　　（啓）

2006年8月9日

9・11渦中の人間模様

「ユナイテッド93」

　米中枢同時テロで乗っ取られた旅客機四機のうち、攻撃目標をそれて墜落した一機があった。映画「ユナイテッド93」は、この機を取り巻く迫真の人間模様を描いた。

　二〇〇一年九月十一日朝、ニュージャージー州の空港で犯人グループが手荷物検査を擦り抜け、ユナイテッド航空93便に乗り込んだ。爆弾で脅して操縦室に押し入り、ワシントン方向へ進路を変える。

　各空港の管制センターでは、レーダーや無線が知らせる旅客機の異常な動きに緊張が高まる。直撃を受けた世界貿易センターの映像も伝わり、軍は戦闘機を緊急発進させる。

　四十人余りが乗った機内では、事態に気付いた客が、座席据え付けの航空電話で家族に愛のメッセージを残したり、機体を奪い返そうと相談を始めた―。

　映画は取材で得た情報を基にして、状況に応じた俳優たちの即興的な演技で事実のすき間を埋めたという。感動を盛り上げるようなドラマ仕立てを避け、淡々とエピソードを連ねていく。それでも極限状態を描いているだけに、異様な迫力で訴えかけてくる。

　とりわけ、見ず知らずの乗客同士が力を合わせ犯人グループに立ち向かう場面は胸に迫る。米政府サイドから「（標的とされた）ホワイトハウスを救った英雄」と持ち上げる動きもあったが、この映画は生きる望みをつなぐ行動としてその姿を描き、説得力がある。

　乗客ばかりでなく、混乱の中で半ばパニックに陥る管制官、極度の緊張に襲われる犯人たちなど、あくまで人間の姿に焦点をあてた。

　米国内で論議になったように遺族の心の傷を開きかねない、生々しい描写もある。それでも、政治宣伝や現代史の一ページとしてではなく、生身の人間が存在したことを実感させるこの映画の意義は大きい。1時間51分。監督はポール・グリーングラス。

記者の採点＝★★★★★　　　　　　　　　　（伊）

2006

2006年8月16日

魅力的なヒロインの笑顔

「東京フレンズ　The Movie」

　生まれ育った故郷から上京した女の子が、夢を見つけて実現させていく。そんな青春物語に、「さくらんぼ」で大人気となったシンガー・ソングライター大塚愛が役者として挑んだ。もともとは大塚主演で作られたオリジナルDVDドラマを映画化したのが「東京フレンズ　The Movie」。

　「東京ラブストーリー」「ロングバケーション」などの「月9」人気ドラマを手掛けたフジテレビディレクター、永山耕三の初監督作品。ヒロインらに温かな視線を注ぐラブストーリーだ。

　高知から上京し、居酒屋でアルバイトをしている玲（大塚）は、演劇を志すひろの（松本莉緒）、結婚願望が強い涼子（真木よう子）、美大生の真希（小林麻央）と仲間になった。ギタリストの隆司（瑛太）にバンドのボーカルに誘われ、二人の距離も縮まったころ、隆司は姿を消す。ニューヨークで見かけたという真希の知らせに、玲は一人、隆司を捜しにいく。

　映画初主演の大塚は、笑顔が魅力的で印象に残り、真木ら友人役の女性たちも伸びやかに演じていて好感が持てる。バンドのデビューを後押しするレコード会社社長に古田新太、ニューヨークの画商に佐々木蔵之介ら芸達者が脇を固めた。舞台となった居酒屋「夢の蔵」から始まる若者たちの物語は、独特な世界を醸し出している。

　理想と現実は異なるのだという誰もが通る道を示しながらも、ラストの大塚の歌唱は希望と夢を与える。ただ、青春映画の王道のはずなのに、何だか感動が足りないのはなぜだろう。「一番最初に描いた夢を、あなたは今も、覚えてる？」という問い掛けが、中年にはつらすぎるだけなのかもしれないが…。1時間56分。

記者の採点＝★★★☆☆　　　　　　　　　（啓）

2006年8月23日

〝続編〟に甘んじない快作

「スーパーマン　リターンズ」

　このところのハリウッドは、ヒット作の続編やリメークばかりが目につく。今度はスーパーマンかと思ったら、これが案外楽しませてくれる。「スーパーマン　リターンズ」は故クリストファー・リーブ主演のオリジナル（一九七八年）のエッセンスを生かしながら、現代風の味付けを利かせた快作だ。

　宇宙をめぐって五年ぶりに地球に戻ってきたスーパーマンことクラーク・ケントに、つらい現実が待っていた。

　記者仲間であり恋人でもあったロイスは、幼い息子を抱えて別の男と家庭を築き、スーパーマンのことを忘れようと努めている。

　一方、刑務所を抜け出した宿敵レックス・ルーサーは、スーパーマンの秘密を悪用して世界を破滅に追いやる準備を着々と進めていた――。

　世の移ろいに戸惑いながらも、そこはスーパーマン。ロイスを危機一髪で救い出す最初の活躍シーンで、長年の空白を一気に吹き飛ばす。こうした見せ場にとどまらず、細かい描写にちゃめっ気や毒もまぜていて楽しませる。

　まだお互いを愛するロイスとの悲恋や、ロイスの息子をめぐるエピソードがほろりとさせ、ロマンチックな要素もたっぷり。ケビン・スペイシー演じる邪悪を極めた敵役が、純粋な正義のヒーローと好対照で面白い。

　主演ブランドン・ラウスはこの役のため発掘された新人。おそらくリーブより美男といえるだろうが、映画史を飾る人気俳優の〝代役〟に徹したことでかえって好印象を残した。

　監督は「ユージュアル・サスペクツ」などのブライアン・シンガー。貴重な映像を引用するなどオリジナル作品に対する愛着があふれ、二年前に世を去ったリーブへの敬意がにじむ。2時間34分の長さも苦にならない。

記者の採点＝★★★★☆　　　　　　　　　（伊）

2006年8月30日

熱い思いでおなかいっぱい　「UDON」

　話題のアート系映画も封切り直後に見ることはできないし、音楽、美術も好きなものを自由に生で楽しむことは難しい―。都会から離れて住んでいるからこそ、楽しみを自分たちでつくりだそうとする人たちがいる。

　映画「UDON」は、そんな人々がさぬきうどんに熱中していく姿を交えて、父と息子の確執を描く。テレビドラマと映画版の「踊る大捜査線」などで知られる香川県出身のヒットメーカー本広克行監督が同県でロケ撮影。うどんという食文化の奥深さや、地方に生きる人々の姿に加え、「キャプテンうどん」という特撮ヒーローものまで織り交ぜて、その熱い思いをぎっしりと込めた作品となった。

　物語は、「うどんしかない」田舎暮らしに嫌気がさしニューヨークへ飛び出した主人公の松井香助（ユースケ・サンタマリア）が、夢破れて故郷の香川へ帰ってきたところから始まる。うどん職人の父親（木場勝己）は冷たい態度。香助は地元のタウン情報誌で働き始め、新人編集者（小西真奈美）らとともに地元のうどんのよさを再発見していく。

　うどんブームのきっかけをつくった「恐るべきさぬきうどん」シリーズがネタ本で、畑のネギを客がとってきて薬味に使うなど、実在の店をめぐるエピソードの数々もテンポよくて楽しいし、うどんも本当においしそうで魅惑的だ。これだけでおなかいっぱいのところで、後半、父が歩んだ軌跡をたどる息子の、もう一つの物語が始まる。

　上の具が多すぎて、肝心のうどんを食べるまでに、めんがのびてしまったような感がある。もう少し短い尺でシンプルに、素材のよさを味わいたかった。2時間14分。

記者の採点＝★★★☆☆　　　　　　　　　（啓）

2006年9月6日

心地よい一発逆転劇　「キンキーブーツ」

　人生がけっぷちの主人公が挑む一発逆転劇は、こんな時代だからこそ、見る人を励ましてくれるし、過去にも人々を力づけてきてくれた。映画「キンキーブーツ」は同じ英国の「フル・モンティ」などに通じる、コメディータッチのサクセスストーリーだ。

　タイトルは直訳すると、変態ブーツ。主人公は、父親の死で靴工場を継いだものの、従業員の合理化もやる必要がある経営の仕事になじめないチャーリー（ジョエル・エドガートン）。実在のモデルがいるという。

　倒産寸前の工場を救うためイチかバチかのすき間市場を狙い、男性が派手に女装しメークする「ドラァグクイーン」専用のおしゃれで頑丈なブーツ作りに目をつける。目指すはイタリア・ミラノの国際見本市。デザインのアドバイザーとしてドラァグクイーンのローラ（キウェテル・イジョフォー）が保守的な田舎町にやってくる。

　「あんたが作るのはブーツでなく長い筒状の〝セックス〟なの」と派手ないでたちでやって来るローラに、嫌悪感を示す工場の労働者たち。両者の板挟みになる優柔不断なチャーリーは、婚約者の尻にも敷かれている。

　伝統ある工場のトラディショナルな靴と、ぴんととがったヒールの赤いロングブーツ。保守的な町で、父親のような人格者にと周囲からプレッシャーがかかる跡取り息子のチャーリーと、偏見をはね返そうとするかのように着飾って立つローラの二人の対照的な姿に重なって見えてくる。

　劇中にローラが見せるドラァグクイーンのショーも別世界の華やかさで迫力満点だ。そして何よりも、自分に合う靴を探して歩き始める二人の物語が心地よい。1時間47分。監督はジュリアン・ジャロルド。

記者の採点＝★★★★☆　　　　　　　　　（啓）

2006年9月13日

悔しさばねに輝く4人組

「バックダンサーズ！」

　「このままでは終われない」という悔しさ。その痛みに気づかないふりをして、人は〝大人〟になろうとするのかもしれない。映画「バックダンサーズ！」は、その痛みと向き合うダンサー四人の青春群像劇だ。フジテレビの永山耕三がメガホンを取った。

　ミウ（平山あや）と、よしか（hiro）は、クラブで踊っていたところを補導され、高校を退学に。元キャバクラ嬢のともえ（ソニン）と、アイドル歌手を目指す愛子（サエコ）でダンスユニットを組み、人気歌手のバックダンサーとなる。

　ところが主役の歌手が突然引退し、仕事がなくなった四人。頼りないマネジャー（田中圭）を付けられ、時代遅れの中年ロックバンドと共同ライブを始める。

　たまたまユニットを組んでいるけれど、夢も性格も年齢も異なる四人。ひとたび活動が危機に陥れば、「平均年齢、引き上げてるじゃない、ババア」とか「アイドルやってるんじゃない」とか、本音がぶつかり合う。とりわけババアと呼ばれる二十五歳を演じたソニンは全編を通じて力強い。

　四人の中にはダンスの初心者もいたというが、息の合ったダンスシーンを見せ、音楽の使われ方も効果的だ。それぞれにまつわるエピソードも家族のきずなあり、友への負い目ありと、ほどよく描かれている。が、映像で描くにはぴったりのはずの肝心なダンスの楽しさがあまり強く響いてこない点は残念。

　おじさんになっても青春やってる一九七〇年代風バンドメンバー役の陣内孝則らは、とってもパワフルで、いろんな世代にアピールするだろう。

　悔しい気持ちに鈍感になった大人たちに、悔しさをばねに居場所を見つけた四人の輝きはまぶしい。1時間57分。

記者の採点＝★★★☆☆　　　　　　　　　　（啓）

2006年9月20日

炭鉱町で花開く女たち

「フラガール」

　廃れゆく炭鉱町にハワイ風温泉施設を立ち上げる「フラガール」は、実話に基づく映画。昔かたぎの男臭い社会で夢をかなえたり、再生を遂げる女性たちを描いた、すがすがしい感動作だ。

　舞台は昭和四十（1965）年の福島県・常磐炭鉱。石炭から石油へのエネルギー政策転換に伴う大幅な人員整理の一方で、会社は新事業「常磐ハワイアンセンター」の設立準備を進める。

　炭鉱住宅に住む紀美子（蒼井優）は、町を出て行くことを夢見る親友とともにハワイアンセンターのダンサーに応募。会社が雇ったのはハワイ仕込みのダンス教師（松雪泰子）で、借金返済に追われ仕方なく引き受けたのだった。

　センター設立に参加した労働組合員を炭鉱仲間は「裏切り者」と冷ややかに見詰め、紀美子の母（富司純子）らもダンサーになるのを猛反対する──。

　ダンサーの卵たちの挫折や成長を軸に、彼女らとの触れ合いを通じ自分を見つめ直すことになる教師、昔かたぎの母親が変わっていく様子などを織り込んだ、一種の群像劇だ。

　序盤から、すき間風が吹きそうな炭鉱住宅と、夢の楽園ハワイという取り合わせがおかしい。従業員の首切りや落盤事故など炭鉱の過酷な現実を盛り込み、物語をうまく展開した。

　教師役の松雪が出来の悪い教え子に向かってキレたり、男湯に乗り込んだりと、熱っぽい演技を見せる。豊川悦司演じる兄など、ほかに登場する人物像をさらに描き込めば、泣かせどころも増えたはずだ。

　英国映画がお得意とする炭鉱労働者の悲喜劇を、女性の視点で組み立て直した着想は新鮮。ただ、現代の構造改革に通じるテーマだけに、なぜ今、炭鉱を題材にしたのか、焦点をもう少し絞り込んでほしかった。2時間。監督は李相日。

記者の採点＝★★★★☆　　　　　　　　　　（伊）

壊れそうな少年を繊細に 「サムサッカー」

2006年9月27日

　人は何かに依存して生きている。酒、たばこやギャンブル、人によっては甘いものなど、それぞれだろう。映画「サムサッカー」で、十七歳の主人公の心を支えるのは、指しゃぶりだ。

　原作は米国のウォルター・キルンの同名小説で、ミュージックビデオなどを撮ってきたマイク・ミルズ監督初の長編映画。主演のルー・プッチは壊れそうな少年を繊細に演じ、昨年のベルリン国際映画祭で最優秀男優賞を受賞している。

　ジャスティン（プッチ）は、親指をしゃぶる癖をやめたいと思っている。みっともないからとそれをやめさせたい父親と、過剰反応しなくてもととりなす母親（ティルダ・スウィントン）。指しゃぶりをめぐるやりとりは、万国共通だと思わせるリアリティーがある。

　母親は親という役回りに自信がないのか、テレビの人気俳優に夢中のようだ。頼りにならない両親に代わって、ジャスティンが頼ったのは変わった歯科医（キアヌ・リーブス）。

　彼は、指しゃぶりをやめるよう催眠術をかけるが、指しゃぶりをやめたジャスティンの不安は逆に増大。注意欠陥多動性障害（ADHD）と診断され、それでかえって安心するが、処方されたのは一部から使用に疑義の出ている薬だ。

　服用中は生まれ変わったように快活なジャスティンがその薬も卒業したところで、今度はマリファナにはまる。家族や友人とうまく関係を築けない彼を見ていると、人は心のつえが必要なのだと思わされる。

　そんな彼の視界をぐっと広げてくれるのは、なぜかいつも"大人"である弟の言葉。悩んでいるのは誰もが同じ。家族とは、心のトゲでもありつえにもなるのだと、ジャスティンの成長が教えてくれる。1時間36分。

記者の採点＝★★★★☆　　　　　　　　　　　（啓）

切なさと幸福感の青春映画 「夜のピクニック」

2006年10月4日

　丸一日を歩き通す高校行事を題材に、生徒同士のドラマを描いた「夜のピクニック」。切なくて、最後に幸福感をもたらす青春映画だ。

　二十四時間で八十キロを歩く、年に一度の伝統行事「歩行祭」が始まった。三年生の貴子（多部未華子）は今回の歩行祭で、自分自身と賭けをしていた。それは、一度も口を利いたことがない、同じクラスの融（石田卓也）に声を掛けること。

　貴子と融の間には、人に言えない複雑な事情があった。そんな二人の関係を誤解した級友たちは、それぞれに恋を告白するようけしかけるのだった―。

　映画が描くのは、たった一日という限定された時間。しかも特別な事件が起きるわけではない。そこに会話や回想シーンをうまく盛り込んで、感動的な人間模様を描いた。

　物語が胸に染みるのは、登場人物たちがこの行事に不平不満を言いながらも、かけがえのない瞬間だと認識していることだろう。同世代に今という貴重な時間を訴えるし、思春期をやり過ごした大人にはノスタルジーをかき立てる。

　ありふれた恋愛よりもずっと困難な問題を抱え、ひそかに互いを意識し合う二人の関係が面白い。周囲が高揚感ではしゃぐ中、思い詰めた多部の表情がいじらしく、ぶっきらぼうな態度の石田も「いるいる、こういうやつ」と思わせる。

　物語にメリハリをつけようと狙ったのか、"青春"を前面に出すのに照れがあったためか、空想シーンに盛り込んだアニメやベトナム戦争の映像には少々違和感もある。

　恩田陸のベストセラー小説の映画化。モデルとなった茨城県立水戸一高の行事で実際使用されているコースで撮影したという。原作の面白さや現実が訴える力をうまく生かした作品だ。1時間57分。監督は長澤雅彦。

記者の採点＝★★★★☆　　　　　　　　　　　（伊）

2006年10月11日
消費社会の狂騒テンポよく
「サンキュー・スモーキング」

　たばこをめぐる人々の狂騒を描いた映画「サンキュー・スモーキング」は、ひねりのきいたコメディーだ。クリストファー・バックリーの小説「ニコチン・ウォーズ」が原作。

　主人公ニック・ネイラー（アーロン・エッカート）は、「情報操作の王」と呼ばれるたばこ業界団体の広報部長。とかく風当たりが強いたばこの売り込みがその使命だ。ハリウッドスターに映画で紫煙をくゆらしてもらおうと画策したり、嫌煙派と対決する討論番組では議員をやり込めたりと、忙しい日々を送っている。

　世間を敵に回す彼は"死の商人"としての仲間、アルコール業界、銃製造業界のPR担当者（マリア・ベロ、デビッド・コークナー）と集まってはうさを晴らす。もう一人の大事な味方は、彼の仕事ぶりに関心を示す息子のジョーイ（キャメロン・ブライト）だ。

　成功と背中合わせに危機がやってくる。禁煙団体に拉致されたり、女性記者（ケイト・ホームズ）に寝物語を暴露されたりと絶体絶命のピンチ。そんなニックに、究極の問いが投げ掛けられる…。

　カナダ生まれのジェイソン・ライトマン監督は長編デビュー作ながら、笑いと風刺に満ちたテンポのよいエンターテインメントに仕立てた。日本でも何かと物議を醸すたばこだが、それが映画のテーマではないので、ほかのアイテムでも代替が利きそうだ。

　テレビの情報番組で消費者が踊らされる昨今を考えると、責められるべきはPRマンだけなのか、笑った後は背筋が寒い。すべては売るためという消費社会のこっけいと悲哀は、会社や組織で働く者なら、身につまされる話だろう。1時間33分。

記者の採点＝★★★★☆　　　　　　　（啓）

2006年10月18日
勝敗超え戦争の意味問う
「父親たちの星条旗」

　太平洋戦争で日米が死闘を繰り広げた硫黄島の戦いを、クリント・イーストウッド監督が描いた大作「父親たちの星条旗」。勝敗や正義がどちらにあるかといった問題を超え、戦争そのものの意味を問い掛ける良心の映画だ。

　米国防総省に近い戦没者墓地に、兵士が六人がかりで米国旗を立てる像が勝利の象徴としてそびえ立つ。物語は、像の基になった一枚の報道写真をめぐって展開する。

　一九四五年二月、米軍は日本の硫黄島で上陸作戦を開始した。日本軍が要塞（ようさい）を構えていた小高い丘に星条旗が掲げられる場面を、従軍カメラマンが撮影した。

　写真を国民の戦意高揚に利用できるとみた米政府は、六人を英雄と称賛。うち生き残った衛生兵ら三人に、戦争継続予算を捻出（ねんしゅつ）するため国債発行の国内キャンペーンに協力するよう命じた。

　戦後、元衛生兵は事実を胸に秘めたまま生涯を閉じ、残る二人も英雄の華やかさとは無縁の人生を送ったのだった―。

　映画は、硫黄島から帰国した衛生兵の記憶がフラッシュバックする形で、拍子抜けするような国旗掲揚の真相、その後に激しさを増した悲惨な戦闘の模様を明らかにしていく。物語に引き込む語り口はまさに名人芸だ。

　国内と戦地のギャップを際立たせ、英雄を演じることを強いられ心の傷をえぐられる痛みを、印象深く描き出した。

　「ミリオンダラー・ベイビー」などで社会の暴力的な構造を、一種の後ろめたさを込めて描いてきたイーストウッド監督。戦争や戦時の政治情勢は、その究極のテーマといえるのかもしれない。

　イラク戦争に対する評価が割れる米国で、論議を呼びそうな作品。「プライベート・ライアン」でやはり戦争の不毛さを描いたスピルバーグの製作というのも、興味をそそる。2時間12分。

記者の採点＝★★★★★　　　　　　　（伊）

2006年10月25日

独特の空気感を醸し出す 「虹の女神 Rainbow Song」

　この秋公開の映画には、喪失をめぐるラブストーリーがいくつかある。岩井俊二が初めてプロデュースした映画「虹の女神 Rainbow Song」もその一つ。友情と恋が交わる、ほろ苦さが残る物語だ。

　小説家の桜井亜美が書いた物語を、桜井と岩井らが共同で脚本化。「ニライカナイからの手紙」で長編映画デビューした熊沢尚人監督がメガホンを取った。常に自らの脚本を監督してきた岩井にとって新しい試みだ。

　物語はヒロインの訃報（ふほう）から始まる。映像制作会社に入社したばかりの智也（市原隼人）に、大学時代の友人あおい（上野樹里）の事故死の知らせが。智也はかつて、あおいに映画サークルに無理やり引きずり込まれて、自主製作映画に主演していた。

　映画で相手役を演じた学生（酒井若菜）に恋した時にラブレターの相談にのってもらったり、卒業後、制作会社の仕事を紹介してもらったりと、あおいはいつも智也の身近にいる友人だった。

　死をきっかけに、それまで全く気づかなかったあおいの自分に対する思いを実感する智也を、岩井監督の「リリイ・シュシュのすべて」で映画デビューした市原が、独特の透明感で好演。思い出として再現される、恋を伝えるのが不器用なあおいの姿も、上野が時に繊細に見せる。

　八ミリフィルムで撮った劇中の自主映画の質感や、熊沢監督自らが私物の機材を持ち込むなど、映画サークルの小道具などにこだわりが感じられる。自主映画出身の監督ならではの体験に裏打ちされた、学生サークル独特の空気感をスクリーンに醸し出した。映像が持つ魔法のような不思議な力をじりじりと感じさせる。1時間57分。

記者の採点＝★★★★☆　　　　　　　　　（啓）

2006年11月1日

加害者側も悲しみ深く 「手紙」

　被害者の側が犯罪を不条理と受け止めるのは当然ながら、犯人の家族として生きていかなければならないのもつらいことに違いない。

　弟の大学進学断念を知ってわびる兄の手紙。差し出されたのは刑務所の中からだった——。「手紙」は加害者の側に焦点を絞った重い人間ドラマだが、ほのかな望みを描いて感動を呼ぶ。

　兄（玉山鉄二）は民家に現金を盗みに入り、居合わせた女性を偶発的に殺してしまった。体をこわし、たった一人の家族である弟（山田孝之）の進学資金に困った上でのことだ。

　工場で働く弟は兄を慕いながらも、一切を秘密にして人付き合いを避ける。兄のことが知れるたび、アパートから転居を求められたり、仕事を変えなければならない経験をしてきたからだ。

　弟は中学時代から親友とお笑いコンビを組んでおり、服役経験のある職場の先輩に背中を押され、プロを目指す。

　テレビ出演で人気をつかんでいく弟。合コンで知り合った大手企業役員の娘と交際するようになる。うまくいきかけた矢先、インターネットに兄のことを暴露する書き込みが…。

　物語は、刑務所から弟を心配して送り続ける兄の手紙をめぐって展開していく。兄弟を取り巻く厳しい現実と漫才シーンの笑いとのコントラストが、二人の悲しみをうまく引き立たせた。特に兄弟が向き合うクライマックスは涙を誘う。

　山田と玉山がそれぞれ苦悩にどっぷりつかった演技を見せ、沢尻エリカが弟をつなぎ留める重要な役割を担っている。

　東野圭吾の原作のエッセンスを生かし、見せ場ではオーソドックスな映像に徹している。テレビで数々の人気ドラマを手掛けてきたベテラン、生野慈朗の監督作品。2時間1分。

記者の採点＝★★★★☆　　　　　　　　　（伊）

2006年11月8日

説得力ある人懐こい笑顔

「ユア・マイ・サンシャイン」

　身をやつすほどの愛が韓国映画「ユア・マイ・サンシャイン」の要となっている。実話をモチーフに、前半につづられる農村の日常が、後半には劇的な展開を見せる濃密な物語だ。

　舞台は韓国の農村。深刻な嫁不足に悩む静かな村だ。主人公ソクチュン（ファン・ジョンミン）は三十六歳の独身で、いつか自分の牧場を持ち、結婚するのが夢。

　彼が一目ぼれしたのが喫茶店で働く女性ウナ（チョン・ドヨン）。搾りたての牛乳を毎日届けるという素朴なアタックで、二人の距離は縮まっていく。

　役のために体重を増減させ、ヒロインを思う純朴な男を演じたファン。日本で近ごろはやりのイケメン韓国男優とは異なる、人懐こい笑顔で温かみのあるキャラクターをつくり上げた。こんな男性に慕われたらどんな女性でも心が動きそうと思わせ、「ドラマ」のような"実話"に説得力を与えている。

　テレビのドキュメンタリーからキャリアをスタートさせたパク・チンピョ監督の作品。嫁不足の農村の風景は、日本との共通性も感じられて、お隣の国への親しみも増し、見る人を引き込んでいく。

　一転して、ウナの過去がだんだんあらわになっていき、幸せな二人に影を落とす後半は、メロドラマの色彩が強くなり、はまる人とついていけない人と分かれそうだ。

　筆者は後者だった。少し前の実話だから仕方ないが、エイズなどの設定が若干、時代遅れ感をもたらすのがその一因かもしれない。それでも、よくあるラブストーリーに食傷気味の身にとっては、一味違う骨太の愛の形が心に残る。2時間2分。

記者の採点＝★★★☆☆　　　　　　　　（啓）

2006年11月15日

迫真の近未来SF映画

「トゥモロー・ワールド」

　近未来を舞台にした英国のSF大作「トゥモロー・ワールド」。子どもが誕生しなくなった社会、移民を実力で排除する政府—。現実世界を暗示したような物語と、迫真の映像で楽しませる。

　人類に子どもができなくなって久しい二〇二七年のロンドンが舞台。

　十八年前に誕生した"最後の子ども"が傷害事件で死亡したというニュースが流れる。街では反政府勢力が爆破テロをしかけ、移民を国外に送還する方針を徹底的に進める政府に抵抗している。

　元活動家ながら、生きる気力を失っていたエネルギー省職員のセオ（クライブ・オーウェン）はある日、反政府勢力グループに拉致された。

　グループのリーダーはかつての妻、ジュリアン（ジュリアン・ムーア）。彼女は、検問を通過できる政府の通行証を一万ポンドで譲り渡すよう持ち掛ける。グループの計画はある若い女性を国外に逃がし、国際組織の元へ送り届けることだった—。

　映画は反政府グループの本当の狙いや、仲間割れが起きる原因などを説明しないまま、時系列で筋を追っていく。観客をじらした末に「なるほど」とうならせるような秘密を明らかにする。

　未来への希望を失った人間社会を暗い色彩で描写。全編を手持ちカメラで撮影した映像は、内戦現場にニュースカメラが入り込んだような臨場感があり、近未来の物語に現実味を与える。

　ベネチア国際映画祭で技術貢献賞を受賞した映像は大きな見どころだが、あまりにカットが長くて凝りすぎた印象の場面もある。

　「天国の口、終わりの楽園。」で人間の生を鮮やかに描き出し、「ハリー・ポッター」シリーズにダークな味付けを持ち込んだアルフォンソ・キュアロンの最新作。確かに才気にあふれている。1時間49分。

記者の採点＝★★★★☆　　　　　　　　（伊）

2006年11月22日

繰り返される悲劇と痛み

「麦の穂をゆらす風」

　映画「麦の穂をゆらす風」のタイトルは、英国支配への抵抗のシンボルとしてアイルランドに伝わる同名の歌からきているという。「外国の鎖に縛られることは…つらい屈辱」という歌詞が映画の多くを物語っている。

　一九二〇年代、英国統治下のアイルランド。独自のスポーツ、ハーリングさえとがめられる時代。緑の丘が広がる静かな土地で、独立を求める男たちはハーリングのスティックで戦う訓練をしている。医者の道を捨てて戦いに加わったデミアン（キリアン・マーフィー）もその一人。英国の武装警察隊の暴力で、普通の暮らしをしていたデミアンが戦う男に変わっていく過程が、冷徹な視線で抑制的に描かれる。

　「停戦」の後、アイルランドは英連邦の自治領となったが、中途半端な条約が仲間割れを呼び、内戦となる。デミアンはともに独立を求め戦ってきた兄（ポードリック・ディレーニー）とも、たもとを分かつ。

　社会派で知られるケン・ローチ監督は、拷問でつめをはがされる男の痛み、家を焼かれ髪を短く切られる女の悲しみを、見る者にそのまま体感させる。アイルランドの歴史を通してつづられるのは、戦う相手が別にいたはずなのにいつしか同郷の者同士が争い始めるという万国共通の構図だ。

　アイルランドの歴史をよく知らないで見ていたが、その普遍性に引き込まれた。老婦人が歌う「麦の穂をゆらす風」が印象的だ。どんな目に遭っても自分の土地から離れようとしない老婦人の強さが、かすかな希望を感じさせる。

　世界のどこかで繰り返されてきた悲劇と普通の人々の痛みを思い起こさせて、今年のカンヌ国際映画祭で最高賞パルムドールを受賞した。2時間6分。

記者の採点＝★★★★★　　　　　　　　　　（啓）

2006年11月29日

夫婦の情を味わい深く

「武士の一分」

　藤沢周平の時代小説を映画化してきた山田洋次監督の三部作を締めくくる「武士の一分（いちぶん）」。突然の不運に見舞われた下級武士夫婦の情愛を描き、深い味わいがある。

　主人公の新之丞（木村拓哉）は、藩主の食事を毒味する役職の藩士。妻の加世（檀れい）や身の回りを世話する徳平（笹野高史）とつましく暮らしている。

　そんな新之丞がいつものように毒味をした直後に、突然苦しみ始める。料理に貝の毒が含まれていたのだった。数日して意識は戻ったものの、光を失ってしまった。

　城勤めができなくなった新之丞だが、以前の家禄（かろく）をそのまま与えるという、寛大な取り計らいを受ける。

　ある時、加世に悪いうわさが立つ。以前、生計を心配して相談にいった上役・島田（坂東三津五郎）にだまされ、密会を無理強いされていたのだ。新之丞は彼女を離縁し、見えない目で剣のけいこを始めた――。

　登場人物のセリフで繰り返される「武士の一分」。「武士が守るべき体面」ほどの意味合いだろうが、主人公はそれを超えた心境に立ち至る。人が守らなければならないのは何だろうか、と見る者に問い掛ける映画だ。

　平穏な暮らしを壊され、人生の歯車が狂ってしまった主人公の苦悩を、木村が熱演。初の映画出演となる檀れいも、抑えた演技につらい心情がにじみ出て悲しい。

　果たし合いの場面では、時代劇の敵討ちものによくある痛快感を抑えた。ラストも安っぽい"泣かせ"の趣向を避け、主題を追求する映画作りの姿勢が伝わる。

　夫婦が暮らす家をはじめ、美術などの細部に神経が行き届く。現代の断面を切り取る映画やCGを駆使した作品もいいが、こういう丁寧に作り込まれた日本映画には、安心して浸ることができる。2時間1分。

記者の採点＝★★★★★　　　　　　　　　　（伊）

2006年12月6日
アニメの質感が見どころ

「オープン・シーズン」

　CGアニメーションが全盛のハリウッド。大手スタジオの一つ、ソニー・ピクチャーズもアニメーション専門のスタジオを立ち上げた。初めて製作したCGアニメ映画「オープン・シーズン」は、人間に育てられたクマの成長を描く。

　主人公は、気の優しいクマのブーグ（声マーティン・ローレンス）。山沿いの町でパークレンジャー（声デブラ・メッシング）に育てられたが、体が大きくなって山へ帰されることになった。

　しかし、子グマの時からの町暮らしで、自然の中で生きたことがない。ブーグはその純真な心で、シカのエリオット（声アシュトン・カッチャー）のほか、個性あふれる森の動物たちと出会って生きる術を学んでいく。

　開発が進む中、人の住む所と森の境界で起きている人間と動物のさまざまなせめぎ合いは、実社会でも、アニメーションの世界でも、繰り返し取り上げられているテーマだ。

　タイトルの「オープン・シーズン」とは、この映画の場合は狩猟シーズンを意味する。ブーグら登場する動物たちは、狩猟にやってくる人間と力を合わせて対決する。

　対決シーンは、アニメーションならではの遊びに満ちているが、戦闘映画っぽいところにまゆをひそめるお母さんもいるのでは…。それでも、クマの毛並み、飛び散る水しぶき、たたきつけられて伸び縮みするウサギの体など、アニメーション技術で表現する質感は見どころだ。

　日本語の吹き替えは、木村佳乃、石塚英彦、八嶋智人ら。PUFFYの二人が吹き替えた勝ち気なスカンクのコンビ、瞳のかわいいヤマアラシなど、脇のキャラクターも個性的で楽しい。1時間26分。監督はロジャー・アラーズ、ジル・カルトン、アンソニー・スタッチ。

記者の採点＝★★★☆☆　　　　　（啓）

2006年12月13日
戦場の悲惨伝える良心作

「硫黄島からの手紙」

　かつてハリウッド映画が、太平洋戦争で銃を向け合った日本兵を、これほど真摯（しんし）に見詰めたことがあっただろうか。

　クリント・イーストウッド監督が日米の激戦を双方の視点で描いた二部作の第二部「硫黄島からの手紙」。戦争の悲惨さの前には敵も味方もないと訴える、良心の映画だ。

　一九四五年二月、圧倒的戦力で上陸作戦を開始した米軍に対し、硫黄島守備隊は地下に掘り巡らした塹壕（ざんごう）からゲリラ戦を展開。一カ月余りにわたって抵抗を続けた。

　指揮官の栗林忠道中将が硫黄島から家族を思いやる手紙を書き送った事実をベースにして、日本兵たちの生死の物語を絡ませる群像劇のスタイルをとった。

　日系米国人女性が書いた脚本に、現場で日本人俳優たちのアイデアを取り入れ、それぞれの人物像を肉付けしたという。

　栗林は、米国留学経験に裏打ちされた合理的な戦略家という設定。だが死を覚悟した最後の総攻撃では先頭に立つなど、個と軍人の立場の間で引き裂かれる。渡辺謙は異色の軍人像をひょうひょうと演じながら、最期はあまりに壮絶だ。

　生への執着と、生死のはざまで右往左往する若い兵士を、二宮和也が印象深く演じた。

　米国のヒューマニズムに絶対の信頼を寄せる日本軍将校がいたりする点などは、違和感がないわけではない。それでも、多様な考えを持つ人物を登場させることによって物語が面白くなった。

　第一作「父親たちの星条旗」では語り口のうまさが目立ったが、今回はテクニックに頼らず真正面から戦場を描いた。

　この映画には悲劇が生むカタルシスもなければ、反戦の政治的メッセージも前面に出ない。戦争の不条理が重苦しくのしかかってくる。2時間21分。

記者の採点＝★★★★★　　　　　（伊）

2006年12月20日

悲恋をゴージャスな絵巻に 「大奥」

　テレビドラマや映画で同じ企画をそれぞれ映像化し、ヒットしているのが昨今の傾向だ。江戸城の大奥を舞台に、女たちの愛憎が渦巻くドラマの映画版「大奥」に挑んだのは、テレビシリーズを手掛けてきたフジテレビの林徹監督。

　徳川七代将軍家継の時代、大奥最大のスキャンダルといわれる「絵島生島事件」という実話が映画版の題材だ。家継の生母で六代将軍の側室だった月光院（井川遥）に仕え、大奥の実権を握る絵島（仲間由紀恵）が、前の将軍の正室天英院（高島礼子）と月光院の対立に巻き込まれていく。正妻側の大奥女中、宮路（杉田かおる）の陰謀によって、歌舞伎役者生島新五郎（西島秀俊）が絵島に近づき、絵島は生島に魅了される。

　主演の仲間の凜（りん）とした表情をカメラは長時間アップでとらえ、旬の女優をたっぷりと見せようとする。期待に応え、公にできない悲しい恋に心を揺らす仲間がいい表情を見せる。

　時代劇という設定を使うことで、ねたみや恋心などさまざまな女たちの思いが交錯する、どろどろした世界を、独特な空気に包み隠すことができるのだろう。しかし、中盤まではせりふの間が長く、全体にテンポが緩く感じられる。

　テレビドラマでおなじみの御鈴廊下は映画用にワイドに作られ、フジテレビ系列の女子アナウンサーが居並ぶ。大奥の舞台セットも豪華にパワーアップしている。

　大奥の女たちの衣装は、刺しゅうがあったり、パステルカラーや極彩色を多用したりして、あでやかさが目を引く。見ていてあきないゴージャスな絵巻だが、ビジュアルに気を取られると、二人の悲しい恋に感情移入しづらくなるのが不思議だ。2時間5分。

記者の採点＝★★★☆☆　　　　　　　　　　（啓）

2006年12月27日

米社会の腐敗、過激に描く

「ディパーテッド」

マフィアと警察にスパイとして潜り込んだ二人の男の運命を描くマーティン・スコセッシ監督の「ディパーテッド」は、評判になった香港映画「インファナル・アフェア」のリメークだ。

といっても、焼き直しとあなどることはできない。腐敗した米国社会の暗部を過激に映し出し、観客の感傷を寄せ付けないほどのすごみがある。

マフィアのボス(ジャック・ニコルソン)が牛耳るボストンの町。二人の若者が警察学校を卒業した。

一人はボスに育てられたコリン(マット・デイモン)、もう一人はすさんだ境遇から抜け出そうと警官を目指したビリー(レオナルド・ディカプリオ)だ。

コリンは組織犯罪を担当するエリート部署に配属され、麻薬取引の手入れ情報をボスに流す。一方のビリーは、警官になるとすぐ潜入捜査を命じられ、組織の動向を上司に報告する。

敵同士の二人は、素性がばれれば命が危ない状況で、相手の正体をつかもうと緊迫した駆け引きを繰り広げる―。

主人公の子ども時代や州警察とFBIの汚い確執などを絡ませたことで、ギャング映画にとどまらない広がりが出た。

豪華なキャストも見どころ。神経がまいりかけた状態を演じるディカプリオは、まさにはまり役。デイモンも、自信たっぷりの"小悪党"ぶりを好演した。

なにより、すさまじい暴力を見せるニコルソンの怪演と、ディカプリオの上司役マーク・ウォールバーグの露悪的な態度が、映画全体の雰囲気を引っ張る。

「タクシードライバー」「グッドフェローズ」を思い出させる一作。スコセッシ監督はこういう映画を作らせると、突き抜けるような歯切れの良さを見せる。2時間32分。十五歳未満は入場不可のR15指定。

記者の採点
話題性★★★★☆　演技満足度★★★★★　　　　(伊)

2007

2007年1月10日
環境問題を分かりやすく
「不都合な真実」

　米国クリントン政権の副大統領だったアル・ゴアの講演を見て、映画にしようと思ったプロデューサーらに敬服する。そのままなら大学の授業のようだが、それに彼の半生を交えて、ドラマチックなドキュメンタリー映画「不都合な真実」が出来上がった。

　全米ではマイケル・ムーア監督の「ボウリング・フォー・コロンバイン」を抜いて、ドキュメンタリー映画としては歴代三位の興行収入を打ち立てた。

　地球温暖化によって環境にどんな影響が出るのか、人類にとって知りたくない「不都合な真実」を膨大なデータを基に語るゴア前副大統領。グラフや立体的なCGを多用した解説はとても分かりやすく、環境問題を学ぶ入門編としては最適。これからの社会を担うことになる若い世代にこそ見てほしい。

　一方で、環境にやさしい生活を既に模索している人たちには、新鮮味が感じられないかもしれない。映画の本編よりも、エンドロールに流れる環境にやさしい生活に向けての提言の数々こそ、もっと掘り下げてほしいという物足りなさが残るのでは。

　環境というテーマはあまりにも問題が大きすぎて、「どうせ個人が何かしたところで…」と、つい何もせずに過ごしてしまう私たち。だからこそ「人はよく否定から絶望へ飛躍してしまうが、それはいけない」と語るゴア前副大統領の呼び掛けが心に響く。

　「二〇〇〇年の大統領選の敗北は痛手だった」といった心境も吐露され、遠い国の政治家が一人の人間として近く感じられてくる。彼があの時、かの国の大統領になっていたら、今の世界はどうなっていたんだろうと思う。1時間36分。監督はデイビス・グッゲンハイム。

記者の採点
社会性★★★★☆　お勉強度★★★★☆　　　　（啓）

2007年1月17日
魔物がうごめく幻想世界
「どろろ」

　手塚治虫の漫画を実写で映画化した「どろろ」は、ダークな味付けの冒険ファンタジー。魔物がうごめく幻想的な世界と、無国籍風のアクションで楽しませる。

　血なまぐさい戦乱の世。劣勢に立たされた武将、醍醐（中井貴一）は四十八の魔物と約束を交わす。それは、敵を倒す力を授かる代わりに、やがて生まれるわが子の体を差し出すことだった。

　手足に目や耳、内臓まで四十八の部分を魔物に奪われて誕生した長男は、秘術の使い手（原田芳雄）に拾われ、命を救われる。

　それから二十年、百鬼丸と呼ばれるようになった長男（妻夫木聡）は、奪われた身体を一つずつ取り戻すため、魔物を倒す旅に。幼くしていくさで親を亡くし、泥棒稼業で食いつないできたどろろ（柴咲コウ）が、百鬼丸についてきた―。

　映画は時代劇をベースにしながら、ニュージーランドで撮影した荒涼たる風景、奇怪な形の城などで異次元の空間をつくり出した。視覚効果によるざらざらした感触の映像が、おどろおどろしい世界に引き込んでいく。

　「チャイニーズ・ゴースト・ストーリー」シリーズを監督し、香港や中国映画でワイヤアクションを得意としてきたチン・シウトンがスタッフで参加。百鬼丸の腕に埋め込まれた刀による異色の殺陣と、宙を舞うようなアクションを手掛けた。

　途中、CGとは打って変わって、かつての特撮映画を思わせる"レトロ"な魔物が登場するのも楽しい。

　好青年のイメージが強かった妻夫木が、感情を殺す新鮮な演技を見せた。柴咲も汚れたメークで、男に成り済ました少女という役を、けなげかつコミカルに演じている。2時間18分。監督は塩田明彦。

記者の採点
娯楽性★★★★☆　ビジュアル度★★★★☆　　　　（伊）

2007年1月24日

スミスがアカデミー候補に

「幸せのちから」

　格差社会と呼ばれるようになった日本に暮らす観客に、アメリカンドリームを絵にかいたような映画「幸せのちから」はどう映るだろうか。住む家も失った男が五歳の息子を支えに、どん底から、どうはい上がったのかを実話を基につづる。

　一九八一年、米サンフランシスコ。医療機器のセールスをするクリス・ガードナー（ウィル・スミス）だが、高価な機器は不景気でめったに売れない。パートナーのリンダ（タンディ・ニュートン）の忍耐も限界に近づいている。

　ガードナーの心の支えは一人息子（ジェイデン・クリストファー・サイア・スミス）。株の仲買人の仕事なら学歴は問われないし、証券会社の養成コースを受講すれば正社員採用の道が開けると聞き、家族のためにも新しい人生を、とガードナーは行動を起こす。

　描かれているのは、どこにでも居そうな、誰も悪くないはずなのに悪循環に陥っていく家族の姿だ。保育環境はよくない託児所と知りつつ、息子をそこに預けるしか選択肢がないという現実。何よりも、どんなに働いても収入が少ないという現実…。

　愛想を尽かし出ていった母親から息子だけは取り戻すが、借りていた部屋も追い出され、駅で寝たり、教会の無料ベッドを求めて毎日列に並んだりと、父と子二人のどん底の日が続く。だが、幼い息子の瞳はどんな時も曇っていないのだ。

　これがウィル・スミス？と思うほどに変ぼうし、スミスはアカデミー賞主演男優賞にノミネートされた。息子役はスミスの本当の子供で、映画初出演とは思えないほどののびやかさで、物語を温かなものにしている。1時間57分。監督はガブリエレ・ムッチーノ。

記者の採点
ドラマ性★★★☆☆　感動度★★★★☆　　　　（啓）

2007年1月31日

女子高生の日常痛々しく

「Dear Friends」

　他人を利用することしか考えてこなかった女子高生が、闘病体験を経て真の友人と出会う物語「Dear Friends」。主人公のすさんだ日常を痛いほどリアルに描いた。

　リナ（北川景子）は、華やかなルックスでカリスマ女子高生として周囲から一目置かれる存在。遊び仲間の交際相手を誘惑したり、言い寄ってきたクラブの人気DJをじらして優越感に浸る。

　そんなリナがある日、クラブで突然意識を失った。がんに体をむしばまれていたのだった。

　病室のリナを、小学校からの同級生と名乗るマキ（本仮屋ユイカ）が見舞うようになる。彼女のことを疎ましがるリナに、マキはただ「友達だから」と説明する。

　治療の最中、病巣が胸に転移したことを知ったリナは、絶望のあまり屋上から飛び降りようとする。それを止めようとマキが自らの胸にカッターナイフを突き立てた―。

　発症以前の主人公の日常は、華やかで楽しそうに見えながら、人間関係がとげとげしい。あわただしく動き回るカメラが、彼女たちの世界に引き込んでいき、観客に衝撃を与える。

　北川はかたくなな心を開いていく様子を、病で変わり果てた容姿をさらしながら熱演した。

　本仮屋は当初、周囲から浮いた違和感を与えるが、物語が進むにつれ主人公以上の深刻な事情が明かされる。クライマックスで見せる演技は壮絶ですらある。

　主人公の身勝手な行動の裏にある孤独がもう少し伝われば、世代の違う観客にも通じる普遍的な物語になっただろう。

　原作は十代の共感を集めるYoshiの小説。それにしても、生死にかかわる状況まで持ち出さなければ、説得力ある友情を描けない時代になったのだろうか。暗い気持ちになる。1時間55分。監督は両沢和幸。

記者の採点
娯楽性★★★☆☆　リアリティー★★★★☆　　　　（伊）

2007年2月7日

2分割で見せる男と女

「カンバセーションズ」

　最近、似たようなラブストーリーの邦画が続いたが、これぞ大人のための映画と言えるのが「カンバセーションズ」だ。

　ニューヨーク・マンハッタンのホテルで結婚披露宴が行われている。宴席を離れてたばこをふかす女性（ヘレナ・ボナム・カーター）に、グラスを差し出す男（アーロン・エッカート）。会話が始まる。初対面かと思いきや、話が進むにつれ、どうやら二人が、かつて恋人同士だったらしいと気付かされる。

　ストーリーは単純。久しぶりに再会した、それぞれパートナーがいる男女がベッドインするかどうかを、会話だけで見せていく。かなりのパートで画面を二分割し、男と女それぞれの表情などを同時に見せているのがユニークだ。

　男がやけぼっくいに火がつくことを期待して語る言葉を、女がどのような表情で聞いているのか。現実に引き戻す女のひと言に、男がどう反応するか。二つの映像で語られる。

　初めは見づらい感じがする。しかし気が付くと、俳優の演技力もあって、物語が進むにつれ、視線は再びロマンを求める男か、現実的な女の、どちらかを追っている。

　「肌の感じが昔と違う」と男が言う。女はシャツを脱ぎかけた男に「太った？」と声を掛け、男は脱ぎかけたシャツで再び体を隠すという二人のやりとり。夫がいる女のウエストがくびれていないという現実。下心を隠しながら二人で乗ったエレベーターに知人が乗り合わせる気まずさも描き、一つ一つのエピソードが妙なリアリティーを帯びている。

　ハンス・カノーザ監督は本作が長編二作目。才能を感じさせる、しゃれた大人の映画に仕上げている。1時間24分。

記者の採点
娯楽性★★★★☆　洗練度★★★★★
　　　　　　　　　　　　　　　　　　　（啓）

2007年2月14日

直球勝負のミュージカル

「ドリームガールズ」

　スターへのし上がるボーカルグループの黒人女性たちと、プロデューサーとの愛と確執を描いたミュージカル「ドリームガールズ」。登場人物の感情を歌に乗せ、見る者の心に真っすぐ迫る映画だ。

　一九六二年のデトロイト。圧倒的な歌唱力を誇るエフィー（ジェニファー・ハドソン）とキュートな顔立ちのディーナ（ビヨンセ・ノウルズ）ら三人は、貧しい境遇を抜け出そうと、歌の世界での成功を夢見ていた。

　野心家カーティス（ジェイミー・フォックス）の手引きで得た、R＆B界の大物（エディ・マーフィー）のバックコーラスを足掛かりに、三人は注目を集めていく。レコード会社を立ち上げ、手を汚すこともいとわず彼女たちを売り出していくカーティス。いつしかカーティスとエフィーは恋に落ちた。

　だが、リードボーカルの座をディーナに奪われた揚げ句、カーティスの気持ちまで離れてしまったことを悟ったエフィーは、ひとり去っていった

―。

　黒人音楽をポピュラーにしたモータウン・レコード創設者と、ダイアナ・ロスらをモデルにした物語。ステージ場面など音楽映画の要素もふんだんで、ミュージカルシーンと相乗効果を生む。

　筋立てはありきたりといえなくもないが、白人の価値観が支配するショービジネスの世界に乗り込むことで、失われたものが悲しい。それをハドソンとマーフィーが絶妙に体現した。特にハドソンは歌の迫力だけでなく、哀切をうたい上げる姿が胸を締め付ける。

　「シカゴ」以来といっていいハリウッドの本格ミュージカル。物語と歌と映像がハーモニーを奏でると、こんなに心が揺さぶられるのか。このジャンルの素晴らしさを思い出させてくれる一作だ。2時間10分。監督はビル・コンドン。

記者の採点
娯楽性★★★★★　感動度★★★★★
　　　　　　　　　　　　　　　　　　　（伊）

2007年2月21日
豪華キャストの群像劇　　　　　　　　　　　「ボビー」

　映画「ボビー」は、ジョン・F・ケネディ元米大統領の弟、ロバート・F・ケネディ上院議員暗殺事件から発想された群像劇だ。

　一九六八年六月五日、米国ロサンゼルスのアンバサダーホテルが舞台。元ドアマンにアンソニー・ホプキンス、かつての大物歌手にデミ・ムーア、ホテルの美容師にシャロン・ストーンら豪華キャストがずらりとそろう。とりわけ疲れた風ぼうで別人になりきったストーンと、ムーアという大物女優二人が交わす会話は印象に残る。

　ほかにもホテルにはさまざまな人がいる。レストランマネジャー（クリスチャン・スレーター）は調理場で働くメキシコ系の見習いコック（フレディ・ロドリゲス）らに差別的な対応をし、首を言い渡される。ベトナム戦争行きを阻止するため、チャペルで白人青年（イライジャ・ウッド）と結婚式を行う若い花嫁（リンジー・ローハン）も不安げな顔だ。

　当時の世相を映し、人種差別、ベトナム戦争といったさまざまな閉塞（へいそく）感を抱えた登場人物らは、境遇は異なっても、ボビーことケネディ上院議員の理想主義に希望を感じている。自ら出演もしているエミリオ・エステベス監督が、当時の実話のエピソードも交え、次々にキャラクターを生み出したという。

　観客はそれぞれの人生のほんの一部を見るだけだが、その重さがひたひたと迫ってくるからこそケネディ上院議員のスピーチも心に響く。そこに居合わせた人々が、彼に向けられた銃弾によって一つの物語に組み込まれる。その最後の瞬間、約四十年前の事件が、誰もが暴力に巻き込まれる可能性のある今日の社会状況と重なり合う。2時間。

記者の採点
社会性★★★★☆　キャストの豪華度★★★★☆　　（啓）

2007年2月28日
友情、家族愛描く感動作　　　　　　　　　　「バッテリー」

　あさのあつこのベストセラー児童小説を映画化した「バッテリー」（滝田洋二郎監督）は、野球を通して、家族が互いを思いやる気持ちや友情を描いた。子どもだけでなく、大人にも訴えかける物語だ。

　主人公は、少年野球の剛速球投手として知られた巧。野球のことで思い詰め、慕ってくる病弱な弟を冷たく突き放す。弟を気遣う母親（天海祐希）と衝突を繰り返すが、父親（岸谷五朗）は見守るだけだった。

　家族で岡山県に引っ越してきた直後に、巧の球を受け止めることができる豪に出会う。中学に入った巧と豪は野球部に入部した。

　強豪チームとの試合中に突然、豪が巧の球を逃し始める。進歩を続ける巧の速球に、豪の捕球技術が追いつかなくなったのだ。力を抑えて投げたボールは、相手打線に打ち込まれた。

　試合後、ボールを捕れない豪にいら立つ巧と、手を抜いた巧に腹を立てる豪。けんか別れした二人を取り持とうと懸命になったのが弟だった。

　再びバッテリーを組んだ二人だが、練習に付き合っていた弟が病気で倒れる。母親は野球に弟を巻き込んだ巧を攻め立てるのだった—。

　投手と捕手との信頼関係という野球ドラマ固有のテーマに、家族の問題を絡めた物語が良くできている。

　フレッシュな子役たちを受け止める大人の俳優たちの演技が光る。特に天海はわが子への不満をあらわにしながら、嫌みにはならない絶妙の間合いを見せる。おとぎ話になりかねない物語に、現実味を与えた。

　神社の階段、草野球場といった舞台が郷愁を誘う。チームより個を中心に据えた物語や、因習的ともいえる野球部の慣行を乗り越えていくエピソードに、CG映像も取り入れて新しさも感じさせる。1時間59分。

記者の採点
娯楽性★★★★☆　感動度★★★★☆　　（伊）

2007年3月7日

独裁者の二面性巧みに

「ラストキング・オブ・スコットランド」

　日本から遠いアフリカ、ウガンダの大統領だったアミンの名は、独裁者として聞いたことはあっても、実際にどんな人だったのか想像したことはなかった。映画「ラストキング・オブ・スコットランド」はジャイルズ・フォーデンの原作を基に、英国人医師の目を通してその人物像に迫る。

　一九七一年のウガンダ。ボクシングチャンピオン、軍人として名を上げたイディ・アミン（フォレスト・ウィテカー）はクーデターによって大統領になった。

　新米医師のニコラス・ギャリガン（ジェームズ・マカボイ）は、人の役に立ちたいという志を持ち、スコットランドからウガンダの村へやって来た。たまたま、けがをしたアミン大統領をギャリガンが手当てしたことから二人は知り合う。

　ギャリガンは大統領一族の主治医として呼ばれ、政治面までサポートするようになる。カリスマ性のあるアミンに心ひかれるギャリガンがその本当の姿に気づいた時、彼の身に危機が訪れる。

　人なつこい笑顔で人の心をあっという間につかむ一方で、殺人もいとわない独裁者としての二面性をウィテカーが巧みに表現し、今年の米アカデミー賞主演男優賞をはじめ、各賞をほぼ総なめにした。また、撮影の大半が行われたというウガンダの風景と空気が、スクリーンに臨場感を与えている。

　しかし全般に物語が平板で、外国人医師の視線から描いた限界か、ウガンダの地に生まれ、そこで生きていかなければいけない人々がアミン大統領をどう思っているのかが気になった。物語が終わった後で、本物のアミン大統領の映像が流れる時、ウィテカーの演技力のすごさを思い知らされる。2時間5分。監督はケヴィン・マクドナルド。

記者の採点
社会性★★★☆☆　好演度★★★★☆　　　　（啓）

2007年3月14日

にぎやかで楽しいCG映画

「ナイト　ミュージアム」

　ふだん見慣れないものが並び、不思議な空間をつくる博物館。「ナイト　ミュージアム」は、CGを使って展示物を自在に動き回らせた、にぎやかで楽しいファンタジーだ。

　発明などで成功を夢見てきた主人公ラリー（ベン・スティラー）だが、これまで何一つ実現させることができないまま、現在は失業中の身だ。

　離婚した妻がある日、別の男と再婚することを明かす。妻と暮らす息子に、再婚相手と見比べられることを恐れたラリー。あわてて見つけた仕事が、自然史博物館の夜間警備だった。

　勤務初日の夜、静まりかえった博物館でくつろぐラリーはふと、展示台からティラノサウルスの骨の標本がなくなっていることを発見する。

　気付くと、ラリーの後を猛烈な勢いで追ってくる恐竜。別の展示室では、ミニチュアサイズのローマ帝国軍や西部開拓者の一団が攻撃を始める。さらにライオンが襲いかかり、サルがいたずらを仕掛けてきた―。

　時代も場所も異なるものが入り乱れ、おもちゃ箱をひっくり返したような映像は、CGならではの芸当。いや、CGを前提とした物語といった方がいいだろう。

　そこに、博物館を解雇された前任警備員三人の陰謀が絡み、父子が力を合わせて彼らと闘うドタバタの展開がほほ笑ましい。

　ダメ男を演じさせたらぴか一のスティラー。ロビン・ウィリアムズ演じる大統領ら偉人たちとの取り合わせが、妙におかしい。

　CGで造形した"未来のテーマパーク"といった趣の映画。歴史や自然科学嫌いの子どもも、これを見たら博物館に興味を持つかもしれない。1時間48分。監督はショーン・レヴィ。

記者の採点
娯楽性★★★★☆　ビジュアル度★★★★☆　　　　（伊）

2007

2007年3月20日

スピードと躍動感、CGで 「ハッピー　フィート」

　雪嵐の中、ペンギンのお父さんらが群れをなして卵を温め、お母さんたちはえさを求めて海へと旅立つ。この既視感は何？と思ったら、ヒットドキュメンタリー「皇帝ペンギン」で見た風景だった。

　さて、ドキュメンタリー風に始まるCGアニメーション映画「ハッピー　フィート」だが、実写のような映像でつづるペンギンの友情と冒険の物語だ。主人公のマンブル（声＝イライジャ・ウッド＝日本語吹き替えは手越祐也）の国では歌のうまさで相手の気をひくが、マンブルは生まれついてのオンチ。タップダンスならお手のものだけれど、それではここでやっていけない。嫌がられて追放され、広い南極大陸を一人さまようのだが…。

　あのピクサーの「カーズ」を抑えて二月の米アカデミー賞では長編アニメ賞を受賞した。筆者は期待して見た分、個性を大事にというテーマの物語の平板さにちょっと肩すかし感があった。ごみのプラスチックが首にかかったペンギン、解ける氷塊など、環境問題をそれとなく見せたところが、ちょっとしたエコブームだったアカデミーの空気に合ったのかもしれないが…。

　この映画の一番の見どころはふわふわしたペンギンの毛並み、スピードと躍動感のあるその動き、きらめく海の透明感や白い氷の世界など、CG技術の高度さを見せる映像だろう。

　人の動きをコンピューターで取り込んで生み出されたペンギンたちの軽やかなタップダンスや、ミュージカルの一幕のような歌とペンギンの群れの踊りは圧巻。声のキャストもブリタニー・マーフィーやニコール・キッドマンら豪華で楽しさ満載だ。1時間48分。監督はジョージ・ミラー、ジュディ・モリス、ウォーレン・コールマン。

記者の採点
娯楽性★★★★☆　映像美★★★★☆　　　　（啓）

2007年3月28日

江戸下町の人情と最新技術 「あかね空」

　江戸の深川といえば、多くの時代小説の舞台となる庶民の町。山本一力の直木賞受賞作を映画化した「あかね空」は、そんな深川の街並みを最新技術で再現しながら描く家族の人情劇だ。

　京の豆腐屋で修業を積んだ永吉（内野聖陽）が、深川の長屋で「京や」という店を構えた。近所のおけ屋の娘おふみ（中谷美紀）はそんな永吉にひかれ、何かと世話を焼く。

　しかし、丹精込めてつくった京風の軟らかい豆腐は、硬めの豆腐になじんだ人々の口に合わない。

　商売敵の相州屋（石橋蓮司）がひそかに、京やの豆腐を買ってやるよう地元の寺に頼み込んだ。妻（岩下志麻）が、幼いころに行方しれずになった息子に永吉の姿を重ね、京やを気にかけていたからだ。

　その後、永吉は、亡くなった相州屋の店を引き継ぎ、商いを軌道に乗せる。おふみとの間にもうけた三人の子も、店を手伝うまでに。そんな折、外回りを任せていた長男（武田航平）がばくちに手を出し借金を重ねていたことが分かる。店の金に手を付けた長男を、永吉は勘当するのだった―。

　力を合わせて逆境に立ち向かう夫婦愛、葛藤（かっとう）を乗り越え気持ちを一つにする親子、きょうだいの姿がうるわしい。恩を売るでもなく、人知れず主人公夫婦を助けてやろうとする周囲の心持ちも温かく、心洗われる物語。

　CGで描いた江戸の街並みは小ぎれいにすぎるかもしれないが、当時の空間を再現していて興味をそそる。

　NHK大河ドラマ「風林火山」にも主演する内野は、主人公と賭場をしきる異形の親分という二役を披露。中谷も情の深い江戸の女になりきった。浜本正機監督。監督を引退した篠田正浩が企画した。2時間。

記者の採点
娯楽性★★★★☆　人情度★★★★★　　　　（伊）

2007年4月4日

社会派の娯楽アクション 「ブラッド・ダイヤモンド」

　ダイヤモンドの輝きは、昔も今も人々を魅了する。その輝きの裏側にある厳しい現実を、「ブラッド・ダイヤモンド」は描き出す。

　内戦が続く西アフリカのシエラレオネを舞台に、密輸業者、地元の漁師、米国人ジャーナリストの三者の運命が絡まり合う社会派アクション映画だ。

　反政府軍に襲撃、拉致された漁師ソロモン（ジャイモン・フンスー）。ダイヤモンドの採掘場で強制労働をさせられるが、大きくて希少なピンクダイヤを見つけ、それを隠す。

　一方、密輸に携わるダニー（レオナルド・ディカプリオ）。刑務所でピンクダイヤの存在を知ってソロモンに近づくが、彼の信頼を得るために、取材に来ていたジャーナリスト、マディー（ジェニファー・コネリー）に手助けを求める。

　ディカプリオは、抑制の利いた演技で複雑な心理状況を巧みに表現。米アカデミー賞の作品賞を受賞した「ディパーテッド」の演技ではなく、本作で主演男優賞にノミネートされた。

　西アフリカ生まれでハリウッドで活躍してきたフンスーも、家族のためにいちずに行動する父親像を真摯（しんし）に作り上げ、同助演男優賞にノミネートされた。

　ダイヤモンドをモチーフに、グローバル化に伴って海外に輸出する商品の原産地の人々が直面する現実を凝縮させつつ、物語はテンポよく展開する。監督は「ラスト　サムライ」のエドワード・ズウィック。

　経済格差がもたらす普遍的な問題と、映画としてのエンターテインメント性を、ほどよく融合することに成功した。2時間23分。

記者の採点
社会性★★★★☆　明快度★★★★☆　　　　（啓）

2007年4月11日

琴線に触れる母子の物語 「東京タワー　オカンとボクと、時々、オトン」

　故郷と東京の隔たり、それを越えて慕い合う母と息子―。映画「東京タワー　オカンとボクと、時々、オトン」は、日本人の心の琴線に触れる物語だ。

　映画は、昭和から現代にいたる母子の関係を、息子の思いに寄り添いながら描いていく。

　酒癖の悪い父（小林薫）の元から、息子を連れ筑豊地方にある炭鉱町の実家に戻った若き母（内田也哉子）。言い寄る男性も現れるが、それを振り切るようにして息子へ愛を注ぐ。

　やがて東京の美術大に入学した息子（オダギリジョー）だが、留年した揚げ句、卒業しても就職しないまま。どうにか、借金返済のために引き受けたイラストレーターなどの仕事が軌道に乗り始めた。

　そんなとき、耳に入ったのが母の病気。がんの手術はいったん成功したが、転移していることが分かる。一人暮らしの老いた母（樹木希林）を東京に呼び寄せ、一緒に暮らすのだった―。

　素朴で懐かしい少年時代と現代の東京を結び合わせた物語が、ノスタルジーにとどまらない奥行きを見せる。

　家族同士の心、土地や時代の間に横たわる"距離"を描いた映画といえるだろうか。母の病を機にそれらが埋まるのだが、ささやかな幸せに伴う喪失感が切ない。

　特に、新幹線で上京するうれしそうな母の姿と、東京駅に迎えに行く息子の複雑な表情とが交錯する場面は象徴的だ。

　すさまじい闘病の模様を見せる樹木、照れることなく母への愛を表現したオダギリも見どころ。

　原作はベストセラーになったリリー・フランキーの自伝小説で、テレビドラマにもなった物語。それでも情感あふれる映像や演技、ちりばめられたユーモアが、深い余韻を残す。2時間22分。監督は松岡錠司。

記者の採点
娯楽性★★★★★　感動度★★★★★　　　　（伊）

2007年4月18日

殺人鬼の生い立ち明らかに

「ハンニバル・ライジング」

　米アカデミー賞の作品賞、監督賞などに輝いた「羊たちの沈黙」で、一躍有名になったのが、アンソニー・ホプキンスが演じた殺人鬼の精神科医、ハンニバル・レクター博士。米国の作家、トマス・ハリスが生み出した悪名高いキャラクターだ。

　映画「ハンニバル・ライジング」は、原作者のハリスが初めて脚本も手掛け、ハンニバルがなぜ、殺人者となったのかを描く。

　一九四四年のリトアニア。戦争のために疎開した先で両親や幼い妹を失い、心に深い傷を負ったハンニバル少年は孤児施設へ。

　その後、ハンニバルは施設を脱走し、パリに住む叔父を訪ねる。その妻である日本人、レディ・ムラサキの下で、武道などの日本文化を学ぶと同時に、医学の道を歩み始めるが…。

　フランスの男優ギャスパー・ウリエルがハンニバルの役どころを、瞳に宿らせた狂気の光で体現した。日本人ムラサキは中国女優のコン・リーが演じている。

　映画は、ハンニバルの人格形成に、日本文化の影響をにおわせている。ただ、外国人の目にはエキゾチックなのかもしれないが、よろいやかぶとの扱いが妙な感じで、違和感が残った。

　昔見た「羊たちの沈黙」は、とっても恐ろしかった。しかし、ハンニバル・レクターの人格が形成されるいきさつをつづる本作からは、初めて「羊―」と出合ったときほどの恐怖と衝撃が得られなかった。

　それは、この物語が、一種の復讐（ふくしゅう）劇であることを明らかにしたためだろう。人は訳の分からないものに対し、より恐怖を感じるのではないか。2時間1分。監督はピーター・ウェーバー。

記者の採点
娯楽性★★★☆☆　主役の魔性度★★★☆☆　　　（啓）

2007年4月25日

厳しい現実にほのかな希望

「バベル」

　バラバラになった家族、人種や言葉の壁…。現代は人間同士理解し合うのが、ますます難しい時代といえるのだろう。アレハンドロ・ゴンサレス・イニャリトゥ監督の「バベル」は、そんな厳しい現実の中にほのかな希望を見いだそうとした、祈りにも似た映画だ。

　物語は、モロッコ、米国、日本という三つの舞台でそれぞれ展開する。

　モロッコの山地に住むヤギ飼いの少年が、猟銃を試し撃ちした。銃弾はバスで通り掛かった米国人女性（ケイト・ブランシェット）の肩を貫く。こじれた夫婦関係を修復しようと夫（ブラッド・ピット）に連れ出された、旅の途中だった。

　だが、テロと疑った米国政府とモロッコ当局の関係が緊張し、なかなか救助が来ない。

　米国の留守宅。残る二人の幼児の世話を頼まれたのが、メキシコ人の子守（アドリアナ・バラッザ）。彼女は息子の結婚式出席のために二人を連れて故郷に戻り、その帰路、国境で米入国係官に車を止められてしまう。

　東京では、ろう者の高校生（菊地凛子）が、母の自殺で疲れ果てた父（役所広司）に反感を覚える一方、好意を持った男性に思いが伝わらない苦しさでもがいていた。

　孤独な登場人物たちは悲劇に打ちのめされることによって、逆に家族のきずなへとたどり着く。

　銃という暴力の象徴を媒介に、三つの物語を一つの世界観に結び付けた。遠く離れた出来事を交錯させる複雑な構成ながら見る者を惑わせない。

　米中枢同時テロ以後の亀裂深まる国際社会、欧米が抱える国内の移民問題を背景にしながら、人間的なエピソードを積み上げて引きつける。

　東京の物語に銃を絡めた設定にはやや唐突感を覚えるが、主題を世界全体、人間が背負う宿命へと広げる意図は成功している。2時間23分。

記者の採点
社会性★★★★★　感動度★★★★★　　　（伊）

2007年5月2日

妖怪たちの"祭典"

「ゲゲゲの鬼太郎」

　漫画やテレビアニメでおなじみの幻想世界を実写映画にした「ゲゲゲの鬼太郎」。個性豊かな俳優陣が姿形もさまざまな妖怪に扮(ふん)し、お祭りのような趣がある。

　高校生の実花(井上真央)と小学生健太(内田流果)の姉弟が暮らす団地に妖怪が姿を現すようになり、住民を怖がらせていた。テーマパークを建設するため、業者が稲荷(いなり)神社のあった山を取り崩したことと関係があるらしい。のんびり暮らしていた鬼太郎(ウエンツ瑛士)のもとに、助けを求める健太の手紙が届く。

　一方、妖怪の世界でも異変が起きていた。不思議な力を持つ「妖怪石」がなくなったのだ。石は、意地汚いねずみ男(大泉洋)の手にわたり、質屋に入れられる。

　たまたま店に居合わせた健太の父が石の持つ力に操られ、それを盗んでしまう。父から石を託された健太のもとに、妖怪の手が伸びてくるのだった―。

　人間親子のきずなや、開発といった問題を織り込んだ物語には、現代を投影させようという意欲が表れているのだろう。

　大泉のねずみ男は、はまりすぎなほど。ウエンツ瑛士の今風の鬼太郎に、小悪魔的な田中麗奈の猫娘。砂かけ婆の室井滋、子なき爺の間寛平…。従来のイメージと見比べるのも楽しい。

　妖怪同士の争いがクライマックスになるのだが、CGや特殊メークで造形した妖怪の世界は、不気味というより、いろんなキャラクターが登場した「スター・ウォーズ」シリーズを思い出させるにぎやかさだ。

　夜より昼間の場面が多いことも、そんな印象を強めている。原作者水木しげるのコアなファンより、幅広いファミリー層を狙った映画といえるだろう。1時間43分。監督は本木克英。

記者の採点
娯楽性★★★★☆　不気味度★★★☆☆　　　　(伊)

2007年5月9日

母の愛、静かに表現

「眉山」

　母と娘は遠く離れてもどこかでつながっている。だが、近づきすぎれば互いの感情がざわつくこともある。映画「眉山(びざん)」では、娘が母親の元へ戻ってくることで、娘の母に対するわだかまりに変化が生じる。さだまさしの原作を、松嶋菜々子と、十年ぶりの映画出演となる宮本信子の顔合わせでつづる。

　東京の旅行代理店で働く咲子(松嶋)が、病に倒れた母親龍子(宮本)を看病するため、徳島に帰郷する。母親は正義感が強く、入院先の看護師にもきっちりと意見する。自分の遺体を解剖実習に提供することまで勝手に決めていて、咲子は反発を強めていく。そんな咲子は病院で一人の医師(大沢たかお)と出会い、揺れる気持ちを受け止めてもらう。

　犬童一心監督は松嶋の魅力をスクリーンいっぱいに見せる。一方の宮本は母の愛を過剰に見せることはせず、何ごとも一人で決断し生きてきた女の強さを静かに表現する。阿波おどりも重要なキャラクターだ。祭りの熱狂と喧騒(けんそう)が、親と子の物語に彩りを添えている。

　「不在の父親」を追い求める咲子の姿も、もう一つの軸として流れている。「父親の不在」はベストセラーを映画化した「東京タワー　オカンとボクと、時々、オトン」にも通じる気もするが、「東京タワー」のオカンが息子に注ぐ無償の愛の形がちょっと苦手だった人には、龍子のような母の在り方には心落ち着くかもしれない。

　つかず離れず、いつもいつも見守ってくれているけれど、自分の母親の人生を、子供はどれほど知っているだろうか。「眉山」の物語はそんなことを問いかけてくる。2時間。

記者の採点
娯楽性★★★★☆　映像美★★★★★　　　　(啓)

2007年5月16日
壁にぶつかり生きていく

「パッチギ！ LOVE＆PEACE」

　京都を舞台に一九六〇年代後半の青春群像を描いた「パッチギ！」。こうしたヒット映画の続編に対しては、観客が要求する水準は高くなるものだが、「パッチギ！ LOVE＆PEACE」は、井筒和幸監督が新たなキャストで、高いハードルに挑戦した力作だ。

　七〇年代半ば、在日コリアンの主人公、アンソン（井坂俊哉）は、幼い息子の病気治療のために京都から東京に移り住む。オープニングの場面は京浜東北線での血みどろの乱闘。「ガキ帝国」や前作をほうふつとさせる井筒監督の得意分野だ。

　乱闘を止めに入る東北地方出身の国鉄職員佐藤（藤井隆）との友情や息子の病気、妹キョンジャ（中村ゆり）が芸能界で味わう悲哀、さらに旧日本軍に徴兵される若き日の父ジンソン（ソン・チャンウィ）の逃避行など、太い糸が時代を超え、ところどころ交わるようにして、物語は進む。

　在日韓国・朝鮮人に対するあらわな差別も克明に描いた。偏見に根ざした言葉は、好意を寄せる人から悪意なく放たれたとき、若い心を深く傷つける。差別以外にも登場人物たちがぶつかる壁は多いが、それでも力強く生き抜く姿がすがすがしい。

　「幸福駅」行きのきっぷや、佐藤栄作元首相のノーベル平和賞受賞を伝える新聞記事、「仮面ライダーアマゾン」など、時代を象徴する小道具が頻繁に映る。やや過剰に感じられるが、そのいくつかが効果的な伏線であることが、ストーリー展開とともに理解できる。

　お人よしで、どこか頼りなく、自らも人生の重荷を背負った人物を藤井が好演。映画の成功の半分は彼の功績だろう。腕の良い船長役の寺島進、アンソンたちの母親役のキムラ緑子、芸能事務所社長役のでんでんら、抜群の安定感を誇る脇役陣が、若い井坂と中村を支えている。2時間7分。

記者の採点
社会性★★★★☆　感動度★★★★★　　　　　（敦）

2007年5月23日
巧みな物語展開と謎解き

「パイレーツ・オブ・カリビアン／ワールド・エンド」

　映画「パイレーツ・オブ・カリビアン／ワールド・エンド」は、ジョニー・デップ主演で世界的な人気を不動にしたシリーズの三作目。タイトル通り、舞台を地の果てにまで広げ、期待通りの壮大なスケールをみせる。

　七つの海を支配する悪霊デイヴィ・ジョーンズ（ビル・ナイ）を意のままに操る東インド貿易会社のベケット卿（トム・ホランダー）。海賊たちは通商の妨げとして次々に捕らえられ、滅亡の危機にさらされていた。

　ジャック・スパロウ（デップ）は前作で、ジョーンズの「海の墓場」に捕らわれたまま。行動を共にしていたエリザベス（キーラ・ナイトレイ）とウィル（オーランド・ブルーム）らは、墓場への海図を持つ海賊サオ・フェン（チョウ・ユンファ）に会うため、シンガポールに向かう。

　曲折を経てジャックは生還。すると、幽霊船に捕らわれた父を助けたいウィル、船内の覇権を争うジャックとバルボッサ（ジェフリー・ラッシュ）らが、ジョーンズやベケット卿まで巻き込んで、それぞれの思惑による駆け引き、裏切りを活発化させる―。

　「海の墓場への行き方」「一作目で死んだバルボッサが、二作目で突然生還した理由」「秘密めいたティア・ダルマの正体」など、前二作で積み残されたままの謎が、巧みなストーリー展開を邪魔することなく明らかになっていく。

　暑く湿った熱帯のアジアから、氷山がそそり立つ極地の海、巨大な滝や真っ白な平原など、CGを有効に使った風景が、完結編にふさわしい大きなスケールを生み出している。ジャックのビジュアルのモデルとされるロックミュージシャン、キース・リチャーズが、見れば納得の配役で出演。2時間49分。監督はゴア・ヴァービンスキー。

記者の採点
娯楽性★★★★★　映像美★★★★☆　　　　　（敦）

2007年5月30日

巨大な謀略と対決 「ザ・シューター 極大射程」

　米海兵隊出身の腕利き狙撃手の活躍を描く映画「ザ・シューター　極大射程」は、スティーヴン・ハンターの人気小説が原作。ミステリーファン待望の映画化だ。

　ボブ・リー・スワガー（マーク・ウォールバーグ）は、米ワイオミング州の山中で、愛犬と暮らす。そこへ現れたアイザック・ジョンソン大佐（ダニー・グローバー）が、大統領を狙う暗殺者の動きを封じるよう依頼。愛国心を刺激されたスワガーは、迷いながらも引き受ける。

　スワガーも加わった厳戒態勢の中、大統領が演説。張り詰めた空気を二発の銃声が切り裂く。一発は演台に、もう一発は警察官が至近距離からスワガーの背中に。巨大な謀略にはめられ、重傷を負ったスワガーは、冤罪（えんざい）を晴らし、からくりと黒幕を暴くべく行動を始める—。

　高度なプロ意識と技術を併せ持ち、組織に追われるヒーローといえば、「ボーン・アイデンティティー」シリーズのマット・デイモンが思い浮かぶ。みけんにしわを寄せ、緊張感をまとったウォールバーグは、硬派な役柄にぴったりとはまる。「ボーン」シリーズに肩を並べるヒーローの誕生だ。

　スワガーを取り逃がしたFBIの新人捜査官を演じるのはマイケル・ペーニャ。独自の捜査で事件に疑問を持ち始め、スワガーを守る立場に転じる。これまでの「クラッシュ」「ワールド・トレード・センター」と性格が異なる役を好演、ジャンルを選ばない名脇役として、またひとつキャリアを積み重ねた。

　ゲリラ戦法で特殊部隊と対決する場面や、人質を取り返しに向かう雪山での銃撃シーンなど、アクションの見どころが満載。ただ、徹底して悪を追い詰めるラストシーンが必要かどうかは意見が分かれるかもしれない。2時間5分。監督はアントワーン・フークア。

記者の採点
娯楽性★★★★☆　爽快度★★★☆☆　　　　　（敦）

2007年6月6日

松本人志初監督の話題作 「大日本人」

　お笑い界のカリスマ、松本人志が初めて手掛けた話題の映画「大日本人」。間合いをずらした笑いには、爆笑する人やニヤニヤする人、あるいはぶぜんとする人もいるだろう。ここには確かに、まねのできないオリジナリティーがある。

　説明しようとするとスルリと逃げてしまうような、つかみどころのない物語も狙いのうちのようだ。あえて言えば、ヒーローもののジャンルをいじり倒したナンセンスコメディーといったところか。

　松本演じる主人公の男が電流を体に流されて巨大な「大日本人」に変身し、各地に出現する怪獣ならぬ「獣（じゅう）」と戦う物語だが、これが一筋縄ではいかない。

　そもそも「大日本人」の姿や戦い方が不格好だし、相手によっては平気で逃げ出す。一般的な日本人からは忌み嫌われ、テレビ中継の視聴率は低迷を続けている。私生活では、認知症の先代・大日本人の行動を世間から非難され、娘を後継者にしようともくろんで妻子からも見放される。

　語り口は案外、計算されている。主人公が密着取材のインタビューに答えるドキュメンタリー形式で、冒頭から「この男は何者なのか」という謎を膨らませていく。

　見る側としては、突然現れるCGの大日本人や獣の姿にあっけにとられ、着ぐるみによる「実写」部分で、また意表を突かれる。

　介護や家庭崩壊、大衆の無節操さや日米関係の象徴とおぼしきエピソードを盛り込んだ。だが現代社会を風刺するかと思うと、意味不明の「笑い」に落とし込む。

　「これが映画か」とムキになってはいけない。ひょっとすると、まれにみる変な映画として後々まで語り継がれるかもしれない。1時間53分。

記者の採点
独創性★★★★★　意外性★★★★☆　　　　　（伊）

2007年6月13日

風呂上がりのような爽快感

「舞妓Haaaan!!!」

　映画「舞妓（まいこ）Haaaan!!!」は、コメディーでヒット作を連発する脚本家の宮藤官九郎が、男の夢「舞妓遊び」を素材に選んだ快作だ。

　食品会社のサラリーマン鬼塚（阿部サダヲ）は、熱狂的な舞妓マニア。撮影した舞妓の写真をホームページに掲載しては悦に入っている。ところがこの男、座敷に上がったことが一度もない。

　東京から京都に転勤した鬼塚は、金を握り締めてお茶屋ののれんをくぐるも「いちげんさんおことわり」の壁にあっさりとはね返される。常連の社長（伊東四朗）に擦り寄るが、社長は「仕事で結果を出せば、連れて行ってやる」。

　開発したオリジナルカップめんが大ヒットし、お座敷遊びの夢はかなうが、店に居合わせた常連客のプロ野球選手内藤（堤真一）の派手な遊びっぷりを見て、闘争心に火が付く。鬼塚を見返そうと舞妓になった元彼女（柴咲コウ）らを巻き込んで、物語はスピードを増しながら予測不可能な展開に。

　前半は、突然ミュージカルに転じ、お茶屋のおかみ役の真矢みきが元宝塚トップスターとしての本領を発揮する場面も。阿部演じる強引な主人公がぐいぐいと筋書きを進めるあたりは、往年の「無責任」シリーズをほうふつさせる。

　その「無責任」の植木等も老人役で出演。年季が入ったつやのある笑い声を残して立ち去る後ろ姿に、遺作となった偶然が重なって印象的だ。

　後半に入ると、宮藤が意図した笑いの毒が全身に回ったかのような演技を、堤がみせる。奇想天外でスピード感のあるストーリー。観賞後に残ったのは、風呂上がりのような爽快（そうかい）感だった。2時間。監督は水田伸生。

記者の採点
娯楽性★★★★☆　爽快度★★★★★　　　　　　　（敦）

2007年6月20日

幕末の自分探しコミカルに

「憑神」

　浅田次郎原作の時代劇「憑神（つきがみ）」（降旗康男監督）は、時代の流れから取り残された下級武士が、取りついた厄介な神々との付き合いを通じ、自分の居場所を探す幕末の物語だ。

　主人公の彦四郎（妻夫木聡）は、歴代将軍の影武者を務めてきた家の二男。幼いころは文武に優れた評判の秀才だったが、婿養子に入った家から離縁され、居候する兄（佐々木蔵之介）の家でけむたがられている。

　かつて一緒に学んだ榎本武揚の出世を見せつけられた彦四郎。そば屋のおやじ（香川照之）にけしかけられ、酔いにまかせて怪しげなほこらに手を合わせた。

　ところが、出てきたのは貧乏神（西田敏行）で、お家存続の危機を持ち込む。なんとか切り抜けた彦四郎は、怠け者の兄に代わって家督を継ぐことを許される。

　続いて現れた疫病神（赤井英和）も、やがて彦四郎の人柄を認め姿を消した。そこへ、榎本と勝海舟（江口洋介）がやってきて、ともに新しい日本をつくろうと誘う。

　最後に現れたのは少女の姿をした死神（森迫永依）。死を覚悟した彦四郎は、武士として自分に何ができるか考え始めるのだった―。

　自分の境遇にくさっていても、どこかさわやかな妻夫木。一大決心をするわりに、肩に力が入っていないところは等身大の若者像といえる。

　西田や香川ら芸達者な出演者たちが軽妙な演技で楽しませてくれる。佐々木は、少々暴走気味ながら妙におかしい。

　幕末の動乱期を舞台にすると悲壮な英雄物語になりがちだが、この映画は主人公を持ち上げることも、悲劇性を強調することもない。名もない武士の生き方をコミカルに描き、最後はほろりとさせる。1時間47分。

記者の採点
娯楽性★★★★★　感動度★★★☆☆　　　　　　　（伊）

2007年6月27日

円熟味と新鮮さが融合

「ダイ・ハード4・0」

　不死身の刑事、ジョン・マクレーンが活躍する映画「ダイ・ハード4・0」は、大ヒットシリーズの四作目。前作から十二年ぶりとなるファン待望の快作だ。

　ジョン（ブルース・ウィリス）は、女子大生の娘ルーシー（メアリー・エリザベス・ウィンステッド）に会うため、管轄外のニュージャージー州にいた。FBIから上司を通じ、近くに住むハッカー、マット（ジャスティン・ロング）の身柄確保を命じられる。

　一方、全米のインフラを制御するシステムがガブリエル（ティモシー・オリファント）、マイ（マギー・Q）らサイバーテロ集団にハッキングされる。交通や金融、通信などのシステムが遠隔操作され、大混乱に。

　プログラム作成にかかわったマットは、口封じのため、ガブリエルらに命を狙われる。電力の供給を大規模に停止しようとするガブリエルらの狙いは―。

　超ハイテクなテロ集団と、生身の肉体と機転だけが頼りのローテク刑事。両者の力の差を補うためにハッカーの青年を刑事側に配しているが、対決の構図が単純なだけに主役のタフさが際立つ。

　顔をさらさないテロリストの不気味な犯罪には一定のリアリティーがあり、時代の空気も押さえている。車やヘリコプターだけでなく、戦闘機まで登場させたアクションシーンも見応えがある。

　五十歳を過ぎたウィリスの円熟味と、マギーやロング、ウィンステッドら、若手の新鮮さがうまく融合。一九七三年生まれで、第一作公開時に十代半ばだったレン・ワイズマン監督の感覚も、シリーズに新たな風をもたらした。ただ、東洋的な美しさのマギーのアクションを「カンフー」「ニンジャ」と、昔ながらの粗っぽいくくり方をしていることが少しだけ気になった。2時間9分。

記者の採点
娯楽性★★★★☆　爽快（そうかい）度★★★★☆　　　（敦）

2007年7月4日

女たちの慈愛描く感動作

「ボルベール〈帰郷〉」

　女の悲しみとしたたかさをテーマにしてきたスペインのペドロ・アルモドバル監督。新作「ボルベール〈帰郷〉」は、暴力に繰り返しさらされる女たちの慈愛を描いた感動的な映画だ。

　女たち三代の物語を中心にすえ、群像劇のスタイルを取る。

　ライムンダ（ペネロペ・クルス）は、姉、十五歳の一人娘と連れだって両親の墓参りに故郷にやってきた。帰りに訪ねた伯母は認知症が進行したのか、火事で死んだ母が生きているような奇妙な口ぶりだ。

　マドリードに戻ったある日、ライムンダの留守中に娘が失業中の夫を刺し殺してしまう。「本当の親じゃないから」と性的な関係を迫られたからだった。死体を隠そうとしている最中、今度は伯母が死んだと連絡が。

　一人で伯母の葬儀に出席した姉は、死んだはずの母の姿を目にする。その母は、車のトランクに隠れてマドリードまでついてきてしまった。姉はそんな母のことをライムンダに切り出せない。実は、ライムンダと母は亡き父をめぐって、それぞれ重大な秘密を隠していたのだった―。

　繰り返される男性からの暴力や裏切りと、女性の"反撃"。罪と罰という一般的な観念をも軽々と超越し、人間そのものを見つめるアルモドバル監督のまなざしが優しい。

　母親役のカルメン・マウラが演じた、ちゃめっ気があるしんの強い女性像が魅力的だ。ハリウッドではセクシー女優と扱われがちなクルスも、スペイン映画に出ると生き生きした演技を見せる。

　二人に限らず、登場する女性たちはそろって情がこまやかで、互いを思いやる。死を扱ったエピソードがたびたび出てくるにもかかわらず、とても温かな気分にしてくれる。2時間。

記者の採点
娯楽性★★★★☆　感動度★★★★★　　　（伊）

2007年7月11日
深みある大人の男の魅力
「傷だらけの男たち」

　マーティン・スコセッシ監督によるリメーク「ディパーテッド」がアカデミー賞作品賞などを受賞、あらためて脚光を浴びたオリジナルの香港映画「インファナル・アフェア」。アンドリュー・ラウ、アラン・マックの共同監督ら製作陣が、新たなストーリーで挑んだ新作が「傷だらけの男たち」だ。

　刑事ポン（金城武）と、親友で上司のヘイ（トニー・レオン）は連続殺人の犯人を逮捕。疲れて自宅に帰ったポンは、ベッドで恋人が死んでいるのを見つける。彼女は妊娠していた。

　三年後、立ち直れないポンは私立探偵に。しかも飲めない酒を飲み続け、アルコール依存症になっていた。一方のヘイは、億万長者チャウの一人娘スクァンと結婚し、幸せな新婚生活を送る。

　そんなある日、チャウと執事が自宅で惨殺される。証拠品を持った男の死体が見つかるが、侵入経路や動機が究明できず、謎は深まるばかり。スクァンの要請で独自に捜査するポンは、不審な行動を取るヘイを疑い始めるが―。

　サスペンスの筋立てはやや複雑なきらいがあるものの、傷を抱える男たちを取り巻く夜の街の風景と音楽は「インファナル―」に比べて洗練され、「これぞ香港」と言いたくなるような情感に満ちている。

　「少し優柔不断だけど好人物」「正義漢」といった印象が強いレオンは、穏やかな仮面の下に残忍さを隠し持つ難役を自然に演じた。金城は、アルコールにまみれ、疲れた三十男。それぞれ未経験の役柄に挑戦し、深みある大人の男の魅力を存分に見せる。

　妻や夫、恋人がいても、できれば一人で見ることをすすめたい。1時間51分。

記者の採点
情緒性★★★★☆　好演度★★★★★　　　　（敦）

2007年7月18日
5作目は内面に傾斜
「ハリー・ポッターと不死鳥の騎士団」

　魔法界の天才少年も、とうとう十五歳になった人気映画シリーズの第五作「ハリー・ポッターと不死鳥の騎士団」。思春期相応の孤独感を盛り込み、内面的ドラマの色あいが濃くなった。

　前作で、闇の帝王ヴォルデモードと戦ったハリー。しかし魔法大臣は混乱を恐れてか、悪の象徴の復活を否定し、新聞はハリーをうそつき呼ばわりする。魔法学校ホグワーツでも、ハリーを見る生徒の目は冷ややかだ。

　ダンブルドア校長とハリーの力を警戒した大臣はさらに、学校にやり手の女性教師を送り込む。彼女は役に立たない理論しか教えないばかりか、権威を振りかざし管理を推し進めた。

　忍び寄る闇の力に危機感を募らせた親友ロンとハーマイオニー。生徒の有志を組織し、身を守る術をハリーから学ぶのだった。

　校長を含めハリーに接する周囲のよそよそしさや、魔法学校にさえ不安定な空気を漂わせ、主人公の孤独感や不安を引き立てる。

　その分、あとで明らかになる友人たちの信頼や、実は陰で彼をかばい支えてきた大人たちの優しさが身に染みる。陰謀の前にはかなく消える初恋のエピソードも切ない。

　髪を短くし、前作からかなり大人びた主演のダニエル・ラドクリフは、今まで見られなかった複雑な心の動きを演じて成長をアピールする。

　レギュラー陣の名優たちに加え、新たに参加したヘレナ・ボナム・カーターの"怪演"ぶり、今回初登場した風変わりな女子生徒も印象に残る。

　ついにハリーや校長らと、闇の帝王との全面対決となった迫力のクライマックス。ただし、そこにいたるまでのリアルな描写から、いかにもデジタルという感覚の映像に変わった点が気にかかった。2時間18分。監督はデヴィッド・イェーツ。

記者の採点
娯楽性★★★★★　スケール感★★★★☆　　　　（伊）

2007年7月25日
大人が深く味わえる作品
「レミーのおいしいレストラン」

　味に喚起されてよみがえる思い出は、生きた長さに比例して増えていく。天才的な味覚と嗅覚（きゅうかく）を持つネズミと、料理人見習の青年が夢を追うアニメ映画「レミーのおいしいレストラン」は、経験豊かな大人が深く味わえる作品だ。

　有名料理人グストーの著作「誰でも名シェフ」を愛読するネズミのレミーは、一流シェフになる夢を持つ。嵐で下水道を流され、グストーが残したパリの高級レストランにたどり着く。

　慌ただしい調理場で雑用係のリングイニがへまをして、仕込んであったスープを台無しに。レミーが素早く調味するが、料理人たちに捕まる。処分するよう命令されたリングイニは、レミーが人間の言葉を理解していると知り、力を合わせてパリ一番のシェフを目指すことに。

　コンビが生み出す料理は大好評で、レストランは活気づく。そんな中、地位を脅かされると感じた料理長スキナーが料理の謎に疑惑を持ち始め、

フランスで最も権威ある評論家イーゴは、リングイニに評価を下すと宣告する。そのさなか、リングイニの言葉に傷ついたレミーは、ネズミ仲間のもとへ帰ってしまう―。

　ファンタジーなのだから、リングイニだけは「ネズミ語」を解する、という設定もあり得たと思う。だがあえて、レミーのしぐさや動きからその気持ちをリングイニが察するように仕向けた演出が好ましい。小さなネズミに操縦されるリングイニの姿は巨大ロボットのようで、情けなくもおかしみが漂う。

　ペンの力でレストランの命運を握るイーゴは、いかにも陰湿な顔をした敵役。宣伝との区別があいまいなグルメ番組、雑誌が主流を占める日本とは事情が違い、イーゴの非情さがドラマを盛り上げる。1時間57分。監督はブラッド・バード。

記者の採点
ドラマ性★★★★☆　洗練度★★★★☆　　　　（敦）

2007年8月1日
被爆者の悲しみと優しさ
「夕凪の街　桜の国」

　こうの史代の漫画を二話構成で映画化した「夕凪の街　桜の国」。被爆した女性たちの悲しみと、彼らを愛する者の優しさを通し、生きることの意味と向き合う佳作だ。

　一つ目の物語は昭和三十三（一九五八）年の広島が舞台。皆実（麻生久美子）は、母（藤村志保）と二人つましく暮らしている。ある日、会社の同僚打越（吉沢悠）から好意を打ち明けられた。

　原爆で亡くした妹らのことが頭に焼き付き、愛情を受け入れられない皆実を、打越は温かく抱きとめる。だが彼女は突然熱を出し、そのまま寝込んでしまうのだった。

　後編の舞台は現代の東京へ移る。約半世紀前に姉の皆実をみとった旭（堺正章）も既に定年。娘の七波（田中麗奈）に黙って家を抜け出し、深夜バスで広島へ向かう。

　不審に思った七波が後をつけると、幼なじみの東子（中越典子）が半ば強引についてきた。東子は七波の弟（金井勇太）とつきあっていたが、両親に

結婚を反対され迷っていた―。

　前編は、被爆した女性の運命を描く。大勢の死を見せつけられた心の傷で、生きていることに罪悪感を覚える主人公。幸せに手が届こうという矢先に、原爆症で倒れる。

　非道性を声高に告発する映画ではないが、死の間際に主人公が、原爆を投下した側に問い掛けた言葉に胸を突かれる。麻生が主人公のはかなげな雰囲気、やるせない思いを哀切に表現した。

　後編は現代の若い女性がヒロシマと向き合う物語。学校や地域の日常に違和感を抱いたまま過ごしてきたが、広島で両親の愛の物語を知り、人生を前に踏み出す。

　物語は原作に比較的忠実ながら、後編の主人公が両親の記憶を共有する場面など、いかにも映画らしい趣向も凝らされている。1時間58分。監督は佐々部清。

記者の採点
社会性★★★★☆　哀切度★★★★★　　　　（伊）

2007年8月8日

めったにない爽快感

「オーシャンズ13」

　どこか陰惨な響きを持つ「復讐（ふくしゅう）」という言葉も、名優たちが扮（ふん）する犯罪者チームの手にかかれば、明るく痛快なストーリーになってしまう。人気シリーズ映画の第三作「オーシャンズ13」は、友情に基づくリベンジがテーマだ。

　ダニー・オーシャン（ジョージ・クルーニー）が率いるチームの最古参メンバー、ルーベン（エリオット・グールド）は心理的なショックで倒れ、生死の境をさまよっていた。共同で事業を進めていたホテル王バンク（アル・パチーノ）に裏切られたのだ。

　その知らせに再び集結した「オーシャンズ」は、バンクの富とプライドを根こそぎ奪うことを計画。ターゲットは、まもなくグランドオープンを迎える高級ホテルだ。

　人工知能で守られたセキュリティーシステムに挑むが、資金が不足。そこで、オーシャンにとっては宿敵だが、バンクのライバルでもあるベネディクト（アンディ・ガルシア）を計画に引き入れるが—。

　ラスベガスの華やかな舞台で、ブラッド・ピットやマット・デイモン、ドン・チードルら、ハリウッドの主役級が繰り広げるコミカルなシーンの数々は見応えがある。

　だましたつもりがだまされていたり、計画の巻き添えで災難に遭った善意の第三者が救われたり。入り組んだエピソードが明快に理解できるのは、シナリオが練り込まれているからだろう。

　定番の時代劇どころか、子ども向けの特撮ヒーローものでも、殺意を伴う闘いは日常的な風景。犯罪者ばかりなのに暴力を使わず、だまし合うだけでハラハラさせられることに拍手を送りたい。この爽快（そうかい）感はめったに得られるものではない。2時間2分。監督はスティーブン・ソダーバーグ。

記者の採点
娯楽性★★★★☆　爽快度★★★★★　　　　　（敦）

2007年8月15日

少年の心がもたらす幸福感

「遠くの空に消えた」

　奇跡を信じる子どもたちの姿を描き出した「遠くの空に消えた」（行定勲監督）。邪念のない世界が、見る者に幸福感をもたらすファンタジーだ。

　麦畑や牧草地に囲まれた村に、都会から亮介（神木隆之介）が転校してきた。クラスの女子の人気をさらわれたガキ大将公平（ささの友間）は、決闘を挑むものの、仲良く肥だめに落ちて勝負がつかない。

　そんな二人が出会ったのは、空に向かって祈る不思議な少女ヒハル（大後寿々花）。彼女はUFOに連れ去られたと信じる父親の帰りを、独り待っているのだ。ヒハルが大切にしてきた丘は、三人の秘密の場所となる。

　村ではそのとき、空港建設の話が持ち上がっていた。亮介の父親（三浦友和）は国から送り込まれた責任者で、反対派の住民を現金で買収しようともくろむ。

　空港建設をめぐって対立してゆく村内。容認派へ寝返った住民の息子が学校でいじめられるなど、子どもたちも次第に巻き込まれていく。

　大人社会の混乱に嫌気がさした亮介と公平は、父親と再会する希望をなくしつつあったヒハルのためにも、「奇跡」を起こそうと立ち上がる—。

　流れ星に向ければ隕石（いんせき）がとれるという望遠鏡、空から舞い降りた男の翼、秘密の丘に組まれたアンテナといった、ファンタジー好きが胸ときめかせるような"装置"をちりばめる。

　風変わりな衣装やロシア文字などで彩る奇妙な空間と、登場人物たちが繰り広げるドタバタぶりには、無国籍コメディー風の楽しさも。

　「世界の中心で、愛をさけぶ」などでは、大切なものを失った痛みとともに郷愁を描いた行定監督。この映画も過去を題材にしているが、少年の心を現在へとつなげる終わり方がほほ笑ましい。2時間24分。

記者の採点
娯楽性★★★★☆　空想性★★★★☆　　　　　（伊）

2007年8月22日

事実に即し丁寧に描く　　「Life　天国で君に逢えたら」

　主人公が死に至る病気となる設定の映画は珍しくない。ただ、それが広く知られた実話となると、製作には覚悟が必要だろう。世界的なプロウインドサーファーと家族の物語を映画化した「Life　天国で君に逢えたら」は、事実に即し丁寧に作られた佳作だ。

　一九九一年、プロウインドサーファーの飯島夏樹（大沢たかお）は、妻寛子（伊東美咲）とともに世界を転戦し、ワールドカップ（W杯）に出場していた。しかしなかなか勝てず、賞金が得られないため、食事や寝る場所も満足にない。

　「このレースで勝てなければ、あきらめる」と決めた大会。気負う夏樹に師匠の藤堂（哀川翔）は、自分らしく戦うよう諭す。平静さを取り戻した夏樹は優勝。快進撃を始めて子どもも生まれ、一家はハワイで幸福感に満ちた生活を送る。

　だが、それも長くは続かなかった。突然倒れ、診断を受けた結果は肝細胞がん。病状が悪化し、残された時間が減り続ける中、夏樹はパニック障害になる―。

　映画の原作は、飯島夏樹さんが書き、既に出版されたエッセーと小説。また、晩年の言葉や心情は、テレビのドキュメンタリー番組で広く知られている。映画は、実話をなぞりながらもすっきりとした脚本で物語性を高め、飯島さん個人に起きた出来事を、家族の愛や友人の温かさといったより普遍的なものへと昇華させることに成功した。

　いったんは心を病むものの、死を目前にして生きがいを見いだし、泰然とした心境になる姿には人間の尊厳を感じさせられる。「観客を泣かせよう」という過剰な演出もなく好感が持てた。仕事として演じるという姿勢から一歩踏み込んで、事実に誠実に向き合った大沢の熱演が光る。1時間58分。監督は新城毅彦。

記者の採点
ドラマ性★★★★☆　感動度★★★★☆　　　　（敦）

2007年8月29日

深刻だけど笑ってしまう　　「シッコ」

　米ブッシュ政権はジャーナリスティックな作品と認めていないが、マイケル・ムーア監督の「シッコ」は誰が見ても優れた調査報道ドキュメンタリーだ。

　一九八〇年代以降、大統領選挙のたびに候補者が改善を約束しながら、解決策が示されたことのない医療・健康保険問題。冒頭の悲惨なエピソードにその深刻さが描かれている。

　だが、無策の政府、議会をはじめ、被保険者の健康より利益を優先させる保険会社、医者・病院と製薬会社を、容赦なくたたいて笑いものにした映像や、ムーア監督自身のモノローグには噴き出してしまう。

　米政府がテロ国家指定しているキューバでさえ国民皆保険、ほぼ無料の医療、投薬を実現させている。対照的に、米国民の16％にあたる、子供九百万人を含めた四千六百万人は医療保険がなく治療を受けられない。十分な治療を受けるには一人当たり年間数十万円もの保険料を払わなければならない「米国の後進性」を笑い飛ばす。

　タイトルをあえて訳せば「ビョーキ」。映画に登場する患者やけが人ではなく、まともな納税者さえ十分な治療や投薬を受けられない米医療保険制度、そこに「たかる」政治家や保険・医療関係企業の経営者、医者こそがビョーキだと。

　監督は「すべての情報を得て初めて（有権者は）正しい判断ができる」という。米国のイラク侵攻では情報が隠された。

　市民への情報提供という報道の使命を果たそうとするこの作品。ブッシュ政権は、ジャーナリスト以外のキューバでの取材活動・撮影は米国の対キューバ経済制裁強化法違反だとして監督を捜査している。2時間3分。

記者の採点
社会性★★★★★　憤慨度★★★★★　　　　（泉）

2007

2007年9月5日

緩急で見せる娯楽大作 「HERO」

　型破りな検事を主人公に大ヒットしたテレビドラマの映画版「HERO」。豪華な出演者と舞台設定で、エンターテインメント性がより強まった。

　転勤先から六年ぶりに東京地検城西支部に戻ってきた検事、久利生公平（木村拓哉）は、傷害致死事件の裁判を任される。ところが、罪を認めていた男が裁判で突然、否認する。弁護士は、元検事の大物、蒲生（松本幸四郎）。

　追い詰められる久利生の前に、特捜部検事の黛（香川照之）が現れる。贈収賄疑惑で黛が追う代議士の花岡（森田一義）のアリバイを崩すため、何としても男を有罪に持ち込まなければならない事情があった。

　新たな証拠を得るため、久利生は事務官の雨宮（松たか子）と韓国・釜山へ。東京地検は、同国のエリート検事（イ・ビョンホン）に協力を要請するが―。

　指揮権発動を招くほどの大掛かりな汚職事件と、若い男女の幸せを奪った傷害致死事件。その二つを絡めつつ、国家的な正義を背負うエリート検事と、ある種職人的な正義感を持つ主人公とを鮮やかに対比した。娯楽性に、仕事観や社会性といったテーマを分かりやすく織り交ぜ、ドラマに緩急を生み出した。

　緊張感をまとった香川、のらりくらりと保身を図る森田が秀逸。城西支部の検事、事務官たちの軽妙なやりとりは、八嶋智人、小日向文世ら脇役陣が支え、安心して楽しめる。

　一方で、ドラマを見ていない人には分かりにくい部分も。名演ながら中井貴一が登場するエピソードはストーリーから浮いていた。主人公を「良い検事」と強調して描く演出が、やや過剰に感じた。2時間10分。監督は鈴木雅之。

記者の採点
娯楽性★★★★★　満腹度★★★★★　　　　　（敦）

2007年9月12日

情緒におぼれない上品さ 「ミス・ポター」

　有名な「ピーターラビット」の生みの親、ビアトリクス・ポターの半生を描いた映画「ミス・ポター」。しんの強い主人公像にふさわしく、いたずらに情緒におぼれない上品な作品だ。

　舞台は一九〇二年のロンドン。上流階級の一人娘、ビアトリクス（レニー・ゼルウィガー）は三十代。親が薦める縁談を断り、大好きな動物たちを描きためたスケッチを出版社に持ち込んだ。

　担当になったのは、経営者兄弟の末っ子で病弱なノーマン（ユアン・マクレガー）。経営センスも編集経験もなかったノーマンだが、ビアトリクスの絵にほれ込み、絵本の完成にこぎつける。

　出版された本はたちまちベストセラーに。パーティーでノーマンからプロポーズされたビアトリクスは、動転しながらもしっかりと受け止めるのだった。

　しかし両親は身分の違いを理由に結婚に反対。毎年夏に訪れる湖水地方のバカンスが終わっても、気持ちが変わらなければ、という条件で一人娘を説得する。遠く離れた相手を思い続けるビアトリクスのもとにある日、ノーマンの病気を知らせる手紙が届く―。

　映画は悲劇で終わらない。湖水地方に一人住み着いた主人公が、愛する自然と風景を守るために行動を起こし、さわやかな印象を残す。

　情熱と強固な意志を持つ絵本作家を、ゼルウィガーが時折はにかみをまじえながら、気高くかわいらしく演じた。

　主人公と恋人との清潔な関係が続くだけに、二人の思いがあふれ出す別れの場面が引き立った。

　最近では比較的短い映画だけに、もう一つヤマ場があってよかった気がする。そんなことを思うのは、こちらがどぎつい現代的な人間ドラマに、慣れっこになってしまったせいだろうか。1時間33分。監督はクリス・ヌーナン。

記者の採点
娯楽性★★★★☆　高潔さ★★★★★　　　　　（伊）

2007年9月19日

何かが後に残る作品　　　　　　　　「めがね」

　人に会う、おいしいものを食べる、景色を見る…。目的がない旅だって、結構ある。旅は千差万別だ。「めがね」はちょっと風変わりな旅を鮮やかに切り取った映画。何も起きない。それなのに何かが後に残る。

　タエコ（小林聡美）はプロペラ機で、南の島の空港に降り立つ。大ざっぱな地図だけで民宿にたどり着いたタエコに、宿の主人（光石研）は「ここにいる才能がありますよ」と告げる。

　目覚めると、近くにほほ笑む女（もたいまさこ）がいる。客でもないのに宿にいる高校教師（市川実日子）もそろって朝食。一同はタエコに「何をしに来たんですか」「観光するところなんてありませんよ」。

　タエコは別の宿に行ってみるが、そこにはさらに違和感を感じて元の民宿へ。浜辺で行う不思議な体操に参加し、かき氷を食べるうちに、マイペースな面々に慣れていく―。

　小林が主演した荻上直子監督の前作「かもめ食堂」と同様、漂う空気に滋味がある。かき氷と一緒に、春の海に溶けていくような心地よさも伝わってくる。人物の背景は説明されないし、何かが起こる気配もないのに、だ。

　「たそがれ」は夕方を指す言葉だが、登場人物は時間帯に関係なく「たそがれ」る。都会にいても、たそがれることが上手な人は、この作品にそれほど魅力は感じないかもしれない。日常に疲れている人ほど、タエコたちにあこがれるのだろう。

　ただ、旅はいつかは終わってしまう。終わりの予感を寂しいと感じるとき、それが気持ちの良い場所に身を置いているという実感なのだろうと思った。1時間46分。

記者の採点
娯楽性★★★☆☆　解放感★★★★★　　　　（敦）

2007年9月26日

情緒たっぷりの恋愛物語　　　　「クローズド・ノート」

　もしも他人の日記につづられた恋愛体験と、自分の恋が重なったら…。そんなファンタジーのような物語を、情緒たっぷりに描いたのが「クローズド・ノート」（行定勲監督）だ。

　アパートで一人暮らしを始めた大学生の香恵（沢尻エリカ）は、前に住んでいた伊吹（竹内結子）の日記を見つける。小学校の新任教師の伊吹は、子どもたちとの心の交流や、大学時代の同級生への思いを記していた。

　引っ越しの日に部屋を見上げていたイラストレーターのリュウ（伊勢谷友介）が、香恵がアルバイトしている店に万年筆を買いに来た。

　リュウにひかれた香恵は、伊吹の日記に励まされるようにして近づいていくが、なかなか思いは届かない。そして日記と香恵の恋との間に、思いも寄らない接点があったことを知らされるのだった。

　並行して描かれてきた香恵と伊吹の物語が一つにつながる大事な場面は、映画らしいトリックが功を奏し思わずうなってしまうところ。

　主人公を演じた沢尻が恋に思い悩む様子も悪くないが、竹内の存在がこの映画の情感を支えているといえるだろう。しっとりしたたたずまいは昔の日本映画のヒロインを連想させる。教室や合唱シーンが懐かしい感じを引き立てる。

　これまでエキセントリックな役柄が多かった伊勢谷も、この映画では感情をさらけ出した自然な演技を見せ、好感が持てる。

　隠されているのは最近の恋愛映画によくあるモチーフだが、そこは"元祖"ともいえる行定監督。巧みに消化して、この映画独特の雰囲気をつくり出している。2時間18分。

記者の採点
娯楽性★★★★★　感動度★★★★☆　　　　（伊）

2007年10月3日
スリリングな赤ずきん

「リトル・レッド レシピ泥棒は誰だ!?」

　誰もが知る童話「赤ずきん」をコミカルかつスリル満点の物語に仕上げたアニメ映画「リトル・レッド　レシピ泥棒は誰だ!?」。事件をめぐって当事者の言い分が食い違う筋立てが、黒沢明の「羅生門」を思い起こさせる。

　赤いずきんをかぶった少女レッドがおばあさんの家を訪ねると、変装したオオカミに襲われ、クローゼットから縛られたおばあさんが。さらに、おのを持ったきこりのカークが窓から飛び込んできた。

　現場が、菓子作りの名人であるおばあさんの家だったことから、警察は森で頻発しているレシピ泥棒事件と関係があると推理。カエルの探偵ニッキーが、事情聴取を始めた。

　レッドは「オオカミがみんなを食べようとした」と主張し、オオカミは「自分は潜入取材中の新聞記者。レッドを尾行していただけ」と弁解。カークは「吹き飛ばされて家に飛び込んだ。オラだって被害者」と訴え、おばあさんも「自分がレシピを盗んで何の得がある」。

　話に食い違いがあるものの、それぞれの言い分には説得力がある。レシピ泥棒の犯人は誰なのか。探偵のニッキーは謎を解明できるのかー。

　人間や森の生きものなど、この3Dアニメに登場する面々は人形のようで、どこかほのぼのとした雰囲気だが、四つの物語が複雑に絡み合う構成は、スピード感にあふれ、スリリングな展開に妙味がある。

　意外性で楽しめるのはおばあさん。スノーボードで斜面を駆け降り、手りゅう弾まで持ち出してレシピ泥棒と対決。アクション映画「トリプルX」など数々のパロディーもちりばめられている。

　日本では吹き替え版のみの公開で、上野樹里らが声を担当。1時間21分。監督はコリー・エドワーズ、トッド・エドワーズ、トニー・リーチ。

記者の採点
娯楽性★★★★☆　スピード感★★★★☆　　　　（敦）

2007年10月10日
テロ題材にした娯楽映画

「キングダム／見えざる敵」

　イスラム過激派によるテロを題材にした米映画「キングダム／見えざる敵」。国際情勢に向き合う社会派映画というよりは、衝撃と緊迫感あふれるアクションシーンで見せる娯楽作品に仕上げている。

　サウジアラビアの外国人居住地区で、銃乱射と大規模な自爆テロ事件が発生し、現地に駐在していたFBI捜査員も巻き込まれた。

　ワシントンで悲報を聞いた上司のフルーリー（ジェイミー・フォックス）は現地捜査を願い出るが、司法長官の政治的判断で退けられる。テロ組織への資金流出をネタに駐米サウジアラビア大使と取引したフルーリーは、五日間の捜査の許可を得て、三人の部下を連れ現地に乗り込んだ。

　ただ、現地の国家警察に徹底的に監視され、活動を規制されたFBIチームの捜査は一向に進まない。業を煮やしたフルーリーは、王子に直接訴え出る。当初対立を繰り返した国家警察のガージ大佐とも次第に共鳴し、テロ組織の深部に迫るー。

　主人公のFBI捜査官、現地警察の大佐、そしてテロ首謀者のいずれの背後にも、家族、特に子どもの存在を描き込んだ。米映画らしい発想といえばそれまでだが、信仰や立場が違う人々の間に、共通項を示したところに工夫が見える。

　一九九六年にサウジアラビアで実際に発生した爆破事件をヒントにしたというものの、映画の設定は米中枢同時テロ以降の国際情勢を踏まえて展開する。

　米国など西側とイスラム世界との対立というデリケートな問題をエンターテインメントのモチーフにしてしまうところに、米映画界のしたたかさを感じざるを得ない。1時間50分。監督はピーター・バーグ。

記者の採点
娯楽性★★★★☆　社会性★★★☆☆　　　　（伊）

2007年10月11日

米国の裏面史に迫る 「グッド・シェパード」

　ロバート・デニーロ監督が米中央情報局（CIA）の裏面史に迫った映画「グッド・シェパード」は、リアリティーを感じさせる重厚なドラマ。

　一九六一年、米国の支援を受けた亡命キューバ人部隊が、カストロ政権転覆を図ってピッグズ湾に上陸するが、CIA内部の情報漏れで失敗。その後、作戦の責任者であるベテラン情報員ウィルソン（マット・デイモン）のもとに、男女がベッドで交わした会話の録音テープと写真が届く。内通者と敵側スパイのにおいを感じたウィルソンは分析を始める。

　もともとウィルソンはエール大学在学中にエリートで構成する秘密結社に参加し、サリヴァン将軍（デニーロ）の誘いで欧州でスパイ活動に従事してきた。第二次大戦後に発足したCIAで仕事に没頭、家族にも秘密主義を貫き、妻との溝は深まるばかり。そんな中、成長した息子はCIAに入り、海外へ赴任。あるとき、冷戦構造の中で長年腹の探り合いをしてきたソ連の情報員から、突き付けられたピッグズ湾事件の情報が、ウィルソンを悩ませる―。

　「ボーン・アルティメイタム」（十一月公開）でデイモンが演じるCIA情報員が派手に動き回るのに対し、こちらはあくまでも静か。苦悩を表情や言動に表すことすらできない二重の苦しみを見事に表現する。「オーシャンズ」シリーズのコミカルな演技も併せて考えると、この俳優の力量に圧倒される思いだ。

　国の命運を背負う意識が強すぎるため、他人ばかりか家族も信用できない男の孤独は絶望的。登場人物の相関関係は複雑だが、国の歴史と家族の歴史にまたがる主人公の視点に立てば、見応えある物語が浮かび上がる。2時間47分。

記者の採点
社会性★★★★☆　　ドラマ性★★★★☆ （敦）

2007年10月17日

時代の空気を的確に表現 「クワイエットルームにようこそ」

　芥川賞にノミネートされた自らの同名小説を松尾スズキ監督が映画化した「クワイエットルームにようこそ」は、重くなりがちな題材を、後味のよいエンターテインメントに昇華させた快作だ。

　ライターの明日香（内田有紀）がある日目覚めると、病院の保護室で体を拘束されていた。看護師の江口（りょう）によると、アルコールと睡眠薬の過剰摂取が原因。締め切りを過ぎた原稿を抱えていた明日香は退院を訴えるが却下される。同棲（どうせい）相手の放送作家鉄雄（宮藤官九郎）も頼りにならない。

　女子ばかりの閉鎖病棟。自分の髪の毛を燃やしたり、和服姿で勝手に退院しようとする患者たちに明日香はぼうぜん。「食べたくても食べられない」というミキ（蒼井優）や、近々退院するという栗田（中村優子）から、病院の内情を聞かされる。

　ある日、元AV女優の西野（大竹しのぶ）が明日香の病室を荒らしていた。鉄雄の子分コモノ（妻夫木聡）が差し入れた鉄雄の手紙を読み上げる西野。そこには、明日香が知らない入院の真相が書かれていた―。

　常に自分を肯定して疑問を持たず、健全に生きられれば幸せだろう。だが、日常的な不安の地続きに心の変調が待ち受けていることを、多くの人が感じているのではないか。そんな時代の空気を的確にとらえ、愛情とユーモアに包みながらも生々しく描いている。

　「理想の自分」に近づけない悩みを抱える二十八歳の女性を内田が好演。妻夫木や蒼井、大竹らが、これまでの豊富なキャリアとは違った新たな境地を切り開いている。庵野秀明やしりあがり寿らアニメ、漫画界の奇才が風ぼうを生かした役柄で出演しているのもうれしい。1時間58分。

記者の採点
社会性★★★★☆　　名演度★★★★★ （敦）

2007年10月24日

充足感に似た後味の感動作

「象の背中」

　余命半年とされた男が人生を清算し、家族と温かい時を過ごす映画「象の背中」。死を扱った物語ながら、悲しみより、充足感に似た後味を残す感動作だ。

　外では建設会社の部長として大プロジェクトを手掛け、家庭では妻（今井美樹）や二人の子どもと円満な関係を築いてきた藤山（役所広司）。ある日、医者から末期の肺がんであることを宣告された。

　延命治療を拒否し、中学時代の初恋の相手（手塚理美）や、高校生の時に大げんかした親友（高橋克実）、長く縁を切っていた兄（岸部一徳）らを訪ね、病気やこれまで言えなかったことを打ち明ける。

　息子（塩谷瞬）以外の家族にはがんであることを隠してきた藤山だったが、ついに倒れ妻や娘の知るところとなる。会社を辞め家族との時間を惜しむ藤山だが、病状はさらに悪化していった―。

　突然のがん宣告という、中高年には人ごとといえない状況を入り口に、ある意味理想といえる死にざまを示した。

　仕事は順調、多くの人に愛され、死にも向き合う主人公の姿は格好良すぎるという感じがしないではない。それをリアルな人物に感じさせるのは、役所のときに自然、ときに壮絶な演技に負うところが大きい。

　妻子も不倫相手も同時に愛し、たばこを吸い続けた末に肺がんを患う主人公。確かに身勝手だが、そうした矛盾をはらんだキャラクターも人間らしくて面白い。

　ただ不倫をめぐる女たちの描写には、違和感などさまざまな受け止め方があるだろう。

　それでも、細かいエピソードや脇役たちの何げない反応に、ハッとさせる要素をちりばめ、説明調のせりふや分かりやすい表情よりも、はるかに説得力がある。最後まで飽きさせない演出や脚本がさえる。2時間4分。監督は井坂聡。

記者の採点
感動度★★★★★　男の身勝手さ★★★★★　　　　（伊）

2007年10月31日

物語支える時代考証と特撮

「ALWAYS　続・三丁目の夕日」

　西岸良平の漫画が原作の映画「ALWAYS　続・三丁目の夕日」は、前作同様、昭和三十年代の東京を舞台に、失われた人情と風景をノスタルジックに描いた快作だ。

　東京五輪の開催が決まり、高度経済成長に踏み出した一九五九年の東京。順調に取引先を拡大する自動車修理店の鈴木（堤真一）一家に、事業に失敗した親せきの娘の美加（小池彩夢）を預けにやって来る。お嬢さま育ちの美加は、豚肉を使ったすき焼きや銭湯に通う生活になじめない。

　一方、茶川（吉岡秀隆）が育てる淳之介（須賀健太）を取り戻そうと、裕福な実父の川渕（小日向文世）が再び現れ「人並みの暮らしをしていないという確証を得たら、今度こそ連れて帰る」と宣告する。茶川は、互いに好意を寄せたまま姿を消し、その後町に戻ったヒロミ（小雪）を迎えに行くためにも、再び芥川賞を目指す―。

　世界の都市で、短期間にこれほど変ぼうを遂げた町はあっただろうか。物語の設定から五十年に満たないのに、当時の東京を再現するには特撮技術と時代考証が必要だ。そんな労力がしのばれる念入りなセットや小道具の数々が、人情豊かに支え合い、ときにはぶつかり合う隣人たちのドラマをしっかりと支えている。

　現在のような高速道路の高架がなく、空が広がる日本橋、丸みを帯びた車が行き交う銀座の風景には、「三丁目」から離れた開放的な気分を登場人物と共有できた。

　前作の雰囲気を期待して映画を見始めると、冒頭のシーンであっけにとられるだろう。高度な特撮技術で知られる山崎貴監督ならではの、観客への豪華な「おまけ」のようだった。2時間26分。

記者の採点
娯楽性★★★★☆　完成度★★★★★　　　　（敦）

2007

2007年11月7日

真相に向け一気に加速

「ボーン・アルティメイタム」

　記憶喪失の敏腕工作員が自らの過去をたどる人気映画シリーズの第三弾「ボーン・アルティメイタム」。陰謀の真相に向かって一気に加速する一級のアクション映画だ。

　自分がCIA工作員だったことを暴露する新聞記事を読んだジェイソン・ボーン(マット・デイモン)は、情報を得ようとロンドンの駅に記者を呼び出す。極秘計画が探られていることに気付いたCIAが駅で監視していて、記者を射殺する。

　記事の情報源のCIA支局長を捜すボーン。かつての同僚ニッキー(ジュリア・スタイルズ)の協力で支局長が身を隠すモロッコに入るが、そこでもCIAの殺し屋に先を越される。

　ボーンは極秘計画の真相と自分の過去を求め、いよいよニューヨークのCIA拠点に向かう―。

　一作目でわけが分からないままCIAに追われ、前作で恋人の命を奪われ復讐(ふくしゅう)に走った主人公。今回は組織と先を争うように欧州を駆け抜け、中枢にたどり着く。

　ごった返す駅の構内でCIAの監視から逃げ隠れする場面の緊迫度は相当のもの。モロッコ・タンジールの町中をバイクで駆け回り、殺し屋を追って建物から建物へと飛び移るスピード感も圧巻といえる。

　携帯電話や監視カメラなど"ハイテク小道具"を使い、どこへも逃げられない不安感をかき立てる手法が効果的だ。

　物語のアクセントとなるのが、ボーンとニッキーの微妙な関係。彼女が変装のため髪を染める場面に、シリーズを踏まえた男女の感情を盛り込み、ラストで上手に生かす。

　とはいえ、このシリーズの面白さは、身体能力と繊細さがアンバランスな主人公のキャラクターにあったのでは…。アクションの迫力に押され、主人公の魅力が薄れてしまった印象がぬぐえない。1時間55分。監督はポール・グリーングラス。

記者の採点
娯楽性★★★★★　緊迫感★★★★★　　　　(伊)

2007年11月14日

閉塞の時代に一服の清涼剤

「やじきた道中　てれすこ」

　長い間親しまれてきた弥次さん、喜多さんの珍道中の物語をもとに、古典落語をちりばめて大胆にアレンジした映画「やじきた道中　てれすこ」。閉塞(へいそく)感覆う息苦しい現代に届いた一服の清涼剤のような作品だ。

　江戸・品川の花魁(おいらん)お喜乃(小泉今日子)は、自分の小指をかたどった細工菓子を職人の弥次郎兵衛(中村勘三郎)に大量に作らせ、客たちに「自分の思いだ」と偽って渡しては金をせしめていた。若手の台頭で人気にかげりが見え始めたお喜乃は「病気の父に会いたい。一緒に逃げて」と弥次に持ち掛ける。

　その部屋の外では、弥次の幼なじみで、売れない歌舞伎役者の喜多八(柄本明)が首をつろうとしていた。抜てきされた忠臣蔵の「松の廊下」で大失態を演じたのだ。「上方でもう一度芸を学びたい」という喜多を巻き込み、三人の旅が始まる―。

　お喜乃はだました男たち(四十七人)に追われ、弥次は浪人風の詐欺師にだまされ、喜多は酒で乱れて壊した宿の調度品やけがを負わせた同宿者への支払いで、三人は一文無しになってしまう。

　かなり困った立場に追い込まれるが、いつも何とかなってしまう。それは見ている側も承知の上。勘三郎、柄本をはじめ、名優で固められた登場人物が、常に楽しげな気分を醸し出しているからだ。

　古典落語に着想を得た小話が随所にあり、メーンとなるストーリーと見事に調和。何とも粋なやりとりが生むおかしみ、緑一色の杉並木や紅葉した山並みなどの風景が、日本の魅力を再発見させてくれる。「国民的喜劇」という宣伝文句も大げさには聞こえない。1時間48分。監督は平山秀幸。

記者の採点
娯楽性★★★★☆　人情度★★★★★　　　　(敦)

2007年11月21日

テロの問題を誠実に描く

「マイティ・ハート／愛と絆」

　製作ブラッド・ピット、主演アンジェリーナ・ジョリーという話題のカップルによる映画「マイティ・ハート／愛と絆」。実際に起きた米紙記者誘拐事件を妻の姿を通して描き、イスラム過激派のテロを真正面から見据えた。

　米紙ウォールストリート・ジャーナルの特派員ダニエル・パール（ダン・ファターマン）とフランス人ジャーナリスト、マリアンヌ（ジョリー）の夫婦は、米中枢同時テロ以降のアジア情勢を取材してきた。

　帰国直前に訪れたパキスタンのカラチ。妊娠中のマリアンヌに、夕食までに戻ると言って取材に出たまま帰らないダニエル。アルカイダと関係するテロ実行犯について調べるため、イスラム指導者に会いに行ったのだった。

　まもなく誘拐犯グループから、夫を「CIAのスパイ」と決めつけた犯行声明のメールが送られてきた。希望を持とうと努めてきたマリアンヌに伝わったのは、絶望的な結末だった―。

　「強い心」を意味するタイトルからも分かるように、絶望に浸る物語ではない。悲劇を乗り越える妻の姿に「こんな生き方を自分はできるだろうか」と考えさせられる。

　演技力には定評があるジョリーだが、不安と焦燥感に襲われる様子は鬼気迫る。実生活でも出産を経験したばかりだから、特別な思い入れがあったのだろう。

　時事的題材をドキュメンタリー調に料理するのを得意とするマイケル・ウィンターボトム監督を起用。臨場感あふれる映像で本領を発揮した。

　サスペンス調の娯楽映画にしなかったところに製作側の誠意が表れる。それでも事件の結末が分かっているだけに、何げないエピソードの一つ一つにも緊張がみなぎっている。1時間48分。

記者の採点
緊張感★★★★★　感動度★★★★☆　　　　　　　（伊）

2007年11月28日

痛快時代劇の復活に挑戦

「椿三十郎」

　黒沢明監督、三船敏郎主演の名作を四十五年ぶりにリメークした映画「椿三十郎」。森田芳光監督は旧作の脚本をそのまま生かし、演出と現代的な俳優で痛快な娯楽時代劇の復活に挑戦した。

　藩の上役の汚職を暴こうと、伊織（松山ケンイチ）ら九人の若侍がある社殿に集まって意気を上げていると、浪人の三十郎（織田裕二）が現れ、浅知恵を笑う。九人はいきり立つものの社殿は既に取り囲まれ、三十郎の指摘の正しさが証明された格好に。その場は三十郎の機転で難を逃れる。

　そんな中、城代家老睦田が汚職の張本人らに連れ去られる。義憤に駆られて救出しようとする伊織たち。その頼りなさを捨て置くことができない三十郎は、彼らを助けることにするが…。

　旧作に魅了された人には、二十一世紀の俳優たちの殺陣に違和感があるかもしれない。体形が違うことも原因の一つだろうが、腰を据えて相手の骨肉を断つような気迫は旧作に及ばず、やや軽い印象が残る。

　ただ、練られた筋立ては現代でも十分通用することを証明してみせた。かつてエンターテインメントの主流を占めた時代劇の楽しさを思い出させてくれた功績は大きいだろう。

　コミカルな見せ場を持つ押し入れ侍（佐々木蔵之介）は現代風に消化されていたし、憎悪の冷たい炎を燃やす室戸半兵衛は豊川悦司が好演。育ちが良いために危機にあってものんびりしている城代家老の妻子は、中村玉緒と鈴木杏が息の合った演技を見せた。

　ひ弱な若侍たちに比べればワイルドなのだが、織田が演じる三十郎はハンサムすぎる。旧作と比較される宿命にあって、織田自身が三船を意識しすぎたのかもしれない。1時間59分。

記者の採点
娯楽性★★★★☆　痛快度★★★☆☆　　　　　　　（敦）

2007年12月5日

映画の未来暗示か実験作か

「ベオウルフ／呪われし勇者」

　北欧神話をベースにしたアクションファンタジー「ベオウルフ／呪われし勇者」は、俳優の演技をコンピューターに取り込んで加工したフルCG作品。今後の米国娯楽映画の方向性を示しているのか、デジタル技術に頼りすぎた実験作なのか、興味をそそる一本だ。

　舞台は六世紀のデンマーク。国王（アンソニー・ホプキンス）をたたえる宴会を、巨大な怪物が襲い家来たちを惨殺する。国王が莫大（ばくだい）な懸賞金をかけると、勇気と強靱（きょうじん）な肉体を備えた野心家ベオウルフ（レイ・ウィンストン）が海を越えてやってきた。

　ベオウルフは、怪物をおびき出し致命的な打撃を与えるが、目を覚ますと既に家来たちは皆殺しに。息子を失い怒りに燃える怪物の母親（アンジェリーナ・ジョリー）の仕業だった。

　怪物親子の洞窟（どうくつ）を訪れたベオウルフは、王の座を手に入れる約束と引き換えに、美しい母親の誘惑に応じる。城に戻ったベオウルフが母親を倒したと偽りの報告をすると、王は地位や財産、王妃まで委ね、なぜか自ら命を絶ったのだった—。

　巨人や竜が人間世界と同居する北欧神話の世界は、ファンタジーの源流。血なまぐさく単調といえる叙事詩を、二代の王と怪物の母との関係で解釈し直した物語に、かなりの工夫が見られる。

　顔のしわやしたたる水滴などを描いた精細な映像には、確かに感心せざるを得ない。デジタル技術でデフォルメした俳優の姿形や、制約から自由になったカメラの動きもCGのたまもの。それでもまだ人物の感情描写はぎこちない。

　北米地区などで公開一週目の興行成績がトップになったという。いずれ、観客が生身の俳優の感情表現にそっぽを向くような時代が来るのだろうか。1時間54分。監督はロバート・ゼメキス。

記者の採点
娯楽性★★★☆☆　映像のリアリティー★★★☆☆　（伊）

2007年12月12日

いかにも米国的な正義感

「アイ・アム・レジェンド」

　人間が姿を消したニューヨークの街で、一人生き残った男を主人公にした映画「アイ・アム・レジェンド」は、正義感と恐怖を描いた近未来SFだ。

　軍のウイルス研究者、ロバート・ネビル（ウィル・スミス）は、無人の街で愛犬のサムと暮らす。食料もDVDも、武器さえも独り占めできるが、言葉を交わす相手はいない。

　三年前、がんを撲滅するために開発されたウイルスが暴走。空気感染し始めてニューヨークは封鎖された。ネビルは妻子を避難させる一方、感染を食い止めるためのワクチンの開発に必死になっていた。

　なぜか免疫を持っていたために生き残ったネビルは、その後も人類再生のヒントを探し、日没後に暴れ回る「ダーク・シーカーズ」と戦いながらある実験を繰り返していた。

　タイムズスクエアをはじめ、アスファルトを割って草が生えるような荒れきった風景が絶望感を誘う。店員やほかの客に見立てたマネキンを配置するなどコミカルな場面も、孤独感を演出する上で効果的だ。

　回想シーンを除き、他人とのコミュニケーションがほとんどない役を自然に演じたスミスはさすが。シカの群れをスポーツカーで追い、ライオンに横取りされる場面は、特撮と分かっていても見応えがあった。

　ただ、ネビルの敵であるダーク・シーカーズは、従来の映画で既に登場しているゾンビたちの造形から抜け出せていないように見えた。深みを増すかに思われたネビルの心の旅が、ダーク・シーカーズとのアクションに移るにつれ、ぼやけてしまった感がある。

　ネビルの正義感はいかにも米国的かつ超人的すぎるため、感情移入しにくかった。1時間40分。監督はフランシス・ローレンス。

記者の採点
娯楽性★★★☆☆　孤独感★★★★★　（敦）

2007年12月19日

壮大なスケールのほら話

「ナショナル・トレジャー／リンカーン暗殺者の日記」

　米建国にまつわる宝探しを、歴史学者が繰り広げる人気映画の第二弾「ナショナル・トレジャー／リンカーン暗殺者の日記」は、前作のスケールを大きく上回る娯楽作。謎解きの面白さに引き込まれ、ほら話に乗ってみるのも悪くない。

　南北戦争終結直後の一八六五年、リンカーン大統領暗殺犯から、日記帳に書かれた暗号解読を依頼されたトーマスという男。ある陰謀に気付いた彼は、日記を暖炉に放り込む。

　舞台は現代へ。彼の子孫にあたる学者ベン（ニコラス・ケイジ）の前に、トーマスを暗殺の共犯と主張するウィルキンソン（エド・ハリス）という男が現れ、日記の燃えかすを証拠として示す。

　先祖の無実を証明しようと、ベンは天才ハッカーの友人や国立公文書館に勤める恋人（ダイアン・クルーガー）と協力し、博物館に寄贈された燃えかすの日記から暗号を読み取る。

　手掛かりをたどってロンドンのバッキンガム宮殿、ホワイトハウスへと忍び込むベンらを、ウィルキンソン一味が後を追うのだった―。

　わずか百数十年前の事件をきっかけに、パリの自由の女神像や英王室にまで足をのばし、最後は先住民の遺物にまでさかのぼる。決して長いとはいえない米国の歴史を題材に、これだけ大風呂敷を広げれば見事だ。

　たやすく大統領執務室などに侵入するなど、冷静に考えると違和感を抱きそうな場面にもつい引き込まれる。ケイジが醸し出すとぼけた味わいのせいだろうか。

　今回はアカデミー賞女優ヘレン・ミレンが主人公の母親の役で加わった。父親役ジョン・ボイトとの名優同士の掛け合いで笑わせる。

　主人公らの動機が愛国心であり、建国にかかわった先祖の名誉というのが、いかにも米国らしい。2時間4分。監督はジョン・タートルトーブ。

記者の採点
娯楽性★★★★☆　大風呂敷感★★★★★　　　　（伊）

2007年12月26日

スピード感と情感の両立

「魍魎の匣」

　京極夏彦のベストセラーを原作にしたサスペンス映画「魍魎（もうりょう）の匣（はこ）」は、この作家独特の怪しい世界を、俳優の力量とスピード感ある構成で再構築した意欲作だ。

　戦間もない東京。美少女連続殺人事件が人々の話題をさらっていた。引退した女優陽子（黒木瞳）の娘も失踪（しっそう）し、探偵の榎木津（阿部寛）が行方を追う。

　作家の関口（椎名桔平）と月刊誌記者の敦子（田中麗奈）は、不幸を箱に閉じ込めるとうたう新興宗教の秘密に迫ろうとする。刑事の木場（宮迫博之）は、箱形をした巨大な建物の謎に挑む。古書「京極堂」店主にして神社の宮司でもある中禅寺（堤真一）が、それらの謎解きに加わった―。

　堤と阿部、椎名という同年生まれの俳優三人が核となり、登場人物が入り乱れる群像劇をけん引。確信犯的なやや大げさな演技が、幻想的な空間で光っている。作家役で登場する宮藤官九郎も不思議な存在感を示し、寺島咲、谷村美月の美少女ぶりも、事件のおぞましさを際立たせている。

　かつての東京の面影を求め、上海近郊に残る古い街並みで撮影したというシーンの数々が効果的だ。日常のすぐ近くにあった暗がりに、怪しげな存在を感じた時代を的確に表現している。

　「魍魎」とは、木や川、石などに宿ると信じられた精霊や、水の神を指すという。作品では運河や蒸気、血だまりなどがスクリーンに湿り気をもたらす。

　短いカットをつないで畳み掛けるようなスピード感と、日本的な奥深い情感を両立させた技は見事。鑑賞に集中力を必要とする作品ではあるが、京極作品の読者でない人も楽しめる。2時間13分。監督は原田眞人。

記者の採点
娯楽性★★★★☆　奇怪感★★★★★　　　　（敦）

2008

2008年1月9日

旺盛なサービス精神

「銀色のシーズン」

　スキーを題材にした「銀色のシーズン」。ゲレンデのアクションを軸に、ラブストーリーあり、青春映画の側面あり、群像ものを思わせる楽しさも…。いろんな要素を盛り込んだ娯楽作だ。

　スキーのモーグル競技で地域おこしを図る町に、「何でも屋」を名乗る男たちがいた。スキーの腕は確かながら、いかがわしい手段で金を稼ごうとする城山銀（瑛太）らの三人組だ。

　町の人々は彼らのやりたい放題に手を焼きながらも、どこか腫れ物に触るようなところがある。銀はかつてモーグルで日本のエースとして活躍したが、町の期待に応えようと無理をして大けがをし、一線を退いた過去があったのだ。

　そこへ、町が企画した雪山結婚式に応募した七海（田中麗奈）がやってくる。ところが彼女はまったくスキーができない。そこに目を付けた銀は、法外な値段でレッスンを引き受けた。

　一向に上達しない七海をののしりながらも、銀は次第に親近感を覚えるようになる。

　スキーによるアクロバティックなアクションやスピード感を見せつける冒頭の場面で、いきなり目を奪われる。主要キャストを取り巻く国村隼、佐藤江梨子、杉本哲太らがそれぞれ存在感を発揮しているし、瑛太の若さも悪くない。

　田中麗奈演じるヒロインの悲恋や瑛太との関係も見どころの一つに仕上げている。ただ、主人公の仕業で結婚式場が破壊されて以降の物語展開が、あまりに強引でついていけないところも。

　大ヒットした「海猿」シリーズのスタッフによる新作。一本の映画にいろんなジャンルの良さを詰め込んだ旺盛なサービス精神は、いかにもテレビ局主導の映画らしい。1時間48分。監督は羽住英一郎。

記者の採点
娯楽性★★★★☆　ごった煮感★★★★★　　　　　（伊）

2008年1月16日

バランス絶妙な大人の映画

「スウィーニー・トッド フリート街の悪魔の理髪師」

　ジョニー・デップとティム・バートン監督が傑作ミュージカルの映画化に挑んだ「スウィーニー・トッド　フリート街の悪魔の理髪師」。猟奇的なエピソードとブラックユーモア、愛の物語を絶妙なバランスで配した大人の映画だ。

　ベンジャミン・バーカー（ジョニー・デップ）は、無実の罪でとらわれていたオーストラリアの監獄を抜け出し、ロンドンへ戻ってきた。

　風ぼうが変わり果て、スウィーニー・トッドと名前を変えた彼は、自分に罪を着せ、妻子を奪った判事ターピン（アラン・リックマン）とその子分（ティモシー・スポール）の殺害を誓う。かつて開いていた理髪店に戻り、ターピンらを誘い込むチャンスをうかがう。

　トッドは自分の正体を見破ったライバル理髪師をはずみで殺してしまい、死体の処理に困るが、パイ店を営む大家のミセス・ラベット（ヘレナ・ボナムカーター）が、人間の肉をパイに詰めて売ることを思い付き…。

　十九世紀のロンドンの陰鬱（いんうつ）な街並みを再現。灰色を基調にしたスタイリッシュな映像は硬質で、大量の血が流れているのにどこか乾いた印象だ。

　デップは、シリアスなシーンでは演技に抑制をきかせて絶望の深さをうかがわせる一方、コミカルな場面では大ぶりな動きで画面にダイナミズムをもたらす。ボナムカーターはエネルギッシュなキャラクターながら、報われぬ愛を情感たっぷりに歌い、演じる。

　リックマンら英国を代表する俳優の存在感が大きく、養女として判事に監視されているトッドの娘役ら若手の演技と歌声はみずみずしい。俳優たちの幅広い才能の融合が、作品に底知れぬ奥行きを与えている。1時間57分。

記者の採点
映像美★★★★☆　重厚感★★★★★　　　　　（敦）

2008年1月23日

心の欠落感埋める物語

「陰日向に咲く」

広がる格差や閉塞（へいそく）感のせいなのか、何かが欠落した感覚を心に抱えて生きている人も少なくない。劇団ひとりのベストセラー小説を映画化した「陰日向に咲く」は、そんな気分をすくいとった。

観光バスの運転手シンヤ（岡田准一）は、パチンコ依存症。消費者金融から借金を重ね、自宅前では取り立て屋が待ち受けている。

シンヤは、きまじめそうな寿子（宮崎あおい）が、浅草のストリップ劇場に入ろうとしているのを見かける。母の初恋の相手という芸人（伊藤淳史）を捜しているのだった。

サラリーマンのリュウタロウ（三浦友和）は、独特の風ぼうでモーゼと呼ばれるホームレス（西田敏行）にひかれて、会社を休み公園で寝起きを始める。

そして、売れないアイドル（平山あや）をいちずに応援し続ける"アキバ"のオタク（塚本高史）たち。

大型台風が東京に上陸した日、それぞれの乾ききった人生が運命的に結び合わされる。

心にむなしさを抱え込んだ登場人物たちではあるが、深刻さを強調しなかったところに、この映画の見やすさがあり、物足りなさもある。

いや、客観的に悲しく映る状況でも本人たちがさほど切実に受け止めていないのが、今の時代のリアリティーといえるのかもしれない。

そういう意味で、生活が完全に破たんしながらもどこにでもいそうな青年を、岡田がうまく演じている。

主人公を取り巻く人間群像を西田、三浦、宮崎ら芸達者の存在感に頼ったようだが、いかんせん登場人物が多すぎる。2時間9分の長尺でも、個々の事情や背景が描き込めなかった印象が残る。監督は平川雄一朗。

記者の採点
感動度★★★★☆　切実感★★★☆☆　　　　　（伊）

2008年1月30日

スリリングな宿命の対決

「アメリカン・ギャングスター」

米国に実在した麻薬王と刑事の対決を描いた映画「アメリカン・ギャングスター」は、男同士の人生とプライドがぶつかり合う、正統派の犯罪アクションだ。

フランク（デンゼル・ワシントン）は、東南アジアで直接買い付けた麻薬をベトナム戦争の軍用機で密輸。「ブルー・マジック」と名付けて流通させ、裏社会でのし上がっていく。

刑事のリッチー（ラッセル・クロウ）は、ある容疑者の車から百万ドル近い現金を見つけるが手を付けず、汚職や横領がはびこり、腐敗しきった警察内部で孤立する。

検察官から麻薬捜査班の責任者に指名されたリッチーは、誘惑や圧力に負けない部下たちとともに「ブルー・マジック」の供給元を探った。フランクは、富と権力を手にしても慎重に振る舞い、正体は謎に包まれていたが、地道な捜査で端緒をつかまれる—。

悪事に手を染める一方で、家族を守って質素な日常生活を送る麻薬王と、私生活ではだらしがなくても、仕事には命懸けで誠実であろうとする刑事。対照的な二人の人物が、アカデミー賞俳優によって見事に演じられている。

将棋の「王手」やチェスの「チェックメート」のように、二人は最終局面で宿命的な対決を迫られる。そこにいたる過程が、リドリー・スコット監督によって緻密（ちみつ）かつスリリングに演出され、上質の対局にも似た満足感を与えてくれる。

捜査に横やりを入れつつ、犯罪によるもうけの上前をはねようとする悪徳警官が、対決の構図に深みを持たせていて心憎い。「アメージング・グレース」が流れるクライマックスの場面が美しく、印象的だ。2時間37分。

記者の採点
娯楽性★★★★☆　名演度★★★★★　　　　　（敦）

2008年2月6日
世の父親があきらめたもの 「結婚しようよ」

　吉田拓郎の往年の名曲を次々聴かせる「結婚しようよ」は、言うまでもなく、特定の世代のノスタルジーをかき立てる映画だ。しかし、それだけではない。時代に流されるまま、多くの日本人が解決してこなかった親子間の溝についても、しんみり考えさせる。

　サラリーマンの卓（三宅裕司）は、妻（真野響子）と大学生の娘二人の家族四人で夕食を取るのを日課にしている。

　たまたま食事に招かれた近所の充（金井勇太）は、そんな一家の様子に驚く。彼自身は幼くして家族を亡くし、一流のそば打ち職人を目指してアルバイトを続けていた。

　長女（藤沢恵麻）は充のひたむきな姿にひかれ、毎晩弁当を届けに行くようになる。一方、バンドを組んでいる二女（AYAKO）は、ライブハウスのオーディションで気に入られ、夜のステージに立つことになった。

　家族で夕食を囲むことができなくなって、ふてくされる卓。追い打ちをかけるように、充と長女が結婚したいと言い出した。長女の将来を不安に思って反対する卓は、食い下がる充に手を上げてしまう―。

　一緒に食卓を囲み父親に敬意を払ってきた家庭の様子は、世の父親たちの願望を映したものだろうが、現実とは縁遠い世界という印象が残る。

　親の言葉に素直に従って育ってきた娘、貧しいながらも地道に努力する青年という、近ごろ珍しいといえる人物像には、抵抗を覚える世代もいるはずだ。でも考えてみると、理想の家族を厳格に追い求めながら、徐々に子どもたちとの距離を思い知らされる主人公の姿は、戦後、日本の父親たちがたどってきた道のりと読めなくもない。

　「こうあるべきだ」と主張できなくなったお父さんたちに代わり、この映画は家族の関係にささやかなケリをつけてくれる。2時間。監督は佐々部清。

記者の採点
ノスタルジー度★★★★☆　幸福感★★★★★　　　　（伊）

2008年2月13日
人間の多面性を描く秀作 「エリザベス　ゴールデン・エイジ」

　権力基盤を固める一方で、一人の人間として苦悩する女王の姿を描いた映画「エリザベス　ゴールデン・エイジ」は、壮大なスケールを堪能できる秀作だ。

　プロテスタントを旗印として、イングランド女王の座に就いたエリザベス（ケイト・ブランシェット）。自らを正統の女王と主張するメアリーをはじめとしたカトリック派に命を狙われていた。さらに、スペイン国王のフェリペ二世が、領土的な野心を胸に、イングランドへの圧力を強めていた。

　エリザベスは、冒険談を語る野性的な航海士ローリーに引かれ始めるが、国家のために独身を貫く誓いを立てていたため恋愛感情を封印する。

　そんな中、カトリック派による暗殺未遂事件が起き、エリザベスは葛藤（かっとう）しながらもメアリーを処刑。フェリペ二世は憤慨し、イングランドに無敵艦隊を差し向けた―。

　ブランシェットは「アイム・ノット・ゼア」（ゴールデンウイークに公開）で、フォークの巨人ボブ・ディランに扮（ふん）している。強大な権力を手にした女性と、体制から遠い場所にいた男性。対極に位置するような人物の内面まで表現できる彼女は、現在世界一の女優といってよいだろう。

　「エリザベス―」では、暗殺者さえ圧倒し、白馬にまたがって兵士たちを鼓舞する威厳と、豪華な王宮の中心で振る舞う気品はもちろん、いとこにあたるメアリーを処刑する苦悩、恋愛に揺れる女性の感情までも豊かな演技力で見せつける。

　この作品がぜいたくに見えるのは、豪華な衣装だけではなく、人間が持つ多面性をあますところなく描いているからだろう。1時間54分。監督はシェーカル・カプール。

記者の採点
スケール感★★★★☆　名演技★★★★★　　　　（敦）

2008年2月20日

映画の魔法で見せる

「マゴリアムおじさんの不思議なおもちゃ屋」

　ダスティン・ホフマンとナタリー・ポートマンが共演する映画「マゴリアムおじさんの不思議なおもちゃ屋」は、セットや美術の細部まで丁寧に作られた、大人も楽しめるファンタジーだ。

　都会のビル街の一角にある魔法のおもちゃ屋は開業百十三年。いつまでも飛び続ける紙飛行機、円盤遊具が得意な恐竜、誰にでも抱きつくサルのぬいぐるみなど、生きもののようなおもちゃたちと客で店内はいつも大盛況。

　ところがオーナーのマゴリアムおじさん（ダスティン・ホフマン）が突然、引退を宣言する。支配人のモリー（ナタリー・ポートマン）に店を譲ろうとするが、モリーには引き受ける自信がない。そんな中、引退を知ったおもちゃたちが、おじさんと別れる寂しさから「反乱」を起こす—。

　子どもにとっても、かつて子どもだった大人たちにとっても、おもちゃ屋は特別な場所だ。その特別感を、凝った美術や特撮など映画ならではの魔法で見せる。何しろ、その場で現物を取り出せる巨大なカタログまで備え、おもちゃに関する夢ならば何でもかなうのだから。

　色と動きの洪水の中にあっても、ホフマンとポートマンの存在感はおもちゃたちに負けていない。包容力を感じさせるほほ笑みをたたえたホフマンは現実離れした役柄にフィットし、少女の面影を残すポートマンの笑顔も輝いている。

　店の資産を計算する堅物の経理マンが登場することで、ふわふわとしたファンタジー一色に染まらないように配慮もされている。

　映像の美しさを最も堪能できるのが、光飛び交うラストシーン。だが物語の結末としてはやや唐突な印象が残った。1時間35分。監督はザック・ヘルム。

記者の採点
娯楽性★★★★☆　映像美★★★★☆　　　　（敦）

2008年2月27日

空想力くすぐる作品

「ライラの冒険　黄金の羅針盤」

　宗教的権力の欺まんや陰謀に少女が立ち向かう冒険ファンタジー「ライラの冒険　黄金の羅針盤」。魔法の道具、空飛ぶ魔女集団など、空想心をくすぐるイメージをたっぷり盛り込んだ。

　物語の舞台は、パラレルワールドという現実と別の世界。人間の魂「ダイモン」が動物の姿をまとって現れ、行動をともにしている。

　両親を亡くし、古い学園都市の寮で育った十二歳のライラ（ダコタ・ブルー・リチャーズ）は、元気盛りの女の子。

　著名な学者で探検家でもある叔父（ダニエル・クレイグ）は、北方の凍土で世界の秘密を解き明かす発見をしたが、社会秩序をつかさどる宗教的権力から「異端」と決め付けられる。

　そのころ子どもたちがさらわれる事件が相次ぎ、ライラの親友の男の子も行方不明に。ライラは寮長からもらった真実を示す「真理計」を手に、親友を捜すため叔父の後を追うように北へ旅立つ。

　ライラにつきまとう謎の貴婦人（ニコール・キッドマン）の存在、子どもたちを誘拐する集団の目的、権力の大きな陰謀が、勇猛な「よろいグマ族」の王子を従えた少女の旅を待ち受ける。

　ファンタジーだけに若い観客を引きつける要素を並べてはいるが、中世の欧州を思わせる物語世界は、大人の好奇心にも訴える仕掛けだろう。

　今回のアカデミー賞視覚効果賞を受賞した通り、CGを前面に出した映像はシャープな感覚。シロクマをモデルにしたよろいグマのしぐさがユーモラスで、人間の格闘技を連想させる決闘シーンには迫力がある。

　三部作の第一作で、壮大な冒険のプロローグ。物語の世界観を一通り紹介する必要があるとしても、エピソードを詰め込みすぎて慌ただしさも感じさせる。1時間52分。監督はクリス・ワイツ。

記者の採点
娯楽性★★★★☆　独創性★★★★☆　　　　（伊）

2008年3月5日

スピード感で一気に見せる

「バンテージ・ポイント」

　米大統領の暗殺はこれまでたびたび映画の題材になってきた。その一つに加わった映画「バンテージ・ポイント」は、凝った構成ながら、スピード感で一気に見せるサスペンスアクションだ。

　スペイン・サラマンカのマヨール広場。テロ対策を目的とした国際会議出席のため訪れていた米大統領が演説直前、何者かに狙撃される。次いで広場の外では爆発音。さらに演台が爆破された。

　シークレット・サービスの一員として大統領を警護していたバーンズ（デニス・クエイド）、会場の模様を生中継するテレビプロデューサーのレックス（シガーニー・ウィーバー）、たまたま会場にいた米国人の旅行者ハワード（フォレスト・ウィテカー）。それぞれの視点から目撃した事件は、微妙に異なっていた—。

　「第一の視点」はレックス。中継車の中で現場を取り仕切る冒頭シーンから、狙撃、爆発事件を迎えるまでは数分。フィルムが巻き戻されるように、場面はバーンズから見た「第二の視点」に。そして、視点の転換が繰り返されていく。

　撃たれる者と守る者、撃たれるはずだった者、裏切った者…。一つの物体にさまざまな角度から光を当てて形状を明らかにするように、事件のからくりや犯人が少しずつ明かされていく。登場人物の体験が重なる部分で同じシーンが挿入されるため、速い展開にもついていける。謎解きが段階的に進むのもいい。

　しかし一方で、それぞれの人物の内面や、大事件が起きた背景が深く描かれていないため、やや消化不良の印象も残る。この複雑な構成で濃密なドラマ性まで求めるのは無理な話かもしれないが。1時間30分。監督はピート・トラヴィス。

記者の採点
スピード感★★★★★　納得度★★★☆☆　　　　（敦）

2008年3月12日

大切な家族の一員

「犬と私の10の約束」

　近ごろ多い動物映画の一本かと思ったら、「犬と私の10の約束」は人と犬の関係を描く。飼い主には犬もかけがえのない家族であり、心の支えにもなることを思うと、これは立派な家族映画といえるかもしれない。

　函館で勤務医の父（豊川悦司）と母（高島礼子）との三人で暮らす中学生のあかり（福田麻由子）。母が突然倒れて入院し、結局帰らぬ人となってしまう。同じころ迷い込んだ子犬をソックスと名付け、飼うことに。

　母を亡くした悲しみ、仕事人間の父の帰りを待つ寂しさを、常にそばで癒やしてくれたのがソックスの存在だった。

　そんなとき、父が札幌の大学病院に栄転する話が舞い込む。新居の寮で犬が飼えないため、あかりは泣く泣く幼なじみの進にソックスを預ける。

　幼なじみの進が留学に旅立つ日、父と見送りに向かうあかり。父が仕事で呼び戻されたため、出発に間に合わなかった。責任を感じた父が病院を辞めて函館で開業、あかりは再びソックスと暮らし始める。

　七年後、獣医学部に入ったあかり（田中麗奈）は、ギタリストの夢をかなえた進（加瀬亮）と再会し、ひかれ合う。

　飼い犬は亡き母に代わってヒロインに寄り添ってきた存在。彼女が大人になるにつれ、恋や仕事にかまけて距離が広がる。動物を擬人化したような娯楽作が多い中で、人と犬の関係が対等でないことを踏まえた物語には好感を覚える。

　母に死期が伝わってしまうエピソード、幼なじみの見送りにバイクで向かう場面などは唐突さを感じさせ、ストーリーがこなれていない印象も。

　それでも泣かせるのは、度重なる別れを経験しながらけなげな表情を見せる福田や、飼い主を無条件に受け入れてくれる犬の存在によるところが大きいといえるだろう。1時間57分。監督は本木克英。

記者の採点
娯楽性★★★★☆　泣かせ度★★★★☆　　　　（伊）

2008年3月19日

心地よい時間が流れる

「マイ・ブルーベリー・ナイツ」

　ウォン・カーウァイ監督が初めて手掛けた英語作品「マイ・ブルーベリー・ナイツ」は、心地よい時間が流れる恋愛映画だ。

　失恋したエリザベス（ノラ・ジョーンズ）は、元恋人の部屋に近いニューヨークのカフェに入る。客がいない店内で、オーナーのジェレミー（ジュード・ロウ）は、空き瓶に集められたさまざまな鍵にまつわる物語を語る。

　夜更けにカフェを出たエリザベスは旅へ。メンフィスで、別れた妻（レイチェル・ワイズ）を忘れられず酒におぼれる警官（デビッド・ストラザーン）、ラスベガスでは人間不信で父親との葛藤（かっとう）を抱えるギャンブラー（ナタリー・ポートマン）と出会う。他人の人生を見たエリザベスは、ジェレミーがブルーベリーパイを焼くニューヨークに戻りたいと思い始めた―。

　失恋した女性が旅をし、彼女に思いを寄せる男性は淡々とした日常を送りながら帰りを待つ。ウォン監督の「恋する惑星」でも用いられているこの構図は、女性にとってはひとつの理想型だろう。激しい愛のただ中にいるのが主人公ではなく、旅先で出会った人々という設定にも説得力がある。

　夜のカフェの情景が実に美しい。ウインドー越しに映る店内や、カウンターのショーケースの向こう側で光る蛍光灯、天井からのカット。ウォン監督ならではの光の色合いが見事。

　カウンター越しのキスも印象的だ。ヒリヒリするような恋愛よりも、心地よい場所で安心できる恋愛こそが王道なのかもしれない。劇中でジョーンズが歌う「ザ・ストーリー」も良い。1時間35分。

記者の採点
ドラマ性★★★★☆　快適度★★★★★　　　　（敦）

2008年3月26日

天上と地上、異次元の交流

「Sweet Rain　死神の精度」

　人の死を左右する天上の存在と、運命に振り回される地上の人間たち―。映画「Sweet Rain　死神の精度」はそんな異次元の交流を描く、しゃれた設定のファンタジーだ。

　不慮の死が"予定"された人を観察し、その通り人生に幕を引くか、もう一度生きるチャンスを与えるか、最終的な審判を下すのが、死神（金城武）の仕事。

　CD店の試聴コーナーに入り浸るなど音楽に目がないが、仕事には無頓着。実際、死の予定を変えたこともない。

　そんな死神が観察することになったのが、電機メーカーで苦情処理係をする孤独なOL一恵（小西真奈美）。彼に信頼を寄せるようになり、愛する者を次々と亡くした過去を打ち明ける。

　一恵を指名して毎日苦情電話をしてくる男が、ある日、待ち伏せしていた。男は実は音楽プロデューサーで、一恵の声を聞いて歌手デビューさせたいと考えていたのだった。死神は一恵の将来を見越し、運命を覆して生き永らえさせることを決める―。

　死神といっても自ら人を死に追いやるわけでなく、定められた運命について最後の"決裁"を担当する存在として描くのが、楽しいところ。良くも悪くも現実の生活感と縁遠い金城が、無邪気で愛すべき役にうまくはまり込んだ。

　死神とOLのロマンチックコメディーを予想すると、この後、敵討ちの機をうかがうヤクザ、理髪店を開く年老いた女性のエピソードが続く。オムニバス形式と思わせて、時代や場所が異なる三つの話を一つに結び付けた。

　わざとらしい伏線を避けたストーリー運びで意表を突く。作り手の潔さがうかがえる半面、統一感には欠けている。1時間53分。監督は筧昌也。

記者の採点
娯楽性★★★★☆　意外性★★★★☆　　　　（伊）

2008年4月2日

ノスタルジックな温かみ

「ぼくたちと駐在さんの700日戦争」

　ブログで人気の小説を映画化した「ぼくたちと駐在さんの700日戦争」は、ノスタルジックな温かみを持った青春映画だ。

　一九七九年のある田舎町。ママチャリ（市原隼人）、「偏差値ゼロ」の孝昭（加治将樹）、食いしん坊の千葉くん（脇知弘）ら高校生七人は、いたずら放題の日々を送っていた。そこに立ちはだかったのが駐在さん（佐々木蔵之介）。高校生のいたずらには、スケールを上回るいたずらで報復するなど、実に大人げない。

　喫茶店で働く美人（麻生久美子）が駐在さんの妻と分かり、ママチャリらの闘志はさらに燃え上がる。そんな折、仲間の一人が事故で入院。病院で知り合った重病に侵された少女に手術を受ける決意を固めてもらうため、ママチャリらはある約束をする―。

　悔しがらせることだけが目的で、仕掛けた方が後味の悪さを感じずに済むようないたずらでも、現在なら大問題になってしまうかもしれない。フィクションだが、「昔だったら許されただろうな」と思わせる説得力があり、約三十年前の空気が伝わってくる。

　町の大人が子どもたちの顔をきちんと見ていて、子どもたちも他人である大人に甘えることができた。そんな関係も現実の社会では失われてしまった。

　映画のエピソードの数々は痛快だが、物語の緊迫感はそれほど高まらない。「よき時代」を確認できるのだから、それは悪いことではないのだけれど。

　一見冷ややかで不親切だけれど、高校生たちへの愛情を胸の奥にたたえた大人を、佐々木が手堅く演じている。1時間50分。監督は塚本連平。

記者の採点
娯楽性★★★★☆　痛快度★★★★☆　　　　　　（敦）

2008年4月9日

中年男の危機と再生ドラマ

「フィクサー」

　ある程度社会経験を積んだつもりが、ふと気付くと、若い時の理想から随分遠い所に立っている―。ジョージ・クルーニー製作総指揮・主演の「フィクサー」は、大きなシステムに押し流された人間を描いて、大人が身につまされる映画だ。

　ニューヨークの大手弁護士事務所に勤めるマイケル（クルーニー）は、依頼人の事件を水面下で片付ける"もみ消し屋"として重宝される。

　巨額の賠償を請求された国際的な農薬会社の代理人をしている同僚弁護士アーサー（トム・ウィルキンソン）が、奇妙な行動をみせたため、後始末を任された。アーサーは農薬会社の不正の証拠をつかんで良心がとがめ、精神に破たんをきたしたのだった。農薬会社の法務部本部長クラウダー（ティルダ・スウィントン）は証拠を握られたことを知り、アーサーの口をふさごうと工作する。

　検察官を務めた経歴を持つ主人公は、いつまでももみ消し屋の仕事からはずしてもらえない。さらには離婚で息子と会うこともままならない上、共同経営のレストラン事業が失敗し多額の借金を抱え込む。自らも命を狙われたことで同僚の死の真相を確信し、これまでの人生と決別する行動に出る―。

　サスペンスとして見ると新味はないが、敵役の法務部本部長の人物像がドラマに深みを与える。単なる陰謀の仕掛け人でなく、彼女もまた企業システムの犠牲者なのだ。

　アカデミー賞助演女優賞を獲得したスウィントンが、不安と焦燥感にさいなまれて恐ろしい行動に走る人物を好演した。しゃれた色男のイメージで人気があるクルーニーも中年の迷いや悲哀を醸し出し、新しい境地を感じさせる。2時間。監督はトニー・ギルロイ。

記者の採点
サスペンス性★★★☆☆　オヤジの悲哀感★★★★★
　　　　　　　　　　　　　　　　　　　　　　　（伊）

2008年4月16日
若者の無関心に警鐘
「大いなる陰謀」

　ロバート・レッドフォード監督の新作映画「大いなる陰謀」は、戦争によって米国が抱え込む矛盾に対し、真正面から問いを投げかける政治ドラマだ。

　共和党の若き上院議員（トム・クルーズ）は、ジャーナリスト（メリル・ストリープ）をオフィスに招く。アフガニスタン戦線で展開する新作戦をリークすると同時に、好意的な世論を誘導する狙いからだ。

　そのころ、アフガニスタンには志願兵のアーネスト（マイケル・ペーニャ）とアーリアン（デレク・ルーク）がいた。米国社会をより良くしようと理想に燃えていた二人だったが、作戦は失敗。雪深い敵陣で孤立する。

　一方、同じころに二人の恩師であるマレー教授（レッドフォード）は、将来性を見込んだ学生を部屋に呼び、戦争に無関心でいることの愚かさを伝えようとしていた—。

　自ら演じるマレーのセリフに乗せて、レッドフォード監督の良心からの訴えが響く。裕福な暮らしばかりを追う風潮と、戦争の不条理に無関心な若者たちへの憂いは切実だ。

　また、大統領のいすを目前に控えた議員が「意義ある死」を強調する無神経さや、「対テロ戦争の勝利」への二者択一を迫る強引さも、分かりやすく見せている。

　ところどころ説明が不足しているせいか、俳優の演技がこなれすぎていて良くできたフィクションに見えてしまい、現実の世論に訴える説得力や迫力にやや欠ける気がした。

　ただ、それは実際に友人や同僚が戦地に赴いている人々の感情を実感できないからなのかもしれない。米国民がこの物語にどう反応したのかが気になる。1時間32分。

記者の採点
社会性★★★★☆　説得力★★★☆☆　　　　（敦）

2008年4月23日
超現実のアクション映画
「少林少女」

　カンフー達人の女の子がラクロス競技で超人的な活躍をする「少林少女」は、言うまでもなく、人気香港映画「少林サッカー」の日本版であり、女性バージョンだ。

　オリジナルは現実にありえない映像で楽しませてくれたが、こちらはその前提となる物語自体がリアリティーを"超越"している。

　中国で少林拳の修行をきわめた凛（柴咲コウ）は、日本にそれを広めることを夢見て帰国した。しかし、かつて自分が育った道場は荒れ果て、師匠だった岩井（江口洋介）も拳法を封印し、中華料理店の主人に収まっていた。

　中国人の珉珉（キティ・チャン）は彼女の身体能力を見込んで、大学の女子ラクロス部に誘う。凛は、部員たちが少林拳を習うことを条件に、助っ人役を引き受ける。

　一方、大学の学長大場（仲村トオル）は、学外にも隠然とした権力を振るう人物で、彼もまた拳法の使い手。凛と対決しようと、岩井を痛めつけておびき寄せる—。

　映画の狙いは、香港版から受け継いだワイヤアクションや、CGで描き込んだ競技シーンを、きゃしゃな柴咲に演じさせたことだろう。確かに柴咲は小気味よく立ち回りを演じているものの、アクションの映像でさえ感情をそれほど揺さぶることはないし、キャラクター設定も起伏に乏しい。

　敵対する学長の野心や、かつての師匠が抱えたトラウマがふに落ちないため、クライマックスの対決には唐突感がある。

　話題になった香港版と比べるのは酷かもしれない。それでもやはり物語の筋や人物に感情移入できないと、現実を踏み越えた世界に身をゆだねるのは、ちょっと厳しい。1時間47分。監督は本広克行。

記者の採点
物語性★★☆☆☆　アクション完成度★★★☆☆　（伊）

2008年4月30日

正統的な恋愛映画

「砂時計」

　芦原妃名子の人気コミックを原作にした「砂時計」は、恋愛映画の王道を歩く佳作だ。

　母美和子（戸田恵穂）と、東京から島根に移り住んだ杏（夏帆）。近所に住む大悟（池松壮亮）らと仲良くなり、新しい環境になじんでいくが、離婚後沈みがちだった美和子が命を絶つ。

　自殺を止められなかった自責の念と孤独感から取り乱す杏に、大悟は「ずっと一緒におっちゃるけん」と寄り添う。やがて二人は付き合うものの、東京で暮らす父（風間トオル）が杏を引き取りに現れる。杏は母親の形見である大切な砂時計を大悟に託して旅立つ。

　十年後、別の男性と婚約中の杏（松下奈緒）は祖母がいる島根を訪れ、大悟（井坂俊哉）と再会。大悟は預かっていた砂時計を杏に返し「幸せになってくれや」と祝福するが—。

　高校時代の杏が、自分の弱さが大悟を押しつぶしてしまうという不安から突然、一方的に別れを告げるシーンがある。男にとって理解不能な局面だが、映画でその内面を解き明かされてみるとよく分かった。十代が口にする「一生」とか「絶対」のもろさも、親の世代になれば理解できることだ。

　つらい境遇の友達をちゅうちょなく支え、一方的に別れを告げられても耐え、戻ってくれば受け止める大悟の、何と男らしいことか。「理想的な男」と、骨組みがしっかりした脚本が、この正統的な恋愛映画を成り立たせている。

　心の奥深くにぬぐいがたいわだかまりを抱え、そばには信頼できる恋人がいて、緑あふれる自然が二人を見守るという構図。思春期、どれ一つ当てはまらなかった筆者も妙に引き込まれてしまった。2時間1分。監督は佐藤信介。

記者の採点
ドラマ性★★★★☆　純愛感★★★★★　　　　（敦）

2008年5月7日

ユーモアが彩る最後の時間

「最高の人生の見つけ方」

　ジャック・ニコルソンとモーガン・フリーマンという名優二人の共演で楽しませる「最高の人生の見つけ方」（ロブ・ライナー監督）。前向きな人生観とユーモア精神で人生最後の時間を描く。

　学者になる夢をあきらめ自動車修理工として家族を養ってきたカーター（フリーマン）と、金もうけに執着し他人を見下すことしかできない富豪エドワード（ニコルソン）。

　がんと診断されて入院したのが、同じ病室。苦しい治療体験を共有し親近感を覚える二人だが、相次いで余命わずかと宣告される。

　人生でやり残したことをノートに書き出すカーター。それを見たエドワードは自分がやりたいことをリストに加え、強引にカーターを病院の外へと連れ出した。

　スカイダイビング、サーキット場でのレース、リゾート地へのバカンス、ピラミッド見物…。エドワードの金で豪遊する二人。

　旅先で互いの人生を語り合ううち、カーターは家族の元へ戻ると言い始める。離婚を繰り返し元の妻たちに愛着がないエドワードにも、実は心の隅に引っ掛かっている存在がいた—。

　フリーマンにとって、冷静沈着でありながら優しさを感じさせる役はぴったり。自己中心的でエキセントリックな人物をお手のものとするニコルソン。特に薬物治療の副作用に苦しむ怪演ぶりは見ものだ。

　それぞれの個性を生かしたキャラクターの中に、スカイダイビングを前にうろたえるフリーマンなど、時折見せる意外な表情が印象に残る。

　二人の珍道中の場面は一種のサービス精神だろうが、取って付けたようなシチュエーションに少々拍子抜け。旅先での体験を通し、徐々に変わっていく二人の内面をもう少し強調してほしかった。1時間37分。

記者の採点
喜劇性★★★★☆　遊び心度★★★★☆　　　　（伊）

2008年5月14日

困惑させられる面白さ

「チャーリー・ウィルソンズ・ウォー」

　映画「チャーリー・ウィルソンズ・ウォー」は、世界史に重大な影響を与えた知られざる実話を基にした、何かと考えさせられるコメディーだ。

　一九八〇年代。テキサス州選出の下院議員チャーリー・ウィルソン（トム・ハンクス）は、毎日を楽しく過ごすことがモットー。「チャーリーズ・エンジェル」と呼ばれる美人秘書たちに囲まれ、パーティーではストリップを楽しみ、ドラッグにも手を出す。

　しかし、ソ連に侵攻されたアフガニスタンで多くの難民が生まれていることを知ったチャーリーの中に、持ち前の愛国心が頭をもたげる。テキサスの大富豪で反共産主義者のジョアン（ジュリア・ロバーツ）と、切れ者だが嫌われ者のCIA情報員のガスト（フィリップ・シーモア・ホフマン）を巻き込み、アフガン北部のゲリラに極秘の支援作戦を実行する―。

　自分の華やかな生活にはかかわりがない、遠い国での戦争に介入する議員。私欲はないし、主人公自身には凝り固まった思想もうかがえず、義憤が行動のエネルギーになっているようだ。

　とはいえ、戦争を拡大し、ソ連兵たちを殺すことに何の迷いもないあたりには、賛成も感情移入もできない。でも…。ハンクスとホフマン、ロバーツのこなれた掛け合いが醸し出す映画でのおかしみは相当なもの。面白いが困ったものだし、困ったことだが面白い。そんな堂々巡りで、どう受け止めればいいのか、困惑させられた。

　社会主義体制の崩壊と、イスラム原理主義の台頭。現代史の潮流が転換するきっかけとなった出来事を難解にせず、娯楽作に仕上げたことで、広く知らしめた功績はあるかも。戦争を続けざるを得ないという米国の"宿命"も理解できた。1時間41分。監督はマイク・ニコルズ。

記者の採点
社会性★★★★☆　困惑度★★★★★　　　　（敦）

2008年5月21日

戦闘続くスペクタクル

「ナルニア国物語／第2章　カスピアン王子の角笛」

　普通の子どもたちが、魔法の国の運命を託されたら…。小さな観客たちの胸を躍らせ人気を呼んだ映画シリーズの第二作「ナルニア国物語／第2章：カスピアン王子の角笛」。

　第一作が魅力的な異世界への入り口だとしたら、今回は迫力ある戦いが繰り広げられ、スペクタクル色が増した。

　舞台は前作から、約千三百年後の魔法の国ナルニアへ飛ぶ。テルマール人という人間の部族が征服し、追いやられたナルニアの民は森でひっそり暮らしていた。

　テルマールの実権を握る執政は王位を手に入れるため、おいに当たる若き王子カスピアンの命を奪うよう部下に命じる。

　森へ逃げ込んだカスピアンは追っ手が目の前に迫り、とっさに角笛を吹いた。それは、伝説の王たちを呼び寄せる魔法の笛だった。

　笛によって第二次世界大戦中のロンドンに暮らすペベンシー家の四人の兄妹は、ナルニアへと呼び戻される。カスピアンとともに、ネズミの騎士ら動物たち、ミノタウロスなど半人半獣の民を率いて、テルマールの城に奇襲をかけるのだが…。

　前作と同様、王や女王としてナルニア国を救おうとする四人兄妹。今回は挫折や焦り、力を合わせてそれを乗り切ろうとする彼らの成長物語といえるだろう。

　魔法の国のシンボルといえる全能の存在がなかなか登場しないだけに、末娘の純粋な心がついに奇跡の扉を開くシーンは感動的だ。

　権力欲にとらわれた人間の醜さを盛り込み、人間対自然というテーマも興味を引く。

　ただこの手の映画に欠かせないのは、やはり想像をかき立てる力。魔法で戦いに決着が付く場面などはスケールこそ大きいものの、ファンタジーとして物足りない印象が残る。2時間23分。監督はアンドリュー・アダムソン。

記者の採点
スケール感★★★★☆　空想性★★★☆☆　　　　（伊）

綾瀬はるかの魅力を堪能

「僕の彼女はサイボーグ」

2008年5月28日

　未来からやってきたサイボーグと大学生の恋を描いた映画「僕の彼女はサイボーグ」は、綾瀬はるかの魅力を堪能できるコメディーだ。

　二十歳の誕生日を迎えたジロー（小出恵介）の前に現れた「彼女」（綾瀬はるか）。ジローに刺激的な一日をプレゼントするものの、謎めいた言葉を残して姿を消す。

　一年後。レストランに乱入した男に撃たれそうになったジローを、再び現れて救出した「彼女」は、未来のジローが送り込んだサイボーグだった。

　同居して行動をともにするうち「彼女」に恋するジロー。しかし、その感情を理解できない「彼女」は戸惑いを感じ始める―。

　宇宙服を思わせるボディースーツやワンピース、未来のシーンでの学生服。さまざまな衣装をまとう綾瀬がキュートだ。目に込める力の加減で、サイボーグと人間を演じ分けた綾瀬の力量に目を見張る。特に無機的でありながら独特のつややかさをとどめるサイボーグの表情が魅力的。

　この映画を手掛けたのは「猟奇的な彼女」のクァク・ジェヨン監督。情けなくも愛嬌（あいきょう）があるチャ・テヒョンの彼氏役が「猟奇的―」の成功に貢献したように、小出も本作で好演。万能なサイボーグに甘えて図に乗るさまは、まるで「ドラえもん」の「のび太」だ。

　サイボーグの身体能力をCGで見せる数々のシーンは、大げさすぎるのがかえって小気味よい。だが後半、やはりCGによる大地震のシーンはややくどく感じた。それよりも、過去と現在を行き来する中で明らかになるラブストーリーを丁寧に見せてほしかった。

　韓国映画的な笑いと涙のつぼも押さえつつ、日本的な情景もたっぷり見せている。2時間。

記者の採点
眼福感★★★★☆　感動度★★★☆☆　　　　（敦）

奇想天外な青春映画

「神様のパズル」

2008年6月4日

　人間の手で宇宙をつくり出すことは可能か。三池崇史監督の「神様のパズル」は、そんな深遠な問いを軸に、ラブコメディーや音楽、アクションの要素を盛り込んだ青春映画だ。

　双子の兄弟、喜一と基一（市原隼人が二役）。大学で物理学を学ぶ喜一が突然海外旅行に行ってしまい、すし店でアルバイトするロック少年の基一が代わりに大学のゼミに出席することに。

　世間では、巨大な加速器を考案した天才少女沙羅華（サラカ）（谷村美月）の話題で持ちきり。そのサラカ、喜一と同じゼミに籍を置くものの、まったく出席しない。担当教授（石田ゆり子）に代わって、基一がサラカを訪ね出席を促す。物理を学んでいるはずなのにちぐはぐなことしか言えない基一に対し、サラカは意外にも興味を示すが―。

　前半はコメディー調。それに徹すれば良いのだが、何しろテーマが壮大なため、どうしても宇宙の成り立ちについて説明が必要になってしまう。ほとんどの観客は、落ちこぼれ大学生の基一と一緒に「お勉強」する仕組み。分かりやすく工夫しているものの、もっと簡潔でも十分。

　後半はサラカが巻き起こす事件に向かって疾走感を高めていく。基一がロック魂をはじけさせるシーンは格好良いし、思わぬ場面ですしや小道具に使うなど、三池監督ならではの奇想天外な演出がさえている。

　ニカッと底抜けの笑顔がまぶしい市原の男くささは、昭和の映画スターのようだ。ただ、市原に「おばさん」呼ばわりされる石田があまりに美しく、違和感もあった。

　孤独で、とてつもない知能を暴走させ気味の悪い天才少女は、谷村のはまり役。肝のすわった女優魂が伝わってきた。2時間14分。

記者の採点
青春度★★★☆☆　難解度★★★☆☆　　　　（敦）

2008年6月11日

ウソに引き込む映画の魔法

「ザ・マジックアワー」

　映画の魅力は、作り事の面白さにあるといっていいだろう。同じ作り事でも、迫真性を追求した作品があれば、架空の世界をウソとして楽しませてくれるものもある。

　三谷幸喜監督「ザ・マジックアワー」は後者。昔の外国映画を思い起こさせる物語や美術からは、映画の虚構性への敬意や愛着が伝わってくる。

　映画の舞台は守加護(すかご)という港町。キャバレーの支配人備後(妻夫木聡)は、ギャングのボス(西田敏行)の愛人(深津絵里)とホテルで密会する現場を押さえられ、ボスの怒りを買う。

　ボスが伝説の殺し屋を探していると知った備後。命惜しさに、殺し屋を知っているとでまかせを言って窮地をしのいだ。

　途方に暮れた末、売れない映画俳優、村田(佐藤浩市)に殺し屋を演じさせることを思い付く。新人映画監督を名乗り、カメラが回っているとだまして村田をボスに引き合わせた―。

　映画がウソの世界なら、どうやって観客を引き込むかが腕の見せどころ。物語の中に、映画に熱い思いを抱く人物や映画づくりの現場を登場させ、「劇中劇」の手法で現実を忘れさせる。

　さらに、三谷映画の中では最もうまくいったといえる笑いの効果も大きい。佐藤のオーバーで暑苦しい演技がくどいほど繰り返されると、吹き出さずにいられない。ひとたび笑いが生きると、しんみりした場面が逆に引き立つものだ。

　ただ、あっけないオチと思わせておいて、さらにひとひねり加えたクライマックスは、こねくり回しすぎた印象も。

　マジックアワーとは、微妙な光加減がフィルムに焼き付く夕暮れ時の特別な時間帯。作品を面白くする魔法があるとすれば、映画に対する作り手の思い入れなのかもしれない。2時間16分。

記者の採点
ウソの面白さ★★★★★　爆笑度★★★★☆　　　　(伊)

2008年6月18日

お約束通りの冒険活劇

「インディ・ジョーンズ／クリスタル・スカルの王国」

　あのタフで勇ましい男が、おなじみの胸躍るテーマソングとともに帰ってきた。

　希代のヒットメーカー、スティーブン・スピルバーグとジョージ・ルーカスがコンビを組んだ一九八〇年代の大人気シリーズが、実に十九年ぶりに復活。新作「インディ・ジョーンズ／クリスタル・スカルの王国」は、かつての三部作と同様、理屈抜きで楽しめる冒険活劇に仕上がっている。主人公のインディ役は、もちろんハリソン・フォードだ。

　時は米ソの冷戦時代。考古学者のインディは伝説の秘宝「クリスタル・スカル」を求めて旅に出る。しかし行く先々で、同じ宝を狙うソ連の精鋭部隊(ケイト・ブランシェットら)が立ちはだかる。はたしてインディはスカルを手にし、秘められた謎を解き明かすことができるのか―。

　絶体絶命のピンチの連続。大小さまざまなセットを駆使して、スリル満点のシーンが冒頭から展開される。古代遺跡、カーチェイス、爬虫(はちゅう)類や昆虫の大群…。シリーズの「お約束」もきっちり盛り込まれ、昔ながらのファンが思わずニヤリとする場面も数多い。

　手作り感のある激しいアクションが肝とあって、還暦をとうに過ぎたフォードの体の動きが心配だった。だが、巧みなカメラワークもあってスピード感十分。老いを感じるどころか、どこか枯れた姿がなんとも渋い。

　不満もある。シリーズの持ち味だったシニカルでウイットに富んだ掛け合いが影を潜め、インディをめぐる人間ドラマに深みがない。笑いが少なかったことも気になった。

　CGによる驚異的な映像がはんらんする時代だけに、初めて「インディ・ジョーンズ」を見る若い人は、物足りなさを感じるかもしれない。2時間2分。

記者の採点
エンタメ度★★★★☆　ドラマ性★★★☆☆　　　　(修)

2008年6月25日

男前そろえゴージャスに

「花より男子ファイナル」

　人気テレビドラマを映画化した「花より男子ファイナル」は、完結編にふさわしい豪華さで、ドラマファンを満足させる作品だろう。

　セレブの子弟が集まる私立高校で出会った貧乏なヒロインつくし（井上真央）と、学園を牛耳る男子四人組「F4」の物語。

　映画の舞台は卒業から四年後。F4の一人で大財閥の跡取り、司（松本潤）がつくしとの結婚を発表。結納の席で、司の母楓（加賀まりこ）はつくしに、一家に代々伝わるというティアラを贈った。

　その夜、部屋に男が侵入し、ティアラを奪って逃走した。つくしと司は、犯人の手掛かりを求めて米ラスベガスへ向かう―。

　松本以外のF4の面々はテレビドラマに引き続き、小栗旬と松田翔太、阿部力が演じた。それぞれ少しずつ大人になり、男前を上げた四人がそろって登場するシーンは、派手な演出もあって何ともゴージャス。キラキラと光を放っている。

　F4が生きる世界に触れたつくしが「あり得ないっつうの」と指摘するたび、観客が共感する構図。スケールの「あり得ない」大きさこそが、コメディーの部分での要だ。現実から遠ざかるほどおかしさが増す。

　だが、結婚を控えマリッジブルーになるつくしのせりふが凡庸で、フィクションの世界から現実に引き戻されてしまった。「オレさま」ぶりで単なるわがままに見えた司が、結婚には揺るがないおとこ気を見せるのだが、これも意外性がなく、やや残念だ。

　バリエーションが無数にある恋愛とは違い、決着の形が限られている結婚を描くのはなかなか難しい。2時間11分。監督は石井康晴。

記者の採点
ゴージャス度★★★★☆　ドラマ性★★★☆☆ 　　（敦）

2008年7月2日

遊び心と斬新な映像に降参

「スピード・レーサー」

　「マトリックス」シリーズを監督したウォシャウスキー兄弟が、日本のアニメ「マッハGoGoGo」を基に製作した「スピード・レーサー」。

　今や海外で"和もの"がリメークされるのは珍しいことではないけれど、幼いころに楽しんだテレビ番組が、今になって、ハリウッドで〝復活〟するとは思いもしなかった。ジャパニーズアニメの国際的浸透力に、あらためて驚く。

　レーシング一家に生まれたスピード（エミール・ハーシュ）のあこがれは、天才ドライバーの兄レックス。しかしレックスは、レース中に命を落としてしまう。スピードは亡き兄の背中を追い求めるようにレーサーを目指し、持って生まれた才能を開花させていく―。

　いやはやクラクラしてしまいました。なんてド派手できらびやかな映像なのか。極彩色でいっぱいのスクリーンを、光り輝くマシンが縦横無尽に疾走する。こんなシーンが目まぐるしく展開するのだからたまらない。アニメと実写を融合した映像は、「斬新」という意味ではマトリックスに匹敵する驚きだった。

　ただし中身は対照的。マトリックスでは、仮想現実の世界を哲学的かつスタイリッシュに見せ、幅広い層から支持を集めた。今回はテーマである家族愛、兄弟愛を分かりやすくストレートに描き、その表現手法も漫画チック。おもちゃ箱をひっくり返したような感じの映画である。

　最近の若者は車に興味が薄いらしいし、どちらかといえば子供に受ける作品かもしれない。だがスーパーカー世代のおじさん記者は手に汗握り、何度も足を踏ん張った。

　マトリックスの成功に安住せず、伝説的な兄を超えようとする少年の夢をポップに描いたウォシャウスキー兄弟の遊び心に敬意を表したい。2時間15分。

記者の採点
視覚効果★★★★★　奥深さ★★☆☆☆ 　　（修）

2008年7月9日
本格派の犯罪アクション 「カメレオン」

　阪本順治監督の「カメレオン」は、原作や俳優の人気に頼る最近の映画群とは一線を画した本格派の犯罪アクションだ。

　大衆演劇の一座を装った詐欺師グループの伍郎（藤原竜也）は、無気力に生きる町の占い師佳子（水川あさみ）と心通わせる。

　伍郎たちは、結婚式場で資産家から金をだまし取った帰途、ある男が拉致される現場を偶然目撃。携帯電話のカメラで撮影した被害者は、大物政治家に疑惑が掛かっている収賄事件の重要参考人だった。

　拉致映像の存在に気付いた犯行グループが伍郎たちに襲いかかる。行動をともにする伍郎と佳子は、反撃を試みるが―。

　脚本の丸山昇一と企画の黒沢満は、松田優作主演の「野獣死すべし」「処刑遊戯」などでコンビを組んできた。「カメレオン」もまた、松田が主人公にぴったりとはまりそうな風合いだ。

　少年の面影を残す藤原の顔立ちには、松田が演じたようなまがまがしさが足りない。けれど、高い身体能力を生かしたアクションは美しく、言葉の代わりに、感情をはっきりと顔やしぐさに表出させる演技力には見応えがある。

　そんな藤原と敵対するのが、拉致事件と収賄事件をつなぐ人物を演じた豊原功補。伍郎とは対照的に、いかにも冷血な無表情ぶりが、悪の底深さを感じさせている。クライマックスのどんでん返しで、この二人の対照的な人物造形が生きるのだ。

　見どころは事件の行方よりも、生身の肉体と情念のぶつかり合い。ただ、他人のために激しく慎怒の炎を燃やせる主人公は、情が失われた現代にはほとんど存在しない人物のようにも感じた。1時間37分。

記者の採点
スリル感★★★★☆　洗練度★★★★☆　　　　　（敦）

2008年7月16日
童心にどっぷり浸る 「崖の上のポニョ」

　「ハウルの動く城」から四年。宮崎駿監督の新作「崖（がけ）の上のポニョ」は、アンデルセンの童話「人魚姫」をモチーフにしたピュアな物語。童心に帰る、いや、童心そのものにどっぷりと浸れるファンタジーだ。

　がけの上の一軒家に住む五歳の宗介は、船乗りで留守がちな父、勝ち気だが根は優しい母とともに、平凡な毎日を送っていた。しかしある日、海辺で苦しむさかなの子、ポニョを見つける。宗介に助けられたポニョは、魔法を使って人間になろうとするが…。

　ポニョと宗介のほのぼのとした交流が、CGを使わない温かなタッチのアニメーションで描かれる。表情の変化や何げないしぐさがこまやかに表現されており、キャラクター造形のうまさはさすが。特に舌足らずな口調であどけない笑顔を見せるポニョが、なんとも愛らしい。

　探求心、好奇心に満ちたポニョと宗介は互いに信じ、受け入れ合うことで世界を広げていく。家に引きこもる人や他とコミュニケーションがとれない人が増え、閉塞（へいそく）感が漂う時代だからこそ、生命力あふれる姿はまぶしいほどに輝かしく映る。

　悪人は一人も登場しない。夏休みにぴったりの映画で、小さなお子さんでも十分楽しめるだろう。毎回、まったく見聞きしたことのないような異世界に導いてくれる宮崎アニメ。しかし今回は、あまりに物語が純粋すぎてドキドキ、ワクワクがいまひとつ。もっと胸躍る〝トリップ感〟を体感したかった。

　最後にもう一つ。エンドロールで流れるテーマソングが心地よい。「ポーニョ、ポーニョ」と繰り返すフレーズが脳裏にこびり付き、帰り道、あなたもきっと口ずさむ。1時間41分。

記者の採点
ピュア度★★★★☆　ワクワク感★★★☆☆　　　（修）

2008年7月23日

分からないから怖い

「ハプニング」

　M・ナイト・シャマラン監督の新作「ハプニング」は、「シックス・センス」「サイン」でその才能を発揮してきたサスペンスの名手ならではの佳作だ。

　米ニューヨークのセントラルパークはいつも通りの平穏な朝を迎えていた。ところが突然、人々の動きが一斉に止まり、直後に、ベンチに座って談笑していた女性が自らの命を絶つ。三ブロック離れたビルの工事現場では、屋上から人々が次々と飛び降りていた。

　「ニューヨークでテロが起こったかもしれない」とのうわさが、科学教師エリオット（マーク・ウォールバーグ）が勤めるフィラデルフィアの高校にも伝わった。エリオットは妻アルマ（ズーイー・デシャネル）、同僚教師とその娘ジェスとともに、安全な町を目指して列車に乗る。だが異常事態は急速に拡大し、エリオットたちにも危機が迫っていた―。

　死を直前にした人々には、言葉が混乱し方向感覚を失うといった共通点があった。映画は現象を見せるものの原因は明らかにしない。「開発中の猛毒兵器」「原発から何らかの物質が放出された」「新種のウイルス」など、さまざまな憶測が飛び交うが、確実に死が迫っていることしか分からない。この「分からない」ことが恐怖の源だ。

　安全な地を求めて逃げ惑う途上、エリオットたちは、俗世間から隔絶されたように生活する老婦人に出会う。一行はオアシスにたどり着いたように見えたが、徐々に緊張感が高まり…。

　結末の描き方には賛否両論があるだろうが、現代社会に対するシャマラン監督の解釈は見て取れる。まずは恐怖の過程を味わってほしい。1時間31分。

記者の採点
ドラマ性★★★☆☆　恐怖感★★★★☆　　　　（敦）

2008年7月30日

人間の尊厳と愛との葛藤

「インクレディブル・ハルク」

　アメリカンコミックが原作の映画と聞けば、いかにもハリウッド的な特撮アクションをイメージしがちだ。しかし近年、「スパイダーマン」や「バットマン」といった人気シリーズをはじめ、超人的なヒーローに変身する前の〝生身〟の部分を、より深く描き込む作品が増えてきた。

　今回の「インクレディブル・ハルク」もしかり。戦闘シーンよりも、主人公の心情に重きが置かれた構成となっている。

　放射線事故が原因で、強い怒りを感じると、肉体が巨大化し「ハルク」に変身してしまう科学者ブルース（エドワード・ノートン）。治療薬を開発して普通の人間に戻ろうとする彼を、ハルクのパワーを利用しようと企てる軍が執拗（しつよう）に追い回す。ついには恋人ベティ（リブ・タイラー）にも危険が迫り、ブルースは自らの意思でハルクとなって、彼女の身を守ろうとする。

　理不尽な宿命を背負い、苦悩するブルースの哀愁漂う姿がいい。ハルクというモンスターに変ぼ

うしたくはないけれど、恋人を守るためにはハルクになるしかない―。人間としての尊厳と愛のはざまで揺れる、一人の男の葛藤（かっとう）を描いた物語といえるだろう。

　ノートンとタイラーはともに理知的な顔立ちだし、力のこもった演技で作品に重厚さを醸し出している。なのに、ハルクの容姿が「これってヒーローとしてはどうよ」と思えるほどにこっけいで、せっかくのシリアスな雰囲気が失われてしまうのがもったいない。

　それにしても、怒りを抑制できないとハルクになるという設定がなんとも皮肉だ。近ごろ、稚拙な理由から怒りを爆発させ、無差別に殺傷事件を起こす人間が後を絶たない。そんな日本社会を、ハルクが痛烈に風刺しているように思えてしまう。1時間52分。監督はルイ・レテリエ。

記者の採点
ヒーロー度★★★☆☆　ロマンス性★★★☆☆　　（修）

2008年8月6日
人間の闇に迫る異色の大作　「ダークナイト」

　「バットマン」シリーズの新作「ダークナイト」は、高い娯楽性を保ちながら、人間が持つ本性の暗い部分を見つめた異色の大作だ。

　巨大企業の社長ウェイン（クリスチャン・ベール）は、街を守るバットマンとしての顔も持つが、限られた者しか知らない。バットマンは警察当局と協力、マフィアを追い詰めてきた。

　一方、犯罪そのものを快楽とするジョーカー（ヒース・レジャー）が銀行を襲い、部下たちを殺して大金を独り占めにした。

　悪にまみれていく街に新任の地方検事デント（アーロン・エッカート）が着任。犯罪の撲滅を誓うデントに、ウェインは街を託そうと考える。

　一方のジョーカーはバットマンに対し「正体を明かさなければ、市民を毎日一人ずつ殺す」と宣言。宿敵同士の戦いが始まった。

　ジョーカーによる銀行強盗のシーンは、並の映画ならクライマックスを飾りそうな迫力だが、冒頭六分間で惜しげもなく披露する。大型トラックやバイクによるカーチェイスや爆破シーンなど、さらにスケールアップしたアクションがいくつも用意されている。

　そうした「動」の部分もさることながら、この作品が訴える力は高いドラマ性にある。ヒーローものでありながらも単なる勧善懲悪に陥らず、究極の悪に揺さぶられる正義に焦点を合わせた。善が悪に反転してしまう危うさを、リアリティー豊かに描いている。

　登場人物ではジョーカーの存在感が圧巻。演じたレジャーは残念ながら撮影後に急死したが、このジョーカーは長く語り継がれるに違いない。上映時間は2時間32分だが、その長さをまったく感じなかった。監督はクリストファー・ノーラン。

記者の採点
暗黒度★★★★★　ドラマ性★★★★☆　　　　（敦）

2008年8月13日
男と女の本音とロマン　「ベガスの恋に勝つルール」

　同性から絶大な人気を誇るキャメロン・ディアス主演のラブコメディー「ベガスの恋に勝つルール」。タイトルのノリといい、いかにも女性客がターゲットという感じがして、男性はちょっと腰が引けてしまうかもしれない。

　しかし心配は無用。男女それぞれの目線から波瀾（はらん）万丈の恋模様が描かれており、性別を問わずに共感できるし、かつ楽しめる。もちろんカップルにもお薦めだ。

　婚約者にこっぴどく捨てられたジョイ（ディアス）と、工場を解雇されたジャック（アシュトン・カッチャー）は、憂さを晴らそうと訪れたラスベガスで偶然出会い、酔った勢いで結婚してしまう。

　われに返った二人が婚姻を無効にしようとした矢先、カジノで三百万ドルが大当たり。互いに賞金の所有権を主張して裁判となるが、判事から賞金を受け取る条件に六カ月の結婚生活を命じられてしまう。かくして奇妙な同居生活が始まるのだが…。

　「仮面夫婦」を演じつつ、賞金を独占するため、互いに相手を追い落とそうと策をめぐらすジョイとジャック。偶然に偶然が重なる序盤から、二人が壮絶なバトルを繰り広げる中盤まで、ドラマチックに進むストーリーを小気味いい演出で見せていく。

　二人の掛け合いは、スラングや際どいせりふも飛び交うものの、からりとしていて明るい笑いをもたらす。「ラブコメの女王」と称されるディアスの、何をしても嫌みを感じさせないキャラクターによるところが大きいのだろう。

　結局、お約束通りに二人は恋に落ちるのだが、ひねりの利いた終盤の展開が、キザでおしゃれなラストシーンを巧みに盛り上げる。男と女の本音とロマンが詰まった脚本にセンスを感じた。1時間39分。監督はトム・ボーン。

記者の採点
さっぱり感★★★★☆　センス★★★★☆　　　　（修）

2008年8月20日

青春像と世相、際立つ明暗 「ラストゲーム　最後の早慶戦」

　太平洋戦争のさなか、学徒出陣の直前に行われた大学野球の試合があった。「ラストゲーム　最後の早慶戦」は、実話を基にした若者たちのドラマだ。

　一九四三年の四月。国は「敵国のスポーツ」という理由で、当時人気があった六大学野球を解散させる。だが、早稲田大野球部は、顧問の飛田穂洲（柄本明）の意向で練習を続けた。

　学生の徴兵猶予が停止され、二十歳を過ぎた部員は徴兵検査を受けることに。飛田は戸田順治（渡辺大）ら部員に「君たちの思い出となるようなことを実現させたい」と告げる。

　そんな折、慶応義塾塾長の小泉信三（石坂浩二）から「出征前に早慶戦をやりたい」と呼び掛けが。しかし早稲田大総長の田中穂積（藤田まこと）は「文部省や軍の神経を逆なでにする」と反対。許可が下りないまま、徴兵検査の日が近づいていた。

　野球の試合を一度だけ行うことさえ、勇気が必要だった時代。現代と変わらぬ若者たちの輝きが、かえって世相の暗さを際立たせる。

　主演の渡辺の父親は渡辺謙。父譲りの存在感で、暗い時代でも希望を失わない青年を伸びやかに演じている。柄本の長男である柄本佑も、早稲田大の部員役。こちらの好バイプレーヤーぶりも、父から受け継いだ血を感じさせる。

　感動的な物語ではあるが、起伏に乏しい印象が否めない。ドラマ性を高めるための過剰な演出を避けたことは歓迎したいが、実話を忠実に再現することにとらわれすぎたか。登場人物の背景やクライマックスの試合シーンなどで、もう少しだけめりはりを利かせてほしかった。1時間36分。監督は神山征二郎。

記者の採点
青春性★★★★☆　感動度★★★★☆　　　（敦）

2008年8月27日

原作のスケール生かす大作 「20世紀少年」

　ハナから「シリーズ三部作」と大々的にPRしているのだから、配給の東宝はよほど自信があるのだろう。

　全体で総製作費六十億円をつぎ込むという「20世紀少年」。浦沢直樹の大ヒットコミックを、豪華キャストで実写化した。今回の「第一章」から、物語のスケールの大きさを感じさせる作りとなっている。

　時は一九九七年。ロックスターの夢をあきらめたケンヂ（唐沢寿明）は、うだつの上がらない日々を送っていた。ところが、「ともだち」と呼ばれる教祖が率いる謎の教団が現れ、世界中で恐ろしい事件が続出する。

　ケンヂは、小学生の時に空想の数々を描いた「よげんの書」の記述通りに事件が起こっていることに気付く。かつて一緒に遊んだ同級生が「ともだち」なのか。恐ろしい「よげん」が次々と現実となる中、ついに「世界めつぼう」とした二〇〇〇年の大みそかがやってくる―。

　ケンヂとともに人類存亡の機に立ち向かう同級生たちは、ヒーローであり容疑者でもある。彼ら一人一人にドラマが用意され、なによりプロットが素晴らしい。

　「原作に忠実を心掛けた」という監督の堤幸彦は、一九六〇―七〇年代のシンボルを数多く登場させて時代性を強調した上で、えたいの知れぬ恐怖を観客に抱かせる。

　ミステリーやサスペンス、アクション、そして青春映画の趣もある。さまざまな要素が詰まった群像劇を堤がそつなくまとめ上げた。原作のファンも満足できるのではないだろうか。

　ラストで一応の区切りはつく。だが一つの作品としてみると、謎は残されたままでスッキリとはいかない。あと二回、観客が映画館に足を運ぶほどの吸引力があるか…ビミョーなところだ。2時間22分。

記者の採点
カタルシス★★☆☆☆　スケール感★★★★☆　　　（修）

2008年9月3日

名女優がコミカルに好演

「幸せの1ページ」

　オーストラリアの人気作家ウェンディ・オルーの小説が原作の映画「幸せの1ページ」は、心温まる冒険ドラマだ。

　米サンフランシスコに住む作家アレクサンドラ（ジョディ・フォスター）は、外出恐怖症。自分が書く冒険小説の主人公アレックス（ジェラルド・バトラー）とは正反対の女性だ。インターネットでアイデアを探し、海洋学者ジャック（バトラーの二役）の記事に興味を持ってメールを送る。

　南の孤島でジャックと二人きりで暮らす娘のニム（アビゲイル・ブレスリン）は動物たちと仲良く過ごすかたわら、アレクサンドラの小説を愛読。ジャックの留守中にメールを読んだニムは、あこがれのヒーローを思い描いて興奮するのだった。

　ある日、一人で海に出たジャックの舟が難破して連絡不通に。ニムはアレクサンドラに助けを求めるが—。

　米アカデミー主演女優賞に輝いた「告発の行方」「羊たちの沈黙」をはじめ、シリアスなドラマで不動の地位を築いたフォスターが、今回はコミカルなキャラクターを好演した。

　ニムを助けようと決心し、自宅のドアノブに手をかけるアレクサンドラの表情の、何とスリリングなことか。「羊たち—」でフォスター扮（ふん）するFBI捜査官が暗闇でハンニバル・レクターにおびえるシーンを連想させる。恐怖の対象は人それぞれまったく違うのだと気付かされた。

　「リトル・ミス・サンシャイン」のブレスリンは愛らしさを残しつつもたくましく成長し、都会育ちながら南の島の少女になりきった。

　生活感覚や考え方がまったく異なる二人の出会いが引き起こすあつれきが、さわやかな後味へと変わっていく。大自然が持つ力のなせる業かもしれない。1時間36分。監督はマーク・レビン、ジェニファー・フラケット。

記者の採点
爽快（そうかい）感★★★★☆　冒険度★★★★☆　（敦）

2008年9月10日

人間の尊厳を美しく表現

「おくりびと」

　遺体をひつぎに納める男の話と聞いて「暗くて、一般受けしそうもないな」と思いながら試写室へ足を運んだのだが…予想は完全に覆された。

　主演の本木雅弘が自ら企画を発案したという「おくりびと」。人間の尊厳をかくも美しく、鮮やかに表現した映画には、めったにお目にかかれないだろう。モントリオール世界映画祭のグランプリ受賞作。

　所属するオーケストラが解散に追い込まれ、チェロ奏者の大悟（本木）は失意のまま、東京から故郷の山形に戻ってきた。そして「旅のお手伝い」と書かれた厚遇の求人欄に目を留める。旅行代理業と思って面接に向かうと、社長（山崎努）から即座に採用を言い渡された。その仕事とは〝納棺師〟だった。

　人の死で金を稼ぐことへの後ろめたさに加え、時に遺族から罵声（ばせい）を浴び、死臭にまみれる日々。あげくに妻（広末涼子）は「汚らわしい」と家を出てしまう。しかし大悟は、さまざまな死と向き合っていくうちに、納棺の仕事にやりがいを見いだしていく。

　命を落とせば、人間は一つの「物体」でしかない。それでも納棺師は、死者の衣服を整え、化粧を施して、厳粛に「旅立ちの時」を演出する。流れるような納棺の所作は崇高ささえ感じさせて、思わず背筋を伸ばして見入ってしまった。葬儀とは、残された人々が死を受け入れるための儀式—。かつて聞いたそんな言葉を思い出した。

　滝田洋二郎監督は、ユーモアを交えて明るい作品に仕立て、大悟や社長が食べ物をむさぼるシーンや、妻の懐妊などを盛り込んで「生と死」を際立たせた。

　人の命を軽んじるような事件が相次ぐ時代だけに、故人への深い悼みがよけいに胸に迫る。本木と山崎の好演も光った。2時間10分。

記者の採点
意外性★★★★★　感動度★★★★☆　（修）

2008年9月17日

主役食うジョリーの存在感　　　　「ウォンテッド」

　ハリウッドを代表する女優の一人、アンジェリーナ・ジョリーの新作「ウォンテッド」は、暗殺組織の攻防を題材にしたバイオレンスアクション映画。非情で最強の女に扮（ふん）したジョリーに魅せられる。

　ウェスリー（ジェームズ・マカボイ）は、職場で上司にいびられ、恋人は親友に寝取られるさんざんな日々。不安による発作を抑える薬でなんとか毎日をやりすごしている。

　ある日、薬店で謎めいた美女フォックス（ジョリー）に、「あなたの父は偉大な暗殺者だった」と告げられる。銃撃戦に巻き込まれて失神、目覚めると「千年以上続く暗殺組織」の男たちに囲まれていた。優秀な血を引くとしてウェスリーは一員に。スローン（モーガン・フリーマン）らによる特訓を受け、組織のエースに成長するが―。

　平凡な男が突如異世界でヒーローになるというストーリーに既視感はあるものの、ウェスリーのダメっぷりの描写が念入り。成果主義が行き渡った会社で女性の上司にパワハラを受ける設定は今風だし、おぼっちゃま顔のマカボイが苦悩する姿は同情を誘う。

　ウェスリーは転身後に暗殺者として頭角を現すわけだが、主人公の存在感を発揮する前に立ちはだかるのがジョリー。走行する車のフロントガラスを自ら突き破り、ボンネットで寝そべった姿勢で銃撃する姿と闘争本能むき出しの表情は、人間というより肉食獣のよう。子育て中とは思えないセクシーさも加わった鮮烈なキャラクターに、マカボイは太刀打ちできなかった。

　はるか遠くから銃撃したり、弾道を自在に曲げたり。視覚効果そのものより、あまりにもあり得ない設定のせいで、驚くよりもむしろ笑ってしまった。1時間50分。監督はティムール・ベクマンベトフ。

記者の採点
視覚効果★★★★☆　物語性★★★☆☆　　　　（敦）

2008年9月24日

重みある大人の恋愛物語　　　　「最後の初恋」

　同じ恋愛映画でも、この夏に話題を集めた「セックス・アンド・ザ・シティ」とはノリが全く違う。リチャード・ギアとダイアン・レインが主演の「最後の初恋」は、人生の悲哀をも感じさせる、秋らしくしっとりとしたラブストーリー。ギア、レインともに円熟の演技で、「大人限定」とうたう宣伝文句も納得の作品だ。

　砂浜にポツンと建てられた小さなホテルで、外科医ポール（ギア）と二人の子持ちのエイドリアン（レイン）が出会う。

　いかにもクサいタイトルに、美しい海岸線。背中がむずがゆくなるような、こてこての恋愛ものを覚悟していたが、意外にも骨っぽい展開に。

　エイドリアンは不倫した夫をどうしても許すことができず、子どもたちとの関係もぎくしゃくしている。ポールも失敗するはずのない手術で患者の命を落とし、遺族への対応に苦慮する日々。彼らの置かれた立場の厳しさが、次第に明らかになっていく。

　年を重ねれば背負うものも大きくなるもの。強く引かれ合いながらも、踏み出せない〝大人の事情〟がリアルに描かれている。

　そして「一線を越える」きっかけとなるのが、ホテルを襲う猛烈なハリケーンで、青春映画の傑作「台風クラブ」（相米慎二監督）を思い出した。迫り来る嵐に、不安とともに何とも言えぬ高揚感を抱くのは子どもも大人も同じ。ちょっと話が出来過ぎている感もあるけれど、人物の背景を描きこんで、重量感のあるドラマに仕立てられている。

　それにしても、このタイトルはどうにかならないものか。せっかくの作品も、観客の幅を狭めてしまうように思えてならない。監督はジョージ・C・ウルフ。

記者の採点
重量感★★★☆☆　ドラマチック度★★★☆☆　　（修）

2008

2008年10月1日
実話の映画化のお手本

「三本木農業高校、馬術部」

　高校生と馬とのきずなを描いた映画「三本木農業高校、馬術部」は、実話を基にした青春ドラマ。美しくも厳しい自然に見守られて成長する若者たちがいとおしい。

　香苗（長渕文音）は馬術部の二年生。早朝から夜まで馬の世話に明け暮れる生活で、顧問の古賀（柳葉敏郎）の指導が厳しいため、部員は五人しかいない。

　香苗が担当するコスモは馬術競技界に名を残す元名馬。気性の荒さに手を焼く香苗だが、日に日にコスモの視力が弱っていることに気付いて献身的に世話するようになり、馬も心を開き始めた。コスモの出産や、ほかの馬の死など、さまざまな経験を積むうちに季節はめぐり、高校生活最後の馬術競技大会が迫る。

　佐々部清監督は新人の長渕を主演に起用。馬術競技は代役を使わず、撮影のほとんどを、青森県十和田市に実在する三本木農業高の広大な敷地で行った。

　その結果だろう。草の上を吹き渡る風はにおい立つようだし、ほおを刺すような雪の冷たさも伝わってくる。モデルとなった実在の人々に敬意を払い、鼻につくような余計な演出は皆無。目新しさはないが、実話の映画化のお手本のような作品だ。

　いくら好きなこととはいえ、生身の高校生にとって部員としての日々はラクではない。愚痴も出るし、世話を人任せにしてカラオケに興じてしまうこともある。それでも、馬と生きる時間のかけがえのなさを感じていることがよく伝わってきた。

　クライマックスは、香苗が周囲の反対を押し切って、コスモと出場する競技大会。そこまでにリアリティーあふれる物語に引き込まれていたため、感動的な場面にもすんなりと感情移入できた。1時間57分。

記者の採点
青春度★★★★☆　リアル感★★★★☆　　　　（敦）

2008年10月8日
ガッキーの団長姿に降参

「フレフレ少女」

　「頑張れ」という言葉は使い方が難しい。

　もちろん、人に勇気や力を与える言葉ではあるけれど、無責任に声を掛けると、その人を追い詰めてしまったり、反発を買ったりもする。

　人気女優の〝ガッキー〟こと新垣結衣が主演の「フレフレ少女」は、人を応援することの難しさを痛感しながらも、その素晴らしさや大切さに気付いていく高校生の姿を描いた青春映画だ。

　野球部のエースに一目ぼれした桃子（新垣）は、彼を見守り続けたい一心から応援団に入り、団長になってしまう。しかし、まともな応援ができずに、野球部や生徒たちからひんしゅくを買い、追い打ちを掛けるようにショッキングな出来事が起こる。それでも桃子たちは猛特訓を積み、身も心も立派な応援団に成長していく。

　中高生を中心にブームを巻き起こした映画「恋空」で、次々と悲劇に見舞われるヒロインを演じた新垣が、一転、学ランに鉢巻き姿ではつらつとした表情を見せている。

　団員仲間には、売り出し中の永山絢斗や柄本時生ら個性的な若手男優が顔をそろえているものの、長身で手足の長い新垣がひときわりりしく、光り輝いている。

　学生たちが切磋琢磨（せっさたくま）する「ウォーターボーイズ」や「スウィングガールズ」の流れをくんだ作品ではあるが、決定的に違うのは群像劇ではなく、あくまで新垣を話の中心に据えている点だろう。ガッキーのための映画と言っても過言ではあるまい。

　とはいえ「アイドル映画」と侮る事なかれ。自分のことできゅうきゅうとしている人ほど、一心不乱にエールを送る若者たちの姿がまぶしく映るはずだ。わたし自身、見返りを求めずに、人のために汗を流すことが、とんとないことに気付いてしまった。1時間54分。監督は渡辺謙作。

記者の採点
爽快感★★★☆☆　スポ根度★★☆☆☆　　　　（修）

2008年10月15日

ハイテクに逆襲される恐怖　　「イーグル・アイ」

　スティーブン・スピルバーグ製作総指揮の映画「イーグル・アイ」は、テクノロジーによる便利さを享受する現代人に向けたサスペンスアクション。SFと言い切れないリアリティーがある。

　コピーショップで働くジェリー（シャイア・ラブーフ）の元に、一卵性双生児の兄で、国防総省に勤務していたイーサンが急死したとの知らせが入る。直後、口座に大金が振り込まれ、アパートには偽造パスポートや大量の武器が届いた。突如部屋に突入してきたFBIに身柄を拘束され、テロリストと断定されてしまう。

　携帯電話に掛かってきた謎の女の声に導かれて脱出、路上の車に乗り込むと見知らぬ女（ミシェル・モナハン）が運転席に。レイチェルと名乗る女もまた、幼い息子を人質に取られ謎の声に操られて行動していた。

　前半は息つく間もないアクションの連続で、ジェリーとレイチェルを動かす主が誰で、目的が何なのかを考えるヒマも与えない。

　携帯電話から信号機、列車、銀行口座、兵器まで、電子機器を内蔵するあらゆるものを自在に操れる存在を前に、生身の人間はあまりに無力だ。既にそうしたもの抜きでは生活できない現代の都市生活者は、プライバシーもなくテクノロジーに逆襲される恐怖を、少なからず実感できるだろう。

　アクションの力業に圧倒される一方で、主人公の目に入るとは限らない電光掲示板で行動を指示したり、セキュリティーシステムが双子を同一人物と認証したりと、物語の都合に合わせたアラも少々。結末も派手な過程に比べれば意外に単純だが、観賞後の余韻は決して悪いものではなかった。1時間57分。監督はD・J・カルーソー。

記者の採点
スピード感★★★★★　物語性★★★☆☆　　　　（敦）

2008年10月22日

人情味にどっぷり漬かる　　「ホームレス中学生」

　一家離散で住む場所さえも失ってしまった子どもたちの話だというのに、陰気な感じはまったくなく、さわやかで後味の良い作品。笑いもふんだんにあり。

　「ホームレス中学生」は、お笑いコンビ「麒麟（きりん）」の田村裕が実体験をつづった同名ベストセラーの映画化。主人公の中学生を演じるのは二十二歳の小池徹平。童顔をウリに、映画やドラマで主演が相次いでいる小池の面目躍如たるところだ。

　中学二年の裕（小池）は、大阪郊外の団地に父（イッセー尾形）や大学生の兄（西野亮広）、高校生の姉（池脇千鶴）と四人で暮らしていた。だがある日、借金がかさんで自宅が差し押さえられ、父は「解散」と言い残して行方をくらましてしまう。裕は一人、公園の滑り台をすみかとして暮らし始める。

　裕は食べ物の確保に奔走し、近所の悪ガキたちと縄張り争いを繰り広げる。「ホームレス」故のサバイバル生活がコミカルに描かれるが、それはほんのプロローグ。周囲の人々の助けを得て、兄姉と共同生活を始めた裕が成長していくさまを、じっくりと追っていく。

　登場人物に注がれるまなざしは常に温かく、身勝手で無責任な父親までも「実はちょっといい人かも」と感じるほど。こんな社会なら、随分と生きやすいだろうに―。そう思わせるほどに、思いやりにあふれた人たちが、裕たちに次々と手を差し伸べる。

　世知辛い世の中にあって出来過ぎの話と思いつつ、作品全体に流れる優しく、ほのぼのとした空気がなかなかに心地よい。家族とは、人間のきずなとは、なんて小難しいことを考えずに、人情味のたっぷり詰まった世界に漬かりたい。1時間56分。監督は古厩智之。

記者の採点
ほのぼの度★★★★☆　リアリティー★★☆☆☆　　（修）

2008年10月29日

能天気っぷり、小気味よく

「ハンサム★スーツ」

　他人の外見、とくにマイナスの場合に、それを話題にすることは下品だ。だがそんな感覚はもはや古いのだろうか。映画「ハンサム★スーツ」では、人間の見た目が大っぴらに語られている。

　庶民的な定食屋を営む琢郎(塚地武雅)は三十三歳。料理の腕前も人柄も抜群だが、"ブサイク"なために女性とは縁がない。アルバイトで入った美人(北川景子)に告白するが、振られてしまう。

　琢郎は紳士服店で、着るだけでハンサムになれる「ハンサムスーツ」を手に入れる。変身した琢郎(谷原章介)は別名を名乗って一躍人気モデルに。二重生活を楽しむ琢郎は、ブサイクだが気立てのいい新人アルバイト(大島美幸)に魅力を感じ始める。

　二人の俳優が一人の人物を演じる手法が、エンターテインメント性をより高めている。とくに、期せずしてハンサムな外見を手に入れた谷原演じる琢郎の能天気っぷりが小気味よい。

　着脱が可能なハンサムスーツには湯を掛けると変形する欠陥があり、欠陥がないスーツは一度着ると脱げない。モテモテの人生か、見た目は優れていなくても温かい仲間がいる人生か、琢郎は二者択一を迫られるのだが、その結末は大方の予想を裏切らない。

　感動を意図したようだが、残念ながらそれはあまりなかった。人物造形が表面的なことが理由だろう。半面、テンポの良さが、軽いコメディーとしての成功につながっている。

　劇中には渡辺美里や佐野元春、米米CLUBのヒット曲がふんだんに使われており、一九八〇年代に青春を送った世代にはたまらない。1時間55分。監督は英勉。

記者の採点
ドラマ性★★☆☆☆　羨望(せんぼう)度★★★★☆　(敦)

2008年11月5日

痛快なクルーニー流恋物語

「かけひきは、恋のはじまり」

　ジャーナリストの目を通して「赤狩り」を描いた社会派の映画「グッドナイト&グッドラック」で、監督としての才能も高く評価されたジョージ・クルーニー。

　監督三作目の「かけひきは、恋のはじまり」は一転し、軽いタッチのラブコメディーに。クルーニーが主演も務め、相手役のレニー・ゼルウィガーと、がっぷり四つに組んだ芝居を演じている。

　一九二〇年代の米国。プロリーグが発足したばかりのアメリカンフットボールで、所属チームのために奮闘するベテラン選手ドッジ(クルーニー)は、第一次世界大戦の英雄でスター選手のカーター(ジョン・クラシンスキー)の獲得に動きだす。

　しかしそこに、カーターのスキャンダルを狙う敏腕記者レクシー(ゼルウィガー)が登場。ドッジとレクシーは互いに引かれ合うが、カーターまでもが彼女に恋してしまう。奇妙な「三角関係」の行方はいかに―。

　淡い色調の映像でレトロな雰囲気を演出しつつ、互いの腹を探り合うドッジとレクシーとの激しい掛け合いで、物語をぐいぐい引っ張っていく。容赦ない言葉の応酬の中にも愛がにじむ、洒脱(しゃだつ)でおしゃれな会話。二人の丁々発止の"恋のバトル"は見応え十分で、これだけでも一見の価値はあるのでは。

　プロットも良く練られている。機知に富んだアイデアで、まんまとライバルの裏をかくドッジの策略にはびっくり。エンドロールに至るまで遊び心に満ちた仕掛けも満載で、単なる恋物語で終わらずに、しゃれた痛快劇となっている。

　年を重ねても、どこか憎めないいたずらっ子のようなクルーニー。してやったり、とニンマリした彼の顔が目に浮かぶようだった。1時間53分。

記者の採点
はまり役度★★★★★　ロマンス性★★★☆☆　(修)

2008年11月12日

爽快で良心的なコメディー 「ハッピーフライト」

　ジャンボジェットを動かし、接客し、安全を監視する人々を描いた映画「ハッピーフライト」は、すみずみまで作り手の気配りが行き届いた良心的なコメディーだ。

　ある日の空港。ホノルル行き1980便の副操縦士鈴木（田辺誠一）は、これが機長昇格を前にした実機訓練の最終関門。温厚と評判の教官が体調を崩し、代わって威圧感いっぱいの原田（時任三郎）と組む羽目に。

　国際線デビューとなる客室乗務員の悦子（綾瀬はるか）にとっても試練のフライト。厳しいことで有名な麗子（寺島しのぶ）がチーフパーサーだからだ。乗客と接するグランドスタッフや整備士、管制官らも、1980便の離陸準備に動いていた。

　一つの便にかかわる人々のエピソードを連環状につなげた構成。詳細な絵コンテを自ら描き、ジャンボジェットの機体を借りて撮影した矢口史靖監督。その凝りようは、程よくマニアックなせりふや会話のテンポだけでなく、画面の構成、エピソードごとへの時間配分にも感じられる。

　完ぺきを目指しても、小さなハプニングが避けられないのが人間の世界。天候や見学者の行為、困った乗客など、外部からもたらされる偶然が重なり、ドラマを巻き起こす。

　決められたことを厳格にこなすのもプロなら、予期せぬ障害を乗り越えるのもプロ。他人にとってはささいなことでも、やり遂げた充実感は本人には大きな喜びとなる。プロ集団である航空業界は、仕事への誇りや愛着を描く上で、格好の題材となった。主題歌であるフランク・シナトラの「カム・フライ・ウィズ・ミー」が、爽快（そうかい）な後味にぴったりはまっている。1時間43分。

記者の採点
完成度★★★★★　爽快感★★★★☆　　　　　（敦）

2008年11月19日

人間の"本質"重々しく 「ブラインドネス」

　見ている最中に面白いとは感じても、記憶に強く残るような作品が、近年少なくなってきたような気がする。

　さて、今年春のカンヌ国際映画祭でオープニングを飾った「ブラインドネス」はどうか。現地での評判は決して高くはなかったようだが、私は頭をがんと殴られたような衝撃を受けた。お手軽ではなく、ちょっと気合を入れて見てほしい重々しい作品である。

　監督は、人間の暴力性をあらわにした「シティ・オブ・ゴッド」で世界の度肝を抜いたフェルナンド・メイレレス。木村佳乃と伊勢谷友介が重要な役どころを熱演している。

　ある街の交差点で一人のドライバー（伊勢谷）が突如、視力を完全に失ってしまう。それを機に、彼の妻（木村）をはじめ、周囲の人々が次々と失明していく。原因も治療法も分からないその奇病は、恐るべき感染力を持っていたのだ。政府は感染者を収容所に強制隔離するのだが…。

　社会から閉ざされた収容所が、次第に秩序を失っていく描写がすさまじい。

　感染者たちは食糧を奪い合い、汚物にまみれ、自らの欲望のために平然と他人の人権をじゅうりんしていく。まさに地獄絵図。映像を見続けることに、息苦しさを感じるほどだった。

　もし自分が同じ状況に置かれたら、と誰もが恐怖を感じることだろう。メイレレスはさまざまな人種、職種、年齢の人々が集められた収容所を社会の縮図として描き、極限状態であらわになる人間の本質を突きつけた。

　盲目を装って収容所に入り込み、悲劇を目の当たりにする女性を演じたジュリアン・ムーアの力強さが印象的。救いのあるラストは賛否が分かれるだろうが、人類の未来への希望の表れと思いたい。2時間1分。

記者の採点
緊迫感★★★★★　パニック度★★★★☆　　　　　（修）

2008年11月26日

ど迫力のカーアクション

「デス・レース」

　生き残りを懸けた刑務所内のカーレースを描く「デス・レース」は、テレビゲームを実写にしたようなアクション映画。カーマニアよりも武器マニアに受けそうだ。

　二〇一二年の米国では経済が破たん、犯罪が多発していた。刑務所は、委託された民間企業が営利目的で運営。凶悪な犯罪者を収容する「ターミナル・アイランド」でのカーレースは、テレビとインターネットで世界に中継されていた。

　武器を搭載した改造車で競うレースは、妨害や殺し合いなどルール無用の世界。五勝すれば釈放されるためドライバーはなりふり構わず、視聴者も熱狂する。収益につながる視聴率向上のために、刑務所当局は過激さをあおっていた。

　そんな中、妻殺しのぬれぎぬを着せられた元レーサーのエイムズ（ジェイソン・ステイサム）が収容される。所長から、四勝したまま事故死したフランケンシュタインの身代わりになることを持ち掛けられる。

　米国発の金融危機を見越したかのような設定には現実味が感じられ、やや不気味。民間刑務所が殺人をあおる姿は、行き過ぎた「新自由主義」政策の果てを象徴するかのようだ。だが見どころはあくまで、ど迫力のカーアクションだろう。

　ほとんど原形をとどめないほどに改造された車の数々はまるで装甲車。武器などの装備は、コースの上にある盾や剣の模様が刻まれたマンホール型のプレートを踏まないと機能せず、ドクロマークを踏むと死ぬ。このあたりはゲームそのもので分かりやすい。

　エイムズはレースを盛り上げるプレーヤーとして引きずり込まれたことを悟り、脱出と復讐（ふくしゅう）が物語の鍵となる。残虐なシーンは暗い気分になるが、痛快な結末で相殺された。1時間45分。監督はポール・W・S・アンダーソン。

記者の採点
世相反映度★★★☆☆　スピード感★★★★☆　　　（敦）

2008年12月3日

娯楽に徹したおバカ映画

「特命係長　只野仁　最後の劇場版」

　テレビ朝日系の深夜ドラマで高視聴率を上げてきた人気シリーズ「特命係長　只野仁」が、主なキャスト、スタッフはそのままに映画化された。

　もうご存じの人も多いだろうが、さえない窓際係長が、女性にもてもての無敵ヒーローに変身する高橋克典主演のコメディーである。

　男の妄想を具現化したようなバカげた設定だが、要はシンプルな勧善懲悪ストーリー。少々エッチでありながら、からりとした明るさと分かりやすさが、男女を問わず幅広い支持を集めている理由だろう。

　映画版でも"見せ場"のベッドシーンや、サウナでのやりとり、お約束の小ネタに至るまで、ドラマ世界をほぼ踏襲している。

　大手広告代理店の係長只野（高橋）は、会長（梅宮辰夫）からイベントキャラクターを務めるアイドル（秋山莉奈）の護衛を命じられ、彼女の命を狙う謎の組織と戦いを繰り広げる。

　K-1でおなじみの巨人格闘家チェ・ホンマンが敵役で登場し、謎解きの要素を色濃くするなど、スケールの大きさをそれなりに感じさせる作りになってはいる。

　しかし全体的に見ればまるでドラマの「特番」を見ているよう。「只野」初心者はともかく、熱烈なファンは物足りなさを感じるかもしれない。

　とはいえ、最後に泣かせが入ったり、無理に社会性を持たせたりするコメディー映画も多い中で、潔いほどにエンターテインメントに徹する映像は新鮮に映った。おバカブームが吹き荒れた二〇〇八年、こんな映画が最後に登場するのも悪くない。

　決して演技はうまくないけれど、いつもの高飛車ぶりを逆手に取ったような西川史子のパフォーマンス（？）は、かなりウケた。1時間55分。監督は植田尚。

記者の採点
おバカ度★★★★★　スペシャル感★★☆☆☆　　　（修）

2008

2008年12月10日

ロボット描写にもぬくもり 「ウォーリー」

　未来の地球に取り残されたロボットの冒険を描いたアニメ映画「ウォーリー」は、人間らしさとは何かを問い掛ける奥深いファンタジーだ。

　二十九世紀、ごみがあふれ人影のない地球で、ロボットのウォーリーはごみを立方体に圧縮、積み上げる作業をひとり黙々と続けている。楽しみは古い玩具など宝物のコレクション。お気に入りのミュージカル映画で見て、誰かと手をつなぐことにあこがれていた。

　ある日、巨大なロケットが着陸、ロボットのイヴが降り立つ。ウォーリーは青い目を持つ彼女に一目ぼれするが、イヴは目当てだった植物を体内に格納すると、再びやってきたロケットに。船体にしがみついたウォーリーも宇宙へと飛び立つ。

　ウォーリーとイヴは、目の動きとちょっとしたしぐさだけで心を通わせる。これまでのピクサーアニメには人形や擬人化した魚などが登場してきたが、無機質なロボットでここまで人間的な感情を表現したのは驚異的だ。むき出しの鉄片であるウォーリーの手にぬくもりすら感じる。

　対照的なのは、巨大な宇宙船の中で暮らす人間たち。宙に浮くいすで自在に移動し、食事も子育てもロボットに頼りきり。いすから転げ落ちても自力で起きあがれないほどに太り、体が退化してしまっている。便利さに甘えることへの皮肉がぴくりと効いている。

　事なかれ主義だった艦長が、かつての美しい映像に触れて地球への愛と知恵を深め、帰還を決断する。抵抗する自動操縦装置とのバトルも見どころ。分かりやすい正義感はいかにも米国的ではあるが。

　宇宙空間でのダンスや星くずの描写はまさに"光の魔法"で、息をのむ美しさ。幅広い年齢層が楽しめる正月映画の大本命だ。1時間43分。監督はアンドリュー・スタントン。

記者の採点
スケール★★★★☆　　愛らしさ★★★★★　　　　　（敦）

2008年12月17日

2大スターの温度差がツボ 「ワールド・オブ・ライズ」

　この映画を見て、「踊る大捜査線」での織田裕二の名ぜりふ「事件は会議室で起きてるんじゃない。現場で起きてるんだ」を思い起こすのは、私だけではあるまい。

　米中央情報局（CIA）の現地工作員とエリート局員の確執を通して、テロとの戦いを描いたリドリー・スコット監督のスパイアクション「ワールド・オブ・ライズ」。過酷な現場で体を張る部下と、平和な遠方から勝手な指示を出す上司との〝温度差〟が、「踊る―」同様、作品のツボとなっている。

　国際テロ組織のリーダーを捕らえるため、CIAの主任ホフマン（ラッセル・クロウ）は、工作員フェリス（レオナルド・ディカプリオ）に組織への潜入を命じる。フェリスはさまざまな人脈を築いて情報をつかもうとするが、冷徹なホフマンと足並みがそろわず、次第に二人の溝が深まっていく。

　敵味方入り乱れてのうその応酬に、フェリスの恋愛を絡ませ、先の読めないストーリーがスリリングに展開される。映像はリアル感たっぷりで、頭脳戦を駆使したCIAの極秘活動を、のぞき見しているような気分になった。

　実力派の二大スター共演とあって、その演技バトルにも注目。しかし最も目立っていたのは、ひげ面でアラビア語のせりふをこなしたディカプリオでも、役作りのため体重を二十キロ以上増やしたクロウでもなく、CIAの二人に割って入るヨルダン情報局長をクールに演じたマーク・ストロングだった。

　物語上でも、この局長に重要な役目を与えすぎていて、主役の二人の関係性がぼやけてしまったのがマイナス点。政治色は薄いが、職務をまっとうしながらも徒労感にさいなまれるフェリスに、テロとの戦いに疲弊した米国の姿を見た気がした。2時間8分。

記者の採点
スリル感★★★★☆　　見応え★★★☆☆　　　　　（修）

2008年12月24日

キアヌの無表情がポイント

「地球が静止する日」

　映画「地球が静止する日」は環境問題を背景にした、ハリウッドならではの迫力ある映像が見応えのある大作。ただ、物語としてはやや物足りない。

　木星の軌道外で観測された謎の物体が地球に迫り、地球外生物を研究するヘレン（ジェニファー・コネリー）は米政府に招集される。物体はニューヨークのセントラルパークに現れ、中から生命体が降りてきた。

　昏倒（こんとう）した生命体を治療しようとメスを当てると外皮がはがれ、人間の外見をしたクラトゥ（キアヌ・リーブス）が現れる。地球外生物の代表を名乗るクラトゥは、衛星の防衛システムに難なくアクセス、尋問官の意識も操作して逃亡。ヘレンを呼び出し「地球を救うためにやって来た。人類が滅亡すれば地球は生き残れる」と来訪の目的を明かす。

　地球が攻撃されるシーンは、製作費をつぎ込んだメジャー作品ならではの迫力だ。砂嵐のような虫の大群が、人間も大型トレーラーも、スタジアムも、跡形もなく消し去ってしまう。

　端正なマスクを持ったリーブスの無表情ぶりは宇宙人らしくてなかなか良い。ヘリコプターを撃墜したり、死者をよみがえらせたりするのでも、抑えた演技がかえって説得力を持つ。

　だが、生身の人間であるヘレンまでが端正すぎて体温を感じないのはどうしたことか。血のつながらない母と息子のヒューマンドラマが挿入されているが、平板な印象だった。

　クラトゥは人類の存亡がかかった重大な決断を下すのだが、説明不足の上に無表情なため、その真意が分からない。続編が作られて謎が明らかにされることを願いたい。1時間44分。監督はスコット・デリクソン。

記者の採点＝★★★☆☆　　　　　　　　　　（敦）

2009

2009年1月7日

愛あふれる美しい自然描写

「きつねと私の12か月」

　ごみの分別徹底は当たり前、二酸化炭素（CO_2）削減が声高に唱えられる今日このごろ。環境問題への市民意識の高まりとともに、エコロジーをテーマに掲げた映画が増えてきた。

　この「きつねと私の12か月」も、その流れをくんだネーチャーもの。この手の映画にありがちな、説教くささや押し付けがましさはなく、優しい目線で描かれた少女と野ギツネの交流物語。出世作となったドキュメンタリー映画「皇帝ペンギン」に続き、リュック・ジャケ監督の巧みな自然描写がさえわたっている。

　山岳地帯に暮らす少女リラ（ベルティーユ・ノエルブリュノー）は、森の中で一匹のキツネと出会い、一目ぼれする。以来、リラは毎日のように森に通い、警戒心の強い野生のキツネをなんとか手なずけようとするのだが…。

　つややかな新緑。太陽光を受けてきらめく山肌。枯れ葉のじゅうたん。一面の銀世界。

　四季の移り変わりとともに、その顔をがらりと変える大自然がとにかく美しい。躍動感あふれる動物たちの息遣いやうなり声、そよ風に揺れる木々のざわめきにも包まれて、非日常の空間にトリップしたような感覚に襲われる。

　リラとキツネの距離が次第に狭まり、終盤に「仲良し」になった時には、いくらなんでも出来過ぎたファンタジーだと思えた。だが、ドキュメンタリーで鳴らすジャケ監督は甘くはなかった。

　リラが、ある〝一線〟を越えたとき、取り返しのつかない悲劇が訪れる。衝撃的な結末に、一気に現実に引き戻された。

　したり顔でエコを論じてみても、人間と自然との共生はやはり難しい。それでも、愛らしい少女を主人公に据え、あえてフィクションを撮ったジャケ監督。自然へのあふれる愛が感じられる作品だ。1時間36分。

記者の採点＝★★★★☆　　　　　　　　　（修）

2009年1月14日

革命家の人間性、リアルに

「チェ　28歳の革命」
「チェ　39歳別れの手紙」

　革命家チェ・ゲバラの栄光と死を描いた「チェ　28歳の革命」「チェ　39歳別れの手紙」の二部作。上映時間が計四時間半近い大作だが、ゲバラが味わった緊張や苦渋を体感するには、これぐらいの長さは必要だ。

　中南米の貧しい人々を救いたいと願うアルゼンチン人の医師ゲバラ（ベニチオ・デル・トロ）は、メキシコでカストロと出会い、キューバ革命に参加する。若い兵士に読み書きを教え、農民や女性、子どもには愛情を持って接するうち、統率力を認められ司令官に。大都市サンタクララを攻略し、革命を成し遂げる。

　六年後。ゲバラはカストロに別れの手紙を残してキューバから姿を消す。翌年変装して現れたのは、農民らが貧困と圧政にあえぐボリビア。兵士を訓練するが、ボリビア共産党との協力に失敗し、地元住民に裏切られて急速に孤立していく。

　「革命には、勝利か死しかない」との言葉どおり

に生きたゲバラを、カメラは密着取材のようなアングルで追う。スティーブン・ソダーバーグ監督は、スペクタクルの代わりに、膨大な調査に基づくリアリズムの手法を用いた。国連総会で演説する華々しい姿と、長く苦しい山中での日々を巧みに構成することで、革命家の人間性が浮き彫りになった。

　ゲバラは、誰もが医療や教育を受けられる社会を目指した。貧困と無知に慣れてしまった人々を放置できなかった良心は、イデオロギーにかかわらず普遍的なものだろう。だが同時代、同じ場所に生きた人々には必ずしも理解されず、悲運に追い詰められていく「39歳」が胸を打った。

　ゲバラの死後四十年余り。貧困は世界から消えず、格差やさまざまな不正が暗い影を落とす。現代社会を読み解く上でも価値ある二部作だ。前編2時間12分、後編2時間13分。

記者の採点＝★★★★☆　　　　　　　　　（敦）

2009年1月21日
さまよう心に一筋の希望
「誰も守ってくれない」

　住宅街の異常な光景で始まる映画「誰も守ってくれない」は、過熱するメディアの取材と、プライバシーを執拗（しつよう）に暴露しようとするネット社会から、容疑者の妹を守る刑事の物語。さまよった末に希望の兆しを見いだす主人公の心の旅が、深い余韻を残す。

　一見平和な四人家族の十八歳の長男が、小学生姉妹殺害の容疑で逮捕された。刑事の勝浦（佐藤浩市）と三島（松田龍平）は、中学生の長女、沙織（志田未来）を世間の目から守るよう命じられる。

　勝浦は三年前、尾行中の覚せい剤常用者が男児を刺殺するのを阻止できなかったことを、気に病んでいた。男児の両親への負い目を感じながらも、彼らが経営するペンションを沙織の避難先に選ぶ。

　重大な事件の際に、警察が被害者家族をメディアから守るのは一般的だが、容疑者の家族を保護する活動はあまり知られていない。「踊る大捜査線」シリーズの脚本を手掛けた君塚良一監督が、元刑事から聞いた話に着想を得た。硬派なテーマに新たな切り口で挑んだ意欲作といえる。

　現実的な見方をすれば、取材陣が未成年をそこまで追い詰めるか、捜査幹部が事件の重要証人を現場の刑事に押しつけたままにするか、といった疑問は確かにある。だが、それがたいして気にならないのは、心の痛みの中で生きる勝浦の悲哀にリアリティーがあるからだ。

　自分の家族や大切な人を守るとはどういうことなのか。そこに向き合い始めた勝浦と沙織に、木漏れ日のような希望が差し込む。主題歌のリベラの歌声が"天上からの光"を思わせる。1時間58分。

記者の採点＝★★★★☆　　　　　　　　（敦）

2009年1月28日
夫婦バトルに心の叫び描く
「レボリューショナリー・ロード　燃え尽きるまで」

　レオナルド・ディカプリオとケイト・ウィンスレット。この二人の名を聞くと、自然と「タイタニック」の名シーンの数々が頭に浮かぶ。空前の大ヒット作のイメージは今なお強烈である。

　そして今や、ハリウッドを背負う実力派スターとなった二人が「レボリューショナリー・ロード　燃え尽きるまで」で十一年ぶりに共演。とはいえ、タイタニックのような切ないラブロマンスを期待してはいけない。今回は、二人が壮絶な闘いを繰り広げるのだ。

　米国が高度成長期を迎えていた一九五〇年代。フランク（ディカプリオ）とエイプリル（ウィンスレット）の夫婦は、新興住宅地に引っ越して二人の子供に恵まれる。

　美男美女のカップルで、はた目には理想的な生活のように映る。だが、夢のない単調な日々に「こんなはずではなかった」と二人はいら立ち、衝突を繰り返していた。現状を打開しようと、パリへの移住を決意するのだが…。

　身もふたもない言い方をすれば、ありがちな夫婦げんかのお話。

　なのに二人のバトルは圧倒的な迫力で真に迫り、隣人や会社の同僚らが彼らに向ける視線の描き方も絶妙で、ごく平凡な夫婦の心の叫びが、スクリーンからひしひしと伝わってくる。

　正直、若者や未婚者にはピンと来ない映画かもしれない。しかし急速に離婚率が上がっている昨今、半世紀も昔の物語であるにもかかわらず、もだえ苦しむ二人の姿に共感し、身につまされる人もきっと多いはずだ。

　観客をぐいぐい引き込んでいくサム・メンデス監督の手腕はもちろんだが、ディカプリオとウィンスレットの演技力があってこそ、成立した映画といっても過言ではないだろう。二人の役者としての成長をあらためて痛感するひとときだった。1時間59分。

記者の採点＝★★★★☆　　　　　　　　（修）

2009年2月4日

愛にあふれた壮大な感動作

「ベンジャミン・バトン 数奇な人生」

　生きとし生けるものの宿命とはいえ、「老い」を受容し、心身の折り合いをつけていくのはなかなか難しい。

　なのに「ベンジャミン・バトン 数奇な人生」の主人公はまったく逆で、年を取るごとに外見が若返っていく。

　いやはや、なんともうらやましい話…そう思った方はこの映画を見て、大きな衝撃を受けるだろう。描かれるのは、あまりに切ない男の生きざまであるからだ。

　一九一八年の米国。クイニー（タラジ・P・ヘンソン）は置き去りにされた奇妙な赤ん坊を拾う。その男の子の姿形は八十歳の老人だったが、ベンジャミン（ブラッド・ピット）と名付け、わが子のように育て上げる。

　驚いたことに、日に日に若返っていくベンジャミンは、さまざまな出会いと別れを経験。そして、かつて老人と少女として出会い、時を経てほぼ同じ年齢となったデイジー（ケイト・ブランシェット）と愛し合う。だが二人は「時」に引き裂かれていく。

　「これ、ブラピ？」。分かっていても老人にしか見えないピットの特殊メークはすごいの一言。それにしても、たった一人、時を逆行するように生きることが、これほど孤独感にさいなまれることだとは。

　恋人や夫婦だけでなく、家族や友人、同僚もそう。同じように年を重ねていくからこそ、喜びや悲しみを共有し、共に人生を歩んでいけることに気付かされるだろう。

　「セブン」「ファイト・クラブ」など、人間の暗部をえぐるような作品で観客を驚かせてきたデビッド・フィンチャー監督が一転、映像美と人間愛にあふれた壮大な感動ドラマをつくり上げた。

　緻密（ちみつ）な演出に構成、迫真の演技…どこにもすきが見当たらない。米アカデミー賞の最多十三部門ノミネートはさすがにだてじゃない。2時間47分。

記者の採点＝★★★★★　　　　　　　　　　　（修）

2009年2月10日

人と動物が織りなす感動作

「旭山動物園物語 ペンギンが空をとぶ」

　画期的な展示方法を編み出し、入園者数が日本一となった動物園の実話をベースにした映画「旭山動物園物語 ペンギンが空をとぶ」。俳優の津川雅彦ことマキノ雅彦監督が、直球勝負で挑んだ感動のドラマだ。

　北海道旭川市の旭山動物園の新人飼育係、吉田（中村靖日）は、小さいころからいじめに遭い、人間が苦手。園長の滝沢（西田敏行）らスタッフは、そんな吉田を温かく迎える。

　動物園の入場者は減る一方。園の廃止を訴える動物愛護団体からプレッシャーを受け、財政赤字を抱える市からの予算も細る中、滝沢は園の復活を目指し、手作りの作業で取り組む。

　活気が戻りかけたさなか、敷地内に侵入したキタキツネが原因で、ゴリラがエキノコックス症で倒れる。世間は大騒ぎになり、閉鎖の危機に。滝沢らスタッフは街頭に立って市民に園の存続を訴えるが―。

　長門裕之や岸部一徳、柄本明、塩見三省ら飼育係を演じる個性豊かな俳優陣が、一見地味な日常のエピソードを引き立たせ、飽きさせない。さらに中村と前田愛が扮（ふん）する若いスタッフの成長の物語が加わり、北の大地のすがすがしい空気とよくマッチしている。

　そして主人公の西田はさすがの存在感。シリアスな局面も、コミカルな場面も、スクリーンの中心でどっしりと構えて、見ていて安心感がある。

　動物の素晴らしさを入園者に伝えようとするシンプルな熱意が、寂れた動物園を日本一に押し上げたことがよく分かる。生き生きとした動物たちの姿と、そこに寄り添う人々の振るまいがバランス良く配された作品だ。1時間52分。

記者の採点＝★★★★☆　　　　　　　　　　　（敦）

2009年2月18日

ありえない結末にびっくり 「7つの贈り物」

「結末で、ある秘密が明かされます。まだ映画を見ていない人には決して話さないでください」

試写室で渡された資料に、こんな注意が記されていた「7つの贈り物」。「幸せのちから」に続いてウィル・スミスとガブリエレ・ムッチーノ監督がコンビを組んだ映画は、ラストシーンの受け止め方で賛否がはっきり分かれるだろう。

男(スミス)はある計画のために、互いに何の関係もない七人の候補者を選び出す。そして彼らの経歴を調べ上げて、巧みに近づいていく。果たして彼は何者で「贈り物」とは何なのか―。

昨年、「アイ・アム・レジェンド」「ハンコック」と主演作二本が日本で大ヒットしたスミス。前二作以上に繊細な演技が要求される難しい役どころだが、目的のためにうそを貫き通そうとする男のジレンマをうまく表現している。何をやってもどこか憎めない彼の個性が生かされているところもいい。

問題はストーリー。ミステリー仕立てだが、いわゆる「どんでん返し」ではなく、物語が進むにつれて、自然と結末がおぼろげに見えてくる。

もしかしたら〇〇なんじゃないだろうな、と強い懸念を抱きながら見ていたら、ああ、恐れていたとおりの幕切れではないか。ここで詳しく書けないのがつらいのだが…。

ムッチーノ監督は、七人に「贈り物」をする男の献身的な姿を通して、人間の大きな愛を描こうとしたのだろう。しかし、どう考えても男の行為に説得力が欠けているし、倫理的にもあってはならない幕切れで、憤りすら覚えた。

ただし、これはあくまで個人的な解釈。衝撃的な結末であるのは間違いなく、大いに驚き、大いに感動する人もいるかもしれない。2時間3分。

記者の採点=★★☆☆☆　　　　　　　　　　(修)

2009年2月25日

広い大地舞台に冒険と恋愛 「オーストラリア」

オーストラリア出身のバズ・ラーマン監督、主演のニコール・キッドマン、ヒュー・ジャックマンが誇りを持って臨んだ恋愛冒険大作「オーストラリア」は、広大な大陸で長大な物語を展開する。

第二次世界大戦前夜のオーストラリアに、ロンドンから貴婦人サラ(キッドマン)がやって来た。一家の最後の資産となったオーストラリアの牧場を守っている夫に会いに来たのだ。北部の都市ダーウィンで出迎えたのは牛追いをなりわいとするドローバー(ジャックマン)。サラを牧場に無事送り届ける見返りに、別の仕事を約束されていた。

ところが到着した牧場は荒れ果て、夫は殺害された後だった。地元の大牧場主らの陰謀で、牛の一部は隣の牧場に流出。残った牛を軍に売って牧場を立て直そうと、サラはドローバー、先住民アボリジニと白人の間に生まれた少年ナラらとともに、過酷な旅に出る。

馬や牛は土煙を上げて疾走し、地平線はどこまでも見渡せる。オーストラリアの大地は、冒険を重ねる舞台としてぴったりだ。

身分や生活環境が違い反発していた男女が、危機に直面して引かれ合う筋書きは"王道"すぎて、恋愛に縁遠い筆者には新鮮味が感じられなかった。だが、自然をわが家として生きるアボリジニと、土地や家畜の所有をめぐって争う白人との対比に思いをめぐらせると、物語は興味深い。

強さと気品を併せ持つキャラクターにキッドマンがはまっているし、野性味あふれる今回のジャックマンはセクシー。それにしても、二人とも四十代。この大作を担える新たなスターがハリウッドから現れないものかと、やや寂しい気もする。2時間45分。

記者の採点=★★★☆☆　　　　　　　　　　(敦)

2009年3月4日

音がいざなう心地よい世界

「ホノカアボーイ」

　他人とうまく距離がとれない青年が異郷で成長する姿を描いた映画「ホノカアボーイ」。切ない物語と、それを癒やすかのような音が心地よく、印象的だ。

　ハワイ島に旅行にやって来たレオ（岡田将生）と彼女（蒼井優）。「夜、月にかかる虹を見ると願いがかなう」との伝説を追い掛けてさまようがうまくいかない。帰国後、二人は別れた。

　半年後、レオは旅行中に立ち寄った町ホノカアの映画館で働いていた。映画館主のエデリ（松坂慶子）や年を取っても"スケベ"なコイチ（喜味こいし）ら、人生の先輩に囲まれた日々は穏やかに過ぎていく。レオはある日、町で一番偏屈で料理上手なビー（倍賞千恵子）を訪ねる。ビーはレオに「毎日ご飯を食べに来なさい」と告げる。

　いわゆる"旅先ムービー"かと思いきや、傍若無人な若い女性旅行客を登場させるなど、旅情を誘う狙いとは距離を置く。では"食べ物映画"かとい

うと、インスタント写真に納まった数々の料理は、味覚の想像に直接つながらず、それほど魅力的ではない。代わって重要な役割を担うのは音だ。

　風の音からは、適度な湿り気を伴った熱さが感じられたし、せりふのすき間にある静けさからは、暮らしやすそうな町の様子が連想できる。

　登場人物の声も魅力的。実はいじらしくもかわいらしい性格のビーに倍賞の声はぴったりだし、食いしん坊で明るいエデリとつやっぽい松坂の声もよく似合う。主題歌の小泉今日子の声もやさしく染み込んでくる。

　小さな波乱があって、物語は切なさを増していく。だが穏やかさは最後まで変わらない。物足りなさを感じる人もいるだろうが、作品全体の調和は細心に保たれていると思った。1時間51分。監督は真田敦。

記者の採点＝★★★☆☆　　　　　　　　　（敦）

2009年3月11日

緊急医療の在り方問う

「ジェネラル・ルージュの凱旋」

　「ジェネラル・ルージュの凱旋」は、厚生労働省の役人と女性医師のコンビによる活躍を描いた医療ミステリー「チーム・バチスタの栄光」の続編。

　前作は手術室という「密室」を舞台にした本格ミステリーだったが、今回は趣向がだいぶ変わって、救急医療の在り方を問うメッセージが色濃くなっている。

　大学付属病院の心療内科医・田口（竹内結子）の元に、救命救急センターの敏腕医師・速水（堺雅人）と医療メーカーの癒着を告発した文書が届く。そして、疑惑の渦中にあったメーカーの支店長が転落死する。

　自殺か、それとも殺人か。田口は厚労省の切れ者官僚・白鳥（阿部寛）とともに、速水の背後を探っていく。

　医療現場のリアルな描写が一つのウリとなっている、このシリーズ。

　今回の現場は、患者のたらい回しや医師不足が

深刻な問題となっている救命救急センター。救急患者が次々と運び込まれる中で、すべての患者に救いの手を差し伸べようとする「モラル」と、実際には対応しきれない「現実」とのはざまで苦しむ医師たちの姿が、臨場感を持ってスクリーンに描き出されている。

　そしてまた、高慢な白鳥とお人よし田口のまるでかみ合わない掛け合いが相変わらず面白く、速水を演じた堺の熱演が作品を引き締めている。

　前作に引き続いてメガホンを取った中村義洋監督は今回も、シリアスな物語に笑いを交えて、万人受けするエンターテインメントにうまく仕上げた。

　だが主要な登場人物の描き込みが足りない感じがして、ミステリーとしてのキレもいまひとつ。時事的な話題とあって製作を急いだことが影響したのか、全体の作りも粗っぽく映った。2時間3分。

記者の採点＝★★★☆☆　　　　　　　　　（修）

2009年3月18日

人間愛にあふれた娯楽作

「釣りキチ三平」

　米アカデミー賞受賞で一躍時の人となった滝田洋二郎監督の最新作「釣りキチ三平」。

　往年の人気コミックの実写化で、オスカー受賞作「おくりびと」とはトーンがだいぶ違うが、人間愛にあふれ、スクリーンいっぱいに大自然が広がり、かつユーモアを交えているところなど共通点も多い。春休みの親子連れから、「おくりびと」で涙した中高年まで、幅広く楽しめそうな娯楽作だ。

　山奥の一軒家で、少年の三平（須賀健太）は祖父（渡瀬恒彦）と二人暮らし。ある日のアユ釣り大会で、三平は天才的な状況判断と技術で圧倒的な釣果を挙げ、釣り人たちをあっと言わせる。

　そして三平は、大会を機に親しくなったプロの釣り師（塚本高史）とともに、伝説の巨大魚を釣る計画を立てる。そんな時、東京でバリバリ働く姉（香椎由宇）が突然帰郷し、三平を東京に連れて帰ろうとするが…。

　エピソードを絞り込み、今どきの映画では珍しく、のんびり、ゆったりと物語が進んでいく。大自然を駆け回る須賀は、釣りの手際こそ少々おぼつかないものの、その表情は実に生き生き。すがすがしさに満ちた映像が心地よい。

　そして、単なる「釣り映画」で終わらずに、ヒューマンドラマに高めているのが、三平の姉の存在だ。

　姉は当初、田舎の生活をばかにしているが、三平らと一緒に魚や自然と格闘するうちに、家族とのきずなや夢を持つことの大切さに気付いていく。強いストレスや孤独感を抱く現代人が、自分を見つめ直す成長物語といえるだろう。一見、つんとした美人の香椎も姉役にはまっている。

　それにしても「おくりびと」の納棺といい、釣りといい、地味な題材を上手に料理してみせる滝田監督の技巧はお見事。1時間58分。

記者の採点＝★★★★☆　　　　　　　　（修）

2009年3月25日

20世紀の空気をリアルに

「ウォッチメン」

　個人の身の周りで起こる出来事は、ときに国家の判断や世界情勢と深く関係する。一九八〇年代のアメリカンコミックスを原作にした映画「ウォッチメン」は、一見無関係なマクロな状況とミクロな視点を融合させたエンターテインメント大作だ。

　ベトナム戦争やケネディ大統領暗殺、キューバ危機。二十世紀の米国を揺るがした事件の陰に「ウォッチメン」と呼ばれる"監視者"たちがいた。だが政府の命令で七七年に活動を禁止され、メンバーの中には一市民として日常を送る者もいた。

　ニクソン大統領が政権を握り続けていた八五年のニューヨークでメンバーの一人、ブレイクが暗殺される。謎の男ロールシャッハが、科学実験で超人となったジョンや、事業を成功させて巨大な富を築いたエイドリアンらかつてのメンバーを訪ね、事件の闇に迫る。

　善と悪を絶対視せず、とことん暗いトーンでヒーローを描く手法は「ダークナイト」を連想させるが、構成はより複雑で、世界観も壮大だ。

　アフガニスタン情勢をめぐって米国とソ連の間の緊張は頂点に近づき、核戦争の恐怖が日増しに高まっていく。予断を許さない政治サスペンスと、殺人事件をめぐるミステリーが並行し、ときに交錯しながら進行する。

　超人が瞬時に空間移動するなどフィクションであるのは明らかだが、安心しながら見ることはできない。核の恐怖や"敵国"に対する妄想に悩まされた時代の空気がリアルで、見る者の気持ちを不安にさせ、ストーリーに引きずり込むのだ。

　宇宙や生命、倫理、アクション、ラブストーリーといった要素を詰め込みながらも、違和感なくまとめている。二十一世紀の視覚効果が、二十世紀の風景や衣装とこれまたうまく融合していた。2時間43分。監督はザック・スナイダー。

記者の採点＝★★★★☆　　　　　　　　（敦）

2009年4月1日

あやしい香りが充満

「トワイライト　初恋」

「ハリー・ポッター」に次いで、世界第二位の売り上げを誇る大ベストセラーシリーズを映画化した「トワイライト　初恋」。原作が十代の女性に圧倒的な支持を集めているラブストーリーだ。

ハリー・ポッターと同じファンタジーではあるものの、こちらはあやしい香りがプンプンにおってくる感じ。普通の恋愛映画では満足できない、今どきの若い女の子たちを意識した作りになっている。

高校生のベラ（クリステン・スチュワート）は母親の再婚を機に、自然あふれる小さな町に引っ越してきた。転校先で、他の生徒とは決して交わらず、異彩を放っているエドワード（ロバート・パティンソン）に引かれていく。

ある日、ベラは車にひかれそうになるが、エドワードが人間離れした動きで助けに入り、素手で車を止めてしまう。恋心を募らせながらも、不審に思ったベラはエドワードの身元を調べ始め、ついには彼が吸血鬼であることを知る—。

登場する吸血鬼はとにかく変わっていて「お約束」といえる牙がない。ごく普通の家に住み、ごく普通の服装で、人間社会に溶け込んでいる。

吸血鬼と分かっていながら、自分の思いを止められないベラ。血を吸いたくてたまらないのに、必死にこらえて彼女を愛するエドワード。

二人の葛藤（かっとう）はきちんと伝わってくるし、斬新な吸血鬼像も面白い。しかし、別の吸血鬼一族がベラの命を狙うあたりから、安っぽいサスペンス映画のような展開になってしまい、「禁断の愛」という重みや切迫感が薄まってしまった。

それにしても、せいぜいキスシーンしか出てこないのに、作品全体が妙に色っぽい。パティンソンはいかにも危険な雰囲気を身にまとった美少年で、日本でも人気になりそうだ。2時間2分。監督はキャサリン・ハードウィック。

記者の採点＝★★★☆☆　　　　　　　　（修）

2009年4月8日

圧倒的な物量で描く決戦

「レッドクリフPartⅡ
—未来への最終決戦—」

ジョン・ウー監督の「レッドクリフPartⅡ—未来への最終決戦—」は、昨年大ヒットし話題となった映画の後編。三国志の「赤壁の戦い」がようやく決着する。

二千隻の船を率いて赤壁にやってきた曹操の陣中に、呉の君主・孫権（チャン・チェン）の妹尚香（ビッキー・チャオ）が男装して潜入、伝書バトで自軍に情報を伝えていた。曹操は疫病で死亡した兵士の遺体を、川の対岸にいる呉と蜀の連合軍に送りつけ、蜀の劉備は兵士を感染から守るため軍師の孔明（金城武）一人を残して撤退する。

危機にさらされながら、呉の周瑜（トニー・レオン）と孔明は知略をめぐらして敵将を退け、大量の矢を調達することに成功。孔明は火攻めで決戦に臨むことを決め、自軍が風上に立つ時を待つ。そんな中、周瑜の妻小喬（リン・チーリン）がある覚悟を胸に秘め、曹操の元へと向かった。

盛り上がったところで突然終わった前編に、歯がゆい思いで続きを待った人は多いだろう。後編はその期待に応える力作だ。

大量の矢が飛び交い、人馬が入り乱れ、船が燃え上がる。圧倒的な物量がスクリーンいっぱいに広がって、国の命運を懸けた死闘をたっぷりと描く。

「なぜこの面々が一カ所にそろっているのか」と、筋書きに疑問を持つ三国志ファンもいるだろうし、エピソードがやや表層的な部分もある。だが映像のスケールに圧倒され「映画らしい映画を見た」という満足感は残った。ウー監督独特のエンターテインメントと割り切れば楽しめるだろう。

男くさい戦いの中に、絶世の美女である小喬ら女性の活躍がちりばめられ、緩急が巧みに構成されている。2時間24分。

記者の採点＝★★★★☆　　　　　　　　（敦）

2009年4月15日

アドレナリン噴出の必見作

「スラムドッグ$ミリオネア」

　人の趣味、趣向は千差万別。だから、この二文字だけは使うまいと心に誓っていたが、ここで禁を破ることにする。「スラムドッグ$ミリオネア」は「必見」である。それほどまでに、べらぼうな面白さだ。

　司会者みのもんたが、解答者と視聴者をじらしにじらして盛り上げるテレビ番組「クイズ$ミリオネア」を、ご存じの方も多かろう。映画は、このクイズ番組のインド版に出場した十八歳の少年の物語だ。

　彼の名はジャマール。スラム出身で学校に通ったこともないのに、難解な問題を次々とクリアし、不正を疑う警察に逮捕されてしまう。

　彼はどうやって正解を知り得たのか。映画の冒頭で、番組の形式に倣い解答が四択で示されるのも、粋な計らいだ。Aインチキだった。Bツイていた。C天才だった。D運命だった。はたして正解は…。

　番組、警察の尋問、ジャマールの回想。この三シーンが絶妙なバランスで絡み合い、彼が兄や初恋の少女と一緒に乗り越えてきた過酷な人生がスリリングに描かれる。

　逆境に屈するどころか、むしろそれをバネにして、したたかに生き抜いていくジャマールの生きざまは、現代人にはびこる打算や拝金主義を痛烈に皮肉る。ダニー・ボイル監督は、兄と弟、富と貧困を鮮やかに対比させ、凝った映像と刺激的な音楽で観客を圧倒する。

　ストーリーに都合が良すぎる部分もあるが、理屈を超えたパワーとエネルギーが、この映画には満ちている。終盤は興奮を通り越して、アドレナリンが出まくった。

　そして最後の一問。運命の「ファイナルアンサー」で初めて、この作品が壮大な純愛映画であることに気付かされた。

　米アカデミー賞で作品賞など八部門を制覇。これぞ究極のラブストーリーだ。2時間。

記者の採点＝★★★★★　　　　　　　　（修）

2009年4月22日

痛みと希望描く極上ドラマ

「グラン・トリノ」

　クリント・イーストウッドが「ミリオンダラー・ベイビー」以来四年ぶりに監督と主演を兼ねた映画「グラン・トリノ」は、閉塞（へいそく）感漂う現実と、その先にある希望を描いた極上の人間ドラマだ。

　かつて朝鮮戦争を経験し、長年自動車工場で働いたコワルスキー（イーストウッド）は、孤独に暮らす頑固で偏狭な男。妻の葬儀にやってきた孫娘のファッションも、ざんげを勧める新米神父も気に入らない。隣家にやって来た東南アジア系の移民には偏見を持っている。

　ある日、不良グループに唆された隣家の少年タオが、コワルスキーの愛車「グラン・トリノ」を盗もうとガレージに忍び込む。ライフルで撃退すると「悪の道から救った」としてタオの母や姉に感謝され、不思議な交流が生まれる。

　政治と経済、軍事で世界に君臨し、栄光を誇った米国。郊外の小さな町に住む主人公にもその影響は及び、自らの人生に何の疑いも抱かなかったことだろう。だが自動車工場は閉鎖され、町は寂れてしまった。"栄光"を象徴する愛車と暮らす主人公には、潮が引いた後にポツンと取り残されたようなわびしさが漂う。時代と社会のありようを投影したキャラクターの設定が巧みだ。

　遠い国での戦争と、街にはびこる暴力は地続き、という実感がイーストウッドにはあるのだろう。人の命を奪うことと奪われることの本質的な痛みに迫り、真の男らしさとは何かを問う。異文化とのちぐはぐな接触が生むユーモアも盛り込んでいる。

　劇的な結末にいたるまで、コワルスキーとタオは互いに影響を与え合う。頑迷な価値観にとらわれ、それを自覚していない人であっても、より良く変わることができる。そんな希望を示した"人間賛歌"とみることもできる。1時間57分。

記者の採点＝★★★★★　　　　　　　　（敦）

2009年4月28日

時代劇の枠超えた意欲作 「GOEMON」

　ジョン・ウー監督が「どうだ！」と言わんばかりに三国志をショーアップした「レッドクリフ」が大ヒット。だが派手さでいえば、日本の戦国時代を描いた、この「GOEMON」が上を行く。

　「CASSHERN」で華々しくデビューした紀里谷和明監督の五年ぶりの新作は、CGを駆使した映像と斬新な発想で、時代劇の枠を大きくはみ出している。

　金持ちから盗んだ金を貧しき者に分け与え、世間からヒーロー視されていた大泥棒、石川五右衛門（江口洋介）。ある日、豪商の蔵に忍び込むが、そこで盗み出した箱には、豊臣秀吉（奥田瑛二）が織田信長（中村橋之助）暗殺の首謀者だったことを示す証拠が隠されていた。

　かつて忍びとして信長に仕えた五右衛門は、秀吉への復讐（ふくしゅう）を誓い、石田三成（要潤）や徳川家康（伊武雅刀）を巻き込んでの戦いが始まった。

　映像はすごいの一言。美術や衣装はきらびやかで異国情緒にあふれ、ちょんまげ姿は一切なし。誰もが知っている登場人物も、驚くようなキャラクターに〝変身〟している。近未来的な甲冑（かっちゅう）を身に着けた兵士がずらり並んだ光景は、まるで「スター・ウォーズ」。歴史に縛られない独創的な世界を見せてくれる。

　しかし「CASSHERN」の時も思ったのだが、CGがあまりに目について、作品全体がテレビゲームのように感じられ、どうしても作り物めいて映ってしまう。五右衛門の愛や友情、悲しい生い立ちなど、さまざまなドラマが盛り込まれているのだが、登場人物の思いが心に響かない。人間としての息遣いが伝わってこないのだ。

　そうそうたるキャストが熱演しているだけに、実にもったいない。多くの観客は感心ではなく、感動を求めて劇場に足を運ぶのだから。2時間8分。

　記者の採点＝★★★☆☆ 　　　　　　　　　　（修）

2009年5月1日

悪に染まってもヒーロー 「新宿インシデント」

　東京・新宿の裏社会を描いた映画「新宿インシデント」は、製作総指揮と主演のジャッキー・チェンがまったく新しい役柄に挑んだ意欲作だ。

　中国・黒竜江省のトラック整備士、鉄頭（チェン）は、幼なじみの恋人シュシュを捜すため日本に不法入国。仲間が身を寄せ合う新宿のアパートにたどり着く。

　日雇いの仕事で食いつないでいたある日、鉄頭らは警察の取り締まりに遭う。逃げる途中、下水道でおぼれかけた刑事の北野（竹中直人）を助け、顔見知りになる。

　夜の街で見つけたシュシュは、暴力団幹部江口（加藤雅也）の妻になっていた。帰国できない鉄頭は新宿で生きる決意を固め、次々と犯罪に手を染めていく。暴力団や中国系ギャングの抗争に巻き込まれ、ある思惑を秘めた北野も鉄頭に接近する。

　これまで数々の映画で正義を体現してきたアジア随一のスターが、〝悪者〟に転じた。偽造クレジットカードで取り込み詐欺を働き、買春や殺人も。なのにヒーローのイメージが揺るがないのは、働く者の中国人青年が日本社会の最底辺からはい上がる筋書きが、リアリティーたっぷりに描かれているからだろう。

　血がほとばしる生々しい暴力で観客に痛みを体感させるが、カンフーは封印。内側に殺気を秘めた肉体だけで、強い緊張を表現している。

　チェンの出演作に共通していた勧善懲悪の構図からも脱して、敵対したり友好を結んだりと、登場人物の関係がしばしば入れ替わる。チェンをはじめとした製作、出演陣の意欲は、この魅力的な作品で実を結んだというべきだろう。1時間59分。監督はイー・トンシン。

　記者の採点＝★★★★☆ 　　　　　　　　　　（敦）

2009年5月13日

派手な演出で観客を翻弄

「天使と悪魔」

　「天使と悪魔」はダン・ブラウンの大ベストセラーの映画化で、世界興行収入七億五千万ドルをたたき出した「ダ・ヴィンチ・コード」の続編。

　ロン・ハワード監督と主演トム・ハンクスのコンビに変わりはないが、アクションが増して、スパイ映画をほうふつとさせるシーンもある。随分と派手になった感じだ。

　カトリックの総本山バチカンで、何者かが新ローマ法王の有力候補四人を拉致し、大量破壊兵器に成り得る「反物質」を科学研究所から強奪。ローマ市内にある四つの教会で、一時間に一人ずつ殺害すると予告する。

　バチカンから助けを求められた宗教象徴学者のラングドン教授（ハンクス）は、ガリレオの著書に隠された暗号を解き明かし、事件の真相に迫っていく。

　個人的には、前作は退屈極まりなかった。原作を読んでいないと付いていけないような小難しさと、むやみに速い展開に閉口したからだ。

　今回も中盤までは同じような思いを抱いた。

　教授が難解な専門用語を並べ立て、何だか分からない謎を、何だか分からない方法で解いていく。観客は置き去りで「何を一人でつぶやいているのだ、トム・ハンクスよ」と言いたくなった。

　だが、一人また一人と殺害された上、バチカンが爆破される危機まで迫り、ぐんぐんと緊迫感が増していく。

　科学と宗教の対立を軸に、法王の座をめぐるさまざまな思惑を絡めて、バチカンの暗部を垣間見た気にさせるところがうまい。かなり強引ではあるけれど、二転三転する終盤はスリルとサスペンスに満ちていて、犯人捜しという点でもミステリーの醍醐味（だいごみ）を味わえる。

　原作を読んで十分に「予習」していくのもいいが、真っさらの状態で、作り手の意のままに翻弄（ほんろう）されるのも楽しいのでは。2時間18分。

記者の採点＝★★★★☆　　　　　　　　　　（修）

2009年5月20日

明るい"出産の手引き"

「ベイビィ　ベイビィ　ベイビィ！」

　体験してみなければ分からないのが、出産というものかもしれない。映画「ベイビィ　ベイビィ　ベイビィ！」は、出産にまつわるいろんなエピソードを、軽いノリのストーリーに乗せて教えてくれるコメディーだ。

　大手出版社の編集者陽子（観月ありさ）は三十代で未婚。新雑誌創刊を任されるなど着々とキャリアを積み上げていたある日、妊娠に気付く。相手は、二カ月前のベトナム取材で知り合ったフリーカメラマンの哲也（谷原章介）だった。

　小さな産科医院を訪れると、さまざまな妊婦が。四人目を妊娠中の春江（松下由樹）、セレブ風で複雑な事情を抱えていそうなレイナ（神田うの）、十代のミカ。彼女たちを診察するのは、仕事に熱心なみさお（斉藤由貴）だ。

　妊娠を聞いた哲也は帰国するが、安定した仕事も金もない。生まれてくる子供を思って、まとまった金を稼ぐために姿を消す。

　マタニティーヨガや父親教室、ファミレスでのよもやま話…。未体験者にはなじみのない日常を盛りだくさんに紹介する。いわば明るい"出産手引き映画"だ。

　観月、松下ら出演者と製作陣は、テレビや映画のシリーズ「ナースのお仕事」のチーム。息の合ったコミカルな演技は安心して見ていられる。谷原は「ハンサムスーツ」から一転して薄汚れた風ぼうで登場するが、突き抜けた"おバカ"ぶりに好感が持てた。

　人間関係や人物描写、感情の動きが表層的で、テレビドラマで見れば十分という気がしないでもない。クライマックスの出産シーンにはドキドキしたし、赤ちゃんが映ると無条件で気持ちが和んだけれど。1時間59分。監督は両沢和幸。

記者の採点＝★★★☆☆　　　　　　　　　　（敦）

シネマ主義！ | 311

2009年5月27日

人間くささあふれるSF

「スター・トレック」

　四十以上にわたって、幾度となくテレビドラマや映画が作られてきたSFアドベンチャー「スター・トレック」。

　驚異的な長寿シリーズだけに、これまでまったく見たことがない人は、「途中参加」に抵抗を感じるかもしれない。

　だが今度の映画で描かれるのは、いわばシリーズのプロローグで、宇宙船エンタープライズ号の船長カークとスポック博士の若き日の物語。

　なので、予備知識はなくてもいい。「スター・ウォーズ」びいきで、「スター・トレック」を敬遠してきた私でさえ、存分に楽しめた。

　いきなりクライマックスのような緊迫したシーンで幕を開け、その後も手に汗握る場面が次々と繰り出される。アクションの迫力は申し分ないが、最近はVFX（視覚効果）技術の進歩で、ちょっとやそっとの映像ではビビらなくなった。うならされたのは、むしろ全編に「人間くささ」があふれていることだ。

　直情径行ではねっ返りのカーク（クリス・パイン）と、冷静で天才的な頭脳を持つスポック（ザッカリー・クイント）。対照的な二人の青年はぶつかり合いながらも、自らの非を認め、互いを認め合って敵に対峙（たいじ）していく。

　他の宇宙船クルーたちも、人間的な弱みを見せつつ、それぞれに見せ場が用意されている。スクリーンに登場するのは、スーパーマンでもダース・ベイダーでもなく、欠点を抱えながらも、必死に生き抜こうとする「人間」そのものだ。

　時間軸が行き来するので、少々分かりづらい点もある。しかし、さまざまな要素が、一つの線となって最後にきれいにまとまる構成は見事で、緻密（ちみつ）に練り上げたミステリーのよう。

　ユーモアが盛り込まれた脚本にはセンスを感じるし、全体的にテンポもいい。2時間6分の上映時間が短く感じる。監督はJ・J・エイブラムス。

記者の採点＝★★★★★　　　　　　　（修）

2009年6月3日

プロの駆け引き劇的に描く

「ハゲタカ」

　国内外で高い評価を得たNHKドラマを映画化した「ハゲタカ」は、昨年秋以降の世界不況と雇用不安を踏まえ、企業買収をめぐって闘う人々を描いた重厚な作品だ。

　金融危機前夜の日本。かつて日本企業を次々買収した投資ファンド代表の鷲津（大森南朋）の元に、企業再生家として地位を築いた芝野（柴田恭兵）が現れる。中国系ファンドによる日本の大手自動車メーカー「アカマ自動車」の買収を阻止してほしい、という依頼だった。

　中国政府要人の意向を背景に、強大な資金力を持つファンドを率いるのは、中国残留孤児3世を名乗る劉一華（玉山鉄二）。劉はあくまで友好的な買収と説明するが、それを信じない鷲津はアカマ株の公開買い付けで対抗。大手銀行の資金をつぎ込んだものの、敗色が濃くなった鷲津。石油マネーを求めてドバイに飛ぶ。

　鷲津が外資の立場から日本企業に触手を伸ばしたテレビドラマから、4年後の設定。今回は日本の伝統企業を支えるスタンスを取る。一部の企業が"プチバブル"を謳歌（おうか）した数年前と、格差社会が顕在化し、低賃金で働く人々の苦しみが人ごとではなくなった現在とを対比させる試みは成功している。

　見どころは、金融の門外漢にも分かりやすいプロ同士の駆け引き。一人の人間の決断と行動が、瞬時に世界に影響を与えるダイナミズムが何ともドラマチックだ。「金とは何か」を問い掛ける世界観にも、リアリティーあふれる社会性が詰まっていて、魅力が感じられた。

　その一方で、登場人物の生い立ちや物語の展開にやや唐突な部分があり、盛り上がりを損ねているのは惜しかった。2時間13分。監督は大友啓史。

記者の採点＝★★★★☆　　　　　　　（敦）

2009年6月10日

人間賛歌の戦争映画

「ターミネーター4」

　米映画は「スター・トレック」や「天使と悪魔」など、人気シリーズの新作や大ヒット作の続編が相次いで登場。ハリウッドも相当ネタ枯れなんだなぁと、ついシニカルに見てしまうのだが、どの作品も単なる「焼き直し」でなく、上手にひねりを利かして作っているところはさすがだ。

　そして、この「ターミネーター4」も、なかなかの出来栄え。SFアクションの金字塔ともいえる旧シリーズに臆（おく）せず、設定をがらりと変えてきた製作陣の意気込みが、しっかりプラスに作用している。

　今回の舞台は、自我に目覚めたスーパーコンピューター「スカイネット」が引き起こした核戦争から10年後の社会。スカイネット率いる機械軍と、戦士ジョン・コナー（クリスチャン・ベール）を中心とした人間たちとの戦いが描かれる。

　旧シリーズは、殺人マシン、ターミネーターと標的の人間との追跡劇で、ボディーが燃えようが溶けようが復活し、どこまでも迫ってくる〝究極のストーカー〟に戦慄（せんりつ）したものだ。

　しかし今回は、戦闘機や軍用ヘリが飛び回り、巨大ロボットも登場する人類対機械の「戦争映画」。スケールはけた違いに大きくなったものの、その分、大味になってしまった感がある。

　だが脳と心臓だけが人間で、あとは機械でできた謎の男マーカス（サム・ワーシントン）の登場で一変、ストーリーに深みが生まれる。

　人間として生きようとするマーカスの姿を描き込むことで「人間とは何か」「ターミネーターとは何か」を観客に問い掛ける。大掛かりなアクションで飾り立てた人間賛歌映画とも言えようか。

　これが新3部作の1本目。決めぜりふ「アイル・ビー・バック」など〝お約束〟も、ふんだんに取り入れられているのもうれしい。1時間54分。監督はマックG。

記者の採点＝★★★★☆　　　　　　　　　　（修）

2009年6月17日

パワーアップした変身ぶり

「トランスフォーマー　リベンジ」

　宇宙からやって来たロボットの戦いを描いた前作から2年ぶりの続編となる「トランスフォーマー　リベンジ」。金属生命体の変身ぶりが数段パワーアップした娯楽大作だ。

　18歳になったサム（シャイア・ラブーフ）は親元を離れ、大学に進学することに。引っ越しの作業中、古い上着のポケットから、とてつもないパワーを持つ金属「キューブ」のかけらが見つかった。

　サムはキューブに触れたことが原因で幻覚に悩まされる。地球を侵略しようとする勢力が狙う重要な情報が、彼の頭脳に刷り込まれていたのだ。味方のロボットに守られながら、サムは侵略者の真の狙いを知ることになる。

　中国・上海の工業地帯から米ニューヨークのビル群、大学の図書館、エジプトの砂漠…。ロボットの戦いは、米軍や無関係の市民を巻き添えにしながら、どんどんエスカレートしていく。

　金属のぶつかり合う音やエンジンの音、爆発音。座席の背もたれまで振動が伝わってくる大音響の中で、巨大な重機や女子学生までがロボットに形を変えて主人公に襲いかかる。空母やミサイル、爆撃機など、米軍の兵器も大量に登場し、一人の青年をめぐる攻防は、さながら大規模な戦争の趣だ。

　瞬時の変身はすさまじく、見る側の動体視力が試される。

　一方で、せりふを話すロボットによるギャグは上滑り気味で、サムとガールフレンドの恋愛をめぐる物語は凡庸。ドラマ性はさておき、最先端の視覚効果を鑑賞の目的にすれば楽しめるだろう。映画というよりも、テーマパークのアトラクションに近いかもしれない。2時間30分。監督はマイケル・ベイ。

記者の採点＝★★★☆☆　　　　　　　　　　（敦）

2009年6月24日

重層的な人間ドラマ狙う

「群青　愛が沈んだ海の色」

　「群青　愛が沈んだ海の色」は、日本映画界にとって画期的といえる作品だ。
　配給は、ハリウッドを代表する映画会社「20世紀フォックス」。しかも、そこで主演を張るのは、これまで東宝の看板女優として歩んできた長沢まさみなのだから。
　それだけに、これまでにない映像や長沢の新境地が見られるのではと、胸を躍らせて試写に足を運んだのだが…。
　沖縄の離島で、幼くして母を亡くした涼子（長沢）は、父・龍二（佐々木蔵之介）と2人暮らし。同い年の一也（良知真次）、大介（福士誠治）と兄妹のようにして育ってきたが、18歳の時に涼子と一也が結ばれ、居場所を失った大介は島を離れてしまう。
　そして悲劇が訪れる。龍二に涼子との結婚を反対された一也が、ウミンチュ（漁師）として一人前であることを示そうと無謀な潜水を試み、おぼれ死んでしまった。島に戻った大介が目にしたのは、絶望に打ちひしがれ、精神に異常を来した涼子の姿だった。
　この映画は、これまでの長沢主演作品に多く見られたような、分かりやすいラブストーリーではない。
　父娘のきずなと確執。幼なじみの純愛と嫉妬（しっと）心。ヒロインの喪失感と再生。
　中川陽介監督は、主要な登場人物たちの「光と影」を絡めて見せることで、重層的なヒューマンドラマを描こうとしたのだろう。
　だが説明的なせりふが多すぎて興ざめしてしまったし、撮影時、天候に恵まれなかったのか、映像から自然の美しさもいまひとつ感じられない。最後まで、感動も目新しさも見つけることができなかった。
　南国の地で、ばーんとはじける長沢まさみが見たかった。残念。1時間59分。
　記者の採点＝★★☆☆☆　　　　　　　（修）

2009年7月1日

躍動感あるサスペンス

「MW―ムウ―」

　手塚治虫の異色作を映画化した「MW―ムウ―」は、人間の原罪を問う哲学的な原作を、躍動感あるエンターテインメントに転化させたサスペンスだ。
　16年前のある夜、沖之真船島で島民が虐殺され、事件は闇に葬られた。神父の賀来（山田孝之）と外資系銀行員の結城（玉木宏）はその生き残りで、悲劇の記憶が強いきずなとなって2人を結ぶ。賀来は神に仕え、結城は事件に関与した者たちを殺害しながら、事件の黒幕をあぶり出す。
　刑事の沢木（石橋凌）は、冷酷な連続殺人を追ううち、結城の関与を疑い始める。だが証拠をつかめず、逆に部下が結城のわなにかかって命を落とす。
　そんな中、新聞記者の京子（石田ゆり子）は、連続殺人の被害者がいずれも沖之真船島の出身者であることを調べ上げ、16年前の出来事が鍵を握ると確信。結城と賀来に接触し、それぞれの思惑を秘めた3人は島へと向かう。
　少し種明かしをしてしまうと、"MW"とは米軍が開発した化学兵器。結城は、家族の命を奪い、さらにそれを隠ぺいした勢力を許さない。一方の賀来はそれを知り、信仰と友情の板挟みになる。
　巨悪に復讐（ふくしゅう）する悪人を主人公に据えつつ、センチメンタリズムには陥っていない。結城は徹底して悪に染まり、見る者の同情や共感はまったく受け付けないのだ。そんな結城を演じた玉木は、これまでの好青年のイメージから大きく脱却。冷え冷えとした美しさと、キレのいいアクションは見応えがあった。
　緊張感を保ったまま物語がスピードに乗る一方、脚本がもうひとつで一部の登場人物がやや中途半端になってしまったのが惜しい。2時間9分。監督は岩本仁志。

　記者の採点＝★★★☆☆　　　　　　　（敦）

2009年7月8日

3Dでワクワク度アップ 「モンスターVSエイリアン」

　いよいよこの夏、「アイス・エイジ3」や「ボルト」など、本格的な3Dアニメ作品が続々と公開される。その先陣を切るのが、ドリームワークス作品の「モンスターVSエイリアン」。通常版と3D版を見比べてみたが、驚くほどに作品の印象が違った。

　平凡な女性スーザンは、テレビキャスターとの結婚式を間近にして謎の隕石(いんせき)の直撃を受け、身長15メートルに巨大化してしまう。「怪物」となった彼女は、奇妙きてれつなモンスターたちとともに、地球侵略をもくろむエイリアンと戦う羽目になる。

　コミカルタッチのSFアクションで、変わり果てた姿になって初めて、真の愛情に気づくスーザンの成長物語でもある。

　「未知との遭遇」「ゴジラ」といった名作への敬意を感じる場面が随所に盛り込まれていて、何度もニヤリとさせられた。しかし、モンスターたちがいかにも漫画チックなキャラクターだし、ストーリーもシンプルで、どちらかといえば子供向けだろう。

　内容こそ平板だが、映像で存分に「奥行き」を感じさせてくれたのが3D版だ。

　遊園地のアトラクションにあるような、目の前に映像の一部が飛び出してくるのとは違い、映像全体が立体的で、スクリーンの中に自分が入り込んだような不思議な感覚を覚えた。

　3Dを意識した構図も効果的で、ゴキブリのような小さな生物から、体長100メートルの大怪獣まで、モンスターそれぞれの大きさがリアルに感じられて、ワクワク度は数倍アップ。大人も子供もない。これは楽しい！

　全国での上映のうち、約3分の1が3D。お近くに3D上映館があれば、DVDやテレビ放送では絶対に味わえない体験をしてみてはいかがだろうか。1時間34分。監督はロブ・レターマン、コンラッド・ヴァーノン。

記者の採点＝★★★☆☆　　　　　　　　　(修)

2009年7月15日

時代を反映？　意外な結末 「ノウイング」

　地球消滅の日を知ってしまった大学教授の奮闘を描いた「ノウイング」は、これまでのパニック映画とはひと味違う。意外な結末からは、時代の曲がり角にいる米国人の心象風景に、変化の兆しを感じた。

　米マサチューセッツ州のある小学校の式典で、50年前に埋めたタイムカプセルが開けられた。大学で宇宙物理学を教えるジョン（ニコラス・ケイジ）の息子ケイブが持ち帰った封筒には、数字がびっしりと羅列された紙が入っていた。

　ジョンがパソコンの検索サイトで調べると、過去50年間に世界中で起きた大事故・災害の日付や被害者数と合致。ジョンの仮説通りなら、81人が死亡する事故や災害が明日起こることを、数列は予言していた。

　翌日、ジョンはケイブを小学校に迎えに行く途中で旅客機の墜落に遭遇し、仮説は確信に変わる。数列の最後に書かれた日付が迫る中、ジョンは、太陽の異常な活動が地球のオゾン層を破壊する可能性に気付く。

　特殊視覚効果の技術は目まぐるしく進歩しているが、受け取る側はそれを上回る早さで慣れてしまう。技術の上積みよりも、物語にとってどう効果的に用いるかがポイントだろう。その点、旅客機の墜落シーンなどで部分的かつ大掛かりに使ったこの映画の視覚効果は良かった。

　地球滅亡が迫る物語。主人公の超人的な活躍でそれを食い止める、というのが従来のパターンだが、今回はそうではない。暗示する終末観は聖書の世界に近い。経済力と軍事力の下で、豊かさを何の疑いもなく受け入れてきた時代が終わった今、米国人は大自然や運命に対して謙虚になろうとしているのだろうか。2時間2分。監督はアレックス・プロヤス。

記者の採点＝★★★☆☆　　　　　　　　　(敦)

2009年7月22日

甘酸っぱいラブストーリー

「ハリー・ポッターと謎のプリンス」

　待ちに待ったファンも多かろう。半年以上も公開が延期されていたシリーズ第6作「ハリー・ポッターと謎のプリンス」が、ようやく登場だ。

　第1作から8年。ハリー役のダニエル・ラドクリフら主演の3人は見違えるほどに成長し、すっかり大人になった。今回の作品では、そんな彼らが、甘酸っぱいラブストーリーを繰り広げる。

　闇の帝王ヴォルデモートが復活。ハリーとダンブルドア校長（マイケル・ガンボン）は、ヴォルデモートの過去を探り、なんとか弱点を見つけ出そうとする。

　一方、ハリーの親友ロン（ルパート・グリント）とハーマイオニー（エマ・ワトソン）は恋に悩める毎日。2人に触発されるかのように、ハリーも自らの恋心に気付くのだが、彼らを思わぬ悲劇が襲う。

　前作「ハリー・ポッターと不死鳥の騎士団」は、ハリーの心の闇を描くことに軸を置きすぎて、物語全体が暗すぎるように感じた。

　今回も、魔法界に闇の脅威が迫っているとあって、全般的には重苦しいムード。しかし、ハリーらの恋模様がユーモアたっぷりに描かれ、魔法使いの彼らがぐっと身近に感じられるのがいい。

　6作目ともなると、求める水準がどうしても高くなってしまうが、映像は夢にあふれ、クオリティーも高い。タイトルの「謎のプリンス」とは誰かというミステリー的な要素も、ヴォルデモートの生い立ちなどドラマ性も十分で、大人も子供も楽しめる「これぞ、ハリポタ」といえる仕上がりとなっている。

　原作同様、驚異的な大ヒットを飛ばし続けてきたシリーズも、最終章「ハリー・ポッターと死の秘宝」を残すのみ。ところが、これが2部作。早くラストシーンを見たい気持ちはあるけれど、ハリポタの夢世界に、あと2回浸れるというのは幸せだ。2時間34分。監督はデヴィッド・イェーツ。

記者の採点＝★★★★☆　　　　　　　　　　（修）

2009年7月29日

参考になる？　恋愛失敗例

「そんな彼なら捨てちゃえば？」

　ハリウッドの豪華キャストを集めた映画「そんな彼なら捨てちゃえば？」は、恋愛に悩む男女をリアルに描いた群像劇。恋愛経験が豊富な女性は「そうそう」とうなずき、"ビギナー"なら男性を見る目が変わるかもしれない。

　失恋続きのジジ（ジニファー・グッドウィン）。子供のころ公園で男の子に泣かされると、「あなたを好きだから意地悪するのよ」となぐさめてくれた母の言葉を信じ続けている。デートの後、1週間たっても電話がない理由を「仕事が忙しいのかも」「番号をなくしたのかも」と"勘違い"。だが、真相は「興味がない」だけだ。

　ベス（ジェニファー・アニストン）とニール（ベン・アフレック）は同居して7年。ベスは、結婚に否定的なニールとの別れに踏み切る。一見幸せな結婚生活を送るジャニーン（ジェニファー・コネリー）だが、夫がヨガ講師のアンナ（スカーレット・ヨハンソン）と恋に落ちてしまう。

　ほかにもドリュー・バリモアやジャスティン・ロングらが出演し、この世代の実力派俳優が集結した感。複雑な人間関係がすっと理解できて、物語の進行がスムーズなのは脚本の力だろうか。

　本人にその自覚がないまま、その色香で男性を狂わせる役柄にヨハンソンはぴったり。かわいらしいのに、微妙にずれた恋愛観が幸せを遠ざけているグッドウィンの好演も印象的だ。

　方程式にあてはめた成功というものが存在しない恋愛では、失敗に学ぶのが近道ともいえる。「どうしてうまくいかないのか」と悩む女子には、この映画が格好のケーススタディーになるかもしれない。恋愛適齢期をとっくに過ぎた筆者でも結構楽しめた。2時間10分。監督はケン・クワピス。

記者の採点＝★★★☆☆　　　　　　　　　　（敦）

2009年8月5日
すべてが驚きの傑作アニメ 「サマーウォーズ」

「時をかける少女」に続く、細田守監督の新作アニメ「サマーウォーズ」。素晴らしい出来栄えで、宮崎駿監督における「風の谷のナウシカ」のように、細田監督の名を世に知らしめる作品になるかもしれない。

内気な17歳の健二は、あこがれの夏希に誘われ、長野県の山奥にある広大な屋敷を訪れる。そこには夏希の親せきで、戦国武将を先祖に持つ陣内一族が暮らしていた。

当主の誕生日を祝うため、続々と集まってくる親せきたち。そんな時、公共システムなどをつかさどるインターネット上の仮想都市が、原因不明のトラブルに見舞われて社会は大混乱。そして、トラブルを巻き起こした「犯人」としてニュース番組に映し出されたのは、なんと健二の顔写真だった─。

夏らしい、さわやかな娯楽作。だが終盤は世界の危機が迫り、手に汗握る展開に。お茶の間のテレビに流れる高校野球とストーリーをシンクロさせたり、「犯人」との対決シーンに花札を使ったり、映像の見せ方が実に面白い。

細田監督は、古き良き時代の日本の大家族と、インターネットで結ばれた現代社会を並行して描写。さまざまな形での〝ネットワーク〟を提示しつつ、人間同士のきずなの大切さを分かりやすく訴えている。

老若男女を問わず、幅広い人たちに受け入れられそうな作風で、登場人物たちの躍動感あふれる動きや表情も、宮崎作品に通じるものがある。前作をはるかにしのぐスケールに、独創的な映像表現と世界観。とにかく、すべてに驚かされた。

世間一般ではまだ細田監督の知名度は高くはないだろう。しかし、彼の作品が国際的に高い評価を受ける日も、そう遠くはないかもしれない。宮崎監督のように、世界をしょって立つ存在に─。そんな期待を抱かせる傑作だ。1時間54分。

記者の採点 = ★★★★★　　　　　　　　（修）

2009年8月12日
静かな空気になじむ秋田犬 「HACHI　約束の犬」

帰らぬ主人を待ち続けた〝忠犬ハチ公〟の物語。舞台を米国に置き換えた映画「HACHI　約束の犬」は、異国にたたずんだ日本犬の姿が意外になじむ温かいドラマだ。

米東海岸の郊外、ベッドリッジ駅のホーム。出張から帰った大学教授のパーカー（リチャード・ギア）は、はぐれた子犬と出会う。パーカーは飼い主を捜すが見つからず、「ハチ」と呼んで親しくなる。

ハチは、夕方5時になると自ら駅へ行ってパーカーを出迎えるようになる。ある日、出勤したパーカーが教室で倒れ、そのまま帰らぬ人に。ショックを受けた妻のケイトは思い出の詰まった家を売り、ハチは娘一家が引き取る。

だがハチは逃げだし、ベッドリッジ駅で雨の日も雪の日もパーカーを待ち続ける。10年後、ベッドリッジ駅を訪れたケイトは、年老いたハチの姿を目にする。

ハチは秋田犬の設定。米国人のパーカーが「ハチ」と呼ぶようになるエピソードは自然で、誇り高い血統を持つハチが人間にこびないという性質も効果的に生かされている。

米国の中でも春夏秋冬が比較的はっきりとした地域を舞台としたことが奏功した。静かな駅前の空気に、孤高さと深い愛情を併せ持つハチがよく似合っている。

日本人に広く知られる物語はいたってシンプルだ。だからこそ、見る側に強く迫ってくる力があるのかもしれない。運命の哀れさではなく、誰かを信じることの崇高さに胸を打たれた。

一方で、パーカーの死後、地元新聞が取材に訪れるほどの〝名物犬〟なのに、かつての飼い主の妻や娘は長年知らずに放置していたらしい。感動的な物語だが、画竜点睛を欠いた脚本が惜しかった。1時間33分。監督はラッセ・ハルストレム。

記者の採点 = ★★★☆☆　　　　　　　　（敦）

2009年8月19日

迫力満点、鬼のニーソン

「96時間」

　今年の米アカデミー賞授賞式。「おくりびと」の英題「デパーチャーズ」を読み上げ、外国語映画賞授賞を告げたプレゼンターを覚えているだろうか。

　「シンドラーのリスト」で知られる英国の名優リーアム・ニーソン。いつもは紳士的な雰囲気でちょっと悲しげな表情の彼が、この「96時間」では一変、鬼の形相ですごみある演技を披露している。

　18歳のキム（マギー・グレイス）は旅先のパリで、何者かにさらわれてしまう。元工作員の父ブライアン（ニーソン）は、たった一人で犯人一味を突き止め、娘を助け出そうとする。

　工作員時代に培った経験を生かし、わずかな手掛かりから犯罪組織に迫っていくブライアン。的確に状況を判断し、機転を利かして次々とピンチを乗り切っていく様は、まるで007のジェームズ・ボンドのようだ。

　しかし、スタイリッシュでクールなボンドと決定的に違うのは、ブライアンの凶暴ぶりだ。感情むき出しで犯罪者たちをなぎ倒し、時には残忍極まりない拷問も辞さず、その姿は狂気に近い。いくら娘を助け出すためとはいえ、一体、何人殺すのかと、あぜんとしてしまう。

　冷静に振り返ると、出来過ぎた展開など突っ込みどころも結構多いものの、迫力満点のニーソンの演技に圧倒され、細かいことは気にならない。アクション満載のスピード感あふれる映像で、クライマックスまであっという間だ。

　ブライアンが示す父親像は極端ではあるけれど、娘のために、捨て身で強大な敵に突っ込んでいく姿は実に格好いい。

　「子供が何を考えているのか分からない」とお悩みのお父さん、お母さんも、この映画を見ればスッキリするのでは。1時間33分。監督はピエール・モレル。

記者の採点＝★★★★☆　　　　　　　　　（修）

2009年8月26日

壮大なスケールを体感

「20世紀少年　最終章　ぼくらの旗」

　浦沢直樹の人気漫画を原作にした映画3部作が「20世紀少年　最終章　ぼくらの旗」で完結する。覆面をかぶった人物「ともだち」がついに正体を現すと同時に、三つの時代を貫く壮大な物語のからくりが明かされる。

　ともだちが絶対的な指導者として君臨する西暦2017年。東京は殺人ウイルスを遮断するための高い城壁に囲まれ、都民の行動は厳しく制限されていた。ともだちは人々に対し「人類は宇宙人に滅ぼされる。私を信じる者だけが救われる」と宣言した。

　テロリストの汚名を着せられたケンヂ（唐沢寿明）は行方不明のまま。ケンヂの仲間たちはそれぞれの思惑で、ともだちと対決しようとする。

　聴衆で広場が埋め尽くされた野外ライブの場面など、セットとCGを巧みに組み合わせた映像で、映画ならではの壮大なスケールを体感できる。60億円という巨額の総製作費にも納得した。原作の世界観の大きさをよく表現している。

　原作を忠実に実写化した第1章で楽しませ、第2章はスピード感で一気に見せた。ともだちは誰なのか、という謎解きが焦点となる最終章は、複雑な原作を整理しながら一歩踏み出し、やや違った展開を用意。漫画と映画という異なるメディアの特性をうまく踏まえていると感じた。

　3部作を通じて示されたのは、1970年前後のノスタルジックな風景と、息が詰まるような気味悪さに覆われた近未来。とくに40代後半から50代前半にかけての世代は、子供時代の体験や今の時代を生きる実感と、重ねて見るところが大きいだろう。

　エンターテインメント性が強い半面、20世紀という時代や日本という国に対する洞察がもっとあっても良かった。2時間35分。監督は堤幸彦。

記者の採点＝★★★☆☆　　　　　　　　　（敦）

2009年9月2日
巧みに絡み合う現在と過去
「BALLAD 名もなき恋のうた」

　草彅剛主演の「BALLAD 名もなき恋のうた」は、2002年に公開されたアニメ映画「クレヨンしんちゃん 嵐を呼ぶ アッパレ！戦国大合戦」をベースに実写化した時代劇だ。

　「しんちゃん」と聞いて、子供向けと侮ることなかれ。大人も共感できる恋物語で、ほろりと涙してしまう方もいるのではないだろうか。

　舞台は、小学生の真一（武井証）一家がタイムスリップした戦国時代。小国の武士（草彅）と城主の一人娘、廉姫（新垣結衣）との身分違いの恋が、大国との戦を通して描かれる。

　携帯電話や自動車など、真一たちが持ち込んだ文明の利器が大活躍する。タイムトラベルものでは「お約束」といえるだろうが、使い方が非常にうまい。無謀ともいえる奇襲の前夜、覚悟を決めた武士たちの姿をカメラに収め、本人に写真を渡すシーンは胸にじんと来た。

　戦では無敵ながら、女性にはめっぽう弱い武士を草彅が好演。やはり彼は純朴な役がよく似合うし、新垣の凛（りん）とした美しさや清潔感も姫役にハマっていて、かなわぬ恋を抱き続ける二人の真っすぐな思いや切なさが、きっちり伝わってくる。

　「ALWAYS 三丁目の夕日」では、復興期の東京の街並みを特殊視覚効果（VFX）を使って再現し、ノスタルジーを呼び起こした山崎貴監督。同作品に続き脚本も兼ねた今回は、平和な現代と戦国の世を対比しながら、現在と過去の人間を巧みに絡め合わせている。ストーリーテラーとしてのうまさが光った。

　合戦シーンも本格的で、なかなかの迫力。終幕はあまりに唐突な感じがしたものの、階級社会や戦争の理不尽さがしっかり描かれ、適度に笑いもある。時代劇通の年配者も、現代ドラマ好きの若者も、きっと満足できるだろう。2時間12分。

記者の採点＝★★★★☆　　　　　　　　　　（修）

2009年9月9日
名作に現代風"アレンジ"
「TAJOMARU」

　芥川竜之介の「藪の中」を原作にした映画といえば、黒沢明監督の「羅生門」。その中に登場した盗賊・多襄丸の生涯を描く「TAJOMARU」は、原作や黒沢映画を現代風かつ大胆に"アレンジ"した愛と青春の物語だ。

　室町時代の乱世。名門畠山家の長男信綱（池内博之）と次男直光（小栗旬）、大納言の娘阿古（柴本幸）は幼いころから仲良く過ごしていた。だが、大納言家の財産を狙う将軍義政（萩原健一）が策謀をめぐらし、直光は阿古を連れて屋敷から逃げる。

　その途上、直光は盗賊の多襄丸（松方弘樹）に襲われる。失神し意識を取り戻すと、阿古は多襄丸に身を寄せており直光を殺すよう求める。そして、一瞬のすきをつきその場を逃げ出した。激闘を制した直光に、多襄丸が絶命直前「多襄丸を殺した者がその名を受け継ぐ定め」と言い残す。直光は多襄丸を名乗って盗賊として生きる。

　「羅生門」は、ひとつの殺人事件をめぐる関係者の証言が、それぞれの視点によってまったく異なる様相を見せる面白さがあった。今回、終盤のどんでん返しは黒沢版を連想させるものの、事実に対する直光の認識が覆るだけで、構成はオーソドックスだ。

　見どころは、といえば、小栗旬の熱演だろう。固いきずなを感じていた兄、信頼していた家臣、地位や財産を捨てて愛した女。何度も残酷な裏切りに遭って心が壊れていくさまを、激情やそれを吐き出した後の空虚さで表現、圧倒的な気迫を見せた。

　高貴な身分の者が、盗賊として生きるという常識破りの物語。やや元気がない現代の若者に「気ままに、好きなように生きようぜ」というメッセージを投げかけているように感じた。2時間11分。監督は中野裕之。

記者の採点＝★★★☆☆　　　　　　　　　　（敦）

2009年9月16日

笑いの達人フェレルが怪演

「マーシャル博士の恐竜ランド」

　昨今の日本映画、お笑い芸人はあふれ返っているのだが、真の「喜劇役者」が見当たらない。

　一方、米ハリウッドでは、ベン・スティラーやジャック・ブラックらがコメディー映画のスーパースターとして大活躍している。日本での知名度はいまひとつではあるけれど、ウィル・フェレルもその一人。SFコメディー「マーシャル博士の恐竜ランド」でも、おバカなヒーローを〝怪演〟している。

　異次元世界の存在を信じて研究を進めていたマーシャル博士(フェレル)は、ついにタイムワープ装置の開発に成功。博士と仲間たち(アンナ・フリエル、ダニー・マクブライド)が時空を超えて到達した場所は、古代から現代までの文明が混在する不思議なパラレルワールドだった。

　博士らはワープの成功に喜んだのもつかの間、ティラノサウルスに追いかけ回されたり、トカゲのような怪人に襲われたり…。なんて書くと、スリリングなアドベンチャー映画に思われるだろう

が、映像に緊迫感はほとんどない。

　恐竜こそ特殊視覚効果(VFX)で「ジュラシック・パーク」並みの迫力があるものの、トカゲ怪人は人間が中に入っているのがバレバレで全く怖くないし、ワープ装置に至っては数十年前のラジカセにしか見えないのである。

　作品全体にB級感が濃厚に漂っている上、登場人物(生物)の一挙手一投足はどこか間が抜けている。フェレルは持ち前のおとぼけと人情味で、どんなピンチもほのぼのとした笑いに変えてしまうのはさすが。しかし、博士の仲間たちが魅力に乏しく、彼らとの掛け合いに面白みが足りなかったのが残念だった。

　ちょっと下品なギャグも含まれているし、家族向けというよりは、気の置けない友人と一緒に、思い切り笑って楽しむ映画だろう。1時間41分。監督はブラッド・シルバーリング。

記者の採点＝★★★☆☆　　　　　　　　(修)

2009年9月18日

理想追う女性には残酷かも

「男と女の不都合な真実」

　"婚活"がブームだ。理想の男性を探し続ける女性にとって、映画「男と女の不都合な真実」は、男の実態という、ある意味で残酷な現実を突き付けるかもしれない。とても軽いノリではあるが。

　アビー(キャサリン・ハイグル)は地方テレビ局のプロデューサー。仕事ができて美人なのに、出会いに恵まれない。隣家に引っ越してきた医師コリンは理想のタイプだが、デートのきっかけがつかめない。

　テレビの恋愛カウンセラーとして人気上昇中のマイク(ジェラルド・バトラー)が、局の上層部にスカウトされ、アビーの番組に出演することに。マイクが繰り出す男の本音トークをアビーは嫌悪するが、視聴率は急上昇。そんなマイクに「自分の言う通りにすれば、コリンをゲットできる」と断言され、その指南に従うと…。

　「人柄に一目ぼれはしない」「男は単純。恋愛よりも性欲」「君の理想は妄想」と言い切るマイクに

アビーは反発するが、コリンの行動がマイクの予想通りだったため、すっかりマイクの術中に。極端な考え方に毒されてしまうアビーが哀れすぎて笑える。

　ハイグルの体を張ったコメディエンヌぶりは見ものだ。この分野で定評があるキャメロン・ディアスも「ここまではやらないだろう」と思わせるほど下ネタ満載なのに、ぎりぎりのところで下品にならずに済んでいるのは、ハイグルの明るさによる部分が大きい。

　「男の気持ちが分からない」と嘆く女性が、映画でのマイクの発言をうのみにするのは、ちょっと危険。だが恋人に「どうして私が好きなの」と尋ねられ、答えに窮した経験を持つ男性にとっては、"模範解答"がラストシーンに用意されている。1時間35分。監督はロバート・ルケティック。

記者の採点＝★★★☆☆　　　　　　　　(敦)

2009年9月30日

時代の気分生々しく反映

「カイジ　人生逆転ゲーム」

　漫画の実写化は、今や映画の大きな柱だ。「20世紀少年」や「カムイ外伝」ほど派手ではないが、ギャンブル漫画の第一人者、福本伸行の代表作を映画化した「カイジ　人生逆転ゲーム」には、ひそかに注目していた。配役が奏功し、ヒリヒリするような緊張感が一定程度、再現されている。

　目的がなく、毎日を怠惰に過ごすカイジ（藤原竜也）の前に、金融会社社長の遠藤（天海祐希）が借金回収のために現れた。支払うあてがなく抵抗するカイジに、遠藤は「数時間後に出港する客船で行われるゲームに勝てば、大金を手にできる」と告げる。

　船内には"負のオーラ"をまとった男が集まっていた。船を取り仕切る「帝愛グループ」の利根川（香川照之）が説明したゲームは、カード式のじゃんけん。敗れると、10年以上にわたって強制的に働かされるという。追い込まれたカイジの闘いが始まった。

　完全失業率がかつてない水準にまで達し、閉塞（へいそく）感に覆われた現在の日本で、カイジのように希望を持てずにいる若者は多いだろう。命を担保にするほどのギャンブルに一発逆転を託す設定は、時代の気分を生々しく反映している。映画は、そうした迫力を秘めた原作をストレートに映像化して見る側を引きつける。

　演劇で鍛え上げた表現力で主人公の情念を全身で演じた藤原だけでなく、それぞれの立場や思惑からカイジを苦境に陥れる香川や松尾スズキ、山本太郎らの"怪演"ぶりはさすがだ。

　だが、こうした俳優陣の力量に頼りすぎてはいないか。"生き残りゲーム"がエスカレートする展開はテンポが良く見やすいが、登場人物が置かれた状況を考えれば、えぐみがやや薄く、平板に感じた。2時間9分。監督は佐藤東弥。

記者の採点＝★★★☆☆　　　　　　　　　　　（敦）

2009年10月7日

勇気あふれる主婦の奮闘記

「のんちゃんのり弁」

　主な登場人物が魅力的に描かれてさえいれば、映画は大抵楽しめる。小西真奈美演じる主人公がスクリーン上で躍動している「のんちゃんのり弁」も、その一例といえるだろう。パワフルで勇気あふれる31歳主婦の奮闘記で、女性客の共感を呼びそうな作品だ。

　ろくに働かない夫（岡田義徳）に愛想を尽かした小巻（小西）が、幼稚園児の一人娘ののんちゃん（佐々木りお）を連れて、実家に戻る場面から物語は始まる。

　おいしい「のり弁」を作れることが唯一の取りえで、ごく平凡な主婦として生きてきた小巻。仕事に就けずに四苦八苦する姿が、コメディータッチで描かれていく。

　シングルマザーが現代社会で生きていく厳しさが伝わってはくるものの、いささかありきたりな展開。だが、のり弁が娘の幼稚園で評判になったことをきっかけに、小巻がお弁当屋さんを開こう

と決意してから、がぜん話が盛り上がっていく。

　幼なじみとの恋や夫との復縁話、娘の行方不明事件…。単なるサクセスストーリーではなく、小巻が新たな人生を歩み出すまでの悲喜こもごもが、温かな視線でうまく描写されている。シンプルな弁当の代表格「のり弁」が、人生を一変させてしまうところも面白い。

　周囲の忠告も聞かず、常識やバランス感覚に欠ける小巻は、なんとも危なっかしい。それでも、脇目も振らずに信じる道をズンズンと突き進んでいく姿は輝いていて、うらやましくもある。

　人生は何が起こるか分からないし、のりをご飯の上に敷き詰めただけの弁当も、工夫次第でリッチな料理に勝るごちそうになる。未曾有の不況下で生きていくのは大変だけれど、自分次第でどうにでもなるのでは―。この映画は、そんなふうに思わせてくれるのだ。1時間47分。監督は緒方明。

記者の採点＝★★★☆☆　　　　　　　　　　　（修）

2009年10月14日

胸締め付けられる感動作

「私の中のあなた」

「泣ける」を売り文句にした「私の中のあなた」。試写室でもすすり泣きがあちこちで起こり、宣伝通りの感動作だ。ラブコメの女王キャメロン・ディアスが初の母親役に挑んでいることもあって、女性に人気を集めそうだが、かなりシリアスな内容であることは覚悟しておいた方がいい。

フィッツジェラルド家の次女アナ（アビゲイル・ブレスリン）は、白血病の長女ケイト（ソフィア・バジリーバ）の命を救うドナーになるべく、遺伝子操作で計画的に生まれてきた。

以来、姉のために何度も自分の体を犠牲にしてきたアナ。だが11歳になって突然「もう姉のために手術を受けるのはいや」と腎臓移植を拒否して両親（ディアス、ジェイソン・パトリック）を提訴。法廷で親子が争う事態になってしまう。

アナの訴えといい、出産の経緯といい、倫理的に判断の難しい問題が取り上げられている。アナが提訴した真の理由は結末に明かされるし、判決もきっちり下されるものの、この映画は「何が正解か」を訴えているわけでも、問うているわけでもない。

ニック・カサベテス監督は、家族おのおのの視点から物語を順次語っていく手法を用いることで、観客がさまざまな観点から重いテーマを考えるよう仕向けている。

置かれた立場によって考え方は違えども、その底流にある家族の愛ときずなの尊さに気付かされ、胸が締め付けられるような思いがした。

頭を丸刈りにして、まゆもそり落としたバジリーバやディアスらの迫真の演技で、映像はリアリティー十分。過酷な闘病シーンは見ているのがつらいほどだった。

何の脈絡もなく主人公が重い病に倒れるような「お涙ちょうだい」映画とは一線を画した、ある家族の壮絶な闘いの記録である。1時間50分。

記者の採点＝★★★★☆ （修）

2009年10月21日

見どころはむしろ親子愛か

「きみがぼくを見つけた日」

登場人物が時空を行き来するという設定は、SF映画やアクションなどのジャンルでは珍しくない。正統派の恋愛映画「きみがぼくを見つけた日」がこの設定を使ったのは目新しいが、時間の構成がやや複雑すぎる印象が残った。

ヘンリー（エリック・バナ）は時空を旅する特殊能力を持つが、移動するタイミングや行き先を自分でコントロールすることができない。幼いころ、自動車事故で死亡した母に会いに行くものの、その事故を防ぐことはできない。

心に痛みを抱え、孤独に暮らすヘンリーはある日、勤務先の図書館でクレア（レイチェル・マクアダムス）に声を掛けられる。クレアによれば、中年のヘンリーは、クレアが6歳のころから頻繁に現れていたという。2人は恋に落ち、結婚。やがてクレアは娘のアルバを出産するが、ヘンリーは未来を旅した際に10歳のアルバから重大な事実を聞かされる。

現在と過去、未来のシーンが複雑に入り組んでいて、筋立ての盛り上がりを邪魔している。中年時代と若者のヘンリーとの違いが見分けにくいことが影響しているのかもしれない。

ヘンリーは移動するたびに全裸になるため、車上狙いや空き巣を繰り返す描写は失笑を誘う。まじめな恋愛ものなのに、どこかちぐはぐだ。物語の展開も冗長に感じた。

一方で、過去を旅したヘンリーが、自分が誰かを名乗らないまま、愛する母と会話するシーンには、息子の愛情を伝えようとする強い思いに胸を打たれた。また、子供ながら聡明（そうめい）なアルバが、父親であるヘンリーとのきずなを結ぼうとする場面も光る。男女の愛よりも、親子の愛に見どころがあると思った。1時間50分。監督はロベルト・シュヴェンケ。

記者の採点＝★★★☆☆ （敦）

2009年10月28日
素晴らしい走りにほれぼれ
「風が強く吹いている」

　正月の風物詩「箱根駅伝」をスクリーンに再現することに挑んだ「風が強く吹いている」。若手俳優たちが素晴らしい走りっぷりで、「本戦」より一足早く、熱いドラマを見せている。

　寛政大学の新入生カケル（林遣都）は、4年生のハイジ（小出恵介）に誘われ「竹青荘」で生活することになる。食事込みで月3万円と家賃は格安だったが、入居には陸上部に入り毎朝5キロ走るという条件があった。

　竹青荘の住人はカケルを加えて計10人に。すると突然、ハイジが「10人で力を合わせて、箱根で頂点を目指そう」と箱根駅伝挑戦を宣言する。彼は長距離の潜在能力を見込んだ9人をスカウトし入居させていたのだ。

　平凡な若者たちが一念発起し、不可能とも思える高い目標に挑戦する―。青春スポーツドラマの王道を行く群像劇だ。

　俳優たちはきっと撮影前に相当のトレーニングを積んだのであろう。彼らの走りは実に様になっていて、中でも林のフォームは際立って美しく、ほれぼれしてしまった。

　映像も秀逸。ランナーの走りに並行してカメラを動かし、流れゆく風景の中で、苦しくとも充実感にあふれた選手の表情をアップでくっきりと映し出す。延べ3万人を動員したというエキストラの効果もあって臨場感は十分。千住明の落ち着いた音楽もいい。

　1本のたすきに懸ける部員たちの心意気ときずなは、映像から確かに伝わってくる。だが、ほとんど素人集団の陸上部がいとも簡単に箱根出場を果たしたり、レース展開があまりに出来過ぎていたりする点は少々興ざめで、その分、抜きつ抜かれつのハラハラドキドキも劇的なラストの感動も割り引きに。毎年、テレビ中継にくぎ付けになる「筋書きのないドラマ」のすごさに、あらためて気付かされることになった。2時間13分。監督は大森寿美男。

記者の採点＝★★★☆☆　　　　　　　　（修）

2009年11月4日
平凡ながらぬくもり伝わる
「僕らのワンダフルデイズ」

　"現役時代"の総決算ともいえる男の50代。何をして何を残すべきか、考えてしまう年代なのだろう。余命半年と知った主人公が音楽に夢を託す映画「僕らのワンダフルデイズ」は、さわやかさが印象に残る。

　胆石の手術を受けて入院した徹（竹中直人）は、「末期の胆のうがん。もって半年」と話す主治医の言葉を立ち聞きしてしまう。ショックを受けた徹は、バンドを組んで青春を燃焼させた高校時代の記憶を呼び覚ます。

　酒屋を経営しながら認知症の母親の世話をする栗田（段田安則）と、資金繰りに追われながら不動産業を営むナベ（斉藤暁）は、徹に同情してバンドを再結成することに。広告代理店で働く山本（宅麻伸）は当初冷ややかだったが、「家族に今のおれたちの音を残したい」と熱く語る徹の姿に打たれ、合流する。

　登場人物が余命半年という設定は黒沢明監督の「生きる」と同じだが、トーンは軽やか。絶望感の描き方が足りないと見るか、前向きな明るさを買うべきか、迷うところだ。ただ、病気をきっかけに親子のきずながすんなり戻る描写は、あっさりしすぎているように感じた。

　仕事に家族、子供の結婚や介護。さまざまなしがらみの中にいる男たちが、純粋な思い出の中に帰ろうとする姿は自然な流れ。帰れる場所と仲間がいる徹をうらやましく思った。

　奇跡が起きたり、超人的な人物が登場することはない。時系列を真っすぐたどった脚本にも、凝った仕掛けや目新しさはない。平凡な日常を題材にしたこぢんまりとした物語だが退屈さはなく、音楽や歌の力を追い風にしたぬくもりを感じた。1時間52分。監督は星田良子。

記者の採点＝★★★☆☆　　　　　　　　（敦）

2009年11月11日

3女優"競演"見応え十分

「ゼロの焦点」

　昨今のイケメンブームで、男優を主要キャストに据えた映画、ドラマが随分と多くなっている。しかし、松本清張の不朽の名作を映画化した「ゼロの焦点」では、女優陣が存在感を発揮。広末涼子、中谷美紀、木村多江の3人が素晴らしい演技を見せ、見応えのある作品となった。

　昭和30年代の北陸を舞台に、時代の波に翻弄（ほんろう）された女たちの姿を描いた社会派ミステリー。主人公の禎子（広末）が、結婚直後に失踪（しっそう）した夫（西島秀俊）の行方を追ううちに、次々と関係者が殺害されていく。

　犬童一心監督は、冬の日本海を背景に、作り込んだ映像で当時の風景を見事に再現。入り組んだ人間模様も、うまくまとめ上げた。

　中でも、事件の鍵を握る社長夫人（中谷）と受付嬢（木村）が、がけの上で対峙（たいじ）する夜のシーンは悲哀に満ちていて、深く心に響いた。雪が舞い散る中、車のヘッドライトで2人の姿を浮かび上がらせる演出も印象的だった。

　そして広末もいい。昨年、ヒロイン役を務めた「おくりびと」が米アカデミー賞を受賞したものの、他の出演作と比べて、彼女の演技が際立って良かったようには思えなかった。だが今年に入って、この「ゼロの焦点」といい、「ヴィヨンの妻」といい、従来のかれんさに加えて、演技にすごみがでてきた。女優として一皮むけた感がある。

　物語は終盤になるにつれて、夫や関係者の過去や裏の顔がじわじわと明らかになっていく。

　果たして夫はどこに。そして犯人は誰なのか。ミステリーとしての醍醐味（だいごみ）が色あせることもなく、原作を読んだ方も、そうでない方も楽しめるはず。同じ中高年層をターゲットにした大作「沈まぬ太陽」よりも、こちらをお薦めしたい。2時間11分。

記者の採点＝★★★★☆　　　　　　　　　　（修）

2009年11月18日

世界の終末描く圧巻のCG

「2012」

　パニック映画の第一人者ローランド・エメリッヒ監督の新作「2012」は、世界の終末を表現した圧巻のCG描写が見どころだ。

　地質学者のヘルムズリーは、太陽の活動が活発化して地球の核が刺激されていることを察知。2009年、米大統領に3年後には地球が滅亡すると警告し、各国首脳が秘密裏に巨大船の建造を始める。

　その2012年、売れない作家ジャクソン（ジョン・キューザック）は、離婚した妻ケイトのもとで暮らす子供たちとともにイエローストーン国立公園に旅行する。湖は干上がり、政府が厳戒態勢を敷いていた。出会った謎の男から地球の滅亡と巨大船の秘密を知らされる。旅行の後、ロサンゼルスで巨大地震が発生し、ジャクソンはケイトや子供たちと小型機で脱出し、巨大船を目指す。

　3D映画が登場し始め、並みのCGでは飽き足らなくなった観客でも、今回の大掛かりな破壊ぶりには驚くだろう。ビルや道路などあらゆる建築物が崩れ落ちて町は丸ごと海に沈み、津波が襲いかかる。

　そんな中、ある者は生き残ろうと奮闘し、ある者は運命を受け入れて噴火や津波にのまれる。展開があまりに速いため、家族のきずなを描くそれぞれのエピソードをじっくり味わう余裕はない。登場人物はみな忘れっぽいのか、いなくなった"大切な人"を悼むこともあまりない。

　政府にコネがある者や大富豪、奇跡的な強運の持ち主だけが最後のステージに残る。娯楽作品と分かっていても、選ばれた人だけが未来をつかめるという後味の悪さは否めなかった。2時間38分。

記者の採点＝★★★☆☆　　　　　　　　　　（敦）

2009年11月25日

婚活に励む女性は必見!?

「理想の彼氏」

　かつては高収入、高身長、高学歴を示す「3高」という言葉をよく耳にしたけれど、現代の日本女性が結婚相手に求める理想の男性像とは、いかなるものなのか―。

　ハリウッド映画「理想の彼氏」は、理想から程遠い年下男との結婚に思い悩む女性の姿を描いたラブコメディー。婚活に励んでいる方々はこの作品を見て、自身の結婚観を改めることになる、かもしれない。

　2人の子供に恵まれ、幸せな日々を送っていた40歳の主婦サンディ(キャサリン・ゼタジョーンズ)は、ふとしたことから夫の浮気に気付いて離婚。子供を連れてニューヨークで新しい生活を始める。

　そこでサンディは24歳の青年アラム(ジャスティン・バーサ)と出会う。彼はフリーターで、将来に何の展望もなく、ビールだけで酔っぱらい、愛読書は「ハリー・ポッター」…。だがサンディは、そんな草食系ダメ男に恋してしまったのだ。

　アラムに引かれていることに気付きながらも、あと一歩を踏み出せないサンディの心情は理解できるし、その姿が年齢差16歳の恋愛に説得力を持たせている。

　ついに彼らは恋人同士となって結婚を決意するのだが、ラブコメでありがちなハッピーエンドでは終わらない。物語は急展開し、迷い苦しみながら、己の信じる道を選ぶ2人の生きざまが描かれる。ここが最大の見せ場だろう。

　時を経て、自信にあふれたサンディとすっかり大人になったアラム。理想はどうあれ、結局人生なんて、自分で切り開いていくもの。2人の晴れ晴れとした表情が、そう訴えているようだった。

　相変わらずゴージャスな雰囲気をぷんぷんと醸し出しているゼタジョーンズ。新境地ともいえる彼女のコミカルな演技も見ものだ。1時間35分。監督はバート・フレインドリッチ。

記者の採点=★★★☆☆　　　　　　　　　　(修)

2009年12月2日

シリアスなのに明るい余韻

「インフォーマント!」

　同僚や友人との間で"空気を読む"ことに神経を使っている人が多いかもしれない。映画「インフォーマント!」の主人公は、そんな感覚をまったく持ち合わせていない上に、悪意なくうそを繰り返す人物。シリアスな題材なのに、明るい余韻が残る社会派コメディーだ。

　33歳のウィテカー(マット・デイモン)は、巨大企業ADMの重役として、食品添加物の製造工場を任されていた。ある日、工場でウイルスが発生し、多額の損害が出ることが判明。ウィテカーは「日本の大企業のスパイから金を払えと脅迫を受けた」と上司にうそを報告する。

　捜査に訪れたFBI捜査官に対し、ウィテカーは「ADMは違法な価格協定を行っている」と爆弾発言。内部告発者となって会議を隠し撮りする「スパイごっこ」に熱中する。強制捜査が迫る中、ウィテカーは「上層部が逮捕されれば自分が社長になれる」と浮かれていた。

　知能指数が高く、ビジネスマンとしては有能なのに、一般的な善悪の境界線と人情には鈍感な主人公をデイモンが好演。自分を正義の人物と疑わない一方で、自らが手を染めた横領行為が発覚すると、無関係の他人を巻き添えにする形で次々に新たな告白をする。

　そんなウィテカーのあまりの"KY"ぶりに、司法省の担当者は口をポカンと開けてあきれ、FBI捜査官はかんで含めるように状況を教え諭す。ウィテカーと周囲の人々との感覚のあまりの落差が笑いを誘う。

　この映画は実話に基づく。先進国の大企業で働くエリートだからといって、誠実で常識的とは限らない。暗黙のうちに、互いに良識を持ち合わせていると信じることで成り立っている社会について考えさせられた。1時間48分。監督はスティーブン・ソダーバーグ。

記者の採点=★★★★☆　　　　　　　　　　(敦)

2009年12月9日

3世代楽しめる傑作アニメ

「カールじいさんの空飛ぶ家」

　メガヒットを連発し、過去6年間で4作品が米アカデミー賞長編アニメ賞を受賞したピクサーが、またも傑作を生み出した。同社が初めて平凡な人間を主人公に据え、絶望から再生していく姿を描いたCGアニメ「カールじいさんの空飛ぶ家」だ。

　78歳の独居老人カールが、亡くなった妻を回想する場面から物語は始まる。幼いころの出会いから永遠の別れまで、節目節目を絶妙に配した映像によって、2人の人生を紡ぎ出す。わずかな時間にすぎないのだが、夫婦の深い愛ときずな、カールの悲しみがじんわりと伝わってきて、切ない思いに駆られてしまう。

　ラストシーンが強く印象に残ることはよくあるけれど、冒頭の場面でこれほどに魅了される作品は極めてまれ。このシーンだけで短編映画が1本できるのでは、と思えるほどの巧みな演出だ。

　そしてすぐに、第二の見せ場がやってくる。都市開発で立ち退きを迫られたカールが、妻の思い出が詰まったわが家に無数の風船をつけ、空へと飛び立つシーンだ。アニメならではのカラフルな色使いで、夢あふれるシーンを美しく描き出している。

　ここまでは感動のファンタジー。だが、ここからは冒険アクションに変わる。カールは機転を利かして次々と訪れるピンチを乗り越え、体を張って勇敢に悪人どもと戦っていく。その姿はまるでインディ・ジョーンズのようだ。

　老夫婦の愛に胸打たれるもよし、登場するかわいい犬たちに歓声を上げるもよし、バトルアクションに手に汗握るもよし。まさに老若男女、3世代で楽しめる娯楽作だ。

　ピクサーの前作「ウォーリー」に比べると社会性はやや弱いが、2010年もオスカー像を手にする可能性は十分あるだろう。1時間43分。監督はピート・ドクター。

記者の採点＝★★★★★　　　　　　　　　　（修）

2009年12月16日

上出来だが何かが足りぬ…

「パブリック・エネミーズ」

　1930年代の伝説の犯罪者に扮（ふん）するのは、当代きっての人気者ジョニー・デップ。ヒロインは「エディット・ピアフ　愛の讃歌」のオスカー女優マリオン・コティヤール。そして監督は、さえたアクション演出で知られるマイケル・マン。三拍子そろった大作だけに、お正月にはうってつけの1本だ。

　まずはそう評して間違いでない。デップはかっこいいし、時代考証は本格的、激しい銃撃戦に息をのむ。しかし、何かが足りないのもまた事実。映画ならではのマジックが感じられない、とでも言おうか。

　主人公は、FBIから民衆の敵ナンバーワンとして追われる銀行強盗、ジョン・デリンジャー。モットーは、庶民の金は奪わない、仲間は裏切らない、愛した女は最後まで守る。まさにカリスマ的アンチヒーローだ。

　映画は、デップ演じるデリンジャーが大胆不敵な犯行でFBIをあざ笑い、大衆の喝采（かっさい）を浴びる姿を、大恐慌下の米国を周到に再現したセットや、史実に沿ったロケ撮影で活写していく。

　愁いを帯びた主人公、愛する男を守るけなげなヒロイン。腕利き捜査官の必死の追跡…。物語は、次第に悲劇の色合いを濃くしながら、シカゴの映画館を舞台にしたクライマックスへとなだれ込んでいく。

　こう要約してみれば上出来の作品なのだが、率直に申し上げて、ユーモアとエロスに欠けているのである。

　同じ主人公を描いたジョン・ミリアス監督の傑作「デリンジャー」（主演ウォーレン・オーツ、73年）にあふれていた野卑なユーモアの感覚や、デップならではの色気がもっと際立ったなら、採点はグッと良くなったのだが…。残念！

記者の採点＝★★★★☆　　　　　　　　　　（和）

2009年12月22日

映画史に残る超映像大作 「アバター」

ついに映画もここまで来たか—。「アバター」を見て、そう思わずにはいられなかった。とにかく映像がすごい。この一言に尽きる。ジェームズ・キャメロン監督が、あの「タイタニック」に続き、再び映画史に残る超大作を作り出した。

未知の星パンドラを舞台に、貴重な鉱石を狙う人類と先住民との戦いを描いたSFアドベンチャー。アバターとは、姿形は先住民にそっくりで、人間の意識を送り込んで自在に操ることができる肉体のこと。物語は、アバターを使って先住民の社会に潜入した元海兵隊員ジェイク（サム・ワーシントン）の視点から語られる。

上映時間2時間42分。パンドラの神秘的な光景描写が極めて美しく、スクリーンを縦横無尽に駆け巡る生き物たちに圧倒され続けた。これまで目にしたことがないスペクタクルなシーンの連続。ずっと夢心地だった。

ドラマ部分もしっかりしている。欲望のために武力で自然豊かな星を侵略する人類は、いわば、おぞましいエイリアン。反戦、エコロジーといったメッセージも強く発しているのだ。

しかし冷静に振り返ってみると、驚くような展開があるわけでもなく、ジェイクの心理描写も十分とは言いづらい。だが、そんなことは微々たることにすぎないと思えるほど、この映像には観客の目だけでなく、心さえも取り込んでしまう力がある。まさに映像革命。この作品を機に、映画は新しい時代に突入することになるだろう。

ちなみに筆者が鑑賞したのはデジタル3D版。3D用眼鏡を長時間かけ続けることにいささかの不安があったのだが、映画が始まってみれば、アバターの映像世界に没入し、まったく気にならなかった。皆さんにも、ぜひ3Dで「新世界」を味わってほしい。

記者の採点＝★★★★★　　　　　　　　（修）

2 0 1 0

2010年1月6日

生への執着を真正面から

「真幸くあらば」

"禁断の愛"を描いた映画は多いが、婚約者を殺された女性がその犯人と恋に落ちるなんて、ふつうはあり得ない。映画「真幸（まさき）くあらば」は、そんな憎しみから出発した女と死刑囚の交流を通して、生きることの喜びや死のむなしさを浮かび上がらせる。

空き巣に入った家で鉢合わせした男女を殺害し、死刑判決を受けた青年（久保田将至）は、控訴を取り下げて罪と向かい合う日々だ。そこへ聖書の教えを説くボランティアとして、いわくありげな女（尾野真千子）が訪れる。

面会室のアクリル板を挟んでやりとりをするうちに、女は、青年が殺した男の婚約者だったと明かす。青年が起こした事件によって、女は婚約者の不実を知った。愛を知らないままに罪を犯し、死を当然のように受け入れようとする青年の姿に次第にひかれていく女。

モノトーン調の映像や、淡々とした展開は地味だが、愛を知って生への執着を増していく死刑囚の姿を真正面から描いた。余計なせりふは省かれ、2人の表情の変化で物語を見せていく。独房の中の青年が愛を成就させる独特のクライマックスに、感情移入できるかどうかで、見る人の評価は分かれるだろう。

筆者は、どうしようもないぶざまさをひっくるめて、生きることの喜びをうまく描いたと見たが…。「僕らは死んでゆくのだけれど」と、エンディングで命のはかなさを歌う森山直太朗の澄んだ声が印象的だ。

題名は、謀反を企てたとして処刑される前の有間皇子が、生きることを願って詠んだという万葉集の歌から。監督は、森山の歌の詞を多く手掛ける詩人御徒町凧（おかちまち・かいと）が初めて務めた。製作は奥山和由、原作は小嵐九八郎。1時間31分。

記者の採点＝★★★☆☆　　　　　　　　　（竹）

2010年1月13日

かつての子どもたちも必見

「かいじゅうたちのいるところ」

見た目はとっても怖いのにどこか優しそうな表情、やってることは乱暴なのになぜか愛らしい不思議な生き物たち―。世界中の子どもだけでなく、かつての子どもたちからも愛される絵本「かいじゅうたちのいるところ」が映画になった。

監督は「子ども向けの映画を作ろうとしたわけじゃない。子ども時代を描いた映画を作ろうとしたんだ」と話すスパイク・ジョーンズ。かいじゅうたちの体は着ぐるみを使った実写で生き物としてのぬくもりを表現。誰もが持っていた童心をシンプルに描いた原作に、主人公家族の状況などでストーリーを肉付けし、異界の生き物たちと少年との交流を軸とした冒険活劇に仕上げた。

多感な少年マックスは、姉たちに冷たくされたり、地球の行く末に不安を感じたりしてため込んだストレスが爆発。母親に当たり散らして家を飛び出し、船に乗って見知らぬ島にたどり着く。そこで出会ったのは、毛むくじゃらの大きな体にグロテスクな容姿。森の中で気ままに暮らすかいじゅうたちだった。

彼らの王様になったマックスは夢の国を築こうとするが、ストレス社会に生きる人間関係のような、複雑な"かいじゅう関係"に悩まされることになる。

解決の秘策は、野性味あふれる「かいじゅうおどり」や「泥団子戦争」そして「みんなで一緒に眠ること」。雄たけびをあげ、皆で大暴れしているうちになぜか丸く収まる。

そうか、子どものころ僕らの周りの世界は、毎日がこんなふうにエキサイティングだったんだ！

映画のストーリーは原作に比べ複雑で、幼い子には少し難しいかもしれない。しかし子どもと一緒に原作を楽しむ手もある。絵本を大きな声で朗読したら、時代の閉塞（へいそく）感だって吹っ飛ばせるかも。1時間41分。

記者の採点＝★★★★☆　　　　　　　　　（朗）

2010年1月20日
想定外のトリックに絶句
「今度は愛妻家」

「今度は愛妻家」の味わいは、傑作ミステリー小説の読後感に似ている。予想もしないトリックにまんまと引っ掛かり、作り手の思惑に翻弄（ほんろう）されるのは結構悔しいけれど、心地よくもある。しかも、大きな感動をもたらすドラマが背景に仕組まれているとなれば、素直に感服するしかない。この映画を見た感想は、まさにこんな感じだった。

とある一軒家が舞台。妻への愛を素直に表現できないカメラマンの俊介（豊川悦司）と、子供じみた夫を優しく見守る妻さくら（薬師丸ひろ子）。そして、家に出入りする助手の誠（浜田岳）や女優志望の蘭子（水川あさみ）、オカマの文太（石橋蓮司）を交え、コミカルなやりとりが展開される。

だまし合いのような夫婦の掛け合いや、かなり気色悪い石橋のオカマ姿に大うけしていたら、後半のある場面で〝トリック〟が明らかになる。ほのぼのとしたコメディーと信じ込んでいた筆者は「ええっ!?」と絶句してしまった。

冒頭から注意深く映像を見ていれば、あるいは気付くこともできたかもしれない。筆者は映画をもう一度見直して、巧妙に仕掛けられた伏線を確認し、ほぞをかんだ。

だが、この映画の本当にすごいところは、実は「種明かし」の後からなのだ。行定勲監督は、夫婦だけでなく、誠や蘭子、文太の生きざままでも描き出し、ラストで見事に結実させる。この映画は、平凡な「夫婦もの」ではなく、不器用な若者のラブストーリーでもあり、親子の葛藤（かっとう）の物語でもあったのだ。

巧みな構成と映画ならではの映像表現で、切ない人間模様を描いてみせた行定演出も、芸達者がそろった役者陣のアンサンブルもいい。中でも、人間の弱さ、もろさを体現してみせた豊川の演技は秀逸だ。2時間11分。

記者の採点＝★★★★★　　　　　　　　（修）

2010年1月27日
家族のぬくもり切々と
「おとうと」

山田洋次監督が10年ぶりに現代を舞台に撮った映画「おとうと」。「男はつらいよ」の寅次郎とさくらの兄妹に代わり、堅実な姉を吉永小百合、はみ出し者の弟を笑福亭鶴瓶が好演。厄介だけど切ることのできない家族のきずなを切々と見せる。

夫の死後、東京で小さな薬局を営んできた吟子（吉永）。一人娘（蒼井優）を花嫁に送り出す晴れの日に、消息を絶っていた弟鉄郎が突然やってきて波乱が起きる。以前も酔って暴れた弟は再び飲んで大騒ぎ。披露宴をめちゃくちゃにしてしまう。

鉄郎をかばってきた吟子だが、その後も迷惑をかける弟についに絶縁を言い渡し、再び弟は行方知れずとなってしまう。

トラブルメーカーなのに愛嬌（あいきょう）があり、憎めない男を演じる鶴瓶が秀逸だ。こういう人物は身近にもいると思わせ、賢い姉で頼れる母の吉永にも、自分の家族を重ねて見る人は多いだろう。

姉弟は大阪出身だが、姉が東京、弟が大阪に分かれて住んでいるという設定。姉が弟に本音をぶつけるときは大阪弁で、東京の合理性が大阪の情に寄り添っていく筋立てとも受け取れる。

ふつうの人々の暮らしの中にある悲しみやおかしさ、ささやかな幸せを描いてきた山田監督の姿勢は、今回も明確に貫かれている。安心して楽しむことができ、幅広い世代に見てほしい作品だ。

この映画は市川崑監督にささげられた。山田監督が市川監督の死去を知った際、市川作品で最も好きな「おとうと」（1960年公開）の姉弟が今も生きていればと考えて企画したという。二つの「おとうと」を見比べて、時代の移り変わりで家族が失ってしまったものと、今も変わらないものは何かを探す楽しみ方もある。2時間6分。

記者の採点＝★★★★☆　　　　　　　　（竹）

2010年2月3日

幸せ運ぶ、ほんわか料理

「食堂かたつむり」

　料理を主題にした映画に大ハズレなし。私の持論である。最近でも「のんちゃんのり弁」や「南極料理人」は、地味ながら、生きる元気がわいてくるような作品だった。

　身近な題材で誰でもどこか共感できる部分があるだろうし、スクリーンに大写しになったごちそうを見るだけで幸せな気分になれる。食い意地が張っている私の場合は、いたって後者の割合が大きいような気がするけれど…。

　前置きが長くなったが、小川糸のベストセラー小説を映画化した「食堂かたつむり」も、いかにもおいしそうな料理が次々と登場。主演の柴咲コウが料理シーンに吹き替えなしで挑んでいる。

　恋人にだまされ一文無しになった倫子(柴咲)は、ショックで声が出なくなってしまい、山奥の実家に戻って小さな食堂を開く。倫子が心を込めて作った料理を食べると、なぜかその人の願いがかなうのだった。

　大自然のゆったりとした空気の中、次々と客に幸せが舞い込み、ほんわか感がいっぱい。さらに、言葉が発せない倫子の空想をアニメーションで表現したり、カラフルなコラージュが画面を彩ったり、メルヘンチックな映像が続いていく。男性客にはちょっとキツイかなと思いながらも、富永まい監督の独自の映像描写は、物語の世界観をうまく表現している。

　後半は、倫子と母(余貴美子)との関係性が物語の中心となる。ドラマの幅は広がったが、その分「食べることとは何か」という、この作品の本来のテーマが薄れてしまったように思う。

　作為的で出来過ぎた展開も気になったけれど、料理の力ってやっぱりすごい。恋人や家族の顔を思い浮かべながら、帰路に食材を買って帰りたくなるような映画ではないだろうか。1時間59分。

記者の採点＝★★★☆☆　　　　　　　　(修)

2010年2月10日

おしゃれな恋愛群像劇

「バレンタインデー」

　甘酸っぱい経験のある人も、腹立たしい思いが募る人も、やっぱり気になる2月14日。米映画「バレンタインデー」は、そんな特別な日に男女15人が織りなす、恋愛や嫉妬(しっと)の多様なドラマをおしゃれに見せる。

　舞台は米ロサンゼルス。冒頭から、ベッドで朝を迎える女優陣の甘いシーンが続き、見とれてしまう。バレンタインデーの高揚感の中、1日の間にさまざまな恋愛が展開し、互いに交錯しながら夜のハッピーエンドへと進んでいく。

　花屋を営むリード(アシュトン・カッチャー)は朝、目覚めた恋人(ジェシカ・アルバ)に求婚して婚約指輪を渡す。幸せの絶頂で1日が始まるが、恋人はこっそり荷物をまとめ始める。

　リードの親友で教師のジュリア(ジェニファー・ガーナー)は、この日を一緒に過ごせないと恋人から告げられ、彼の出張先まで押しかけて思わぬ秘密を知ることに。

　ほかに少年の淡い恋や、シャーリー・マクレーン演じる熟年夫婦の愛、バレンタインデー嫌いの男女の思いも織り込みながら、複数のドラマが同時進行。収束へ向かう終盤はやや強引だが、それぞれのエピソードが楽しい。明るく笑えて、デートで楽しむのに最適だ。

　ゲイリー・マーシャル監督が育てたスターもくせのある役で出演。「プリティ・ウーマン」のジュリア・ロバーツは軍人役、「プリティ・プリンセス」のアン・ハサウェイはエッチな副業をもつ秘書役だ。

　短い登場時間でも、存在感のある役者ばかり。女優が輝いている。

　グラミー賞最優秀アルバム賞を受け、この作品で映画初出演した歌手テイラー・スウィフトの曲など、軽快な音楽も楽しい。2時間5分。

記者の採点＝★★★☆☆　　　　　　　　(竹)

2010

2010年2月17日

作り込んだ不思議ワールド

「コララインとボタンの魔女　3D」

　映画は総合芸術。デジタル技術がどんなに進歩しても、職人的な技とセンスが不可欠であることに変わりはない。

　そして、人形を一こま一こま動かして撮影する〝超アナログ〟的手法と最先端の3Dアニメを組み合わせたのが「コララインとボタンの魔女　3D」。気が遠くなるような手間暇を掛けた映像は、美しくもダーク、ファンタジーながらホラーと、相反するものが組み合わさった不思議ワールドだ。

　主人公は11歳の少女コラライン。引っ越したばかりの家で見つけたドアを抜けると、願いが何でもかなう夢のようなパラレルワールドが広がっていた。しかし、そこではパパもママも誰も彼もが、なぜか目がボタン…。そこは偽りの世界で、少女をとらえるためのわなだったのだ。

　「目は口ほどにものを言う」というけれど、ボタンの目をした登場人物たちの感情が一切読めず、パラレルワールドは不穏な空気が満ち満ちているように映る。だが現実のパパとママは仕事で忙しく、コララインはいつもほったらかし。だからこそ彼女は、非現実の世界に取り込まれていく。

　少女の冒険と成長の物語ではあるものの、その裏には、現代の家族の在り方や人間の果てなき欲望への批判が込められている。ホラー色も結構強く、大人向けといってもいいほどの内容なのだが、そのわりにはストーリーがあまりにシンプル。子供には十分だとしても、筆者はやや物足りなさを感じた。

　監督はヒット作「ナイトメアー・ビフォア・クリスマス」のヘンリー・セリック。今回も驚異的な映像で、オープニングから芸術的で作り込んだシーンのオンパレード。「アバター」とはジャンルが違うものの、こちらも別世界を体感できる3D映画だ。1時間40分。

記者の採点＝★★★★☆　　　　　　　　　　（修）

2010年2月24日

少しの勇気で世界は変わる

「しあわせの隠れ場所」

　肌の色の違うよその子が、ある日突然、家族の一員として暮らすことになったらどうだろう。映画「しあわせの隠れ場所」は、少しの勇気で心の垣根を乗り越えれば、新たな出会いと世界が広がるという、実話に基づくファミリードラマだ。

　裕福な白人インテリアデザイナーのリー・アン・テューイ（サンドラ・ブロック）は、雨の夜道を歩く黒人の少年（クイントン・アーロン）を見かけ、娘の同級生と気付いて声を掛ける。娘と親しいわけではない。それ以上は深入りしないのが世の常だが、彼女は少年に帰る家がないと知り、哀れみやちょっとした親切心で自宅へ連れ帰る。

　巨漢の少年は乱暴しないか。物を盗んだりしないか。実のところは気が気でない。一夜の宿を提供するだけのはずが、貧しさで着替えもなく、親の居場所を知らず、ろくに食事もしていない少年の境遇を知ることに。

　草食動物のように穏やかな少年のまなざしに、リー・アンの家族も次第に心を開き、5人目の家族として共に暮らし始める。字も読めず、授業に付いていけない少年を助けることで、家族の中にもきずなが生まれる。

　一方、温かな家庭を得た少年は強靱（きょうじん）な肉体を生かし、アメリカンフットボールに挑戦。母親役のリー・アンのツボを得た助言で目標を見いだし、華々しいスター選手へ成長していく。

　出来過ぎの話のようだが、エンドロールに出てくる写真で実話と分かる。裕福な家庭だからできたことだが、率直な言動で家族を束ねる"マッチョ"母役のサンドラ・ブロックに嫌みはない。巨体に優しい心を宿した実在の少年をクイントン・アーロンが体現し、説得力を持たせた。2時間8分。監督はジョン・リー・ハンコック。

記者の採点＝★★★☆☆　　　　　　　　　　（竹）

2010

2010年3月3日

戦争の実態と恐怖リアルに 「ハート・ロッカー」

　時限爆弾のタイマーがカウントダウンを始めたところでヒーローが登場し、起爆装置を見事に解除する。めでたし、めでたし…。こんなシーンを何度目にしたことだろうか。

　だが、イラクに駐留する米軍爆発物処理班の姿を描いた「ハート・ロッカー」では、そんな都合の良すぎる展開は起こらない。兵士たちの決死の努力もときに実らず、爆弾は爆発し、彼らの体を容赦なく吹き飛ばしていく。全編にみなぎる緊迫感は半端でなく、観客は「いつ爆発するのか」とヒリヒリした思いで、そのあまりにも過酷で危険な任務を見守ることになる。

　2004年のバグダッド。来る日も来る日も、町中に仕掛けられた爆弾の処理に追われる米軍ブラボー中隊のもとに、ジェームズ2等軍曹(ジェレミー・レナー)が赴任してきた。彼は隊のルールを無視して、勝手に爆弾処理に向かい、まるで恐れなどないかのごとく平然と信管を取り外す。そのあまりに無謀で人間離れした振る舞いに、ほかの兵士はあぜんとするばかりだった。

　戦闘機が飛び交うことも、戦車が火を噴くこともない。目前に敵の姿さえもなく、爆弾と対峙(たいじ)する男たちをカメラは追っていく。一方で、兵士らを遠巻きに眺める住民たちが居て、そこにはイラク市民の日常がある。

　キャスリン・ビグロー監督は、余計なドラマを極力排し、まるでドキュメンタリー映像のように処理班の姿をスクリーンに投影。戦争の実態と恐怖を見事なまでにリアルに描き出した。

　戦地から離れたジェームズが、巨大なスーパーマーケットで、膨大な商品を前に脱力感に襲われる姿が印象的だ。爆弾処理という極限状況ではなく、最も戦争の狂気を感じたシーンだった。2時間11分。

記者の採点＝★★★★☆　　　　　　　　（修）

2010年3月10日

欲望とだまし合いの果てに 「ライアーゲーム ザ・ファイナルステージ」

　漫画やテレビドラマを膨らませた日本映画が目立つ中、作品の設定そのものの魅力が強く、映画ならではの楽しみを発見できるものも中にはある。全国公開中の「ライアーゲーム　ザ・ファイナルステージ」はそんな作品だ。

　謎の組織から孤島にさまざまな職業の人々が呼び集められ、巨額の金を奪い合う独特のゲームが繰り広げられる。他人を出し抜けば大金が入り、だまされ続ければ借金は膨大だ。漫画が原作。2007年と09年に放送したテレビドラマも人気で、映画版ではその決勝戦が行われる。

　11人のプレーヤーが倉庫のような部屋に閉じ込められ、ゲームを繰り返して優勝者一人に賞金50億円が贈られる。自分だけが勝ち残ることに執着する人々。他人に同情しようものなら負け組へと転落してしまう様は、まるで競争社会の縮図のようだ。

　単純なゲームを繰り返すだけの物語なのに、だまし合いの連続は息もつかせぬほど。腹の探り合いを続ける密室のプレーヤーの閉塞(へいそく)感は、映画館の暗闇の中へ身を置くことで共有される。見る側の脳みそが次第に疲れ、もう謎解きに付いていけないと感じるころに迎える結末。

　欲望とうその果てにあるものまで、一気に見せてしまう疾走感が映画版の魅力だろう。

　セットは独特だがチープ。漫画のキャラクターのような大げさな演技も気にはなるが、元天才詐欺師役の松田翔太の謎めいた存在感が映画として成立させた。

　筆者は観賞後、ドラマも見たくなってレンタル店に行くと、すべて貸し出し中。たしかにちょっとくせになる魅力がある。あなたもこの世界へ足を踏み入れてみてはいかが？　2時間13分。監督は松山博昭。

記者の採点＝★★★☆☆　　　　　　　　（竹）

2010年3月17日

リストラ背景に喜怒哀楽

「マイレージ、マイライフ」

　主人公はリストラ宣告人。「そんなシリアスな話は見たくないよ」とドン引きしてしまう人もいるかもしれないが、そう決め付けるのは早計だ。

　世相を反映しているだけでなく、洗練されたせりふと構成で笑いもたっぷりの「マイレージ、マイライフ」。人生の喜怒哀楽が詰まった人間ドラマである。

　さまざまな企業のリストラ対象者にクビを宣告するビンガムは、出張で年間300日以上も世界中を飛び回っている。

　ある日突然、解雇を通告された人たちの反応はさまざまだ。怒りわめく人。泣き叫ぶ人。自殺をほのめかす人もいる。ビンガムは冷徹にプロに徹し、彼らに決して謝らず、同情のそぶりも見せない。言葉巧みに新しい生き方を提案し、希望を見いださせるのだ。

　ジェイソン・ライトマン監督は、実際にリストラされた人を新聞で募り、体験談を語ってもらったという。通告を受けた人たちのリアクションは真に迫り、彼ら一人一人が背負っているものや絶望感、そして「切る」側の苦しみが伝わってきて、胸が締め付けられる。

　「なんだ、やっぱり暗いぞ」とおしかりを受けそうだが、ここまではビンガムという人物の社会的背景にすぎない。ジョージ・クルーニーが実にスマートかつスタイリッシュに彼を演じ、物語の鍵となる女性2人（アナ・ケンドリック、ベラ・ファーミガ）との絡みも、ラブコメのような軽いタッチで描いている。

　新しい生活をビンガム自身が模索する皮肉な展開も面白く、幅広い客層が楽しめるエンターテインメントになっていることが驚き。作りがうますぎて、パンチに欠けるのが難点か。

　ライトマン監督は、まだ32歳。なのにまるで「人生とは何か」を知り尽くしているようだ。1時間49分。

記者の採点＝★★★★☆　　　　　　　　　　（修）

2010年3月24日

思春期に出会う夢と現実

「誰かが私にキスをした」

　日々の生活を窮屈に感じている人にとって、記憶喪失は現実をリセットできる甘い夢かもしれない。映画「誰かが私にキスをした」は、階段で転んで頭を打ち、記憶を失ったヒロインが、目の前に現れた男に新たな恋をするラブストーリーだ。

　過去4年分の記憶を失って戸惑うスクセナオミ（堀北真希）の前に、快活な恋人（アントン・イェルチン）やクールな上級生（松山ケンイチ）、優しい同級生（手越祐也）という、いい男3人が現れる。

　もてもてのスクセは、記憶喪失という立場を利用して、ちょっとわがままに危なっかしい恋へと走る。

　東京のインターナショナルスクールが舞台。劇中の会話は半分が英語で、浮世離れしたふわふわした雰囲気だ。2007年公開の「カンバセーションズ」で、画面を2分割した映像が話題を呼んだ米国のハンス・カノーザ監督が、本作でも実験的な演出を見せている。

　記憶喪失という"夢"の中にいるスクセは、わずらわしいことも引き受けていた過去の自分を次第に思い出すのだが、新しい恋にしがみつこうとする。しかしそこにも、厳しい現実は待っていた…。

　思春期には、現実から逃げ出したり、夢のような出会いや冒険を求めたりするものだろう。そんな世代特有の心の揺れを、旬の役者が今の年齢でしかできない演技で表現している。

　これは、今まさに思春期のただ中にいる人のための映画だ。

　人生の大きなリセットは無理だけど、小さなリセットを繰り返して人は生きている。そんな妥協の日々が当たり前となったおじさんの筆者には、この映画の登場人物の切実さは遠い記憶になってしまったのだけれど…。2時間4分。

記者の採点＝★★☆☆☆　　　　　　　　　　（竹）

2010年3月31日

青春のはかないきらめき

「半分の月がのぼる空」

　病を抱えた少女の恋物語がたびたび映画化されるのは、青春の一瞬のきらめきが、死と隣り合わせの状況でより強く浮かび上がるからだろう。映画「半分の月がのぼる空」は、そんな恋物語とともに、残される者の人生も描いて深みをもたせた。

　肝炎で入院して退屈な高校生の裕一（池松壮亮）は、無断外出をした罰で、転院してきたばかりの里香（忽那汐里）と友達になるよう、看護師から命じられる。9歳から入院する里香は、心臓の病気が治る希望を持てず、いら立ちから裕一にわがままな要求ばかりする。

　そんな里香に反発しながらも、次第に孤独な彼女の境遇を理解していく裕一を、ハリウッドの時代劇「ラスト　サムライ」にも出演した池松が好演。さえない高校生活を送る、地方の純朴少年そのものだ。

　忽那も、気の強さとは裏腹に、孤独やはかなさを感じさせる演技。恋を通して変わる表情を見るのも楽しい。コミカルなダンスが人気を得たポッキーのCMとは違う一面を見せている。

　物語の後半で重要な役割を担う、陰のある医師を、ふだんはユーモラスな大泉洋が演じている。撮影は、原作の舞台である三重県伊勢市で行われた。登場人物の方言が温かい。

　少女の闘病ものであることや地方を舞台にした設定など、2004年の大ヒット作「世界の中心で、愛をさけぶ」を思わせる要素は多いが、出演者の魅力で少し違った味わいがある。

　原作は、ベストセラーとなった橋本紡の小説。アニメやドラマにもなっている。主人公らと同世代の10〜20代だけでなく、遠い恋の思い出を胸に抱えた中年の方も楽しめます。1時間52分。監督は深川栄洋。

記者の採点＝★★★☆☆　　　　　　　　（竹）

2010年4月7日

SFの設定に痛烈な風刺

「第9地区」

　監督、キャストとも無名でありながら、米アカデミー賞で作品賞など4部門でノミネートされた「第9地区」。エイリアンを「難民」として描いた異色のSF映画で、その設定の妙が光る。受賞こそならなかったが、独創性なら、作品賞に輝いた「ハート・ロッカー」に勝るとも劣らない。

　南アフリカのヨハネスブルク上空に、巨大なUFOが突如現れる。宇宙人の地球侵略に人類が立ち向かうSF大作「インデペンデンス・デイ」に似たシーンで映画は始まるけれど、ここからの展開は大違いだ。

　政府が派遣した偵察隊が目にしたのは、故障した宇宙船に閉じ込められて弱り果てたエイリアンたち。助けられ、難民として隔離された彼らは、野蛮で不潔な「下級住民」として、人類から蔑視（べっし）されるようになる。果たして人類とエイリアンは共存できるのか―。

　エイリアンの姿形はエビに似てキモカワイイ。町中で立ち小便をしたり、酔っぱらってヘドを吐くなど人間的な一面もある。一見、B級SFコメディーのようだが、単純に「ばかばかしい」と笑い飛ばせないのは、舞台が南アフリカで、かつてのアパルトヘイト（人種隔離）を思い起こさせる設定であるからだ。そう、この作品は実は、被差別者をエイリアンに置き換えて風刺した社会派映画なのである。

　物語は後半、ある事件をきっかけにエイリアンと人類の戦いに発展。ニール・ブロムカンプ監督は、ニュースやインタビューの映像を織り込んでドキュメンタリータッチに仕立てた。

　おかげで、突拍子もない物語が不思議と臨場感にあふれ、手に汗握る場面もふんだんで、ラストシーンにはほろりとさせられた。何だかつかみどころのない感じもするけれど、作り手の発想力に素直に脱帽！　1時間51分。

記者の採点＝★★★★☆　　　　　　　　（修）

2010年4月14日

大人への成長描く独自世界

「アリス・イン・ワンダーランド」

　「シザーハンズ」「チャーリーとチョコレート工場」といった名作を生み出してきたティム・バートン監督とジョニー・デップのコンビによる実写3D映画「アリス・イン・ワンダーランド」。一足先に封切られた米国では、3Dブームに乗って、公開当初の興行成績で「アバター」を上回る人気に。鳴り物入りで公開される日本でも、名コンビのファンだけでなく、映像に期待する観客を大いに集めそうだが…。

　おなじみ「不思議の国のアリス」の〝その後〟を描いたオリジナルストーリー。19歳に成長したアリス（ミア・ワシコウスカ）が、再び不思議の国に迷い込み、独裁者、赤の女王（ヘレナ・ボナムカーター）に戦いを挑む。宣伝では、まるでジョニー・デップが主役のようだが、もちろんアリスが主人公。ちなみにデップは物語の鍵を握る帽子職人を演じている。

　原作の「不思議―」は、幻想的かつ奇妙きてれつな世界観が魅力だった。子供心に、何か見てはいけないものを見たような気がしてドキドキしたのをよく覚えている。

　ダークファンタジーを得意とするバートン監督は、白うさぎやチェシャ猫など原作で人気のキャラクターを巧みにビジュアル化し、カラフルな色づかいによる美しくも怪しげな、独自のパラレルワールドを作り上げた。

　アリスは勇敢に女王に立ち向かうことで、迷える少女から大人への一歩を踏み出す。年齢を19歳に設定したのは、単なる子供向けのおとぎ話ではなく、彼女の人間的な成長を描き、幅広い世代に共感を抱かせようとしたのだろう。

　だが〝大人〟のアリスが活躍する勧善懲悪のシンプルなストーリーは平凡で、原作に満ちていた「不思議感」は薄れてしまった。3D映像も完成度ではアバターに遠く及ばず、びっくり仰天させられるほどではない。1時間48分。監督は。

記者の採点＝★★★☆☆　　　　　　　　（修）

2010年4月21日

3D独自の魅力もの足りず

「タイタンの戦い」

　ギリシャ神話を題材に、神々の横暴に人間が立ち向かう壮大な冒険映画「タイタンの戦い」。3Dと2Dの同時上映で、目が合えば石に変えられてしまう妖女メデューサなど、次々と現れる恐ろしい魔物との対決シーンが見どころだ。

　主演は、興行収入の世界記録を塗り替えた3D映画「アバター」で、一躍スターとなったサム・ワーシントン。

　神々が君臨していた大昔。神の王ゼウスらは、神々に反発する人間を懲らしめようと、アルゴス国の王女アンドロメダをいけにえに差し出すよう要求。断れば魔物を放つと宣言する。神に家族を殺された主人公ペルセウスは、この魔物を倒す方法を求めて旅に出る。

　頭に蛇が渦巻くメデューサのほか、巨大なサソリなど圧倒的に強い相手と戦う場面は迫力がある。人間の力と知恵で魔物を倒していく筋立ては魅力的だ。しかし神に対する人間の自由の獲得といっ た全体のテーマはあいまいで、アクションしか見どころのない映画となったのは残念だ。

　そのアクションも、CGによる魔物の造形などに目新しさはない。もともとは3D用ではなく、撮影後に3Dに変換したのだという。このためか、魔物が飛び出て見えるような視覚効果はほとんどない。2Dの方が目が疲れずに済むだろう。

　この映画には、1981年製作のオリジナルがある。特撮で知られるレイ・ハリーハウゼンが創作した人形を使って、撮影された。チープな映像の古いB級映画だが、ぎこちない動きにも愛嬌（あいきょう）が感じられ、忘れがたい味わいがある。

　技術の進歩は、必ずしも映画の魅力アップにつながるわけではない。21世紀の3Dはまだ、20世紀の特撮の魅力を超えていない。1時間46分。監督はルイ・レテリエ。

記者の採点＝★★☆☆☆　　　　　　　　（竹）

2010年4月28日

意外な形の結末にあぜん

「アーサーと魔王マルタザールの逆襲」

　いつの時代もヒット作の続編は多かれど、前作をしのぐ映画はめったにない。分かってはいるのだが、1作目が面白ければ面白いほど、どうしたって次回作に過大な期待をかけてしまう。

　今回の「アーサーと魔王マルタザールの逆襲」にも、大きな期待を寄せていた。リュック・ベッソンがアニメに初挑戦したことで話題を集めた「アーサーとミニモイの不思議な国」の続編。1作目は、身長2ミリに〝変身〟した少年アーサー（フレディ・ハイモア）の大冒険が、アクション満載でテンポよく描かれていた。そして何より、実写とCGアニメを絶妙に組み合わせて描写した、身長2ミリの視線から見た世界が新鮮で、実にワクワクさせられた。

　続編は、アーサーが大好きな王女セレニアに再会するため、地下のミクロワールドに入り込む準備を進める場面から始まる。前作に引き続き、監督と脚本はベッソン。「96時間」や「トランスポーター3」といった近年のベッソン脚本作も疾走感にあふれていたし、何の懸念もなかったのだが、今回は何かおかしい。なかなか物語が進展せず、ちょっとイライラしてしまう。

　ようやくアーサーがミクロワールドに入り、巨大（に見える）昆虫たちが飛び回る世界の映像は圧巻だ。そしてセレニアと感動の再会と思わせて、背後には宿敵である悪の帝王マルタザールの姿が…。よし、これから宿命の対決で盛り上がるぞと思いきや、意外な結末が意外な形でやってきた。「え、もう、ここで終わり？」とあぜんとしてしまった。

　すでに3作目の製作がスタートしており、今回は最終章に向けてのプロローグと思って見れば納得できるのかもしれない。だが一つの作品として、それなりにカタルシスを味わえる作りにしてほしかった。1時間33分。

記者の採点＝★★☆☆☆　　　　　　（修）

2010年4月30日

謎の中に投げ出される結末

「運命のボタン」

　エンドロールが流れた瞬間、「分からないことだらけだ！」と頭を抱えてしまった。人気女優キャメロン・ディアスがサスペンスに挑戦した米映画「運命のボタン」。謎ばかりの展開に引き込まれるうちに哲学的な問題も現れ、多くの疑問の中に投げ込まれる。

　ある夫婦の家に朝、赤い押しボタン付きの装置が届く。そのボタンを押せば現金約1億円がもらえるという。ただし、自分の知らない誰かが死ぬという条件付きで。ボタンを押すかどうかを決めた後、夫婦は次第に追い詰められていく。

　時代は1976年、火星の探査が進み、生命体が見つかるかに関心が集まっているころ。キャメロン演じる教師は一児の母で、宇宙飛行士を目指す夫（ジェームズ・マースデン）と少し背伸びした生活を送っている。

　ボタンが届いた日、夫婦に経済的な問題が発生する。その上、夫も宇宙飛行士試験に不合格となる。

　同じ選択を迫られたとき、自分ならどうするだろう。金と引き換えに命を奪うなんて普通は考えられないが、他人に構わず自分だけ良い暮らしを、と思う人は実は増えているのではないか。

　人は日々、さまざまな選択に迫られる。その選択が思わぬところで他人に影響し、いずれ自分にも返ってくるのだろう。物語はさらに宇宙からの視点も入れて、人が何か大きな力に操られているような気分にもさせられる。

　ヒチコック映画好きのリチャード・ケリー監督は、思わせぶりな登場人物や伏線でミステリアスな雰囲気を演出する。物語に引き込まれるような魅力が、この映画には確かにある。だが問題は結末だ。あまりに強引で受け入れにくく、もやもやした思いが募る幕切れとなった。1時間55分。

記者の採点＝★★★☆☆　　　　　　（竹）

2010年5月12日
女子高生の奮闘ぶり活写

「書道ガールズ!! わたしたちの甲子園」

　音楽に合わせて体を動かしながら、巨大な紙に書をしたためる「書道パフォーマンス」が、女子高生を中心に全国的な流行となっている。書の在り方として批判もあるようだが、体全体を使って懸命に大きな筆を動かす若者たちの姿に、素直に感動を覚える方も多いのではないだろうか。

　その「文化」がついに映画になった。「書道ガールズ!!　わたしたちの甲子園」(猪股隆一監督)は、実際に競技会「書道パフォーマンス甲子園」を企画、開催した愛媛県四国中央市の県立三島高校をモデルに、書道部員たちの取り組みを活写した青春ドラマだ。

　書家の父を持つ書道部部長の里子(成海璃子)は、不況で寂れていく町を活気づけるため、町中で書道パフォーマンスを行うことを思い付く。当初は周囲から白い目で見られるが、里子のひた向きな思いは、部員たちの心を一つにしていく。

　未熟な若者たちが、目標に向かって悪戦苦闘し成長していく過程を描く青春ムービーでは、「ウォーターボーイズ」や「スウィングガールズ」といった秀作が生まれている。若者が純粋な思いを胸に奮闘する姿はそれだけで美しく輝いて見えるが、吹き替えなしで〝実技〟に挑む俳優の意気込みが伝わってくることも大きな特徴だ。

　今回も、成海ら若手女優たちが撮影の1カ月前から書道の特訓を受けたといい、彼女たちの素晴らしい筆さばきは見せ場の一つ。しかしそれ以上に、町おこしや親子の愛と確執、友人とのきずなをうまく絡めた、「フラガール」をほうふつとさせるストーリーがいい。しかも大筋が実話なのだから胸が熱くなる。

　クライマックスシーンは、パフォーマンスの競技会。これまでの練習の成果を見事に発揮して大団円、というのがお約束だろうが、そうはいかないところも面白い。2時間。

記者の採点＝★★★★☆　　　　　　　　　(修)

2010年5月19日
老いの孤独や味わい見事に

「春との旅」

　死ぬとき、人は何を思うのだろう。その瞬間が一人なのか、それとも手を握る者がいてくれるかどうかで、人生のラストシーンは違うものになるのだろう。映画「春との旅」は、老人が最後の居場所を求め、孫娘と旅をする物語。老いの孤独や味わいを淡々と、しかし見事に描き出している。

　名優仲代達矢の約9年ぶりの主演映画。役柄と同様、老境に入り、実際に本人も妻を亡くしている。「役者人生の中でも、この脚本の出来栄えは150本中、5本の指に入る」という入れ込みようだ。脚本は、国際的に評価される小林政広監督自身が手掛けた。

　海岸に立つ粗末な小屋。玄関の戸が荒々しく開き、漁師の忠男(仲代)が足を引きずりながら、怒りの表情で飛び出てくる。がにまた歩きの19歳の孫娘・春(徳永えり)が後を追い、ぎこちない道行きが始まる。

　ほかの家族を亡くし、つつましく暮らしてきた2人。春は職場の小学校が廃校となり、東京へ出ようと考えた。だが老いた忠男を残して行けず、ふともらした言葉に忠男が激高したのだった。2人は引き取り手を求めて、長年会わずにいた忠男の4人のきょうだいを訪ねることになる。

　全編ロケのロードムービー。北海道石狩市の海や、宮城県大崎市の鳴子温泉などの風景とともに、大滝秀治、淡島千景、田中裕子、香川照之ら芸達者が登場。短い登場時間でそれぞれの孤独やしみじみとした愛情が表現されて見応えがある。

　仲代は、飲み、食べ、歩く行為の一つ一つに深い味わいを醸し出す。終盤、そば屋で春と2人でそばをすする場面は秀逸だ。最後の場面は唐突な展開に思われたが、現実の人生でもやはりそう感じるものなのかもしれない。2時間14分。

記者の採点＝★★★★★　　　　　　　　　(竹)

2010年5月26日

ドラマ性に富むゲーム映画

「プリンス・オブ・ペルシャ 時間の砂」

　世界的な潮流である、ベストセラー小説やコミックの映画化とは比較にならない数ではあるが、テレビゲームの人気ソフトを基にした映画も着実に増えてきている。

　アンジェリーナ・ジョリーの「トゥームレイダー」やミラ・ジョボビッチの「バイオハザード」といった大ヒット作はあるものの、アクション描写に力を注ぎすぎて、ドラマが置き去りにされているように思える作品が総じて目立つ。

　しかし、米国発のアクションゲームをベースに、ジェリー・ブラッカイマーが製作した「プリンス・オブ・ペルシャ　時間の砂」（マイク・ニューウェル監督）は、古代ペルシャを舞台に王家の覇権争いが壮大なスケールで描かれ、人間ドラマの要素がたっぷり。いかにもハリウッド的な娯楽大作が苦手、という方にもお薦めしたい作品だ。

　勇気ある行動を見初められて、王の養子となったスラム出身のダスタン（ジェイク・ギレンホール）。彼は立派な勇者に成長するが、父殺しの汚名を着せられ、義兄たちに追われる身となってしまう。彼は必死に逃走を図りながら、時を戻して過去を変えることができる「時間の砂」を探し求める。

　まず特筆すべきはテンポの良さ。物語がさくさくと展開し、並行して激しいアクションも次から次へと繰り出される。上映時間の1時間57分が、とても短く感じられる。

　それでいて、ヒーローものにありがちな、善と悪が対立するシンプルな構図に収まっていない。陰謀や愛憎が渦巻く人間関係が広がっている上、「父殺しの真犯人は誰か」というミステリーとしての面白みも加味されている。

　主演のギレンホールはやや個性に欠けるように思えたが、その分、王女役のジェマ・アータートンとペルシャの街並みがエキゾチック。3D版はないが、これで十分だ。

記者の採点＝★★★★☆　　　　　　　　（修）

2010年6月2日

地域医療の問題えぐる秀作

「孤高のメス」

　マスクで顔を隠し、手術着に身を包んだ役者たち。目や手しか表現手段がないような手術の場面で、これほどのドラマが展開されるとは思わなかった。映画「孤高のメス」は、外科医療の現場をリアルに再現し、地域が抱える問題に切り込んだ秀作だ。

　時代は、臓器移植法が成立する前の1989年。法を犯してでも命を救おうと、地方病院の医師たちが脳死肝移植に挑むストーリー。兵庫県の淡路島で地域医療に取り組む大鐘稔彦医師の小説を、成島出監督が丁寧な人物描写で映像化した。

　当時は、現実に行われれば殺人罪に問われ、厳しく糾弾されたであろう脳死肝移植。映画は、手術に携わることで仕事への誇りを取り戻す看護師（夏川結衣）の視点で語られる。脳死の息子の臓器を提供したいと望む母親（余貴美子）の思いも伝え、「目の前の命を救う」という医師（堤真一）の信念に共感を誘う。

　その信念が具体的に表現されるのは、手術シーンだ。患者の臓器や噴き出す血までもリアルに映し出し、「手編みのセーターをこつこつと編むような」粘り強い作業をじっくり見せる。看護師が医師に器具を手渡す動作一つにも、込められた思いが表現されている。

　舞台は地方の市民病院。救急患者への対処方法を知らず、患者を傷つけてばかりの手術に無力感を募らせる現場が、前半で描かれる。映画ではエリート医師の登場が閉塞（へいそく）感を打ち破るが、そんな救世主はなかなか現れないのが現状だろう。

　死の危険と隣り合わせである外科医の仕事も、医学生には人気がないと聞く。日本の医療が心配になる。リスクを背負っても本気で仕事を全うする気概が足りないのは、医療現場だけではないけれども。2時間6分。

記者の採点＝★★★★☆　　　　　　　　（竹）

2010年6月9日

現代人の姿映す問題作

「告白」

　あなたは絶賛派？　それとも否定派？

　これは、本屋大賞受賞の小説を映画化した「告白」の宣伝で使われているフレーズだ。確かに、評価が真っ二つに分かれそうな衝撃的な問題作。筆者は「絶賛派」だが、試写を見ている最中、ずっと息苦しさを感じるほどのダークな作品で、映画に癒やしを求める人は敬遠した方が賢明かもしれない。

　中学校のプールで、教師森口（松たか子）の一人娘が亡くなった。警察は事故死と判断したが、森口はホームルームで告白する。「娘は、このクラスの生徒に殺されたんです」。そして、少年法に守られた犯人に自ら罰を下すと宣言する。

　物語は、事件に関係する生徒や教師、保護者が順に思いを告白していく形で進む。彼らが告白するごとに、新たな事実が明らかにされるだけでなく、内に秘めた悪意が次々とあらわになり、教師と生徒との狂気と恐怖に満ちたバトルが繰り広げられていく。

　中島哲也監督は「下妻物語」や「パコと魔法の絵本」で見せた極彩色でポップな演出から一転、光と影で暗く重い空気を作り出し、終末観を漂わせた。

　この作品には、倫理もきれいごとも救いもない。人間の卑しい部分をこれでもかと見せられるのはつらいが、他人の痛みを感じられない現代人の姿を、映像にうまく転化している。激しく流れゆく雲やマジックミラーを使った映像は、登場人物の暴走する、ゆがんだ思いを象徴しているかのよう。見る者の心をがっちりとらえる印象的な演出が素晴らしく、ほれぼれさせられた。

　松は表情を抑え、復讐（ふくしゅう）に狂う教師の冷酷さを際立たせ、中学生役の俳優たちも見事な演技を見せている。映倫の指定で15歳未満は見ることができないが、若者がどう受け止めるのか興味深い。1時間46分。

記者の採点＝★★★★★　　　　　　　　　　（修）

2010年6月16日

洗練された西部劇の進化形

「ザ・ウォーカー」

　西部劇の新作が公開される機会は最近少ないが、荒野をさすらう一匹おおかみの物語に、男は反応してしまうものらしい。映画「ザ・ウォーカー」は、大規模な戦争で崩壊した米国を舞台にしたサスペンスアクション。悪漢を倒しながら旅するクールな主人公が魅力的だ。

　すべてが廃虚と化した米大陸。文明は失われ、男たちは水や食料、女性を奪い合う。旅で会うのは盗賊ばかりだ。「ウォーカー」（歩く男）と呼ばれる主人公（デンゼル・ワシントン）は、そんな荒廃した世界をひたすら西へ向けて歩き続ける。

　彼の使命は1冊の本を運ぶこと。だがその理由や目的地ははっきりしない。廃虚の街を牛耳る盗賊のボス（ゲイリー・オールドマン）は、その本に人々を支配する力があると信じ、あの手この手でウォーカーを襲ってくる。

　西部劇のガンマンと違ってウォーカーは、短刀をメーンの武器に活躍する。その刀さばきは見事すぎて神懸かり的。だが後半のアクションシーンは、酒場で暴漢どもをなぎ倒したり、立てこもった家で銃撃戦を繰り広げたりと、いつか見た西部劇のシーンを思い出す。

　映画は、物や情報であふれ返った現代社会では見過ごされがちな、言葉や文化の重みをも伝えようとする。だが話の中核となる、本をめぐる謎が明かされてもしっくりとせず、消化不良の印象が残ってしまった。

　ともあれ、女性も寄せ付けず、ストイックに任務を遂行するアクションヒーローは格好いい。深遠なテーマを探るより、西部劇の進化形として、乾いた音楽やスタイリッシュな映像に身をゆだねるのがこの映画の楽しみ方だろう。1時間58分。監督はアルバート・ヒューズ、アレン・ヒューズ。

記者の採点＝★★★☆☆　　　　　　　　　　（竹）

2010

2010年6月23日

物足りない私的な映像集

「マイケル・ジャクソン キング・オブ・ポップの素顔」

　マイケル・ジャクソンの急逝から1年。特集番組が組まれたり、東京ディズニーランドで主演の3Dアトラクション「キャプテンEO」が復活するなど、彼の死を悼み、功績をたたえる動きがあらためて広まっている。

　昨年秋に公開され、大ヒットした映画「マイケル・ジャクソン THIS IS IT」も全国で再上映。ロンドンで開催されるはずだったコンサートのリハーサル映像を中心に、舞台裏でのやりとりやプロモーションビデオなどを織り交ぜたドキュメンタリーだ。

　まぼろしとなったライブを大スクリーンで疑似体験できるだけでなく、マイケルの音楽やダンスに懸ける姿に胸を打たれ、彼の偉大さを新たに知った人、再認識した人も多いはず。構成が秀逸で、映画としても素晴らしい出来栄えだった。

　天才アーティストとしての姿に焦点を当てた「THIS IS IT」に対し、新たに公開の「マイケル・ジャクソン キング・オブ・ポップの素顔」は、公私を共にするマネジャーが撮ったプライベート映像集。故郷を訪れた際に移動の車中でジョークを連発する姿や、バースデーパーティーで顔にケーキをぶつけられながらも楽しげな表情などが映し出される。

　さまざまなスキャンダルがうわさされ、素顔がベールに包まれていたスーパースターだけに、人間らしさが伝わってくる映像には驚かされた。だがわずか二、三の「オフショット」をつなぎ合わせたにすぎず、マイケルの素顔に迫ったとは、とても言えない。彼が歌を披露する場面もなく、素人が手持ちカメラで撮影した映像が延々と続き、うんざりしてしまった。

　熱狂的なファンは満足できるだろう。しかし、映画として、ドキュメンタリーとして「THIS―」に、はるか遠く及ばない。1時間59分。監督はマーク・シャフェル、オースティン・テイラー。

記者の採点＝★☆☆☆☆　　　　　　　　（修）

2010年6月30日

中間管理職の青島に戸惑い

「踊る大捜査線 THE MOVIE3」

　日本の実写映画として、興行収入の最高記録を打ち立てた前作から7年。「踊る」ブームを巻き起こしてきたシリーズの第3弾「踊る大捜査線 THE MOVIE3 ヤツらを解放せよ！」（本広克行監督）は、昇進するなどしたおなじみの顔触れが、これまでと変わらぬキャラクターで事件解決に奔走する。イベントが盛りだくさんで、にぎやかな展開だ。

　しかし過去の大ヒットを意識したせいか、多くの要素を詰め込みすぎた。焦点を絞りきれず、話の流れがギクシャクとなった印象だ。

　東京・台場の湾岸署が最新の警備システムを備えた新庁舎へ移転することになり、強行犯係の係長に昇進した主人公の青島俊作（織田裕二）が"引っ越し対策本部長"を務めることになる。そのドタバタの中で拳銃が盗まれ、殺人などの事件が同時多発的に発生する。

　「本店」の警視庁が捜査を主導し、「支店」の所轄署がないがしろにされる構図はこれまでと変わらない。だが新たに、その間を取り持つ管理補佐官（小栗旬）が登場。両者の対立は少しあいまいになっている。

　代わりに物語の軸となるのは、昇進した青島がリーダーとして仲間を率いる成長ぶりだろう。「おれに部下はいない。いるのは仲間だけだ」と、変わらぬ熱血ぶりを披露するが、空回りして見える場面もある。

　中間管理職となった青島。これまで精神的な支えにしてきたベテラン刑事「和久さん」も、演じるいかりや長介の死去によって、もういない。若さゆえに突っ走ることで輝いていた青島が、新たなステージへと脱皮を迫られて、戸惑っているかのように見えた。がんばれ青島！ "中年の輝く星"となった次回作を見てみたい。2時間21分。

記者の採点＝★★☆☆☆　　　　　　　　（竹）

2010

2010年7月7日
時代劇の醍醐味を堪能
「必死剣　鳥刺し」

　映画界では今年、本格時代劇の公開が相次ぎ、ちょっとしたブームになっている。NHK大河ドラマ「龍馬伝」やTBS系で放送された「JIN―仁―」の人気を見ると、中高年男性だけでなく、女性や若者の間にも潜在的な時代劇ファンは相当いるはず。藤沢周平原作の「必死剣　鳥刺し」は、時代劇の醍醐味（だいごみ）がぎっしり詰まった傑作で、ブームを加速させそうだ。

　剣豪で知られる三左エ門（豊川悦司）は藩主（村上淳）の側室（関めぐみ）を城中で刺し殺してしまう。最愛の妻（戸田菜穂）を亡くした三左エ門にとって、失政の元凶だった女を葬り去ることは、死を覚悟しての武士の意地だった。だがなぜか寛大な処分が下されて生き永らえる。その裏には、ある陰謀が隠されていた。

　生への執着を失いながらも、義に生き、武士道を貫こうとする三左エ門。平山秀幸監督は、そんな孤独な男の心のひだを、静かなタッチで淡々と描き出す。派手さはないが、運命に翻弄（ほんろう）される男の苦しみが筆者の心にじんわりと染み込んできた。

　そんな「静」のムードが「動」に一転するラスト15分の殺陣は、すさまじい迫力。リアリズムに徹した雨中の激闘は、単なる勧善懲悪ではなく、刀を振りかざす男たちのさまざまな思いがほとばしる。そしてついに抜かれる秘剣の鳥刺しに、三左エ門の生きざまが凝縮された。

　豊川は哀感をにじませ、見事に演じきった。藩主を意のままに操る冷酷非道な側室を関が好演。いつも脇役で重要な役どころを担う岸部一徳が、ここでもすごみある演技を見せている。

　江戸の世の人情、欲にまみれた謀略、カタルシスに満ちた殺陣、そして男の美学。良質の本格時代劇を久々に堪能させてもらった。1時間54分。

記者の採点＝★★★★★　　　　　　　　　（修）

2010年7月14日
小人の世界を生き生きと
「借りぐらしのアリエッティ」

　大ヒットした「崖の上のポニョ」以来、2年ぶりとなるスタジオジブリの新作アニメ「借りぐらしのアリエッティ」。ジブリ映画では最年少となる37歳の監督のデビュー作だ。宮崎駿の大作に比べれば小粒だが、小人の世界を色彩豊かに生き生きと描き出している。

　原作は、英作家メアリー・ノートンによる児童文学「床下の小人たち」。宮崎が企画と脚本を手掛け、「崖の上―」の原画などを担当してきた米林宏昌が監督を務めた。

　舞台は現代の日本。広い庭のある屋敷の床下で、小人の少女アリエッティが父母と暮らしている。そこへ病気療養に訪れた人間の少年が彼女を発見。互いに好意を抱いて接近し、平穏な暮らしが脅かされるようになる。

　小人の世界では、庭先の緑も広大な森となる。針を剣にしたり、ドールハウスが豪邸になったり。人間から拝借したささいな物を、さまざまに工夫して使う様子が面白い。床下のつつましい小部屋にも、花やガラスを取り入れて、明るく、豊かに暮らしている。

　夜、小人たちがこっそりと人間の部屋を訪ねる冒険はスリリングだ。物を借りて生きるしかないが、人間に見つかれば逃げ出すほかない。そんな弱い立場に置かれていても、アリエッティは誇りを失わず、小さな命を輝かせて生きている。

　そんな小人の活躍に、子どもたちは胸を躍らせることだろう。しかし大人には少し物足りない。飛躍的な想像力で、見る者を新たな世界へと連れ出してきた宮崎アニメに比べれば、こぢんまりした印象の作品だ。

　米林監督の個性はまだ、この第1作では前面に出ていない。宮崎と高畑勲の両巨匠が高齢を迎える中、世界中に熱いファンのいるジブリから、新たな才能が飛び出してきてほしい。1時間34分。

記者の採点＝★★★☆☆　　　　　　　　　（竹）

2010年7月21日

深層心理に迫るドラマ 「インセプション」

「ベスト・キッド」や「特攻野郎Aチーム」など、かつてのヒット作のリメークが相次ぐ今夏のハリウッド映画。それはそれで十分に楽しめるのだが、やはり、あっと驚くような新しい作品に巡り合いたい。

その願いをかなえてくれたのが、レオナルド・ディカプリオと渡辺謙が共演した「インセプション」。斬新なストーリーと映像により、これまで目にしたことのない世界が広がり、観客の想像力をかき立てる作品となった。

「ダークナイト」で世界を震撼（しんかん）させたクリストファー・ノーラン監督の新作。眠っている人の夢に入り込み、その人の頭の中からアイデアを盗み出したり、誤った認識を植え付けたりする企業スパイ（ディカプリオら）の姿が描かれる。

ノーラン監督自ら手掛けた脚本は複雑に入り組んだ構成で、同監督の出世作「メメント」をほうふつとさせる。スクリーンに映し出される映像は現実か夢か、はたまた夢の中の夢なのか、考えながら展開を追わなければならず、しかも、夢は時に摩訶（まか）不思議な映像で表現される。まるで謎めいた迷路に放り込まれたような気分だ。

そして、この作品のすごいところは、登場人物たちが無意識に抱いている、妻を亡くした喪失感や父子愛を「夢」として表出させることによって、単なるSFではなく、人間の深層心理に迫るドラマとして成立させたことだろう。

完成度は相当に高い。ちょっと気が早いけれど、来年の米アカデミー賞で、さまざまな部門の賞に絡んできそうだ。しかし、見終わってしばらく動けないほどに衝撃を受けた「ダークナイト」に比べるとどうか。あまりに作り物めいて、心揺さぶられる部分が少なかったように感じられた。2時間28分。

記者の採点＝★★★★☆ （修）

2010年7月28日

あまりにグッドタイミング 「ソルト」

"美ぼうの女スパイ"で話題となったロシアのスパイ団摘発事件が起きたばかりという、驚くほど良いタイミングで公開のスパイ映画「ソルト」。冷戦時代を過ぎても、多くのスパイが暗躍する現実が表面化した今、リアリティーを感じながら楽しめる。

報道で、華やかな社交生活が話題となったアンナ・チャップマン元被告の甘いイメージとは違い、主演のアンジェリーナ・ジョリー（愛称アンジー）は、これまで以上に激しいアクションを披露。ハードボイルドなヒロインを熱演している。

映画では、ロシアから来た男の告発で、米中央情報局（CIA）に勤めるソルト（アンジー）に二重スパイの疑いが掛けられる。正体を明かさないままCIAから逃げ出したソルトはその後、男が予告した通り、米副大統領の葬儀会場を襲撃する。しかし狙いはロシア大統領の暗殺だった。

ソルトはいったい何者なのか。米ロどちらの国の味方なのか。謎のまま話は進行する。ソルトがアクションを繰り出し、両国のスパイらを次々出し抜く展開はスリリングだ。

アンジーの演技は、いつものロマンチックさが影を潜め、セクシーな場面は一切ない。それどころか、冒頭からスパイ容疑で拷問を受け、顔はみにくく腫れ上がる。周囲にこびることなく、仲間ももたないソルトを通し、映画は、過酷な現実を強いられる孤独なヒロイン像を描こうとする。

しかしアクションが先に立ち、夫との情愛や悲しみのドラマを深く描けていないのが惜しい。工作活動に利用しようと近づいた夫から、やがて国への忠誠より大事なものを教えられるという設定が、やや説得力に欠けたように感じた。1時間40分。監督はフィリップ・ノイス。

記者の採点＝★★★☆☆ （竹）

2010年8月4日
盛りだくさんのメッセージ
「ヒックとドラゴン」

　大ヒット中の「トイ・ストーリー3」は、さすが超人気シリーズとあって、洗練された作りに感心させられたけれど、同じ3Dアニメの「ヒックとドラゴン」も負けていない。こちらは、さまざまなメッセージを盛り込んだ物語を、スケール感たっぷりの映像とアクションで一気に見せる。夏休み映画にふさわしい、爽快（そうかい）感あふれるファンタジーだ。

　舞台は、バイキングたちが暮らす小さな島。勇壮な族長の息子でありながら、意気地がなくひ弱な少年ヒックは、島を襲撃するドラゴンとまともに戦えず、父をはじめ周囲の人たちからあきれられていた。

　そんな自分に悩み苦しむヒックだが、ある日、傷ついて飛べなくなったドラゴンのトゥースを森の中で見つける。皆に内緒で世話を始めるが…。

　まるでクライマックスのような激しい戦闘シーンで幕を開け、ドラゴンとバイキングたちの対立が強調された後、物語の軸はヒックとトゥースの交流に移っていく。

　ヒックは心に傷を負い、トゥースは体に傷を抱える。言葉は通じなくとも彼らは心で通じ合い、少しずつきずなができていく過程がうまく描かれている。そして互いがそれぞれの「傷」を癒やし、ヒックを背中に乗せたトゥースが縦横無尽に空を駆け巡るシーンはスリリングで美しく、かつ感動的だ。

　異種間の心温まる交流は「となりのトトロ」を、空中のアクションは「アバター」を思わせる。ドラゴンたちが島を襲う背景を描くことによって、相互の理解で戦いを回避できることを訴えるとともに、父親という大きな壁を越えていくヒックの成長記でもある。

　数々の普遍的なテーマを、実に分かりやすいストーリーで示した作品。アニメらしいアニメといえるのではないだろうか。1時間38分。監督はクリス・サンダース、ディーン・デュボア。

記者の採点＝★★★★☆　　　　　　　　（修）

2010年8月11日
アニメ要素、豪華に映像化
「魔法使いの弟子」

　ディズニーの傑作アニメから発想を広げたという実写映画「魔法使いの弟子」。さえない男の子が魔法使いに見いだされ、魔法を覚えて悪と戦うファンタジーだ。視覚効果を駆使し、魔法合戦が派手に繰り広げられる。

　偉大な「善」の魔法使いが邪悪な魔法使いに殺害され、善と悪の魔法使いに分かれた対立が千年以上も続く世界。後継者を探し続けてきた善の魔法使いバルサザール（ニコラス・ケイジ）が、現代のニューヨークで見つけ出したのは、気弱なオタク少年だった。

　少年が弟子として修行を始める中、悪の魔法使いたちが世界の破滅へ向けて動き始める。魔法が繰り出されるアクションシーンは、派手な映像や音響で展開される。中華街の祭りで"竜（じゃ）踊り"の竜が暴れ出し、ビルを飾るワシの彫像が空を舞う。

　そもそもこの映画は、ニコラス・ケイジが「暴力シーンに頼ることなく、魔法と想像力で人々を楽しませたい」として、アニメ「ファンタジア」の一編「魔法使いの弟子」の要素を使った脚本を作らせたのだという。

　同アニメは、クラシックの名曲を映像化した古典的名作。その中の一編で、ミッキー・マウス演じる魔法使いの弟子が、掃除をサボるために使った未熟な魔法が暴走してしまう。そのエピソードが実写化された場面も、この映画の見どころだ。

　豪華な映像は楽しめる映画だろう。しかし、CGなどによる視覚効果が目立ってしまい、人間ドラマは弱まった。最新技術という"魔法"も、うまく制御して使わないと現実離れしてついていけない。個性的な俳優がそろっているだけに、ちょっと残念な気がした。1時間50分。監督はジョン・タートルトーブ。

記者の採点＝★★★☆☆　　　　　　　　（竹）

2010年8月18日

純粋な恋心さわやかに 「ハナミズキ」

　君と好きな人が、百年続きますように―。
　このフレーズを、カラオケで熱唱した人も少なくないのでは。一青窈のヒット曲「ハナミズキ」をモチーフに、ストーリーを膨らませて製作した映画が、新垣結衣と生田斗真主演の「ハナミズキ」だ。監督は「いま、会いにゆきます」「涙そうそう」の土井裕泰。人を信じ続けること、愛し続けることの素晴らしさと難しさを、さわやかなタッチで描いている。
　幼いころに父（ARATA）を亡くし、北海道で母（薬師丸ひろ子）と暮らす高校生の紗枝（新垣）は、偶然出会った同学年の康平（生田）と恋に落ちる。海外で働くことを夢見る紗枝は東京の大学に進学し、康平は地元で漁師の道を歩む。互いを思う気持ちは変わらずとも、「遠距離」が2人を引き裂いていく。
　10年間にわたる男女のすれ違いが、北海道、東京、米ニューヨーク、カナダを舞台に展開される。
　ほんのちょっとした行き違いで、人生が翻弄（ほんろう）されてしまう2人。それでも純粋な恋心を忘れぬ彼らの姿は切なくも美しく、まぶしく映る。
　全体を振り返ると、不自然なほどに偶発的なトラブルが相次ぐことは少し気になった。だがそうしたエピソードが自然とストーリーに溶け込んでいて、とってつけたような違和感はない。幼さの残る学生から、さっそうとニューヨークを闊歩（かっぽ）するオトナの女に至る成長を、しっかりと表現してみせた新垣がいい。
　人気の若手俳優をそろえただけで内容が薄く、浮ついた〝純愛〟映画も見掛けるが、この作品は紗枝と康平の軌跡を丹念に描き、しっかりと地に足がついている。中高年の観客も真摯（しんし）な彼らに共感し、ほろ苦くも輝かしい「青春の一ページ」に思いをはせることだろう。2時間8分。

記者の採点＝★★★☆☆　　　　　　　　　　（修）

2010年8月25日

極限状況で見せる女の強さ 「東京島」

　1951年、西太平洋の孤島で敗戦を知らずに共同生活をしていた日本人の男性19人と女性1人が帰国し、世間の関心を集めた。映画「東京島」は、それと似た状況を描いた現代の物語だが、軽いタッチで描かれた娯楽作となっている。
　原作は、桐野夏生による同名小説。無人島に漂着した中年女性が若い男に囲まれて、たくましく生き抜いていく。そんな極限の状況で輝く主人公の女を、木村多江が伸びやかに演じてみせた。
　夫と2人の船旅で難破し、地図にない島にたどり着いた清子（木村）。失意の夫が気力を失う一方で、蛇を捕って食べたりして懸命に生き延びようとする。持っていた荷物の中で最も不要なのは、夫だった…。
　別の島から逃げてきた若いフリーターや、密航に失敗した中国人も漂着し、23人もの男に囲まれて暮らすことになる。逆ハーレム状態でモテモテの清子に、男たちは競って貢ぎ物をする。
　平凡な主婦だった清子は、ボロボロの服、ボサボサの頭でも、男たちのぎらついたまなざしを受けて、底光りするような女の魅力を見せ始める。その変化を演じる木村の演技が見どころだ。だが映画は、その先の深い人間の心の奥底に迫るようなことはしない。
　男は女や権力を求めて争いもするが、映画では原作で重視された性欲が食欲に置き換えられたという。そのためか、男23人と女1人という設定の意味合いが薄れ、南の島で繰り広げられる〝サバイバルゲーム〟も切実さが弱まってしまった。
　男たちに比べ、女はしたたかでしなやか。そんな女の強さは出ているが、極限状況で明らかになる人間性をもっと見せてほしかった。現実は映画より奇なり、ではないかと感じた。2時間9分。監督は篠崎誠。

記者の採点＝★★☆☆☆　　　　　　　　　　（竹）

2010年9月1日

あっと驚く大胆演出で表現 「BECK」

　個性的なアマチュアバンドが次々とメジャーデビューし、空前のバンドブームが沸き起こったのは、1990年前後のことだった。

　あれから約20年を経た今年、若者たちがバンドに夢を懸ける姿を描いた青春映画の公開が相次いでいる。「BANDAGE　バンデイジ」「ソラニン」「シュアリー・サムデイ」、そしてこの「BECK」だ。

　この手の映画では、バンドの演奏シーンをいかに演出して見せるかが、作品の出来を大きく左右する。今回、メガホンを取った堤幸彦監督は、誰もがあっと驚く演出で、そのライブシーンを表現した。大胆な手法をどうとらえるかで、作品世界に入り込めるか否かが分かれそうだ。

　学校でいじめを受けていた少年（佐藤健）が、ふとしたことからロックの世界に足を踏み入れ、持って生まれた驚異的な才能に気付く。そしてバンド仲間（水嶋ヒロ、桐谷健太、中村蒼、向井理）と、大きな夢をつかもうとする。

　原作はハロルド作石の大ヒットコミック。音楽業界のドンやら、わなを仕掛けてくる大物プロデューサーやら、怪しげなキャラクターたちが登場し、物語を面白おかしく盛り上げる。青臭いサクセスストーリーではなく、軽妙なタッチの青春エンターテインメントといった作風だ。

　フレッシュな俳優陣はそれぞれ持ち味を出しているが、先に挙げたライブシーンの表現方法については、いささか物足りなさを感じてしまった。だがそれ以上に気になったのは、主人公やバンド仲間たちの音楽に懸ける思いが、あまり伝わってこなかったことだ。

　どんな時代においても、若者たちの心をとらえ、聴く者の魂をも揺さぶるロックンロール。その魔力を描いてほしかった。2時間24分。

記者の採点＝★★★☆☆　　　　　　　　　（修）

2010年9月8日

生きづらい現代浮き彫りに 「悪人」

　犯罪は社会を映す鏡とも言われる。映画「悪人」は、ある殺人事件の犯人と、彼を取り巻く人々の心の内を丹念にあぶり出し、現代人の孤独や危うさを浮き彫りにした秀作だ。

　主演は妻夫木聡。ヒロイン役の深津絵里がモントリオール世界映画祭で最優秀女優賞を受賞した。

　福岡、佐賀の両県境にある三瀬峠で、OLの絞殺遺体が発見される。遊び好きの裕福な学生が指名手配されるが"シロ"と判明。代わりに犯人として浮上したのは、長崎の寂しい漁村で祖父母の面倒を見て暮らしている寡黙な青年だった。

　何が青年を凶行に追い込んだのか。映画は追い、見る者に問い掛ける。加害者と被害者の双方に事件が与える影響も描かれる。李相日監督は、出演場面の限られた登場人物もくっきりと印象に残す演出で、人間模様を重層的に映し出していく。

　人と人との関係が希薄な今、孤独から抜け出そうと出会い系サイトを使う男女。持てる者と持たざる者、都会と地方の格差の広がりや、お年寄りを食い物にする悪徳商法などのエピソードから、現代の生きづらさが浮かび上がる。

　そんなうつうつとした生活から抜け出し、殺人犯の男に見つけたぬくもりにすがろうとする女性を演じたのが、深津だった。男と逃避行を続けて犯罪に加担しながら、生きる喜びに包まれる。どうしようもない"人間の業"を感じさせる。

　妻夫木は福岡、深津は大分、原作者で脚本も手掛けた吉田修一は長崎の出身だ。自然が美しく、出身者の郷土愛も強い九州。だが若者は東京にあこがれ、出て行く。地方の閉塞（へいそく）感をどうすればよいのか。製作に携わった人々の地方への愛着や危機感も伝わってくる作品だ。2時間19分。

記者の採点＝★★★★☆　　　　　　　　　（竹）

2010

2010年9月15日

きまじめな自分探しの旅

「食べて、祈って、恋をして」

　自分探しの旅―。時折、旅行会社の宣伝文句で見かけるが、陳腐でうそっぽく感じるのは筆者だけだろうか。

　何せ長期休暇を取得しづらい日本。せいぜい数週間の旅では、観光名所をひととおり回って、その地域の文化に触れた気分に浸るのが精いっぱい。表層的な体験で自分自身を見いだすなんて、まず無理なんじゃないかと思ってしまう。

　しかし「食べて、祈って、恋をして」の主人公リズは違う。

　1年間にわたってイタリア、インド、インドネシア・バリの3カ所をゆったり巡る。ごく普通の人々とともに、ごく平凡な生活を送り、それぞれの価値観を受け入れることで、ごく自然に自分の生き方を見つめ直していく。これぞ「自分探しの旅」だろう。

　原作は、米国の女性ジャーナリストが自らの体験をつづったベストセラー。一見幸せな結婚生活に違和感を抱き、すべてをなげうった女性の一人旅をジュリア・ロバーツ主演で描く。

　リズの旅を観客が追体験できるよう、時系列に沿ってオールロケで撮影したという。そんなきまじめさが、作品全体にも表れている。ライアン・マーフィー監督は、ドラマチックなエピソードを無理に織り込むのではなく、リズの旅先での「日常」を丁寧に描いた。

　結果、スクリーンには緩やかな時が流れ、リズの心の動きも穏やかに変化していく。率直に言えば、物語自体はかなり地味だ。終盤の劇的な恋を除けば、ありふれた出会いと別れの繰り返し。だが、そこで生まれるドラマをしっかりすくい取っている。

　実直な作りに筆者は好感を持ったが、タイトルのノリから、軽妙なラブコメディーをイメージして見ると、きっと肩すかしを食うに違いないのでご注意を。2時間20分。

記者の採点 = ★★★☆☆　　　　　　　　　　（修）

2010年9月22日

夜空いっぱいに思いを表現

「おにいちゃんのハナビ」

　夜空を彩る大輪の打ち上げ花火に、子どもが生まれた喜びや死者への追悼など、市民がさまざまな思いを込める新潟県小千谷市の「片貝まつり」。国本雅広監督が実話に基づいて映画化した「おにいちゃんのハナビ」は、白血病の妹のために自作の花火を打ち上げる兄の思いを丹念に描いて、涙を誘う。

　とはいえ湿っぽい闘病ものではない。感動の押し売りもない。新潟の素朴な風景をバックに、どこにでもいそうな家族の物語が静かに展開していく。深く心を通わせ合う兄妹を演じた、旬の俳優2人の共演も見どころだ。

　前半は、おにいちゃん（高良健吾）が友達づくりにつまずいて部屋に閉じこもり、コミュニケーションのとれなくなった家族に重い空気が漂う。思春期の子どもを抱える家庭の息苦しさが、リアルに描き出された。

　高良は、猫背と、もそもそした語り口、優しいまなざしで、今どきのナイーブな若者を親しみやすく演じている。

　妹の華（谷村美月）は、周囲の暗いムードを吹き飛ばし、元気いっぱいに病気と闘う。兄を外へ引っ張り出す少し強引な行動にも、若さと率直さが感じられる。髪をそって患者役に臨んだ谷村の芯の強さが、家族に明るさを取り戻そうとする華の意思の強さとぴったり重なり合った。

　ラストの片貝まつり。一つ一つの花火に込められた思いが、場内アナウンスで紹介される。ふだんは口にできないような思いを、夜空いっぱいに表現するこんな祭りが、もっと各地で開催されたらいいのに…ふとそんな気持ちにさせられた。思いを乗せた花火がドドーンと打ち上がるクライマックスは感動的だ。1時間59分。

記者の採点 = ★★★★☆　　　　　　　　　　（竹）

2010

2010年9月29日

3Dアニメの新たな可能性

「ガフールの伝説」

　「アバター」以降、3D映画が人気を集めている。だが中には、撮影後に3Dに変換しただけで、視覚効果がほとんどないような作品も見受けられる。それでも、2Dより高い入場料を支払わされたのではたまらない。

　しかし、フクロウたちの冒険を描いたCGアニメ「ガフールの伝説」は、紛れもない〝本物〟だ。それどころか、これまでにない驚きの3D映画である。

　映像の奥行きや飛び出してくるような感覚が3Dの特徴だが、今回の作品のウリは、その超リアルな質感にある。これがアニメとは、いまだに信じられない思いだ。

　舞台は人類滅亡後の世界。ある日、フクロウの幼い兄弟は、世界征服をもくろむ悪の組織「純血団」にさらわれてしまう。逃亡に成功した弟は、伝説の勇者たちを探し出し、純血団に戦いを挑もうとする。

　初のCGアニメに挑んだザック・スナイダー監督は、フクロウの瞳や体の動きをきめ細かに描写して感情を表現。時折挟み込まれる超スロー映像が効果的で、羽毛一本一本のしなりや柔らかさが伝わってくるほどだ。

　鮮やかな色彩と濃い陰影のコントラストが際立った背景描写も幻想的で美しい。フクロウになった気分で、未知なる大海原や険しい山々を飛ぶような感覚に陥った。

　物語には、ほとんどフクロウしか登場しない。だが描かれる世界は、戦争や差別がはびこる人間社会の縮図だ。ありがちなストーリー展開ではあるものの、悪に取り込まれた兄と正義を貫く弟との対決は見応え十分。3D効果でラストの空中戦も圧倒的なまでの迫力。まるで「スター・ウォーズ」を見ているようだった。

　3Dアニメの新たな可能性を示した作品といえるだろう。1時間37分。

記者の採点＝★★★★☆　　　　　　　　（修）

2010年10月6日

恋とアクションの王道活劇

「ナイト＆デイ」

　華やかなスター同士のロマンスと、体を張った分かりやすいアクション。ハリウッドが誇るスターのトム・クルーズと、キャメロン・ディアスが共演した「ナイト＆デイ」は、理屈抜きに楽しめるおしゃれな娯楽活劇だ。

　トムが演じるロイ・ミラーは、ヒット作「ミッション・インポッシブル」のような、二枚目のすご腕スパイ。白い歯がキラリと輝くスマイルで、飛行機に乗り合わせた、ごく普通の女性のジューン・ヘイブンズ（キャメロン）をメロメロにしてしまう。

　胸をときめかせたジューンが化粧直しに行った間に、ロイ・ミラーは同じ飛行機に乗っていた敵を次々となぎ倒す。そして、席へ戻ったジューンに何もなかったかのようにキスをする。そんな謎に包まれた男との偶然の道行きが、CIAも巻き込んで、ある発明品の争奪劇に発展していく。

　絵に描いたようなトムのいい男ぶりを、ロマンチックコメディーが得意なキャメロンが大げさに受け止めたりして、結構笑える。二大スターの魅力をうまく掛け合わせて華やかだ。敵役のピーター・サースガードも「17歳の肖像」で演じた中年プレーボーイ役と同様、善悪両面を併せ持つ演技で存在感を見せている。

　2人でバイクにまたがって街を駆け抜けたり、疾走する急行列車の中で敵と戦ったり。アクションはオーソドックスだが、工夫もあって飽きさせない。最近の映画は3DやCGなどで、もはや人間業でないようなアクションが目立つ中、実際に体を張った雰囲気が伝わってきて好感が持てた。

　作品に込められたメッセージなど、後に残るようなものは何もない。しかし娯楽映画の王道を行くような安心感が、この映画にはある。手軽な気晴らしにはおすすめだ。1時間49分。監督はジェームズ・マンゴールド。

記者の採点＝★★★★☆　　　　　　　　（竹）

2010年10月13日

素朴なタッチで感動と風刺

「おまえうまそうだな」

　映像技術の進歩が目覚ましく、今や実写と見分けがつかないほど精巧なアニメも少なくない。そんな中で、逆にシンプルな「絵」が印象的なアニメ「おまえうまそうだな」は、宮西達也の人気絵本「ティラノサウルス」シリーズの映画化だ。

　正直、「お子さま向け」と侮って試写室に足を運んだのだが…良い意味で予想を裏切られることになった。

　訳あって草食恐竜に育てられた肉食恐竜ハート。だが次第に肉食の本能が目覚めて家を飛び出すことに。そして、立派なティラノサウルスに成長したハートはある日、草食恐竜の赤ちゃんを見つけ、思わず「おまえ、うまそうだな」とつぶやく。すると赤ちゃんは自分の名がウマソウで、ハートが父親だと勘違いしてしまう。

　登場する恐竜たちは皆、個性的でユーモラス。しかし自然の〝おきて〟に反し、親子として生きるハートとウマソウの立場は厳しく、悲しい宿命を背負ってもいる。それでも互いを思いやって生きていく「親子」の姿は、家族崩壊が叫ばれる現代を痛烈に風刺している。素朴なタッチの映像ながら、普遍的なメッセージが込められたドラマに涙があふれたし、映画は映像技術よりも、まずはストーリーが第一だとあらためて痛感した。

　監督は、劇場版「ドラえもん」シリーズの5作品で、作画監督や演出などを務めた藤森雅也。巨大な大人の恐竜たちと小さなウマソウの対比を大胆な構図で生かし、恐竜同士のバトルシーンも迫力と躍動感に満ちた映像に仕立てている。

　キャラクターたちに命を吹き込む声の演技も光った。中でもウマソウの声の愛らしさに胸がキュンとなった。演じたのは、CMやドラマで大活躍する9歳の加藤清史郎。舌足らずなしゃべりと演技で、一体どこまで大人を泣かせてくれるのか。1時間29分。

記者の採点＝★★★★☆　　　　　　　　　（修）

2010年10月20日

会ってすぐにキスはあり？

「雷桜」

　時代劇が続々と公開されているが、映画会社が狙うのはシニアの映画ファンだけではない。広木隆一監督の映画「雷桜（らいおう）」は、江戸時代の"王子様"との許されぬ恋をロマンチックに描き、若い女性客を集めそうだ。

　将軍の息子、清水斉道役で主演するのは、女性に人気の岡田将生。両親に愛されることがなく、重い心の病を抱えているという役どころ。上品な顔立ちの岡田は、生きる目的をもたない主人公をはかなげな雰囲気で演じている。

　一方、森の奥で育てられ、人々から「てんぐ」とうわさされる野性的なヒロインを演じるのは蒼井優。白馬をさっそうと乗りこなして野山を元気に駆け回る。斉道との出会いによって、素朴な少女が女性として目覚めていく。

　若者に人気の俳優2人の個性を生かす配役だ。恋の行方に期待が高まるが、物語の展開も若者向けといえそうだ。2人は偶然出会ってすぐに、キスまでしてしまう。オジサン世代の筆者はむしろ、容易にかなわない恋の方が色気が感じられると思うのだが。

　時代劇だからこそ、身分の差という障害を設定できた。しかしその障害によって恋を阻まれる理不尽さが描かれる前に、キスシーンで早くも恋愛が一つのゴールを迎えてしまう。そのために、その後の展開についていけなくなった。

　その後のラブシーンも2人は熱演しているのだが、過剰に感じてしまうばかり。しかし若い人の恋愛感覚には、そのような速い展開がぴったり合っているのかもしれない。時代劇に現代の恋愛感覚を持ち込んだようなこの映画。若い人の感想を聞いてみたい。原作は宇江佐真理の小説。2時間13分。

記者の採点＝★★☆☆☆　　　　　　　　　（竹）

2010年10月27日

深まる謎、ファン必見

「SP　野望篇」

　「SP　野望篇」（波多野貴文監督）は、体を張って要人の命を守る警視庁警護課員（SP）の姿を描いたフジテレビ系連続ドラマの映画化。2部作の前編となる。

　ドラマは深夜枠での放送にもかかわらず好視聴率を記録。謎めいたラストシーンで幕を閉じただけに、映画での「謎解き」を待ちわびたファンも多いに違いない。映画はドラマの後日談で、主演の岡田准一や真木よう子を中心とした迫真のアクションも健在だ。

　幕開けの舞台は東京・六本木ヒルズ。爆発物を隠し持ち、虎視眈々（たんたん）と標的を狙うテロリストと、周囲に目を光らせるSPたち。クレーンや手持ちカメラを巧みに使って、爆発寸前の現場が臨場感たっぷりに描かれ、ぴんと張り詰めた空気や一人一人の極度の緊張状態がひしひしと伝わってくる。

　テロリストに迫るSPたちの決死の追跡劇もスリル満点。ここまでの冒頭シーンが秀逸で、観客は一気に物語に引き込まれるだろう。

　その後は、日本に〝革命〟を起こそうともくろむ尾形（堤真一）と、ひたすら任務に徹しようとする井上（岡田）のSP同士の対立を軸に、暗躍する政治家や官僚たちの人間模様が描かれる。

　〝革命〟とは何かという謎は明かされるどころか、むしろ深まっていき、サスペンスとしての見応えも十分。だが何しろ前編とあって、結末にややもどかしさが残る。裏を返せば、来春公開の後編「革命篇」に自然と期待が高まる展開で、その意味では、ファン必見の映画といえるだろう。

　だが問題は、ファン以外の人たちだ。映画はドラマを見ていることを前提にしたような作りになっている。できたら事前にDVDなどでドラマを〝予習〟した方が賢明だろう。ドラマ放送から3年近くたっていることを考えれば、映画だけでも十分楽しめる配慮がほしかった。1時間38分。

記者の採点＝★★★☆☆　　　　　　　　　（修）

2010年11月2日

甘く危険な恋を幻想的に

「エクリプス　トワイライト・サーガ」

　吸血鬼の青年と孤独なヒロインとの甘く危険な恋を描き、米国で10代女性らの圧倒的な支持を集める映画「トワイライト」シリーズ。第3作「エクリプス　トワイライト・サーガ」では、野性的な魅力の狼男を絡め、三角関係のせめぎ合いが展開する。

　前2作を知らないと、吸血鬼と狼男との三角関係なんて、まるでB級オカルト映画の設定のようだが、この作品は違う。この世のものではない美しさをもつ青年との禁じられた恋を、幻想的に描き出している。

　原作は世界的なベストセラー。両親が離婚したため、田舎へ引っ越してきた女子高生のベラ（クリステン・スチュワート）は、人間社会に溶け込んで暮らす〝草食系〟の吸血鬼エドワード（ロバート・パティンソン）と恋に落ちる。

　今回の第3作では、人間を襲う〝肉食系〟の吸血鬼集団が登場。狙われたベラを守るため、長く対立してきたエドワードの一家と、心優しい狼男（テイラー・ロートナー）の一族が手を結び、強敵に立ち向かう。

　エドワードと狼男のどちらと結婚するか、難しい選択を迫られるベラ。一方、恋のさや当てを繰り広げる男2人の間には、互いを理解する気持ちが芽生え始める。そして愛の行方が一つの結末を迎える。

　今も続々と製作されている吸血鬼映画だが、このシリーズは、思春期の危うさや、はかなさをうまく重ね合わせた。永遠に死ぬことはないが生きてもいない吸血鬼との恋を通して、ヒロインは生きる喜びや恐れを知ることになる。

　甘いロマンス好きの女性向けの作品だ。前2作を未見の人は、予習をしないと分かりにくいだろう。2時間5分。監督はデヴィッド・スレイド。

記者の採点＝★★★☆☆　　　　　　　　　（竹）

2010年11月10日

旧作に負けない余韻

「ゴースト　もういちど抱きしめたい」

　日本映画でリメーク作品が相次いでいる。「十三人の刺客」「死刑台のエレベーター」に続き、今度は「ゴースト」だ。

　リメークの場合、名作といわれる旧作を基準に見てしまうので、どうしても要求水準は高くなる。いかに時代を反映させ、新味を加えることができるか。単なる〝焼き直し〟は、ご勘弁願いたい。

　1990年に世界中で大ヒットした米映画「ゴースト　ニューヨークの幻」は、サスペンスとファンタジーを絶妙に配合した異色のラブストーリーだった。デミ・ムーアの涙とテーマ曲は脳裏に焼きついている。

　一方、新作「ゴースト　もういちど抱きしめたい」(大谷太郎監督)は、舞台をニューヨークから日本に移し、主人公の男女の立場を逆転させた点が大きな違いだ。

　会社を経営する七海(松嶋菜々子)は、韓国人キム(ソン・スンホン)と恋に落ちて結婚するが、事件に巻き込まれて命を落とす。七海の魂が天に召されず、ゴーストとしてキムのそばにとどまるうちに、事件の背景が明らかになっていく。

　オリジナルに比べると、より「恋愛」に重点を置いた作りが目についた。七海とキムの運命的な出会いから結婚までの経緯を、コミカルかつ華やかに描く。事件を解明していく七海にキムが導かれていく設定は、現代の男女力学の反映だろう。

　だがゴーストの見せ方や物語の大筋はオリジナルとほぼ同じ。男女の入れ替わりを生かした構成や、視覚効果（VFX）を用いた映像描写で、もっと大胆に別の見せ方をしてもよかったのではと思う。

　ちょっと辛口になってしまったが、切なくも温かなラストシーンの感動は、オリジナルに負けていない。特に「ゴースト」を初めて見る方には、深い余韻を残すことだろう。1時間56分。

記者の採点 = ★★★☆☆　　　　　　　　　(修)

2010年11月17日

悲しみ漂う大人の純愛劇

「行きずりの街」

　「日本の娯楽映画は女性や若者向けばかり」と嘆く中年男性のみなさま、お待たせしました。人気作家志水辰夫のハードボイルド小説が原作の映画「行きずりの街」(阪本順治監督)は、悲しみの漂う大人の純愛劇だ。

　原作は「このミステリーがすごい！」で1位に選ばれた人気作。中年の塾講師、波多野(仲村トオル)は、行方知れずとなった女生徒(南沢奈央)を捜して上京。彼女の部屋を訪ねると男たちに襲われそうになり、事件の気配が漂う。

　手掛かりを求めて女生徒の友人(谷村美月)らを訪ねていく過程で、浮かび上がる孤独な主人公の過去。かつて関係のあった女(小西真奈美)らが事件の鍵を握り、男は謎を追うほどに自分の悲しみと向き合っていく。

　大人は一人になったときに、本当の顔を見せる。映画は幸せを失った主人公の苦しみを、夜中にタクシーを拾えずにいら立つシーンで表現。社交的な笑顔の合間に女が見せる悲哀の表情は、超スローモーションで映し出す。大人の心情を切り取る演出が秀逸だ。

　冒頭、波多野が暮らす兵庫・丹波篠山の風景と方言が、ぬくもりや懐かしさを感じさせる。一転して、ドラマの舞台となる東京は騒がしく、直線的な建物と青っぽい色調の映像で、都会の冷たさを際立たせる。

　一筋縄ではいかないインテリやくざの窪塚洋介や、篤志家を装った事業家の石橋蓮司ら脇役の演技が、大人のさまざまな事情が折り重なるサスペンスを重層的に見せる。細かいところまで丁寧に作り込まれた映画だ。

　中年男だって、エンターテインメントを求めている。こんな上質な大人のための娯楽映画がもっと作られてほしい。2時間3分。

記者の採点 = ★★★★☆　　　　　　　　　(竹)

2010

2010年11月24日

目を見張る迫力のVFX

「SPACE BATTLESHIP　ヤマト」

　1970年代に一大ブームを巻き起こしたアニメ「宇宙戦艦ヤマト」。当時、小学生だった筆者も劇場まで足を運び、映画「さらば宇宙戦艦ヤマト」に涙したことを鮮明に覚えている。ささきいさおが歌う勇ましいテーマソングも強烈だった。

　そのヤマトが実写映画化されると聞いたときは正直、耳を疑った。ハリウッドならいざ知らず、日本映画の映像技術と製作費で「ヤマト」を表現できるのか。とんでもなく安っぽい作りになってしまうのでは―。同じような懸念を抱いた方は、少なくないはずだ。

　だが結論から言うと、新作「SPACE BATTLESHIP　ヤマト」は、素晴らしい視覚効果（VFX）で、まぎれもない「本格SF映画」となっていた。

　監督は山崎貴。大ヒット作「ALWAYS　三丁目の夕日」では、VFXで昭和の街並みを巧みに再現したが、今回は未来の空想世界をダイナミックに描き出した。

　宇宙空間にずらり並んだ大艦隊の砲撃戦。高速で縦横無尽に飛び回る戦闘機のバトル。「スター・ウォーズ」や「スター・トレック」など、ハリウッドのSF大作に引けを取らない迫力に、日本のSF映画もここまできたかと目を見張った。

　ストーリーは、ヤマト第1作と「さらば―」を組み合わせたもの。滅亡の危機にひんした地球を救うため、古代進（木村拓哉）や森雪（黒木メイサ）らが乗ったヤマトの壮絶な戦いを、おなじみの波動砲やワープをはじめ、オリジナルの名シーンをふんだんに盛り込んで描いている。

　戦闘シーンのリアルな描写とは対照的に、ヤマト艦内の人間ドラマはいかにも漫画的で、深みが足りない。だが、かつて筆者が圧倒されたように、ヤマトの壮大な世界観は、きっと現代の子どもや若者にも大きな夢を与えるだろう。2時間18分。

記者の採点＝★★★★☆　　　　　　　　　（修）

2010年12月1日

つましさの中にある幸せ

「武士の家計簿」

　映画「武士の家計簿」は、お金をテーマにした異色の時代劇だ。幕末を生きた「御算用者（経理係）」の下級武士の物語。つましい暮らしの中にある幸せや、それを守ることの難しさが、実在した家族に起きた出来事をもとに描かれている。

　原作は磯田道史氏による新書。古書店で見つけた家計簿などから武家の暮らしを浮かび上がらせて話題になった。脚本家柏田道夫がこの一家の人物像を膨らませ、森田芳光監督が映画化した。

　時代劇につきものの、派手なチャンバラシーンはない。武士の「命」は刀とされるが、主人公の猪山直之（堺雅人）にとってはそろばんだ。仕事では帳簿を緻密にチェックし、上司の不正も見逃さない。家では家計簿を細かくつけ、火の車の家計を立て直そうとする。

　お金に対するクリーンな姿勢は徹底している。借金を返すために家宝や刀を売る一方、子どもが拾ってきた金は、夜でも元の場所へ戻しに行かせる。収入の範囲でつつましく暮らし、節約を重ねる中で家族は心を通わせていく。

　実直な生き方を曲げない"そろばん侍"は、死と隣り合わせというこれまでの武士のイメージとは正反対だ。お金との付き合い方は、その人の生き方そのものだとあらためて気付かされる。

　実際は、武士が刀を抜くことはほとんどなかった江戸時代。撮影現場で磯田氏は「チャンバラが出てこないからこそ、当時の人々の本質が描ける。（当時も今も）日本人の根底には、自分の役目をきっちり果たし、まっとうに生きることが大切だという考えがあると思う」と話していた。

　その通りの映画になった。年末年始に、家族で見るのにおすすめだ。2時間9分。

記者の採点＝★★★★☆　　　　　　　　　（竹）

2010年12月8日

魅力あふれる男の生きざま

「ロビン・フッド」

　これまでアニメや実写で何度も映像化されてきた伝説上の義賊ロビンフッド。1991年の映画で演じたケビン・コスナーの甘いマスクが記憶に鮮明で、「ロビン＝優男」と信じ込んでいた。

　だが新作「ロビン・フッド」で、そんな固定観念は吹っ飛んだ。いかついラッセル・クロウがオスカー受賞作「グラディエーター」のような重量感あふれる演技でロビンに扮（ふん）し、作品自体もパワフルなアクション大作となっている。

　12世紀末、十字軍の兵士としてフランスに遠征していたロビン（クロウ）は、イングランドの騎士ロバートがフランスのスパイに暗殺される現場に遭遇し、両国の争いに巻き込まれていく。

　従来のロビンフッド作品と大きく異なるのは、ロビンが民衆のヒーローになるまでの過程を描いていることだろう。

　名匠リドリー・スコット監督とクロウの名コンビが作り出したロビンは、おとぎ話的な英雄ではなく、実に人間的だ。

　武骨な一兵士で、父親を処刑されたショックから幼時の記憶を失い、心の内には優しさと強い正義感を抱いている。そんな魅力あふれる男の生きざまを、史実と戦場、ロバートの妻マリアン（ケイト・ブランシェット）との愛を巧みに絡み合わせて描き出している。

　海辺で膨大な数の兵士や騎馬隊がぶつかり合う戦闘シーンは、まさに圧巻。俯瞰（ふかん）した映像は壮観で、クローズアップで見せる波打ち際でのロビンの戦いは迫力と臨場感に満ちている。

　マリアンやイングランド国王の人物背景をもっと丁寧に描いてほしかったが、ロマンあふれる美しい風景やスペクタクルな映像を前にすると、微々たることにも思えてしまう。この手の作品は、ぜひ劇場の大スクリーンで鑑賞し、映画の醍醐味（だいごみ）を味わってほしい。2時間20分。

記者の採点＝★★★★☆　　　　　　　　（修）

2010年12月16日

驚きの映像美、物語は平凡

「トロン：レガシー」

　映像の世界を3Dが席巻しているが、本当に魅力的な映画がいくつあっただろうか。残念ながら、2Dで十分と思わせる作品ばかりだ。「アバター」は、豊かな物語を3Dの映像美で表現したからこそ、大ヒットしたのだろう。

　そんな中、1982年の人気作「トロン」の続編と言えるSF映画「トロン：レガシー」を、ディズニーが「未来の3D体験」と自信をもって送り出す。コンピューターの中につくり出された世界を、スタイリッシュな映像で表現した新作だ。

　闇が支配するデジタル社会で、光の棒が武器となり、光の輪を車輪にしたバイクや車が疾走する。28年前の「トロン」と比べ、コンピューターの中の街は、緻密な立体構造で描かれて目を見張る。奥行きのある3Dの視覚効果で、まるで無機質な新世界へ入り込んだかのような感覚だ。

　これには、建築学を学び、アップル社などのCMを手掛けるジョセフ・コジンスキー監督のセンスが生きているようだ。音響にもこだわり、激しい闘いの場面などでは、重低音で座席が震えるほど（設備を備えた一部劇場のみ）。電子音楽も雰囲気を盛り上げる。

　だが、まるで遊園地の娯楽施設のような楽しさだ。映画の世界観も、衣装や乗り物のデザインも、前作の「トロン」とほぼ同じ。人間くさいドラマは描かれない。前作を超えるようなオリジナルの要素も乏しく、コンピューター内の支配者のえたいの知れない怖さは前作の方がよく出ていた。

　スタイリッシュな映像と音に身を委ねるのが、この映画の楽しみ方だろう。デジタル社会への警鐘といった深いメッセージ性が余韻を残すことはなく、物語は平凡という印象が残った。2時間7分。

記者の採点＝★★★☆☆　　　　　　　　（竹）

2010年12月22日

失われた日本人の美徳描く

「最後の忠臣蔵」

　おなじみ「忠臣蔵」の最大のヤマ場といえば、吉良邸への討ち入り。だが「最後の忠臣蔵」では、冒頭のシーンであっけなく吉良を討ち取ってしまう。

　米国の大手映画会社ワーナー・ブラザースが手掛けた「最後の―」は、忠臣蔵の後日談。討ち入り、切腹を果たせなかった赤穂浪士の悲しい定めを奇抜な設定で描いた物語で、忠臣蔵に負けないほどに、日本人の心に染み入る感動作となった。

　討ち入りから16年。大石内蔵助の命により、「生き証人」として生き永らえた寺坂吉右衛門（佐藤浩市）は、討ち入り前夜に姿を消した瀬尾孫左衛門（役所広司）と再会する。孫左衛門は内蔵助の隠し子・可音（桜庭ななみ）をひそかに育てていたのだった。

　カメラは孫左衛門と可音のつましい生活を丹念に追っていく。

　裏切り者とののしられようとも、可音を嫁がせるまで使命を隠そうとする孫左衛門。そんな「育ての親」に恋心を抱きながらも、内蔵助の娘として生きることを決意する可音。二人の思いが胸を打ち、可音の嫁入りで感動は最高潮を迎えるのだが…タイトルの意味に気づかされるラストシーンにがくぜんとなった。

　派手な殺陣はない。忠臣蔵のようなカタルシスもない。だがテレビドラマの名作「北の国から」で知られる杉田成道監督は、死の美学と悲恋の象徴として、人形浄瑠璃「曽根崎心中」の場面を随所に盛り込むなどして、失われた日本人の美徳を描き出した。作り込んだ美術や照明もいい。

　役所と佐藤が赤穂浪士としての哀歓を巧みに体現。「なっちゃん」のCMではさわやかな女の子だった桜庭も、大人の色気を漂わせた美しさで難役を演じきった。

　それにしても、この作品を米ワーナーに作られてしまったことが、日本人としてちょっと悔しい。2時間13分。

記者の採点＝★★★★★　　　　　　　　　　　（修）

2 0 1 1

2011年1月5日

加速音につれ高ぶる感情

「アンストッパブル」

　ガタンゴトンという軽快な列車の音は、加速していくと、ゴーッというごう音に変わる。ジェット機や客船など、巨大な乗り物をめぐる災害を描いた映画はさまざまあるが、貨物列車が暴走する映画には、加速音によって観客の感情を高める仕掛けが備わっている。

　米映画「アンストッパブル」に登場する貨物列車は、なんと39両編成で全長約800メートルと、米大陸が舞台ならではの巨大さ。大量の燃料や有毒物質を積み、人口密集地へとひた走るごう音は、断末魔の叫びのようなブレーキ音も加わって尋常でない恐ろしさだ。

　映画で列車は、操車場で起きたブレーキの操作ミスによって、無人のままゆっくりと走り始める。停車させる試みは、わずかな誤算で次々失敗。加速して時速100キロを超え、巨大な鉄の化け物となっていく様に、ハラハラさせられ通しだ。

　そんなシンプルな物語に、トニー・スコット監督は人間ドラマを絡ませた。早期退職を宣告されたベテラン機関士（デンゼル・ワシントン）と新人車掌（クリス・パイン）との世代間対立だ。

　同じような列車の暴走映画に、1985年の「暴走機関車」がある。実際に起きた事故が下敷きで、原作を手掛けたのは黒沢明監督だった。自ら日米合作映画として製作することを66年に発表したが頓挫。のちにアンドレイ・コンチャロフスキー監督が映画化した。

　「アンストッパブル」も、2001年に米オハイオ州で実際に起きた貨物列車の暴走を下敷きにしたという。ふとした油断や小さな誤算が積み重なって大災害に至ることの怖さと、それを防ぐ人間の知恵や努力がいかに尊いかを、娯楽性豊かに描いた。人間ドラマではジョン・ボイト主演の「暴走機関車」に負けるけれども。1時間39分。

記者の採点＝★★★★☆　　　　　　　　　　　　（竹）

2011年1月12日

サイト創設の暗部浮き彫り

「ソーシャル・ネットワーク」

　さまざまな映画賞を総なめにし、米アカデミー賞最有力と目されているのが「ソーシャル・ネットワーク」である。

　世界中で約6億人もの会員を持つ米交流サイト「フェースブック」の誕生物語。創設者で最高経営責任者（CEO）のマーク・ザッカーバーグは、米誌タイムの2010年「今年の人」に選ばれたばかり。まさに時代を映した作品だ。

　映画では、ザッカーバーグがハーバード大在学中、フェースブックのアイデアを思い付き、瞬く間に社会現象化していく様が描かれる。だが若くして億万長者となった男のサクセスストーリーではない。サイト創設の裏で野心や嫉妬、コンプレックスなどが渦巻く若者たちのドラマだ。

　デビッド・フィンチャー監督は、ザッカーバーグ、アイデアを盗用されたと主張する大学の同窓生、創業時に共同経営者だった友人、という三つの視点から物語を語ることで、画期的な成功を収めたネットビジネスの暗部を浮き彫りにした。

　膨大でキレの良いせりふに圧倒され続け、ザッカーバーグを演じたジェシー・アイゼンバーグら若い俳優たちの競演も見応えがあった。さすがに絶賛されるだけのことはあるが、もっと心に響くものが欲しかった。期待しすぎたのかもしれないが…。

　交流サイトを世に広めながら、皮肉にも孤独を深めていくザッカーバーグの姿は、携帯やネットといったコミュニケーションツールを駆使しながらも、孤立感にさいなまれる日本の若者の姿とも重なり合う。

　そして観客の誰もが、IT長者と騒がれたホリエモンこと堀江貴文氏の顔を思い起こすに違いない。日本のように、ワイドショー的に彼らをもてはやすのではなく、映画で鋭く切り取ってみせるハリウッドのすごさを、見せつけられた気がした。2時間。

記者の採点＝★★★★☆　　　　　　　　　　　　（修）

2011

2011年1月19日
閉塞感打ち破る少女パワー

「DOCUMENTARY of AKB48 to be continued 10年後、少女たちは今の自分に何を思うのだろう？」

　ヒットチャートを席巻し、もはや社会現象となったアイドルグループ「AKB48」。昨年末のNHK紅白歌合戦でも、すっかり主役となっていた。でも人数が多くて覚えきれないし、なぜこれほどまでに大人気なのか。

　そのブームの理由がよく分かる映画が登場した。「DOCUMENTARY of AKB48 to be continued 10年後、少女たちは今の自分に何を思うのだろう？」（寒竹ゆり監督）だ。

　メンバーのうち15人に密着し、インタビューを重ねたドキュメンタリー。アイドルや女優の夢を抱いて努力し、悩み、汗と涙を流す少女たちを追う。特別なカリスマ性があるわけでなく、身の回りにもいそうな雰囲気で、親近感を抱かせる。

　「（大事なのは）顔じゃない。中身」と自分を客観視し、「おっさんキャラ」や「オタクキャラ」などと自覚する。そんな個性を輝かせた上で、リーダーの下に結束して大きな力を発揮していく様を、映画はリアルに浮かび上がらせる。

　互いに競争心を抱きつつ支え合い、高め合う姿は、まるで高校球児のように爽やかだ。ファン投票の結果発表で「現状には満足していない。悔しい」と涙を流す少女がいる一方、「辞めたら後悔する」「みんな雑草。鍛えられている」と屈託なく笑うメンバーも。

　狭い世界に閉じこもりがちな印象のある日本の若者。しかし彼女たちは「言葉を発すれば、好きになってくれる人もいる」とファンに向けて歌や踊り、握手会などで発信し続ける。

　閉塞（へいそく）感の漂う日本。夢をひた向きに追うパワーあふれる彼女たちの活躍は、若者だけでなく、くたびれた大人たちにも、勇気や元気を与えてくれそうだ。製作総指揮は岩井俊二。2時間。

記者の採点＝★★★☆☆ 　　　　　　（竹）

2011年1月26日
胸締め付けられる犯罪映画

「白夜行」

　人気作家・東野圭吾の数ある名作の中でも、「白夜行」はミステリーの最高傑作だろう。

　この小説では、主人公の男女の主観が一切排除されている。それでも、彼らの周辺描写を一つ一つ積み重ねることで、じわじわと二人の人物像をあぶり出していく。緻密に計算された構成が見事だった。

　ある意味、特異な小説で、忠実に映画化するのは難しいと思っていたのだが…。「60歳のラブレター」「半分の月がのぼる空」の深川栄洋監督は、原作の手法を生かして、深みのある犯罪映画を作り出した。

　1980年、廃ビルで質店主の他殺死体が発見される。事件は容疑者の死で一応の解決を見るが、数年後から、容疑者の娘雪穂（堀北真希）と被害者の息子亮司（高良健吾）の周囲で、不可解な事件が続発する。

　人の心を手玉に取り、次々と犯罪に手を染めていく雪穂と亮司。深川監督は、彼らが手を下すシーンを直接映し出すのではなく、事件の背後に二人の影を少しずつほのめかし、観客の想像力をかき立てていく。

　彼らが悪魔のような凶悪犯であることが次第に明らかになっていくが、そんな人間にならざるを得なかった二人の境遇が、あまりに悲しく、あまりに切なく、胸が締め付けられる。映画は二人の犯罪だけでなく、彼らを生み出した醜悪な大人たち、その社会の罪までも描き出している。

　従来の優等生的なイメージを一変させ、悪女を演じた堀北が素晴らしい。間違いなく彼女の代表作になるだろう。主役二人の幼少期を演じた子役の演技も、物語の悲哀を増幅させている。

　堀北の隠れた魅力を引き出した深川監督は、蒼井優主演の「洋菓子店コアンドル」、宮崎あおい主演の「神様のカルテ」と話題作が続く。人気の若手女優をどう撮るか楽しみだ。2時間29分。

記者の採点＝★★★★★ 　　　　　　（修）

2011年2月2日

"わが街"の暗部見つめる

「ザ・タウン」

　芸術性だけでなく、娯楽性も兼ね備えた作品をそろえた昨年10月の東京国際映画祭で、大トリとなるクロージング上映作に選ばれたのが米映画「ザ・タウン」だ。

　完璧な手際の良さで、一片の繊維すら現場に残さない、プロの強盗集団のリーダー（ベン・アフレック）が主人公。米国で強盗が最も多発するという街で"家業"を受け継ぎ、幼なじみと犯行を繰り返している。

　ある日襲った銀行で、主人公たちは女性支店長（レベッカ・ホール）を人質に取る。解放した後に同じ街の住人と知り、自分たちに気付いていないかと監視し始めた主人公は、やがて彼女と恋に落ちてゆく。

　彼女と人生をやり直すチャンスに手が届きそうなのに、街のおきてから逃げられず、犯罪に加担し続ける主人公。関係が深くなるにつれて素性がばれることを恐れ、裏社会からの報復にもさらされることになる。

　街でデートをすれば、冷やかしに来る強盗仲間（ジェレミー・レナー）の襟元から、銀行を襲撃した時に彼女が目撃したタトゥーがチラチラのぞく。見る側もハラハラさせられ、恋の行方から目が離せなくなる。

　俳優として活躍してきたベン・アフレックの2本目の監督作だ。青春映画の秀作「グッド・ウィル・ハンティング　旅立ち」(1997年) の脚本を、マット・デイモンとともに手掛けたことでも知られる。

　2007年の監督デビュー作「ゴーン・ベイビー・ゴーン」（日本未公開）と同様、今回も自分の出身地ボストンを舞台に、裏社会へ分け入る社会派ドラマとなった。両作品とも街への愛着と、その暗部を鋭く見つめる姿勢が鮮明だ。

　新作が待ち遠しい監督がまた一人増えた。2時間5分。

記者の採点 = ★★★★☆　　　　　　　　　　（竹）

2011年2月9日

伝説的な激闘にカメラ肉薄

「あしたのジョー」

　子供の頃に夢中になったアニメ・漫画が、また実写になった。「宇宙戦艦ヤマト」に続いて、今度は「あしたのジョー」である。ヤマトは興行収入約40億円の大ヒットとなったが、さて、柳の下に二匹目のどじょうは居るだろうか。

　今回はキャストが発表された時点で、不安が頭をもたげた。主演の山下智久は、筆者が思い描いていた主人公・矢吹丈のイメージとあまりにギャップがあったからだ。原作のジョーは瞳をギラギラさせ、飢えたオオカミのような青年だが、山下は顔立ちの整ったツルツル肌のイケメン。何より醸し出す空気にハングリーさが感じられない。

　しかし山下は、力石徹役の伊勢谷友介とともにハードなトレーニングを重ね、ボクサーらしい体をしっかり作ってきた。体脂肪率4％まで絞ったというから、その役者魂には頭が下がる。精悍（せいかん）な表情には良い意味で予想を裏切られた。

　映画は、貧民街育ちのジョーがボクサーの才能を見いだされ、宿命のライバル力石と決戦するまでを描く。最大のヤマ場はもちろん、後楽園ホールでのジョーと力石の死闘だ。

　監督は曽利文彦。役者の動きをスリリングな映像に仕立てる手腕は「ピンポン」や「ICHI」で証明済み。今回もハイスピードカメラを使い、二人の激闘に肉薄している。

　だが、昔あれほど熱狂したノーガード戦法もクロスカウンターも、現実の人間が演じるとどこか安っぽい。せっかく鍛え上げられた肉体のぶつかり合いが"漫画チック"に映ってしまうのだ。話の展開や結末が分かっているだけに、映画としてはやや物足りない。

　それでも娯楽と割り切れば楽しめる。漫画から抜け出してきたような、丹下段平にそっくりの香川照之は一見の価値ありだ。2時間11分。

記者の採点 = ★★☆☆☆　　　　　　　　　　（修）

2011年2月16日
死を通して描く希望
「ヒア　アフター」

　主演と監督を兼ねた2009年公開の映画「グラン・トリノ」で、老齢の男の死にざまを見事に描ききったクリント・イーストウッド。新たな監督作は、死後の世界への関心をテーマにした「ヒアアフター」だ。

　過去にも自ら監督した西部劇で、亡霊を思わせるガンマンを演じたが、80歳の老境を迎え、あらためて死への関心を抱いているようだ。といっても、お年寄りの間近に迫る死を描くのではなく、死と向き合わざるを得なくなった若い男女と少年の物語になっている。

　映画は、3人の物語が同時進行する。死者と交信できる力をもつために金もうけに巻き込まれる霊能者（マット・デイモン）と、自分の臨死体験を伝えようとして、うさんくさく思われてしまうジャーナリスト（セシル・ドゥ・フランス）。それに、死んだ兄との再会を願って霊能者らを訪ね歩き、いかがわしいものばかりに行き着く少年だ。

　イーストウッド監督は、デリケートで扱いの難しいテーマを冷めた目線でドライに描いており、安心して見ることができる。

　主人公の霊能者は、知りたくないものまで知ってしまう自分の力を「呪い」と呼んで嫌う。テレビで華やかに活躍していたジャーナリストは、生死の境で体験したイメージが頭から離れなくなり、仕事を失うことになる。亡き兄の影を追ってばかりの少年は里親に懐くことができない。

　孤独な3人の物語は、やがて導かれるように、一つにつながっていく。目に見えないものを信じることで、現世の困難の先に見えてくる希望を、イーストウッド監督は示そうとしている。

　ただ話をまとめ上げるクライマックスには、もう少し説得力が欲しいと感じた。2時間9分。

記者の採点＝★★★☆☆ 　　　　　　　　　　（竹）

2011年2月23日
不器用な男のドラマに共感
「英国王のスピーチ」

　ここ数年、ヘレン・ミレンの「クィーン」やケイト・ブランシェットの「エリザベス　ゴールデン・エイジ」など、英国王室を舞台にした秀作が注目の的だ。華やかな王室の裏側で繰り広げられる駆け引きや確執、その知られざる素顔が、観客の好奇心を大いに刺激するのだろう。

　このジャンルに、また優れた作品が誕生した。コリン・ファース主演の「英国王のスピーチ」（トム・フーパー監督）である。主人公は、現エリザベス女王の父ジョージ6世。史実に基づいているとは思えぬほど、ドラマチックな物語だ。

　幼い頃から吃音（きつおん）に悩み、人前に出ることを嫌う内気なジョージ。思わぬ形で、望まない国王の座に就くと、ナチス・ドイツとの開戦という国家の一大事に見舞われる。揺れる国民の心を一つにするため、国王は試練のスピーチに臨む―。

　「王室もの」の中でも、これほど主人公を身近に感じさせる作品はないだろう。それはこの映画が、堅苦しい歴史物ではなく、ある不器用な男のドラマであるからだ。

　ジョージはプライドをかなぐり捨て、吃音の矯正に挑むとともに、固く閉ざしていた心の殻を破っていく。その過程が英国流のシニカルなジョークを交え、軽妙なタッチで描かれている。

　ファースは「シングルマン」に続いて、役どころの複雑な内面の揺れを細やかに演じ、魅力あふれる人間くさい国王をつくり出した。スピーチ矯正の専門家を演じたジェフリー・ラッシュの味わい深い演技も見逃せない。

　そしてラストシーンの感動のスピーチは、困難を乗り越えていく勇気と、あるべき偶像の姿を示している。それにしても、生まれながらに国を背負った者の人生とは、なんと厳しく、苦しいものなのか。4月29日のウィリアム英王子の結婚式を見る目も変わってきそうだ。1時間58分。

記者の採点＝★★★★★ 　　　　　　　　　　（修）

2011

2011年3月2日

余裕の演技にゆったり気分

「ツーリスト」

　米ハリウッド映画界を代表するトップスターの初共演である。アンジェリーナ・ジョリーとジョニー・デップが、旅先で恋をする男女を演じ、金融犯罪をめぐる騒動に巻き込まれる映画「ツーリスト」。2人が同じスクリーンに登場するだけで心躍るが、少し気分を落ち着けて見てほしい。

　というのも私たちは、派手な仕掛け満載のハリウッド大作に慣れすぎて、映画館でゆったりした時間を過ごす楽しみを忘れがちだからだ。主役2人も、これまでの派手に活躍する役とは違っておとなしめ。その分、余裕のある演技で楽しませてくれる。

　冒頭、パリ街頭のシーンから、気楽なコメディーの雰囲気だ。ジョリー演じるエリーズが、朝食を取ろうと訪れたカフェ。パリ警察の目立ちすぎる監視車がいつものように見守っている。国際指名手配中の容疑者が、彼女に接触してこないかと待っているのだ。

　エリーズの後ろ姿を追いながら、下着を当てこする警官たち。そこへ謎の男から手紙が届き、彼女は列車でイタリア・ベネチアへ向かうことに。その車内で、デップ演じる平凡な教師と隣り合わせる。いい男といい女が少し気の利いた会話を交わして、旅をともにする展開が楽しい。

　行き着く先は水の都。そこで2人は警察に監視され、犯罪組織からも追われることになる。派手な視覚効果もなく、往年のハリウッド映画のような懐かしい雰囲気が全編に漂っている。

　実は謎解きの部分も大したことはないのだが、スター2人の落ち着いた演技には好感が持てる。

　2007年に「善き人のためのソナタ」で、米アカデミー賞外国語映画賞を受賞したフロリアン・ヘンケル・フォン・ドナースマルクが監督。1時間43分。

記者の採点 = ★★★★☆　　　　　　　　　　（竹）

2011年3月9日

これぞディズニーアニメ

「塔の上のラプンツェル」

　白雪姫、シンデレラ、くまのプーさん、美女と野獣…。70年以上にわたってアニメ映画の名作を生み出してきたディズニースタジオ。

　日本国内では近年、話題性、興行成績ともにジブリやピクサーの作品にかなり押されているが、それでも、アニメ界において永遠のスタンダードであることに変わりはないだろう。

　そのディズニーの記念すべき50本目の長編アニメが「塔の上のラプンツェル」。童話を基にしたミュージカルという古典的なスタイルをとり、黄金期の名作を思わせるような、節目にふさわしい作品となった。

　主人公のラプンツェルは、魔法の長い髪を持つ美しい少女。18年間も森の塔から出ることを許されなかった彼女が、偶然出会ったお尋ね者のフリンに導かれ、新しい世界に踏み出していく。

　ラブストーリーやアクション、サスペンスなど、さまざまな要素がぎっしり詰まった冒険ファンタジーだ。ラプンツェルが出生の秘密をたどっていく過程を自然に描き、そこにさりげなく普遍的なメッセージをちりばめているところも、いかにもディズニーらしい。単なる「おとぎ話」で終わらせず、大人も子どもも最後までスクリーンに引きつける作りのうまさは、長き伝統のなせるわざだろう。

　映像も美しい。CGアニメ（しかも3D）でありながら、一目でディズニーと分かる、滑らかで繊細な絵作りは踏襲されている。

　既視感を覚えるシーンが、ヤマ場などで散見された点はやや気になったが、「これぞディズニーアニメ」という出来栄えに大満足。それなのに、あまりにオーソドックスで手堅い作りに、何かが足りないと思ってしまうのはわがままだろうか。1時間41分。監督はバイロン・ハワード、ネイサン・グレノ。

記者の採点 = ★★★★☆　　　　　　　　　　（修）

2011

2011年3月16日

今の邦画を代表する娯楽作

「SP　革命篇」

　人気テレビドラマシリーズを映画化した2部作の後編となる「SP　革命篇」。V6の岡田准一が要人警護に当たる警察官を演じたシリーズは、この完結編のためにあったと言えるだろう。胸躍るような楽しさがぎゅっと詰まり、今の日本映画を代表するような娯楽作となった。

　前編の「野望篇」で、官房長官を狙ったテロを体を張って防いでから2カ月。今度の後編では、岡田演じる主人公らが、国会議事堂を占拠するテロリスト集団に立ち向かう。しかし相手の主犯格は、なんと警視庁で自分たちを育ててきた直属の上司（堤真一）だった。

　テロリスト集団は、テレビでの生中継を求め、衆院本会議で閣僚の不正を次々に暴露していく。政治家たちに怒りをぶつける様は、今の国民の思いをどこか投影しているようで、ちょっとドキッとさせられる。

　そのテロに立ち向かう岡田のアクションもみどころだ。ブルース・リーが考案したジークンドーや、フィリピンの格闘術を学び、工夫とキレが感じられる。同僚を演じる真木よう子や、堤らのキャラクターも魅力的に描かれている。

　主な舞台となる国会議事堂の映像は、まるで本物のよう。衆院本会議場はスタジオにセットで再現し、壁面の木目もすべて本物そっくりにした。廊下は名古屋市役所、正面入り口は滋賀県庁で撮影した映像を合成したという。

　監督は、ドラマから手掛けてきた波多野貴文。脚本は直木賞作家の金城一紀。ドラマの映画版らしい肩の凝らない雰囲気に、硬派なテーマを織り込んだ。物語の展開に一部強引さもあるが、勇ましいテーマ曲も耳になじみ、見ていてワクワクさせられた。2時間8分。

記者の採点＝★★★★☆　　　　　　　　　　　（竹）

2011年3月23日

心に響く熱いメッセージ

「漫才ギャング」

　昨今、お笑い芸人が映画監督を務めることは珍しくなく、むしろ乱立気味といってもいいほどだ。その中で、作品の随所にセンスを感じさせたのが、「ドロップ」で監督デビューを果たした品川ヒロシだった。

　その品川監督の2作目が、前作に引き続いて自身のベストセラーを映画化した「漫才ギャング」。若者たちの熱い思いが映像にほとばしった快作で、デビュー作がフロックでないことを見事に証明してみせた。

　漫才コンビの相方に去られたお笑い芸人の飛夫（佐藤隆太）と、けんかに明け暮れる龍平（上地雄輔）が主人公の青春ストーリー。

　品川監督は、極端なズームアップなど動きの激しいカメラワークで2人の姿を活写。飛夫が自分自身にツッコミを入れる「心の叫び」も、モノクロ画像で随所に挟み込み、映像的な遊びが満載となっている。

　だが飛夫と龍平が偶然出会い、コンビを組んでお笑いに青春を懸けていく後半は一転。長回しを多用し、さまざまな障害にぶち当たり、思い悩む2人の心情をじっくりと描き出していく。

　ギャグを交えた膨大なせりふの応酬が全編で繰り広げられ、品川監督の脚本作りのうまさも光る作品だ。「十三人の刺客」の北信康が撮影を手掛けたアクションは迫力十分で、借金の取り立て人（宮川大輔）やガンダムおたく（秋山竜次）といった、お笑い芸人たちが演じる脇のキャラクターも個性的かつ愛らしい。そして何より、前作同様、作品全体に勢いを感じる。

　エンドロールの最後の最後まで仕掛けが施されるなど、品川監督のこだわりがぎっしり。「夢をあきらめるな」という直球すぎるほどのメッセージも、こんな時世だからこそ、多くの観客の心にビシッと響くはずだ。2時間17分。

記者の採点＝★★★★☆　　　　　　　　　　　（修）

2011年3月30日

情熱ぶつけ合う役者の闘い 「ザ・ファイター」

　相手を倒すため、技と体を鍛え抜くボクシング。求道者のようなボクサーのイメージが、演じる役者のプロ根性にも火を付けたのだろう。「ザ・ファイター」は、俳優たちの演技に懸ける情熱がぶつかり合うボクシング映画となった。

　と言っても、見せ場はファイトシーンではない。実在するボクサーの兄弟をモデルにした家族のドラマとなっている。マーク・ウォールバーグ演じる主人公と、彼を育ててきた兄や母親との衝突や絆が描かれる。

　まるで日本の亀田兄弟のように、家族たちは強烈な個性を放つ。際立っているのは、兄を演じたクリスチャン・ベールだ。「ダークナイト」の知的なバットマンから一転、やせ細って顔は青白く、異様なほど陽気にしゃべりまくる。伝説のボクサーから薬物中毒者へと堕落した男になりきった。

　体重を13キロ減らし、髪を抜き、歯並びを変えて役に臨んだ。その結果、米アカデミー賞で助演男優賞を受賞。記者会見で「映画のためならどんな犠牲も払う。人目を引くためと言われるがそうじゃない。必要だからやるんだ」と力説していた。

　兄弟を育て上げた母親役のメリッサ・レオも、肝っ玉かあさんぶりを発揮した演技でアカデミー助演女優賞を受賞。ボクシングに夢を懸けるしかない労働者の街で、主人公をめぐる女たちの思惑もぶつかり合う。エイミー・アダムス演じる恋人も、主人公の姉妹たちとつかみ合い、ののしり合う熱演を見せている。

　役者の思いを込めた演技で、映画には熱気があふれる。ただ脇役たちの個性があまりに強すぎて、主人公の影は薄れがち。さまざまな人物が入り乱れた乱闘戦のようになってしまい、映画全体としてはやや散漫な印象が残った。1時間56分。監督はデヴィッド・O・ラッセル。

記者の採点＝★★★★☆　　　　　　　　（竹）

2011年4月6日

小悪魔的な吉高の魅力全開 「婚前特急」

　蜷川幸雄監督の映画「蛇にピアス」で、一躍スターダムに駆け上った吉高由里子。都会的なルックスの美人ながら、親しみやすさがあって、どこかつかみどころのない雰囲気も漂わす。今、「小悪魔的」という言葉が最も似合う女優だろう。

　「蛇にピアス」以来、3年ぶりの主演映画「婚前特急」は、その彼女の魅力をうまく生かしたラブストーリーだ。

　いきなり吉高が魅せる。演じるチエは、電車に乗り込もうとする年下の男性を、人目をはばからずに猛烈なキスで引き留める。フランスの粋な恋愛映画を思わせる、鮮烈なシーンで幕を開ける。

　チエは24歳のOLで、年齢もタイプも異なる5人の「彼氏」と付き合っている。親友（杏）の結婚に刺激を受けて、生涯の伴侶を5人の中から選び出そうとするが…。

　自己中心的なチエは、男たちのメリットとデメリットを手帳に箇条書きし、シビアに"査定"する。男としてはドキリとさせられるシーンだ。

　とんでもない高飛車女ではあるのだが、実はおっちょこちょいだったり、情に厚いところもあったりする。下手をすると嫌みな女性に映ってしまいそうだが、吉高の持ち味も相まって、キュートで憎めないキャラクターに。気が付けば彼女を応援したい気持ちになっていた。

　コミカルな動きやせりふで笑わせるのではなく、チエの思惑とはどんどん違う方向に進んでいくストーリーや、女性の本音をデフォルメしたようなチエの視点が面白い。

　最後に誰が選ばれるかは途中で予想がついてしまうが、男5人のキャラは際立っていて、しかも根はいいヤツばかり。はやりの「婚活」をひねったラブコメディーだが、人情喜劇としても楽しめる。前田弘二監督の劇場映画デビュー作。1時間47分。

記者の採点＝★★★☆☆　　　　　　　　（修）

2011

2011年4月13日
陽気さに満ちたドタバタ劇

「ガリバー旅行記」

　これまで繰り返し映像化されてきたスウィフトの名作を、ハリウッドコメディーの人気者ジャック・ブラックが主演、製作総指揮を務めて映画化した新作「ガリバー旅行記」。米国らしい陽気さたっぷりに、小人の国へ迷い込んで巨人となったダメ男のドタバタ劇に仕立てた。

　物語の出発点は現代のニューヨーク。さえない生活を送っている男が、旅行記事担当の女性編集者に近づこうと発奮し、謎の海域バミューダトライアングルへと取材旅行に出る。嵐で遭難し、気が付くと小人の国に流れ着いていた。

　映画の冒頭から、現代の世界が巨人にどう見えているのかが分かるような視覚効果が面白い。現代の街を忙しく行き交う人々の情景を、箱庭の中に作り出したミニチュア模型のように映し出す。細かいことに追われるような日々が、ちっぽけにも感じられる。

　Tシャツと短パン姿で小人の国を襲う敵を倒し、英雄となる主人公。「スター・ウォーズ」や「タイタニック」など人気映画のストーリーを自分の武勇伝に仕立てて語る。iPhone（アイフォーン）に入れたロック音楽も聴かせ、小人たちの心をつかんでいく。

　巨人ガリバーは、超大国米国の象徴と見ることができるかもしれない。でもそんなことより、下品さも含めてダメ人間ぶりを発揮しながら、友情や恋にまい進する姿が魅力的だ。ハンサムでなくても、足は短くても、オタクでも、夢をつかもうとする姿は特に男性の共感を呼ぶだろう。

　ただ主人公が波にのまれて遭難する場面では、震災の津波を思い出してハッとさせられた。心への影響は思わぬところに及んでいる。筆者には2Dで十分と感じられたが、3D版もある。1時間25分。監督はロブ・レターマン。

記者の採点 = ★★★☆☆　　　　　　　　　　（竹）

2011年4月20日
駄目な大人の「男の友情」

「まほろ駅前多田便利軒」

　「男の友情」を描いた映画はいくらでもあるが、メーンテーマとして前面に出している作品はさほど多くはないだろう。

　強く印象に残っているものでは、かつてのライバル同士が手を結ぶ「ロッキー3」と、ジョニー・トー監督による一連のギャング映画だろうか。これらの「男の友情」は熱く、美しく、かっこいい。そんな彼らの絆にほれぼれしてしまった。

　同じ「男の友情」でも、全くテイストが異なるのが、三浦しをんの直木賞受賞作を映画化した「まほろ駅前多田便利軒」（大森立嗣監督）だ。物語は、中学時代に同級生だった二人の男が、ある日ばったり出会ったことから始まる。

　便利屋を営む多田（瑛太）は、きまじめなしっかり者。再会を機に多田のもとに居候を決め込む行天（松田龍平）は、感情を表に出さず、つかみどころがない。

　コンビを組んで便利屋の仕事を始める二人だが、ともに30代のバツイチで人生に確固たる展望はない。頼まれる仕事も、チワワの世話や小学生の塾の送り迎えなど、取るに足りないことばかり。

　どうにもさえない毎日を、対照的な二人のキャラクターで笑わせる。ゆる〜いノリの映画だなあ…。そう油断していただけに、普通ならクサすぎるせりふが自然と胸に響いた。

　「誰かに必要とされるってことは、誰かの希望になるってことでしょ」「自分には与えられなかったものを、新しく誰かに与えることはできるんだ」

　多田と行天の暗い過去が次第に明らかになっていき、二人には最後に揺るぎない絆が生まれる。最後まで二人はさえないままだが、大人になりきれない大人たちの、ダサく、かっこ悪い「男の友情」。これもまた味がある。2時間3分。

記者の採点 = ★★★★☆　　　　　　　　　　（修）

2011年4月27日

幸せのありか見つめ直す 「八日目の蟬」

　大震災で平穏だった日常が崩れ、これからどう生きていけばよいか、何を心の支えにすればよいかを、人々は模索している。映画などの文化は、そんな私たちに、ほのかな光を示すものであってくれたらと思う。

　3月11日以後、私たちの映画を見る目も変わった。災害にぼうぜんとし、うつろになった心を満たすものを求めている。幸せのありかを見つめ直す「八日目の蟬」も、こんなときこそ見たい一本だ。

　NHKドラマにもなった角田光代の原作を、「孤高のメス」の成島出監督が映画化した。

　既婚の男との不倫の果てに、中絶手術で子を産めない体になった女（永作博美）は、男の家庭から赤ん坊を連れ去ってしまう。その誘拐事件から20年後、大学生に成長した主人公（井上真央）は、4歳まで女と過ごした土地を訪ね歩く…。

　どろどろの愛憎劇ではない。心も体も「がらんどう」のようになった永作演じる女が、赤ん坊を育てることで、生きる喜びを取り戻してゆく。警察に追われ「あと一日だけ」と2人で過ごす日々を慈しむ姿は、はかなく美しい。

　一方、実の両親との擦れ違いを抱えている主人公の心には、誘拐の被害者としてずっと封印してきた幼児期が次第によみがえる。人と心を通い合わせた記憶が、生きていく上でどんなに大切なものかを実感させられた。

　逃避行でたどり着く瀬戸内海・小豆島の風景も美しい。千枚田や、たいまつで虫を追う伝統行事。昔ながらの風景にほっとさせられる。

　成島監督の演出は、奇をてらわない正攻法。誠実なカットの積み重ねに胸を打たれた。安定感のある永作の演技も素晴らしい。2時間27分。

記者の採点＝★★★★★　　　　　　　　　　（竹）

2011年5月2日

翻弄される喜びを満喫 「アンノウン」

　まさか今更イメチェンを図っているわけではなかろうが、「シンドラーのリスト」の名優リーアム・ニーソンが、静から動へ華麗に転身。還暦を前にして、「96時間」「特攻野郎Aチーム」など、すっかりアクションづいている。

　得意とするのは、もちろん肉体頼みの戦いではなく、頭脳戦。いわば「007」のジェームズ・ボンドや「ダイ・ハード」のマクレーン刑事のようなタイプである。

　ハリウッドのアクションスターたちは、どんなピンチでも切り抜ける。だが「アンノウン」（ジャウム・コレットセラ監督）でニーソンに課せられた"ミッション"は、とてつもない難題だ。

　学会に出席するために妻とベルリンを訪れたハリス博士（ニーソン）は交通事故に遭い、4日間の昏睡（こんすい）状態に陥る。目覚めると、見知らぬ男が自分に成り済ましており、妻からも「知らない人」と言われてしまう。

　博士は身元を証明しようとすればするほど、窮地に立たされていく。パスポートや妻との新婚旅行の写真、そしてネットのホームページにも、写っているのはどれも、その男の顔だったのだ。

　さらに何者かに命を狙われる博士。存在自体が否定されてしまうことの恐怖をニーソンが巧みに演じ、壮絶なカーアクションもリアル感たっぷり。

　設定が斬新なら斬新なだけ、種明かしで肩透かしを食うことも多々あるけれど、今回はそんな心配はご無用。ラスト30分は急展開となり、思いも寄らぬ結末にあぜんとさせられた。

　もともと原作がよくできた小説なのだろうが、物語が進むにつれて深まる謎や高まる緊張感など、構成や演出もうまい。アクションやサスペンス、ミステリーの醍醐味（だいごみ）が同時に味わえる快作。きっと誰もが翻弄（ほんろう）される喜びに浸れるはずだ。1時間53分。

記者の採点＝★★★★☆　　　　　　　　　　（修）

2011年5月11日
芸術がはらむ官能と狂気

「ブラック・スワン」

　映画「レオン」(1994年)のヒロインに10代で抜てきされ、「スター・ウォーズ」シリーズでも知られる人気女優ナタリー・ポートマンが、かつての子役から堂々たる演技派へと成長を遂げ、米アカデミー賞の主演女優賞に輝いた新作が「ブラック・スワン」だ。

　米ニューヨークのバレエ団に所属する主人公は、チャイコフスキーの三大バレエの一つ「白鳥の湖」のプリマバレリーナに選ばれる。しかし、純真な白鳥と邪悪な黒鳥の一人二役を演じるプレッシャーから、心身とも追い詰められていく。

　過保護な母親のもとでバレエに全てをささげ、人形を抱いて寝る少女のような主人公は、魔性を備えた黒鳥を表現できない。自由奔放で妖艶な魅力を振りまくライバルダンサー(ミラ・クニス)も現れ、自分の地位が脅かされて、未熟な内面と向き合うことになる。

　うまく踊れない焦りから次第に神経をすり減らし、現実と妄想の区別がつかなくなる姿を、ダーレン・アロノフスキー監督は手持ちカメラの不安定な映像と、スリラー仕立ての不気味な演出で見せてゆく。

　このヒロインのように表現者が自らを極限まで追い込んだ先に、人の心を動かす芸術が生まれるのだろう。官能と狂気をはらんだ芸術表現の深淵(しんえん)へとのめり込んでいくさまに、ナタリーの女優としての成熟を重ね合わせて見ることもできる。

　アロノフスキー監督は、ベネチア国際映画祭で金獅子賞を受賞した「レスラー」(2008年)で、今回と同じく肉体を酷使するレスリングを通し、ミッキー・ロークを復活させた。監督の手腕はまたしても、スター女優をさらに高い境地へ羽ばたかせてみせた。1時間50分。

記者の採点＝★★★★★　　　　　　　　(竹)

2011年5月18日
思春期の暗部浮き彫りに

「少女たちの羅針盤」

　果たして犯人は誰なのか。そして、いったい誰が殺されたのか―。

　最後の最後まで加害者と被害者が明らかにされない「少女たちの羅針盤」。広島県福山市出身の本格ミステリーの巨匠、島田荘司が選者となった「ばらのまち福山ミステリー文学新人賞」で、第1回優秀作に選ばれた水生大海の同名小説の映画化だ。

　4年前、高校生劇団「羅針盤」で事件が起きるまでの女子高生たちの葛藤と、何者かに告発されて追い込まれていく犯人の現在の姿が、並行して描かれていく。

　監督は「西の魔女が死んだ」「犬とあなたの物語 いぬのえいが」で繊細な心理描写を見せた長崎俊一。女子高生たちの演劇への情熱に加えて、嫉妬心や自傷癖、倒錯的な感情など、思春期の少女たちが抱える「暗部」に光を当てた。

　そして現在のパートでは、カメラのアングルを巧みにあやつり、犯人の顔をスクリーンに映すことなく、犯人視点による映像を作り出すことに成功している。

　おかげで、青春ドラマというよりも、ミステリー色がかなり強くなっている。重苦しく、謎めいた空気が全編を覆い、心理サスペンスとしての出来もいい。成海璃子や忽那汐里といった今をときめく若手女優たちの、これまでにないダークな演技は見ものだ。

　ただ、「羅針盤」による劇中劇がストーリーにうまく溶け込んでいないことと、犯人当ての部分で観客をミスリードしかねない点があったのが残念。

　それにしても、往年の爽やかな青春ものは、今やファンタジー。この映画や昨年の「告白」のように、思春期の残酷な一面をクローズアップした作品にリアルを感じてしまう。そんな自分と時代が恐ろしい。1時間53分。

記者の採点＝★★★☆☆　　　　　　　　(修)

2011年5月25日

仕組まれた運命との戦い

「アジャストメント」

人生の重大事が起きた理由をうまく説明できず、「運命」と呼びたくなることはある。でもその出来事が、実は誰かの仕組んだものだとしたら…。米映画「アジャストメント」はそんな"運命"をめぐる物語だ。

マット・デイモン演じる米上院議員候補が主人公。選挙戦中にスキャンダルがばれて、敗北宣言をしようと心の整理をしている場面で、魅力的なバレエダンサー(エミリー・ブラント)と偶然出会う。

彼女との自然な会話で自分を取り戻した主人公は、全てをさらけ出して訴える演説で、逆に圧倒的な支持を集めることになる。"運命"を感じて再び会おうとする2人だが、邪魔する男たちの影がちらつき始める。

ある定められた運命へと主人公を導く、謎の集団「運命調整局」の男たちだ。彼女の元へと急ぐ主人公が、タクシーを拾えないように裏で操り、携帯電話も不通にしてしまう。彼女と生きる道へ突き進むか、彼らが押しつける運命に従うか―。

ドラえもんの「どこでもドア」のような調整局の移動手段を、主人公は逆に利用して男たちを出し抜こうとする。ドアを次々に開いてさまざまな場所へと飛び込み、運命と格闘し続ける展開は、ユニークで面白い。

マット・デイモンは、過去の作品と同様に劇中で走り回り、強い意志をたくましく体現する。ダンサー役のブラントは艶っぽく、運命調整局の男を演じるテレンス・スタンプは謎めいた雰囲気たっぷりだ。

運命は、自ら切り開いてゆくもの。そんなメッセージには共感できるが、テーマの掘り下げ方はやや物足りなく感じられた。主人公たちが時空を超える際の場面転換も、昨年の「インセプション」の斬新な映像表現に及ばない。1時間46分。監督はジョージ・ノルフィ。

記者の採点＝★★★☆☆　　　　　　　（竹）

2011年6月1日

痛快な青春ドラマの色濃く

「もし高校野球の女子マネージャーがドラッカーの『マネジメント』を読んだら」

高校野球の女子マネージャーと経営学の大家ドラッカーという意表を突いた組み合わせで話題を集め、昨年の年間ベストセラーに輝いた岩崎夏海の小説「もしドラ」が、早くも映画になった。

一足先にNHKでアニメ化されており、ブームの火が消えないうちにメディアミックスで一気に展開する手法は、数年前の「電車男」を思い出させる。

あの時は、ネットの書き込みを編集した本を、恋愛映画にうまく仕立てて大ヒット。今回も、社会現象化しているアイドルグループ「AKB48」の主要メンバー、前田敦子が主演し、同グループが主題歌も担当しており、どこまで興行的な成功を収めるか注目だ。

さて肝心の中身。大筋は小説と変わらないが、ビジネスの入門書としても楽しめた原作から、映画は青春ドラマとしての色合いを濃くし、10代の観客を強く意識した内容となっている。

病床の親友（川口春奈）から弱小野球部のマネジャーを引き継いだみなみ（前田）は、部員たち（瀬戸康史ら）のやる気をなんとか引き出そうと、マネジャーの解説書を買い求める。だが手にした「マネジメント」は、経営学の本だった―。

みなみは誤りにぼうぜんとしながらも、ドラッカーが唱える理論や精神を生かし、野球部を革新していく。ダメ球児たちがめきめきと実力をつけ、強豪校を倒していくさまは痛快。野球映画の傑作「がんばれ！ベアーズ」をほうふつとさせる。

しかし、この手の青春スポーツ映画には不可欠といえる、学生たちの真っすぐな思いや熱意、勢いのようなものがあまり伝わってこない。

人気絶頂の前田の魅力も十分に引き出されていないように見えた。彼女を青春のシンボルとして、スクリーンに輝かせてほしかった。田中誠監督。2時間5分。

記者の採点＝★★☆☆☆　　　　　　　（修）

2011年6月8日

生きる手触り、切実に

「127時間」

　見終わって、これほど爽快な疲労感を覚えた映画は久しぶりだった。「スラムドッグ＄ミリオネア」のダニー・ボイル監督による新作「127時間」は、岩に腕を挟まれ動けなくなった男が、ある決断を下すまでを追う生命力みなぎる快作だ。

　2009年の米アカデミー作品賞を受賞した「スラムドッグ」のド派手な成功物語から一変。隔絶された峡谷を舞台に、一人の男（ジェームズ・フランコ）が死の恐怖と向き合う6日間を描く。米国の登山家アーロン・ラルストン氏の実話を基にした「身動きできないヒーローのアクション映画」（ボイル監督）だ。

　映画の大半で主人公が体を動かせないのだから、映像は単調になりそうなもの。だが監督は冒頭から、物や情報があふれた都市のイメージをポップな映像と音楽で展開。一転、荒涼とした大自然の中へ乗り込む奔放な若者の高揚感と陶酔を生き生きと描き出す。

　そして待ち受けていた落とし穴。誰も助けに来てくれない谷底の閉ざされた空間で、127時間に及ぶ"命の秒読み"が始まる。男の痛みや飢え、渇きなど肉体の変化と、焦りや怒り、悔い、孤独、絶望など内面の変化が、息詰まるドキュメンタリータッチで展開。

　撮影監督に南米出身と英国出身という個性の違う2人を起用、デジタルカメラや手持ちカメラを存分に駆使した。

　男が最後に下す決断は、あまりに生々しく衝撃的だが、その後こそが見どころだ。生命の危機に直面した人間の姿を、これほど切実に描いた映画はめったにない。

　自分が同じ立場に置かれたらどうするかを突きつけられ、生きることのざらっとした手触りまでも感じさせてくれる作品だ。1時間34分。

記者の採点＝★★★★★　　　　　　　　　　　（竹）

2011年6月15日

秘密に触れた少年たちの夏

「スーパーエイト」

　製作スティーブン・スピルバーグと監督J・J・エイブラムスのタッグで、触れてはいけない秘密を目撃してしまった少年たちのひと夏を描いた話題作―そう銘打たれれば、スペクタクルなSFを期待せずにはおれない。

　舞台は1979年の米国オハイオ州の小さな町。映画製作に没頭する14歳のジョー（ジョエル・コートニー）ら6人の少年少女が、8ミリ映画の撮影中に貨物列車の衝突事故に遭遇。列車は秘密軍事施設・エリア51から"未知なる何か"を輸送中だった。事故の一部始終をカメラに収めてしまった彼らの町では不可解な出来事が相次ぎ、軍による大捜索が始まる。

　列車事故などのシーンは迫力十分だが、何と言ってもこの作品の一番の魅力は登場人物の少年たちに。ユーモラスで向こう見ずで勇敢な男の子たちと、思春期らしく大人びたエル・ファニング演じる少女アリスに、甘酸っぱいような懐かしさ

がよみがえってしまう。

　彼らをめぐる友情、恋心、ゆるし、親子愛…といったエモーショナルな描写が、SFをヒューマンドラマに織りなした。

　物語のキーである"何か"の正体は、後半まで明かされず、見る側の想像をかき立てるが、正体を現した"何か"と少年たちの、もう一歩踏み込んだ関わりを見たかったと思うのはぜいたくだろうか。

　最後に用意された、これぞ「スーパーエイト」な仕掛けが心憎い。映画ファンのツボは、ここでもう一押しされるだろう。温かな余韻に浸りながら劇場を後にできる。

　偶然にも、79年はスリーマイルアイランド原発事故の発生年。"未知なるもの"に対する人間のおごりと愚かしさを見せつけられた気もした。1時間52分。

記者の採点＝★★★★☆　　　　　　　　　　　（智）

2011年6月22日

破壊力十分のヒーロー登場　　　　「マイティ・ソー」

　パワフルなヒーローがまた登場した。アメリカンコミックが原作の3D映画「マイティ・ソー」は、なんと"神"が主人公。筋肉ムキムキのクリス・ヘムズワースが、武器のハンマーをぶんぶん振り回し、破壊力十分に演じている。仲間の戦士を演じた浅野忠信の出演場面も見どころだ。

　神々の王オーディン（アンソニー・ホプキンス）の息子であるソーは、無鉄砲で傍若無人。自分の力を見せつけようと氷の巨人の世界へ勝手に攻め込み、戦乱の恐れを招いてしまう。怒った王はソーの力を取り上げ、地球へ追放してしまった。

　そんな乱暴者も恋をする。地球の女性天文学者（ナタリー・ポートマン）と出会ったソーは、人の弱さや優しさを知り、リーダーとしての資質を身につけていく…。

　北欧の神話が下敷きで、世界観は壮大だ。神々の国のきらびやかな世界と、暗黒に包まれた氷の国、そして人間が住む地球が舞台。力を奪われたソーが、地球ではもはや神でなく、普通の人となった心もとなさも強調される。

　ケネス・ブラナー監督は、ソーと王位を争って敵となる弟の心理も丁寧に描き、物語には陰影がある。しかし男が軟弱化した日本の観客には、地球上のソーでさえ粗暴すぎるかも。これがハリウッドデビューとなる浅野は、出演場面こそ少ないが、寡黙な武士のような存在感を見せている。

　米漫画の映画化は、このところ相次いでおり、10月には「キャプテン・アメリカ　ザ・ファースト・アベンジャー」が公開される。来年夏にはなんと「マイティ・ソー」や「キャプテン・アメリカ」「アイアンマン」などのヒーローが集結する新作も公開予定で、アメコミブームが到来しそうだ。1時間55分。

記者の採点＝★★★☆☆　　　　　　　　（竹）

2011年6月29日

これって「覚醒編」？　　　　「アイ・アム・ナンバー4」

　自らの運命を受け入れ、立ち向かうことを決意したとき"人"は強くなる。「アイ・アム・ナンバー4」（D・J・カルーソ監督）は、そんな主人公の覚醒の時を描いたSFサスペンスだ。

　地球に逃れ、世界各地で逃亡生活を送る9人の"選ばれし者たち"がナンバー順に殺される。次のターゲットとなったナンバー4（アレックス・ペティファー）は、守護者と共に身を隠し続ける。移り住んだ田舎町のハイスクールで恋に落ちて―。

　恋のお相手サラ（ダイアナ・アグロン）や嫉妬心むき出しのサラの元カレ（ジェイク・アベル）、いじめられっ子のサム（カラン・マコーリフ）をめぐる物語はありがちな青春学園ドラマ。だが、謎めいたイケメン転校生に秘められた特殊能力が開花した時、学園ドラマはがぜん面白くなる。セオリー通りの明快な展開だ。

　と来れば、やはり見どころは追跡者との壮絶なアクションシーンだろう。ナンバー4の特殊能力を視覚化した光が、闇の中での戦闘をより鮮烈に描き出す。自らスタントもこなしたというテリーサ・パーマー演じる孤高の女戦士ナンバー6や、ナンバー4の"愛犬"の戦闘能力にもほれぼれした。

　しかし、そもそも"選ばれし者"とは、残りの仲間はいずこに、敵との戦いの行方は…と、多くが謎に包まれたままの本作。真相を知りたいという欲求をかき立てられ、消化不良感が残る。

　冒頭、密林で息を潜めるナンバー3が襲撃されるシーンは、期待以上にスリリングな幕開けだった。今回は「覚醒編」という幕が上がったにすぎないと思いたいが、果たして続編は？　1時間50分。

記者の採点＝★★★☆☆　　　　　　　　（智）

2011

2011年7月13日

災害に負けない少年と犬　「ロック　わんこの島」

　11年前の夏、三宅島の全島民が避難を余儀なくされた大噴火をもう忘れてしまっただろうか？　私たちにそんなふうに問い掛けるこの作品は、避難時に飼い主と離れ離れになりながら、再会を果たした犬「ロック」の実話から生まれた物語だ。

　三宅島で民宿を営む野山一家。父親の松男（佐藤隆太）に母親の貴子（麻生久美子）、そして愛犬ロックを育ててきた小学生の芯（土師野隆之介）。しかし、2000年の大噴火で一家もロックも引き裂かれる。

　行方不明になったロックは奇跡的に保護されるが、島外の避難先では飼うことができない。帰島の先行きが見えない中で、芯は苦渋の決断を下す――。

　牙をむいた自然、慣れない都会での避難生活、灰に埋もれた写真、災害に負けず島へ戻って一緒に暮らすことを諦めない姿…。くしくもクランクアップ後に発生した東日本大震災のことを思わずにはいられなかった。

　ただ、避難解除がかなわないまま家族を残して倒れる松男の友人のエピソードや、芯の前に体の大きな男の子が現れる場面の意味が描き切れておらず、散漫な印象も。

　生まれてからずっと島に暮らしてきた芯の祖母房子（倍賞美津子）の醸し出す空気感がいい。縁側で風に吹かれる姿に、自然の中で生きるしなやかな強さを感じた。

　実在のロックは昨年夏この世を去ったという。火山と共に生きる島民の暮らしはこれからも続く。

　「人間は忘れる動物だと、どこかの国の学者が言った」。物語の中で繰り返される芯のナレーションがずしんと響いた。人間は記憶を風化させない努力もできる。2時間3分。監督は中江功。

記者の採点＝★★★☆☆　　　　　　　　　　（智）

2011年7月19日

滋味あふれる芸達者たち　「大鹿村騒動記」

　路線バスが曲がりくねった道を登り、山奥へと進んでゆく。到着した村では、シカ肉料理店を一人で営む主人公（原田芳雄）らが、村歌舞伎の稽古に熱を上げている。そのバスから人目を忍んで降りたのは、18年ぶりに村へ戻った主人公の妻（大楠道代）と、一緒に駆け落ちした男（岸部一徳）だった。

　映画「大鹿村騒動記」はそこから始まるドタバタを通し、ダメでいとおしい人間の姿をユーモアたっぷりに描く喜劇だ。

　自分を捨てた妻と、妻を奪った幼なじみを許せない主人公。その妻も今や認知症が進み、駆け落ちした男は夢破れて愚痴るばかり。それぞれ懸命に生きてきた姿ににじむおかしみや、老いのかなしさを、芸達者たちが滋味あふれる演技で見せてゆく。

　原田のたたずまいには、はっとするほど深い色気が漂う瞬間がある。三国連太郎や石橋蓮司も持ち味を発揮し、佐藤浩市の軽妙な演技は笑いを誘う。力を認め合う者同士ぶつかり合う喜びがスクリーンに満ちている。

　「どついたるねん」など、阪本順治監督の映画6本に脇役で出演してきた原田が、監督と「正面から取っ組み合おう」と話し、この主演映画が企画された。長野県大鹿村で300年余り演じられてきた村芝居を取り上げることも、原田が言い出したのだという。

　原田は阪本監督に「村歌舞伎には、芸能が本来備えている『蛮性』のようなものがある」と話したそうだ。歌舞伎などの芸能は、人間のやり場のないエネルギーを集約して発散し、昇華させる。

　「あだも恨みもこれまでこれまで」。ドタバタの後、村歌舞伎の見せ場で武者を演じる原田の決めぜりふには、芸によって心を解き放った人間のすがすがしさがある。封切り直後に原田は死去、これが遺作となった。1時間33分。

記者の採点＝★★★★☆　　　　　　　　　　（竹）

2011

2011年7月20日

3D効果で生き物のよう

「トランスフォーマー ダークサイド・ムーン」

　宇宙から来た金属の生命体が、ロボットなどへ自在に変形するSF大作「トランスフォーマー」シリーズ。2007年と09年の2作に続く完結編「トランスフォーマー　ダークサイド・ムーン」は初の3Dだ。変形シーンもパワーアップし、驚きの映像が展開する。

　オフィス機器などとして人間の生活に潜む金属生命体"トランスフォーマー"の一部が、1969年当時の月探査で米政府が発見した極秘の事実をつかみ、地球侵略に利用しようと動き始める。主人公の青年サム（シャイア・ラブーフ）は、人類に味方する別のトランスフォーマーの支援を受けて危機に立ち向かう。

　トランスフォーマーが、ふだんの車などの姿からロボットへと超高速で変身するさまは、繊細かつ力強く、3Dの効果もあってまさに生き物のよう。超高層ビルもへし折ってしまう強大なロボットたちの前では、ちっぽけな人間は右へ左へ吹き飛ばされるばかりだ。

　映画では、それでも諦めずに戦う人々の活躍が描かれる。スリリングな空中戦は、スカイダイバーのヘルメットに3Dカメラを付け、ビル群の間を時速240キロで飛ばして撮影したという。

　スポーツカーがスタイリッシュなロボットに早変わりし、うだつの上がらない若者がヒーローとなる。セクシーな恋人とのロマンスも絡め、ハリウッドっぽさ全開の娯楽作だ。だが戦闘と破壊が繰り返される終盤の見せ場は、震災で自然の圧倒的な破壊力を経験した日本の観客には、あまり歓迎されるものではないだろう。

　ロボットもここまで複雑に高度化すると、素朴な憧れの対象だった「鉄人28号」などが恋しくなってしまう。マイケル・ベイ監督。2時間34分。

記者の採点 = ★★★☆☆　　　　　　　　　　（竹）

2011年7月27日

両さんの恋と笑いの人情劇

「こちら葛飾区亀有公園前派出所 THE MOVIE　勝どき橋を封鎖せよ！」

　おそらく日本一有名な警察官だろう。映画「こちら葛飾区亀有公園前派出所　THE MOVIE　勝どき橋を封鎖せよ！」でも、もちろんその"両さん"こと両津勘吉巡査長が大暴れ。秋本治原作の国民的人気コミックを実写化した連続ドラマ（TBS系）の劇場版だ。今回は、両さんの初恋を軸に物語が進む。

　香取慎吾演じる両さんが、小学校時代の憧れの同級生桃子（深田恭子）と偶然再会。両さんは、桃子率いる旅芸人の一座を手伝い始め、警察を辞めて桃子との結婚まで夢見る始末…。そんな中、警察庁長官の孫娘誘拐事件が発生。しかし、実際に誘拐されたのは桃子の娘だった―。

　マドンナへの恋心と下町での人情劇は、どこか「寅さん」のような風情を漂わせる。そこにお約束のハチャメチャ喜劇と、某刑事ドラマを連想させるタイトル通りのシリアスな展開も待っている。

　また、ドラマ版とは格段の差があるリアリティーある派出所は、実際の亀有公園の一角に建てられたセットだとか。中川（速水もこみち）が操るゴージャスヘリと、下町にそびえ立つスカイツリーとの共演も見ものだ。

　随所でスケールアップした劇場版は、ドラマファンにとって納得の出来なのではないか。

　しかし、ストーリー展開が容易に読めてしまい、中だるみの感じは否めない。確かに、両さんに小難しい話は似合わないのだが…。

　正直に言えば、筆者には当初違和感があった香取の両さん。徐々にしっくり見えてきた。シリーズ化されて、香取が年を重ね身も心もオヤジに成熟したら、さらにはまり役になるかも？　1時間53分。監督は川村泰祐。

記者の採点 = ★★☆☆☆　　　　　　　　　　（智）

2011年8月3日

家族の物語を壮大な視点で

「ツリー・オブ・ライフ」

　厚みのある人間ドラマと、そこからイメージを羽ばたかせる美しい映像、クラシックの流麗な音楽。これらが一体となった傑作映画が誕生した。

　テレンス・マリック監督の「ツリー・オブ・ライフ」は、家族を亡くした喪失感や父と子の確執など誰もが経験する家族の物語を、太古から繰り返される命の物語として壮大に描き出している。

　主な舞台は1950年代、米テキサス州の小さな町だ。ブラッド・ピットとジェシカ・チャスティン演じる夫婦は3人の子をもうけて幸福な日々を送る。庭の木漏れ日、母のスカートの揺らぎ、ギターを爪弾く音…。日常にありながら移ろいやすい奇跡のような輝きが丹念に映し出される。

　やがて野心を抱いた父は家庭でも強権的に振る舞い始め、穏やかな母や子供たちとの幸せな日々がきしみだす。長男は純真さを失って、父を強く憎むようになる。

　そんなドラマに、生命や自然の躍動を伝える壮大なイメージ映像が重ねられる。コンピューターグラフィックス（CG）も駆使し、星の誕生や太古の海、恐竜のいた時代など、今の自分へとつながる途方もない命の連鎖が生き生きと浮かび上がってくる。

　そしてドラマは、喪失感を抱えたまま成人となった現代の長男（ショーン・ペン）が、家族との和解に至るまでを描く。

　全編を通して、人生の意味を神に問うような語りが印象的だ。

　大学で哲学を教えていたというマリック監督は、農場の風景が美しい「天国の日々」（78年）や、戦争映画「シン・レッド・ライン」（98年）などで、愚かな人間をそのまま包み込む自然を描くことをモチーフの一つとしてきた。そしてわずか5本目のこの監督作で、ことしのカンヌ国際映画祭の最高賞を受賞した。2時間18分。

記者の採点＝★★★★★　　　　　　　　　（竹）

2011年8月10日

夢追う王子とニートの物語

「イースターラビットのキャンディ工場」

　夢を追うか、親が決めた道を進むか。自分が本当にやりたいことって？

　誰もが一度は直面する悩みを抱えるウサギと青年の成長をユーモラスに描いた「イースターラビットのキャンディ工場」。コンピューターグラフィックス（CG）と実写を融合させたアニメーション映画だが、子ども向けだと侮るなかれ、大人にとっても小気味よいファミリームービーだ。

　イースター島にある「キャンディの国」。ウサギの王子イービーは、間もなく父親の跡を継いで「イースターラビット」になる予定だが、ドラマーになる夢を諦めきれない。ある日、こっそり島を抜け出し、ハリウッドでニートの青年フレッド（ジェームズ・マースデン）と出会う。一方、王国ではイースターラビットになりたいヒヨコのカルロスが、お菓子工場を乗っ取ろうとして大混乱に―。

　イービーが夢を追求しようとする姿や、「働け」と家族から白眼視されるフレッドが夢を見つけて奮闘する姿がほほ笑ましく、応援したくなる。

　ただ、イービーの父親が息子に理解がありすぎて物足りない、と思うのは無粋な大人の発想か。

　イースター用のお菓子が次々と作り出され、滝のように流れ落ちる工場の描写は色鮮やかで見事。丸くふわっとしたヒヨコや、モフモフとしたウサギの毛並みもリアルで、触感が伝わってくるようだ。

　イースターは、イエス・キリストの復活を祝うキリスト教の一大行事。カラフルに彩った卵を用意する習慣があり、この「イースターエッグ」をウサギが運んでくるという伝承が作品の下敷きになっている。日本ではなじみが薄いイースターだが、予備知識があればより一層楽しめるだろう。1時間35分。監督はティム・ヒル。

記者の採点＝★★★☆☆　　　　　　　　　（智）

2011年8月17日

地域医療の現実描く娯楽作

「神様のカルテ」

　人気グループ「嵐」の桜井翔が主演した映画「神様のカルテ」は、地域医療の厳しい現実の中で命と向き合う医師のドラマだ。「白夜行」の深川栄洋監督が、登場人物のキャラクターを分かりやすく浮かび上がらせ、若い世代も楽しめる娯楽作に仕立てている。

　主人公の内科医栗原一止は、医師不足の中で24時間、急患を受け入れる病院に勤めている。仕事をしながらおにぎりをほおばり、ソファで仮眠をとる日々。妻（宮崎あおい）が待つ自宅にも、なかなか帰れない。

　目が回るように慌ただしい病院で、マイペースな彼の周りだけは時間がゆっくり流れている。ボサボサ頭で夏目漱石を読み、古めかしい言い回しで話す。そののんびりした雰囲気とは裏腹に、次々運び込まれてくる急患への処置は的確だ。

　その力はやがて大学病院に認められ、最先端医療の現場に誘われる。一方、勤務先の病院には、現代医療では打つ手のなくなった末期がん患者（加賀まりこ）が、彼を探して訪ねてくる。栗原は、チャンスに乗じて先端医療へ進むか、地域で患者に寄り添うか、選択を迫られることになる。

　映画は、夫婦が暮らすおんぼろアパートの売れない絵描きや学生らとの交流も丁寧に描いている。世間から取り残されたような暮らしを送る人々は、孤独な分だけ人に優しい。時代遅れのように見えるが、目まぐるしい日々の中で大切なものを見失うまいとする主人公の姿は、東日本大震災後、それまでの価値観が見直されている今だからこそ、共感を呼ぶだろう。

　長野県在住の医師、夏川草介の同名小説が原作。音楽は、米バン・クライバーン国際ピアノコンクールで優勝した辻井伸行。同県松本市などで撮影された。2時間8分。

記者の採点＝★★★☆☆　　　　　　　　　　（竹）

2011年8月24日

過酷な時代生きた人々描く

「日輪の遺産」

　太平洋戦争の終戦前後を舞台にした「日輪の遺産」は、当時の日本人の生きざまが浮かび上がってくる物語だ。もし、あの時代に生きていたら…。そんな考えをめぐらせずにはおれない。

　原作は浅田次郎の同名小説。ノンフィクションかと思わせるような巧妙な歴史ミステリーだ。映画では現代を生きる男女2人が、過去の出来事を伝える語り部となって物語が進む。

　1945年8月10日。帝国陸軍の真柴少佐（堺雅人）らはマッカーサーから奪った時価900億円の財宝を隠匿する密命を受ける。その財宝は、軍トップが敗戦後の日本復興を託した軍資金だった。密命遂行のために20人の女学生と教師が呼集されて―。

　そうとは知らずに、勤労奉仕に懸命に励み、軍歌を高らかに歌う純真無垢（むく）な少女たちが美しく、痛ましい。

　孫娘らに過去の出来事を語る久枝役の八千草薫は、彼女たちと同じ年ごろのときに終戦を迎えたという。八千草が当時の記憶を胸に、役を超えて私たちに語りかけてくるようにも思える。

　終戦を迎えても、なぜ少女が壮絶な道を突き進んでいったのか。見終えた直後は理解に苦しむかもしれない。しかし、過酷な時代を生きた人々を支えた揺るぎない信念にまで思いが至った時、ふに落ちるものがあった。

　彼女たちの鉢巻きに記された「七生報国」という文字。この世に幾度も生まれ変わり、国の恩に報いること。実直さが悲劇の引き金になることは悲しいが、日本の未来を信じて疑わない真っすぐなまなざしが胸を打った。

　年を重ねた久枝が級友たちと再会するシーンで、やっぱりフィクションだったと、ふと現実に引き戻されてしまった。蛇足かも。2時間14分。監督は佐々部清。

記者の採点＝★★★☆☆　　　　　　　　　　（智）

2011年8月31日
宇宙へひとっ飛びの勇者　　　「グリーン・ランタン」

　「鳥だ、飛行機だ、あっスーパーマンだ」。そんなナレーションが人気だったのは遠い昔。「スーパーマン」と同じく、アメリカコミックを映画化した「グリーン・ランタン」はだめなところもある男が勇者に変身、なんと宇宙のかなたまでひとっ飛びして敵と戦ってしまうストーリーだ。

　変身ヒーローものはいろいろあるが、魚や昆虫のような顔をした宇宙人たちに囲まれ、強大な敵と戦う姿はそれなりに楽しめる。武器は"意志の力"で、強い心で立ち向かう時、頭の中のイメージを瞬時に実現できるという設定もユニークだ。

　実はこのグリーン・ランタンは、1940年に始まった長寿コミックのキャラクター。銀河系の秩序を守る宇宙人集団「グリーン・ランタン」の兵士が集う惑星などを、最新技術で映像化した。

　主人公は若くてうぬぼれが強く、失敗も多い戦闘機パイロット。ある日突然、グリーン・ランタンの兵士に、地球から初めて選ばれる。緑色の指輪をはめると、ランタンのような装置からエネルギーが送られて不思議な力を発揮。意志の力を表す緑の光を発しながら、地球を襲う化け物たちに立ち向かう。

　主演のライアン・レイノルズは内に抱える悩みも見せ、女性にモテモテの男を嫌みなく演じる。一方、敵役のピーター・サースガードは「17歳の肖像」でキャリー・マリガンをとりこにする色男を演じたとは思えぬほど、次第に悪者側へととりこまれて醜い姿へと変わってゆく。

　アメコミが続々映画化され、少々食傷気味ではあるが、賢くて美しいヒロイン（ブレイク・ライブリー）とのロマンスなど"お約束通り"の展開で気楽に楽しめる。3Dと2D。1時間54分。監督はマーティン・キャンベル。

記者の採点＝★★★☆☆　　　　　　　　　　（竹）

2011年9月7日
ウォンビンの変貌に驚き　　　　　「アジョシ」

　「アジョシ」とは、韓国語で「おじさん」。"おっさん"に近い語感だったという。そのアジョシをウォンビンが熱演し、言葉のニュアンスまで変えてしまったという話題作。弟役が似合う繊細な美青年というウォンビンのイメージを完全に覆す変貌ぶりに驚愕（きょうがく）した。

　演じるのは、ある事件で夢や希望を失い、都会の片隅でひっそりと質屋を営むテシク。暗殺を主な任務とする特殊部隊要員だった過去を持つ男だ。

　隣に住む孤独な少女ソミ（キム・セロン）は、テシクを「アジョシ」と呼び、唯一心を通わせる相手として慕う。ある日、ソミが麻薬密売に巻き込まれた母親とともに誘拐される。テシクはソミを救出するために犯罪組織に単身立ち向かう―。

　少女と殺し屋の絆を描いたバイオレンス映画といえば「レオン」が思い浮かぶ。言ってみれば、ありがちな設定なのだが、切ない物語に引き込まれた。中でもテシクが自ら髪を切り落とすシーンは、見る側の覚悟も促す名場面。「命をかけて守る」と決意したまなざしが、佳境へと誘い込む。

　麻薬密造に臓器売買、犯罪組織のえげつなさに強い嫌悪感を抱く。その闇が深ければ深いほど、次々と確実に敵を仕留めていくテシクの姿が鮮明に浮かび上がってくる。端正な甘いマスクで殺し屋とは、そのギャップにゾクリ。ほとんどスタントなしというから恐れ入る。

　ネイルアートやかわいらしいばんそうこうなど、ソミが相手の心をとかす細やかな演出も、虐げられようとも凛（りん）と生きる少女の心に触れたようで好感が持てた。

　激しく残虐なアクションシーンの連続にはげんなりするが、韓流ファンでなくても納得の作品では。1時間59分。監督はイ・ジョンボム。

記者の採点＝★★★★☆　　　　　　　　　　（智）

2011

2011年9月14日

ルポ風の映像交え生々しく

「僕たちは世界を変えることが できない。」

　1990年代には、世界最大の援助国だった日本。東日本大震災では逆に、途上国を含む国際社会から支援を受けた。困難の中にあるときに手を差し伸べる人々がいてくれることは、とても心強いと実感させられた。

　昨年のNHK連続テレビ小説「ゲゲゲの女房」で、一気に人気を得た向井理の初主演映画「僕たちは世界を変えることができない。」は、慈善活動でカンボジアに学校を建てる大学生の物語だ。

　といっても彼らは最初から正義感に燃えているわけでない。コンパやバイトに精を出し、物質的には恵まれていても物足りなさを感じている。町でふと見たポスターから、カンボジアに学校を建てようと軽いノリで思いつく。

　向井や柄本佑が演じる気だるさたっぷりの大学生や、コンパで大金を稼ぎ出す松坂桃李の軽いノリの演技がいい。明確な人生の目的などなく、その場限りの楽しみに興じている。それが最近の若者の普通の姿だろう。

　そんな生活への違和感から彼らはサークルを立ち上げ、学校建設の資金を募るが、最初はその理由を問われるとしどろもどろ。実際にカンボジアを訪ね、現実を目の当たりにした彼らは、次第に"熱く"変わっていく。

　ポル・ポト時代に虐殺が行われたキリング・フィールドや、収容所跡を向井らが訪ねる映像はドキュメンタリー風で、彼らが息をのむ姿をそのまま伝える。現地のガイドを登場させ、内戦の実体験を肉声で伝えている。

　震災後、日本の若者の心理にも変化が起きているという。大災害を経て、この映画を超えるドラマが、現実には起きているのかもしれない。

　葉田甲太さんの体験記を深作健太監督が映画化した。2時間6分。

記者の採点＝★★★☆☆　　　　　　　　　　(竹)

2011年9月21日

目頭熱くするプロジェクト

「はやぶさ／HAYABUSA」

　日本も捨てたもんじゃない。そんな勇気と希望を与えられた最近の出来事は女子サッカー「なでしこ」の躍進だろうか。昨年なら断トツで、人類初の快挙を成し遂げた小惑星探査機「はやぶさ」の帰還が挙がるだろう。映画「はやぶさ／HAYABUSA」は、そのはやぶさの旅を支えた人々の実話に基づく物語。

　7年間60億キロを旅して、小惑星「イトカワ」のサンプルを持ち帰ったはやぶさ。日本が世界に誇るこの偉業をドキュメンタリーではなく数時間のエンターテインメントに昇華させるのはこれまた困難なプロジェクトだが、米ハリウッドのメジャースタジオが、研究生水沢恵（竹内結子）の成長ストーリーに重ねてわかりやすくまとめた。

　兄の影響で天文学者を目指す恵は、自分の進む道に迷い、悩みながらはやぶさプロジェクトに関わることで夢に突き進んでいく。

　恵はさまざまなスタッフをミックスして作られた架空のキャラクターだが、登場人物のほとんどは実在の人物がモデル。どんなに絶望的な状況に陥ってもあきらめないプロジェクトチームの面々が個性的に描かれている。中でもプロジェクトを率いた宇宙航空研究開発機構の川口淳一郎さんをモデルにした川渕幸一役を演じる佐野史郎の"完コピ"が見物だ。

　長旅をはやぶさファンの月日に重ねる演出はあざとい感じがしてしまうが、ファンにとっても「はやぶさ君」と共に旅した長い時間だったということを実感する。

　あれほど感動を呼んだ実話が基なんだからと、さめた視線を向けつつも、満身創痍（そうい）のはやぶさが最後のミッションを終えて燃え尽きる姿に、やっぱり目頭が熱くなった。

　「20世紀少年」の堤幸彦監督。2時間20分。

記者の採点＝★★★★☆　　　　　　　　　　(智)

2011

2011年9月28日

迫真の猿の感情表現に驚き

「猿の惑星:創世記(ジェネシス)」

　猿が人類を支配するという衝撃の未来図を示し、大ヒットした1968年公開のSF映画「猿の惑星」。70年代にシリーズ化されたが、新作「猿の惑星:創世記(ジェネシス)」では、猿による支配がなぜ始まったのかが明らかにされる。

　見どころは、猿が知性を備えて人類に反旗を翻す過程の豊かな感情表現。最新技術のたまものだ。

　舞台は現代の米サンフランシスコ。科学者のウィル(ジェームズ・フランコ)は、父親(ジョン・リスゴー)のアルツハイマー病を治療しようと新薬開発に挑んでいる。投薬実験を行っていた妊娠中のチンパンジーが死に、死後に残された子猿を引き取ることになる。

　ウィルは子猿をシーザーと名付けて親子のように仲良く暮らすのだが、育つにつれてシーザーの知的レベルは驚異的に上がり、外部の人間とトラブルを起こしてしまう。

　人間から虐待されたシーザーが人間に対する反乱を企て、ゴリラやオランウータンを率いて暴れ回る後半は迫力十分。CGで描かれた猿とは信じ難いほど、実にリアルだ。シーザーを演じるのは、「ロード・オブ・ザ・リング」シリーズの醜いゴラムや「キング・コング」(2005年)のキング・コングを演じた俳優アンディ・サーキス。

　パフォーマンスキャプチャーという最新技術で、スーツやヘッドギアを着用して演じ、全身の動きや表情の変化をきめ細やかに表現した。

　猿による反乱と支配の始まりは、かつてシリーズ第4作「猿の惑星・征服」(72年)でも描かれた。人種差別への怒りなど当時の米社会の熱気をも伝えていたが、科学技術への過信に警鐘を鳴らす本作からも不気味な怖さが伝わってくる。ルパート・ワイアット監督。1時間46分。

　記者の採点＝★★★★☆ 　　　　　　　(竹)

2011年10月7日

「武士の面目」を問う

「一命」

　面目は人が威厳を保つために必要なものだが、捨てるべき時がある。「一命」は、面目も命も捨てて妻子を守ろうとした若浪人と、その無念を晴らし「武士の面目」を問うために武家社会に挑んだ男の生きざまを描く。小林正樹監督の傑作「切腹」の原作、滝口康彦の「異聞浪人記」を、三池崇史監督が3Dでよみがえらせた。

　江戸時代初頭。浪人の間で、裕福な大名屋敷の庭先で切腹を願い出ることで、面倒を避けたい屋敷側から職や金を無心する「狂言切腹」が流行した。落ちぶれても武士、たかりがいかにさげすまれる行為か容易に想像がつくが、病に倒れた妻子を抱えた千々岩求女(ちぢいわ・もとめ)(瑛太)は、名門井伊家でそれを願い出ざるを得ないほど困窮していた。

　すでに刀を売っていた求女。刀身を竹に変えた竹みつによる切腹シーンは執拗(しつよう)で痛ましい。求女をあざける介錯(かいしゃく)人らに、弱肉強食の社会となりつつある現代に通じるものを感じて、ぞっとする。

　求女の義父、津雲半四郎を演じた市川海老蔵が初老の浪人という設定には無理があるが、やはりあの目の力は魔物だ。井伊家の江戸家老、斎藤勘解由(さいとう・かげゆ)(役所広司)と相対してもひけをとらない迫力は見事。

　「切腹」とは異なり、半四郎が竹みつで立ち回る場面は、単なる敵討ちにとどまらない意味を見る側に投げかける。また、勘解由をただ意地の悪い家老としてではなく、家の面目を保つために使命に徹した武士として描いたことも興味深い。

　さて、時代劇に3D。3D映画には迫力を求めがちだが、こちらは「静かな和の美」が際立つ立体化。映像に奥行きを与え、紅葉、雪といった季節を印象づける。効果的だったかはさておき、挑戦的であることは間違いない。2Dも同時公開。カンヌ国際映画祭出品作。2時間7分。

　記者の採点＝★★★★☆ 　　　　　　　(智)

2011年10月12日

西部劇の魅力たたえる大作 　　　　　　「カウボーイ&エイリアン」

　人気キャラクターをくっつけただけのような題名の「カウボーイ&エイリアン」は、実際は西部劇の魅力たっぷりの娯楽映画だ。カウボーイの自分探しや敵との和解など、人間ドラマをきっちり描いた上で、恐ろしいエイリアンとの対決へとなだれ込んでいく。

　映画は冒頭から、無法の荒野へと見る者を誘う。ぎらぎらと太陽が照り付け、生き物を寄せ付けない乾いた大地の上で、汗とほこりにまみれた男(ダニエル・クレイグ)が突然目を覚ます。男の荒い息遣いだけが、命の存在を告げている。

　左手首に奇妙な腕輪がつけられ、男が起き上がって外そうとしてもびくともしない。そして自分が記憶をすべて失ったことを知る。近くの町へ行くと、権力をかさに着た男が銃をぶっ放し、市民が困り果てている。

　そこへ立ちはだかるダニエル・クレイグの姿が実に様になっている。ふらりと現れた男が悪党を倒すのが西部劇のパターンだが、この映画では、主人公本人も自分がどこから来た誰なのかを知らない。手首の腕輪を武器に、現れる敵と戦うことで自分が誰かを知る。

　町を牛耳る悪名高き男を演じるのは「インディ・ジョーンズ」シリーズのハリソン・フォード。「007」シリーズのクレイグとの豪華共演だ。「トロン:レガシー」のオリビア・ワイルドも、この世のものでないような美しさに人間的な感情表現を加えて魅力的。

　製作総指揮はスピルバーグ、監督は「アイアンマン」のジョン・ファブロー。1時間58分にハリウッドらしい娯楽性をぎゅっと詰めた。同時期に公開の西部劇「ランゴ」も、ジョニー・デップの動きや表情を取り入れたCGアニメで楽しい。西部劇は今も輝いている。

記者の採点 = ★★★★☆ 　　　　　　　　　　(竹)

2011年10月19日

三谷らしさ光る法廷喜劇 　　　　　　　　「ステキな金縛り」

　「事実は小説より奇なり」という言葉通り、現実の法廷では時に信じ難い主張が展開されることがある。しかし、やはり虚構の世界は無限だ。三谷幸喜監督の新作「ステキな金縛り」は、何せ幽霊が証人として出廷する前代未聞の法廷劇だというのだから。

　失敗ばかりの弁護士エミ(深津絵里)の元に舞い込んだある殺人事件。被告人は「事件の夜、金縛りにあっていた」とアリバイを主張する。エミは無実を証明するために、被告人に一晩中のしかかっていた落ち武者の幽霊、六兵衛(西田敏行)を証言台に立たせようと奮闘する。

　登場人物は、幽霊が見える人と見えない人に分けられるが、その分類には三谷監督の緻密な計算が働いている。中でも見える人として法廷画家を持ってきたあたりは実にうまい。

　映画「悪人」のシリアスなヒロインから一変、コメディエンヌぶりに磨きがかかった深津と西田の掛け合いはもちろんだが、エミと対峙(たいじ)する理詰めの検事、小佐野(中井貴一)にも注目したい。証言の信ぴょう性を否定するための弁舌鋭い反対尋問には思わずうなった。が、実は"見える"小佐野。敏腕検事ながら、見え隠れする素顔がおかしい。

　厳かで重厚な法廷セットは雰囲気十分。殺人事件の公判だから裁判員裁判だ。公判前整理手続きとおぼしき法曹三者の協議も登場する。そんなリアリティーも折り込みつつ、絶妙な笑いを配したストーリー展開は、最後まで三谷監督らしさが光る。

　ただ、「これは必須?」と感じるシーンも散見された。三谷作品でおなじみの豪華キャスト共演のためには必要なのかもしれないが…。2時間22分。

記者の採点 = ★★★★☆ 　　　　　　　　　　(智)

2011年10月26日
時代動かした思い描く大作　「1911」

　アジアを代表するスター、ジャッキー・チェンが100本目の出演映画に選んだのが、中国の民主主義革命を描く「1911」だ。これまでのようなアクション満載の娯楽作ではなく、時代を動かした民衆の思いを正面から取り上げた歴史大作となっている。

　西欧列強の侵略を許していた清王朝を倒した1911年の辛亥革命。今からちょうど100年前、中国から日本への留学や亡命などを経験した革命家たちが、新たな中国をつくろうと立ち上がり、帝国の時代を終わらせた。

　「民族、民権、民生」の「三民主義」を唱えて、革命を率いた孫文を演じるのは、これまでも孫文役を演じてきたウインストン・チャオ。ジャッキーは、孫文の同志で、武装蜂起の先頭に立って戦う革命軍司令官、黄興役を演じている。

　総監督も務めたジャッキーは「人々の夢と決してあきらめない信念が、歴史の変革をもたらした。私が見てもらいたいもの、話したいことをすべて表現した」と語り、映画に懸ける思いが伝わってくる。

　実直な人柄で活動家たちに慕われる黄興の姿は、人々が思い描くジャッキー像と重なって見える。華麗なアクションを繰り出す場面もあって胸躍らされるが、砲弾飛び交うシーンが目立つこの映画ではごくわずか。もっと見たいと思わせる。

　全体としては、革命勢力と清王朝の群像劇だ。そのため次々に登場する人物の名前を字幕で説明するなど、歴史教材のような趣もある。それぞれの登場人物に思いをはせるには、あまりに多くの要素を詰め込みすぎた。

　一方でそれは、歴史の大きなうねりの中では、一人一人の人間はちっぽけな存在であることを示しているのかもしれない。2時間2分。監督は張黎。

記者の採点＝★★★☆☆　　　　　　　　　（竹）

2011年11月2日
素早くまん延する恐怖　「コンテイジョン」

　新型インフルエンザの発生に脅かされたのは、わずか数年前。しかし今、外出先に据えられた消毒液に手を伸ばす人が何人いるだろうか。喉元過ぎれば…だが、「コンテイジョン」はあの時の警戒心を呼び覚ますパニックスリラー。

　「トラフィック」のスティーブン・ソダーバーグ監督が、謎のウイルスのパンデミック（世界的大流行）で崩壊する社会を通して、危機にひんした際の人間の心理をえぐり出した。

　香港出張から帰国したベス（グウィネス・パルトロウ）が急逝。さらに世界中で同じ症状の死亡者が相次ぐ。極めて高い感染力と致死率をもたらす正体不明の感染症発生に世界保健機関（WHO）のオランテス（マリオン・コティヤール）、米疾病対策センター（CDC）のチーバー（ローレンス・フィッシュバーン）らが調査に乗り出す。

　原因は新種ウイルスと解明されるが、現時点では治療法もワクチンもない。しかも、ウイルスより素早く人々にまん延していたのは"恐怖"だった。

　政府の情報隠しを主張し、その恐怖をあおるジャーナリスト、アラン役にジュード・ロウ。彼のブログには情報を求める人々が殺到し、英雄に祭り上げられるが、真偽不明の情報はパニックをもたらすことに。ブログやツイッターで情報が瞬時に拡散する現代、リアルさにぞっとする。

　最終的にはベスが出張中に撮った写真から「起源」が明らかになるが、その因果応報のストーリーは、見せ方が取って付けたようで軽かった。

　ケイト・ウィンスレット、マット・デイモンら主役級の俳優陣の共演も見どころ。観賞後は手洗い、うがいに走りたくなるに違いない。1時間46分。

記者の採点＝★★★☆☆　　　　　　　　　（智）

2011年11月9日

現代の生きづらさ生々しく 「アントキノイノチ」

　孤独死が増え、無縁社会といわれる今、死の迎え方に関心が高まっている。そんな中、納棺師を通して死の尊厳を描いた「おくりびと」に続き、遺品整理業に携わる青年を通して、命と命のつながりを描く新作映画が「アントキノイノチ」だ。

　冒頭、岡田将生演じる主人公の青年が屋根の上に座り、素っ裸で町に向かって叫ぶ場面が印象的だ。彼の心がそこまで壊れた過程が次第に明らかにされ、学校で受けたいじめや、人々の無関心のために起きた悲劇がスリリングに描かれていく。

　その青年が父親の紹介で勤めることになる職場が、亡くなった人が残した部屋を片付ける遺品整理業。さまざまな事情から遺族に代わり、死者の後始末をする。現場では、遺体の体液が布団にしみ出して虫がわき、見られると恥ずかしいような物も残されている。

　一方、生前に果たせなかった思いをつづった手紙など、見ず知らずの故人の人生を想像させる物もある。主人公たちは遺品整理を通して、死者が抱えていたさまざまな事情や生き方に触れ、命について思いをめぐらせてゆく。

　岡田の他、同世代の栄倉奈々や松坂桃李、染谷将太が若者の生きづらさを生々しく演じている。瀬々敬久監督や岡田らは、実際に遺品整理の現場で働いて撮影に臨んだといい、映画に登場する故人の部屋もリアルだ。さまざまな死の迎え方を描きながら、これからの生き方を模索する若い世代の物語に仕立てている。

　気になるのは結末だ。映画のテーマに大きく関わるだけに、ややとってつけたような印象が残ったことが惜しまれた。

　8月のモントリオール世界映画祭でイノベーション賞を受賞した。原作は歌手さだまさしの同名小説。2時間11分。

記者の採点＝★★★★☆　　　　　　　　　　（竹）

2011年11月16日

単純明"怪"なストーリー 「映画　怪物くん」

　漫画の実写化作品が次々と登場するが、残念ながら「これは」という作品に出合うことが少ない。イメージとのギャップにがっかりすることも多く、特にキャスティングが鍵だろう。そんな難問も蹴散らす意外性で昨年、話題になった連続ドラマ「怪物くん」（日本テレビ系）が映画化された。

　原作は言わずと知れた藤子不二雄Ⓐの傑作漫画。人気絶頂のアイドルグループ「嵐」の大野智を怪物くんに起用するというまさかの配役にあぜんとした覚えがある。

　さらにお供の3人は、ドラキュラに八嶋智人、オオカミ男は上島竜兵、フランケンに格闘家のチェ・ホンマンをチョイス。今となっては、彼らをおいて、ここまで漫画チックな怪物になりきれる人間がいただろうか、と思える。

　さて、肝心のストーリーは、怪物くんの王位継承に国民の大ブーイングが起こるところから始まる。すねた怪物くんは怪物ランドを飛び出し、お供とともに日本へ向かうが、たどり着いたのは「カレーの王国」。反乱軍に捕らえられたというピラリ姫（川島海荷）を救出し「伝説のカレー」にありつこうとする。しかし、その裏では王国を乗っ取ろうとする男の欲望が渦巻いていた―。

　劇場版はドラマ版にないスケール感で見せてほしいところ。インドでロケが行われたというが、インドらしさと3Dの迫力を物足りなく感じるのは大人目線ゆえか。

　わがまま王子が世界の危機を救って成長する単純明"怪"な王道ストーリーは、親子そろって楽しむにはぴったり。そんなわがままならアリ、とうなずかせられる怪物くんのメッセージに注目だ。

　「ゴールデンスランバー」の中村義洋監督。2Dも同時公開。1時間43分。

記者の採点＝★★★☆☆　　　　　　　　　　（智）

2011年11月22日

鉄道の旅に人生重ね

映画が誕生した頃から、鉄道は繰り返し映像化されてきた。勇壮に煙を吐く蒸気機関車（SL）に人々が胸躍らせた時期もあったが、今の新幹線は速すぎて物語が生まれにくいのかもしれない。

そこで登場したのが、今も地道に走り続ける地方鉄道を舞台に、味わい深い物語を描くシリーズだ。新作「RAILWAYS 愛を伝えられない大人たちへ」は、昨年公開された「RAILWAYS 49歳で電車の運転士になった男の物語」の好評を受けてつくられた第2弾だ。

前作は島根県の一畑電車、今回は富山県の富山地方鉄道を取り上げ、監督も出演者も物語も異なる。しかしいずれも人生を鉄道の旅に重ねて、大人も楽しめる作品に仕上がっている。

「まもなく終点、電鉄富山駅です」。そう車内アナウンスする鉄道運転士（三浦友和）は、まもなく定年退職という終点を迎えようとしている。帰宅して定年後の旅行計画を話すと、妻（余貴美子）は

「RAILWAYS 愛を伝えられない大人たちへ」

再び働きたいと言い出し、口論になって家出してしまう。

運転士の男は、残された人生を生きていく上で、何が大切かを見つめ直すことになる。そんな物語に、鉄道のイメージがうまくかみ合う。電車の無事な運行にはたゆまぬ努力が必要で、夫婦も努力を忘れずに…などと、見ているうちにいろいろと考えさせられる。

撮影はすべて富山県内で行われたという。立山連峰を背に走る列車や、そこではぐくまれる人々のドラマに興味が湧き、訪ねてみたくなる。

先に公開された是枝裕和監督の「奇跡」や、来年3月に公開される森田芳光監督の「僕達急行 A列車で行こう」など、鉄道映画の公開は相次いでおり、ちょっとしたブームともいえそうだ。2時間3分。監督は蔵方政俊。

記者の採点＝★★★★☆ （竹）

2011年11月30日

親子の起死回生のドラマ

人間のボクシングの代わりに、高性能ロボットが格闘技の世界を席巻する近未来—。斬新な設定の「リアル・スティール」だが、ロボットや格闘技に特段の思い入れがあるわけではない筆者にとって期待値は低めだった。ところが、物寂しさが漂う冒頭から一気に引き込まれることに…。すがすがしい余韻を残すエンターテインメント、まさに快作だ。

元ボクサー、チャーリー（ヒュー・ジャックマン）の元に現れた11歳の息子マックス。10年前、自らの夢のために捨てた恋人の忘れ形見だった。

親権を金に換えるほど落ちぶれたチャーリーと最愛の母を亡くしたマックスが、ある日ごみ捨て場で泥に埋もれたロボットATOMと出会ったことから、彼らが絆を取り戻す起死回生のドラマが始まる。

旧式のATOMには他の格闘ロボットのような華やかさはない。しかも格闘ロボットの練習相手のスパーリング用ロボット。今や世間から取り残されたATOMはチャーリー親子そのものだ。

「リアル・スティール」

そんなATOMをリングで闘わせようとひたむきなマックス、何度倒されても相手に立ち向かっていくATOMに、見る者はノックアウトされるだろう。

ロボットと「心」を通わせ、父親への反発と憧れを抱える難役マックスをダコタ・ゴヨが好演している。

負け犬の主人公がどん底からはい上がるストーリーは涙を誘う"王道"だろう。分かっていてもこうした物語に引かれてやまないのは、強い意志が運命を変える手応えを感じたいからなのかもしれない。

製作総指揮のスティーブン・スピルバーグ監督が長年温めてきた企画だという。日本のロボット文化へのオマージュがあふれているのもうれしい。「ナイト ミュージアム」のショーン・レビ監督。2時間8分。

記者の採点＝★★★★★ （智）

2011

2011年12月7日

目を見張る3DCGアニメ 「friends もののけ島のナキ」

「トイ・ストーリー3」など、米国発のCG（コンピューターグラフィックス）による3Dアニメが大ヒットし、日本のアニメ映画はこのところ押され気味だった。そこへようやく、目を見張るような日本の3DCG映画が登場した。

浜田広介の名作童話「泣いた赤おに」を原案にした映画「friends もののけ島のナキ」だ。ミニチュアの模型を実写した背景とともに、愛嬌（あいきょう）あるCGのキャラクターが躍動し、子どもから大人まで楽しめる。

舞台は、人間を恐れる「もののけ」たちが隠れ住む島だ。ある日、人間の幼児コタケが迷い込み、暴れん坊の赤鬼ナキ（香取慎吾）や親友の青鬼グンジョー（山寺宏一）は手を焼きつつ世話をする。やがて愛情が芽生えるが鬼たちはコタケを母の元へ返そうとする。

原案と同様、大事なものを失いながら新たな世界へと踏み出していくわくわく感とほろ苦さの両方を感じさせる物語になっている。

「ALWAYS 三丁目の夕日」などを手掛けてきたヒットメーカー山崎貴と、八木竜一の2人が監督。水木しげるが描く妖怪に通じる世界観や、スタジオジブリのファンタジーから受けた影響も感じさせつつ、カラフルなもののけの独創的な世界に胸を躍らされる。

声の演技もキャラクターと一体化。まだ言葉になっていないような、3歳児の無邪気な声を生かしたコタケのキャラクターが愛らしい。先に録音した音声に合わせて画像を作る「プレスコ」という手法を使ったという。

1時間27分という短い上映時間も家族向け。「ほほ笑もう、たとえ心が痛んでも」とチャプリンの曲に乗せ、MISIAが英語で歌う主題歌とともに、ナキたちのその後の暮らしを見せるエンドロールも見逃せない。3Dと2Dで公開。

記者の採点＝★★★★☆ （竹）

2011年12月14日

NY、大みそかの群像劇 「ニューイヤーズ・イブ」

去りゆく年を振り返り、迎える年に期待が高まる大みそか。「ニューイヤーズ・イブ」は、「プリティ・ウーマン」「バレンタインデー」のゲイリー・マーシャル監督がニューヨークを舞台に、心残りを新年に持ち越すまいとその日を生きる人々のドラマを交錯させて描いた群像劇だ。

除夜の鐘で静かに年を越す日本とは趣を異にするが、カウントダウンイベントで華やかなニューヨークの大みそかも胸躍る光景。その恒例イベントが行われるタイムズスクエアの協会副会長クレア（ヒラリー・スワンク）は、イベントが成功するかどうかで朝から緊張を募らせていた。そんな中、トラブルが発生し…。

死期が迫る孤独なスタン（ロバート・デニーロ）が胸に秘めるのは娘との思い出。そんな彼を独りで死なせたくないと看護師のエイミー（ハル・ベリー）が見守る。

見知らぬ女性（リー・ミシェル）と2人でエレベーターに閉じ込められるひねくれ者を演じるのは、「バレンタインデー」で花屋を演じたアシュトン・カッチャー。サラ・ジェシカ・パーカーは、15歳の娘を持つシングルマザー役だ。他にもジョン・ボン・ジョビらが、同時進行でドラマを織りなしていく。

やや強引な展開は気になるものの、印象深いフレーズが所々にちりばめられ、親子や恋人、友情と、さまざまな形の絆が結ばれていく様子に心がほんのりと温まる。

「今年の目標リスト」を1日で達成しようとする女性（ミシェル・ファイファー）とそれを手伝う青年（ザック・エフロン）の場面では、思わず自らの目標リストを顧みてしまった。ユーモアたっぷりに作り込まれたエンドロールも楽しい。

新しい年にはささやかでも希望を抱きたいと思わずにはいられない。1時間58分。

記者の採点＝★★★☆☆ （智）

2011年12月21日
平和求めた男の人間ドラマ
「聯合艦隊司令長官　山本五十六」

　太平洋戦争を取り上げた大作映画というと、尻込みする女性も多いのでは？　しかし役所広司が主演した「聯合艦隊司令長官　山本五十六」は激しい戦闘シーンが見せ場ではない。平和を求めながら、戦争の先陣を切らざるを得なかった男の人間ドラマとなっている。

　著書「日本のいちばん長い日」などで知られ、同郷の山本五十六を長年研究してきたノンフィクション作家半藤一利が監修。映画「八日目の蝉」などで、一作ごとに評価を高めている成島出が監督を務めている。

　圧倒的な世論に逆らって日独伊三国同盟に反対し、最後まで日米開戦を避けようとした山本。開戦を避けられないとなると、連合艦隊司令長官として早期講和を願い、限られた軍事力で最大限の効果を得るために真珠湾攻撃を決行する。

　1968年の映画で、三船敏郎が演じた山本は重厚で貫禄十分。円谷英二の特撮による戦闘シーンも見せ場だった。一方、役所による山本は温かい人柄がにじみ出ている。戦時には激しい戦略をとる軍人ながら、平時には平和な暮らしを愛した人間性に光を当てている。

　食卓では、ガツガツ食べようとする子供を「飯を食う前にみそ汁を一口飲むものだ」などとたしなめる山本。開戦が決まると、出された尾頭付きのタイには箸を付けようとしない。山本の長男義正さんの協力を得て、家族が知るエピソードも生かされたという。

　弱体化した政権が次々に交代し、マスコミの扇動で国が戦争へと押し流されていく―。真珠湾攻撃から70年がたち、若い世代が知らない事実も多い。戦争の怖さと愚かさを忘れないためにも見ておきたい一本だ。2時間20分。

記者の採点＝★★★★☆　　　　　　　　　　（竹）

2011年12月28日
時代に翻弄された男の絆
「マイウェイ　12000キロの真実」

　こんな歴史を繰り返すのはまっぴらだ。多くの人が戦争映画に抱く感想だろう。その思いを一層強くする大作がまた一つ生まれた。韓国映画「マイウェイ　12000キロの真実」は、第2次世界大戦中、日本、ソ連、ドイツと、三つの国の軍服を着て戦い、アジアからノルマンディーまで1万2千キロの過酷な道のりを生き抜いた男2人の絆を描いた人間ドラマだ。

　米国立公文書館に保管されていた1枚の写真とそれにまつわるエピソードをモチーフに、「シュリ」のカン・ジェギュ監督が脚本から手掛けた。

　日本占領下の朝鮮半島。マラソンのオリンピック選考会での事件をきっかけに憎み合うようになった長谷川辰雄とキム・ジュンシク。ジュンシクはこの事件をきっかけに日本軍に強制徴用される。2人はその後、ノモンハンで軍の上官と部下として再会し、時代の荒波に翻弄（ほんろう）されていく。

　夢を捨て、狂気漂う帝国軍人となった辰雄が人間味を取り戻していく姿をオダギリジョーが力演。どんな状況下でも真っすぐなジュンシク役には、チャン・ドンゴンの強いまなざしが似合う。

　ファン・ビンビン演じる中国人女性シュライの描写が物足りない気もするが、男2人の物語を掘り下げるためには仕方がないだろう。

　戦闘シーンは、朝鮮戦争を描いたカン監督の「ブラザーフッド」をしのぐ壮絶さだ。砲弾の雨の中、戦車が人間をひきつぶす。あまりのむごたらしさに目を背けたくなるが、それが戦場というものだと私たちに突きつける。

　お互いに憎悪を剥き出しにしていた2人の友情を美しくまとめ過ぎたきらいはある。しかし、愚かな戦いが繰り返された後では、人生最大のライバルに夢を託し、託されるラストに救われる思いがした。2時間23分。

記者の採点＝★★★★☆　　　　　　　　　　（智）

2 0 1 2

2012

2012年1月11日

浮かび上がる風景と人情

「ALWAYS 三丁目の夕日'64」

　昭和30年代の東京をVFX(視覚効果)で再現したシリーズの3作目となる映画「ALWAYS 三丁目の夕日'64」。今回は本格的な3D映像で、当時の風景がよりくっきりと浮かび上がり、厚い人情の物語が展開される。大ヒットした前2作以上に笑って泣ける娯楽作となっている。

　舞台は1964年。東京五輪の中継を見ようとカラーテレビのある家に人が集まり、見上げた空にはアクロバット機が五輪のマークを描き出す。戦後の焼け野原にビルが建ち、東京タワーも完成した高度成長期の高揚感が伝わってくる。

　59年を舞台にした前作の公開から5年が過ぎ、出演俳優と同じく登場人物も年を重ねている。

　売れない小説家の茶川竜之介(吉岡秀隆)は飲み屋のおかみ(小雪)と結婚し、まもなく子が生まれる。2人が引き取った身寄りのない少年(須賀健太)は受験勉強に励んでいる。向かいの自動車修理工場で働く六子(堀北真希)には、気になる男性(森山未来)が現れる。

　貧しくとも心を通わせてきた人々に新たな出会いや別れがあり、前の2作を楽しんだ人には感慨深い展開が待っている。

　監督は、シリーズを一貫して手掛けるヒットメーカーの山崎貴。最新技術で懐かしい時代を再現するという手法が成功している。当時の家並みや家具、乗り物、衣装など、細部を忠実に再現しようとするスタッフの熱意がスクリーンに満ち、作り物の世界に命が吹き込まれたかのようだ。

　「昔は良かった」と感傷に浸るというより、東日本大震災を経た今、いつの時代も変わらない人のぬくもりが心に残った。登場人物の成長を見守る国民的なシリーズとしてさらに続くことを期待したい。2時間22分。

記者の採点＝★★★★★　　　　　　　　　　(竹)

2012年1月18日

謎解きで見せる人間の絆

「麒麟の翼」

　謎解きの中で浮かび上がる深遠な人間ドラマが人気の秘密だろう。「麒麟(きりん)の翼」は、東野圭吾のベストセラー小説を原作にした連続テレビドラマ「新参者」の劇場版。日本橋署の刑事・加賀恭一郎がスクリーンで殺人事件の真相に迫る。

　東京・日本橋の麒麟像の下で、腹部を刺されたまま息絶えた青柳武明(中井貴一)が発見された。青柳のかばんを持って逃走した八島(三浦貴大)は車にはねられ意識不明に。八島の恋人香織(新垣結衣)は無実を訴える。

　八島は犯人なのか。青柳はなぜ刺されてから8分間も歩き続け、日本橋へ向かったのか。家族、同僚、友人、さまざまな人間関係の裏に真相が見えてくる。

　淡々と謎を解き明かしていく加賀役はドラマ同様、阿部寛。物語の舞台となる人形町周辺の雰囲気も味わえる。原作に忠実にそつなくまとめた印象だ。

　中井が思春期の息子を理解しようと奔走する父親を好演。息子の悠人役の松坂桃李も心に闇を抱えた高校生をうまく演じており、2人が描き出す親子の姿が見どころ。

　加賀のいとこで相方の松宮を演じる溝端淳平は、相変わらず捜査1課の刑事らしくない風貌だが、その身軽さが生きるアクションで見せている。

　ドラマも原作シリーズにも触れていない人も楽しめるが、加賀と元刑事だった亡き父との関係や、田中麗奈演じる看護師の存在が浮いて見えないか。「父と息子の絆」が胸を打つだけに、劇場版だけでは加賀親子の描写が物足りなかった。

　原作を先に読むか、後に読むか。迷いどころだが、ミステリーのオチは知らないほうがドキドキできる。しかし、この作品は原作から頭に思い描いていた情景と比較して見るのも悪くない。土井裕泰監督。2時間9分。

記者の採点＝★★★★☆　　　　　　　　　　(智)

2012

2012年1月25日

異色のヒロインが魅力的

「ドラゴン・タトゥーの女」

「ソーシャル・ネットワーク」や「セブン」など斬新な作風でヒットを繰りだすデビッド・フィンチャー監督が、スウェーデンのミステリー小説を映画化した。新作「ドラゴン・タトゥーの女」はキレのある演出で、富豪一族の謎を追うジャーナリストらの物語に見る者をぐいぐい引き込む。

一切の説明を排した予告編と同様に、本編冒頭のタイトルバックに流れる映像と曲が鮮烈だ。レッド・ツェッペリンの強いビートに乗せ、暗い銀色に塗り込められたヒロインらのイメージ映像が次々と映し出される。

CMやミュージックビデオを手掛けてきた監督らしく、氷雪の中で鈍く輝く北欧の町で起きるダークな物語の魅力を端的に伝えている。

ダニエル・クレイグ演じるジャーナリストの主人公は、40年前に姿を消した一族の娘を探すよう依頼を受ける。警察もお手上げの失踪事件の真相に、天才ハッカーの女とともに迫っていく。

最大の魅力はこの異色のヒロイン、リスベットだ。小柄な体に竜の入れ墨を入れ、体中にピアスをするなどまるで武装しているかのよう。固く心を閉ざす彼女が直面した過酷な現実も明かされ、希望を託して取り組むことになる謎解きの行方から目が離せなくなる。

弱い立場に置かれながら、社会の暗部に立ち向かうリスベットを演じたルーニー・マーラは、ことしの米アカデミー賞で主演女優賞にノミネートされた。

原作はスティーグ・ラーソンの人気小説「ミレニアム」シリーズ。すでにスウェーデンでも3部作として映画化されており、こちらのリスベットも野性味が強くて魅力的だ。2人のリスベットを見比べるのも面白い。

2時間38分の上映時間があっという間に感じられるテンポの良さだ。

記者の採点＝★★★★☆　　　　　　　　　（竹）

2012年2月1日

温かな交流でほっこりと

「キツツキと雨」

ほっこりと、山奥の温泉に漬かっているような気分になる映画である。「キツツキと雨」は、南極観測隊員たちの生活をユーモラスに描いた「南極料理人」の沖田修一監督によるハートフルコメディーだ。

妻に先立たれ、息子（高良健吾）とは微妙な関係が続く60歳のきこり克彦（役所広司）が、山村にやってきたゾンビ映画のロケ隊と出会ったことから、村中が撮影に巻き込まれていくストーリー。劇中劇のメガホンをとるのは、気が弱く、今にも現場から逃げ出しそうな25歳の新人監督、幸一（小栗旬）だ。

エキストラ出演をきっかけに映画づくりの面白さに目覚める克彦と、悩める幸一との交流が温かい。克彦は幸一に実の息子を重ね、幸一は克彦との心の触れ合いから少しずつ自信をつけていく。

物語は淡々と進む。爆笑というよりは、くすっと思わず笑みがこぼれるゆるい笑い。独特の間が醸し出すユーモアが随所に効いている。

軍人に文豪と、近ごろシリアスな役どころの多い役所だが、コメディーでの演技も秀逸だ。ゾンビメークで登場したり、仲間からおだてられ、まんざらでもない表情を見せたりする克彦を、武骨かつ愛らしい男に演じ上げた。

一方、普段はさっそうとしたイメージの小栗が、プレッシャーに弱い幸一の役作りの参考にしたのは沖田監督の姿だったとか。

克彦の迷惑を顧みないマイペースなロケ隊には苦笑したが、多くの人が心を一つにしてゴールを目指す映画製作の魅力がふんだんに盛り込まれている。肩の力を抜いて、現場に加わったつもりで楽しみたい。

昨年の東京国際映画祭で審査員特別賞を受賞した。2時間9分。

記者の採点＝★★★★★　　　　　　　　　（智）

2012年2月8日

憂鬱乗り越えた魂の輝き 「メランコリア」

　「ダンサー・イン・ザ・ダーク」で知られるデンマーク出身のラース・フォン・トリアー監督の新作「メランコリア」は、世界の終わりが迫るという物語を通し、現代的な憂鬱（ゆううつ）を乗り越えた魂の再生を描いている。

　地球に惑星が衝突するとの情報を得て、地球壊滅への不安を募らせる姉（シャルロット・ゲンズブール）と、逆に日常の憂鬱から解き放たれていく妹（キルスティン・ダンスト）の2人が主人公だ。対照的な反応を見せる2人の姿から、現代人の異なるタイプの憂鬱が示される。

　天才肌の妹は、自分の結婚パーティーで本当の自分が失われるような気持ちから全てをぶちこわしにしてしまう。そんな妹に常識的な振る舞いを求める姉は、惑星衝突の情報をインターネットで見つけて徐々に不安に駆られてゆく。

　ワーグナーの音楽と共に映し出される地球の最後をイメージさせる映像は、実に幻想的で壮大だ。トリアー監督ならではのダークな画面で、シャーロット・ランプリングやジョン・ハートらによる深みのある演技が作品の風格を高めている。

　脚本も手掛けた監督は、自身のうつ病の経験を妹の役に投影させているという。姉の方の不安は、環境問題などの現実世界で起きている問題に重ねて見ることもできる。

　姉が深刻な不安の中に置かれたとき、生きることそのものが憂鬱であり続けてきたような妹に支えてもらうこととなる。苦しみを癒やす芸術や音楽は、そんな憂鬱や不安の中から生み出されてきた。

　鬱を乗り越え、世界の終わりに命を輝かせる妹を演じたキルスティン・ダンストは、カンヌ国際映画祭で女優賞を受賞した。2時間15分。

記者の採点＝★★★★☆　　　　　　　　　　（竹）

2012年2月15日

大人になれない痛々しさ 「ヤング・アダルト」

　あのころは良かったと、誰しも過ぎ去った日々を振り返ることがある。しかし、いつまでも過去の栄光にすがる人間ほど厄介なものはない。「ヤング・アダルト」は、その厄介者が主人公。37歳のメイビスは、美貌と才能に恵まれながらも精神的に大人に成り切れない"イタイ"女性だ。

　都会で暮らすメイビスの心の友は愛犬とアルコール。さえない日々を送る彼女のもとに届いた高校時代の元彼バディの子供誕生を知らせるEメールをきっかけに、人気者だった当時の輝きを取り戻そうとバディとの復縁を画策し、故郷の町で大騒動を巻き起こす。

　自分勝手で見えっ張りなメイビスを演じるのは、映画「モンスター」で、実在した連続殺人犯を演じ、アカデミー賞主演女優賞を受賞したシャーリーズ・セロン。今回の化けっぷりも見事だ。

　普段はすっぴんに着古したキャラクターTシャツとジャージー姿。起き抜けに大きなペットボトルの炭酸飲料をラッパ飲みする一方で、男を落とすために最先端のファッションとメークで大変身する。思い込みが激しく、とんでもなく嫌なヒロインなのだが、つい彼女に感情移入してしまうのは、幸せを求めてもがく姿にどこか自らを重ねているからだろう。

　平凡でも満ち足りているバディ夫妻との対比が、メイビスの痛々しさを倍加させ、彼女が哀れだと思っていた人々から逆に哀れみの視線を向けられていたことに気づく姿は居たたまれない。

　「幸せ」って何だろう。映画「JUNO／ジュノ」のジェイソン・ライトマン監督と脚本家のディアブロ・コディのコンビが、現代人が抱える悩みを笑いに包んで巧みに描いた、ちょっと切なくもある人間ドラマだ。1時間34分。

記者の採点＝★★★☆☆　　　　　　　　　　（智）

2012年2月22日

3Dで見つめる映画の原点

「ヒューゴの不思議な発明」

「タクシードライバー」や「ディパーテッド」など、名作映画を送り出してきたマーティン・スコセッシ監督が新作「ヒューゴの不思議な発明」で初めて3Dに取り組んだ。最新技術で描いたのは、映画が誕生して間もないころに活躍した人物への敬愛の情にあふれる物語だ。

舞台は1930年代のパリ。冒頭、上空から見た街並みが3Dで浮かび上がる。カメラは町の輝きや雑踏を映し出し、やがて少年（エイサ・バターフィールド）がひっそり暮らす駅の時計台裏の暗がりへと進む。物語の世界へ誘う素晴らしい導入だ。

一人で生きる少年は、食べ物に困りながらも父の形見の機械人形を完成させることを夢見ている。その部品を手に入れようとして、おもちゃ屋の主人（ベン・キングズレー）につかまってしまう。この孤独な者同士の出会いが、映画をめぐる発見へとつながっていく。

1902年の「月世界旅行」など、素朴な無声映画が次々に映し出され、3D映像とは違う意味で輝いて見える。4月に公開されるモノクロでサイレントの新作映画「アーティスト」と同様に、映画の原点を見直す動きといえそうだ。

ブライアン・セルズニックによる原作の絵本が素晴らしい。映画の絵コンテのような鉛筆画に文章を添え、米国で優れた絵本に贈られるコールデコット賞を受賞した。

スコセッシ監督はその絵に色彩や立体感を与えて映画化し、魅力的な俳優の演技で命を吹き込んだ。しかしやはりデジタル技術で描かれているせいか、きらびやかで人工的な雰囲気が感じられる。手描きのぬくもりが伝わる原作本の方が、想像を膨らませることができ、愛着も湧く気がした。2時間6分。

記者の採点＝★★★★☆　　　　　　　　　（竹）

2012年2月29日

宇宙開発に親子重ねる

「おかえり、はやぶさ」

60億キロを旅して、小惑星の微粒子を地球に持ち帰った人類初のプロジェクトの成功に、映画各社がこぞって映画化に名乗りを上げた小惑星探査機「はやぶさ」を基にした劇映画が出そろった。とりを飾るのは「おかえり、はやぶさ」。3Dによって奥行きを出し、はやぶさが旅する宇宙空間を体感させる。

いずれのストーリーも、数々のトラブルを乗り越えて歴史的偉業を達成した探査機を支えた人々をめぐるドラマになるのは必至。各社とも違いを出そうと頭をひねったわけだが、どの作品に感情移入するのか、好みが分かれるところだろう。

一足先にこの冬公開された「はやぶさ　遥かなる帰還」（滝本智行監督）が、プロジェクトのリーダー役に渡辺謙を起用し、日本の科学、技術者魂を描いた大人向けの骨太なドラマなら、「おかえり」は、科学的なトピックに分かりやすい説明を加えたファミリームービーに仕上がっている。

「おかえり」の物語は、はやぶさプロジェクトに関わるエンジニア助手の大橋健人（藤原竜也）と、その父親で、失敗に終わった火星探査機「のぞみ」のプロジェクトリーダー伊佐夫（三浦友和）の親子関係が軸だ。

失敗が次世代のプロジェクト成功への土台となって受け継がれていく宇宙開発の歴史に、健人と伊佐夫が絆を再生する姿が重ねられている。

ただ、はやぶさプロジェクトの成功に母親の病気回復の願いを託す小学生、風也（前田旺志郎）の家族を描いたサイドストーリーは、分かりやすさが是とはいえ、あざとすぎないか。

「遥かなる」主演の渡辺の娘、杏が「おかえり」で新人の理学博士を演じている。父娘の作品を見比べてみるのも一興かも。

2Dも同時公開。本木克英監督。1時間54分。

記者の採点＝★★★☆☆　　　　　　　　　（智）

2012年3月8日

老いの真実立ち現れる名演

「マーガレット・サッチャー　鉄の女の涙」

　実在する著名人を演じることほど、俳優にとって骨の折れる仕事はないのではないか。どうしても本人と外見を見比べられるし、単なる物まねになる恐れもある。

　映画「マーガレット・サッチャー　鉄の女の涙」でメリル・ストリープは、東西冷戦下で「鉄の女」と呼ばれ、20世紀の英国で最も影響力をもった政治家とされるサッチャー元首相役に挑んだ。

　教育科学相となった40代から認知症に苦しむ80代までを、メリルならではの温かみを加えて熱演。メーキャップ技術もあって世代ごとの外見の変化が見事で、何より元首相本人によく似ている。感心して見ていると似ているかどうかには関係なく、人が老いるということの真実を見事に表現した瞬間が立ち現れて、はっとさせられる。

　「茶わんを洗って一生を過ごす女じゃない」と雑貨商の娘が男社会でのし上がっていく。陰で支えるのは、心優しくちゃめっ気のある夫（ジム・ブロードベント）だ。あまりに華々しい出世物語だからこそ、権力を失い、夫を亡くした老いの孤独の影は濃く見える。

　2008年の映画「マンマ・ミーア！」をヒットさせたフィリダ・ロイド監督との女性コンビによる作品。妻や母としての苦悩にも焦点を当てることで、陰影に富んだドラマに仕上がっている。

　度重なるストライキや増える失業者、財政難の中で緊縮財政を貫き、フォークランド紛争に勝って経済を回復させ「英国人である誇りを持ちましょう」と演説するリーダー像には、日本の政治を重ねて考えさせられる。

　メリル・ストリープはこの演技で、ことしの米アカデミー主演女優賞に輝いた。当代最高の映画俳優の一人とたたえられるのも当然とうなずける名演だ。1時間45分。

記者の採点 = ★★★★☆　　　　　　　　　（竹）

2012年3月14日

鉄道愛に満ちたコメディー

「僕達急行　A列車で行こう」

　私って実は"鉄"（鉄道ファン）かもしれない―。見た人すべてにそう感じさせるオーラを発する「僕達急行　A列車で行こう」。昨年末に急逝した森田芳光監督が長年構想を温めてきた念願の企画とあって、監督のこだわりと鉄道愛に満ちたコメディーだ。

　登場人物全員に特急の名前が使われており、主人公は小町圭（松山ケンイチ）と小玉健太（瑛太）の新幹線コンビ。小町は大手デベロッパーのサラリーマン、小玉は下町の鉄工所の跡取りで、いずれも恋愛に関しては草食系男子。

　そんな2人が出会い、共通の趣味の鉄道を通じて友情を育んでいく。鉄道映画は多くあれど、これほど鉄道マニアを真正面から描いた作品も珍しい。

　あるとき、九州支社へ転勤を命じられた小町。いわゆる左遷だ。しかし、当の本人は「電車に乗れるチャンス！」とばかりにゴキゲンな様子。九州には同社が口説き落とせない地元企業の社長がいたが、その社長も鉄道ファンだったことから小町や小玉と意気投合、事態は思わぬ方向へ動きだす。

　ピュアでひょうひょうとした空気が漂う作風に、こそばゆくなることがなきにしもあらず。しかし、趣味で人と人とがつながることの魅力がこぼれてくるような作品だ。「人生、仕事だけでいいの？」と、生き方そのものを問われているような気もしてくる。

　劇中に登場する電車は東京、九州地方を中心に計20路線80モデルに上るという。ゆるりと旅気分に浸るのもいい。

　いま思い返してみて、登場する鉄道と場面描写の絶妙なコラボレーションに気づき、はっとした。森田監督に続編を撮ってほしかったと惜しくてならない。1時間57分。

記者の採点 = ★★★★☆　　　　　　　　　（智）

2012

2012年3月21日

車の疾走をスリリングに 「ドライヴ」

　寡黙な男がハンドルを握ると、すご腕のドライバーとなって車を疾走させる映画「ドライヴ」。洗練された映像とクールな音楽、計算された演出で見る者をぐいぐい引き込む力のある娯楽作だ。恋をきっかけに裏社会へ巻き込まれるサスペンスで、男性が好みそうな要素が詰め込まれている。

　舞台は米ハリウッド。主人公の男は自動車整備工で、映画のカースタントもこなす。そして夜には、車で強盗犯を逃がす運転手となる。追っ手を振り払い、街を猛スピードでぶっとばすシーンが実にスリリングに描かれている。

　車内から街を見た低い目線の映像が、追われる者の重苦しい緊張を伝え、静寂の中で立ち上がるエンジン音は胸がすくほど小気味いい。

　物語は人妻との出会いから始まる。彼女の夫が刑務所を出所し、面倒に巻き込まれることになる。運転手が秘めた狂気をあらわにしていくさまに、名作「タクシードライバー」も少し思い出す。

　ハードボイルドに見える男もいい女には弱いという物語は、女性向けではないかもしれない。しかし男は、身を破滅させるような女を夢見てしまうものではないか。

　主演は「きみに読む物語」のライアン・ゴズリング。ジョージ・クルーニー監督の「スーパー・チューズデー　正義を売った日」など、新作出演が相次ぐ人気ぶり。相手役は「17歳の肖像」のキャリー・マリガンで、アルバート・ブルックスら共演者にも魅力がある。

　監督は、「ダンサー・イン・ザ・ダーク」や「メランコリア」のラース・フォン・トリアー監督と同じ、デンマーク出身のニコラス・ウィンディング・レフン。この映画で昨年、カンヌ国際映画祭の監督賞を受賞しており、これからの活躍を期待したい。1時間40分。

記者の採点＝★★★★☆ 　　　　　　　　　　(竹)

2012年3月28日

想像を膨らませる楽しみ 「アーティスト」

　目からうろことはまさにこのこと。技術の進歩が目覚ましい3D映画が増えてきたこの時代に、ほぼ姿を消していたジャンルをよみがえらせる。その着想だけでも白黒サイレント映画「アーティスト」のミシェル・アザナビシウス監督に素直に脱帽する。そして、映画の素晴らしさの本質を思い知らされた気がした。

　フランス映画ながら舞台は1920年代の米ハリウッド。当のハリウッド関係者はさぞかし悔しいに違いない。

　サイレント映画界の大スター、ジョージ（ジャン・デュジャルダン）に見いだされた新人女優ペピー（ベレニス・ベジョ）は、トーキー映画の登場によって瞬く間にトップスターに。一方、過去の栄光に固執するジョージは落ちぶれていき…。

　物語は小難しいこと抜きのシンプルなラブストーリー。程よいユーモアと音楽が効き、構える必要はない。単純過ぎて物足りなく感じる人もいるだろうが、白黒サイレント初体験の人におすすめ。"新"ジャンルとの豊かな出合いのきっかけになるはずだ。

　当たり前だが、せりふがないのがサイレント映画（多少の字幕はあるけれど）。ジョージの眉の動き、ペピーのしぐさ一つに感情を読み取り、想像を膨らませる。せりふ過多な映画は耳障りに感じるが、それは想像する楽しみを奪われることと同じだからなのだろう。

　昨年のカンヌ国際映画祭で脚光を浴びて以降、数々の映画賞を席巻。今年の米アカデミー賞では作品賞をはじめ、監督賞、デュジャルダンの主演男優賞など5部門を制した。

　なお、カンヌでパルムドールならぬ「パルムドッグ賞」に輝いたジョージの愛犬アギーは、デュジャルダンに劣らない名演で見る人をくぎ付けにする。言葉がいらないサイレント映画は、どこまでもユニバーサルだ。1時間41分。

記者の採点＝★★★★★ 　　　　　　　　　　(智)

2012年4月4日

あまりに素朴に海軍賛美　　「バトルシップ」

　米海軍が日本の海上自衛隊と力を合わせ、地球を襲うエイリアンと戦う米映画「バトルシップ」は、戦艦や駆逐艦の活躍を迫力たっぷりに描くアクション大作だ。娯楽性は十分だが、あまりに素朴に軍隊を賛美するお気楽さに背筋が寒くなる。

　冒頭からまるで米海軍の宣伝映像だ。自堕落な生活を送る主人公の青年（テイラー・キッチュ）が酒場で美女（ブルックリン・デッカー）と出会い、彼女が望む物を盗んできてアプローチする。

　彼女の父親が米海軍の艦隊司令官だと分かると、海軍士官となって人生を変えようとする。単純な物語だ。

　ハワイ沖で米海軍が主催する環太平洋合同演習（リムパック）が行われている最中に、宇宙から飛んできたとてつもなく強大な船が攻撃してきて、駆逐艦が撃沈される。

　生き残った主人公は、浅野忠信演じる日本の海上自衛隊の艦長らと力を合わせ、宇宙人に立ち向かう。とても勝てそうになかった敵の弱点を突き、倒していく活躍にはカタルシスが感じられる。

　だがCGで描かれた敵の兵士は、金属のようなものに身を包んで顔を見せず、わずかに見えたときはひたすら醜い。恐怖と憎しみをあおるばかりだ。味方が命を落とす場面は見せず、戦いで負った傷も、赤く色を塗っただけのようで、見る者に痛みをまったく伝えていない。

　戦場のリアリティーを欠いたテレビゲームのような映像からは、人間のドラマが感じられない。

　米軍が全面協力し、戦いへの支持を求めるオバマ大統領までが登場。米軍の正当性を誇示するプロパガンダ映画のようにみえる。せっかく主役級で出演した浅野も、米国の戦略に利用されているようでとても残念だ。2時間12分。監督はピーター・バーグ。

記者の採点＝★☆☆☆☆　　　　　　　　　　（竹）

2012年4月11日

スパイロマコメで気晴らし　　「ブラック＆ホワイト」

　頭を空っぽにして気分転換したい。そんなときには、ど派手なスパイアクション？　それともおしゃれなロマンチックコメディー？　その両方を兼ね備えた「ブラック＆ホワイト」は、親友同士の男2人が1人の女性をめぐって火花を散らすという気晴らしにうってつけの娯楽作だ。

　CIAのすご腕コンビFDR（クリス・パイン）とタック（トム・ハーディ）は、ある日極秘任務でターゲットを取り逃がして謹慎処分に。

　暇を持て余したタックはバツイチの寂しさから登録していた恋人紹介サイトで出会った女性とデート。一方、FDRはお得意のナンパの手口でも落ちない女性に夢中になってしまう。しかし2人が思いを寄せたのは同じ女性、ローレンだった。

　ローレンを射止めようと、「重要任務」と偽って精鋭チームを結成し、あの手この手で諜報（ちょうほう）バトルを繰り広げる男たちの本気ぶりがおかしい。

　イケメンのスパイを2人も骨抜きにするなんて、ローレンはハニートラップを仕掛ける魔性の女かと思いきや、元彼への思いを引きずり仕事に逃げる普通のOL。休日に一人ですし屋に行けば、恋人を連れた元彼と出くわす運のなさ。なんだか親近感が湧いて応援したくなるキャラクターだ。

　ローレンを演じるのは「キューティ・ブロンド」のリース・ウィザースプーン。「幸せの始まりは」でも、タイプの違う男2人の間で揺れるヒロイン役だった。同性に嫌われそうな設定だが、どちらも嫌みのない等身大の女性になっているのは彼女のなせる業だろう。

　女性は自らをローレンに置き換えて、男性は自己アピールの参考に（ならないが）、現実を忘れて楽しむのがよさそう。

　「チャーリーズ・エンジェル」のマックG監督。1時間38分。

記者の採点＝★★★☆☆　　　　　　　　　　（智）

2012年4月18日

年重ねて知る親の愛の深さ

「わが母の記」

　井上靖の自伝的小説を原作にした映画「わが母の記」は、年を重ねてから知る親の愛を描いたホームドラマだ。日常生活の哀歓を見せた「松竹大船調」の伝統の上に、勢いのある新たな表現を重ねており、ことしの日本映画を代表する作品のひとつになりそうだ。

　役所広司演じる小説家の伊上洪作は、子どものころ曽祖父の愛人のもとで育ち、母親に見捨てられた孤独とともに生きてきた。父親を亡くし、物忘れがひどくなった母親と、その思いを抱えて向き合うことになる。

　夫のことさえ忘れ始めた老いた母親は、本気か冗談か分からないような言動の中で、胸の奥の記憶をそっと告げる。ぶつぶつ言いながら虚と実の間を行き来する演技は、樹木希林の面目躍如だ。

　井上靖が実際に家族と暮らした東京都世田谷区の家などで撮影された。丹念な画面構成で文豪の住まいの端正さも伝えている。故郷の静岡でロケ撮影が行われ、海の向こうに見える富士山などの風景が美しい。

　原田眞人監督は、主人公の家族の個性を一人一人浮かび上がらせ、それぞれのドラマを展開させる。多くの人物を動員した場面に勢いや熱気のあった「クライマーズ・ハイ」のように、登場人物のせりふをたたみかけ、女性の多い家族のにぎわいを演出。だからこそ、主人公の胸に湧き上がる寂しさが際立って映る。

　うっとうしくて疎遠になりがちな親のありがたさが、ずっと後になって身に染みることもある。劇中のせりふで小津安二郎監督の「東京物語」に触れる場面もあるが、本作も繰り返し見たくなる風格を備えた家族の映画となった。

　モントリオール世界映画祭で審査員特別グランプリ受賞。1時間58分。

記者の採点＝★★★★★　　　　　　　　　　（竹）

2012年4月25日

熱く夢追う2人の絆

「宇宙兄弟」

　宇宙や未知の世界へ行ってみたい―。夢見る人は数知れないが、多くの場合、いつしか諦めとともに忘却のかなたに消えてしまう。「2人で宇宙へ」という壮大な夢を愚直に追う兄弟の絆を描いた「宇宙兄弟」は、夢の実現を願った熱のようなものがよみがえってくる作品だ。

　原作は週刊漫画雑誌に連載中の小山宙哉の人気コミック。幼いころからの憧れをかなえて宇宙飛行士になった弟ヒビト（岡田将生）は、まもなく月へ。一方、かつては弟と同じ夢を追いかけたはずの兄ムッタ（小栗旬）は自動車会社をクビに。ある日、兄は弟との電話をきっかけに、忘れた夢へと再び走りだす。

　さすがに月面での撮影は不可能だが、リアリティーへのこだわりが随所にみられる。米航空宇宙局（NASA）や、宇宙航空研究開発機構など、宇宙開発の中枢で行われたロケを基に描かれた世界は迫力がある。

　さらに、本物の宇宙飛行士が本人役で登場。人類初の月面着陸を果たしたアポロ11号の乗組員バズ・オルドリンの、夢を結実させる原動力を説くせりふにはガツンとやられた。

　小栗や岡田から子役に至るまで、原作のキャラクターをほうふつさせるキャスティングが絶妙だ。高揚感を増幅させる音楽もいい。宇宙開発の歴史を一気にたどるポップなオープニングはプライマル・スクリームのロックに乗せて、クライマックスにシガー・ロス、そして主題歌はコールドプレイと、いずれも原作者が作画中に聞いている曲を使用したという。

　原作の世界観を追求しようとするあまり、無駄に思える演出も目についたが、製作者の熱を感じる小気味良い映画だった。森義隆監督。2時間9分。

記者の採点＝★★★★☆　　　　　　　　　　（智）

2012年5月2日

中年男性向けファンタジー 「幸せの教室」

　ハリウッドを代表する俳優トム・ハンクスが、映画「幸せの教室」で監督を務めた。映画監督としては2本目。これまで彼が演じてきた実直でコミカルな人物像と同様に、逆境に立たされた人を励ますような、優しさや笑いのある作品となっている。

　ハンクスは、1996年の青春映画「すべてをあなたに」でも監督を務め、バンド少年たちの活躍と恋をさわやかに描いてみせた。今回は、彼自身が高校卒業後に短大へ入り、さまざまな友人をつくった経験を基に物語を練ったという。

　ハンクス演じるスーパーの従業員ラリーは、優秀な販売員として何度も表彰されてきたが、唐突に解雇を言い渡される。理由は、高卒の学歴ではもう昇進を望めないからだ。

　離婚して住宅ローンも抱えた彼は、不景気で再就職先もなく大弱り。車をスクーターに乗り換えて倹約し、隣人の勧めで短大へ通い始める。

　そこで出会う無愛想な教員を演じるのがジュリア・ロバーツだ。自分の授業に自信がもてず、結婚生活にも不満が募るばかり。酒に逃げる日々を送っている。

　ラリーは若い学生に囲まれて2度目の青春を楽しむ。ポロシャツの裾をズボンにたくしこんでいたファッションも洗練されていく。学ぶことで自信を取り戻し、視野が開けて、教師との関係も大きく変わり始める。

　前向きに生きていればすてきな出会いがあって、ハッピーになれるという筋書きは単純すぎるし、あれほどの美人先生は現実にはいない。

　しかし厳しい現実の中で、生き方に迷う人々を励まそうとする作り手の優しさが伝わってくる。特に中年の男性は、ファンタジーとして楽しめるだろう。1時間38分。

記者の採点＝★★★☆☆　　　　　　　　　　　（竹）

2012年5月9日

ハワイで紡ぐ家族再生物語 「ファミリー・ツリー」

　極寒の地では張り詰めるように、映画の舞台となる場所は物語全体の空気を支配する。「ファミリー・ツリー」の舞台はハワイ。人生の岐路に立つ中年男が家族との絆を取り戻し、再生していく姿を、南の島が醸し出す独特の温かさが包み込んでいる。

　仕事に明け暮れる弁護士マット（ジョージ・クルーニー）は、ある日突然、妻がボート事故で植物状態に。妻に任せきりだった娘2人と向き合うが、うまくいくわけがない。そして、妻が不倫していて離婚も考えていたことが明らかになる。

　どきり、とした人は、家庭をなおざりにする仕事人間だろうか。意気消沈のマットはさらに重大な決断を迫られるのだ。

　王族の血を引く先祖から受け継いだ土地を売却するのか否か。売却すれば一族に巨額の富がもたらされるが、リゾート開発で大自然が失われるのは必至。そして、意識が戻らない妻の命の選択…。

　深刻な状況下で自らのルーツと家族の行く末を見つめ直すマット。ただ悲嘆に暮れるのではなく、程よいユーモアを織り込み絶妙な人間ドラマに紡いだのは「サイドウェイ」のアレクサンダー・ペイン監督だ。

　「スラック・キー・ギター」という独特な奏法の音色が素晴らしいハワイアンミュージックと、雄大な自然が持つパワーを存分に生かし、希望の物語に仕上げた。

　ダメおやじの情けなさが漂うクルーニーの演技は必見だ。いつものスマートさはどこへやら、よれたポロシャツにサンダルでどたどた走る姿は笑いを誘う。思春期らしく多感で複雑な表情をみせる長女役を気鋭のシャイリーン・ウッドリーが好演している。

　家族3人で居る何げないラストシーンが秀逸だ。米アカデミー賞脚色賞受賞作。1時間55分。

記者の採点＝★★★★☆　　　　　　　　　　　（智）

2012

2012年5月16日

「別の自分」をかなえる街
「ミッドナイト・イン・パリ」

　旅で訪れた街を歩き「ここで暮らしたら…」と想像していると、ふと別世界へ迷い込んだ気分になることがある。ウディ・アレン監督の映画「ミッドナイト・イン・パリ」は、そんな空想から広がる夢の世界を、ユーモアたっぷりに描き出している。

　小説家志望の中年男がパリの夜の街で酔っぱらい、芸術や文化が花開いた1920年代へとタイムスリップする物語。ロマンスを絡ませた軽妙な会話で笑わせ、終盤にはひねりの利いた展開がある秀逸なコメディーだ。

　主人公は、米ハリウッドで成功し、おなかが少し出てきた脚本家のギル（オーウェン・ウィルソン）。美人の婚約者イネズ（レイチェル・マクアダムス）とパリを訪れ、幸せいっぱいだ。しかしパリ暮らしを夢想して小説への思いを語るうちに、お嬢さま育ちの彼女との間にずれが生じる。

　不満を抱えたギルは、酒を飲んで街を歩くうちに不思議な車に乗せられてパーティーへ。そこにいたのはなんと、作家ヘミングウェーやフィッツジェラルド、作曲家のコール・ポーターら。憧れの人々との出会いに目を白黒させる反応が実におかしい。

　ギルは夜ごとその車に乗り、大物芸術家たちと出会い、ピカソの愛人（マリオン・コティヤール）と恋に落ちさえする。そして自分の生き方を見つめ直すことになる。

　脚本も手掛けたウディ・アレン監督は、「アニー・ホール」「ハンナとその姉妹」に続き、3度目の米アカデミー脚本賞に輝いた。

　きらめく才能が行き交い、人々を魅惑する花の都パリ。映画は、時代によって変わる街の表情も見せ、街の魅力を掘り下げてゆく。街並みが実に美しく映し出され、旅に出たくなること間違いなしの1時間34分だ。

記者の採点 = ★★★★☆　　　　　　　　　　（竹）

2012年5月23日

知られざる裏の世界描く
「外事警察　その男に騙されるな」

　米中央情報局（CIA）など海外の情報機関を描いた洋画は数多くあるが、邦画ではあまり見かけない。そんな中、登場した「外事警察　その男に騙（だま）されるな」は、対国際テロのために組織された警視庁公安部外事4課の内幕を描いたテレビドラマの劇場版。一般には知られざる裏の世界を描いた骨太な作品だ。

　「ZERO」などの公安警察小説を得意とする麻生幾の「外事警察　CODE・ジャスミン」を原案に元外事警察官が監修したとあってリアリティーは申し分なく、慄然（りつぜん）とする。

　朝鮮半島で濃縮ウランが流出し、日本の研究機関からは核に関する軍事機密が盗まれる。核テロの危機だ。外事課の住本（渡部篤郎）らは、事件の鍵をにぎる工作員の疑いがある貿易会社社長の妻果織（真木よう子）を協力者（スパイ）に仕立て、夫の秘密を探らせる。一方、韓国も日本に潜入捜査員を送り込み、極秘作戦を展開していた。

　ドラマから引き続き主人公を演じる渡部はもちろん、真木がこの上ないはまり役だ。母親としての苦悩を抱え、弱みをつけ込まれてスパイとなった果織には切迫感がみなぎり、引き込まれる。

　企業買収劇を描いたドラマ「ハゲタカ」を手掛けた堀切園健太郎監督の劇場デビュー作。全編にわたり、じっとりとした闇に包まれているような演出がスリルを高める。

　しかし、伏線に関する描写がしつこいのが気になるところ。また、ドラマ版を見ていない観客にとっては、物語の背景が分かりにくいかもしれない。

　物語は意外な所でひっくり返り、予想を裏切る。一体、何が真実なのか。だまされたくなかったら最後まで気が抜けない。韓国のキム・ガンウ共演。2時間8分。

記者の採点 = ★★★★☆　　　　　　　　　　（智）

2012年5月31日

人生を切り開く少しの勇気 「幸せへのキセキ」

　「幸せの教室」「しあわせの隠れ場所」など似た邦題の洋画が続き、幸せの安売りが目立つ。新作「幸せへのキセキ」の題名も意図不明確だが、それで避けてはもったいない。動物園を買った父親が子どもたちと衝突しながら和を取り戻していく、熱い家族ドラマだ。

　原題は「WE BOUGHT A ZOO（僕らは動物園を買った）」。筋肉もりもりのマット・デイモン演じる主人公が、閉鎖中の動物園の園長となり、園の再開へ向けて奮闘しながら、家族も再生させていく。

　思春期の息子に手を焼き、幼い娘も抱えて働いていた主人公。仕事に嫌気が差して衝動的に会社を辞め、亡き妻の思い出が詰まった町を出ることに。新生活を始めようと見つけた郊外の家は、閉園中の動物園付きだった。

　思い付きで買った動物園の経営は苦労の連続なのだが、子どもたちはその背中を見て少しずつ心を開く。わずかな勇気で踏み出す新たな一歩と、そこに踏みとどまって闘う努力が人生を切り開くというメッセージが、実にさわやかに語られる。

　英国人作家が実体験に基づいて書いた本が原作。娘役のマギー・エリザベス・ジョーンズは愛くるしく、繊細な息子役のコリン・フォードも魅力的。いつもは妖艶なスカーレット・ヨハンソンも土臭い飼育員役で、魅力的な役者がそろった。

　監督は「あの頃ペニー・レインと」や「エリザベスタウン」のキャメロン・クロウ。少年時代から米誌「ローリング・ストーン」に寄稿した音楽通で、今回はアイスランドのバンド「シガー・ロス」のヨンシーを起用、透明感のある音楽も大きな魅力になっている。

　日本語吹き替え版もあり、家族で楽しめる。2時間4分。

記者の採点＝★★★☆☆　　　　　　　　　　（竹）

2012年6月6日

奇抜な純愛ミュージカル 「愛と誠」

　「君のためなら死ねる」の名せりふで一世を風靡（ふうび）した青春コミックも、奇才の脳内で変換されるとこうなるのかと、あぜんとした。

　三池崇史監督の最新作「愛と誠」は、1970年代に人気を博した梶原一騎原作・ながやす巧作画の漫画を大胆に解釈し、主人公らが昭和の歌謡曲を歌って踊る純愛アクションミュージカルに仕立て上げた。とどのつまり、コメディー映画だ。

　幼少時、雪山で見知らぬ少年に命を救われた財閥の令嬢、早乙女愛（武井咲）が、乱闘を繰り返している不良、太賀誠（妻夫木聡）と出会う。彼はかつて愛を助けた少年だった。愛は誠を更生させようと尽くすが、すべてが空回り。ついには不良の吹きだまりである花園実業に転入した誠を追って、愛も名門高校から転校する——。

　冒頭からアニメーションが挿入され、凝りすぎの感すらある作り込んだ美術、時には学芸会風の演出など、奇抜な世界が繰り広げられる。長編大作だった原作の分かりやすいエピソードをかいつまんだ脚本はうまいが、原作ファンはどう感じるのか。予測できない。

　愛に熱烈な思いを寄せ、やることなすことギャグにしか見えない岩清水弘を演じた斎藤工、スケバン・ガムコ役の安藤サクラ、座王権太役で50代目前にして学ランを着た伊原剛志…。俳優陣の体を張った演技には拍手を送りたいと思う。

　「激しい恋」「また逢う日まで」など登場人物が歌い上げる往年の名曲は、音楽プロデューサー小林武史がアレンジし、パパイヤ鈴木が振り付けをした。見事だが、フルコーラスは冗長だった。

　確かに「愛」とは、はた目には滑稽なもの。しかし、これほどまでに滑稽だったとは…。

　カンヌ国際映画祭で上映された。2時間14分。

記者の採点＝★★★☆☆　　　　　　　　　　（智）

社会にリンクする警察映画

2012年6月13日

　警察官を主人公にした重厚な映画が相次いでいる。国際犯罪を追う「外事警察　その男に騙（だま）されるな」に続き、内野聖陽が主演する「臨場　劇場版」が公開。犯罪被害者の遺体を丹念に調べることで、事件の真相に迫る検視官のドラマだ。

　2本ともこれまでの警察ドラマでは、あまり取り上げられなかった分野に光を当てた。「事件は社会を映す鏡」といわれるが、意図したかどうかは別として、映画の公開に合わせるようにして似た事件が実際に起き、映画も社会とリンクしていることに驚かされる。

　「外事警察」の公開直前には、「中国書記官に出頭要請　スパイ活動か」と、映画が取り上げた警視庁公安部による捜査が報じられた。今回の「臨場　劇場版」では、通り魔事件の被害者と家族の悲劇が描かれる。公開を前に、2人が犠牲となる通り魔事件が大阪・ミナミで実際に起きたばかりだ。

「臨場　劇場版」

　実際の事件を予見した映画ではないが、実際に起こり得る内容と感じられ、ドラマの陰影は深く、濃くなる。

　「臨場」は、人気テレビドラマの映画化。内野演じる検視官は、竹定規で変死体の傷の種類や長さ、数などをミリ単位で調べ、凶器を特定する。死者が語る声に耳を傾けるようにして、事件の真相や犯人像に迫っていく。

　遺体を調べる前に手を合わせ、狭い室内で遺体をまたぐときも「ごめんよ」と謝る。厳密で心を込めた所作は、納棺師を描いた「おくりびと」を思い出させる。

　ただ深刻で重たい演技のシーンが長く、娯楽作としては冗長に思われた。テレビでは楽しめるだろう内野のキャラクターが、映画ではけれん味が強すぎ、大げさに感じられるのも惜しい。「探偵はBARにいる」の橋本一監督。2時間9分。

記者の採点＝★★★☆☆
（竹）

伝説記者をデップが映画化

2012年6月20日

　主観で切り込む「ゴンゾージャーナリズム」の旗手として、1960年代後半から70年代にかけて脚光を浴びた伝説の米国人ジャーナリスト、故ハンター・S・トンプソンの盟友ジョニー・デップが、彼の自伝的小説を映画化したのが「ラム・ダイアリー」だ。

　「ゴンゾー」とは「常軌を逸した」という意味。どんな型破りなペンを振るのか、と期待すると肩透かしを食うだろう。世に知られるトンプソンのスタイルが確立される前の話なのだから。

　60年、プエルトリコにやってきたポール・ケンプ（デップ）は地元紙で働き始め、意気投合したカメラマン、ボブ（マイケル・リスポリ）とラム酒をあおる毎日。

　ある日、豊かな自然を開発しようともくろむ米国人実業家サンダーソン（アーロン・エッカート）とその恋人シュノー（アンバー・ハード）と出会う。サンダーソンはケンプに開発に好意的な記事を書くように要

「ラム・ダイアリー」

請、シュノーはケンプが一目ぼれした女性だった。さらに、サンダーソンに酒が原因の窮地を救ってもらう借りまでつくってしまったケンプは—。

　プエルトリコの騒がしさや気だるい空気、カリブ海の青さと陽光は夏にぴったりだ。酔っぱらいにはつきものの笑いもある。コスプレなしのデップが堪能できる。

　しかし、ジャーナリスト魂に目覚める若者を演じるにしては、50代間近のデップは青臭いパワーが足りず、大物の雰囲気が出てしまう。

　映画化されたトンプソン原作の「ラスベガスをやっつけろ」では、ドラッグでぶっ飛んだトンプソンが乗り移ったような主人公を怪演したデップ。亡き友への敬愛と熱意は感じるが、それが注がれ過ぎたのか、盛り上がりに欠け、美しくまとめてしまった印象だ。監督・脚本はブルース・ロビンソン。2時間。

記者の採点＝★★★☆☆
（智）

2012年6月27日

尻がムズムズする面白さ

「崖っぷちの男」

　高層ホテルから今にも飛び降りようとしている中年男。一見すると自殺志願者のような行動の本当の訳が、次第に明らかにされてゆく「崖っぷちの男」は、緻密な展開で見る者をぐいぐい引き込むサスペンス映画だ。

　通勤客とともに地下鉄の駅から現れる主人公（サム・ワーシントン）。ホテルにチェックインすると眺めの良い部屋を頼み、ルームサービスで豪華な朝食をとる。シャンパンを飲み、遺書のようなメモ書きを残すと、21階の窓から身を乗り出す。

　そして外壁に取り付いた男は、幅わずか35センチほどの出っ張りの上に居座り続けるのだ。はるか60メートル下にアスファルトの道路が見え、壁に擦り寄るしかない心もとなさに、見る側の足もすくみ、尻がムズムズしてくる。

　壁に張り付いた男は、人々の注目を集める裏で秘密の計画を実行に移していく。この状況設定こそが作品の勝因だ。警察が彼の目的を探る中で、家族や仲間を巻き込んだドラマが緊迫感とともに展開されることになる。

　物語には社会派の雰囲気も。壁の内側では、新たな高層ビルを建てる実業家のパーティーが開かれ、持てる者と持たざる者とが対比される。リーマン・ショック後の不景気を背景に、やじ馬たちは追い詰められた主人公を応援する。

　主演のワーシントンが外壁の縁に立つ場面の大半は、実際に米ニューヨークのマンハッタンにあるホテル壁面で撮影されたという。これが長編劇映画デビューとなるアスガー・レス監督は、ドキュメンタリーの出身だ。

　映画は"崖っぷち"に立たされた男の真に迫った表情をとらえ、資本主義の世のすさんだ空気も取り込んだ。アクションの見せ場もあり、大人のための娯楽作となっている。上映時間もちょうど良い1時間42分。

記者の採点＝★★★★☆　　　　　　　　（竹）

2012年7月4日

曇天模様の青春物語

「苦役列車」

　曇天や季節外れの海がよく似合っていた。芥川賞受賞で一躍、"フリーターの星"と脚光を浴びた西村賢太の私小説「苦役列車」が映画化された。メガホンを取ったのは山下敦弘監督である。青い空と海がきらめく「天然コケッコー」のみずみずしい中学生たちとは対極をなす青春物語は、どんより灰色だった。

　主人公は森山未来演じる中卒の日雇い労働者北町貫多、19歳。友だちも恋人もおらず、稼いだ日銭は酒と風俗に消え、家賃滞納で大家ににらまれる。置かれた環境へのコンプレックスを抱え、その裏返しで虚勢を張る小心者の面倒くさい男だ。

　貫多はある日、職場で専門学校生の正二（高良健吾）と出会う。人を避け、読書だけを心の糧に過ごしてきた貫多にとって初めての友だちだ。正二の仲介で、古本屋で働く憧れの康子（前田敦子）とも友だちになり、貫多にも人並みの青春が訪れたように見えたが…。

　舞台は1980年代後半で昭和の雰囲気十分だが、浮かれる社会の片隅でバブルとは無縁な日々を送る貫多という男が、格差が顕著になる現代に共通するリアリティーを持って迫ってくる。

　何より森山が圧巻だ。べらんめえ口調ながら一人称に「ぼく」を使う独特の言い回し、薄汚く、やさぐれ感たっぷりの貫多を体現した。友だちになるのは遠慮したい貫多だが、どこか親近感のようなものを覚えてしまう。

　康子役の前田も昭和っぽさを醸し出し、不思議とはまっている。映画オリジナルのキャラクターに幻滅することがままあるが、その点、康子はうまく絡み、ストーリーに深みが出た。

　童謡「線路は続くよどこまでも」は、元は米国の労働歌だという。冒頭から軽快な調子で流れるこの曲が、貫多の堂々巡りの人生を暗示していたのだった。1時間53分。

記者の採点＝★★★★☆　　　　　　　　（智）

2012

2012年7月11日
母子の歳月をみずみずしく
「おおかみこどもの雨と雪」

　家族で楽しむ夏休み映画と言えば、宮崎駿監督らスタジオジブリのアニメが定番だが、今夏は残念ながら新作がない。代わりに薦めたいのが、細田守監督の「おおかみこどもの雨と雪」。親と子それぞれの視点で楽しむことができる秀作アニメだ。

　「おおかみおとこ」と人間の間に生まれた「おおかみこども」と母親の歳月を、みずみずしいタッチで描いたファンタジー。子どもは愛らしいキャラクターを楽しめるだろう。子を持つ親は、悩みも多い子育てが、いとおしく感じられるような作品だ。

　恋に落ちて結ばれ、まもなく死別したおおかみおとこ（大沢たかお）との間に生まれた姉の雪と弟の雨を、花（宮崎あおい）は女手一つで育てる。興奮するとオオカミに変わる子に手を焼き、富山県の山へ引っ越して、人々に助けられながら成長を見守る。

　子どもたちは森を走り回って大喜び。やがて多感な思春期を迎え、オオカミの野性と、人間世界の現実との間で揺れ始める。半分はオオカミ、半分は人間という設定が、自尊心やコンプレックスがないまぜとなった青春特有の葛藤やもがきの表現に生きている。

　脚本は、「八日目の蟬」などの奥寺佐渡子、キャラクターデザインは「新世紀エヴァンゲリオン」の貞本義行。2人とも国内外で高く評価された「時をかける少女」と「サマーウォーズ」に続いて、細田監督の作品で重要な役割を担っている。

　本作品をきっかけに、細田監督は「スタジオ地図」を設立した。家族向けのアニメを毎年ヒットさせている米国のピクサーや、ドリームワークスのCGアニメに日本も負けてはいられない。宮崎監督らを追いかける世代の台頭を実感する一作。1時間57分。

記者の採点＝★★★★☆　　　　　　　　　（竹）

2012年7月18日
最終章にふさわしい結末
「ダークナイト　ライジング」

　最終章と呼ぶにふさわしい仕掛けが満載のエンディングだった。クリストファー・ノーラン監督によるバットマン3部作の完結編「ダークナイト ライジング」は、前作「ダークナイト」から8年後のゴッサム・シティに新たな脅威が訪れる。

　富豪のブルース・ウェイン（クリスチャン・ベール）は、かつてゴッサムの治安を守るバットマン＝ダークナイト（闇の騎士）の顔を持っていたが、屋敷に引きこもる日々を送っていた。しかし、街を混乱に陥れるテロリストのベイン（トム・ハーディ）が登場。バットマンは復活を遂げるが、ベインのパワーはバットマンをしのいでいた―。

　巧妙に張り巡らされた伏線とその帰結は鮮やかで、1作目「バットマン　ビギンズ」から物語が続いていることを実感させる。鑑賞する前に前2作をおさらいしておくと、より一層ダークナイトの世界に浸れるだろう。

　アクションはさらにスケールアップし、舞台は空中にまで広がっている。プロローグから引き込まれる機上アクションのように、臨場感にあふれた映像や緩急の利いた音楽は、2時間45分の大作を最後まで飽きさせない。

　新たに登場するアン・ハサウェイ演じるキャットウーマンがウイットに富んでいて魅力的だ。

　同じく新登場の主要な登場人物をマリオン・コティヤールとジョセフ・ゴードンレビットが演じている。

　ノーラン監督のシリーズが見る人を引きつけるのは、エンターテインメント性の高さはもちろん、人間の心を深くまで見つめた細やかな描写ゆえだろう。時に哲学的にもなる重厚なドラマはアメコミ原作のヒーロー映画としては、他と一線を画している。

記者の採点＝★★★★★　　　　　　　　　（智）

2012

2012年7月25日

ライオンも宙を舞う3D　　　　　　　　　「マダガスカル3」

　ニューヨークの動物園を抜け出した動物たちが、世界で冒険を繰り広げる人気アニメ映画「マダガスカル」シリーズ。第3弾の「マダガスカル3」は初の3Dだ。ライオンのアレックス（玉木宏）らがサーカス一座に加わり、宙を舞うなど、ますます派手なアクションで楽しませる。

　ヨーロッパ各地を舞台に、動物たちがドタバタ喜劇を繰り広げる。「動物公安局」の女性警部がアレックスを追うカーチェイスは空中戦へと発展、ユーモラスな動物たちの空中ぶらんこも華麗に宙を飛び交う。

　「シュレック」シリーズなどをヒットさせてきた、ドリームワークスアニメーションSKGの作品。CG（コンピューターグラフィックス）だからできる、現実にはあり得ないほど派手な活躍を立体映像で見せている。

　ニューヨークの動物園の人気者だったアレックスは、漂着したマダガスカル島やアフリカ大陸でのびのび過ごしてきた。だが住み慣れた都会が恋しくなり、今回は仲間とニューヨークを目指す旅に出る。

　シマウマのマーティ（柳沢慎吾）やキリンのメルマン（岡田義徳）、カバのグロリア（高島礼子）ら、欠点もあるけど憎めない個性豊かなキャラクターが楽しい。

　監督チームには、前2作のエリック・ダーネル、トム・マクグラスの2人に加え、「シュレック2」のコンラッド・バーノンが新たに名を連ねた。監督一人の個性を前面に出した日本アニメとは製作スタイルが異なる。

　愛される登場人物とソツのないストーリー展開で、大人も子どもも大笑いさせられる。良くできた娯楽作だ。作り手の強い思いを感じさせる場面はあまりなく、見終わると笑った爽快感だけが残った。1時間33分。

記者の採点＝★★★☆☆　　　　　　　　　　（竹）

2012年8月1日

トリッキーな青春群像劇　　　　　　　「桐島、部活やめるってよ」

　人が集まれば、自然と同じにおいがする者同士がつるみ、グループはいつの間にかランク付けされている。そんな現実を知る学校という社会。「桐島、部活やめるってよ」は、校内で"最上層"の生徒の思わぬ行動をきっかけに、高校生たちの日常が変化していく様子を描き出した青春群像劇だ。

　原作は大学在学中に小説家デビューした朝井リョウの同名小説。

　ある高校の金曜日の放課後。校内一のスターでバレーボール部キャプテン桐島が突然、部活を辞めたというニュースが校内を駆け巡る。バレー部員はもちろん、桐島から何も知らされず動揺する恋人や友人たち。桐島は今どこで何をしているのか。波紋は広がり、ほかの部や人間関係をも徐々に揺るがせていく。

　複数の生徒の目を通じて一つの出来事を繰り返し描き、視点が変わるたびに時間軸がずれていくトリッキーな手法が見事だ。桐島不在のまま、それぞれの立ち位置や思いが生々しく浮かび上がってくる。

　クラスでは目立たない"下層"ポジションだが映画への情熱あふれる映画部の涼也（神木隆之介）をはじめ、華のある"上層"グループのかすみ（橋本愛）や桐島の親友宏樹（東出昌大）ら登場人物がリアルだ。

　上層の優越感、下層が感じる引け目。しかし、上層グループにいたって順風満帆とは限らない。閉塞（へいそく）感や葛藤を抱える彼らの中に、同世代だけでなく、大人も当時の自分を見つけ、苦くもある青春の記憶がよみがえるだろう。

　好きなことに打ち込む人間が輝くフィナーレが痛快で、すがすがしい。

　「腑抜けども、悲しみの愛を見せろ」の吉田大八監督。1時間43分。

記者の採点＝★★★★☆　　　　　　　　　　（智）

2012

2012年8月8日

命を包み込む厳しい自然

「THE GREY 凍える太陽」

　実生活で体験できないことを疑似体験させてくれるのが映画の魅力だ。だが、このところのハリウッド映画は3Dの登場もあって、文明が発達した未来を見せるSFが目立つ、観客も少し飽きてきたように感じられる。

　「THE GREY 凍える太陽」は逆に、文明から隔絶された大自然へと観客を放り込む人間ドラマだ。飛行機事故でアラスカの雪原に投げ出された男7人のサバイバルを描き、久しぶりに自分の中の野性を揺り動かされた気分になった。

　ハリウッドで今、最も活躍している俳優の一人、リーアム・ニーソンが男たちを率い、次々に襲ってくるオオカミと闘って死に物狂いで生きようとする男を演じた。文明の利器を持たず、孤独や死の恐怖と闘う。

　ならず者の男たちは物語の冒頭、文明社会で暮らす間に生きる意味を見失い、死に場所を求めているようでさえある。乗せられた飛行機が墜落して救助も期待できず、オオカミが仲間を食いちぎるさまを目の当たりにして、生存本能が次第に目覚めるのだ。

　雪に足を取られ、襲いかかるオオカミに素手ではなすすべもない。翻弄（ほんろう）される人間のちっぽけな姿が、真っ白な雪山に浮かび上がる。人間がその一部であることを受け入れた瞬間に見える自然の荘厳さを、スクリーンは映し出す。

　序盤はやや駆け足だが、映画の大半を占める雪原のシーンが暑い夏に涼をもたらしてくれる。

　ニーソンは妻の俳優ナターシャ・リチャードソンをスキー場の事故で2009年に亡くした。その後、この映画への出演を決めたという。人生の目的を失った男が自然と格闘し、生きる手触りを確かめていく姿は、彼の心の旅そのものだったのかもしれない。1時間57分。監督はジョー・カーナハン。

記者の採点＝★★★★☆　　　　　　　　　　（竹）

2012年8月15日

深読みしたくなる珍妙SF

「プロメテウス」

　エンディングは作品の印象を左右する。「エイリアン」など不世出なSF映画を生み出してきたリドリー・スコット監督が、初めて3Dで手掛けたSF大作「プロメテウス」。こう言っては何だが、珍妙な後味が拭い切れない。「人類の起源を探る」との触れ込みの旅の最後で"アレ"と対面するとは。

　2089年、スコットランドの洞窟で、ある星を指し示す巨人が描かれた古代の壁画が発見された。考古学者のエリザベスは、巨人は人類を創造した知的生命体で、壁画のサインは「宇宙への招待状」だと推測。4年後、エリザベスら科学探査チームを乗せた宇宙船プロメテウス号は、長い航海を経て壁画の惑星にたどり着く。惑星には謎に包まれた巨大な建造物が存在していた。

　壮大な自然をとらえたオープニングに期待値が高まる。映像は細部まで作り込まれ、3Dは星図のホログラムに抜群の効果をもたらした。

　何よりキャスティングが絶妙で、エリザベス役は「ミレニアム」シリーズでリスベット役を演じたノオミ・ラパス。「エイリアン」のリプリーをほうふつとさせるタフなヒロインが誕生した。

　探査チーム監督官の冷徹さはシャーリーズ・セロンがぴったり。アンドロイド役のマイケル・ファスベンダーは心を持たないはずなのに、微妙な感情を表情に漂わせた。

　しかし、である。登場するアイテムやモチーフに何度もにやりとさせられ、突っ込みどころが満載の展開にもB級感を覚えてしまう。自身の代表作と関連付けたいのか、そのつもりはないのか、謎だ。

　なお「プロメテウス」とは、ギリシャ神話に登場する人類に火を与えた神のこと。壮大に深読みするのが一番の楽しみ方かも。2時間4分。

記者の採点＝★★★☆☆　　　　　　　　　　（智）

2012年8月22日

他者との遭遇が生む希望　「最強のふたり」

　他者との遭遇は、多くのすぐれた物語の源泉となってきた。フランス映画「最強のふたり」は、生きる目的を見失った白人の障害者と、貧しくとも陽気な黒人が出会う物語。2人の化学反応で生まれる希望の光を描いた喜劇風の人間ドラマだ。

　事故で首から下がまひした富豪（フランソワ・クリュゼ）が主人公。介護者を選ぶ面接に、スラム街出身の青年（オマール・シー）が訪れる。気まぐれで採用した彼との生活で、奔放な言動に振り回されるうち、人生の喜びを取り戻していく。

　ダスティン・ホフマンに少し似たクリュゼは、車いすに座って首と顔しか動かせない役ながら、理知的な資産家のうつろな心を表現。コメディアンのシーは、厳しい生活でも家族を思い、人生を楽しむ青年を元気いっぱいに演じている。

　人間は不完全だからこそ、自分にないものを他者から受け取ることで命の輝きを増す。移民とのあつれきや経済問題など欧州の現実を背景にしたこの映画は、ユーモアや思いやりで困難を笑いに変え、見る者を前向きな気持ちにしてくれる。

　映画は最後に、2人のモデルとなった人物を紹介する。境遇も性格も水と油のように異なり、決して混じり合わないように見える者同士が、互いに掛け替えのない存在となった物語は、実話に基づいている。

　フランスでは大ヒット。米アカデミー作品賞の「アーティスト」や大作を抑え、昨年の年間興行収入で1位となったという。芸術性がウリのフランス映画だが、作家性と大衆性を兼ね備えた良作が生まれているようだ。

　昨年の東京国際映画祭で最高賞を受賞、主演の2人は最優秀男優賞に輝いた。監督はエリック・トレダノとオリビエ・ナカシュ。1時間53分。

記者の採点＝★★★★★　　　　　　　　（竹）

2012年8月29日

結婚詐欺で描く人間ドラマ　「夢売るふたり」

　夫婦の絆をより強くするのは、共有する夢なのだろう。「夢売るふたり」の主人公の夫婦は結婚詐欺をはたらくが、これは犯罪映画ではない。夢をかなえようとして深みにはまった夫婦や女性たちの心の動きを巧みに描き出した人間ドラマだ。

　東京の片隅で居酒屋を営んでいた貫也と里子は失火で店を失う。再出発の資金を集めようと、夫婦が手を染めたのは結婚詐欺。里子が見定めた女性に貫也が近づき、だます。しかし、詐欺を繰り返すうちに2人の歯車は狂いだしていく。

　よもやこの人が。詐欺師はそんな風貌をしていると言われるが、実行役の貫也もまさにその類いだ。天性の愛嬌（あいきょう）で女性の懐に入り込む。あて書きではないそうだが、阿部サダヲ以上の適任者は思い浮かばない。

　一方、淡々と計画を進める里子を演じる松たか子も絶妙だ。たくらみがうまく運ぶたびにきらりと輝く瞳が、いつの間にか洞穴のような闇をたたえ、すごみを増していく。罪の意識がないゆがんだ糟糠（そうこう）の妻ぶりにもおかしみを感じる。

　ターゲットとなるのは、結婚したいOL、ウエートリフティング選手などさまざまだが、人生に疲れて別の生き方を夢見る、どこにでもいそうな女性たち。人物描写は実にリアルだが、いろんな女性を取りそろえたことによって、散漫になってしまったのが惜しい。

　女性に夢を見せて得た金が増えるに従って、2人の夢はすり減っていく皮肉さ。まるで"ミイラ取り"のように女性たちの世界に心を奪われた貫也が目を覚ます仕掛けに胸が痛む。

　いつしか共通の夢ではなく、結婚詐欺でつながっていた夫婦の姿を鋭くえぐったのは、「ゆれる」の西川美和監督。2時間17分。

記者の採点＝★★★★☆　　　　　　　　（智）

2012年9月5日

上を向いて進む男 「天地明察」

ことしは空を見ることが多い。月が太陽の姿を隠す金環日食が起きた5月の朝には、黒い日食グラスの人々が道にあふれた。太陽の前を金星が横切る太陽面通過や、月が金星を隠す金星食もあり、「天文ショー」が相次いでいる。

映画「天地明察」は、江戸時代初期に広大な宇宙の不思議を解き明かそうとした男の物語。途方もない粘り強さで天体を観測し、日本初の暦をつくった実在の天文学者、安井算哲の生きざまを描き出している。

岡田准一演じる安井は、挫折しながらも上を向き、真理へとたどり着く。間違った古い暦に固執する朝廷には、正面から勝負を挑んでゆく。2009年に米アカデミー賞外国語映画賞に輝いた「おくりびと」の滝田洋二郎監督が、天文に打ち込む安井の真っすぐな生き方を分かりやすく映像化した。原作は冲方丁の本屋大賞受賞作。

碁を打つのが仕事という身分の低い家に生まれた男が、世界の見方を覆し、人柄と実力で大事を成し遂げる姿はすがすがしい。ストーリーが明快で、肩の凝らない娯楽作となっている。

苦労を苦労と思わない安井を演じた岡田の演技が軽やか。一方で、赤貧に耐えて暦の研究にも取り組む算術の天才、関孝和（市川猿之助）の没頭ぶりにはすごみがあり、宇宙の摂理を突き止める辛苦を表現している。

ヒロイン役の宮崎あおいや、朝廷の陰陽博士を演じた市川染五郎など俳優陣が充実している。映し出される星空は年代に合わせて再現され、当時の天文観測器具も見事な出来栄えだ。

演出や盛り上げ方に監督の手腕は見えるが、展開が読めてしまう終盤はスリルに欠けるのが残念だ。2時間21分。

記者の採点 = ★★★☆☆ （竹）

2012年9月12日

80年代の名曲が彩る音楽劇 「ロック・オブ・エイジズ」

耳にしただけでその当時の記憶を呼び覚ます音楽がある。「ロック・オブ・エイジズ」は、1980年代をロックンロールと共に過ごした世代にとってはたまらない、懐かしき名曲に彩られたミュージカル映画だ。

デフ・レパード、ポイズン、ジャーニー…。オリジナル曲が持つ魅力もさることながら、熱唱する俳優のパワーに引き込まれる。ロックになじみがなくとも、どこかで聞いたことがあるナンバーを満喫できるだろう。

ストーリーは単純明快、ありがちな展開である。決して深みを求めてはいけない。しかし「夢を諦めない」という、直球ど真ん中のメッセージは好ましい。笑いもちりばめられ、観賞後の気分は爽快だ。

舞台は80年代のハリウッド。歌手を夢見て故郷を離れた少女シェリーとロックスターを目指す青年ドリューが出会い、挫折しながら夢にまい進し

ていく。そこに、かつて頂点を極めたロックの神、ステイシー・ジャックスの再起の物語が絡んでいく。

落ちぶれかけているステイシーに扮（ふん）するのは、なんとトム・クルーズ。ボイストレーニングを受けたというシャウトは、一見、いや"一聞"の価値がある。ビジュアルにも注目してほしい。

若き恋人同士を演じるのはジュリアン・ハフとディエゴ・ボネータ。日本では無名の俳優だが、歌手としても活躍する2人の歌唱力は抜群だ。

青少年の健全育成のためにと、ヒステリックにロックを街から排除しようとする市長夫人を「シカゴ」のキャサリン・ゼタ・ジョーンズが熱演。彼女が率いる奥様軍団のダンスも見逃せない。

「ヘアスプレー」のアダム・シャンクマン監督が、ブロードウェイの大ヒットミュージカルを映画化した。2時間3分。

記者の採点 = ★★★★☆ （智）

2012

2012年9月19日

女スパイが小気味よく活躍

「エージェント・マロリー」

　女が強い時代とはいえ、屈強な男たちをここまで見事に倒してくれるとすがすがしい。スティーブン・ソダーバーグ監督の新作「エージェント・マロリー」は、現役の女子格闘家演じるスパイが自分を陥れようとする男社会と戦う、小気味のいいアクション映画だ。

　フリーの女スパイ、マロリーは、殺人のぬれぎぬを着せられて国際指名手配を受ける。疑惑を晴らすために孤独な闘いを続けるが、やがて驚きの真実にたどり着く―。

　主演は、これまで演技経験のなかった女子総合格闘家ジーナ・カラーノ。特撮やスタントマンは一切使わず、ムエタイで鍛えたキレのいい足技などを披露している。

　CGやワイヤアクションで見せる超人的な立ち回りとは異なり、筋骨たくましい主人公のリアルなアクションがかえって新鮮だ。肉体の重みや圧力さえも感じられる。

　彼女の前に現れるのはユアン・マクレガーやマイケル・ファスベンダーら男前のスターばかり。屈強なジーナも、男たちが自分の味方と思われる間は、女性的な魅力と優しさを見せる。華やかなドレスに身を包んだ姿には目を奪われる。

　だが、男たちが自分を裏切ったとき、野性的な戦う女へと変貌。そのギャップが、誰が敵か味方か分からない緊張感を際立たせている。

　出演者にビッグネームが並ぶが、同じソダーバーグ監督の「オーシャンズ」シリーズのような大作ではない。麻薬コネクションに切り込んだ「トラフィック」のような社会性もない。

　小粒だが、洗練された音楽と研ぎ澄まされた演出で、クラシックなスパイ映画の趣もある娯楽作。実力のある俳優たちが演じるずるい男を、ヒロインが派手な立ち回りで倒していく。爽快で、あっという間の1時間33分。

記者の採点＝★★★★☆ （竹）

2012年9月26日

自然の大切さ知るアニメ

「ロラックスおじさんの秘密の種」

　森林が失われた世界で人間は生きていくことができるのだろうか。想像しただけで息苦しくなるが、3Dアニメーション映画「ロラックスおじさんの秘密の種」の舞台は、木がない世界。最後の1粒となった木の種をめぐってかわいいキャラクターたちが繰り広げる冒険ファンタジーの中に、環境破壊が進む現代への風刺が見える。

　本物の木が1本も生えていない人工の町「スニードビル」に住む少年テッドは、好意を寄せるオードリーが本物の木を見たがっていることを知り、木に詳しい男ワンスラーを訪ねて町の外へ。そこで、木が失われた理由を聞かされる。森の守護者ロラックスおじさんの警告を無視して利益追求を優先した結果、木も動物たちも消えたのだ。

　スニードビルの住民たちの家庭に宅配されている見慣れない形状のボトルの中身は、なんと新鮮な空気。既に水を買うことが当たり前になってきた現代にあっては、どきりとする描写である。

　テッドは町から一歩踏み出すことで、濁った水と汚染された大気に覆われた灰色の世界を知り、木々を取り戻そうとする。「動かなければ変わらない」というメッセージは押し付けがましさがなく、好ましい。

　種の争奪戦などのシーンで3Dを効果的に駆使。ポップなミュージカル調に仕上げつつ、自然環境の大切さを説いており、ファミリーで楽しめる良作だ。

　児童文学作家ドクター・スースのベストセラーを「怪盗グルーの月泥棒」などのCGアニメを手掛ける米国のイルミネーション社が映画化。日本語吹き替え版は、ロラックスおじさんを志村けん、ワンスラーをトータス松本が担当している。1時間26分。監督はクリス・ルノー、カイル・バルダ。

記者の採点＝★★★☆☆ （智）

2012年10月3日
重厚な映像でポーの世界へ
「推理作家ポー　最期の5日間」

　推理小説の分野を確立したとされる19世紀米国の文豪エドガー・アラン・ポー。その謎めいた死に想像を働かせ、新たに生まれた映画が「推理作家ポー　最期の5日間」だ。ダークな物語と映像にロマンスを絡めたミステリーとなっている。

　「レイノルズ…」。ポーは1849年、不可解な言葉を残して40歳で死んだという。映画は、その死の直前の米ボルティモアが舞台。叫び声が響く部屋に警察が踏み込むと、女が首をかき切られ、その娘は煙突の中で逆さづりで死んでいた。

　ドアや窓には鍵がかかっており、密室での犯行に警察は驚く。その手口は、ポーの小説「モルグ街の殺人」にそっくりだった。ポーは容疑者となるが、その後も彼の小説になぞらえた事件が相次ぐ。

　ジョン・キューザック演じるポーは石畳のぬれた陰気な街に黒いコートを翻し、刑事（ルーク・エバンス）と共に犯人を追う。探偵の役回りだ。恋人（アリス・イブ）と踊る仮面舞踏会には、死に神姿の男が馬に乗って現れるなど、ポーの小説を思わせるゴシック風の重厚な映像が楽しめる。

　ただ小説のネタを次々につなぐ筋立ては、じっくりと謎を解く楽しみには欠ける。ポーに忍び寄る死の影など、見えないものを映像化する工夫が足りず、観客に隠して想像させたい残酷な場面は露出させてしまった。

　ロバート・ダウニーJr.が派手なアクションを見せた「シャーロック・ホームズ」シリーズのような、軽快でふっ切れた娯楽作でもない。ジェームズ・マクティーグ監督が、企画先行の作品をなんとか着地させた印象だ。

　ポーの小説を久しぶりに読み返し、その世界に浸りたくなる効果はあるだろう。1時間50分。

記者の採点＝★★☆☆☆　　　　　　　　　　（竹）

2012年10月10日
最大の"アクション祭り"
「エクスペンダブルズ2」

　同じ部類のものを集めてにぎやかに騒ぐことを「祭り」と呼ぶことがある。「お祭り映画」というジャンルが確立されているのか定かではないが、「エクスペンダブルズ」は間違いなくハリウッド最大の"アクションスター祭り"だ。

　シルベスター・スタローン、アーノルド・シュワルツェネッガー、ブルース・ウィリス…。往年のアクション映画で育った世代にとっては垂ぜんのスターがそろい踏み。

　「2」では、州知事の任期を終えたシュワちゃんがアクションに挑み、チャック・ノリスが7年ぶりにスクリーンに復帰した。さらに残忍な敵役としてジャンクロード・バン・ダムが参戦。もちろん前作に続きジェイソン・ステイサム、ドルフ・ラングレンらも結集してバトルを繰り広げる。

　「エクスペンダブルズ」は自らを「消耗品」と呼ぶ傭兵（ようへい）軍団だ。リーダー役はスタローン。今回の任務は武装反乱軍に誘拐された中国の富豪を奪還すること。さらには、旧ソ連が埋蔵したプルトニウム流出を阻止する任務が待っていた―。

　「年寄りの冷や水」とやゆされてもおかしくない、還暦をとうに過ぎたスターが強敵をなぎ倒していく。消耗品どころか、生涯現役と言わんばかりの彼らの姿に、カタルシスを感じるオジさまは多いのではないか。

　最近、歴代ヒーロー勢ぞろいの"祭り"映画や、古き良き時代をネタにした作品が目立つ。温故知新は歓迎だが、過去の栄光をリサイクルしたような作品はいただけない。その点、往年のヒーローが老いてなお現役のアクションスターであることを知らしめるだけでも価値がある作品だろう。

　前作でメガホンを取ったスタローンはアクションに専念。「トゥームレイダー」のサイモン・ウェスト監督が受け継いだ。1時間42分。

記者の採点＝★★★☆☆　　　　　　　　　　（智）

人間の心の深淵見せる傑作

「終の信託」

　見終わって印象に残る場面や音楽を反すうし、背筋の凍る思いがした。周防正行監督「終（つい）の信託」は一見、美しい純愛映画だが、人間の恐ろしい顔をちらりとのぞかせる。信じる人に命の終わりを託す尊厳死と、その死の責任を問う検察官との対決の果てに、人間の心の深淵（しんえん）を見せる傑作だ。

　ハリウッドでリメークもされたヒット作「Shall we ダンス？」以来、周防監督が16年ぶりに、草刈民代と役所広司の2人と組んだ。

　主人公の折井綾乃（草刈）は、評判の良い呼吸器内科の医師。不倫相手の医師（浅野忠信）に捨てられて自殺未遂騒ぎを起こしたとき、ぜんそく患者江木秦三（役所）の優しさに救われる。病状が悪化し、死期の迫った江木は「信頼できるのは先生だけだ。最期のときは早く楽にしてほしい」と綾乃に懇願する。

　戦争で妹を亡くし、人のぬくもりを求めて心さまよう江木と、医師と患者の枠を超えた信頼を築いていく綾乃。江木の死後、思いがけず殺人容疑で告発され、塚原検事（大沢たかお）との対決を通して再び死と向き合うことになる。

　クライマックスの取り調べシーンは、約45分の長丁場。じわじわ追い詰める塚原、自分の「愛」を貫こうともがく綾乃。俳優の力量で見せる息詰まる攻防は、語り継がれる名場面だろう。

　劇中の美しいアリア「私のおとうさん」のエピソードのように、本作は純愛のようで、ときに喜劇。そして実は途方もない悲劇でもある。

　ラストシーンをどう見るかは、見る者に委ねられている。想像を喚起する洗練された演出で、人間の多面性を一気に見せるから、一度見るともう一度見たくなる。

　原作は現役弁護士の朔立木。2時間24分。

記者の採点 ＝ ★★★★★　　　　　　　　　（竹）

奇天烈な歴史アクション

「リンカーン　秘密の書」

　「人民の、人民による、人民のための政治」のゲティズバーグ演説で有名な第16代米大統領エイブラハム・リンカーンの一生を描く「リンカーン秘密の書」。だが、伝記ドラマを期待すると、とんでもない肩透かしを食う。本作は、リンカーンが人目を忍んで吸血鬼を退治する「バンパイアハンター」だった、という奇妙奇天烈（きてれつ）な設定のアクション映画なのだ。

　貧しい農家に生まれたリンカーンは幼くして母と死別。成長後、母の命を奪った相手に復讐（ふくしゅう）を試みるが、その正体はバンパイアだった。奴隷制度がバンパイアの"食料"調達に一役買っていることを知り、奴隷解放のために政治の道へ進んだリンカーン。ついにホワイトハウスの住人となるが、南北戦争の南軍に宿敵バンパイアの影を感じ、激戦地へと向かう。

　3Dで見せるバトルはスケール感がある。史実に基づく出来事や背景とリンクさせながら仕立てたストーリーは実に独創的で感心するが、ご都合主義的な展開も。リンカーンの武器が銃に変形する「おの1本」というのもシュールである。

　南北戦争から150年あまり。来年にかけて、リンカーン暗殺の共犯として処刑された女性を描く「声をかくす人」（ロバート・レッドフォード監督）、ダニエル・デイ・ルイス主演の「リンカーン」（スティーブン・スピルバーグ監督）と、この歴史に名高い指導者をモチーフにした映画公開が相次ぐ。

　奇抜なストーリーゆえに、着想を得た史実を知りたい欲求に駆られる本作、ほかの作品と見比べながら米国史をたどるのも一興かも。

　リンカーンを演じるのはベンジャミン・ウォーカー。ティムール・ベクマンベトフ監督がメガホンを取った。製作にティム・バートン監督が参加している。1時間45分。

記者の採点 ＝ ★★★☆☆　　　　　　　　　（智）

2012年10月31日

映画館でサーカス体験

「シルク・ドゥ・ソレイユ　3D　彼方からの物語」

　フィルムの代わりにデジタルでの上映が一般化し、映画も変わりつつある。その新たな可能性に挑み、サーカス体験を映画館に持ち込んだのが「シルク・ドゥ・ソレイユ　3D　彼方からの物語」だ。

　常識を破る壮大な仕掛けと、見たことのない曲芸、芸術性の高い演出で人気のサーカス団「シルク・ドゥ・ソレイユ」。その公演の見どころを集めた映画。空中ぶらんこ乗りの青年を追って異世界に迷い込んだ女性が、華麗な曲芸の数々を目の当たりにする物語に仕立てた。

　映画館のデジタル化を推し進めた3D映画「アバター」のジェームズ・キャメロン監督が製作総指揮。監督は「ナルニア国物語」のアンドリュー・アダムソン。本作は次の2点でデジタル上映の可能性を示した。

　1点目は、新たな視覚効果だ。立体的な3D映像で曲芸師の顔に近づき、水中へ飛び込み、高さ約30メートルの風景を見せる。

　2点目は、本物の公演の疑似体験だ。映画館の上映作品は今や物語中心の劇映画だけではない。重いフィルムの搬送が不要で、データのやりとりで済むデジタル上映ではライブ中継などさまざまな上映が行われている。

　本作もせりふはなく、公演の映像と音楽が展開される。まるでショーだ。スクリーン数の多い複合型映画館（シネコン）で見る作品の選択肢の広がりを示すものだ。

　だが実際に見終えると本物の公演を見たいという不満が残った。曲芸師が命を懸ける緊張や熱気など、同じ空気を共有した時の興奮がなく、冷めた気分に気付かされる。

　ファンタジー作品を狙っているが、素材のサーカスの素晴らしさをなぞっただけでは映画にならない。新たな映像作品として完結させるだけの作家の力量がほしかった。1時間37分。

記者の採点＝★★☆☆☆　　　　　　　　　（竹）

2012年11月7日

人間くさい極道者の歩む道

「任侠ヘルパー」

　高齢社会ニッポン。誰もが無関心ではいられない介護の世界で、極道者が「弱きを助け、強きをくじく」任侠（にんきょう）道を貫く「任侠ヘルパー」。情を排した「アウトレイジ」の対極にあるやくざ映画だが、往年の任侠物とも違う。草彅剛演じる主人公翼彦一は世渡り下手で、なんだか人間くさいのだ。

　一度は堅気で生きる決意をした彦一は、バイト先に強盗に入った雄三（堺正章）を助けて刑務所送りに。そこで再会した雄三のツテで暴力団「極鵬会」を訪ねる。任されたのは高齢者相手のヤミ金と、そのヤミ金で破産した老人を劣悪な環境の介護施設に入れ、年金や生活保護を巻き上げること。弱者を食い物にしているうちに、彦一のおとこ気が頭をもたげ始める。

　彦一と極鵬会の関係に、観光と福祉に力を入れる地方議員（香川照之）が絡む、三極構図が面白い。背景にあるのは介護現場の実態、貧困ビジネス、地方都市の過疎。社会的なメッセージを盛り込みすぎた感は否めないが、現実はもっとえげつないのだろうと思い至る。

　草彅のそぎ落とされた面構えがいい。立ち位置が定まらずにもやもやしたものを抱え、信念のために突っ走る男は、まさにはまり役。脇を固めるキャスティングも妙味だ。雄三の娘役の安田成美は母親の介護でほとほと疲れ切っているし、NHK朝ドラの顔、風間俊介が忠犬のように彦一を慕う舎弟成次を力演。お年寄りにもリアルなすごみがある。

　テレビドラマの劇場版だが、彦一以外の登場人物はほぼ一新され、独立した作品として観賞できる。ドラマに出演していた黒木メイサの唐突な登場には面食らったが。

　「容疑者Xの献身」の西谷弘監督。2時間14分。

記者の採点＝★★★☆☆　　　　　　　　　（智）

2012年11月14日

老境で見せるスターの輝き　　「人生の特等席」

　クリント・イーストウッドが映画「人生の特等席」で、2008年の「グラン・トリノ」以来の出演を果たし、枯れた老境の姿を見せている。肌は衰え、髪は薄く、体のキレは悪くても、年を経たからこそその演技が味わい深い。

　本作のイーストウッドは、背筋を伸ばし、信念を曲げない頑固おやじ。立ち姿が様になっているのはさすがだ。彼が演じる男の生きざまに胸を熱くしてきた観客にとって、老いてなお美しい姿を見る喜びがある。

　イーストウッドが演じる主人公は、大リーグの一流スカウトマン。コンピューターによる分析を嫌い、球場に足を運んで自分の目で新人を発掘してきた。だが、寄る年波には勝てず、目がかすみ始めたことでお払い箱の危機が迫る。

　そんな父が気になり、さりげなく手を貸すのは、長年別々に暮らしてきた娘（エイミー・アダムス）だ。互いの間に壁を築いてきた父娘が、人生の曲がり角で2人の関係や幸せを見つめ直す。

　長い人生で苦難に耐え、痩せ我慢を重ねてきた主人公。その姿が美しいのは、イーストウッドが長年にわたって男の美学を体現してきたからだろう。

　監督は1995年の「マディソン郡の橋」以来、イーストウッド作品に助監督として携わってきたロバート・ロレンツ。これがデビュー作で、イーストウッド組のスタッフと共にボスの魅力を存分に生かしている。

　日本ではこの夏、高倉健が6年ぶりに銀幕に復帰した。2人はともに80代。日米ともに高齢化が進み、観客は不安の多い自分の老後を重ね合わせて見ているようだ。往年のスターの活躍が今、求められている。1時間51分。

記者の採点＝★★★★☆　　　　　　　　　（竹）

2012年11月21日

怨念宿るゴシックホラー　　「ウーマン・イン・ブラック　亡霊の館」

　この世に執着する亡霊にまつわる怪奇現象は、古今東西問わず好んで語られる。19世紀末の英国を舞台にしたゴシックホラー「ウーマン・イン・ブラック　亡霊の館」は、恐怖度の高い部類に入るだろう。

　子どもと引き裂かれた母親の怨念が宿り、「リング」などのJホラーのように、背筋が凍るような戦慄（せんりつ）を感じるのだ。

　愛妻を一人息子の出産時に亡くし、喪失感に沈む弁護士アーサーが、他界したドラブロウ夫人の館で遺言書を見つけ出すために出張を命じられる。彼がたどり着いた村にはただならぬ雰囲気が漂い、館には黒い服をまとう謎の女が出没。やがて、忌まわしい過去がもたらす呪いの連鎖にアーサーも巻き込まれていく。

　アーサー役は「ハリー・ポッター」シリーズのダニエル・ラドクリフ。ダークな色調で覆われた世界で、蒸気機関車に揺られ、古い洋館を探索するさまは、かのシリーズをほうふつさせるが、ラドクリフの一人芝居は圧巻だった。恐怖心をかき立てられながらも、絶叫することなく亡霊を"成仏"させる道を探る男を演じ切っている。

　舞台の描写も秀逸。石造りの家が立ち並ぶ村や、潮の満ち引きで孤立する沼地の島にたたずむ館は雰囲気十分。霧が立ちこめ、陰鬱（いんうつ）とした冷たい空気がスクリーンからあふれてくるかのようだ。

　引き潮時に現れる道を進む馬車を俯瞰（ふかん）で追い、正体の知れない者の気配を漂わせる。怪奇なムードを強調する演出に期待が高まり、スリリングな場面は常とう手段で脅かされる。もっとも、黒い服の女は少々作り物っぽく、何かに取りつかれた子どもたちの表情の方が恐ろしい。結末で評価が分かれそうな作品だ。

　舞台劇にもなったスーザン・ヒルの「黒衣の女」が原作。1時間35分。監督はジェームズ・ワトキンス。

記者の採点＝★★★☆☆　　　　　　　　　（智）

2012年11月28日
壮大な夢が人生を変える　　「砂漠でサーモン・フィッシング」

　「木によりて魚を求む」など、不可能なことを例えたことわざが日本にはある。同じことを別の言い方で表現したような題名の英国映画「砂漠でサーモン・フィッシング」は、中東の砂漠で釣りをしたいという富豪の夢に水産学者が巻き込まれ、人生まで変わるドラマだ。

　「ギルバート・グレイプ」や「ショコラ」のラッセ・ハルストレムが監督。ロマンスやコメディーの要素もあり、夢に挑めば平凡な人生も切り開くことができるというメッセージが、軽やかに伝わってくる。

　ユアン・マクレガーが演じるさえない中年の学者ジョーンズは、海洋生物のことで頭がいっぱいで釣りだけが趣味。羽目を外すことはなく、働く妻とは擦れ違いがちだ。

　イエメンの砂漠にサケを泳がせるという突拍子もないプロジェクトの顧問を打診されたジョーンズは、即座に断ってしまう。だが中東との関係改善を望む政府の意向に押され、釣り好きの富豪（アマール・ワケド）の人柄にも触れて、心を動かされる。

　プロジェクトに取り組むパートナーは、賢くて美しい投資コンサルタントの女性（エミリー・ブラント）。ロマンスの筋立てはやや都合が良すぎるが、肩の力を抜けば楽しめるだろう。

　アラブ人の夢を英国人がかなえるこの映画。10月公開の米映画「アルゴ」も、米国人への反感が強いイランが舞台で、中東への目配りを感じさせた。対立のあるところにドラマがあり、希望の橋を渡すのも映画の役割だろう。

　ポール・トーディの原作を、「スラムドッグ＄ミリオネア」のサイモン・ビューフォイが脚色した。1時間48分。

記者の採点＝★★★☆☆　　　　　　　　　（竹）

2012年12月5日
キモかわな犬と少年の絆　　「フランケンウィニー」

　愛するペットと死別した悲しみは心に深く刻み込まれる。「フランケンウィニー」は、「アリス・イン・ワンダーランド」のティム・バートン監督がその記憶を得意のダークファンタジーへと昇華させた白黒の3Dアニメーション映画だ。

　科学好きな少年ビクターの親友は、ブルテリアのスパーキー。ある日、スパーキーは車にはねられ死んでしまう。悲しみに暮れるビクターは科学の授業にヒントを得て、愛犬を生き返らせようと決意。スパーキーは驚くべき方法で見事よみがえる。一方、その秘密を知ったクラスメートが次々ととんでもない物をよみがえらせ、町中が大混乱に陥ってしまう。

　絆で結ばれたペットを生き返らせたいという子どもの無垢（むく）な願いを体現した物語は、バートン監督が1984年に撮った30分ほどの実写短編映画が基になっている。

　子どものころに飼い犬を亡くしたというバートン監督の犬に対する愛情が全編にあふれる。ビクターにはバートン少年が抱いた思いが投影されているのだろう。

　ビクターが科学の知識を総動員して愛犬をよみがえらせたり、騒動を収めたりするシークエンスは興味深く、怪獣映画ファンがにやりとするような展開も楽しい。

　スパーキーや登場するキャラクターは一見不気味なビジュアルだが、パペットを少しずつ動かして撮影するストップモーション（こま撮り）という原始的な手法が生み出した質感が不思議な魅力を醸し出している。一方、最新技術の3Dの効果はいまひとつに感じた。

　無邪気にじゃれるスパーキーのしぐさはまさに犬。首からボルトが飛び出した継ぎはぎだらけの"フラン犬（ケン）"のキモかわいさに魅了された。1時間27分。

記者の採点＝★★★★☆　　　　　　　　　（智）

2012年12月12日

肉声で歌い上げる愛と自由　　　　「レ・ミゼラブル」

　正月映画の大本命が登場した。ロンドンで1万回以上、上演されてきた大人気ミュージカルを映画化した「レ・ミゼラブル」だ。ハリウッドで活躍するスターが演技とともに圧巻の歌を披露し、愛や自由の素晴らしさをうたう大作だ。

　ビクトル・ユーゴーの原作は繰り返し映画化されてきたが、1985年から上演され続けてきたミュージカルは、スーザン・ボイルがカバーしてヒットした「夢やぶれて」など名曲ぞろい。この映画は全編がそれらの歌でつづられる。

　19世紀、フランスが舞台。パンを盗んだ罪で19年間服役したジャン・バルジャン（ヒュー・ジャックマン）は、新しい人間に生まれ変わると決心し、仮釈放中に逃走する。そのバルジャンを執念深く追うジャベール警部（ラッセル・クロウ）。この追跡劇を軸に、貧富の格差に不満を抱いて革命へ突き進む学生らの戦いなどが描かれる。

　本作で俳優たちは、演じながら歌った。その声を映像と同時に録音したため、俳優の感情表現が見る側にダイレクトに伝わる効果を挙げている。例えばバルジャンが自由を求めて高山をさまよう場面では、酸素が薄いこともあって、その息苦しさまでが伝わってくる。

　俳優の顔のクローズアップが多いのも特徴だ。「英国王のスピーチ」で、米アカデミー作品賞を受賞したトム・フーパーが監督。俳優の細やかな表情を包み隠さずに見せ、観客は人物の内面に入り込むことができる。舞台にはない、映画ならではの魅力となった。

　更生したバルジャンが経営する工場での仕事を失い、売春婦となるファンテーヌ役を演じたアン・ハサウェイが熱演。その娘コゼットを演じたアマンダ・サイフリッドの繊細な歌声も素晴らしい。2時間38分。

記者の採点＝★★★★★　　　　　　　　　　（竹）

2012年12月19日

女性の苦悩と哀切と　　　　「大奥〜永遠〜」

　男と女の社会的立場が逆転しても、絶対に代わることができないことがある。それは子を産むこと。「大奥〜永遠〜」が描く、世継ぎを成す宿命に翻弄（ほんろう）された女将軍の人生は哀切極まりない。

　男のみが罹患（りかん）する謎の病により人口が激減し、女が世を治めるという斬新な設定の人気漫画「大奥」が原作。2010年の映画やテレビドラマに続くシリーズだが、別の将軍の時代を描いており未見でも楽しめる。

　「永遠」の舞台は、5代将軍綱吉（菅野美穂）の時代。将軍に美男たちが仕える大奥では、貧乏公家から名声を求めて大奥入りした右衛門佐（堺雅人）が総取締に就任する。綱吉は一人娘を病で失い、父桂昌院（西田敏行）によって世継ぎづくりに専念させられるが…。

　親からのプレッシャーや周囲の配慮のない言葉にさらされながら、それでも果たせない妊娠。女性の社会進出が進む現代で、産む性としての役割も求められながら不妊に悩む女性たちを重ねずにはいられない。

　子ができぬまま年齢を重ねる焦燥感と孤独感で自暴自棄になっていく綱吉。はたから見れば奔放で、犬公方（くぼう）と呼ばれた綱吉が、亡き子の代わりにチンを抱く姿には悲哀を感じる。

　一方、世継ぎを欲するがあまり妄信の末に「生類憐（あわれ）みの令」を発布させる桂昌院。権力のために自らの思いは秘めつつ綱吉に仕える右衛門佐。苦しむ女を思っての行いか、否か。男の側も問われている。

　元禄を再現したという豪華絢爛（けんらん）なセットや衣装も見どころだ。綱吉が美男を取っ換え引っ換えする描写は少々やりすぎの感もあるが、呪縛から解き放たれたときの姿と対照的で、ラストシーンが一層胸に迫る。金子文紀監督。2時間4分。

記者の採点＝★★★★☆　　　　　　　　　　（智）

2012年12月26日

時を超え、世界を変える

「LOOPER　ルーパー」

　時間の流れは誰にも止められないからこそ、タイムトラベルを題材にしたSFは多くの人を引きつける。米映画「LOOPER　ルーパー」は、タイムマシンで未来から来た自分自身と対決し、世界の在り方まで変えてしまう男の物語だ。

　2044年が舞台。その30年後の世界では、科学技術で生命が管理されて殺人が不可能になっており、犯罪組織は違法なタイムマシンを利用して、邪魔な人物を44年へ送って殺害することを繰り返していた。

　未来から送られてきた人間を即座に射殺する処刑人"ルーパー"のジョー（ジョセフ・ゴードンレビット）の前に、ある日、30年後の自分自身（ブルース・ウィリス）が送られてくる。驚いたジョーは標的を取り逃がし、責任を問われて組織から追われる身となる。

　スリリングなサスペンス、バイオレンス色の強いアクション、さらにホラーの味わいも加えた密度の濃い娯楽作だ。追い込まれたジョーが選択を迫られる終盤のクライマックスに、ドラマが凝縮されている。

　詳しくは見てのお楽しみだが、30年後の自分との対決を通して、未来を選択するのは今の自分だというメッセージを明快に伝えている。今を生きる真剣さが命を輝かせるということを、タイムトラベルという空想物語の力によって見せている。

　現在と未来のジョーを演じているゴードンレビットとウィリスを、なんとか似た顔に見せようと特殊メークを施したのは、日本人の辻一弘だ。これまでに2度、アカデミー賞の候補となっている。1時間58分。監督はライアン・ジョンソン。

記者の採点＝★★★★☆　　　　　　　　　　　（竹）

2013

2013年1月9日

大人になれない男2人の絆 「テッド」

　大好きなぬいぐるみとおしゃべりできたらいいのに―。「テッド」は、そんな少年の願いがかなって魂が宿ったテディベアと、彼と共に成長した35歳のダメ男の絆を描く、ブラックユーモアあふれるバディ映画だ。

　孤独な少年ジョンは、クリスマスの奇跡で生けるテディベアとなったテッドと固い友情を誓い合う。27年後、大人になりきれないジョン(マーク・ウォールバーグ)と、不良クマに成り下がったテッドは相変わらず一緒だが、ジョンの恋人ロリー(ミラ・クニス)は自堕落な生活を送る2人に噴火寸前。ついにロリーはジョンに迫る。

　「あたしが大事ならクマと別れて!」

　親友か恋人かで揺れ動く男と、男同士の友情に嫉妬する女。よくある三角関係だが、その一角を占めるのが毒舌テディベアとは、なんとも斬新。この場に書くのがはばかられるような毒が強すぎる描写には閉口するが、愛らしいのはモコモコの外見だけで、中身は下品な中年おやじなのだから仕方ない。

　たもとを分かった男2人を再び結び付けるクライマックスの大事件で、懸命に助け舟を出すロリーが心憎い。手綱は締めつつ、男の友情は温かく見守るに限る、か。のび太のような男が夢見るのは、友情も愛情も手に入れる俺、なのだから。

　さて、テッドの本当の中身は、脚本も手掛けたセス・マクファーレン監督。テッドに扮(ふん)した監督の動きを最新技術で取り込み、CGでテッドに変身させている。

　一見かわいいクマちゃん映画だが、刺激が強いため15歳未満は入場不可。1時間46分。

記者の採点＝★★★★☆

(智)

2013年1月16日

愛に振り回される女たち 「つやのよる」

　「きょうのできごと」や「パレード」で若者の群像劇を撮った行定勲監督が、新作「つやのよる」で、大人の恋愛群像劇に挑んだ。愛に振り回される女たちをオムニバス風に見せ、男と女のどうしようもなさ、いとおしさを浮かび上がらせる。

　小泉今日子や真木よう子、忽那汐里、大竹しのぶら豪華女優陣をそろえた。時に艶めき、時に鈍い光を放つ女の情念を、密度の濃い映像でつづる。軽薄な恋愛ドラマに飽き足りない人に勧めたい。

　作家や出会い系サイトで会った男など、さまざまな男と関係をもつ奔放な妻、つやに苦しめられながらも愛し続ける春二(阿部寛)。つやが病で意識不明となった時、彼は愛の深さを確かめようと、過去に妻と関わった男たちにつやの危篤を知らせ始める。

　病床のつや本人はほとんど登場せず、謎に包まれたまま。男たちの妻や恋人、愛人がつやの存在を知り、平穏な暮らしに波風が立つさまが描かれる。形の不確かな愛を手探りで求める女たちは、大切な人との関係を見つめ直し始める。

　女優一人一人に見せ場があり、作家の妻役の小泉と、愛人役荻野目慶子のつかみあいのけんかは真に迫る。つやの元夫と関係をもつキャリアウーマンを演じた野波麻帆の、体を張った演技にも目を奪われる。華やかな群像劇の渦が次第に重く沈殿する後半、風吹ジュンや大竹らの深みのある演技が、愛の感触を確かに示している。

　夫婦愛を描いた2009年の快作「今度は愛妻家」と同様にサスペンス調で引き込まれるが、上映時間が2時間18分と、少々長いのが惜しい。原作は井上荒野。

記者の採点＝★★★★☆

(竹)

2013年1月23日

トムらしい孤高のヒーロー

「アウトロー」

　多様なメディアに囲まれ、いやがおうにも他者とつながる現代。便利だが時に煩わしさも感じる。トム・クルーズ演じる「アウトロー」の主人公ジャック・リーチャーは、そうした関わりを一切拒否し、携帯電話はおろか住居も友人も持たない。アナクロのにおいがする孤高のヒーローだ。

　白昼、5人が犠牲になる銃乱射事件が発生。遺留品から元米兵バーが逮捕され、事件は解決したかにみえた。しかし、かつてバーを取り調べた軍の元秘密捜査官リーチャーは疑いを抱き、バーの弁護士ヘレン（ロザムンド・パイク）とともに、無差別殺人を装った事件の裏に潜む陰謀をあぶり出していく。

　悪代官から民を救う浪人や西部劇のガンマンのように、ルールは法律ではなく己が信じる正義。勧善懲悪のストーリーに謎解きのミステリー要素を織り込んだハードボイルドアクションだ。

　リーチャーらは、被害者一人一人の人生に迫ることで真相を浮かび上がらせる。なぜ殺されなければならなかったのか。家族の悲痛はいかほどか。犯人に仕立て上げられた男だけでなく、巻き添えとなった人々の視点を得ることで、悪をたたきのめすリーチャーの正義はさらに補強される。

　明晰（めいせき）な頭脳と強靱（きょうじん）な身体能力を兼ね備えた"トムらしい"ヒーロー像に既視感は否めないが、トップに君臨し続ける大スターにとってジャック・リーチャーは、イーサン・ハントに比肩するはまり役となっている。

　原作は英国人作家リー・チャイルドの人気小説で、シリーズ化されるという。クリストファー・マッカリー監督。2時間10分。

記者の採点＝★★★★☆　　　　　　　　　（智）

2013年1月30日

徹底した悪を娯楽に

「脳男」

　中島哲也監督の「告白」や三池崇史監督の「悪の教典」など、人間の悪を容赦なく描くダークな娯楽映画のヒットが続いている。ジャニーズ事務所所属の人気俳優、生田斗真が主演した新作「脳男（のうおとこ）」も、バイオレンス色の強い娯楽作だ。

　無差別の連続爆破事件が首都圏で発生。舌を切り取られ、爆薬を巻き付けられた女性らが"人間爆弾"として犠牲になる。警察の捜査でたどり着いた犯人の潜伏先も爆破され、そこには身元不明の男（生田）だけが残されていた。

　爆殺犯の共犯として逮捕されたこの男は、爆発による負傷にも痛みを感じない様子で、尋常でない記憶力や知能を発揮。精神鑑定を担当した医師（松雪泰子）は、彼には感情がないのではないかと疑い、刑事（江口洋介）と共に生い立ちをたどり始める。

　アンドロイドのように機械的で、自らの正義のために悪を抹殺しようとする"脳男"。感情表現を封印した演技を担った生田は、物語の進行とともに単なるロボットではない深い悲しみを漂わせ、新たなヒーロー像をつくり出している。

　脇役も石橋蓮司や夏八木勲、甲本雅裕ら芸達者がそろい、バスや病院の爆破シーンなどは迫力十分。仕掛けは派手な一方、脳男に対抗する悪役が残酷な犯罪を重ねる動機を描くことには、重点が置かれていない。

　このため悪を生む社会や人間の奥底は見えてこないが、正義と悪の境目が見えにくくなっている現在、徹底した悪を娯楽として求める需要は確かにある。本作も若い世代で話題となりそうだ。滝本智行監督、原作は首藤瓜於。2時間5分。

記者の採点＝★★☆☆☆　　　　　　　　　（竹）

2013年2月6日

報復で心は満たされるか

「ゼロ・ダーク・サーティ」

　9・11から10年、2011年5月の米軍によるウサマ・ビンラディン容疑者殺害作戦の内幕を明らかにした「ゼロ・ダーク・サーティ」。イラクで爆弾処理に当たる米兵を描いた「ハート・ロッカー」で、女性初の米アカデミー賞監督賞に輝いたキャスリン・ビグロー監督らしい入魂の作だ。

　関係者への取材に基づいて脚本を完成させたというが、殺害から2年もたたないうちに映画化を果たした製作チームの気骨に恐れ入る。

　物語は米中央情報局（CIA）のビンラディン容疑者追跡チームに投入された女性分析官マヤを中心に展開。捕虜への拷問や特殊部隊の急襲シーンなど、臨場感を追求したリアルな描写はギリギリと締め上げられるような緊張感で、正視するのが耐え難くなるほど。

　観客は作品に描かれた「真実」を検証するすべを持たない。だが、私たちは、ビンラディン容疑者殺害後もテロの脅威は続き、武力でテロを根絶できないという現実を知っている。

　自爆テロで仲間を失い、正義という名の復讐（ふくしゅう）心に駆られたマヤも報復の連鎖にはまった一人。全てを懸けて追い求めた標的を殺し"悲願"を達成したマヤの心は満たされただろうか。彼女の最後の表情が、その答えを物語っている。

　マヤが徐々に変化していくさまを、憑依（ひょうい）したかのように演じたのは「ヘルプ　心がつなぐストーリー」のジェシカ・チャステイン。

　「ゼロ・ダーク・サーティ」は午前0時30分を意味し、特殊部隊が潜伏先に踏み込んだ時間。暗夜も意味するという。2時間38分。

記者の採点 = ★★★★☆　　　　　　　　　　（智）

2013年2月13日

ありふれた日々の美しさ

「横道世之介」

　見終わっていくつかの場面を思い出し、つい口元が緩んでしまう。映画「横道世之介」は、大学生の青春をユーモアたっぷりに見せた後、ありふれた日々の美しさを照らし出す。クスクス笑ってやがて切なくなるコメディーの秀作だ。

　1987年、長崎から東京の私立大に入った横道世之介（高良健吾）。誘われるままサークルに入り、知ったかぶりの先輩に付き合って、学生生活をそれなりに楽しむ。おおらかで人懐っこく、あか抜けないけど温かい世之介の人柄と、人々の交流を映画は丹念につづる。

　決して目立たないが、いるだけで心が休まる。そんな平凡な世之介が魅力的で、確かにこんな人が周りにいたと思えてくる。だから16年後、中年となった友人らが温かい気持ちで彼を思い出す終盤の味わいが深い。

　「キツツキと雨」の沖田修一監督が、世之介を取り巻く人物の個性を際立たせ、絶妙の間でおかしみを醸し出している。ヒロインのお嬢さまを演じた吉高由里子のコメディエンヌぶりも秀逸だ。

　脚本は、岸田国士戯曲賞に輝いた前田司郎と、沖田監督が共同で手掛けている。中学高校の同窓生という2人の友情も、本作に投影されたのだろう。原作は「悪人」も映画化された吉田修一。

　ソーシャルネットワークが発達し、誰かと交信することを常に迫られる世の中。短文投稿サイト「ツイッター」などで常に発信をしなくても、ただ人を思うことの温かさを、この映画はしみじみと伝えている。思い、思われることが、平凡な人生を輝かせる。2時間40分。

記者の採点 = ★★★★★　　　　　　　　　　（竹）

2013年2月20日
人生の航路取り戻すドラマ 「フライト」

　飛行機に乗るのをしばらく控えたくなるほど、緊迫した航空事故シーンが衝撃的な「フライト」。だが、惨事を描いたパニック映画ではない。人生の航路を外れたパイロットが、事故をきっかけに真の自分を取り戻すまでの軌跡を描いた人間ドラマだ。

　米国アトランタ行きの旅客機が上空3万フィートで急降下。ウィトカー機長は奇跡的に機体を草原に緊急着陸させ、多くの命を救う。一躍英雄となったものの、血中からアルコールが検出され、過失致死罪に問われる可能性が浮上する。

　会社の存続や保身など、事故の公聴会へ向けてさまざまな思惑が交錯。そして公聴会当日、驚くべき事実が明らかにされたとき、ウィトカーは…。

　神懸かった操縦技術を持つ自信家である一方、「依存症」という心の闇を抱え、自らを制御できないいら立ちや苦しみを併せ持つウィトカー。人間くさい一人の男を、本作でも米アカデミー賞主演男優賞にノミネートされたオスカー俳優デンゼル・ワシントンがリアルに表現し、見る者を物語に強く引き込む。

　多かれ少なかれ、誰もが自分にうそをつき、ごまかしながら生きている。しかし、過ちを白く上塗りするのか、しないのか、そのかじ取りを誤ったとき、本当の人生の墜落が待っている。自分に向き合うことで闇から抜け出し、"真のヒーロー"となったウィトカーの表情に救われた気持ちになった。

　「フォレスト・ガンプ　一期一会」のロバート・ゼメキス監督が、12年ぶりに実写でメガホンを取った。2時間18分。

記者の採点＝★★★★☆　　　　　　　　（智）

2013年2月27日
夫婦の愛を見つめる珠玉作 「愛、アムール」

　コンサートホールの観客席。舞台から見下ろすカメラが、開演を待つ大勢の顔を写し、中に品の良い夫婦がいる。ミヒャエル・ハネケ監督の映画「愛、アムール」は、そんなどこにでもいそうな夫婦が直面してゆく老いと病を通し、珠玉の愛を描き出した名品だ。

　哀愁と気高さに満ちたピアノ曲の後、幸せな余韻に浸る夫婦が帰宅したところから物語は始まる。カメラはもうその後、2人が暮らすパリの部屋を出ることはない。翌朝、突然の病に襲われた妻と、介護をする夫の日々をひたすら見つめてゆく。

　手術に失敗した妻は「もう病院には戻らない」と宣言する。時折訪ねてくる娘は再入院を勧めるが、妻の願いを受け入れた夫は共に自宅で暮らす覚悟を決める。

　「あなたは怖いときもあるけど、優しいわ」といった会話やいたわり合いの場面が、2人が重ねた時間の豊かさを伝えていく。だが閉じた空間で悪化する病と向き合い、介護にも追われるうちに、夫婦の感情のやりとりは緊張感を増す。

　過剰な感情表現を抑えて、事実だけを伝えていく。夫婦の心を純化した形で見せているから、終盤に夫が見る幻は、この上もなく美しい。

　気品を失わない妻を演じたのは、広島を舞台にした映画「二十四時間の情事」のエマニュエル・リバ。夫は「男と女」のジャンルイ・トランティニャンが演じている。

　米アカデミー賞にオーストリア代表で出品され、外国語映画賞を受賞。ハネケ監督は前作「白いリボン」に続き、2作連続でカンヌ国際映画祭の最高賞に輝いた。2時間7分。

記者の採点＝★★★★★　　　　　　　　（竹）

2013年3月6日

人の心は究極のミステリー 「プラチナデータ」

　日本国民のDNA情報がデータベース化され、犯罪捜査に利用される近未来を舞台にした「プラチナデータ」。DNA鑑定が定着した昨今、目覚ましく進歩する科学技術が映画の中のフィクションを現実化させてもおかしくないと感じる。

　主人公は、DNA捜査システムを開発・運用する警察庁の主任解析員神楽龍平（二宮和也）。DNA捜査関係者が標的になる連続殺人事件で、現場から検出されたDNAが導き出した犯人は神楽自身だった。身に覚えのない神楽は逃走。彼を追う警視庁捜査1課の刑事浅間（豊川悦司）は捜査の過程で、神楽が別人格「リュウ」を持つことを知る。

　神楽はDNAが全てを決めると信じて疑わない。ならば人生もDNAに左右されるのだろうか。DNAが形成した一人の人間の中に、正反対の人格が存在するのはなぜなのか。科学技術が進んでも、人の心は究極のミステリーだというテーマが浮かび上がってくる。

　国家権力に潜む闇を織り込んだ物語からは、管理されることと引き換えに得られる安全のもろさが透けて見える。至る所に配備された監視カメラによって個人を瞬時に分析し、特定する。劇中に描かれた情報管理社会は現代と地続きであり、そう遠くない未来なのかもしれない。

　リアリティーある設定で、二つの人格を演じ分ける二宮ら俳優陣の演技も説得力があるが、「未来」を意識し過ぎたのか音楽やテロップなどの演出が過剰で、かえって作り物のように感じさせてしまった。

　原作は東野圭吾の同名小説。「るろうに剣心」の大友啓史監督。2時間13分。

記者の採点＝★★★☆☆ 　　　　　　　（智）

2013年3月13日

子どもと共に教師は育つ 「だいじょうぶ3組」

　生まれつき両腕と両足のない新人教師が子どもたちに正面からぶつかり、共に成長する映画「だいじょうぶ3組」。ベストセラー「五体不満足」の乙武洋匡が書いた同名小説が原作で、乙武本人が教師を演じている。誠実な態度が子どもの心を開いていくさまが、爽やかな感動を呼ぶ。

　小学校の5年3組に、電動車いすに乗った赤尾慎之介（乙武）が担任としてやってくる。赤尾の幼なじみの教育委員会職員、白石優作（国分太一）が補助教員で付き添う。肉体的ハンディのある赤尾は何をやっても注目の的だ。

　その上、未熟な教師を試すかのように、生徒の上履きがなくなる"事件"も発生。赤尾は自分なりのやり方で、子どもたちと向き合っていく。

　やはり乙武が圧倒的な存在感を見せている。表現手段が限られる中、声高に主張を訴えることはしない。感情を抑え、選んだ言葉を穏やかに伝える。器用に食事し、生徒の部屋まで階段を上り、子どもたちとサッカーに興じる姿から、伝わってくるものも多い。

　乙武と子どもらが対面する場面は、本当に初対面となるよう広木隆一監督が指示。戸惑い驚く子役らの表情をリアルにとらえた。一方、アイドルの国分が演じる白石の視点で物語を見せることで、ドキュメンタリーとは異なる娯楽作となった。

　赤尾はひと昔前に人気を得た熱血タイプではない。子どもの声に耳を傾け、じっくりと対話する教師だ。いじめや体罰など暗いニュースが多いが、子どもを押さえ付けるのではなく、共に育つことに教育の喜びがある。教育そのものがドラマであることに、あらためて気付かされた。1時間58分。

記者の採点＝★★★★☆ 　　　　　　　（竹）

2013年3月19日

対照的な二つの愛

「アンナ・カレーニナ」

　ロシアの文豪トルストイの傑作を実写映画化した「アンナ・カレーニナ」。かつてグレタ・ガルボやビビアン・リーらが演じた美貌の貴婦人にキーラ・ナイトレイが挑み、道ならぬ愛に溺れた女の美しさと醜さを存分に見せつけている。

　舞台は19世紀末のロシア。政府高官カレーニンの妻アンナは、若き騎兵将校ブロンスキーと恋に落ちるが、不倫の恋は悲劇的な結末を迎える。一方、地方の地主リョービンは、ブロンスキーへの恋に破れたキティへの愛を貫き、共に幸福な人生を歩む。

　対照的な二つの愛の形が織り込まれたストーリーはこれまでにも映画化されてきたが、本作で特筆すべきは、舞台劇のように見せる斬新な演出を取り入れていることだ。

　劇場セットの中で展開されるサンクトペテルブルクの社交界は、豪華だが虚飾に満ちた見掛け倒しの世界。対して、ロケで撮影されたリョービンの広大な農地は、地に足の着いた生き方を思わせる。激しく繰り広げられるメロドラマの陰で、対比される人生の見せ方が興味深い。

　自らに正直に生きるアンナの姿は、さまざまなしがらみにとらわれた現代人にとってはまぶしく映るかもしれない。だが、愛が執着に変わったとき、その愛が最後を迎えるのは今も昔も同じ。嫉妬心を燃やすアンナは痛々しくて重い。

　米アカデミー賞で衣装デザイン賞を受賞。アンナがまとう贅（ぜい）を尽くした数々の衣装に魅了されるが、ウエストを絞り上げたドレスは偏狭な社交界の象徴にも見える。

　ナイトレイ主演の「つぐない」のジョー・ライト監督。2時間10分。

記者の採点＝★★★★☆　　　　　　　　　　　（智）

2013年3月27日

荒々しい社会を生き抜く

「君と歩く世界」

　理想のカップルと言われた男女が、実際はうまくいかないことは多い。その逆もまた、しかり。相性を客観的には判定できないから愛のドラマは面白い。マリオン・コティヤール主演の映画「君と歩く世界」も、水と油のように違う2人の出会いがスリリングだ。

　南フランスでシャチの調教師をしているステファニー（コティヤール）は、セクシーな服装で盛り場でも目を引く。だが遊びが過ぎたのか男に殴られ、夜警のアリ（マティアス・スーナーツ）に家まで送ってもらう。

　「まるで商売女だ」と吐き捨てるように言うアリは、貧しく粗野。格闘試合で戦うときだけぎらぎら輝く。一方のステファニーはある日、シャチのショーで事故に巻き込まれて両脚を失い、絶望の底に突き落とされる。

　2人は、わずかな時間を共有したにすぎない。だが、気遣う家族に背を向けたステファニーがふと連絡を取ったのは、優しい声を掛けそうにないアリだった。

　ここから展開されるのは甘いラブストーリーではない。2人は即物的に体を重ね、ステファニーは絶望の原因となった肉体をよりどころとして生きる力を取り戻してゆく。

　美しいのは、海に連れ出した彼女をアリがぶっきらぼうに放置する場面だ。思いがけず、自由に泳ぎ回る解放感を味わったステファニーは、裸のまま彼に身を任せる。

　ジャック・オディアール監督は前作「預言者」と同様、不況や移民を背景に、2人が生きる社会の荒々しさを全編に描く。不完全な肉体をフルに使って現実を生き抜き、不確かだった愛が立ち現れたとき、人は輝く。2時間2分。

記者の採点＝★★★★☆　　　　　　　　　　　（竹）

2013年4月3日

人と人をつなぐ言葉の物語

「舟を編む」

　昔、親から譲り受けたかび臭くてぼろぼろの辞書はどこにしまったっけ…。そんな懐かしい"友人"に会いたくなるような気持ちがこみ上げてきた。「舟を編む」の舞台は、辞書作りの現場だ。15年の月日をかけて新しい国語辞書「大渡海」を世に送り出そうと奮闘する人々を描いている。

　物語はパソコンなどのデジタル機器があまり普及していない1995年から始まる。玄武書房辞書編集部に異動した27歳の馬締（まじめ）（松田龍平）が主人公。本の虫である馬締は言葉の知識は豊富だが、コミュニケーションのツールとして使いこなせない。編集部の仲間や、思いを寄せる香具矢（宮崎あおい）に自分の気持ちをうまく伝えられず、悩む。

　絵画や音楽など自分の内面を表現する方法は山ほどある。だが、それを他者に伝え、互いを理解するためには言葉が不可欠なのだと、今更ながら痛感する。

　一方、お互いを理解し、尊重し合う関係を築き上げた2人の間に、たくさんの言葉はいらない。12年後、食卓で黙々と箸を運ぶ馬締と香具矢の姿がそれを伝える。

　デジタルの時代になろうとも、常に言葉は生まれ、変化し、死んでいく。人が人とつながりたいと思い続ける限りそれは変わらないことを、執念とも言える情熱を注いで辞書を編む馬締たちに教えられた。

　原作は三浦しをんの同名小説。編集部に立ちこめているであろう古びた書物のにおいや、登場人物の温かみが伝わってくる映像は、35ミリフィルムで撮影された。「川の底からこんにちは」の石井裕也監督。2時間13分。

記者の採点＝★★★★☆ 　　　　　　　　　　（智）

2013年4月10日

非効率的で劇的な民主主義

「リンカーン」

　民主主義は非効率なシステムだと、山田洋次監督が話していた。

　監督作「同胞（はらから）」で、演劇公演をめぐり夜更けまで議論した若者たちがようやく結論を出そうとしたとき、1人が「ちょっと待て」と話を振り出しに戻して観客の笑いを誘う。「わいわい果てしなく議論して結論が出る。民主主義はそんなものじゃないか」と笑っていた。

　歴代で最も尊敬を集める第16代米大統領の最期に至る4カ月間を、スティーブン・スピルバーグ監督が映画化した「リンカーン」は、英雄的な活躍を見せて観客の溜飲を下げるような軽い娯楽作ではない。奴隷制に賛成する議員が多い中、粘り強く説得を続ける姿を抑制的に見せた、陰影に富む人間ドラマだ。

　ダニエル・デイルイスが演じるリンカーン大統領は、奴隷制をめぐり国を二分した南北戦争で、命を落とす兵士に胸を痛め、理想とのはざまで悩む。民主党は奴隷制を強硬に支持し、同じ共和党にも意見の違いがある。

　リーダーの孤独と疲労が浮き彫りになる一方、異を唱える側近らに耳を傾け、人々の間に身を置く大統領は、ユーモアを交えて「全ての人間は自由であるべきだ」との信念を伝えていく。その根気強さに驚かされる。さまざまな思惑が交錯する議会で、歴史の転換点を少しずつたぐり寄せる展開は、手に汗握る。

　民主主義は非効率的だからこそ、その過程でドラマが生まれ、結論は大きな意味を持つ。歴史を変えた偉業が、地道な積み重ねの成果だと伝えるこの映画は、今や空気のように錯覚しがちな自由や平等に確かな重みを与えている。デイルイスがアカデミー主演男優賞を受賞。2時間30分。

記者の採点＝★★★★★ 　　　　　　　　　　（竹）

2013

2013年4月17日

荒唐無稽なエンタメ作品

「図書館戦争」

　静寂であるはずの図書館が、銃弾飛び交う戦場になる荒唐無稽な設定。有川浩の人気小説が原作の映画「図書館戦争」は、この虚構の実写化に正面から取り組んだエンターテインメント作品だ。

　違う歴史をたどったパラレルワールドの近未来日本。「メディア良化法」が可決、国家権力によって有害図書は徹底的に排除され、検閲には武力が用いられる。

　これに唯一対抗できる組織が図書館を守る「図書隊」。その特殊部隊に配属された女性隊員笠原郁（栄倉奈々）と上司の堂上篤（岡田准一）の活躍を描く。

　既に原作は漫画化やアニメ化もされ、多くの熱烈なファンを持つ。かつて雑誌のアンケートで、理想のキャスティング1位になったのが、栄倉と岡田というだけに、イメージはぴったり。衝突しながらも引かれ合う、身長差のある2人の掛け合いがコミカルで楽しい。

　「SP」以来アクションシーンに磨きが掛かる岡田と、ハードなトレーニングにも体を張って演じる栄倉を中心に、脇を固める田中圭や栗山千明、福士蒼汰らも原作の雰囲気をよく出している。

　また自衛隊が協力して撮影した戦闘シーンは、かなりリアル。見どころではあるが、物語の中心にラブコメディーの要素が強いだけに、いささか長くて過剰に感じた。

　レイ・ブラッドベリの「華氏451度」のような言論抑圧社会とラブコメというギャップは物語の魅力だが、ダークファンタジーではないので殺傷がリアルすぎても戸惑う。さじ加減が難しいところだ。「GANTZ」などの佐藤信介監督。2時間8分。

記者の採点＝★★★☆☆　　　　　　（富）

2013年4月24日

リーダーのあるべき姿

「ラストスタンド」

　リーダーに求めたい資質の一つは判断力、そして守るべきものを守る気概だ。「ラストスタンド」は、米カリフォルニア州知事の任期を終えたアーノルド・シュワルツェネッガーの10年ぶりとなる主演復帰作。静かな町に突如訪れた危機に立ち向かう保安官として、自らが"最後のとりで"となって戦う。

　メキシコとの国境にある町の保安官レイ（シュワルツェネッガー）はロサンゼルス市警の元敏腕刑事。犯罪とは無縁の田舎町で隠居同然の生活を送っていたが、移送中に逃走した凶悪犯コルテスが時速400キロのスーパーカーで国境へ向かっていることを知らされる。FBIの捜査は混乱、頼みのSWATチームも壊滅し、レイは仲間4人とともに、コルテス率いる武装集団に挑む。

　しわやたるみ、眉に目立つ白いもの、あっ、老眼鏡…。シュワちゃん老けたな。そんな第一印象を抱くだろう。だが、老いの代わりに身につけたのはリーダーの風格と頭脳戦。素人同然の仲間をまとめ、奇策で相手を翻弄（ほんろう）する手腕は見事。限られた時間内に危機回避の判断を迫られるのは州トップの日常でもあろう。その意味においても彼にふさわしい復帰劇だ。

　鮮やかなコルテス脱走シーンで幕を開け、最高級スポーツカーによるカーチェイスから肉弾戦まで、アクションも豊富に取りそろえられている。最後の決戦は手に汗握るが、生身のご老体には少々無理も。

　西部劇の香り漂う本作のメガホンを取ったのは、マカロニならぬキムチウエスタンと称された「グッド・バッド・ウィアード」のキム・ジウン監督。これがハリウッドデビュー作。1時間47分。

記者の採点＝★★★☆☆　　　　　　（智）

2013年5月1日

大泉洋の魅力が全開

「探偵はBARにいる2 ススキノ大交差点」

　女に弱く金にも弱い。けんかはまあ普通で、髪形はちょっと変─。そんなさえない探偵が、時折すごくかっこよく見えてしまうから不思議だ。

　大泉洋のはまり役となった主人公が、再び札幌を舞台に大活躍する「探偵はBARにいる2　ススキノ大交差点」は、愛すべきハードボイルド映画に仕上がった。

　名無しの探偵（大泉）の仲間、ゲイのマサコ（ゴリ）が、マジックコンテストで優勝した2日後に何者かに殺される。相棒兼運転手の高田（松田龍平）と犯人捜しに乗り出す探偵だが、背後に大物政治家（渡部篤郎）の影がちらつく。そこに、マサコがずっと応援していたというバイオリニストの弓子（尾野真千子）が現れ、探偵たちと一緒に行動を共にすることになるが…。

　アクションシーンは前作よりぐんとパワーアップ。路面電車内での2対50の対決などは、ジャッキー・チェンばりにアクロバティックだ。

　とぼけた相棒の高田と探偵の絶妙なやりとりも、キャラクターがよりはっきりしたことで、いい味が出てきた。松重豊や波岡一喜ら癖のある脇役たちとの"お約束"のからみも楽しく、作品を盛り上げている。

　三枚目と二枚目を自在に行き来する大泉の魅力が全開。真剣にばかをやるほど、かっこよさが際立つ、冗舌なハードボイルド。ほかの俳優では成り立たない。

　作品は、オフビートな感覚や音楽の雰囲気など、松田優作主演のテレビドラマ「探偵物語」を思い出させる。東映のDNAというべきか。長くシリーズ化してほしい作品だ。橋本一監督。1時間59分。

記者の採点＝★★★★☆
（富）

2013年5月8日

孤独な心に巣くう闇

「クロユリ団地」

　一心不乱に物事に没頭しているときに恐怖を感じることはほとんどない。恐怖は不安定になった心に生まれるのだろう。「クロユリ団地」は、1990年代に「リング」でJホラーブームを巻き起こした中田秀夫監督の最新作。孤独な人々の心の隙間に巣くう闇が描かれる。

　老朽化した団地で新生活を始めた明日香（前田敦子）は、一人で遊んでいたミノルという少年と仲良くなった。ある日、隣室の独居老人篠崎が亡くなっているのを発見する。篠崎を救えなかった自責の念にさいなまれる明日香は、過去のトラウマも重なり、心の闇を深くさせていく。

　明日香は篠崎の遺品整理を請け負う笹原（成宮寛貴）に相談を持ちかけるが、笹原もまた孤独を抱えていた。一方、ミノルは明日香を慕って部屋を訪れるようになり…。

　毒々しい色の花や青白い光、蛍光灯の点滅音などで繰り返し視聴覚を刺激し、不安をかき立てる演出。また、過疎化した団地や顔の見えない隣人、孤独死といった、人間関係が希薄化した現代社会の象徴が恐怖をリアルに増幅させる。過去にとらわれた明日香に前へ進むようアドバイスする霊能者の言葉にもなかなか説得力があった。

　「リング」の貞子のように悲しい過去を持つ亡霊の描き方や、ひたひたと迫り来る"何か"を間接的に表現する繊細さがJホラーの真骨頂だった。終盤はハリウッド製のホラーをほうふつとさせるような、直接的に恐怖をあおる描写が多いと感じた。

　前田の半狂乱の表情もインパクトを残すが、ヒロインの心拍数に同調できるかどうかもホラー映画のつぼとなる。1時間46分。

記者の採点＝★★☆☆☆
（智）

2013

2013年5月15日
父娘の愛情を切なく 「くちづけ」

　分かっていても泣かされてしまう。映画「くちづけ」は、父親と娘の愛情を、あざといくらいストレートに、そして切なく描いた作品だ。

　昨年解散した劇団「東京セレソンデラックス」の舞台の映画化。劇団の主宰で原作の宅間孝行が脚本も担当した。

　知的障害者のグループホーム「ひまわり荘」。漫画家の愛情いっぽん（竹中直人）は、男手一つで育ててきた障害のある娘マコ（貫地谷しほり）を連れ、住み込みで働き始める。

　ホームには、うーやん（宅間）らユニークな仲間たちが、にぎやかに暮らしている。過去の事件がきっかけで、異性に恐怖心を抱いていたマコだったが、うーやんとはすぐに打ち解け、2人は結婚すると言い出して周囲を慌てさせる。

　平穏な日々が続くかに見えたが、ホームの経営難が表面化し、仲間たちがバラバラになる危機が。さらにマコの行く末を心配するいっぽんを、深刻な病が襲う…。

　重いテーマの中に、ユーモアをちりばめ、ファンタジーのように描く。登場人物はみな善良で、悲劇が起きるにおいはしない。それだけに、死へと追い詰められていく父娘の姿が切なく悲しい。

　現実に苦しくても頑張っている人たちがいるのにとか、泣かせが過ぎるとか思う半面、後味が悪くないのは、俳優の力によるところが大きい。

　うーやんを舞台でも演じてきた宅間や、抑え気味の演技の竹中もいいが、無条件の信頼を父親に寄せる純真なマコを演じた貫地谷に、強く引きつけられる。素晴らしい演技だ。堤幸彦監督。2時間3分。

　記者の採点＝★★★★☆　　　　　　　　　　（富）

2013年5月22日
古今SFのいいとこ取り 「オブリビオン」

　半分砕けて浮かぶ月と砂漠と化した地球が、あやしくも美しい。トム・クルーズ主演の映画「オブリビオン」は、SFファンが夢想する終末の世界を、最先端の映像技術を駆使して描く。

　2077年。異星人の攻撃を受けた人類は敵を駆逐したが、激しい戦いで地球の環境は壊滅。人類は土星の衛星タイタンへと移住していた。

　異星人の残党がいる地球を、地上千メートルに浮かぶタワーから2人だけで監視するジャック（クルーズ）とビクトリア（アンドレア・ライズブロー）。地上には無人偵察機が飛び回り、ジャックはその修理に当たっていた。

　ある日パトロールに出掛けたジャックは、不時着する宇宙船を目撃。助け出した女性（オルガ・キュリレンコ）を見て驚く。それは夢に繰り返し出てきた女性だった…。

　SFらしいどんでん返しあり、アクションありで飽きさせない。古今のSF映画のいいとこ取りといった印象だ。

　「猿の惑星」で衝撃のラストを演出した、砂に埋もれた自由の女神像。この作品では、天望台だけ残して埋まったエンパイアステートビルが重要な役割を果たす。

　空中戦は「スター・ウォーズ」のよう。フィリップ・K・ディック原作の「ブレードランナー」「トータル・リコール」、最後は「アルマゲドン」と、無数の作品を連想させる。アイデアは、悪く言えばパッチワークのようだが、映像の完成度が高い。本物の大自然に巨大セットとCGを巧みに融合させている。

　好き嫌いは分かれるだろうが、SF好きには、いろいろな楽しみ方ができそう。「トロン：レガシー」のジョセフ・コシンスキー監督。2時間4分。

　記者の採点＝★★★☆☆　　　　　　　　　　（富）

2013年5月31日

息つく暇もないアクション

「G.I.ジョー　バック2リベンジ」

　最初から最後までヤマ場が続きっぱなし。シリーズ第2作となる3D映画「G.I.ジョー　バック2リベンジ」は、息つく暇もないアクションシーンの連続で観客を圧倒する。

　前作同様、世界最強の機密部隊G.I.ジョーの活躍を描く。とはいえ、前半から部隊が奇襲を受けて壊滅してしまうという波乱の展開。攻撃を命令したのは米大統領。生き残ったわずかな隊員たちは、大統領を相手に戦いを挑むことになる。

　その中心になる隊員ロードブロックを演じるのは、プロレスラー「ザ・ロック」のドウェイン・ジョンソン。隊員らを助ける初代ジョーとしてブルース・ウィリスも後半から参戦する。

　さらに人気キャラのストームシャドー（イ・ビョンホン）とスネークアイズ（レイ・パーク）が、前作から引き続き出演している。

　大量の武器や弾薬を惜しみなく投入した銃撃戦。ヒマラヤ山脈の岩壁をワイヤにぶら下がり飛び交いながらの肉弾戦。3Dを計算した立体的なアクションがたっぷりと盛り込まれている。大部分がCGではなく、実際に撮影したものだというから驚きだ。

　しかし、全体としてはヤマ場ばかりでメリハリがなく、登場人物の関係や物語は前作を見ていても分かりにくく、唐突な印象がある。昔のハリウッド映画が描いたような珍妙な日本の風景が出てくるなど、B級感も漂う。

　確信犯的にアクションシーンに特化した作品だろうが、見終わると疲れてぐったり。映画というより、遊園地のアトラクションのつもりで楽しむのがよさそうだ。1時間51分。監督はジョン・M・チュウ。

記者の採点＝★★☆☆☆　　　　　　　　　　（富）

2013年6月5日

過去の愛に生きる男

「華麗なるギャツビー」

　今年のカンヌ国際映画祭のオープニングを飾った「華麗なるギャツビー」。これまでにも映画化されてきたF・スコット・フィッツジェラルドの名作を、「ムーラン・ルージュ」のバズ・ラーマン監督が3Dでゴージャスによみがえらせた。

　ロバート・レッドフォードも演じた華麗なる男、ジェイ・ギャツビーをレオナルド・ディカプリオが演じている。

　舞台は1920年代、米国東部の上流階級社会。世界恐慌を前に人々が好景気に浮かれていた退廃的な時代だ。ニューヨーク郊外のロングアイランドに越してきたニック（トビー・マグワイア）が物語の語り手となる。

　ニックの隣家、ギャツビー邸では毎夜のように豪華なパーティーが開かれていた。彼が何者なのかは誰も知らない。やがてニックは、対岸の豪邸に暮らすニックの親戚デイジー（キャリー・マリガン）への彼の思いを知る。

　挫折をばねに貧しさからはい上がったギャツビーは、愛を金で取り戻せると信じて疑わない。他方、夫の浮気に悩むデイジーは目の前のロマンスに揺れるが、安定した優雅な生活は手放せない。

　過去に執着して夢追う男と、今をしたたかに生きる女。その生き方は、バブルから経済危機を経ていまだ不安定な現代を生きる私たちにも理解できる。

　ギャツビーが手を伸ばしてつかもうとする対岸の光はデイジーの象徴だ。3D映像がもたらす奥行きが、光をさらに遠くに、物悲しくともす。

　空疎な人々を覆い隠すかのように、きらびやかに演出された豪勢なパーティーやドレスは見どころだが、日本のロスジェネ世代には少々重すぎる。2時間22分。

記者の採点＝★★★☆☆　　　　　　　　　　（智）

2013年6月12日

少年の成長描く冒険物語

「アフター・アース」

　M・ナイト・シャマラン監督のSF「アフター・アース」。そう聞けば、難解で哲学的な作品を想像しがちだが、ウィル・スミスとジェイデン・スミスの実の親子が共演するこの作品は、そのまま父と息子のきずな、息子の成長をストレートに描いた冒険物語だ。

　環境破壊が進んだ地球を人類が放棄し、新たな惑星に移住して千年。異星人の攻撃から人類を守る軍の総司令官サイファ・レイジ（ウィル）は、13歳の息子で士官学校生のキタイ（ジェイデン）を、訓練を兼ねた遠征に同行させる。

　姉の死をきっかけに、偉大な父へのコンプレックスとわだかまりを抱くキタイ。ぎくしゃくした親子関係の中で、遠征に向かう途中に事故が起き、宇宙船は真っ二つになって惑星に不時着する。

　生き残ったのはサイファとキタイだけ。しかもサイファは両足骨折の重傷を負う。救助信号を送る装置があるのは、100キロ先に落ちた船体の後部。キタイは一人で向かわなければならない。原生林と野生動物が支配するその惑星は、人類が放棄した地球だった…。

　壮大なスケールの"初めてのおつかい"なのだが、障害物が半端ではない。酸素が薄い大気、巨大動物の群れ、毒虫、断崖絶壁などが次々にキタイの前に立ちはだかる。

　子どもと大人の中間で、自意識の強い不安定な年ごろ。不安と自信の間で揺れ動く少年をジェイデンが見事に演じる。

　最大の敵である異星人の生物兵器が、人間の恐怖だけを感知して襲うという設定がミソ。少年が大人になるための通過儀礼であるこの過酷な冒険の象徴にもなっている。

　少年の目でドキドキしながら、父親の目でハラハラしながら、家族で楽しめる作品だ。1時間40分。

記者の採点 ＝ ★★★★☆　　　　　　　　（富）

2013年6月27日

名コンビ、笑いと涙の青春

「モンスターズ・ユニバーシティ」

　ピクサー社によるCGアニメの傑作「モンスターズ・インク」から12年、マイクとサリーの名コンビが帰ってきた。「モンスターズ・ユニバーシティ」は、若き日の2人が出会い、コンビを組むまでの"エピソード1"に当たる。笑いと涙の青春グラフィティだ。

　一流の"怖がらせ屋"になるため、モンスター界の名門大学の怖がらせ学部に入学したぎょろ目のマイク。一方、名門一族出身の毛むくじゃらのサリーは、素質があっても努力嫌い。入学早々トラブルを起こした2人は、学長に学部から追放されてしまう。

　サークル対抗の怖がらせ大会で優勝すれば、学部に戻れるという約束を学長と交わしたマイク。だが、マイクとサリーを唯一受け入れてくれたのは、落ちこぼれぞろいの弱小サークルだった…。

　愛嬌（あいきょう）ある風貌ながら怖くなろうと努力するマイクと、名門出身をプレッシャーに感じているサリーが、ぶつかりながらお互いを認めていく。

　サークル対抗戦はジョン・ランディス監督の「アニマル・ハウス」を思い出させ、ドタバタギャグの連続は「トムとジェリー」など懐かしのアニメのようで痛快だ。

　CGアニメで最難関とされる毛や服の表現も、よりリアルに。キャラクターの数、背景の広がり、繊細な照明などに技術の長足の進歩を感じる。次第にモンスターたちが、実在しているように見えてくるから不思議だ。

　サリーと人間の女の子のきずなを描いた前作の情感の深さには及ばないが、合わせて見れば面白さは倍増するだろう。

　声はビリー・クリスタルとジョン・グッドマン、日本語版は田中裕二と石塚英彦。ダン・スキャンロン監督。2Dと3Dで公開。1時間43分。

記者の採点 ＝ ★★★★☆　　　　　　　　（富）

2013

2013年7月1日

法や科学で解けない因縁 「真夏の方程式」

今や「龍馬」と並び福山雅治の代名詞となった「ガリレオ」こと天才物理学者、湯川学。「真夏の方程式」は、湯川が事件の謎に挑む東野圭吾の人気ミステリー小説を原作にしたテレビドラマの劇場版第2弾だ。ドラマでは少々鼻につく軽さや大仰さが抑えられ、原作をほぼ忠実に映像化した見応えある人間ドラマに仕上がった。

舞台は、美しい海の底に眠る鉱物資源の開発計画に揺れる玻璃（はり）ケ浦。計画の説明会に招かれた湯川は、旅館「緑岩荘」を営む川畑家で夏休みを過ごす少年恭平と出会う。翌朝、緑岩荘の宿泊客で元刑事塚原の変死体が岩場で発見された。事故か殺人か。次第に事件をめぐる人々の事情が明らかになる中、湯川は川畑家の秘められた過去に気づく。

いつもは非論理的だから子どもは嫌いだと言ってはばからない湯川と恭平の構図が新鮮だ。理科嫌いの恭平に科学の初歩を手ほどきしたり、恭平の未来のために奔走したりする姿に、湯川の意外な父性を見る。

福山はカンヌ国際映画祭で審査員賞を受賞した「そして父になる」（是枝裕和監督、9月公開）で初の父親役に挑んでおり、年相応の役柄でも見せる役者として幅を広げている。

ミステリーとしては犯行の動機付けが弱いのが気になるが、事件の核心にある親子愛というテーマが浮かび上がり、法律や科学では解きほぐせない人間の複雑さや因縁を描いたドラマになった。夏休みの終わりのような、ちょっと切ない余韻が残る作品だ。

シリーズの劇場版「容疑者Xの献身」も手掛けた西谷弘監督。2時間9分。

記者の採点＝★★★☆☆ （智）

2013年7月3日

現実味帯びた南北スパイ劇 「ベルリンファイル」

東西冷戦の象徴となり、民族分断の歴史を持つ地、ドイツ・ベルリンに、朝鮮半島の秘密情報員の攻防を持ち込んだ韓国映画「ベルリンファイル」。半島のみならず、米国やイスラエルの情報機関、アラブ系組織なども絡む、壮大なスケールのスパイアクションだ。

北朝鮮の秘密口座を追う韓国国家情報院のジンスは、ベルリンのホテルの一室で行われていたアラブ系組織の武器取引現場から謎の男を取り逃がす。男はジョンソンという名の北朝鮮の工作員だった。

なぜ韓国側に取引の情報が漏れたのか、ジョンソンは内通者の存在を疑い始める。そんな中、平壌から派遣された保安監察員ミョンスからもたらされたのは、ジョンソンの妻ジョンヒの二重スパイ疑惑だった…。

ハリウッド映画並みの激しいアクションシーンに終始引きずり回されて、半島分断の悲劇をドラマチックに描いた「シュリ」ほどは心に響いてこない。だが、緻密に練り上げられたプロットとスピーディーなストーリー展開は圧巻のひと言。金正恩第1書記体制発足後の北朝鮮情勢を背景に描かれたシナリオは、骨太で現実味を帯びている。

14年前、「シュリ」で韓国の情報員を演じたハン・ソッキュが再び敏腕エージェント、ジンスに扮（ふん）し、ハ・ジョンウ演じる工作員ジョンソンと繰り広げる駆け引きも「シュリ」の流れをくむようで興味深い。韓国のスパイ映画を見るにつけ、半島の悲願である南北統一が果たされていない現実を実感させられる。

ジョンヒ役は「猟奇的な彼女」のチョン・ジヒョン。リュ・スンワン監督が脚本も手掛けた。2時間。

記者の採点＝★★★★☆ （智）

2013年7月10日

鎮魂と励ましのメッセージ

「風立ちぬ」

　宮崎駿監督の5年ぶりの新作「風立ちぬ」は、美しい飛行機をつくる夢を追い続けた青年の半生を描く。関東大震災から太平洋戦争前夜の激動の時代。シンプルな物語に、失われたものたちへの鎮魂の思いがこもる。

　東京の大学で学び、軍用機設計の仕事に就いた二郎。だが完成した飛行機はテストに失敗。失意の中、休暇で訪れた軽井沢で、かつて関東大震災の日に出会った菜穂子と再会する。引かれ合う2人だが、菜穂子は重い結核に侵されていた。病床の菜穂子を残し、二郎は再び理想の飛行機づくりに没頭する。

　実在の人物をモデルにした初の宮崎作品。零式艦上戦闘機（ゼロ戦）の生みの親、堀越二郎の生涯に、同時代の小説家堀辰雄のエピソードを交えて主人公を造形。ファンタジー色は二郎の夢の中だけに抑え、全体の描写はきわめて写実的だ。

　ポール・バレリーの詩「風立ちぬ、いざ生きめやも」と呼応するように、風がさまざまな意味を持つ。夢の中で出会う飛行機製作者カプローニは「まだ風は吹いているか」と二郎に問う。風は二郎と菜穂子を引き合わせ、恋にいざなう。やがて二郎の心の中で風がやんだとき、物語も終わる。

　SLが走る田園風景や東京下町の街並みなどリアルに描かれた背景は、すべて失われたもの。関東大震災で多くの人々が亡くなり、太平洋戦争で、二郎の戦闘機に乗った多くの若者が命を失うことを見る者は知っている。そして菜穂子は失われたものの象徴でもある。

　風とともに去った人々と記憶。それでも生き残ったものは前へと進まなければならない。死者への鎮魂と生者への励ましのメッセージと受け止めた。2時間6分。

記者の採点＝★★★★★　　　　　　　　　　（富）

2013年7月17日

相互理解が平和の基礎

「終戦のエンペラー」

　太平洋戦争の終結直後、日本の命運を決定づけた歴史の舞台裏を描いた米ハリウッド映画「終戦のエンペラー」は、史実を基にフィクションを織り交ぜた歴史ドラマだ。

　1945年8月30日、連合国軍総司令部（GHQ）の最高司令官マッカーサー（トミー・リー・ジョーンズ）が日本に降り立った。昭和天皇の戦争責任を問うべきか、否か。占領政策を担うマッカーサーは側近のフェラーズ准将（マシュー・フォックス）に、10日間で戦争責任の所在を探るよう極秘に命じる。

　フェラーズは調査に奔走する一方、戦前、米国で恋仲にあった日本人留学生アヤ（初音映莉子）の消息を求めるが…。

　天皇不訴追に大きな影響を与えたとされるフェラーズは実在の人物だが、戦争で引き裂かれたアヤとの悲恋は架空の物語。そのためか、アヤを必死に追い求めるフェラーズの行動には違和感も残る。

　だが、日本文化に造詣が深く、天皇に対する日本人の精神性を理解した人物が、日本の行く末に影響を与えた様子を丁寧に描いている。そこに貫かれているのは、互いの文化を理解し尊重することが、平和を築く基礎になるという道理。紛争が続く世界で、そして戦後68年を迎える日本で、反すうしたいテーマだ。

　企画は日本人プロデューサー奈良橋陽子らによるもの。日米の演技派による競演も見応えがある。なお、宮内次官の関屋貞三郎は奈良橋の祖父にあたるという。関屋を演じた夏八木勲の抑制の利いた演技も忘れがたい。時と文化を超えて、日米の製作チームが昭和史に挑んだ。英国人のピーター・ウェーバー監督。1時間47分。

記者の採点＝★★★☆☆　　　　　　　　　　（智）

2013年7月24日

ユニークな冒険活劇 「ローン・レンジャー」

　ジョニー・デップやゴア・バービンスキー監督ら「パイレーツ・オブ・カリビアン」3部作の俳優・製作陣が再び集結、西部劇に挑戦した「ローン・レンジャー」。昔懐かしいヒーローものを換骨奪胎したユニークな冒険活劇を作り上げた。

　デップが演じるのは、ネーティブアメリカンの悪霊ハンター、トント。相棒の検事ジョンを「ソーシャル・ネットワーク」で知られる若手アーミー・ハマーが務める。

　鉄道で護送中に脱走した凶悪犯ブッチを保安官の兄ダンたちと追跡していたジョンは、仲間の裏切りで、待ち伏せされ全滅してしまう。トントのスピリチュアルな力で死のふちから生還したジョンは、マスクをつけた正義の味方ローン・レンジャーとして復活する。

　トントと2人でブッチ一味を追跡するジョンだが、今度は心を寄せる兄の妻とその息子を拉致されてしまう。コマンチ族の居留地へと足を踏み入れた2人は、次第に鉄道建設をめぐる大きな陰謀に気づく。

　法律順守を優先する頭の堅いジョンと復讐（ふくしゅう）のために手段を選ばないトントの対照的な2人が、まったくコンビネーションがかみ合わないまま、ピンチの連続を乗り越えていくところが面白い。実際に鉄道を造って走らせたという暴走機関車の上でのアクションも大きな見どころだ。

　デップはジャック・スパロウ船長以上の"怪演"を見せる。ただし、たくさん盛り込まれている、とぼけたギャグの笑いどころが分かりづらい。同様にハマーのローン・レンジャーも戯画化されすぎのように感じる。冗長さは否めないところだ。2時間30分。

記者の採点＝★★★☆☆ 　　　　　　　　　（富）

2013年7月31日

現実を見つめ、自ら考える 「少年H」

　子どものころの体験は深く心に刻まれる。戦争を知らない世代の幼心に、戦争という愚かな歴史があったことを伝えるものの一つが映画だ。

　この夏、昭和の激動期を題材にした映画が次々と公開されているが、戦争に巻き込まれていく庶民の視点から描いた「少年H」は、妹尾河童の自伝的小説に基づいた良作だ。

　神戸で洋服の仕立屋を営む両親、妹と暮らす肇のあだ名は「H」。少年にとっては少々煩わしくもあるクリスチャンの母の愛に包まれ、父の仕事柄、外国人とも親しんでいた。だが、徐々に戦争の足音が近づいてきて、一家の周囲も不穏な空気に覆われていく。

　戦争の悲惨さだけを強調する映画ではない。好奇心旺盛ではつらつとしたHの姿から、あの時代の子どもたちにも、学校に通い、友人と遊び回る日常があったということに思い至る。

　そんな子どもたちが、「何かおかしい」と肌で感じながら時流にのみ込まれ、日常を破壊される恐ろしさ。終戦を迎え、「この戦争はなんやったんや」というHの叫びに、翻弄（ほんろう）された彼らの心の痛みを知る。

　Hの父盛夫は息子に、自分の目で現実を見つめ、真実は何かを自分の頭で考えることを教える。その教えは今を生きる私たちにこそ必要なものだ。現実を受け入れつつも、時代を見る冷静さを失わない盛夫を演じた水谷豊が光る。母親役は水谷の妻の伊藤蘭。

　子どもの映画祭「キンダー・フィルム・フェスティバル」（8月開催）の上映作品にも選ばれた。監督は昭和9（1934）年生まれの降旗康男。2時間2分。

記者の採点＝★★★★☆ 　　　　　　　　　（智）

2013年8月7日

大統領相棒に不死身の活躍

「ホワイトハウス・ダウン」

　映画の世界で、テロリストや異星人に繰り返し襲われてきた権力の象徴、ホワイトハウス。その中でも真打ちといえるのがローランド・エメリッヒ監督の新作「ホワイトハウス・ダウン」だ。

　チャニング・テイタム演じる警察官がホワイトハウスを舞台に、一人娘と米大統領と世界を同時に守って、不死身の活躍を見せる。

　議会警察官のジョン（テイタム）は、大統領のシークレットサービスを志願し、一人娘のエミリーを連れてホワイトハウスに面接に行くが、不採用になってしまう。

　仕方なく、大統領（ジェイミー・フォックス）の大ファンであるエミリーのために、ホワイトハウスの見学ツアーに参加。しかし突然、議会議事堂が爆発し、テロリストたちが圧倒的武力でホワイトハウスを占拠、見学者たちを人質に取る。

　一人逃れたジョンは、味方であるはずのシークレットサービス長官（ジェームズ・ウッズ）に銃で脅迫されていた大統領の救出に成功。施設内を逃げながら、2人は反撃に転じていく─。

　不死身の警官といえば、思い出すのはあのマクレーン刑事。まさにホワイトハウス版「ダイ・ハード」だ。テイタム演じる主人公は高所に閉所に袋小路にと、追い詰められるたびに驚異的な力を発揮。見るからに痛そうな生身のアクションシーンに引き込まれる。

　新味は相棒が大統領だというところ。威厳を保ちつつ、ときどき笑いを誘い、自らも戦う平和主義の大統領をアカデミー賞俳優のフォックスが好演、物語を盛り上げる。

　内装や美術品などディテールを徹底的に調べ上げ、再現したというホワイトハウス内部の様子も見どころ。2時間12分。

記者の採点＝★★★★☆　　　　　　　　　（富）

2013年8月14日

クルーたちの成長記

「スター・トレック イントゥ・ダークネス」

　およそ半世紀にわたって愛され続け、J・J・エイブラムス監督によって生まれ変わったSFシリーズの続編「スター・トレック　イントゥ・ダークネス」。前作で新たな旅立ちをした宇宙船エンタープライズ号の船長カークや副長スポックらクルーの成長記だ。

　西暦2259年、探査先の惑星の住民とスポックを救うため、カークは規則違反を犯して船長を解任される。そんな中、宇宙艦隊本部が奇襲され、カークらは犯人の艦隊士官ジョン・ハリソンを追跡するため再び船に乗り込む。

　クルーたちは数々の危機や試練に直面し、そのたびに自らと向き合うことになる。直情的で傲慢（ごうまん）なカークは真のリーダーに目覚め、感情より論理を重んじるスポックは理屈で片付けられない人間性を知る。変わらない普遍的なドラマが人気の理由だろう。

　復讐（ふくしゅう）心をたぎらせるハリソンは、驚異的な頭脳と戦闘能力を持ち、人類を存続の危機に陥れる。演じたのはテレビドラマ「シャーロック」シリーズのベネディクト・カンバーバッチ。そのミステリアスな風貌と相まって、アクション大作には欠かせない、観客を引きつける敵役が誕生した。

　さらに、息をのむような映像が圧倒的な臨場感で観客を引き込む。VFX（視覚効果）技術の進歩によって生み出される昨今の大作は、さながらテーマパークのアトラクションのように感じる。

　3D映像におぼれながら、次から次へと目まぐるしく展開する物語の筋を追うのは少々骨だが、旧作へのオマージュがちりばめられており、原点に立ち返って確認してみるのも楽しい。2時間12分。

記者の採点＝★★★★☆　　　　　　　　　（智）

2013年8月21日

すごみを加えて再起動 「マン・オブ・スティール」

　「スーパーマン」の物語を、解釈も新たに始めるリブート（再起動）シリーズ第1作。気恥ずかしかった赤いパンツのいでたちは、硬質な素材感とすごみを持って生まれ変わり、主役に抜てきされた英国人俳優ヘンリー・カビルは、違和感なく受け入れられる容姿だ。

　SF人気作を作り直す動機の一つといえば、最新の映像技術の駆使。それは十分に果たされている。空飛ぶ速さも尋常ではなく「鳥だ！　飛行機だ！　いや…」などと確認している暇はない。

　クリプトン星で生まれた彼が地球に来た理由とは。地球人として育ちながら、己の正体と使命を知った胸の内は。そして、故郷からの侵略者との戦い。本作は始まりの始まりを描く。

　戦闘シーンは迫力があるが、ゲーム画面を想起する瞬間がある。スケールが随分と壮大なのも好みが分かれるだろう。超人とはいえ、人間離れし過ぎると親近感は湧きづらい。

　普段はドジな新聞記者が、ひとたび街に危機あれば、ワイシャツの胸を開き、回転ドアでグルグル変身。あの名物場面は次回にお預けのようだ。

　ヒーローの脇を固めるのはケビン・コスナー、ラッセル・クロウらオールスター。とりわけ、デーリー・プラネット記者のロイス役が、アカデミー賞ノミネート常連のエイミー・アダムスであるのは本作の強い味方。画面に居るだけで楽しい。

　先般、2015年公開予定の続編にはバットマンも登場すると発表された。原作コミックでは共演歴があるそうだが、映画の成否はいかに。本シリーズの製作は、バットマンのリブート「ダークナイト」シリーズを成功させたクリストファー・ノーランだけに、悪役の性格付けの手腕に期待だ。2時間23分。監督はザック・スナイダー。

記者の採点＝★★★☆☆　　　　　　　　（晃）

2013年8月28日

共感の対象となった英雄 「キャプテンハーロック」

　バットマンやスーパーマンなど、最近とみに目に付く「リブート」もの。過去のヒーローたちを現代に"再起動"させた作品だが、日本でもついにSFアニメ界屈指のヒーローが目覚めた。松本零士が生み出した宇宙海賊、「キャプテンハーロック」だ。

　だが、かつてとは何かが違う。よみがえった英雄たちはもちろん強いのだが、私たちと同じように苦悩や迷いを抱える人間として描かれる。典型的なアメリカンヒーローのスーパーマンでさえ、新作「マン・オブ・スティール」において、己の出自について葛藤する。

　今や英雄はカリスマ的な存在から共感の対象となったようだ。無敵の海賊船アルカディア号を駆るダークヒーロー、ハーロックも例外ではない。

　人類が銀河の果てまで進出した時代、地球への居住権をめぐり大戦が起きた。戦時中の英雄ハーロックは終戦とともに姿を消し、権力に反旗を翻す宇宙海賊となって再び現れる。なぜ、彼は海賊となったのか。その真の目的とは—。それが明らかになったとき、彼が抱える絶望の闇の深さにがくぜんとする。

　物語は、全人類を統治するガイア・サンクションからハーロック暗殺の命を受けた青年ヤマの視点で進むが、若さ故の言動のぶれが気になり、感情移入が阻害された。

　ハリウッドにひけを取らないCG映像のクオリティーの高さにはひたすら感嘆。相次ぐリブートは、かつてヒーローに胸をときめかせたクリエーターたちが、新たに手にした先端技術で彼らをよみがえらせたくなった結果なのだろうか。

　ハーロックの声を小栗旬、ヤマを三浦春馬が務める。荒牧伸志監督。1時間55分。

記者の採点＝★★★☆☆　　　　　　　　（智）

2013年9月4日

リメークの宿命を超せたか

「許されざる者」

　クリント・イーストウッド監督・主演の西部劇「許されざる者」が、明治時代の北海道に舞台を移し、渡辺謙主演でリメークされた。

　物語の筋はほぼ同じだ。幕末に「人斬り十兵衛」と恐れられた男（渡辺）が、二度と刀は抜かぬと誓い、幼い2人の子と極貧生活を送っている。

　そこへ旧知の男（柄本明）がやって来る。女郎を切り刻んだ男2人の首に女郎仲間が賞金を懸けたから、一緒に稼ごうと言う。十兵衛は11年の封印を解き刀を手にする。

　しかし、女郎たちがいる町では、独裁的な警察署長（佐藤浩市）が敵討ちを許さず、町に来る賞金稼ぎを捕まえ、容赦なく痛めつけていた。

　渡辺が体現したのは、いわば空洞である。十兵衛の虚無感が作品を貫き、同時に他の登場人物の個性を引き立ててもいる。オリジナル版の名優モーガン・フリーマンに当たるのが柄本、ジーン・ハックマンが佐藤だ。

　中盤、非常にスリリングな場面がある。賞金稼ぎに来た長州出身の志士（国村隼）と、彼が自身の伝記を書かせるために連れている小説家（滝藤賢一）、この2人を捕らえた警察署長の署内でのやりとりだ。

　落ち着いた口調の会話とは裏腹に、物騒な刀と拳銃が3人の手を行き来する。殺すのか、殺せるのか、殺されるのか。

　オリジナル版にもある場面であり、結果は分かっているのだが、先の読めない演技と緊張を切らさぬカットの連続が素晴らしい。日本刀が宿す独特のすごみも加わった。

　リメークが背負う宿命である予定調和の枠を超えたシーンだ。ただ、こうしたはみ出す何かがある場面が、もっとほしかった。李相日監督。2時間15分。

記者の採点 ＝ ★★★☆☆　　　　　　　　　（晃）

2013年9月11日

格差社会を風刺したSF

「エリジウム」

　2154年、持てる富に命さえも左右される超格差社会を描いた「エリジウム」。風刺の効いたSFアクションだが、その世界が絵空事ではなく、現代からつながる私たちの未来のようにも見え、ぞっとする。

　地球の上空400キロに浮かぶ「エリジウム（理想郷）」という名のスペースコロニーは、超富裕層だけが暮らす楽園だ。そこでは、再生装置によって老いも病も完全に克服され、永遠の命も手に入れられる。

　一方、環境破壊と人口増加が加速して荒廃した地球上では、貧困にあえぐ人々が暮らす。だが、エリジウムの住人は、地球上の人々を救おうとはしない。搾取の対象ですらある。

　主人公はスラムに暮らすマックス。エリジウムを建造した富豪が経営するロボット工場で、過酷な労働の最中に事故に遭い、余命5日と宣告される。彼が生きるために残された道はただ一つ、エリジウムで再生装置に入ることだった―。

　世界の違いはあまりに極端で、エリジウムの住人には地球の犠牲の上に成り立つ恩恵を享受している意識などなさそうだ。富の固定化が格差をさらに拡大させるさまは現実味があり、単なるSFとは思えない。

　エリジウムへの密航を徹底的に排除する冷酷な防衛長官（実は108歳）を演じるのはジョディ・フォスター。映画「恋するリベラーチェ」（11月公開）ではセレブリティーのゲイの恋人を演じているマット・デイモンが、マシンのようないでたちで、底辺から楽園の開放に挑むマックスを演じているのも興味深い。「第9地区」のニール・ブロムカンプ監督。1時間49分。

記者の採点 ＝ ★★★☆☆　　　　　　　　　（智）

2013年9月18日

"家族"揺さぶる是枝作品

「そして父になる」

　6年間育てた息子は、出生時に取り違えられた他人の子だった―。血を尊重して交換すべきか、育てた時間か。是枝裕和監督の新作「そして父になる」は、選択に揺れる二つの家族を描く。

　選択の行方は主題ではない。一人の男に父性はいかにして芽生えるのか。親とは、家族とは何なのかを問う映画だ。

　福山雅治演じる大企業のエリート社員は、都心の高級マンションで妻（尾野真千子）と一人息子と暮らす。仕事が最優先で、息子には優秀さを求め、親子関係は希薄だ。

　一方の夫婦（リリー・フランキー、真木よう子）は郊外の古びた一軒家で電器店を営む。飾り気はなく、3人の子とにぎやかに過ごしている。

　両家族の設定が対照的過ぎるが、主題とおかしみの描出には有効だ。取り違えの衝撃は、それぞれが見せるはずのなかった感情を噴き出させ、衝突と葛藤が続く。

　子役たちの表情は、過去の是枝作品と同様、日常から切り取ったように自然だが、「誰も知らない」のようにドキュメンタリー的ではない。周到な人物配置やカメラワークで組み立てられているのが見て取れる。

　ひた走る車を遠くから広角で捉えた何げないカットが観客をヒリヒリさせ、心情はしばしば雨や高速道路に仮託される。ある晩に訪れる大切なひとときは、美しく優しい映像に浮かぶ。撮影監督、滝本幹也の手腕を特筆したい。CMで多数の受賞歴があり、長編映画は初参加だという。

　電球のようには取り換えがきかないものとは何なのか。幾つもの問いと研磨された言葉、感情を映した光景はどれも、とげのように刺さって抜けない。第66回カンヌ国際映画祭審査員賞受賞。2時間1分。

記者の採点＝★★★★★　　　　　　　　　　（晃）

2013年9月25日

映画愛あふれる娯楽作

「地獄でなぜ悪い」

　監督・脚本、園子温。そう聞けば、最近では東日本大震災と原発事故に触発された社会派作品や、数々の強烈なエログロ描写を思い浮かべるだろう。苦手と言う人も少なくない。だが、「地獄でなぜ悪い」は「ポップコーンやコーラがよく似合う」（園監督）正真正銘の娯楽作、今回ばかりは食わず嫌いは損をする。頭を空っぽにして見たい映画だ。

　描かれるのは、獄中の妻の夢をかなえるために、娘を主演にした映画を製作しようとする暴力団組長武藤（國村隼）と、歴史に刻まれる一本を夢見て自主映画製作に情熱を注ぐ平田（長谷川博己）による一世一代の映画作り。偶然に引き合わされた者たちが、すったもんだの末、敵対する組との抗争をカメラに収めようと奮闘する。

　日本刀を交える戦いゆえに、首が飛び、血の雨が降る…といったアナーキーな状況は、やはり生理的に受け付けないという人もいるだろうが、シリアスさはみじんも感じられない。

　映画に狂う平田は自主映画界を戦い抜いてきた監督自身にほかならない。約20年前に書かれたという脚本を基に生まれた作品には、深作欣二監督やブルース・リー、デジタルに完全移行しつつあるフィルムなどへの、映画愛がほとばしるようなオマージュが盛り込まれた。

　「日本人を明るくするエンタメを作りたかった」という園監督。目的は十分達せられるに違いない。

　今夏のベネチア国際映画祭で観客の爆笑を誘った後、トロント国際映画祭のミッドナイト・マッドネス部門で観客賞を受賞した。2時間10分。

記者の採点＝★★★★★　　　　　　　　　　（智）

2013年10月2日

とんでもない秘密が後半に

「陽だまりの彼女」

「女子が男子に読んでほしい恋愛小説ナンバーワン」のキャッチコピーで、ベストセラーとなった越谷オサムの小説「陽だまりの彼女」が、松本潤と上野樹里の共演で映画化された。

恋愛に奥手な広告代理店の新人営業マン・浩介（松本）は、訪問先の女性用下着メーカーで思いがけず、中学時代の同級生・真緒（上野）と再会する。だが、真緒にとってそれは、10年間も願い続けた瞬間だった。

明るく奔放な真緒に浩介は引かれ、やがて結婚。ところが間もなく真緒はやせ細り、みるみる衰弱していく。真緒には誰にも言えない、とんでもない秘密があった。そしてある日、奇妙な出来事をきっかけに、浩介の前から姿を消してしまう。

王道的トーンで進む若者のラブストーリーだが、とんでもない秘密と奇跡が明らかになる後半を許容できるかどうかで、本作を見る態度は変わってくる。キャストのファン、あるいは「理想の恋は近い将来きっとくる」と夢見る年頃なら、無理なく楽しめるだろう。

どちらでもない場合は、幾つかの場面で噴き出して笑い、このファンタジーから途中下車する可能性は排除できない。

ただ、無数のストーリーを享受でき、人々が物語慣れした現代。全面的な没入よりも「突っ込みを入れつつ、あえての没入」ができる作品を喜ぶ観客も多い。

さらに、新居の窓辺や公園のジャングルジムなど、暖かな日差しに包まれた場所の映像はやわらかで、多くの人の記憶や理想と合致するはず。

陽（ひ）だまりでのんびり絵本を開くくらいのつもりで見ると、ちょうどいい。2時間9分。監督は三木孝浩。

記者の採点＝★★★☆☆　　　　　　　（晃）

2013年10月9日

皮肉で悲しい最後の恋愛

「ダイアナ」

世界に衝撃を与えた最期から16年。元英国皇太子妃の最後の2年間を描いた「ダイアナ」は、一人の女性として愛されたいと切望した彼女の"最後の恋愛"に焦点を当てている。そしてその相手は、共に事故死した富豪ドディ・アルファイドではなかったという。

チャールズ皇太子との結婚が破綻して別居、孤独に生きるプリンセスは、パキスタン人医師ハスナット・カーンに恋をする。ダイアナは自分を特別視せず、人命を救うために生きるハスナットに引かれたのだった。

世間知らずのお嬢さまが、料理の手ほどきを受けたり、相手が好きな音楽に手を伸ばしたりと、うかれる姿はほほ笑ましい。彼女が超人などではなく、私たちと同じ人間である証拠だ。ハスナットへの愛と尊敬が、彼女が精力的に取り組んだ慈善活動の原動力にもなったようだ。

だが、時に相手の迷惑を顧みず、過剰な愛情を注ごうとする恋愛依存型の女性像が際立ってしまう。なぜ彼女が執拗（しつよう）なまでに相手を求めるのか。ただの寂しさからではない、その心の内までは分からない。

常にパパラッチの餌食となったダイアナだが、一方でメディアを操作するしたたかな姿も描かれている。作品の描写のとおり、ハスナットを嫉妬させるためにドディとのロマンスを自らリークし、愛する人に消えることのないしこりや苦しみを残したままこの世を去ったのだとしたら、あまりにも皮肉で悲しすぎる。

ダイアナ役はナオミ・ワッツ。「ヒトラー　最期の12日間」のオリバー・ヒルシュビーゲル監督。1時間53分。

記者の採点＝★★★☆☆　　　　　　　（智）

2013年10月16日

テンポ抜群のトリック犯罪

「グランド・イリュージョン」

　華麗なトリック犯罪を仕掛ける男女4人のマジシャンと、FBI捜査官らが攻防を繰り広げる「グランド・イリュージョン」。4人は何者かからの招待状で集められ、ラスベガスからニューオーリンズ、ニューヨークへと場所を変え、ど派手なショーを展開していく。

　序盤のテンポが抜群だ。トランプ、催眠術、脱出など得意技を持つ4人を小気味よく紹介し終えると、円形ステージで最初のショーが幕を開け、観客を高揚させる。

　そのショーは、遠くパリの銀行へ観客1人を瞬間移動させ、金庫の大金を消し去る様子を生中継。FBIは4人を逮捕するが、確たる証拠がない。容疑者が余裕しゃくしゃくのマジシャンとくれば、取調室もニヤリとさせられる魅力的な場所に見えてくる。

　4人のリーダーを演じたのは映画「ソーシャル・ネットワーク」主演のジェシー・アイゼンバーグ。早口で頭の回転も速い役は彼にぴったりだ。

　目的は金か、それとも他にあるのか。FBI捜査官（マーク・ラファロ）は手をこまねき、インターポールの女性刑事（メラニー・ロラン）は純粋にマジックに魅せられもする。そこへトリック暴きを商売とする元マジシャン（モーガン・フリーマン）が加わって…。

　本作の原題「NOW YOU SEE ME」は、マジシャンの決まり文句「見えますね。はい、消えた」の前段部分。マジックは前段で客の注意を種からそらすミスディレクションが大切。この映画も最後に真相を明かすまで、観客を捜査官もろとも振り回す。

　その割に結末のスッキリ具合が少々物足りないのだが、既に続編が計画されている。ルイ・レテリエ監督。1時間56分。

記者の採点＝★★★★☆　　　　　　　　　　（晃）

2013年10月23日

屈せず、道を開いた人々

「42　世界を変えた男」

　胸がすく快作だ。1940年代の米大リーグを舞台にした映画「42　世界を変えた男」は、人種の壁を打破した近代メジャー初の黒人選手ジャッキー・ロビンソンの実話に基づくストーリー。野球ファンでなくとも、己を取り巻く現実に毅然（きぜん）と立ち向かい、道を切り開いた姿に感銘を受けるに違いない。

　45年、ドジャースのゼネラルマネジャー、ブランチ・リッキー（ハリソン・フォード）は、ロビンソン（チャドウィック・ボーズマン）と契約。2年後の4月15日、背番号42のロビンソンが大リーガーとしてデビューする。だが、肌の色の違いを許さない白人社会は彼らを容赦なく攻撃した。

　観客や対戦相手から浴びせられる罵詈（ばり）雑言、山のように届く脅迫状。差別する側の人間が発するオーラは醜悪で、見るに堪えない。

　やじを飛ばす大人たちの中で、困惑する白人の少年が印象的だ。やがて少年はどうしたか？　想像に難くないだろう。一方で、俊足と打撃力で躍進するロビンソンにあこがれ、打席に入るスタイルをまねる子どもも。英雄からボールを受け取った少年の表情は未来を予感させる。良くも悪くも、子どもは大人の背中を見ている。

　リッキーはチーム内外からどんな反発や圧力があろうと屈しなかった。ロビンソンも彼の「やり返さない勇気を持つこと」という言葉を守り、あらゆる迫害に耐え抜いて、実力で自分がいるべき場所を証明してみせた。全球団共通の永久欠番「42」の意味に感じ入る。

　「L・A・コンフィデンシャル」を脚色したブライアン・ヘルゲランド監督が脚本から手掛けた。2時間8分。

記者の採点＝★★★★☆　　　　　　　　　　（智）

2013年10月30日

心理戦の面白さに真骨頂

「清須会議」

　三谷幸喜が原作・脚本・監督を務めた「清須会議」は、舞台こそ戦国の世だが、時代劇の重々しさは一切なし。織田信長の死後、跡継ぎと領地配分を決めるため、尾張・清須城で開かれた会議を題材にした喜劇である。

　前半は会議を目前に繰り広げられる、あの手この手の多数派工作が軽いタッチで描かれる。

　実直な筆頭家老・柴田勝家（役所広司）と、盟友で頭脳派の丹羽長秀（小日向文世）は、信長の賢い三男信孝の擁立を目指すが、天下取りをもくろむ羽柴秀吉（大泉洋）は、うつけ者の次男信雄を推して対立する。

　信長の妹お市様（鈴木京香）と勝家、秀吉の恋の三角関係も絡み、コメディーが転がっていくのだが、繰り返し出てくる小ネタがややくどく、砂浜で開かれるある試合の場面は冗長だ。

　しかし、会議本番と終了後を描く後半約1時間は見応えがある。前半で観客に植え付けた勝家、秀吉、長秀のキャラクターとエピソードが効いてくる。

　会議出席者は彼ら3人と、開会に間に合わない家臣の代理を務める池田恒興（佐藤浩市）の計4人。恒興は勝ち馬に乗ろうと立場を曖昧にして臨むため、心理戦の面白さに拍車が掛かる。

　もともと、三谷がホームグラウンドの演劇で得意としてきたのは、場面転換がほとんどない一室での会話劇。その組み立ては、すこぶるうまい。4人が座ったままで退屈になりがちな会議場面にこそ、三谷の真骨頂が発揮され、言葉一つが将棋の一手のごとく局面を変えていく。

　出演者が隅々まで主演級俳優なのも三谷映画ならでは。天海祐希でさえ「枝毛」という名の端役の忍者だ。2時間18分。

記者の採点＝★★★☆☆　　　　　　　　（晃）

2013年11月6日

欲望がもたらした報い

「悪の法則」

　人間の心に潜み、多くは欲望によって呼び覚まされる「悪」。それは、ほんの出来心であっても相応の報いを受ける。「悪の法則」は米国とメキシコの国境地域を舞台に、カウンセラーと呼ばれる弁護士が一時限りのつもりで裏ビジネスに手を染め、窮地に追い詰められていくサスペンスだ。

　恋人（ペネロペ・クルス）と婚約し、幸せの絶頂にいる弁護士（マイケル・ファスベンダー）は、友人のライナー（ハビエル・バルデム）とメキシコの組織との麻薬取引に手を出していた。麻薬の仲買人（ブラッド・ピット）は弁護士に裏社会の危険性を警告するが、彼らは既に逃れられないわなにはまっていた。

　彼らに何が起きたのか、取引計画の全容は─。悪の輪郭は不明瞭でつかみきれないが、そのあいまいさが、えたいの知れない恐怖を増幅させていく。身に覚えがないまま組織の標的にされた弁護士は肉体を直接痛めつけられないものの、組織の残虐さを示す会話が伏線となり、最後に彼に残酷な衝撃を与える。

　心から愛する婚約者と過ごす時間、婚約指輪についての一見たわいのない女同士のおしゃべり。純真さは時に相手の心に潜む悪を刺激する触媒になるという法則を、そんなシーンに見てとることもできる。

　物語の鍵を握るのは、ライナーの恋人マルキナ。チーターのようにしなやかで妖艶な美女を、キャメロン・ディアスが演じている。

　「ノーカントリー」の原作者コーマック・マッカーシーが書き下ろした脚本をリドリー・スコット監督が映画化した。1時間58分。

記者の採点＝★★★☆☆　　　　　　　　（智）

2013年11月13日

懐かしくも随所に驚き

「かぐや姫の物語」

　スタジオジブリの高畑勲監督が、78歳にして14年ぶりの新作「かぐや姫の物語」を完成。話の筋はほぼそのままだが、監督の解釈を下地に姫が感情豊かに描かれる。映像はいにしえの絵巻物が時を超えて動きだしたかのよう。懐かしくも新鮮で、随所に驚きがある。

　絵は墨や木炭による素描のような輪郭線としわで描かれ、塗りは淡い水彩タッチ。輪郭線近くや背景のあちこちに、塗られていない余白がある。

　この簡素で押し付けのない絵は、想像力を誘発して見る者の脳内で完成する。同時に、「私」のために誰かがせっせと描いてくれたような親しみも感じさせ、高級だ。

　姫が竹から生まれ、歩きだすまでの冒頭だけでも、線の表現の豊かさを十分に見せる構成だ。

　高畑監督は14年前、平安―鎌倉時代の絵巻物を研究した著書「十二世紀のアニメーション」で述べている。古くから日本絵画には姿態や表情を線だけで捉えた絵が多く、その伝統が今日の漫画やアニメに受け継がれていると。今作には伝統への強い意識が見て取れる。

　原作「竹取物語」に監督が加えた要素は二つ。幼少期に山でのびのび暮らす場面と、「姫は月でどんな罪を犯してこの星に降ろされたのか、なぜ月に帰るのか」の解釈だ。これにより観客にとって姫は謎めいた女性ではなくなり、その喜怒哀楽に感じ入ることになる。

　例えば、孤独に耐えかねた姫が疾走する場面。テンポや線質の急激な変化、背景の大胆な省略、脱げて舞い落ちる衣などが、瞬く間に姫の内面へ観客を引き込んでいく。

　人物造形・作画設計は田辺修。背景美術は男鹿和雄。完成まで約8年かかり製作費は50億円に上った。2時間17分。

記者の採点＝★★★★★　　　　　　　　　　（晃）

2013年11月20日

海賊と相対した男の勇気

「キャプテン・フィリップス」

　2009年、ソマリア沖のインド洋上で米国船籍のコンテナ船が海賊に乗っ取られ、米国人のフィリップス船長が人質にされた。この事件を映画化した「キャプテン・フィリップス」は、発生から船長救出までの4日間を描いた実録ドラマだ。

　フィリップス船長の回顧録が原作。ケニアへの援助物資を運ぶコンテナ船を4人の海賊が襲う。人質になった船長に銃が向けられ、身代金をめぐる交渉の傍ら、米海軍が救出作戦を進めていた。

　狭い救命艇の中で繰り広げられる丸腰の船長と武装海賊の心理戦は、文字通り息詰まる攻防だ。7割以上を海上で撮影したという映像は臨場感にあふれ、スリリングな展開は2時間14分という長さを感じさせない。

　冒頭、旅立つ直前の船長と家族の何げない日常が描写される。一方、ソマリアでは"海賊ビジネス"を取り仕切る組織によって若者の人集めが行われている。映画はシージャックが発生する背景にある社会的、経済的に困窮するソマリアの実情も浮かび上がらせる。

　巨大な世界経済のうねりの中で生じる格差や対立の構図は、海上貿易に頼る日本にとっても遠い世界の出来事ではないことを実感する。

　危機に直面する役を数多く演じてきたトム・ハンクスが、今回も事件に巻き込まれた勇気ある一人の男を体現。ラストシーンの人間味ある表情が胸を打つ。徐々に追い詰められる海賊のリーダーを演じたソマリア系移民のバーカッド・アブディは演技経験こそないが、大物俳優に引けをとらぬ存在感を見せつけた。

　監督は、米中枢同時テロでハイジャックされた航空機内を描いた「ユナイテッド93」のポール・グリーングラス。

記者の採点＝★★★★☆　　　　　　　　　　（智）

2013年11月27日

こだわりを捨てねばならぬ

「47RONIN」

　「忠臣蔵」の物語を大幅に脚色し、キアヌ・リーブスが四十七士の一人として主演したハリウド大作「47RONIN」は、アクションファンタジーである。日本人が本作を見るならば、こだわりを捨てねばならない。

　なぜなら開始早々、森の中を進む赤穂の一行を、ゾウほどの大きさの爆走するモンスターが襲うのだ。これはもう「もののけ忠臣蔵」である。

　キアヌ演じる男カイは、出自が謎に包まれた異端の剣士。将軍綱吉が見物する試合で赤穂を代表し、吉良側の大魔神のごとき剣士と闘う。ここは明らかに「忠臣蔵ディエーター」である。

　肝心の松の廊下は…ない。ならばなぜ、浅野内匠頭は切腹を申し付けられるのか。吉良上野介の側室が繰り出す妖術によって、吉良に斬りかかってしまうからである。

　それも良しとする。普通の忠臣蔵ならば、何もハリウッドが作る必要はない。キアヌ以外は真田広之（大石内蔵助）、浅野忠信（吉良）、菊地凛子（妖女）、柴咲コウ（浅野の娘）ら日本人と日系人による時代劇だが、せりふは全て英語だ。

　風景は遠い国の人が想像する日本だから、「いやいや日本の城というのは本来…」と目くじらを立てるのはやぼである。

　では、侍、忠義、名誉、敵討ちといった要素に妖怪を加えた斬新な活劇だと了解した上で、本作の魅力はどうか。真田の殺陣はさすがで、菊地は唯一自由な役で遊び、ヒロインの柴咲は美しく映えている。だが、キアヌの存在感はやや薄い。

　人間同士に芽生えた激しい感情は妖怪の介在で散漫。巧みな換骨奪胎とは言い難い。監督はCM制作で名をはせ、本作が初長編映画のカール・リンシュ。2時間1分。

記者の採点＝★★☆☆☆　　　　　　　　　（晃）

2013年12月4日

絶望からの再生の物語

「ゼロ・グラビティ」

　音も酸素もない無重力空間で生き残ったとしたら。「ゼロ・グラビティ」は、その絶体絶命の危機に陥った宇宙飛行士のサバイバルドラマだ。

　地球の上空60万メートルで発生した衝突事故。スペースシャトルは大破し、船外活動中のストーン博士（サンドラ・ブロック）とベテラン飛行士マット（ジョージ・クルーニー）は宇宙空間に放り出される。他の乗組員は全員死亡、地球上の管制センターとの通信は途絶え、酸素残量もわずかに…。

　シャトルに襲いかかったのは、運用を停止して意図的に破壊された人工衛星の破片だ。背景には、人類が宇宙に持ち込んだ衛星やロケットなどの破片がスペースデブリ（宇宙ごみ）となって軌道上を猛スピードで周回し、ミッションの脅威になっている現実がある。

　死のふちに立たされた状況に、座して死を待つか、それとも生き延びようとするか。自分の呼吸と鼓動の音だけが響く中、ストーンは必死に生きようともがく。

　どんな状況でも生きる意志がなければ人は生きながらえることはできない。トラウマを抱え、厭世（えんせい）的だった女性が、生を求めて絶望から抜け出す再生のドラマでもある。

　スクリーンに再現された仮想空間は臨場感たっぷりで、想像すら及ばない究極のシチュエーションを共有しているかのような錯覚を起こす。3Dで見るべきだと思う作品はそうないが、今回は3Dで宇宙を「体験」することを薦めたい。

　静けさと漆黒の闇に浮かぶ地球は常に美しく、母なる大地の引力が帰還を促しているようにも思えた。「ハリー・ポッターとアズカバンの囚人」のアルフォンソ・キュアロン監督。1時間31分。

記者の採点＝★★★★☆　　　　　　　　　（智）

2013

2013年12月11日

個の思い描き、戦争を問う 「永遠の0」

　作家百田尚樹（ひゃくた・なおき）のベストセラーを岡田准一主演で映画化した「永遠の0」は、個人の人生を戦争がいかに押しつぶしてしまうかを、若い世代の心にも刻むことができる作品である。

　司法試験に落ちて進路が定まらない佐伯健太郎（三浦春馬）は、祖母の葬儀の日、自分と祖父に血のつながりがないことを知る。実の祖父・宮部久蔵（岡田）は終戦直前、零式艦上戦闘機（ゼロ戦）による特攻で戦死していた。

　宮部のことを調べるため、健太郎は戦友たちを訪ね歩く。宮部は天才的なゼロ戦操縦士である一方、何よりも生還することに執着する男で、「海軍一の臆病者」とさげすまれていた。

　「貴様、それでも帝国海軍の軍人か」と殴られても、挑発されても、宮部は「生きてこそ」を曲げなかった。ではなぜ、宮部はゼロ戦もろとも敵艦に突っ込む特攻に志願したのか…。

　現代と回想場面を行き来し、謎が解き明かされていく構成で見やすく、2時間24分という上映時間を長く感じさせない。

　監督は「ALWAYS　三丁目の夕日」シリーズの山崎貴。CGと実写を合成する高度な視覚効果技術は本作でも発揮され、タイムスリップしたような臨場感がある。

　見る者の心を震わせるのは、家族や後輩たちへの宮部の思いと、後輩に芽生える宮部への敬意の交錯である。本作は徹底して「個」の姿と思いを描き出すことで、それを無残にも押しつぶす戦争と狂気を浮かび上がらせている。

　世代間の断絶が大きく、戦争が語り継がれにくくなった現代、若者に人気の俳優たちが出演し、取っつきやすい本作が製作された意義は大きい。

　記者の採点 = ★★★★☆　　　　　　　　（晃）

2013年12月18日

戦うべき相手は誰か 「ハンガー・ゲーム2」

　一つの物語を分割して見せるシリーズものでは、観客を引きつける鍵は導入部にあるだろう。その意味で「ハンガー・ゲーム2」は遅れてきた"序章"だった。前作に比べ、がぜん続編への期待値が上がったからだ。

　ハンガー・ゲームは、近未来の独裁国家パネムが国民を服従させるために毎年開催するイベントだ。12の隷属地区からそれぞれ選出した少年少女24人を最後の1人になるまで戦わせる。富裕層の「娯楽」としてショーアップされた「見せしめの殺し合い」は生中継され、国民は視聴を義務づけられている。

　前作は、ゲームの理不尽さを強調し、登場人物への共感を深める意図があったのだろうが、冗長な描写と相まって、第1部でありながら物語も完結したような気になってしまったのだ。

　前作の勝者カットニス（ジェニファー・ローレンス）の勇敢な姿は、圧政に苦しむ国民を感動させ、革命の火種をまく結果となっていた。最高権力者スノー大統領（ドナルド・サザーランド）とゲーム演出者プルターク（フィリップ・シーモア・ホフマン）は、カットニスを抹殺するため再び彼女を死闘の場へと送り込む。

　戦うべき相手は、ゲームに投入される同じ立場の民衆ではない。そのことが鮮明になる本作は、少々強引なストーリー展開はあるものの「続きを早く知りたい」と思わせる、物語としての魅力を備えている。

　シリーズは原作小説と同じく3部作で製作され、完結編は前後編の2部構成になる予定だ。本作よりシリーズのメガホンを受け継いだフランシス・ローレンス監督。2時間27分。

　記者の採点 = ★★★★☆　　　　　　　　（智）

2013年12月25日

くだらなさで包んだ純真

「ジャッジ!」

　広告業界の裏側を描いた「ジャッジ!」は肩の力を抜いて楽しめるドタバタコメディー。CMへの純粋な思いを、センス良く、目いっぱいのくだらなさで包装してある。

　太田喜一郎(妻夫木聡)は、広告代理店に勤めるドジでお人よしの若手クリエーター。いつも身勝手な上司大滝一郎(豊川悦司)から、テレビCM世界一を決める海外の広告祭で、大滝を装って審査員の役目を果たせと命じられてしまう。

　喜一郎は、仕事も英語もできる同僚の大田ひかり(北川景子)に、夫婦のふりをして同行してくれと頼み込む。どうにか現地入りした喜一郎だが、大滝から電話でとんでもない特命を告げられる。大口広告主ちくわ堂のCMを入賞させられなければクビ。

　しかし、そのCMは誰が見ても駄作な上、海外の審査員たちは自作CMの売り込みや、多数派工作に躍起だ。果たして喜一郎はどうする?

　脚本は、ソフトバンクモバイル「ホワイト家族」シリーズなどを手掛けたトップCMプランナーで電通社員の沢本嘉光。自身の経験を基に虚実ないまぜで構成した。

　監督の永井聡もCMの演出家で、展開が小気味よい。冒頭から、いいかげんな大滝が演出するカップ麺のCMが素晴らしいくだらなさで、早々と観客の心をつかむ。

　豊川やリリー・フランキー、鈴木京香らが演じる濃厚な人物に振り回される主人公はバカ正直で、妻夫木の魅力が最大限に発揮される役柄だ。彼をかなり冷たくあしらう北川の演技が、面白さを増している。

　終盤では多数の伏線が回収されウェルメード。新しい年を笑って前向きに始めるのにぴったりな一作だ。1時間45分。

記者の採点 = ★★★★☆　　　　　　　　(晃)

2014

2014

2014年1月10日

目の前に姿を現す「願望」

「バイロケーション」

　自分と同じ姿形をした人間がある日、命を奪いに来るとしたら—。「バイロケーション」は、そんな危機的状況に陥った主人公を描くミステリーだ。バイロケーションとは、同じ人物が同時に別の場所で目撃される超常現象で、同時両所存在とも呼ばれるという。

　画家を目指す忍（水川あさみ）は夫との幸せな日々を送っていた。ある日、偽札使用の疑いをかけられたことがきっかけで、バイロケーション（バイロケ）の存在を知る。忍は同じくバイロケの存在に苦しむ刑事（滝藤賢一）らが集う会で、それが必ずオリジナル（本物）を殺しに来るという事実を知る。

　作品は、バイロケは人間が相反する感情で引き裂かれたときに発生するという設定だ。心の底に眠る強い願望が具現化した存在といえ、もう一人の自分が、現実に耐えきれなくなった自分を抹殺しようとする動機も納得がいく。ただ、オリジナルが死ぬとバイロケも消滅してしまうのだが…。

　夢を追いながらも苦しさから逃れたい自分、本音を隠し現状に耐える自分。多少なりとも誰もが矛盾を抱えて生き、"もう一人の自分"に心当たりがあるのではないか。

　通常版の「表」のほかに、原作とは結末が異なる「バイロケーション 裏」も公開される。ラスト数分間の違いだけだが確かに後味は変わる。だが、別バージョンを作るのであれば、彼女にとって大事なのは画家への道なのか、家庭なのか、選んだ結果で結末が変わるような、ドラスティックに構成を変えた「裏」が見たかった。

　原作は日本ホラー小説大賞長編賞を受賞した法条遥の同名小説。「リアル鬼ごっこ3」の安里麻里監督。1時間59分。

記者の採点＝★★★☆☆　　　　　　　　　（智）

2014年1月15日

秘密抱えた女中の生きざま

「小さいおうち」

　山田洋次監督の82作目「小さいおうち」は、ある家族の秘密を抱えた女中の生きざまが軸となる映画である。昭和初期、忍び寄る戦争の影を遠景に、モダンな家に住む中産階級の快活な日常と、奥さま（松たか子）の道ならぬ恋が女中の視点で描かれる。原作は中島京子の直木賞受賞作。

　平成の現代、亡くなったばかりの元女中タキ（倍賞千恵子）が残した回顧録を、仲が良かった親類の青年（妻夫木聡）が読み進める。若き日のタキ（黒木華）は昭和10年に山形から上京。玩具会社の重役夫婦と息子が暮らす家に奉公に入った。おしゃれで優しい奥さま時子に憧れ、尽くす喜びに満たされていった。

　しかし旦那さまが部下の板倉（吉岡秀隆）を家に招くと風向きが変わる。板倉と奥さまは引かれ合い密会。それを知ったタキはハラハラして胸を痛める。やがて板倉のもとに召集令状が届き…。

　監督は、自身も知る当時の空気と、タキが何を大切にして生きたかを伝えたかったのだろうと推測する。推測と書くのは、視点が「奥さまを見守るタキ」「タキを思う青年」と何度も切り替わり、登場人物がやや遠くに感じられて焦点を合わせにくいためである。

　興味を持続させるのは奥さまの恋と、タキが抱えた秘密の行方の2点。ただ、密会の淫靡（いんび）さや抑えきれぬ熱情は漂わず、上品さでコーティングされている。タキが抱えた秘密の行く末には、通常のミステリーが持つような劇的な快感はない。脚本は原作にほぼ忠実だ。

　大好きな奥さまとその家族を思うタキの葛藤と、タキのその後の人生に焦点を絞って見ると味わいやすい。かっぽう着姿が似合う黒木華の好演が光る。2時間16分。

記者の採点＝★★★☆☆　　　　　　　　　（晃）

2014年1月22日
だまし合いの人間喜劇
「アメリカン・ハッスル」

　人はなぜだまされるのか。「アメリカン・ハッスル」の主人公、天才詐欺師アーヴィンは、ユリウス・カエサルよろしく言う。「人は自分が信じたいことを信じる」と。

　舞台は1970年代の米国。ついに米連邦捜査局(FBI)に摘発されたアーヴィンと愛人シドニーは、捜査官リッチーに、自由の身と引き換えに捜査協力を強いられる。それは、偽のアラブ人富豪を使い、カジノ利権に群がる政治家やマフィアをわなにはめる「おとり捜査」だった――。

　本作は、79年に大物議員がおとり捜査で次々に捕まったアブスキャム事件を、デビッド・O・ラッセル監督が大胆にアレンジした喜劇だ。俳優陣の見事なアンサンブルが何よりの見どころだ。

　アーヴィンには、その肉体まで変幻自在に操るクリスチャン・ベール。今回は寂しい頭髪にたるんだようなおなか…という驚くべき姿に。だが、徐々に愛らしく見えてくるから不思議だ。「せいては事を仕損じる」という言葉が辞書にないパンチパーマのリッチー役はブラッドリー・クーパー。そこへ、エイミー・アダムス、ジェニファー・ローレンスらが加わり、化学反応を起こす。

　強烈な個性のキャラクターたちをまとめ上げるラッセル監督の手腕は手堅く巧みだ。前作「世界にひとつのプレイブック」に続き、本年度のアカデミー賞でも俳優4部門すべてにノミネートさせる快挙を成し遂げた。

　社会正義か功名心か。ターゲットの政治家を血眼で追い詰めようとする捜査官に、だます相手に心を痛める詐欺師という皮肉な構図。事件の帰結にうなった。今回ばかりは最後まで大いにだまされたい。2時間18分。

記者の採点 = ★★★★★　　　　　　　　　　(智)

2014年1月29日
欲に任せて生きる男
「ウルフ・オブ・ウォールストリート」

　人が欲に任せて生きるとどんな感じ？ 映画「ウルフ・オブ・ウォールストリート」は"巨万の富を築いた株式ブローカーさん、お宅と暮らし拝見！"である。レオナルド・ディカプリオとマーティン・スコセッシ監督が5回目のタッグを組んだ超大作だ。

　1980～90年代、米ニューヨークのウォール街で成り上がった実在のブローカー、ジョーダン・ベルフォートの実話を基にしている。

　ガレージで証券会社を立ち上げ、巧みに人をだます話術で26歳にして年収49億円。コカインなどを常用し、不正取引で生む金を湯水のごとく使う。元モデルに一目ぼれして妻と離婚。会社が躍進すればストリッパーを呼び、社員全員でらんちき騒ぎ。酒池肉林プラス薬物の日々である。しかし、米連邦捜査局(FBI)が動きだし…。

　監督は、喜劇の教科書を地でいく場面転換を随所に見せる。それは例えば、主人公が「天候は大丈夫だ。問題ない」と力強く断言すると、次のカットはひどい嵐といった具合。音楽は軽快で、青春グラフィティ風味だ。

　ディカプリオは、いつになくハイテンションな全開演技。夫婦げんかで絶叫したり、急用なのにクスリでぶっ飛び、はいつくばって進んだり、いちいちおかしい。

　懲りない男なのに、スピーチをすれば社員や大衆を感動させ、欲をむき出しにさせてしまうカリスマ性を持つこの役は、今やディカプリオ以外に思いつかない。

　彼は本作で4回目のアカデミー賞ノミネート。ただ、別作品で同じく主演男優賞候補のマシュー・マコノヒーが、本作にも序盤だけ出てきて恐るべき存在感を見せつけている。2時間59分。

記者の採点 = ★★★★☆　　　　　　　　　　(晃)

2014年2月5日
好敵手への愛憎が生む力
「ラッシュ　プライドと友情」

　競い合う相手がいると、がぜん闘志が湧き起こり、思わぬ力を呼び覚ますことがある。ライバルは疎ましくもありがたく、心引かれる存在だ。

　「ラッシュ　プライドと友情」は自動車レースの最高峰、F1の世界に生きるライバル同士の2人の天才レーサーが主人公。実話を基に、「アポロ13」のロン・ハワード監督が手がけた人間ドラマだ。

　舞台はF1黄金時代の1976年。チャンピオンを競い合うのは、自由奔放で享楽的なジェームス・ハントと、緻密な頭脳派のニキ・ラウダ。8月のドイツ・グランプリで、悪天候のためレース中止を主張するラウダだったが、彼を追うハントたちの反対を受け、レースは決行。そんな中、ラウダは瀕死（ひんし）の重傷を負う事故を起こしてしまう。

　己が招いたライバルの危機に心を痛めるハント。刹那的に生きる一方で、繊細な部分を持つ男をクリス・ヘムズワースが好演。対して、現場復帰に執着し、過酷な治療に耐えるラウダを演じるダニエル・ブリュールの鬼気迫る演技に息をのむ。

　事故から42日後、ラウダは奇跡的にサーキットに舞い戻る。そして迎えた2人の最終決戦の地は日本。豪雨の富士スピードウェイだった。

　太陽と月のように相反する気質を持った2人だが、死と隣り合わせの危険な競技に魅せられた同志でもある。愛憎が引き起こす化学反応が濃厚なドラマを生んでいる。

　爆音とともに猛スピードで駆けるマシンに、ドライバー視点のスリリングなショット。本物のF1中継を見ているような臨場感にあふれるレースシーンも圧巻だ。2時間3分。

記者の採点 = ★★★★☆　　　　　　　　（智）

2014年2月12日
大きくなってしまった
「キック・アス　ジャスティス・フォーエバー」

　4年前、まだ幼かったクロエ・グレース・モレッツが華麗なアクションで大人たちをなぎ倒し、大ブレークを果たした映画の続編「キック・アス　ジャスティス・フォーエバー」。前作撮影時は12歳だった彼女も、今作ではもう16歳である。

　前作の半分は、ニューヨークに住むヒーローオタクの青年が、ネットで購入した衣装を着てキック・アスと名乗り、街の自警に繰り出して有名になってしまう話だった。

　一方、同じくヒーローの衣装を着たビッグ・ダディ（ニコラス・ケイジ）と、彼が手塩にかけて鍛えた娘ヒット・ガール（モレッツ）は筋金入り。だが、キック・アスも巻き込んで犯罪集団ダミコ一家の壊滅を狙ううち、ビッグ・ダディはダミコに殺されてしまった。

　あとは、あどけない娘が超絶的な身のこなしと武器さばきで一家を倒すあだ討ち劇で、驚きと快感に満ちていた。今作でヒット・ガールは、養父から自警活動を禁じられているものの、ダミコの息子が悪の化身となったのを知り、キック・アスと再び立ち上がる。

　モレッツは成長しても魅力的だが、大人びた者同士が戦い、あだ討ちに燃えるのは敵側となると前作ほどの興奮はない。

　ビッグ・ダディの不在も寂しい。誇り高いが衣装は完全にバットマンのパクリという、とぼけた役は「ニコラス・ケイジ史上最高」と呼ぶべき演技で、おかしさ満点だった。代わりに、ヒーローたちのまとめ役でジム・キャリーが登場するが、アーノルド・シュワルツェネッガーの小さい版？という薄めの印象だ。

　以上の点を除けば、若者たちは言葉も行動も下品でおバカで前作をきちんと踏襲。悪い出来ではない。1時間43分。監督はジェフ・ワドロウ。

記者の採点 = ★★★☆☆　　　　　　　　（晃）

2014年2月19日

笑い顔が「呪い」を解く

「魔女の宅急便」

　映画「魔女の宅急便」は、言わずと知れた角野栄子（かどの・えいこ）の児童文学が原作だ。13歳のキキが一人前の魔女になるために、相棒の黒猫ジジと修行に旅立つ物語。宮崎駿監督がアニメ映画化し、蜷川幸雄演出でミュージカルにもなった。

　今回、少女の成長物語の実写化に挑んだのは「呪怨」の清水崇監督。海と緑が美しい自然や、ファンタスティックなセットなど、実写が生み出す世界観を堪能することをおすすめしたい。

　故郷を出て、海辺の町に落ち着くことにしたキキは、パン屋のおかみ、おソノ（尾野真千子）と知り合い、住み込みで「空飛ぶお届け屋」を始めるが…。物語はおなじみの設定をベースに、病気になった子カバの話など原作のエピソードを折り込みながら、キキが挫折を乗り越える姿を描く。

　キキに「呪いを運んできた」と心ない言葉を容赦なくぶつける飼育員のナヅル、友人への仕返しとして「呪いの手紙」を運ばせる少女サキ。キキが魔法の力を失ってしまうきっかけをつくる人間の毒がとりわけしみるのは、怨念こもるホラー映画を手がけてきた清水監督ならでは、と言ったら考え過ぎか。

　野性味のある空飛ぶキキを、体を張って演じたのは16歳の小芝風花。少女から大人への過渡期である13歳の悩みと生きる喜びをさわやかに表現している。

　スランプに陥って"飛べなくなる"ことは誰にでもあること。だが、その「呪い」をかけるのは自分、解くのも自分。キキを見守る母の「なるべく笑い顔でね」という言葉と、内に芽生えた使命感が、呪いを解く鍵だ。1時間48分。

記者の採点 = ★★★☆☆　　　　　　　（智）

2014年2月26日

ハードル高い万城目の世界

「偉大なる、しゅららぼん」

　摩訶（まか）不思議な世界を構築する人気作家、万城目学の作品が映画化されるのは本作「偉大なる、しゅららぼん」で3作目になる。琵琶湖周辺でのみ不思議な力を発揮できる二つの一族の争いを描くコメディーである。

　湖畔の城に住む日出（ひので）家は先祖代々、不思議な力を受け継ぎ、町を牛耳っている。本家の跡取り淡十郎（浜田岳）は「よかろう」などと表情も変えずにのたまう殿様風情だ。分家の涼介（岡田将生）が修行のために居候に来ると、同い年ながら「お供」と呼んで従え、特注の真っ赤な学ランを着て高校に入学する。

　淡十郎は同級生に一目ぼれするが、彼女が思いを寄せるのは、1300年前から日出家とライバル関係にある棗（なつめ）家の跡取り広海（渡辺大）だと知り、取り乱す。これに端を発する小競り合いがやがて一大事に発展する。

　過去に映画化された「鴨川ホルモー」「プリンセス　トヨトミ」しかり、現実と非現実が入り組む万城目ワールドの映像化はハードルが高い。原作を既読の観客は、頭にあるイメージに見合うレベルの映像を期待する。未読なら荒唐無稽な設定に乗れるだけの映像でなければ見続けられない。

　壮大なスケールの場面は、桁違いの製作費で作り込むハリウッド大作に及ばないが、本作は実際に琵琶湖畔で撮影され、特に彦根城の姿が一定の説得力を与えている。浜田と岡田は健闘し、尊大だがナイーブな殿と振り回されるお供の"間"が良く、笑いを生む。

　ただ、積み重なるのは小さく断片的な笑い。中盤以降、物語にもっと興味を持続させる工夫があると良かった。共演は深田恭子、笹野高史ら。監督はCMディレクター水落豊。1時間54分。

記者の採点 = ★★★☆☆　　　　　　　（晃）

2014年3月5日

人類の愚かさを告発 「それでも夜は明ける」

　米国に奴隷制度があった時代、大農園で虐げられた奴隷の日々を描く「それでも夜は明ける」は、目を背けたくなる光景と苦苦しい空気の農園に観客を引きずり込み、息つく暇を与えない。

　1853年出版のソロモン・ノーサップの自叙伝を、英国出身の黒人監督スティーブ・マックイーンが映画化した。

　1841年、自由黒人で音楽家のソロモンは、ワシントンでのショー終了後に誘拐され、ニューオーリンズの奴隷市場に着くと裸で品定めを受ける。売られた先の農園主である牧師には気に入られるが、いちいち難癖をつけてくる大工に反抗。木につるされてしまう。

　後ろ手に縛られ、つま先がわずかに地面に触れる高さにつるされたソロモンから、絶えず苦痛の声が漏れる。背景で何事もないかのように振る舞う奴隷たちの姿が恐怖を増幅する。このシーンは観客にも同じ苦しみと空気を味わえといわんばかりに長い。映画史に残る一場面になるだろう。

　牧師は穏やかな人物だが、ソロモンの扱いに困って別の農園に売る。そこは、冷酷非道な農園主が徹底した暴力で奴隷を支配する地獄だった。

　監督は、家畜以下に扱われる人間の姿を冷然と見せ続けて観客の心を追い込み、人類の愚かさをあらためて告発する。

　素直に喜べるような結末ではない。希望と尊厳を捨てなかった主人公が農場を去る後ろで、それまでと変わらぬ日々を暮らすほかない奴隷たちの姿が遠ざかっていく。米国の奴隷制度が廃止されたのは1865年のことである。第86回アカデミー賞作品賞、助演女優賞、脚色賞を受賞。2時間14分。

記者の採点＝★★★★☆　　　　　　　　　　（晃）

2014年3月13日

大人も共感するヒロイン 「アナと雪の女王」

　米アカデミー賞長編アニメ賞を受賞したディズニーのミュージカルアニメ「アナと雪の女王」の主人公は、ある王家の姉妹エルサとアナ。だがおとぎ話にありがちな、王子様の助けを待つばかりのお姫さまではない。

　触れるものを凍らせる力を持つエルサは、幼いころに誤ってアナを傷つけて以来、人を遠ざけてきた。やがて迎えたエルサの戴冠式。出会ったばかりの王子との結婚を言いだしたアナと口論になったエルサは力を爆発させ、王国を雪と氷で永遠の冬に変えてしまう。

　心が凍った少年を少女ゲルダが救うアンデルセン童話「雪の女王」に着想を得たという物語は、オリジナルから大幅に生まれ変わった。だが、ゲルダの魂は、姉と王国を救うために危険を顧みないアナに宿されている。

　一方、大切な人を傷つけることを恐れて心を閉ざしたエルサは、逃げ込んだ山奥で雪の女王になることで、ようやく本当の自分を解き放つことができた。彼女がその心情を歌い上げる「Let It Go」はアカデミー賞歌曲賞を受賞した。

　姉妹は傷つきながらも自らの力で前へと進み"真実の愛"を手に入れる。全世界で既に10億ドル超という大ヒットを記録している理由は、大人の女性も共感できるヒロイン像にあるだろう。

　CGで描かれた雪や氷の描写も圧巻だ。吹き付ける雪に痛みを、透き通った氷からはかじかむような冷たさを感じる。

　クリステン・ベルとイディナ・メンゼルが務めた姉妹の日本語吹き替えは、アナを神田沙也加、エルサを松たか子が担当。日米どちらも聴き応え十分だ。同時上映の短編アニメを含め1時間48分。監督はクリス・バックとジェニファー・リー。

記者の採点＝★★★★☆　　　　　　　　　　（智）

2014年3月19日

記憶が作るうわさの真実

「白ゆき姫殺人事件」

　物の見方は人それぞれ。そうやって形づくられた「記憶」はどこまで事実を担保できるのか。疑いだせばきりがないが、当事者不在のまま一方的に語られる"真実"らしきうわさがどれほど恐ろしいものか。「白ゆき姫殺人事件」はその感覚を味わうことができるサスペンスだ。

　誰もが認める美貌の持ち主、典子（菜々緒）が殺される。疑惑の目が向けられたのは事件後に失踪した同僚の美姫（井上真央）。地味な美姫は普段から典子と比較され、恋人も奪われたと同僚は言う。ワイドショーのディレクター赤星（綾野剛）は、美姫を知る人々の証言を放送。さらに赤星がツイッターで取材内容をつぶやいたことで、ネットでも炎上する。果たして美姫は犯人なのか。

　目立ちたがり屋なのか、そもそも万人に見られている感覚がないのか、取材内容をソーシャルメディアで得意げに披露する赤星は、救いようがないほど想像力が欠如した男だが、実在しそうで寒心に堪えない。

　顔の見えないネット上で、無責任な発言が炎上を招くことは周知の事実。だが、無責任さは現代のネット社会特有の問題とは片付けられない。赤星が尋ね歩く美姫の故郷の人々は、あれやこれやと妄想を膨らませ、過去の記憶を都合良く"解釈"し、証言する。

　記憶は容易に書き換えられる。美姫の幼なじみの夕子（貫地谷しほり）はそれを「捏造（ねつぞう）」と呼んだ。

　各登場人物の視点で重層的につづられた湊（みなと）かなえの同名小説を、「アヒルと鴨のコインロッカー」や「ゴールデンスランバー」を手がけた中村義洋監督が巧みに映像化している。2時間6分。

記者の採点＝★★★☆☆　　　　　　　　　　（智）

2014年3月26日

大スター2人の熱き喜劇

「リベンジ・マッチ」

　シルベスター・スタローンとロバート・デニーロ、大スター2人がボクシングで対決する「リベンジ・マッチ」。老骨にむち打つだけの痛々しい映画かと思いきや、老いの悲哀と男の意地、幼児性をまぜた熱きコメディーで、意外に愉快だ。

　元プロボクサーのシャープ（スタローン）とマクドネン（デニーロ）は1980年代、タイトルを奪い合った宿命のライバル。対戦成績1勝1敗で、決着をつける3戦目を前にシャープは突然引退した。そこには恋人（キム・ベイシンガー）をめぐる因縁があった。

　30年後、寡黙で真面目なシャープは造船所で働いているが、暮らしは貧しい。お調子者のマクドネンは自動車販売とレストラン経営で成功している。2人は偶然出くわして大げんか。これに目を付けたプロモーターが、一獲千金を狙って遺恨試合の開催を持ち掛ける。

　スタローンは「ロッキー」（76年）、デニーロは「レイジング・ブル」（80年）でボクサーを演じて名をはせただけに、"あの場面"のパロディーもサラリと入る。

　スタローンは撮影時66歳だが、まだまだ頑強でスリムなのはさすが。69歳のデニーロは15キロ減量してそれなりの体に仕上げた。どんな役にもなりきりたいデニーロの流儀は相変わらずだ。構えが前傾なのは老いというより「レイジング・ブル」のジェイク・ラモッタ復活に見える。

　プロモーター役は人気コメディアンのケビン・ハート、シャープの老コーチ役はアラン・アーキン。芸達者たちが軽やかな演技で絡み合う。「50回目のファースト・キス」などコメディーが得意なピーター・シーガル監督。1時間53分。

記者の採点＝★★★☆☆　　　　　　　　　　（晃）

2014年4月3日

家族を再生させる旅 「サクラサク」

　さだまさしの短編小説を映画化した「サクラサク」は、父親の認知症発症を機に崩壊寸前の家族の絆を取り戻そうとする男とその家族の物語だ。

　取締役への昇進目前の俊介（緒形直人）は仕事一筋の典型的なサラリーマン。周囲の信頼も厚く、仕事は順風満帆だが、家庭をなおざりにしてきた上、過去の浮気もあって妻昭子（南果歩）との仲は冷えきり、2人の子どもとの関係ももうまくいかない。そんなある日、同居する父親俊太郎（藤竜也）が自宅で粗相をした姿に直面し、家族の「今」にがくぜんとする。

　おそらく現代の日本ではありふれた家族像だ。現実には壊れた家族が簡単に再生できるとは思えない。だが、努力も何もしないままでは家族はつながれないのも事実だ。

　俊介は父の「満開の桜が美しかった…」という言葉を胸に、半ば強引に家族を車に乗せ、俊太郎が幼いころの思い出の場所をさがす旅に出る。

　"荒療治"をするために、自らの存在理由ともいえる仕事を放り出す俊介の姿は、おとぎ話のようなものだと片付けることもできる。だが、「家族」は彼を突き動かすほどの強い動機になった。それは、俊太郎が俊介に惜しみない愛情を注いできた結果でもある。息子たちを温かく見守る一方で、認知症の症状におびえる俊太郎を藤が好演している。

　俊介たちが東京を離れ、目的地の福井を目指す過程で広がる風土豊かな描写が織り込まれ、さだが書き下ろした主題歌「残春」の優しいメッセージが心に染み渡る。

　さだの「精霊流し」も映画化した田中光敏監督。1時間47分。

記者の採点＝★★★☆☆　　　　　　　　　　　（智）

2014年4月9日

苦くて濃厚な家族のバトル 「8月の家族たち」

　家族が久々に顔を合わせると、隠していた憎しみや秘密が噴出するドラマは数多くあるが、「8月の家族たち」はかなり苦くて濃厚な味わい。トニー賞とピュリツァー賞を受賞した戯曲を、一流キャストで映画化した。

　米オクラホマ州の平原に立つ屋敷からある日、主人が失踪してしまう。残された妻バイオレット（メリル・ストリープ）は薬物依存で情緒不安定。そこへ娘3人と、妹夫婦たちが駆け付ける。

　実家と疎遠だった長女バーバラ（ジュリア・ロバーツ）は真面目で場を仕切るタイプで、一緒に来た夫と別居していることは隠している。独身の次女は秘密の恋が進行中。奔放な三女は怪しげな婚約者を連れている。

　10人で食卓を囲むと、毒舌家のバイオレットは面々の本音を言い当て、隠し事を暴き、空気は最悪。バーバラは我慢ならずに母親に飛び掛かる。

　大バトルの後にもまだ、明らかになる重大な秘密が…。家族はどうなる？

　クローズアップで捉える室内の会話劇は、役者の演技力で見応え十分。屋外の会話がない場面では、何げない"間"の長さが効いている。家族が本音をぶちまけ合う姿はひりひりとして、エスカレートすると喜劇的で、爽快でもある。

　設定がエリザベス・テーラー主演「熱いトタン屋根の猫」を想起させる上、バイオレットはテーラーのことを口にする。髪形は、夫婦がののしり合う「バージニア・ウルフなんかこわくない」主演時のテーラーをほうふつとさせる。

　家族の再会、わだかまり、食卓、毒舌の母といえば、邦画では是枝裕和監督の「歩いても　歩いても」がある。これらの作品と見比べるのも一興だ。2時間1分。監督はジョン・ウェルズ。

記者の採点＝★★★★☆　　　　　　　　　　　（晃）

2014

2014年4月16日

等身大の青年の愛と友情

「アメイジング・スパイダーマン2」

「アメイジング・スパイダーマン2」は、おなじみのアメコミヒーローをアンドリュー・ガーフィールドが演じる新シリーズの第2作。ニューヨークの街を守るヒーローとして活躍する一方で、恋愛や友情に悩む青年ピーター・パーカーの成長が描かれる。

愛するグウェン（エマ・ストーン）を危険にさらすことを恐れ、葛藤するピーター。ある日、オズコープ社の御曹司で幼なじみのハリー（デイン・デハーン）と再会する。ハリーは父から受け継いだ宿命を抱えていた。また、グウェンは自身の夢をかなえるためにピーターとの別れを決意し…。

ピーターが抱える苦悩は等身大の青年のそれである。グウェンも自身の意思に沿って行動できる自立した女性で、男性に守ってもらうつもりなど毛頭ない。キャラクターに現代性があり、より深い共感を呼ぶことが、このシリーズの魅力だ。

裏切られたという思い込みが生む憎しみを抱えた悪役の造形もうまい。オズコープ社で周囲から軽んじられていた電気技師がある事故をきっかけに変貌した強敵エレクトロ、己の運命を呪い自滅的になったハリーが化したグリーン・ゴブリン。エレクトロの屈折した感情を体現するジェイミー・フォックスが圧巻だ。

スパイダーマンの滑空や落下、ストップモーションの多用でアクションは迫力を増し、3Dならではの醍醐味（だいごみ）を味わうことができる。

ピーターの両親が失踪した謎も少しずつ明らかになり、衝撃的なクライマックスによって第3作への期待も膨らむ。ただ、橋渡しとはいえ、最後の敵ライノの登場には尻切れ感も。マーク・ウェブ監督。2時間23分。

記者の採点＝★★★★☆　　　　　　　　　（智）

2014年4月23日

脱獄犯を愛した母と子

「とらわれて夏」

静かな暮らしの中に転がり込んできた心優しい脱獄犯を、母は愛し始め、息子は父親のように慕う。彼らはなぜ引かれ合い、どこへ向かうのか─。「とらわれて夏」はせりふを最小限に、3人の言葉にならない胸の内を巧みに描いた映画だ。

米国東部の緑に囲まれた町。心に傷を抱え、引きこもりがちなシングルマザーのアデル（ケイト・ウィンスレット）と13歳の息子ヘンリーは、月に1度の買い物に出たスーパーで、見知らぬ男から家にかくまうよう強要される。

男は刑務所の病院で虫垂炎の手術後、2階から飛び降りて逃げた脱獄犯フランク（ジョシュ・ブローリン）。危害は加えないという彼は、古ぼけた車や家を修理し、ヘンリーにはキャッチボールを教え、極上のピーチパイを3人で作る。幸せな数日間が過ぎていくが、捜査の手が迫り、彼らはある決断をする。

フランクの存在を他人に見られてはいけない緊張、許されぬ思いを抱く背徳感、しかし確かに自分を包んでいく幸福感。それらを3人が静かに体現する場面が続く。

とりわけウィンスレットの演技は充実している。アデルが外出するだけで強いストレスを感じる女性であることは、冒頭の表情としぐさですぐに分かる。フランクと遭遇した後のおびえる目、人柄をうかがうまなざし、たがを外して求めてしまう体にも説得力がある。服装の変化も効果的だ。

アデルとフランク、それぞれの過去が徐々にフラッシュバックで示され、終盤に明確になる。3人の幸せを願う気持ちがそのとき、頂点に達する。ジェイソン・ライトマン監督。1時間51分。

記者の採点＝★★★★☆　　　　　　　　　（晃）

2014年4月30日

過去の栄華にすがる女

「ブルージャスミン」

　悲劇は容易に喜劇になり得る。「ブルージャスミン」は、シニカルな作風で傑作を生み出すウディ・アレン監督の真骨頂が発揮されたドラマだ。「欲望という名の電車」のブランチよろしく過去に生きるどん底のヒロインの内面を鋭く、深く掘り下げている。

　大学を中退して実業家と結婚し、ニューヨークで優雅な生活を謳歌（おうか）していたジャスミン（元の名はジャネット）は、結婚生活の破綻で全てを失い、サンフランシスコで質素に暮らす妹ジンジャーの元へ。かつての生活が忘れられないジャスミンは上流階級への返り咲きをもくろむ。精神安定剤と酒が手放せないブルーな彼女の行く末は―。

　落ちぶれてもなお、エルメスのバッグを片手にシャネルのジャケットを羽織る女、ジャスミン。それが彼女の虚栄心を満たすアイテムであり、自己防衛のためのよろいなのかもしれない。

　平凡だから、と名前を変えるジャスミンは、現実を都合良く"盛り"、事実をすり替える虚言癖の持ち主だ。自信のなさを取り繕ううそはやがて肥大化し、破滅へと続く道なのに。

　現実から目を背ける元セレブを演じるのはケイト・ブランシェット。エレガントなオーラを振りまく一方で、没落した彼女の尋常ではない目つき、過去に執着する姿は鬼気迫り、おかしみすら漂う。この演技でブランシェットはアカデミー賞主演女優賞に輝いた。

　対する庶民的なジンジャーを演じるサリー・ホーキンスもリアルな存在感がある。武骨な男にほれる、どこか隙がありそうな妹は、姉とは正反対の道を歩む。何が幸せか。他人からどう見えるかではない、感じるのは自分自身だ。1時間38分。

記者の採点＝★★★★★　　　　　　　　　　（智）

2014年5月7日

矢口監督らしさ出た成長譚

「WOOD JOB！
神去なあなあ日常」

　「ウォーターボーイズ」「スウィングガールズ」など、自作の物語でコメディー映画を生んできた矢口史靖監督が初めて"原作もの"に挑戦。新作「WOOD JOB！　神去（かむさり）なあなあ日常」は三浦しをんのベストセラー小説の映画化だ。

　高校生活を気楽に過ごして大学受験に失敗した勇気（染谷将太）は偶然、1年間の林業研修プログラムのパンフレットを手にする。表紙でほほ笑む女性（長沢まさみ）の美貌につられ、はるばる（三重県の奥地という設定の）神去村へ。

　携帯電話は圏外、作業は危険と隣り合わせ、先輩（伊藤英明）は粗野で怖い。勇気は脱走しかけるが、表紙の美女が村に住んでいると知って踏みとどまる。一癖も二癖もあるが人間味あふれる人々と暮らすうちに、勇気の心が変わり始める。

　矢口監督が学生を主人公にするのは「スウィング―」以来10年ぶり。大人一歩手前の若者が悪戦苦闘する典型的な成長譚（たん）だが、矢口監督はやはりこれが一番得手と見える。染谷をチャーミングに撮ると同時に、彼が演じる現代的でまだ色が付いていない青年の存在によって、村の人々の個性も引き立っている。

　伊藤は、武骨で屈強で女に目がなく、林業には真っすぐという役どころ。彼が名をはせたのは「海猿」シリーズだが、山の方が似合っているのではなかろうか。

　終盤は祭り。女陰に見立てた的へ御神木が滑り落ちていく豪快スペクタクルで、男たちは皆ふんどし一丁。勇気の面倒を見る親方役の光石研が、本作でもがっちり映画を支えている。

　「なあなあ」とは「ゆっくり、のんびりいこうや」といった意味だそうだ。1時間56分。

記者の採点＝★★★☆☆　　　　　　　　　　（晃）

2014年5月14日

不屈と愛の精神を心に刻む

「マンデラ　自由への長い道」

　27年にも及ぶ獄中生活に屈せず、アパルトヘイト（人種隔離）撤廃を勝ち取り、南アフリカ初の黒人大統領となったネルソン・マンデラの自伝を映画化した「マンデラ　自由への長い道」。題名が示す通り、少年時代から大統領になるまでの半生を描いたドラマだ。

　マンデラの映画はクリント・イーストウッド監督の「インビクタス　負けざる者たち」など第三者の目線から描いたものもあるが、本作は本人の視点で進む。妻との間に生じる葛藤も包み隠さずに描き、カリスマの人間らしい部分を知る。

　2番目の妻ウィニーとは長期間にわたって引き裂かれていた。憎しみの連鎖を断つために暴力によらない道を模索する夫に対し、塀の外から夫を支え続けた妻は、迫害によっていつしか憎悪の塊になって武力闘争を激化させていく。自由と平等の世界の実現という目的を同じくしながら、たもとを分かつことになった2人の悲しみは察するに余りある。

　伝記映画は、人物に外見を似せればいいというものではない。その精神を通わすことができるかどうかだ。確かに2時間27分の長尺をもってしても、偉大なリーダーの半生を投影するには足りず、特に前半は駆け足でエピソードを追う印象は否めない。だが、ゆるしと愛を説いたマンデラの精神を後世に受け継ごうと奮闘した製作者らの意気込みが伝わってくる。

　マンデラは昨年12月、95歳でこの世を去った。今、その長く険しい道のりを追憶することは、彼の魂を心に刻む一助になる。

　マンデラをイドリス・エルバ、ウィニーをナオミ・ハリスが演じた。ジャスティン・チャドウィック監督。

記者の採点＝★★★★☆　　　　　　　　　　（智）

2014年5月21日

モナリザをめぐる難事件

「万能鑑定士Q　モナ・リザの瞳」

　綾瀬はるか主演の「万能鑑定士Q　モナ・リザの瞳」は、驚異的な鑑定眼と思考力を持つ女性鑑定士が難事件に巻き込まれるミステリー。松岡圭祐のシリーズ累計400万部を超す人気小説が原作だ。

　日本で開催されるモナリザ展を前に、ルーブル美術館アジア圏代理人が警備強化のため、鑑定士の凜田莉子（りんだ・りこ）（綾瀬）を臨時学芸員として推薦した。莉子は同行取材の雑誌記者小笠原（松坂桃李）とパリに飛ぶ。

　ルーブルでの採用試験を見事に通過した莉子は帰国後、フランス人講師のもと、もう一人の合格者の美沙（初音映莉子）とともに真贋（しんがん）を見分ける特訓に打ち込む。ところがなぜか、訓練を積むほどに莉子の鑑定能力が低下してしまう…。

　この種の物語は、ライトノベルの形では受け入れやすくても、実写映画では単なる絵空事に映って上滑りしかねない。リアリティーを出すため、日本映画として初めてルーブルでロケが敢行された。

　撮影は1日だけ、閉館後に夜通し行われ、警備員10人以上が監視。スタッフがトイレに行くにも係員が付き添う厳重態勢だったそうだが、徐々に打ち解け、綾瀬は当初立ち入りが制限されていたモナリザの展示室に通され、対面できたという。

　「天才的人物とドジな助手」というとても典型的な図式の中で綾瀬は、優しく、どこか抜けたところがありつつ、博覧強記で長ぜりふを話す役を魅力的に見せている。

　一方で、終盤でのスリル不足や凡庸なせりふのやりとりは気に掛かる。現実離れした物語を現実味をもって描くのなら、もう少し脚本に工夫がほしかった。佐藤信介監督。1時間59分。

記者の採点＝★★☆☆☆　　　　　　　　　　（晃）

2014

2014年5月28日

目においしいミステリー

「グランド・ブダペスト・ホテル」

　レトロでポップな色使いにシンメトリーな構図。「グランド・ブダペスト・ホテル」は、いま最もユニークな映画作家の一人に挙げられる米国人監督ウェス・アンダーソンの最新作だ。カラフルなお菓子でできたおもちゃ箱のような世界が目においしく、観客を一時の旅にいざなう。

　物語は第2次世界大戦前後と現代、三つの時代を背景に語られる。舞台は欧州の東端にある架空の国、ズブロフカ共和国にある高級ホテルだ。大戦前夜、リゾート地として栄華を極めた時代には伝説のコンシェルジュ、グスタヴ・Hによる究極のおもてなしを目当てに、欧州中からマダムたちが集った。

　だがある日、最上顧客のマダムDが殺害され、遺産相続争いに巻き込まれたグスタヴに容疑が。彼は逃避行しながら事件の謎に挑む。

　ユーモアをちりばめた軽快なミステリーの中に、戦争へと向かう不穏な空気が漂う。グスタヴと、彼を師と仰ぎ慕うベルボーイ、ゼロ・ムスタファの師弟関係が肝。大戦を経て、寂れたホテルはもの悲しさを感じさせるが、忠誠心と初心を忘れないゼロの振る舞いが、心に温かな土産を残す。

　グスタヴを演じるレイフ・ファインズをはじめ、エイドリアン・ブロディ、ウィレム・デフォー、ジュード・ロウと、オールスターキャストが個性的な面々を演じている。「スノーピアサー」(ポン・ジュノ監督)での怪演に続き、84歳のマダムDに扮(ふん)したティルダ・スウィントンの変貌ぶりはお見事。

　今年のベルリン国際映画祭のオープニング作品に選ばれ、銀熊賞(審査員大賞)に輝いた。1時間40分。

記者の採点 = ★★★★☆　　　　　　　　　(智)

2014年6月4日

独自解釈で描く葛藤

「ノア　約束の舟」

　旧約聖書の「創世記」にある短く有名な一節を映画化した「ノア　約束の舟」は、「ブラック・スワン」のダーレン・アロノフスキー監督が巨大セットとCGで描くスペクタクル。独自解釈による家族の物語でもある。

　ノア(ラッセル・クロウ)は、神が堕落した人間を滅ぼし、新世界を創るために大洪水を起こすことを知る。神の命令通り、家族と全ての動物のつがい1組ずつを乗せるため、ノアは3層構造の巨大な箱舟を造る。

　聖書では、神に選ばれてから洪水後に箱舟を降りるまで、ノアは一切話さない。だが今作は違う。彼の息子たちに妻がいないのも聖書とは異なる。代わりに長男はノアが養女にした孤児イラ(エマ・ワトソン)と恋仲になり、次男も愛する相手を見つけるが、その女性は舟に乗ることが許されるのか、という設定でドラマ性を高めている。

　ノアの宿敵という男も設定された。彼は観客の視点を担っていて、なぜ動物が救われ、人間が死ななければならないのか理解できない。舟を乗っ取ろうとしてバトルシーンが生まれる。

　監督らの想像でデザインされた巨人も登場、われもわれもと箱舟を目指す者たちを排除するが、ゲーム画面の様相でリアリティーは薄まる。一方で洪水場面はハリウッド大作ならではの迫力だ。

　最新技術で箱舟伝説がついに大スケールの映像となり、使命と犠牲の間で葛藤するノアが描かれたのだから、先に公開された世界各地で関心事となったのはうなずける。ただ、ドラマに深度、強度、鮮度はさほど感じられず、スペクタクルとの融合具合もやや弱い。共演はジェニファー・コネリー、アンソニー・ホプキンスら。2時間18分。

記者の採点 = ★★☆☆☆　　　　　　　　　(晃)

2014年6月11日

弱小藩の奮闘描く時代劇

「超高速!参勤交代」

　歴史の授業で習った「参勤交代」。莫大(ばくだい)な費用がかかり、諸藩の財政を圧迫したという、あれだ。だが、大名たちの苦労に思いをはせることはまれだ。「超高速!参勤交代」はその舞台裏、江戸幕府から無理難題をふっかけられた弱小貧乏藩の奮闘を描いたコミカルな時代劇だ。

　時は8代将軍吉宗の世。1万5千石の磐城国湯長谷藩(現在の福島県いわき市)の藩主内藤政醇(ないとう・まさあつ)のもとへ「5日以内に参勤しなければ藩を取りつぶす」とのお達しが。通常8日はかかる道のり。参勤交代を終えたばかりで蓄えもない湯長谷藩は、この超困難なミッションを達成できるのか。その裏には幕府側の陰謀があった。

　「のぼうの城」で知られる和田竜(わだ・りょう)を輩出した映画脚本家の登竜門、城戸賞の受賞作を映画化した。着眼点がユニークで、中央の"いじめ"に地方の弱小藩が知恵を振り絞って挑む構図は、湯長谷藩を応援したくなる。

　道中、次々と現れる難関を切り抜けるために繰り出されるアイデアが、コントのようにテンポ良く進む。民を思い、家来から慕われる藩主政醇に佐々木蔵之介。品格を備え、いかにも人の良さそうな殿様ははまり役だ。

　政醇が宿場町で出会う口が悪い飯盛り女を演じた深田恭子も健闘している。ただ、この手の話に恋愛話は必要なのだろうか。個性豊かなキャラクターたちを生かした群像劇に終始してもよかったのでは。

　そろばんに包丁と、趣向を変えた異色時代劇の系譜。次はどんな舞台裏を見せてくれるか。

　土橋章宏脚本、本木克英監督。1時間59分。

記者の採点 = ★★★☆☆　　　　　　　(智)

2014年6月18日

人工知能とのリアルな恋

「her 世界でひとつの彼女」

　中年男性が人工知能(AI)に本気で恋した―。映画「her 世界でひとつの彼女」は、下手すると「おじさんキモい」と葬られそうな設定を、スパイク・ジョーンズ監督の脚本と俳優の力で克服。誰の身に起きてもおかしくないと感じさせるリアルな恋物語だ。

　近未来の米ロサンゼルス。手紙代筆会社で働く名文家セオドア(ホアキン・フェニックス)は愛する妻とは別居し、傷心の日々。ある日、パソコンを動かすオペレーティングシステム(OS)を最新のAIにしてみる。

　幾つかの質問に答えると、パソコンの奥から呼び掛けてきたのは快活で親しみが湧き、色気もある女性の声(スカーレット・ヨハンソン)。AIはサマンサと名乗り、仕事の手助けはもちろん、いつでも機知に富んだ会話で和ませてくれる。セオドアは携帯端末にも彼女を取り込んでデートをし、恋に落ちるが…。

　今やスマートフォンに話しかければ、検索や読み上げをしてくれる時代。AIの能力は2045年に人間を上回るとの予測もある。常に進化するサマンサはAIが苦手な「雑談」にも最上級の楽しさで応じ、声のみだけで想像力を刺激する。

　しかもヨハンソンの少しハスキーなあの声で嫉妬までしてくれるのだから、男性なら「ほれてまうやろー」と叫ばずにいられない。明日にでも発売されないだろうかというワクワクを喚起する。

　蜜月の先、AIと人間だから起きる事態と、人間同士が陥りがちな事態の境目が曖昧になっていく妙。自分のための最適化に慣れきったときに最適の一作だ。米アカデミー賞脚本賞受賞。ローマ国際映画祭は声だけのヨハンソンに最優秀女優賞を贈った。2時間6分。

記者の採点 = ★★★★☆　　　　　　　(晃)

2014年6月27日

戦闘と死を繰り返す男 「オール・ユー・ニード・イズ・キル」

「オール・ユー・ニード・イズ・キル」は桜坂洋のライトノベルをハリウッドが翻案したSFアクションだ。地球を乗っ取ろうとしているエイリアンの群れと人類の戦争の中で、戦闘と死のタイムループにとらわれた兵士たちを描く。

米軍のメディア担当将校ケイジ少佐は元広告マン。口はうまいが戦闘スキルゼロの軟弱男だ。ある日、将軍の怒りを買って戦場の最前線に送られるが、5分で戦死。だが次の瞬間、出撃前日に戻っていることに気づく。

ケイジを演じたのは、50代になっても一向に衰える気配がないトム・クルーズ。「こんな弱いトム見たことがない」と思うようなへたれ男が、ループを繰り返す中でスキルを磨き、イーサン・ハントばりの頼もしい男に成長していく。ループの見せ方にもユーモアを織り込み、飽きさせない。

壮絶な戦闘シーンはさすがトムだが、出色はケイジを鍛え上げる最強の女戦士リタ役のエミリー・ブラントだ。「プラダを着た悪魔」の"おしゃれ番長"には、戦闘用の機動スーツもよく似合う。

やり直せるなら二度と同じ轍（てつ）は踏まない、と後悔したところでかなわないのが現実だが、もし死んでやり直せたとしても、決して喜ばしいことではないだろう。そのたびに計り知れない苦痛と恐怖に直面しなくてはならないのだから。

原作と比べると、そこから生まれる絶望や孤独感がさほど感じられないところが、よりゲームの「リセット」に近い感覚だ。大きく異なるクライマックスを含め、ハリウッドらしいエンタメ大作に生まれ変わっている。

「ボーン・アイデンティティー」のダグ・ライマン監督。1時間53分。

記者の採点＝★★★☆☆　　　　　　　　　　（智）

2014年7月2日

性格別で5分割された人類 「ダイバージェント」

最終戦争から100年後の未来、人類はたった一度の性格診断に基づき、「勇敢」「高潔」「平和」「無欲」「博学」の5派閥に分かれ、一生を過ごすことに―。ベロニカ・ロスの世界的ベストセラー「ダイバージェント」が映画化された。

「無欲」の家庭に育ったベアトリスは性格診断で、どの派閥にも当てはまらない「異端者（ダイバージェント）」と判明する。異端者は人類を滅ばす脅威とみなされるため、診断結果を偽り、憧れていた「勇敢」へ転向。トリスと改名する。

転向後、過酷な軍事訓練を受ける中、金や食料を政権派閥「無欲」が私物化しているとして、「博学」が排斥運動を起こし、トリスの両親に危険が迫る。同時に異端者抹殺の動きも始まった。

心理学には、性格を構成する特性は主に五つあるとする特性5因子論がある。原作者はこれをヒントにしたようだ。それは構わないが、勇敢の人々はわざわざ走行中の電車から飛び降りて登場、博学は常に研究中。生活がいかにも過ぎて笑える。それに、転向OKなら性格診断は不要では？

そうしたまっとうな指摘はやめて物語に乗っかれば、このサバイバルゲームは連ドラ的に気軽に長く楽しめそう。映画は4部作。先は長いのだ。

トリス役のシャイリーン・ウッドリーは「ハンガー・ゲーム」のジェニファー・ローレンスほどのオーラはないが、輝きを増す気配はある。トリスを鍛える細マッチョな色男はテオ・ジェームズ。また一人、米国の大作を席巻する英国人男優の出現だ。オランダ代表ファンペルシー似のため、見ていて気が散るが、サッカー好きでなければ問題ない。2時間19分。監督はニール・バーガー。

記者の採点＝★★★☆☆　　　　　　　　　　（晃）

2014年7月9日

少女の心の機微を丁寧に 「思い出のマーニー」

　スタジオジブリ最新作「思い出のマーニー」の主人公杏奈(あんな)は、幼いころに両親や祖母を亡くし、ある事をきっかけに養母にも心を閉ざした12歳の少女。「この世には目に見えない魔法の輪がある。私は外側の人間」と感じている。そんな杏奈がひと夏を過ごす海辺の村で謎の少女マーニーと出会い、かけがえのない"宝物"を見つける。

　友人たちから取り残されているような疎外感、自分の良さを認められない自己肯定感の低さ。多かれ少なかれ思春期の少女が必ず通過する心の揺らぎだ。米林宏昌監督はその機微を丁寧にすくい上げている。

　宮崎駿監督作品に登場するヒロインの多くが、明るく勇気ある女性で憧れの対象だったのに対し、杏奈は孤独を抱えた身近にいそうな少女。観客はその痛みに共感し、寄り添うことで感動を強くする。そして「アナと雪の女王」と同じく、ここでもヒロインを救うヒーローは不在。女子は女子同士で殻を打ち破っていく。

　「この世は生きるに値する」は、宮崎監督が伝え続けてきたメッセージだが、宝物を得て一歩踏み出す杏奈にその精神を見る。米林監督は先人のバトンを受け継ぎつつ、独自の世界を築いた。

　北海道を舞台にしたファンタジーは、杏奈の心を投影するような乳白色の曇り空が目を引く。だが、終盤には爽やかな青空に変化し、空を映し込む湿地の水も草も色を変えていく。まるで自分の足を浸したような感覚を覚える湿地の描写も美しく、この世界に五感を丸ごとゆだねたくなる。

　原作は英国のジョーン・G・ロビンソンの児童文学。読むのは鑑賞後がおすすめ。1時間43分。

記者の採点=★★★★☆ 　　　　　　　　　(智)

2014年7月16日

重さはあるが核認識は軽い 「GODZILLA ゴジラ」

　1998年、ハリウッドゴジラがまるで街を駆け回る巨大トカゲかイグアナで、ファンを別の意味で震撼(しんかん)させてから16年、再びハリウッドから「GODZILLA ゴジラ」が上陸。今度はゴジラらしいゴジラだ。

　ゴジラらしさとは、突き詰めると造形とほえる声。足が細かった前作と違い、太ももから下がどっしり、重量感がある。ほえる声は、耳なじみあるそれとは微妙に異なるが、ほえ終わりに喉の奥から込み上げるように響く低音もある。しかも、いいタイミングで仁王立ちになり、空をも震わすようにほえてみせる。

　「設定」は、54年の東宝ゴジラ第1作以外は認めないゴジラ原理主義者でない限り、ある程度自由を認めるべきだろう。2004年までに28本作られた東宝ゴジラ自体がさまざまだ。赤塚不二夫漫画のギャグ「シェー!」をして、跳びはねたことさえある。

　今作は第1作を踏襲した変奏といえる。ゴジラは謎めき、渡辺謙の役名は、第1作に登場した博士と監督の名前から取った。そこへ、第1作にはなかった怪獣対決を加えて見せ場を増やした。

　ただ、第1作では核実験による環境変化に怒ってゴジラが出現したのに対し、今作は核実験の真の目的はゴジラ退治だとすり替えている。米国製作の限界か、残念だ。他にも核使用への抵抗感の薄さを感じるが、怪物相手に愚挙と表裏一体の方法を選択する人類という意味で、第1作の踏襲だと取れなくもない。

　ちなみに第1作主演の宝田明が1シーンだけ出演したが編集都合でカット。2時間4分とやや冗長だけに他を削ってほしかった。監督はデビュー2作目という英国の新鋭ギャレス・エドワーズ。

記者の採点=★★★☆☆ 　　　　　　　　　(晃)

2014年7月23日

原作を体現した時代活劇

「るろうに剣心　京都大火編」

　人気漫画の実写化映画は数あれど、ヒットに導くのは難しい。ファンが愛する原作の世界観をいかに映像に反映できるかが鍵だ。和月伸宏（わつき・のぶひろ）原作の「るろうに剣心」（2012年）は、ツボを押さえたキャラクター造形と新時代のチャンバラアクションが生み出した成功例といえるだろう。「京都大火編」は、その前作に続く2部作の前編だ。

　動乱の幕末に「人斬り抜刀斎」と恐れられた緋村剣心（ひむら・けんしん）は二度と人を殺さない誓いを立て、平穏に暮らしていた。だが、剣心の後継者だった志々雄真実（ししお・まこと）が京都で暗躍し、新政府の転覆を企てていると知る。大久保利通から志々雄を討つことを託された剣心は、覚悟を決めて京都へ向かう。

　前作に続き剣心を演じた佐藤健をはじめ、今回も原作から飛び出たようなキャラクターがひしめく。新政府に裏切られた志々雄の憎悪を体現したのは藤原竜也。志々雄の側近、宗次郎（そうじろう）役の神木隆之介も不気味で良い。

　役者たちが体を張った激しいアクションはさらにスピードとキレを増した。中でも目を見張るのは、剣心の味方になる操（みさお）役の土屋太鳳と翁役の田中泯の動きだ。土屋の蹴りと、古武術の武具トンファーで闘う田中を拝むだけでも見る価値あり。

　ラストには、後編「伝説の最期編」への橋渡しとして見逃せないサプライズが用意されている。だが、それまで浸っていた世界に別の世界が突如カットインしてきたようで、気がそがれたことも否めない。

　本格時代劇が減り、形を変えていくのは時の流れだが、若い観客層にも時代劇が支持されるのは喜ばしいことだ。後編にも期待したい。大河ドラマ「龍馬伝」の大友啓史監督。2時間19分。

記者の採点＝★★★☆☆　　　　　　　　（智）

2014年7月30日

ぬくもりがある3DCG

「STAND BY ME　ドラえもん」

　ドラえもん初の3DCGアニメ映画「STAND BY ME　ドラえもん」は、3DCGで先を行くディズニーアニメの趣とは異なり、日本的なぬくもりがある一作に仕上げられている。

　のんびり屋の少年のび太の部屋。ある晩、机の引き出しから、のび太の孫の孫セワシとネコ型ロボットのドラえもんが現れる。22世紀から来た彼らいわく、のび太の将来は悲惨で、子孫にも迷惑が及んでいるという。

　そんな未来を変えるため、ドラえもんが連れて来られたが、のび太の世話には消極的。セワシはドラえもんに、のび太を幸せにしない限り未来へ帰れない「成し遂げプログラム」をセットして去ってしまう。

　おなじみの内容だが、ひみつ道具の数々を立体的に見られる楽しさ、タケコプターで空を飛び回る躍動感に、誰しも童心に返るだろう。ドラえもん自体の素材感もついに明確になる。思っていた以上にゴムっぽい。好みは分かれるか…。

　のび太の家は6分の1サイズのミニチュアが作られ、彼の部屋の制作には半年以上が費やされた。その実写とCGキャラクターを融合することで、ほっこりとしたぬくもりが生まれている。町並みは1970年代の住宅地。夕日が照らし、郷愁を誘う。監督は「三丁目の夕日」シリーズの山崎貴と盟友の八木竜一だ。

　未来の都市は、対照的に全てCGによる明るい世界。だが林立するビルのあちこちにスポンサー企業名が…。未来は"大人の事情"に彩られた世界でもあった。

　3DCGアニメの製作は費用と手間が掛かる。今作が「日本製」の本格的な幕開けとなり、今後に道筋がつくか否か。要注目だ。1時間35分。

記者の採点＝★★★☆☆　　　　　　　　（晃）

2014年8月6日

アクション連打に胸焼けも

「トランスフォーマー　ロストエイジ」

　米ハリウッドで生まれ変わった日本のコンテンツの逆輸入が相次ぐ今夏。桜坂洋（さくらざか・ひろし）原作の「オール・ユー・ニード・イズ・キル」、言わずもがなの「GODZILLA　ゴジラ」といった先行作品に挑むのは、変形ロボット玩具をモチーフにした人気娯楽大作第4弾「トランスフォーマー　ロストエイジ」だ。前3作のキャストを一新し、新たなスタートを切る。

　前作から3年後。テキサスで廃品業を営むケイドが仕入れた中古トラックが、正義のトランスフォーマー軍団オートボットの司令官オプティマスプライムであることが判明。悪の組織ディセプティコンから地球を守ったオートボットまでもが、政府から敵視される対象になり、攻撃を受けて仮死状態にあったのだ。

　一方、CIAは大企業と手を組み、人工トランスフォーマーを開発。さらには、宇宙からディセプティコンの戦士が襲来する。

　ケイド役は、「テッド」で大人になりきれない中年男を演じたマーク・ウォールバーグ。ちょっとダメおやじながら、愛する一人娘のために戦う頼もしさも持ち合わせるシングルファーザーという役どころ。絶妙な配役だ。オプティマスと固い友情を築き、共に強敵に立ち向かう。

　黄色いカマロが変身するおなじみのバンブルビーに加え、火炎を吐く恐竜型のダイナボットなど新キャラも登場。前3作を超えるスケールと迫力は申し分ない。

　これでもかと繰り出されるアクションシーンは、さながらアトラクションの風体。ド派手な破壊に次ぐ破壊に、胸焼けを覚えた2時間45分。マイケル・ベイ監督は、怪獣王ゴジラをしのぐ"デストロイヤー"だ。

記者の採点＝★★★☆☆　　　　　　　　　（智）

2014年8月13日

下品で熱い、また見たい

「TOKYO TRIBE」

　ヒップホップカルチャーをちりばめ、井上三太が描いた1990年代のストリートギャング漫画が、園子温監督の手で実写映画「TOKYO TRIBE」になった。せりふの大半がラップ。「世界初のバトル・ラップミュージカル」と銘打たれている。

　舞台は近未来のトーキョー。ブクロ、シブヤなど各街にトライブ（族）が存在し、地元を牛耳っている。ムサシノの海（カイ）（YOUNG DAIS）は平和を愛する男だが、海をなぜか目の敵にするブクロのリーダー、メラ（鈴木亮平）のわなにはまり、抗争が起きる。

　冒頭はストーリーテラーの染谷将太がカメラ目線で、だるくラップしながら歩く姿の長回し。混沌（こんとん）とした無国籍アジアな街は手の込んだセットだ。

　シーンは流れるようにつながり、街角でメラが新米女性警官に絡む。警官を脱がしてナイフを突きつけ脅迫口調だが、語るのは各族のご紹介だ。

　あとはラッパーと俳優が入り乱れ、ラップと格闘が絡み合う。鈴木は訳もなくTバック姿。その肉体美には米俳優チャニング・テイタムも恐れ入るだろう。

　ヒロインに抜てきされた清野菜名は、吉瀬美智子似の爽やかさだが、園作品らしく見事なパンチ回し蹴りを連発。ブクロの極悪非道のボスを演じる竹内力は白目をむいて妻役の叶美香をわしづかみ。全員、濃すぎる。

　メラが海を憎む理由を筆頭に、実に下品でくだらない。だが熱く、過剰なため、拒まなければ笑える。すると思いがけず数日後、ロずさみ、また見たくなってくる。その点「アナと雪の女王」と同じだ。全編日本語だが日本語字幕付き、1時間56分。

記者の採点＝★★★★☆　　　　　　　　　（晃）

2014年8月20日

覚醒し暴走した人間の果て

「LUCY　ルーシー」

　10％しか機能していないという人間の脳が、もし100％覚醒したとしたら―。「LUCY　ルーシー」は、「ニキータ」など強い女性を描くことにおいてはピカーのリュック・ベッソン監督が、新たなヒロインを得てこの非常に興味深い仮定に挑んだ意欲作だ。

　事の始まりは台北。マフィアの闇取引に巻き込まれたルーシーは、ある物質を体内に埋め込まれ、無理やり運び屋にさせられてしまう。だが、体内の物質が漏れ出し、彼女の脳に異変が起きる。次々と驚くべき能力に目覚めていくルーシーは、脳科学者ノーマン博士にコンタクトを取ってパリへ。一方のマフィアも、消えたルーシーを執拗（しつよう）に追っていく。

　ルーシーの覚醒の過程とその果てを描いたSFアクションは、歴代のベッソン監督作に、薬物によって驚くべき能力を得る映画「リミットレス」と、科学者の頭脳がコンピューターにインストールされる「トランセンデンス」をブレンドしたような趣だ。

　1時間で外国語をマスターするぐらいまでは、自分たちと地続きの感覚がある。だが、時間をコントロールするなど、どんどん人間性を失って暴走していくルーシーは現実を超越し過ぎていて、予想もしなかった展開にすっかり置いてきぼりをくらってしまった。

　最強かつ最恐のタイトルロールを演じるのは、「アベンジャーズ」でのキレのあるアクションも記憶に新しいスカーレット・ヨハンソン。ルーシーの行く末を見守るノーマン博士にモーガン・フリーマン。チェ・ミンシクがマフィアのボスを演じている。1時間29分。

記者の採点＝★★☆☆☆　　　　　　　　　　（智）

2014年8月27日

窮地で魅力倍増の中年男

「フライト・ゲーム」

　リーアム・ニーソン主演最新作「フライト・ゲーム」は、旅客機内で展開する空飛ぶ密室サスペンスアクション。犯人の姿が見えぬまま、連続殺人が起きていく。

　「1億5千万ドル送金しなければ、20分ごとに1人殺す」。大西洋上空、米ニューヨークから英ロンドンへ向かう旅客機内で、航空保安官ビル（ニーソン）の携帯に脅迫メールが届く。続くメールはビルの行動を観察した内容。送り主は乗客乗員146人の中の誰かだ。

　20分後、思いも寄らぬかたちで1回目の殺人が発生。しかも犯人が指定した口座はビルの名義だと、地上の保安局から連絡が入る。疑いをかけられながらビルは不審者の洗い出しを進めるが…。

　「96時間」以降、等身大のアクションで奮闘するおじさんの役が定着したニーソン。ハリソン・フォードやブルース・ウィリスと同じく、窮地に追い込まれて困ると魅力が倍増する俳優だ。

　製作のジョエル・シルバーは2011年の「アンノウン」で、記憶の一部を失って困り果てる主人公にニーソンを起用。そのとき、次は彼をもっと窮地に立たせたいと思ったに違いない。今作はかつて製作した「ダイ・ハード」同様、閉ざされた空間で孤立無援。万全の設定だ。

　いかつい容姿と実直さゆえに誤解を招き、さらなるピンチに陥る主人公像は、ニーソンが演じてこそにじみ出る部分だろう。

　突っ込みたくなる点がなくはないが、じっくり考える暇を与えず、誰をも疑わしく見せる脚本とカメラワークが、観客を一気に結末まで導く。監督は「アンノウン」のジャウマ・コレットセラ。1時間47分。

記者の採点＝★★★☆☆　　　　　　　　　　（晃）

2014年9月3日
花街で奮闘する少女の成長
「舞妓はレディ」

　傑作法廷劇「それでもボクはやってない」や終末医療を描いた「終(つい)の信託」を手掛けながらも、「社会派とは呼ばせない」と断言していた周防正行監督。なるほど、新作「舞妓(まいこ)はレディ」は、「ファンシイダンス」や「シコふんじゃった。」の系譜に連なるコミカルなミュージカル映画だ。

　舞妓になることを夢見て京都の花街に飛び込んだ少女春子の奮闘の日々を描く作品は、タイトルが示す通り、「マイ・フェア・レディ」をほうふつさせるストーリー。

　津軽弁と鹿児島弁の"バイリンガル"である春子の強いなまりを克服させ、京ことばを仕込むのは、ヒギンズ教授ならぬ「センセ」こと言語学者の京野。演じる長谷川博己は、「地獄でなぜ悪い」に続き、コメディーが思いのほかよく似合う。春子を見守るおかみ役の富司純子も、京都にゆかりが深いだけにリアリティーがあり出色だ。

　春子を演じる上白石萌音は映画初主演とあって、自身の成長が春子のそれと重なって見えてくる。素朴で純真そうな笑顔と伸びやかな歌声を持つ上白石の存在が、周防監督が20年前から温めていた企画を実現に導いたのだという逸話にも、うなずける。

　春子が苦悩しながら物にしていく稽古事や、通常の生活からは思いも寄らないしきたりの数々。少女たちの並々ならぬ努力の結晶が、日本文化を凝縮した華やかな世界を支えている。取材を尽くしたであろうお茶屋の文化も垣間見え、非日常が味わえた。

　強いて言えば、つい口ずさんでしまって、いつまでも頭を離れない主題歌が困り物だろうか？　2時間15分。

記者の採点＝★★★★☆　　　　　　　　　　　（智）

2014年9月10日
取り残された武士の意地
「柘榴坂の仇討」

　浅田次郎の短編集に収められた一編を映画化した「柘榴(ざくろ)坂の仇討(あだうち)」は、派手なチャンバラ時代劇ではない。江戸から明治への激変の時代、過去を背負い、まるで中州に取り残されたような男の意地と悲哀が描かれる。

　安政7(1860)年、江戸城桜田門外、井伊直弼(中村吉右衛門)が乗ったかごを水戸浪士18人が襲う。警護していた彦根藩士、志村金吾(中井貴一)は、逃げる刺客の1人を追うが、その間に直弼は殺害される。

　金吾は切腹さえ許されず、代わりに両親が自害。逃げた水戸浪士たちの首を挙げ、主君の墓前に供えよと命令が下る。

　それから13年、時代は明治、街には洋装の人々が行き交う。彦根藩は既に存在しないが、いまだに本懐を遂げられぬ金吾は武士の姿のまま。

　2月、ようやく水戸浪士最後の生き残り、佐橋十兵衛(阿部寛)の消息をつかんだ金吾は、人力車夫となった十兵衛が客待ちをしているという新橋駅へ向かう。ところが同じ日、政府は「仇討禁止令」を布告していた。

　見せ方はかつて多く存在したテレビ時代劇と近く、分かりやすい。例えば、金吾は司法省警部・秋元(藤竜也)の家を訪ねて話を聞く場面。

　秋元は縁側に立ち、雪の庭で咲く真っ赤な寒椿(つばき)を眺め、金吾は背後に座っている。仮に庭と人を引いた画面でじっくりと映せば、時代への身の処し方の対比が際立ち、心中へと想像を促しただろう。本作は表情のアップなど細かく説明的にカットを割っている。

　だが最後、ついに相まみえた金吾と十兵衛の張り詰めた一連の場面は、余白もあり、両者の積年の思いと葛藤を読み取る楽しさがある。若松節朗監督。1時間59分。

記者の採点＝★★★☆☆　　　　　　　　　　　（晃）

2014

2014年9月17日

友情が生んだハーモニー 「ジャージー・ボーイズ」

　輝かしい成功の裏には必ずドラマがある。あらためてそう感じさせる「ジャージー・ボーイズ」は、1960年代に一世を風靡(ふうび)した米国の4人組ポップグループ「ザ・フォー・シーズンズ」の栄光と挫折、そして再生の物語だ。

　縦横無尽にジャンルを飛び越える御年84歳のクリント・イーストウッド監督の手腕が、ブロードウェーミュージカルの映画化である本作でも存分に発揮されている。

　ニュージャージー州の貧しい街に生まれたフランキーやトミー。マフィアに通じ、犯罪にも手を染めるような環境で育った彼らが、音楽に出合い、スターダムを駆け上がる姿が描かれる。

　過去から抜け出し、富と名声を手にするが、徐々に苦悩や確執が浮き彫りに。トミーが引き起こした問題を引き受けるフランキーらのおとこ気に驚くが、同郷のよしみがこれほど強固な絆を生むのは、故郷や過去から完全には抜け出せないことの裏返しでもある。しかし、その友情こそが完璧なハーモニーを生んだ。

　物語をけん引する「シェリー」「君の瞳に恋してる」など、時代を超えた名曲の数々は往年のファンにはうれしい。グループを知らない世代もカバー曲などで一度は耳にしたことがあるはずだ。

　ブロードウェーのオリジナル版でリードボーカルのフランキー・バリ役を務め、トニー賞を受賞したジョン・ロイド・ヤングが本作でも主演、美しいファルセットボイスを響かせている。

　カーテンコール風に演出され、ボリウッド映画かと見まがうフィナーレも楽しい。今も現役のバリ本人も製作総指揮で参加した。2時間14分。

記者の採点＝★★★★☆　　　　　　　　　（智）

2014年9月24日

市場開拓へインド狙い打ち 「ミリオンダラー・アーム」

　クリケットが盛んで野球はマイナーなインドから、初の米大リーガーを発掘したスポーツエージェントの実話が映画「ミリオンダラー・アーム」になった。脚本、映像、俳優にそつがなく、心地よいドラマだ。

　大物選手との契約を逃し、窮地に陥った代理人JB・バーンスタイン（ジョン・ハム）は一獲千金に賭ける。人口12億人のインドから大リーガーを誕生させれば破格の利益を生めると考え、地元テレビ局と組んで全土で予選会を開催。18歳のリンクとディネシュの2人を米国に連れて行く。

　だが2人はグラブのはめ方も知らず、JBに見捨てられる不安や文化の違い、ホームシックにさいなまれる。多くの球団スカウトと報道陣を集めた入団テストの日、2人は実力を出せず、JBはまたも窮地に…。

　青年の成功物語よりも、もうけに専心する独身貴族JBが、いかに改心して周囲と関係を結び直すかに重きが置かれている。意外性はないが親しみは湧く。洗練の米国から、人いきれとにぎやかな音楽のインド、再び米国へ。映像と音がタイミングよく切り替わる。

　ハムはテレビドラマの当たり役同様、強いようで強くない業界人がよく似合う。老いてとぼけた風情の元スカウトマン役アラン・アーキンや、JBの家の離れに間借りする医学生役レイク・ベルが、小粋でユーモアのある脚本で生き生きとしている。通訳役の小柄なインド人ピトバッシュの演技はまるで愛嬌(あいきょう)が服を着て歩いているかのよう。素晴らしい俳優だ。

　ハリウッドは近年、中国やインドを頻繁に題材にして市場拡大に貪欲。本作は大振りせず、確実に狙い打ったクリーンヒットだ。2時間4分。監督はクレイグ・ギレスピー。

記者の採点＝★★★☆☆　　　　　　　　　（晃）

2014年10月1日

絶望から救い出した友情

「ザ・テノール　真実の物語」

　日韓合作映画「ザ・テノール　真実の物語」は、国境も利害もすべてを超えて、音楽でつながった男たちの物語。一人の韓国人オペラ歌手がたどった驚くべき実話が基になっている。

　類いまれな歌声で、オペラの本場欧州で活躍し、前途洋々のべー・チェチョル。そのテノールにほれ込んだ日本人音楽プロデューサーの沢田は、彼を拝み倒して日本に招き、初公演を成功させた。だがその後、チェチョルを悲劇が襲う。甲状腺がんに倒れ、手術で声帯の神経を切断、歌声を失ってしまう—。

　命を取り留めたチェチョルだが、歌声を奪われたオペラ歌手の心中は、声楽に疎くとも察するに余りある。彼を絶望のふちから救い出したのは家族、そして固く結ばれた友情だった。

　チェチョル自身はドキュメンタリーなどでも取り上げられ、彼がたどった道も分かっているが、それでも心に響く。人間不信に陥りがちな現代にあって、信じ合える他者がいることが、困難を乗り越えて生きる力になることを示す。その前にあっては、国境など霧消して当然だ。

　表現者にとって最も大事な「心」。そこに試練の道のりを刻んできたチェチョルの、奇跡の歌声をじかに聴いてみたくなった。それこそが、彼らが日本と韓国を近づけた証しでもあるだろう。

　難役チェチョルに挑んだのは阪本順治監督の「人類資金」にも出演したユ・ジテ。チェチョルを支える沢田役は伊勢谷友介が演じた。チェチョル本人の歌声で吹き替えされた歌唱シーンなど、聴きどころが満載だ。キム・サンマン監督。2時間1分。

記者の採点＝★★★☆☆　　　　　　　　（智）

2014年10月8日

分からぬ関係おかしみ増量

「まほろ駅前狂騒曲」

　三浦しをんの人気シリーズが原作の「まほろ駅前狂騒曲」は、2011年の映画「まほろ駅前多田便利軒」、昨年の連続ドラマに続く、映像化第3弾となる。いずれも主役のコンビは瑛太と松田龍平、今作の監督は1作目と同じ大森立嗣。世界観と役柄を熟知したチームゆえに遊びが増え、おかしみが増している。

　駅前で独り、結構真面目に便利軒を営んでいた多田（ただ）（瑛太）のもとに、同級生だった行天（ぎょうてん）（松田）が転がりこんできたのがシリーズの始まり。中学時代、技術工作中の事故で行天は小指を切断、事故のきっかけをつくったのが多田だった。

　行天はどこか謎めき、突然現れた理由は不明。多田は事故の負い目からか世話焼きだからか、行天を居候させた。今作はその関係が3年目になる正月から始まる。

　行天がかつて精子提供をした女性から「仕事で海外に行く間、娘を預かってほしい」と依頼があり、受けてしまった多田。子ども嫌いな行天をどう説得するかという問題に、無農薬野菜をうたって商売する怪しい集団の調査、多田の恋、行天の過去、お年寄りたちのバスジャックが絡み合う。

　物語自体の面白さは原作のたまもの。映像化ならではの魅力の一つは、主役2人の距離に見ることができる。年を越した夜、テレビの前に座る安定した2人の距離、多田が隠し事をしているのではと行天が詰める距離、事情を打ち明けようと決心した多田が取る不自然過ぎる距離…。

　一緒にいる理由は特にない2人の関係の分からなさこそが、このシリーズを形づくっている。それが物理的な距離に出ていて、おかしみを醸成している。2時間4分。

記者の採点＝★★★★☆　　　　　　　　（晃）

2014年10月15日

鮮やかに悪を葬る仕事人

「イコライザー」

「イコライザー」とは、均一にするという意味。音質を平衡化する装置も指す。世のゆがみを正す米国版"必殺仕事人"がこの映画の主人公だ。善良な市民を苦しめる悪を闇へと葬り去る。

かつてCIAのトップエージェントだったマッコールは、昼はホームセンターで働き、眠れない夜はカフェで読書をする平穏な日々を送っていた。ある夜、売春婦の少女テリーと出会い、元締のロシアマフィアに虐げられていることを知る。

眠っていた正義感が目覚めたマッコールは、彼女を救うためにマフィアのアジトに乗り込んで壊滅させるが、それがきっかけで、さらなる巨悪に追われることになる。

中年男がひそかに悪を始末するといえば、日本人なら中村主水（もんど）を連想するところ。警官すら悪に手を染めてしまう世の中では"仕事人"のようなヒーローが、時代を問わず待望されるということだろう。

きちょうめんなマッコールが即興で繰り出す"仕置き"は鮮やかで、様式美の世界に達している。なぜホームセンターの従業員という設定なのか。合点がいくクライマックスの一連のアクションはあまりに見事で、思わず笑ってしまったほど。報酬も受けず、人知れず仕事を遂行するクールな男をデンゼル・ワシントンが演じ切った。

陰のある彼の過去に何があったのか。詳細は明らかにならないが、シリーズ化も視野にあるという今後に期待したい。

テリーには、あどけなさが痛々しさを醸すクロエ・グレース・モレッツ。監督はワシントンをアカデミー賞主演男優賞に導いた「トレーニングデイ」のアントワーン・フークア。2時間12分。

記者の採点＝★★★★☆　　　　　　　　（智）

2014年10月22日

若手スター加えて頂上決戦

「エクスペンダブルズ3 ワールドミッション」

シルヴェスター・スタローンとその仲間たちが最強の傭兵（ようへい）軍団として大暴れするオールスターアクション映画の新作「エクスペンダブルズ3　ワールドミッション」。過去2作は最盛期を過ぎた男たちの"もう一花"だったが、今作は新旧スターの競演だ。

「消耗品」という名の軍団エクスペンダブルズを率いるバーニー（スタローン）に、米中央情報局（CIA）の作戦担当（ハリソン・フォード）から、ある男の捕獲ミッションが下される。

その男とは、エクスペを共に創設しながら、今は悪の組織の大物となったストーンバンクス（メル・ギブソン）。頂上決戦を前に、バーニーは若くない仲間の身を案じてチームを解散。有能な若者をスカウトするが…。

CIAの男は前作までブルース・ウィリスが演じていたが、今作では出演料の折り合いがつかず破談。スタローンは「欲深く怠慢」とツイッターで大っぴらに非難した。後に謝罪したようだが場外乱闘も宣伝のうちか？

というのも実生活での話題や代表作のせりふを取り込み、クスッと笑わせるのがエクスペの常とう手段。今作もウィリスの一件を知っていると笑い所が一つ増す。初登場のベテラン、ウェズリー・スナイプスの件も踏まえておきたい。本来1作目から出演予定で、今になったのは彼の脱税事件と服役のためである。

ババババキュン、ドカン、グサッが続く皆殺しアクションの中、悪役がギブソンだとドラマが少し深くなったような錯覚があって悪くない。中年だが無理やり加入するアントニオ・バンデラスは話が止まらぬコミカルな役だ。若手も頑張っているが、個性ではベテランに軍配。2時間6分。監督はパトリック・ヒューズ。

記者の採点＝★★★☆☆　　　　　　　　（晃）

2014年10月29日

老い重ね、挑む新境地

「サボタージュ」

　アーノルド・シュワルツェネッガーが「ラストスタンド」で見せたリーダーの風格をそのままに、麻薬取締局の最強特殊部隊を率いる男を演じた「サボタージュ」。だが、悪をぶちのめす爽快な勧善懲悪モノを期待してはいけない。物語は不穏な空気が漂う中、彼らの窃盗から始まるのだ。

　麻薬戦争で輝かしい功績を挙げてきたジョン(シュワルツェネッガー)は部下8人を統括するカリスマ捜査官。ある日、麻薬カルテルのアジトに奇襲を仕掛ける一方で、彼らはある作戦を実行する。押収すべき闇資金2億ドルの中から1千万ドルをかすめ取り、チーム内で山分けする算段だ。しかし、後で回収するはずの金は消え、不正行為を疑われたジョンは処分を受けてしまう。

　半年後、地位を取り戻し、チームのメンバーと再出発を図ったジョン。だが、屈強な仲間たちが次々と惨殺される連続殺人が発生する。

　1千万ドルはどこへ消えたのか。犯人は麻薬組織か、それとも仲間の誰かか。アクションと猟奇的なミステリーが相まった異色作は、老いを重ねる中で新境地を切り開こうとするアクションスターの挑戦といえるだろう。過去の悲劇で心に深い傷を抱える男に、ターミネーターとはひと味違うシュワルツェネッガーが立ち現れている。

　荒くれ者ぞろいの仲間たちといえば、「エクスペンダブルズ」よろしく肉体派の"男祭り"になりがちだが、女性隊員リジー役のミレイユ・イーノスの怪演が目を引く。

　ブラッド・ピット主演の戦争映画「フューリー」のメガホンも取ったデビッド・エアー監督。グロテスクな描写もあり、観賞は15歳以上から。1時間49分。

記者の採点 = ★★★☆☆　　　　　　　　　(智)

2014年11月5日

12年の時が映す家族

「6才のボクが、大人になるまで。」

　6歳の少年が成長していく12年間、同じ俳優たちが毎年集まって家族を演じ、1本の映画を撮ろう。米国のリチャード・リンクレイター監督が自ら発案して撮った「6才のボクが、大人になるまで。」が完成した。

　メイソン少年は生真面目な母と姉との3人暮らし。離婚した父はミュージシャンを目指している自由な人で、時々メイソンと姉を遊びに連れ出してくれる。母はやがて再婚、しかし新しい父は暴力で支配する男だった。

　再び母は離婚し、実父は夢を諦めて会社員になり再婚。メイソンは高校生になり、恋の味も知った。母のもとを巣立つときが近づいてくる…。

　日本には1981年から21年間も同じ俳優が家族を演じたドラマシリーズ「北の国から」があり、製作手法への驚きは他国ほどではないだろう。

　だが本作の俳優も魅力十分。美しい瞳のエラー・コルトレーン少年が大人びていくのを見るだけで切ない。シングルマザーのいら立ちと温かさはパトリシア・アークエットから痛いほど伝わってくる。

　青年のまま大人になってしまったような父役のイーサン・ホークは名演の域。日本語字幕は素早く読み込み、俳優の表情や音声を味わうことを強くお勧めしたい。

　リンクレイターは時間を撮り続けてきた。「恋人までの距離（ディスタンス）」(95年)に始まる"ビフォア3部作"はホークら主役2人を9年おきに撮影。長回しと膨大なせりふの会話劇で、中身はどれも1日弱のドラマだった。画面に映る時間、映らなかった時間、これから流れる時間をも感じさせ、今をいとおしくさせる監督だ。ベルリン国際映画祭監督賞受賞。2時間45分。

記者の採点 = ★★★★★　　　　　　　　　(晃)

2014年11月12日

愛は人類の未来を救えるか 「インターステラー」

　いつかは尽きる地球の寿命。この星で人類はいつまで命をつないでいけるのか。SF大作「インターステラー」は、環境の変化で人類が地球に住めなくなりつつある近未来が舞台。人類の存亡を懸け、居住可能な惑星探査へ旅立つ男の物語だ。「インセプション」のクリストファー・ノーラン監督が、とんでもなく壮大かつ深遠な世界観で宇宙へと誘う。

　元エンジニアのクーパー（マシュー・マコノヒー）は、腕を見込まれて惑星探査のメンバーに指名される。生きて帰れる保証はない究極のミッション。まな娘が猛反対するが、彼女たちの未来を守るために、クーパーは旅立つ。

　宇宙物のSFといえば、遭難した宇宙飛行士のサバイバル劇「ゼロ・グラビティ」が記憶に新しい。観客に極限状態を疑似体験させるリアリティーが評判を呼んだ。だが、本作を同じ土俵で語るべきではないだろう。胸躍る冒険譚（たん）とも違う。

　物語の根幹を成すのは家族愛。そしてワームホールを使ったワープやブラックホール、余剰次元の可視化など、物理学的アプローチによって生み出された物語と映像表現は想像を超えている。物理学者キップ・ソーンが製作に参加したという。

　すかしたイケメン肌から演技派へ完全脱皮を遂げ、オスカーを獲得したばかりのマコノヒーが、父親の葛藤や、冷静かつエモーショナルな男を体現。「愛だけが時空を超える」と語る探査メンバーの科学者をアン・ハサウェイが演じた。

　伏線の回収も見事。突っ込みどころも浮かんだが、ものすごい"重力"で引きつけられる2時間49分の旅の果てに、どうでもよくなった。

記者の採点＝★★★★☆　　　　　　　　　　（智）

2014年11月19日

1両の戦車の1日の出来事 「フューリー」

　ブラッド・ピットが主演と製作総指揮を兼ねた映画「フューリー」。第2次世界大戦末期、最後の抵抗を続けるドイツ軍に1両の戦車で立ち向かう連合軍兵士5人の姿を描いた。ドラマはフィクションだが設定は実在した部隊で、今も残る本物の戦車を使用している。

　1945年4月、ドイツに侵攻した連合軍は地上戦を展開中。戦車フューリー号を駆る指揮官、通称ウォーダディー（ピット）は歴戦のつわもので、部下は個性あふれる3人と新入りのノーマン（ローガン・ラーマン）だ。

　戦場経験ゼロのノーマンは散乱する遺体を見て吐き、敵兵を撃つことなどできない。指揮官は容赦ないやり方で彼を戦場に慣らしていく…。

　形式はロードムービーで、時制をいじらず、約24時間に起きる出来事だけを映し出す。そのリアリティーは第一に、観客を感情移入させるのに効果的だ。中盤でドイツ軍の最強戦車とのスリリングな戦闘場面を迎えるころには、手に汗握って5人の身を案じてしまう。

　しかし、彼らの勝利が観客の喜びだとか、彼らの命だけが大事だとかいう一方的な視座は、すれすれのところで確信的に回避されていく。喜びは時にむなしく、死は時にあっけない。しかも全てたった1日の出来事だというなら、思いは本作の枠を超え、あらゆる時代、地域の戦争にも至る。24時間に絞って描いた効果がそこにもある。

　途中、小村で彼らは女性が住むアパートに踏み込み、食事をする。戦場に慣れてしまった者と慣れない者、それぞれが全く異なる複雑な心境と態度で向き合い、見応えある場面だ。デビッド・エアー監督。2時間15分。

記者の採点＝★★★★☆　　　　　　　　　　（晃）

2014年11月26日

世界に挑んだインド娯楽作

「チェイス!」

　世界中に展開するインド系移民と呼応するかのように、今やインド映画のグローバル化もとどまるところを知らない。「チェイス!」はその最たる超娯楽大作だ。米国や英国、中国などでも大ヒットを記録したという。

　舞台は米シカゴ。サーヒルは、マジックとダンスを融合させたショーで観客を魅了する「大インド・サーカス」を率いている。その裏で、サーカスに命を懸けながら銀行に融資を断られて命を絶った父の敵を討つため、金庫破りを重ねていた。そんな彼の前にインドの敏腕刑事が現れる。

　製作費30億円を投入した本作はシカゴでロケを敢行。撮影にはハリウッドのアクションチームが協力し、アクロバティックなチェイスシーンに申し分ない迫力を与えた。

　だが、ただ派手なアクションで大暴れするだけでは能がない。ストーリーはシンプルで、家族の絆をテーマにしたドラマは誰もが感情移入しやすい。主演には「きっと、うまくいく」のアーミル・カーンを迎えた。カーンの演技力が最大の"トリック"に説得力をもたらしている。

　インド映画といえば歌や踊り。その流れをくんだサーカスショーは、それのみを別公演で観賞してみたいと思わせる出来栄えだ。その他の「お決まり」もより洗練された印象で、万人に受け入れられやすいインド映画に仕上がった。

　日活と東宝東和が、各国でヒットしたアジア映画を日本に紹介する新レーベル「GOLDEN ASIA」の第2弾。インドに限らず、世界市場を視野に入れているアジア各国、今後も勢いあるアジア映画が見たい。ビジャイ・クリシュナ・アーチャールヤ監督。2時間31分。

記者の採点 = ★★★★☆ 　　　　　　　(智)

2014年12月3日

妻は何を考えているのか

「ゴーン・ガール」

　米国の女性作家ギリアン・フリンのベストセラーミステリーを、デビッド・フィンチャー監督が映画化した「ゴーン・ガール」。自分の妻や夫を見て「この人は一体誰だろう」という感覚に見舞われた経験がある人にはひどく面白く、ない人は夫婦生活が怖くなるという刺激的な一本だ。

　ニューヨークで物書きの仕事を失ったニック(ベン・アフレック)は、故郷ミズーリ州の小さな町に移って暮らしている。結婚5周年の日、裕福な童話作家の娘で美しい妻エイミー(ロザムンド・パイク)が姿を消す。

　居間には争った形跡、台所には血痕があり、警察は確たるアリバイがないニックを疑う。ニックは妻の情報を求める記者会見を開くが、全米注目の的となり、マスコミに追われる羽目になる…。

　夫が疑惑を晴らそうともがくだけなら平凡だが、前半途中から観客は夫と妻それぞれの動きを目撃できる特等席に座らされ、急激に引き込まれる。過去や秘密が徐々に明かされ、奥行きは二重三重。周囲を巻き込む頭脳戦は二転三転。結末はなかなか見通せない。

　謎めく多面体なエイミーは、女優なら一度は演じたくなる役で、パイクの出世作となりそうだ。アフレックはどこか間抜けな夫が適役。

　真相を追ううちに、いや〜な気分にさせられる本作は、暗い色調が貫かれた「ドラゴン・タトゥーの女」や映画史に残るバッドエンディングが強烈だった「セブン」のフィンチャー監督と相性がいい。衣装、メーク、音の設計も抜け目ない。

　お互いを、知れば幸せ? 知らぬが仏? 本作を誰と見に行くかは慎重にご検討を。2時間29分。

記者の採点 = ★★★★☆ 　　　　　　　(晃)

2014年12月10日

安藤サクラ、恐るべし　　　　　　　　　　「百円の恋」

　若手実力派、安藤サクラの恐るべき吸引力で、目が離せなくなる「百円の恋」。彼女が演じたのは、実家で親のすねをかじりながら、自堕落な生活を送る一子（いちこ）、32歳。身も心も一子に同化したサクラに圧倒されるべし。

　妹とのけんかを機に、たんかを切って1人暮らしや100円ショップでの深夜労働を始めた一子。帰り道のボクシングジムで練習する寡黙な中年ボクサー（新井浩文）に興味を持つ一子は、ある日、彼からデートに誘われる。

　ぼさぼさ、よれよれの格好から、ぶよっとはみ出た腰肉…。恋愛からはほど遠い日々に終止符かと思いきや、そうはうまくいかないのが人生だ。度重なる不幸に見舞われる一子。痛すぎる。

　あこがれや目標が見えた時、人は自分を奮い立たせようとする。どん底の一子が見つけたのはボクシングだった。精神的にも肉体的にも打ちのめされ、ぐしゃぐしゃになろうとも、"100円程度の女"から、はい上がろうとする一子が素晴らしく格好良く、ほのかに光る可能性にかけてみたくなる。

　姉の安藤桃子監督による「0・5ミリ」で演じたヘルパー、サワもそうだった。働き者でしなやかなサワは、不器用な一子とは一見正反対だが、たくましくサバイブしていく根幹は同じ。サクラが命を吹き込んだ女たちは、ことのほか美しい。

　松田優作の志を受け継ぐ脚本に贈られる「松田優作賞」でグランプリを受賞した、足立紳の脚本を、「イン・ザ・ヒーロー」の武正晴監督が映画化。骨太な快作は、東京国際映画祭の日本映画スプラッシュ部門で作品賞に輝いた。1時間53分。

記者の採点 = ★★★★★　　　　　　　　　　（智）

2014年12月17日

彼女はいったい誰なのか　　　　　　　　　「真夜中の五分前」

　行定勲監督が中国で撮影した映画「真夜中の五分前」は、本多孝好の小説の舞台を上海に置き換え、日中混合の俳優、スタッフ陣で作り上げた恋愛ミステリーだ。

　上海の小さな時計店で修理士として働く日本人青年・良（三浦春馬）はある日、公営プールで清らかな女性ルオラン（リウ・シーシー）と出会う。彼女の双子の妹ルーメイ（リウの二役）はモデルで社交的、姉が先に知り合った映画プロデューサー・ティエンルンと婚約している。

　良は姉妹の微妙な関係に戸惑いながらも、かつて恋人を亡くした自分と似て欠落感を抱えているルオランと恋に落ちる。その直後、姉妹は2人だけで行った旅先で海難事故に遭い、妹ルーメイだけが生き残った。1年後、ティエンルンから良に「姉妹の見分け方を知っているか」と連絡が…。

　姉は自分が関心を持つものを妹がいつも奪ってきたと嫉妬し、妹も姉がうらやましいと言い、互いに過剰な入れ替わり願望を示す。「彼女」はいったい誰なのか、本人さえ自己の同一化不全に陥っているようで、ややこしい。

　偶然の事故が引き起こした切ない物語なのか、もっと怖い話なのか。観客が消化不良で終わるきらいはあるが、リウのあくのない魅力も手伝い、結末まで飽きさせない。

　中村裕樹が手掛ける美しい照明と、半野喜弘によるピアノと弦楽器のゆったりした音楽が調和して、曖昧に移ろう本作の基調を成している。

　ルオランの名が中華圏の人々にイメージさせるのは青、ルーメイは赤という予備知識を持っておくと、さまざまな表現をより深く味わえる。2時間9分。

記者の採点 = ★★★★☆　　　　　　　　　　（晃）

2014年12月24日

腐敗に立ち向かう少年たち

「トラッシュ！　この街が輝く日まで」

　「リトル・ダンサー」など、無名の少年を演出し、可能性を開花させる手腕にかけては右に出る者がいないスティーブン・ダルドリー監督。新作「トラッシュ！　この街が輝く日まで」は、ブラジル・リオデジャネイロ郊外のスラム街に暮らす3人の少年の物語だ。

　ごみを拾って生活しているラファエルらはある日、ごみ山で財布を拾う。警察が捜しているという財布に、何やら重大な秘密が隠されていると察した彼らは、中に入っていたコインロッカーの鍵やロトカードなどを手がかりに、謎を解き明かそうとするが…。

　前作「ものすごくうるさくて、ありえないほど近い」と同じく、演技経験のない少年が演じたラファエルたちのまなざしに引きつけられる。ダルドリー監督の真骨頂だ。一方、スリリングに展開するサスペンスタッチの描写は新境地と言えるだろう。込み入った街の中を縦横無尽に逃げ回る彼らに固唾（かたず）をのむ。

　腐り切った警察や大人の世界に、小さな体と勇気で対抗していく3人の原動力は「正しいことをする」という、ごくシンプルな思い。それが社会を変える一歩だと気づかないままに挑んでいく姿が、世の中を諦めている大人たちを揺さぶり、マーティン・シーンとルーニー・マーラが演じた、スラムの子どもたちを見守る米国人の背中をも押すことになる。

　脚本は「ラブ・アクチュアリー」のリチャード・カーティス。「シティ・オブ・ゴッド」で、リオデジャネイロのスラムを舞台に少年たちを描いたブラジル人監督フェルナンド・メイレレスが製作総指揮として加わっている。1時間54分。

記者の採点＝★★★★☆　　　　　　　　　　（智）

2015

2015

2015年1月7日

父は殺人犯なのか 「ジャッジ　裁かれる判事」

今最も稼ぐハリウッド俳優ロバート・ダウニーJr.と、名優ロバート・デュバルが親子役で共演した「ジャッジ　裁かれる判事」。判事でありながら殺人罪に問われた父を息子が弁護する法廷サスペンスで、父と子の確執のドラマでもある。

シカゴのやり手弁護士ハンク（ダウニーJr.）は母の訃報を受けて故郷の小さな町へ。地元判事を42年務めてきた父（デュバル）とは昔から犬猿の仲。葬儀翌朝にさっさと帰ろうとした時、父が警察に連行されてしまう。

自転車の男性を車でひいて殺害した殺人罪。「覚えはない」と言う父の無罪を勝ち取ろうと、ハンクは弁護を引き受けるが、父と被害者との関係、父の供述と食い違う防犯カメラの映像などが次々と明らかになり、形勢は不利に傾いていく。しかも親子は法廷でも馬が合わず…。

ダウニーJr.は、序盤は上流気取りの男が田舎に帰ったときの浮いた空気をうまくにじませている。デュバルは揺らぐ内面を抑えつけるような充実の演技だ。

疎遠だった父と子が腹の底に鎮めてあった怒気と記憶を吐き出し、どうなっていくのか。そこが肝なのだが、ハンクと妻子、兄弟、元恋人らとの関係が、どれも興味を引きつつ中途半端な描かれ方のため、ドラマが散漫になった印象がある。

原案・脚本のニック・シェンクは「グラン・トリノ」の脚本家だが、今作は要素を詰め込み過ぎたのではないだろうか。

検事役ビリー・ボブ・ソーントン、元恋人役ベラ・ファーミガ、女性バーテンダー役レイトン・ミースターらも魅力的なため、分厚い連続ドラマで見たくなる物語だ。デビッド・ドブキン監督。2時間22分。

記者の採点＝★★★☆☆ （晃）

2015年1月14日

ゴースト画家の逆転劇 「ビッグ・アイズ」

いつの時代も人の才能を食い物にするペテン師は存在するのだなと、その厚かましさにあぜんとする。鬼才ティム・バートン監督の最新作「ビッグ・アイズ」は、ポップアート全盛期の1960年代、一大ブームになった「ビッグ・アイズ」シリーズの"ゴーストペインター"だったマーガレット・キーンの衝撃の半生を描く。

夫と別れ、娘を養うために絵を描き始めたマーガレットは、パリで絵画を学んだというウォルターと再婚。彼女の絵に商機を見たウォルターは「自分が描いた」と売り込む。抗議する妻を丸め込んだウォルターは、絵を安価なポスターなどにして大量に売り出し、人気沸騰。マーガレットは豪勢な生活を手にする一方で、胸を痛めながら絵を描き続けるが…。

「エド・ウッド」以来という実話に基づく物語は、幻想的で不可思議な"バートンらしさ"は控えめ。リアルな悲喜劇が繰り広げられる。

バートン監督にも影響を与えたという、どこか悲しげな子どもたちの絵は、マーガレットの心の投影だ。彼女を演じたのはエイミー・アダムス。内気で夫に操られる女性の悲しさと強さを体現し、ゴールデン・グローブ賞主演女優賞に輝いた。

さらに異彩を放つのが、ウォルターを演じたオスカー俳優クリストフ・バルツだ。人を食ったような演技は今回も健在。商才にたけ、アート界に革命を起こしながら、自信たっぷりにうそ八百を並べ立てる詐欺師に説得力を与えている。

「女の絵は売れない」とウォルターは言い放つ。まだ女性が表に立つのは難しかった時代。虐げられた女性が一歩を踏み出す逆転劇としても痛快だ。1時間47分。

記者の採点＝★★★★☆ （智）

2015年1月26日

おいしくあったかい群像劇

「映画 深夜食堂」

　くたびれたとき、うまくいかない日が続くとき、「映画 深夜食堂」はうってつけの一本だ。

　繁華街の路地裏で、午前0時にのれんを出す小さな店「めしや」。メニューは豚汁定食とビール、酒、焼酎だけだが、頼めばできるものは作ってくれる。コの字形のカウンターは10人も座ればいっぱいだ。

　1人で切り盛りするマスター（小林薫）は、口数は少ないが、何となくあったかい。左眉の上から頬まで切られたような古傷があるが、詳しいことは誰も知らない。

　原作は安倍夜郎（あべ・やろう）の漫画で、テレビでは1話30分の連続ドラマが第3部まで放送されたが、それらを見たことがなくても全く問題ない。

　「ナポリタン」「とろろご飯」「カレーライス」という一応の章立てはある。それぞれに、愛人を亡くした三十路（みそじ）女（高岡早紀）、金も家もない若者（多部未華子）、震災後にボランティアの女性に恋した男（筒井道隆）という主役もいる。

　しかし、独身OL3人の"お茶漬けシスターズ"など、常連たちの存在が各章を卵とじのようにゆるく包んで、一つの群像劇の味わい。妙におおらかで超然とした交番の警官（オダギリジョー）が絡む場面もおかしく、いい箸休めだ。

　店を含む路地裏一帯は巨大倉庫内に建てられたセット。いかにもちょいと寄っていきたくなる風情に仕上がっている。

　つかず離れずの距離を保つマスターと同じく、本作は観客に何も押し付けないため、心が疲れていても大丈夫。ただ、素朴な料理がこの上なくうまそうで、おなかがすくのでご注意を。監督はドラマ版も手掛けた松岡錠司。1時間59分。

記者の採点＝★★★★☆　　　　　　　　　　　（晃）

2015年1月28日

うさんくささがキモ

「チャーリー・モルデカイ
華麗なる名画の秘密」

　毎度、風変わりなキャラクターでスクリーンに登場し、観客を魅了してきたカメレオン俳優ジョニー・デップ。「チャーリー・モルデカイ　華麗なる名画の秘密」で扮（ふん）したのは、カイゼルひげをたくわえた英国貴族出身のインチキ美術商、チャーリーだ。

　ロンドン郊外の屋敷でひげ嫌いの妻ジョアンナ（グウィネス・パルトロウ）と暮らすチャーリーは、実は破産寸前。出所不詳の美術品を売りつけて、危うい目に遭うことも。だが、その美術の知識と情報網を買われて、旧友で英国情報機関MI5のマートランド（ユアン・マクレガー）から捜査協力を依頼される。

　それは、美術修復家が殺害され、ゴヤの絵画が盗まれた事件。絵には重大な秘密が隠されているらしい。チャーリーは世界をまたにかけて、マフィアやテロリスト、大富豪らを交えた絵画争奪戦に挑んでいく。

　デップが作り込む紳士然とした容姿は、ほぼ素顔なのにうさんくさい。だが、そのうさんくささが、このスラップスティックコメディーのキモ、いや、全てだ。

　脇を支える登場人物たちもそれぞれ怪しげ。ジョアンナは自分にぞっこんのマートランドを利用しようとするわ、マートランドは情報機関員とは思えない口の軽さで応じるわ…。チャーリーに忠誠を誓う用心棒ジョック（ポール・ベタニー）の生真面目さが、かえって笑いを誘う。

　おげれつな描写は許容の範疇（はんちゅう）か。かつてオスカーを獲得したパルトロウの気品に満ちた美はすっかり薄味になった。

　「ミッション・インポッシブル」などの脚本を手掛けたデビッド・コープ監督。1時間47分。

記者の採点＝★★★☆☆　　　　　　　　　　　（智）

2015年2月4日

トヨエツ熟成、実写の秀作

「娚の一生」

若い女性が暮らす古民家に突然、色気漂う中年男が現れ、離れに住むと言う。映画「娚（おとこ）の一生」は西炯子（にし・けいこ）の人気コミックが原作。漫画だから見ていられるような話を広木隆一監督が実写化した。

東京での仕事と不毛な恋に疲れたつぐみ（栄倉奈々）は、田舎の祖母の家に身を寄せたが、祖母が亡くなり独りになる。そこへ自称独身の大学教授・海江田（豊川悦司）が現れ、離れの鍵を祖母から受け取っていたからと遠慮なく住み始める。

追い出すこともできずに渋々食事を出すつぐみ。海江田はこてこての関西弁でずけずけ話し、つぐみへの好意も口にする。"同居"が町のうわさになると「結婚したいと思うてます」と勝手に表明。こんな厚かましいおっさんと誰が恋仲に…。

だが、髪をグレーにした男トヨエツの熟成度は極上ランク。できる女のふさいだ心を揺らし、ほぐし、戸惑わせる。栄倉がやや大人っぽい役柄と機微も似合う女優になっていて、少々驚く。

ドラマの成立に不可欠な古民家が素晴らしく、探してきたスタッフに一杯おごりたい。母屋と離れがL字形に並ぶ敷地はゆったりとして広すぎず、境界はあるが閉じていない。誰もが腰を下ろしたくなる縁側があり、居間からの眺めは庭木越しに抜け、すがすがしい。

固定カメラで切り取るカットの一つ一つが清潔で、奥行きと安定感が人物の感情を際立たせるだけでなく、ある予感を観客の無意識下に与える。

一方で広木監督お得意の自転車シーンなど移動カメラによる場面は、心境が環境に映し出され、環境が心境に作用する往還の凝縮。音や風の使い方にもくすぐられ、実写ならではを堪能できる秀作。1時間59分。

記者の採点＝★★★★★　　　　　　　　　　（晃）

2015年2月10日

嘆くより残される人を思う

「きっと、星のせいじゃない。」

命には限りがある。大半の人がそんな当たり前のことを意識せずに過ごしている。「きっと、星のせいじゃない。」は、限りある時間を見つめながら生きる末期がんの17歳の少女が主人公。だが、若くして逝く悲劇に涙する物語ではない。

13歳から入退院を繰り返し、酸素ボンベが手放せないヘイゼル。彼女は親を安心させるために嫌々参加したがん患者の集会で、片足と引き換えに骨肉腫を克服したガスと出会う。ガスはヘイゼルに恋するが、死を意識する彼女は彼を傷つけまいと距離を置こうとする。

ヘイゼルが大好きな小説はがんの少女が亡くなってしまう物語。"その後"を知りたいと切望するヘイゼルの願いをかなえようと、ガスは作者に会う手はずを整える。だが、2人には思いも寄らない現実が待ち受けていた。

自らの運命を嘆くより、後に残される人のことを思いやる彼女たちの思いに心を揺さぶられる。ヘイゼルが小説の続きにこだわるのは、自分の死後に起こることが気になるがゆえなのだろう。

皮肉屋なヘイゼル役に「ファミリー・ツリー」のシャイリーン・ウッドリー。ガス役には「ダイバージェント」で主演のウッドリーの兄役を演じたアンセル・エルゴート。新鋭2人の相性が抜群に良い。ウィレム・デフォーがヘイゼルの憧れの作家を演じ、甘くなりがちなストーリーにアクセントを加えている。

「(500)日のサマー」の脚本家スコット・ノイスタッターとマイケル・H・ウェーバーがベストセラー小説を脚色。印象的なせりふがちりばめられている。ジョシュ・ブーン監督。2時間6分。

記者の採点＝★★★☆☆　　　　　　　　　　（智）

2015年2月18日
掛け算が楽しい青春映画
「幕が上がる」

　劇作家・演出家の平田オリザの青春小説「幕が上がる」を、「踊る大捜査線」の本広克行監督がももいろクローバーZの5人を主演に映画化。脚本は「桐島、部活やめるってよ」のシナリオを手掛けた喜安浩平、共演は黒木華、ムロツヨシ。この掛け算は見ものだ。

　静岡県内の高校の弱小演劇部。先輩たちが地区予選で敗退し、さおり（百田夏菜子）たちが何をどうしていいやら分からずにいると、学生演劇の女王だった新任美術教師・吉岡（黒木）が赴任してくる。「行こうよ、全国」。吉岡先生の言葉で、さおりたちの日々は一変。夢中で演劇に打ち込み始めるが…。

　本広監督は、現場に血が流れ、橋の封鎖も辞さない派手な映画で一世を風靡（ふうび）したが、実は"静か系"と称される現代口語演劇を愛する男だ。

　人が関係しあって生まれる自然な会話と距離の変化が重要で、特にさおりが吉岡に指導を頼み込む場面でそれが存分に生かされている。ももクロの演技はみずみずしく、特に百田の演技は序盤こそ不安定だが、みるみる充実していく。

　作品ごとに全く異なる印象を与える黒木が、5人を受け止める要を果たして頼もしい。東京での合宿中、高層ビルの夜景を見上げて部員に掛けるごく普通の一言も、黒木が発すると血が通い、心に響いてくる。

　ももクロファンにとっては、過去に彼女たちに起きた現実と重なるような場面もあるようで、たまらないだろう。だがアイドルに興味がなくても問題ない。あのころ、何者でもない自分がもどかしかった人なら誰しも、シンクロするところが多い青春映画だ。1時間59分。

記者の採点＝★★★★☆　　　　　　（晃）

2015年2月25日
時代に翻弄された夫婦の愛
「妻への家路」

　互いを深く愛し、隣にいるのに最も遠い。これほどまでに切ない愛の形があるだろうか。「妻への家路」は歴史的な悲劇に翻弄（ほんろう）された夫婦の物語。文化大革命の時代を生きたチャン・イーモウ監督の心象が浮かび上がる人間ドラマだ。

　1977年、文革の終結で、20年ぶりに解放され妻の元へ帰って来たイエンシー。だが、妻のワンイーは心労のあまり、夫を認識することができなくなっていた。イエンシーは娘のタンタンの助けを借りながら、妻の記憶を取り戻そうと奮闘するが…。

　物語は親子の確執も描き出す。3歳の時に右派として捕らえられた父。それによって夢を閉ざされたタンタンは、父の写真を全て切り抜いてしまった。母はそれを許せていない。父も子も自らを責める。

　ワンイーの記憶障害も、ただ夫と離れたことだけに原因があるのではない。全ては社会が招いたことだ。

　夫の帰りを待ちわび、毎月5日にいそいそと駅に迎えにいく妻。世代は違えど、その瞳は「初恋のきた道」の純粋無垢な少女のものと同じ。チャン監督の真骨頂だ。ワンイー役は、チャン監督と数々の名作を生み出してきたコン・リー。こちらも面目躍如たる演技で、ふとした表情やしぐさに夫への愛をにじませる。

　その隣に他人として寄り添い続ける夫を演じたのは「HERO」のチェン・ダオミン。タンタンの心の揺らぎを表現した新人のチャン・ホエウェンも、名優2人に負けず劣らず強い印象を残す。

　失われた時は取り戻すことができないが、未来は築くことができる。どんな時代、関係であろうとも。ラストシーンの2人がそれを物語っている。1時間50分。

記者の採点＝★★★★☆　　　　　　（智）

2015年3月4日

無名俳優でも堂々の2部作

「ソロモンの偽証　前篇・事件」

　宮部みゆきのミステリーを映画化した「ソロモンの偽証　前篇・事件」は2部作の幕開け。成島出監督ら「八日目の蟬」チームが再結集した大作で、1万人から選び出された演技未経験の女子中学生を主役に、意気のような何かを画面にみなぎらせて展開していく。

　雪が積もったクリスマスの朝、中学校の校庭で男子生徒の死体が見つかる。警察は屋上からの転落死で自殺と断定したが、同級生が犯人だとする匿名の告発状が出回る。テレビ報道が過熱するが警察も学校も動かない。

　第1発見者で同じクラスの藤野涼子（ふじの・りょうこ）(芸名同じ)は、自分たちで校内裁判を開いて真相を究明しようと決意。反対する教師らに屈さず、関係者の協力を求めて奔走する。

　意気のような何かは藤野ら無名の若者が発している。その源泉は彼女たちに懸けた監督や製作陣の決意かもしれない。佐々木蔵之介、夏川結衣、永作博美らが若者に反応した熱もあるだろう。

　テレビ報道の人権意識の欠落ぶりが非現実的で気が散るが、猛進する脚本で緊張は維持される。カメラは人物を生々しく引き立てる距離を選択し、人物のアップは時折、単なる説明的カットへの転落を拒んで長い。

　いじめ場面の手加減のない演出やサイコホラー的表現も織り交ぜ、中学生の狭く窒息しそうな世界へ観客を引きずり込み、関心をわしづかみにして幕を下ろす2時間1分。「続きを見なくても平気です」と言ったら偽証だろう。

　「後篇・裁判」は2時間26分あるが心配無用。校内裁判などしょせん"ごっこ"だと、高をくくって傍聴席に座っても、進化する生徒の演技が胸を揺さぶる堂々たるエンターテインメントだ。

記者の採点 ＝ ★★★★★　　　　　　　　（晃）

2015年3月11日

闇から希望をもたらした愛

「博士と彼女のセオリー」

　「博士と彼女のセオリー」の主人公は、筋萎縮性側索硬化症（ALS）を患い「車いすの天才科学者」として知られる英国の物理学者スティーブン・ホーキング博士。だが彼の偉業をたどる伝記映画ではない。その傍らに深い愛で寄り添った最初の妻ジェーンがもう一人の主人公だ。映画は2人の愛の軌跡をつづる。

　1963年、ケンブリッジ大の大学院で物理学の博士号取得を目指すスティーブンは、中世スペイン詩を学ぶジェーンと出会う。2人はたちまち恋に落ちるが、スティーブンは余命2年を宣告される。それでもジェーンは共に生きることを決意、2人の人生が始まる。

　スティーブンの体を支えるつえは1本から2本に、そして車いすに。やがて声も失う。身体機能が衰えていく中でもユーモアを忘れず、家族を慈しむ天才に成り切ったエディ・レッドメインのアカデミー賞主演男優賞は異論をはさむ余地がない。いかに困難な演技であるかを、投票権を持つ俳優や製作者たちが理解した証拠でもあるだろう。

　博士をサポートし、育児に追われながらも、自らの研究を続けアイデンティティーを保とうとするジェーンは、聡明（そうめい）で強い女性。フェリシティ・ジョーンズが精神的な試練に直面する彼女の内面を表現、レッドメインとの演技のアンサンブルがリアリティーを与える。

　ジェーンは無限の愛で、絶望という名のブラックホールを消し去り、希望を得た博士が宇宙の謎に迫る起爆剤となった。結婚生活は終わりを迎えたが、今も親しい友人同士という2人の関係に納得する。2人に寄り添う音楽も美しい。ジェームズ・マーシュ監督。2時間4分。

記者の採点 ＝ ★★★★☆　　　　　　　　（智）

2015年3月18日

どうしたウォシャウスキー

「ジュピター」

　ウォシャウスキー姉弟監督が「マトリックス」シリーズ以来久々にオリジナル脚本を書き上げて撮った「ジュピター」。地球と宇宙を舞台に、大まじめに描く壮大なSFアクションだが、まじめに味わうのは難しい。

　清掃の仕事で単調な日々を送るジュピター（ミラ・クニス）が、ある日何者かに襲撃されるが、戦士ケイン（チャニング・テイタム）が現れて彼女を救い、衝撃の事実を告げる。

　人類は宇宙最大の王朝が栽培してきた作物であり、ジュピターは亡き女王の生まれ変わり。王朝で権力争いをしている王族3人は、ジュピターがいずれ地球の支配権を継承することを許せず、彼女と人類を滅ぼすつもりだ。ジュピターはケインとともに危機に立ち向かう。

　宇宙船や王朝のデザインは凝ってはいるが、既視感が拭えない。王族となったジュピターは場面ごとにドレスを替え、その見せ方はさながらセクシーアイコン、クニスのファッションショー。物語から浮いている。

　一方のテイタムもセクシー男の代表格。ジュピターをお姫さま扱いする彼と、身分違いの恋にキュンとさせたいようだが、日本では彼の女性人気がいまひとつで心配だ。

　最後のとりでは、別作品でアカデミー賞主演男優賞に輝いたエディ・レッドメイン。ところが彼が演じる悪役の王族は、どうしたことか元気がない森進一のように、かすれ声で話す過剰な演出で、笑いを禁じ得ない。

　ウォシャウスキー姉弟が最新の技術を駆使して作りたかった映画が、突っ込みを入れて楽しむほかないとは…。大きくのけぞり、マトリックスを懐かしむ。2時間7分。

記者の採点＝★★☆☆☆　　　　　　　　　　（晃）

2015年3月25日

お金を捨てて手にしたもの

「ジヌよさらば　かむろば村へ」

　この世で生きていくために、多かれ少なかれ「お金」という名の紙や金属、最近では電子にまで翻弄（ほんろう）されている私たち。もしも一銭も使わずに生きたいと思ったら…。「ジヌよさらばかむろば村へ」は、お金恐怖症の元銀行員タケが主人公。「ジヌ」は東北地方の言葉で「銭」のことだ。タケがジヌを捨て、見つけたモノとは？

　金策に追い詰められ窒息する人々を見るうちに、お金に触ると失神するようになったタケが、東京から過疎の山村「かむろば村」へやって来る。電気やガスを使わずに自給自足するとはいえ、携帯電話など連絡手段すら捨ててきたタケは「ほでなす（ばか）！」とどやされる。

　世話焼きな村長（阿部サダヲ）や村人の助けで奇跡的に生活が成り立っていくタケだったが、村長の過去を知る怪しい男多治見（たじみ）が村に忍び寄る。さらには、村長選をめぐって不穏な動きも…。

　メガホンを取ったのは、多治見も演じた奇才松尾スズキ。ゆえに心温まるヒューマンドラマ、になるわけがない。タケは騒動を巻き起こし、巻き込まれながらも、人とのつながりから生きる糧を得て、自分の居場所を見つけていく。シュールな笑いの中に優しさがある喜劇だ。

　タケ役はどこか抜けた天然男がはまり役の松田龍平。村長の妻役には「夢売るふたり」でも阿部と相性抜群だった松たか子。ジヌ大好き女子高生に二階堂ふみ、自他共に認める村の"神様"に西田敏行。さらに、ドラマ「あまちゃん」でもおなじみ、松尾が主宰する大人計画の個性派の面々が、不可思議なかむろば村をつくり上げている。原作はいがらしみきお。2時間1分。

記者の採点＝★★★★☆　　　　　　　　　　（智）

2015年4月1日
役者はつらいよ、出口なし
「バードマン　あるいは（無知がもたらす予期せぬ奇跡）」

今年のアカデミー賞で作品賞、監督賞、撮影賞など4部門を制した「バードマン　あるいは（無知がもたらす予期せぬ奇跡）」（アレハンドロ・ゴンサレス・イニャリトゥ監督）は、数日間の出来事をまるでワンカットの体裁で見せていく。

20年前、ヒーロー「バードマン」の主役だった俳優リーガン（マイケル・キートン）は今や落ち目。結婚にも失敗し、娘（エマ・ストーン）は薬物と手が切れない。彼は自ら脚色、演出、主演するブロードウェーの舞台にどん底脱出を懸ける。

だが開幕前に共演の一人がけがで降板。バードマンが現れ「こんなクソ芝居はやめろ」とリーガンにささやく。代役に天才的な俳優（エドワード・ノートン）が来てくれたが、高慢で、娘を誘惑し、メディアには自分だけを売り込む…。

撮影場所は劇場の楽屋や通路、ステージ、屋上、周辺だけ。狭い空間で俳優たちの画面への出入りとカメラワークが見事に連動し、切れ目がない。虚実の境目もない。

撮影監督はエマニュエル・ルベツキ。アルフォンソ・キュアロン監督作「トゥモロー・ワールド」（2006年）で、複数カットを先端技術で連結し、ワンカットに見せた場面が幾つかあった。宇宙が舞台の「ゼロ・グラビティ」（13年）の映像でも世界を驚かせる一方、テレンス・マリック監督の詩的で美しい作品群も手掛ける才人だ。

限られた場所での全編ワンカットの体裁は、出口なき"役者はつらいよ"な日々そのもので、悩める脳内の隠喩でもあるだろう。ささくれだつ心をドラムだけの曲が強調する。ノートンとストーンの乾いてとがった演技も痛快。作り手の遊び心と挑戦に触れる2時間。

記者の採点 ＝ ★★★★★　　　　　　　（晃）

2015年4月8日
狂気と犠牲の果ては
「セッション」

世界的なジャズドラマーを夢見る生徒と鬼教師のすさまじい師弟関係を描いた「セッション」。これは音楽に名を借りた"男の争い"だ。苦悩と恐怖に満ちたスリラーであり、次第にダークな喜劇にすら思えてくる。

米屈指の音楽学校に入学したニーマン（マイルズ・テラー）はある日、伝説の教師フレッチャー（J・K・シモンズ）が率いる学内一のバンドにスカウトされる。「将来は約束されたも同然」と有頂天になるニーマンだったが、待っていたのは文字通り血のにじむ、いや、血が飛び散るような狂気のレッスンだった。

原題「Whiplash」は、日本語で「むち打ち」だ。フレッチャーの指導はスパルタを超えたパワハラの見本市。優しい言葉を掛けたかと思えば、わずかなテンポのずれも許さず罵倒する。緩急の利いた心理戦で徹底的に追い詰める。全ては生徒を極限の高みに連れて行くため、という。

対するニーマンも野心に燃え、どんな犠牲を払ってでもそこを目指そうとする。戦いの果てに才能は開花するのか否か。

いやが応にも期待が高まるドラムのビートに乗せ、"獲物"を捕らえたフレッチャー目線の最初のカットから、ラストのオンステージバトルまで、逆転に次ぐ逆転劇。終映後もアドレナリンの放出が止まらない。

常軌を逸したキャラクターで米アカデミー賞助演男優賞など数々の賞を総なめにしたシモンズと、テラーが挑んだ鬼気迫るセッション。もう一度スクリーンの前でしびれたくなる。

高校時代に名門バンドのドラマーだったデイミアン・チャゼル監督が、指導者から受けたトラウマを掘り下げたという仰天の一作。1時間47分。

記者の採点 ＝ ★★★★★　　　　　　　（智）

2015

2015年4月15日
優雅で豪華で胸躍る 「シンデレラ」

　ディズニー初の「シンデレラ」実写版は、メーンターゲットこそ世界中の6歳かもしれないが、子どもだったことがある人なら男女を問わず、胸躍る出来栄えだ。

　とりわけワクワクするのは、魔法使いが登場してから、シンデレラが王子とダンスを終えるまで。カボチャがきらびやかな馬車になり、ネズミは馬に、ボロボロの服は清らかで優雅な青いドレスに変わる。巨大な舞踏会のセットも絢爛（けんらん）豪華だ。

　午前0時が迫り、シンデレラは慌てて王子のもとを去る。追い手を振り切り、城を飛び出して行く場面はハラハラドキドキ。魔法が解けるまでのカット割り、音楽、音響効果の調和が見事だ。

　ケネス・ブラナー監督は、題材が何であれ人間ドラマを描く本領を発揮。人が演じてこその細かな表情の変化や動作の描写に抜かりがない。主役に英国の新鋭リリー・ジェームズを抜てきしたのも大きな功績だ。

　「THE」が付くほどのプリンセスに必要な要素を、リリーが兼ね備えているからこその1時間45分。意地悪な継母役ケイト・ブランシェット、おちゃめな魔法使い役ヘレナ・ボナム・カーターの2人が、陰と陽の強烈なスパイスとなり、本作をふくよかにしている。

　1950年のアニメ版とは違い、今やシンデレラは王子との出会いを願うだけの女性ではない。馬を駆るほど行動的で、心は王子と対等。「アナと雪の女王」と共通している。アニメ版に多かった動物だけの場面は減り、運命を変える"鍵"も心憎い演出に替わった。

　娯楽作の王道を行って如才なし。今世紀中はリメーク不要な印象だ。新作短編「アナと雪の女王　エルサのサプライズ」と同時上映。

記者の採点＝★★★★★　　　　　　　　　（晃）

2015年4月22日
ビジュアルを越える豊かさ 「映画　ビリギャル」

　金髪、ピアスに超ミニスカートの制服女子の表紙で話題をさらい、65万部超のベストセラーになった「学年ビリのギャルが1年で偏差値を40上げて慶應大学に現役合格した話」。実話を基にした同書を、刊行約1年半の早さで映画化したのが「映画　ビリギャル」だ。

　主演は有村架純。原作の表紙から飛び出したようなギャル姿は、出世作「あまちゃん」で見せた聖子ちゃんカットのイメージとは対極。映画を見る前は、有村のビジュアルの意外性と、ストーリーそのままの原作タイトルの印象が際立ち、出だしのインパクトだけの、いわゆる"出オチ"感を覚えていたのだが―。

　高校2年のさやか（有村）は、楽しいことだけを追い求め、成績は学年ビリ。聖徳太子を「セイトクタコ」と読み、東西南北も分からないが、塾講師の坪田（伊藤淳史）と出会い、二人三脚で慶応大を目指すことに。献身的な母親（吉田羊）の支えや、無理解な父親（田中哲司）との確執を経て、受験当日を迎える。

　結果は見る前から分かっている。だが、有村の存在のみずみずしさは、想定された物語を飛び越えていく。坪田に信頼を寄せていく過程や、家族や友人への思いで変化していく豊かな表情。合格発表のとき、彼女はどんなたたずまいで、どんな演技を見せるのか。そんな期待で飽きさせない。

　塾講師の視点で書かれた原作を、家族の再生の物語に編み直した構成もいい。当初のビジュアルのインパクトはいつの間にか後景に退いていた。

　サンボマスターが演奏する主題歌「可能性」に合わせ、出演者がはじけまくるエンドロールが爽快だ。この疾走感が、青春、なのだろう。土井裕泰監督。1時間57分。

記者の採点＝★★★★☆　　　　　　　　　（比）

2015

2015年4月28日

江戸の北斎親子らを身近に

「百日紅　Miss HOKUSAI」

杉浦日向子の漫画を原恵一監督がアニメ映画化した「百日紅（さるすべり）Miss HOKUSAI」は、江戸時代の浮世絵師の女性と、その父葛飾北斎たちの暮らしを、四季を通じて描く。

1814年夏、浮世絵師お栄（えい）と、父で師匠の北斎の小さく、散らかり放題の家には、居候で絵師の善次郎（後の渓斎英泉（けいさい・えいせん））と犬が1匹。

お栄は北斎の代筆を務めるほどの腕前だが、向こう気が強く、恋に不器用で、絵に色気が出てこない。父はお栄に何を言うでもなく、善次郎たちと酒盛りに繰り出す。

起承転結型の一本の物語ではなく、連作短編の原作から、遊郭での一件や火事、妖怪騒ぎなどの話を組み合わせ、絵師の暮らしぶりと江戸の雰囲気の活写を試みている。過剰に劇的にするやぼは避け、お栄の本音は観客に読み取らせる作りだ。

ただ、これはこれでいいのだろうかと、作り手の意図と達成度合いが時折気に掛かる。例えば、お栄が慌てて駆けていく場面では、珍しく感情を増幅する音楽で盛り上げるが、心のざわめきはさほど伝わってこない。

江戸弁の会話は雰囲気の成分だが、声優を務めた杏、松重豊、浜田岳、高良健吾らの力量にばらつきがある印象。これは狙いなのか否か。浮世絵の版元役の立川談春はさすがの仕事ぶりだ。

強くも弱くも「風」を感じる場面は、どれも充実している。無数の小波がゆっくりと移ろう川面と、それを含んだ江戸全景は愉悦のショットだ。

生命力や猥雑さの描出ならば実写で見たいという希望が頭をよぎるが、本作は重くならず爽やかだ。浮世絵や教科書でしか知らない北斎たちを、身近な人間として感じさせる。1時間30分。

記者の採点＝★★★☆☆　　　　　　　　　（晃）

2015年5月1日

友情ゆえに切ない逃走劇

「ラン・オールナイト」

今や、八方ふさがりの窮地を切り抜けることにかけて、彼の右に出るものはいないだろう。元CIA工作員、航空保安官など作品によって役は違えど、絶望的な状況に追い込まれるほどに輝く男、リーアム・ニーソン。

主演最新作「ラン・オールナイト」の試練も過酷だ。宣伝文いわく「ニーソン史上、最大最悪の包囲網」。なにしろ「ニューヨーク中が敵！」なのだから。

殺し屋のジミー（ニーソン）は、命を狙われた一人息子のマイク（ジョエル・キナマン）を救うため、ニューヨークを牛耳るマフィアのボスで親友でもあるショーン（エド・ハリス）の息子を射殺してしまう。長年の友情を振り払い、ジミーとマイクの殺害を宣告するショーン。衆人環視の中、マフィア、警察、暗殺者から追われ、親子の決死の逃走劇が始まる。

ひたすら修羅場をくぐり抜け、息つく暇のないアクションの連続は、惹句（じゃっく）に偽りなし。だが、そのカタルシスなら近年の主演映画でも得られるし、既視感があるのも事実。むしろ見どころは、追い、追われる展開とは裏腹に浮かび上がってくる、ジミーとショーンの固い絆、それゆえの切なさだろう。友を冷徹に追い詰めていくハリスの抑制の利いた演技が秀逸だ。

終盤、2人が対決するある場面で、ニーソンがほんの一瞬見せる表情にゾクリとさせられる。友情と憎しみを越えた先の、ある種の透徹。「ニーソン史上」に刻まれるべきは、映画の設定ではなく、その一瞬の方ではないだろうか。

監督は「アンノウン」「フライト・ゲーム」に続き、ニーソンとタッグを組んだジャウム・コレットセラ。1時間54分。

記者の採点＝★★★★☆　　　　　　　　　（比）

2015年5月15日

80年代に夢中でだまされる

「イニシエーション・ラブ」

　青春ラブストーリーでありながら、最後に様相をくるりと変えてしまう乾くるみのベストセラー「イニシエーション・ラブ」が映画化された。1980年代後半が舞台の本作は、かつてのヒット曲で彩られている。

　静岡に住む大学生・鈴木は、合コンで出会った歯科助手のマユと付き合い始める。君を抱いていいの？かどうか、奥手な鈴木だが、熱い心の波打ち際へと近づき、夢見心地の日々。ところが就職して間もなく、東京本社への転勤を命じられる。

　都会の絵の具に染まらないでと願うマユ。遠距離恋愛を育むが、鈴木は本社で同期の美弥子と出会って揺れるまなざし。このままマユは、あきらめの夏？

　監督は「トリック」や「SPEC」シリーズの堤幸彦。ドラマ「男女7人秋物語」の主題歌だった「SHOW ME」(森川由加里)や「君は1000％」(1986オメガトライブ)を、絶対的ベタとでも言うべきタイミングで流していく。

　マユ役の前田敦子は、堤監督の夢か希望か再三カメラに向かって上目遣いになり、最上級のキラキラ乙女顔。対して美弥子役の木村文乃は自立した女の魅力を強調。かくして鈴木(松田翔太)の心が揺れる瞬間は、いちいち劇的に演出され、笑いを誘う。

　そこで使われるスローモーションやフィルターをかけた画面は、世界を不確かに見せる効果も併せ持つ。曲に乗せられ、キャストにとろけていると、だまされたまま結末を迎えることになる。

　果たしてあなたは、数々の伏線に気付き、真相を見破れるか——。ただ、見破ってやろうと構えて見ると、楽しさが目減りする恐れがあります。1時間50分。

記者の採点 = ★★★☆☆　　　　　　　　　(晃)

2015年5月20日

「生きる意味」を刻む

「あん」

　奈良の山々を舞台にした「萌の朱雀」「殯(もがり)の森」など、美しくも畏怖の念を抱かせる雄大な自然に、そこで暮らす人々の生と死を織り込んだ作品で知られる河瀨直美監督。今年のカンヌ国際映画祭で「ある視点」部門のオープニングを飾った新作「あん」は、街の小さなどら焼き店が舞台だ。

　刑務所帰りの千太郎(永瀬正敏)が雇われ店長をするどら焼き店を、求人募集の張り紙を見た高齢の徳江(樹木希林)が訪れる。徳江が作った粒あんのおいしさに驚いた千太郎は彼女を雇い、店も大繁盛する。

　だが徳江が元ハンセン病患者だったことが知れ渡り、彼女は店を去る。千太郎は、常連客の中学生ワカナ(内田伽羅)とともに、徳江が暮らす療養所に会いに行くが——。

　ドリアン助川の同名小説を映画化。河瀨監督初の"原作もの"だが、冒頭にある満開の桜の下に立つ徳江の映像から、過去の代表作と通底する世界観を予感させる。

　ぷくぷくと泡立つ粒あんに話しかけ、その「声」を聞こうとする徳江。長年社会から隔離される生活を送ってきた彼女の、この世界に向けるまなざしが、過去に傷を持つ千太郎のこわばった心をほぐしていく。あん作りさながらの丹念さで、徳江の人生を全身で体現する樹木に脱帽だ。

　やがて物語は、千太郎たちを、そして、見る者を療養所の雑木林へと導く。深い緑と木漏れ日が輝く映像と重なり合うのは、ハンセン病に対する差別・偏見で苦難の歴史を背負わされた人々の、生と死だ。

　そこで徳江がたどり着いた「生きる意味」とは何か。はかなく、美しい映像とともに刻まれた彼女の言葉が、静かに胸に染み渡る。1時間53分。

記者の採点 = ★★★★☆　　　　　　　　　(比)

2015年5月27日
冒険の旅、スリリングに 「トゥモローランド」

　冒険ファンタジー映画「トゥモローランド」は、ウォルト・ディズニー社の保管庫に眠っていた数々の資料に着想を得たそうだ。

　1964年、11歳のフランク少年はニューヨーク万博の発明コンテストに空を飛べる装置を出品するが、冷たくあしらわれて落選。そこへ謎の美少女アテナが現れ、彼に「T」の文字をあしらったピンバッジを手渡す。

　ディズニーが出展していたパビリオン「イッツ・ア・スモール・ワールド」にフランクが入ってみると、ピンバッジに光が注ぎ、超ハイテク都市へと導かれる。

　時は流れて現代、宇宙飛行士を夢見る17歳の少女ケイシーが、自分の荷物に紛れ込んでいた見慣れぬピンバッジに触れた途端、超ハイテク都市が出現。間もなく現実世界に引き戻されるが、トゥモローランドに戻りたければフランク(ジョージ・クルーニー)という男を訪ねるよう、アテナから助言される。

　フランクの家や、その後の旅の途中に出てくる建造物にはからくりがいっぱい。物が連動し、ぴたりとはまる動きが心地よい。NHK・Eテレ「ピタゴラスイッチ」のピタゴラ装置を見る喜びと近い。ハイテク都市もまた、垂直に並んだ摩訶(まか)不思議な透明巨大プールなど、見どころがある。

　ピンバッジは、物語を転がすために存在する仕掛けにすぎない。ヒチコックが言うところの"マクガフィン"だ。それを持つがゆえに何者かに追われ、トゥモローランドを目指す旅がスリリングになる。

　ただ、その先に待ち受けるパートがあまりにも啓蒙(けいもう)的で、観客の反応が分かれそうだ。ブラッド・バード監督。2時間10分。

記者の採点＝★★★☆☆ 　　　　(晃)

2015年6月3日
日々の営みの中で輝くもの 「海街diary」

　海が見える鎌倉の街を舞台に、今をときめく女優4人が姉妹を演じる「海街diary」。華やかなイメージが先行しがちだが、是枝裕和監督はむしろ四季の移ろいと日々の営みを丁寧に描き、彼女たちと重ね合わせることで、その魅力を最大限に引き出している。

　鎌倉で暮らす幸(綾瀬はるか)、佳乃(長澤まさみ)、千佳(夏帆)の3姉妹は、15年前に家を出た父親の葬式で異母妹のすず(広瀬すず)と出会い、鎌倉に呼び寄せる。4人の新たな生活が始まるが、音信不通だった3姉妹の母(大竹しのぶ)が現れ、穏やかな日常に波風が立ち始める。

　印象的なのが随所に盛り込まれる食卓の風景だ。「食べること」を積み重ねながら、少しずつ距離を縮めていく3姉妹とすず。四季折々の風景と響き合うような4人の繊細な心の動きが、淡々としたタッチで描かれる。

　彼女たちを見守る食堂の店主(風吹ジュン)や喫茶店のマスター(リリー・フランキー)、職場の上司や同級生ら隣り合う男性の存在…。物語から浮かび上がってくるのは、姉妹の閉じた世界ではなく、人々が互いに関わり合いながら生を営む"海街"の情景だ。そこには不在の死者も含まれる。すずとの関係を通じ、幸が許せなかった父親のことを徐々に受け入れていくように。

　是枝監督が「そして父になる」に続いてタッグを組んだ滝本幹也のカメラがさえ渡る。中でも満開の桜の下を、すずが同級生の風太(前田旺志郎)と自転車の2人乗りで走るシーンは、まばゆいばかりの輝きに満ちている。この街で成長していくすずの姿を探しに、鎌倉を歩いてみたくなる。

　原作は吉田秋生(よしだ・あきみ)の人気コミック。2時間8分。

記者の採点＝★★★★☆ 　　　　(比)

2015年6月10日
クレージーかつ美しい

「マッドマックス　怒りのデス・ロード」

　「マッドマックス」3部作のジョージ・ミラー監督が、30年ぶりに贈る第4弾「マッドマックス　怒りのデス・ロード」は、アクション映画の一つの到達点だ。CGは極力抑え、車の疾走感と人間の身体性で観客をぼうぜんとさせ、映画人の目を覚まさせる。

　荒廃した時代、砂漠で水資源を独占する支配者ジョーの元から、子孫を残す道具にされた5人の妻が脱走する。手引きしたのはジョーを裏切ったフュリオサ大隊長（シャーリーズ・セロン）、追うのはジョーのためなら喜んで死ぬ荒くれ集団。フュリオサは彼らに拘束されていた元警官マックス（トム・ハーディ）と組み、走り続け、戦う。

　2作目で確立した世界観と幾つかのアイテムを踏襲しつつ、大幅に拡大強化しての再始動。初っぱなからトップギアで30分間息つく暇なし。2時間ほぼ全てがヤマ場だ。

　2代目マックスのハーディはメル・ギブソンに勝るとも劣らない。この世に絶望しながら生存本能はむき出しで、救世主になれど君臨しないヒーローを、無声映画に近い構成の中で演じ切る。

　妥協なきアクションのクレージーぶりと美的調和の共存が、凡百の映画と一線を画す。火炎棒を手に跳ぶ、車上に立つ高いポールをしならせて乗り移るなど、運動が美しい。廃品から成る車両や着衣の武骨な意匠は、愛玩欲求を刺激する。

　さらに色。現代舞踊集団のような白塗りの人物を多く配置し、対するフュリオサは目元から上を黒く塗り、瞳だけが映える。黄色い砂漠に時折、脈絡なく多彩な発煙弾が祝祭的に打ち上がる。

　宙づりの男がエレキをかき鳴らす盛り上げ専用車まで現れ、70歳ミラー監督の自由さに降参。

記者の採点＝★★★★★　　　　　　　　　（晃）

2015年6月17日
喪失の中に生を見つめて

「アリスのままで」

　ジュリアン・ムーアが若年性アルツハイマー病と闘う女性を演じ、アカデミー賞主演女優賞などに輝いた「アリスのままで」。人生の記憶を徐々に失う過酷な運命を前に、自らの生を見つめる主人公の姿は、筋萎縮性側索硬化症（ALS）を患いながら映画を製作したリチャード・グラッツァー監督の姿とも重なる。

　50歳の誕生日を迎えた言語学者のアリス（ムーア）の幸福な日々に、突然異変が起こる。講義で単語が出てこず、ランニング中に迷子になり…。診断は、現代の医学では進行を防げない若年性アルツハイマー病。絶望のふちで病気と向き合いながら「自分であろう」とするアリスを、家族も懸命に支える。だがやがて、すべての記憶をなくす日が近づいてくる。

　小さな点だったシミが少しずつ広がっていくように、アリスの記憶がむしばまれていく過程がリアルに描かれる。世界の輪郭がぼやけていくさまを彼女の視点から映し出すカメラによって、見る者はその喪失を疑似体験することになる。

　グラッツァー監督は本作をドラマチックな悲劇としてではなく、淡々とした日々の連続性の中で描いた。ALSは全身の筋肉が徐々に動かなくなる難病。記憶と身体機能の違いはあるが、生の根幹が失われる運命と向き合う点でアリスと監督は同じだった。「かけがえのない瞬間を私は生きている」。絶望の先でアリスが語る言葉は監督自身のものでもあるだろう。

　原作は世界で1800万部を超えるベストセラー小説。共同監督のウォッシュ・ウェストモアランドと映画を完成させたグラッツァー監督は、ムーアがオスカーを手にした約2週間後に63歳で亡くなった。1時間41分。

記者の採点＝★★★★☆　　　　　　　　　（比）

2015年6月24日

せりふなしで飽きさせない

「映画　ひつじのショーン　バック・トゥ・ザ・ホーム」

テレビの短編集でおなじみの愉快な羊たちが、初めて劇場版の主役に昇格した。「映画　ひつじのショーン　バック・トゥ・ザ・ホーム」は、粘土で作ったキャラクターを1こまずつ動かして撮影するクレイアニメの最高峰アードマン・アニメーションズ（英国）の新作だ。

牧場で退屈したショーンたちは、輪になって何度も柵を跳び越え、「羊が1匹、羊が2匹…」。牧場主を眠らせ、休暇を取ることに成功。ところが牧場主を乗せておいたトレーラーが坂道を下って都会へと消えてしまう。彼を捜し出すため、羊たちは街を冒険し、大騒動が起きる…。

1時間25分の長編ながら、テレビの短編と同じくせりふがない。それでも、無表情で躍動した無声映画のスター、バスター・キートンを製作陣が研究しているだけあって、多彩なアクションの連続で飽きさせない。

振り返れば、ショーンが脇役として初登場した31分の短編「ウォレスとグルミット　危機一髪！」（1995年）は見事な出来栄えだった。長編「ウォレスとグルミット　野菜畑で大ピンチ！」（2005年）は、背景に使ったCGが目立ったためか、魅力がやや薄らいだ印象があった。

しかし、今作はその加減がいい。照明とキャラクター、ミニチュアセットでつくる陰影が美しい。羊には個性を持たせ、同じものが大量に「群れる」「並ぶ」ことで生まれる笑いには頼らない。

クレイアニメは、製作過程で不可避の「膨大な手間」を、観客が思い浮かべることも含めて作品だ。キャラクターの動きに残る少しのぎこちなさが愛らしく、大人も思わずフォーリン・ラム。監督はマーク・バートン、リチャード・スターザック。

記者の採点＝★★★★☆　　　　　　　　　（晃）

2015年7月2日

異世界で成長する冒険譚

「バケモノの子」

さまざまな人々が行き交う磁場、東京・渋谷の路地を抜けると、そこに突如出現するバケモノたちの世界。細田守監督の新作アニメ映画「バケモノの子」は、並行する二つの世界を舞台に成長していく少年の冒険譚（たん）だ。大人と子どもの両方の心をつかんで離さない、文句なしの傑作である。

親と離れ離れになった孤独な少年九太（きゅうた）は、渋谷の片隅で出会ったバケモノ熊徹（くまてつ）の弟子になり、バケモノ界「渋天街（じゅうてんがい）」に赴く。粗暴な熊徹と衝突しながらも修行を重ねる九太。徐々に親子のような絆で結ばれる2人をバケモノ仲間たちが見守る。

おおかみ男との間に生まれた子を育てる母親を描いた前作「おおかみこどもの雨と雪」は、その設定から親子の「血縁」を強く意識させる内容だった。だが本作は、九太が熊徹との師弟関係を軸に、異質な他者であるバケモノたちの中でたくましく成長、従来の家族観、親子観を超えていく。

17歳で偶然渋谷に舞い戻った九太に、今度は人間界が異質に映る。そこでは図書館で出会った女子高生・楓（かえで）が読み書きの師匠になる。異世界を往還すること、そして、それぞれの「窓」となる存在が人を育むのだろう。

最大の見せ場は、細部までリアルに描かれた渋谷の街を一変させる壮大なアクションシーン。アニメでしか実現できない度肝を抜くアイデア、その映像の迫力と美しさは、ただただ圧巻。熊徹役の役所広司ら豪華声優陣の共演も魅力的。

「ポスト宮崎駿」と称されてきた細田監督だが、もはやその位置づけ自体意味をなさないだろう。本作は現時点で36の国と地域で配給が決定。世界は唯一無二の"細田ワールド"を待ち焦がれている。1時間59分。

記者の採点＝★★★★★　　　　　　　　　（比）

2015年7月8日
感情を客観視する喜び 「インサイド・ヘッド」

　数々の名作アニメーションを送り出してきたピクサーの新作映画「インサイド・ヘッド」は、少女の頭の中にいる"感情たち"が繰り広げる冒険ファンタジーだ。

　自然豊かな米ミネソタ州で暮らす活発な11歳のライリー。脳内の司令塔ではリーダー格のヨロコビ、ムカムカ、イカリ、ビビリ、カナシミの五つの感情たちが、彼女を幸せにしようと奮闘中だ。

　ところが、ライリーが父親の仕事の都合で大都市サンフランシスコへ引っ越すと、司令塔ではミネソタでの楽しかった「思い出ボール」にカナシミが衝動的に触れてしまう。泣きだすライリー。カナシミの衝動は収まらない。止めようとするヨロコビともみ合いになった拍子に、2人は塔外へ飛び出してしまう。

　巨大迷路のような思い出保管場所をさまよう2人。司令塔は大混乱。心がふさいだライリーを感情たちは救えるのか…。

　空想も夢も生む脳内を舞台にした本作には、何でもありの自由がある。その分、作り手の発想力が問われるが、愉快なアイデアが満載だ。

　アニメーションならではの色彩、優しさと最新技術が駆使され、実写では少々残酷に映りそうな場面も、難なく盛り込んでいる。観客の心境にぴたりとシンクロし、スクリーンの中へ吸い寄せるようなカットもある。

　感情たちの冒険とライリーの現実が影響し合う展開のため、子どもの観客も誰か一人に感情移入せず、心の動きを客観視する体験ができる。そして問いに出合う。「カナシミはなぜ必要なのか」

　小中学生たちが、どんな感情を抱くか楽しみだ。監督・原案・脚本は「モンスターズ・インク」などのピート・ドクター。1時間42分。

記者の採点＝★★★★★　　　　　　　　　　（晃）

2015年7月15日
戦争という暴力の刻印 「野火」

　戦争文学の金字塔と言われる大岡昇平の小説を映画化した「野火」は、製作、脚本、編集、撮影、そして主演を務める塚本晋也監督が、戦後70年の日本社会に突きつける全身全霊の一作だ。凄惨（せいさん）な戦争の現実が、一人の兵士の視点から徹底的にリアルに描かれる。

　第2次大戦末期のフィリピン・レイテ島。結核を患った田村1等兵（塚本）は、部隊からも野戦病院からも追い出され、灼熱（しゃくねつ）の原野をさまよう。

　モノクロだった半世紀前の市川崑監督版と決定的に違うのは、見る者の五感を揺さぶる生々しい戦場の描写。極彩色の風景の中、兵士たちは飢餓状態でやせ細り、目だけがギラギラと光る。体に張り付くヒルやウジ。折り重なる死体からは、腐臭さえ漂ってきそうだ。

　夜間にほふく前進する兵士たちが一斉に射撃されるシーンでは、田村の低い視界から見える阿鼻（あび）叫喚の世界をハンディカメラで捉える。どこから飛んでくるか分からない銃弾で手足や脳みそを吹き飛ばされる兵士たち。目を背けたくなるようなシーンの連続だが、それこそ戦争の現実。原作の最大のテーマだった人肉食も、その現実と地続きのものとして描かれる。

　全編からみなぎるのは「今、伝えなければ」と低予算の自主製作に踏み切った塚本監督の覚悟だ。その思いにリリー・フランキー、中村達也、新人の森優作が、極限状態で精神が崩壊していく兵士役の怪演で応える。

　見る者の心には戦争という名の暴力がいや応なく刻印されるだろう。その自らの内側が焦げるような感覚が、70年前の「遠い戦争」への想像力を喚起する。そして思う。二度と繰り返してはいけない、忘れてはいけないと。1時間27分。

記者の採点＝★★★★★　　　　　　　　　　（比）

2015

2015年7月22日
人間が演じた巨人が不気味
「進撃の巨人 ATTACK ON TITAN」

　諫山創（いさやま・はじめ）の大ヒット漫画が、樋口真嗣監督の手で実写映画化された。「進撃の巨人 ATTACK ON TITAN」は2部作の前編だ。

　100年以上前、人類の大半は突然出現した巨人たちに食われた。生き残った者たちは3重に築いた高い壁の内側で暮らしてきたが、ある日、超大型の巨人が現れて壁の一部を破壊。そこから無数の巨人が侵入し、次々に人を襲っていった。

　2年後、狭まった生活領域で人類の戦士が集結。巨人と戦うための「立体機動装置」を装着し、外壁修復作戦に向かう。だが主人公エレン（三浦春馬）が、仲間のアルミン（本郷奏多）を救った代わりに、巨人にのみ込まれてしまう…。

　立体機動装置は、両腰に装着して筒からワイヤ付きアンカーを発射。ビルなどに打ち込み、高速で巻き上げることの繰り返しで、スパイダーマン的な移動を可能にする。原作漫画はその"カメラワーク"に難があり、読み進めづらい点があったが、映画は問題ない。

　観客の期待が集まる巨人の描写は、超大型の後に襲来する人間が演じた巨人群が、不気味極まりなくて良い。ぬぼーっと歩き、よだれを垂らし、薄ら笑いを浮かべて人を食らう。実写だけに刺激はやや強めだ。

　人類側への演出、撮り方はどうか。群衆の混乱、愛する人と引き裂かれるエレンの悲痛、戦士たちの緊迫。いずれももっと隙をなくし、真に迫ってほしかった。

　ただ、ヒロインを演じた水原希子の表情とたたずまいは目を引き続ける。そして終盤、本作は大きなエネルギーを放ち、画面に充満させる。1時間38分。

記者の採点＝★★★☆☆　　　　　　　　　（晃）

2015年7月29日
現実味ある恐竜の園に興奮
「ジュラシック・ワールド」

　スティーブン・スピルバーグ監督が世界の観客の度肝を抜いた恐竜映画「ジュラシック・パーク」から22年。シリーズ最新作「ジュラシック・ワールド」は、最新のVFX（視覚効果）技術でアップデートされた恐竜たちを描く大作だ。世界の歴代興行収入で早くも「アバター」「タイタニック」に次ぐ3位に入り、破竹の快進撃を続ける。

　中南米のコスタリカ沖の島に建設された「ジュラシック・ワールド」は、科学の力でよみがえらせた恐竜たちの生態に触れられる世界初のテーマパーク。1日2万人が訪れる人気だが、遺伝子組み換え操作で誕生した新種の大型恐竜が逃亡し、パークはパニックに。監督責任者のクレアは、恐竜行動学のエキスパートで元軍人のオーウェンと、来園していた2人のおいの救出に向かう。

　空想の世界であっても、観客が入り込めるパークの造形がいい。イルカショーならぬ「水上の恐竜のショー」や、透明な球体の乗り物で恐竜と草原を並走するシーンは、妙に現実味があってワクワク。

　故に、解き放たれた恐竜が迫る恐怖もリアルだ。翼竜が次々と観客を襲うのは、商業施設が並ぶメーン通り。見慣れた風景だけにゾッとする。

　一方、ストーリーにはやや消化不良の感が。新種恐竜の誕生が、営利主義による科学技術の暴走に対する警告なのであれば、一線を越えた科学者の描写がもの足りない。やがて、恐竜が人間の「味方」になる展開も唐突だ。その路線の先を行く日本の怪獣「ゴジラ」は偉大ということか。

　監督は、製作総指揮のスピルバーグがシリーズの後継者に指名した新人コリン・トレボロウ。2時間5分。

記者の採点＝★★★★☆　　　　　　　　　（比）

2015年8月5日
洗練の脚本、緩急の妙

「ミッション・インポッシブル ローグ・ネイション」

　トム・クルーズ主演・製作のスパイアクション「ミッション・インポッシブル　ローグ・ネイション」。シリーズ第5弾を数えながら、洗練された脚本とテンポの良さで過去作をしのぐ出来だ。

　トムは毎回、グランドキャニオンの断崖やドバイの超高層ビルなど危険極まりない場所で、記憶に残る派手なスタントを自らに課してきた。

　今作でのそれは冒頭にある。離陸する軍用飛行機の横っ腹にしがみつき、時速400キロ超で上空へ。映像加工は恐らく1本の命綱を消しただけ。直後におなじみのテーマ曲とタイトルカットがなだれ込み、つかみはOK。上々の滑り出しだ。

　トムが演じるイーサン・ハントは、例によって捕らえられても殺されても、当局は一切関知してくれない米国の極秘組織IMFの敏腕スパイ。各地でテロを起こす無国籍スパイ集団「シンジケート」の実態を暴こうとして、捕まってしまう。

　だが、シンジケートの一員イルサ（レベッカ・ファーガソン）が、ひそかに脱出を手助けし、その後もイーサンの潜入先に姿を現す。彼女の狙いは一体何なのか…。

　クリストファー・マッカリー監督が手掛けた脚本は、先を読ませず、もたつかず、登場人物の個性を引き立てて進む。特にイルサをイーサンと匹敵する能力の持ち主として設定したことが、本作の魅力を倍加。美しくも甘くない印象のレベッカの起用が的中している。

　アクション、会話の速度、音響設計まで含め、緩急を強く意識した構成と編集で間延びしない。多彩なアクションの中でも超高速バイクチェイスはひたすらかっこいい。53歳トムの変わらぬスターぶりと、娯楽作への献身に感服。2時間12分。

　記者の採点＝★★★★☆　　　　　　　　　　（晃）

2015年8月12日
一線を越える狂気を怪演

「ナイトクローラー」

　事件・事故現場で撮影した刺激的な映像を、テレビ局に高値で売るパパラッチの暗部を描いた「ナイトクローラー」。米アカデミー賞脚本賞にノミネートされた衝撃のストーリー展開も魅力だが、見どころは何といっても主役ジェイク・ギレンホールの怪演だ。

　ロサンゼルスで仕事にあぶれたルイス（ギレンホール）は、たまたま通りかかった交通事故現場で報道スクープ専門のパパラッチ、通称ナイトクローラーの存在を知る。

　セレブの私生活を追うパパラッチと違い、彼らは夜ごと警察の無線を傍受し、いち早く悲惨な現場に駆け付けて、カメラを回す。その世界に足を踏み入れたルイスは、より過激な映像を欲しがるテレビの女性ディレクターに売り込むため、同業者と激しい競争を繰り広げながら、行動をエスカレートさせていく。

　「ブロークバック・マウンテン」のカウボーイ役の繊細な演技が今も鮮烈なギレンホールだが、本作では「やせこけたハイエナ」をイメージした役づくりで12キロ減量、倫理的な一線を無表情で淡々と越えていく姿は、ゾッとするほど不気味だ。

　映像の報酬で手に入れた赤いスポーツカーの中から、街を凝視する鋭い眼光。カメラを手にたたずむ背中には社会から孤立した若者の疎外感が張り付く。ロバート・デニーロが演じた「タクシードライバー」の主役トラビスの再来—とは米タイム誌の評。うなずける。

　ルイスの狂気を加速させるのは、視聴率競争の背後でさらなる刺激を求める人間の欲望だ。とことん後味が悪く、なのに魅入られる「成り上がり」の物語。異形のアンチヒーローの誕生である。ダン・ギルロイ監督。1時間58分。

　記者の採点＝★★★★☆　　　　　　　　　　（比）

2015年8月19日
帰ってきた"クマ野郎" 「テッド2」

"親愛なるクマ野郎"とでも呼びたい、あの下品な毒舌テディベアが、大ヒットに気を良くし、「テッド2」になって帰ってきた。安定した下品ぶりで、テンポは前作よりもむしろ良い。

テッドとは、命が宿ったクマの縫いぐるみで、中身はやんちゃなオッサン。口を開けば汚い言葉と毒のあるジョークを乱射する。今作はテッドが親友ジョン(マーク・ウォールバーグ)を差し置き、アルバイト先の彼女と結婚していた、という話で始まる。

しかし新婚ムードは長く続かず、ささいなことで大げんか。テッドは子どもを持つことで夫婦の危機を回避しようとするが、「テッドは人間ではなく所有物。結婚も無効」と州政府から告げられてしまう。

親友ジョンは、テッドの人間性を訴えて人権を認めさせるべく、新米弁護士サマンサ(アマンダ・セイフライド)を雇って訴訟を起こすが…。

と、真面目にあらすじを書くのがばかばかしいほど今作もくだらない。監督・脚本とテッドの声も務めるセス・マクファーレンは、前作同様、パロディーや各界スターのカメオ出演を入れたい放題入れたが、案外見やすくまとまっている。

ウォールバーグの懲りない相棒ぶりは完熟した。テッドに付き合っては痛い目に遭う彼の顔と、災難を忘れてテッドと過ごすのんきな顔は、今シリーズでクマの次に大切だ。後半は新ヒロイン・セイフライドを加えた3人のロードムービーへと変化し、退屈させない。

などと細かい点を書いてはみたが、「見た目は愛くるしいクマなのに…」という設定が全て。それしかないが、それだけで愉快。15歳未満は視聴不可。1時間56分。

記者の採点 = ★★★☆☆　　　　　　　　(晃)

2015年8月26日
こじらせ女子の疾走 「ピース　オブ　ケイク」

「アイデン&ティティ」「色即ぜねれいしょん」でロック男子の青春を活写した田口トモロヲ監督が、3作目となる映画「ピース　オブ　ケイク」で25歳女子のラブストーリーを撮った。自意識のモヤモヤをこじらせたまま疾走する若者を描く、田口監督ならではの一作になっている。

仕事も恋愛も流されるまま生きてきた志乃(多部未華子)は、失恋をきっかけに引っ越したアパートで隣室に住む京志郎(綾野剛)と出会う。偶然にも彼は志乃がバイトに入ったレンタルビデオ店の店長だった。

京志郎に急速にひかれていく志乃。そんな中、京志郎の彼女あかり(光宗薫)が失踪し、勢いにまかせて2人は付き合い始めるのだが…。

原作はジョージ朝倉の同名コミック。あいまいに人生を漂う自身への焦燥感、「好き」がこじれて暴走気味になる瞬間など、志乃の複雑な内面を多部がみずみずしく好演。近年、大人計画や蜷川幸雄の舞台で積んだ経験が、実写の志乃像に奥行きを与えているのだろう。

脇を固める男優陣も魅力的だ。松坂桃李、菅田将暉ら主役級の若手を配しつつ、独自の存在感を示すのは、志乃が衣装を手伝う劇団「めばち娘」の座長役の峯田和伸。バンド「銀杏BOYZ」のボーカルとしてカリスマ的人気を誇り、田口作品の常連でもある峯田の劇中歌が、映画の終盤で物語に「風」を吹かせる。

「めばち娘」の劇中劇で、実際に演劇界で快進撃を続ける「劇団鹿殺し」を起用するなど、監督のこだわりが随所に宿る2時間2分。原作が重きを置く、ミステリアスなあかりの背景の描写がややもの足りないが、それは欲張りすぎか。

記者の採点 = ★★★☆☆　　　　　　　　(比)

2015年9月2日

軽やかで紳士なスパイ 「キングスマン」

　「キック・アス」シリーズのマシュー・ボーン監督最新作「キングスマン」は、見せるアクション満載、キャスト充実、センスあふれる軽やかなスパイ映画だ。

　ロンドンの高級スーツ店「キングスマン」の裏の顔は、どこの国にも属さない最強スパイ組織。ある日メンバーの一人が何者かに惨殺され、敏腕スパイのハリー（コリン・ファース）は、貧しい家庭に育った若者エグジーをスカウトし、過酷な選考試験に参加させる。

　一方でハリーは科学者らの連続失踪事件を追い、首謀者とおぼしき天才エンジニアのIT富豪（サミュエル・L・ジャクソン）に接近するが…。

　脚本も手掛けたボーン監督は、昨今のスパイ映画がシリアス過ぎるのだと、劇中の人物に語らせる。ゆえに今作で際立つのは「流儀」「洒脱（しゃだつ）さ」「仕掛けが詰まった小道具」「華のあるアクション」だ。

　特にファースが教会で大人数と格闘する場面は圧巻。殺陣の構成、撮り方と編集の工夫で、こんなにも魅了できるのかと目が覚める。早く誰かに知らせなければ。

　脚本は紳士な敏腕スパイの活躍と、薫陶を受ける新米が大人になっていく姿を加減よく織り交ぜた。途中で停滞するかと思うと、再び勢いづく2段ロケット的な構成だ。

　新米役タロン・エガートンと、同期役の女優は無名だが魅力十分。悪役側の女用心棒は、陸上競技用の義足を刃物化したような脚を持つキャラクターで、演じる世界的ダンサー、ソフィア・ブテラがアクロバティックかつセクシーだ。

　終盤には、クローネンバーグ監督作「スキャナーズ」の有名場面をド派手にした引用まで飛び出し、快哉（かいさい）。2時間9分。

記者の採点＝★★★★★　　　　　　　　　（晃）

2015年9月9日

躍動するミクロの闘い 「アントマン」

　米マーベル・コミックの人気キャラクターがまた一人、スクリーンデビューした。体長わずか1・5センチのヒーローが大活躍する「アントマン」。文字通り"スケールの小さい映画"と思ったら大間違い。極小世界で繰り広げられるアクションが、こんなにもダイナミックでスリリングだとは。

　仕事も家庭も失い、娘の養育費も払えないスコット（ポール・ラッド）は、ある日、着用すると体長が1・5センチに縮む謎のスーツを手に入れる。発明者のピム博士（マイケル・ダグラス）の依頼で、スーツの特殊能力を使いこなす「アントマン」になることを決め、猛特訓を始めたスコット。最愛の娘が思い描く「ヒーロー」になるべく、縮小技術の悪用をたくらむ勢力と対決する。

　アントマンの視点から見れば、配水管の中も、DJのターンテーブルの上も、あの機関車キャラのおもちゃも、壮大なアクションの舞台に。最初は人々の足や掃除機に襲われ、てんてこ舞いのスコットだが、訓練を積むことで徐々にミクロの世界で躍動し始める。

　体を自由自在に伸縮させ、相手を翻弄（ほんろう）する戦闘シーンのスピード感は、アクションとしても出色の出来だ。ヘリコプターのような羽アリにまたがり大量のアリ軍団を率いて闘うシーンなど、この設定ならではのアイデアが満載で飽きさせない。

　人生の崖っぷちから再起に懸ける主人公というのも、マーベルのヒーローの中では異色。さえないバツイチ男を演じつつ、どこかセクシーな魅力を醸すラッドの起用がはまった。「アベンジャーズ」シリーズへの参戦も決定しており、映画史上"最小"のヒーローの出番はこれからも増えそうだ。1時間57分。監督はペイトン・リード。

記者の採点＝★★★★☆　　　　　　　　　（比）

シネマ主義！　487

2015

2015年9月16日

20年ぶり続編にも死の予感　　　　　　「GONIN　サーガ」

　石井隆監督が、1995年の自作バイオレンス映画「GONIN」の続編「GONIN　サーガ」を撮り上げた。終始立ちこめる死の予感、しっとりとぬれたような画調、音楽やタイトルの字体も変わらず、あの世界へ再びファンを引き込む。

　5人組による暴力団大越組への襲撃事件から19年。若頭の遺児・久松勇人（東出昌大）は母親思いの優しい青年となり、勇人の幼なじみで組長の遺児・大越大輔（桐谷健太）は、上部組織五誠会3代目で芸能事務所社長の式根誠司（安藤政信）のボディーガードをしながら、組再興の夢を抱いていた。

　ある日、19年前の事件の詳細を追っているというルポライター（柄本佑）が、勇人の母親を訪ねてきたのをきっかけに、それぞれの遺恨が再燃し噴き出し始める…。

　前作と今作の登場人物の相関は序盤に示されていくが、多数の人物と因縁が存在するため、前作を未見の場合はDVDで見ておいた方がいい。

　石井監督の演出は、誰かが今殺されるのではないかという危なっかしさを、常に俳優の表情や距離、芝居の間合いに漂わせる。そして今作も大事な場面には必ず雨が降る。全体として硬質さと色気は1作目が勝る印象だが、鬼気迫る安藤の演技は鋭利な刃物のようだ。

　前作で佐藤浩市、本木雅弘、ビートたけしらが演じた主要人物は全員死んだと思われたが、脚本も手掛けた監督は、元刑事でキャバレーの用心棒だった氷頭（根津甚八）が、病院で寝たきりのまま生きていたという設定にした。根津は病気のため2010年に俳優業を引退したが、監督の懇願で今作限りの復帰を果たした。2時間9分。

記者の採点＝★★★☆☆　　　　　　　　　（晃）

2015年9月19日

斬新な映像表現で描く青春　　　　　　　「バクマン。」

　遊び心たっぷりの斬新な映像表現で映画ファンを驚かせた「モテキ」の大根仁監督。再び人気コミックを実写化した「バクマン。」も、期待を裏切らない大根ワールド全開の青春映画となった。

　並外れた画力を持つ高校2年の真城最高（ましろ・もりたか）（佐藤健）は、同級生の秀才高木秋人（たかぎ・あきと）（神木隆之介）とコンビを組み、漫画家の道を志す。作品を持ち込んだ先は少年漫画誌の最高峰「週刊少年ジャンプ」の編集部。いち早く才能を見抜いた編集者（山田孝之）に後押しされ、2人は漫画に没頭する。その前に天才高校生漫画家の新妻（にいづま）エイジ（染谷将太）が立ちはだかり―。

　漫画家だった最高の叔父（宮藤官九郎）の死のエピソードを挟みつつ、桐谷健太、新井浩文らが演じる個性豊かなライバルの登場で、物語は一気に加速。それぞれ「得意技」を持つ登場人物が競い合い、主人公が成長していく展開はジャンプ漫画の王道とも重なり、にやりとさせられる。

　2人とエイジの"バトルシーン"では、それぞれの漫画を背景にした大胆な空間演出で、作画という地味な行為を、ペンを剣に見立てた痛快なアクションに変貌させた。

　「モテキ」は長沢まさみの小悪魔的魅力を最大限に引き出した映画としても忘れがたいが、本作で最高が恋心を寄せる同級生役の小松菜奈もいい。「渇き。」で演じた魔性の少女とは対極の清楚な存在感で、男ばかりの熱血物語に涼風を送る。

　作業部屋の場面に立体的な映像を投影するプロジェクションマッピングを導入する新たな試みも。ジャンプの表紙や名作をコラージュしたオープニングから本作ならではのエンドロールまで、どこまでも楽しいくらみに満ちた一作。2時間。

記者の採点＝★★★★☆　　　　　　　　　（比）

2015年9月30日

女性の心をほぐすオジサマ

「マイ・インターン」

アン・ハサウェイとロバート・デニーロ共演の映画「マイ・インターン」は、働く女性の凝った心を、優しいオジサマがほぐしていくドラマだ。

ニューヨークを拠点にファッションサイトを運営する新興企業の社長ジュールス（ハサウェイ）は、多くの社員を抱えて奔走する日々。幼い娘と家庭は夫が守ってくれている。会社は福祉事業の一環で、70歳のベン（デニーロ）をインターンとして雇うが、任せる仕事はなく、社長のそばで過ごしてもらうことに。

40歳も年上のベンとはテンポや話題がかみ合わず、いらつくジュールス。だが次第に彼の冷静さや同僚への目配りに気付き、2人の距離は縮まっていく。やがてジュールスは、仕事とプライベートの両方で苦境に直面するのだが…。

序盤こそ「デジタルを駆使する若者とアナログ型のベテラン」という設定を印象づける、ありがちな場面が多くて心配になるが、しばしの我慢。

話の筋にひねりはなくとも、主役がこの2人だと見てしまう。少々失礼な態度を演じても、観客に本気で嫌われはしないハサウェイ。一癖も二癖もない役にも違和感なくなり切ってしまうデニーロ。若い同僚から「まだまだ現役じゃないかベン」と冷やかされる軽い下ネタ場面は、おちゃめかつ貴重だ。

頑張り過ぎて視野が狭くなり、真面目過ぎて深く悩む女性のそばで、そっと窓を開けるようにして光と風を通し、話し相手になってくれる。そんなすてきなオジサマがどこにいるんだよ！と思う人にほど、今作は向いている。ゆったりとくつろいで見られる一作だ。監督は「恋愛適齢期」「ホリデイ」のナンシー・マイヤーズ。2時間1分。

記者の採点＝★★★☆☆　　　　　（晃）

2015年10月8日

ひと味違うアクション

「ジョン・ウィック」

映画「ジョン・ウィック」は、伝説の殺し屋を演じたキアヌ・リーブスが、代表作「スピード」「マトリックス」とはひと味違うアクションに挑んだ意欲作だ。銃撃と格闘技をミックスさせた独自の戦闘スタイル「ガン・フー（銃＋カンフー）」が目玉だという。

裏社会と決別した殺し屋のジョン・ウィック（キアヌ）は、最愛の妻を病で亡くし、失意の日々を送っていた。唯一の心の支えは、妻が死の直前に彼に贈った子犬の存在。だが、ジョンの愛車を奪うために自宅を襲ったロシアンマフィアによって、子犬は殺されてしまう。復讐（ふくしゅう）の鬼と化したジョンは、1人でマフィアとの全面対決を始める。

封印していた殺人術を解き放ったジョンは、めっぽう強い。至近距離での銃撃戦と肉弾戦が切れ目なく続くガン・フーのアクションは確かに大迫力で、瞬く間に死体の山が築かれる。ひげを蓄えた精悍（せいかん）な表情、全身黒スーツでクラシック車を駆るなど、殺し屋としてのたたずまいもクールだ。

だが、本作ではそのアクションとスタイルのみを追求した感が否めず、登場人物の奥行きのなさが目立つ。物語は言ってみれば「愛犬の命を奪ったマフィアを皆殺しにする」という身もふたもないものだが、それ故に「怒らせてはいけない男」であるジョンの狂気の深度が見えてこないのは残念。ジョンの旧友のスナイパー役に名優ウィレム・デフォーを起用したが、その存在感も生かし切れていない。

既に続編の製作も決まり、人物の奥行きは今後描かれるのかも。「マトリックス」以来、当たり役に恵まれていないキアヌの新たな代表作となるか。チャド・スタエルスキ監督。1時間41分。

記者の採点＝★★★☆☆　　　　　（比）

2015年10月14日

どこへ行く、宇宙船三谷号

「ギャラクシー街道」

　三谷幸喜の監督第7作「ギャラクシー街道」は"スペース・ロマンチックコメディー"と銘打たれている。宇宙を舞台に心ときめく奇跡が起きる喜劇という意味らしい。

　西暦2265年、宇宙に浮かぶ人工居住区と地球とを結ぶギャラクシー街道は、開通から150年が経過して古び、かつてのにぎわいはない。街道の真ん中、ひっそりと営業するハンバーガーショップには、悩みや事情を抱えたさまざまな異星人がやって来る。

　店主ノア（香取慎吾）の妻ノエ（綾瀬はるか）は、リフォーム業者（遠藤憲一）に言い寄られたり、夫の元恋人（優香）が来店したりで穏やかではない。別のテーブルでは、いかがわしい客引き（山本耕史）が中年男のスケベ心を刺激しようと熱弁中だ。

　また別のテーブルではカエル型宇宙人（西川貴教）が孤独に食事をし、調理場では全くやる気のないパート（大竹しのぶ）がたばこを一服。来店したスペース警備隊のハトヤ隊員（小栗旬）とその恋人、隊長の3人は何やら面倒なことに…。

　三谷監督は舞台やテレビドラマで、場面転換の少ない室内劇の場合に傑作を多く生んできた。今作も大半が店内だが、グループごとのぶつ切りな小ネタが並び、笑いは散発的だ。バラバラのかけらが終盤でそれなりに回収されつつ、おかしみはさほど増さない。では、どう楽しむのがいいのか。豪華なキャストと衣装と雰囲気だろうか。

　ひょっとすると店は本来の場所を離れ、超高速で移動中なのかもしれない。であれば、宇宙の店の1時間50分のドラマが、地球ではとても長く感じられても無理はない。

記者の採点＝★☆☆☆☆　　　　　　　　（晃）

2015年10月21日

大胆に創造した"起源"

「PAN　ネバーランド、夢のはじまり」

　一人の孤児が永遠の少年ピーターパンになるまでを描く「PAN　ネバーランド、夢のはじまり」は、おなじみの物語の"起源"を大胆に創造することでキャラクターに新たな命を吹き込み、大人もニヤリとさせるファンタジーに仕上がった。

　ロンドンの孤児院で暮らすピーター（リーバイ・ミラー）はある夜、他の孤児たちとともに空飛ぶ海賊船に連れ去られる。たどり着いた夢の国ネバーランドは、海賊黒ひげ（ヒュー・ジャックマン）に牛耳られていた。

　黒ひげの支配下から逃れ、若き日のフック船長やタイガー・リリーと行動をともにするピーター。やがて自らの出生の秘密を知り、母親を捜す旅を続ける彼の前に、再び黒ひげが立ちはだかる。

　あのフックがピーターを助ける仲間だったり、タイガー・リリーが最強の女戦士だったり、予想を気持ちよく裏切る展開に、まず引き込まれる。だが、そうした設定以上に魅力的なのは、細部まで趣向を凝らしたダイナミックな映像表現だ。

　大空から宇宙空間へと突き抜ける海賊船を描く一方、「妖精の粉」を採取するための巨大な採石場や、先住民たちが暮らす奥深い森も登場。どこまでもファンタジックでありながら、リアルさを手放さない重層的なネバーランドの造形が良い。木の年輪に刻まれた「記憶」をモチーフに、ピーターの家族の歴史を描いたアニメシーンは、思わず目を見張る斬新さだ。

　もちろん悪役に徹したジャックマンの怪演も見もの。何しろ登場のシーンから、伝説のロックバンドのあの名曲を歌いながら現れるのだから、度肝を抜かれる。もはやネバーランドのロックスターだ。ジョー・ライト監督。1時間52分。

記者の採点＝★★★☆☆　　　　　　　　（比）

2015年10月28日
見えないときが刺激的
「グラスホッパー」

伊坂幸太郎のベストセラー小説を映画化した「グラスホッパー」は、気弱な男が、全く無縁だった裏社会に巻き込まれていくサスペンスだ。

ハロウィーンの夜、東京・渋谷のスクランブル交差点で起きた事件で、元教師の鈴木（生田斗真）は婚約者を亡くした。失意の彼の前に何者かが「犯人は別にいる」と書かれた紙を落とす。

そこに書かれた怪しげな会社に鈴木は潜入。事件の背後に裏社会のドンの存在があると知るが、今度はドンの2代目が交差点で後ろから車道へと押され、命を狙われる。ドンの腹心（菜々緒）の命令で鈴木は押し屋（吉岡秀隆）を追うが、状況が一転、組織から追われる羽目になる。

さらには、人を絶望させて自殺に追い込む殺し屋「鯨」（浅野忠信）、ナイフ使いの若き殺し屋「蝉（せみ）」（山田涼介）ら、それまで別々に組織と関わり、暗躍してきた者たちが交錯することに…。

鈴木が巻き込まれている"コト"の真相は？という謎と、各人物の強い個性で引っ張る今作。殺し屋にもそれぞれ苦悩があり、本人にしか見えない心象風景を観客に見せる場面が何度かある。

見えると分かりやすいが、面白みで勝るのは見えないとき。蝉の相棒役・村上淳が心象を想像させつつ了解はさせず、観客の読み取りたい欲求を刺激する瞬間だ。押し屋の吉岡も効いている。無表情で色調は抑えられ、不気味な雲のように今作の一角を暗く覆い隠す。

渋谷の交差点での事件場面は、いつどうやって撮ったのか気になるほどの臨場感。広大な駐車場に原寸大で道路や建物1階部分、地下鉄の入り口などを造り、実景と合成したそうだ。監督は滝本智行。1時間59分。

記者の採点＝★★★☆☆　　　　　　　　（晃）

2015年11月4日
米ソの敏腕スパイがタッグ
「コードネームU.N.C.L.E.」

東西冷戦下で米ソ両国の敏腕スパイがタッグを組む「コードネームU.N.C.L.E.」は、1960年代の人気ドラマシリーズ「0011ナポレオン・ソロ」を今によみがえらせるガイ・リッチー監督の最新作。当時の空気を巧みに再現しつつ、ところどころに監督のセンスが光るスタイリッシュな仕上がりになっている。

国際犯罪組織による核兵器テロ計画をキャッチした米ソ両国の指令で、共闘することになったCIA工作員のソロ（ヘンリー・カビル）とKGBのクリヤキン（アーミー・ハマー）。性格は正反対、相性も最悪な2人はことあるごとに衝突しながらも、鍵を握る天才科学者の娘ギャビー（アリシア・ビキャンデル）と秘密組織に立ち向かう。

当時の世界状況をさりげなく説明しながら、見る者を一気に60年代にタイムスリップさせる導入部が鮮やかだ。さらにスパイ映画の主人公にな くてはならない「セクシーさ」があふれ出るカビルのたたずまいがいい。出世作「マン・オブ・スティール」のスーパーマン役以上のはまり役かも。

今年公開された「ミッション・インポッシブル」最新作や「キングスマン」に比べるとアクションに新味はないが、米ソの思惑が絡む2人の頭脳戦や小道具の違い、スーツファッションなど楽しみどころは満載。設定を現代に置き換える改変をせず、当時の時代背景やディテールを最大限に生かす形が吉と出た。

全編を通じて物語を引っ張る音楽も魅力だ。60年代の趣と現代性を併せ持つサウンドは、あの「アビーロード・スタジオ」で録音したという。エンディングで流れるニーナ・シモンの「テイク・ケア・オブ・ビジネス」が渋い。1時間56分。

記者の採点＝★★★☆☆　　　　　　　　（比）

2015

2015年11月11日

若くない男の新たな気づき

「Re：LIFE リライフ」

　ヒュー・グラントが主演映画「Re：LIFE　リライフ」で、マーク・ローレンス監督と4度目のタッグを組んだ。過去の栄光にしがみついてきた脚本家が、生き方を見つめ直すドラマだ。

　脚本家キース・マイケルズ（グラント）は、15年前にアカデミー賞脚本賞に輝いたが、その後の活躍はなし。妻子に去られ、ついに自宅の電気も止められた。仕方なくハリウッドを離れ、小さな町の大学で脚本コースの講師をすることに。

　講師の仕事をなめているキースは着任早々、女子学生と一夜を共にし、受講生選びは好みの女子を優先する。ありもしない次回作を口にして多忙を装い、職員懇親会では女性教授が敬愛するジェーン・オースティンの小説をこき下ろして、学科長（J・K・シモンズ）から注意される始末。

　高慢さが波紋を呼ぶが、娘を育てながら復学したシングルマザー（マリサ・トメイ）ら、真剣な生徒の姿がキースにある気付きを与えて…。

　売れない脚本家の物語だけに今作の脚本がつまらなかったら惨劇だ。脚本も手掛けたローレンス監督は、実在の人物や作品からの言葉の引用と、数々の映画タイトルを会話の随所にちりばめた。

　このため観客は、引用元の知識があるほど奥行きを味わえる。知識が少ない場合も、キースの軽快な毒舌がいかにもグラントらしく、定番を味わう満足感は得られる。

　ハリウッドのプロデューサーが、トレンドを踏まえた目新しい企画・人材ばかり追うことへの皮肉もまぶされている。だからなのか、物語の構造自体は定型的で、もう若くはない人間の気付きと第3幕の始まりを見つめることに、力点が置かれている。1時間47分。

記者の採点＝★★★☆☆

（晃）

2015年11月18日

戦争の記憶を胸に闘う

「黄金のアデーレ　名画の帰還」

　名優ヘレン・ミレンの主演最新作「黄金のアデーレ　名画の帰還」は、クリムトが描いた1枚の肖像画をめぐり、実際に起きた裁判が基になった映画だ。名画がたどる数奇な運命と、戦争の悲しい記憶を胸に秘めた女性のドラマが交錯する。

　1998年、米国で小さなブティックを営む82歳のマリア（ヘレン）は、第2次大戦でナチスに略奪された伯母アデーレの肖像画を取り戻すために、新米弁護士のランディ（ライアン・レイノルズ）に協力を依頼する。

　クリムトの手による肖像画は祖国オーストリアの国立美術館が所蔵。ナチスのユダヤ人迫害により、夫と命がけで祖国から亡命した過去を持つマリアは、ランディとともにオーストリア政府に肖像画の返還を求める前代未聞の訴訟に踏み切る。

　裁判の行方を物語の縦軸にしつつ、丁寧に描かれるのはマリアの心の奥に刻まれた戦争の記憶だ。

　伯母との美しい思い出を覆うナチスの不穏な影、絵画の没収、決死の亡命と両親を残した後ろめたさ…。マリアの闘いの本当の相手は国ではなく、戦争の不条理そのものなのだ。

　ヘレンは、マリアの内に宿る不屈の精神を全身で体現。癒えない悲しみを抱えながら、背筋をスッと伸ばし、毅然（きぜん）と裁判に臨む彼女のたたずまいは、オスカーを受賞した「クイーン」のエリザベス女王役にも引けを取らない気高さが漂う。

　特筆したいのは、マリアがかつてのウィーンの自宅を訪れ、過ぎ去った日々の幻影と戯れるシーン。はかなく、切なく、いつまでも心に残る美しさだ。監督は「マリリン　7日間の恋」のサイモン・カーティス。1時間49分。

記者の採点＝★★★★☆

（比）

2015年11月25日

6代目ボンドの集大成

「007 スペクター」

ダニエル・クレイグ演じる6代目ジェームズ・ボンドの第4弾、シリーズ通算では24作目となる「007 スペクター」は、6代目を総括する集大成的な構成で、キャストも豪華。クレイグが今作で引退したとしても不思議ではない作りだ。

今作のボンドは、自身の幼少期の謎と犯罪組織スペクターを追い、メキシコ、イタリア、オーストリア、モロッコと駆け巡る。スペクターとは、製作側の権利問題のこじれで、7作目を最後に影を潜めていた宿敵。人を食ったような振る舞いの首領を演じるのは、名優クリストフ・バルツだ。

ボンドガールは、史上最高齢モニカ・ベルッチの出番は短く、大半は今を時めくレア・セドゥ。肌の露出が少なくても官能的で、変化に富む彼女は、ボンドに慕情を、映画に潤いをもたらす。

さらには、犯罪組織の会議、雪山の診療所、列車内の格闘など、懐かしの過去作を想起させる場面を満載している。

クレイグは初登場の2006年、先代ピアース・ブロスナンとのギャップを狙ってか、チャラくない硬質さでボンド像を刷新、魅了した。まだ新米という設定で始まり、成長譚(たん)かつ自分探しの内向的なドラマ性を濃くしたのも6代目の特長だ。とりわけ前作「スカイフォール」は随分重厚。傑作だが、シリアス路線の行く末を案じたものだ。

しかし前作から連投のサム・メンデス監督は今作で華麗さと軽妙さを増量。王道的トーンに寄せてみせた。好意的に捉えてウオツカマティーニをおごりたい。ヘンテコな場面もあるが、そもそもはそんなシリーズだし、セドゥの流し目の微笑にプルプルッと震えると、細かいことはどうでもよくなる。2時間28分。

記者の採点＝★★★★☆ (晃)

2015年12月2日

生者と死者の思いをつなぐ

「母と暮せば」

戦後70年の年の最後に届けられた映画「母と暮せば」は、長崎原爆で死んだ息子の亡霊と母親の交流を描く山田洋次監督初のファンタジー。原爆で亡くなった多くの人々、そして、戦争の悲惨さを訴えてきた先人たちの思いを織り込むようにして作り上げた作品だ。

原爆投下から3年後、長崎で助産師をして暮らす伸子(吉永小百合)の前に、被爆死した息子浩二(二宮和也)の亡霊がひょっこり現れる。2人の対話を軸に進む物語は、広島原爆で死んだ父親と生き残った娘を描いた故井上ひさしの戯曲「父と暮せば」と対をなす。

山田監督は井上戯曲と親子の生死を反転させることで、未来を奪われた若者の無念さを強調した。二宮が無邪気でユーモアにあふれる浩二を軽やかに演じるほどに、残された母親の悲しみもくっきりと浮かびあがる。

死者たちが生き延びた者に望むこととは何か。生き残ったことへの罪悪感を抱え、その後の人生の中で揺れる恋人の町子(黒木華)に対し、浩二が葛藤の末にたどり着いたある願いが胸を打つ。生者と死者の世界を行き来して2人の思いをつなげるのが、原爆詩の朗読をライフワークとする吉永であることが、本作のメッセージを象徴する。

映画のラストでは、広島で被爆した作家原民喜の詩「鎮魂歌」を多くの長崎市民が合唱するシーンも盛り込まれる。重厚な詩に曲を付けたのは、吉永の朗読の伴奏を務めたこともある坂本龍一。

山田監督が初めて本格的にCGやVFXを駆使したことでも話題だが、原爆、そして戦争をめぐり幾層にも折り重なる生者と死者の思いの集積こそ、監督が本作で最も提示したかったことではなかったか。2時間10分。

記者の採点＝★★★★☆ (比)

2015

2015年12月9日

典型のドタバタ、俳優輝く　「マイ・ファニー・レディ」

　76歳のピーター・ボグダノビッチ監督が13年ぶりに撮った「マイ・ファニー・レディ」は、古き良きドタバタ喜劇のしつらえの中で、俳優たちが輝いている映画だ。

　記者のインタビューを受けている新進ハリウッド女優のイジー（イモージェン・プーツ）。彼女はコールガールだった過去を隠さず、ある客との出会いが女優になる夢をかなえてくれたと、あっけらかんと語りだす。場面は4年前、ニューヨークの高級ホテルへ。

　イジーは、初対面の客アーノルド（オーウェン・ウィルソン）から「君の将来のために」と3万ドルを贈られる。ブロードウェーの舞台オーディションに行くと、なんと演出家がアーノルドで、主演女優は彼の妻デルタ。デルタは夫の動揺に気付かず、イジーの演技を絶賛、配役決定となる。

　一方、共演のスター俳優はデルタに好意を寄せ、脚本家は恋人をよそにイジーに一目ぼれ。イジーの上客だった老判事は彼女をつけ回す…。

　鉢合わせや、とっさのうそ、怒りのビンタや涙が連なる典型の展開。ニール・サイモン的な香りが漂い、ホテルをうまく使った点ではボグダノビッチ自身の「おかしなおかしな大追跡」（1972年）も思い出させる。

　「おかしな―」が、それ以前の喜劇をめでるような作品であったように、ボグダノビッチ監督は過去の継承に尽力してきた人物だ。だから今作もオマージュにあふれ、新しさは追求していない。

　心地よい典型の中で俳優が楽しんでいるのが伝わる。特にプーツの輝きをこれほど味わえる映画はなく新鮮だ。表情豊かなプーツが語りながら笑顔になるたび、どうしてもつられてにっこりしてしまう。1時間33分。

記者の採点＝★★★★☆　　　　　　　（晃）

2015年12月16日

王道を行くシリーズ新章　「クリード　チャンプを継ぐ男」

　シルベスター・スタローンの出世作「ロッキー」の公開から約40年、「ザ・ファイナル」と銘打ったシリーズ第6作から9年。ここにきてまさかの"新章"幕開けである。映画「クリード　チャンプを継ぐ男」は、ロッキーがかつての好敵手アポロ・クリードの息子、アドニスのセコンドにつくバディムービーだ。

　愛する妻や友人らに先立たれ、孤独な日々を送っていたロッキー（スタローン）の前に突然現れたアドニス（マイケル・B・ジョーダン）。「自分をコーチしてくれ」と乞うアドニスに盟友の面影を見たロッキーは、二人三脚で頂点を目指す。

　まだ1作しか長編作のない29歳の黒人監督ライアン・クーグラーが、スタローンに構想を持ち込み、自ら脚本も手掛けて映画化が実現。ロッキーシリーズを見て育ったという監督だけに、随所に過去作への愛情とリスペクトが見て取れる。

　まず2人の出会いの場面に「ロッキー3」の印象的なラストシーンの逸話を絡ませる仕掛けが粋だ。「かませ犬」「虎の目」などのキーワードや定番のトレーニングシーンもたっぷり。あの階段も、あのトランクスも、あのテーマ曲もここぞというときに登場。ファンにはたまらない展開だ。

　ゆえにクーグラーの独自色より、王道の継承といった趣の方が強い。それも当然だろう。王道のカタルシスこそシリーズ最大の魅力なのだから。

　「ザ・ファイナル」では、50代で現役チャンプと闘う離れ業を見せたロッキーも、さすがに今回はセコンドに徹する。その姿は、第1作でスタローン自身が手に入れた「アメリカンドリーム」のバトンを、若き新鋭に託しているように見えなくもない。2時間13分。

記者の採点＝★★★☆☆　　　　　　　（比）

2015年12月17日

鮮やかにバージョンアップ 「スター・ウォーズ　フォースの覚醒」

　ファンの方はどうかハンカチのご用意を。10年ぶり新3部作の第1弾「スター・ウォーズ　フォースの覚醒」（J・J・エイブラムス監督）は、帝国軍を率いた悪役ダース・ベイダーが死んだ6話（1983年公開）から約30年後の世界。そこはもちろん遠い昔、はるかかなたの銀河系で…。

　帝国の残党ファースト・オーダー（FO）と、レイア姫率いるレジスタンスの双方が、ベイダーの息子にして帝国と戦った男ルーク・スカイウォーカーを捜している。

　レジスタンスの飛行士ダメロンは、砂漠の惑星ジャクーでルークの居所を示す地図を入手。来襲した敵に捕まる寸前、地図をボール型ドロイドBB-8に隠して逃がす。

　ジャクーで孤独に暮らす若き女性レイはBB-8と出会い、FOの脱走兵フィンと共に、BBをレジスタンスに届けるべく敵から逃げるが…。

　砂漠で廃虚化した帝国軍旗艦の遠景一つで「過ぎた時間」を鮮やかに語り、空中戦のカメラワークは「お待たせ！」と言わんばかり。新悪役はベイダーに焦がれて黒マスク姿だ。銀河を巻き込んだあの一族の苦悩が、じわじわと3世代目に受け継がれ、見事なバージョンアップを遂げていく。

　巧みさ際立つのは「不在」の表現。随所で画面にはいない誰かを感じさせ、ゾクゾクを増幅する。その上32年の時を超え、ハン・ソロ（ハリソン・フォード）とレイア（キャリー・フィッシャー）の"銀河一のツンデレカップル"ぶりを見せられては涙を禁じ得ない。

　そして、タイトルの意味を決定づける瞬間の素晴らしさに涙の蛇口が崩壊。さらに胸を震わせるラスト…。JJ、頼むから今夜は一杯おごらせてくれ。2時間15分。

記者の採点＝★★★★★　　　　　　　　　　（晃）

相手を知ってなお憎めるか 「ブリッジ・オブ・スパイ」

2015年12月22日

スティーブン・スピルバーグ監督がトム・ハンクスと4度目のタッグを組んだ映画「ブリッジ・オブ・スパイ」は、実際にあったスパイ交換の舞台裏を描いている。

米ソが一触即発の冷戦状態にある1957年、ニューヨークの弁護士ドノバンは、逮捕されたソ連側スパイ、アベルの国選弁護人を頼まれる。妻からも反対され、孤立無援のドノバンだが、誠実な弁護で、死刑確実とみられていたアベルに懲役30年の判決をもたらす。

3年後、米空軍の飛行士がソ連上空を偵察飛行中に撃墜され、拘束される。CIAは飛行士とアベルの交換を画策。ドノバンはその危険な極秘交渉の大役を任され、敵地の東ベルリンへ赴く…。

スピルバーグならではの主題とモチーフを拾いつつ見ると、2時間22分も長く感じない。2013年刊行の「スティーブン・スピルバーグ論」で南波克行は、同監督の一貫したテーマは「いかにして他者と心を通じ合わせるか」だと述べている。今作は英語が通じないごろつきにドノバンが囲まれ、恐怖する場面に時間を割き、それと対照的な場面も配置している。

また、共著者の西田博至は、外に出てなかなか家に帰れない人を同監督は撮り続けているとし、重要なモチーフに「柵」「光」を挙げる。柵は今作に印象的に登場。光はソ連側の人物を背後から照らして影にし、異星人との遭遇場面のようだ。

アベルは連絡役スパイの肩書を除けば、ドノバンと心を通わす静かな画家。嫌われる点のない人物として描かれ、普遍的な問いを生む。橋を架け、相手を知ってなお「敵だから」と憎めるか。脚本はマット・チャーマンとコーエン兄弟。　　　　（晃）

アナザーアイ
タイトルに「スパイ」はあれど、米ソの駆け引きに翻弄（ほんろう）されるドノバンは一介の弁護士であり家庭人。交渉の重要な局面で風邪をこじらす「普通の男」の活躍に注目。
（比）

2016

2016年1月6日

史実を超えた重層性

「白鯨との闘い」

ロン・ハワード監督の最新作「白鯨との闘い」は、ハーマン・メルビルが名著「白鯨」の執筆でモデルにしたという捕鯨船の海難事故を描いた大作だ。

19世紀初頭、捕鯨産業が盛んな米ナンタケット島から、捕鯨船エセックス号が太平洋を目指し出航した。ベテランの1等航海士オーウェン（クリス・ヘムズワース）は新任船長と対立しながらも、仲間たちを統率して航海を続ける。だが、彼らを待ち受けていた巨大なマッコウクジラとの死闘の末に船は大破、乗組員は大海に放り出される。

映画はエセックス号の史実を描いた同名ノンフィクションを原作としつつ、若きメルビルが同船の「最後の生き残り」となった人物から事故の"真相"を聞き出すという架空の設定とともに進む。その構成の妙が、後半になって効いてくる。

CG技術が生み出した巨大な白鯨とのバトルが最大の「見どころ」と言えるが、むしろ闘いの後、大海原を漂流する人間たちが直面した試練こそ本作の「主題」だろう。

生き残るために男たちが下した"究極の決断"とは―。映画の惹句（じゃっく）にも記される主題は、やがてメルビルが「白鯨」において「何を書かなかったか」という文芸史上の空白を照らし出し、史実にとどまらない重層的な魅力を本作に与えている。

では、その主題をめぐる人間の内面が十二分に描かれたかというと、「見どころ」のスペクタクルの影に隠れ、単線的な物足りなさが残る。極限状態の人間を描き、同じテーマと格闘したいくつかの日本の文芸作品や映画を、私たちは既に知っている。2時間2分。　　　　　　　　　　（比）

アナザーアイ
現代人の捕鯨への抵抗感に寄り添うような場面がある。今作への反感緩和策だろうが、やや空々しく見えてしまう。
（晃）

2016年1月14日

天空の綱渡りに汗だく

「ザ・ウォーク」

ニューヨーク・マンハッタンの南端にそびえていた110階建ての世界貿易センター・ツインタワービル。その屋上の間にワイヤを張り、命綱なしで歩いて渡ってみせた男の実話が、映画「ザ・ウォーク」になった。監督・脚本は「バック・トゥ・ザ・フューチャー」のロバート・ゼメキス。

フランスの綱渡り師フィリップ・プティは1974年、恋人とニューヨークへ飛び、仲間を集めてあのビルの屋上に忍び込み、計画を決行した。

この"芸術的違法行為"は記録映画「マン・オン・ワイヤー」(2009年日本公開)になった。当事者たちのインタビューと実際の写真でつづり、生々しさと言葉の強度では当然今作を上回る。

ゼメキスは記録映画にはなかったプティの幼少期にまでさかのぼりつつも、綱渡り直前までは随所でツーステップを踏むような映像運びで、小気味よく見せていく。

例えば、室内で大きな木箱にくぎを打つ男を広角で捉えてから、木箱のアップ、再びカメラが引くと男は箱の隣に座っていて、そこは移動中のトラックの中、といった具合。これがシンコペーション的なリズムを生む。

決行前の下見、準備、潜入は"大泥棒もの"を見るがごとく胸が高鳴る。主演ジョセフ・ゴードンレビットのまなざしが変化に富んでいる。

そしてついにプティだけの領域が自在なアングルで出現、観客に追体験させる。ワイヤの直径2・2センチ、ツインタワー間42メートル、高さ400メートル超。映画を見ていてこんなに汗をかいたことはない。休んでいた汗腺までもが目覚めてしまう。プティは天空散歩を45分間も楽しんだそうだ。2時間3分。　　　　　　　　　　（晃）

アナザーアイ
意外性たっぷりの冒頭シーンからプティの世界に一気に引き込まれる。狂気をはらみつつ、どこかチャーミングな奇才をゴードンレビットが好演。
（比）

2016年1月20日

瞳の奥に広がる虚無の風景

「ブラック・スキャンダル」

　カリブの海賊から不思議の国のクレイジーな住人まで、奇抜な当たり役は数知れず。その七変化で作品ごとに観客を驚かせてきたジョニー・デップ。まさに"怪優"だ。

　だが、最新作「ブラック・スキャンダル」で演じた実在のギャングは、そうした過剰な装いのキャラクターと対極にある。例えば、まなざし一つで見る者を凍りつかせる底知れない怖さ。こんなジョニーが見たかった。

　1970年代のボストン。ギャングのボス、バルジャー（デップ）はFBI捜査官コノリー（ジョエル・エドガートン）の情報屋になる密約を交わし、敵対組織を壊滅に追いやる。密約を悪用し、ボストンの犯罪王として君臨するバルジャー。その弟で政治家のビリー（ベネディクト・カンバーバッチ）も手を結び、権力の座に駆け上がる。

　同じ町で育った幼なじみ3人が、それぞれの欲望や野心を暴走させた「米史上最悪の汚職事件」の実話を映画化。薄い頭髪をオールバックにしたデップのビジュアルは、華麗な変身歴の中でも出色のインパクトがある。しかし、観客をくぎ付けにするのは大きな額の下にある青い瞳だ。

　近づく者をからめ捕る老練さ、裏切り者を射殺するときの残酷さ。常に冷気をたたえつつ、相手を見据える瞳がヒタヒタと怖い。最愛の息子を失うことで、そこに悲しみの色彩が加わる。ドン・コルレオーネのような重厚さはなくとも、瞳の奥に広がる虚無の風景が見る者を震え上がらせる。

　今をときめくカンバーバッチの渋い演技も光るが、デップの瞳に引貫かれ、静かな狂気に触れる体験こそ本作の醍醐味（だいごみ）だ。スコット・クーパー監督。2時間3分。　　　　　（比）

アナザーアイ
この実録ギャング映画が何を浮かび上がらせたかと考えると、脚本がややピンぼけか。日本の実録やくざ映画の秀作が懐かしく思い出される。ただ、デップは好演だ。
（晃）

2016年1月27日

火星に独り、でもめげない

「オデッセイ」

　宇宙飛行士が火星に独り取り残された、だが全然メソメソしていない。アンディ・ウィアーのSF小説「火星の人」を、リドリー・スコット監督がマット・デイモン主演で実写化したのが映画「オデッセイ」だ。

　人類3度目となる有人火星探査中のチームを嵐が襲い、折れた通信アンテナがワトニー（デイモン）を直撃。彼はかなたへ吹き飛び、消えてしまった。チームは彼を死亡と判断。断腸の思いで火星を離れる。

　だがワトニーは生きていた。次の探査チームが火星に来るのは4年後。ハブ（人工居住施設）に食料はわずか。地球と通信するためのアンテナはなくなった。それでも彼は、持てる知恵と技術を総動員して、生き延びようと動きだす…。

　特徴的なのは、主人公が絶望もせず、ユーモアを忘れない姿。その軽快さは原作から受け継いだものだ。

　彼は自身の生存をどうやって地球に知らせるのか。一日も早い生還のために地球側は何ができるのか。火星のワトニーとの連携も必要だ。頭脳が結集し、難題をクリアしていくさまと登場人物の感情のうねりを、見やすいテンポで描いている。

　もし同じことが実際に起きたら、どこまで可能なのだろうか。このフィクションは少し美し過ぎるのかもしれないが、観客を童心に帰し、大半はあり得る、あればいいなと思わせる力がある。

　アカデミー賞では作品賞候補のほか、一人芝居でも飽きさせないデイモンが主演男優賞候補、原作の魅力をしっかり抽出して脚本をまとめたドリュー・ゴダードが脚色賞候補になるなど7部門でノミネートされている。2時間22分。　（晃）

アナザーアイ
ワトニーを励ますのは船長が残した往年のディスコ曲の数々。そのノリノリ具合と過酷な状況のギャップが面白い。先日死去したあの人の名曲も登場する。スターマン！
（比）

2016年2月3日

舞台裏で見せる光と影

「スティーブ・ジョブズ」

　米アップル創業者として数々の革新的な商品を世に出し、「世界を変えた男」と称されるスティーブ・ジョブズ。その生涯を一本の映画でどう切り取り、どう描くか。誰もが知る人物である上に、2013年公開の伝記映画も既にある。下手を打てば"二番煎じ"のそしりは免れないだろう。

　だが、監督のダニー・ボイルと脚本家のアーロン・ソーキンのオスカーコンビは、そんな観客の不安を軽々と吹き飛ばす。映画「スティーブ・ジョブズ」が描くのは、彼の代名詞でもある新商品のプレゼンテーションの舞台裏だ。そこに波乱に満ちた人生の光と影を凝縮し、濃密な人間ドラマを浮かび上がらせた。

　1984年のマッキントッシュ、88年のネクストキューブ、98年のiMac（アイマック）と、それぞれの新作発表の本番直前を見せる3部構成。ヒリヒリした緊迫感の中、ジョブズ（マイケル・ファスベンダー）は自らの信念を決して曲げず、エキセントリックなまでに周囲を振り回す。その才気ゆえにさまざまな確執を生む彼をマーケティング担当のジョアンナ（ケイト・ウィンスレット）が献身的に支える。

　共同創業者やCEOとの激しい口論など、膨大なせりふがあぶり出す複雑怪奇なカリスマの肖像。中でも元恋人との間に生まれた娘リサとの対話で見せる、不器用な父としての姿が印象的だ。娘への思いが後のあの商品につながることを示唆するシーンが心に染みる。

　当時の空気を再現するため、3部を16ミリフィルム、35ミリフィルム、デジタルで撮り分けるなどボイルのこだわりが随所に宿る2時間2分。（比）

アナザーアイ
ジョブズの伝記映画と聞くと新鮮味を感じないかもしれないが、味わい深いフルボディーワインのよう。彼が遂げたことは今更語らず、大半が口論で渋味が強め。ファスベンダーとウィンスレットの演技を堪能できる。（晃）

2016年2月10日

難民に安らぎは訪れるのか

「ディーパンの闘い」

　フランスのジャック・オディアール監督作「ディーパンの闘い」は、スリランカ内戦の戦士が見知らぬ女性たちと家族を装い、難民としてパリへ渡るが、さらなる困難に直面する姿を描いた。

　企画されたのは欧州への移民・難民が急増する以前だが、完成は時宜を得た。昨年5月のカンヌ国際映画祭で初上映されると、最高賞のパルムドールを受賞した。

　内戦時のスリランカ。主人公ディーパンは反政府武装組織の兵士として戦い、妻と娘を殺された。海外へ逃れるには家族連れの方が許可されやすく、彼は若い女性と9歳の少女と共に家族を偽装し、パリへ渡る。

　郊外の集合団地に住み、ディーパンは団地の管理人、"妻"は老人の家政婦となり、"娘"は小学校へ。3人は次第に本当の家族のような感情を抱くようになる。

　だが団地は麻薬密売組織が巣くい、安らげない。ある日、抗争で銃弾が飛び交い、妻はいとこが住むロンドンに1人で逃げようとして家族に亀裂が走る。ディーパンは汚い言葉を浴びせてくるチンピラたちと対立し、そして…。

　チンピラも移民の子で、疎外感と憤りを抱えている点が淡くも描かれ、単純なヒロイズムへの転落を回避する意図が見て取れる。難民の大量流入という現実が後から追いかけてきて、今作が持つ問い掛けを強めている。

　少数派が遭う著しい差別や苦難と、その克服を描くのは、オディアールの「預言者」「君と歩く世界」などと同様だが、ラストは唐突で安易に映る。ただ、光や撮り方を見ると、この結末は監督の願いなのかもしれない。あるいは次なる苦難到来までのつかの間の静寂か。1時間55分。（晃）

アナザーアイ
主演は演技経験なしのド素人。硬い表情やぎこちない動きが、異国で苦闘する男をリアルに見せる。先が読めず、サスペンスとしても味わえる。（修）

2016年2月17日
見る側も妄想すべし
「女が眠る時」

どこまでが現実で、どこからが妄想なのか――。香港出身の名匠ウェイン・ワン監督が手掛けた日本映画「女が眠る時」は、人間の内面をめぐる奇妙に入り組んだ迷宮のような作品だ。ビートたけしの、自作以外では12年ぶりの主演作でもある。

海辺のリゾートホテルに妻と滞在していた小説家の健二（西島秀俊）は、プールサイドで初老の佐原（たけし）と若い美樹（忽那汐里）のカップルを見かけ、好奇心から2人の部屋をのぞいてしまう。そこには眠っている美樹をビデオ撮影する佐原の異様な姿が。謎めいた2人に翻弄（ほんろう）されながら、健二ののぞき見はエスカレートし、行動は常軌を逸していく。

ワン監督が迷宮の入り口に配置したのは、日本的とも言えるエロチシズムだ。佐原が美樹のうなじの産毛をカミソリでそるのを目撃するところから、健二の狂気は発動する。「君は若くて無垢（むく）な娘が眠っているところを見たことがあるか？」。佐原の呪文のような言葉が、それを加速させる。

映画は、現実と妄想の境目が融解していく健二の視点で描かれる。ゆえに見る側も、目の前で何が起きているのか説明できない不安定な感覚に。謎は徐々に解けていくのではなく、逆に深まっていく。時に観客を置き去りにするほどに。

ならば、こちらもその謎に自らの妄想で応えるべきだろう。佐原とは一体何者か、ラストシーンが意味するものは…。ワン監督は説明をあえて省き、さまざまな解釈を可能にしている。

原作はスペインの作家ハビエル・マリアスの短編小説。2月開催のベルリン国際映画祭パノラマ部門に出品。1時間43分。　　　　（比）

アナザーアイ
曖昧さを味わうための仕掛け、あるいは話の筋がどうでもよくなるほどの眼福がもっとあったら、危険なぐらい好きになったかも。　　　　　　　　　　（晃）

2016年2月24日
金融危機でもうけた実話
「マネー・ショート 華麗なる大逆転」

2008年の世界的金融危機リーマン・ショックを予測し、大ばくちをした男たちがいた。「マネー・ショート　華麗なる大逆転」は、作家マイケル・ルイスのノンフィクション「世紀の空売り　世界経済の破綻に賭けた男たち」の映画化だ。

05年、医師で相場師のマイケルは膨大な事例を徹底分析し、低所得者向けの住宅ローン（サブプライムローン）の債権を組み込んだ金融商品が、格付けの高さに反して数年内に暴落する可能性があると見抜く。

彼は暴落したら巨額の保険金を手にできる取引を投資銀行に持ちかけ、投資銀行側は住宅市場が崩壊するなど夢にも思わず、契約に応じる。この動きを察知した野心的な銀行マンやヘッジファンドのマネジャー、引退していた伝説の銀行家が追随。大勝負に出る…。

出演はクリスチャン・ベール、ライアン・ゴズリング、スティーブ・カレル、ブラッド・ピットという豪華な布陣だ。

金融に明るくないからと敬遠してはもったいない。監督・脚本のアダム・マッケイは米人気番組「サタデー・ナイト・ライブ」やコメディー映画の作り手。ノリのいい曲を使い、話が専門的になれば、登場人物が取引相手に分かりやすく説明する場面を持ってくる。

さらには、物語と無関係なスターに観客へのワンポイント解説をさせる場面まで差し込んで笑わせる。この工夫は見やすい娯楽作にするためだが、ウォール街の狂騒を笑う皮肉にも見えてくる。

ブラッド・ピットは「それでも夜は明ける」と同じく製作も兼務。今作でも出番は少なめで最も分別のあることを言う役を選んだのが、少々悲しい。2時間10分。　　　　（晃）

アナザーアイ
大勝負のスリリングな展開とともに湧き起こる、一抹のむなしさ。リーマン・ショックを引き起こした大手銀行の理不尽も、カレルが演じる男の目を通じて描かれる。（比）

2016年3月2日
それぞれの「山」との対話　「エヴェレスト　神々の山嶺」

　夢枕獏の山岳小説を映画化した「エヴェレスト　神々の山嶺（いただき）」は、世界最高峰の山を舞台に繰り広げられる2人の男の物語。岡田准一、阿部寛ら主要キャストと平山秀幸監督らスタッフが、実際にエベレストの標高約5200メートル地点まで登り、撮影を敢行した力作だ。

　山岳カメラマンの深町（岡田）は、ヒマラヤ山脈を望むネパール・カトマンズで、登山家マロリーの遺品の可能性を秘めた古いカメラを発見。スクープ目的でカメラの謎を追う中、消息を絶っていた伝説のクライマー羽生（阿部）と出会う。

　史上例のない過酷な方法でのエベレスト登頂に執念を燃やす羽生。その熱量に吸い寄せられるように、深町も後を追う。

　昨年公開のハリウッド映画「エベレスト3D」は、過去にあった遭難事故を圧倒的な臨場感で描く実録物だった。本作は、エベレストに取りつかれた羽生と、その姿に魅せられた深町の関係性、そして、それぞれの「山」との対話を主眼とした人間ドラマと言える。

　人はなぜ山に登るのか。「そこに山があるから」というマロリーの有名な言葉に対し、羽生は強烈な自我をみなぎらせてその問いに答える。ギラギラした瞳で型破りなキャラクターを体現した阿部が、本作の駆動力だ。

　ならば深町はなぜ。当初は名誉欲が勝っていた彼は、羽生の存在を通じ徐々にその意味を自らに問い始める。深町にとっては羽生こそが対峙（たいじ）すべき「山」なのだ。スケールではハリウッド作に及ばないが、岡田のモノローグが終盤のスリリングな展開に厚みを与える。

　紅一点、羽生に思いを寄せる涼子役の尾野真千子も、果敢にエベレストでの撮影に挑んでいる。2時間2分。　　　　　　　　　　　　　　（比）

アナザーアイ
阿部の身体と目が羽生を存在せしめた。氷壁にピッケルを打ち込み登る場面の臨場感がいい。終盤の展開にも乗れるか滑落するかが分水嶺（れい）か。　　（晃）

2016年3月9日
子どもに戻り、運命変える　「僕だけがいない街」

　三部（さんべ）けいのヒット漫画を映画化した「僕だけがいない街」は、主人公が何度も同じ時間を生きる"ループ"設定を持つミステリーだ。

　2006年、千葉のピザ店アルバイトの悟（藤原竜也）は、時々「リバイバル」という現象に襲われていた。直後に起きる事件や事故の原因を察知して未然に防ぐまで、何度でも時が巻き戻り、同じ時間をやり直すことになってしまうのだ。

　ある日、実家から悟の家に来ていた母（石田ゆり子）が何者かに殺され、親しくしてくれるバイト仲間の愛梨（有村架純）にも危険が及ぶ。悟は警察から犯人だと誤認され、逮捕される寸前、また、あの現象が起きた。

　戻った地点は小学生だった18年前の北海道。同級生・雛（ひな）月加代（鈴木梨央）が被害者となる連続誘拐殺人事件の発生直前だ。10歳の自分へとリバイバルした悟は、雛月と自分の母を殺したのは同一犯だと確信し、1988年と2006年を行き来しながら真相を突き止めていく。

　ループが持つ特色として、同じ状況を別の視点で再度描ける点や、過去に戻った主人公が関与した結果が現在に反映される点が、ミステリーの中で引き立っている。

　謎は手が込んだものではないが、意識と記憶が大人のまま、運命を変えるべく子どもの体で奮闘する場面が映画に膨らみを与えた。支えるのは子役の充実した演技だ。

　10歳の悟を演じた中川翼は本格的な演技は初めて。ややたどたどしさはあるものの、観客を味方につける雰囲気を持ち、いい表情を何度も見せる。平川雄一朗監督の演出のたまものだろう。単純なハッピーエンドにしなかった選択にも好感。2時間。　　　　　　　　　　　　　　（晃）

アナザーアイ
加代役の鈴木も見事。母親とその恋人から虐待を受け、深い陰影のある難役を演じきった。末恐ろしい逸材。（比）

2016年3月16日
独自の映像美と透明感
「リップヴァンウィンクルの花嫁」

　岩井俊二が黒木華主演の映画を撮る。その一言だけで胸が高鳴る人も多いだろう。「小さいおうち」などの演技で国内外の評価が高まる黒木が、あの淡い光に包まれた独自の映像美の世界で、どんな輝きを放つのか。中山美穂、松たか子、蒼井優…。彼女たちの旬の魅力を焼き付けた岩井作品の数々が脳裏をよぎる。

　映画「リップヴァンウィンクルの花嫁」の主人公七海（黒木）は、SNSで知り合った鉄也と結婚。友人が少ないため結婚式の代理出席を何でも屋の安室（綾野剛）に依頼する。鉄也の浮気を疑わせる事態が起こり、逆に義母から浮気のぬれぎぬを着せられた七海は、家から追い出される。

　人混みで顔も知らない鉄也と待ち合わせる七海を捉えた冒頭場面。浅い被写界深度で浮かび上がる黒木のたたずまいは、東京の片隅で生きる七海の寄る辺無さ、はかなさを体現する。岩井の映像と黒木の素朴な透明感の相性は、やはり抜群だ。

　七海の受難をたっぷり見せる展開は、安室があっせんする怪しいバイトで出会った真白（Cocco）の登場で一変。住み込みのメードの仕事で奔放な真白との共同生活が始まると、七海の日々は急激に色づき始める。

　存在そのものが発光しているようなCoccoが圧倒的だ。その光に照らされ、変化していく黒木の表情がまたいい。メード服やウエディングドレスで2人が戯れるシーンは、ずっとひたっていたくなる鮮やかさだ。

　だが、その光が強いほど影も濃い。真白が抱える、ある秘密が物語を予期せぬ方向へいざなう。そしてもう一人、ある女性の存在が映画に深い余韻を与える。3時間を長く感じさせない岩井ワールドに、感服。　　　　　　　　　　　（比）

アナザーアイ
虚実皮膜の世界を見る喜びがある。猥雑な街と孤立した洋館。抑えた色彩と差し色。主人公の純粋と綾野が生む軽薄。黒木はいつも素晴らしい。　　　　　（晃）

2016年3月23日
老若男女に響くリメーク
「あやしい彼女」

　73歳の毒舌ばあちゃんが、容姿だけ20歳に若返ったことから起きる騒動を描く「あやしい彼女」は、老若男女が楽しめる娯楽映画。2014年に日本でも公開された韓国映画「怪しい彼女」を多部未華子主演、水田伸生監督でリメークした。

　戦中生まれで下町育ちのカツ（倍賞美津子）は女手一つで娘を育て、青春を謳歌（おうか）する暇などなかった。ある夜、娘とけんかして家を飛び出し、ふらりと入った写真館でシャッターを切られた瞬間、容姿が20歳の自分（多部）へと若返った。

　驚いたカツだが好きに生きようと決心。憧れのオードリー・ヘプバーンと原節子にちなみ「大鳥節子」と名乗る。のど自慢大会で美声を響かせると音楽プロデューサー（要潤）の目に留まり、バンド活動中の孫と組んでデビューすることに…。

　韓国版から2年でもうリメーク？　理由は節子の歌を聞いて納得。曲を韓国の歌から「見上げてごらん夜の星を」や「真赤な太陽」に置き換えたおかげで、日本の観客の頭にも光景や感情が湧き上がることになった。学校のチャイムを耳にすると、心が一瞬であのころに飛ぶのと同じように。

　懐メロだけでなく、新人音楽ユニットがヒットメーカー小林武史と書き下ろした新曲も使い、多部が躍動。レトロな髪形とファッションのかわいさとともに、若い観客の心もつかみそうだ。

　韓国版の構成はいじる必要のない"鉄板"の出来で、曲さえ置き換えれば各国にフィットするため、あちこちの国でリメーク進行中。中国版は既に「20歳よ、もう一度」の題名で日本でも昨年公開された。そこでは主人公の憧れはヘプバーンではなくテレサ・テンだった。2時間5分。（晃）

アナザーアイ
多部のはっちゃけぶりもいいが、もう一人の主役と言いたくなるのが、カツに恋心を抱き続ける次郎役の志賀広太郎。本作でもいい味出てます。（比）

2016年3月30日

鮮烈な「世界」との出会い 「ルーム」

　小さな部屋に監禁された母子の決死の脱出劇と、その後の苦悩を描く映画「ルーム」。極限状態の母性を演じきり、米アカデミー賞主演女優賞に輝いたブリー・ラーソンも素晴らしいが、本作を特別なものにしているのが息子ジャックの存在だ。彼の目に映る「世界」の描写が心を揺さぶる。

　ママ（ラーソン）とジャック（ジェイコブ・トレンブレイ）が2人で暮らす部屋。夜になるとジャックは洋服だんすで眠り、時々男がやって来ては食料などを置いていく。ママは7年前に男に誘拐され、納屋に監禁されてきた。この納屋（部屋）で生まれたジャックは外界を知らずに育った。

　閉ざされた部屋が彼の世界のすべてだ。電気スタンドや洗面台に語りかけ、小さな天窓から差し込む光と戯れるジャック。その世界の「豊かさ」が、逆に事態の残酷さを強く浮かび上がらせる。

　脱出を決意したママに外界の存在を告げられたジャックは、死んだふりをして男の車の荷台に乗り込み、助けを求め飛び出す。息が止まりそうになるスリリングなシーンだが、特に鮮烈なのはジャックが荷台で初めて空と対峙（たいじ）するカット。「英国王のスピーチ」などの撮影監督ダニー・コーエンのカメラが彼の目となり、驚きや畏怖が混然となった世界との出会いをみずみずしく描き出す。

　命がけの脱出を果たした母子にさらなる試練が待ち受ける。失ったものの大きさに絶望するママ。だがそこでも新しい世界に開かれたジャックの無垢（むく）な言葉が彼女や周囲のこわばりをほぐしていく。新星トレンブレイの登場をスタンディングオベーションで迎えたい。

　原作はエマ・ドナヒューの同名小説。レニー・アブラハムソン監督。1時間58分。　　　　（比）

アナザーアイ
重きが置かれたのは脱出後。心がささくれだった母と、迎えた家族のぎくしゃくが繊細な脚本と演技で痛いほど伝わる。　　　　　　　　　　　　　　　　　　（晃）

2016年4月6日

教会の闇、緻密に浮き彫り 「スポットライト　世紀のスクープ」

　米アカデミー賞で作品賞と脚本賞に輝いた「スポットライト　世紀のスクープ」は、米ボストン・グローブ紙が2002年、カトリック教会神父たちによる児童性的虐待を暴いた実話の映画化。トム・マッカーシー監督がジョシュ・シンガーと共に脚本も手掛けた。

　スクープ掲載まで半年間の記者たちを描くことに徹し、スリリングだ。情報の断片が徐々に組み合わさって浮かぶ教会の闇の大きさに戦慄（せんりつ）する。

　心の傷に苦しむ被害者や、彼らを支え記者を警戒する弁護士にどう接触するのか。教会と被害者の示談を秘密裏にまとめてきた弁護士をいかに攻略するのか。隠蔽（いんぺい）の決定的証拠を握れるのか。

　記者役マーク・ラファロ、マイケル・キートン、レイチェル・マクアダムス、弁護士役スタンリー・トゥッチらが、地域に根ざして生きてきた人物の風情を醸す。一方で取材着手や飽くなき掘り下げを指示するのは、よそから赴任した編集局長。低音に膨らみのある声のリーブ・シュレイバーが繊細に演じてみせた。

　キリスト教になじみが薄い観客も、その権力の強大さと問題の根深さを劇中の証言で推し量れる。「貧い家の子には教会は重要で、神父に注目されたら有頂天。神様にノーと言えますか？」。短いせりふでも状況や人柄が伝わる緻密な脚本で、場面数が多くても無理なく見せていく。

　撮り方は正攻法だが巧妙な場面構成が幾つかある。例えば女性記者が神父から重要証言をつかみかける場面。追い払われて道に出ると、自転車で追いかけっこをする2人の少年が通り過ぎていく。このさりげない演出が観客の心にさざ波を立てる。2時間8分。撮影監督は米国を拠点に活躍する高柳雅暢。　　　　　　　　　　　　　　　　　　（晃）

アナザーアイ
「大統領の陰謀」と比べると記者のたたずまいや取材手法は地味で、演出も抑制的。だがその真実味にこそ磁力がある。　　　　　　　　　　　　　　　　　　　（比）

2016年4月13日

"極北"を行く映像体験

「レヴェナント 蘇えりし者」

今年の米アカデミー賞でレオナルド・ディカプリオに悲願の主演男優賞をもたらし、監督賞、撮影賞も獲得した「レヴェナント 蘇えりし者」は、極寒の荒野で繰り広げられるサバイバル劇だ。映画という表現の"極北"を行くような、圧倒的な映像体験が味わえる。

1823年、米国西部の未開拓地を進むハンター団のヒュー・グラス（ディカプリオ）は、熊に襲われて瀕死（ひんし）の重傷を負った上、仲間のハンター（トム・ハーディ）に目の前で息子を殺される。独り取り残された荒野で死の淵から生還したグラスは、壮絶な環境下で報復のための旅を始める。

カナダやアルゼンチンで9カ月に及ぶ撮影を敢行。アレハンドロ・ゴンサレス・イニャリトゥ監督は、迷宮のような劇場空間が舞台の前作「バードマン あるいは（無知がもたらす予期せぬ奇跡）」とは打って変わり、雄大な自然と、人間のほとばしる怒りや悲しみの感情を対置してみせた。

いてつく川を泳ぎ、暖を取るために死んだ馬の腹を割って体内で眠るグラス。鬼気迫るディカプリオの表情を至近距離で捉えるアップから、美しくも残酷な風景のロングショットへ。どのカットにも張り詰めた緊張感がみなぎる。

その映像に命を吹き込むのが撮影監督のエマニュエル・ルベツキだ。宇宙遊泳が鮮やかな「ゼロ・グラビティ」、全編ワンカットかと見まがう「バードマン」に続き、3年連続でオスカーに輝いた本作では、人工照明を一切使わず自然光のみで撮影。その壮大なスケールと臨場感に息をのむ。この人は一体何種類の魔法が使えるのか、と驚嘆せずにいられない。

音楽は坂本龍一が担当。2時間37分。　　（比）

アナザーアイ
天才ルベツキのため息が出る映像はぜひ映画館で。レオはオスカー受賞スピーチで感謝する相手の名を一つ忘れたが、この熊は最優秀助演熊だ。　　　　　（晃）

2016年4月20日

心地よい凸凹コンビ

「スキャナー 記憶のカケラをよむ男」

野村萬斎が初めて現代劇映画に主演した「スキャナー 記憶のカケラをよむ男」は、自身の特殊能力に悩む偏屈な男が、仕方なく事件解決に乗り出すという、おかしさを含んだミステリーだ。

萬斎演じる仙石は、物や場所に残った人間の感情や記憶「残留思念」を読み取る能力がある。かつては芸能事務所にその能力を見込まれ、お笑い芸人・丸山（宮迫博之）とコンビで売り出し、テレビで人気を博した。

しかし、人間の暗黒面や秘密まで読み取れてしまうため人間不信になって引退。今はマンションの管理人となり、人を避け、熱帯魚に話しかけて過ごす日々を送っている。

そんな仙石の元を、女子高生ピアニスト・亜美（杉咲花）が丸山と共に訪ねてきた。行方不明になったピアノ教師・雪絵（木村文乃）を捜し出してほしいという。

依頼にうんざりして門前払いする仙石と、引っ張りだそうとする丸山。萬斎と宮迫のやりとりがおかしい。仙石は感覚が鋭敏過ぎて完全防備の服装で外出し、思念を読み取ればもん絶。丸山は逐一ちゃちゃを入れる。

口ではいがみ合いつつも、いい凸凹コンビに見えるのが心地よい。若くて演技達者な杉咲が加わると、おじさん2人がさらに滑稽に映る。

脚本は売れっ子の古沢良太。気の利いたせりふをちりばめて笑わせ、中盤からはシリアスへと転調し、二転三転の謎解きに引き込んでいく。

大手の映画が小説・漫画原作やドラマの延長で占められる中、東映は今作では古沢の書き下ろしで勝負。キャラクターが立ったバディ（相棒）もので、当たればシリーズ化もあり得そうだ。その暁には杉咲も続投させてほしい。金子修介監督。1時間49分。　　　　　　　　　　　　　　（晃）

アナザーアイ
初の現代劇でナチュラルな演技を披露…とは言いがたいが、複雑な役柄と相まった萬斎独特の妙味はクセになるかも。
　　　　　　　　　　　　　　　　　　　　　（比）

2016年4月27日

2部作で描く重厚なドラマ

「64　ロクヨン　前編」

　横山秀夫のベストセラー小説「64（ロクヨン）」を、瀬々敬久監督が前後編2部作で実写化した。原作の最大の魅力である重厚な人間ドラマを豪華キャストで描くとともに、映画独自の展開と結末で勝負する意欲作だ。

　昭和天皇の崩御により、7日間で終わった昭和64年。その間に起きた未解決の少女誘拐殺人事件、通称ロクヨンの捜査に刑事として加わった三上（佐藤浩市）は、事件の時効が迫る平成14年、県警広報官を務めていた。

　ある交通事故の匿名発表を巡り記者クラブの激しい突き上げにあう中、警察庁長官によるロクヨン捜査の現場視察が決まり、事件や捜査に関わった人々を訪ね始める三上。そして視察前日、ロクヨンを模した新たな誘拐事件が発生する―。

　前編は、記者クラブとの攻防や長官視察を巡る刑事部と警務部の駆け引きに翻弄（ほんろう）されつつ、自らを貫こうとする三上の闘いを中心に描く。最大の見せ場は窮地に立たされた三上が全存在をかけて記者クラブと対決するシーンだ。長尺のせりふとみなぎる気迫で見る者をくぎ付けにする佐藤の演技は圧巻。報道の原点を問う原作のメッセージが強烈に浮かび上がる。

　ロクヨンの犯人の謎については、早い段階で強めの伏線が張られる。謎解きより登場人物の内面に重きを置いたゆえだろう。その分、後編では原作にない未知の展開をたっぷり見せる。奥田瑛二、三浦友和、綾野剛らそうそうたる出演者の中でも、ロクヨンで娘を失った父親役の永瀬正敏の陰影がひときわ目を引く。

　刑事部と警務部の関係など、本作の背景をより深く知りたい人には、原作の併読をお勧めしたい。前編2時間1分、後編1時間59分。　　　　（比）

アナザーアイ
　"サツ回り"をした記者から見ても、魂を震わす佐藤の訴えは本物の広報官にも恐らく無理。広報官に泣かされるとは。　　　　　　　　　　　　　（晃）

索引

映画作品名索引…508
監督名索引…518
俳優・声優名索引…526
キーワード索引…540

◆本索引は各項目を映画評配信年・月・日・番号で示した。
◆同じ意味・内容の用語や同一人物の名前などについては、代表する表記で入れた。
◆外国人名の姓名の順は配信データにあわせ、読み方をカタカナで表記した。ただし、略称が通り名となっている場合はそのままとした。

映画作品名索引

【あ】

アーサーと魔王マルタザールの逆襲	10/04/28
アーティスト	12/03/28
愛、アムール	13/02/27
アイ・アム・サム	02/05/22
アイ・アム・ナンバー4	11/06/29
アイ・アム・レジェンド	07/12/12
藍色夏恋	03/08/20
愛と誠	12/06/06
愛のエチュード	01/09/05
愛の落日	04/09/09
アイランド	05/07/20
愛を乞うひと	98/09/09
OUT	02/10/09
アウトロー	13/01/23
青い春	02/07/31
青の炎	03/02/26
あかね空	07/03/28
悪人	10/09/08
悪の法則	13/11/06
旭山動物園物語 ペンギンが空をとぶ	09/02/10
あしたのジョー	11/02/09
明日、陽はふたたび	02/11/06
アジャストメント	11/05/25
阿修羅のごとく	03/10/29
アジョシ	11/09/07
あずみ	03/04/23
アトランティスのこころ	02/05/08
アドレナリンドライブ	99/06/09
アナザヘヴン	00/04/12
アナと雪の女王	14/03/13
アナライズ・ミー	99/11/02
アニバーサリーの夜に	01/11/21
あの頃ペニー・レインと	01/03/21
あの、夏の日 とんでろじいちゃん	99/06/23
アバウト・ア・ボーイ	02/09/11
アバウト・シュミット	03/05/14
アバター	09/12/22
あ、春	98/12/09
アビエイター	05/03/23
アフター・アース	13/06/12
阿弥陀堂だより	02/09/25
アメイジング・スパイダーマン2	14/04/16
アメリ	01/12/26
アメリカン・ギャングスター	08/01/30
アメリカン・ハッスル	14/01/22
アメリカン・ヒストリーX	00/02/16
アメリカン・ビューティー	00/04/26
あやしい彼女	16/03/23
アリス・イン・ワンダーランド	10/04/14
アリスのままで	15/06/17
アルマゲドン	98/12/02
ある老女の物語	97/10/01
あん	15/05/20
アンストッパブル	11/01/05
アントキノイノチ	11/11/09
アントマン	15/09/09
アンドロメディア	98/07/15
アンナ・カレーニナ	13/03/19
アンナと王様	00/02/09
アンノウン	11/05/02
アンブレイカブル	01/02/07

【い】

イーグル・アイ	08/10/15
イースターラビットのキャンディ工場	11/08/10
硫黄島からの手紙	06/12/13
活きる	02/03/20
イコライザー	14/10/15
偉大なる、しゅららぼん	14/02/26
1911	11/10/26
一命	11/10/07
イニシエーション・ラブ	15/05/15
犬と私の10の約束	08/03/12
命	02/08/28
イヤー・オブ・ザ・ホース	98/08/26②
イル・ポスティーノ	96/05/15
イン・アメリカ	03/12/10
インクレディブル・ハルク	08/07/30
インサイダー	00/05/17
インサイド・ヘッド	15/07/08
インサイド・マン	06/06/07
イン・ザ・カット	04/03/17
イン・ザ・ベッドルーム	02/07/24
インセプション	10/07/21
インターステラー	14/11/12
インディ・ジョーンズ／クリスタル・スカルの王国	08/06/18
インファナル・アフェア	03/10/01
インフォーマント！	09/12/02

【う】

ウィズアウト・ユー	99/11/17
ウーマン・イン・ブラック 亡霊の館	12/11/21
ウォーク・ザ・ライン／君につづく道	06/02/15
ウォーリー	08/12/10
ウォッチメン	09/03/25
ウォルター少年と、夏の休日	04/07/07
ウォンテッド	08/09/17
宇宙兄弟	12/04/25
宇宙戦争	05/07/06
WOOD JOB! 神去なあなあ日常	14/05/07
UDON	06/08/30
海猿	04/06/09
海猫	04/11/10
海街diary	15/06/03
海を飛ぶ夢	05/04/13
ウルトラマンゼアス2	97/04/02
ウルフ・オブ・ウォールストリート	14/01/29
運命のボタン	10/04/30
運命を分けたザイル	05/02/23

【え】

永遠の0	13/12/11
映画 怪物くん	11/11/16
映画 深夜食堂	15/01/26
映画 ひつじのショーン バック・トゥ・ザ・ホーム	15/06/24
映画 ビリギャル	15/04/22
英国王のスピーチ	11/02/23
8Mile	03/05/28
A・I	01/06/20
エージェント・マロリー	12/09/19
エクスペンダブルズ2	12/10/10
エクスペンダブルズ3	14/10/22
エクリプス トワイライト・サーガ	10/11/02
SP 革命篇	11/03/16
SP 野望篇	10/10/27
エデンより彼方に	03/07/02
エビータ	97/01/29②
エヴェレスト 神々の山嶺	16/03/02
エリザベス ゴールデン・エイジ	

	08/02/13
エリザベスタウン	05/11/09
エリジウム	13/09/11
L・A・コンフィデンシャル	
	98/06/10
エレファント	04/03/31

【お】

オアシス	04/01/14
黄金のアデーレ　名画の帰還	
	15/11/18
大いなる陰謀	08/04/16
大奥	06/12/20
大奥〜永遠〜	12/12/19
おおかみこどもの雨と雪	12/07/11
大鹿村騒動記	11/07/19
オーシャンズ13	07/08/08
オースティン・パワーズ　ゴールドメンバー	02/08/21
オーストラリア	09/02/25
オー・ブラザー！	01/10/17
オープン・シーズン	06/12/06
オール・アバウト・マイ・マザー	
	00/04/19
ALWAYS　三丁目の夕日'64	
	12/01/11
ALWAYS　続・三丁目の夕日	
	07/10/31
オール・ユー・ニード・イズ・キル	
	14/06/27
オーロラの彼方へ	00/12/06
おかえり、はやぶさ	12/02/29
奥さまは魔女	05/08/31
おくりびと	08/09/10
お受験	99/07/07
オデッセイ	16/01/27
おとうと	10/01/27
男たちのかいた絵	96/05/08
男たちの大和／YAMATO	05/12/07
男と女の不都合な真実	09/09/18
甥の一生	15/02/04
踊る大捜査線　THE MOVIE	
	98/10/28
踊る大捜査線　THE MOVIE2	
	03/07/23
踊る大捜査線　THE MOVIE3	
	10/06/30
おにいちゃんのハナビ	10/09/22
おばあちゃんの家	03/03/26
お日柄もよくご愁傷さま	96/04/30
オブリビオン	13/05/22
オペラ座の怪人	05/01/26

おまえうまそうだな	10/10/13
思い出のマーニー	14/07/09
女が眠る時	16/02/17
陰陽師II	03/10/08

【か】

カーサ・エスペランサ〜赤ちゃんたちの家〜	04/07/28
カーズ	06/06/21
カールじいさんの空飛ぶ家	
	09/12/09
外事警察　その男に騙されるな	
	12/05/23
カイジ　人生逆転ゲーム	09/09/30
かいじゅうたちのいるところ	
	10/01/13
害虫	02/03/13
カウボーイ&エイリアン	11/10/12
カオス	00/10/11
かぐや姫の物語	13/11/13
崖っぷちの男	12/06/27
崖の上のポニョ	08/07/16
かけひきは、恋のはじまり	
	08/11/05
陰日向に咲く	08/01/23
華氏911	04/08/18
風が強く吹いている	09/10/28
風立ちぬ	13/07/10
ガタカ	98/04/08①
学校2	96/10/09
学校3	98/10/14
学校の怪談3	97/07/23
カナリア	05/03/16
ガフールの伝説	10/09/29
神様のカルテ	11/08/17
神様のパズル	08/06/04
カメレオン	08/07/09
かもめ食堂	06/03/22
花様年華	01/03/28
カラー・オブ・ハート	99/05/12
借りぐらしのアリエッティ	
	10/07/14
カリスマ	00/03/15
ガリバー旅行記	11/04/13
華麗なるギャツビー	13/06/05
カンゾー先生	98/10/07
カンバセーションズ	07/02/07

【き】

木更津キャッツアイ　日本シリーズ	
	03/10/22
傷だらけの男たち	07/07/11
キック・アス　ジャスティス・フォーエバー	14/02/12
キッズ・リターン	96/07/17
キツツキと雨	12/02/01
きっと、星のせいじゃない。	

	15/02/10	グリーン・デスティニー	15/12/16	婚前特急	11/04/06
きつねと私の12か月	09/01/07	グリーン・デスティニー	00/11/01	コンタクト	97/09/17
きみがぼくを見つけた日	09/10/21	グリーン・ランタン	11/08/31	コンテイジョン	11/11/02
君と歩く世界	13/03/27	クレヨンしんちゃん 嵐を呼ぶモーレツ!大人帝国の逆襲	01/05/02	今度は愛妻家	10/01/20
きみに読む物語	05/02/09	クローズド・ノート	07/09/26		
CASSHERN	04/04/14	クロユリ団地	13/05/08		
キャスト・アウェイ	01/02/21	グロリア	99/09/08		
キャッチ・ミー・イフ・ユー・キャン	03/03/12	クワイエットルームにようこそ	07/10/17		
キャプテンハーロック	13/08/28	群青 愛が沈んだ海の色	09/06/24		
キャプテン・フィリップス	13/11/20	【け】			
ギャラクシー街道	15/10/14	ゲーム	98/02/18		
ギャラクシー・クエスト	01/01/17	ゲゲゲの鬼太郎	07/05/02		
キャラバン	00/11/15	月光の囁き	99/10/27		
ギャング・オブ・ニューヨーク	02/12/04	結婚しようよ	08/02/06		
96時間	09/08/19	月曜日に乾杯!	03/09/24		
清須会議	13/10/30	ゲド戦記	06/07/26		
桐島、部活やめるってよ	12/08/01	化粧師 KEWAISHI	02/02/06		
麒麟の翼	12/01/18	【こ】			
キル・ビル Vol・2	04/04/21	恋と花火と観覧車	97/02/12		
きれいなおかあさん	02/06/05	GOEMON	09/04/28		
銀色のシーズン	08/01/09	GO	01/10/31		
キンキーブーツ	06/09/06	ゴースト もういちど抱きしめたい	10/11/10		
キング・アーサー	04/07/21	ゴーストワールド	01/08/22		
キングスマン	15/09/02	コードネーム U.N.C.L.E.	15/11/04		
キングダム／見えざる敵	07/10/10	ゴールデンボーイ	99/06/16		
金融腐蝕列島【呪縛】	99/09/01	ゴーン・ガール	14/12/03		
【く】		コキーユ～貝殻	99/03/24		
クイール	04/03/03	極道の妻たち	98/01/21		
偶然にも最悪な少年	03/09/10	告白	10/06/09		
空中庭園	05/10/05	孤高のメス	10/06/02		
苦役列車	12/07/04	ココニイルコト	01/06/13		
草ぶきの学校	02/12/18	50回目のファースト・キス	05/06/15		
郡上一揆	00/12/27	GODZILLA ゴジラ	14/07/16		
鯨の中のジョナ	96/07/24	ゴジラ×メカゴジラ	02/11/27		
くちづけ	13/05/15	ゴスフォード・パーク	02/10/16		
グッド・ウィル・ハンティング 旅立ち	98/03/04	こちら葛飾区亀有公園前派出所 THE MOVIE 勝どき橋を封鎖せよ!	11/07/27		
グッド・シェパード	07/10/11	GONIN サーガ	15/09/16		
クライシス・オブ・アメリカ	05/03/30	この世の外へ クラブ進駐軍	04/02/10		
グラスホッパー	15/10/28	御法度	99/12/08		
クラッシュ	06/02/08	ごめん	02/12/11		
グランド・イリュージョン	13/10/13	コラテラル	04/10/20		
グランド・ブダペスト・ホテル	14/05/28	コララインとボタンの魔女 3D	10/02/17		
グラン・トリノ	09/04/22	コレリ大尉のマンドリン	01/09/26		
クリード チャンプを継ぐ男					

【さ】

作品名	日付
13デイズ	00/12/13
最強のふたり	12/08/22
最高の人生の見つけ方	08/05/07
最後の忠臣蔵	10/12/22
最後の初恋	08/09/24
サイダーハウス・ルール	00/06/28
ザ・ウォーカー	10/06/16
ザ・ウォーク	16/01/14
THE有頂天ホテル	06/01/11
サクラサク	14/04/03
THE GREY 凍える太陽	12/08/08
柘榴坂の仇討	14/09/10
ザ・コンテンダー	01/06/27
ザ・シューター 極大射程	07/05/30
ザ・タウン	11/02/02
ザ・テノール 真実の物語	14/10/01
サトラレ	01/03/14
砂漠でサーモン・フィッシング	12/11/28
ザ・ファイター	11/03/30
サボタージュ	14/10/29
サマーウォーズ	09/08/05
ザ・マジックアワー	08/06/11
サムサッカー	06/09/27
百日紅 Miss HOKUSAI	15/04/28
猿の惑星：創世記（ジェネシス）	11/09/28
サンキュー・スモーキング	06/10/11
39【刑法第三十九条】	99/04/14
三本木農業高校、馬術部	08/10/01

【し】

作品名	日付
幸せの1ページ	08/09/03
しあわせの隠れ場所	10/02/24
幸せの教室	12/05/02
幸せのちから	07/01/24
幸せへのキセキ	12/05/31
G.I.ジョー バック2リベンジ	13/05/31
シーズンチケット	01/05/09
シービスケット	04/01/07
ジェネラル・ルージュの凱旋	09/03/11
シカゴ	03/04/09
四月物語	98/03/11①
地獄でなぜ悪い	13/09/25
司祭	96/06/05①
死者の学園祭	00/07/26
シックス・センス	99/10/13
60セカンズ	00/08/30
シッコ	07/08/29
失楽園	97/04/16
死ぬまでにしたい10のこと	03/10/15
ジヌよさらば かむろば村へ	15/03/25
SHINOBI	05/09/14
シモーヌ	03/08/27
下妻物語	04/05/19
シャーク・テイル	05/03/02
ジャージー・ボーイズ	14/09/17
ジャーヘッド	06/02/01
ジャスミンの花開く	06/06/14
ジャッジ!	13/12/25
ジャッジ 裁かれる判事	15/01/07
Shall we Dance?	05/04/27①
シャンドライの恋	00/02/02
シャンハイ・ヌーン	00/08/09
13階段	03/02/05
終戦のエンペラー	13/07/17
17歳のカルテ	00/08/23
10話	03/07/30
ジュピター	15/03/18
ジュラシック・パークⅢ	01/07/18
ジュラシック・ワールド	15/07/29
シュレック	01/12/05
シュレック2	04/07/14
少女たちの羅針盤	11/05/18
少女の髪どめ	03/05/07
小説家を見つけたら	01/03/07
少年H	13/07/31
少林サッカー	02/05/15
少林少女	08/04/23
食堂かたつむり	10/02/03
ショコラ	01/04/18
ジョゼと虎と魚たち	03/12/03
書道ガールズ!! わたしたちの甲子園	10/05/12
ジョン・ウィック	15/10/08
ジョンQ－最後の決断－	02/10/30
白ゆき姫殺人事件	14/03/19
シルク・ドゥ・ソレイユ 3D 彼方からの物語	12/10/31
進撃の巨人 ATTACK ON TITAN	15/07/22
新宿インシデント	09/05/01
新世紀エヴァンゲリオン劇場版	97/08/06
人生の特等席	12/11/14
シンデレラ	15/04/15

【す】

作品名	日付
推理作家ポー 最期の5日間	12/10/03
Sweet Rain 死神の精度	08/03/26
スウィーニー・トッド フリート街の悪魔の理髪師	08/01/16
スウィングガールズ	04/09/01
スーパーエイト	11/06/15
スーパーサイズ・ミー	04/12/22
スーパーの女	96/06/05②
スーパーマン リターンズ	06/08/23
スカーレットレター	05/05/18
好きと言えなくて	96/06/12
スキャナー 記憶のカケラをよむ男	16/04/20
スキャンダル	04/05/12
スコア	01/09/19
すずらん─少女萌の物語	00/06/14
スター・ウォーズ フォースの覚醒	15/12/17
スター・トレック	09/05/27
スター・トレック イントゥ・ダークネス	13/08/14
STAND BY ME ドラえもん	14/07/30
スティーブ・ジョブズ	16/02/03
スティグマータ	00/05/24
ステキな金縛り	11/10/19
ストレイト・ストーリー	00/03/22
スナッチ	01/02/28
砂と霧の家	04/11/02
砂時計	08/04/30
スパイ・ゲーム	01/12/29
スパイダーマン2	04/06/12
スピード・レーサー	08/07/02
SPACE BATTLESHIP ヤマト	10/11/24
スポットライト 世紀のスクープ	16/04/06
スラムドッグ$ミリオネア	09/04/15
スワロウテイル	96/09/18

【せ】

作品名	日付
世界の中心で、愛をさけぶ	04/04/30
セッション	15/04/08
蝉しぐれ	05/09/28
セルラー	05/02/16

作品名	日付
ゼロ・グラビティ	13/12/04
ゼロ・ダーク・サーティ	13/02/06
ゼロの焦点	09/11/11
戦火の勇気	96/11/06
戦国自衛隊1549	05/06/08
戦場のピアニスト	03/01/29
千と千尋の神隠し	01/07/11

【そ】

作品名	日付
ソウ	04/10/27
象の背中	07/10/24
ソーシャル・ネットワーク	11/01/12
そして父になる	13/09/18
ソラリス	03/06/11
ソルト	10/07/28
それでも夜は明ける	14/03/05
ソロモンの偽証 前篇・事件	15/03/04
そんな彼なら捨てちゃえば?	09/07/29

【た】

作品名	日付
ダークナイト	08/08/06
ダークナイト ライジング	12/07/18
ターミナル	04/12/08
ターミネーター3	03/06/25
ターミネーター4	09/06/10
ダイアナ	13/10/09
タイガーランド	01/10/10
第9地区	10/04/07
だいじょうぶ3組	13/03/13
タイタンの戦い	10/04/21
大停電の夜に	05/11/16
大日本人	07/06/06
ダイバージェント	14/07/02
ダイ・ハード4.0	07/06/27
タイフーン	06/03/29
タイムトラベラー きのうから来た恋人	99/10/06
ダイヤモンド・イン・パラダイス	06/02/22
太陽の少年	97/02/26
タキシード	03/03/05
TAXI NY	05/01/05
TAJOMARU	09/09/09
たそがれ清兵衛	02/10/23
TATARI	00/07/12
タッチ	05/09/07
旅するジーンズと16歳の夏	05/09/21
007 スペクター	15/11/25
007 ワールド・イズ・ノット・イナフ	00/01/26
食べて、祈って、恋をして	10/09/15
誰かが私にキスをした	10/03/24
誰にでも秘密がある	04/11/24
誰も守ってくれない	09/01/21
単騎、千里を走る。	06/01/25
丹下左膳 百万両の壺	04/08/04
タンゴ・レッスン	97/12/03
ダンサー・イン・ザ・ダーク	00/12/20
探偵はBARにいる2 ススキノ大交差点	13/05/01

【ち】

作品名	日付
小さいおうち	14/01/15
小さき勇者たち~ガメラ~	06/04/26②
チェイス!	14/11/26
チェ 39歳別れの手紙	09/01/14
チェ 28歳の革命	09/01/14
チカチーロ	96/04/10
地球が静止する日	08/12/24
チキン・ハート	02/07/17
チキン・リトル	05/12/21
父親たちの星条旗	06/10/18
父、帰る	04/09/15
チャーリー・ウィルソンズ・ウォー	08/05/14
チャーリーズ・エンジェル	00/11/08
チャーリーズ・エンジェル フルスロットル	03/06/18
チャーリー・モルデカイ 華麗なる名画の秘密	15/01/28
超高速!参勤交代	14/06/11
蝶の舌	01/08/29
チョコレート	02/07/10

【つ】

作品名	日付
終の信託	12/10/17
ツーリスト	11/03/02
憑神	07/06/20
椿三十郎	07/11/28
妻への家路	15/02/25
つやのよる	13/01/16
ツリー・オブ・ライフ	11/08/03
釣りキチ三平	09/03/18
釣りバカ日誌9	97/09/03
釣りバカ日誌12 史上最大の有給休暇	01/08/15
釣りバカ日誌14 お遍路大パニック!	03/09/03

【て】

作品名	日付
Dear Friends	07/01/31
ディーパンの闘い	16/02/10
ディパーテッド	06/12/27
テイラー・オブ・パナマ	01/07/04
手紙	06/11/01
デス・レース	08/11/26
テッド	13/01/09
テッド2	15/08/19
天空の草原のナンサ	05/12/28
天国の約束	97/03/19
天使と悪魔	09/05/13
天地明察	12/09/05

【と】

作品名	日付
トイ・ストーリー2	00/03/01
東京島	10/08/25
東京タワー	05/01/12
東京タワー オカンとボクと、時々、	

オトン	07/04/11
TOKYO TRIBE	14/08/13
東京日和	97/10/08
東京フレンズ　The Movie	
	06/08/16
塔の上のラプンツェル	11/03/09
トゥモローランド	15/05/27
トゥモロー・ワールド	06/11/15
トゥルー・クライム	99/12/15
トーク・トゥ・ハー	03/07/09
遠くの空に消えた	07/08/15
DOCUMENTARY of AKB48 to be continued 10年後、少女たちは今の自分に何を思うのだろう？	
	11/01/19
Dr.Tと女たち	02/01/09
特命係長 只野仁 最後の劇場版	
	08/12/03
独立少年合唱団	00/10/25
図書館戦争	13/04/17
ドッグヴィル	04/02/18
突入せよ！「あさま山荘」事件	
	02/05/01
ドミノ	05/10/19
ドライヴ	12/03/21
ドラゴン・タトゥーの女	12/01/25
トラッシュ！ この街が輝く日まで	
	14/12/24
とらばいゆ	02/04/10
トラフィック	01/04/11
どら平太	00/04/28
とらわれて夏	14/04/23
トランスフォーマー　ダークサイド・ムーン	
	11/07/20
トランスフォーマー　リベンジ	
	09/06/17
トランスフォーマー　ロストエイジ	
	14/08/06
ドリームガールズ	07/02/14
トレーニング デイ	01/10/24
どろろ	07/01/17
トロン：レガシー	10/12/16
トワイライト 初恋	09/04/01

【な】

ナイト＆デイ	10/10/06
ナイトクローラー	15/08/12
ナイト　ミュージアム	07/03/14
ナイロビの蜂	06/05/10
ナインスゲート	00/05/31
長崎ぶらぶら節	00/09/13
流れ板七人	97/01/08
ナショナル・トレジャー／リンカーン暗殺者の日記	
	07/12/19
7つの贈り物	09/02/18
ナルニア国物語／第1章 ライオンと魔女	
	06/03/01
ナルニア国物語／第2章 カスピアン王子の角笛	
	08/05/21

【に】

2046	04/10/13
20世紀少年	08/08/27
20世紀少年 最終章 ぼくらの旗	
	09/08/26
虹の女神　Rainbow Song	
	06/10/25
21グラム	04/06/02
二重スパイ	03/06/04
28日後…	03/08/13
虹をつかむ男	96/12/25
2012	09/11/18
日輪の遺産	11/08/24
日本沈没	06/07/12
ニューイヤーズ・イブ	11/12/14
ニューオーリンズ・トライアル	
	04/01/28
ニューヨークの恋人	02/06/12
ニュー・ワールド	06/04/19
任侠ヘルパー	12/11/07

【の】

ノア 約束の舟	14/06/04
ノウイング	09/07/15
脳男	13/01/30
ノートルダムの鐘	96/08/28
ノッティングヒルの恋人	99/08/25
野火	15/07/15
のんちゃんのり弁	09/10/07

【は】

her　世界でひとつの彼女	
	14/06/18
バードマン　あるいは（無知がもたらす予期せぬ奇跡）	
	15/04/01
ハート・ロッカー	10/03/03
バーバー	02/04/17
パーフェクト ストーム	00/07/19
ハイジ	06/07/19
ハイド・アンド・シーク／暗闇のかくれんぼ	
	05/04/20
ヴァイブレータ	03/11/19
パイレーツ・オブ・カリビアン／呪われた海賊たち	
	03/07/16
パイレーツ・オブ・カリビアン／ワールド・エンド	
	07/05/23
バイロケーション	14/01/10
博士と彼女のセオリー	15/03/11
白鯨との闘い	16/01/06
バクマン。	15/09/19
ハゲタカ	09/06/03
バケモノの子	15/07/02
バス174	05/06/22
バスを待ちながら	02/01/23
8月の家族たち	14/04/09
ハチミツとクローバー	06/08/02
HACHI 約束の犬	09/08/12
バックダンサーズ！	06/09/13
初恋のきた道	00/11/22
ハッシュ！	02/04/24
パッション	04/04/28
パッチ・アダムス	99/03/17
パッチギ！	05/01/19
パッチギ！ LOVE&PEACE	
	07/05/16
バッテリー	07/02/28
ハッピー フィート	07/03/20
ハッピーフライト	08/11/12
パトリオット	00/09/27
バトルシップ	12/04/04
バトルフィールド・アース	
	00/10/18
花とアリス	04/03/10
ハナミズキ	10/08/18
花より男子ファイナル	08/06/25
花よりもなほ	06/05/31
母と暮せば	15/12/02
ハプニング	08/07/23
パブリック・エネミーズ	09/12/16
バベル	07/04/25
ハムナプトラ2／黄金のピラミッド	

	01/06/06
はやぶさ／HAYABUSA	11/09/21
パラサイト・イヴ	97/01/29①
BALLAD 名もなき恋のうた	
	09/09/02
ハリー・ポッターと賢者の石	
	01/11/28
ハリー・ポッターと謎のプリンス	
	09/07/22
ハリー・ポッターと秘密の部屋	
	02/11/13
ハリー・ポッターと不死鳥の騎士団	
	07/07/18
ハリー・ポッターと炎のゴブレット	
	05/11/22
ハリウッド・ミューズ	00/09/06
春との旅	10/05/19
春の日は過ぎゆく	02/06/19
バレンタインデー	10/02/10
半落ち	03/12/17
ハンガー・ゲーム2	13/12/18
ハンサム★スーツ	08/10/29
反則王	01/08/08
バンディッツ	01/12/19
バンテージ・ポイント	08/03/05
ハンニバル・ライジング	07/04/18
PAN ネバーランド、夢のはじまり	
	15/10/21
万能鑑定士Q モナ・リザの瞳	
	14/05/21
半分の月がのぼる空	10/03/31
ヴァン・ヘルシング	04/08/25
【ひ】	
ヒア アフター	11/02/16
ピアニスト	02/01/30
ピース オブ ケイク	15/08/26
BEAT	98/08/19
HERO	07/09/05
ビーン	98/03/11②
光の雨	01/11/14
光の旅人	02/04/03
眉山	07/05/09
陽だまりの彼女	13/10/02
ビッグ・アイズ	15/01/14
ヒックとドラゴン	10/08/04
必死剣 鳥刺し	10/07/07
ビフォア・サンセット	05/02/02
ヒマラヤ杉に降る雪	00/03/29
秘密	99/09/22
百円の恋	14/12/10
127時間	11/06/08

白夜行	11/01/26
ヒューゴの不思議な発明	12/02/22
ビューティフル・マインド	
	02/03/27
ヒューマンネイチュア	02/03/06
ピンポン	02/07/03
【ふ】	
ファイト・クラブ	99/11/24
ファミリー・ツリー	12/05/09
フィオナの海	96/09/25
フィクサー	08/04/04
フェイス	98/12/22
47RONIN	13/11/27
42 世界を変えた男	13/10/23
フォーン・ブース	03/11/12
武士の一分	06/11/29
武士の家計簿	10/12/01
ふたりの5つの分かれ路	05/08/24
不都合な真実	07/01/10
舟を編む	13/04/03
不夜城	98/06/24
フューリー	14/11/19
フライ、ダディ、フライ	05/06/29
フライト	13/02/20
プライド 運命の瞬間	98/05/27
フライト・ゲーム	14/08/27
プライドと偏見	06/01/18
プライベート・ライアン	98/09/16
ブラインドネス	08/11/19
フラガール	06/09/20
ブラザーズ・グリム	05/11/02
ブラザーフッド	04/06/23
プラチナデータ	13/03/06
ブラック&ホワイト	12/04/11
ブラック・スキャンダル	16/01/20
ブラック・スワン	11/05/11
ブラッド・ダイヤモンド	07/04/04
PLANET OF THE APES／猿の惑星	
	01/07/25
フランケンウィニー	12/12/05
フリーダ	03/08/06
ブリッジ・オブ・スパイ	15/12/22
プリンス・オブ・ペルシャ 時間の砂	
	10/05/26
blue	03/03/19
ブルージャスミン	14/04/30
ブレア・ウィッチ・プロジェクト	
	99/12/22
フレフレ少女	08/10/08
friends もののけ島のナキ	
	11/12/07

ブロウ	01/09/12
ブロークン・フラワーズ	
	06/04/26①
プロデューサーズ	06/04/05
プロメテウス	12/08/15
【へ】	
ペイバック	99/04/28
ベイビィ ベイビィ ベイビィ!	
	09/05/20
ペイ・フォワード 可能の王国	
	01/01/24
ベオウルフ／呪われし勇者	
	07/12/05
ベガスの恋に勝つルール	08/08/13
北京原人	97/12/24
BECK	10/09/01
ベティ・サイズモア	01/05/16
ヴェラ・ドレイク	05/07/13
ヘルボーイ	04/09/24
ベルリンファイル	13/07/27
ベルリン、フィルと子どもたち	
	04/12/01
ベルリン、僕らの革命	
	05/04/27②
ヴェロニカ・ゲリン	04/05/26
ベンジャミン・バトン 数奇な人生	
	09/02/04
【ほ】	
ボウリング・フォー・コロンバイン	
	03/01/15
ボーイズ・ドント・クライ	
	00/07/05
ホーホケキョとなりの山田くん	
	99/07/14
ホームレス中学生	08/10/22
ポーラー・エクスプレス	04/11/17
ボーン・アルティメイタム	
	07/11/07
僕だけがいない街	16/03/09
僕達急行 A列車で行こう	
	12/03/14
ぼくたちと駐在さんの700日戦争	
	08/04/02
僕たちは世界を変えることができない。	
	11/09/14
僕の彼女はサイボーグ	08/05/28
僕らのワンダフルデイズ	09/11/04
ぼくんち	03/04/02
ホタル	01/05/23
ホノカアボーイ	09/03/04
ボビー	07/02/21

ポルノグラフィックな関係	00/10/04
ボルベール〈帰郷〉	07/07/04
ホワイトアウト	00/08/16
ホワイト・オランダー	03/02/19
ホワイトハウス・ダウン	13/08/07

【ま】

マーガレット・サッチャー 鉄の女の涙	12/03/08
マーシャル博士の恐竜ランド	09/09/16
マーシャル・ロー	00/04/05
マーズ・アタック!	97/03/12
マイ・インターン	15/09/30
マイウェイ 12000キロの真実	11/12/28
マイケル・ジャクソン キング・オブ・ポップの素顔	10/06/23
舞妓Haaaan!!!	07/06/13
舞妓はレディ	14/09/03
マイティ・ソー	11/06/22
マイティ・ハート/愛と絆	07/11/21
マイ・ネーム・イズ・ジョー	99/07/28
マイノリティ・リポート	02/11/20
マイ・ファニー・レディ	15/12/09
マイ・ブラザー	05/06/01
マイ・ブルーベリー・ナイツ	08/03/19
マイレージ、マイライフ	10/03/17
マインド・ゲーム	04/08/11
魔界転生	03/04/16
幕が上がる	15/02/18
マグノリア	00/03/08
マクマレン兄弟	96/03/27
マゴリアムおじさんの不思議なおもちゃ屋	08/02/20
マザー・テレサ	05/08/10
真幸くあらば	10/01/06
魔女の宅急便	14/02/19
マスター・アンド・コマンダー	04/02/25
マダガスカル3	12/07/25
まだまだあぶない刑事	05/10/26
マッチスティック・メン	03/09/17
マッドマックス 怒りのデス・ロード	15/06/10
マトリックス	99/09/14
マトリックス リローデッド	03/05/21
マトリックス レボリューションズ	03/11/05
真夏の方程式	13/07/01
マネー・ショート 華麗なる大逆転	16/02/24
魔法使いの弟子	10/08/11
まほろ駅前狂騒曲	14/10/08
まほろ駅前多田便利軒	11/04/20
間宮兄弟	06/05/17
真夜中の五分前	14/12/17
真夜中の弥次さん喜多さん	05/04/06
マルホランド・ドライブ	02/02/13
マン・オブ・スティール	13/08/21
漫才ギャング	11/03/23
マンダレイ	06/03/08
マンデラ 自由への長い道	14/05/14

【み】

Mr.&Mrs.スミス	05/11/30
ミスティック・リバー	03/12/24
ミス・ポター	07/09/12
Mi III	06/07/05
ミッション・インポッシブル ローグ・ネイション	15/08/05
ミッドナイト・イン・パリ	12/05/16
壬生義士伝	02/12/25
ミリオンダラー・アーム	14/09/24
ミリオンダラー・ベイビー	05/05/25
みんなのいえ	01/05/30

【む】

MW─ムウ─	09/07/01
麦の穂をゆらす風	06/11/22
息子の部屋	02/01/16

【め】

めがね	07/09/19
めぐりあう時間たち	03/04/30
メダリオン	04/06/16
メッセージ・イン・ア・ボトル	99/06/02
メメント	01/11/07
メランコリア	12/02/08
メルキアデス・エストラーダの3度の埋葬	06/03/15
メン・イン・ブラック2	02/06/26

【も】

魍魎の匣	07/12/26
萌の朱雀	97/11/12
モーターサイクル・ダイアリーズ	04/10/06
もし高校野球の女子マネージャーがドラッカーの「マネジメント」を読んだら	11/06/01
モスラ	96/11/27
もののけ姫	97/07/02

模倣犯	02/05/29
モンスーン・ウェディング	
	02/08/14
モンスター	04/09/22
モンスターズ・インク	02/02/27
モンスターズ・ユニバーシティ	
	13/06/27
モンスターVSエイリアン	09/07/08

【や】

約三十の嘘	04/12/15
やさしくキスをして	05/05/11
やじきた道中　てれすこ	07/11/14
山の郵便配達	01/04/25
ヤング・アダルト	12/02/15
ヤンヤン　夏の想い出	01/02/14

【ゆ】

ユア・マイ・サンシャイン	
	06/11/08
ユー・ガット・メール	99/01/13
夕凪の街　桜の国	07/08/01
行きずりの街	10/11/17
ユナイテッド93	06/08/09
夢売るふたり	12/08/29
EUREKA	01/01/10
許されざる者	13/09/04
ゆれる	06/06/28

【よ】

八日目の蝉	11/04/27
容疑者　室井慎次	05/08/17
横道世之介	13/02/13
黄泉がえり	03/01/08
夜のピクニック	06/10/04
歓びを歌にのせて	05/12/14

【ら】

ライアーゲーム　ザ・ファイナルステージ	
	10/03/10
雷桜	10/10/20
ライフ・イズ・ビューティフル	
	99/04/07
Life　天国で君に逢えたら	
	07/08/22
ライブ・フレッシュ	98/08/26①
ライラの冒険　黄金の羅針盤	
	08/02/27
ラストキング・オブ・スコットランド	
	07/03/07
ラストゲーム　最後の早慶戦	
	08/08/20
ラスト　サムライ	03/11/26
ラストスタンド	13/04/24
らせん	98/01/28
ラッシュ　プライドと友情	
	14/02/05
ラブ・アクチュアリー	04/01/21
ラブ・レター	98/05/20
ラム・ダイアリー	12/06/20
ラン・オールナイト	15/05/01
ラン・ローラ・ラン	99/08/04

【り】

リアル・スティール	11/11/30
理想の彼氏	09/11/25
Returner　リターナー	02/08/07
リップヴァンウィンクルの花嫁	
	16/03/16
リトル・ダンサー	01/01/31
リトル・レッド　レシピ泥棒は誰だ!?	
	07/10/03
リバティーン	06/04/12
リプリー	00/08/02
リベンジ・マッチ	14/03/26
竜馬の妻とその夫と愛人	02/09/04
Re:LIFE　リライフ	15/11/11
リリイ・シュシュのすべて	
	01/10/03
リンカーン	13/04/10
リンカーン　秘密の書	12/10/24
リング	98/01/28
リング0／バースデイ	00/01/12
リング2	99/01/27
臨場　劇場版	12/06/13
リンダ　リンダ　リンダ	05/08/03

【る】

LUCY　ルーシー	14/08/20
LOOPER　ルーパー	12/12/26

ルーム	16/03/30
るろうに剣心　京都大火編	14/07/23

【れ】

RAILWAYS　愛を伝えられない大人たちへ	11/11/22
レッドクリフPart II ―未来への最終決戦―	09/04/08
RED SHADOW　赤影	01/08/01
レッド・ドラゴン	03/01/22
レヴェナント　蘇えりし者	16/04/13
レボリューショナリー・ロード　燃え尽きるまで	09/01/28
レミーのおいしいレストラン	07/07/25
レ・ミゼラブル	12/12/12
恋愛小説家	98/04/08②
恋愛適齢期	04/03/24
聯合艦隊司令長官　山本五十六	11/12/21
連弾	01/04/04

【ろ】

ロード・オブ・ザ・リング	02/02/20
ロード・オブ・ザ・リング　王の帰還	04/02/04
ロード・オブ・ザ・リング　二つの塔	03/02/12
ロード・トゥ・パーディション	02/09/18
ローレライ	05/03/09
ローン・レンジャー	13/07/24
6才のボクが、大人になるまで。	14/11/05
64　ロクヨン　前編	16/04/27
ロスト・イン・トランスレーション	04/04/07
ロスト・ワールド	97/06/25
ロック・オブ・エイジズ	12/09/12
ロック　わんこの島	11/07/13
ロビン・フッド	10/12/08
ロボッツ	05/07/27
ロラックスおじさんの秘密の種	12/09/26

【わ】

ワールド・オブ・ライズ	08/12/17
わが母の記	12/04/18
私の頭の中の消しゴム	05/10/12
私の中のあなた	09/10/14
101	97/03/05

監督名索引

【あ】

青山真治	01/01/10
安里麻里	14/01/10
朝原雄三	03/09/03
アスガー・レス	12/06/27
アダム・シャンクマン	12/09/12
アダム・マッケイ	16/02/24
アッバス・キアロスタミ	03/07/30
荒牧伸志	13/08/28
アラン・カミング	01/11/21
アラン・パーカー	97/01/29②
アラン・マック	03/10/01, 07/07/11
アルバート・ヒューズ	10/06/16
アルバート・ブルックス	00/09/06
アルフォンソ・キュアロン	06/11/15, 13/12/04
アレクサンダー・ペイン	03/05/14, 12/05/09
アレックス・プロヤス	09/07/15
アレハンドロ・アメナーバル	05/04/13
アレハンドロ・ゴンサレス・イニャリトゥ	04/06/02, 07/04/25, 15/04/01, 16/04/13
アレン・ヒューズ	10/06/16
アン・クォンテ	05/06/01
アンソニー・スタッチ	06/12/06
アンソニー・ミンゲラ	00/08/02
アンディ・ウォシャウスキー	03/05/21, 03/11/05
アンディ・テナント	00/02/09
安藤尋	03/03/19
アントニア・バード	96/06/05①, 98/12/22
アンドリュー・アダムソン	01/12/05, 04/07/14, 06/03/01, 08/05/21, 12/10/31
アンドリュー・スタントン	08/12/10
アンドリュー・ニコル	98/04/08①, 03/08/27
アンドリュー・ラウ	03/10/01, 07/07/11
アンドレイ・ズビャギンツェフ	04/09/15
アントワーン・フークア	01/10/24, 04/07/21, 07/05/30, 14/10/15
庵野秀明	97/08/06
アン・リー	00/11/01

【い】

イアン・ソフトリー	02/04/03
飯田譲治	98/01/28, 00/04/12
イー・ツーイェン	03/08/20
イー・トンシン	09/05/01
井坂聡	07/10/24
イザベル・コヘット	03/10/15
李相日	06/09/20, 10/09/08, 13/09/04
石井隆	15/09/16
石井康晴	08/06/25
石井裕也	13/04/03
イ・ジェハン	05/05/12
イ・ジェヨン	04/05/12
イ・ジョンヒャン	03/03/26
イ・ジョンボム	11/09/07
和泉聖治	96/04/30, 97/01/08
伊丹十三	96/06/05②
市川崑	00/04/28
市川準	02/09/04
イ・チャンドン	04/01/14
井筒和幸	05/01/19, 07/05/16
伊藤俊也	98/05/27
伊藤秀裕	96/05/08
犬童一心	03/12/03, 05/09/07, 07/05/09, 09/11/11
猪股隆一	10/05/12
今村昌平	98/10/07
岩井俊二	96/09/18, 98/03/11①, 01/10/03, 04/03/10, 16/03/16
岩本仁志	09/07/01

【う】

ウィリアム・マローン	00/07/12
ウェイツ兄弟	02/09/11
ウェイン・ワン	16/02/17
ウェス・アンダーソン	14/05/28
植田尚	08/12/03
ウォーレン・コールマン	07/03/20
ウォシャウスキー兄弟	99/09/14, 08/07/02
ウォシャウスキー姉妹	15/03/18
ウォッシュ・ウェストモアランド	15/06/17
ウォルター・サレス	04/10/06
ウォルフガング・ペーターゼン	00/07/19
ウォン・カーウァイ	01/03/28
	04/10/13, 08/03/19
ウディ・アレン	12/05/16, 14/04/30

【え】

エドゥアルド・サンチェス	99/12/22
エドワード・ズウィック	96/11/06, 00/04/05, 03/11/26, 07/04/04
エドワード・バーンズ	96/03/27
エドワード・ヤン	01/02/14
エミリオ・エステベス	07/02/21
M・ナイト・シャマラン	99/10/13, 01/02/07, 08/07/23, 13/06/12
エリック・ダーネル	12/07/25
エリック・トレダノ	12/08/22
エリック・ヴァリ	00/11/15
エンリケ・サンチェス・ランチ	04/12/01

【お】

大島渚	99/12/08
オースティン・テイラー	10/06/23
大谷健太郎	02/04/10, 04/12/15
大谷太郎	10/11/10
大友啓史	09/06/03, 13/03/06, 14/07/23
大根仁	15/09/19
大林宣彦	99/06/23
大森寿美男	09/10/28
大森立嗣	11/04/20, 14/10/08
緒方明	00/10/25, 09/10/07
御徒町凧	10/01/06
荻上直子	06/03/22, 07/09/19
沖田修一	12/02/01, 13/02/13
オタール・イオセリアーニ	03/09/24
落合正幸	97/01/29①
オリバー・ヒルシュビーゲル	13/10/09
オリビエ・ナカシュ	12/08/22

【か】
カーク・ワイズ　　　　96/08/28
カーティス・ハンソン
　　　　　　　98/06/10，03/05/28
カール・リンシュ　　　13/11/27
ガイ・リッチー
　　　　　　　01/02/28，15/11/04
カイル・バルダ　　　　12/09/26
筧昌也　　　　　　　　08/03/26
ガス・ヴァン・サント　98/03/04
　　　　　　　01/03/07，04/03/31
金子修介　　　97/07/23，16/04/20
金子文紀　　　03/10/22，12/12/19
ガブリエレ・ムッチーノ
　　　　　　　07/01/24，09/02/18
河瀬直美　　　97/11/12，15/05/20
川村泰祐　　　　　　　11/07/27
カン・ジェギュ
　　　　　　　04/06/23，11/12/28
寒竹ゆり　　　　　　　11/01/19

【き】
北野武　　　　　　　　96/07/17
北村龍平　　　　　　　03/04/23
君塚良一　　　05/08/17，09/01/21
キム・サンマン　　　　14/10/01
キム・ジウン　01/08/08，13/04/24
キム・ヒョンジョン　　03/06/04
キャサリン・ハードウィック
　　　　　　　　　　　09/04/01
キャスリン・ビグロー
　　　　　　　10/03/03，13/02/06
キャメロン・クロウ　　01/03/21
　　　　　　　05/11/09，12/05/31
ギャレス・エドワーズ　14/07/16
紀里谷和明　　04/04/14，09/04/28
ギレルモ・デル・トロ　04/09/29
キンバリー・ピアース　00/07/05

【く】
クァク・キョンテク　　06/03/29
クァク・ジェヨン　　　08/05/28
クエンティン・タランティーノ
　　　　　　　　　　　04/04/21
グ・スーヨン　　　　　03/09/10
宮藤官九郎　　　　　　05/04/06
国本雅広　　　　　　　10/09/22
熊沢尚人　　　　　　　06/10/25
蔵方政俊　　　　　　　11/11/22
クリス・ウェッジ　　　05/07/27
クリス・コロンバス
　　　　　　　01/11/28，02/11/13
クリス・サンダース　　10/08/04

クリス・ジェロルモ　　96/04/10
クリストファー・ノーラン
　01/11/07，08/08/06，10/07/21
　12/07/18，14/11/12
クリストファー・マッカリー
　　　　　　　13/01/23，15/08/05
クリス・ヌーナン　　　07/09/12
クリス・バック　　　　14/03/13
クリス・ルノー　　　　12/09/26
クリス・ワイツ　　　　08/02/27
栗山富夫　　　　　　　97/09/03
クリント・イーストウッド
　99/12/15，03/12/24，05/05/25
　06/10/18，06/12/13，09/04/22
　11/02/16，14/09/17
クレイグ・ギレスピー　14/09/24
グレゴリー・ホブリット　00/12/06
黒沢清　　　　　　　　00/03/15
黒土三男　　　　　　　05/09/28

【け】
ケイ・ポラック　　　　05/12/14
ゲイリー・トルースデール
　　　　　　　　　　　96/08/28
ゲイリー・フレダー　　04/01/28
ゲイリー・マーシャル
　　　　　　　10/02/10，11/12/14
ゲイリー・ロス
　　　　　　　99/05/12，04/01/07
ケネス・ブラナー
　　　　　　　11/06/22，15/04/15
ケビン・ドノバン　　　03/03/05
ケビン・マクドナルド
　　　　　　　05/02/23，07/03/07
ケリー・アズベリー　　04/07/14
ケン・クワピス
　　　　　　　05/09/21，09/07/29
ケン・ローチ　　　　　99/07/28
　　　　　　　05/05/11，06/11/22

【こ】
ゴア・バービンスキー　03/07/16
　　　　　　　07/05/23，13/07/24
小泉堯史　　　　　　　02/09/25
神山征二郎　　00/12/27，08/08/20
コーエン兄弟　01/10/17，02/04/17
ゴードン・チャン　　　04/06/16
小中和哉　　　　　　　97/04/02
小林政広　　　　　　　10/05/19
コリー・エドワーズ　　07/10/03
コリン・トレボロウ　　15/07/29
是枝裕和　　　06/05/31，13/09/18
　　　　　　　　　　　15/06/03

コンラッド・バーノン　04/07/14
　　　　　　　09/07/08，12/07/25

【さ】

監督名	日付
サイモン・ウェスト	12/10/10
サイモン・カーティス	15/11/18
崔洋一	04/03/03
阪本順治	03/04/02, 04/02/10, 08/07/09, 10/11/17, 11/07/19
佐々部清	03/12/17, 07/08/01, 08/02/06, 08/10/01, 11/08/24
ザック・スナイダー	09/03/25, 10/09/29, 13/08/21
ザック・ヘルム	08/02/20
佐藤純彌	97/12/24, 05/12/07
佐藤信介	08/04/30, 13/04/17, 14/05/21
佐藤東弥	09/09/30
真田敦	09/03/04
サム・メンデス	00/04/26, 02/09/18, 06/02/01, 09/01/28, 15/11/25
サム・ライミ	04/06/30
サリー・ポッター	97/12/03

【し】

監督名	日付
J・J・エイブラムス	06/07/05, 09/05/27, 11/06/15, 13/08/14, 15/12/17
ジェイソン・ライトマン	06/10/11, 10/03/17, 12/02/15, 14/04/23
ジェイ・ローチ	02/08/21
シェーカル・カプール	08/02/13
ジェームズ・L・ブルックス	98/04/08②
ジェームズ・キャメロン	09/12/22
ジェームズ・フォーリー	97/03/19
ジェームズ・マーシュ	15/03/11
ジェームズ・マクティーグ	12/10/03
ジェームズ・マンゴールド	00/08/23, 02/06/12, 06/02/15, 10/10/06
ジェームズ・ワトキンス	12/11/21
ジェームズ・ワン	04/10/27
ジェーン・カンピオン	04/03/17
ジェシー・ネルソン	02/05/22
ジェニファー・ジェイソン・リー	01/11/21
ジェニファー・フラケット	08/09/03
ジェニファー・リー	14/03/13
ジェフ・ワドロウ	14/02/12
塩田明彦	99/10/27, 02/03/13
	03/01/08, 05/03/16, 07/01/17
シドニー・ルメット	99/09/08
品川ヒロシ	11/03/23
篠崎誠	10/08/25
篠原哲雄	00/07/26, 02/08/28
清水崇	14/02/19
清水浩	02/07/17
ジム・シェリダン	03/12/10
ジム・ジャームッシュ	98/08/26②, 06/04/26①
下山天	05/09/14
ジャウム・コレットセラ	11/05/02, 14/08/27, 15/05/01
ジャスティン・チャドウィック	14/05/14
ジャッキー・チェン	11/10/26
ジャック・オディアール	13/03/27, 16/02/10
ジャンピエール・ジュネ	01/12/26
シュイ・コン（徐耿）	02/12/18
ジュディー・モリス	
ジュリアン・ジャロルド	06/09/06
ジュリー・テイモア	03/08/06
生野慈朗	06/11/01
ジョエル・シューマッカー	01/10/10, 03/11/12, 04/05/24, 05/01/26
ジョー・カーナハン	12/08/08
ジョージ・クルーニー	08/11/05
ジョージ・C・ウルフ	08/09/24
ジョージ・ノルフィ	11/05/25
ジョージ・ミラー	07/03/20, 15/06/10
ジョー・ジョンストン	01/07/18
ジョー・ライト	06/01/18, 13/03/19, 15/10/21
ショーン・レビ	07/03/14, 11/11/30
ジョシュ・ブーン	15/02/10
ジョゼ・パジーリャ	05/06/22
ジョセフ・コシンスキー	10/12/16, 13/05/22
ジョナサン・デミ	05/03/30
ジョナサン・モストウ	03/06/25
ジョン・ウー	09/04/08
ジョン・ウェルズ	14/04/09
ジョン・M・チュウ	13/05/31
ジョン・セイルズ	96/09/25, 04/07/28
ジョン・タートルトーブ	07/12/19, 10/08/11
ジョン・ファブロー	11/10/12
ジョン・ブアマン	01/07/04
ジョン・ポルソン	05/04/20
ジョン・マッデン	01/09/26
ジョン・ラセター	00/03/01, 06/06/21
ジョン・リー・ハンコック	10/02/24
ジル・カルトン	06/12/06
新城毅彦	07/08/22

【す】

監督名	日付
スーザン・ストローマン	06/04/05
周防正行	12/10/17, 14/09/03
杉田成道	10/12/22
スコット・クーパー	16/01/15
スコット・デリクソン	08/12/24
スコット・ヒックス	00/03/29, 02/05/09
鈴木雅之	07/09/05
スティーブ・マックイーン	14/03/15
スティーブン・スピルバーグ	97/06/25, 98/09/16, 01/12/09, 02/11/20, 03/03/12, 04/12/08, 05/07/06, 08/06/18, 13/04/10, 15/12/22
スティーブン・ソダーバーグ	01/04/11, 03/06/11, 07/08/08, 09/01/14, 09/12/02, 11/11/02, 12/09/19
スティーブン・ソマーズ	01/06/06, 04/08/25
スティーブン・ダルドリー	01/01/31, 03/04/30, 14/12/24
スティーヴン・ヘレク	97/03/05
砂本量	97/02/12
スパイク・ジョーンズ	10/01/13, 14/06/18
スパイク・リー	06/06/07

【せ】

監督名	日付
セス・マクファーレン	13/01/09, 15/08/19
瀬々敬久	11/11/09, 16/04/27

【そ】

監督名	日付
相米慎二	98/12/09
園子温	13/09/25, 14/08/13
ソフィア・コッポラ	04/04/07
曽利文彦	02/07/03, 11/02/09
孫周	02/06/05

【た】
ダーレン・アロノフスキー
　　　　　　　　　11/05/11，14/06/04
高田雅博　　　　　　　06/08/02
高橋伴明　　　　　　　01/11/14
高畑勲　　　　99/07/14，13/11/13
滝田洋二郎　　99/07/07，99/09/22
　02/12/25，03/10/08，07/02/28
　08/09/10，09/03/18，12/09/05
滝本智行　　　13/01/30，15/10/28
田口トモロヲ　　　　　15/08/26
ダグ・リーマン
　　　　　　　05/11/30，14/06/27
竹中直人　　　97/10/08，01/04/04
武正晴　　　　　　　　14/12/10
田崎竜太　　　　　　06/04/26②
田中誠　　　　　　　　11/06/01
田中光敏　　　02/02/06，14/04/03
ダニー・ボイル　　　　08/03/13
　09/04/15，11/06/08，16/02/03
ダニエル・マイリック　99/12/22
ダン・ギルロイ　　　　15/08/12
ダン・スキャンロン　　13/06/27
【ち】
チアン・ウェン（姜文）97/02/26
チャウ・シンチー　　　02/05/15
チャド・スタエルスキ　15/10/08
チャン・イーモウ　　　00/11/22
　02/03/20，06/01/25，15/02/25
チャン・ヒョンス　　　04/11/24
張黎　　　　　　　　　11/10/26
【つ】
塚本晋也　　　　　　　15/07/15
塚本連平　　　　　　　08/04/02
津田豊滋　　　　　　　04/08/04
堤幸彦　　　　08/08/27，09/08/26
　10/09/01，11/09/21，13/05/15
　15/05/15
鶴田法男　　　　　　　00/01/12
【て】
D・J・カルーソ
　　　　　　　08/10/15，11/06/29
ディーン・デュボア　　10/08/04
ディーン・パリソット　01/01/17
デイビス・グッゲンハイム
　　　　　　　　　　　07/01/10
デイミアン・チャゼル　15/04/08
ティムール・ベクマンベトフ
　　　　　　　08/09/17，12/10/24
ティム・ストーリー　　05/01/05
ティム・バートン　　　97/03/12
　01/07/25，08/01/16，10/04/14
　12/12/05，15/01/14
ティム・ヒル　　　　　11/08/10
ティム・マッキャンリーズ
　　　　　　　　　　　04/07/07
デービッド・リンチ
　　　　　　　00/03/22，02/02/13
手塚昌明　　　02/11/27，05/06/08
テッド・デミ　　　　　01/09/12
デヴィッド・イェーツ
　　　　　　　07/07/18，09/07/22
デビッド・エアー
　　　　　　　14/10/29，14/11/19
デヴィッド・エリス　　05/02/16
デビッド・O・ラッセル
　　　　　　　11/03/30，14/01/22
デビッド・コープ　　　15/01/28
デヴィッド・シルヴァーマン
　　　　　　　　　　　02/02/27
デヴィッド・スレイド　10/11/02
デビッド・ドブキン　　15/01/07
デビッド・フィンチャー
　98/02/18，99/11/24，09/02/04
　11/01/12，12/01/25，14/12/03
テリー・ギリアム　　　05/11/02
テリー・ツワイゴフ　　01/08/22
テレンス・マリック
　　　　　　　06/04/19，11/08/03
【と】
土井裕泰　　　10/08/18，12/01/18
　15/04/22
冨樫森　　　　　　　　02/12/11
トッド・エドワーズ　　07/10/03
トッド・フィールド　　02/07/24
トッド・ヘインズ　　　03/07/02
トニー・ギルロイ　　　08/04/09
トニー・ケイ　　　　　00/02/16
トニー・スコット　　　01/12/12
　05/10/19，11/01/05
トニー・リーチ　　　　07/10/03
トマス・グルベ　　　　04/12/01
トミー・リー・ジョーンズ
　　　　　　　　　　　06/03/15
富永まい　　　　　　　10/02/03
ドミニク・セナ　　　　00/08/30
トム・シャドヤック　　99/03/17
トム・ダイ　　　　　　00/08/09
トム・ティクバ　　　　99/08/04
トム・ハンクス　　　　12/05/02
トム・フーパー
　　　　　　　11/02/23，12/12/25
トム・ボーン　　　　　08/08/13
トム・マクグラス　　　12/07/25
トム・マッカーシー　　16/04/06
豊田利晃　　　02/07/31，05/10/05
鳥井邦男　　　　　　　05/10/26

【な】

名前	日付
永井聡	13/12/25
中江功	11/07/13
中川陽介	09/06/24
長崎俊一	11/05/18
長沢雅彦	01/06/13, 03/02/05, 06/10/04
中島貞夫	98/01/21
中島哲也	04/05/19, 10/06/09
中田秀夫	98/01/28, 99/01/27, 00/10/11, 13/05/08
中野裕之	01/08/01, 09/09/09
中原俊	99/03/24
中村義洋	09/03/11, 11/11/16, 14/03/19
永山耕三	06/08/16, 06/09/13
成島出	05/06/29, 10/06/02, 11/04/27, 11/12/21, 15/03/04
ナンシー・マイヤーズ	15/09/30
ナンシー・メイヤー	04/03/24
ナンニ・モレッティ	02/01/16

【に】

名前	日付
ニール・バーガー	14/07/02
ニール・ブロムカンプ	10/04/07, 13/09/11
ニール・ラビュート	01/05/16
ニコラス・ウィンディング・レフン	12/03/21
西川美和	06/06/28, 12/08/29
西谷弘	12/11/07, 13/07/01
ニック・カサベテス	02/10/30, 05/02/09, 09/10/14
蜷川幸雄	03/02/26

【ね】

名前	日付
ネイサン・グレノ	11/03/09

【の】

名前	日付
ノーラ・エフロン	99/01/13, 05/08/31

【は】

名前	日付
バート・フレインドリッチ	09/11/25
バイロン・ハワード	11/03/09
パク・チンピョ	06/11/08
橋口亮輔	02/04/24
橋本一	12/06/13, 13/05/01
羽住英一郎	04/06/09, 08/01/09
バズ・ラーマン	09/02/25, 13/06/05
波多野貴文	10/10/27, 11/03/16
パティ・ジェンキンス	04/09/22
ヴァディム・パールマン	04/11/02
パトリック・ヒューズ	14/10/22
英勉	08/10/29
浜本正機	07/03/28
林徹	06/12/20
原恵一	01/05/02, 15/04/28
原田真人	99/09/01, 02/05/01, 07/12/26, 12/04/18
バリー・ソネンフェルド	02/06/26
バリー・レビンソン	01/12/19
ハロルド・ライミス	99/11/02
ハンス・カノーザ	07/02/07, 10/03/24
ハンス・ワインガルトナー	05/04/27②

【ひ】

名前	日付
ピーター・ウィアー	04/02/25
ピーター・ウェーバー	07/04/18, 13/07/17
ピーター・コズミンスキー	03/02/19
ピーター・シーガル	05/06/15, 14/03/26
ピーター・ジャクソン	02/02/20, 03/02/12, 04/02/04
ピーター・チェルソム	05/04/27①
ピーター・バーグ	07/10/10, 12/04/04
ピーター・ボグダノビッチ	15/12/09
ピート・ドクター	02/02/27, 09/12/09, 15/07/08
ピート・トラヴィス	08/03/05
ピエール・モレル	09/08/19
樋口真嗣	05/03/09, 06/07/12, 15/07/22
ビジャイ・クリシュナ・アーチャールヤ	14/11/26
ヴィッキー・ジェンソン	01/12/05, 05/03/02
ビボ・バージェロン	05/03/02
ビャンバスレン・ダバー	05/12/28
ヒュー・ウィルソン	99/10/06
ピョン・ヒョク	05/05/18
平川雄一朗	08/01/23, 16/03/09
平山秀幸	98/09/09, 02/10/09, 03/04/16, 07/11/14, 10/07/07, 16/03/02
ビル・コンドン	07/02/14
広木隆一	03/11/19, 10/10/20, 13/03/13, 15/02/04

【ふ】

名前	日付
ファブリッツィオ・コスタ	05/08/10
フアン・カルロス・タビオ	02/01/23
フィリダ・ロイド	12/03/08
フィリップ・ノイス	04/09/29, 10/07/28
フィル・ジョアノー	99/11/17
フェルナンド・メイレレス	06/05/10, 08/11/19
フォ・ジェンチイ	01/04/25
深川栄洋	10/03/31, 11/01/26, 11/08/17
深作健太	11/09/14
深町幸男	00/09/13
藤森雅也	10/10/13
ブライアン・シンガー	99/06/16, 06/08/23
ブライアン・ヘルゲランド	99/04/28, 13/10/23
ブラッド・シルバーリング	09/09/16
ブラッド・バード	07/07/25, 15/05/27
フランク・オズ	01/09/19
フランシス・ローレンス	07/12/12, 13/12/18
フランソワ・オゾン	05/08/24
フランチェスカ・アルキブジ	02/11/06
ブルース・ロビンソン	12/06/20
降旗康男	01/05/23, 07/06/20, 13/07/31
古厩智之	08/10/22
ブレット・ラトナー	03/01/22, 06/02/22
フレデリック・フォンテーヌ	00/10/04

フロリアン・ヘンケル・フォン・ド	
ナースマルク	11/03/02

【へ】

ペイトン・リード	15/09/09
ペドロ・アルモドバル	
98/08/26①, 00/04/19, 03/07/09	
07/07/04	
ベルナルド・ベルトルッチ	
	00/02/02
ベン・アフレック	11/02/02
ヘンリー・セリック	10/02/17

【ほ】

ホウ・ヨン	06/06/14
ポール・グリーングラス	
06/08/09, 07/11/07, 13/11/20	
ポール・コックス	97/10/01
ポール・W・S・アンダーソン	
	08/11/26
ポール・トーマス・アンダーソン	
	00/03/08
ポール・ハギス	06/02/08
ポール・マーカス	06/07/19
星田良子	09/11/04
ホ・ジノ	02/06/19
ホセ・L・クエルダ	01/08/29
細田守 09/08/05, 12/07/11	
15/07/02	
堀切園健太郎	12/05/23

【ま】

マーク・ウェブ	14/04/16
マーク・シャフェル	10/06/23
マーク・ディンダル	05/12/21
マーク・バートン	15/06/24
マーク・ハーマン	01/05/09
マーク・フォスター	02/07/10
マーク・レビン	08/09/03
マーク・ローレンス	15/11/11
マーティン・キャンベル	11/08/31
マーティン・スコセッシ	
02/12/04, 05/03/23, 06/12/27	
12/02/22, 14/01/29	
マイク・ニコルズ	08/05/14
マイク・ニューウェル	
05/11/22, 10/05/26	
マイク・ミルズ	06/09/27
マイク・リー	05/07/13
マイケル・アプテッド	00/01/26
マイケル・ウィンターボトム	
	07/11/21
マイケル・ベイ	98/12/02
05/07/20, 09/06/17, 11/07/20	
14/08/06	
マイケル・マン	00/05/17
04/10/20, 09/12/16	
マイケル・ムーア	03/01/15
04/08/18, 07/08/29	
マイケル・ラドフォード	96/05/15
マイケル・レーマン	96/06/12
前田弘二	11/04/06
マキノ雅彦	09/02/10
マジッド・マジディ	03/05/07
マシュー・ボーン	15/09/02
松岡錠司	07/04/11, 15/01/26
松尾スズキ	07/10/17, 15/03/25
マックG	00/11/08, 03/06/18
09/06/10, 12/04/11	
松本人志	07/06/06
松山博昭	10/03/10
黛りんたろう	00/06/14
マルレーン・ゴリス	01/09/05

【み】

三池崇史	98/07/15, 08/06/04
11/10/07, 12/06/06	
三木孝浩	13/10/02
ミシェル・アザナビシウス	
	12/03/28
ミシェル・ゴンドリー	02/03/06
水落豊	14/02/26
水田伸生	07/06/13, 16/03/23
三谷幸喜	01/05/30, 06/01/11
08/06/11, 11/10/19, 13/10/30	
15/10/14	
源孝志	05/01/12, 05/11/16
ミヒャエル・ハネケ	
	02/01/30, 13/02/27
ミミ・レダー	01/01/24
宮崎吾朗	06/07/26
宮崎駿	97/07/02, 01/07/11
08/07/16, 13/07/10	
宮本亜門	98/08/19
ミラ・ナイール	02/08/14

【め】

メル・ギブソン	04/04/28
メル・スミス	98/03/11②

【も】

モーガン・スパーロック	04/12/22
本木克英	01/08/15, 07/05/02
08/03/12, 12/02/29, 14/06/11	
本広克行	98/10/28, 01/03/14
03/07/23, 06/08/30, 08/04/23	
10/06/30, 15/02/18	
森崎東	98/05/20
森田芳光	97/04/16, 99/04/14
02/05/29, 03/10/29, 04/11/20	
06/05/17, 07/11/28, 10/12/01	
12/03/14	
森義隆	12/04/25
両沢和幸	07/01/31, 09/05/20

【や】

八木竜一	11/12/07, 14/07/30
矢口史靖	99/06/09, 04/09/01, 08/11/12, 14/05/07
山崎貴	02/08/07, 07/10/31, 09/09/02, 10/11/24, 11/12/07, 12/01/11, 13/12/11, 14/07/30
山下敦弘	05/08/03, 12/07/04
山田洋次	96/10/09, 96/12/25, 98/10/14, 02/10/23, 06/11/29, 10/01/27, 14/01/15, 15/12/02

【ゆ】

湯浅政明	04/08/11
行定勲	01/10/31, 04/04/30, 07/08/15, 07/09/26, 10/01/20, 13/01/16, 14/12/17

【よ】

吉田大八	12/08/01
米田興弘	96/11/27
米林宏昌	10/07/14, 14/07/09

【ら】

ラース・フォン・トリアー	00/12/20, 04/02/18, 06/03/08, 12/02/08
ライアン・クーグラー	15/12/16
ライアン・ジョンソン	12/12/26
ライアン・マーフィー	10/09/15
ラッセ・ハルストレム	00/06/28, 01/04/18, 09/08/12, 12/11/28
ラリー・ウォシャウスキー	03/05/21, 03/11/05

【り】

リー・アンクリッチ	02/02/27
リー・チーガイ	98/06/24
リチャード・カーティス	04/01/21
リチャード・グラッツァー	15/06/17
リチャード・ケリー	10/04/30
リチャード・スターザック	15/06/24
リチャード・リンクレイター	05/02/02, 14/11/05
リドリー・スコット	03/09/17, 08/01/30, 08/12/17, 10/12/08, 12/08/15, 13/11/06, 16/01/27
リュ・スンワン	13/07/03
リュック・ジャケ	09/01/07
リュック・ベッソン	10/04/28, 14/08/20

【る】

ルイス・マンドーキ	99/06/02
ルイ・レテリエ	08/07/30, 10/04/21, 13/10/16
ルパート・ウェインライト	00/05/24
ルパート・ワイアット	11/09/28

【れ】

レニー・アブラハムソン	16/03/30
レン・ワイズマン	07/06/27

【ろ】

ローランド・エメリッヒ	00/09/27, 09/11/18, 13/08/07
ローレンス・ダンモア	06/04/12
ロジャー・アラーズ	06/12/06
ロジャー・クリスチャン	00/10/18
ロジャー・ドナルドソン	00/12/13
ロジャー・ミッシェル	99/08/25
ロッド・ルーリー	01/06/27
ロバート・アルトマン	02/01/09, 02/10/16
ロバート・ゼメキス	97/09/17, 01/02/21, 04/11/17, 07/12/05, 13/02/20, 16/01/14
ロバート・デニーロ	07/10/11
ロバート・ルケティック	09/09/18
ロバート・レッドフォード	08/04/16
ロバート・ロレンツ	12/11/14
ロブ・マーシャル	03/04/09
ロブ・ライナー	08/05/07
ロブ・レターマン	05/03/02, 09/07/08, 11/04/13
ロベルト・シュヴェンケ	09/10/21
ロベルト・ファエンツァ	96/07/24
ロベルト・ベニーニ	99/04/07
ロマン・ポランスキー	00/05/31, 03/01/29
ロン・ハワード	02/03/27, 09/05/13, 14/02/05, 16/01/06

【わ】

若松節朗　00/08/16, 14/09/10
渡辺謙作　　　　　　08/10/08

俳優・声優名索引

【あ】

アーノルド・シュワルツェネッガー
03/06/25, 12/10/10, 13/04/24
14/10/29
アーミー・ハマー
13/07/24, 15/11/04
アーミル・カーン　　　　14/11/26
アーロン・エッカート　　06/10/11
07/02/07, 08/08/06, 12/06/20
哀川翔　　　03/10/22, 05/08/17
07/08/22
アイザイア・ワシントン　99/12/15
蒼井優　　　04/03/10, 06/08/02
06/09/20, 07/10/17, 09/03/04
10/01/27, 10/10/20
青島幸男　　　　　　　　01/08/15
赤井英和　　　　　　　　07/06/20
明石家さんま　　　　　　01/05/30
秋山莉奈　　　　　　　　08/12/03
秋山竜次　　　　　　　　11/03/23
秋吉久美子　　　　　　　03/02/26
浅野温子　　　　　　　　05/10/26
浅野忠信　　99/12/08, 11/06/22
12/04/04, 12/10/17, 13/11/27
15/10/28
アシュトン・カッチャー
06/12/06, 08/08/13, 10/02/10
11/12/14
東幹久　　　　　　　　　97/01/08
麻生久美子　98/10/07, 00/01/12
01/08/01, 03/04/16, 04/04/14
07/08/01, 08/04/02, 11/07/13
アダム・サンドラー　　　05/06/15
厚木拓郎　　　　　　　　99/06/23
アッタ・ヤクブ　　　　　05/05/11
アドリアナ・バラッザ　　07/04/25
アナ・ケンドリック　　　10/03/17
アナ・ポップルウェル　　06/03/01
アネット・ベニング
00/04/05, 00/04/26
アビゲイル・ブレスリン
08/09/03, 09/10/14
阿部サダヲ　03/10/22, 07/06/13
12/08/29, 15/03/25
阿部力　　　05/11/16, 08/06/25
阿部寛　　　07/12/26, 09/03/11
12/01/18, 13/01/16, 14/09/10
16/03/02
アマール・ワケド　　　　12/11/28

天海祐希　　01/04/04, 07/02/28
09/09/30, 13/10/30
アマンダ・セイフライド
12/12/12, 15/08/19
アメリカ・フェレーラ　　05/09/21
AYAKO　　　　　　　　　08/02/06
綾瀬はるか　08/05/28, 08/11/12
14/05/21, 15/06/03, 15/10/14
綾野剛　　　14/03/19, 15/08/26
16/03/16, 16/04/27
新井浩文　　02/07/31, 03/12/03
14/12/10, 15/09/19
新垣結衣　　08/10/08, 09/09/02
10/08/18, 12/01/18
荒木経惟　　　　　　　　02/07/17
ARATA　　　02/07/03, 10/08/18
アラン・アーキン
14/03/26, 14/09/24
アラン・カミング　　　　01/11/21
アラン・リックマン
01/01/17, 08/01/16
アリシア・シルバーストーン
99/10/06
アリシア・ビキャンデル　15/11/04
アリス・イブ　　　　　　12/10/03
アリソン・ローマン
03/02/19, 03/09/17
有村架純　　15/04/22, 16/03/09
アル・ゴア　　　　　　　07/01/10
アルバート・ブルックス
00/09/06, 12/03/21
アル・パチーノ　　　　　97/03/19
00/05/17, 03/08/27, 07/08/08
アルフレッド・モリーナ　01/04/18
アレクシス・ブレーデル　05/09/21
アレックス・ペティファー
11/06/29
淡島千景　　05/11/16, 10/05/19
杏　　　　　11/04/06, 12/02/29
15/04/28
アンジェリーナ・ジョリー
00/08/23, 00/08/30, 05/03/02
05/11/30, 07/11/21, 07/12/05
08/09/17, 10/07/28, 11/03/02
アンセル・エルゴート　　15/02/10
アンソニー・ホプキンス
02/05/08, 03/01/22, 07/02/21
07/12/05, 11/06/22, 14/06/04
アンディ・ガルシア　　　07/08/08

アンディ・サーキス　　　11/09/28
アンディ・ラウ　　　　　03/10/01
安藤サクラ　12/06/06, 14/12/10
安藤政信　　96/07/17, 99/06/09
01/03/14, 01/08/01, 15/09/16
アントニオ・バンデラス　14/10/22
アンドリュー・ガーフィールド
14/04/16
アンドレア・ライズブロー
13/05/22
アントン・イェルチン
02/05/08, 10/03/24
アンナ・パキン　　　　　01/03/07
アンナ・フリエル　　　　09/09/16
庵野秀明　　　　　　　　07/10/17
アンバー・タンブリン　　05/09/21
アンバー・ハード　　　　12/06/25
アン・ハサウェイ　　　　10/02/10
12/07/18, 12/12/12, 14/11/12
15/09/30

【い】

イアン・マッケラン　　　99/06/16
イーサン・ホーク　　　98/04/08①
00/03/29, 01/10/24, 05/02/02
14/11/05
イ・ウンジュ　　　　　　05/05/18
いかりや長介　　　　　　03/07/23
井川遥　　　05/11/16, 06/12/20
井川比佐志　　　　　　　03/02/05
生田斗真　　10/08/18, 13/01/30
15/10/28
池内博之　　00/03/15, 00/06/14
02/07/17, 09/09/09
池松壮亮　　08/04/30, 10/03/31
池脇千鶴　　02/02/06, 03/12/03
08/10/22
井坂俊哉　　07/05/16, 08/04/30
イザベル・ユペール　　　02/01/30
石黒賢　　　　　　　　　00/08/16
石坂浩二　　06/07/12, 08/08/20
いしだあゆみ　97/01/08, 02/02/06
石田卓也　　　　　　　　06/10/04
石田ひかり　　　　　　　99/06/09
石田法嗣　　　　　　　　05/03/16
石田ゆり子　08/06/04, 09/07/01
16/03/09
石塚英彦　　06/12/06, 13/06/27
石橋凌　　　　　　　　　09/07/01
石橋蓮司　　07/03/28, 10/01/20

	10/11/17, 11/07/19, 13/01/30	
イ・ジョンジェ	06/03/29	
伊勢谷友介	04/04/14, 06/08/02	
	07/09/26, 08/11/19, 11/02/09	
	14/10/01	
板尾創路	05/10/05	
市川海老蔵	11/10/07	
市川猿之助	12/09/05	
市川染五郎	05/09/28, 12/09/05	
市川実日子	02/04/10, 03/03/19	
	07/09/19	
市原隼人	03/09/10, 06/10/25	
	08/04/02, 08/06/04	
イッセー尾形	01/02/14, 08/10/22	
イディナ・メンゼル	14/03/13	
伊藤淳史	00/10/25, 04/06/09	
	08/01/23, 15/04/22	
伊藤かずえ	96/04/30	
伊東四朗	07/06/13	
伊藤英明	03/10/08, 04/06/09	
	14/05/07	
伊東美咲	04/11/10, 07/08/22	
伊藤蘭	13/07/31	
イドリス・エルバ	14/05/14	
井上真央	07/05/02, 08/06/25	
	11/04/27, 14/03/19	
井上雪子	05/03/16	
伊原剛志	12/06/06	
イ・ビョンホン	04/11/24	
	07/09/05, 13/05/31	
伊武雅刀	02/05/01, 09/04/28	
今井絵理子	03/10/08	
今井美樹	07/10/24	
今田耕司	03/04/02, 04/08/11	
忌野清志郎	02/07/17	
イ・ミスク	04/05/12	
イ・ミヨン	06/03/29	
イメルダ・スタウントン	05/07/13	
イモージェン・プーツ	15/12/09	
イ・ヨンエ	02/06/19	
イライジャ・ウッド	02/02/20	
	07/02/21, 07/03/20	
岩崎ひろみ	00/12/27	
岩下志麻	98/01/21, 07/03/28	
【う】		
ウィノナ・ライダー		
	00/08/23, 03/08/27	
ウィリアム・H・メイシー		
	05/02/16	
ウィリアム・モーズリー	06/03/01	
ウィル・ケンプ	04/08/25	
ウィル・スミス	02/06/26	
	05/03/02, 07/01/24, 07/12/12	
	09/02/18, 13/06/12	
ウィル・フェレル		
	05/08/31, 09/09/16	
ウィレム・デフォー	14/05/28	
	15/02/10, 15/10/08	
ウインストン・チャオ	11/10/26	
植木等	07/06/13	
上島竜兵	11/11/16	
ウェズリー・スナイプス	14/10/22	
上戸彩	03/04/23	
上野樹里	06/10/25, 07/10/03	
	13/10/02	
ウエンツ瑛士	07/05/02	
ウォンビン	04/06/23, 05/06/01	
	11/09/07	
宇崎竜童	02/05/01	
内田伽羅	15/05/20	
内田也哉子	07/04/11	
内田有紀	98/08/19, 07/10/17	
内田流果	07/05/02	
内野聖陽	07/03/28, 12/06/13	
内村光良	03/10/22	
宇津井健	05/11/16	
梅宮辰夫	97/01/08, 08/12/03	
ウラジミール・クルス	02/01/23	
【え】		
栄倉奈々	11/11/09, 13/04/17	
	15/02/04	
AKB48	11/01/19	
エイサ・バターフィールド		
	12/02/22	
瑛太	06/08/16, 08/01/09	
	11/04/20, 11/10/07, 12/03/14	
	14/10/08	
エイドリアン・ブロディ		
	03/01/29, 14/05/28	
エイミー・アダムス	11/03/30	
	12/11/14, 13/08/21, 14/01/22	
	15/01/14	
江口洋介	00/04/12, 02/09/04	
	05/06/08, 07/06/20, 08/04/23	
	09/04/28, 13/01/30	
江角マキコ	02/08/28	
エディ・マーフィ	01/12/05	
	04/07/14, 07/02/14	
エディ・レッドメイン		
	15/03/11, 15/03/18	
エドガー・ラミレス	05/10/19	
エド・ハリス	03/04/30	
	07/12/19, 15/05/01	
エドワード・ノートン	99/11/24	
	00/02/16, 01/09/19, 03/01/22	
	08/07/30, 15/04/01	
エドワード・ファーロング		
	00/02/16	
エバ・バーシッスル	05/05/11	
F・マーリー・エイブラハム		
	01/03/07	
エマ・ストーン		
	14/04/16, 15/04/01	
エマ・トンプソン	04/01/21	
エマニュエル・セイナー	00/05/31	
エマニュエル・リバ	13/02/27	
エマ・ボルジャー	06/07/19	
エマ・ワトソン		
	09/07/22, 14/06/04	
エミール・ハーシュ	08/07/02	
エミー・ロッサム	05/01/26	
エミネム	03/05/28	
エミリー・ブラント	11/05/25	
	12/11/28, 14/06/27	
エミリー・ワトソン		
	01/09/05, 03/01/22	
エミリオ・エステベス	07/02/21	
柄本明	98/10/07, 07/11/14	
	08/08/20, 09/02/10, 13/09/04	
柄本佑	08/08/20, 11/09/14	
	15/09/16	
柄本時生	08/10/08	
エラー・コルトレーン	14/11/05	
エリオット・グールド	07/08/08	
エリザベス・ミッチェル	00/12/06	
エリック・バナ	09/10/21	
エル・ファニング	11/06/15	
遠藤憲一	15/10/14	
【お】		
大泉洋	07/05/02, 10/03/31	
	13/05/01, 13/10/30	
オーウェン・ウィルソン		
	00/08/09, 06/06/21, 12/05/16	
	15/12/09	
大楠道代	11/07/19	
大倉孝二	03/12/03	
大後寿々花	07/08/15	
大沢たかお	04/04/30, 07/05/09	
	07/08/22, 12/07/11, 12/10/17	
大島美幸	08/10/29	
大杉漣	01/10/31, 01/11/14	
	02/02/06	
大滝秀治	04/04/14, 10/05/19	

大竹しのぶ	98/10/14,	01/10/31
	03/10/29, 07/10/17,	13/01/16
	15/06/03,	15/10/14
大塚愛		06/08/16
鳳蘭		03/04/02
大野智		11/11/16
大平奈津美		99/07/07
大森南朋	03/11/19,	09/06/03
オーランド・ブルーム		03/07/18
	05/11/09,	07/05/23
岡田准一	03/10/22,	05/01/12
	05/06/29, 06/05/31,	08/01/23
	10/10/27, 11/03/16,	12/09/05
	13/04/17, 13/12/11,	16/03/02
緒形直人	00/12/27,	14/04/03
岡田将生	09/03/04,	10/10/20
	11/11/09, 12/04/25,	14/02/26
岡田義徳	09/10/07,	12/07/25
荻野目慶子		13/01/16
奥田瑛二	09/04/28,	16/04/27
奥菜恵		01/08/01
小栗旬	08/06/25,	09/09/09
	10/06/30, 12/02/01,	12/04/25
	13/08/28,	15/10/14
オダギリジョー		03/04/23
	04/02/10, 05/01/19,	05/09/14
	06/06/28, 07/04/11,	11/12/28
	15/01/26	
織田裕二	98/10/28,	00/08/16
	03/07/23, 07/11/28,	10/06/30
乙武洋匡		13/03/13
オドレイ・トトゥ		01/12/26
尾野真千子	10/01/06,	13/05/01
	13/09/18, 14/02/19,	16/03/02
オバマ大統領		12/04/04
オマール・シー		12/08/22
オリビア・ハッセー		05/08/10
オリビア・ワイルド		11/10/12
オルガ・キュリレンコ		13/05/22

【か】		
海東健		04/06/09
ガイ・ピアース		
	98/06/10,	01/11/07
ガエル・ガルシア・ベルナル		
		04/10/06
鹿賀丈史		05/06/08
加賀まりこ	08/06/25,	11/08/17
香川照之	00/10/25,	02/10/09
	04/03/03, 06/05/31,	06/06/28
	06/07/20, 07/09/05,	09/09/30
	10/05/19, 11/02/09,	12/11/07
郭智博		04/03/10
風間俊介		12/11/07
風間トオル		08/04/30
香椎由宇	05/11/16,	09/03/18
梶原善		01/05/30
加治将樹		08/04/02
柏原崇		00/04/12
加瀬亮	06/08/02,	08/03/12
片岡礼子		02/04/24
片桐はいり		06/03/22
加藤あい		04/06/09
加藤和彦		98/03/11①
加藤剛		00/12/27
加藤清史郎		10/10/13
加藤雅也	00/07/26,	03/04/16
	09/05/01	
香取慎吾	05/03/02,	11/07/27
	11/12/07,	15/10/14
金井勇太	07/08/01,	08/02/06
要潤	09/04/28,	16/03/23
金子賢		96/07/17
金城武	98/06/24,	02/08/07
	07/07/11, 08/03/26,	09/04/08
叶美香		14/08/13
ガブリエル・バーン		00/05/24
夏帆	08/04/30,	15/06/03
神木隆之介	07/08/15,	12/08/01
	14/07/23,	15/09/19
上地雄輔		11/03/23
上白石萌音		14/09/03
唐沢寿明	00/03/01,	01/05/30
	04/04/14, 08/08/27,	09/08/26
唐十郎		98/10/07
唐渡亮		98/07/15
カラン・マコーリフ		11/06/29
カルメン・マウラ		07/07/04
川口春奈		11/06/01
川島海荷		11/11/16
貫地谷しほり	13/05/15,	14/03/19

神田うの	97/04/02,	09/05/20
神田沙也加		14/03/13
菅野美穂	02/02/06,	12/12/19
神戸浩		96/10/09
【き】		
キアヌ・リーブス		99/09/14
	03/05/21, 03/11/05,	06/09/20
	08/12/24, 13/11/27,	15/10/08
キース・リチャーズ		07/05/23
キーラ・ナイトレイ		03/07/15
	04/07/21, 05/10/19,	06/01/18
	07/05/23,	13/03/19
キウェテル・イジョフォー		
		06/09/06
樹木希林	03/12/17,	04/05/19
	07/04/11, 12/04/18,	15/05/20
菊地凛子	07/04/25,	13/11/27
岸谷五朗	02/08/07,	07/02/28
岸部一徳	99/04/14,	03/04/02
	07/10/24, 09/02/10,	10/07/07
	11/07/19	
岸本加世子	99/09/22,	02/02/06
北川景子	07/01/31,	08/10/29
	13/12/25	
北林谷栄		02/09/25
吉川晃司		05/11/16
キティ・チャン		08/04/23
木梨憲武		02/09/04
木場勝己		06/08/30
喜味こいし		09/03/04
キム・ガンウ		12/05/23
キム・セロン		11/09/07
キム・ベイシンガー		98/06/10
	03/05/28, 05/02/16,	14/03/26
キム・ヘスク		05/06/01
木村多江	09/11/11,	10/08/25
木村拓哉	04/10/13,	06/11/29
	07/09/05,	10/11/24
木村文乃	15/05/15,	16/04/20
キムラ緑子		07/05/16
木村佳乃	05/09/28,	06/12/06
	08/11/19	
キャサリン・ゼタジョーンズ		
	03/04/09, 09/11/25,	12/09/12
キャサリン・ハイグル		09/09/18
キャシー・ベイツ		03/05/14
ギャスパー・ウリエル		07/04/18
キャメロン・ディアス		00/11/08
	02/12/04, 03/06/18,	04/07/14
	08/08/13, 09/10/14,	10/04/30
	10/10/06,	13/11/06

キャメロン・ブライト　06/10/11	クリステン・スチュワート	ケリー・チャン　03/10/01
キャリー・アン・モス	09/04/01，10/11/02	ケリー・マクドナルド　02/10/16
01/11/07，03/05/21	クリステン・ベル　14/03/13	【こ】
キャリー・フィッシャー　15/12/17	クリストファー・ウォーケン	小池彩夢　07/10/31
キャリー・マリガン	99/10/06	小池徹平　08/10/22
12/03/21，13/06/05	クリストフ・バルツ	小泉今日子　05/10/05，07/11/14
キリアン・マーフィー	15/01/14，15/11/25	13/01/16
03/08/13，06/11/22	クリス・パイン　09/05/27	小市慢太郎　01/06/13
桐谷健太　10/09/01，15/09/16	11/01/05，12/04/11	小出恵介　08/05/28，09/10/28
15/09/19	クリス・ヘムズワース　11/06/22	耿忠　98/05/20
キルスティン・ダンスト	14/02/05，16/01/06	甲本雅裕　13/01/30
05/11/09，12/02/08	栗山千明　13/04/17	高良健吾　10/09/22，11/01/26
【く】	クリント・イーストウッド	12/02/01，12/07/04，13/02/13
クイーン・ラティファ　05/01/05	99/12/15，05/05/25，09/04/22	15/04/28
グイ・ルンメイ　03/08/20	12/11/14	国分太一　13/03/13
クイントン・アーロン　10/02/24	グレッグ・キニア　01/05/16	小芝風花　14/02/19
グウィネス・パルトロウ	グレン・クローズ　97/03/05	コ・ソヨン　03/06/04
00/08/02，01/11/21，02/08/21	クロエ・グレース・モレッツ	Cocco　16/03/16
11/11/02，15/01/28	14/02/12，14/10/15	小西真奈美　02/09/25，03/03/19
ゴ・ヨウ　02/03/20	クロエ・セヴィニー	06/08/30，08/03/26，09/10/07
クオリアンカ・キルヒャー	00/07/05，06/04/26①	10/11/17
06/04/19	黒木華　14/01/15，15/02/18	小林薫　99/03/24，99/09/22
草刈民代　12/10/17	15/12/02，16/03/16	04/03/03，07/04/11，15/01/26
草彅剛　03/01/08，05/07/27	黒木瞳　97/04/16，00/06/14	小林桂樹　99/06/23
06/07/12，09/09/02，12/11/07	03/10/29，05/01/12，07/12/26	小林聡美　06/03/22，07/09/16
串田和美　02/05/01	黒木メイサ　10/11/24，12/11/07	小林稔侍　97/09/04，98/10/14
忽那汐里　10/03/31，11/05/18	黒田勇樹　98/10/14	小林麻央　06/08/16
13/01/16，16/02/17	黒部進　97/04/02	小日向文世　07/09/05，07/10/31
宮藤官九郎　03/02/05，07/10/17	【け】	13/10/30
07/12/26，15/09/19	ケイト・ウィンスレット　09/01/28	小松菜奈　15/09/19
工藤夕貴　00/03/29	11/11/02，14/04/23，16/02/03	小雪　03/11/26，07/10/31
国村隼　03/12/17，08/01/09	ケイト・ハドソン	12/01/11
13/09/04，13/09/25	01/03/21，02/01/09	ゴリ　13/05/01
久保田将至　10/01/06	ケイト・ブランシェット	コリン・ファース
窪塚洋介　01/10/31，02/07/03	00/08/02，01/12/19，04/05/26	11/02/23，15/09/02
03/04/16，10/11/17	07/04/25，08/02/13，08/06/18	コリン・ファレル　01/10/10
クライブ・オーウェン　04/07/21	09/02/04，10/12/08，14/04/30	03/11/12，06/04/19
06/06/07，06/11/15	15/04/15	コリン・フォード　12/05/31
クララ・セグラ　05/04/13	ケイト・ベッキンセール　04/08/25	コン・リー　02/03/20，02/06/05
クリス・エバンス　05/02/16	ケイト・ホームズ　06/10/11	04/10/13，07/04/18，15/02/25
クリス・クリストファーソン	ゲイリー・オールドマン	
99/04/28	01/06/27，10/06/16	
クリスタナ・ローケン　03/06/25	ケネス・ブラナー　02/11/13	
クリスチャン・スレーター	ケヴィン・クライン　01/11/21	
07/02/21	ケビン・コスナー　99/06/02	
クリスチャン・ベール　08/08/06	00/12/13，13/08/21	
09/06/10，11/03/30，12/07/18	ケビン・スペイシー　98/06/10	
14/01/22，16/02/24	00/04/26，01/01/24，02/04/03	
クリスティーナ・リッチ　04/09/22	06/08/23	
クリスティン・スコット・トーマス	ケビン・ハート　14/03/26	
02/10/16	ケビン・ベーコン　03/12/24	

【さ】	サルマ・ハエック 03/08/06	ジェシカ・ラング 06/04/26①
斉藤慶太 05/09/07	沢尻エリカ 05/01/19, 06/11/01,	ジェニファー・アニストン
斉藤暁 09/11/04	07/09/26	09/07/29
斉藤祥太 05/09/07	サンディ・ニュートン 00/02/02	ジェニファー・ガーナー 10/02/10
斎藤工 12/06/06	サンドラ・ブロック	ジェニファー・コネリー
斉藤由貴 98/12/09, 09/05/20	10/02/24, 13/12/04	02/03/27, 04/11/02, 07/04/04
崔洋一 99/12/08	**【し】**	08/12/24, 09/07/29, 14/06/04
サエコ 06/09/13	シア・ユイ（夏雨） 97/02/26	ジェニファー・ジェイソン・リー
堺正章 07/08/01, 12/11/07	ジーナ・カラーノ 12/09/19	01/11/21
堺雅人 01/06/13, 09/03/11,	椎名桔平 98/06/24, 98/07/15,	ジェニファー・ハドソン 07/02/14
10/12/01, 11/08/24, 12/12/19	99/09/01, 02/02/06, 04/03/03	ジェニファー・ビールス 01/11/21
酒井美紀 97/02/12	04/12/15, 07/12/26	ジェニファー・ラブ・ヒューイット
酒井若菜 03/10/24, 06/10/25	シーナ・フローランス 97/10/01	03/03/05
桜井翔 06/08/02, 11/08/17	ジーナ・ローランズ 05/02/09	ジェニファー・ローレンス
桜庭ななみ 10/12/22	ジーン・ハックマン 04/01/28	13/12/18, 14/01/22
佐々木蔵之介 06/05/17,	ジェイク・アベル 11/06/29	ジェニファー・ロペス 05/04/27①
06/08/16, 07/06/20, 07/11/28	ジェイク・ギレンホール	ジェフ・ゴールドブラム 97/06/25
08/04/02, 09/06/24, 14/06/11	06/02/01, 10/05/26, 15/08/12	ジェフ・ダニエルズ 97/03/05
15/03/04	J・K・シモンズ	ジェフ・ブリッジス 01/06/27
佐々木りお 09/10/07	15/04/08, 15/11/11	02/04/03, 04/01/07
笹野高史 06/11/29, 14/02/26	ジェイコブ・トレンブレイ	ジェフリー・デ・マン 96/04/10
ささの友間 07/08/15	16/03/30	ジェフリー・ラッシュ 00/07/12
ザッカリー・クイント 09/05/27	ジェイソン・アイザックス	01/07/04, 03/07/16, 07/05/23
ザック・エフロン 11/12/14	00/09/27	11/02/23
佐藤江梨子 08/01/09	ジェイソン・ステイサム	ジェマ・アータートン 10/05/26
佐藤浩市 98/12/09, 00/08/16	08/11/26, 12/10/10	ジェラルド・バトラー 05/01/26
02/12/25, 03/04/16, 04/11/10	ジェイソン・パトリック 09/10/14	08/09/03, 09/09/18
08/06/11, 09/01/21, 10/12/22	ジェイデン・スミス	ジェレミー・レナー
11/07/19, 13/09/04, 13/10/30	07/01/24, 13/06/12	10/03/03, 11/02/02
16/04/27	ジェイミー・フォックス 04/10/20	塩見三省 01/10/31, 09/02/10
佐藤健 10/09/01, 14/07/23	06/02/01, 07/02/14, 07/10/01	塩谷瞬 05/01/19, 07/10/24
15/09/19	13/08/07, 14/04/16	シガーニー・ウィーバー 08/03/05
佐藤隆太 11/03/23, 11/07/13	ジェイミー・リー・カーティス	志賀広太郎 16/03/23
真田広之 01/05/30, 02/10/23	01/07/04	志賀勝 03/04/02
03/11/26, 13/11/27	ジェームズ・ウッズ 13/08/07	シシー・スペイセク
佐藤史郎 02/02/06, 11/09/21	ジェームズ・ガーナー 05/02/09	99/10/06, 02/07/24
サマンサ・モートン	ジェームズ・クロムウェル	ジゼル・ブンチェン 05/01/05
03/12/10, 06/04/12	98/06/10	志田未来 09/01/21
サミュエル・L・ジャクソン	ジェームズ・コバーン 99/04/28	ジニファー・グッドウィン
01/02/07, 15/09/02	ジェームズ・フランコ	09/07/29
サミュエル・フレンド 06/07/19	11/06/08, 11/09/28	篠原涼子 04/05/19
サム・ニール 01/07/18	ジェームズ・マースデン	柴咲コウ 01/10/31, 02/02/06
サム・リー 02/07/03	10/04/30, 11/08/10	04/04/30, 06/07/12, 07/01/17
サム・ロックウェル 03/09/17	ジェームズ・マカボイ	07/06/13, 08/04/23, 10/02/03
サム・ワーシントン 09/06/10	07/03/07, 08/09/17	13/11/27
09/12/22, 10/04/21, 12/06/27	ジェシー・アイゼンバーグ	柴田恭兵 03/12/17, 05/10/26
サラ・ジェシカ・パーカー	11/01/12, 13/10/16	09/06/03
11/12/14	ジェシカ・アルバ 10/02/10	柴本幸 09/09/09
サラ・ポーリー 03/10/15	ジェシカ・クラリッジ 06/07/19	島袋寛子 98/07/15
サリー・ホーキンス 14/04/30	ジェシカ・チャステイン	ジミー・ファロン 05/01/05
サリー・ポッター 97/12/03	11/08/03, 13/02/06	ジム・カビーゼル 00/12/06

ジム・キャリー	14/02/12	
ジム・ブロードベント	12/03/08	
志村けん	12/09/26	
シャーリーズ・セロン	04/09/22	
12/02/15, 12/08/15, 15/06/10		
シャーリー・マクレーン		
05/08/31, 10/02/10		
シャーロット・ランプリング		
12/02/08		
シャイア・ラブーフ	08/10/15	
09/06/17, 11/07/20		
ジャイモン・フンスー	07/04/04	
シャイリーン・ウッドリー		
12/05/09, 14/07/02, 15/02/10		
釈由美子	02/11/27	
ジャスティン・バーサ	09/11/25	
ジャスティン・ロング		
07/06/27, 09/07/29		
ジャッキー・チェン	00/08/09	
03/03/05, 04/06/16, 09/05/01		
11/10/26		
ジャック・ガンブラン	98/10/07	
ジャック・ニコルソン	97/03/12	
98/04/08②, 03/05/14, 04/03/24		
06/12/27, 08/05/07		
ジャック・ビドウ	03/09/24	
ジャック・ブラック		
05/03/02, 11/04/13		
ジャニーン・ガラファロ	96/06/12	
シャルロット・ゲンズブール		
12/02/08		
シャロン・ストーン	99/09/08	
00/09/06, 06/04/26①, 07/02/21		
ジャンクロード・バン・ダム		
12/10/10		
ジャン・デュジャルダン	12/03/28	
ジャン・ユーグ・アングラード		
96/07/24		
ジャンルイ・トランティニャン		
13/02/27		
ジュード・ロウ	00/08/02	
01/06/20, 08/03/19, 11/11/02		
14/05/28		
ジュディット・ゴドレーシュ		
99/11/17		
ジュディ・デンチ	01/04/18	
ジュリア・スタイルズ	07/11/07	
ジュリア・ロバーツ	99/08/25	
08/05/14, 10/02/10, 10/09/15		
12/05/02, 14/04/09		
ジュリアン・ハフ	12/09/12	
ジュリアン・ムーア	03/04/30	
03/07/02, 06/11/15, 08/11/19		
15/06/17		
ジュリー・デルピー		
05/02/02, 06/04/26①		
ジュリエット・オーブリー		
96/07/24		
ジュリエット・ビノシュ	01/04/18	
ジョアン・アレン	99/05/12	
笑福亭鶴瓶	10/01/27	
ジョエリー・リチャードソン		
97/03/05		
ジョエル・エドガートン		
06/09/06, 16/01/20		
ジョエル・キナマン	15/05/01	
ジョエル・コートニー	11/06/15	
ジョージー・ヘンリー	06/03/01	
ジョージ・クルーニー	00/07/19	
01/10/17, 03/06/11, 07/08/08		
08/04/09, 08/11/05, 10/03/17		
12/05/09, 13/12/04, 15/05/27		
ショーレ・アグダシュルー		
04/11/02		
ジョーン・アレン	01/06/27	
ショーン・コネリー	01/03/07	
ショーン・ペン	02/05/22	
03/12/24, 04/06/02, 11/08/03		
ジョシュ・ブローリン	14/04/23	
ジョセフ・ゴードンレビット		
12/07/18, 12/12/26, 16/01/14		
ジョディ・フォスター	97/09/17	
00/02/09, 06/06/07, 08/09/03		
13/09/11		
ジョニー・デップ	00/05/31	
01/04/18, 01/09/12, 03/07/16		
06/04/12, 07/05/23, 08/01/16		
09/12/16, 10/04/14, 11/03/02		
12/06/20, 13/07/24, 15/01/28		
16/01/20		
ジョン・キューザック	04/01/28	
09/11/18, 12/10/03		
ジョン・グッドマン	13/06/27	
ジョン・クラシンスキー	08/11/05	
ジョン・タトゥーロ		
01/09/05, 01/10/17		
ジョン・トラボルタ	00/10/18	
ジョン・ハート		
01/09/26, 12/02/08		
ジョン・ハム	14/09/24	
ジョン・ボイト		
05/03/30, 07/12/19		
ジョン・ボン・ジョビ	11/12/14	
ジョン・マルコビッチ	06/04/12	
ジョン・リスゴー	11/09/28	
ジョン・ロイド・ヤング	14/09/17	
しりあがり寿	07/10/17	
シルベスター・スタローン		
12/10/10, 14/03/26, 14/10/22		
15/12/16		
陣内孝則	06/09/13	
シン・ハギュン	05/06/01	
新屋英子	03/12/03	
【す】		
ズーイー・デシャネル	08/07/23	
スーザン・サランドン		
05/04/27①, 05/11/09		
スカーレット・ヨハンソン		
01/08/22, 04/04/07, 09/07/29		
12/05/31, 14/06/18, 14/08/20		
須賀健太	07/10/31, 09/03/18	
12/01/11		
杉浦直樹	99/04/14	
杉咲花	16/04/20	
杉田かおる	06/12/20	
杉本哲太	08/01/09	
スキャンダー・ケインズ	06/03/01	
鈴木杏	02/08/07, 03/02/26	
04/03/10, 05/10/05, 07/11/28		
鈴木京香	99/04/14, 01/03/14	
02/09/04, 13/10/30, 13/12/25		
鈴木梨央	16/03/09	
鈴木亮平	14/08/13	
菅田将暉	15/08/26	
スタンリー・トゥッチ	16/04/06	
スティーブ・カレル	16/02/24	
スティーヴ・ブシェミ	01/08/22	
スティーブン・スピルバーグ		
02/08/21		
スティーブン・ドーフ	99/11/17	
スティーブン・レイ	96/04/10	
ステファン・フレイス	05/08/24	
【せ】		
清野菜名	14/08/13	
関めぐみ	06/08/02, 10/07/07	
セシリア・ロス	00/04/19	
セシル・ドゥ・フランス	11/02/16	
セス・マクファーレン	15/08/19	
瀬戸朝香	02/04/10	
瀬戸康史	11/06/01	
世良公則	98/10/07	
セルジ・ロペス	00/10/04	

【そ】

ソーラ・バーチ	
	00/04/26, 01/08/22
ソニン	05/10/05, 06/09/13
ソフィア・バジリーバ	09/10/14
ソフィア・ブテラ	15/09/02
ソフィー・マルソー	00/01/26
染谷将太	11/11/09, 14/05/07
	14/08/13, 15/09/19
反町隆史	03/02/05, 05/12/07
ソル・ギョング	04/01/14
ソン・イェジン	05/10/12
ソン・ガンホ	01/08/08
ソン・スンホン	10/11/10
ソン・チャンウィ	07/05/16

【た】

ダイアナ・アグロン	11/06/29
ダイアン・ウィースト	02/05/22
ダイアン・キートン	04/03/24
ダイアン・クルーガー	07/12/19
ダイアン・レイン	
	00/07/19, 08/09/24
大地真央	06/07/12
タイミ・アルバリーニョ	02/01/23
タイラー・ホークリン	02/09/18
高岡早紀	15/01/26
高岡蒼佑	05/01/19
高倉健	01/05/23, 06/01/25
高島礼子	03/09/03, 06/12/20
	08/03/12, 12/07/25
高橋和也	02/04/24, 02/05/01
高橋克典	08/12/03
高橋克実	07/10/24
滝藤賢一	13/09/04, 14/01/10
田口トモロヲ	05/11/16
宅麻伸	05/09/07, 09/11/04
宅間孝行	13/05/15
武井証	09/09/02
武井咲	12/06/06
竹内結子	03/01/08, 07/09/26
	09/03/11, 11/09/21
竹内力	14/08/13
武田航平	07/03/28
武田真治	99/12/08
竹中直人	97/10/08, 98/07/15
	01/04/04, 01/08/01, 02/07/03
	04/07/14, 04/09/01, 09/05/01
	09/11/04, 13/05/15
ダコタ・ゴヨ	11/11/30
ダコタ・ファニング	
	02/05/22, 05/04/20
ダコタ・ブルー・リチャーズ	
	08/02/27
ダスティン・ホフマン	
	04/01/28, 08/02/20
舘ひろし	05/10/26
立川談春	15/04/28
田中邦衛	01/05/30, 02/02/06
田中圭	06/09/13, 13/04/17
田中哲司	15/04/22
田中直樹	01/05/30
田中泯	02/10/23, 14/07/23
田中裕子	96/12/25, 99/07/07
	01/05/23, 10/05/19
田中裕二	13/06/27
田中好子	00/01/12
田中麗奈	07/05/02, 07/08/01
	07/12/26, 08/01/09, 08/03/12
	12/01/18
田辺誠一	98/03/11①, 00/01/12
	02/03/13, 02/04/24, 04/12/15
	08/11/12
ダニー・グローバー	07/05/30
ダニー・デビート	98/06/10
ダニー・マクブライド	09/09/16
ダニエル・クレイグ	02/09/18
	08/02/27, 11/10/12, 12/01/18
	15/11/25
ダニエル・デイルイス	
	02/12/04, 13/04/10
ダニエル・ブリュール	14/02/05
ダニエル・ラドクリフ	01/11/28
	02/11/13, 05/11/22, 07/07/18
	09/07/22, 12/11/21
谷原章介	08/10/29, 09/05/20
谷村美月	05/03/16, 07/12/26
	08/06/04, 10/09/22, 10/11/17
田畑智子	05/11/16
多部未華子	06/10/04, 15/01/26
	15/08/26, 16/03/23
玉木宏	09/07/01, 12/07/25
玉山鉄二	06/11/01, 09/06/03
田村高広	02/09/25
タラジ・P・ヘンソン	09/02/04
ダリル・ハンナ	04/07/28
タロン・エガートン	15/09/02
団時朗	97/04/02
段田安則	09/11/04
タンディ・ニュートン	07/01/24
ダン・ファターマン	07/11/21
檀れい	06/11/29

【ち】

チェ・ジウ	04/11/24
チェ・ホンマン	
	08/12/03, 11/11/16
チェ・ミンシク	14/08/20
チェン・ダオミン	15/02/25
チャウ・シンチー	02/05/15
チャック・ノリス	12/10/10
チャドウィック・ボーズマン	
	13/10/23
チャニング・テイタム	
	13/08/07, 15/03/18
Chara	96/09/18
チャン・チェン	09/04/08
チャン・ツィイー	00/11/01
	00/11/22, 04/10/13, 06/06/14

チャン・ドンゴン	04/06/23
	06/03/29，11/12/28
チャン・ホエウェン	15/02/25
チョウ・ユンファ	00/02/09
	00/11/01，07/05/23
チョン・ウソン	05/10/12
チョン・ジヒョン	13/07/03
チョン・ドヨン	
	04/05/12，06/11/08

【つ】

塚地武雅	06/05/17，08/10/29
塚本晋也	02/04/10
塚本高史	08/01/23，09/03/18
津嘉山正種	01/05/02
津川雅彦	98/05/27
つぐみ	99/10/27，05/03/16
津田寛治	02/05/29
土屋アンナ	04/05/19
土屋太鳳	14/07/23
筒井道隆	15/01/26
堤真一	99/04/14，05/06/29
	07/06/13，07/10/31，07/12/26
	10/06/02，10/10/27，11/03/16
妻夫木聡	03/12/03，04/12/15
	07/01/17，07/06/20，07/10/17
	08/06/11，10/09/08，12/06/06
	13/12/25，14/01/15
鶴田真由	03/12/17

【て】

ディエゴ・ボネータ	12/09/12
ティム・アレン	
	00/03/01，01/01/17
ティム・ブレイク・ネルソン	
	01/10/17
ティム・ロス	01/07/25
ティム・ロビンス	
	02/03/06，03/12/24
ティモシー・オリファント	
	07/06/27
ティモシー・スポール	08/01/16
テイラー・キッチュ	12/04/04
テイラー・スウィフト	10/02/10
テイラー・ロートナー	10/11/02
ティルダ・スウィントン	
	06/03/01，06/09/27，08/04/09
	14/05/28
デイン・デハーン	14/04/16
テオ・ジェームズ	14/07/02
手越祐也	07/03/20，10/03/24
手塚理美	07/10/24
デニス・クエイド	00/12/06

	03/07/02，08/03/05
デニス・ヘイスバート	03/07/02
デビッド・ウェンハム	04/08/25
デビッド・コークナー	06/10/11
デビッド・シューリス	00/02/02
デビッド・ストラザーン	08/03/19
デブラ・メッシング	06/12/06
デミ・ムーア	96/08/28
	03/06/18，07/02/21
寺尾聰	02/09/25，03/12/17
	04/04/14
寺島咲	07/12/26
寺島しのぶ	03/11/19，04/03/03
	05/01/12，05/11/16，08/11/12
寺島進	07/05/16
テリーサ・パーマー	11/06/29
デレク・ルーク	08/04/16
デンゼル・ワシントン	96/11/06
	00/04/05，01/10/24，02/10/30
	05/03/30，06/06/07，08/01/30
	10/06/16，11/01/05，13/02/20
	14/10/15
でんでん	07/05/16

【と】

ドウェイン・ジョンソン	13/05/31
洞口依子	00/03/15
藤間宇宙	00/10/25
トータス松本	12/09/26
ドー・ハイ・イエン	04/09/09
時任三郎	08/11/12
徳永えり	10/05/19
所ジョージ	00/03/01
戸田菜穂	08/04/30，10/07/07
ドナルド・サザーランド	
	06/01/18，13/12/18
トニー・レオン	01/03/28
	03/10/01，04/10/13，07/07/11
	09/04/08
トビー・マグワイア	99/05/12
	00/06/28，04/01/07，04/06/30
	13/06/05
トミーズ雅	99/12/08
トミー・リー・ジョーンズ	
	02/06/26，06/03/15，13/07/17
富岡涼	06/04/26②
トム・ウィルキンソン	
	02/07/24，08/04/09
トム・クルーズ	02/08/21
	02/11/20，03/11/26，04/10/21
	05/07/06，06/07/05，08/04/16
	10/10/06，12/09/12，13/01/23

	13/05/22，14/06/27，15/08/05
トム・ハーディ	12/04/11
	12/07/18，15/06/10，16/04/13
トム・ハルス	96/08/28
トム・ハンクス	98/09/16
	99/01/13，00/03/01，01/02/21
	02/09/18，03/03/12，04/11/17
	04/12/08，08/05/14，09/05/13
	12/05/02，13/11/20，15/12/22
トム・ホランダー	07/05/23
豊川悦司	96/05/08，02/08/28
	04/08/04，05/11/16，06/07/12
	06/09/20，07/11/28，08/03/12
	10/01/20，10/07/07，13/03/06
	13/12/25，15/02/04
豊原功補	08/07/09
ドリュー・バリモア	00/11/08
	03/06/18，05/06/15，09/07/29
ドルフ・ラングレン	12/10/10
ドン・チードル	07/08/08

俳優・声優名索引 | 533

【な】

ナオミ・ハリス　03/08/13，14/05/14
ナオミ・ワッツ　02/02/13
　04/06/02，13/10/09
中井貴一　98/05/20，98/09/09
　02/09/04，02/12/25，03/10/08
　06/01/25，07/01/17，07/09/05
　11/10/19，12/01/18，14/09/10
中居正広　02/05/29
中川翼　16/03/09
中越典子　07/08/01
永作博美　05/10/05，11/04/27
　15/03/04
長沢まさみ　04/04/30，05/09/07
　09/06/24，14/05/07，15/06/03
永島敏行　00/12/27
中島美嘉　03/09/10
中条きよし　97/01/08
長瀬智也　05/04/06
永瀬正敏　15/05/20，16/04/27
仲代達矢　99/09/01，10/05/19
中谷美紀　99/01/27，00/10/11
　04/12/15，07/03/28，09/11/11
長塚京三　97/02/12，03/04/16
長門裕之　09/02/10
長渕文音　08/10/01
仲間由紀恵　00/01/12，05/09/14
　06/12/20
中村蒼　10/09/01
中村育二　01/06/13
中村嘉葎雄　03/04/16
中村勘三郎　07/11/14
中村吉右衛門　14/09/10
中村七之助　05/04/06
中村獅童　02/07/03，05/12/07
中村達也　15/07/15
中村玉緒　07/11/28
仲村トオル　04/11/10，08/04/23
　10/11/17
中村橋之助　09/04/28
中村靖日　09/02/10
中村優子　07/10/17
中村ゆり　07/05/16
永山絢斗　08/10/08
中山美穂　97/03/18
ナターシャ・マケルホーン
　03/06/11
ナタリー・バイ　00/10/04
ナタリー・ポートマン　08/02/20
　08/03/19，11/05/11，11/06/22
夏川結衣　10/06/02，15/03/04
夏木マリ　02/07/03
夏八木勲　13/01/30，13/07/17
菜々緒　14/03/19，15/10/28
生瀬勝久　97/02/12
波岡一喜　13/05/01
奈良岡朋子　01/05/23
成宮寛貴　13/05/08
成海璃子　10/05/12，11/05/18

【に】

ニール・ヤング　98/08/26②
二階堂ふみ　15/03/25
ニコール・キッドマン　03/04/30
　04/02/18，05/08/31，07/03/20
　08/02/27，09/02/25
ニコラス・ケイジ　00/08/30
　01/09/26，03/09/17，07/12/19
　09/07/15，10/08/11，14/02/12
ニコラス・ファルク　05/12/14
ニコラス・ホルト　02/09/11
西川史子　08/12/03
西川貴教　15/10/14
西島秀俊　04/04/14，05/03/16
　06/12/20，09/11/11，16/02/17
西田敏行　96/10/09，96/12/25
　97/09/03，01/08/15，03/09/03
　07/06/20，08/01/23，08/06/11
　09/02/10，11/10/19，12/12/19
　15/03/25
西田尚美　97/07/23，02/10/09
　06/08/02
西野亮廣　08/10/22
西村雅彦　99/07/07
ニック・スタール　03/06/25
二宮和也　03/02/26，06/12/13
　13/03/06，15/12/02
ニン・チン（寧静）　97/02/26

【ね】

ネイサン・レイン　06/04/05
根岸季衣　96/04/30
根津甚八　00/07/26，15/09/16

【の】

ノオミ・ラパス　12/08/15
野際陽子　01/05/30
野波麻帆　98/09/09，13/01/16
野村萬斎　03/10/08，16/04/20
ノラ・ジョーンズ　08/03/19

【は】

バーカッド・アブディ　13/11/20
ハーレイ・ジョエル・オスメント
　99/10/13，01/01/24，01/06/20
　04/07/07
倍賞千恵子　96/12/25，09/03/04
　14/01/15
倍賞美津子　02/10/09，11/07/13
　16/03/23
萩原健一　09/09/09
萩原聖人　00/10/11，01/10/31
　04/02/10
間寛平　02/10/09，07/05/02
橋爪功　96/04/30，00/06/14
土師野隆之介　11/07/13
橋本愛　12/08/01
ハ・ジョンウ　13/07/03
バズ・オルドリン　12/04/25
長谷川博己　13/09/25，14/09/03
葉月里緒菜　97/01/29①
初音映莉子　13/07/17，14/05/21
パディ・コンシダイン　03/12/10
パトリシア・アークエット
　00/05/24，02/03/06，14/11/05
ヴァネッサ・マルチネス　04/07/28
ハビエル・バルデム
　05/04/13，13/11/06
PUFFY　06/12/06
浜田岳　10/01/20，14/02/26
　15/04/28
浜田雅功　04/07/14
林遣都　09/10/28
林隆三　00/12/27
速水もこみち　11/07/27
原田健二　98/07/15
原田知世　05/11/16
原田美枝子　98/09/09，02/10/09
　03/12/17
原田芳雄　00/04/12，03/04/23
　07/01/17，11/07/19
バリー・バーンズ　04/05/26
バリー・ペッパー
　00/10/18，06/03/15
ハリソン・フォード　08/06/18
　11/10/12，13/10/23，14/10/22
　15/12/17
ハル・ベリー　02/07/10
　05/07/27，11/12/14
バレリア・ブルーニ・テデスキ
　05/08/24
ハン・ソッキュ　03/06/04

	05/05/18, 13/07/03
坂東三津五郎	03/10/29, 06/11/29

【ひ】

ピアース・ブロスナン	00/01/26
	01/07/04, 06/02/22
ヒース・レジャー	
	05/11/02, 08/08/06
ピーター・サースガード	
	00/07/05, 10/10/06, 11/08/31
ピーター・ミュラン	
	99/07/28, 04/02/10
ビートたけし	99/12/08, 16/02/17
柊瑠美	00/06/14
東出昌大	12/08/01, 15/09/16
樋口可南子	02/09/25, 04/04/14
久野雅弘	02/12/11
ビッキー・チャオ	
	02/05/15, 09/04/08
ピトバッシュ	14/09/24
ピナ・バウシュ	03/07/09
ヒュー・グラント	99/08/25
	02/09/11, 04/01/21, 15/11/11
ヒュー・ジャックマン	02/06/12
	04/08/25, 09/02/25, 11/11/30
	12/12/12, 15/10/21
ビョーク	00/12/20
ビヨンセ・ノウルズ	07/02/14
平山あや	06/09/13, 08/01/23
ヒラリー・スワンク	00/07/05
	05/05/25, 11/12/14
ビリー・クリスタル	
	99/11/02, 13/06/27
ビリー・ボブ・ソーントン	
	01/12/19, 02/04/11, 02/07/10
	15/01/07
ビル・ナイ	04/01/21, 07/05/23
ビル・マーレイ	
	04/04/07, 06/04/26①
hiro	06/09/13
広末涼子	99/09/22, 08/09/10
	09/11/11
広瀬すず	15/06/03
広田雅裕	05/10/05

【ふ】

ファラ・フォーセット	02/01/09
ファン・ジョンミン	06/11/08
ファン・ビンビン	11/12/28
フィービー・ケイツ	01/11/21
フィリップ・シーモア・ホフマン	
	06/07/05, 08/05/14, 13/12/18
フィル・デイビス	05/07/13
フェリシティ・ジョーンズ	
	15/03/11
フェルナンド・F・ゴメス	
	01/08/29
フォレスト・ウィテカー	
	07/03/07, 08/03/05
深田恭子	00/07/26, 03/10/08
	03/10/29, 04/05/19, 11/07/27
	14/02/26, 14/06/11
深津絵里	03/07/23, 03/10/29
	08/06/11, 10/09/08, 11/10/19
福士誠治	05/09/07, 09/06/24
福士蒼汰	13/04/17
福田麻由子	08/03/12
福山雅治	13/07/01, 13/09/18
藤井かほり	98/03/11①
藤井隆	02/05/29, 04/08/11
	07/05/16
藤沢恵麻	08/02/06
富司純子	98/12/09, 06/09/20
	14/09/03
藤竜也	04/06/09, 14/04/03
	14/09/10
藤田まこと	08/08/20
藤野涼子	15/03/04
藤村志保	98/12/09, 07/08/01
藤原竜也	08/07/09, 09/09/30
	12/02/29, 14/07/23, 16/03/09
藤原紀香	04/07/14
風吹ジュン	97/09/03, 99/03/24
	00/03/15, 05/09/07, 13/01/16
	15/06/03
ブラッド・ピット	99/11/24
	01/02/28, 01/12/12, 05/11/30
	07/04/25, 07/08/08, 09/02/04
	11/08/03, 13/11/06, 14/11/19
	16/02/24
ブラッドリー・クーパー	14/01/22
ブラッド・レンフロ	99/06/16
フランカ・ポテンテ	99/08/04
フランシス・マクドーマンド	
	02/04/17
フランセス・コンロイ	06/04/26①
フランソワ・クリュゼ	12/08/22
ブランドン・ラウス	06/08/23
フリーダ・ハルグレン	05/12/14
ブリー・ラーソン	16/03/30
フリオ・セサール・セディージョ	
	06/03/15
ブリタニー・マーフィー	07/03/20
ブルース・ウィリス	98/12/02
	99/10/13, 00/04/05, 01/02/07
	01/12/19, 07/06/27, 12/10/10
	12/12/26, 13/05/31
古尾谷雅人	96/04/30
古田新太	00/12/27, 03/04/16
	03/10/22, 06/05/31, 06/08/16
ブルックリン・デッカー	12/04/04
ブレイク・ライブリー	
	05/09/21, 11/08/31
フレディ・ハイモア	10/04/28
フレディ・ロドリゲス	07/02/21
ブレンダ・フリッカー	04/05/26
ブレンダ・プレッシン	06/01/18
ブレンダン・フレイザー	
	99/10/06, 01/06/06, 04/09/09

【へ】

ペ・ドゥナ	05/08/03
ベニチオ・デル・トロ	01/04/11
	04/06/02, 09/01/14
ベネディクト・カンバーバッチ	
	13/08/14, 16/01/20
ペネロペ・クルス	01/09/12
	01/09/26, 07/07/04, 13/11/06
ペ・ヨンジュン	04/05/12
ベラ・ファーミガ	
	10/03/17, 15/01/07
ベルティーユ・ノエルブリュノー	
	09/01/07
ヘレナ・ボナムカーター	01/07/25
	07/07/04, 07/07/18, 08/01/16
	10/04/14, 15/04/15
ベレニス・ベジョ	12/03/28
ヘレン・ハント	98/04/08②
	01/01/24, 01/02/21, 02/01/09
ヘレン・ヒョホルム	05/12/14
ヘレン・ミレン	
	07/12/19, 15/11/18
ベレン・ルエダ	05/04/13
ベン・アフレック	98/12/02
	09/07/29, 11/02/02, 14/12/03
ベン・キングズレー	
	04/11/02, 12/02/22
ベンジャミン・ウォーカー	
	12/10/24
ベン・スティラー	07/03/14
ベン・チャップリン	96/06/12
ヘンリー・カビル	
	13/08/21, 15/11/04

【ほ】

ホアキン・フェニックス	
	06/02/15, 14/06/18

俳優・声優名索引 | 535

ポードリック・ディレーニー
　　　　　　　　　　　　06/11/22
ポール・ニューマン　　　99/06/02
　02/09/18，06/06/21
ポール・ベタニー　　　　15/01/28
ポール・ラッド　　　　　15/09/09
ボノ　　　　　　　　　　99/11/17
ボブ・ブラウン　　　　　01/03/07
堀北真希　　10/03/24，11/01/26
　12/01/11
ボルジャー姉妹　　　　　03/12/10
ホルヘ・ペルゴリア　　　02/01/23
本郷奏多　　　　　　　　15/07/22

【ま】
マーク・ウォールバーグ
　01/07/25，06/12/27，07/05/30
　08/07/23，11/03/30，13/01/09
　14/08/06，15/08/19
マーク・ストロング　　　08/12/17
マーク・ラファロ
　　　　　　13/10/16，16/04/06
マーシャ・ゲイ・ハーデン
　　　　　　03/12/24，04/07/28
マーティン・シーン　　　14/12/24
マーティン・スコセッシ　05/03/02
マーティン・ローレンス　06/12/06
マーロン・ブランド　　　01/09/19
マイク・マイヤーズ　　　02/08/21
マイケル・ガンボン　　　02/10/16
　05/11/22，09/07/22
マイケル・キートン
　　　　　　15/04/01，16/04/06
マイケル・ケイン　　　　00/06/28
　02/08/21，04/07/07，04/09/09
　05/08/31
マイケル・ジャクソン　　10/06/23
マイケル・ダグラス　　　98/02/18
　01/04/11，15/09/09
マイケル・B・ジョーダン
　　　　　　　　　　　　15/12/16
マイケル・ファスベンダー
　12/08/15，12/09/19，13/11/06
　16/02/03
マイケル・ペーニャ
　　　　　　07/05/30，08/04/16
マイケル・リスポリ　　　12/06/20
マイルズ・テラー　　　　15/04/08
前田愛　　　　　　　　　09/02/10
前田亜季　　　　　　　　97/07/23
前田敦子　　11/06/01，12/07/04
　13/05/08，15/05/15
前田旺志郎　12/02/29，15/06/03
前田沙耶香　　　　　　　04/08/11
マギー・エリザベス・ジョーンズ
　　　　　　　　　　　　12/05/31
マギー・Q　　　　　　　07/06/27
マギー・ギレンホール　　04/07/28
マギー・グレイス　　　　09/08/19
マギー・スミス　　　　　02/10/16
マギー・チャン　　　　　01/03/28
真木蔵人　　98/08/19，03/04/02
真木よう子　06/08/16，10/10/27
　11/03/16，12/05/23，13/01/16
　13/09/18

マシュー・フォックス　　13/07/17
マシュー・ブロデリック　06/04/05
マシュー・マクファディン
　　　　　　　　　　　　06/01/18
マシュー・マコノヒー
　　　　　　14/01/29，14/11/12
マチュー・カソヴィッツ　01/12/26
松浦亜弥　　　　　　　　03/02/26
松尾スズキ　02/05/01，02/07/17
　09/09/30，15/03/25
松方弘樹　　97/01/08，09/09/09
マックス・フォン・シドー
　　　　　　　　　　　　06/07/19
松坂慶子　　　　　　　　09/03/04
松坂桃李　　11/09/14，11/11/09
　12/01/18，14/05/21，15/08/26
松重豊　　　99/06/09，13/05/01
　15/04/28
松下奈緒　　　　　　　　08/04/30
松下由樹　　　　　　　　09/05/20
松嶋菜々子　97/02/12，99/01/27
　00/08/16，07/05/09，10/11/10
マッシモ・トロイージ　　96/05/15
松たか子　　98/03/11①，07/09/05
　10/06/09，12/08/23，14/01/15
　14/03/13，15/03/25
松田翔太　　08/06/25，10/03/10
　15/05/15
松田龍平　　99/12/08，02/07/31
　09/01/21，11/04/20，13/04/03
　13/05/01，14/10/08，15/03/25
マット・デイモン　　　　98/03/04
　98/09/16，00/08/02，05/11/02
　06/12/27，07/08/08，07/10/11
　07/11/07，09/12/02，11/02/16
　11/05/25，11/11/02，12/05/31
　13/09/11，16/01/27
松村達男　　　　　　　　96/04/30
松本幸四郎　　　　　　　07/09/05
松本潤　　　05/01/12，08/06/25
　13/10/02
松本人志　　　　　　　　07/06/06
松本莉緒　　　　　　　　06/08/16
松山ケンイチ　　　　　　07/11/28
　10/03/24，12/03/14
松雪泰子　　06/09/20，13/01/30
マティアス・スーナーツ　13/03/27
マドンナ　　　　　　　97/01/29②
真中瞳　　　　　　　　　01/06/13
真野響子　　　　　　　　08/02/06
馬渕英里何　　　　　　　02/07/17

マメ山田	02/07/31	ミラ・クニス	11/05/11	【や】	
真矢みき	03/07/23		13/01/09, 15/03/18	八木亜希子	01/05/30
マリア・ベロ	06/10/11	ミレイユ・イーノス	14/10/29	薬師丸ひろ子	03/10/22
マリオン・コティヤール		【む】			10/01/20, 10/08/18
	09/12/16, 11/11/02, 12/05/16	向井理	10/09/01, 11/09/14	役所広司	97/04/16, 99/09/01
	12/07/18, 13/03/27	村上淳	01/08/01, 02/04/10		00/03/15, 00/04/28, 01/01/10
マリサ・トメイ			10/07/07, 15/10/28		02/05/01, 07/04/25, 07/10/24
	02/07/24, 15/11/11	室井滋	02/10/09, 07/05/02		10/12/22, 11/10/07, 11/12/21
【み】		ムロツヨシ	15/02/18		12/02/01, 12/04/18, 12/10/17
ミア・ワシコウスカ	10/04/14	ムン・ソリ	04/01/14		13/10/30, 15/07/02
三浦貴大	12/01/18	【め】		矢沢永吉	99/07/07
三浦友和	07/08/15, 08/01/23	メアリー・エリザベス・ウィンス		矢沢心	03/09/10
	11/11/22, 12/02/29, 16/04/27	テッド	07/06/27	八嶋智人	04/12/15, 06/12/06
三浦春馬	13/08/28, 13/12/11	メアリー・スティーンバーゲン			07/09/05, 11/11/16
	14/12/17, 15/07/22		04/07/28	安田成美	12/11/07
ミカエル・ニュクビスト	05/12/14	メグ・ライアン	96/11/06	矢田亜希子	05/07/27
三上博史	96/09/18, 97/01/29①		99/01/13, 02/06/12, 04/03/17	八千草薫	01/03/14, 11/08/24
三国連太郎	97/09/03, 01/08/15	メラニー・ロラン	13/10/16	柳沢慎吾	12/07/25
	03/09/03, 11/07/19	メリッサ・レオ	11/03/30	柳葉敏郎	03/07/23, 05/08/17
ミシェル・ファイファー		メリル・ストリープ	03/04/30		08/10/01
	02/05/22, 03/02/19, 11/12/14		05/03/30, 08/04/16, 12/03/08	山崎努	98/12/09, 01/10/31
ミシェル・モナハン			14/04/09		02/05/29, 03/02/05, 08/09/10
	06/07/05, 08/10/15	メル・ギブソン	99/04/28	山下智久	11/02/09
ミシェル・ヨー	00/11/01		00/09/27, 14/10/22	山田孝之	06/11/01, 09/07/01
水川あさみ	08/07/09, 10/01/20	メル・ブルックス	06/04/05		15/09/19
	14/01/10	【も】		山田涼介	15/10/28
水嶋ヒロ	10/09/01	モーガン・フリーマン	01/05/16	山寺宏一	05/07/27, 11/12/07
水谷豊	13/07/31		05/05/25, 08/05/07, 08/09/17	山本寛斎	03/02/26
水野美紀	03/07/23		13/10/16, 14/08/20	山本耕史	15/10/14
水橋研二	99/10/27	もたいまさこ	06/03/22, 07/09/19	山本太郎	01/11/14, 09/09/30
溝端淳平	12/01/18	本仮屋ユイカ	07/01/31	山本未来	98/06/24
光石研	00/10/11, 07/09/19	本木雅弘	08/09/10	YOUNG DAIS	14/08/13
	14/05/07	モニカ・ベルッチ		【ゆ】	
観月ありさ	03/04/02, 09/05/20		05/11/02, 15/11/25	ユアン・マクレガー	05/07/20
ミッキー・ローク	05/10/19	桃井かおり	03/10/29		05/07/27, 07/09/12, 12/09/19
三林京子	98/12/09	ももいろクローバーZ	15/02/18		12/11/28, 15/01/28
光宗薫	15/08/26	百田夏菜子	15/02/18	優香	15/10/14
南果歩	14/04/03	森迫永依	07/06/20	裕木奈江	01/11/14
南沢奈央	10/11/17	森田一義	07/09/05	ユースケ・サンタマリア	06/08/30
峯田和伸	15/08/26	森次晃嗣	97/04/02	ユ・ジテ	02/06/19, 14/10/01
宮川大輔	11/03/23	森山未來	04/04/30, 12/01/11	ユマ・サーマン	
三宅裕司	03/09/03, 08/02/06		12/07/04		96/06/12, 04/04/21
宮崎あおい	01/01/10, 02/03/13	森優作	15/07/15	ユンソナ	03/10/22
	08/01/23, 11/08/17, 12/07/11			【よ】	
	12/09/05, 13/04/03			余貴美子	10/02/03, 10/06/02
宮崎将	01/01/10				11/11/22
宮迫博之	03/02/05, 04/05/19			吉岡秀隆	96/10/09, 96/12/25
	07/12/26, 16/04/20				07/10/31, 12/01/11, 14/01/15
宮沢りえ	01/08/15, 02/10/23				15/10/28
	06/05/31			吉沢悠	07/08/01
宮本信子	96/06/05②, 07/05/09			吉高由里子	11/04/06, 13/02/13

吉田羊　　　　　　　15/04/22
吉永小百合　00/09/13，10/01/27
　15/12/02
吉行和子　　　　　　96/04/30

【ら】
ライアン・ゴズリング
　　　　　　　12/03/21，16/02/24
ライアン・レイノルズ
　　　　　　　11/08/31，15/11/18
ライナス・ローチ　　96/06/05①
良知真次　　　　　　09/06/24
ラッセル・クロウ　　98/06/10
　00/05/17，02/03/27，04/02/25
　08/01/30，08/12/17，10/12/08
　12/12/12，13/08/21，14/06/04

【り】
リーアム・ニーソン　04/01/21
　06/03/01，09/08/19，11/05/02
　12/08/08，14/08/27，15/05/01
リース・ウィザースプーン
　　　99/05/12，06/02/15，12/04/11
リーバイ・ミラー　　15/10/21
リーブ・シュレイバー　02/06/12
　05/03/30，16/04/06
リー・ミシェル　　　11/12/14
リウ・シーシー　　　14/12/17
RIKIYA　　　　　　　05/09/07
リス・エバンス
　　　　　　　99/08/25，02/03/06
リチャード・ギア　　02/01/09
　03/04/09，05/04/27①，08/09/24
　09/08/12
リチャード・ファーンズワース
　　　　　　　　　　00/03/22
リチャード・ロクスバーグ
　　　　　　　　　　04/08/25
リブ・タイラー　　　98/12/02
　02/01/09，08/07/30
りょう　　　05/03/16，07/10/17
リリー・ジェームズ　15/04/15
リリー・フランキー　13/09/18
　13/12/25，15/06/03，15/07/15
リンジー・ローハン　07/02/21
リン・チーリン　　　09/04/08

【る】
ルーク・エバンス　　12/10/03
ルーシー・リュー
　　　　　　　00/11/08，03/06/18
ルーニー・マーラ
　　　　　　　12/01/25，14/12/24
ルー・プッチ　　　　06/09/27
ルパート・グリント　02/11/13
　05/11/22，09/07/22

【れ】
レア・セドゥ　　　　15/11/25

レイ・ウィンストン　07/12/05
レイク・ベル　　　　14/09/24
レイチェル・マクアダムス
　　09/10/21，12/05/16，16/04/06
レイチェル・ロバーツ　03/08/27
レイチェル・ワイズ　01/06/06
　04/01/28，06/05/10，08/03/19
レイトン・ミースター　15/01/07
レイ・パーク　　　　13/05/31
レイフ・ファインズ　03/01/22
　06/05/10，14/05/28
レイ・リオッタ　　　01/09/12
レオナルド・ディカプリオ
　02/12/04，03/03/12，05/03/23
　06/12/27，07/04/04，08/12/17
　09/01/28，10/07/21，13/06/05
　14/01/29，16/04/13
レナ・オリン　　　　01/04/18
レナ・ヘディ　　　　05/11/02
レニー・ゼルウィガー　01/05/16
　03/02/19，03/04/09，05/03/02
　07/09/12，08/11/05
レベッカ・ファーガソン　15/08/05
レベッカ・ホール　　11/02/02

【ろ】
ローガン・ラーマン　14/11/19
ローラ・エレナ・ハリング
　　　　　　　　　　02/02/13
ローラ・ダーン　　　02/01/09
ローラ・リニー　　　03/12/24
ローレンス・フィッシュバーン
　　　　　　　03/05/21，11/11/02
ローレン・バコール　04/02/18
ローワン・アトキンソン
　　　　　　　98/03/11②，04/01/21
ロザムンド・パイク　06/01/18
　13/01/23，14/12/03
ロドリゴ・デ・ラ・セルナ
　　　　　　　　　　04/10/06
ロバート・カーライル
　　　　　　　98/12/22，00/01/26
ロバート・ダウニーJr.　15/01/07
ロバート・デニーロ　99/11/02
　01/09/19，05/03/02，05/04/20
　07/10/11，11/12/14，14/03/26
　15/09/30
ロバート・デュバル
　　　　　　　04/07/07，15/01/07
ロバート・パティンソン
　　　　　　　09/04/01，10/11/02
ロバート・レッドフォード

	01/12/12, 08/04/16
ロビン・ウィリアムズ	98/03/04
	99/03/17, 05/07/27, 07/03/14
ロビン・ライト・ペン	
	99/06/02, 03/02/19
ロベルト・ベニーニ	99/04/07
ロラ・ドゥエニャス	05/04/13

【わ】

脇知弘	08/04/02
和久井映見	04/08/04
渡瀬恒彦	98/07/15, 09/03/18
渡辺謙	03/11/26, 06/12/13
	10/07/21, 13/09/04, 14/07/16
渡辺大	08/08/20, 14/02/26
渡部篤郎	12/05/23, 13/05/01
渡哲也	00/09/13

キーワード索引

【あ】

アーサー王　　　　　　04/07/21
「アーサーとミニモイの不思議な国」
　　　　　　　　　　　10/04/28
アードマン・アニメーションズ
　　　　　　　　　　　15/06/24
アーロン・ソーキン　　16/02/03
アーロン・ラルストン　11/06/08
「アイ・アム・サム」　05/04/20
「アイ・アム・レジェンド」
　　　　　　　　　　　09/02/18
「アイアンマン」　　　11/10/12
「アイ・ウォーク・ザ・ライン」
　　　　　　　　　　　06/02/15
愛国心　　　07/12/19，08/05/14
愛人　　　　　　　　　04/09/09
「アイス・エイジ」　　05/07/27
アイスランド　　　　　12/05/31
「アイデン&ティティ」15/08/26
アイドル映画　　　　　05/09/07
「愛は霧のかなたに」　00/01/26
「アイム・ノット・ゼア」08/02/13
アイルランド　　　　　03/12/10
　04/05/26，05/05/11，06/11/22
青島武　　　　　　　　01/11/14
「赫い髪の女」　　　　03/11/19
「紅いコーリャン」
　　　　　　97/02/26，02/03/20
赤坂真理　　　　　　　03/11/19
「赤ずきん」　　　　　07/10/03
アカデミー賞　　　　98/04/08②
　98/06/10，99/04/07，00/04/26
　00/07/05，00/07/12，00/08/23
　01/04/11，02/02/20，02/03/27
　02/07/10，02/09/18，02/10/16
　03/04/09，03/04/30，03/05/28
　03/07/09，03/08/06，04/02/04
　04/02/25，04/09/22，05/03/23
　05/04/13，05/05/25，06/05/10
　07/03/07，07/03/20，08/02/27
　08/04/09，09/02/04，09/04/15
　10/07/21，11/01/12，11/03/30
　11/05/11，12/03/08，12/03/28
　12/05/09，12/05/16，13/02/27
　13/03/19，13/04/10，14/03/05
　14/03/13，14/04/30，14/06/18
　15/03/11，15/04/01，15/04/08
　15/06/17，16/03/30，16/04/26
　16/04/13

「赤目四十八瀧心中未遂」03/11/19
秋田犬　　　　　　　　09/08/12
秋本治　　　　　　　　11/07/27
秋元康　　　　　　　　97/02/12
「AKIRA」　　　　　99/09/14
アクション　99/09/08，00/08/09
　00/08/16，01/08/01，01/12/12
　02/06/26，02/08/07，02/11/13
　03/03/05，03/04/23，03/05/21
　03/06/25，06/07/05，07/04/04
　07/11/07，07/12/05，08/01/30
　08/03/05，08/07/09，08/10/15
　08/11/26，08/12/17，09/06/10
　09/07/08，09/12/09，10/05/26
　10/06/16，11/05/02，12/09/19
　12/10/10，12/10/24，13/05/31
　13/07/03，13/08/07，13/09/11
　13/11/27，14/06/27，14/08/20
　15/03/18，15/05/01，15/06/10
　15/09/09，15/10/08
芥川竜之介　　　　　　09/09/09
「悪党パーカー」　　　99/04/28
「悪人」　　11/10/19，13/02/13
悪魔　　　　　　　　　00/05/31
悪霊ハンター　　　　　13/07/24
赤穂浪士　　　　　　　10/12/22
朝井リョウ　　　　　　12/08/01
浅田次郎　　98/05/20，02/12/25
　07/06/20，11/08/24，14/09/10
あさのあつこ　　　　　07/02/28
旭山動物園　　　　　　09/02/10
あさま山荘事件
　　　　　　01/11/14，02/05/01
朝間義隆　　　　　　　97/09/03
アザラシ　　　　　　　96/09/25
芦原妃名子　　　　　　08/04/30
「阿修羅のごとく」　　06/05/17
「明日に向って撃て!」01/12/19
麻生幾　　　　　　　　12/05/23
あだ討ち　　06/05/31，14/09/10
足立紳　　　　　　　　14/12/10
あだち充　　　　　　　05/09/07
アダム・マッケイ　　　16/02/24
「熱いトタン屋根の猫」14/04/09
「アナと雪の女王」　　15/04/15
「アナと雪の女王　エルサのサプライズ」　　　　　　　　15/04/15
「アニー・ホール」　　12/05/16
「アニマル・ハウス」　13/06/27

アニメ　　　96/08/28，97/03/05
　97/07/02，97/08/06，99/07/14
　00/03/01，01/05/02，01/12/05
　02/02/27，04/04/14，04/07/14
　04/08/11，04/11/17，05/03/02
　05/07/27，05/12/21，06/06/21
　06/07/26，06/12/06，07/07/25
　07/10/03，08/07/02，09/07/08
　09/12/09，10/02/17，10/08/04
　10/09/29，11/03/09，11/12/07
　12/06/27，12/09/26，12/12/05
　13/06/27，14/07/30
「あの頃ペニー・レインと」
　　　　　　05/11/09，12/05/31
「アバター」　10/04/21，10/08/04
　12/10/31
アパルトヘイト（人種隔離）
　　　　　　10/04/07，14/05/14
アビーロード・スタジオ15/11/04
「アヒルと鴨のコインロッカー」
　　　　　　　　　　　14/03/19
アフガニスタン
　　　　　　03/05/07，08/05/14
アブスキャム事件　　　14/01/22
「あぶない刑事」　　　05/10/26
アフリカ　　　　　　　06/05/10
「アベックモンマリ」　02/04/10
安倍晴明　　　　　　　03/10/08
安倍夜郎　　　　　　　15/01/26
「アベンジャーズ」
　　　　　　14/08/20，15/09/09
アボリジニ　　　　　　09/02/25
「アポロ13」　　　　 14/02/05
「あまちゃん」　　　　15/04/22
阿弥陀堂　　　　　　　02/09/25
「雨あがる」　　　　　02/09/25
「アメイジング・スパイダーマン」
　　　　　　　　　　　14/04/16
「アメージング・グレース」
　　　　　　　　　　　08/01/30
アメリカンコミック　　04/06/30
　08/07/30，09/03/25，11/06/22
　11/08/31
アメリカンドリーム　　07/01/24
「アメリカン・ビューティー」
　　　　　　01/08/22，02/09/18
アメリカンフットボール10/02/24
「アモーレス・ペロス」04/06/02
「怪しい彼女」　　　　16/03/23

荒井晴彦	03/11/19			07/10/10, 07/11/21	岩井俊二	04/04/30, 06/10/25
荒木経惟	97/10/08	イスラム社会		03/07/30		11/01/19
荒木陽子	97/10/08	異星人		05/07/06, 13/05/22	岩崎夏海	11/06/01
アラスカ	12/08/08		13/06/12		「イン・アメリカ／三つの小さな願	
アラブ人	12/11/28	伊勢市		10/03/31	いごと」	06/07/19
アラン・カミング	01/11/21	磯田道史		10/12/01	イングマール・ベルイマン	
アラン・ドロン	00/08/02	板前		97/01/08		06/07/19
有川浩	13/04/17	イタリア		99/04/07, 01/09/05	イングランド	01/05/09
「アリス・イン・ワンダーランド」			02/01/16, 02/11/06		イングランド女王	08/02/13
	12/12/05	イタリア映画			「イングリッシュ・ペイシェント」	
有間皇子	10/01/06	異端者（ダイバージェント）				00/08/02
「歩いても 歩いても」	14/04/09			14/07/02	インサイダー	00/05/17
アルコール依存症	13/02/20	「ICHI」		11/02/09	「イン・ザ・ヒーロー」	14/12/10
アルゼンチン	97/01/29②	市川崑		10/01/27, 15/07/15	「インセプション」	14/11/12
	04/10/06, 09/01/14	市川森一		00/09/13	インターナショナルスクール	
アルバート・ブルックス	00/09/06	「1984」		02/11/20		10/03/24
アルプス	06/07/19	「苺とチョコレート」		02/01/23	インターネット	09/08/05
「アルマゲドン」		一家離散		08/10/22	インターン	15/09/30
	05/07/20, 13/05/22	1・5センチ		15/09/09	「インディ・ジョーンズ」	
暗殺	08/09/17, 10/07/28	イディ・アミン		07/03/07		01/06/06, 08/06/18, 11/10/12
アンソニー・ミンゲラ	00/08/02	遺伝子		98/04/08①, 04/06/30	インド	99/10/13, 01/02/07
アンチヒーロー			09/10/14, 15/07/29			02/08/14, 05/08/10, 09/04/15
	09/12/16, 15/08/12	犬		04/03/03, 08/03/12		14/09/24, 14/11/26
アンディ・ウィアー	16/01/27		09/08/12, 11/07/13, 12/12/05		「インビクタス 負けざる者たち」	
アンデス山脈	05/02/23	乾くるみ		15/05/15		14/05/14
アンデルセン	08/07/16, 14/03/13	「犬とあなたの物語 いぬのえいが」			「インファナル・アフェア」	
安藤桃子	14/12/10			11/05/18		06/12/27, 07/07/11
アンドリュー・ロイド・ウェバー		井上荒野		13/01/16	【う】	
	05/01/26	井上三太		14/08/13	「WITH LOVE」	99/01/13
アンドレイ・コンチャロフスキー		井上ひさし		15/12/02	ウイルス	07/12/12, 11/11/02
	11/01/05	井上靖		12/04/18	宇江佐真理	10/10/20
アンドロイド	13/01/30	遺品整理	11/11/09, 13/05/08		ウェンディ・オルー	08/09/03
「アンノウン」	14/08/27, 15/05/01	「イブのすべて」		04/06/23	「ウォーターボーイズ」	04/09/01
【い】		異文化		05/05/11, 06/04/19		08/10/08, 10/05/12, 14/05/07
イーサン・ホーク	05/02/02			09/04/22	ウォール街	16/02/24
飯島夏樹	07/08/22	「異聞浪人記」		11/10/07	ウォーレン・オーツ	09/12/16
イースター	11/08/10	「いま、会いにゆきます」	10/08/18		ウォルター・キルン	06/09/27
「E・T」	01/06/20, 05/07/06	移民		02/12/04, 03/12/10	ウォルト・ディズニー社	15/05/27
イエス・キリスト	00/05/24		05/05/11, 07/04/25, 09/04/22		「ウォレスとグルミット 危機一	
硫黄島	06/10/18, 06/12/13			13/03/27	髪！」	15/06/24
いがらしみきお	15/03/25	「イムジン河」		05/01/19	「ウォレスとグルミット 野菜畑で	
「生きない」	02/07/17	「依頼人」		01/10/10	大ピンチ！」	15/06/24
「生きる」	03/10/15	イラク		10/03/03	ウガンダ	07/03/07
伊坂幸太郎	15/10/28	イラン	03/05/07, 03/07/30		浮世絵師	15/04/28
諫山創	15/07/22			04/11/02	ウサギ	11/08/10
いしいひさいち	99/07/14	医療		99/03/17	ウサマ・ビンラディン容疑者殺害作	
石ノ森章太郎	02/02/25	医療保険制度〈アメリカ〉			戦	13/02/06
いじめ	15/03/04			07/08/29	宇多田ヒカル	04/04/14
「異人たちとの夏」	03/01/08	医療ミステリー		09/03/11	宇宙	97/09/17, 08/06/04
偉人伝説	05/03/23	イルミネーション社		12/09/26		09/06/17, 11/07/20, 15/03/18
イスラム過激派		入れ墨		12/01/25		15/10/14

宇宙海賊	13/08/28		12/10/24	エロチシズム	16/02/17
宇宙開発	12/02/29	英雄	06/10/18	遠距離	10/08/18
宇宙ステーション	03/06/11	エイリアン	00/10/18, 02/06/26	演劇	04/02/18, 11/05/18
宇宙船	08/12/10, 09/05/27		09/07/08, 10/04/07, 11/10/12		13/10/30, 15/02/18
	13/08/14		14/06/27	炎上	14/03/19
「宇宙戦艦ヤマト」		「エイリアン」	12/08/15	「エンド・オブ・デイズ」	00/05/24
	05/03/09, 10/11/24	「エクスペンダブルズ」		【お】	
「宇宙戦争」	05/12/21		12/10/10, 14/10/22	老い	09/02/04, 10/05/19
宇宙飛行士	12/04/25, 13/12/04	江國香織	05/01/12		13/02/27
	16/01/27	エコロジー	09/01/07	お伊勢参り	05/04/06
ウディ・アレン	12/05/16	絵島生島事件	06/12/20	応援団	08/10/08
うどんブーム	06/08/30	SNS	16/03/16	「王様と私」	00/02/09
冲方丁	12/09/05	SF	01/01/17, 01/07/25	王族	15/03/18
馬	08/10/01		02/06/26, 02/08/07, 02/11/20	オウム真理教	05/03/16
「海猿」	08/01/09		03/05/21, 05/03/09, 05/06/08	大嵐	00/07/19
羽海野チカ	06/08/02		06/11/15, 07/12/12, 09/05/27	大岡昇平	15/07/15
海街	15/06/03		09/06/10, 09/07/08, 09/09/16	大奥	06/12/20
浦沢直樹	08/08/27, 09/08/26		09/12/22, 10/04/07, 10/11/24	「大奥」	12/12/19
ウラジミール・ナボコフ	01/09/05		11/06/29, 11/09/28, 12/08/15	大鐘稔彦	10/06/02
裏社会	09/05/01, 15/10/28		12/12/26, 13/05/22, 13/09/11	オオカミ	12/07/11
裏ビジネス	13/11/06		14/06/27, 14/08/20, 14/11/12	狼男	10/11/02
ウルトラマン	97/04/02		15/03/18, 16/01/27	「おおかみこどもの雨と雪」	
浮気	16/03/16	SFX	03/03/05		15/07/02
運転士	11/11/22	「SP」	10/10/27, 11/03/16	「狼たちの午後」	01/12/19
「運動靴と赤い金魚」	03/05/07		13/04/17	オーケストラ	04/12/01
運命	11/05/25	「SP 野望篇」	11/03/16	大河内伝次郎	04/08/04
【え】		「エディット・ピアフ 愛の讃歌」		「大阪物語」	03/12/03
エアロスミス	98/12/02		09/12/16	大鹿村	11/07/19
映画館	96/12/25, 97/03/19	「エド・ウッド」	15/01/14	「オーシャンズ」	07/08/08
映画監督	03/08/27	エドガー・アラン・ポー	12/10/03		07/10/11, 12/09/19
映画サークル	06/10/25	江戸時代	12/09/05, 15/04/28	「オースティン・パワーズ」	
映画製作	12/02/01	江戸城	06/12/20		02/08/21
永久欠番	13/10/23	NG集	04/06/16	オーストラリア	97/10/01
AKB48	11/06/01	エバ・ペロン	97/01/29②		98/06/10, 04/10/27, 08/09/03
英国	97/12/03, 98/03/11②	愛媛県立三島高校	10/05/12		09/02/25
	98/12/22, 99/07/28, 99/08/25	FBI捜査官	13/10/16	オーストリア	13/02/27, 15/11/18
	01/01/31, 01/02/28, 02/10/16	F1	14/02/05	大泥棒	06/02/22
	03/08/13, 06/04/12, 06/07/19	エベレスト	16/03/02	大みそか	06/01/11, 11/12/14
	06/09/06, 06/11/15, 08/01/16	「エベレスト3D」	16/03/02	「ALWAYS 三丁目の夕日」	
	09/08/19, 12/03/08, 12/05/31	絵本	10/01/13		09/09/02, 10/11/24, 11/12/07
	12/11/21, 12/11/28, 13/01/23	絵本作家	07/09/12		12/01/11, 13/12/11, 14/07/30
	13/07/17, 13/08/21, 14/03/05	エマ・ドナヒュー	16/03/30	オールズバーグ	04/11/17
	14/07/02, 14/07/09, 14/07/16	エマニュエル・ルベツキ		オーロラ	00/12/06
	15/04/15, 15/06/23		15/04/01, 16/04/13	男鹿和雄	13/11/13
英国王室	11/02/23	M・ナイト・シャマラン		「おかしなおかしな大追跡」	
「英国王のスピーチ」			99/10/13, 01/02/07		15/12/09
	12/12/12, 16/03/30	「エリザベス」	04/05/26	お金恐怖症	15/03/25
英国軍	00/09/27	「エリザベスタウン」	12/05/31	オカルト映画	00/05/24, 00/05/31
エイズ問題	03/12/10	「L・A・コンフィデンシャル」		小川糸	10/02/03
英仏合作	01/09/05		03/05/28, 13/10/23	沖田修一	13/02/13
エイブラハム・リンカーン		「エレファント」	04/01/28	沖縄	98/08/19, 09/06/24

奥寺佐渡子	12/07/11		**【か】**		「影なき狙撃者」	05/03/30
奥山和由	10/01/06	カーアクション		火山	11/07/13
「おくりびと」	09/03/18, 09/11/11		00/08/30, 05/01/05	柏田道夫	10/12/01
押しボタン	10/04/30	「カーマ・スートラ 愛の教科書」		梶原一騎	12/06/06
お受験	99/07/07		02/08/14	カストロ	09/01/14
汚職事件	16/01/20	カール・セーガン	97/09/17	火星	16/01/27
「恐るべきさぬきうどん」	06/08/30	カーレース	08/11/26	火星人	97/03/12
お台場	03/07/23	階級社会	02/10/16	「火星の人」	16/01/27
オタク	06/05/17	介護	12/11/07, 13/02/27	「風の谷のナウシカ」	09/08/05
お茶屋	14/09/03	介護者	12/08/22	仮想現実	99/09/14, 03/05/21
小津安二郎	99/06/23, 02/06/19	「外事警察 CODE・ジャスミン」			03/11/05
	12/04/18		12/05/23	過疎化	97/11/12
「オデュッセイア」	01/10/17	怪獣	14/07/16	家族	00/04/26, 01/02/14
「おとうと」（市川崑）	10/01/27	怪獣映画	96/11/27, 06/04/26②		01/04/04, 02/01/16, 02/08/28
「男と女」	13/02/27	「かいじゅうたちのいるところ」			03/10/29, 05/07/13, 05/10/05
男の美学	03/10/01		10/01/13		07/10/24, 09/10/14, 11/08/03
男の友情	11/04/20, 13/01/09	海上自衛隊	12/04/04		12/04/18, 12/05/31, 13/09/18
乙武洋匡	13/03/13	海上保安官	04/06/09		14/04/03, 14/04/09, 14/11/05
大人計画	15/03/25, 15/08/26	海賊	03/07/16		14/11/12, 14/11/26
「おとなしいアメリカ人」	04/09/09	海賊ビジネス	13/11/20	片思い	06/08/02
おとり捜査	14/01/22	怪談	97/07/23	片貝まつり	10/09/22
「踊る大捜査線」	01/03/14	「害虫」	03/01/08	片山恭一	04/04/30
	03/07/23, 05/08/17, 06/08/30	「怪盗グルーの月泥棒」	12/09/26	「学校」	96/10/09
	08/12/17, 09/01/21, 10/06/30	海難事故（救助）	04/06/09	学校シリーズ	98/10/14
	15/02/18		14/12/17, 16/01/06	「学校の怪談」	97/07/23, 98/09/09
オペラ歌手	14/10/04	「怪物くん」	11/11/16	葛飾北斎	15/04/28
「オペラ座の怪人」	05/01/26	海兵隊	06/02/01	合唱部	00/10/25
お遍路	03/09/03	会話劇	04/12/15, 13/10/30	かっぽう着	14/01/15
おもちゃ	00/03/01, 08/02/20		14/04/09	家庭崩壊	03/07/02
親子	02/09/18, 05/12/21	カウボーイ	11/10/12	加藤和彦	05/01/19
	11/11/30, 12/04/18	「顔」	03/04/02	角野栄子	14/02/19
お笑い	06/11/01, 07/06/06	画家	15/01/14	カトリック	96/03/27, 96/06/05①
	11/03/23	加害者	06/11/01	カトリック教会	16/04/06
音楽	04/09/01, 09/11/04	科学	09/05/13	カナダ	06/10/11
	14/10/01	科学技術	15/07/29	カナリア	05/03/16
恩田陸	06/10/04	化学兵器	09/07/01	金城一紀	05/06/29, 11/03/16
女将軍	12/12/19	「ガキ帝国」	07/05/16	「可能性」〈歌〉	15/04/22
「陰陽師」	03/10/08	下級武士	02/10/23, 06/11/29	鎌倉	15/06/03
			07/06/20, 10/12/01	神	11/06/22
		学園もの	00/07/26	神隠し	01/07/11
		格差社会	09/06/03	「神様のカルテ」	11/01/26
		核シェルター	99/10/06	「カム・フライ・ウィズ・ミー」	
		角田光代	05/10/05, 11/04/27		08/11/12
		核テロ	12/05/23	亀有公園前派出所	11/07/27
		学徒出陣	08/08/20	カメオ出演	15/08/19
		「学年ビリのギャルが1年で偏差値を40上げて慶應大学に現役合格した話」		「ガメラ」	97/04/02, 97/07/23
			15/04/22		05/03/09, 06/04/26②
		革命	05/04/27②	カメラマン	16/03/02
		革命家	09/01/14	仮面劇	06/01/25
		家計簿	10/12/01	「鴨川ホルモー」	14/02/26
				貨物列車	11/01/05

「花様年華」	04/10/13	棋士	02/04/10	教師	01/08/29，13/03/13
カリスマ	16/02/03	ギジェルモ・アリアガ	06/03/15	競走馬	04/01/07
「ガリバー旅行記」	11/04/13	記者クラブ	16/04/27	兄弟（姉妹）	05/06/01，06/05/17
カリブの海賊	03/07/16	寄生（パラサイト）	97/01/29①		06/06/28，06/11/01，10/01/27
ガリレオ	13/07/01	奇跡	07/08/15		12/04/25
カルト	05/03/16	「奇跡」	11/11/22	「きょうのできごと」	13/01/16
「渇き。」	15/09/19	「奇跡の海」	04/02/18	恐竜	97/06/25，01/07/18
「川の底からこんにちは」	13/04/03	「北の国から」	10/12/22		10/10/13，15/07/29
環境問題（破壊）	07/01/10	北野武	02/07/17	虚言癖	14/04/30
	08/12/24，09/01/07，12/09/26	北信康	11/03/23	巨人	11/04/13，15/07/31
監禁	16/03/30	吃音	00/10/25，11/02/23	巨大船	09/11/18
韓国	01/08/08，02/06/19	「キック・アス」		ギリアン・フリン	14/12/03
	03/03/26，04/01/14，04/05/12		14/02/12，15/09/02	「桐島、部活やめるってよ」	
	04/06/23，05/05/18，05/06/01	「キツツキと雨」	13/02/13		15/02/18
	05/10/12，06/03/29，06/11/08	「きっと、うまくいく」	14/11/26	ギリシャ	01/09/26
	11/12/28，12/05/23，16/03/23	キツネ	09/01/07	ギリシャ神話	10/04/21
冠婚葬祭	96/04/30	キップ・ソーン	14/11/12	キリスト	04/04/28
関西弁	04/08/11	城戸賞	14/06/14	桐野夏生	02/10/09，10/08/25
カン・ジェギュ		木下恵介	00/04/28	紀里谷和明	04/04/14
	04/06/23，11/12/28	「君と歩く世界」	16/02/10	「ギルバート・グレイプ」	
監視者	09/03/25	「きみに読む物語」	12/03/21		01/04/18，12/11/28
感情	15/07/08	「君の瞳に恋してる」	14/09/17	「キル・ビル」04/04/21，04/07/28	
肝臓病	98/10/07	「君は1000％」	15/05/15	記録映画	16/01/14
「GANTZ」	13/04/17	ギャグ	04/07/14，05/10/26	筋萎縮性側索硬化症（ALS）	
鑑定士	14/05/21	逆転劇	15/04/08		15/03/11，15/06/17
関東大震災	13/07/10	脚本家	15/11/11	「キング・コング」	11/09/28
カントリー	06/02/15	キャメロン・クロウ	01/03/21	銀行	99/09/01
カンヌ国際映画祭	97/11/12	キャラバン	00/11/15	銀行強盗	09/12/16
	99/07/28，00/12/20，01/01/10	ギャル	15/04/22	近親相姦	96/06/05①
	01/02/14，01/03/28，01/05/16	ギャング	16/01/20	金属生命体	11/07/20
	02/01/16，02/01/30，02/03/20	キャンディ工場	11/08/10	「キンダー・フィルム・フェスティバル」	
	02/04/17，02/04/24，02/07/17	ギャンブル漫画	09/09/30		13/07/31
	03/01/15，03/01/29，04/03/31	9・11	05/07/06，06/08/09	禁断の愛	04/11/10
	06/03/15，06/04/26①，06/11/22		13/02/06	「金髪の草原」	03/12/03
	11/08/03，12/02/08，12/03/21	救急医療	09/03/11	金融犯罪	11/03/02
	12/03/28，13/02/27，13/09/18	吸血鬼	09/04/01，10/11/02	金融腐蝕	99/09/01
	16/02/10	「吸血鬼ドラキュラ」	04/08/25	【く】	
官能の作家	00/02/02	吸血鬼ハンター	04/08/25	「クイーン」	15/11/18
「カンバセーションズ」	10/03/24	急行『北極号』」	04/11/17	「クイズ$ミリオネア」	09/04/15
カンフー	02/05/15，08/04/23	「96時間」	10/04/28，11/05/02	クイルズ	01/07/04
カンボジア	11/09/14		14/08/27	空港	04/12/08
管理社会	05/07/20	「キューティ・ブロンド」	12/04/11	「牯嶺街〈クーリンチェ〉殺人事件」	
【き】		キューバ	02/01/23		03/08/20
記憶	01/11/07	キューバ革命	04/10/06，09/01/14	「グッド・ウィル・ハンティング　旅立ち」	
記憶喪失	10/03/24	キューバ危機	00/12/13		11/02/02
機械人形	12/02/22	キューバ経済制裁強化法	07/08/29	「グッドナイト＆グッドラック」	
「帰郷」	01/10/10	旧約聖書	14/06/04		08/11/05
企業買収	09/06/03	凶悪犯	11/01/26	「グッド・バッド・ウィアード」	
着ぐるみ	10/01/13	教育プロジェクト	04/12/01		13/04/24
「危険な関係」	04/05/12	狂言誘拐	00/10/11	「グッドフェローズ」	06/12/27
木更津	03/10/22	京極夏彦	07/12/26	宮藤官九郎	01/10/31，03/10/22

07/06/13
クドカン　　　　　　　05/04/06
神代辰巳　　　　　　　03/11/19
クモ　　　　　　　　　04/06/30
クライマー　　　　　　16/03/02
「クライマーズ・ハイ」　12/04/18
クラシック　　　　　　04/12/01
「クラッシュ」　　　　07/05/30
「グラディエーター」
03/09/17，10/12/08
グラミー賞　　　　　　10/02/10
グランド・ホテル形式　06/01/11
「グラン・トリノ」　　11/02/16
12/11/14，15/01/07
「グリーン・ホーネット」03/03/05
クリストファー・ドイル　04/10/13
クリストファー・ノーラン
10/07/21，13/08/21
クリストファー・バックリー
06/10/11
クリストファー・マッカリー
15/08/05
クリストファー・リーブ　06/08/23
栗田豊通　　　　　　　99/12/08
グリム兄弟　　　　　　05/11/02
クリムト　　　　　　　15/11/18
クリント・イーストウッド　13/09/04
グルジア　　　　　　　03/09/24
車　　　　　　　　　　06/06/21
グレアム・グリーン　　04/09/09
クレイアニメ　　　　　15/06/24
クレイジー・ホース　　98/08/26②
グレタ・ガルボ　　　　13/03/19
「クレヨンしんちゃん」　04/08/11
「クレヨンしんちゃん　嵐を呼ぶ
　アッパレ！戦国大合戦」
09/09/02
クローネンバーグ　　　15/09/02
クローン　　　　　　　05/07/20
黒澤明　　　96/11/06，00/04/28
02/09/25，03/02/12，07/10/03
07/11/28，09/09/09，11/01/05
黒沢満　　　　　　　　08/07/09
群像劇　　　01/02/28，05/01/19
05/11/16，06/02/08，06/08/02
06/09/13，07/02/21，07/07/04
07/12/26，09/07/29，09/10/28
10/02/10，11/12/14，12/08/01
13/01/16，15/01/26
【け】
ゲイ　　　　　　　　96/06/05①

経営学　　　　　　　　11/06/01
警察　　　　　　　　　05/08/17
警察官　　　　　　　　11/07/27
刑事　　　　　98/10/28，01/10/24
03/07/23，05/10/26，07/06/27
08/01/30，09/01/21，12/01/18
「刑事ジョン・ブック／目撃者」
04/02/25
警視庁　　　　　　　　10/06/30
警視庁警護課員（SP）　10/10/27
警視庁公安部　　　　　12/05/23
携帯電話　　　　　　　05/02/16
KT　　　　　　　　　　03/04/02
刑法第三十九条　　　　99/04/14
刑務所　　　　　　　　08/11/26
ゲーム　　　　10/05/26，13/12/18
ゲーリー・クーパー　　00/08/09
外科医療　　　　　　　10/06/02
劇団鹿殺し　　　　　　15/08/26
劇団ひとり　　　　　　08/01/23
劇中劇　　　　08/06/11，12/02/01
15/08/26
「ゲゲゲの女房」　　　11/09/14
化粧　　　　　　　　　02/02/06
「月光の囁き」02/03/13，03/01/08
結婚　　　　　08/02/06，15/02/04
結婚記念日　　　　　　01/11/21
結婚詐欺　　　　　　　12/08/29
結婚式　　　　　　　　02/08/14
「月世界旅行」　　　　12/02/22
ケニア　　　　　　　　06/05/10
ケビン・コスナー　　　10/12/08
検見取り　　　　　　　00/12/27
検閲　　　　　　　　　13/04/17
剣豪　　　　　　　　　03/04/16
検察官　　　　　　　　12/10/17
検事　　　　　　　　　07/09/05
検視官　　　　　　　　12/06/13
原爆　　　　　　　　　15/12/02
原爆詩　　　　　　　　15/12/02
原爆症　　　　　　　　07/08/01
ケン・ローチ　01/01/31，04/02/10
【こ】
小嵐九八郎　　　　　　10/01/06
小泉今日子　　　　　　09/03/04
小泉堯史　　　　　　　02/09/25
「恋するリベラーチェ」　13/09/11
「恋する惑星」　　　　01/03/28
04/10/13，08/03/19
「恋空」　　　　　　　08/10/08
「恋におちたシェイクスピア」

01/09/26
子犬　　　　　　　　　15/10/08
「恋人までの距離（ディスタンス）」
05/02/02，14/11/05
恋物語　　　　　　　　10/03/31
「攻殻機動隊」　　　　99/09/14
「甲賀忍法帖」　　　　05/09/14
高級ホテル　　　　　　14/05/05
航空事故　　　　　　　13/02/20
高校生　　　　02/07/03，02/07/31
07/01/31，08/04/02，08/10/08
08/10/08，10/05/12，12/08/01
高校野球　　　　　　　11/06/01
広告業界　　　　　　　13/12/25
工作員　　　　　　　　09/08/19
講師　　　　　　　　　15/11/11
「交渉人　真下正義」　05/08/17
高層ホテル　　　　　　12/06/27
「皇帝ペンギン」
07/03/20，09/01/07
強盗集団　　　　　　　11/02/02
強盗人質事件　　　　　06/06/07
高等養護学校　　　　　96/10/09
高度成長期　　　　　　12/01/11
校内裁判　　　　　　　15/03/04
こうの史代　　　　　　07/08/01
「高慢と偏見」　　　　06/01/18
交流サイト　　　　　　11/01/12
「声をかくす人」　　　12/10/24
「GO」　　　　　　　　05/06/29
コーエン兄弟　01/09/05，15/12/22
「ゴースト　ニューヨークの幻」
10/11/10
ゴーストペインター　　15/01/14
ゴースト・ラブストーリー
98/07/15
コーマック・マッカーシー
13/11/06
コールデコット賞　　　12/02/22
GOLDEN ASIA　　　　　14/11/26
ゴールデン・グローブ賞
97/01/29②，98/06/10，00/03/01
01/05/16，06/02/15，15/01/14
「ゴールデンスランバー」
11/11/16，14/03/19
コールドプレイ　　　　12/04/25
「ゴーン・ベイビー・ゴーン」
11/02/02
「黒衣の女」　　　　　12/11/21
国語辞書　　　　　　　13/04/03
国際養子縁組　　　　　04/07/28

黒人	07/02/14，	13/10/23
黒人大統領		14/05/14
国選弁護人		15/12/22
極道映画		98/01/21
「告発の行方」		08/09/03
「孤高のメス」		11/04/27
古沢良太		16/04/20
孤児		15/10/21
越谷オサム		13/10/02
「50回目のファースト・キス」		14/03/26
ゴシックホラー		12/11/21
ゴジラ	06/04/26②，	14/07/16
「ゴジラ」	02/11/27，	09/07/08
		15/07/29
古代エジプト		01/06/06
「五体不満足」		13/03/13
「ゴッドファーザーPART2」		99/11/02
古典落語		07/11/14
孤島		10/03/10
「GONIN」		15/09/16
「この素晴らしき世界」		03/01/15
小林武史	96/09/18，	12/06/06
		16/03/23
小林正樹	00/04/28，	11/10/07
小林政広		10/05/19
小人の国		11/04/13
小人の世界		10/07/14
「（500）日のサマー」		15/02/10
古民家		15/02/04
米米CLUB		08/10/29
コメディアン	99/03/17，	02/08/21
コメディー		98/04/08②
99/01/13，	99/06/09，	99/10/06
99/11/02，	00/09/06，	01/05/09
01/05/30，	01/08/08，	02/04/10
02/06/12，	02/08/21，	02/09/04
02/09/11，	03/03/05，	03/05/14
03/08/27，	03/09/17，	04/03/24
04/09/29，	04/11/24，	06/01/11
06/05/17，	06/05/31，	06/10/11
08/05/14，	08/05/28，	08/08/13
08/11/05，	08/11/12，	08/12/03
09/05/20，	09/09/16，	09/11/25
09/12/02，	12/03/14，	12/05/16
12/06/06，	13/02/13，	14/02/26
コメディエンヌ		09/09/18
11/10/19，	13/02/13	
小山宙哉		12/04/25
小山ゆう		03/04/23

暦		12/09/05
娯楽活劇	02/05/01，	10/10/06
娯楽時代劇		07/11/28
是枝裕和		11/11/22
「殺しの分け前／ポイント・ブランク」		99/04/28
殺し屋	04/10/20，	05/11/30
15/05/01，	15/10/08，	15/10/28
コロンバイン高校銃乱射事件		
		03/01/15
婚活		11/04/06
コンサート		10/06/23
ゴンゾージャーナリズム		12/06/20
コンピューター		10/12/16
コンピューターテクノロジー		
		01/07/18
コンムービー		03/09/17

【さ】

サーカス	12/10/31，	14/11/26
西岸良平		07/10/31
サイクロ人		00/10/18
サイコスリラー		05/03/30
サイゴン		04/09/09
最相葉月		01/06/13
再生装置		13/09/11
「サイダー・ハウス・ルール」		
		01/04/18
「サイドウェイ」		12/05/09
在日韓国・朝鮮人		07/05/16
在日コリアン	05/01/19，	07/05/16
西原理恵子		03/04/02
裁判		15/11/18
サイボーグ		08/05/28
サイモン＆ガーファンクル		
		01/03/21
サイモン・ビューフォイ		12/11/28
サイモン・ラトル		04/12/01
ザイル		05/02/23
サイレント映画		
	03/07/09，	12/03/28
「サイン」		08/07/23
サウジアラビア		07/10/10
「ザ・エージェント」		01/03/21
坂崎幸之助		05/01/19
坂本龍一	15/12/02，	16/04/13
坂本竜馬		02/09/04
詐欺師		04/12/15
サクセスストーリー		03/05/28
朔立木		12/10/17
桜井亜美		06/10/25
桜坂洋	14/06/27，	14/08/06
「さくらんぼ」		06/08/16
「ザ・コンテンダー」		02/04/03
ささきいさお		10/11/24
佐々部清		03/12/17
ザ・ジャム		01/01/31
「ザ・ストーリー」		08/03/19
サスペンス	99/04/14，	99/12/15
00/04/12，	00/12/13，	01/11/07
03/02/05，	05/02/16，	05/04/20
06/05/10，	06/06/07，	08/03/05
08/10/15，	09/03/25，	09/07/01
10/04/30，	10/06/16，	11/05/02
11/06/29，	12/03/21，	12/06/27
14/03/19，	14/08/27	
貞子	99/01/27，	00/01/12
「サタデー・ナイト・ライブ」		
		16/02/24

さだまさし	07/05/09, 11/11/09, 14/04/03	
貞本義行	12/07/11	
サッカー	01/05/09, 02/05/15	
佐々淳行	02/05/01	
殺人鬼	07/04/18	
殺人犯	10/09/08	
サッチャー元首相	12/03/08	
札幌	13/05/01	
さぬきうどん	06/08/30	
佐野元春	08/10/29	
サバイバル	12/08/08, 16/04/13	
サバイバルゲーム	10/08/25, 14/07/02	
サバイバルドラマ	13/12/04	
砂漠	12/11/28	
ザ・フー	01/03/21	
ザ・フォー・シーズンズ	14/09/17	
サブプライムローン	16/02/24	
ザ・ブルーハーツ	05/08/03	
差別	03/07/02, 07/05/16, 10/09/29, 13/10/23, 16/02/10	
「サマーウォーズ」	12/07/11	
サムライ	03/11/26	
サモ・ハン・キンポー	04/06/16	
「さらば宇宙戦艦ヤマト」	10/11/24	
「サラリーマン専科」	03/09/03	
猿	01/07/25, 11/09/28	
「猿の惑星」	97/01/29①, 11/09/28	
沢田研二	03/04/16	
沢本嘉光	13/12/25	
山岳小説	16/03/02	
参勤交代	14/06/11	
三国志	09/04/08	
「残春」	14/04/03	
三大陸映画祭	02/03/13	
サンタクロース	04/11/17	
産婦人科医	02/01/09	
三部けい	16/03/09	
サンボマスター	15/04/22	
三本木農業高	08/10/01	
残留思念	16/04/20	
【し】		
THE ALFEE	05/01/19	
「幸せのちから」	09/02/18	
「幸せの始まりは」	12/04/18	
CIA	01/12/12, 07/11/07, 08/12/17	
「G・I・ジェーン」	02/11/27	
「G.I.ジョー」	13/05/31	
C・S・ルイス	06/03/01	
CM	13/12/25	
CM界の鬼才	03/09/10	
CMディレクター	06/08/02, 14/02/26	
CMプランナー	13/12/25	
ジークンドー	11/03/16	
CG	97/12/24, 99/05/12, 00/03/01, 01/06/06, 01/07/18, 01/11/28, 01/12/05, 02/05/15, 02/07/03, 02/08/07, 03/02/12, 03/04/16, 03/04/23, 03/08/27, 03/11/05, 04/02/04, 06/03/01, 06/07/12, 07/03/14, 07/03/20, 07/12/05, 08/02/27, 09/04/28, 09/11/18, 15/12/02	
CGアニメ	02/02/27, 04/07/14, 04/11/17, 05/03/03, 05/07/27, 05/12/21, 06/06/21, 06/12/06, 09/12/09, 11/03/09, 12/07/29, 13/06/27	
シージャック	13/11/20	
ジーナ・ローランズ	99/09/08	
ジーンズ	05/09/21	
ジーン・ハックマン	13/09/04	
ジウ姫	04/11/24	
「JSA」	01/08/08, 05/06/01	
ジェイソン	99/01/27	
自衛隊	05/06/08	
Jホラーブーム	13/05/08	
シェークスピア劇	04/04/14	
ジェームズ・エルロイ	98/06/10	
ジェームズ・キャメロン	00/09/06, 12/10/31	
ジェームズ・ボンド	00/01/26, 09/08/19	
ジェーン・オースティン	06/01/18	
ジェーン・カンピオン	04/03/17	
ジェットコースター・ムービー	98/12/02	
ジェニファー・ジェイソン・リー	01/11/21	
シェフ	07/07/25	
ジェフリー・カッツェンバーグ	01/12/05	
シエラレオネ	07/04/04	
「シェリー」	14/09/17	
ジェリー・ブラッカイマー	04/07/21, 10/05/26	
シェリル・クロウ	02/05/22	
シガー・ロス	12/04/25, 12/05/31	
刺客	03/04/23	
視覚効果（VFX）	10/11/24	
シカゴ	03/04/09, 14/11/26	
「シカゴ」	07/02/14, 12/09/12	
「四月物語」	04/03/10	
「色即ぜねれいしょん」	15/08/26	
四騎の会	00/04/28	
自給自足	15/03/25	
死刑	03/02/05	
死刑囚	10/01/06	
「地獄でなぜ悪い」	14/09/03	
「地獄へつづく部屋」	00/07/12	
事故死	10/06/09	
「シコふんじゃった。」	14/09/03	
「シザーハンズ」	01/07/25, 10/04/14	
司祭	96/06/05①	
史実	11/02/23, 13/07/17	
死者	03/01/08, 15/12/02	
自主映画製作	13/09/25, 15/07/15	
思春期	02/12/11, 03/03/19, 03/08/20, 04/03/10, 05/09/07, 10/03/24, 11/05/18	
辞書	13/04/03	
詩人	06/04/12	
慈善活動	11/09/14	
自然光	16/04/13	
死体解体	02/10/09	
時代劇	00/12/27, 03/04/16, 06/05/31, 07/06/20, 09/09/02, 10/07/07, 10/10/20, 10/12/01, 11/10/07, 14/06/11	
七人	09/02/18	
シチュエーションサスペンス	03/11/12	
シチュエーションスリラー	04/10/27	
視聴率競争	15/08/12	
「シックス・センス」	01/02/07, 04/07/07, 08/07/23	
実在	04/05/26, 06/09/06, 11/03/30, 12/09/05, 13/07/10, 16/01/20	
実写	97/03/05, 04/04/14, 04/06/30, 07/01/17, 07/05/02, 08/07/02, 09/03/18, 09/09/02, 09/09/30, 10/01/13, 10/04/14, 10/08/11, 10/11/24, 11/07/27	

キーワード索引 | 547

11/11/16，14/02/19，14/08/13	社交ダンス　　　　　05/04/27①	06/03/01，12/07/25
15/02/04，15/04/15，15/07/22	ジャズ　　　　04/02/10，04/09/01	「シュレック2」　　　　　12/07/25
15/09/19，16/04/27	ジャズドラマー　　　　　15/04/08	純愛劇　　　　　　　　　10/11/17
失踪事件　　　　　　　　12/01/25	ジャッキー・チェン　　　09/05/01	純愛ミュージカル　　　　12/06/06
実体験　　　　　　　　　08/10/22	ジャッキー・ロビンソン　13/10/23	障害　　　　　　　　　　02/06/05
室内劇　　　　　　　　　15/10/14	ジャック・ブラック　　　09/09/16	障害者　　　　　　　　　12/08/22
「シッピング・ニュース」02/04/03	車内　　　　　　　　　　03/07/30	賞金稼ぎ　　　05/10/19，13/09/04
「失楽園」　　　　　　　04/11/10	「シャル・ウィ・ダンス」00/02/09	少女誘拐殺人事件　　　　16/04/27
実録ドラマ　　　　　　　13/11/20	「Shall we　ダンス？」	小説家　　　98/04/08②，01/03/07
実話　　　　　00/07/19，03/03/12	05/04/27①，12/10/17	肖像画　　　　　　　　　15/11/18
04/01/07，04/03/03，06/09/10	「ジャングル・フィーバー」	松竹　　　　　01/08/15，02/06/19
06/11/08，06/12/20，07/01/24	05/01/05	小豆島　　　　　　　　　11/04/27
07/08/22，08/05/14，08/08/20	上海　　　　　06/06/14，14/12/17	少年法　　　　　　　　　10/06/09
08/10/01，09/02/10，09/12/02	ジャンボジェット　　　　08/11/12	常磐炭鉱　　　　　　　　06/09/20
10/02/24，10/05/12，10/09/25	「シュアリー・サムデイ」10/09/01	情報管理社会　　　　　　13/03/06
11/06/08，11/07/13，11/09/21	銃　　　　　　　　　　　07/04/25	「SHOW ME」　　　　　　15/05/15
12/08/22，13/10/23，14/01/29	「週刊少年ジャンプ」　　15/09/19	上流階級　　　13/06/05，14/04/30
14/02/05，14/09/24，14/10/01	宗教　　　　　　　　　　09/05/13	「少林サッカー」　　　　08/04/23
15/01/14，15/04/22，16/01/14	宗教映画　　　　　　　　00/05/24	「精霊流し」　　　　　　14/04/03
16/01/20，16/04/06	「十三人の刺客」　　　　11/03/23	小惑星　　　　　　　　　98/12/02
「シティ・オブ・ゴッド」	十字軍　　　　　　　　　10/12/08	小惑星探査機　11/09/21，12/02/29
06/05/10，08/11/19，14/12/24	銃社会　　　　　　　　　04/01/28	昭和30年代　　07/10/31，12/01/11
師弟関係　　　　　　　　15/04/08	17歳　　　　　00/08/23，06/09/27	昭和64年　　　　　　　　16/04/27
自伝小説　　　　　　　　07/04/11	「十七歳のカルテ」　　　02/06/12	ジョエル・シルバー
児童映画　　　　　　　　02/12/18	「17歳の肖像」　　　　　10/10/06	00/07/12，14/08/26
指導者　　　　　　　　　09/08/26	11/08/31，12/03/21	ジョージ朝倉　　　　　　15/08/26
自動車工場　　　　　　　09/04/22	「十二世紀のアニメーション」	ジョージ・オーウェル　　02/11/20
自動車事故　　　　　　　09/10/21	13/11/13	ジョージ・クルーニー　　08/04/09
児童性的虐待　　　　　　16/04/06	「十二人の怒れる男」　　04/01/28	ジョージ・ルーカス　　　08/06/18
シドニー・ルメット　　　04/01/28	収容所　　　　　　　　　08/11/19	ジョーダン・ベルフォート
品川ヒロシ　　　　　　　11/03/23	銃乱射事件　　04/03/31，13/01/23	14/01/29
死神　　　　　　　　　　08/03/26	シュールレアリスム画家　03/08/06	「ショート・カッツ」　　00/03/08
篠田正浩　　　　　　　　07/03/28	16歳　　　　　　　　　　05/09/21	ショーン・コネリー　　　00/01/26
渋谷　　　　　15/07/02，15/10/28	ジューン・カーター　　　06/02/15	ジョーン・G・ロビンソン
姉妹　　　　　14/12/17，15/06/03	儒教社会　　　　　　　　05/06/01	14/07/09
志水辰夫　　　　　　　　10/11/17	塾講師　　　　　　　　　15/04/22	所轄署　　　　　　　　　10/06/30
清水有生　　　　　　　　00/06/14	手術　　　　　　　　　　10/06/02	食卓　　　　　　　　　　15/06/03
志村けん　　　　　　98/03/11②	出産　　　　　　　　　　09/05/20	食堂　　　　　10/02/03，15/01/26
下妻　　　　　　　　　　04/05/19	首藤瓜於　　　　　　　　13/01/30	食文化　　　　　　　　　04/12/22
「下妻物語」　　　　　　10/06/09	「JUNO／ジュノ」　　　　12/02/15	植民地　　　　　　　　　04/09/09
ジャーナリスト	シュビルマン　　　　　　03/01/29	「処刑遊戯」　　　　　　08/07/09
04/05/26，12/06/20	主婦　　　　　　　　　　09/10/07	「ショコラ」　　　　　　12/11/28
「ジャーヘッド／アメリカ海兵隊員	「ジュブナイル」　　　　02/08/07	女子総合格闘家　　　　　12/09/19
の告白」　　　　　　　06/02/01	「ジュマンジ」　　　　　01/07/18	女子マネージャー　　　　11/06/01
「シャーロック」　　　　13/08/14	「ジュラシック・パーク」	ジョシュ・シンガー　　　16/04/06
「シャイニング」　　　　05/04/20	97/06/25，01/07/18，15/07/29	女性ジャーナリスト　　　10/09/15
ジャイルズ・フォーデン　07/03/07	「修羅雪姫」　　　　　　02/11/27	女性副大統領　　　　　　01/06/27
「シャイン」　　　　　　01/07/04	「シュリ」　　01/08/08，03/06/04	女性兵士　　　　　　　　96/11/06
弱小藩　　　　　　　　　14/06/11	04/06/23，11/12/28，13/07/03	「ジョゼと虎と魚たち」　05/09/07
若年性アルツハイマー病	ジュリー・デルピー　　　05/02/02	女中　　　　　　　　　　14/01/15
05/10/12，15/06/17	「シュレック」　　　　　04/07/14	ジョディ・フォスター　　03/01/22

548　｜　キーワード索引

書道パフォーマンス	10/05/12
ジョニー・キャッシュ	06/02/15
ジョニー・デップ	04/07/21
ジョン・アービング	00/06/28
ジョン・ウー	99/09/14
ジョン・ウェイン	00/08/09
ジョン・カサベテス	99/09/08
ジョン・グリシャム	01/10/10, 04/01/28
ジョン・ナッシュ	02/03/27
ジョン・フォード	03/02/12
ジョン・ボイト	11/01/05
ジョン・マルコヴィッチ	01/08/22
ジョン・ミリアス	09/12/16
ジョン・ル・カレ	01/07/04, 06/05/10
しりあがり寿	05/04/06
シルク・ドゥ・ソレイユ	12/10/31
「白いリボン」	13/02/27
白黒サイレント映画	12/03/28
シンガー・ソングライター	06/08/16
辛亥革命	11/10/26
新型ウイルス	03/08/13
「シング・シング・シング」	04/09/01
「シングルス」	01/03/21
「シングルマン」	11/02/23
シンクロナイズドスイミング	04/09/01
「進撃の巨人」	15/07/22
信仰	96/03/27
人工知能（AI）	01/06/20, 14/06/18
「新参者」	12/01/18
新宿	09/05/01
人種差別	00/02/16, 00/03/29, 02/07/10, 03/12/10, 06/02/08, 06/03/08
「新世紀エヴァンゲリオン」	97/08/06, 99/09/14, 02/11/27, 12/07/11
新選組	99/12/08, 02/12/25
心臓	04/06/02
心臓移植	02/10/30
腎臓移植	09/10/14
「新造人間キャシャーン」	04/04/14
人体実験	04/12/22
身長2ミリ	10/04/28
「シンデレラ」	15/04/15
「シンドラーのリスト」	99/04/07
	09/08/19, 11/05/02
人肉食	15/07/15
神父	16/04/06
侵略者	09/06/17
「人類資金」	14/10/01
人類存亡	08/08/27
「シン・レッド・ライン」	11/08/03
神話	11/06/22
【す】	
水族館	05/06/15
スウィフト	11/04/13
「スウィングガールズ」	08/10/08, 10/05/12, 14/05/07
スウェーデン	05/12/14, 12/01/25
スーザン・ヒル	12/11/21
スーザン・ボイル	12/12/12
スーツ	15/09/09
スーパー	96/06/05②
スーパースター	10/06/23
「スーパー・チューズデー　正義を売った日」	12/03/21
「スーパーマン」	06/08/23, 13/08/21
「スカイフォール」	15/11/25
スカウトマン	12/11/14
スガシカオ	01/06/13
スキー	08/01/09
杉浦日向子	15/04/28
「スキャナーズ」	15/09/02
スコット・ノイスタッター	15/02/10
スコットランド	05/05/11
スザンナ・ムーア	04/03/17
鈴木光司	98/01/28
「スター・ウォーズ」	00/03/01, 00/10/18, 10/09/29, 11/04/13, 11/05/11, 13/05/22, 15/12/17
「スター・トレック」	01/01/17, 09/05/27, 13/08/14
スタジオジブリ	99/07/14, 06/07/26, 10/07/14, 13/11/13, 14/07/09
STUDIO4℃	04/08/11
スタンリー・キューブリック	01/06/20, 05/04/20
スティーグ・ラーソン	12/01/25
スティーブ・ジョブズ	16/02/03
スティーブン・ギャガン	01/04/11
スティーブン・キング	99/06/16, 02/05/08
スティーブン・スピルバーグ	
	01/06/20, 01/07/18, 01/12/05, 05/12/21, 06/10/18, 08/10/15, 11/06/15, 11/10/12, 11/11/30, 15/07/29
スティーブン・タイラー	98/12/02
スティーヴン・ハンター	07/05/30
スティーブン・ホーキング博士	15/03/11
スティング	02/06/12
「スティング」	01/12/19
ストップモーション	12/12/05, 14/04/16
ストリートギャング	14/08/13
「スノーピアサー」	14/05/28
スパイ	01/07/04, 01/12/12, 02/08/21, 03/06/04, 06/07/05, 06/12/27, 08/12/17, 10/10/06, 12/04/11, 12/09/19, 13/07/03, 15/08/05, 15/09/02, 15/11/04, 15/12/22
スパイク・ジョーンズ	14/06/18
スパイ小説	01/07/04
「スパイダーマン」	03/06/18, 04/06/30
スピーチ	11/02/23
SPEED	98/07/15
「スピード」	15/10/08
スペイン	98/08/26①, 00/04/19, 00/05/31, 01/08/29, 03/07/09, 05/04/13, 07/07/04, 16/02/17
スペクタクル・アドベンチャー	04/02/25
「SPEC」	15/05/15
「すべてをあなたに」	12/05/02
スポーツエージェント	14/09/24
スラム	02/12/04, 09/04/15, 14/12/24
「スラムドッグ$ミリオネア」	11/06/08, 12/11/28
3D	09/12/22, 10/04/14, 11/03/09, 11/10/07, 12/07/25
3Dアニメ	07/10/03, 09/07/08, 10/02/17, 10/08/04, 10/09/29, 11/12/07, 12/09/26, 14/07/30
スリーマイルアイランド原発事故	11/06/15
スリランカ	16/02/10
「スリング・ブレイド」	01/12/19
【せ】	
性格診断	14/07/02

キーワード索引 | 549

聖歌隊	05/12/14	先住民	09/12/22		【た】	
正義	04/04/14, 04/06/30, 13/02/06	潜水艦	05/03/09	ダークキャッスル・エンタテインメント	00/07/12
「世紀の空売り 世界経済の破綻に賭けた男たち」	16/02/24	戦争	01/05/23, 04/02/10, 06/10/18, 08/04/16, 09/04/22, 10/03/03, 10/09/29, 13/07/31, 13/12/11, 14/05/28, 14/06/27, 15/07/15	ダークナイト	12/07/18
聖痕（スティグマータ）	00/05/24			「ダークナイト」	10/07/21, 11/03/30, 13/08/21
青春映画	99/10/27, 01/03/21, 01/10/31, 02/07/03, 03/03/19, 03/08/20, 04/03/10, 05/04/27②, 05/08/03, 05/11/09, 06/10/04, 08/04/02, 08/06/04, 08/10/08, 10/09/01, 11/06/01, 15/02/18, 15/05/15	戦争映画	05/03/09, 05/12/07, 09/06/10, 11/12/28	ダークヒーロー	13/08/28
		戦争責任	13/07/17	ダークファンタジー	12/12/05
		戦争文学	15/07/15	「ターミネーター」	03/06/25, 09/06/10
		「セント・エルモス・ファイアー」	01/10/10	ダイアナ	13/10/09
		「セントラル・ステーション」	04/10/06	ダイアナ・ロス	07/02/14
				ダイアン・キートン	04/03/17
青春グラフィティ	13/06/27	全米ライフル協会	03/01/15	大学生	13/02/13
青春物語	04/05/19, 12/07/04	「線路は続くよどこまでも」	12/07/04	「第9地区」	13/09/11
聖書	09/07/15			大恐慌時代	04/01/07
成長物語	06/04/26②	【そ】		大洪水	14/06/04
性的倒錯者	96/04/10	総会屋	99/09/01	大地震	02/11/06, 06/07/12
性同一性障害	00/07/05	早慶戦	08/08/20	「タイタニック」	09/01/28, 09/12/22, 11/04/13
清貧	02/10/23	「創世記」	14/06/04	第2次世界大戦	98/09/16, 99/04/07, 01/09/26, 14/11/19, 15/11/18
西部劇	10/06/16, 11/10/12, 13/04/24, 13/07/24, 13/09/04	遭難事故	05/02/23		
		相米慎二	08/09/24		
「世界にひとつのプレイブック」	14/01/22	ソーシャル・ネットワーク	11/01/12	台場	10/06/30
「世界の中心で、愛をさけぶ」	05/09/07, 07/08/15, 10/03/31	「ソーシャル・ネットワーク」	12/01/25, 13/07/24, 13/10/16	「ダイバージェント」	14/07/02, 15/02/10
世界貿易センター・ツインタワービル	16/01/14	ソーシャルメディア	14/03/19	「ダイ・ハード」	00/07/12, 01/02/07, 01/12/19, 07/06/27, 13/08/07, 14/08/27
		狙撃手	07/05/30		
「セカンドハンド・ライオンズ」	04/07/07	「そして父になる」	13/07/01, 15/06/03	「台風クラブ」	08/09/24
関屋貞三郎	13/07/17	訴訟制度	04/01/28	台北	01/02/14
セコンド	15/12/16	ソニー・ピクチャーズ	06/12/06	太平洋戦争	05/03/09, 05/12/07, 06/10/18, 06/12/13, 08/02/20, 11/08/24, 11/12/21, 13/07/17
セス・マクファーレン	13/01/09, 15/08/19	「曽根崎心中」	10/12/22		
「切腹」	11/10/07	園子温	13/09/25		
瀬名秀明	97/01/29①	祖母	03/03/26	タイムスリップ	05/06/08, 12/05/16
妹尾河童	13/07/31	ソマリア	13/11/20	タイムトラベラー	99/10/06
「セブン」	98/02/18, 99/11/24, 09/02/04, 12/01/25, 14/12/03	「ソラニン」	10/09/01	タイムトラベル	09/09/02, 12/12/26
		「それでもボクはやってない」	14/09/03	ダイヤモンド	07/04/04
セレブ	08/06/25	「それでも夜は明ける」	16/02/24	「太陽がいっぱい」	00/08/02
「ゼロ・グラビティ」	14/11/12, 15/04/01, 16/04/13	ソロモン・ノーサップ	14/03/05	大リーガー	14/09/24
		「ソロモンの偽証 後篇・裁判」	15/03/04	大リーグ	12/11/14, 13/10/23
「0011ナポレオン・ソロ」	15/11/04			台湾	98/06/24, 00/11/01, 01/02/14, 03/08/20
ゼロ戦	13/07/10, 13/12/11	尊厳死	05/04/13, 12/10/17		
善意（グッドウィル）	98/03/04	ゾンビ	03/08/13	台湾・日本合作映画	01/02/14
戦艦大和	05/12/07			高野和明	03/02/05
全国一律千円	03/09/03			高柳雅暢	16/04/06
「戦国自衛隊」	05/06/08			滝口康彦	11/10/07
戦国時代	05/06/08, 09/04/28			タキシード	03/03/05
戦車	14/11/19				
千住明	09/10/28				

滝本智行	12/02/29	
滝本幹也	13/09/18, 15/06/03	
タクシー	04/10/20, 05/01/05	
「TAXi」	05/01/05	
「タクシードライバー」	06/12/27	
	12/02/22, 15/08/12	
宅間孝行	13/05/15	
「竹取物語」	13/11/13	
嶽本野ばら	04/05/19	
多重人格障害	99/04/14	
卓球	02/07/03	
脱獄犯	14/04/23	
「脱出」	01/07/04	
脱出劇	16/03/30	
脱北者	06/03/29	
殺陣	10/07/07	
立松和平	01/11/14	
田辺修	13/11/13	
ダニー・コーエン	16/03/30	
たばこ	06/10/11	
たばこ規制法案	00/05/17	
旅	06/03/15, 06/07/26	
	07/09/19, 07/11/14, 08/02/27	
	08/05/07, 09/02/25, 10/04/21	
	10/05/19, 10/06/16, 10/09/15	
	11/03/02, 14/04/03, 16/04/13	
「ダ・ヴィンチ・コード」	09/05/13	
「007」	00/01/26, 06/02/22	
	11/10/12, 15/11/25	
田部俊行	03/12/17	
田村裕	08/10/22	
タルコフスキー		
	03/06/11, 04/09/15	
「誰かの願いが叶うころ」	04/04/14	
「誰も知らない」		
	06/05/31, 13/09/18	
丹下左膳	04/08/04	
炭鉱労働者	06/09/20	
タンゴダンス	97/12/03	
ダンサー	06/09/20	
「ダンサー・イン・ザ・ダーク」		
	04/02/18, 12/02/08	
団地	13/05/08	
探偵	00/11/08, 12/10/03	
	13/05/01	
「探偵はBARにいる」		
	12/06/13, 15/05/01	
「探偵物語」	13/05/01	
ダン・ブラウン	09/05/13
【ち】		
地域医療	10/06/02, 11/08/17

「小さいおうち」	16/03/16	
「チーム・バチスタの栄光」		
	09/03/11	
チェ・ゲバラ	04/10/06, 09/01/14	
チェス	01/09/05	
地下鉄サリン事件	05/03/16	
地球	08/12/10	
地球温暖化	07/01/10	
地球滅亡	09/07/15, 09/11/18	
父（父親）	02/10/30, 08/02/06	
	09/08/19, 13/05/15, 13/06/12	
父親殺し	03/02/26, 10/05/26	
「父親たちの星条旗」	06/12/13	
「父と暮せば」	15/12/02	
知的障害者	13/05/15	
千葉真一	03/04/16	
チャーリー・カウフマン	02/03/06	
「チャーリーズ・エンジェル」		
	03/06/18, 12/04/11	
「チャーリーとチョコレート工場」		
	10/04/14	
チャールズ皇太子	13/10/09	
チャールトン・ヘストン	03/01/15	
「チャイニーズ・ゴースト・ストーリー」		
チャンバラアクション	14/07/23	
チャンバラヒーロー	04/08/04	
中学生	01/10/03, 02/03/13	
忠犬ハチ公	09/08/12	
中国	97/02/26, 00/08/09	
	00/11/22, 01/04/25, 02/03/20	
	02/06/05, 02/12/18, 06/01/25	
	06/06/14, 06/07/05, 07/04/18	
	14/12/17, 16/03/23	
駐在さん	08/04/02	
「忠臣蔵」	10/12/22, 13/11/27	
中絶	05/07/13	
超格差社会	13/09/11	
超常現象	14/01/10	
朝鮮戦争	04/06/23	
超ハイテク都市	15/05/27	
チョコレート	01/04/18	
「チョコレート」	02/04/17	
鄭義信	02/10/09	
「鎮魂歌」	15/12/02	
チン・シウトン	07/01/17
【つ】		
ツイッター	14/03/19	
「終の信託」	14/09/03	
塚本晋也	15/07/15	
津川雅彦	09/02/10

「月とキャベツ」		
	00/07/26, 02/08/28	
「つぐない」	13/03/19	
辻井伸行	11/08/17	
辻一弘	12/12/26	
土田英生	04/12/15	
筒井ともみ	04/11/10	
釣り	97/09/03, 09/03/18	
	12/11/28	
「釣りバカ日誌」	97/09/03	
	01/08/15, 03/09/03
【て】		
「ディア・ハンター」	01/10/10	
ディアブロ・コディ	12/02/15	
DNA情報	13/03/06	
T・ボーン・バーネット	01/10/17	
T・レックス	01/01/31	
ティーンエージャー	00/08/23	
「テイク・ケア・オブ・ビジネス」		
	15/11/04	
「ディスタンス」	06/05/31	
ディズニー	96/08/28, 97/03/05	
	03/07/16, 05/12/21, 10/08/11	
	10/12/16, 11/03/09, 15/04/15	
停電	05/11/16	
定年退職	03/05/14	
「ディパーテッド」	07/04/06	
	07/07/11, 12/02/22	
「ティファニーで朝食を」	02/06/12	
ティム・バートン	12/10/24	
ティム・マッキャンリーズ		
	04/07/07	
低予算	99/12/22	
テイラー・スウィフト	10/02/10	
「ティラノサウルス」	10/10/13	
手紙	06/11/01, 06/12/13	
テクノロジー	08/10/15	
デジタル社会	10/12/16	
デジタルビデオ	03/08/13	
手塚治虫	07/01/17, 09/07/01	
哲学	11/08/03	
「テッド」	14/08/06, 15/08/19	
鉄道	11/11/22	
鉄道マニア	12/03/14	
「デッドマン」	98/08/26②	
鉄の女	12/03/08	
「鉄腕アトム」	01/06/20	
テディベア	13/01/09, 15/08/19	
デトロイト	03/05/28	
デニス・ルヘイン	03/12/24	
デビッド・クラーセン	00/07/12

デボラ・カー	00/02/09	東条英機	98/05/27		03/01/22,	07/04/18
デミ・ムーア	10/11/10	倒叙法	99/12/22	ドミノ・ハーベイ		05/10/19
「デリンジャー」	09/12/16	同窓会	99/03/24	「トムとジェリー」		13/06/27
テレビアニメ	97/08/06	逃走劇	15/05/01	トム・マッカーシー		16/04/06
テレビシリーズ	00/04/12	盗賊	09/09/09, 10/06/16	「友へ／チング」		06/03/29
	00/11/08, 01/01/17	闘病	07/01/31, 10/03/31	富山地方鉄道		11/11/22
テレビ報道	15/03/04	動物	12/07/25	豊田利晃		02/07/31
テロ	00/04/05, 07/10/10	動物園	12/05/31	ドラァグクイーン		06/09/06
	07/11/21, 08/12/17, 15/11/04	東宝	14/07/16	ドライバー		12/03/21
テロ集団	07/06/27	逃亡生活	11/06/29	ドラえもん		14/07/30
テロリスト	09/08/26, 10/10/27	「トゥモロー・ワールド」	15/04/01	「ドラえもん」		10/10/13
	11/03/16, 13/08/07	「トゥルーマン・ショー」		ドラゴン		10/08/04
伝記映画	05/08/10, 05/10/19		03/08/27, 04/02/25	「ドラゴン・タトゥーの女」		
	06/02/15, 14/05/14, 16/02/03	童話	11/03/09			14/12/03
「天国の口、終わりの楽園。」		「遠い空の向こうに」	01/07/18	寅さん		96/12/25
	06/11/15	トーキー映画	12/03/28	ドラッカー		11/06/01
「天国の日々」	11/08/03	「トータル・リコール」	13/05/22	「とらばいゆ」		04/12/15
天才詐欺師	14/01/22	通り魔事件	12/06/13	「トラフィック」		
天才数学者	02/03/27	トールキン	02/02/20, 03/02/12		11/11/02,	12/09/19
天才物理学者	13/07/01		04/02/04	トラブルメーカー		10/01/27
天才レーサー	14/02/05	ドキュメンタリー	03/01/15	「トラベリング・パンツ」		05/09/21
「天使の涙」	01/03/28, 04/10/13		04/08/18, 04/12/22, 05/02/23	どら焼き		15/05/20
「天然コケッコー」	12/07/04		05/06/23, 07/01/10, 07/08/29	「ドランク・モンキー酔拳」		
デンマーク	06/03/08, 07/12/05		09/01/07, 10/06/23, 11/01/19			04/06/16
	12/02/08, 12/03/21		12/06/27	「トランスフォーマー」		09/06/17
天文学者	12/09/05	「時をかける少女」			11/07/20,	14/08/06
電話ボックス	03/11/12		09/08/05, 12/07/11	「トランスポーター3」		10/04/28
	【と】	独裁者	07/03/07	「トランセンデンス」		14/08/20
「トイ・ストーリー」	02/02/27	特撮	96/11/27, 97/04/02	ドリアン助川		15/05/20
	05/12/21, 06/06/21		01/07/25, 07/10/31	ドリームワークス		01/12/05
ドイツ	99/08/04, 05/04/27②	特殊視覚効果（VFX）			03/03/05, 05/03/02,	09/07/08
	05/11/02, 14/11/19		09/09/02, 09/09/16			12/07/25
「トゥームレイダー」		特殊能力	09/10/21	取り違え		13/09/18
	10/05/26, 12/10/10	特殊部隊	11/09/07, 13/02/06	トリック		10/01/20
東映時代劇	03/04/16	特殊メーク	12/12/26	「トリック」		15/05/15
東映やくざ映画	97/01/08	毒舌ばあちゃん	16/03/23	トリック犯罪		13/10/16
東京	04/04/07, 05/11/16	ドクター・スース	12/09/26	「トリプルX」		07/10/03
	07/10/31	「どこまでもいこう」	02/03/13	トルストイ		13/03/19
東京国際映画祭	02/02/06	登山家	05/02/23, 11/06/08	奴隷制	13/04/10,	14/03/05
	02/06/19, 03/11/19, 12/02/01	図書館	13/04/17	「トレインスポッティング」		
	12/08/22, 14/12/10	ドタバタ喜劇	13/12/25, 15/12/09			03/08/13
東京五輪	12/01/11	「どついたるねん」	11/07/19	「トレーニング デイ」		14/10/15
東京裁判	98/05/27	「ドッグヴィル」		「ドロップ」		11/03/23
東京セレソンデラックス	13/05/15		05/08/31, 06/03/08	「トロン」		10/12/16
東京タワー	05/01/12	特攻隊員	01/05/23	トロント国際映画祭		13/09/25
「東京物語」	99/06/23, 12/04/18	「特攻野郎Aチーム」	11/05/02	「トロン：レガシー」		
「東京ラブストーリー」	06/08/16	ドディ・アルファイド	13/10/09		11/10/12,	13/05/22
東西冷戦	15/11/04	「となりのトトロ」	10/08/04	「トワイライト」		
「ドゥ・ザ・ライト・シング」		トニー賞	14/04/09, 14/09/17		09/04/01,	10/11/02
	06/06/07	土橋章宏	14/06/11			
投資ファンド	09/06/03	トマス・ハリス				

【な】

「ナースのお仕事」	09/05/20
「泣いた赤おに」	11/12/07
「ナイト　ミュージアム」	11/11/30
「ナイトメアー・ビフォア・クリスマス」	10/02/17
ナイロビ	06/05/10
直木賞	00/09/13, 01/10/31
長崎	00/09/13, 15/12/02
長崎ぶらぶら節	00/09/13
中島京子	14/01/15
中島みゆき	98/10/14
なかにし礼	00/09/13
中村裕樹	14/12/17
ながやす巧	12/06/06
流れ板	97/01/08
殴られ屋	02/07/17
「ナショナル・トレジャー」	07/12/19
ナターシャ・リチャードソン	12/08/08
「涙そうそう」	10/08/18
ナチス	96/07/24, 15/11/18
夏川草介	11/08/17
魚喃キリコ	03/03/19
奈良橋陽子	13/07/17
「ナルニア国物語」	06/03/01
	08/05/21, 12/10/31
「南極物語」	04/03/03
「南極料理人」	12/02/01
ナンセンスコメディー	07/06/06
難破	10/08/25
南波克行	15/12/22
南北戦争	02/12/04, 07/12/19
	12/10/24, 13/04/10
南北分断	03/06/04, 06/03/29
難民	03/05/07, 08/05/14
	10/04/07, 16/02/10

【に】

ニート	11/08/10
ニーナ・シモン	15/11/04
「ニキータ」	14/08/20
ニコール・キッドマン	04/03/17
「ニコチン・ウォーズ」	06/10/11
西炯子	15/02/04
西田博至	15/12/22
二十世紀	01/05/02
「20世紀少年」	08/08/27
	09/08/26, 11/09/21
20世紀フォックス	09/06/24
「西の魔女が死んだ」	11/05/18
西村賢太	12/07/04
二重人格	96/05/08
二重スパイ	10/07/28
「二十四時間の情事」	13/02/27
日韓合作	14/10/01
日記	04/10/06, 07/09/26
ニック・カサヴェテス	01/09/12
ニック・シェンク	15/01/07
日系人	00/03/29
蜷川幸雄	11/04/06, 14/02/19
	15/08/26
日本沈没	06/07/12
「日本のいちばん長い日」	11/12/21
日本兵	06/12/13
ニュージーランド	02/02/20, 03/02/12
ニュージャージー州	14/09/17
ニューヨーク	02/06/12
	02/12/04, 05/01/05, 06/04/05
	06/06/07, 07/12/12, 11/12/14
	14/04/16, 15/05/01
「NY式ハッピー・セラピー」	05/06/15
「ニライカナイからの手紙」	06/10/25
ニワトリ	05/12/21
人気コミック	01/08/22
「人魚姫」	08/07/16
忍者	01/08/01
認知症	14/04/03

【ね】

ネーティブアメリカン（先住民）	06/04/19
ネズミ	07/07/25
ネット社会	09/01/21
ネットワーク	09/08/05
ネバーランド	15/10/21
ネパール	00/11/15
「ネル」	00/01/26
ネルソン・マンデラ	14/05/14
粘土	15/06/24
年齢	04/03/24

【の】

脳	14/08/20, 15/07/08
納棺師	08/09/10
脳死肝移植	10/06/02
脳性まひ	04/01/14
「ノーカントリー」	13/11/06
ノートルダム寺院	96/08/28
「ノッティングヒルの恋人」	02/03/06, 04/01/21
「のぼうの城」	14/06/11
「の・ようなもの」	06/05/17
のり弁	09/10/07
ノルマンディー上陸作戦	98/09/16
「呪のデュマ倶楽部」	00/05/31
ノンフィクション文学	05/02/23

【は】

ハードボイルド　　　02/10/09
　05/10/26, 13/05/01
ハードボイルドアクション
　　　　　　　　　　13/01/23
「バードマン　あるいは（無知がもた
　らす予期せぬ奇跡）」16/04/13
「ハート・ロッカー」　13/02/06
ハーバート・G・ウェルズ
　　　　　　　　　　05/07/06
ハーマン・メルビル　16/01/06
ハーリング　　　　　06/11/22
「パール・ハーバー」　05/07/20
「バイオハザード」　10/05/26
バイオレンスアクション 08/09/17
バイオレンス映画
　　　　　11/09/07, 15/09/16
バイク　　　　　　　04/10/06
「ハイジ」　　　　　06/07/19
「ハイヌーン（真昼の決闘）」
　　　　　　　　　　00/08/09
俳優　　　　　　　　15/04/01
「パイレーツ・オブ・カリビアン」
　04/07/21, 07/05/23, 13/07/24
バイロケーション　　14/01/10
パイロット　　　　　13/02/20
バウンティハンター　05/10/19
パキスタン　　　　　05/05/11
「白鯨」　　　　　　16/01/06
白人社会　　　　　　03/01/15
「バグズ・ライフ」　06/06/21
バグダッド　　　　　10/03/03
「白鳥の湖」　　　　11/05/11
博物館　　　　　　　07/03/14
「ハゲタカ」　　　　12/05/23
バケモノ　　　　　　15/07/02
「パコと魔法の絵本」10/06/09
箱根駅伝　　　　　　09/10/28
橋本紡　　　　　　　10/03/31
馬術部　　　　　　　08/10/01
バス　　　　　　　　02/01/23
バスジャック事件
　　　　　01/01/10, 05/06/22
バスター・キートン　15/06/24
ハスナット・カーン　13/10/09
馳星周　　　　　　　98/06/24
葉田甲太　　　　　　11/09/14
「20歳よ、もう一度」16/03/23
「八月のクリスマス」02/06/19
バチカン　　　　　　09/05/13
「ハチ公物語」　　　04/03/03

8ミリ映画　　　　　11/06/15
バックダンサー　　　06/09/13
「バック・トゥ・ザ・フューチャー」
　　　　　　97/09/17, 16/01/14
白血病　　　09/10/14, 10/09/22
「はつ恋」　00/07/26, 01/06/13
　　　　　　　　　　02/08/28
「初恋のきた道」　　02/03/20
　　　　　　06/06/14, 15/02/25
「パッチギ！」　　　07/05/16
バッテリー　　　　　07/02/28
「バットマン」　　　97/03/12
　01/10/10, 08/08/06, 12/07/18
バディ（相棒）15/12/16, 16/04/20
「鳩の翼」　　　　　02/04/03
パトリシア・ハイスミス 00/08/02
パトリック・ダンカン 96/11/06
花火　　　　　　　　10/09/22
花街　　　　　　　　14/09/03
「ハナミズキ」　　　10/08/18
パニック映画　　　　98/12/02
　　　　　　06/07/12, 09/11/18
パニックスリラー　　11/11/02
母（母親）　00/04/19, 07/05/09
パパイヤ鈴木　　　　12/06/06
母子　　　　02/06/05, 16/03/30
パパラッチ　13/10/09, 15/08/12
ハビエル・マリアス　16/02/17
パフォーマンスキャプチャー
　　　　　　　　　　11/09/28
パブロ・ベロン　　　97/12/03
浜崎あゆみ　　　　　05/09/14
浜田広介　　　　　　11/12/07
「ハムナプトラ」
　　　　　　01/06/06, 04/08/25
「ハムナプトラ／失われた砂漠の都」
　　　　　　　　　　99/10/06
はやぶさ　11/09/21, 12/02/29
「はやぶさ　遥かなる帰還」
　　　　　　　　　　12/02/29
原田真人　　　　　　02/05/01
原民喜　　　　　　　15/12/02
パラレルワールド　　08/02/27
　09/09/16, 10/02/17, 10/04/17
　13/04/17
パリ　　　　　05/02/02, 12/05/16
「ハリー・ポッター」02/11/13
　05/11/22, 06/11/15, 07/07/12
　09/07/22, 12/11/21
「ハリー・ポッターとアズカバンの
　囚人」　　　　　　13/12/04

「ハリー・ポッターと不死鳥の騎士
　団」　　　　　　　09/07/22
ハリウッド　98/12/02, 00/08/30
　00/09/06, 01/10/10, 01/11/21
　02/08/07, 12/09/12
ハリソン・フォード
　　　　　　01/06/06, 14/08/27
パルムドッグ賞　　　12/03/28
バレエ　　　01/01/31, 04/12/01
バレエ団　　　　　　11/05/11
「パレード」　　　　13/01/16
バレンタインデー　　10/02/10
「バレンタインデー」11/12/14
パロディー　01/01/17, 02/08/21
　　　　　　03/06/18, 07/10/03
ハロルド作石　　　　10/09/01
ハワード・ヒューズ　05/03/23
ハワイ　　　05/06/15, 09/03/04
　　　　　　　　　　12/05/09
ハワイアンセンター　06/09/20
ハワイアンミュージック 12/05/09
「ハンガー・ゲーム」13/12/18
「ハンコック」　　　09/02/18
犯罪　　　　98/06/10, 01/02/28
　01/09/19, 03/03/12, 03/09/17
　08/01/30, 08/07/09, 11/01/26
犯罪者　　　　　　　07/08/08
犯罪組織　　　　　　15/11/25
「ハンサム★スーツ」09/05/09
判事　　　　　　　　15/01/07
反政府武装組織　　　16/02/10
ハンセン病患者　　　15/05/20
ハンター・S・トンプソン 12/06/20
「BANDAGE　バンデイジ」
　　　　　　　　　　10/09/01
「バンディッツ」　　02/04/17
パンデミック　　　　11/11/02
バンド　　　05/08/03, 06/08/16
　09/11/04, 10/09/01, 15/04/08
半藤一利　　　　　　11/12/21
「ハンナとその姉妹」12/05/16
「ハンニバル」03/01/22, 03/09/17
ハンニバル・レクター博士
　　　　　　　　　　07/04/18
半野喜弘　　　　　　14/12/17
バンパイアハンター　12/10/24
「半分の月がのぼる空」11/01/26
ヴァン・ヘルシング　04/08/25
ハンマー　　　　　　11/06/22
韓流　　　　　　　　04/11/24

【ひ】

ピアース・ブロスナン　15/11/25
ビアトリクス・ポター　07/09/12
ピアニスト　02/01/30, 03/01/29
ピアノソナタ　02/04/17
「ピアノ・レッスン」　04/03/17
ピーターパン　15/10/21
ピーターラビット　07/09/12
ビーチ・ボーイズ　01/03/21
ビートたけし　96/07/17
ピート・ドクター　15/07/08
ビートルズ・ナンバー　02/05/22
ヒーロー　04/06/30, 04/09/29
　08/07/30, 08/08/06, 08/12/03
　10/12/08, 12/07/18, 13/01/23
　14/04/16, 14/10/15, 15/06/10
「HERO」　15/02/25
被害者　09/01/21
東野圭吾　99/09/22, 06/11/01
　11/01/26, 12/01/18, 13/03/06
　13/07/01
東由多加　02/08/28
ピクサー社　02/02/27, 05/12/21
　06/06/21, 09/12/09, 13/06/27
　15/07/08
ビクトル・ユゴー
　　　　　　96/08/28, 12/12/12
飛行機　13/07/10
飛行機事故　12/08/08
ひこ・田中　02/12/11
彦根藩　14/09/10
「美術館の隣の動物園」　03/03/26
美術商　15/01/28
ヒチコック　00/10/11, 10/04/30
ビッグ・アイズ　15/01/14
羊　15/06/24
「羊たちの沈黙」　03/01/22
　05/03/30, 07/04/18, 08/09/03
ヒップホップカルチャー
　　　　　　　　　　14/08/13
ビデオ　98/01/28, 99/01/27
美徳　10/12/22
一青窈　10/08/18
「瞳をとじて」　04/04/30
「ヒトラー　最期の12日間」
　　　　　　　　　　13/10/09
一人芝居　01/02/21
「ピノキオ」　01/06/20
被爆者　07/08/01
「非・バランス」　02/12/11
ビビアン・リー　13/03/19

ヒマラヤ　00/11/15
秘密情報員　13/07/03
「緋文字（スカーレットレター）」
　　　　　　　　　　05/05/18
「101匹わんちゃん」　97/03/05
100円　14/12/10
百田尚樹　13/12/11
「白夜行」　11/08/17
ピュリツァー賞　14/04/09
ビョーク　02/03/06
ビョン様　04/11/24
「ヴィヨンの妻」　09/11/11
平井堅　04/04/30
平田オリザ　15/02/18
広島　15/12/02
琵琶湖　14/02/26
貧困　05/06/22
貧困ビジネス　12/11/07
ピンバッジ　15/05/27
ピンポン　02/07/03
「ピンポン」　11/02/09

【ふ】

「ファイト・クラブ」　09/02/04
ファストフード　04/12/22
ファッションサイト　15/09/30
「ファミリー・ツリー」　15/02/10
ファミリードラマ　10/02/24
ファラ・フォーセット　00/11/08
ファルセットボイス　14/09/17
「ファンシイダンス」　14/09/03
「ファンタジア」　10/08/11
ファンタジー　99/06/23
　01/04/18, 01/07/11, 01/11/28
　02/02/20, 02/02/27, 03/09/24
　04/02/04, 05/03/09, 05/11/22
　06/03/01, 06/07/26, 07/01/17
　07/03/14, 07/07/25, 07/08/15
　07/12/05, 08/02/20, 08/02/27
　08/03/26, 08/07/16, 08/12/10
　09/12/09, 10/08/04, 10/08/11
　11/03/09, 12/07/11, 12/09/26
　13/11/27, 14/07/09, 15/05/27
　15/07/08, 15/10/21
「フィールド・オブ・ドリームス」
　　　　　　　　　　03/01/08
VFX（視覚効果）　09/05/27
　12/01/11, 13/08/14, 15/07/29
　15/12/02
フィラデルフィア　99/10/13
フィリップ・K・ディック
　　　　　　　　　　02/11/20

フィリップス船長　13/11/20
フィリップ・プティ　16/01/14
フィンランド　06/03/22
ブーツ　06/09/06
夫婦　02/03/20, 02/07/24
　05/11/30, 09/01/28, 12/08/20
　13/02/27, 14/12/03, 15/02/25
フェイシャル・アニメーション・シ
　ステム　01/12/05
フェースブック　11/01/12
プエルトリコ　12/06/20
フェルナンド・メイレレス
　　　　　　　　　　14/12/24
「フォー・ウェディング」
　　　　　　　　　　99/08/25
フォーク　08/02/13
「フォレスト・ガンプ」　97/09/17
　99/10/06, 00/07/12, 01/02/21
　04/11/17, 13/02/20
深川　07/03/28
深作欣二　03/04/16, 13/09/25
部活　12/08/01
「ブギーナイツ」　00/03/08
不況　13/03/27
福井晴敏　05/06/08
復讐　99/04/28, 04/04/21
　10/06/09, 15/10/08
福本伸行　09/09/30
フクロウ　10/09/29
武士　11/10/07
「不思議の国のアリス」
　　　　　　99/09/14, 10/04/14
藤子不二雄Ⓐ　11/11/16
藤沢周平　05/09/28, 06/11/29
　10/07/07
富士スピードウェイ　14/02/05
武士道　03/11/26, 10/07/07
不条理　02/02/13
父性　06/04/26①
武装集団　13/04/24
舞台劇　13/03/19
舞台装置　04/02/18
ブッシュ米大統領　04/08/18
物理学者　15/03/11
舞踏家　03/07/09
舞踏会　15/04/15
「腑抜けども、悲しみの愛を見せろ」
　　　　　　　　　　12/08/01
不法移民　06/03/15
富裕層　13/12/18
「フューリー」　14/10/29

「冬のソナタ」	04/05/12	「フル・モンティ」	06/09/06	ベネチア国際映画祭	02/08/14
04/11/24, 05/06/01		「ブレイブハート」	00/09/27	04/01/14, 05/07/13, 06/11/15	
「芙蓉鎮」	97/02/26	「ブレードランナー」	00/07/12	「ペパーミント・キャンディー」	
ブライアン・セルズニック		03/09/17, 13/05/22			04/01/14
	12/02/22	プレーボーイ 04/05/12, 04/11/24		「蛇にピアス」	11/04/06
ブライアン・ヘルゲランド		プレスコ	11/12/07	ペルシャ	10/05/26
	13/10/23	プレゼンテーション	16/02/03	ヘルシンキ	06/03/22
フライト	08/11/12	フレディ	99/01/27	「ヘルプ 心がつなぐストーリー」	
「フライト・ゲーム」	15/05/01	フレデリック・ワイズマン			13/02/06
プライバシー	09/01/21		01/10/10	ベルリン 05/04/27②, 13/07/03	
「プライベート・ライアン」		「フレンズ」	04/06/23	ベルリン国際映画祭	00/03/08
	06/10/18	プロウインドサーファー	07/08/22	00/10/25, 00/11/22, 03/09/24	
プライマル・スクリーム	12/04/25	ブローカー	14/01/29	06/09/27, 08/03/28, 14/11/05	
フラガール	06/09/20	「ブロークバック・マウンテン」		ベルリン・フィルハーモニー管弦楽	
「フラガール」	10/05/12		15/08/12	団	04/12/01
「ブラザーフッド」	05/06/01	ブロードウェー		「ペレ」	06/07/19
06/03/29, 11/12/28		12/09/12, 15/04/01		ペレス・レベルテ	00/05/31
ブラジル 04/10/06, 05/01/05		ブロードウェーミュージカル		ベロニカ・ロス	14/07/02
05/06/22, 06/05/10, 14/12/24		06/04/05, 14/09/17		ペンギン	07/03/20
「プラス！」 01/01/31, 01/05/09		ブログ	08/04/02	変形ロボット玩具	14/08/06
「プラダを着た悪魔」	14/06/27	プロジェクションマッピング		編集部	13/04/03
ブラックコメディー	01/05/16		15/09/19	変身ヒーロー	11/08/31
「ブラック・スワン」	14/06/04	「プロジェクトA」	04/06/16	ベン・スティラー	09/09/16
「フラッシュダンス」	03/06/18	プロパガンダ	04/08/18	変なおじさん	98/03/11②
ブラッド・ピット		「PROMISE」	06/03/29	便利軒	14/10/08
07/11/21, 14/11/19		プロメテウス	12/08/15	便利屋	11/04/20
「ブラッド・ワーク」	03/12/24	プロレス	01/08/08	【ほ】	
「プラトーン」	96/11/06	文化祭	05/08/03	保安官	13/04/24
ブラム・ストーカー	04/08/25	文化大革命 97/02/26, 15/02/25		冒険 00/08/16, 01/06/06	
フランキー・バリ	14/09/17	【へ】		02/02/20, 02/11/13, 04/02/04	
フランク・シナトラ		「ヘアスプレー」	12/09/12	05/07/27, 07/01/17, 08/02/27	
05/03/30, 08/11/12		米アップル	16/02/03	08/06/18, 08/09/03, 09/12/09	
「フランケンシュタイン」 04/08/25		米海軍	12/04/04	10/01/13, 10/04/21, 11/03/09	
フランシス・スコット・フィッツ		米軍爆発物処理班	10/03/03	12/09/26, 13/06/12, 13/07/24	
ジェラルド	13/06/05	米コロンバイン高校	04/03/31	15/05/27, 15/07/08	
フランス 01/12/26, 02/03/06		閉鎖病棟	07/10/17	法条遥	14/01/10
04/05/12, 05/08/24, 07/04/18		米大統領	13/04/10	「暴走機関車」	11/01/05
12/08/22, 12/12/21, 16/01/14		米大統領暗殺	08/03/05	法廷劇	04/01/28, 11/10/19
16/02/10		米中央情報局（CIA）		法廷サスペンス	
フリーダ・カーロ	03/08/06	07/10/11, 08/12/17			04/01/28, 15/01/07
「ブリジット・ジョーンズの日記」		米中枢同時テロ		報復	13/02/06, 16/04/13
04/01/21, 06/01/18		02/12/04, 06/08/09		亡命詩人	96/05/15
「プリティ・ウーマン」	99/08/25	米独立戦争	00/09/27	暴力	99/11/24, 00/02/16
10/02/10, 11/12/14		ペイ・フォワード	01/01/24	05/06/22, 07/07/04, 09/04/22	
プリティッシュ・ロック	01/01/31	ベー・チェチョル	14/10/01	「ボウリング・フォー・コロンバイ	
「プリティ・プリンセス」	10/02/10	壁画	12/08/15	ン」	04/01/28, 04/08/18
プリマバレリーナ	11/05/11	北京原人	97/12/24	亡霊	12/11/21
不倫 97/04/16, 13/03/19		ペット	12/12/05	ホーソーン	05/05/18
「プリンセス トヨトミ」	14/02/26	ベトナム	04/09/09	「ホーム・アローン」	01/11/28
ブルース・ウィリス	14/08/27	ベトナム戦争	01/10/10	ホームコメディー	
ブルース・リー	04/06/15	ベネチア	03/09/24	96/04/30, 99/07/14	

ホームドラマ	03/10/29	
ホームレス中学生	08/10/22	
ポール・トーディ	12/11/28	
ポール・トーマス・アンダーソン		
	00/03/08	
「ボーン」	07/11/07	
「ボーン・アイデンティティー」		
05/11/30, 07/05/30, 14/06/27		
「ボーン・アルティメイタム」		
	07/10/11	
ポカホンタス	06/04/19	
北欧神話	07/12/05	
ボクサー	11/02/09	
ボクシング 96/07/17, 05/05/25		
11/03/30, 11/11/30, 14/03/26		
14/12/10		
「僕達急行　A列車で行こう」		
	11/11/22	
捕鯨船	16/01/06	
歩行祭	06/10/04	
ポスト宮崎駿	15/07/02	
ボストン　11/02/02, 16/01/20		
ボストン・グローブ紙	16/04/06	
ボタンの目	10/02/17	
北海道　04/11/10, 14/07/09		
ポップアート	15/01/14	
ポップグループ	14/09/17	
「鉄道員（ぽっぽや）」 98/05/20		
ボブ・ディラン		
01/09/12, 08/02/13		
ホラー 98/01/28, 99/01/27		
99/06/16, 99/12/22, 00/01/12		
00/04/12, 00/07/12, 05/04/20		
13/05/08		
ホラー専門レーベル	00/07/12	
堀越二郎	13/07/10	
堀辰雄	13/07/10	
「ホリデイ」	15/09/30	
ボリビア	09/01/14	
ポルノ雑誌	00/10/04	
ホロコースト	03/01/29	
ホワイトハウス	13/08/07	
香港　98/06/24, 01/03/28		
02/05/15, 03/10/01, 04/10/13		
06/12/27, 07/07/11, 08/04/23		
16/02/17		
香港アクション映画	04/06/16	
ホンソメワケベラ	05/03/02	
本多孝好	14/12/17	
「ほんとにあった怖い話」		
	00/01/12	

【ま】		
マーガレット・キーン	15/01/14	
マーガレット・サッチャー		
	12/03/08	
マーク・ザッカーバーグ	11/01/12	
マーク・ローレンス	15/11/11	
マーティン・スコセッシ		
00/09/06, 07/07/11		
マーベル・コミック	15/09/09	
マイク・マイヤーズ	02/08/21	
マイケル・H・ウェバー	15/02/10	
マイケル・カニンガム	03/04/30	
「マイケル・ジャクソン　THIS IS IT」	10/06/23	
マイケル・ルイス	16/02/24	
舞妓	14/09/03	
マイノリティー	06/06/07	
マイホーム	01/05/30	
マイルス・デイビス	01/03/07	
マインドコントロール	05/03/30	
前田司郎	13/02/13	
万城目学	14/02/26	
マクドナルド	04/12/22	
マザー・テレサ	05/08/10	
マジシャン	13/10/16	
マジックアワー	08/06/11	
マシュー・ボーン	15/09/02	
魔女	14/02/19	
魔女伝説	99/12/22	
マスク	13/07/24	
マスター	15/01/26	
「マダガスカル」	12/07/25	
町医者	98/10/07	
「町奉行日記」	00/04/28	
松岡圭祐	14/05/21	
末期がん	15/02/10	
松田優作　08/07/09, 13/05/01		
松田優作賞	14/12/10	
マット・チャーマン	15/12/22	
マット・デイモン	11/02/02	
「マッドマックス」		
00/09/27, 15/06/10		
「マッハGoGoGo」	08/07/02	
松本清張	09/11/11	
松本大洋　02/07/03, 02/07/31		
松本零士	13/08/28	
「マディソン郡の橋」		
03/12/24, 12/11/14		
「マトリックス」	00/07/12	
00/11/01, 00/11/08, 03/11/05		
08/07/02, 15/03/18, 15/10/08		

マドンナ	01/02/28	
マネジャー	10/06/23	
マフィア　98/06/24, 99/11/02		
14/10/15		
魔法　01/11/28, 02/11/13		
07/07/18, 08/02/20, 08/05/21		
09/07/22, 10/08/11, 11/03/09		
15/04/15		
魔法使い	06/07/26	
「魔法使いの弟子」	10/08/11	
「まほろ駅前多田便利軒」 14/10/08		
「まぼろし」	05/08/24	
魔物　04/09/29, 10/04/21		
麻薬　01/04/11, 01/09/12		
麻薬王	08/01/30	
麻薬取締局	14/10/29	
麻薬取引	13/11/06	
麻薬密売	11/09/07	
麻薬問題	04/05/26	
「マリリン　7日間の恋」	15/11/18	
「マルコヴィッチの穴」	02/03/06	
マルコムX	06/06/07	
丸山昇一	08/07/09	
マレーシア	00/02/09	
マロリー	16/03/02	
「マン・オブ・スティール」		
	15/11/04	
「マン・オン・ワイヤー」	16/01/14	
漫画家	15/09/19	
漫画界	07/10/17	
漫才コンビ	11/03/23	
マンドリン	01/09/26	
「マンマ・ミーア！」	12/03/08	
万葉集	10/01/06	
【み】		
MISIA	11/12/07	
三浦しをん　11/04/20, 13/04/03		
14/05/07, 14/10/08		
ミクロ	15/09/09	
ミクロワールド	10/04/28	
ミシシッピ	01/10/17	
水木しげる	07/05/02	
水生大海	11/05/18	
「ミスター・グッドバーを探して」		
	04/03/17	
「ミスター・ビーン」	98/03/11②	
「ミスティック・リバー」	04/06/02	
ミステリー　02/10/16, 03/12/17		
03/12/24, 09/03/25, 09/11/11		
11/01/26, 11/05/02, 12/10/03		
14/05/21, 15/03/04, 16/03/09		

	16/04/20
水原希子	15/07/22
三谷幸喜	01/05/30, 02/09/04
	13/10/30
「未知との遭遇」	
	05/07/06, 09/07/08
ミッキー・ローク	11/05/11
密室	04/12/15, 05/03/09
	10/03/10, 14/08/27
「ミッション・インポッシブル」	
	06/07/05, 10/10/06, 15/01/28
	15/08/05
水戸一高	06/10/04
ミトコンドリア	97/01/29①
湊かなえ	14/03/19
南アフリカ	14/05/14
三船敏郎	07/11/28
三宅島	11/07/13
宮崎駿	06/07/26, 09/08/05
	10/07/14, 14/07/09
宮西達也	10/10/13
宮部みゆき	02/05/29, 15/03/04
ミュージカル	97/01/29②
	00/02/09, 00/12/20, 03/04/09
	05/01/26, 06/04/05, 07/02/14
	08/01/16, 12/09/12, 12/12/12
	14/03/13
ミュージシャン	98/08/26②
ミュージックビデオ	
	01/08/01, 06/09/27
「未来世紀ブラジル」	05/11/02
「ミリオンダラー・ベイビー」	
	06/02/08, 06/10/18
「ミレニアム」	12/01/25, 12/08/15
民主主義	13/04/10
民話	05/11/02
【む】	
「ムーラン・ルージュ」	
	05/08/31, 13/06/05
ムエタイ	12/09/19
「麦の穂をゆらす風」	06/11/22
向田邦子	03/10/29
無重力空間	13/12/04
無償の愛	03/03/26
無人島	01/02/21, 10/08/25
息子	02/01/16, 13/06/12
娘	13/05/15
無声映画	15/06/24
村歌舞伎	11/07/19
【め】	
メアリー・ノートン	10/07/14

メカゴジラ	02/11/27
メキシコ	03/08/06, 04/10/06
	06/03/15
「めぐりあう時間たち」	05/08/31
「めぐり逢えたら」	99/01/13
メダル	04/06/16
メディア	09/01/21
「めまい」	00/10/11
「メメント」	10/07/21
「メリーに首ったけ」	00/11/08
メル・ブルックス	06/04/05
メロドラマ	01/03/28
【も】	
妄想	16/02/17
盲導犬	04/03/03
「萌の朱雀」	15/05/20
モーガン・フリーマン	13/09/04
モータウン・レコード	07/02/14
「殯の森」	15/05/20
モザイク	99/09/14
「もしドラ」	11/06/01
モスクワ国際映画祭	03/03/19
モスラ	96/11/27
モナリザ	14/05/21
「ものすごくうるさくて、ありえないほど近い」	14/12/24
「模倣犯」	06/05/17
森	97/07/02
森田芳光	11/11/22
森山直太朗	03/12/17, 10/01/06
モンゴル	05/12/28
モンスター	02/02/27, 04/08/25
	09/07/08, 13/06/27
「モンスター」	12/02/15
「モンスターズ・インク」	15/07/08
モントリオール	01/09/19
モントリオール世界映画祭	
	98/09/09, 02/08/28, 03/05/07
	08/09/10, 10/09/08, 11/11/09
	12/04/18

【や】	
野球	07/02/28, 08/08/20
ヤクザ	96/05/08, 96/07/17
やくざ映画	12/11/07
屋久島	96/11/27
「野獣死すべし」	08/07/09
安井算哲	12/09/05
「藪の中」	09/09/09
病	13/02/27
山形	04/09/01
山下達郎	05/01/12
山下洋輔	98/10/07
山田風太郎	03/04/16, 05/09/14
山田洋次	97/09/03
ヤマト	10/11/24
山中貞雄	04/08/04
山本五十六	11/12/21
山本一力	07/03/28
山本周五郎	00/04/28
ヤンキー	04/05/19
【ゆ】	
誘拐事件	98/10/28, 11/04/27
有給休暇	01/08/15
「ユージュアル・サスペクツ」	
	06/08/23
友情	05/07/27, 05/12/21
「U2／魂の叫び」	99/11/17
郵便配達	01/04/25
遊牧民	05/12/28
柳美里	02/08/28
幽霊	11/10/19
ユエン・ウーピン	00/11/01
愉快犯	02/05/29
「床下の小人たち」	10/07/14
「雪の女王」	14/03/13
「雪の断章−情熱」	98/12/09
ユダヤ人強制収容所	99/04/07
「ユナイテッド93」	13/11/20
ユナイテッド航空93便	06/08/09
指しゃぶり	06/09/27
「指輪物語」	02/02/20, 03/02/12
	04/02/04
夢	10/07/21
「夢売るふたり」	15/03/25
夢枕獏	03/10/08, 16/03/02
「夢やぶれて」	12/12/21
湯屋	01/07/11
ユル・ブリンナー	00/02/09
「ゆれる」	12/08/29
【よ】	
「よい子と遊ぼう」	98/09/09

妖怪	07/05/02
「洋菓子店コアンドル」	11/01/26
「八日目の蟬」	11/12/21
	12/07/11, 15/03/04
容疑者	09/01/21
「容疑者Xの献身」	13/07/01
幼児虐待	98/09/09
妖精伝説	96/09/25
傭兵軍団	12/10/10, 14/10/22
「善き人のためのソナタ」	11/03/02
「預言者」	13/03/27, 16/02/10
横山秀夫	03/12/17, 16/04/17
Yoshi	07/01/31
吉田秋生	15/06/03
吉田修一	10/09/08, 13/02/13
吉田拓郎	08/02/06
予知能力者	02/11/20
世継ぎ	12/12/19
呼び名のない嵐	00/07/19
黄泉がえり	03/01/08
余命もの	03/10/15
四コマ漫画	99/07/14
ヨン様	04/05/12
ヨンシー	12/05/31
四姉妹	03/10/29

【ら】

ラース・フォン・トリアー	
	01/10/10, 12/02/08, 12/03/21
「ライアーゲーム」	10/03/10
ライアン・クーグラー	15/12/16
「ライオンキング」	03/08/06
ライバル	14/02/05, 14/03/26
ライブ	05/08/03
「らくだの涙」	05/12/28
ラクロス	08/04/23
「ラヂオの時間」	
	01/05/30, 06/01/11
「羅生門」	96/11/06, 07/10/03
	09/09/09
「ラスト サムライ」	
	07/04/04, 10/03/31
「ラストスタンド」	14/10/29
「ラスト・タンゴ・イン・パリ」	
	00/02/02
ラスベガス	08/08/13
「ラスベガスをやっつけろ」	
	12/06/20
「らせん」	99/01/27
ラップ	14/08/13
ラップミュージシャン	03/05/28
「ラブ・アクチュアリー」	14/12/24
ラブコメディー	98/04/08②
	99/01/13, 99/10/06, 02/06/12
	02/09/04, 04/09/29, 04/11/24
	08/08/13, 08/11/05, 09/11/25
ラブストーリー	99/03/24
	99/06/02, 99/08/25, 99/09/22
	00/02/09, 00/07/05, 01/09/26
	02/06/19, 03/01/08, 03/12/03
	03/12/17, 04/01/14, 04/04/21
	04/09/09, 04/11/10, 05/01/12
	05/01/26, 05/02/02, 05/02/09
	05/06/15, 05/08/24, 05/08/31
	05/10/12, 06/02/15, 06/05/10
	06/08/16, 06/10/25, 06/11/08
	07/02/07, 08/09/24, 09/04/01
	09/04/15, 09/07/22, 10/03/24
	11/04/06, 12/03/28, 13/10/02
	15/08/26
ラブホテル	05/10/05
「Love Letter」	98/03/11①
	04/03/10, 04/04/30
乱射事件	04/01/28

【り】

「リアル鬼ごっこ3」	14/01/10
リーダー	13/04/24
リー・チャイルド	13/01/23
リーマン・ショック	16/02/24
リー・ワネル	04/10/27
リオデジャネイロ	
	05/06/22, 14/12/24
リストラ	10/03/17
理想郷	13/09/11
リチャード・カーティス	
	99/08/25, 14/12/24
リチャード・コンドン	05/03/30
李朝朝鮮	04/05/12
立体機動装置	15/07/22
「リトル・ダンサー」	
	03/04/30, 14/12/24
「リトル・ミス・サンシャイン」	
	08/09/03
リバイバル	16/03/09
理髪師	02/04/17
リブート（再起動）	
	13/08/21, 13/08/28
リベラ	09/01/21
「リミットレス」	14/08/20
リメーク	99/09/08, 00/07/12
	00/08/02, 03/06/11, 04/08/04
	05/01/05, 05/04/27①, 05/08/31
	06/07/12, 06/08/23, 06/12/27
	07/07/11, 07/11/28, 08/07/02
	10/11/10, 13/09/04, 16/03/23
リュ・スンワン	13/07/03
リュック・ベッソン	
	05/01/05, 10/04/28
猟奇殺人	96/04/10
「猟奇的な彼女」	
	08/05/28, 13/07/03
「龍馬伝」	14/07/23
料理	10/02/03
料理対決	97/01/08
旅客機	14/08/27
「リリイ・シュシュのすべて」	
	04/03/10, 06/10/25
リリー・フランキー	07/04/11
リンカーン	13/04/10
「リンカーン」	12/10/24
リンカーン大統領暗殺犯	07/12/19
林業	14/05/07
「リング」	99/01/27, 00/01/12
	00/10/11, 13/05/08
「リンダリンダ」	05/08/03

【る】

「ルーズ・ユアセルフ」	03/05/28
ループ	16/03/09

ルーブル美術館	14/05/21	「ロード・オブ・ザ・リング」		【わ】		
ルール	05/10/05	03/02/12, 04/02/04, 04/05/26		ワーグナー	12/02/08	
ルグウィン	06/07/26	11/09/28		ワーナー・ブラザース	10/12/22	
「ルパン三世」	06/02/22	ロードムービー	00/03/22	「ワールド・トレード・センター」		
留萌	00/06/14	01/12/19, 03/09/10, 03/11/19			07/05/30	
「るろうに剣心」		04/09/15, 04/10/06, 05/11/09		ワイヤ	16/01/14	
	13/03/06, 14/07/23	10/05/19, 14/11/19, 15/08/19		ワイヤアクション		
		ローマ国際映画祭	14/06/18		02/05/15, 03/11/05	
【れ】		ローマ帝国	04/07/21	惑星衝突	12/02/08	
零式艦上戦闘機		「ローマの休日」	99/08/25	「惑星ソラリス」	03/06/11	
	13/07/10, 13/12/11	ローリング・ストーンズ	01/09/12	惑星探査	14/11/12	
「レイジング・ブル」	14/03/26	ローレンス・ハーベイ	05/10/19	ワシントン	02/11/20	
冷戦	00/12/13, 15/12/22	6歳	14/11/05	「ワシントン」	06/03/08	
レイテ島	15/07/15	64（ロクヨン）」	16/04/27	「私のおとうさん」	12/10/17	
「0.5ミリ」	14/12/10	「60歳のラブレター」	11/01/26	渡辺淳一	97/04/16	
霊能者	11/02/16	ロサンゼルス	98/06/10	渡辺美里	08/10/29	
レイ・ハリーハウゼン	10/04/21	01/10/24, 04/10/20, 05/02/16		和田竜	14/06/11	
「RAILWAYS 49歳で電車の運転		06/02/08		和月伸宏	14/07/23	
士になった男の物語」	11/11/12	ロシア	13/03/19	ワルシャワ	03/01/29	
レインボーブリッジ	03/07/23	ロジャー・ディーキンズ	02/04/17	ワンカット	15/04/01	
レーシングカー	06/06/21	ロジャー・ムーア	00/01/26	湾岸戦争	96/11/06, 05/03/30	
「レオン」	11/05/11	ロス・クラヴァン	01/10/10	06/02/01		
歴史大作	11/10/26	「ロスト」	06/07/05			
歴史ドラマ	13/07/17	ロチェスター伯爵	06/04/12			
歴史ミステリー	11/08/24	「ロッキー」	14/03/26, 15/12/16			
レクター博士	03/01/22	「ロッキー3」	15/12/16			
レジスタンス		ロック	98/08/26②, 01/03/21			
	05/04/27②, 15/12/17	ロックンロール	12/09/12			
「レスラー」	11/05/11	ロバート・アルトマン				
「LETTERS FROM HELL」	05/04/13		00/03/08, 04/01/21			
列車事故	11/06/15	ロバート・F・ケネディ上院議員暗殺				
「Let It Go」	14/03/13	事件	07/02/21			
「レッドクリフ」	09/04/08	ロバート・ゼメキス				
レッド・ツェッペリン			00/07/12, 16/01/14			
	01/03/21, 12/01/25	ロバート・デニーロ	15/08/12			
レニー・クラヴィッツ	02/08/07	ロバート・レッドフォード				
恋愛	02/04/10, 04/10/13		04/10/06			
08/03/19, 08/04/30, 09/07/29		ロビン西	04/08/11			
10/02/10, 13/01/16		ロビンフッド	10/12/08			
「恋愛適齢期」	15/09/30	ロベルト・ベニーニ	99/04/07			
聯合艦隊司令長官	11/12/21	ロボット	01/06/20, 05/07/27			
連続殺人	02/05/29, 04/03/17	08/12/10, 09/06/17, 11/11/30				
04/09/22, 09/07/01, 13/03/06		「ロミオとジュリエット」				
14/08/27			05/08/10, 05/09/14			
連続テレビ小説	00/06/14	ロリータ	04/05/19			
連続爆破事件	13/01/30	「ロリータ」	01/09/05			
「恋恋風塵」	03/08/20	「ロングバケーション」	06/08/16			
【ろ】		ロンドン	02/09/11, 06/11/15			
ロイストン・マルドゥーム		07/09/12, 08/01/16, 10/06/23				
	04/12/01					
労働者	98/12/22, 99/07/28					
01/01/31						

＊本書所収の映画評を執筆した共同通信文化部の映画担当記者（五十音順）
伊奈淳、上野敦、大谷善邦、緒方伸一、加藤義久、木村啓子、左方倫陽、佐竹慎一、清水富美男、須永智美、多比良孝司、細田正和、宮崎晃、山下修
（映画担当以外で一部の評を執筆した文化部記者＝宇野隆哉、加藤朗、木部一成、田村文）

編集協力：用松美穂
本文組版：エディット

映画評大全

2016年8月30日第1刷発行

編　者：共同通信文化部
発行者：株式会社 三省堂　代表者　北口克彦
印刷者：三省堂印刷株式会社
発行所：株式会社 三省堂
〒101-8371
東京都千代田区三崎町二丁目22番14号
電話　編集　(03) 3230-9411　営業　(03) 3230-9412
振替口座　00160-5-54300
http://www.sanseido.co.jp/

落丁本・乱丁本はお取り替えいたします
© 一般社団法人 共同通信社 2016
Printed in Japan
ISBN978-4-385-15112-0
〈映画評大全・576pp.〉

Ⓡ 本書を無断で複写複製することは、著作権法上の例外を除き、禁じられています。本書をコピーされる場合は、事前に日本複製権センター (03-3401-2382) の許諾を受けてください。
また、本書を請負業者等の第三者に依頼してスキャン等によってデジタル化することは、たとえ個人や家庭内での利用であっても一切認められておりません。